제3판

법 조 윤 리

최 진 안 저

세창출판사

이 도서의 국립중앙도서관 출판시도서목록(CIP)은 e-CIP 홈페이지(http://www.nl.go.kr/ecip)에서 이용하실 수 있습니다.(CIP제어번호: CIP2014034998)

▌제3판 머리말 ▌

제2판 출간 후 2014. 2. 24. 변호사윤리장전이 전면 개정되어 같은 달 25. 공포되고, 2014. 5. 20. 변호사법도 일부 개정 · 공포되었다.

1. 제2판과 달라진 점은 아래와 같다.

① 각 장(章)의 앞 부분에 있던 당해 장의 관련 법령을 삭제하였다. 대신 각 장의 중간에 관련 법령의 내용을 배치하여, 주요 법령은 따로 법규집을 확인하지 않더라도, 법령의 내용을 바로 파악할 수 있도록 하여 가독의 편의성을 높였다.

② 본서가 기본적으로 수업용 교재 또는 수험서인 점을 감안하여 제2판의 내용 중 이론적으로 논란이 있을 수 있는 부분에 대한 검토내용을 삭제하거나 대폭 줄였다.

2. 제2판에 비하여 보강된 부분은 다음과 같다.

① 전체적으로 대법원 판례, 변호사에 대한 징계결정, 대한변협 등의 질의회신을 가능한 한 원문을 살리면서 최대한 인용하여 법규 또는 이론과 사례의 연계성을 높였다.

② 변호사윤리장전에 예비적 위임관계에 관한 규정이 신설됨에 따라 제4장 “변호사와 의뢰인의 관계”에서 예비적 위임관계의 내용을 확충하였다.

③ 변호사윤리장전의 이익충돌회피의무에 관한 규정의 대폭 개정에 따라 제6장 “변호사의 이익충돌회피의무”를 전면적으로 개편하여 개정 내용을 충실히 반영하고 이해의 편의를 위하여 체계를 정비하였다.

④ 제7장 “변호사와 제3자의 관계”에 제2판에서 다루지 않았던 법조윤리협의회에 관한 내용을 삽입하였다.

⑤ 제8장 “변호사의 광고와 사건의 유치” 내용에 제2판에서 독립적으로 다루지 않았던 “변호사법의 벌칙”을 신설하였다. 변호사법의 벌칙이 주로 제8장까지의 내용과 관련된 점을 고려하였다.

⑥ 제8장 “변호사의 광고와 사건의 유치” 중 변호사의 광고에 대하여 변호사법, 변호사업무광고규정 등 광고법규상의 광고 내용 및 방법에 관한 각 조문에 대한 사례를 정리하고 각 조문마다 해당사례를 표시함으로써 각 조문의

이해를 쉽게 할 수 있도록 하였다.

⑦ 제11장 "민사소송과 변호사의 윤리"에서 소송사기죄와 변호사의 윤리에 관련된 판례를 새로 삽입하였다.

⑧ 그 밖에 법규의 조문 표시의 일부 오류를 바로잡고, 일부 각주 표시를 보다 간명하게 하였다.

3. 일러둘 점은 아래와 같다.

① 헌법재판소의 결정, 법원의 판결 또는 결정, 법무부 및 대한변협의 징계결정, 대한변협의 질의회신례는 원칙적으로 원문의 일부를 그대로 인용하되, 이해 또는 정리의 편의를 위하여 필요한 경우에는 최소한의 범위 내에서 그리고 본래의 취지를 해하지 않는 범위 내에서 수정 · 편집한 부분이 있어 원문과 일치하지 않을 수 있고, 또 특별히 필요한 경우가 아니라면 인용부호는 붙이지 아니하였다.

② 내용을 강조하거나 다른 내용과의 구분을 위하여 필요하다고 판단되는 경우 법률의 조문, 헌법재판소의 결정, 법원의 판결 또는 결정, 징계결정, 질의회신례 등에 원문과 달리 밑줄을 표시하거나 진하게 표시하였다.

③ 본서의 개정 작업 중에 관련 법률의 개정안에 대한 입법이 예고되었다. 변호사법은 2014. 10. 4. 입법예고되어 2014. 12. 15.까지 법무부에 의견을 제출하도록 공고되었고, 검사징계법은 2014.10.10. 입법예고되어 2014. 11. 19.까지 법무부에 의견을 제출하도록 공고되었다. 2개의 법률 모두 법제처 심사 전의 단계에 있고 2015년에 가서야 개정안이 국회에서 의결되고 공포될 것으로 예상되어 개정판에 반영하지 못하였다. 다만, 2015년에 개정안의 골자가 확정될 경우를 예상하여 개정안을 부록으로 정리하고 본서의 해당 부분에 관련된 개정안의 조항을 표시하였다. 변호사법은 '개정안'으로, 검사징계법은 '검사징계법 개정안'으로 약칭하였다.

끝으로, 이 책을 다시 발간하게 해 준 세창출판사 이방원 사장님, 편집과 교정에 애써주신 임길남 상무님, 안효희 님께도 감사의 말씀을 드린다.

2014. 11.
저 자

▌머리말▐

2009년 5월 「변호사시험법」이 제정·시행됨에 따라 법학전문대학원에서 「법조윤리」 과목을 이수한 후 「법조윤리」 시험에 합격해야만 변호사시험에 응시할 수 있게 됨으로써 변호사가 되기 위해서는 법조윤리에 관한 학습은 불가피하다.

필자는 법학전문대학원에서 「법조윤리」 과목의 강의를 준비하면서, 또 법학전문대학원의 입학을 위한 면접전형에서 수험생들의 법조윤리에 관한 답변을 들으면서, 법조윤리를 체계적으로 설명한 교재가 필요함을 느껴 이 책을 저술하였다.

이 책을 집필하면서 아래와 같은 점을 목표로 하였다.

① 우선 법학전문대학원에서의 강의를 위한 기본교재, 또는 법학전문대학원 학생 및 그 입학 희망자의 수험서를 염두에 둔 것이나, 등록 초기의 변호사, 변호사사무실의 직원 등도 변호사윤리를 체계적으로 파악하여 실무에 도움이 되도록 하였다.

② 법조윤리에 관한 주제를 17개로 대별하고 이를 장(章)으로 구분하였으므로 그 분량이 적은 1개 내지 2개의 장(章)을 묶으면 법학전문대학원의 한 학기(15주 또는 16주)의 강의교재가 될 수 있도록 하였다.

③ 17개의 주제 중 '변호사의 이익충돌회피의무'는 변호사시험의 「법조윤리」 과목에서 출제비중이 가장 높은 부분임을 고려하여 관련 법규를 체계적으로 정리하고 징계결정 및 질의회신 사례 등을 분류하여 포함시켰다.

④ 변호사시험 중 「법조윤리」 시험의 출제범위에 포함될 것으로 예상되고 2009년 9월 26일부터 시행 중인 「외국법자문사법」의 기본 내용을 '법무법인 등의 직무윤리'에 포함시켰다.

⑤ 법조윤리에 관한 쟁점에 관하여 Legal Mind를 형성하는 데 도움이 될 수 있도록 하기 위하여 그 이론적 쟁점을 체계적으로 정리하였다.

⑥ 법조윤리에 관한 실정규범화의 정도가 미국 또는 일본 등에 비하여 상대적으로 미흡하지만 이 책에서는 우리의 실정규범을 기초로 설명하였고, 미국

또는 일본 등의 관련규범은 우리의 실정규범의 해석을 보충하거나 불문의 규범으로 필요하다고 판단되는 경우에 최소한의 범위에서 이를 인용하거나 원용하였다.

필자의 위와 같은 목표에도 불구하고 이 책은 여러 면에서 한계가 있으므로 독자들의 매서운 질책을 기다려 기회가 주어진다면 시정하거나 보완하고 발전시킬 것을 다짐한다.

이 책은 많은 분의 공덕에 힘입었다. 참고자료가 많지 않은 여건에서 선구자적인 연구성과를 담은 책과 논문을 집필하신 분들의 문헌이 있었기에 이 책의 집필이 가능하였다. 이 책에서 인용한 문헌을 집필하신 분들께 삼가 경의를 표한다. 또 어려운 여건 속에서도 출판을 결정해주신 세창출판사 이방원 사장님, 임길남 상무님, 그리고 편집에 애써주신 안효희 님에게도 감사의 말씀을 드린다.

2010. 7.

저 자

차 례

▌참고문헌 ▌

1. 국내문헌

김건호, 『법조윤리강의』 제2판, 진원사, 2013.

김재원, 『미국의 법학교육과 변호사 윤리』, 도서출판 정법, 2007.

대한변호사협회, 『징계사례집』 제1집, 1998.

대한변호사협회, 『징계사례집』 제2집, 2000.

대한변호사협회, 『징계사례집』 제3집, 2002.

대한변호사협회, 『징계사례집』 제4집, 2006.

대한변호사협회, 『판례선례 변호사법축조해설』, 2009.

도재형, 『법조윤리입문』, 이화여대출판부, 2011.

박준, 『판례 법조윤리』, 소화, 2011.

박휴상, 『법조윤리』, fides, 2011.

법원행정처, 『미국법조협회(ABA)와 법학교육』, 1996.

司法硏修院, 『法曹倫理論』, 2007.

司法硏修院, 『韓國法曹論』, 2008.

서울지방변호사회 편, 『미국변호사윤리강령』, 청양문화사, 1994.

엄동섭 외, 『변호사책임론』, 小花, 1998.

오승종, 『회사변호사의 윤리』, 집문당, 2004.

오종근, 『변호사징계제도』, 집문당, 2002.

이상수, 『법조윤리의 이론과 실제』, 서강대학교출판부, 2009.

이윤제, "미국과 한국의 법조윤리규범에 대한 비교연구," 2009. 8.

정형근, 『법조윤리강의』, 박영사, 2010.

최종고, 『법과윤리』, 經世院, 2000.

한인섭 외, 『법조윤리』, 박영사, 2010.

한인섭 외, 『法律家의 倫理와 責任』 제2판(서울大學校 法科大學 편), 박영사, 2007.

2. 일본문헌(출판연대순)

加藤新太郎, 『弁護士役割論』, 弘文堂, 平成12.

田中紘三,『弁護士の役割と倫理』, 商事法務, 2004.

森際康友,『法曹の倫理』, 名古屋大學出版會, 2005.

高中正彦,『法曹倫理講義』, 民事法研究會, 平成17.

高中正彦,『弁護士法概說』 第3版, 三省堂, 2006.

小島武司 外 3,『法曹倫理』 第2版, 有斐閣, 2006.

小島武司 外 2,『現代の法曹倫理』, 法律文化社, 2007.

佐藤博史,『刑事弁護の技術と倫理』, 有斐閣, 2007.

庭山英雄・山口治夫,『刑事弁護の手續と技法』, 青林書院, 2008.

日本弁護士連合會 弁護士業務改革委員會,『弁護士改革論』, ぎょうせい, 平成20.

東京三會有志・弁護士倫理實務研究會 編,『弁護士倫理の理論と實務』, 日本加除出版, 平成21.

田中 宏,『弁護士のマインド』, 弘文堂, 平成21.

飯村佳夫 外 3,『弁護士倫理』, 慈學社, 2009.

3. 미국문헌

Schwartz, Mortimer D., Richard C. Wydick, Rex R. Perschbacher, Debra Lyn Bassett, *Problems in Legal Ethics*, 8th ed., Thomson, 2007.

Shaman, Jeffrey M., Steven Lubet, James J. Alfini, *Judicial Conduct and Ethics*, Michie, 1995.

▌약어표▐

헌법 ⇒ 헌
민법 ⇒ 민
형법 ⇒ 형
민사소송법 ⇒ 민소
형사소송법 ⇒ 형소
상법 ⇒ 상
행정소송법 ⇒ 행소
행정심판법 ⇒ 행심
외국법자문사법 ⇒ 외자법
변호사법 ⇒ 법
변호사법시행령 ⇒ 영
대한변호사협회 회칙 ⇒ 회칙
변호사윤리장전 ⇒ 장전
윤리강령 ⇒ 강령
윤리규약 ⇒ 규
변호사징계규칙 ⇒ 변징규
변호사업무광고규정 ⇒ 광규
인터넷 등을 이용한 변호사업무 광고기준 ⇒ 넷광기
공익활동 등에 관한 규정 ⇒ 공익규
법관징계법 ⇒ 법징
법관윤리강령 ⇒ 법관령
검사징계법 ⇒ 검징
검사윤리강령 ⇒ 검사령

1 | 법조윤리 총설

도입질문

1. 법조윤리는 무엇인가?

2. 법조윤리의 기능은 무엇인가?

3. 법조윤리는 어떠한 특성을 갖는가?

4. 전문직윤리가 개인윤리 또는 일반윤리와 다르더라도 정당화될 수 있는가?

5. 법조전문직으로서의 변호사직의 특징은 무엇인가?

Ⅰ. 법조 및 윤리

1. 법조의 개념

가. 법조(法曹)

법조(法曹)는 '법을 하는 무리(曹)'라는 뜻으로, 법을 전문으로 하는 집단 또는 사람으로서의 법조 또는 법조인으로 불린다. 이는 일반적으로는 법률가와 같은 뜻을 가진 말이다.[1)]

---

1) 최종고, "법조윤리의 정신과 이론,"『법률가의 윤리와 책임』 제2판, 서울대학교 법과대학 편, 박영사, 2007, 45면. 이하 그 출처를 밝힐 경우 '문헌명-문헌의 부분 저자의 성명, 면수'(예: 법

나. 법률가 또는 법조인

법조윤리에 관한 각종 문헌과 자료를 보면 「'법률가'(또는 '법률')」 또는 「'법조인'(또는 '법조')」이라는 용어가 '전문직', '윤리', '책임' 등의 용어와 조합되어, 예컨대 윤리에 관하여는 '법조윤리' 또는 '법률가윤리', 전문직에 관하여는 '법조전문직', '법률전문직' 등과 같이 유사하거나 동일한 개념에 대하여 혼용되고 있다. 이 책에서는 위와 같은 여러 가지 용어의 기본적인 단어인 '법률가', '법조인'을 아래와 같은 의미로 사용하고자 한다.

법률가의 '법률'은 법에 법의 옛날 표현인 률(律)자를 붙여 만든 호칭으로서 동어반복의 표현이다. 동어반복을 피하기 위하여 법률가를 법가라고 하는 것은 중국 고대의 법가사상가를 연상시켜 우리의 법문화감정과는 거리가 있다. 법률가는 서양의 Lawyer 또는 Jurist의 번역어로서의 부적절성이 지적되기도 하지만[2] 실제로 Lawyer 또는 Jurist의 번역어로서 광범위하게 사용되고 있다. 그러나 법률가모델과 관련하여 우리나라가 법률관료모델[3]에서 법률전문가모델[4]로 이행하는 과정에 있다고 보면,[5] '법률가' 라는 용어가 법률기업가모델[6]에서의 법률전문가를 연장시키므로 다소 이질감이 느껴진다. 왜냐하면 법률관료모델 또는 법률전문가모델에서는 변호사의 행위준거를 직무의 공공성(공익) 또는 공익 및 의뢰인의 이익에 두는 반면에 법률기업가모델에서는 변호사 자신의 개별이익

률가의 윤리와 책임-최종고, 00면)만을 표시하기로 한다.

2) 법률가의 윤리와 책임-최종고, 44-45면.

3) 독일 · 프랑스 또는 일본이나 우리나라처럼 법조인의 역할과 기능을 국가법의 적용 · 집행자로서 보는 모델이다. 이 모델에서는 법조는 사법권력의 집행자 내지 수행자로서, 국가법의 집행과정에서 국가법을 시민사회에 전달하는 하향식 법집행의 중개자 또는 보조자로서의 기능을 수행하는 것으로 본다(한국학술진흥재단의 법학전문대학원 교재개발지원사업에 의하여 간행된 연구책임자 한인섭, 공동연구원 김재원, 한상희, 이상수, 김희수, 김인회의 『법조윤리』 2010년판의 14면 참조: 이하 그 출처를 밝힐 경우 '6인 공저-문헌의 부분 저자의 성명, 면수'만을 표시하기로 한다.

4) 영미를 중심으로 형성된 모델이다. 이 모델에서는 법조는 시민사회 내에서 형성되고 제기되는 다양한 부분이익들을 법적으로 대변하는 전문지식 · 기술의 소유자로서, 분쟁을 법적 과정을 통해 해결하기 위하여 그 절차에 참여하여 분쟁당사자들의 이해관계를 대변하고 국가 또는 그 대변자로서의 법관은 이에 대한 불편부당한 심판자로 기능하는 경우를 예상한다(6인 공저-한상희, 15-16면).

5) 6인 공저-한상희, 17면.

6) 최근 미국 등지에서 등장하는 모델이다. 시장모델이라고도 한다. 이 모델은 법기술과 전문성을 갖추고 있으면서 자신의 업무 중점을 공익이나 고객의 이익에 두는 것이 아니라 자신의 이익을 최대화함에 두고 있는 모델이다(6인 공저-한상희, 16면).

의 최대화에 중점을 두기 때문이다.

법조인이라는 용어는, 법조가 일반적으로 법률가와 같은 말이라는 점에서[7] 역시 동어반복의 표현이기는 하나, 우리의 법문화감정에 친근하고, 또 법률가라는 용어는 법률에 관한 직업집단의 의미와 개개 전문직업인의 의미를 포함하지 않고 있는 반면 법조인은 그 양자의 의미를 포괄하고 있다는 점에서 보다 적절하다. 여기에서 법조의 '조(曹)'는 직업집단으로서의 뜻이 있으므로[8] '법조'는 그 전문직의 집단을 의미하는 것으로, 법조인의 '인(人)'은 그 직업집단에 속하는 사람으로서의 개별성을 함축하고 있으므로 '법조인'은 법률 전문직에 종사하는 개별적인 사람이라는 뜻으로 사용하고자 한다.

다만 법률가라는 용어도 이미 광범위하게 사용되고 있고, 우리의 용례상 법조인은 법률실무에 종사하는 법관, 검사, 변호사 등을 총괄하는 호칭으로 사용됨으로써 법률가라는 용어보다 다소 한정적인 개념이라는 인식도 있으므로, 이 책에서는 법조인과 법률가를 함께 사용하되 법률가는 보다 광의로 즉, 법조인 외에 법을 전공하고 법에 관한 사무를 직업으로 하는 모든 자들, 예컨대 법학교수, 법연구자 등 법학자를 포함하는 용어로 사용하고(Lawyer), 법조는 소정의 자격시험에 합격하여 법률서비스를 제공할 수 있는 자격을 갖춘 자들의 집단(legal profession)의 의미로, 법조인은 그 집단을 구성하는 개별적 인간을 의미하는 것으로 각 사용하고자 한다. 그러한 의미에서 변리사, 법무사, 세무사 등은 유사 '법조인'(para-legal profession)[9]이라고 할 수 있다.[10]

2. 윤리의 개념

도덕은 가치개념(Wertbegriff)에 더 가깝고, 윤리는 그 가치를 실현하는 도상

---

7) 법률가의 윤리와 책임-최종고, 45면.

8) 일본의 朝日新聞 平成15년 11월 30일의 조간의 「ことばの交差点」(小汀一郎 집필)에 의하면 「法曹'는 중국의 漢(한)시대의 형법을 담당하던 관직명(決曹)에 기원이 있고, '曹'의 윗부분은 재판에서 원고와 피고가 각기 맹세를 표시하는 칼을 넣었던 자루를 갖고 마주보는 자세를 나타내고, 아래의 日은 본래는 曰로서 재판관과 정리의 의미이며, '曹'의 문자는 법정의 광경이라고 말할 수 있다고 한다」(田中紘三, 弁護士の役割と倫理, 商事法務, 2004, 80면, 주30).

9) 대한변호사협회는 유사법조인의 범위에 관하여 변리사, 관세사, 세무사, 법무사, 공인노무사, 공인중개사를 포함시키고 있다[대한변협신문 제291호(2009. 11. 23), 1면 참조].

10) 법률가, 법조인, 유사 법조인의 개념은 법률가의 윤리와 책임-한인섭, 5면, 주4 참조.

에 있는, 현실과 관련된 문화개념(Kulturbegriff)이라고 할 것이나,[11] 이 책에서는 도덕과 윤리를 굳이 구분하지 아니하고 혼용하기로 한다.

인간에게 선을 지향하는 공통된 도덕심이 있다고 할 때에 그 도덕심은 윤리의 측면에서는 지역, 종교, 직업집단을 기준으로 한 윤리로 나타난다. 동·서양의 윤리, 기독교·불교·이슬람교·유교 등 윤리, 법조·의료·경찰의 윤리 등이 그것이다.

II. 법조윤리의 의의

1. 법조윤리의 개념

H. Black의 Law Dictionary에 의하면 법조윤리라 함은 전문직으로서의 법조(legal profession)가 국민(the public), 법원(the court), 동료(his profession brethren) 및 의뢰인(client)에 대하여 부담하는 제 의무를 취급하는 도덕(moral science)의 한 분야라고 하고 있다.[12]

법의 과제는 분쟁을 해결하여 평화를 이루고 사람들의 권리와 이익을 부당한 침해로부터 보호하고 나아가 정당한 사회적 목표를 실현하는 것이므로, 이러한 법의 과제를 도덕적으로 흠잡을 수 없이 수행하는 자들에게 있어서 본질적인 도덕적 원리와 덕목이 법조윤리라고 할 수 있다.[13]

법조윤리는 소정의 자격시험에 합격하여 법률서비스를 제공할 수 있는 자격을 갖추고 법을 전문으로 하는 자들의 집단(legal profession)의 윤리뿐만 아니라 그 집단을 구성하는 개개인으로서의 법조인의 윤리를 포함한다.

한편, 법윤리(Rechtsethik)란 독일에서 사용되는 용어로서 '정당한 법'이라는 의미로 사용하였는데(K. Larenz 교수), A. Hollerbach 교수는 넓은 의미의 법윤리의 개념 속에 법조윤리도 포함되는 것으로 파악하고 있다.[14]

---

11) G. Radbruch/최종고 역, 『법철학』, 삼영사, 2002, 63면; 최종고, 『법철학』, 박영사, 2002, 22면.

12) H. Black, Black's Law Dictionary 제4판, 1039-1040면.

13) 법률가의 윤리와 책임-심헌섭, 37면.

14) 최종고 역, 전게서, 45면.

2. 법조윤리의 기능

법조는 공통적으로 적법절차원리를 구현·지향하면서 실정법 시스템, 사법제도 등 법과정에 충실하는 한편 사법개선을 실현함으로써 법의 지배를 실현하여야 할 책무가 있고, 법조의 한 축인 변호사에게는 그 직무의 특성에 상응한 독자의 윤리적 책무가 부과된다.

이에 따라 법조는 그 직무수행에 있어서 실정법 시스템, 사법제도, 의뢰인, 사회일반, 법조상호관계, 소속단체 등에 대하여 제반 의무 및 책임을 부담하여야 하고, 또 법조로서의 정체성을 확립하고 유지하기 위하여 공통으로 추구하여야 할 이상 및 가치를 공유하여야 한다. 이러한 의무·책임, 이상·가치는, 법조직무의 자율성 및 독립성이라는 성질상, 개개 법조인의 재량적 판단 및 자기책임으로 이행되고 추구되는 것이 바람직하나, 개별적 실천에만 맡겨놓을 경우 그 실효성을 온전히 확보할 수 없다. 따라서 법조단체는 그중의 최소한 내지 공통부분을 규범화하여 자율적으로 규율할 것이 요청된다.[15]

결국 법조윤리는 법조 또는 법조인에게 요구되는 위와 같은 의무·책임에 따른 행위규범을 정하여 개개의 법조인이 그 직무를 윤리적으로 수행하는 데 필요한 행동의 지침 및 한계를 설정하는 한편, 법조인으로서의 이상·가치를 제시하여 그 윤리적 자질의 유지·향상을 도모하는 것이다.

3. 법조윤리의 유형

가. 일반적 법조윤리 또는 거시적 법조윤리

법조인이 기초적인 법원리에 충실할 의무 또는 근본적인 법가치관을 표방해야 할 의무로서, 모든 법조인에게 일반적으로 타당한 윤리이다. 기초적인 법원리라 함은 법구조와 법절차의 근간을 이루면서 그 속에 내재되어 있어 '법내재적 정의' 또는 '법내재적 도덕'이라고 하는 합법성, 적정절차의 원리 등과 같은 법원리를 말한다. 근본적인 법가치관이라 함은 정의, 공정 그리고 인간의 존엄성(인권)과 같은 이념을 말하고, 이는 실정의 윤리규범만으로 사회현상을 규율하는 데 한계가 있으므로 사회의 변화 및 이상에 합목적적으로 대응하고 새

---

15) 小島武司 외 3 편, 『法曹倫理』 제2판, 有斐閣, 2006, 14면 참조.

롭게 충돌하는 사회이익의 조정·형평을 도모하기 위해서 필요하다.

이러한 거시적 법조윤리는 예컨대, 변호사법의 규정이나 변호사윤리장전의 내용과 같은 윤리규범 또는 지식을 익히거나 습득함으로써 함양될 수는 없고 보편적으로 승인된 도덕적 기준 또는 원리에 따라 행동하는 덕성을 내면화함으로써 그 함양이 가능하다. 이는 항상 이(利)보다는 의(義)를 좇는 선비정신, 자신에게 정직하고 스스로 신뢰할 수 있는 양심, 타인 및 공동체에 대한 존중과 배려심, 관념적인 의론의 차원에서만이 아니라 실존적 상황에 처해서도 노련하고 숙고된 결정을 내리는 지혜 및 자기희생 등을 통해서 얻어질 수 있다.[16] 결국 거시적 윤리판단과 윤리실현은 실천을 통한 지식과 기술을 통해서만이 가능하다. 그 실천도 자신의 안위를 걸고 전인격적·총체적으로 하지 않고서는 정의, 공정 등의 윤리적 가치를 구현하는 것은 불가능하다.

나. 포괄적 법조윤리와 분화된 법조윤리

법조의 개념을 어떻게 포착하는가에 따라 그 적용영역을 달리하는 윤리에 관한 것이다.

포괄적 법조윤리라 함은 법관과 검사, 그리고 변호사를 통칭하여 법조라고 하면서 이 3자에게 적용되는 직업윤리를 법조윤리로 파악하는 것이다. 이는 법조의 형성이 국가변호사 또는 판·검사 등 법조관료를 중심으로 이루어져 왔고 이를 분리하여 별개로 논의하는 것이 적절하지 않았던 데에서 비롯된 것이다.

분화된 법조윤리라 함은 법조전문직 자체가 다시 전문화되어, 즉 분화되어 법관, 검사, 변호사로 3분됨에 따라 각 영역에서 개별적으로 논의되는 법조윤리를 말한다.[17]

우선 법관과 검사는 법조인이자 공무원이므로 국민전체에 봉사하여야 하는 공무원에 관한 윤리규정을 먼저 적용받고 그 업무가 추구하는 것은 언제나 공익이어야 한다. 그러나 구체적으로 보면 법관, 검사 상호간에도 규범적 요구 및 도덕적 책임에 차이가 있다. 법관은 보다 더 규범주의적 윤리에 주도되고, 검사는 보다 더 공리주의적 윤리를 지향한다.[18] 이에 대하여 변호사는 제1차

---

16) 법률가의 윤리와 책임-심헌섭, 39면 참조.

17) 상게서, 38면.

18) 상게서, 38면.

적으로 고객의 이익을 위하여 행동할 것이 요구되는 사인이다. 또 법관이나 검사의 친구 또는 동료가 될 수 있는 동시에 경우에 따라서는 그들을 견제하고 비판해야 하는 독자적인 업무를 수행하여야 하는 법조인이다. 이에 따라 변호사에게는 보다 많은 자율성과 자유가 주어지는 한편 그 행위준칙도, 국가적 수준에서 결정되는 것도 있으나, 전문직 단체인 변호사회의 수준에서 자율적으로 결정되고 집행되는 것이 많다. 뿐만 아니라 법관이나 검사의 행위는 언제나 그 자체로서 평가되는 반면에, 변호사의 경우에는 그 가치 중립적인 위치 때문에 의뢰인인 고객과의 관계 속에서 그 행위의 당부가 판단되는 경우가 대부분이고[19] 보다 더 이기주의적 윤리에 의해 지배받는다.

위와 같은 윤리의 분화로 말미암아 구체적 법률문제에 대응하는 바람직한 자세를 둘러싼 윤리판단에 있어서 대립·긴장관계는 필연적이다.

4. 법조윤리의 특성

가. 규범윤리

사회규범을 그 준수의무의 유무를 기준으로 구별하면, 의무로서 그 준수를 요구하는 성질의 규범(A)과, 규범의 내용은 하나의 이상적 목표로서 거기에 달할 수 있도록 노력이 요구되는 성질의 규범(D)으로 나눌 수 있다. 전자, 즉 의무적 성격을 가진 규범은 그 의무의 준수를 요구하는 방법에 따라 첫째, 사회규범으로서 그 준수가 강제되는 것(A1)과 둘째, 자율적 규범으로서 그 준수의 여부가 오로지 개인의 자기결정에 맡겨진 것(A2)으로 구분할 수 있다. (A1)는 규범내용에 관하여 구성원의 의견이 일치되고 어떠한 강제방법에 의하여 이를 사회적으로 실현된다고 하는 점에서 일종의 실정성을 가진다. (A2)는 규범내용 내지는 그 구체화에 관하여 의견이 일치되지 않기 때문에 강제적으로 실현하는 것이 불가능하거나 부적당한 것, 또는 본래의 성질상 타율적 강제에 친하지 않는 것이다.[20]

또, 사회규범의 특색은 규범내용의 구체성의 정도에 따라 차이가 있다. 일정한 요건을 전제로 그 요건을 구성하는 사실의 존부에 따라 규범적합성의 유무가 결정되는 규칙(rule)으로서의 성질을 가진 것과, 개별 구체적인 경우에 판

---

19) 6인 공저-한상희, 8면.

20) 小島武司 외 3 편, 전게서, 15면 참조.

단할 지침(guideline)을 나타내는 원리 내지는 기준으로서의 성질을 가진 것이 있다.

법조윤리에는 이상에서 본 각 규범윤리가 혼재되어 있다.

나. 직업윤리

직업윤리는 윤리규범 중에도 실정적인 사회규범으로 설정되어 타율적으로 강제할 필요성이 크고, 많은 경우 직업집단 내에서 자치적으로 규범의 정립·강제가 이루어진다고 하는 점에 그 특색이 있다. 따라서 규범내용에 관하여 원리 내지 기준으로서의 성질을 가진 것으로부터 규칙의 성질을 가진 것으로의 구체화가 시도되고 있는 것이 일반적이다. 그러나 이러한 윤리규범의 실정화 또는 규칙화는 그 실현이 일부분에 국한되고 다른 부분은 유동적인 상태에 있거나 각자의 자율적 결정에 맡겨질 수밖에 없는 한계가 있다.

이는 법조윤리에 관하여도 마찬가지이다. 법조윤리는 그 일부가 이미 국가에 의하여 법규범화되어 있는 것에서도 볼 수 있듯이, 직업윤리로서 그 실정화 또는 규칙화의 요청이 강하다. 그러나 그 규범 내용의 결정에 있어서 고려해야 하는 여러 가치 또는 이념의 성질 자체가 복잡·미묘하기 때문에 위 요청을 실현하는 데에 특별한 곤란이 따른다.[21] 법조윤리에 위에서 본 바와 같은 여러 가지 규범윤리가 혼재되어 있는 것은 이러한 사정과 관계가 있다.

다. 전문직윤리

일반윤리는 일반인이 개개인의 신념을 초월하여 타인이나 자신이 속한 공동체에 대한 관계에서 요구되는 윤리로서, 개개인의 신념을 초월하고 있다는 점에서 보편적 윤리이다. 법조윤리는 일반윤리에 대한 특수윤리[22]의 한 분야로서 전문직윤리(이에 관하여는 후에 상술한다)에 속한다.

법조윤리는 의료윤리(medical ethics) 등과 함께 전문직(professional)윤리의 일종이라는 점에 가장 중요한 특성이 있다. 전문직은 일반의 직업과 달리 자율

21) 사법연수원, 『법조윤리론』, 2007, 2-4면 참조.

22) 특수윤리는 구분의 기준에 따라 윤리가 형성되고 실천되는 단위를 기준으로 가족윤리, 사회윤리, 국가윤리 등으로 세분할 수 있고, 전문직업을 단위로 구분하면 그 종류에 따라 법조윤리, 의사윤리, 성직윤리, 교직윤리 등의 전문직(profession)윤리로 구분할 수 있다. 법조윤리는 다시 법관윤리, 검사윤리, 변호사윤리로 세분화된다.

적 직업단체를 형성하고 고도의 전문성에 기하여 독특한 공공적 서비스를 제공하는 직무의 수행을 독점함과 동시에 이에 수반하는 서비스의 질의 확보, 윤리의 유지에 책임을 부담한다. 이처럼 전문직윤리는 직업단체의 자치성을 그 기초로 하고 있는 점에서 윤리적으로 그리고 법적으로 중요한 특질이 있다.[23)]

Ⅲ. 전문직윤리로서의 법조윤리

1. 전문직의 개념

전문직이라 함은 사회적인 분업의 체제에 있어서 자신의 전문화된 지식 또는 기술을 거래가 가능한 서비스로 생산·가공하여 이를 시장에서 독점적으로 판매하는 자로서, 그 독점적 지위를 유지하기 위하여 서비스의 생산량이나 질을 통제하는 한편 서비스 공급자의 자격을 제한하는 일단의 경제인이라고 할 수 있다.[24)][25)]

2. 전문직윤리와 일반윤리의 관계

가. 전문직윤리와 일반윤리의 차이[26)]

전문직윤리는 전문직업집단 내부자들에게만 요구되는 특별한 윤리로서 주로

---

23) 미국에서는 법조윤리를 전문직책임(professional responsibility)이라고 하고 있다(小島武司 외 3 편, 전게서, 4면).

24) 6인 공저-한상희, 17-18면 참조.

25) 전문직에 대하여 일본의 石村善助 교수는 "학식(과학 또는 고도의 지식)에 의하여 뒷받침되고, 그 자신 일정한 기초이론을 가진 특수한 기능을, 특수한 교육 또는 훈련에 의하여 습득하고, 그에 기하여 불특정다수의 시민 중에서 임의로 드러난 개개의 의뢰자의 구체적 요구에 응하여 구체적 봉사활동을 행하고 그럼으로써 사회전체의 이익을 위하여 진력하는 직업"이라고 정의하고, 田中成明 교수는 전문직의 공통의 조건으로서 "① 고도의 학식으로 뒷받침된 전문직 기능을 특수한 교육·훈련에 의하여 숙달할 것, ② 그 직무가 사회의 모든 사람에게 개방된 서비스를 제공하는 공익적 활동일 것, ③ 자격부여·교육훈련·규율유지 등의 권한과 책임을 가진 자율적 단체가 존재할 것" 등이 일반적으로 거론된다고 한다(加藤新太郎, コモン・ベーシック『弁護士倫理』, 有斐閣, 2007, 9면 참조).

26) 6인 공저-한상희, 6-7면 참조.

그 직업집단 내부에서 결정되고 집행된다. 그러나 근대 이후에는 전문직이 국가의 제도로 보장되는 과정에서 국가법(예, 변호사법, 의료법)에 의하여 규정되고 집행되기도 한다.

또, 집단내부자와 그 고객의 관계에 관하여 전문직의 성격과 업무에 따라 일반윤리와는 다른 정형화되고 공식화된 윤리규범이 형성된다. 예컨대, 의사에게는 환자에 대한 설명의무, 과잉진료금지의무가 있고(의사윤리지침9①, 13), 변호사에게는 비밀유지의무(규18)가 있다.

나아가 전문직윤리의 핵심은 전문직이 수행하는 공적 기능(의료직은 공중보건·위생, 법조직은 법치의 실현)을 확보하거나 고객의 신뢰와 이익을 도모하기 위한 내용이다.

뿐만 아니라 전문직윤리는 객관적 법규범으로 승격되거나 일반 법규의 손해배상책임 등과 결합하는 과정을 거쳐 고객에 대한 법적 책임으로 변경되면서 전문직은 법적 의무를 부담하고 고객은 전문직윤리의 이행을 요구하는 법적 청구권을 가지기도 한다.

일반윤리는 개개인의 신념을 초월한다는 의미에서 보편적 윤리이고 그중에는 '살인을 해서는 안 된다'는 것과 같이 자명한 것도 있으나 국가나 문화의 태양에 따라 차이가 있고 행위규범으로서 분명하지 않은 것도 있을 수 있다.

나. 일반윤리의 분화와 전문직 윤리

일반윤리는 분화가 불가피하고, 전문직 윤리와 다를 수밖에 없다. 우선 전문직은 그 표방하는 특유의 주된 목적 및 가치가 있다. 예컨대, 의료인에게는 건강이, 법조인에게는 정의가 각 주된 가치이다. 따라서 전문직윤리가 일반윤리에서 분화된 것이라고 하더라도 그 목적 및 가치의 차이로 인하여 일반윤리와 구별될 수밖에 없다.[27)]

윤리의 분화는 전문직 자체 내에서도 불가피한 것은 마찬가지이다. 앞서 보았듯이 법조전문직에도 법관, 검사, 변호사 등으로의 분화가 그것이다.

---

27) 법률가의 윤리와 책임-심헌섭, 37-38면 참조.

다. 전문직윤리와 일반윤리 사이의 긴장

기본사례 1

법률사무소를 운영하는 변호사 A는 평소 독실한 기독교 신자로서 어떠한 경우에도 낙태를 허용해서는 안 된다는 견해를 가지고 있고 최근의 국회의원선거 과정에서도 자신이 당선되면 낙태에 대한 형사처벌을 강화하는 법개정을 추진하겠다고 공약하고 국회의원에 당선되었다. 그 후 변호사 A는 임산부 X의 요청을 받고 낙태시술하여 촉탁낙태죄(형법 제269조 제2항)로 공소제기된 의사 Y로부터 사건을 수임하고 그 재판부에 재판의 전제가 된 형법 제269조 제2항이 위헌이라는 이유로 위헌법률심판제청신청을 하였다.

① 일반윤리에 의하면 변호사 A의 행동은 어떻게 평가될 수 있는가?

② 변호사 A가 법조전문직이라는 이유로 일반윤리에 반하는 행동이 허용될 수 있는가?

일반윤리의 분화에 따라 일반윤리와 전문직윤리 사이의 긴장도 볼 수 있다. 즉, 일반윤리와 전문직윤리 사이에 가치충돌이 발생한다. 일반윤리에 의하면 반윤리적인 일이 전문직윤리에 있어서는 정당화되는 경우가 있을 수 있다. 전문영역의 구체적인 상황에서 불가피하게 추구되어야 하는 목적이나 가치의 실현이 완전한 사회를 전제로 한 이상적인 보편윤리와 반드시 일치할 수는 없기 때문이다. 따라서 일반윤리와 전문직윤리가 충돌할 경우 전문직은 일반윤리와 다른 선택을 할 수 있고 또 하더라도 그 행위는 정당화될 수 있다.

3. 법조전문직으로서 변호사직의 특징

법조전문직으로서의 변호사직의 특징은 변호사의 이념에서 도출된다. 변호사의 이념에 관하여 일본에서는 「在野精神(재야정신)」, 「전문직이론」(Profession 이론), 「법서비스모델」 등이 논의되고 있고[28] 이는 우리에게도 타당한 논의이다. 재야정신은 권력에 저항하여 국민의 자유와 인권을 옹호하는 변호사상을 의미하고,[29] 전문직이론은 변호사직을 전문직이라고 하는 개념에 통합하여 전

28) 小島武司 외 3편, 전게서, 6-10면 참조.

29) 「재야정신」은 변호사의 기본의무로서 후술하는 '공공성의 유지의무'의 이념적 토대라고 할 수

문직이 가지는 제반 특성을 가진 직업으로 파악하는 입장이다. 법서비스모델은 변호사의 직무는 서비스일반과 마찬가지로 대가를 취득하고 제공하는 것이므로 소비자의 입장에서 생각하면 시장원리가 관철되어야 하고 따라서 기본적으로는 가능한 한 규제를 배제하여 business의 자유경쟁이 이루어지는 시장의 보편적 윤리로 충분하다고 보는 견해이다.[30] 생각건대 시장경제주의 체제하에서[31] 변호사의 사명 및 지위를 고려한다면 변호사직의 특성은 위의 어느 한 이념으로써 설명하기에 충분하지 않다. 오히려 위 재야정신은 전문직이론을, 전문직이론은 법서비스모델을 각 내재적으로 제약하는 원리로 작용하여야 하고 반대로, 법서비스모델은 전문직이론으로, 전문직이론은 재야정신으로 각 고양되어야 하는 관계로 파악하는 것이 타당하다.

이와 관련하여 변호사직의 특징을 보건대 변호사직은 공공성을 유지하여야 하고(공공성), 이를 위해서는 변호사가 어느 누구에게도 종속되지 않고 독립적으로 직무를 수행할 수 있어야 하고(독립성), 변호사의 직업단체에 의한 자치가 존중되어야 한다(자율성). 또, 변호사직에 대한 공공성의 요청으로 말미암아 그 서비스(직무)의 생산·판매에 있어서 독점체제(독점성)가 정당화될 수 있고, 다른 한편으로 그 서비스에 관한 전문적 지식 및 기술(전문성), 그리고 변호사직에 대한 사회적 지지(신뢰성)는 독점체제의 전제가 된다.[32]

가. 공 공 성

참고자료 1 무릇, 시대의 탁류 앞에서는 세 종류의 사람이 나타나는 것이니, 하나는 거기에 굴종하는 사람이요, 또 하나는 피하며 숨어사는 사람이요, 다른 하나는 그 탁류와 더불어 마주 싸우며 끝까지 지조를 굽히지 않는 사람으로서 이는 만인 가운데서 하나를 만나기도 어려운 것인데, 그 같이 쉽게 만나기 어려운 사람으로 모든 겨레의 흉앙 속에서 살다가 애도 속에 가신 이 한 분 계셨으니 가인 김병로 선생이 그이시다.

(중략) 국치 이후 24세에 일본으로 건너가 명치, 중앙 등 여러 대학에서 법학을

있다.

30) 小島武司 외 3 편, 전게서, 6-11면 참조.

31) 金哲洙, 『憲法學概論』 제7전정판, 박영사, 1995, 188-194면 참조.

32) 日本辯護士連合會 외 1 편, 『辯護士改革論』, 株式會社 ぎょうせい, 2008, 148면 "資格と獨占の意味" 참조.

전공하면서 고하 송진우, 인촌 김성수, 해공 신익희 등 동지들과 더불어 학우회를 조직하고, 기관지 「학지광」을 발행하여 항일 독립사상을 고취하다가 30세에 귀국해서는 법학전문과 보성전문학교 등에서 교편을 들었으나 민족의 울분을 참지 못하여 마침내 사회투쟁을 결심했었다. 그는 33세에 변호사를 개업한 뒤에 조선인 변호사회장과 조선 변호사 협회장을 역임하면서 법정투쟁을 감행하기 자못 25년간 3·1운동사건을 비롯하여 저 유명한 단천사건, 간도사건, 정의부사건, 광복단사건, 구국단사건, 광주학생운동, 원산노조사건, 6·10만세사건, 105인사건, 흥사단사건, 안창호사건, 백두산 화전민학살사건 등 매년 100여 건에 달하는 눈물겨운 변론으로 피를 끓이며, 이인 등 동지 변호사들과 함께 독립투사 구출에 있는 힘을 다하고, 또 민족정기 앙양과 인권옹호를 위해서는 언제나 선봉이 되는 한편, 특히 북풍회의 창설을 비롯하여 월남 이상재, 민세 안재홍과 함께 신간회를 조직하여 직접적인 민족항쟁운동까지 나섰던 것이다.[33] (이은상이 지은 김병로의 묘비내용 중 일부).

변호사의 기본적 직무의 하나는 전문적 지식 및 기술을 바탕으로 하는 서비스를 사회에 제공하는 것이고, 또 의뢰인의 이익을 옹호하는 것이다. 따라서 그 직무는 다른 상품과 마찬가지로 시장에서의 수요와 공급의 원리에 의하여 공정하고 자유로운 경쟁하에서 수행되어야 하고, 또 의뢰인의 이익을 최대한 옹호하여야 한다. 그러나 변호사의 직무는 상품으로서의 법률서비스를 생산·판매하는 단순한 상인의 비즈니스가 아니다. 또 변호사는 의뢰인을 위한 고용된 총잡이(hired gun)도 아니다. 현실적으로 변호사의 상인적 성격을 무시할 수 없고 또 의뢰인에 대한 대리인적 성격을 고려한다고 하더라도, 변호사의 기본적 윤리가 시장의 규칙을 준수한다거나 의뢰인에게 성실하여야 한다는 데 한정된다면 법조전문직이 그 목적으로 하는 정의를 실현하는 데 충분하지 않다. 인간의 중요한 가치인 정의는 공공성의 요청에 대한 봉사를 통하여 실현될 수 있기 때문이다. 우리 변호사법이 제1조에서 변호사의 사명은 "기본적 인권을 옹호하고 사회정의를 실현"하는 것이라고 맨 먼저 규정한 것은 공공성의 중요함을 말해주는 것이다. 이러한 공공성은 변호사의 의뢰인에 대한 개인적 이익의 옹호활동이 집적되어서 실현될 수 있는 것[34]이라기보다는, 경우에 따라서는 자신의

33) 최종고, 『한국의 법률가』, 서울대학교출판부, 2007, 184-185면.

34) 전문직이론에 대한 비판의 한 내용이다. 박휴상, 『법조윤리』, 도서출판 fides, 2010, 37면 참조.

안위를 걸고,[35] 권세에 굴하지 않고 돈에 팔리지 아니하고 정의를 위하여 불의에 대립하여 투쟁하는 기백과 용기로써 실현될 수 있다.[36]

나. 독 립 성

변호사의 직무는 위와 같이 공공적 요청에 봉사하여야 하므로 국가, 사회 기타 이해관계자 등의 영향을 받지 아니하고 독립적으로 이루어져야 한다. 이러한 독립성은 자율성과 협의의 독립성으로 구분하여 볼 수 있다. 자율성은 변호사가 그 사명을 실현함에 있어서 국가로부터 독립적 지위를 유지하는 것을 말한다(후술한다). 협의의 독립성은 변호사가 그가 속하는 사회로부터 또는 의뢰인 등으로부터 영향을 받지 아니하고 자신의 직무를 수행하는 것을 의미한다. 독립성은 변호사가 그 공공적 사명을 수행하기 위한 필수적 요소임과 동시에 변호사직에 대한 사회적 신뢰를 유지하는 바탕이 된다.

다. 자 율 성

변호사의 자율성은 일반적으로 변호사의 직무에 관한 활동이나 규율에 관하여 국가권력에 의한 감독을 받지 않고, 또 변호사의 자격심사나 징계를 변호사단체의 자율에 위임하는 원리를 말한다. 우선 '기본적 인권의 옹호와 사회정의의 실현'이라는 변호사의 사명은 경우에 따라 국가와의 충돌이 숙명적이므로 자율성이 확보되지 않으면 그 사명을 제대로 달성할 수 없다.[37] 따라서 변호사 자치는 변호사의 자율성을 확보하기 위한 최소한의 장치이다.

다음 변호사의 자율성은 전문직 단체의 존재가 그 필수적 요소의 하나이다. 그 단체가 구성원의 자격을 관리하거나 구성원에 대한 교육·훈련을 통하여 서비스의 질을 통제한다. 이로써 전문직 단체는 일종의 동업자조합으로서 스스로의 권익을 유지하거나 신장하고, 독점체제의 기초가 되는 전문적 지식체계의 완결성을 지향한다.

한편으로 자율성은 그 폐해로서 변호사의 직업단체가 그 구성원의 전문적

---

35) 小島武司 외 2, 『現代の法曹倫理』, 法律文化社, 2007, 255면 주4) 참조.

36) 이병린, "변호사를 뜻하는 법학도에게," 『법 속에서 인간 속에서』, 청구출판사, 1967, 58-60면 참조(한인섭, "한국의 법조윤리:역사와 현실," 한국학술진흥재단 편, 『법조윤리』 제2판, 2011, 61면에서 재인용).

37) 森際康友, 『法曹の倫理』, 名古屋大學出版會, 2005, 304-305면 참조.

지식 및 기술에 대한 서비스를 자율적으로 통제함으로써 변호사직의 독점성을 강화하는 한편으로 법률서비스의 시장통제로 흐를 수 있다는 점에 유의하여야 한다.

라. 독 점 성

변호사의 법률서비스에 관한 독점체제는 국가 또는 법·제도의 공적요청에 의하여, 그리고 전문직 단체에 의한 조직적 시장통제에 의하여 구축된다.

전자, 즉 공적 요청에 의한 독점체제의 구축은 역사적으로는 근대국가의 형성과 함께 국가적 요청에 의하여 법치 또는 사법의 집행이라는 국가적 기능이 법률전문직에게 위임되어 수행되는 것이 그 예이다. 여기에서 국가는 전문직의 자격을 부여하는 한편 비자격자가 당해 전문직 업무를 수행하는 것을 금지하고 이를 위반하는 때에는 제재를 가함으로써 그 독점체제를 뒷받침하고 동시에 변호사에게 그 직무의 공공성과 전문성을 요구한다.[38]

후자, 즉 전문직 단체에 의한 독점체제의 구축은 전문직 단체가 결성되고 그 구성원에 대하여 자격을 관리하고 교육·훈련을 담당하는 등으로 그 서비스의 질을 통제하는 것이 그 예이다.

마. 전 문 성

기본사례 2

"여하튼 어떤 법률가라도 자기들의 장사가 말장난이라고 내가 주장하는 것에 대하여 분개하든가 코웃음을 칠 것이다. 그리고 비록 장사라고는 할지라도 자신은 명제라든가 개념이라든가 기초적 원칙 ― 곧 관념 ― 을 거래하는 고상하고 숭고한 분이라고 말할 것이다. 법률가가 아닌 자가 법 속에서 길을 잃는 것은 그 머리가 추상적인 것을 논리적으로 사고하도록 훈련받지 못했기 때문이다. 이에 반하여 법률가의 머리는 그렇게 훈련되었기 때문에 비법률가라면 처음부터 놀라버려 도저히 뒤따를 수 없을 정도의 민첩함으로 하나의 추상에서 다른 추상에로 지극히 가볍고 논리적으로 훨훨 날아다니면서 그럴듯한 법명제를 국한된 특수한 경우에 제멋대로 적용시킬 수 있다."[39]

---

38) 헌법재판소 2000. 4. 27. 선고 98헌바95 결정 참조.

① Fred Rodell이 법률전문직의 어떠한 특징을 비판한 것인가?
② Fred Rodell의 비판에 대하여 어떻게 반론할 수 있는가?

변호사가 법조전문직으로서 생산·판매하는 서비스의 기초인 지식 및 기술(전문적 지식)은 관념화·추상화·일반화된 체계를 구성하고 그 자체로 완결된 체계를 지향한다.

이러한 전문적 지식은 세 가지 방향으로 작용한다. 첫째는 전문직의 업무수행의 준거가 된다. 둘째는 그 전문적 지식의 체계에 포괄될 수 없는 지식을 배척하거나 종속시키는 기능을 한다.[40] 셋째는 전문직의 독점적 지위의 기초가 된다. 전문적 지식을 갖지 못한 일반인으로서는 그 전문직의 시장에 진입할 수 없을 뿐만 아니라 그 업무의 내용을 잘 이해할 수도 없기 때문이다.

참고자료 2 어느 때부터인가, 우리 사회에서 법조인에 대한 부정적인 인식이 두드러져 가고 있고, 특히 요즈음에 이르러서는 특정 언론매체를 필두로 언론으로부터도 부도덕한 집단으로 매도되고 있어 가슴이 아프다. 이 중에는 우리가 감내해야 할 부분도 있겠으나, 어떤 경우에는 아무래도 수긍하기 어려운 내용도 있다 …(중략)… 많은 경우, 법률이나 판결문이 너무 복잡하고 어렵게 쓰여져 있어서 일반인이 이해하기 힘들다고 하면서, 이는 입법자나 판사들이 자기들끼리만 알아보고 다른 사람의 접근을 막으려는 의도적인 것이라고 비판한다. 그러나 조금만 공정하게 생각해 준다면, '법률은 언어에 의한 계산'이라고 하듯이, 법률의 요건상 반드시 규정해야 할 사항들은 빠뜨릴 수가 없다는 것도 고려되어야 할 것이다.

그리고 구체적 사안에서 타당한 결론을 내기 위하여 또, 정확한 표현을 하기 위하여 필요한 사항은 써넣지 않을 수 없지 아니한가? 예를 들어 간단한 것만을 추구하여 "모든 소득세는 일률적으로 수입의 10%로 한다"고 규정한다면, 단순·명료하기는 하겠으나 부자나 가난한 사람 모두에게 과연 공평한 세율이라고 장담할 수 있겠는가? 다른 측면에서, 법률의 규정이 복잡하게 되는 것은 법을 적용하는 '공무원의 재량 내지는 남용을 억제'하기 위한 측면도 있음을 고려해야 한다. 숫자나 부호만으로 쓰여진 어려운 수학 공식이나 물리학 이론을 이해하지 못하는 것은 당연히 여기면서, 단지 우리가 읽을 수 있는 글자로 쓰여졌다는 이유만으로 자기가 이

39) Fred Rodell/박홍규 역, 『저주받으라, 법률가여』(WOE Unto You, Lawyers), 물레, 1986, 29면.

40) 6인 공저-한상희, 19면 주14) 참조.

해하지 못하는 것을 남의 탓으로 돌릴 수는 없다. 법률이나 판결 역시 엄연히 전문가의 각고의 노력의 산물이다. '이의, 항소, 항고, 상고, 재항고, 상소'의 용어는 각각 필요의 산물이다.[41]

바. 신 뢰 성

참고자료 3 어떤 직업에나 그 특정의 직업에 종사하는 사람들이 지켜야 하는 행동 규범, 즉 '직업윤리'라는 것이 있다. 흔히 'OO인'이라고 불리며 이 사회의 대표적인 직업에 종사하는 사람들은 주변으로부터 그 직업에 대한 전문 지식과 더불어 그에 걸맞는 행동 양식과 가치·윤리관 등을 갖추고 있을 것이라는 기대를 갖게 한다.

따라서 법조인에게도 직업윤리가 있는 것은 당연하지만, 법조인들에게는 안타깝게도 국민들은 '법'을 다루는 특별한 자격을 지닌 법조인들에 대해 더 높은 수준의 직업윤리를 전제로 하고 평가한다. 그러나 과거 논란이 됐던 법조비리 사건과 현재 법원에 계류 중인 각종 법조인 관련 재판들을 보면, 법조삼륜 구성원 중 '극소수'인 사건의 당사자들은 직업윤리를 생략한 채 법조인 생활을 한 것으로 보인다.[42]
…(생략) …

변호사직은 전문직으로서 사회적 존립을 위한 토대 즉, 그 체제가 해체되지 않기 위한 안전판으로서 서비스의 상품화 및 시장독점에 대한 사회적 지지를 필요로 한다. 이를 위하여 전문직은 그 직무의 기초가 되는 전문적 지식에 관한 권위, 그 직무의 공공성 나아가 윤리성에 대한 사회적 신뢰를 얻기 위하여 노력하여야 한다. 이러한 사회적 신뢰는 국가로부터의 자율성을 확보하기 위한 근거가 된다. 러시아제정이 의료개혁을 빌미로 의료전문직을 해체하고 그것을 국가의 보조자 내지는 국가통치의 수단으로 삼고자 한 것은[43] 전문직 체제가 언제든지 국가에 의하여 해체 내지 약화될 수 있다는 것을 보여준 예이다.[44]

---

41) 대한변협신문 제358호(2011. 7. 4.), 6면, 양삼승, 〈양삼승 변호사의 법가산책〉「법조인을 폄하하는 언론에 대한 반론」.

42) 대한변협신문 제341호(2011. 2. 28), 11면, 박준희, 〈법조기자실〉 '법조인'의 직업윤리(職業倫理).

43) 6인 공저-한상희, 21면.

44) 변호사회와 관련하여 1998년 이후 법조비리에 대한 국민적 불신, 독점집단에 대한 규제개혁의

헌재 2000. 4. 27. 98헌바95 결정

변호사법은 변호사는 기본적 인권을 옹호하고 사회정의를 실현함을 사명으로 하고, 그 사명에 따라 성실히 직무를 수행하며 사회질서의 유지와 법률제도의 개선에 노력하여야 한다(법 제1조)고 규정하여 변호사의 사명이 인권옹호와 사회정의실현에 있음을 분명히 하고, 변호사는 공공성을 지닌 법률전문직으로서 독립하여 자유롭게 그 직무를 행한다(법 제2조)고 규정하여 그 직무의 공공성 및 독립성을 강조하고 있으며, 당사자 기타 이해관계인의 위임 또는 공무소의 촉탁 등에 의하여 소송에 관한 행위 및 행정처분의 청구에 관한 대리행위와 일반 법률사무를 행한다(제3조)고 규정하여 변호사의 직무범위가 법률사무 전반에 미치도록 하고 있다. 또한 그 자격을 엄격히 제한하고(법 제4조, 제5조), 직무수행에 있어서도 회칙준수, 비밀유지, 품위유지 등의 각종 의무를 부과함은 물론 겸직제한, 일정한 경우 수임제한 등의 통제를 가하고 이를 위반하는 경우에는 제명 등의 징계로 그 직무수행으로부터 배제시킴으로써 공정하게 그 직무를 수행할 것을 요구하고 있다. 이와 같이 입법자가 변호사제도를 도입하여 법률사무전반을 변호사에게 독점시키고 그 직무수행을 엄격히 통제하고 있는 것은 전문적인 법률지식과 윤리적 소양을 갖춘 변호사에게 법률사무를 맡김으로써 법률사무에 대한 전문성, 공정성 및 신뢰성을 확보하여 일반 국민의 기본권을 보호하고 사회정의를 실현하려는 데 있는 것이고, 이 사건 법률규정은 위와 같은 변호사제도를 보호·유지하려는 데 그 목적이 있다.

4. 법조전문직에 대한 윤리규제의 근거

법조전문직에 대하여는 그 윤리규제의 근거를 여러 가지 관점에서 찾을 수 있다.

가. 기능주의적 관점에서 찾는 견해가 있다. 법조전문직이 제공하는 서비스는 전문직에 독점되어 있거나 종속되어 있다. 따라서 일반의 재화나 용역과는 그 성질이 달라서[45] 고객이 그 서비스를 구매함에 있어서 전문직과의 사이에 힘의 불균형이 존재할 수밖에 없으므로 약자인 고객을 보호할 필요가 있다.

요구가 제기된 가운데 2000년 변호사법이 개정되는 과정에서 변호사자치의 한 축인 변호사징계의 변협에의 일원화의 문제점이 제기되는 등 변호사자치를 약화시키려는 움직임이 그 한 예라고 할 것이다(6인 공저-한인섭, 87면 참조).

45) 법률전문직이 제공하는 서비스가 일반의 재화나 용역과 다른 것은 첫째, 서비스의 구매 당시에는 그 결과를 예측하기 어렵고, 둘째, 제공자와 구매자 사이에 극단적인 정보의 불균형이 이루어지며, 셋째 전문직 서비스의 구매자들은 대체재를 찾기가 어렵기 때문이라고 한다(6인 공저-한상희, 19-20면 참조).

고객을 보호하기 위해서는 힘의 불균형을 사회적 신뢰로 보완하여야 하고 여기에서 법조전문직에 대한 윤리규제가 필요하게 된다고 한다. 즉, 전문직은 그 전문적 지식을 과학적으로 구성하고 그에 대한 신뢰를 자신에 대한 신뢰로 대체하기 위해서 일반인에 비하여 강화된 수준의 윤리규범을 마련하고 이를 실천할 필요가 있다는 것이다.[46]

나. 법조전문직 또는 법률서비스의 본질에서 찾는 입장이 있다. 즉, 법조윤리는 법조전문직에 내재하는 본질적인 것이라고 하는 입장이다. 법조전문직이 수행하는 법률서비스는 그 본질에 있어 국가의 법집행작용인데 근대국가에 들어서면서 국가법의 집행권력의 일부가 시민사회로 이전하는 과정에서 사적인 개인에게 위임된 것이므로, 법조윤리는 국가가 가졌던 법권력의 일부를 위임받는 법조인이 당연히 지켜야 할 국가적 윤리규범이 된다는 것이다.[47] 법조전문직으로서 당연한 기본적인 의무로 보는 견해도 여기에 속한다고 볼 수 있다. 법조윤리는 법조전문직이 다른 전문직과 차별되는 직책이라거나 법조인의 지위가 고상해서 노블리스 오블리제(noblesse oblige) 차원에서 요구되는 것이 아니라, 법률에 대한 지식을 가진 전문가(legal profession)에게 당연한 기본적인 의무로 요구되는 것이라고 한다.[48]

다. 법의 속성에서 찾는 견해가 있다. 법조윤리는 법조인이 가지는 법(및 법체제)과의 관련 속에서 정의되는 것이며 법조윤리는 법적 합리성을 포함하는 법의 속성 자체에 근거를 가지는 것이라고 생각하는 입장이다. 즉, 법이 지향하는 이상이나 목표는 법을 운영하는 법조인의 정의감 및 윤리의식을 전제하지 아니하고는 실현되지 아니한다는 의미에서 법(법치주의)은 법조윤리를 전제로 한다고 한다.[49] 즉, 법(the law and the legal system)이란 그 법을 운영하는 사람의 도덕감 또는 윤리성을 전제로 하지 않고서는 자의의 행사이거나 억압과 착취의 장치일 뿐이지 법일 수 없다는 법 자체의 속성에 그 근거를 찾는 것이다.[50]

라. 법의 실효성을 위해서 윤리규제의 근거를 찾기도 한다. 법치주의의 확

---

46) 6인 공저-한상희, 19-20면 참조.
47) 6인 공저-한상희, 20면 주17 참조.
48) 법률가의 윤리와 책임-한인섭, 25-26면 참조.
49) 법률가의 윤리와 책임-최대권, 103면 참조.
50) 상게서, 104면 참조.

산을 위해서 법조윤리가 요구되고, 또 법의 지배를 제대로 실현하기 위해서는 법과 시민을 매개하는 법률가의 중개적 역할이 반드시 필요하고 시민들을 승복시킬 수 있는 도덕적 승인력을 가져야 한다. 그 도덕적 힘은 법제정자·법집행자에 대한 신뢰의 축적에서 올 수밖에 없고, 법률가 집단에 대한 사회적 신뢰를 확보하기 위해서는 법률가 개개인의 행동방식이 사회적으로 승인받을 수 있을 정도의 윤리기준에 부합되어야 한다는 것이다.[51)]

마. 변호사시장의 공정성 유지 또는 법접근성의 공평에서 윤리규제의 근거를 찾는 견해도 있다. 법률서비스 수요의 배분방식과 관련하여 의뢰인이 변호사시장에서 자신에게 만족을 줄 수 있는 변호사를 선임하여 법률서비스를 제공받는 시장모델에서는 시장의 공정성을 유지하는 것이 필요하므로, 공급자인 변호사가 브로커의 고용, 가격담합과 같은 시장기능을 교란하고 파괴하는 행위를 하지 않도록 변호사의 전문가적 책임이 강하게 추구되어야 한다는 것이다. 또 공정한 시장에서 법률서비스를 구매할 수 없는 계층인 사회적 약자, 경제적 빈곤층 등에 대한 법적 접근을 공평하게 보장하기 위하여 공익법률서비스의 제공에 대한 변호사의 책임을 확보할 필요가 있다고 한다.[52)]

5. 법조전문직과 의료전문직

법조전문직(legal profession)은 의료전문직(medical profession)과 여러 가지로 비교가 되는 전문직이다. 그 목적에 있어서 법조는 정의 또는 인간의 분쟁에 대한 해결, 의사는 건강의 회복 또는 질병의 치료라고 하는 차이는 있으나, 서구에서 중세 이래 법조 및 의사는 고전적 전문직으로 불리고 특별한 직업집단으로 사회적으로 승인되어 높은 사회적 지위로 평가받고 있다.[53)] 양 전문직은 다음과 같은 요소를 공유하고 있다는 점에서 공통점을 가지고 있다.[54)]

가. 전문적 지식

사법시험 체제에서는 소정의 법학과목을 이수하여야 사법시험에 응시할 수

51) 법률가의 윤리와 책임-한인섭, 27-28면 참조.

52) 상게서, 29-32면 참조.

53) 小島武司 외 3 편, 전게서, 11면 참조.

54) 법률가의 윤리와 책임-최대권, 108면 참조.

있고(사법시험법5①), 또 사법시험에 합격한 후에도 사법연수원의 교육과정을 이수하여야 변호사자격을 취득하고 법조인이 될 수 있으므로 사법시험 응시과정 및 사법연수원의 이수과정에서 법률에 관한 전문지식을 축적하여야 한다. 법학전문대학원(law school) 체제에서는 원칙적으로 동 대학원에서의 석사학위 취득자로 변호사시험의 응시자격이 한정되므로(변호사시험법5①,②) 법조인이 되기 위해서는 법학전문대학원의 교육과정을 통하여 법률에 관한 전문지식을 습득해야 한다. 의사·치과의사 또는 한의사(이하 "의료인"이라고 함)는 국가시험 응시의 자격요건으로 의료에 관한 학사의 자격이 요구되고 있으므로(의료법5①) 대학의 교육과정을 통하여 의료에 관한 전문지식을 습득한다. 또 법조인 또는 의료인의 자격 또는 면허를 취득한 후 전문직 단체 또는 전문분야별 학회, 소속 기관의 교육·훈련프로그램 등을 통하여 전문지식을 습득하고 연마한다.

나. 자격제도

법률 또는 의료에 관한 전문지식을 갖추고 있다고 하여 모두 법조인이나 의료인이 되는 것은 아니다. 법조인 또는 의료인이 되기 위해서는 국가가 자격 또는 면허를 부여하여야 한다. 자격이나 면허를 가지지 아니한 자는 법률 또는 의료에 관한 전문직에 진입할 수 없다. 여기에서 법조인이나 의료인은 이러한 자격이나 면허에 의하여 독점체제의 이득을 누리게 된다. 또 법조인이나 의료인의 전문적 지식은 국가의 법질서 또는 국민의 건강에 중대한 영향을 미친다. 따라서 법조인이나 의료인이 전문지식 및 전문윤리를 갖추고 있는지에 관한 국가의 관심은 지대할 수밖에 없다. 그렇기 때문에 국가는 그 자격 또는 면허를 부여하기 전에 사법시험(또는 변호사시험) 및 의사시험을 통하여 전문적 지식을 검증할 뿐만 아니라, 자격을 부여한 후에도 그 전문적 지식의 고양 또는 윤리의 함양에 관하여 법규범을 통하여 그 이행을 강제하거나 전문직단체로 하여금 자율적으로 규제하도록 한다.

다. 전문교육

전문직(profession)이 되기 전의 교육과 그 후의 교육을 포함한다. 법조인이나 의료인을 양성하기 위하여 전문지식을 습득하는 교육이 요구되고 있다. 물론 다른 분야에 있어서도 예컨대 최고경영자가 되기 위하여 일반적인 교육을 받기도 한다. 그러나 교육의 이수가 전자에 있어서는 법률 또는 제도에 의하여 필수적임에 반하여, 후자의 경우는 개인적 동기에 의한 것이라는 점에서 차이가 있다. 법조인은 전문지식을 터득하기 위하여 일정한 법학과목, 사법시험의 합격 후 사법연수원의 전문교육과정 등을 이수하여야 하고, 의료인은 국가시험에 응시하기 위하여 대학의 전문교육과정을 이수하여야 한다. 또 법조인 또는 의료인의 자격 또는 면허를 취득한 후 전문지식을 축적하기 위하여 전문직 단체 또는 전문분야별 학회, 소속 기관의 교육·훈련프로그램 등의 교육과정에 강제적으로 또는 자발적으로 참여한다.

라. 전문직윤리

법조인은 법의 이념을 실현하기 위한 과정에 참여하는 자이므로 법조인의 윤리성은 법의 이념을 실현하는 전제가 되고, 그렇지 않을 경우 오히려 사회나 국가에 대하여 해악을 끼칠 수 있다. 의료인의 윤리성 역시 생명존중이나 인술과 같은 이상을 실현하기 위한 전제이고 그렇지 아니할 경우 오히려 국민의 생명과 건강을 해할 수 있다. 따라서 양 전문직은 그 업무의 본질 자체에서 고도의 윤리성이 요구된다.

전문직윤리는 사회공동체에 대한 관계에서 전문직이 스스로를 정당화하는 중요한 수단으로 지적된다. 특히 법조전문직은 시대나 국가 나아가 사상을 초월하는 보편적 타당성을 지닌 것이 아니므로 그 사회적 정당성이 결여되면 그 존립이 무너지거나 위협받을 수 있다. 여기에서 법조인의 윤리는 사회적 지지에 필수적인 것이 될 수밖에 없고, 그 품위의 유지 및 법제도 개선에 노력하여야 할 의무 등은 법조윤리의 중요한 내용이 된다.[55]

마. 전문직업 단체

위에서 본 바와 같이 법조인과 의료인은 그 구성원에 대하여 자격을 관리하거나 교육·훈련을 통해 서비스의 질을 통제하기 위하여 전문직업 단체를 결성한다.

---

55) 법률가의 윤리와 책임-최대권, 110-111면 참조.

■ 기본사례(해설)

1. 일반윤리에 의하면 변호사 A의 행동은 소신과 주관이 없는 것으로 평가될 수 있다. 그러나 변호사는 의뢰인의 권익을 최대한 옹호해야 할 의무(성실의무)를 부담하므로 개인윤리 또는 일반윤리에 반하는 행동이라고 하더라도 그것이 의뢰인의 정당한 권익을 보호하기 위한 것이라면 공익에 반하지 않는 한 허용된다.
2. Fred Rodell은 법조전문직인 변호사의 전문적 지식이 일반인이 이해하기 어렵게 관념화되고 추상화되어 있는 점을 비판한 것이다. 그러나 관념화되고 추상화된 전문용어는 구체적 사건에서 사실관계를 정확하게 표현하고 타당한 결론을 이끌어 내기 위한 효과적인 도구로서 필요하다(본장의 참고자료 2; 제16장의 참고자료 2 등 참조).

2 | 변호사의 직무와 윤리

Ⅰ. 변호사의 사명 · 지위 · 직무
Ⅱ. 변호사의 윤리

도입질문

1. 변호사의 기본적 사명은 무엇인가?

2. 변호사가 그 직무를 독립하여 자유롭게 수행한다는 의미는 무엇인가?

3. 변호사법상의 변호사의 직무의 내용은 무엇인가?

4. 변호사의 모든 비윤리적 행동은 징계사유가 되는가?

가. 변호사의 권세에 아첨하는 행위, 재물을 탐하는 행위, 사생활에 있어서의 호화와 사치행위

나. 변호사가 다른 변호사를 비방하거나 다른 변호사나 그 업무의 내용을 자신의 입장에서 비교하는 내용의 광고를 하는 행위(광규4ⅳ)

다. 변호사가 상대방 또는 상대방 변호사를 유혹하거나 비방하는 행위(규10①)

라. 변호사가 법원에 변호인선임서를 제출하지 아니하고 재판에 계속 중인 사건을 변호한 행위(규23①, 법29의2)

5. 변호사로서의 품위(법91②ⅲ)가 무엇인가? 변호사에게 품위가 요구되는 근거가 무엇인가?

6. 변호사윤리의 주요한 실정규범에는 무엇이 있는가?

7. 변호사의 자율성이 확보되어야 한다는 논거는 무엇인가?

8. 변호사법상 변호사의 자율성은 완전하게 확보되어 있는가? 변호사의 자율성에 한계가 있고 또 한계가 있어야 하는가?

9. 변호사의 공공성과 상인성에 대하여 가치배분을 어떻게 하여야 하는가?

Ⅰ. 변호사의 사명 · 지위 · 직무

1. 변호사의 사명

변호사법 제1조(변호사의 사명) ① 변호사는 기본적 인권을 옹호하고 사회정의를 실현함을 사명으로 한다.
② 변호사는 그 사명에 따라 성실히 직무를 수행하고 사회질서 유지와 법률제도 개선에 노력하여야 한다.

가. 기본적 인권의 옹호와 사회정의의 실현

변호사법은 "변호사는 기본적 인권을 옹호하고 사회정의를 실현함을 사명으로 한다"라고 규정하고 있다(법1①). 변호사법이 제1조에서 변호사의 사명이 '기본적 인권의 옹호', '사회정의의 실현'에 있다고 한 것은 그 사명의 공공적 성격을 명백히 한 것이다. 기본적 인권이라 함은 헌법 제10조가 규정하는 기본적 인권과 같은 의미라고 할 것이고, 이를 옹호한다는 것은 기본적 인권에 대하여 그 침해가 현재 이루어지고 있거나 또는 장래에 이루어지려고 하는 경우에 침해되는 기본적 인권을 구제 · 회복하거나 미연에 그 침해를 방지하는 것을 말한다. 사회정의라 함은 인간이 사회생활을 함에 있어서 요구되는 정의를 말하고, 정의의 개념에 관해서는 Aristoteles 이래 다양하게 논의되어 오고 있으나 근대 헌법의 기본원리인 자유와 평등을 국민의 사회생활에서 실현한다는 취지로 이해할 수 있고, 사회정의를 실현한다고 함은 정의가 달성되도록 노력하고 행동하는 것을 의미한다.[1)]

이에 따라 변호사윤리장전은 변호사법 제1조 제1항의 사명을 윤리강령에 반복함과 동시에 윤리규약에서 그 내용을 보다 구체화하고 있다.[2)] 즉, 윤리강령에서 변호사는 민주적 기본질서의 확립에 힘쓰며 부정과 불의를 배격한다(5호)"라고 밝히고, 윤리규약에서는 구체적으로 "변호사는 인간의 자유와 권리를 보호하고 향상시키며, 법을 통한 정의의 실현을 위하여 노력한다(1①), 변호사는 공공의 이익을 위하여 봉사하며, 법령과 제도의 민주적 개선에 노력한다(1

---

1) 高中正彦, 『弁護士法概説』 제3판, 三省堂, 2006, 26-27면 참조.

2) 변호사윤리장전은 윤리강령과 윤리규약으로 구성되어 있다.

②)" 등으로 표현하고 있다.

참고자료 1 한승헌 변호사는 업계의 살아 있는 전설이다. 변호사들은 그의 동상이 세워져야 한다고 주장하기도 한다. 그는 독재정권시절 시국사건 전담변호사로서 정권과 불화의 중심에 있던 인물이다. 검찰의 공소사실에 통과의례로 판결이라는 포장을 씌워주던 시절 그는 김지하 시인을 변호했고 민청학련사건 등을 맡았었다. 변호에 그치지 않았다. 그는 보고 듣고 느낀 걸 글로 책으로 사회에 알렸다. 그는 자신의 글에 대해 혹독한 벌을 받았다. 중앙정보부 지하실에 끌려가 곤욕을 치르고 감옥으로 들어가 징역을 살았다. 사회를 위한 십자가를 진 것이다. 전두환 정권 당시 민정비서관이 내게 한승헌 변호사의 당시 삶의 모습을 알려준 적이 있었다. 변호사 자격이 박탈당한 채 시장통의 골목집에서 늙은 어머니를 모시고 살더라는 것이다. 그 가난을 보고서야 위선이 아닌 그의 진실을 확인했다고 말해 주었다. 반대측의 증언은 더욱 확실할 수 있다 …(중략)…

"변호사가 싸워야 할 대상은 뭐라고 생각하십니까?"

"불의와 차별이죠. 칠팔십년대 독재시절과 지금은 세상이 달라졌다고 말하는 사람도 있는데 저는 그렇게 생각하지 않아요. 굳이 차이가 있다면 전시와 평시 정도라고나 할까. 정도의 차이지 지금도 역시 불의와 차별이 곳곳에 남아 있죠. 용산참사나 서울광장 문제도 변호사들이 관심을 가지고 보느냐 외면하느냐에 따라 달라지는 겁니다. 독재정권시절에도 일반사건을 하느라고 외면하는 변호사들이 많았습니다. 지금은 시절이 달라져 문제가 없다고 하는 사람들은 그 시절도 시국을 외면한 사람들이죠. 결국 인식하는 사람들의 접근태도가 문제죠."

변호사는 근본적으로 '불의와 차별'을 볼 줄 아는 밝은 눈을 가져야 하는 것이다. 천장을 보면 바닥에 보이지 않듯 돈만 추구하면 진실은 안 보인다.

"남들이 보지 않는 걸 굳이 보고 남들이 지지 않는 십자가를 진 이유는 뭡니까? 정의와 용기입니까?"

"남들이 정의니 용기니 그렇게 말하는데 그 차원은 아닌 것 같아요. 어려운 사람을 외면했다가 나중에 가책을 받고 후회하면 힘들 거 같았던 거죠. 위험이 다가올 때 비껴서거나 도망치면 후회가 될까 봐 정면으로 맞아들였죠. 무서워도 물러나지 못한 거죠. 결국 인생이란 어느 마디에서나 선택의 문제라고 생각해요."[3)]

---

3) 대한변협신문 제351호(2011. 5. 17), 7면, 엄상익, 「명변호사 스토리2, 시대의 양심 한승헌 변호사」, "변호사가 싸울 대상은 불의와 차별," 인용문은 엄상익 변호사가 한승헌 변호사를 인터뷰한 내용 중 일부이다.

참고자료 2 판사직에 회의를 느낀 건 사실이지만, 더욱 직접적인 개인적 이유가 있었어요. 내가 사표내고 나온 걸 보고 세간에서는 내가 처음부터 인권변호사 하려 그랬냐고 생각할지 모르지만 그런 생각이 처음부터 있었던 건 아니에요. 사실은 배가 고파서 냈어요. 가정이 어려운데다, 부양가족이 많았지요 …(중략)… 6개월 정도 판사생활을 더 단축한 건 확실히 사법파동 때문이기도 하겠네요 …(중략)… 처음 변호사가 되어 돈벌이 되는 사건은 열심히 쫓아다녔지요. 그러다 보니까 의식은 해결되었는데, 뭔가 정서적인 공황이랄까, 허탈감이랄까 하는 게 생겨요. 마음이 그렇게 허할 수가 없어요 …(중략)… '과연 내가 이렇게 살려고 법률공부하고 그랬나'하는 이런 상념들, 자신을 갉아먹는 것 같고 낭비하는 것 같은 생각, 그런 상념과 회의가 거듭되는 중에 이런 권력에 탄압받는 시국사건[4]을 만나게 된 거지요 …(중략)… 민청학련 사건은 내 운명을 바꿔놓은 사건입니다. … 고립무원한 정치범, 양심범들의 편이 되어준다는 것, 그들의 법률적인 입장이나 권익을 보호해주고, 그들의 주장을 대변해주고 하는 것, 이게 지금 우리 상황에서 변호사가 할 수 있는, 또 해야 되는 일이 아니겠는가 절감한 거지요, 힘든 가운데서도 혼신의 힘을 다하게 되고 전력투구를 하게 되었어요.[5]

나. 성실한 직무의 수행, 사회질서 유지 및 법률제도 개선의 노력

참고자료 3 "변호사가 추구해야 할 게 뭐라고 생각하십니까?"
수많은 후배 변호사들에게 길을 알려주고 싶어서 물었다.

"변호사가 싸워야 할 대상은 불법과 불의라고 할 수 있죠. 그런데 저는 정당한 법집행의 피해도 봤어요. 국가나 지방자치단체와 많이 싸웠어요. 공권력에 의한 피해구제를 위한 투쟁이죠. 그런데 변호사로 판단을 받는 입장이 되니까 이상할 때가 있어요. 법원의 결론이 다른 거예요. 그럴 때면 내가 판사를 할 때 잘못했었나 하는 의문이 들기도 합니다."

그는 경험이 부족한 젊은 판사의 편협성을 그렇게 우회적으로 표현하기도 했다. 그가 말을 계속했다.

"궁극적으로 변호사들은 현대의 우상과의 싸움에서 이겨야 합니다. 지금 세상을 보면 정치 경제 사회 문화 모든 분야에서 우상화 현상이 벌어지고 있습니다. 정치 분야에서는 이념논쟁이 있어요. 또 역사에서도 민족주의라는 한 가지 기준만을 내

4) 1974년 민청학련 사건을 지칭한다.
5) 한인섭 대담, 홍성우 변호사의 증언, 『인권변호사의 한 시대』, 경인문화사, 2011, 48-54, 98면.

세우고 거기에 맞지 않는 모든 것들에 대해 칼질을 하고 있어요. 예를 들면 장지연 같이 일제시대 살았던 선인들을 반민족행위자라고 몰아버리는 걸 봤습니다. 그 시절의 피눈물 흘린 고통을 전혀 모르는 지금의 사람들이 과연 돌을 들 자격이 있는지 모르겠습니다. 물론 이완용 같은 경우까지 다 용서하자는 건 아닙니다. 경제면에서도 수단방법을 가리지 않고 잘살자는 욕망이 가득합니다. 변호사들의 비리는 거기서 생기는 거죠. 모든 분야에서 그런 거대한 우상들이 나타나 횡포를 부리고 있습니다. 변호사는 그런 우상들과의 싸움을 해야 한다고 봅니다. 그걸 실천하는 무기로서 법이 필요한 거구요."[6)]

변호사법은 "변호사는 그 사명에 따라 성실히 직무를 수행하고 사회질서 유지와 법률제도 개선에 노력하여야 한다"(법1②)라고 규정하고 있다. 이는 변호사가 그 직무의 성실한 수행, '사회질서의 유지' 및 '법률제도 개선'의 노력을 함에 있어서 지향하여야 할 가치가 기본적 인권의 옹호와 사회정의의 실현에 있음을 다시 밝혀 변호사 직무의 공공성을 거듭 강조하는 한편, 변호사가 적법절차의 원리에 따라 법과정에 충실하면서 법률제도의 개선에 노력하여야 할 의무가 있음을 선언한 것이다.

사회질서 유지라 함은 헌법이 규정하는 자유민주주의체제 아래에서 사회의 제반질서를 준수하는 것을 말하고 이러한 의미에서 사회질서를 파괴·부정하는 행위는 변호사의 행동지침이 될 수 없고 현재의 재판제도 자체를 부정하는 언동도 허용되지 않는다. 그러나 변호사가 이른바 '재야정신'에 입각하여 실질적 적법절차의 원리를 지향하면서 변화하는 현상과 사회이상에 합목적적으로 대응하고 상충하는 사회이익의 정의로운 조정과 균형을 도모하는 노력이 필요한 것임은 당연하다.

법률제도 개선이라 함은 헌법에 기하여 효력을 가지고 있는 법률 및 이에 기한 제반 제도를 기본적 인권의 옹호와 사회정의의 실현을 위해 보다 적합한 내용으로 변경하는 것을 말하고, 이에 관한 의무는 변호사가 그 고유한 직무활동을 통하여 국가사회의 발전에 기여하여야 한다는 훈시적 성격을 갖는 한편으로, 변호사가 입법활동의 공간에서 활동하는 경우에는 보다 적극적 의미를 갖는 중요한 의무이다.

---

6) 대한변협신문 제354호(2011. 6. 6.), 7면, 엄상익, 〈인터뷰〉 「철인(哲人) 변호사 이우근」, 인용문은 엄상익 변호사가 이우근 변호사를 인터뷰한 내용 중 일부이다.

다. 변호사의 공공성과 대리인적 성격의 한계

기본사례 1

갑 변호사는 장기간에 걸쳐 X 주식회사의 고문으로 활동하고 있다. 어느 날 X사의 사장인 A가 전화로 "거래처인 Y 회사가 금명간 부도를 내고 도산한다는 소문을 듣고 Y사의 본사에 와 있는데 채권자 수명과 Y회사의 창고에 보관 중인 상품을 강제로 반출하기 위하여 상의하고 있다. 후에 문제가 되지 않기 위해서 어떻게 해야 하는가"라고 상담을 요청하였다. 갑 변호사는 "Y사의 대표이사가 동의하지 않으면 형사문제가 될 수 있다"고 말하였으나 A는 Y사가 부도나면 X사가 큰 손해를 입으니 어떻게 해서든지 상품을 강제로 반출하려는 법적 수단을 제시하여 줄 것을 요구하였다. 갑 변호사는 어떻게 하여야 하는가?

변호사의 사명으로 표현된 변호사의 공공성은 변호사 직무의 수행에 있어서 지향하여야 할 가장 중요한 가치이다. 따라서 후술하는 변호사의 대리인적 역할과 공공성이 충돌하는 한계적 상황에서는 공공성이 대리인적 역할의 한계로 작용한다.[7]

2. 변호사의 지위

변호사법 제2조(변호사의 지위) 변호사는 공공성을 지닌 법률 전문직으로서 독립하여 자유롭게 그 직무를 수행한다.

변호사법 제2조는 변호사가 단순히 시장원리에 지배되는 법서비스의 제공자가 아니라는 점과, 그 직무수행에 있어서 독립성과 자율성을 가져야 함을 표현한 것이다.

변호사직의 공공성은 앞서 본 변호사의 사명에 드러나 있고, 변호사직의 전문성에 관해서는 제1장에서 살펴본 바와 같다. 따라서 여기에서는 '독립성'과 '자율성'에 관해서만 살펴보기로 한다.

변호사가 "독립하여 자유롭게" 그 직무를 수행한다는 것은 변호사의 판단과 행동은 전문직으로서의 지식과 기능에 의거하여야 하고 외부의 의견에 좌우되

---

7) 加藤新太郎, 『弁護士役割論』, 弘文堂, 平成12, 6면 참조.

어서는 안 된다는 것을 의미한다. 이를 변호사직의 자유·독립의 원칙이라고 할 수 있는데, 이러한 원칙은 변호사직에 본질적인 것이다.8) 변호사에게 이러한 지위를 보장하지 않는다면 변호사의 사명이 제대로 실현될 수 없기 때문이다. 독립성은 자율성과 협의의 독립성으로 구분할 수 있다.

자율성은 변호사가 그 사명을 실현함에 있어서 국가로부터 독립적 지위를 유지하는 것을 말한다. 협의의 독립성은 변호사가 의뢰인으로부터 또는 변호사가 속하는 사회 등으로부터 영향을 받지 아니하고 자신의 직무를 수행하는 것을 의미한다. 자율성은 국가권력과의 관계에서 유지되지 않으면 안 되고 이를 위한 절차적 보장으로서 변호사의 자치가 필요하다. 예컨대, 형사절차에서 검사와 대등한 입장에서 피의자와 피고인을 위하여 공정한 재판을 구하여야 하는 변호사가 검사의 감독 하에 있다거나, 민사절차에서 예컨대, 소위 환경재판으로 불리는 사건의 경우 국가를 상대로 거액의 손해배상청구소송을 제기하여야 하는 변호사가 국가기관의 감독에 따라야 한다거나, 또는 행정기관을 상대방으로 하는 행정소송에 있어서 원고를 대리하는 변호사가 그 행정기관에 의하여 영향을 받는다면 변호사가 그 사명을 제대로 달성할 수 없으리라는 점은 명백하다.

협의의 독립성은 의뢰인으로부터 독립이 중요하다. 의뢰인이 변호사에게 부당한 변호활동을 요구할 때 그에 종속되어서는 전문직으로서 정당한 판단을 기대할 수 없다. 변호사의 대리인적 성격을 강조하여 의뢰인을 위한 당파적 변론 또는 활동도 허용된다는 견해도 있을 수 있으나, 변호사의 사명에 비추어 의뢰인의 요구가 부당하면 의뢰인을 설득하여야 하고, 그럼에도 불구하고 의뢰인의 요구가 계속되면 사임을 선택하여야 한다. 또 변호사는 이름 없는 세론의 압력에 굴복해서도 안 되고, 동료나 선배변호사 등으로부터도 독립하지 않으면 안 된다.

3. 변호사의 직무

변호사법 제3조(변호사의 직무) 변호사는 당사자와 그 밖의 관계인의 위임이나 국가·지방자치단체와 그 밖의 공공기관(이하 "공공기관"이라 한다)의 위촉 등에 의하여 소송에 관

8) 江藤价泰, "フランス弁護士制度の自由と獨立," 日弁連 編, 『21世紀弁護士論』, 有斐閣, 2000, 169면.

한 행위 및 행정처분의 청구에 관한 대리행위와 일반 법률 사무를 하는 것을 그 직무로 한다.

변호사법 제109조(벌칙) 다음 각 호의 어느 하나에 해당하는 자는 7년 이하의 징역 또는 5천만원 이하의 벌금에 처한다. 이 경우 벌금과 징역은 병과(倂科)할 수 있다.

1. 변호사가 아니면서 금품·향응 또는 그 밖의 이익을 받거나 받을 것을 약속하고 또는 제3자에게 이를 공여하게 하거나 공여하게 할 것을 약속하고 다음 각 목의 사건에 관하여 감정·대리·중재·화해·청탁·법률상담 또는 법률 관계 문서 작성, 그 밖의 법률사무를 취급하거나 이러한 행위를 알선한 자

   가. 소송 사건, 비송 사건, 가사 조정 또는 심판 사건

   나. 행정심판 또는 심사의 청구나 이의신청, 그 밖에 행정기관에 대한 불복신청 사건

   다. 수사기관에서 취급 중인 수사 사건

   라. 법령에 따라 설치된 조사기관에서 취급 중인 조사 사건

   마. 그 밖에 일반의 법률사건

헌법재판소 2007. 8. 30. 2006헌바96 결정

- 이 사건 법률조항(법109 i)의 '일반의 법률사건'과 '법률사무'는 건전한 상식과 통상적인 법감정을 가진 일반인이 구체적으로 어떤 사건 또는 사무가 이에 해당하는지 알 수 있다고 보여지고 법관의 자의적인 해석으로 확대될 염려가 없다고 할 것이므로 죄형법정주의에서 요구하는 형벌법규의 명확성원칙에 위배된다고 볼 수 없다.
- 이 사건 법률조항은 변호사제도를 보호·유지하려는 데 그 목적이 있어 실현하고자 하는 공익이 정당하고, 변호사제도의 목적을 달성하기 위해서는 비변호사의 법률사무취급의 금지는 불가피한 것으로 공익실현을 위한 기본권제한의 수단이 적정하며, 단지 금품 등 이익을 얻을 목적의 법률사무취급만을 금지하고 있는 점 등에 비추어 보면, 이 사건 법률조항이 과잉금지의 원칙에 위배된다고 볼 수 없다.
- 이 사건 법률규정이 변호사 아닌 다른 법률사무관련 직종에 종사하는 자에게는 법률사무의 일부만이 허용되는 결과를 가져왔다고 하더라도, 그것은 법무사, 변리사 및 손해사정인 등 법률사무관련 직업에 대한 자격제도를 도입하게 된 배경과 목적, 각 전문분야가 갖는 특성 등에 비추어 볼 때 합리적인 차이에 따른 것이므로, 평등원칙에 위반된다고 볼 수 없다.
- 이 사건 법률조항은 '금품·향응 기타 이익을 받거나 받을 것을 약속하고 또는 제3자에게 이를 공여하게 하거나 공여하게 할 것을 약속하고 법률사무를 취급한 자'만을 처벌하고 있을 뿐 결사 또는 단체의 설립과 운영을 제한하거나 현저하게 곤란하게 하지는 않으므로, 결사의 자유를 침해하지 않는다.

가. 직무의 내용

변호사법 제3조는 변호사의 직무 일반에 관하여 규정하고, 동법 제109조 제1호는 비변호사가 변호사가 아니면 할 수 없는 사무를 취급하는 행위를 처벌하면서 변호사의 직무 내용을 구체화하고 있다. 즉, 변호사의 직무는 변호사법 제109조 제1호 각 목이 열거하는 사건에 관하여 '감정 · 대리 · 중재 · 화해 · 청탁 · 법률상담 또는 법률 관계 문서 작성, 그 밖의 법률사무를 취급하거나 이러한 행위를 알선'하는 것이다.

변호사법 제109조 제1호의 '감정 · 대리 · 중재 · 화해 · 청탁 · 법률상담 또는 법률 관계 문서 작성, 그 밖의 법률사무'에 대해서는 본서의 체계를 고려하여 제8장의 '변호사법의 벌칙'에서 상술하기로 한다. 동법 제109조 제1호에서 그 밖의 법률사무라 함은 법률상의 권리 · 의무에 관하여 다툼 또는 의문이 있거나, 새로운 권리의무관계의 발생에 관한 사건 일반을 의미한다.[9] 여기에서 새로운 권리의무관계의 발생에 관한 사건은 법률상의 효과를 발생, 변경 또는 보전하는 사항을 처리하는 것을 의미한다.[10]

또 알선이라 함은 법률사건의 당사자와 그 사건에 관하여 대리 등의 법률사무를 취급하는 상대방 사이에서 양자 간에 법률사건이나 법률사무에 관한 위임계약 등의 체결을 중개하거나 그 편의를 도모하는 행위를 말한다. 따라서 현실적으로 위임계약 등이 성립하지 않아도 무방하며, 그 대가로서의 보수를 알선을 의뢰하는 자뿐만 아니라 그 상대방 또는 쌍방으로부터 지급받는 경우도 포함하고, 비변호사가 법률사건의 대리를 다른 비변호사에게 알선하는 경우는 물론, 변호사에게 알선하는 경우도 이에 해당한다.[11]

(1) 소송에 관한 행위 및 행정처분의 청구에 관한 대리행위

이러한 소송 등의 대리행위라 함은 구체적으로 변호사법 제109조 제1호 가. 내지 다.목에서 열거하는 사건에 관한 대리행위를 의미한다. 변호사법 제3조는 '대리'행위만을 규정하고 있으나 위 사건에 관한 '대리'행위 외에도 동법 제

9) 대판 1998. 8. 21. 96도2340.

10) 東京高判 昭和39.9.29. 高刑集 17권 6호 597면(高中正彦, 『弁護士法概説』 제3판, 三省堂, 2006, 40면에서 재인용).

11) 대판 1982. 4. 27. 81도2597; 1986. 12. 23. 86도1720; 1999. 9. 7. 99도2491; 2000. 6. 15. 98도3697(전원) 등.

109조 제1호에서 규정하는 '감정 · 중재 · 화해 · 청탁 · 법률상담 또는 법률관계 문서 작성, 그 밖의 법률사무의 취급 또는 이러한 행위의 알선'도 이에 포함되는 것이 당연하다.

(2) 일반 법률사무[12)]

변호사법 제109조 제1호가 열거하는 사건 · 사무 중에서, 동법 제3조의 '소송에 관한 행위 및 행정처분의 청구에 관한 대리행위'에 해당되는 사건 · 사무를 제외한 나머지 즉, 동법 제109조 제1호 라.목의 '법령에 따라 설치된 조사기관에서 취급 중인 조사 사건', 마.목의 '그 밖에 일반의 법률사건'에 관하여 '감정 · 대리 · 중재 · 화해 · 청탁 · 법률상담 또는 법률 관계 문서 작성, 그 밖의 법률사무를 취급하거나 이러한 행위를 알선'하는 행위가 여기에 해당된다.

(3) 변호사법 제109조 제1호 위반행위의 효력

변호사법 제109조 제1호는 변호사제도를 보호 · 유지하기 위한 강행규정이다.[13)] 비변호사가 동 규정에 위반하여 변호사가 아니면 할 수 없는 사무를 처리하고 그 대가로 금품 등을 받기로 한 약정은 사법상 무효이다. 또 비변호사가 변호사법이 규정하는 변호사의 직무를 처리하면 동법 제109조 제1호에 의하여 형사처벌의 대상이 된다.

1 대법원 1987. 4. 28. 선고 86다카1802 판결

■ **사건개요**: 변호사가 아닌 원고 A주식회사와 피고 사이에 원고가 소송사건을 맡아 피고를 대리하여 그 비용과 책임 하에 소송대리인을 선임하는 등 일체의 소송수행을 하여 피고를 승소시켜 주고 그 대가로 피고로부터 피고소유의 부동산 지분을 양도받기로 약정한 후 원고가 피고에게 위 약정에 따른 소유권이전등기를 청구한 것임.

---

12) '일반 법률사무'에 관해서는 2가지 측면에서 논의된다. 첫째는 '일반 법률사무'가 추상적 개념이므로 특정행위가 일반 법률사무의 범위에 포함되느냐 하는 것이다. 둘째는 그 성질상 당연히 법률사무의 성격을 가진 업무를 취급하는 유사직역의 업무가 여기에 포함되느냐 하는 것이다. 둘째의 문제는 다시 변호사가 유사직역의 업무를 수행할 수 있느냐 하는 것과, 실제로 유사직역의 업무를 겸업하는 경우의 제한에 관한 것이 있다. 둘째의 후자에 대해서는 영리업무 등의 겸직제한의 문제와 함께 제8장 "변호사의 광고, 사건의 유치, 변호사법의 벌칙"에서 이를 상술하기로 하고 여기에서는 나머지 관점에 대해서만 살피기로 한다.

13) 헌재 2000. 4. 7. 98헌바95 결정 참조.

■ **판결요지**: 위 대가 약정은 당시 변호사법 제48조[14]에 저촉되고, 위 법조는 강행법규로서 같은 법조에서 규정하는 이익취득을 목적으로 하는 법률행위는 그 자체가 반사회적 성질을 띠게 되어 사법적 효력도 부정된다.[15]

---

[2] 대법원 2014. 7. 24. 선고 2013다28728 판결

■ **사건개요**: 아파트의 관리수탁업체인 원고가 무이자로 소송비용 일체를 대납하는 방법으로 아파트입주자대표회의인 피고가 아파트 하자보수보증업체를 상대로 제기하는 하자보수보증금의 청구소송을 진행하기로 하고, 원고의 요청에 따라 소송관련서류 및 변호사 선임계를 작성하고, 원고가 대납하는 소송비용은 판결금이 입금되면 지급받되 패소하면 지급청구하지 아니하며 소송이 종결되면 피고가 원고에게 하자보수시공권, 시공사 선정계약권 및 관리위수탁 재계약을 보장해주되 이를 위반할 경우 위약금을 지급하기로 약정하고, 그 후 소송이 진행되어 항소심에서 조정에 갈음하는 결정이 확정되어 소송이 종결되자 원고가 피고에게 대여금 등 청구.[16]

■ **판결요지**: 변호사법 제109조 제1호를 위반하여 소송사건을 대리하는 자가 소송비용을 대납한 행위는 그 성격상 대리를 통한 이익취득 행위에 불가결하게 수반되는 부수적 행위에 불과하므로, 위와 같이 대납하는 소송비용을 소송종료 후에 반환받기로 하는 약정은 특별한 사정이 없는 한, 이익취득 약정과 일체로서 반사회질서의 법률행위에 해당하여 무효라고 보아야 하고 이 부분만을 따로 떼어 그 효력을 달리한다고 볼 것은 아니다. 원심이 같은 취지에서, 원고가 대납하는 소송비용을 피고가 소송종료 후 반환하기로 하는 약정 및 피고가 하자보수공사를 도급주지 않거나 이 사건 관리계약의 존속을 보장하지 않는 경우 위약금을 지급하기로 하는 약정이 모두 반사회질서의 법률행위로서 무효라고 판단한 것은 정당하다.

나. 유사직역 전문직 사무와의 관계

유사직역의 전문직에 대해서는 예컨대, 행정사법, 법무사법 등과 같은 각 개별 법률에서 변호사가 아님에도 불구하고 제한적인 범위 내에서 법률사무의 일부를 처리할 수 있는 권한을 부여하고 있다. 이는 변호사법과의 관계에서 예외적인 조치로서 제한적으로 법률사무를 허용하는 것이므로 그 개별 법문은 엄

14) 변호사법 제109조 제1호에 해당된다.

15) 同旨 대판 1990. 5. 11. 89다카10514; 2010. 2. 25. 2009다98843.

16) 원고가 변호사가 아닌 자로서 피고의 하자보수보증금청구소송에 관여한 행위는 변호사법 제109조 제1호에서 금지하는 '대리'에 해당된다.

격하게 해석하여 적용하여야 한다.[17] 따라서 유사직역의 전문직은 각 개별 법률에서 규정하고 있는 법률사무에 한하여 그리고, 변호사법 제3조, 제109조를 침해하지 않는 범위 내의 경우에 한하여 법률사무를 취급할 수 있다.

(1) 행정사의 업무

행정사는 다른 법률에 의하여 제한되어 있는 것을 제외하고 타인의 위촉에 의하여 수수료를 받고 행정기관에 제출하는 서류의 작성, 권리의무나 사실증명에 관한 서류의 작성, 작성된 서류의 제출 대행, 인가·허가 및 면허 등 행정기관에 제출하는 신고·신청·청구 등의 대리, 행정관계법령 및 행정에 대한 상담 또는 자문 등을 그 직무로 한다(행정사법2). 권리의무에 관한 서류의 작성, 제출, 신고 등 대리, 상담 등은 변호사의 '일반 법률사무'에 해당되고, 사실증명에 관한 서류도 법률상의 권리의무에 관한 것이면 그 작성 등은 '일반 법률사무'에 해당된다.

(2) 법무사의 업무

법무사는 법원과 검찰청에 제출하는 서류의 작성, 법원과 검찰청의 업무에 관련된 서류의 작성, 등기나 그 밖에 등록신청에 필요한 서류의 작성, 등기·공탁사건 신청의 대리 등을 그 업무로 한다(법무사법2①).

법원·검찰청에 제출하거나 그 업무에 관련된 서류의 작성, 신청사건에서의 서류 작성 및 접수 대행 업무는 소송에 관한 행위 내지 일반 법률사무이므로, 변호사가 법무사로서 별도의 등록을 하지 않더라도 그 자격에 기하여 당연히 이를 행할 수 있다.[18] 또 금융기관을 대리하여 법원에 제출하는 서류의 작성 및 제출대행 업무는 일반 법률사무에 포함되므로 변호사가 법무사등록을 하지 않더라도 행할 수 있다.[19]

(3) 변리사의 업무

변호사는 변리사의 자격을 가지므로(변리사법3ⅱ) 변호사의 자격으로 지적재

17) 대한변협 2014. 8. 21. 질의회신 제840호.

18) 박휴상, 전게서, 67면.

19) 대한변협 2008. 9. 2. 법제 제2212호(변호사법축조해설, 대한변협, 2009, 29면). 이하 '변호사법축조해설'은 '축조'로 약칭한다.

산권에 관한 업무를 할 수 있다. 다만, 변호사가 변리사로서 업무를 하기 위해서는 변리사로서 등록을 하고(동법5①), 변리사 등록을 하기 위해서는 지식경제부령으로 정하는 바에 따라 등록료를 납부하여야 하며(동법6), 또 변리사회에 가입하여야 한다(동법11). 변리사회의 가입강제를 규정하고 있는 동법 제11조에 대한 위헌확인심판사건에서 헌법재판소는 위헌이 아니라고 결정한 바 있다.[20]

(4) 세무사의 업무

변호사의 자격이 있는 자는 세무사의 자격이 인정된다(세무사법3ⅱ). 따라서 변호사는 변호사의 직무로서 세무사 업무를 할 수 있다. 세무사 자격시험에 합격하여 세무사 자격이 있는 자가 세무대리를 시작하려면 기획재정부에 비치하는 세무사등록부에 등록하여야 한다(동법6①). 다만, 변호사는 세무사로 등록하지 않더라도 세무사 업무를 행할 수 있으나(동법20①),[21] 세무사로 등록하지 않으면 변호사는 세무사의 명칭을 사용할 수 없다(동법20②).[22] 변호사가 세무사 업무를 영위할 수 있으나 이를 위하여 법률사무소와는 별도의 독립된 세무사사무소를 두는 것은 법률사무소의 개설에 해당되어 이중법률사무소 개설금지조항에 저촉된다.[23] 법무법인 구성원 변호사는 변호사의 자격에 기하여 법무법인의 구성원으로서는 세무업무를 행할 수 있으나, 세무사로서 자기 또는 제3자의 계산으로 별도의 세무사사무실을 설치할 수 없다(법52①).[24]

헌법재판소 2008. 5. 29. 2007헌마248 결정

이 사건 법률조항(세무사법20②)은 세무사의 자격을 가진 자 중 세무사자격시험에 합격한 자만이 세무사의 명칭을 사용할 수 있게 함으로써, 세무사 및 변호사가 각자의 고유 명칭으로 세무대리업무를 수행하도록 하고 있다. 그 결과, 소비자는 자신이 필요로 하는 세무대리업무의 영역과 전문성에 맞추어, 세무관련업무만을 전문으로 하는 세무사와 일반 법률사무를 전문으로 하되 그 하나로서 세무대리업무를 수행하는 변호사 중 하나를 세무서비스제공자로 선택할 수 있게 되었으므로, 이는 위와 같은 입법목적을 달성하기 위한 적

---

20) 헌재 2008. 7. 31. 2006헌마666 결정.

21) 대한변협 2008. 7. 25. 질의회신 제409호 참조.

22) 헌재 2008. 5. 29. 2007헌마248 결정 참조. 이 결정은 변호사가 세무사 명칭을 사용할 수 없는 점에 대하여 위헌확인심판을 청구한 데 대하여 위헌이 아님을 선언하였다.

23) 대한변협 2004. 11. 18. 법제 제2377호(축조, 대한변협, 2009, 69면).

24) 대한변협 2008. 7. 25. 법제 제2027호(축조, 대한변협, 2009, 30면).

정한 수단이다.

(5) 공인중개사의 업무

거래 당사자의 행위를 사실상 보조하는 업무를 수행하는 데 불과한 중개대상물의 중개행위는 변호사의 직무에 포함되지 아니한다(공인중개사법2, 14 참조).[25]

대법원 2006.5.11. 선고 2003두14888 판결

- 부동산중개업의 대상이 되는 중개행위는 중개대상물에 대하여 거래당사자 간의 매매·교환·임대차 기타 권리의 득실·변경에 관한 행위를 알선하는 것이라고 규정하고 있어, 중개행위는 당사자 사이에 매매 등 법률행위가 용이하게 성립할 수 있도록 조력하고 주선하는 사실행위라 할 것이다. 따라서 변호사법 제3조에서 규정한 법률사무는 거래당사자의 행위를 사실상 보조하는 업무를 수행하는 데 그치는 구 부동산중개업법 제2조 제1호 소정의 중개행위와는 구별되는 것이고, 일반의 법률사무에 중개행위가 당연히 포함되는 것이라고 해석할 수 없다. 이와 같은 법리는 구 부동산중개업법이 중개업자에게 부동산중개와 관련하여 매매계약서 등을 작성하거나 중개대상물에 대한 확인·설명의무를 부과하고 있기 때문에, 부동산중개업자가 중개업무와 직접적으로 연관관계에 있고 구 부동산중개업법에서 부과한 작위의무를 이행하는 과정에서 변호사의 직무와 일부 관련이 있는 위와 같은 업무를 행할 수 있다고 하여 달리 볼 것은 아니다.
- 또한, 변호사에게 부동산중개업이 허용된다고 한다면, 변호사 직무의 독립성을 해할 염려가 있을 뿐만 아니라 비밀유지의무, 이익충돌회피의무 등 변호사의 신분상·직무상 의무를 규정한 변호사법의 입법 취지와 상충될 여지가 있는 점, 변호사와 공인중개사의 자격제도를 두게 된 취지, 각각의 자격요건, 시험방법 및 과목, 양성제도의 각 상이점 등을 종합하면, 변호사의 직무와 부동산중개업이 합치되지도 아니한다.

25) 대판 2006. 5. 11. 2003두14888.

II. 변호사의 윤리

1. 변호사윤리의 본질

가. 법규범과 윤리규범

변호사윤리를 명문화할 때 강제력을 수반하는 법규범(legal standard)으로 할 것인지, 또는 자율적인 준수가 기대되는 도덕적 요청으로서의 윤리규범(moral standard)으로 할 것인지는 그 사회의 가치관, 전문직단체인 변호사회 구성원에 의한 합의의 가능성, 변호사 자치제도에 대한 사회적 신뢰, 기타 정책적 타당성 등의 제반 요소에 의하여 영향을 받는다. 우리의 변호사윤리의 내용을 보면 위와 같은 법규범과 윤리규범의 성질을 모두 포함하고 있다.

법규범에 해당되는 예로서 변호사법의 벌칙규정(법11장), 변호사법의 기타 규정(법91② i)이 있고, 전형적인 **윤리규범**에 해당되는 예로는 윤리강령을 들 수 있다. 또 전자와 후자의 성질이 혼재되어 있는 것으로 소속 지방변호사회나 대한변호사협회(이하 "대한변협"이라 한다)의 회칙(법25, 91② ii 참조), 윤리강령(회칙9① 참조) 등을 들 수 있다.

나. 품위유지의무의 규범적 성질

윤리규약 제5조(품위유지의무) 변호사는 품위를 유지하고, 명예를 손상하는 행위를 하지 아니한다.

기본사례 2

변호사 갑은 텔레비전에 출연하는 것이 자신의 지명도를 높일 수 있고 또 그렇게 함으로써 변호사가 시민에게 친근한 존재가 될 수 있어서 의미가 있다고 생각하고, 머리를 금발로 염색하고 텔레비전의 예능프로그램에 빈번하게 출연하여 거리낌이 없는 언동으로 세간의 화제가 되고 있다. 갑 변호사의 행동이 변호사윤리상 어떻게 평가될 수 있는가?[26)]

기본사례 3

> 변호사 갑은 항공기를 사용하지 않을 수 없는 지방출장을 할 때 전일에 그 지방 최고의 호텔음식점에서 처와 동반하여 숙박하고 숙박비 전액과 일당 2일분을 의뢰인에게 청구하고 의뢰인은 이를 양해, 청구금액을 지불하고 있다. 그 지방은 아침에 조금만 일찍 일어나면 당일에 업무를 처리하고 돌아올 수 있는 거리에 있다. 갑 변호사의 행동에 문제가 있는가?[27)]

법규범인지 윤리규범인지 논란이 될 수 있는 변호사의 의무 중에 품위유지의무가 있다(규5). 변호사의 품위손상행위는 징계처분이라는 제재를 가할 수 있다는 점에서(법91②iii) 변호사의 품위유지의무는 위에서 말하는 법규범에 해당된다.

다만, 품위손상이라는 개념의 추상성과 다의성 때문에, 한편으로 어떠한 윤리 또는 의무위반의 행위를 품위손상행위로 보아야 할 것인가 하는 품위유지의무의 적용범위에 관한 문제가 제기될 수 있고, 다른 한편으로 윤리의 규범화에는 일정한 한계가 있을 수밖에 없기 때문에 품위유지의무를 어디까지 법규범화하여야 할 것이냐 하는 법규범화의 한계 내지 정책의 문제가 있다.

먼저 품위유지의무의 적용범위에 관해서 본다. 일응 소속 지방변호사회나 대한변협의 회칙, 나아가 윤리장전의 거의 모든 규정은 변호사로의 품위와 무관하다고 볼 수 없다. 그렇다면 회칙 또는 윤리장전의 모든 규정이 품위유지의무의 내용을 구성하느냐 하는 점이다.

대한변협의 회칙은 회원에 관한 여러 가지 의무를 규정하고 있다. 예컨대, 협회 지정 · 위촉사무 신속처리의무(9①), 분담금 등 납부의무(9②), 협회 지정업무 성실처리의무(9③), 수임장부 작성 · 보관의무(9④), 변호인선임서 등 소속 지방변호사회 경유의무(9⑤), 일정시간 이상 공익활동 종사의무(9의2①), 협회 지정 공익업무처리의무(9의2②) 등이다. 이러한 의무 중에는 그 위반 자체가 대한변협의 회칙위반에 해당되어 징계사유에 해당되는 한편으로 품위손상행위에 해당될 수도 있고 그렇지 않을 수도 있다. 실제로 대한변협의 징계결정 사례를 보면 하나의 회칙위반행위에 대하여 동시에 품위유지의무위반을 이유로

26) 高中正彦, 『法曹倫理講義』, 民事法研究會, 平成17, 52면 참조.
27) 高中正彦, 전게서, 52면 참조.

징계결정한 사례도 다수 있다.

그러나 위와 같은 의무 중 예컨대, 협회 지정·위촉사무 신속처리의무(9①), 협회 지정업무 성실처리의무(9③) 등의 경우 그 의무가 회칙이 규정한 의무라고 하더라도 이를 품위유지의무의 구성요소로 판단하는 것은 문제가 있다. 왜냐하면 신속처리, 성실처리와 같은 불확정적이고 다의적인 개념 때문에 그 의무의 내용과 범위가 명확하지 아니할 뿐만 아니라, '신속' 또는 '성실'에 관하여 이를 법규범화하는 것보다는 각자의 자각과 양심에 맡겨야 한다는 의견도 있을 수 있어 법규범화하는 데에 관하여 의견의 일치가 어렵기 때문이다. 나아가 대한변협회칙 제9조 제1항을 근거로 한 윤리규약은 일반적 윤리(제1장), 직무에 관한 윤리(제2장), 의뢰인에 대한 윤리(제3장), 법원 등에 대한 윤리(제4장), 업무 형태(제5장)에 관하여 규정하고 있는데, 이 중에서 특히 일반적 윤리(제1장) 중 공정, 존중, 예의, 지식탐구 등의 기본적 의무를 법규범으로서의 성질을 가진 것으로 보아 예컨대, 변호사가 공정하지 않았다는 이유로 이를 품위손상행위로 평가하는 것은 더욱 무리이다.

결국 법규범의 영역에 이르지 못한, 즉 품위손상에 해당되는 경우와 그렇지 않는 경우의 한계적 영역에 있는, 소속 지방변호사회나 대한변협의 회칙의 일부 내용은 징계사건 등 구체적 사례의 집적에 의하여 품위유지의무의 구성요소가 될 수 있는지 여부가 판단될 수 있을 것이다.

다음 품위유지의무에 대한 법규범화의 한계 문제에 대해서 보면, 법규범화할 규범내용을 결정함에 있어서는 법규범내용의 결정에 따른 여러 가지 가치나 이념의 성질 자체가 복잡·미묘하므로 법조윤리의 법규범화의 요청이 강하느냐 여부, 법규범화에 관한 법조전문직 단체의 구성원의 의견 등을 종합적으로 고려하여야 한다.[28)]

다. 규범위반과 책임

규범의 성질을 변호사책임과 연관시켜 보면, 법규범화된 윤리위반에 대하여는 법적 책임으로 연결되겠으나, 그렇지 아니한 윤리위반에 대해서는 사회적 비난 등 도덕적 책임에 한정될 것이다. 변호사의 법적 책임은 변호사단체에 의한 징계책임이 중심이 될 것이고, 경우에 따라서는 형사책임(법91①, 109-116),

---

28) 사법연수원, 『법조윤리』, 2007, 3면 참조.

손해배상 또는 원상회복(민750) 등의 민사책임은 물론 행정책임(법117)도 따를 수 있다.

2. 변호사윤리의 실정규범적 근거

변호사윤리의 주요한 법원은 변호사법, 소속 지방변호사회와 대한변협의 회칙, 변호사윤리장전, 규정 · 규칙 · 결의 등이 있다. 이 중 변호사윤리장전은 그 내용 모두를 법규범으로 볼 수는 없으나 그 대부분은 변호사의 징계책임의 근거가 되는 법규범에 해당되고, 일부는 도덕적 원리 내지 기준으로서 변호사에 대한 도덕적 요청을 그 내용으로 하고 있다.

가. 변호사법

변호사법은 본문 10개장(삭제된 제6장 제외) 및 부칙으로 구성되어 있다. 본문을 구태여 대별하면 변호사윤리를 직접적으로 규정한 부분과, 이를 간접적으로 규율한 부분으로 나눌 수 있다. 후자의 경우 변호사의 자격(2장), 등록과 개업(3장), 법무법인 등(5내지5장의3), 변호사회(7,8장)가 있다. 전자에는 변호사의 사명과 직무(1장), 권리와 의무(4장), 법조윤리협의회(9장), 변호사의 징계 및 업무정지(10장), 벌칙(11장)이 해당된다. 변호사법을 위반한 경우 형사벌(제11장), 징계(91) 또는 행정처분(117)의 직접적인 사유가 된다.

나. 변호사회의 회칙

변호사윤리에 관한 실정규범의 다른 하나는 소속 지방변호사회나 대한변협의 회칙이다. 변호사법은 변호사에게 소속 지방변호사회 및 대한변협의 회칙을 준수할 의무를 규정하고(법25), 소속 지방변호사회나 대한변협의 회칙을 위반한 경우를 변호사의 징계사유로 정하고 있다(법91②ⅱ).

다. 변호사윤리장전

또 다른 중요한 실정의 윤리규범은 변호사윤리장전(이하 “윤리장전”이라고 약칭한다)이다. 변호사법은 변호사에게 소속 지방변호사회 및 대한변협의 회칙을 준수할 의무를 규정하고 있고(법25), 대한변협 회칙은 모든 회원에게 협회의 회칙, 규칙, 규정 및 결의를 준수하도록 요구하고 있다(회칙9①) 이에 근거하여 대한변협은 윤리장전을 제정하여 시행하고 있다.[29] 윤리장전은 위 결의, 규칙 또는 규정으로서의 성질을 가진 것으로, 추상적이고 선언적인 윤리(윤리강령)에서부터 구체적인 윤리(윤리규약)까지 각종의 윤리적 요청에 관하여 규정하고 있다. 윤리장전은 위와 같이 윤리강령과 윤리규약으로 구성되어 있다. 윤리규약은 2014.2.24. 윤리장전이 전면 개정되기 전에는 '윤리규칙'이라고 하였으나 위 전면 개정으로 윤리규약으로 명칭이 변경되었다.[30][31] 윤리장전을 위반한 경우 변호사법의 징계사유에 해당될 수 있다(법91②iii).

라. 규정 · 규칙 · 기준 · 결의 등

대한변협 회칙은 모든 회원에게 협회의 회칙, 규칙, 규정 및 결의를 준수하도록 요구하고 있고(회칙9①), 이에 따라 각종 규칙, 규정이 제정되어 시행되고 있다. 예컨대, 변호사연수규칙, 변호사업무 광고규정, 변호사 전문분야 등록에 관한 규정, 인터넷 등을 이용한 변호사업무 광고기준 등이 그것이다. 규칙 · 규정 · 기준 등을 위반한 경우 회칙위반의 징계사유에 해당될 수 있다.

3. 변호사윤리와 개인윤리의 관계

변호사윤리가 개인윤리(또는 개인의 신념)와 충돌되는 경우 변호사는 어떠한 윤리적 태도를 취하여야 하는지가 문제된다.

이러한 경우 의뢰인의 대리를 포기하지 않는 이상 개인의 신념을 후퇴시켜야 한다. 이는 변호사의 양심에 괴로운 강제가 될 수 있겠으나 그렇게 하지 아니할 경우 의뢰인에 대한 성실의무(규13①)를 다할 수 없고 결국은 전문직으로서의 변호사제도의 존립근거를 잃을 수 있기 때문이다.

그러나 변호사 개인의 가치관에 따라 수임여부를 결정하는 것은 별개의 문

---

29) 대한변협의 2014. 2. 24. 정기총회에서 윤리장전이 전면 개정되어 같은 달 25. 공포되었고, 공포한 날부터 시행되었다(윤리장전 부칙①).

30) 이하 2014. 2. 24. 윤리장전이 개정되기 전의 '윤리규칙'은 '윤리규칙'이라는 용어를 사용하되, 개정 후의 '윤리규약'과의 구별을 위한 경우 등 특별한 경우에는 편의상 '구 윤리규칙'이라는 용어를 혼용하기로 한다.

31) 개정 윤리장전은 종전 윤리장전 위반을 이유로 하여 개정 윤리장전 시행 당시 계속 중이거나 개정 윤리장전 시행 후에 개시되는 징계사건에도 적용된다. 다만 종전 윤리장전이 징계혐의자에게 유리한 경우에는 그러하지 아니하다(윤리장전 부칙②).

제로서 자신의 가치관에 반한다는 사정을 들어 수임을 거절하는 것을 반윤리적이라고 할 수 없다. 왜냐하면 개인의 신념에 배치되는 직무를 수행하는 경우 개인적 양심이 분열될 수밖에 없고 이는 정체성의 혼란을 가져와 의뢰인에 대한 성실의무의 이행에도 부정적 영향을 미칠 수 있기 때문이다. 같은 이유에서 수임사무의 처리 중 개인의 가치관에 반한다는 사유를 들어 의뢰인의 대리를 포기하는 것도 윤리위반이라고 할 수 없다.

4. 변호사의 자율성

참고자료 4 다음은 1964년 6월 22일 대한변호사협회 회장(이병린)이 계엄령하에서 집회허가를 받지 않고 대한변협의 상무위원회를 개최하여 사전검열을 받지 않고 인권에 관한 건의서를 유인물로 작성·출판하였다는 이유로 동회 회장과 사무장이 32일간 구속되었다가 같은 해 7월 26일 계엄이 해제되는 날 공소취하됨과 동시에 공소기각결정을 받고 출감한 사건에 대하여 대한변호사협회 회장이 발표한 「대한변협의 정신과 사건 이면」의 내용 중 일부이다.

"원래 집권자와 법률가 간에는 의견대립이 있어 온 것이 상례일 것이다. 집권자는 국민에게 너무나 지나친 자유를 주면 자유권이 남용되어 그로 인한 혼란 때문에 정력적인 정치를 할 수 없다고 생각하고 이에 반하여 법률가의 생각은 현재도 국민은 헌법이 보장하고 있는 자유마저 누리지 못하고 있으므로 정부가 더욱 단속만 강화하여 위헌적인 불합리한 법률을 만든다는 것은 어불성설이라 하는 것이다."[32]

가. 자율성의 의의

변호사의 자율성은 일반적으로 변호사의 직무에 관한 활동이나 규율에 관하여 국가권력에 의한 감독을 받지 않고 또 변호사의 자격심사나 징계를 변호사단체의 자율에 위임하는 원리를 말한다.

변호사의 자율성을 확보하기 위해서는 그 최소한의 절차적 보장으로서 변호사의 자치가 필수적이다. 변호사의 자치가 가능할 때 그 공공적 사명인 기본적 인권의 옹호와 사회정의의 실현이 실질적으로 담보될 수 있다. 또 변호사가 그러한 공공적 사명을 다해야 사회적인 신뢰를 받을 수 있고 그 신뢰는

---

32) 한인섭, "한국의 법조윤리: 역사와 현실," 한국학술진흥재단 편, 『법조윤리』(제2판), 박영사, 2011, 73면에서 재인용.

국가에 대하여 자율성을 요구하는 도덕적 기초가 될 수 있기 때문이다.[33)]

한편 변호사회가 자치권의 행사에 의하여 정립한 윤리규범을 변호사 각자가 준수하는 것 역시 자율성의 확보를 위하여 중요하다. 변호사 스스로 그 윤리를 준수하지 않으면 변호사자치에 대하여 국민적 지지를 받을 수 없고 이는 국가권력이 변호사의 자율성을 제한할 명분이 되기 때문이다.

나. 자율성의 근거

변호사의 자율성이 요구되는 근거는 전문직 업무의 특성과 변호사의 직무상의 특성에서 찾을 수 있다.

첫째, 전문직의 업무는 그 전문성으로 말미암아 외부에서 전문적인 지식을 바탕으로 한 활동이나 업무의 내용에 대하여 정확하게 파악할 수 없으므로 외부의 통제와 감독이 적절하지 않다.

둘째, 변호사는 국민의 기본적 인권을 옹호하고 사회정의를 실현함을 사명으로 하므로(법1①) 경우에 따라서는 국가권력 즉, 법원, 검찰 등과 충돌하거나 대립각을 세워야 한다.[34)] 그런데 그 상대방인 국가권력이 예컨대, 변호사에 대한 징계권을 행사한다면 징계권의 남용의 위험으로 말미암아 기본적 인권보장의 사명(법1①)을 위축시킬 수 있다. 또 당사자주의를 취하고 있는 형사소송구조까지도 위협할 수 있을 뿐만 아니라 결국에는 변호인의 조력을 받을 권리를 형해화할 수 있기 때문이다.

다. 자율성의 조건

변호사의 자율성은 변호사의 자격등록·활동·징계에 관한 사항을 변호사단체에서 자율적으로 행할 때에 확보될 수 있다.[35)] 이와 관련하여 변호사법을 보면, 국가가 변호사의 징계에 관한 사항에 대하여 항고심으로 기능하도록 하는 외에 변호사의 자격등록·활동·징계에 관한 사항을 대부분 변호사단체에 위임하고 있다. 예컨대, 변호사로서 개업하기 위해서는 대한변협에 자격등록을 하여야 하고(법7), 대한변협은 등록거부사유가 있을 때에는 등록심사위원회의 의결을 거쳐 등록을 거부할 수 있다(법80). 대한변협은 소속 회원의 권리·의

---

33) 6인 공저-한상희, 24면 참조.

34) 高中正彦, 『弁護士法概説』 제3판, 三省堂, 2006, 13면 참조.

35) 한인섭, 전게서, 84-85면; 6인 공저-한상희, 24-25면 참조.

무에 관한 사항(회칙8, 9, 9의2), 변호사와 지방변호사회의 지도 및 감독에 관한 사항(법64, 77) 등을 정하고 이를 실행한다. 또, 변호사에 대한 징계사유가 발생한 때에는 대한변협이 변호사징계위원회를 열어 징계여부 및 징계종류를 결정한다(법90이하). 변호사 자율성의 핵심은 이러한 변호사의 자격등록 및 윤리규제에 국가가 어느 정도 간섭하느냐에 달려 있다.

라. 자율성에 관한 변호사법의 연혁

변호사법이 위와 같은 내용의 자율성을 확보한 것이 하루 아침에 이루어진 것은 아니다. 과거 변호사법은 1980년대 초반까지만 하더라도 변호사의 자격등록, 징계, 변호사단체의 결성 등에 관하여 국가가 엄격하게 통제하도록 규정하고 있었다. 변호사 자율성의 기초가 마련된 것은 1982년법[36] 및 1993년법[37]에 의해서였다. 즉, 변호사의 등록에 관하여 1982년법이 처음으로 변호사의 등록권을 법무부장관으로부터 대한변협으로 이관하였다.[38] 그러나 변호사와 변호사회에 대한 감독권은 계속 법무부가 행사하였다. 즉, 변호사에 대한 징계권은 법무부 내 징계위원회가 관장하고 법무부장관의 변호사에 대한 업무정지명령권도 유지되었다.

1993년법은 국가가 장악하고 있던 징계권을 대한변협에 일부 이관하였다.

---

36) 1982. 12. 31. 법률 제3594호로 개정된 것.

37) 1993. 3. 10. 법률 제4544호로 개정된 것.

38) 1982년법과 그 이전의 1973년법은 아래와 같다.

[1973년법(1973. 12. 20. 법률 제2654호로 개정된 것)]

제7조 변호사로서 업무를 개시하자면 변호사명부에 등록되어야 한다. 변호사명부는 법무부에 비치한다.

제8조 ① 변호사명부에 등록을 원하는 자는 그 입회코저 하는 변호사회를 경유하여 법무부장관에게 등록청구서를 제출하여야 한다.

② 내지 ⑥ (생략)

[1982년법(1982. 12. 31. 법률 제3594호로 개정된 것)]

제7조(자격등록) ① 변호사로서 개업을 하고자 할 때에는 대한변호사협회에 등록을 하여야 한다.

② 제1항의 등록을 하고자 하는 자는 입회하고자 하는 지방변호사회를 거쳐 등록신청을 하여야 한다.

③ 지방변호사회가 제2항의 신청을 받은 경우에는 당해 변호사의 자격유무에 관한 의견서를 첨부할 수 있다.

④ 대한변호사협회가 제2항의 등록신청을 받은 때에는 지체 없이 변호사명부에 등록하고 그 사실을 신청인에게 통지하여야 한다.

즉 변호사법위반사건 및 회칙위반사건 등에 관한 징계사건을 대한변협에서 관장할 수 있도록 하였다(동법73).[39] 대한변협과 법무부가 각 징계위원회를 구성하고 전자는 변호사법위반사건, 회칙위반사건, 품위손상사건에 대한 징계권을 관장하고, 후자는 형사사건으로 입건되어 공소가 제기된 징계사건, 3회 이상 징계처분을 받은 전력이 있는 자에 대한 징계사건 및 전자의 징계결정에 대한 이의신청사건을 관장하도록 하였다. 또, 법무부장관의 업무정지명령권을 규정한 제15조가 1990년 헌법재판소에서 위헌결정됨에 따라 업무정지명령의 절차를 징계절차에 따르도록 개정되었다.

1993년법이 위와 같이 심의대상사건을 기준으로 변호사징계를 이원화함으로써 일부 징계사건에 대해서만 변호사회의 자율성을 인정한 것이지만, "변호사의 자율성을 부정하는 전근대적, 비민주적 제도"를 종식시키고, "드디어 변호사 자치를 도모하는" 단계에 진입한 것으로 적극적으로 평가되었다.[40]

1995년법[41]에 이르러서 변호사자격등록업무가 실질적으로 대한변협에 이관되었다. 즉, 변호사등록업무가 대한변협에 이관되어 있었으나 자율적인 등록심사권이 부여되지 않았던 것을 대한변협에 등록심사위원회를 설치하여 자율적으로 심사할 수 있도록 하였다. 또 징계권을 일원화시켜 대한변협에서 관장하도록 하였다. 즉, 종전에 법무부 징계위원회의 관장사항이었던 변호사징계는 모두 대한변협의 징계위원회에서 관장하도록 하고, 법무부 징계위원회는 대한변협 징계위원회의 결정에 대한 이의신청사건만을 심사하도록 하여 항고심으로 기능하도록 개정하였다.

---

39) 1987년법과 1993년법은 아래와 같다.

[1987년법(1987.12.4. 법률 제3992호로 개정된 것)]

제71조(변호사징계위원회) ① 변호사의 징계는 변호사징계위원회가 행한다.

② 변호사징계위원회는 위원장 1인과 위원 6인으로 구성하며 예비위원 6인을 둔다.

③ 위원장은 법무부장관이 되며, 위원과 예비위원은 법원행정처장이 추천하는 판사 중에서 각 2인, 검사 중에서 각 2인(다만, 위원 1인은 법무부차관으로 할 수 있다) 및 대한변호사협회의 장이 추천하는 변호사 중에서 각 2인을 법무부장관이 임명 또는 위촉한다.

④ 위원과 예비위원의 임기는 1년으로 한다.

[1993년법(1993.3.10. 법률 제4544호로 개정된 것)]

제73조(변호사징계위원회의 설치) ① 변호사의 징계는 변호사징계위원회가 행한다.

② 대한변호사협회와 법무부에 각각 변호사징계위원회를 둔다.

40) 대한변협, 대한변협 50년사, 2002, 276-282면 참조.

41) 1995. 12. 29. 법률 제5055호로 개정되어 1996. 6. 30. 시행된 것.

2007년법[42]에서 징계 및 윤리규제를 강화하는 개정이 이루어졌다. 그 무렵 법조비리와 전관예우 등에 관한 논란 속에 사법개혁의 차원에서 보다 강한 윤리규제의 필요성이 제기되었고 2005년 사법제도개혁추진위원회가 주도하여 법조윤리협의회가 설치되었다. 법조윤리협의회는 법조윤리를 확립하고 건전한 법조풍토를 조성하기 위한 것으로(동법88), 법관·검사 등 공직에서 퇴직한 변호사로부터 수임자료 등을 제출받아(동법89의4) 법조윤리와 관련된 법령을 위반한 경우를 발견하면 징계개시의 신청이나 수사의뢰를 할 수 있도록 함으로써(동법89iii), 법조윤리 전반에 대하여 상시적인 감시, 분석 및 대책 등 업무를 수행하도록 하였다. 또 징계시효기간을 2년에서 3년으로 연장하고(동법98의6), 징계종류 중 영구제명의 요건을 완화하여 징계권을 강화하는 등(동법91①) 징계제도를 전반적으로 정비하였다. 나아가 변호사의 윤리의식 강화를 위한 연수교육을 의무화하였다(동법85).

5. 변호사윤리와 상인성과 공공성

기본사례 4

X 법무법인은 한국관세사회에 등록을 마친 관세사 1인, 아직 등록을 마치지는 않았으나 관세사로서의 자격 요건을 갖춘 미등록 관세사 2인을 고용하여 관세심판청구나 행정소송 관련 업무를 수행하고 있다. 그런데 한국관세사회는 관세사법 제15조 제2항에 의해 관세사가 영리를 목적으로 하는 법인의 사용인이 될 수 없음에도 불구하고 이를 위반하였다는 이유로 X 법무법인에 소속된 관세사들에 대한 징계 절차에 착수하고, 아직 등록하지 않은 관세사에 대해서는 관세사 등록을 거부하였다. 한국관세사회의 견해가 타당한가?

기본사례 5

X 법무법인은 미국의 투자자문회사인 Y로부터 거액의 보수를 제시받고 미국의 반도체회사인 A회사와 국내 반도체회사인 B회사와의 M&A에 관한 사무를 처리하

42) 2007. 1. 26. 법률 제8271호로 개정되고 2007. 7. 27. 시행된 것.

여 줄 것을 요청받았다. X법무법인은 국내 회계법인 C에게 의뢰하여 B회사의 재무상태를 검사케 한 바 B회사는 자금사정이 일시적으로 어려우나 세계적인 기술력이 있어서 건전한 투자자를 물색하여 일시적인 자금문제를 해결하면 세계적인 기업으로 도약할 수 있는 잠재력을 가진 것으로 평가되었다. 미국의 Y는 X 법무법인에 B회사의 자산을 실제보다 낮게 평가하여 M&A만 성사시켜 주면 거액의 보수를 추가로 지급하겠다고 제의하였다. X 법무법인이 미국의 Y를 접촉하는 과정에서 A회사가 M&A를 추진하는 주목적은 B회사의 반도체 관련 기술을 확보하는 것으로 확인되었고 따라서 M&A가 성사되면 B회사의 반도체 기술이 A회사로 유출될 것으로 예견되었다.

① X 법무법인이 Y의 위임사무를 수임한다면 변호사윤리상 문제가 있는가?

② 위 사례와 관련하여, 변호사는 변호사 개인은 물론이고 의뢰인의 개인적 이익을 초월한 공중, 국가 내지 사회 등의 공공적인 것에 봉사하여야 한다는 이념(공공성)과, 변호사가 공공의 봉사를 의식하지 않아도 법적인 전문성을 핵심으로 한 일상적인 서비스를 통하여 의뢰인의 다양한 개인적 가치를 옹호 · 실현하는 노력을 하면 결과적으로 자유로운 사회의 형성 · 발전에 공헌하는 것이라는 이념(전문성)에 대한 견해는 어떠한가?

가. 전문직의 본질과 변호사직무의 공공성

변호사의 법률전문직(legal profession)으로서의 본질이 무엇이냐에 관해서는 여러 가지 관점에서 설명되고 있다. 특성 접근법에 의하면, 고도의 학식을 가지고 개개의 의뢰인의 구체적 요구에 응하여 구체적 봉사활동을 행하고 이로써 사회 전체의 이익에 기여하는 직업이다. 기능적 접근법에 의하면, 개별적인 의뢰인으로부터의 수임업무를 행하는 데 있어서 실현하려고 하는 가치의 보편성 및 이타성이 강한 직업으로 이해한다. 한편 전문성 접근법에 의하면, 변호사의 공공성을 강조하는 것은 변호사업무의 대가성을 부정하는 것이고 이는 시장원리에 반한다는 이유로 공공성의 관점에서 벗어나 전문기술성을 그 본질로 이해하여야 한다는 주장이 제기되기도 한다.[43]

나. 변호사업무의 상인적 요소

변호사법은 변호사의 보수에 관하여 아무런 규정을 두고 있지 않으나, 변호

43) 田中紘三, 전게서, 25-26면 참조.

사가 의뢰인으로부터 보수를 받고 그 직무를 수행하고(회칙44①,②), 세법상 사업자등록을 하고 부가가치세를 납부하는 것은 상인성의 징표이다. 또 인터넷에서의 변호사서비스에 관한 시장이 '로마켓'이라고 불리고, 법무법인이 'law firm'으로 불리는 데에서도 변호사업무의 법률영업(law business)으로서의 성격이 나타나 있다. 이러한 점들은 현실적으로 변호사의 직무에 상인성이 내재되어 있음을 말해주고 있다.

다. 변호사업무의 공공적 요소

그러나 변호사업무의 상인성은 공공성에 대한 규범적 요청에 의하여 부정되고 있다. 역사적으로 로마법상 변호사는 직무에 관하여 보수를 받아서는 안 된다고 되어 있었고, 영국에서는 법정변호사(barrister)가 의뢰인에게 변호사보수를 청구해서는 안 된다고 했다.[44] 우리의 대한변협 회칙도 "보수는 사회통념에 비추어 현저하게 부당한 것이어서는 아니 된다"고 규정하고 있고(회칙44③), 윤리규약은 "변호사는 직무의 공공성과 전문성에 비추어 부당하게 과다한 보수를 약정하지 아니한다."고 규정하고 있다(규31①).

또 변호사나 그 업무에 관한 상업적 광고가 제한되어 있는 점도 변호사의 상인성을 부정하는 것을 전제로 한 것이라고 할 수 있다. 2000년법[45] 이전에는 변호사나 그 업무 등의 광고가 금지되었다가 2000년법에서 신문·방송 등의 매체에 의한 광고가 허용되었으나(동법23①) 그것도 광고매체의 종류, 광고횟수, 광고료의 총액, 광고내용 등을 제한할 수 있도록 하였고(동법23②) 현행법에 있어서도 신문·방송 등에 의한 광고를 허용하면서도 광고의 방법 또는 내용이 변호사의 공공성 등을 해치는 일정한 광고 등을 금지함으로써(법23②) 상인의 영업에서와 같은 광고자유를 허용하지 않고 있다.

판례는 변호사가 의제상인임을 주장하면서 행한 상호등기신청을 각하한 등기관의 결정에 대한 이의사건에서 변호사를 상법 제5조 제1항이 규정하는 '상인적 방법에 의하여 영업을 하는 자'라고 볼 수 없으므로 의제상인에 해당하지 아니한다고 판시하고 있다.[46] 그 논거의 요지를 정리하면 아래와 같다.

---

44) 한인섭, 전게서, 41면 참조.

45) 2000. 1. 28. 법률 제6207호로 개정된 것.

46) 대법원 2007. 7. 26. 2006마334 결정; 2011. 4. 22. 2011마110 결정 참조.

1 대법원 2007. 7. 26. 2006마334 결정

- 변호사의 영리추구 활동을 엄격히 제한하고 그 직무에 관하여 고도의 공공성과 윤리성을 강조하는 변호사법의 여러 규정에 비추어 보면, 위임인·위촉인과의 개별적 신뢰관계에 기초하여 개개 사건의 특성에 따라 전문적인 법률지식을 활용하여 소송에 관한 행위 및 행정처분의 청구에 관한 대리행위와 일반 법률사무를 수행하는 변호사의 활동은, 간이·신속하고 외관을 중시하는 정형적인 영업활동을 벌이고, 자유로운 광고·선전활동을 통하여 영업의 활성화를 도모하며, 영업소의 설치 및 지배인 등 상업사용인의 선임, 익명조합, 대리상 등을 통하여 인적·물적 영업기반을 자유로이 확충하여 효율적인 방법으로 최대한의 영리를 추구하는 것이 허용되는 상인의 영업활동과는 본질적으로 차이가 있다 할 것이고, 변호사의 직무 관련 활동과 그로 인하여 형성된 법률관계에 대하여 상인의 영업활동 및 그로 인한 형성된 법률관계와 동일하게 상법을 적용하지 않으면 아니 될 특별한 사회경제적 필요 내지 요청이 있다고 볼 수도 없다. 따라서 근래에 전문직업인의 직무 관련 활동이 점차 상업적 성향을 띠게 됨에 따라 사회적 인식도 일부 변화하여 변호사가 유상의 위임계약 등을 통하여 사실상 영리를 목적으로 그 직무를 행하는 것으로 보는 경향이 생겨나고, 소득세법이 변호사의 직무수행으로 인하여 발생한 수익을 같은 법 제19조 제1항 제11호가 규정하는 '사업서비스업에서 발생하는 소득'으로 보아 과세대상으로 삼고 있는 사정 등을 감안한다 하더라도, 위에서 본 변호사법의 여러 규정과 제반 사정을 참작하여 볼 때, 변호사를 상법 제5조 제1항이 규정하는 '상인적 방법에 의하여 영업을 하는 자'라고 볼 수는 없다 할 것이므로, 변호사는 의제상인에 해당하지 아니한다.
- 위 법리와 기록에 비추어 살펴보면, 원심이 변호사는 그 직무수행과 관련하여 의제상인에 해당한다고 볼 수 없고, 조세정책적 필요에 의하여 변호사의 직무수행으로 발생한 소득을 사업소득으로 인정하여 종합소득세를 부과한다고 하여 이를 달리 볼 것은 아니며, 변호사가 상인이 아닌 이상 상호등기에 의하여 그 명칭을 보호할 필요가 있다고 볼 수 없다는 취지로 판단하였음은 정당하다.
- 변호사가 변호사법 제40조에 의하여 그 직무를 조직적·전문적으로 행하기 위하여 설립한 법무법인은, 같은 법 제42조 제1호에 의하여 그 정관에 '상호'가 아닌 '명칭'을 기재하고, 같은 법 제43조 제2항 제1호에 의하여 그 설립등기시 '상호'가 아닌 '명칭'을 등기하도록 되어 있으므로, 이러한 법무법인의 설립등기를 '상호' 등을 등기사항으로 하는 상법상 회사의 설립등기나 개인 상인의 상호등기와 동일시할 수 없다.
- 또한, 일부 변호사에 대하여 상호등기가 마쳐진 사례가 있다고 하더라도 이는 등기되어서는 아니 될 사항이 잘못 등기된 것에 불과하므로 이를 이유로 이 사건 상호등기신청을 받아들여야 한다는 근거로 삼기 어려우며, 이 사건 등기관이 이 사건 상호등기신청을 각하한 처분이 헌법상 평등의 원칙에 위반된다고 볼 수 없다.

또 판례는 변호사인 원고가 의뢰인에게 성공보수금의 지급을 구하는 소를 원고의 주소지 관할법원에 제기하자 동 법원이 영업에 관하여 발생한 채권의 변제를 구하는 것이라고 보아 영업소(사무실)의 관할법원에 이송결정한 것에 대하여 변호사인 원고가 재항고한 사건에서 아래와 같이 판시하고 있다.

2 대법원 2011. 4. 22. 2011마110 결정

위임인·위촉인과의 개별적 신뢰관계에 기초하여 개개 사건의 특성에 따라 전문적인 법률지식을 활용하여 소송에 관한 행위 등에 관한 대리행위와 일반 법률사무를 수행하는 변호사의 활동은, 간이·신속하고 외관을 중시하는 정형적인 영업활동을 벌이고, 자유로운 광고·선전활동을 통하여 영업의 활성화를 도모하며, 영업소의 설치 및 지배인 등 상업사용인의 선임, 익명조합, 대리상 등을 통하여 인적·물적 영업기반을 자유로이 확충하여 효율적인 방법으로 최대한의 영리를 추구하는 것이 허용되는 상인의 영업활동과는 본질적으로 차이가 있고, 변호사의 직무 관련 활동과 그로 인하여 형성된 법률관계에 대하여 상인의 영업활동 및 그로 인한 형성된 법률관계와 동일하게 상법을 적용하지 않으면 아니될 특별한 사회경제적 필요 내지 요청이 있다고 볼 수도 없으므로 변호사는 상법 제5조 제1항이 규정하는 상인적 방법에 의하여 영업을 하는 자라고 볼 수 없다. 민법 제467조 제2항 단서[47]에서 의미하는 영업에 관한 채무라거나 혹은 재항고인의 변호사 사무소가 위 조항에서 의미하는 영업소라고 볼 수는 없고, 이 사건에서 상대방의 이행채무는 지참채무로서 재항고인(변호사)의 주소지 관할법원인 서울동부지방법원에 관할권이 있다.

라. 변호사의 상인성과 공공성의 충돌과 그 해결

법조전문직으로서의 변호사업무는 변호사의 사명으로서의 공공성과 현실로서의 상인성의 양면이 존재하나 상인성은 공공성에 대한 규범적 요청에 의하여 부정된다. 문제는 이상과 제도로서 변호사의 상인성을 인정할 수 없다고 하더라도 변호사의 상인성의 현실과 공공성의 이상 사이의 모순을 어떻게 해결하느냐 하는 점에 있다. 변호사는 거시적 또는 포괄적 법조윤리로서 법초월적 정의, 공정 그리고 높은 윤리적 기준인 인간존엄성의 이념(인권)과 같은 근본적 법가치관을 가짐으로써 공공성에 배치되는 상인성의 욕구를 후퇴시킬 수

---

47) 민법 第467條(辨濟의 場所) ① 債務의 性質 또는 當事者의 意思表示로 辨濟場所를 定하지 아니한 때에는 特定物의 引渡는 債權成立當時에 그 物件이 있던 場所에서 하여야 한다.
② 前項의 境遇에 特定物引渡以外의 債務辨濟는 債權者의 現住所에서 하여야 한다. 그러나 營業에 關한 債務의 辨濟는 債權者의 現營業所에서 하여야 한다.

있다. 이를 위해서는 결국 법조전문직으로서 거시적 윤리덕목을 함양하고 이를 강화할 수밖에 없다. 따라서 신비의 도, 청렴과 양심, 다른 공동체에 대한 존중과 배려 등의 윤리관을 전인격적으로 연마해야 한다. 상인성에 경도된 변호사에 대한 실정법적 윤리규제는 이와 다른 차원의 해결책이라고 할 수 있다.

참고자료 5 "변호사는 어떤 사람이어야 하고, 무엇을 팔아야 합니까?"

내가 물었다.

"미국 유머에 변호사의 묘비 얘기가 나와요. 죽은 어떤 변호사의 묘비에 '그는 변호사였다. 그러나 좋은 사람이다'라고 적혀 있더랍니다. 미국 사회에서 변호사는 나쁜 놈이란 인식이 깔려 있는 걸 반영하는 유머죠. 저는 모임에 가서 그랬어요. 한국에서만은 앞으로 '그는 변호사였다. 그래서 좋은 사람이다'라고 만들어야 한다고. 많은 변호사들이 생존전략으로 어떤 분야를 전문으로 하면 돈을 잘 벌까를 탐색하는 것 같아요. 법기술자만을 추구하는 거죠. 저는 변호사가 먼저 건강한 정신을 가져야 한다고 생각합니다. 의뢰인이 결국 사고 싶어하는 것은 좋은 성품을 가진 변호사의 정직과 신뢰가 아니겠어요? 그게 단번에 되는 게 아니죠. 인문학을 끊임없이 공부하면서 자신을 보석같이 갈고 닦아야 합니다. 그리고 변호사의 일 자체가 숭고한 소명이 되어야 합니다. 변호사를 정치나 돈의 발판으로 삼으면 절대 좋은 평가를 못 받을 거예요."

여기서 한 가지 짚고 넘어갈 게 있었다. 배고픈 변호사는 맹수보다도 무섭다고 하는 말이 있다. 가난하고 힘들던 병아리 변호사시절 돈만 준다면 악마라도 변호할 마음이 든 적도 있었다. 삶은 현실이기 때문이다. 법원장을 지낸 그는 화려한 전관 경력자였다. 그의 말은 자칫하면 가진 자, 배부른 자의 낭만으로 오해될 수도 있었다.[48]

■ 기본사례(해설)

1. 갑 변호사가 "당신이 좋을 대로 하라. 나는 의견을 말하지 않겠다"라고 말하는 것은 고문변호사로서 바람직한 태도는 아니다. "절대로 반출해서는 안 된다. 강행하면 고문을 사임하겠다"라고 말하는 것은 현실적으로 기대하기 어렵다. 현실적으로는 범죄행위가 되는 한계를 제시하고 위법행위를 하지 않도록 강력하게 말하는 정도일 것이다.

48) 대한변협신문 제354호(2011. 6. 6.), 7면, 엄상익, 〈인터뷰〉 「철인(哲人) 변호사 이우근」. 엄상익 변호사가 이우근 변호사를 인터뷰한 내용의 일부이다.

2. 변호사가 TV에 출연하는 것 자체 또는 복장이나 언동은 개인의 자유이다. 그러나 특히 변호사의 업무와 무관한 TV프로그램에 출연할 경우 그 역할과 언동, 복장 등에 있어서 변호사로서의 절도가 있어야 한다는 점에서 품위유지의 문제가 있다.[49)]

3. 의뢰인이 양해를 한다고 하더라도 변호사 갑의 행동은 변호사로서 품위를 손상하는 행위라고 할 수 있다.[50)]

4. 변호사는 기본적 인권을 옹호하고 사회정의를 실현함을 사명으로 하는 등 공익적 목적을 갖고 있고(법①), 법무법인은 설립목적 자체가 위와 같은 사명을 갖는 변호사업무를 조직적, 전문적으로 수행하는 것을 목적으로 하고 있으므로 법무법인의 영리성 여부는 결국 변호사업무의 영리성 여부에 의하여 결정되어야 할 문제이다. 그런데 변호사는 ① 의뢰인으로부터 수임받은 업무를 처리할 뿐만 아니라, ② 국가·지방자치단체 기타 공공기관의 위촉 등에 의한 업무를 취급하고 있고(법③), 실제로 ③ 연간 일정시간 이상의 공익활동에 의무적으로 참여하여야 하며, ④ 변호사의 직무를 수행함에 있어서는 일반인에게 부여되는 것보다 훨씬 높은 수준의 중립성, 윤리성, 청렴성, 공공성을 요구하고 있으므로 변호사의 업무를 영리를 목적으로 하는 업무로 볼 수는 없다(대한변협 2006. 4. 4. 질의회신 제275호). 따라서 법무법인을 영리를 목적으로 하는 법인이라고 할 수 없다.

5. 변호사 직무의 공공적 성격을 고려하면 X 법무법인이 Y의 위임사무를 수임하는 것은 윤리상 문제가 있다. 변호사는 그 직무를 수행함으로써 그 공공적 사명을 수행하는 것으로 충분하지 않고 예컨대 제국주의 지배하에서는 독립운동을, 독재체제 또는 권위주의 하에서는 '재야정신'에 입각하여 권력에 저항하는 인권운동을, 권위주의가 종식된 상황에서도 소수자 및 사회적 약자의 차별 등에 대한 사회구조의 개선활동 등을 통하여 사회정의가 실현될 수 있도록 적극적으로 노력하여야 한다.

---

49) 高中正彦, 전게서, 306면 참조.
50) 高中正彦, 전게서, 306면 참조.

3 | 변호사의 기본의무

도입질문

1. 법조전문직에게 요구되는 공통적인 의무는 무엇인가?
2. 변호사에게 요구되는 기본적인 의무는 무엇인가?
3. 변호사에게 요구되는 기본적인 의무 중 의뢰인에 대한 보호의무와 공공성의 유지의무가 충돌할 때 어느 의무가 우선되어야 하는가?

Ⅰ. 총　설

변호사는 법조전문직으로서 근본적인 법가치관 즉, 정의, 공정 그리고 인간의 존엄성(인권)과 같은 이념을 표방해야 한다. 이는 변호사뿐만 아니라 모든 법조인에게 타당한 윤리적 가치이다. 법조윤리에 관한 실정의 구체적인 의무는 위와 같은 근본적 법가치관으로부터 도출된다. 그런데 이는 실정법적 의무의 이행만으로 실현될 수 없고, 또 현실의 생활양식을 통하여 직접 실현하기에는 매우 추상적이고 관념적이다. 여기에서 실정의 구체적 의무와 근본적인 법가치관의 사이에, 이를 매개하는 법조인 일반에게 공통되는 일반적 의무를 정립하여 이를 방향타로 삼을 필요가 있다.

이러한 의미에서 변호사를 포함한 법조인은 우선 형식적 적법절차의 원리를 구현하고 이를 토대로 법과정에 충실할 의무가 있다. 그러나 형식적 적법절차 원리에 충실하는 것만으로는 변화하는 사회현상에 합목적적으로 대처한다거나 실질적 정의의 실현에 한계가 있을 수밖에 없으므로 실질적 적법절차원리를 지향하면서 사법제도 개선의 노력을 기울여야 한다. 그렇게 함으로써 법조인이 실정의 구체적 의무의 이행을 통하여 또는 생활상의 행동양식으로써 위와 같은 근본적인 법가치관에 이를 수 있다.

II. 변호사의 법조전문직으로서의 일반적 의무

1. 형식적 적법절차원리의 구현

형식적 적법절차원리를 구현할 의무는 형식적 적법절차원리의 실현 노력, 그 이행의 감시의무를 포함한다.

형식적 적법절차의 원리는 법구조의 근간을 이루는 법내재적 정의 또는 도덕으로서, 미국에서 발전해온 적법절차원리의 내용에 따르면, ① 형사절차상의 적정,[1] ② 절차일반의 적정, ③ 자유와 재산에 관련된 공권력행사의 적정, ④ 공권력행사의 내용·방식·목적 등의 적정, ⑤ 실체법의 적정 등으로 구체화되고, 그중 ① 내지 ④가 절차적 적법절차원리의 문제(procedural due process)라고 할 수 있다.[2]

변호사는 우선 이러한 적법절차원리에 대한 충실의무를 내면화하고 이를 실현하도록 노력하는 한편으로,[3] 형사절차에 있어서뿐만 아니라 행정절차 등 모든 국가작용에 대하여[4] 이러한 절차적 적법절차원리가 실현되도록 감시하여야 한다.[5]

---

1) 형사절차에서 변호인의 조력을 받을 권리, 공판절차에 있어서 반대신문권(cross examination) 등이 제한당하지 아니하고, 경찰수사과정에서 구금기간의 부당한 장기화는 허용되지 아니한다 (허 영, 『한국헌법론』 신정판, 박영사, 1995, 339면).

2) 권영성, 『헌법학원론』 신판, 법문사, 1995, 380면 참조.

3) 법률가의 윤리와 책임-심헌섭, 38면 참조.

4) 헌재 1992. 12. 24. 92헌가8 결정 참조.

5) 서울고등법원 제1형사부는 1988. 3. 4. 85노503 강신옥 사건의 무죄판결에서 “형사변호인은 변

2. 실질적 적법절차원리의 지향

변호사는 법조전문직으로서 근본적인 법가치, 법이념 등 실질적 적법절차원리를 지향할 의무가 있다. 근본적인 법가치라 함은 인권, 정의, 공정과 같은 법가치관을 말한다. 이는 형식적 적법절차원리와 같은 법내재적 가치를 변화하는 현실과 사회이상에 합목적적으로 대응케 하는 한편 상충하는 사회이익의 정의로운 조정과 균형을 도모하기 위하여 필요하다.[6)]

변호사법은 변호사는 '기본적 인권'을 옹호하고 '사회정의'를 실현함을 사명으로 한다(법1①)고 규정하여 근본적인 법이념으로 인권과 정의를 표방할 것을 요구하고 있다. 이에 따라 윤리규약도 "변호사는 인간의 자유와 권리를 보호하고 향상시키며, 법을 통한 정의의 실현을 위하여 노력한다"(규1①)고 규정하여 인권과 자유의 보호, 법을 통한 정의의 실현을 다시 천명하면서, 적법절차의 실현을 위하여 노력할 것을 요청하고 있다(규35).

헌법은 제10조에서 "모든 국민은 인간으로서의 존엄과 가치를 가지며, 행복을 추구할 권리를 가진다. 국가는 개인이 가지는 불가침의 기본적 인권을 확인하고 이를 보장할 의무를 진다"라고 규정하고 있다. 헌법재판소는 "기본권 자체는 사람인 이상 天賦·生來의 것이다"라고 하고 있다.[7)] 인권은 역사 또는 사상에 따라 그 관념을 달리하고 그 용어도 구분되어 사용되고 있으나,[8)] 변호사법의 '기본적 인권'은 헌법 제10조에서 규정하는 '개인이 가지는 불가침의 기본적 인권'과 같은 개념이다.

한편 지금까지 다양하게 논의된 '정의'의 개념을 보면 ⅰ) 불법은 원칙적으

론 중 어느 정도의 범위에서 법의 권위에 도전할 수 있을 것인가. 형사변호인은 공판을 통하여 처음부터 끝까지 법관의 통념과 상식에 도전하지 않으면 아니되며 궁극적으로 재판부를 설득하여 공정한 판결을 얻기 위하여 끊임없이 부당행위의 시정을 구하고 때로는 입법의 타당성까지 철저히 다투어야 할 책무가 있다"고 판시하고 있다(사법행정 29권 4호, 1988, 100면 이하 참조).

6) 법률가의 윤리와 책임-심헌섭, 39면 참조.

7) 헌재 2003. 1. 30. 2002헌마358.

8) 기본권의 개념과 관련하여 인권, 기본권, 시민의 권리라는 용어의 구분이 문제된다. '인권'은 인간의 본성에서 나오는 생래적 자연권을 의미하고, '기본권'은 헌법이 보장하는 국민의 기본적 권리를 의미하며, '시민의 권리'는 국가의 구성원인 시민의 권리로서 자연권을 확보하기 위한 국가를 형성하는 데 필요한 참정권 등과 같은 제반 권리 등을 의미한다(김철수, 『헌법학개론』 제7전정신판, 박영사, 1995, 203-204면 참조).

로 정의롭지 못한 것으로 본다는 합법성으로서의 정의, ii) 각자에게 그의 것을 주는 것, 같은 것은 같게 다른 것은 다르게 취급한다는 의미의 형식적 정의, iii) 사회의 가치관을 반영하여 구현되는 정의로서의 실질적인 의미에서의 정의 등으로 구분할 수 있다.[9] 변호사가 지향해야 할 근본적인 법가치로서의 정의는 이러한 정의의 개념을 모두 포괄하고 있고 특히 실질적인 의미에서의 정의가 중요하다.

변호사는 실정법이 형식적으로 적법하더라도 그 내용도 합리적이고 정당한 법이어야 한다는 '실체적 차원의 적정성'(substantive due process)의 실현을 위한 노력을 다하여야 한다.[10] 실질적 정의를 구현하기 위한 노력의 중요성은 아무리 강조해도 지나치지 않는다. 법질서는 정태적일 수 없으므로 형식적 적법절차원리가 자족적일 수 없을 뿐만 아니라 그 실현만으로써 법윤리의 요구가 완전히 충족되는 것이 아니고,[11] 모든 제정법은 정당한 법의 시도이기 때문이다(Rudolf Stammler).

결국 법의 적용대상은 인권 또는 정의와 합목적성이 끊임없이 충돌하는 현실이므로,[12] 변호사는 실질적 적법절차원리를 지향하면서 선비의 도, 청렴과 양심, 다른 공동체에 대한 존중과 배려, 현실에 부딪혀 단련된 지혜 등을 통하여[13] 근본적인 법가치관으로써 상충하는 사회이익의 조정과 균형을 도모하여야 한다. 형식적 적법절차원리의 구현과 실질적 적법절차원리의 지향 사이에 충돌이 있을 경우 기본가치, 즉 평화나 질서의 파탄을 가져올 의무는 이행

---

9) 이상수, 『법조윤리의 이론과 실제』, 서강대학교출판부, 2009, 105-106면.

10) 강신옥 사건에서 서울고등법원 제1형사부는 변호인의 변호권의 범위와 관련하여, "…정당한 법의 실현을 통하여 사회정의와 법지배의 원칙을 확립시킬 사명을 가진 변호사로서 자연법사상에 기초한 법률관에 서서 피고인이 변호를 맡은 다른 피고인들에게 직접 적용되는 법률의 정당성을 논란한 것은 변호권이 행사로서 정당한 범위 내의 변론임은 말할 것도 없다"고 하고 나아가 "재판의 근거가 되는 규범은 현재의 실정법이지만 자유민주주의 기본질서가 명백하게 본질적으로 부정되는 경우에 기본권 보호의 최후수단으로서의 저항권 이론이 인정될 것인가 하는 문제는 그 당부는 별론으로 하고 저항권 이론이 반드시 힘의 행사, 폭력의 행사인 것으로 볼 수 없는 이상 보편적이고 영구적인 정의, 질서가 존재한다는 자연법론적인 법철학입장에서 변호인이 법정에서 악법에 대한 저항투쟁으로서 저항권행사의 주장을 하였다하여 재판을 방해하거나 위협할 목적으로 법정을 모욕하였다고 단정할 수 없음이 또한 명백하다"고 판시하면서 변호사가 법의 정당성을 논란하는 것은 변호권의 정당한 행사라고 하고 있다.

11) 법률가의 윤리와 책임-심헌섭, 38-39면 참조.

12) G. Radbruch/최종고 역, 『법철학』, 삼영사, 2007, 112-113면 참조.

13) 법률가의 윤리와 책임-심헌섭, 39면 참조.

되어서는 안 된다.[14)]

3. 법과정에의 충실

법과정에 충실한다고 함은 법과정에 직접 참여하는 자가 사회적 갈등이나 분쟁을 힘이 아닌 법과정을 통하여 해결하도록 적극적으로 노력하는 것을 말한다. 법과정이라 함은 협의로는 사회적인 대립이나 갈등을 평화적으로 해결하기 위한 장치로서의 법률이 정하는 일정한 절차나 과정을 의미한다. 광의로는 현대 민주국가에서 헌법적 원리의 하나로 인식되고 있는 법치국가(Rechtsstaat)의 원리[15)]와 맥락을 같이하는 것으로서 국민의 대표기관인 의회가 제정한 법률에 근거하여 모든 국가적 활동과 국가적 생활이 이루어지는 과정을 포함한다.

변호사는 법과정, 특히 사법과정에 직접적으로 참여하는 입장에서 법의 유지, 법에 의한 사회갈등의 해결을 위하여 적극적으로 노력할 책임이 있다.

변호사가 보호하고자 하는 권리와 이익 또는 그것들을 추구하는 근거는 현행의 법이고, 변호사가 수행하는 법률서비스는 연혁적으로 그 본질이 국가의 법집행작용이다.[16)] 따라서 변호사는 기본적으로 현행의 법을 지지하고 옹호해야 한다.[17)] 법과정은 기존의 법을 적용하고 실현하는 것이므로 변호사는 1차적으로 사회적 분쟁을 기존의 법에 의거하여 해결하도록 노력하여야 한다.

한편 기존의 법을 전제로 법을 적용하고 실현함에 있어서는 보다 정당한 내용의 새로운 법을 형성하고 변혁할 수도 있으므로 실정법의 도그마에 안주해서는 아니 되고[18)] 이를 위해 필요한 것이 전술한 실질적 적법절차원리의 지

---

14) 상게서, 39면; G. Radbruch/최종고 역, 전게서, 111면 등 참조.

15) 법치국가의 원리의 내용은 국민의 자유와 권리를 제한하거나 국민에게 새로운 의무를 부과하려 할 때에는 반드시 국민의 대표기관인 의회가 제정한 법률로써 하여야 하고(의회주의와 법률의 우위), 행정은 법률의 존재를 전제로 그에 의거하여 행해져야 하며(법률에 의한 행정=행정의 합법률성), 사법도 법률의 존재를 전제로 법률에 따라 행해져야 한다(법률에 의한 재판)는 요청이다(권영성, 전게서, 143면).

16) 6인 공저-한상희, 22면, 주20) 참조.

17) 이는 앞의 '실질적 적법절차원리의 지향'이나 뒤에서 살펴볼 사법개선의 실현의무와 별개의 것이다. 변호사는 머리에는 형식적 적법절차의 원리 또는 합법성의 가치를 담고 가슴에는 실질적 적법절차의 원리 또는 정의 · 공정 · 인권과 같은 법이념을 안고 씨름해야 한다.

18) 예컨대, 변호사는 기존의 법을 전제로 새로운 판례법의 형성 및 발전을 위하여 노력하여야

향이요 이를 척도로 한 후술의 사법개선의 실현노력이다. 여기에서 의뢰인의 권익이나 사회의 요구를 원조·협력할 의무와 현행의 법질서의 요구가 충돌할 경우가 문제된다. 이 경우에도 법과정에의 충실의무를 의뢰인의 권익이나 사회의 요구보다 후퇴시킬 수는 없다. "어떤 법질서가 존재한다는 것은 그 법질서의 정의 및 합목적성보다도 중요하다. 정의와 합목적성은 법의 두 번째 큰 과제이지만 모든 사람이 한결같이 필요하다고 인정하는 법의 첫 번째 과제는 법적 안정성 즉 질서와 평화"[19]이기 때문이다.

이와 관련하여 변호사 스스로 법조전문직으로서 솔선수범하여 법령을 준수하여야 함은 당연하다. 윤리규약은 제3조에서 "변호사는 법령과 대한변호사협회 및 소속 지방변호사회의 회칙·규칙·규정 등을 준수하고, 그 구성과 활동에 적극 참여한다"고 규정하고 있다. 법령준수는 국민 모두에게 공통적인 의무이지만 변호사는 법조전문직이므로 이를 특별히 더 강조한 것이다. 나아가 "변호사는 의뢰인의 범죄행위, 기타 위법행위에 협조하지 아니한다. 직무수행 중 의뢰인의 행위가 범죄행위, 기타 위법행위에 해당된다고 판단된 때에는 즉시 그에 대한 협조를 중단한다"(규11①)고 규정하고 있는 것도 법과정에의 충실의무가 구체적으로 표현된 것이다.

4. 사법개선의 실현

참고자료 1 헨리 시지윅(Henry Sidgwick:1838-1900)은 『윤리학의 방법(Methods of Ethics)』에서 정의와 관련하여 자연성의 개념에 대해 비판적으로 짧게 논한 뒤 이런 질문을 제기한다. "인간들이 권리와 특권, 부담과 고통을 더할 나위 없이 정의롭게 분배할 수 있는 기준이 되어줄 명쾌한 원칙은 과연 없는 것일까?" 권리와 특권, 부담과 고통을 더할 나위 없이 정의롭게 분배하는 기준이 되어 줄 원칙들을 세우는 것이 바로 사회정의를 세우는 것이다. 그 원칙을 근거로 사회제도들을 평가할 수 있을 것이며, 만일 그 제도들이 거기에 미달하는 것으로 드러나면 제도의 개선을 요구할 수도 있을 것이다.[20]

한다.

19) G. Radbruch/최종고 역, 전게서, 111면.

20) 데이비드 존스턴(David Johnston), 정명진 역, 『정의의 역사』(A Brief History of Justice), 부글, 2011, 269-270면.

법질서가 그 기초로 하고 있는 사회적 합의, 자명한 공통의 전제 등은 정적인 것이 아니고 끊임없이 변화의 요구에 직면하여 있다. 법과정은 사회적 대립이나 요구를 해결하고 실현하기 위한 수단이기 때문에 사회가 변화함에 따라서 그 구조와 기능을 개선하지 않고서는 법질서를 유지할 수 없는 상황에 이르게 된다. 또 사회분쟁의 성격도 종래의 단순하고 개별적인 것에서 복잡하고 집단적인 것으로 변해가고 있다. 따라서 변호사는 기존의 법에 의해서는 변화하는 사회이익의 정의로운 조정과 균형을 도모할 수 없을 경우 새로운 법의 발전을 위하여 적극 노력하여야 한다. 새로운 법의 발전을 포함한 사법과정의 개선은 그 과정에 직접적으로 참여하는 변호사를 포함한 법조의 1차적 책무이다.

사법과정은 여기에 참여하는 자의 이익뿐만 아니라 사회 일반의 이익을 위한 것이다. 오히려 후자가 보호되어야 할 본질적인 이익이다. 따라서 사법과정의 개선을 위해서 전문직의 집단이기주의는 배척되어야 한다. 전문직역의 좁은 이해관계나 시야에 사로잡히지 말고 사회 또는 국가의 입장에서 개선이 요구된다면 개선을 위하여 적극적이어야 한다. 그렇지 않고서는 변호사를 "공공성을 지닌 법률 전문직"(법2)이라고 할 수 없기 때문이다. 이에 따라 변호사는 그 사명에 따라 성실히 직무를 수행하면서 사회질서 유지와 "법률제도 개선"에 노력하여야 하고(법1②), "법령과 제도의 민주적 개선"에 노력하여야 한다(규1②).

또한 사법과정의 개선은 대체로 법조3륜으로 불리고 있는 법원, 검찰, 변호사의 각 직역 간 공통의 이해관계를 가지는 문제에 관한 것이므로 법조3륜간 이익충돌이 발생할 수 있다. 그러나 문제의 핵심은 사회 일반의 이익에 관한 것이라는 점에 대한 인식을 공유하면서 법률가답게 대화와 토론이라는 이해의 조정과정을 통하여 이익충돌의 문제를 해결하여야 한다. 다른 한편 분화된 법조의 각 영역의 사법개선이 순수한 그 영역 내부의 것인 경우에는 그 영역의 자치를 존중하면서 사회현상의 변화에 따른 개선의 요구에 응하도록 하여야 하고, 그것이 다른 법조의 영역과 관계되는 경우에는 당연히 공공의 이익이라는 관점에서 파사현정(破邪顯正)의 의견을 제시하고 건전한 비판을 가하는 것도 용인되어야 한다.[21]

---

21) 사법연수원, 전게서, 7면 참조.

사법개선의 실현은 법가치적으로는 위에서 본 실질적 적법절차원리를 지향하고 법의 근본이념인 정의, 공정, 인권을 실현하기 위한 전인격적 실천의 문제이기도 하다.

Ⅲ. 변호사에 고유한 기본적 의무

변호사는 법조전문직으로서 다른 법조전문직, 즉 법관이나 검사와 공통적으로 가지는 일반적 의무 외에 변호사로서 고유한 기본적 의무를 가진다.

변호사에 고유한 기본적 의무는 여러 가지 기준에 의하여 분류할 수 있겠으나, 크게 의뢰인에 대한 보호의무, 공공성의 유지의무, 사회적 신뢰의 유지의무로 분류하여 다음과 같이 구분하고자 한다.

1. 의뢰인에 대한 보호의무
- 가. 성실의무
  - 성실 · 신속한 위임사무 처리의무(규13①,②, 민681)
  - 상담 · 설명 · 조언 · 협의 의무(규20①,②,③,④, 28①,②, 29, 민683)
- 나. 비밀유지의무(법26, 규18, 41, 47, 형317)
- 다. 이익충돌회피의무(법31, 규22, 42)

2. 공공성의 유지의무
- 가. 공익실현의 의무(법1, 2, 강령1, 규1①, 2①)
- 나. 진실의무(규2②, 36)
- 다. 공익활동에 종사할 의무(강령3, 규1②, 16③)

3. 사회적 신뢰의 유지의무
- 가. 자율성 및 독립성을 유지할 의무(법2, 규2①)
- 나. 전문성을 유지할 의무(법2, 규2④)
- 다. 명예와 품위 유지의무(강령2, 규5)

1. 의뢰인에 대한 보호의무

변호사는 의뢰인 개인 또는 시민의 자유와 같은 사회의 이익이나 요구를 사법과정에서 옹호하고 관철하는 것을 제1차적 직책으로 한다. 재판에서의 진실발견은 절대적인 것이 아니고 종종 개인의 존엄 등 보다 높은 가치가 그 한계로 작용하는 경우가 있고(예컨대, 형사소송에 있어서 피고인의 무죄추정이나 진술거부권), 변호사를 이용하는 권리도 그와 같은 개인의 존엄을 위한 것이며 진실발견에 우선하기 때문이다.[22) 23)] 따라서 변호사의 의무 중에서 의뢰인에 대한 보호의무는 매우 중요하다. 그러나 의뢰인에 대한 보호의무와 공공성을 유지할 의무(적극적 측면)가 충돌할 경우 공공성을 유지할 의무가 우선해야 한다. 다만 공공성을 유지할 의무 중 진실의무는 그 소극적 성격으로 인하여 의뢰인에 대한 보호의무에 반해서는 아니 된다.

의뢰인에 대한 보호의무는 성실의무(법1②), 비밀유지의무(법26), 이익충돌회피의무(법31)로 세분할 수 있다. 이에 관한 상세는 후술하기로 하고 여기에서는 그 개요에 관해서만 살펴보기로 한다.

가. 성실의무

대한변호사협회 회칙 제42조(변호사의 윤리) 변호사는 그 사명에 따라 성실하게 그 직무를 수행하고 직업윤리를 준수하여 품위를 보전하여야 한다.
윤리강령 2. 변호사는 성실·공정하게 직무를 수행하며 명예와 품위를 보전한다.
윤리규약 제2조(기본윤리) ① 변호사는 공정하고 성실하게 독립하여 직무를 수행한다.
윤리규약 제12조(개인정보의 보호) 변호사는 업무를 수행함에 있어서 개인정보의 보호에 유의한다.

기본사례 1

갑 변호사는 A로부터 임대차기간이 종료되었음에도 불구하고 건물을 불법점유

22) 사법연수원, 전게서, 285면 참조.

23) 미국의 Frankel 판사는 논문 "The Search for Truth: An Umpireal View"에서 이러한 전통적인 생각에 정면으로 도전한다. 즉, 변호사는 당사자의 고용된 총잡이(Hired Gunman)가 아니며, 법의 범위 내에서라면 승소하기 위하여 변호사는 무엇을 하여도 좋고 진실발견에 협력할 필요가 없다고 하는 것은 곤란하다고 비판하면서, 지금까지 의문을 품지 않았던 Adversary System의 우월성 자체에 관하여 다시 한 번 더 의심을 품어 볼 필요가 있는 것은 아닌가, Adversary System의 이념을 수정할 필요는 없는가, 변호사의 윤리규정도 진실발견에의 협력의무라든가 공동체에의 의무 등을 명확히 의무로 할 필요가 있는 것이 아닌가라는 근본적인 문제를 제기하였다(사법연수원, 전게서, 286면 참조).

하고 있는 B에 대한 건물명도청구사건을 수임하여 소송을 제기하였으나 B에게 소장송달이 이루어지지 않아 변론기일이 계속 속행되었다. 이에 A는 사건이 조기에 종결되지 않을 것으로 판단하고 갑 변호사와 상담을 하였다.

① 갑 변호사가 "B가 건물에 거주하고 있지 않으면 시정장치를 파괴하고 건물에 들어가 물건을 반출한 후 시정하라"고 조언하더라도 이는 성실의무의 이행으로서 허용되는가?

② A가 위와 같은 조치를 취하겠다고 하자, 갑 변호사는 설마 A가 그렇게 하지는 않을 것으로 생각하고 그렇게 하지 말 것을 설득하지 않고 방치하였고, A는 실제로 위와 같은 조치를 취하였다. 갑 변호사의 행위가 윤리상 허용되는가?

변호사법은 "변호사는 그 사명에 따라 성실히 직무를 수행하여야 한다"(법1②)라고 규정하고, 윤리강령은 "변호사는 성실·공정하게 직무를 수행하며 명예와 품위를 보전한다"(강령2), 윤리규약은 "변호사는 의뢰인에게 항상 친절하고 성실하여야 한다"(규13①)고 각 규정하여 변호사에게 성실의무를 요구한다.

변호사의 기본적 인권을 옹호하고 사회정의를 실현하는 사명(법1①)을 다하기 위하여 변호사의 자율이 보장되어 있다. 변호사의 자율을 확보하여 변호사가 그 직무를 수행하기 위해서는 변호사에 대한 국민의 신뢰가 필요하고, 이를 위해서도 변호사의 성실한 직무수행이 필요하다.

의뢰인과의 관계에서의 성실의무는 위임계약에 기하여 수임사무를 법률전문가로서 고도의 주의의무를 다하여 처리하는 것이다(민681). 구체적으로는 성실·신속한 위임사무 처리의무(법1②, 규13①,②, 민681), 상담·설명·조언·협의의무(규20①,②,③,④, 28, 29, 민683), 위임관계의 종료에 따른 긴급처리의무(민691), 기타 민법상 위임계약상의 의무 등을 들 수 있다.[24]

나. 비밀유지의무

변호사법 제26조(비밀유지의무 등) 변호사 또는 변호사이었던 자는 그 직무상 알게 된 비

---

24) 성실의무의 내용은 의뢰인과의 관계 외에도 직무 일반에 있어서 예컨대, 법원·검찰 등 국가기관·제3자 등과의 관계에서 파악할 수 있고, 이러한 의무는 공공성의 유지의무의 관점에서도 살펴볼 수 있는 바, 뒤의 해당 부분에서 설명하기로 한다.

밀을 누설하여서는 아니 된다. 다만, 법률에 특별한 규정이 있는 경우에는 그러하지 아니하다.[25]

비밀유지의무라 함은 변호사가 그 직무상 알게 된 비밀을 누설하여서는 아니 될 의무를 말한다(법26). 비밀을 누설하여 비밀유지의무에 위반한 때에는 형법 제317조 제1항의 업무상비밀누설죄로 형사처벌의 대상이 된다. 변호사에게 있어서 비밀유지의 의무는 그 직무의 핵심적 가치의 하나이다. 이는 변호사와 의뢰인 사이의 신뢰관계를 형성·유지하고, 변호사제도 및 대립당사자주의의 유지·발전을 위하여 필요하다.

다. 이익충돌회피의무

변호사법 제31조(수임제한) ① 변호사는 다음 각 호의 어느 하나에 해당하는 사건에 관하여는 그 직무를 수행할 수 없다. 다만, 제2호 사건의 경우 수임하고 있는 사건의 위임인이 동의한 경우에는 그러하지 아니하다.[26]

1. 당사자 한쪽으로부터 상의(相議)를 받아 그 수임을 승낙한 사건의 상대방이 위임하는 사건
2. 수임하고 있는 사건의 상대방이 위임하는 다른 사건
3. 공무원·조정위원 또는 중재인으로서 직무상 취급하거나 취급하게 된 사건

다른 의뢰인 또는 변호사의 이익이나 기타 이해관계로 말미암아 변호사의 의뢰인에 대한 보호의무의 이행이 방해받거나 방해받을 위험이 있는 상황을 초래하여 의뢰인의 신뢰관계를 저해하고 변호사의 독립성 및 품위를 손상시켜 변호사에 대한 사회일반의 신뢰를 실추시키는 상황을 회피할 의무를 말한다. 이는 변호사가 의뢰인에 대한 비밀유지 등을 함으로써 의뢰인을 성실하게 보호하고, 나아가 변호사의 공공성, 명예 및 품위의 유지를 통하여 의뢰인 및 사회일반의 변호사에 대한 신뢰를 유지할 수 있도록 함으로써 변호사와 의뢰인 사이의 관계, 나아가서는 변호사제도가 원만하게 작동되게 하기 위한 것이다.

25) 같은 취지의 윤리규약 제18조 참조.
26) 같은 취지의 윤리규약 제22조 참조.

2. 공공성의 유지의무

기본사례 2

갑 변호사는 고금리로 유명한 대부업을 하는 회사 A주식회사와 고문약정을 체결하였다. A 주식회사는 대부금을 가혹하게 추심하는 것으로 언론에도 보도되어 사회문제가 된 바 있었으나, 갑 변호사는 의뢰받은 채권추심사건에서 이자제한법의 범위 내에서 이자를 계산하여 청구하였고, 소송에서도 채무자의 지불능력을 충분히 감안하여 화해를 적극적으로 추진하고 있다. 갑 변호사의 고문 및 소송활동에 윤리상의 문제가 없는가?27)

기본사례 3

갑 변호사는 한국저축은행의 은행장인 A가 수억원을 횡령하고 불법대출을 하여 업무상횡령 등 혐의로 구속되어 수사가 진행 중인 사건을 수임하고 구치소에서 A를 접견하였다. A는 갑 변호사에게 불법대출을 한 비밀장부를 비서인 B에게 보관시켜 놓았으니 이를 폐기하도록 말을 전하여 달라고 부탁하였고 갑 변호사는 이에 응하여 B에게 연락하여 그 비밀장부를 폐기하라는 A의 말을 전하여 폐기토록 하였다.

① 변호사의 의뢰인에 대한 보호의무와 공공성의 유지의무가 충돌할 때 이를 어떻게 해결하여야 하는가?

② 위 사례에서 갑 변호사가 수사기관에 A의 비서가 보관 중인 비밀장부에 관하여 고지하는 행위는 허용되는가?

③ 위 사례와 관련하여 A가 구속되기 전 갑 변호사와 상담하는 과정에서 갑 변호사에게 교부하여 변호사사무실에 보관 중인 장부가 A의 구속 후 비밀장부임이 확인되었음에도 불구하고 변호사 갑이 이를 계속 보관하는 행위는 허용되는가?

가. 공익실현의 의무

변호사법 제1조(변호사의 사명) ① 변호사는 기본적 인권을 옹호하고 사회정의를 실현함

27) 高中正彦, 전게서, 42면 참조.

을 사명으로 한다.[28)]

② 변호사는 그 사명에 따라 성실히 직무를 수행하고 사회질서 유지와 법률제도 개선에 노력하여야 한다.[29)]

변호사법 제2조(변호사의 지위) 변호사는 공공성을 지닌 법률 전문직으로서 독립하여 자유롭게 그 직무를 수행한다.

윤리강령 3. 변호사는 법의 생활화 운동에 헌신함으로써 국가와 사회에 봉사한다.

5. 변호사는 민주적 기본질서의 확립에 힘쓰며 부정과 불의를 배격한다.

7. 변호사는 국제 법조 간의 친선을 도모함으로써 세계 평화에 기여한다.

윤리규약 제3조(회칙 준수 등) 변호사는 법령과 대한변호사협회 및 소속 지방변호사회의 회칙·규칙·규정 등을 준수하고, 그 구성과 활동에 적극 참여한다.

윤리규약 제6조(겸직제한) ① 변호사는 보수를 받는 공무원을 겸하지 아니한다. 다만, 법령이 허용하는 경우와 공공기관에서 위촉한 업무를 행하는 경우에는 그러하지 아니하다.

② 변호사는 소속 지방변호사회의 허가 없이 상업 기타 영리를 목적으로 하는 업무를 경영하거나, 이를 경영하는 자의 사용인이 되거나, 또는 영리법인의 업무집행사원, 이사 또는 사용인이 될 수 없다.

③ 제1항 및 제2항의 규정은 변호사가 휴업한 때에는 이를 적용하지 아니한다.

윤리규약 제7조(이중 사무소 금지) 변호사는 어떠한 명목으로도 둘 이상의 법률사무소를 둘 수 없다. 다만, 사무공간 부족 등 부득이한 사유가 있어 대한변호사협회가 정하는 바에 따라 인접한 장소에 별도의 사무실을 두고 변호사가 주재하는 경우에는, 본래의 법률사무소와 함께 하나의 사무소로 본다

윤리규약 제8조(사무직원) ① 변호사는 사건의 유치를 주된 임무로 하는 사무직원을 채용하지 아니한다.

② 변호사는 사무직원에게 사건유치에 대한 대가를 지급하지 아니한다.

③ 변호사는 사무직원을 채용함에 있어서 다른 변호사와 부당하게 경쟁하거나 신의에 어긋나는 행위를 하지 아니한다.

④ 변호사는 사무직원이 법령과 대한변호사협회 및 소속 지방변호사회의 회칙, 규칙 등을 준수하여 성실히 사무에 종사하도록 지휘·감독한다.

윤리규약 제11조(위법행위 협조 금지 등)[30)] ① 변호사는 의뢰인의 범죄행위, 기타 위법행위에 협조하지 아니한다. 직무수행 중 의뢰인의 행위가 범죄행위, 기타 위법행위에 해당된다고 판단된 때에는 즉시 그에 대한 협조를 중단한다.

② 변호사는 범죄혐의가 희박한 사건의 고소, 고발 또는 진정 등을 종용하지 아니한다.

---

28) 같은 취지의 윤리강령 1. 및 윤리규약 제1조 제1항 참조.

29) 같은 취지의 윤리규약 제1조 제2항 참조.

30) 이상의 윤리규약 제7조, 제8조, 제11조는 후술하는 '명예와 품위 유지의무'와도 관련이 있다.

기본사례 4

갑 변호사는 돈을 벌려는 동기에서 변호사가 되었다. 의뢰인을 열성껏 개척하여 현재는 50여 개의 회사와 고문계약을 체결하고 매일 이른 아침부터 심야까지 수임 업무만을 하고, 국선변호, 변호사회의 위원회 등의 업무는 물론 사회봉사활동도 돈이 되지 않는다는 이유로 일체 하지 않고 있다.

① 갑 변호사의 행동을 윤리상 어떻게 평가해야 하는가?

② 갑 변호사가 경제적 이유가 아니라 법률시장의 최일선에서 다양한 법률문제를 많이 처리하여 전문적 지식 및 기술을 제고하고자 하는 욕구에서 위와 같은 행동을 취한 경우에는 어떻게 평가해야 하는가?

③ 갑 변호사는 위와 같이 사회봉사활동을 하지 않더라도 연간 요구되는 공익활동시간에 상응한 대체금원을 납부하고 있으므로 변호사로서의 의무는 다하고 있다고 생각하고 위와 같이 일체의 사회봉사활동을 하지 않는 경우 이를 어떻게 평가해야 하는가?

변호사는 기본적 인권을 옹호하고 사회정의를 실현함을 사명으로 하며(법1①), 그 사명에 따라 성실히 직무를 수행하고 사회질서 유지와 법률제도 개선에 노력하여야 한다(법1②). 변호사는 위와 같은 사명의 실현을 위하여 그 직무 수행에 있어서 공공적 성격을 유지하고 공익성을 자각하지 않으면 안 된다. 변호사직무의 공공성은 의뢰인에 대한 관계에서는 의뢰인의 정당한 권리의 실현에 봉사하는 한편, 공공성의 공간에서는 통상적인 직무활동을 초과해서 정의의 실현을 위하여 노력하여야 하는 사회적 책임의 자각을 통해 실천된다. 후자의 경우 예컨대, 국민의 법적 서비스에의 접근 보장, 공무에의 취임, 후배 법조인의 양성 등이 그것이다.

이러한 공익실현의무와 의뢰인 또는 제3자와의 관계에서의 성실의무 사이에 가치 충돌이 있는 경우 변호사가 어떠한 태도를 취하여야 하는가 하는 문제가 있다.

우선, 의뢰인과의 관계에서 보면, 의뢰인에 대한 성실의무가 아무런 제약이 없이 절대시할 수 있는 것이라면 공익실현의무와 충돌이 발생할 여지가 없다. 그러나 의뢰인에 대한 성실의무는 일반적으로는 변호사 직무의 공공성에 의하여 제약을 받는 것으로 이해되고 있다. 즉, 변호사가 성실의무에 의하여 실현하여야 할 의뢰인의 이익은 사회정의에 적응한 정당한 이익이다. 이에 관하여 우리 변호사법이나 윤리규약이 일본의 직무기본규정 제21조[31]와 같은 명시적 규정을 두고 있지 않으나, 변호사가 보호하여야 할 의뢰인의 이익은 정당한 것이어야 함은 변호사의 직무의 공공성에 비추어 당연하다. 여기에서 의뢰인의 '정당한 이익'이라 함은, 변호사로서의 직무상의 양심에 따라서 행하여지는 독립적이고 전문적인 재량판단에 의하여 법률적으로 재구성된 이익(법적 이익)으로, 분쟁당사자의 전법률적 또는 비법률적인 욕구 · 원망(怨望) 등 그 자체의 충족을 의미하는 것은 아니다.[32]

다음, 제3자와의 관계에서 살피면, 예컨대, 변호사가 수임한 법률사무와 관련하여 위법한 행위가 행하여질 염려가 있음을 안 경우에 변호사가 어떠한 윤리적 태도를 취하여야 할 것인지 문제이다. 일본에서의 하급심 판결은 이러한 경우 제3자에 대한 성실의무를 법적 의무라고 하고 있다. 즉, "변호사는 사회정의를 실현하는 등의 사명에 기하여 성실하게 그 직무를 행하고, 사회질서의 유지에 노력하지 않으면 안 된다고 하고 있으므로, 자신이 수임한 법률사무에 관련하여 위법한 행위가 행하여질 염려가 있음을 안 경우에는 이를 저지하기 위하여 최대한 노력을 다하여야 하고, 이를 묵과하는 것은 허용되지 않는 것으로 해석된다. 그리고 이는 단순히 변호사윤리에 그치지 않고 법적 의무라고 하지 않으면 안 된다"고 판시하였다.[33] 우리의 경우 이에 관한 규정은 존재하지 않으나 변호사가 자신이 수임한 사무와 관련하여 위법행위가 행하여질 염려가 있는 경우 일본에 있어서와 달리 볼 이유는 없다.[34]

나. 진실의무

변호사법 제24조(품위유지의무 등) ② 변호사는 그 직무를 수행할 때에 진실을 은폐하거나 거짓 진술을 하여서는 아니 된다.
윤리규약 제2조(기본 윤리) ② 변호사는 그 직무를 행함에 있어서 진실을 왜곡하거나 허

31) 일본의 직무기본규정 제21조는 "변호사는 양심에 따라 의뢰자의 권리 내지 정당한 이익을 실현하기 위하여 노력하여야 한다"고 규정하고 있다.

32) 森際康友, 『法曹の倫理』, 名古屋大學出版會, 2005, 55면 및 65면 주6.

33) 東京地判 昭和62.10.15. 判タ 658호, 149면.

34) 의뢰인의 위법행위에 대해서는 의뢰인의 비밀유지의무 및 그 예외의 문제로 후술하기로 한다.

위진술을 하지 아니한다.
윤리규약 제11조(위법행위 협조 금지 등) ③ 변호사는 위증을 교사하거나 허위의 증거를 제출하게 하거나 이러한 의심을 받을 행위를 하지 아니한다.
윤리규약 제36조(재판절차에서의 진실의무) ① 변호사는 재판절차에서 의도적으로 허위 사실에 관한 주장을 하거나 허위증거를 제출하지 아니한다.
② 변호사는 증인에게 허위의 진술을 교사하거나 유도하지 아니한다.

변호사의 진실의무는 소송당사자의 소송법상의 의무로서 원칙적으로 다음의 내용을 포함한다. 하나는 소송당사자는 자신이 진실에 반한다고 아는 사실을 주장하거나 그것을 증명하는 증거를 제출해서는 안 된다는 것이고, 다른 하나는 소송당사자는 진실에 반한다고 알면서 상대방의 주장사실을 다투거나 반증을 제출하는 것이 허용되지 않는다는 것이다. 여기에서 진실은 객관적 진실이 아니라 당사자가 진실이라고 생각하고 있는 주관적 사실이다.[35)]

진실의무는 소송당사자는 물론이고 소송당사자를 대리하는 변호사, 나아가서는 법관 및 검사에게도 타당한 가치이다. 다만 법관 및 검사의 의무가 적극적인 것에 대하여 변호사의 의무는 소극적인, 즉 진실발견을 방해하지 아니할 의무라는 점에서 차이가 있다.[36)]

진실의무는 의뢰인에 대한 보호의무가 그 한계가 된다. 대립당사자주의(Adversary System) 하에서 변호사가 효율적으로 그 직무를 수행하기 위해서는 의뢰인이 변호사에게 모든 진실을 말하여 주는 것이 필요하다. 이는 변호사가 의뢰인으로부터 얻은 비밀(진실)을 수비(守秘)할 것을 전제로 한다. 즉, 의뢰인으로부터 얻은 정보를 의뢰인에게 불리한 진실발견에 필요하더라도 사용하지 않는 것을 의미한다. 만약 변호사의 진실의무가 우선된다면 변호사와 의뢰인과의 신뢰가 무너질 수밖에 없고 결국 대립당사자주의의 존립기초가 파괴될 수 있다.[37)] 따라서 변호사의 진실의무는 의뢰인에 대한 보호의무에 그 우선적 가치를 양보해야 한다. 변호사의 진실의무가 소극적인 의미를 갖는다고 하는 것은 위와 같은 취지이다.

형사절차와 관련해서 보면, 대립당사자주의의 이념과 제도 아래에서, 검사에

---

35) 加藤新太郎, 『弁護士役割論』, 弘文堂, 2000, 274면.
36) 신동운, 『신형사소송법』, 법문사, 2008, 82면 참조.
37) 사법연수원, 전게서, 285-286면 참조.

게 부여된 역할을 형사변호인이 맡을 이유가 없다는 점과, 거짓말을 하기로 작정한 피고인에게 변호인이 할 수 있는 현실적 선택방안이 사실상 없음을 이유로 형사피고인의 변호인에게 진실규명의 임무를 액면 그대로 부과할 수 없다는 주장도[38] 진실의무의 소극적 측면을 말하고 있다. 또 진실의무는 실체적 진실이 아니고 형사소송법상 적정절차에 따라서 확인되는 소송적 진실을 전제로 하는 것이어야 한다는 견해도 이와 같은 맥락의 견해이다.[39]

민사절차에 있어서, 원고 측이 자신에게 유리한 증거를 모르고 있는 경우에 피고 측 변호인이 자기 의뢰인에 불리한 증거를 자진해서 법정에 제출할 필요는 없다고 하는 것도,[40] 진실의무의 소극적 측면을 드러낸 것이다.

다. 공익활동에 종사할 의무

변호사법 제27조(공익활동 등 지정업무 처리의무)[41] ① 변호사는 연간 일정 시간 이상 공익활동에 종사하여야 한다.
② 변호사는 법령에 따라 공공기관, 대한변호사협회 또는 소속 지방변호사회가 지정한 업무를 처리하여야 한다.
③ 공익활동의 범위와 그 시행 방법 등에 관하여 필요한 사항은 대한변호사협회가 정한다.
윤리규약 제4조(공익 활동 등) ① 변호사는 공익을 위한 활동을 실천하며 그에 참여한다.
② 변호사는 국선변호 등 공익에 관한 직무를 위촉받았을 때에는 공정하고 성실하게 직무를 수행하며, 이해관계인 등으로부터 부당한 보수를 받지 아니한다.

공익활동에 종사할 의무는 변호사법 및 윤리장전이 정하고 있는 기본적 인권의 옹호, 사회 정의의 실현'(법1①), '공공성을 지닌 법률전문직'(법1②), '국가와 사회에 대한 봉사'(강령3) 등과 같은 변호사의 사명의 완수 및 일반적 윤리의 실천을 위한 활동에 대한 요청에 응하는 것이다. 변호사로 대표되는 법조전문직의 이념적 존재근거는 법이념으로서의 인권과 정의이므로 변호사의 공익활동은 대체로 인권과 정의의 옹호를 위한 활동이라고 할 수 있다.[42]

---

38) M. H. Freedom and A. Smith, Understanding Lawyer's Ethics, 3rd edition, 2004, pp.164-165.

39) 庭山英雄 외 1,『刑事弁護の節次と技法』, 青林書院, 2008, 25면 참조.

40) 김재원,『미국의 법학교육과 변호사윤리』, 도서출판 정법, 2007, 100-102면 참조.

41) 같은 취지의 대한변호사협회 회칙 제9조의2 참조.

변호사의 인권과 정의의 추구는 의뢰인의 이익에 대한 옹호를 통해서도 할 수 있고, 의뢰인의 이익과 무관하게 공공성의 공간에서 사회 일반의 이익을 실현하는 활동을 통해서도 가능하다. 그러나 전자는 본래적 의미의 공익활동이라고 할 수는 없고, 후자의 경우가 여기에서 말하는 공익활동에 해당한다. 예컨대 경제적 약자를 위한 무료의 소송대행, 국민의 인권침해에 대한 변론활동, 무료법률상담 등의 활동을 들 수 있다.

2000. 1. 28. 법률 제6207호로 전부 개정된 변호사법[43]은 변호사로 하여금 연간 일정시간 이상 반드시 공익활동에 종사하도록 하는 공익활동의무화규정(법27①)을 신설하였다.[44] 변호사가 변호사법에 의하여 부과된 공익활동의무를 위반한 경우 징계의 제재를 받을 수 있다. 그러나 변호사법 제27조 제2항이 정하는 구체적인 공익활동의무위반의 행위가 아닌, 공익활동의무의 기초적 이념이자 일반개념과 같은 인권과 정의를 추구하지 않았다거나 국가와 사회에 봉사하지 않았다는 점만으로는 징계책임을 부담한다고 할 수는 없다. 그러나 그 윤리적 책임은 면하기 어렵다.

3. 사회적 신뢰의 유지의무

법조전문직은 시대와 국가를 초월한 보편타당한 시스템이 아니라 사회적 신뢰 또는 사회적 정당성이 그 존재의 기초가 된다. 법조전문직에 대한 사회적 신뢰는 한편으로 법조가 국가에 대한 자율성을 요구할 도덕적 기초가 되고, 다시 돌아가서 그 자율성이나 독립성, 전문성 또는 명예 · 품위는 사회적 신뢰의 근거가 될 수 있다. 여기에서 변호사가 자율성 및 독립성을 유지하고 그 전문성을 유지 · 제고하며, 명예 및 품위를 유지할 의무가 도출된다.

가. 자율성 및 독립성을 유지할 의무

변호사법 제25조(회칙준수의무) 변호사는 소속 지방변호사회와 대한변호사협회의 회칙을

42) 6인 공저-한인섭, 90면 참조.

43) 2000. 7. 29. 부터 시행되었다.

44) 이에 대하여 2009년 변호사법 개정을 위한 논의의 경과를 보면 변호사단체의 기존의 지위를 유지하는 대가로, 즉 변호사단체의 복수화 · 임의화를 도입하지 않기로 한 대가로 변호사의 공익활동의무가 도입되었다는 견해도 있다(6인 공저-한인섭, 90-95면 참조).

지켜야 한다.
변호사법 제2조(변호사의 지위) 변호사는 공공성을 지닌 법률 전문직으로서 독립하여 자유롭게 그 직무를 수행한다.

기본사례 5

갑 변호사는 A 주식회사의 고문변호사이고 그 법률사무소를 A 주식회사 본점 내에 설치하여 무상으로 사용하고 있다. 또한 전화요금과 사무원 급여 등도 모두 A 주식회사가 부담하고 있다. 갑 변호사의 수임사건은 A 주식회사의 대여금채권 추심사건뿐이고 모든 수입을 A 주식회사에 의존하고 있다. 갑 변호사의 행동에 문제가 있는가.[45)]

변호사의 자율성을 유지할 의무는 변호사의 사명을 실현함에 있어서 국가로부터 간섭을 받지 않고 독립하여 그 직무를 수행하여야 할 의무를 말한다. 국가가 통치권을 행사하고 국민을 통제함에 있어서 전문직이 수행하는 전문지식을 필요로 하기 때문에 국가는 한편으로 전문직을 제도화하지만, 다른 한편으로 그 전문영역을 간섭하게 된다. 국가의 간섭은 특히 법조전문직의 경우 그 사명으로 하는 바 형사피의자나 피고인의 기본적 인권의 옹호나 사회정의 실현의 요청과 충돌한다. 변호사가 그 사명을 실현하기 위하여 국가로부터 자율성을 확보하여야 할 필요가 여기에 있다. Louis Joinet의 U.N. 보고서에서 "기본적 권리와 자유는 법률전문직과 사법부가 간섭과 압력으로부터 자유를 누리는 사회에서 가장 잘 보장될 수 있다는 사실은 오늘날 보편적으로 인정되고 있는 사실이다"라고 하는 것은 이를 말해준다.[46)]

자율성을 유지할 의무에 관하여 변호사법은 변호사는 공공성을 지닌 법률전문직으로서 독립하여 '자유롭게' 그 직무를 수행한다고 변호사의 지위를 규정하고 있다(법2). 법조전문직인 변호사는 법집행자로서 법의 지배를 위해 봉사해야 하고 사회정의를 실현하고 인권을 옹호하기 위한 사명을 실현해야 한다. 따라서 사법과정에 참여하여 형사피의자나 피고인의 권익을 보호하기 위해서 경우에 따라서는 법원과 검찰의 형사사법권력에 대한 비판자로서 활동해야 하

45) 高中正彦, 전게서, 46면 참조.
46) 6인 공저-한상희, 23면 참조.

고, 사회 일반의 이익을 위해서 국가권력과 대립각을 세우고 이를 견제하여야 한다(법2 참조). 따라서 변호사의 자격등록, 징계 등과 같은 윤리통제, 변호사 단체의 운영 등에 관한 변호사자치는 변호사의 직무에 대한 국가적 통제로부터의 자율성을 확보하기 위한 관건이 된다.

이와 관련된 문제로서, 변호사는 원칙적으로 휴업한 경우를 제외하고는 공무원을 겸직하는 것이 허용되지 않는다(법38①).[47] 변호사가 공무원으로서 행정부 내의 지휘·감독관계에 들어가면 국가권력의 직·간접적 영향으로부터 자유로울 수 없으므로 변호사가 그 직무의 독립성을 제대로 유지할 수 없기 때문이다. 따라서 변호사는 원칙적으로 보수를 받는 공무원을 겸할 수 없다(법38①본). 다만, 국회의원이나 지방의회 의원 또는 상시근무가 필요 없는 공무원이 되거나 공공기관에서 위촉한 업무를 수행하는 경우에는 예외이다(법38①단). 여기에서의 공무원의 겸직은 영리활동의 경우에 있어서와 달리 소속 지방변호사회의 허가 대상도 아니다.

변호사의 독립성(협의의 독립성)을 유지할 의무는 주로 변호사가 그 구성원으로 있는 사회, 변호사에게 사무를 위임하는 의뢰인 등과의 관계에서 문제된다.

우선, 변호사는 그가 속해 있는 사회로부터 독립하여야 한다. 변호사도 국민의 한 사람으로 특정한 정치적·경제적·사상적·종교적 단체에 참여할 수 있고 이는 윤리적으로 문제가 되지 않는다. 그러나 그 단체가 지향하는 목적 또는 이념과 변호사의 사명을 혼동해서는 안 된다. 특정한 정치·경제·사상적 이념이나 종교관이 변호사의 직무의 본질에 영향을 미칠 경우 변호사는 더 이상 공공성을 유지할 수 없을 뿐만 아니라 의뢰인에 대한 보호의무를 다할 수 없기 때문이다.

다음, 변호사는 의뢰인에 대한 관계에서 도덕적으로 그리고 경제적으로 독립하여야 한다.

도덕적 독립은 변호사가 법과정에 참여하는 과정에서 그 행위의 도덕적 또는 법적 가치평가를 의뢰인으로부터 독립하여 행하는 것을 말한다. 의뢰인으로부터의 독립성을 유지하지 못하면 의뢰인의 범죄에 가담하여 법적 책임을 질 수 있고,[48] 변호사 지위의 공공성을 유지할 수 없다.[49] 윤리규약이 "변호

47) 법률가의 윤리와 책임-박상근, 245면 참조.

48) 飯村佳夫 외 6, 『弁護士倫理』, 慈學社, 2009, 74면 참조.

49) 日本弁護士連合會 외 1 편, 전게서, 172면 참조.

사는 의뢰인의 범죄행위, 기타 위법행위에 협조하지 아니한다. 직무수행 중 의뢰인의 행위가 범죄행위, 기타 위법행위에 해당된다고 판단된 때에는 즉시 그에 대한 협조를 중단한다"(규11①)라거나, "변호사는 업무처리에 있어서 직업윤리의 범위 안에서 가능한 한 신속하게 의뢰인의 위임목적을 최대한 달성할 수 있도록 노력한다"(규13②)라고 하여 위법행위의 금지 또는 직업윤리에 어긋나지 않는 의뢰인의 권익보호를 요청한 것도 변호사의 도덕적 독립에 따른 의무의 표현이라고 할 수 있다. 다만 변호사의 의뢰인에 대한 관계에서의 도덕적 독립은 진실의무에 관해서는 소극적인 의미를 가질 수밖에 없다는 점에 대해서는 앞에서 살펴본 바와 같다.

의뢰인에 대한 경제적 독립의 의무는 의뢰인에게 경제적으로 종속되어 의뢰인의 이익만을 대변해서는 안 될 의무를 말한다. 그 경제적 독립의 필요성은 변호사 직무의 공공성의 요청이다. 변호사가 의뢰인에게 경제적으로 종속되면 심리적으로 의뢰인을 자신과 동일화하여 그 직무의 공공성을 위협할 수 있기 때문이다.

변호사는 위와 같이 자율성 및 독립성을 유지할 때 사회적 신뢰를 확보할 수 있다.

나. 전문성의 유지의무

변호사법 제2조(변호사의 지위) 변호사는 공공성을 지닌 법률 전문직으로서 독립하여 자유롭게 그 직무를 수행한다.
대한변호사협회 회칙 제43조(변호사의 연수) ① 변호사는 이 회 및 소속 지방변호사회가 정하는 바에 따라 연수교육을 받는다.
윤리강령 4. 변호사는 용기와 예지를 바탕으로 법률문화향상에 공헌한다.
윤리규약 제2조(기본 윤리) ④ 변호사는 법률전문직으로서 필요한 지식을 탐구하고 윤리와 교양을 높이기 위하여 노력한다.

참고자료 2 …이 글을 읽는 당신이 변호사라면 전문이 뭔가? 자신있게 말할 전문 분야가 있는가? 아니면 뭘 전문으로 할지 고민하고 있는가? 전문과 관련하여 로펌에 처음 들어갔을 때 대표변호사님이 하신 말씀이 생각난다. 신봉할 만한 말이다. "변호사가 열심히 공부한다고 그 분야가 전문이 되는 것이 아니다. 사건을 누가 맡겨줘야 전문이 되는 것이지…그러니 맡은 사건을 열심히 하여 자신감이 생기고, 또 다른 유사사건이 생겼을 때 더욱 열심히 하면 그 분야의 대가가 될 수 있다."
…(중략)…

전공에 관련된 다른 감회는 뒷북치지 말고 길목을 지키라는 것이다. 해상보험법을 5년이나 로펌에서 전문으로 하고, 영국유학도 다녀왔다. 그런데 유학가서 알았다. 내가 참 무식하구나. 오래된 분야라서 너무 공부할 것이 많았다. 그런데 여차저차 하여 로펌을 나왔다. 우연한 기회에 벤처컨설팅 분야에 관여했다. 방송에도 7개월간 나갔다. 아마 '윤홍기의 성공탐험'인가 하는 프로그램이다. 그래서 벤처관련법 전문가로 행세하고 잠시 다녔다. 정말 전문가였다. 그쪽이 새로운 분야라서 나 정도 한 변호사도 전문가가 되기에 충분했다. 길목을 지킨 보람이었다.[50]

변호사의 전문성을 유지할 의무는 "공공성을 지닌 법률전문직"(법2)이라는 변호사의 지위에서 도출된다. 전문직인 변호사는 법에 관한 전문적 지식 및 기술을 이용한 서비스를 생산·판매하고, 서비스의 생산·판매에 관한 독점체제의 구축 등에 의하여 그 지위가 형성되고 유지된다.

국가 등 사회공동체는 전문직의 지식 및 기술과 같은 전문성에 대하여 직접적인 이해관계를 가지고 있다.[51] 전문직의 서비스를 이용하는 시민의 입장에서는 전문직의 전문성은 그 서비스의 품질에 관한 것이므로 중요하고,[52] 국가의 입장에서는 그 전문성에 대한 독점적 지위를 부여한 주체로서 그 독점체제로 인한 사회적 폐해를 고려하여야 하기 때문이다.

또, 전문성은 전문직의 독립성의 기초임과 동시에 사회적 신뢰의 근거이기도 하다. 전문성이 결여되거나 전문성이 문제된 서비스를 생산하는 전문직에 대하여 국가가 독점적 지위나 자율성을 부여할 정당성이 없을 뿐만 아니라 사회 일반의 신뢰를 기대할 수 없기 때문이다.

이에 따라 변호사법은 변호사는 공공성을 지닌 '법률 전문직'임을 규정하고 있고(법2), 윤리규약 또한 "변호사는 법률전문직으로서 필요한 지식을 탐구하고 윤리와 교양을 높이기 위하여 노력한다"(규2④)고 하여 전문성의 향상을 요청하고 있다. 따라서 변호사는 그 자격을 취득한 후에도 지속적인 교육과 훈련을 통하여 그 전문성 제고를 위한 노력을 다하여야 한다.

---

50) 대한변협신문 제358호 4면(2011. 7. 4.), 박형연, 〈변호사가 사는 법〉「전문분야가 뭐세요?」.
51) 법률가의 윤리와 책임-최대권, 109면 참조.
52) 日本弁護士連合會 외 1 편, 전게서, 41면.

다. 명예와 품위의 유지의무

변호사법 제24조(품위유지의무 등) ① 변호사는 그 품위를 손상하는 행위를 하여서는 아니 된다.[53)]
윤리강령 2. 변호사는 성실 · 공정하게 직무를 수행하며 명예와 품위를 보전한다.
윤리규약 제2조(기본 윤리) ③ 변호사는 서로 존중하고 예의를 갖춘다.
윤리규약 제3조(회칙준수 등) 변호사는 법령과 대한변호사협회 및 소속 지방변호사회의 회칙 · 규칙 · 규정 등을 준수하고, 그 구성과 활동에 적극 참여한다.
윤리규약 제9조(부당한 사건유치 금지 등) ① 변호사는 사건의 알선을 업으로 하는 자로부터 사건의 소개를 받거나, 이러한 자를 이용하거나, 이러한 자에게 자기의 명의를 이용하게 하는 일체의 행위를 하지 아니한다.
② 변호사는 어떠한 경우를 막론하고 사건의 소개. 알선 또는 유인과 관련하여 소개비, 기타 이와 유사한 금품이나 이익을 제공하지 아니한다.
윤리규약 제10조(상대방 비방 금지 등) ① 변호사는 상대방 또는 상대방 변호사를 유혹하거나 비방하지 아니한다.
② 변호사는 수임하지 않은 사건에 개입하지 아니하고, 그에 대한 경솔한 비판을 삼간다.

대한변협 2007. 10. 15. 징계 제2007-16호

혐의자는 이00과 가깝게 지내오면서 동인을 돈 많은 사업가로 알고 고급유흥주점에서 술을 자주 사고 선심을 베푸는 데 혹하여 이00를 법무법인의 대표변호사로 오인하여 불륜관계를 맺고 있는 김00과 맞선 주선 등을 이유로 6회 가량 접촉하면서도 변호사 행세를 하는 것을 제지하지 아니한 채 유흥에 동참하고, 김00이 이00을 변호사로 오인하고 있는 점을 알면서도 사실을 알려주지 아니한 결과 이00이 변호사 행세를 하면서 김00로부터 4억2,000만원을 편취하는 등 하여 징역 6년을 선고받게 하는 등 변호사로서의 품위를 손상한 혐의로 과태료 200만원 결정.

변호사의 명예와 품위 유지는 변호사에 대한 자율성 유지 및 사회적 신뢰를 위한 윤리적 기초이다. 국어사전에 의하면 명예는 “세상에서 훌륭하다고 일컬어지는 이름이나 자랑”, 품위는 “사람이 갖추고 있는 기품이나 위엄, 또는 인격적 가치”라고 각 설명되어 있다. 명예를 형법에서의 통설에 따라 내적 명예,[54)] 외적 명예 및 명예감정[55)]의 세 가지로 나누어 볼 수 있다. 변호사의 명

53) 같은 취지의 윤리규약 제5조 참조.

예유지의무에 있어서의 명예는 외적 명예(äußere Ehre)와 명예감정을 포괄하는 개념이라고 할 수 있다. 즉, 사람의 인격적 가치와 그의 도덕적·사회적 행위에 대한 자기 자신뿐만 아니라 사회로부터의 평가를 의미한다. 명예감정까지 포함하여야 하는 것은 스스로의 평가에 의하여 자신의 행위가 명예롭지 못하다고 할 경우에 그러한 명예감정을 바탕으로 한 변호사의 행위는 사회 일반에 의해서도 명예롭지 못하다는 평가를 받을 수 있기 때문이다.

고금의 자료를 보면, 변호사를 포함한 법률가의 명예와 관련하여 "마피아, 법비(法匪), 법도(法盜), 법률귀족, 허가받은 …" 등 지탄의 대상으로 묘사되고,[56] "화 있을진저 너희 율법사여, 너희가 지식의 열쇠를 가져가고 너희도 들어가지 않고 또 들어가고자 하는 자도 막았느니라",[57] "보수 때문에 하얀 것을 검다고, 검은 것을 하얗다고 증명하는 기술을 배우는 사람들", "그들만이 사용하는 특별한 암호와 은어로 진실과 허위, 옳은 것과 틀린 것에 대한 판단을 혼란스럽게 만드는 자"[58] 등의 독설의 대상이 되기도 하였다. 이러한 지탄과 독설에는 풍자나 과장이 있다는 점을 감안하더라도 변호사의 일부 행위 태양에 대한 뼈아픈 지적임을 시인할 수밖에 없다. 변호사의 윤리적 행위는 당연한 것이고 일부 부정적 행위가 사회 일반의 관심을 끌기 때문이라고 생각하는 것은 문제의 본질을 외면하는 것이라는 또 다른 비판에 직면할 수 있다. 변호사에 대한 부정적 평가는 변호사의 존재근거를 위태롭게 할 뿐만 아니라 부정적 평가가 빈번하게 제기되면 변호사는 국가에 대하여 자율성을 주장할 윤리적 기초 및 사회적 신뢰를 상실하게 된다.

이와 관련하여 명예와 품위를 유지하기 위한 실천지(實踐知: Phronesis)는 무엇인지가 문제이다. 변호사로서의 명예와 품위, 또 한 인간으로서의 그것을 구분한다면, 전자는 기실 변호사에 관한 윤리규범이 요구하는 각종 의무를 이행하면 자연스럽게 얻을 수 있는 덕성이다. 그러나 이로써 충분하지 않고 나

---

54) 내적 명예(innere Ehre)란 사람이 가지고 있는 인격의 내부적 가치 그 자체를 말한다. 이러한 가치는 순수한 가치세계의 가치이며, 사람이 출생에 의하여 가지게 되어 결코 상실할 수 없는 인격적 가치이다(이재상, 『형법각론』 제5판, 박영사, 2008, 180면).

55) 명예감정(Ehrgefühl)은 자기의 인격적 가치에 대한 자기 자신의 주관적인 평가 내지 감정을 의미한다(이재상, 전게서, 180면).

56) 법률가의 윤리와 책임-한인섭, 4면.

57) 누가복음 11:52(성서교재간행사 편, 베스트성경, 1995).

58) 조나단 스위프트/신현철 역, 『걸리버 여행기』, 문학수첩, 1992, 310-312면.

아가서는 한 인간으로서, 즉 전인격적이고 총체적인 명예와 품위를 유지할 것까지 요구된다고 보아야 한다. 변호사윤리에 관한 규범의 성격이 법규범이든 윤리규범이든 그 규범의 실천은 명예나 품위와 같은 윤리적 가치를 전인격적으로 함양하지 않고서는 불가능하기 때문이다. 변호사의 자질로서 지식의 시야(Wissens-horizont)만이 아니고 내면적 자유, 본질적인 것을 비본질적인 것에서 구별하는 능력, 순수성에 대한 감각 등을 가리키는 정신적 수준을 뜻하는 교양,[59] 그리고 적절한 거리감, 객관성, 即物性(Sachlichkeit, 사안에 파고드는 자세), 인간에 대한 이해(Menschenkenntnis), 응접술(Menschenbehandlung) 등을 갖춘 인품을 요구하는 것도 이와 같은 맥락이다.

■ 기본사례(해설)

1. 변호사가 의뢰인의 권익을 최대한 옹호할 의무가 있다고 하더라도 위법행위를 하도록 권유할 수 없음은 물론이다. 의뢰인의 범죄행위 기타 위법행위에 협조해서도 안 된다. 의뢰인의 행위가 위법행위에 해당된다고 판단된 때에는 위 행위를 하지 않도록 적극적으로 제지하여야 하므로 갑 변호사는 A의 행위를 방치해서는 안 되고 행위에 나아가지 못하도록 적극적으로 설득하여야 한다.
2. 변호사가 사회적 비난을 받고 있는 회사의 고문변호사가 되는 것 자체 또는 그 회사의 사건을 수임하는 것 자체를 부당하다고 할 수 없다. 예컨대 공해기업의 고문변호사가 된다거나 그 회사의 사건수임을 해서는 안 된다고는 할 수 없다. 사례에서 갑 변호사가 채권추심사건을 수임하고 수행하는 것 자체는 문제가 없다. 그러나 만약 A사가 위법행위를 하고 있는 경우 또는 행하려고 하는 경우에는 갑 변호사는 이를 지적하여 시정을 하도록 해야하고 그럼에도 불구하고 시정되지 않는 경우에는 사임까지 고려하여야 한다.[60]
3. 변호사의 의뢰인에 대한 보호의무의 한계는 변호사 직무의 공공성이다. 따라서 변호사가 다른 공공적 가치를 해하면서까지 의뢰인을 보호해서는 안 된다. 그러나 변호사의 진실의무는 변호사 사명의 공공성과 의뢰인에 대한 보호의무가 충돌하는 한계 영역의 문제이다. 전자를 전적으로 우선하면 의뢰인의 비밀이 침해되고 나아가서는 당사자주의 소송구조의 기초가 무너질 수 있다. 따라서 변호사에게는 소극적 진실의무만을 과하고 있다. 즉, 진실규명의무가 있으나 의

59) 법률가의 윤리와 책임-최종고, 48-49면 참조.
60) 高中正彦, 전게서, 303-304면 참조.

뢰인의 불이익을 감수하면서 적극적으로 진실을 밝힐 것까지는 없고 진실발견을 적극적으로 방해해서는 안 될 의무만을 부담한다. 따라서 갑 변호사가 비밀장부에 관하여 수사기관에 고지하는 것은 허용될 수 없다. 또 사무실에 보관중인 장부를 계속 보관하는 것도 진실발견을 적극적으로 방해하는 행위는 아니므로 허용된다.

4. 변호사의 공공적 사명에 비추어 갑 변호사의 행동은 문제가 있다. 변호사가 된 동기가 불순하다거나 부당하다고까지 말할 수는 없으나 공공성을 지닌 법률 전문직에 대한 인식이 부족하다. 전문적 지식 및 기술을 제고하고자 하는 동기에서 비롯된 행동이라도 마찬가지이다. 나아가 봉사활동의 대체금원 납부는 부득이한 사정으로 공익활동을 완수하지 못한 때의 봉사를 대체하는 보완책이므로 부득이한 사정 없이 대체금원의 납부로 자신의 의무를 다하였다고 생각하는 것은 문제가 있다.

5. 변호사는 의뢰인으로부터 독립하여 수임사무를 처리하여야 한다. 의뢰인으로부터의 독립에는 경제적 독립도 포함한다. 사례의 경우 갑 변호사가 사무실의 사용과 비용부담을 A사에 전적으로 의존하는 것은 의뢰인으로부터 독립성을 유지하고 있다고 보기는 어렵다.[61]

61) 高中正彦, 전게서, 305면 참조.

4 | 변호사와 의뢰인의 관계

도입질문

1. 변호사가 의뢰인과 위임계약을 체결하기 전에도 의뢰인에 대하여 변호사윤리상 일정한 의무를 부담할 수 있는가? 변호사는 의뢰인과 상담함에 있어서 이익충돌을 회피하기 위하여 어떠한 조치를 취해야 하는가?
2. 변호사와 의뢰인 간의 위임계약의 특징은 무엇인가?
3. 변호사가 의뢰인과의 위임계약이 종료된 후에도 변호사윤리상 일정한 의무를 부담할 수 있는가? 그렇다면 그 이유는 무엇인가?
4. 민법상 위임에 있어서 선관주의의무와 변호사의 의뢰인에 대한 성실의무는 어떠한 관계에 있는가?
5. 변호사의 의뢰인에 대한 성실의무는 변호사의 독립성을 저해하는가?
6. 변호사에게 절대적으로 수임이 금지되는 사무와 원칙적으로 수임이 금지되나 일정한 경우 수임이 허용되는 사무에는 어떠한 것이 있는가?

Ⅰ. 개 설

1. 변호사직무의 연혁

변호사의 직무를 역사적 또는 비교법적으로 고찰하면 소송대리, 소송변론, 법적 조언 등으로 대별할 수 있다.

소송대리를 직무로 하는 변호사는 로마시대의 procurator, 영국의 barrister, 프랑스의 과거 avoué 등이 있고, 소송변론을 직무로 하는 변호사는 로마시대의 orator, 영국의 barrister,[1)] 프랑스의 avocat 등이 해당되고, 법적 조언을 직무로 하는 변호사는 로마시대의 jurisconsult, 프랑스의 conseil jurisdique 등이 여기에 해당한다.

2. 변호사법의 규정

변호사법은 "변호사는 당사자와 그 밖의 관계인의 위임이나 국가·지방자치단체와 그 밖의 공공기관의 위촉 등에 의하여 소송에 관한 행위 및 행정처분의 청구에 관한 대리행위와 일반 법률사무를 하는 것을 직무로 한다"고 규정하고 있다(법3). 변호사법은 위와 같이 변호사의 직무를 소송의 대리 및 변론, 법적 조언 등을 구분하지 아니하고, 또 소송사건에 국한하지 아니하고 일반 법률사무의 처리까지 포괄하고 있다. 일반 법률사무에는 법적 상담 및 조언 등의 제공업무도 당연히 포함된다. 현대 사회생활에 있어서 법과정의 관심이 사후 분쟁해결보다는 사전 분쟁예방으로 옮겨감에 따라 법적 상담 및 조언 등 직무가 중요해지는 경향이 가속화되고 있다.[2)] 결국 변호사의 직무는 소송의 대리 및 변론, 법적 조언 등을 포함하는 일반 법률사무의 처리이다.

---

1) 영국의 barrister는 의뢰인의 소송을 대리하고 법원에서 변론하는 법정변호사를 말하고, 의뢰인의 주장을 법적으로 준비하는 사무변호사(solicitor)와 구별되었다.

2) 법률가의 윤리와 책임-남효순, 305면 참조.

II. 법률사무처리의 위임관계

변호사의 법률사무처리에 관한 법률관계는 일반의 계약관계와 다른 특성이 있다. 변호사와 의뢰인 사이의 기본적 관계는 변호사가 의뢰인이 위탁한 법률사무를 처리하는 위임이다. 본장에서는 이를 다른 경우와 구별하기 위하여 "본래적 위임관계"라고 부르기로 한다. 그러나 변호사는 위임계약이 성립하기 전에도 상담자와 예비적 관계가 형성되면 일정한 책임을 부담하는 경우가 있을 수 있다. 이를 역시 다른 경우와의 구분을 위하여 "예비적 위임관계"라는 용어를 사용하기로 한다. 또, 위임이 종료된 후에도 신의칙상 일정한 의무를 부담한다. 이를 구분의 편의상 "사후적 위임관계"라고 하기로 한다.

1. 예비적 위임관계

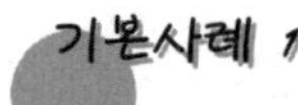

갑 변호사는 A(남)와 A의 처 B가 제기한 이혼 및 위자료 청구사건의 응소에 대하여 상담하였다. A는 상담과정에서 혼인의 파탄책임이 자신에게 있으니 응소하여 위자료액이라도 가능한 한 적게 선고될 수 있도록 변론하도록 요청하면서 혼인파탄의 사유에 관하여 갑 변호사에게 설명하고 상담을 마쳤으나 결국 A는 갑 변호사를 선임하지 않았다. 그 후 B가 갑 변호사를 방문하여 자신의 A에 대한 이혼 및 위자료 청구사건을 수임하여 달라고 요청하였다. 갑 변호사는 B로부터 사건을 수임할 수 있는가?

가. 개 설

법률사무처리의 위임관계가 형성되는 과정을 시간적 단계로 보면, 우선 변호사가 상담자와 법률사무에 관하여 상담하는 단계, 상담의 과정에서 변호사와 상담자 사이에 신뢰가 형성되는 단계, 상담자가 위와 같은 신뢰관계를 기초로 위임여부를 결정하여 변호사와 위임계약을 체결하는 단계로 구분하여 볼 수 있다. 예비적 위임관계는 변호사와 상담자 사이에 상담의 과정에서 신뢰관계가 형성됨으로써 생기는 관계라는 점에서 그 이전의 상담단계와 구별된다.[3]

그러나 양 단계는 밀접한 관련이 있다. 여기에서는 편의상 최초의 상담단계에서 변호사에게 요구되는 윤리적 의무를 먼저 살핀 후 예비적 위임관계에 대하여 검토하기로 한다.

나. 변호사와 의뢰인의 상담관계

이하 그 구체적 내용은 해당 부분에서 설명하기로 하고 윤리규약 중 상담관계와 관련된 규정을 살펴보면 아래와 같다.

(1) 직무에 관한 일반 윤리

윤리규약 제11조(위법행위 협조 금지 등) ② 변호사는 범죄혐의가 희박한 사건의 고소, 고발 또는 진정 등을 종용하지 아니한다.
윤리규약 제12조(개인정보의 보호) 변호사는 업무를 수행함에 있어서 개인정보의 보호에 유의한다.

(2) 의뢰인에 대한 윤리 일반

윤리규약 제13조(성실의무)[4] ① 변호사는 의뢰인에게 항상 친절하고 성실하여야 한다.
② 변호사는 업무처리에 있어서 직업윤리의 범위 안에서 가능한 한 신속하게 의뢰인의 위임목적을 최대한 달성할 수 있도록 노력한다.
윤리규약 제16조(수임 거절 등) ① 변호사는 의뢰인이나 사건의 내용이 사회 일반으로부터 비난을 받는다는 이유만으로 수임을 거절하지 아니한다.
② 변호사는 노약자, 장애인, 빈곤한 자, 무의탁자, 외국인, 소수자, 기타 사회적 약자라는 이유만으로 수임을 거절하지 아니한다.
윤리규약 제17조(국선변호인 등) ① 국선변호인 등 관련 법령에 따라 국가기관에 의하여 선임된 변호사는 그 사건을 사선으로 전환하기 위하여 부당하게 교섭하지 아니한다.
② 의뢰인의 요청에 의해 국선변호인 등이 사선으로 전환한 경우에는 별도로 소송위임장, 변호사선임신고서 등을 제출한다.
윤리규약 제18조(비밀유지 및 의뢰인의 권익보호)[5] ① 변호사는 직무상 알게 된 의뢰인

---

3) 후술하는 예비적 위임관계에 있어서의 위임인적 지위에 있는 자를 '예비적 위임인'이라고 한다. 이와 같은 뜻의 용어로서 '잠재적 의뢰인'을 사용하는 것이 일반적이다(도재형, 전게서, 77면; 박휴상, 전게서, 86면; 이상수, 전게서, 125면; 6인 공저-이상수, 181면 등).

4) 윤리규약 제13조의 성실의무는 문면상 수임하고 있는 사건의 의뢰인에 대한 윤리내용으로 되어 있으나, 이는 사건의 수임 전 상담자와의 상담관계에 있어서도 준용된다고 봄이 타당하다.

의 비밀을 누설하거나 부당하게 이용하지 아니한다.
② 변호사는 직무와 관련하여 의뢰인과 의사교환을 한 내용이나 의뢰인으로부터 제출받은 문서 또는 물건을 외부에 공개하지 아니한다.
③ 변호사는 직무를 수행하면서 작성한 서류, 메모, 기타 유사한 자료를 외부에 공개하지 아니한다.
④ 제1항 내지 제3항의 경우에 중대한 공익상의 이유가 있거나, 의뢰인의 동의가 있는 경우 또는 변호사 자신의 권리를 방어하기 위하여 필요한 경우에는, 최소한의 범위에서 이를 공개 또는 이용할 수 있다.

(3) 사건의 수임에 관한 윤리

윤리규약 제19조(예상 의뢰인에 대한 관계) ① 변호사는 변호사로서의 명예와 품위에 어긋나는 방법으로 예상 의뢰인과 접촉하거나 부당하게 소송을 부추기지 아니한다.
② 변호사는 사무직원이나 제3자가 사건유치를 목적으로 제1항의 행위를 하지 않도록 주의한다.
윤리규약 제20조(수임 시의 설명 등) ① 변호사는 의뢰인이 사건 위임 여부를 결정할 수 있도록 의뢰인으로부터 제공받은 정보를 기초로 사건의 전체적인 예상 진행과정, 수임료와 비용, 기타 필요한 사항을 설명한다.
② 변호사는 의뢰인이 기대하는 결과를 얻을 가능성이 없거나 희박한 사건을 그 가능성이 높은 것처럼 설명하거나 장담하지 아니한다.
③ 변호사는 상대방 또는 상대방 대리인과 친족관계 등 특수한 관계가 있을 때에는, 이를 미리 의뢰인에게 알린다.
④ 변호사는 사건의 수임을 위하여 재판이나 수사업무에 종사하는 공무원과의 연고 등 사적인 관계를 드러내며 영향력을 미칠 수 있는 것처럼 선전하지 아니한다.[6]
윤리규약 제21조(부당한 사건의 수임금지) 변호사는 위임의 목적 또는 사건처리의 방법이 현저하게 부당한 경우에는 당해 사건을 수임하지 아니한다.

윤리규약 제20조 제1항이 규정하는 변호사가 설명할 사항으로서의 '기타 필요한 사항'에는 상담자가 위임 여부를 결정하는 데 필요한 모든 사항이 포함

---

5) 윤리규약 제18조의 비밀유지의무도 문면상 수임하고 있는 사건의 의뢰인에 대한 윤리내용으로 되어 있으나, 이는 수임 전 상담과정에서 상담자로부터 비밀을 개시받을 수 있으므로 이러한 경우에도 준용된다고 봄이 타당하다.

6) **변호사법 제30조(연고 관계 등의 선전금지)** 변호사나 그 사무직원은 법률사건이나 법률사무의 수임을 위하여 재판이나 수사업무에 종사하는 공무원과의 연고 등 사적인 관계를 드러내며 영향력을 미칠 수 있는 것으로 선전하여서는 아니 된다.

되어야 한다. 여기에는 변호사가 자신의 이해와 상반되는 사건 예컨대, 의뢰인이 승소하면 변호사에게 불리한 결과가 발생한다거나 반대로 의뢰인이 패소하면 변호사가 유리한 결과가 되는 것과 같은 관계에 있는 사건, 신뢰관계에 기하여 계속적인 법률사무의 제공을 약속하고 있는 자를 상대로 하는 사건, 그 밖에 다른 예비적 의뢰인에 대한 비밀유지 기타 직무상의 의무, 다른 자에 대한 계약상의 의무 또는 자신의 이해관계에 의하여 주장 · 입증 기타의 직무행위가 명백하게 제약을 받을 우려가 있는 사건 등이 여기에 해당된다.[7)]

다. 예비적 위임관계

윤리규약 제22조(수임제한) ③ 변호사는 의뢰인과 대립되는 상대방으로부터 사건의 수임을 위해 상담하였으나 수임에 이르지 아니하였거나 기타 그에 준하는 경우로서, 상대방의 이익이 침해되지 않는다고 합리적으로 여겨지는 경우에는, 상담 등의 이유로 수임이 제한되지 아니한다.

(1) 의 의

변호사와 상대방 사이에 법률사무에 관한 상담이 행하여진 후 위임계약이 성립되지 않았더라도, 변호사가 의뢰인의 상대방과 상담하여 법적 의견을 조언하는 등 일정한 신뢰관계가 형성된 경우의 변호사에게, 위임계약에 있어서의 수임인과 같은 일정한 책임이 돌아갈 수 있는 변호사와 상대방 사이의 관계를 예비적 위임관계라고 한다. 유사 변호사 · 의뢰인 관계'(quasi lawyer-client relationship)라고도 한다. 예비적 의뢰인은 이러한 예비적 위임관계가 성립된 변호사의 상대방을 말한다. 윤리장전은 종래 예비적 위임관계에 관한 규정을 두지 않았으나 2014. 2. 24. 전면 개정에 의하여 이에 관한 윤리규약 제22조 제3항을 위와 같이 신설하였다. 형식적으로 보면 위 규정은 수임제한에 해당되지 아니하는 사유에 관한 것이다. 그러나 뒤집어서 보면 실질적으로 예비적 위임관계를 규율하고 있다.

(2) 예비적 위임관계의 요건

예비적 위임관계가 성립하기 위해서는 ① 의뢰인과 대립되는 상대방(예비적

---

7) 田中紘三, 전게서, 297-298면 참조.

의뢰인)과 사건의 수임을 위해 상담하였을 것, ② 그러나 수임에 이르지 아니하였거나 기타 그에 준하는 경우일 것, ③ 의뢰인으로부터 수임시 상대방의 이익이 침해된다고 합리적으로 여겨지는 경우일 것을 요건으로 한다. 이를 나누어 보면 다음과 같다.

㈎ 의뢰인과 대립되는 상대방과의 상담이 있었어야 한다.

상담의 형태는 문의 · 설명 · 조언 · 협의 등이 될 것이다.[8] 그러나 상담의 유상 · 무상 여부, 요식 · 불요식을 불문한다. 따라서 무료법률상담의 경우에도 변호사가 상대방의 상담 요청에 응하여 일정한 설명, 조언 또는 협의를 한 때에는 여기의 상담에 해당된다.

㈏ 수임에 이르지 아니하였거나 기타 그에 준하는 경우여야 한다.

수임에 이르렀다고 함은 변호사와 상대방 사이에 사건의 수임약정, 즉 민법상 위임계약이 성립한 경우를 말한다. 민법상 위임계약에는 구두 또는 서면에 의한 경우를 포함한다. 따라서 수임에 이르지 아니한 경우는 수임약정이 성립되지 않은 경우가 전형적인 예이다.

'기타 그에 준하는 경우'가 해석상 문제이다. 대한변협의 질의회신 예에 의하면, 민법상 위임계약이 성립한 때에도 일정한 경우 여기에 해당될 수 있다. 즉, 민법상 위임계약이 성립한 것으로 볼 수 있는 경우라도 약정서나 위임장이 작성되지 아니하고 수임료의 지급도 없는 경우에는 특별한 사정이 없는 한 수임승낙이 없는 것으로 보고 있다.[9] 따라서 구두의 승낙만 있는 경우, 또는 약정서 등 서면의 작성이 있었더라도 수임료의 지급이 없는 경우가 여기에 해당될 수 있다.

㈐ 의뢰인으로부터 사건을 수임할 경우 그 의뢰인과 대립되는 상대방의 이익이 침해되는 경우라야 한다.

의뢰인과 대립되는 상대방의 이익이 침해되는 전형적인 예는 변호사와 상대

---

8) 일본에서는 사건수임의 과정과 관련된 용어로서 '相談', '協議', '依賴', '依賴의 承諾' 등과 별도로 '贊助'라는 용어를 사용하고 있다(직무기본규정27iii). 여기에서 '贊助'라 함은 상담자가 희망하는 일정한 결론을 옹호하는 것과 같은 조언을 하는 것을 말하는 의미로 사용되고 있다. 예컨대, "그러한 청구는 법적으로 도저히 인정될 수 없으므로 단념하는 것이 좋다" 등의 상담자의 희망과 반대의 취지를 조언하는 것과 같은 경우에는 贊助한 것이 아니라고 본다. 즉, 贊助한 사건은 그 상대방과의 사이에 이익충돌의 문제가 발생하므로(직무기본규정27iii), 贊助에 해당하는지 여부는 중요한 해석 및 사실인정의 문제가 된다(小島武司 외 2, 전게서, 98면 참조).

9) 대한변협 2010.2.4. 질의회신 제508호 등 참조.

방 사이에 성립한 신뢰관계가 침해되는 경우이다.[10] 상대방이 변호사를 신뢰하여 상담을 요청하고 이에 변호사가 응하여 설명 · 조언 · 협의하였다면 그 상대방의 신뢰를 보호할 필요가 있기 때문이다.[11]

이러한 신뢰관계는 비밀유지의무의 관점에서도 고찰할 필요가 있다. 상대방이 변호사에게 비밀을 고백하지 않았더라도 신뢰관계는 형성될 수 있다. 그러나 변호사와 상대방과의 상담이 신뢰관계에 기한 것으로 인정되는 때에는 많은 경우 변호사는 상대방으로부터 비밀을 고백받은 경우가 많을 것이다. 따라서 상대방이 변호사에게 비밀을 고백한 것으로 인정되는 경우에는 대부분 상담 · 설명 · 조언 · 협의가 신뢰관계에 기한 것으로 추정될 것이다.

(3) 예비적 위임관계의 효과

변호사는 예비적 위임관계와 관련하여 가능한 신속하게 상담자에게 상담의 목적을 최대한 달성할 수 있도록 노력해야 할 성실의무가 있다(규13 참조). 또 상담자로부터 비밀을 개시받은 경우 비밀유지의무가 발생한다(법26, 규18①). 나아가 형성된 신뢰관계에 반하여 상담자와 이익충돌상황이 발생하는 것을 회피할 의무(이익충돌회피의무)를 부담한다.[12]

변호사가 이러한 의무들을 위반함으로 말미암아 상대방에게 손해가 발생한 때에는 그 손해를 배상할 책임이 발생한다. 예컨대, 변호사는 잘못된 조언 등으로 상대방이 입은 손해를 배상해야 한다. Togstad 사건[13]에서 미국 미네소타주 법원은 변호사와 상대방 사이의 관계 즉, 예비적 위임관계가 성립됨을 전제로[14] 변호사가 상대방에게 해 준 법률적 조언이 부정확하고 부적절하여

---

10) 小島武司 외 2, 전게서, 99면 참조.

11) 小島武司,『現代の法曹倫理』, 法律文化社, 2007, 99면 참조.

12) 이익충돌회피의무와 관련해서는 제6장에서 상술한다.

13) Togstad v. Vesley, Otto, Miller & Keef, 291 N.W.2d 686(Minn. 1980). 이 사건의 개요는 다음과 같다. 원고는 입원 중 의료사고가 발생하여 우측 수족이 마비되고 언어능력도 상실되었다. 원고의 처가 법률사무소를 방문하여 사고의 경위 등을 설명하자 변호사는 '승소할 사건이 아니라고 생각되나 다른 변호사의 의견을 들어보겠다.'라고 말했다. 원고의 처는 변호사로부터 연락을 기다렸으나 연락을 받지 못하였고 1년여가 경과한 후 우연히 다른 변호사에게 상담하자 그 변호사는 승소가능성이 높다고 하였다. 그러나 그 무렵에는 이미 시효가 완성된 사실을 알고 상담했던 법률사무소를 상대로 소송을 제기하였다.

14) 6인 공저-이상수, 112면은 Togstad 사건과 관련하여, 상담자가 변호사를 고용할 의사를 표시하고, 변호사가 이를 명시적으로 거부하는 의사를 표시하지 않았고 상담자가 변호사 · 의뢰인

변호사로서의 주의의무를 위반했다는 이유로 변호사의 손해배상책임을 인정하였다.[15]

변호사가 예비적 위임관계의 형성으로 인한 책임을 부담하지 않기 위해서는 상대방에게 신속히 수임을 거절하기로 하는 의사를 표시해야 한다.[16] 그렇게 해야 상대방은 변호사와 신뢰관계가 형성되기 전에 신속히 다른 변호사를 물색하여 법률적 조력을 요청하는 등 필요한 조치를 할 기회를 가질 수 있기 때문이다.

2. 본래적 위임관계

가. 본래적 위임관계의 의의

여기에서 본래적 위임관계라 함은 의뢰인이 변호사에 대하여 사무의 처리를 위탁하고 변호사가 이에 승낙하여 위임계약이 성립함으로써 이루어지는 관계를 말한다. 이 본래적 위임관계는(본 "2."의 본문에서는 '위임관계' 또는 '위임계약'이라고만 한다) 기본적으로 민법상의 위임계약에 기한 것이다(민680).

나. 민법상 위임계약

위임계약은 당사자의 일방, 즉 위임인이 상대방, 즉 수임인에 대하여 사무의 처리를 위탁하고 수임인이 이를 승낙함으로써 성립한다(민680). 노무공급계약의 일종이나, 일정한 사무의 처리라는 통일된 노무를 목적으로 한다는 점에 그 특색이 있다. 따라서 수임인은 위임사무의 처리에 어느 정도 자유재량을 발휘할 여지가 있고 위임인과의 사이에 신뢰관계를 전제로 한다.

위임은 무상을 원칙으로 하나, 특약으로 유상으로 할 수 있다(민686①). 명시의 특약이 없다고 하더라도 관습 또는 묵시의 의사표시로 유상으로 해석하여야 할 경우도 적지 않다.

위임계약의 성질은 무상인 경우에는 편무(片務)·낙성(諾成)계약이나, 유상인 경우에는 쌍무(雙務)·낙성(諾成)계약이다.

법률행위를 위임하는 경우 수임인에게 위임사무 처리를 위하여 위임인으로

관계가 이루어졌다고 합리적으로 믿었을 경우 예비적 위임관계가 성립된 것으로 보고 있다.

15) 엄동섭 외 4인, 『변호사책임론』, 1998, 19면.

16) 일본 직무기본규정 34조 참조.

부터 대리권이 수여되는 경우가 보통이다. 그러나 대리권은 위임인과 수임인의 내부관계에 관한 위임과는 별개의 것임은 물론이다. 따라서 위임계약이 체결된 경우 수임인에게 대리권이 수여되었는지 여부는 구체적 경우마다 다를 수 있다.

다. 본래적 위임관계의 특징

본래적 위임관계는 기본적으로는 위와 같은 민법상 위임계약에서 비롯되는 성질을 가지고 있다. 그러나 아래에서 보는 바와 같이 민법상의 위임계약과 다른 여러 가지 특성이 있으므로[17] 이를 전형계약이라고 하기보다는 특수한 위임계약이라고 할 수 있다.

(1) 위임계약을 체결할 수 있는 위임인 자격의 법정

민사사건의 경우에는 사건의 당사자가 직접 위임인이 될 수도 있고 대리인에게 소송위임에 관한 대리권을 수여하여 변호사와 위임계약을 체결할 수도 있다.[18] 그러나 형사사건의 경우에는 변호사와 위임계약을 체결할 수 있는 권한을 가진 자가 법정되어 있다. 피의자 또는 피고인이 위임계약의 당사자가 될 수 있음은 물론이다. 피의자 또는 피고인이 변호인과 직접 또는 보조자로 하여금 위임계약을 체결하지 아니하는 경우에는 변호인과 위임계약을 체결할 수 있는 대리권자가 법정되어 있다. 피의자 또는 피고인의 법정대리인·배우자·직계친족·형제자매 등만이 위임계약을 체결할 수 있고(형소30②), 이 경우 위임계약체결권은 피의자·피고인의 변호인선임권에 근거한 대리권[19]의 성질을 가진다.[20] 피의자나 피고인으로부터 그 선임권을 위임받은 기타의 자가 피의자나 피고인을 대리하여 변호인과 위임계약을 체결할 수 없고, 체결하더라도 그 계약은 무효이다.[21]

---

17) 변호사와 의뢰인 사이의 이러한 관계를 Fiduciary Relationship(신뢰관계 또는 신인관계)이라고 하고, 이 관계로부터 변호사는 의뢰인에 대해 정보제공의무, 비밀누설금지의무, 이익충돌회피의무 등을 부담한다고 설명하기도 한다(엄동섭 외 4인, 전게서, 16면; 이상수, 전게서, 125면 등 참조).

18) 이시윤, 『신민사소송법』 제2판, 박영사, 2005, 153면 참조.

19) 이 경우의 대리권은 독립대리권이다. 따라서 본인의 명시 또는 묵시의 의사에 반하더라도 변호인의 선임이 가능하다.

20) 신동운, 『신형사소송법』, 법문사, 2008, 65면 참조.

(2) 계약체결의 자유의 제한

변호사에게 계약을 체결할 자유, 계약을 체결하지 아니할 자유(수임거절의 자유)가 있느냐 하는 문제가 있다. 법조전문직과 흔히 대비되는 의료인의 경우 환자의 치료위탁에 대하여 의료인은 승낙할 의무가 있다. 즉, 환자로부터 진료의 요청을 받으면 정당한 사유 없이 이를 거부하지 못하도록 규정하고 있다.[22]

변호사는 기본적으로 계약체결의 자유 및 계약을 체결하지 아니할 자유가 있으나 그 자유에는 상당한 제한이 따른다. 즉, 이익충돌이 발생할 수 있는 법률사무처리(법31, 규22, 48, 54) 등에 대해서는 위임계약을 체결해서는 안 된다. 또 계약을 체결하지 아니할 자유, 즉 수임거절의 자유에도 일정한 제한이 있다. '의뢰인이나 사건의 내용이 사회 일반으로부터 비난을 받는 사무'(규16①) 및 '노약자, 장애인, 빈곤한 자, 무의탁자, 외국인, 소수자, 기타 사회적 약자'(규16②)라는 이유만으로 수임을 거절해서는 안 된다.

(3) 법률사무처리의 위임계약

위임계약에 의하여 수임인이 처리할 수 있는 사무에는 일정한 제한이 없다. 그러나 변호사와 의뢰인 간의 계약에서 처리할 사무는 법률사무에 한정된다. 법률사무는 소송의 대리 및 변론, 법적 조언 등을 포함하는 일반 법률사무로서, 변호사법이 규정하는 "당사자와 그 밖의 관계인의 위임이나 국가·지방자치단체와 그 밖의 공공기관의 위촉 등에 의하여 소송에 관한 행위 및 행정처분의 청구에 관한 대리행위와 일반 법률사무"(법3)를 말한다. 변호사와 의뢰인 간의 법률사무처리계약은 기본적으로 위임계약의 일종이나, 변호사가 예컨대 소송에서 반드시 승소한다든지, 계약을 성립시킨다는 등 일정한 사무를 완성할 것을 조건으로 보수를 지급받을 것을 약정하였다면 위임이 아닌 도급계약(민664)의 성질도 가진 것으로 볼 수 있다.[23] 그러나 의뢰인이 일정한 결과가 발생한 경우에는 추가로 성공사례금을 지급하겠다고 약정하는 경우 이는 성공을 조건으로 추가로 보수를 약정하는 것으로서 위임계약에 수반되는 특약일

---

21) 대결 1994. 10. 28. 94모25 참조.

22) 의료법 제15조 (진료거부 금지 등) ① 의료인은 진료나 조산 요청을 받으면 정당한 사유 없이 거부하지 못한다.

23) 이 경우 착수금이나 소송비용을 받지 않고 목적한 결과가 달성되는 것을 조건으로 보수를 받기로 약정하는 것이라면 이는 전액 성공보수 약정의 문제가 생긴다(사법연수원, 『변호사실무(형사)』, 2009, 13면.

뿐 위임계약으로서의 성질에 변경을 가져오는 것은 아니다.[24)]

(4) 강한 신뢰관계에 기초한 계약

위임은 위임인과 수임인이 상호 인적 신뢰관계를 갖는 것을 전제로 하여 성립하는 계약이다. 변호사와 의뢰인 간의 법률사무처리 위임계약은 일반적으로 보통의 위임계약보다 그 신뢰관계가 강하다. 법률사무처리의 위임계약은 특히 변호사의 인품, 자격, 법적 지식 · 기술 · 능력 등 전문성 및 직무의 공공성에 대한 특별한 신뢰를 기초로 한다. 변호사에게 위탁하는 법률사무는 위임인의 생명, 신체, 자유 및 재산 등 중요한 법익에 관한 사무인 경우가 대부분이기 때문이다.

(5) 변호사 직무의 공공성 등에 의한 제약

위임에 있어서 수임인은 위임의 본지에 따라 선량한 관리자의 주의를 가지고 위임사무를 처리할 의무가 있다(민681). 수임인은 위임의 취지에 따라 위임인의 지시를 받을 수 있고 그 지시가 지휘 · 명령을 받은 관계에 의한 것이 아닌 한 이는 위임의 본질에 반하지 아니한다.[25)] 그러나 수임인은 위임사무의 처리에 있어서 어느 정도 자유재량을 발휘할 수 있고, 변호사는 특히 자신의 전문적 법률지식 및 기술을 가지고 의뢰인으로부터 독립하여 재량으로 수임한 사무를 처리한다. 위임의 본지에 따른 사무의 처리는 변호사 직무의 공공성 또는 실질적 적법절차의 원리 등과 같은 근본적 법이념에 의하여 제약된다는 점에서도 일반의 위임계약과 다르다.

(6) 무상의 위임계약원칙의 수정

일반의 위임계약에 있어서는 당사자 사이에 특별한 약정이 없으면 수임인은 위임인에 대하여 보수를 청구하지 못한다(민686①). 법률사무처리의 위임계약의 실제는 사정이 다르다. 의뢰인은 보수 없이 한다는 반대의 약정이 없는 한 변호사에게 보수를 지급하여야 할 의무가 있다고 본다. 즉, 보수의 지급 여부 및 액수에 대하여는 명시적인 약정이 없더라도 묵시의 약정이 있었다고 보아

24) 법률가의 윤리와 책임-남효순, 309면 참조.

25) 지휘 · 명령을 받는 복종관계가 성립하는 것이라면 이는 위임이 아닌 고용계약(민655 이하)이다.

야 한다.[26)]

(7) 위임의 대외적 효력 발생을 위한 형식

위임계약에 따른 효과는 내부적 관계와 대외적 관계를 구분하여 살펴보아야 한다. 위임인과 수임인의 내부적 관계는 위임계약에 의하여 정하여진다. 그러나 수임인이 대외적 관계에서 위임사무를 처리하기 위해서는 위임인이 위임계약에 터잡아 수임인에게 대리권을 수여하여야 하고 이 대리권 수여행위(수권행위) 자체는 위임과는 별개의 단독행위이다. 따라서 위임인의 수권행위가 있었다고 해서 수임인이 그 권한에 상응한 위임계약상의 의무를 부담하는 것은 아니다. 이는 변호사와 의뢰인 사이의 관계에 있어서도 마찬가지이다.

대법원 1997. 12. 12. 선고 95다20775 판결

통상 소송위임장이라는 것은 민사소송법 제81조 제1항에 따른 소송대리인의 권한을 증명하는 전형적인 서면이라고 할 것인데, 여기에서의 소송위임(수권행위)은 소송대리권의 발생이라는 소송법상의 효과를 목적으로 하는 단독 소송행위로서 그 기초관계인 의뢰인과 변호사 사이의 사법상의 위임계약과는 성격을 달리하는 것이고, 의뢰인과 변호사 사이의 권리의무는 수권행위가 아닌 위임계약에 의하여 발생하는 것이다. 민사소송법 제82조 제1항이 "소송대리인은 위임받은 사건에 관하여 반소, 참가, 강제집행, 가압류, 가처분에 관한 소송행위와 변제의 영수를 할 수 있다."고 규정하고, 제3항이 "변호사의 소송대리권은 제한하지 못한다."고 규정하고 있으나, 위 각 규정은 소송절차의 원활·확실을 도모하기 위하여 소송법상 소송대리권을 정형적·포괄적으로 법정한 것에 불과하고 변호사와 의뢰인 사이의 사법상의 위임계약의 내용까지 법정한 것은 아니므로, 본안소송을 수임한 변호사가 그 소송을 수행함에 있어 강제집행이나 보전처분에 관한 소송행위를 할 수 있는 소송대리권을 가진다고 하여 의뢰인에 대한 관계에서 당연히 그 권한에 상응한 위임계약상의 의무를 부담한다고 할 수는 없고, 변호사가 처리의무를 부담하는 사무의 범위는 변호사와 의뢰인 사이의 위임계약의 내용에 의하여 정하여진다.

그런데 변호사와 위임인 사이의 관계에 있어서는 위임계약에 따른 대외적 효과의 발생을 위해서 수권행위라는 별도의 법률행위가 필요한 것까지는 동일하다. 다른 특징은 그 수권행위에 특별한 절차와 방식이 요구되는 경우가 있다

26) 대판 1995. 12. 5. 94다50229; 1993. 11. 12. 93다36882; 1993. 2. 12. 92다42941 등 참조.

는 점이다. 민사절차에 있어서 위임인의 대리권을 주는 수권행위가 필요하고[27] 형사절차에 있어서도 소정의 소송행위가 필요한 데에 그치지 않는다. 민사절차의 대리권은 그 존재와 범위를 서면으로 증명하지 않으면 아니 되므로(민소89①)[28] 소송위임장을 법원에 제출하는 방식으로 하여야 한다. 형사절차에 있어서는 법원 또는 수사기관에 변호인과 선임자(위임인)가 연명·날인한 서면(변호인선임서)을 제출하여야 한다.

(8) 위임계약 성립 전 또는 종료 후의 변호사의 책임

이는 위임계약 그 자체의 특징은 아니나 위임계약과 관련이 있다. 낙성계약인 일반의 위임계약은 위임인의 위탁의 의사, 수임인의 승낙의사, 사무의 내용, 사무처리의 조건, 보수 및 비용 등에 관한 의사의 합치에 의하여 성립하고 그 때부터 효력이 발생한다. 그러나 변호사와 위임인의 관계에 있어서는 위임계약이 성립 전 또는 종료 후라도 변호사의 책임이 발생할 수 있는 특수한 경우가 있다. 예컨대, 의뢰인이 변호사와 위임계약을 체결하기 전에 단순히 상담만을 하였다고 하더라도 예비적 위임관계가 성립되는 일정한 경우 변호사에게 손해배상책임이 돌아갈 수 있다.[29] 또, 변호사가 위임인으로부터 얻은 비밀은 위임사무가 종료된 후라도 이를 이용할 수 없다.

라. 본래적 위임관계에 있어서 변호사 및 의뢰인의 의무

기본사례 2

A는 B발행의 약속어음 1장을 배서양도 받아 그 지급기일에 지급제시하였으나 B가 그 전에 어음액면금 상당의 사고신고담보금을 은행에 예치하고 피사취계를 제출함으로 말미암아 지급거절 되었고, 갑 변호사는 A의 위임을 받아 어음금청구소송을 제기하여 승소판결을 받아 그 판결이 확정되었으나 당해 어음에 관하여 소송계속중임을 증명하는 서면을 은행에 제출하지 않았기 때문에 B가 그 사고신고담보금을 회수하여 사용하였고 B는 자력이 없어서 승소판결에 기한 강제집행이 불가능

27) 이시윤, 전게서, 153면 참조.

28) 대리권 수여의 방식은 자유이고 따라서 구두나 서면으로 할 수 있으나, 대리권의 존재와 범위는 서면으로 증명하지 않으면 아니 된다(이시윤, 전게서, 153면).

29) Togstad v. Vesley, Otto, Miller & Keef, 291 N.W. 2d 686(Minn. 1980).

하게 되었다. A는 갑 변호사를 상대로 갑 변호사가 은행에 위 소송계속중임을 증명하는 서면을 제출하지 않았다는 이유로 손해배상청구소송을 제기하였다.30) 갑 변호사의 손해배상책임이 인정되는가.

① 피사취수표와 관련된 본안소송을 위임받은 갑 변호사가 사고신고담보금에 대한 권리보전조치의 위임을 별도로 받지 않아도 사고신고담보금에 대한 권리보전조치를 취할 의무가 있는가?

② 갑 변호사가 A에게 채권보전조치를 해두지 않을 경우 입게 될 손해나 위험에 관하여 충분히 설명하고 사고신고담보금에 관하여 필요한 조치를 취하도록 법률적인 조언을 한 경우 변호사에게 책임이 없는가?

(1) 변호사의 의무

- 성실 · 신속한 위임사무 처리의무(규13①,②, 민681)
- 상담 · 설명 · 조언 · 협의 의무(규20①,②,③,④, 28①,②, 민683)
- 금전 등의 수수에 따른 분쟁발생 방지의무(규24)
- 의뢰인 간의 이해대립에 따른 의무(규27)
- 분쟁 조정 의무(규30)
- 금전 기타 물건 및 취한 과실의 반환(민684①, ②) 등 민법 위임계약상 의무
- 비밀유지의무(법26, 규18, 41, 47, 형317)
- 이익충돌회피의무(법31①,②, 규22, 42)

윤리규약 제13조(성실의무) ① 변호사는 의뢰인에게 항상 친절하고 성실하여야 한다.
② 변호사는 업무처리에 있어서 직업윤리의 범위 안에서 가능한 한 신속하게 의뢰인의 위임목적을 최대한 달성할 수 있도록 노력한다.
윤리규약 제20조(수임 시의 설명 등) ① 변호사는 의뢰인이 사건 위임 여부를 결정할 수 있도록 의뢰인으로부터 제공받은 정보를 기초로 사건의 전체적인 예상 진행과정, 수임료와 비용, 기타 필요한 사항을 설명한다.
② 변호사는 의뢰인이 기대하는 결과를 얻을 가능성이 없거나 희박한 사건을 그 가능성이 높은 것처럼 설명하거나 장담하지 아니한다.
③ 변호사는 상대방 또는 상대방 대리인과 친족관계 등 특수한 관계가 있을 때에는, 이를 미리 의뢰인에게 알린다.
④ 변호사는 사건의 수임을 위하여 재판이나 수사업무에 종사하는 공무원과의 연고 등

30) 대판 2002. 11. 22. 2002다9479 참조.

사적인 관계를 드러내며 영향력을 미칠 수 있는 것처럼 선전하지 아니한다.
윤리규약 제28조(사건처리 협의 등) ① 변호사는 의뢰인에게 사건의 주요 경과를 알리고, 필요한 경우에는 의뢰인과 협의하여 처리한다.
② 변호사는 의뢰인의 요청이나 요구가 변호사의 품위를 손상시키거나 의뢰인의 이익에 배치된다고 인정하는 경우에는, 그 이유를 설명하고 이에 따르지 않을 수 있다.
윤리규약 제24조(금전 등의 수수) 변호사는 예납금, 보증금 등의 금전 및 증거서류 등의 수수를 명백히 하고, 이로 인한 분쟁이 발생하지 아니하도록 주의한다.
윤리규약 제27조(의뢰인 간의 이해 대립) 수임 이후에 변호사가 대리하는 둘 이상의 의뢰인 사이에 이해의 대립이 발생한 경우에는, 변호사는 의뢰인들에게 이를 알리고 적절한 방법을 강구한다.
윤리규약 제30조(분쟁 조정) 변호사는 의뢰인과 직무와 관련한 분쟁이 발생한 경우에는, 소속 지방변호사회의 조정에 의하여 분쟁을 해결하도록 노력한다.
윤리규약 제18조(비밀유지 및 의뢰인의 권익보호) ① 변호사는 직무상 알게 된 의뢰인의 비밀을 누설하거나 부당하게 이용하지 아니한다.
윤리규약 제22조(수임제한) ① 변호사는 다음 각호의 어느 하나에 해당하는 사건을 수임하지 아니한다. 다만, 제3호의 경우 수임하고 있는 사건의 의뢰인이 양해하거나, 제4호의 경우 의뢰인이 양해하거나, 제5호 및 제6호의 경우 관계되는 의뢰인들이 모두 동의하고 의뢰인의 이익이 침해되지 않는다는 합리적인 사유가 있는 경우에는 그러하지 아니하다.
1. 내지 6.(생략)

☞ [부록 2] 개정안 제32조의2 참조.

위임계약을 체결한 변호사는 위와 같이 성실·신속한 위임사무의 처리, 의뢰인과 사건의 주요 경과에 따른 상담·설명·조언·협의 등의 의무가 있다(규13, 28①). 변호사는 사건처리의 협의과정에서 의뢰인의 요구에 반드시 따라야 하는 것은 아니다. 변호사의 품위를 손상시키거나 의뢰인의 이익에 배치될 때는 물론(규28②), 공익에 반하는 때와 같은 경우이다. 나아가, 의뢰인으로부터 금전, 증거서류 등의 수수관계는 예컨대, 보관증을 작성하여 교부하는 등으로 명백히 하여 이로 인한 분쟁이 발생하지 않도록 하여야 한다(규24). 또, 수임 이후 대리하는 둘 이상의 의뢰인 사이에 이해대립이 발생한 경우 의뢰인들에게 이를 통보하고 사임하는 등의 적절한 방법을 강구하여야 한다(규27). 나아가 의뢰인과 직무상 분쟁이 발생한 경우 우선 소속 지방변호사회의 조정에 의해 분쟁을 해결하도록 노력하여야 한다(규30).

또, 변호사는 특단의 약정이 없으면 민법의 위임계약상의 의무를 부담한다. 법률사무의 처리로 인하여 받은 금전 기타의 물건 및 그 수취한 과실이 있는 경우 이를 의뢰인에게 인도하여야 한다(민684①,②).[31] 의뢰인을 위하여 변호사의 명의로 취득한 권리도 의뢰인에게 이전하여야 한다. 변호사는 인도·이전까지 그 금전·물건·권리 등을 선량한 관리자의 주의로 보존하여야 한다(민681).[32][33] 또 변호사가 의뢰인에게 인도할 금전 또는 의뢰인의 이익을 위하여 사용할 금전을 자기를 위하여 소비한 때에는 소비한 날 이후의 이자를 지급하여야 하며 그 외에 손해가 있으면 이를 배상하여야 한다.

나아가, 의뢰인에 대하여 비밀유지의무(법26), 이익충돌회피의무(법31①,②)를 부담한다. 이들 의무의 구체적 내용에 대해서는 뒤에서 살피기로 한다.

대한변협 2009. 9. 23. 징계 제2009-15호

혐의자는 A의 의뢰를 받아 이중매매의 양도인과 협상 중 A의 처남인 B로부터 A의 장래 형사사건 변호인선임료 명목으로 1억원을 보관받았으나 A가 형사사건의 변호인으로 선임하지 않음에 따라 B가 보관금의 반환청구를 하고 이와 관련하여 A와 B 사이에 보관금반환청구권자에 관하여 분쟁이 발생하자, 제3자로서 A에 대한 채권자인 C에게 1억원의 보관사실을 알려주면서 혐의자를 제3채무자로, 채무자를 A로 하여 위 보관금청구권을 가압류하도록 권유하여 가압류절차를 취하게 하고 이를 이유로 B에게 보관금의 반환을 거부하였다. 혐의자의 주장에 의하더라도 위 가압류는 효력이 없는 것으로 위 보관금반환청구권자에 대한 분쟁과 관련하여 C로 하여금 불필요한 비용과 노력을 들여 그 효력에 문제가 있는 가압류를 하게 함으로써 변호사로서의 품위를 손상한 혐의로 과태료 500만원 결정.

---

31) 예컨대 변호사가 소송진행에 따라 반환받거나 수령한 보석보증금, 공탁금, 합의금 또는 동산 등 물건을 의뢰인에게 인도하여야 한다.

32) 법률가의 윤리와 책임-남효순, 312면.

33) 대판 1969. 12. 16. 67다1525는 "수임인이 위임사무를 처리함에 있어 받은 물건으로 위임인에게 인도할 목적물은 그것이 대체물이더라도 당사자 간에 있어서는 특정된 물건과 같은 것으로 보아야 할 것이다. 원고와 피고 사이에 비료수입 대행계약을 체결하고 피고가 원고를 위하여 비료수입업무를 대행하여 피고 명의로 수입한 비료를 원고에게 인도치 못하였음은 원피고 사이에 다툼이 없는 이 사건에 있어서 원심이 그 대행계약이 대리권을 수반하지 않는 위임관계였던 관계로 피고 명의로 본건 비료를 수입하였다 하더라도, 수임자인 피고는 그 사무처리의 효과인 비료에 관한 권리를 위임자인 원고에게 이전할 의무가 있다 할 것이므로 대행수입된 비료는 목적물의 종류만을 정한 매매의 경우와는 달리 비록 그것이 대체물이라 하더라도 원고에 대한 이행의 목적물로 특정되었다 할 것"이라고 하여, 물건이나 권리가 대체성이 있는 경우라도 변호사는 이를 다른 것으로 대체할 수 없다고 판시하고 있다.

(2) 의뢰인의 의무

- 보수지급(민686①)
- 비용선급(민687)
- 필요비상환(민688①)
- 채무변제 및 담보제공(민688②)
- 손해배상(민688③)
- 법률사무처리의 협조

의뢰인은 일반의 위임계약에 있어서 위임인이 부담하여야 할 의무인 보수지급(민686①), 비용선급(민687), 필요비상환(민688①), 채무변제 및 담보제공(민688②), 손해배상(민688③) 등의 의무를 부담한다.

보수지급의무(민686①)는 일반의 위임에 있어서는 당사자 사이에 특별한 약정이 없으면 수임인은 위임인에 대하여 보수를 청구하지 못한다. 그러나 법률사무처리의 위임계약은 반대의 약정이 없으면 수임인은 위임인에게 보수를 지급하여야 하는 유상계약이므로,[34] 의뢰인은 변호사에게 보수를 지급할 의무가 있다.[35]

비용선급의무는 법률사무처리에 필요한 각종의 비용 및 여비를 변호사가 청구하면 지급할 의무이다(민687).[36] 위임계약을 체결하면서 특정되지 아니한 비용의 경우 이를 필요비로서 나중에 지급할 의무가 있다.

필요비상환의무는 위와 같은 비용을 변호사가 지출하였을 때 그 지출 비용 및 지출한 날 이후의 이자를 상환하는 것이다(민688①).[37]

채무변제 및 담보제공의무는 변호사가 법률사무의 처리에 필요한 채무를 부담한 때에는 의뢰인에게 자기에 갈음하여 이를 변제하게 할 수 있고 그 채무가 변제기에 있지 아니한 때에는 의뢰인은 그 채무의 이행을 담보하기 위하여

---

34) 대판 1995. 12. 5. 94다50229 등 참조.

35) 변호사 보수의 상세한 것은 후술하는 "변호사의 보수와 윤리"에서 보기로 한다.

36) 법률사무처리비용으로는 폐지된 변호사보수기준에관한규칙 제46조가 정하는 기록등사료, 貼用印紙代, 송달료, 보증금과 사무의 처리를 위하여 출장이 필요한 경우 교통비, 숙박료 및 일당 등이 여기에 해당한다.

37) 민법 제688조 제1항의 법문상으로는 "지출한 날 이후의 이자를 청구할 수 있다"고만 규정하고 있으나 제687조의 취지에 비추어 이자 외에 그 지출비용을 당연히 포함한다고 해석된다(同旨, 법률가의 윤리와 책임-남효순, 316면).

변호사에게 상당한 담보를 제공하는 것이다(민688②). 이는 법률사무의 처리과정에서 필요한 채무가 변호사에게 귀속된 경우를 말함은 당연하다.

손해배상의무는 변호사가 법률사무의 처리를 위하여 과실 없이 손해를 받은 때에 의뢰인이 이를 배상해야 하는 것이다(민688③).

이 밖에도 의뢰인은 특별한 약정이 없더라도 변호사가 그 법률사무처리를 위하여 필요한 사항을 협조할 의무가 있다. 법률사무처리에 필요한 사실의 확인, 증거의 수집 등은 의뢰인의 협조 없이는 불가능하거나 곤란할 수 있고, 이는 변호사에게 자신의 법률사무처리를 위임한 의뢰인의 지위에서 도출되는 당연한 의무이기 때문이다.

마. 복위임에 있어서 의무

위임은 당사자 사이의 신뢰관계를 기초로 성립하는 계약이므로 수임인이 이행보조자를 사용하는 것은 무방하나 원칙적으로 자기 스스로 사무를 처리하여야 한다(자기복무의 원칙). 특히 법률사무처리의 위임계약에 있어서는 의뢰인은 변호사의 인품, 자격, 전문성 등을 신뢰하여 위임한 것이므로 원칙적으로 그러한 신뢰의 기초가 자신과 다른 변호사에게 법률사무를 처리하게 하지 못한다.

그러나 이 원칙을 철저하게 관철하게 되면 의뢰인에게 불리한 경우가 있으므로 의뢰인의 승낙이나 부득이한 사유가 있으면 예외를 인정하여 복위임을 허용하고 있다(민682①).[38] 복위임을 하더라도 변호사는 의뢰인에 대한 관계에서 수임인의 지위를 유지하므로, 복수임변호사가 사무를 처리하면 수임변호사는 의뢰인에 대한 의무를 이행한 것이 된다.

의뢰인과 복수임변호사 간에는 의뢰인과 수임변호사 간에 있어서와 같은 위임관계가 발생한다. 따라서 원래의 위임계약의 범위 내에서 의뢰인은 복수임변호사에 대하여 위임사무의 처리를 요구할 수 있고, 복수임변호사는 보수·비용을 청구할 수 있다(민682②, 123②).[39]

---

38) 예컨대 변호사가 급박한 해외 출장이나 질병 등으로 지정된 공판기일에 출석하지 못할 경우가 '부득이한 사유'에 해당할 것이다.

39) 민법 제682조 제2항은 복대리인의 권한에 관한 제123조를 복위임계약에 준용하고 있고, 제123조 제2항은 복대리인의 권한에 관하여 "본인이나 제3자에 대하여 대리인과 동일한 권리의무가 있다"라고 규정하고 있다.

수임변호사와 복수임변호사의 관계는 복위임계약에 의하여 정하여진다. 그러나 복위임계약에서 복수임변호사의 권리와 의무를 원래의 위임계약에 있어서의 수임변호사의 그것과 달리 정하더라도, 복수임변호사는 의뢰인이나 제3자에 대하여 수임변호사와 동일한 권리의무가 있으므로(민123②) 의뢰인이나 제3자에게 복위임계약의 내용으로써 대항하지 못한다.[40)]

3. 사후적 위임관계

기본사례 3

F1 자동차경주에 참여하였다가 사고로 사망한 A의 유족 B는 자동차경기연맹을 상대로 손해배상을 청구하기로 하고 갑 변호사에게 소송위임을 하여 1심에서 승소 판결이 선고되었다. 갑 변호사는 B에게 판결내용을 알려주었고 판결정본을 받으러 방문한 B에게 항소하더라도 더 이상의 배상액을 받을 가능성은 적다고 설명하였다. 그러나 1심 판결이 A의 일실수입을 잘못 계산하였음에도 불구하고 갑 변호사는 판결내용을 구체적으로 검토하지 않아 그 점에 관한 설명을 하지 않았고 B와 자동차경기연맹이 각 항소를 포기하여 판결이 확정된 후 B가 갑 변호사의 불법행위를 원인으로 한 손해배상청구소송을 제기하였다. 갑 변호사의 손해배상책임이 인정될 수 있는가?

가. 사후적 위임관계의 의의

법률사무처리의 위임계약도 일반의 위임과 마찬가지로 법률사무의 처리, 해지(민543, 689), 당사자의 사망 또는 파산(민690), 수임인이 성년후견개시의 심판을 받은 경우(민690후문), 약정된 해지사유의 발생 등에 의하여 종료한다. 위임계약이 당사자 사이의 특별한 신뢰관계를 기초로 하므로 위임의 종료 후에도 그 종료에 따른 일정한 의무(사후적 위임관계에 따른 의무)를 부담한다.

---

40) 郭潤直, 債權各論[民法講義IV] 新訂版, 박영사, 1997, 486면 참조.

나. 위임관계의 종료사유[41)]

민법 제543조(해지, 해제권) ① 계약 또는 법률의 규정에 의하여 당사자의 일방이나 쌍방이 해지 또는 해제의 권리가 있는 때에는 그 해지 또는 해제는 상대방에 대한 의사표시로 한다.
② 전항의 의사표시는 철회하지 못한다.
민법 제689조(위임의 상호해지의 자유) ① 위임계약은 각 당사자가 언제든지 해지할 수 있다.
② 당사자 일방이 부득이한 사유 없이 상대방의 불리한 시기에 계약을 해지한 때에는 그 손해를 배상하여야 한다.

법률사무의 처리는 정상적인 위임의 종료사유이다. 민법 제543조에 의한 해지는 채무불이행 등 계약 또는 법률이 규정한 사유의 발생을 원인으로 한다. 민법 제689조에 의한 해지는 위와 같은 사유가 없어도 언제든지 가능하다. 이는 계약해지자유의 원칙에 의한 것이므로 불리한 시기에 계약을 해지한 것이 아닌 한 해지로 인하여 상대방의 손해가 있더라도 이를 배상할 의무가 없다. 그러나 당사자 일방이 부득이한 사유 없이 상대방의 불리한 시기에 계약을 해지한 때에는 손해배상의무가 있다(민689②).

위임계약이 당사자의 인적 신뢰를 기초로 한 것이므로 당사자의 사망, 당사자의 파산(민690전문),[42)] 변호사의 금치산선고(민690후문) 등 경우에는 당연히 위임이 종료한다. 다만, 변호사가 민사소송을 수임한 경우에 있어서는 의뢰인이 사망하여도 변호사는 소송대리권을 계속 가지므로(민소95 i) 후에 의뢰인의 상속인이 위임계약을 해지하지 않을 경우 위임계약은 존속한다.

---

41) 민법 제548조(해제의 효과, 원상회복의무) ① 당사자 일방이 계약을 해제한 때에는 각 당사자는 그 상대방에 대하여 원상회복의 의무가 있다. 그러나 제3자의 권리를 해하지 못한다.
② 전항의 경우에 반환할 금전에는 그 받은 날로부터 이자를 가하여야 한다.
민법 제550조(해지의 효과) 당사자 일방이 계약을 해지한 때에는 계약은 장래에 대하여 그 효력을 잃는다.

42) 파산에 있어서는 의뢰인이 파산하면 파산관재인이 채무이행이나 계약해지권을 행사하는 등 관리·처분하므로 위임인과의 관계에서 계약을 존속시킬 필요성이 없기 때문이다(채무자 회생 및 파산에 관한 법률 제335조는 쌍방미이행 쌍무계약에 관한 선택에 관하여 제1항에서 “쌍무계약에 관하여 채무자 및 그 상대방이 모두 파산선고 당시 아직 이행을 완료하지 아니한 때에는 파산관재인은 계약을 해제 또는 해지하거나 채무자의 채무를 이행하고 상대방의 채무이행을 청구할 수 있다”고 규정하고 있다).

다. 위임계약의 종료에 따른 의무

(1) 위임종료 단계에서의 의무

윤리규약 제29조(사건처리의 종료) 변호사는 수임한 사건의 처리가 종료되면, 의뢰인에게 그 결과를 신속히 설명한다.

소송사건을 위임받은 경우 판결이 선고되면 의뢰인의 의사에 반하여 상소권이 소멸되지 않도록 의뢰인의 상소의사를 확인하여야 하고, 의뢰인에게 불리한 판결에 대하여는 판결의 내용과 상소하는 경우의 승소가능성 등에 대하여 설명·조언하여야 할 의무가 있다.

1 대법원 1997. 5. 28. 선고 97다1822 판결

피고는 그 판시 소송사건을 위임받은 법무법인의 구성 변호사 겸 위 소송사건의 담당변호사로서 성실하게 위 소송사무를 처리하여야 함은 물론 이 사건 소송위임은 대법원까지로 되어 있으므로 소송이 종료된 후에도 원고가 자신의 의사에 의하지 아니하고 상급심의 판단을 받을 기회를 상실하는 일이 없도록 세심한 주의를 하여야 할 업무상 주의의무가 있음에도 불구하고 송무에 익숙치 아니한 소외 김윤배를 통하여 원고측에 판결문을 교부하고 상고 여부를 확인하도록 함으로써 위 김윤배가 원고측에게 상고제기기간을 잘못 고지하는 바람에 원고가 상고제기기간을 도과하여 상고의 기회를 잃게 되었다 할 것이므로, 피고는 이로 인하여 원고가 입은 손해를 배상할 책임이 있다.

2 대법원 2004. 5. 14. 선고 2004다7354 판결

위임사무의 종료단계에서 패소판결이 있었던 경우에는 의뢰인으로부터 상소에 관하여 특별한 수권이 없는 때에도 그 판결을 점검하여 의뢰인에게 불이익한 계산상의 잘못이 있다면 의뢰인에게 그 판결의 내용과 상소하는 때의 승소가능성 등에 대하여 구체적으로 설명하고 조언하여야 할 의무가 있다고 할 것이다. 같은 취지에서 원심은, 원고들로부터 소송사건을 수임한 변호사인 피고가 판결문을 제대로 검토하지 아니한 과실로 그 패소부분에 계산상의 오류가 있음을 발견하지 못하고 원고들에게 그 판결의 내용과 상소하는 때의 승소가능성 등에 대하여 설명하고 조언하지 아니함으로써 피고는 특별한 사정이 없는 한 원고들과의 위임계약에 따른 선량한 관리자로서의 주의의무 위반으로 인하여 원고들이 입은 손해를 배상할 책임이 있다고 판단한 것은 정당하다.

(2) 위임종료 후의 긴급사무 처리의무

위임 종료의 경우에도 급박한 사정이 있는 때에는 수임인, 그 상속인 또는 법정대리인은 위임인, 그 상속인 또는 법정대리인이 사무를 처리할 수 있을 때까지 그 사무의 처리를 계속하여야 한다(민691). 다만 변호사의 경우 그 상속인 또는 법정대리인이 법률사무처리의 전문지식을 갖는 것은 아니므로 다른 변호사에게 임시로 법률사무처리를 위탁하여야 한다.[43]

의뢰인의 해지권의 행사에 의하여 위임이 종료된 경우에도 수임인인 변호사가 긴급처리의무를 부담하는지의 문제에 대하여는 논란이 있을 수 있다. 일반적으로는 위임인을 예측할 수 없는 손해로부터 보호할 필요가 없다는 이유로 긴급사무처리의무를 부정하는 견해가 있고,[44] 법률사무처리의 위임의 경우 적어도 긴급히 처리하여야 할 사항에 대한 고지의무는 인정된다고 하는 견해[45]도 있다. 생각건대, 법률사무처리는 특별한 전문적 지식과 경험 등 전문성이 요구되고, 위임종료 후에도 긴급사무처리의 범위 내에서 위임계약이 존속되는 것과 동일한 효력이 있다.[46] 또, 변호사는 의뢰인의 권익을 보호할 의무가 있으므로 의뢰인에게 급박한 사정이 있는 때에는 변호사는 고지의무 외에 긴급사무처리의무를 부담한다고 해석함이 타당하다.[47]

나아가 상소사건에 관하여 수임하지 않았더라도 변호사가 보건대 상소하는 것이 바람직하다고 판단되고 상소기간 만료 전에 의뢰인측이 상소를 제기할 수 없는 상황인 경우 상소제기를 하여야 할 것이냐의 문제가 있다. 이 경우 긴급사무처리의무를 배제하는 특약이 없고 의뢰인에게 상소를 제기할 수 없는 불가피한 사정이 있고 상소를 제기하지 아니하면 의뢰인에게 회복할 수 없는 손해가 야기될 가능성이 높으며 의뢰인이 상소의사가 있는 경우 신의칙상 변호사의 긴급사무처리의무로서 상소를 제기하여야 한다고 보는 견해가 있다.[48] 살피건대, 변호사의 긴급사무처리의무를 배제하는 특약이 있다고 하더라도, 의뢰인이 상소를 제기할 수 없는 불가피한 사정을 특약 당시에 예견할 수 없었던 경우라면, 의뢰인의 권익을 보호할 의무가 있는 변호사로서는 긴급사무로

---

43) 법률가의 윤리와 책임-남효순, 323면.

44) 郭潤直, 전게서, 494면.

45) 엄동섭 외 4인, 전게서, 415면.

46) 엄동섭 외 4인, 전게서, 416면, 주51) 참조.

47) 同旨, 법률가의 윤리와 책임-남효순, 323-324면.

48) 엄동섭 외 4인, 전게서, 415-416면.

서 상소를 제기할 의무가 있다고 봄이 타당하다.

(3) 위임종료사유의 발생과 위임계약상의 의무

위와 같은 위임계약의 각 종료사유로 인하여 위임이 종료된 경우 이를 상대방에게 통지하거나 상대방이 이를 안 때가 아니면 상대방에게 대항하지 못한다(민692). 즉 상대방에 대한 통지 또는 상대방의 지정(知情)이 없으면 위임종료의 사유가 발생해도 위임계약은 여전히 존속한다. 다만 해지는 상대방에 대한 통지로써 하여야 하므로 여기에 해당되지 않는다.[49]

Ⅲ. 관련 문제

1. 수임금지와 수임거절

가. 공공성의 유지의무와 수임

민법상 위임계약을 체결할 것인지 여부는 일반적으로 사적 자치의 영역에 속하는 계약체결의 자유의 문제이다. 반면에 변호사는 의뢰인의 이익을 옹호하는 것을 기본적 직무로 하는 한편(법3), 기본적 인권을 옹호하고 사회정의를 실현할 사명을 가지고 공공성에 봉사하는 지위에 있다(법1①, 2). 따라서 변호사가 법률사무처리에 관한 위임계약을 체결할 것인지 여부는 사적 자치의 영역에만 맡겨둘 수 없다. 여기에서 변호사는 일정한 경우에 수임이 절대적으로 금지되거나 상대적으로 금지된다. 이하 전자를 수임금지라고 하고, 후자를 수임제한으로 각 표현하되, 이 둘을 포괄하는 의미로 수임제한이라는 용어를 사용하고자 한다.

나. 계약체결의 자유의 제한

변호사의 법률사무처리에 관한 계약체결의 자유 즉, 수임의 자유는 변호사의 의뢰인과 상대방과의 이익충돌, 변호사의 직무와 공무 사이의 이익충돌 등의 이유로 제한된다.

---

49) 郭潤直, 전게서, 494면.

(1) 절대적 수임금지

(가) 법령상 수임금지 사무

1) 다음의 경우 의뢰인과 상대방 사이의 이익충돌회피의 관점에서 수임이 금지된다.

'당사자 한쪽으로부터 상의를 받아 그 수임을 승낙한 사건의 상대방이 위임하는 사건'(법31① i , 규22① ii),[50] '위임사무가 종료된 경우 종전사건과 실질적으로 동일하거나 본질적으로 관련된 사건에서 대립되는 당사자가 위임하는 사건'(규22①vi본), '법무법인 등의 소속 변호사로서 그 소속의 다른 변호사가 증언함으로써 의뢰인의 이익이 침해되거나 침해될 우려가 있는 사건'(규54②)은 수임이 금지된다.

2) 변호사의 직무와 공무 사이의 이익충돌회피의 관점에서 아래의 사건에 대한 수임이 금지된다.

'법원을 비롯한 국가기관 또는 대한변호사협회나 소속 지방변호사회로부터 국선변호인, 국선대리인, 당직변호사 등의 지정을 받거나 기타 임무의 위촉을 받은 사건'이 이미 수임하고 있는 사건과 이해 상반되는 경우(규16③), '공무원 · 조정위원 · 중재인으로서 직무상 취급하거나 취급하게 된 사건, 공정증서작성 사무에 관여한 사건'(법31①iii, 규22① i),[51] '개인 변호사가 겸직하고 있는 당해 정부기관의 사건'(규42)을 수임할 수 없다. 또, 공직퇴임 변호사는 공무원으로 재직한 기관이 처리하는 사건을 1년 동안 수임할 수 없다. 즉, 법관, 검사, 군법무관(병역의무 이행만을 목적으로 한 군복무 제외), 그 밖의 공무원직에 재직한 변호사(이하 "공직퇴임변호사"라고 함)는 퇴직 전 1년부터 퇴직한 때까지 근무한 법원, 검찰청, 군사법원, 금융위원회, 공정거래위원회, 경찰관서 등 국가기관이 처리하는 사건을 퇴직한 날부터 1년 동안 수임할 수 없다(법31③④).[52]

---

50) 수임하고 있는 사건의 상대방이 위임하는 다른 사건의 경우, 즉 동일사건이 아닌 경우에는 수임하고 있는 사건의 위임인이 동의한 경우에 수임할 수 있으므로(법31① ii) 절대적 수임금지의 대상이 아니다. 그러나 수임하고 있는 사건과 동일사건의 경우에는 위임인이 동의하더라도 수임할 수 없다(법31① i)(이 점에 있어서는 쌍방대리금지를 규정한 민법 제124조와 특별관계에 있다. 민법의 쌍방대리는 본인의 허락이 있으면 허용되기 때문이다). 다른 사건의 경우와 달리 동일 사건의 경우에는 의뢰인과의 이익충돌을 피할 수 없고, 따라서 동일사건을 수임하는 것은 의뢰인을 보호하여야 할 변호사의 기본적 의무의 본질에 배치되기 때문이다.

51) 윤리규약에서는 변호사법 제31조 제1항 제1호가 정한 사건 외에 공정증서작성 사무에 관여한 사건을 추가하고 있다(규22① i).

52) 2011. 5. 17. 법률 제10627호로 개정된 변호사법(2011. 5. 17. 시행). 공직퇴임 변호사의 소위

3) 변호사와 의뢰인 사이의 이익충돌의 관점에서 변호사시험 합격자에 대하여 일정기간 법률사무에 종사하거나 연수를 마치지 않으면 사건의 수임이 금지된다.

변호사시험에 합격한 자는 법률사무종사기관에서 통산하여 6개월 이상 법률사무에 종사하거나 연수를 마치지 아니하면 사건을 단독 또는 공동으로 수임할 수 없고 또 법무법인 등의 담당 변호사로 지정될 수 없다(법31의2①).[53][54]

㈏ 위법·부당한 사무

윤리규약은 "변호사는 위임의 목적 또는 사건처리의 방법이 현저하게 부당한 경우에는 당해 사건을 수임하지 아니한다"(규21)고 규정하여 '부당'한 사건의 수임을 금지하고 있다.

이는 변호사의 법률전문직으로서의 일반적 의무, 즉 적법절차원리를 구현하거나 지향할 의무, 법과정에의 충실의무, 나아가서는 변호사의 사명 및 공공적 지위에서 비롯되는 당연한 의무이다. 따라서 위임의 목적 또는 사건처리의 방법 자체가 현저하게 부당한 경우뿐만 아니라 그 사건처리의 결과가 현저하게 부당한 경우에도 수임이 금지된다고 보아야 한다. 부당한 경우가 아니라 '현저하게' 부당한 경우만을 수임금지 사유로 규정한 것은, 처음에는 부당하게 보이더라도 결과는 부당하지 않는 경우가 있을 수 있으므로, 단순하게 부당한 경우를 수임금지사유로 한다면 특히 주장의 당·부당이 쟁점이 되는 소송사건의 수임이 크게 제약될 수 있음을 고려한 것이라고 본다.

윤리규약은 '위법'한 사무에 대해서는 규정하고 있지 아니하나, 위법한 사무

전관예우를 방지하기 위하여 도입된 규정으로, 뒤에 이익충돌회피의무 중 공무관련충돌형에서 상술한다.

53) 2001. 5. 17. 법률 제10627호로 개정된 변호사법에 신설되었다. 변호사법 제31조의2를 신설한 개정이유에 대하여 법무부는 "법학전문대학원 졸업 후 변호사시험에 합격한 사람이 법률사무소를 개설하거나 법무법인 등의 구성원이 되려면 6개월 이상 법률사무에 종사하거나 연수를 받도록 하여 21세기 시대상황에 맞는 새로운 법조인 양성제도를 구축함으로써 국가경쟁력의 제고와 국민편익의 증진을 도모"하기 위한 것으로 설명하고 있다(변호사법 일부개정법률공포안).

54) 변호사시험에 합격한 변호사가 최초로 단독 또는 공동으로 수임하거나 법무법인 등의 담당 변호사로 지정될 수 있기 위해서는 6개월 이상 일정한 법률사무종사기관에서 법률사무에 종사한 사실을 증명하는 확인서를 받아 지방변호사회를 거쳐 대한변호사협회에 제출하여야 한다. 다만 일정한 법률사무종사기관이 아닌 대한변호사협회가 직접 또는 위탁 실시하는 연수를 마친 경우에는 위와 같은 확인서를 제출할 필요가 없다(법31의2②, 21의2③).

를 수임할 수 없음은 당연하다. 변호사의 징계사유로서의 품위손상행위에 위법행위도 포함된다. 또, 변호사는 "의뢰인의 범죄행위, 기타 위법행위에 협조하지 아니한다. 직무수행 중 의뢰인의 행위가 범죄행위, 기타 위법행위에 해당된다고 판단된 때에는 즉시 그에 대한 협조를 중단한다"(규11①)는 규정 취지 등에 비추어 그렇다.

(다) 성실대리 곤란 사무

기본사례 4

> 갑 변호사는 외국인을 혐오하는 감정은 인류의 보편적 가치에 반하는 것으로서 절대로 있어서는 안 된다는 신념을 가지고 있다. 평소 외국인에 대하여 혐오감정을 가진 A는 주취하여 귀가하다가 파키스탄인을 발견하고 외국인이 국내에 너무 많이 들어와 있어 보기 싫다는 이유로 동인을 공격하여 중상해를 가하였다. 갑 변호사는 자신의 은사인 B로부터 A에 대한 변론을 의뢰받고 고심하다가 결국 A사건을 수임하였다. 그러나 소송진행 중 갑 변호사는 A를 변론하는 것이 평소의 신념에 반하므로 A를 법대로 처벌하여 달라고 변론할 것인가 사임할 것인가를 놓고 번민하고 있다.
>
> ① 갑 변호사가 자신의 신념에 따라서 사임하는 것이 허용되는가?
>
> ② 갑 변호사가 A를 법대로 처벌하여 달라고 변론하는 것은 어떠한가?

변호사는 성실·공정하게 직무를 수행하여야 하고(강령2, 규2①, 4②), 의뢰인에게 항상 친절하고 성실하여야 한다(규13①).

그러나 변호사가 이러한 성실의무를 다할 수 없거나 다하기 곤란한 사정이 있을 수 있다. 위탁받은 법률사무를 처리하는 것이 개인적인 가치관 또는 신념에 반한다거나, 전문성이 부족하다거나, 그 사무의 처리를 감당할 만한 정신적·육체적 상태가 아니라거나, 기왕에 위탁받은 요급한 사무의 처리로 인하여 시간이 부족하다는 등 그러한 사정은 다양할 수 있다.

개인적 가치관에 반하는 경우라 함은 예컨대, 평소 토지공개념에 찬성하는 입장을 가진 변호사가 의뢰인이 위임한 법률사무의 처리를 위해서는 토지공개념에 반대하는 변론을 해야 할 경우와 같이 그 사무의 처리가 변호사의 건전한 법가치 또는 도덕가치에 어긋나는 경우를 말한다. 변호사의 온전한 인품을 전제로 하였을 때 의뢰인의 이익을 옹호하는 것이 자신의 건전한 가치관을 희생하는 결과가 된다면 더 이상 성실한 사무처리를 기대할 수 없을 것이다.

이처럼 성실한 사무처리를 기대할 수 없는 사무를 수임할 수 있느냐 하는 점에 대해서는 윤리규약이 규정하는 바가 없다. 사무처리를 성실하게 할 수 없다는 것은 의뢰인에 대한 보호의무를 다할 수 없다는 것을 의미하므로 수임을 할 수 없다고 해석함이 타당하다. 이에 대하여 의뢰인의 권익을 최대한 보호하기 위해서 예컨대, 개인적 가치관을 희생할 각오가 된 경우에는 수임할 수 있다는 견해도 있을 수 있겠으나,[55] 과연 그러한 경우에 의뢰인에 대한 성실의무를 다할 수 있을지 의문이다.[56]

변호사가 위임받은 법률사무를 처리하는 데 필요한 전문성이 부족한 경우에는 전문성이 있는 다른 변호사의 조력을 받아서 처리할 수 있지 않는 한 이를 수임해서는 아니 된다. 다른 변호사의 조력을 받을 수 있는 경우라도 의뢰인이 그 변호사가 당해 사건에 관한 전문성을 갖고 있다고 신뢰하고 그 처리를 위탁한 것이므로 전문성이 있는 다른 변호사의 조력을 받을 것임을 설명하여 동의를 받아야 한다. 그렇지 아니할 경우 의뢰인에 대하여 성실의무를 다할 수 없고, 변호사에 대한 사회적 신뢰를 깨뜨려, 결국 전문직으로서의 변호사의 존재 근거를 위태롭게 할 수 있다.

(2) 상대적 수임금지

(가) 원칙적으로 수임이 금지되나 의뢰인의 동의 등 일정한 사유가 있는 경우 수임이 허용되는 경우를 말한다.

'수임하고 있는 사건의 상대방이 위임하는 다른 사건'(법31①ii, 규22①iii), '상대방 또는 상대방 대리인과 친족관계에 있는 경우'(규22①iv), '동일 사건에

55) 예컨대, 사인에 의한 수용이 위헌적이라는 점을 변론하여야 자신에게 유리한 결과가 도출될 수 있는 사건의 의뢰인이 갑 변호사에게 사건의 처리를 위탁하여 소송을 수행하였으나 패소하였고 나중에 갑 변호사가 사인에 의한 수용에 찬성하는 입장을 가진 것으로 확인하고 갑 변호사를 상대로 성실의무위반 또는 수임금지위반을 이유로 손해배상청구를 하는 경우를 상정할 수 있을 것이다. 이러한 경우 갑 변호사가 의뢰인의 의사에 반하여 사인에 의한 수용에 찬성하는 취지의 변론을 한 것이 아니라 그 반대취지의 변론을 하였고 개인적으로 사인에 의한 수용에 찬성하는 입장을 가진 것이 확인된 것뿐이라면 갑 변호사에게 윤리적 책임을 물을 수는 없을 것이다.

56) 이 점에 대해서 종래 2판에서는 수임하는 데 윤리적으로 문제가 없다고 보았으나 본판에서는 견해를 수정한다.

서 둘 이상의 의뢰인의 이익이 서로 충돌하는 경우'(규22①ⅴ), '위임사무가 종료된 경우 종전사건과 실질적으로 동일하지 않고 종전 의뢰인이 양해한 사건'(규22①ⅵ단), '법무법인 등의 특정 변호사에게만 상대방 또는 상대방 대리인과 친족관계에 있는 경우'(규48②, 22①ⅳ), '법무법인 등의 특정 변호사만 겸직하고 있는 당해 정부기관의 사건'(규48②, 42), '변호사가 스스로 증인이 되어야 할 사건'(규54) 등은 수임이 제한된다.

(나) 기대가능성이 없는 사건은 수임이 금지되지는 않으나 수임을 위하여 가능성이 높은 것처럼 설명하거나 장담해서는 안 된다.

윤리규약은 "변호사는 의뢰인이 기대하는 결과를 얻을 가능성이 없거나 희박한 사건을 그 가능성이 높은 것처럼 설명하거나 장담하지 아니한다"(규20②)고 규정하고 있다.[57] 이에 따라 변호사는 기대가능성이 없거나 희박한 사건을 결과를 장담하여 수임해서는 아니 된다. 소송의 승패는 확률상으로 반반이므로[58] 변호사는 사무처리의 예상되는 결과에 대하여 장담하지 아니하고 법률 및 사실상의 근거에 입각하여 합리적으로 설명할 의무가 있다. 이러한 설명을 기초로 의뢰인이 사무를 위임할 것인지 여부를 결정할 수 있도록 하여야 한다(규20①). 윤리규약이 "변호사는 범죄혐의가 희박한 사건의 고소, 고발 또는 진정 등을 종용하지 아니한다"(규11②)고 규정하고 있는 것도 같은 취지를 포함하고 있는 것이다.

윤리규약 제20조 제2항은 정확하게는 사건의 수임을 위하여 의뢰인이 기대하는 결과를 얻을 가능성이 높은 것처럼 설명하거나 장담해서는 안 된다는 취지일 뿐, 수임하는 것 자체를 금지하는 것은 아니다. 가능성이 높지 않더라도 의뢰인이 수임을 요청하는 경우가 있을 수 있고, 주관적으로 가능성이 희박하지만 객관적으로 가능성 자체는 있을 수 있기 때문이다. 예컨대, 현행의 법률이나 판례가 의뢰인의 주장에 반하더라도 재판의 전제가 되는 법률에 대하여 헌법재판소에 헌법소원을 제기하여 위헌확인을 받을 수 있다. 기존의 판례에 대한 변경을 주장하여 대법원에서 새로운 판결을 선고받을 수 있다고 판단되

57) 2014. 2. 24. 전면 개정 전의 윤리장전에는 "의뢰인이 기대하는 결과를 얻을 가망이 없는 사건을, 그 가망이 있는 것처럼 가장하거나 장담하여서는 아니 된다"(구규16④)고 규정하고 있었다.

58) 6인 공저-한상희, 19면.

는 경우가 있을 수도 있다. 또, 수임당시에는 의뢰인의 주장사실을 인정할 만한 증거가 없더라도 증거의 수집 가능성이 있는 경우도 있을 수 있다. 이러한 경우에는 오히려 변호사가 예지와 창의를 바탕으로 새로운 이론을 주장하거나 증거를 발견함으로써 기대하는 결과를 얻을 수도 있으므로 수임이 권장되어야 한다(강4).

다. 계약을 체결하지 아니할 자유의 제한

일정한 경우에 위임하는 사무의 수임을 거절하는 것이 변호사 직무의 공공성에 반하는 경우에는 수임거절의 자유가 제한될 수밖에 없다. 의뢰인이 사회의 지탄을 받는 자라거나 사건의 내용이 예컨대 반인륜적이어서 사회 일반의 비난을 받는 경우, 의뢰인이 자력이 없어 변호사의 보수를 지급할 수 없다는 이유만으로 수임을 거절하는 것은 변호사 직무의 공공성에 반하여 비윤리적인 행위로서 금지된다.

윤리규약은 이러한 취지에서 "변호사는 의뢰인이나 사건의 내용이 사회 일반으로부터 비난을 받는다는 이유만으로 수임을 거절하지 아니한다"(규16①), "변호사는 노약자, 장애인, 빈곤한 자, 무의탁자, 외국인, 소수자, 기타 사회적 약자라는 이유만으로 수임을 거절하지 아니한다"(규16②)와 같이 규정하고 있다. 다만 위와 같은 사유와 다른 사정, 예컨대 개인적 가치관에 반하는 경우와 같이 위에서 살펴본 바의 성실한 대리가 곤란한 사정이 경합하는 경우에는 수임을 금지함이 타당하다.

2. 의뢰인과 변호사 간의 권한배분

윤리규약 제15조(동의없는 소 취하 등 금지) 변호사는 의뢰인의 구체적인 수권 없이 소 취하, 화해, 조정 등 사건을 종결시키는 소송행위를 하지 아니한다.

의뢰인과 변호사 사이의 권한배분은 의뢰인의 사건 당사자로서의 지위, 더 구체적으로는 사건에 관한 자기결정권과 변호사의 독립성에서 비롯되는 재량권이 충돌할 경우에 그 권리를 양 당사자 사이에 어떻게 배분할 것이냐의 문제이다. 의뢰인은 사건의 당사자로서의 지위에서 수임인인 변호사에게 사무처리에 관한 지시를 할 수 있고 변호사는 원칙적으로 그 지시에 따라야 한다. 그렇다고 하여 변호사가 의뢰인의 지시에 반드시 기속되는 것은 아니다. 변호사는 그 전문성을 기초로 의뢰인으로부터 독립하여 사무처리에 관한 재량권을 행사할 수 있기 때문이다.

우리나라의 경우 의뢰인과 변호사 사이의 권한배분에 관한 구체적인 규정이 없으므로 의뢰인의 자기결정권의 한계, 변호사의 의뢰인에 대한 성실의무, 변호사 지위의 공공성·독립성 등을 기초로 해석론에 의하여 일응의 기준을 마련할 수밖에 없다.

우선, 의뢰인이 사건의 당사자이고 변호사는 그 위임의 본지에 따라서 위임사무를 처리할 의무가 있는 수임인이므로 변호사는 의뢰인의 자기결정권의 행사에 의거하여 사무를 처리하여야 한다. 그러나 의뢰인의 의사가 그의 이익에 반하는 경우에는 변호사가 의뢰인에게 설명하고 번의를 구하여 합리적인 처리를 하여야 하고 의뢰인이 번의에 응하지 않을 경우라도 그로 인한 책임은 변호사에게 없다. 의뢰인의 의사에 따르는 것이 위법·부당하거나 위법·부당한 결과를 초래할 것으로 판단되는 경우에도 변호사는 의뢰인에게 설명하여 번의를 구하여야 하고, 의뢰인이 번의에 응하지 않을 경우에는 위임의 해지를 통보하고 사임하여야 한다. 그러한 경우 의뢰인의 의사에 따른 사무의 처리는 변호사 직무의 공공성에 반하기 때문이다. 따라서 변호사 직무의 공공성이 의뢰인의 자기결정권의 한계로 작용한다.

변호사는 법률사무의 처리에 관하여 지속적으로 의뢰인에게 상담·설명·조언·협의할 의무(규20①, 민683), 의뢰인의 권익을 신속하게 옹호할 의무(규13②) 등을 부담한다. 이러한 의무의 이행을 통하여 의뢰인이 위임한 위임사무의 목적, 그 목적을 달성하기 위한 수단에 대하여 합리적으로 협의하여야 한다.

다음, 변호사와 의뢰인 사이의 권한배분과 관련하여 위임사무의 목적과 그 목적달성을 위한 수단을 구분하여 생각할 수 있다. 위임사무의 목적에 관한 것은 예컨대 화해, 소의 취하, 고소의 취소 등과 같은 위임의 본지에 직접 관련되는 사항이고, 그 목적달성을 위한 수단은 예컨대, 손해배상청구에 있어서 전부 청구를 할 것인지 일부청구를 할 것인지 여부, 형사고소와 함께 민사소송을 제기할 것인지 여부 등과 같이 위임의 본지를 관철하기 위하여 선택하는 법적 수단에 관한 것이다. 이러한 위임사무의 목적과 목적달성을 위한 수단에 관하여 변호사는 의뢰인에게 충분히 이해할 수 있는 방법으로 정보를 제공하면서 상담·설명·조언·협의하여야 한다. 이러한 점에서는 목적과 그 목적달성을 위한 수단을 굳이 구분할 필요는 없으나 변호사의 과오에 관한 책임의 정도에 관해서는 이를 구분할 실익이 있다. 변호사의 위임의 목적에 관련된 사무처리가 위임인의 의사에 반한 경우에는 전적으로 변호사의 책임이겠으나,[59] 그 목적의 수단에 관한 선택에 있어서는 그것이 위임인의 의사에 반한 경우라고 하더라도 변호사의 전문적 지식 및 경험에 기초한 합리적 판단에 의한 것이라면 변호사의 책임은 상당 부분 경감되거나 면책될 수 있기 때문이다.[60]

3. 전략적 법률상담에 대한 대응

전략적 법률상담이라 함은 예비적 위임관계가 형성되면 변호사가 비밀유지의무 또는 이익충돌회피의무 등 일정한 책임을 부담하는 것을 이용하여 특정의 변호사가 상대방의 변호사가 되는 것을 봉쇄할 의도로 그 변호사와 사건에 대하여 상담하는 것을 말한다. 예비적 의뢰인은 변호사가 자신과 상담하여 그의 비밀정보를 지득하거나 신뢰관계가 형성되면 그 비밀을 유지할 의무를 부담하고 그 사건과 동일하거나 관련이 있는 사건에서 자신의 이익과 상반되는 제3자를 대리할 수 없음을 이용하는 것이다.

전략적 법률상담은 주로 변호사의 수가 적은 지역의 특정 변호사나 고도의 전문적 영역에서 활동하는 변호사(expert 또는 specialist), 나아가서는 많은 변호사를 고용하고 있는 법무법인 등을 둘러싸고 이루어질 수 있다. 특히 법무법인의 경우 예비적 의뢰인이 그 법무법인의 한 변호사와 상담한 것으로 말미암

59) 대구지방법원 1993. 3. 17. 선고 92가합10459 판결은 "원고가 피고 변호사에게 소송수행을 위임할 때 재판상 화해에 관한 특별수권(민사소송법 제82조 제2항)도 함께 위임한 사건에서, 피고 변호사가 신체감정결과가 도착하기 전에 원고와 사전 상의도 없이 위와 같이 화해를 하였다 하더라도 그것이 의뢰자인 원고의 의사에 반한다거나 변호사로서의 재량권을 일탈하였다고 보기는 어렵다"고 판시하고 있다(박준, 『판례 법조윤리』, 소화, 2011, 152면). 위 사건에서 재판상 화해에 관한 특별수권을 받았다고 하더라도 변호사로서 의뢰인인 원고와 상의하여 재판상 화해를 함이 윤리적으로 타당하다.

60) 서울중앙지방법원 2010. 6. 17. 선고 2009가합11425 판결은 "가사 피고가 원고로부터 위 자료들을 그 전에 교부받으면서 서증으로 제출해줄 것을 요청받았다고 하더라도, 위에서 본 바와 같이 소송사무를 수임한 변호사인 피고는 반드시 의뢰인인 원고가 요구하는 주장이나 입증에 얽매일 필요 없이 자신의 법률지식과 판단에 근거하여 원고의 이익을 보호하기 위한 범위 내에서 필요한 변론과 입증을 하였다면 선관주의의무를 다하였다고 할 것이므로, 아래에서 보는 바와 같이 피고가 원고로부터 교부받은 자료들을 위 항소심 변론종결 전에 서증으로 제출하지 아니한 행위가 선관주의의무 위반에 해당한다고 보기 어렵다"고 판시한다(박준, 전게서, 158면).

아 그 법무법인에 속하는 모든 변호사가 그 상담한 사건을 수임할 수 없는 결과가 발생할 수도 있다.

우리의 경우 전략적 법률상담에 관한 규정이 없으므로 예비적 위임관계에 따른 변호사의 비밀유지, 이익충돌회피 등의 의무로부터 전략적 법률상담에 관한 변호사의 윤리기준을 도출하는 수밖에 없다. 우선 봉쇄의 표적이 될 수 있는 변호사는 예비적 의뢰인이 상담하는 사무의 상대방의 인적 사항, 그 상대방과의 상담 가능성 등을 검토·확인하고 그 상담 가능성이 있어서 전략적 법률상담을 할 의도가 있다고 판단될 경우에는 예비적 의뢰인에게 그 비밀정보를 공개하지 않도록 요구하여야 한다. 예비적 의뢰인으로부터 설명을 듣거나 접하지 않아야 할 비밀정보는 주로 그 변호사가 자신의 상대방 변호사가 되었을 경우 예비적 의뢰인에게 불리한 결과를 초래할 수 있는 사항이 될 것이다.

■ 기본사례(해설)

1. 갑 변호사는 A로부터 비밀을 개시받아 신뢰관계가 형성되었고 따라서 A와의 사이에 예비적 위임관계가 성립되었다고 할 수 있다. 갑 변호사가 B로부터 사건을 수임하여 수행하는 것은 A의 비밀유지의무를 위반하는 것이 되므로 B로부터 사건을 수임할 수 없다.
2. ① 일반적으로 수임인은 위임의 본지에 따라 선량한 관리자의 주의의무를 다하여야 하고, 특히 소송대리를 위임받은 변호사는 그 수임사무를 수행함에 있어 전문적인 법률지식과 경험에 기초하여 성실하게 의뢰인의 권리를 옹호할 의무가 있다. 그러나 구체적인 위임사무의 범위는 변호사와 의뢰인 사이의 위임계약의 내용에 의하여 정하여지고, 변호사에게 이와 같은 위임의 범위를 넘어서서 의뢰인의 재산 등 권리의 옹호에 필요한 모든 조치를 취하여야 할 일반적인 의무가 있다고 할 수 없다. 피사취수표와 관련된 본안소송을 위임받은 변호사가 사고신고담보금에 대한 권리보전조치의 위임을 별도로 받은 바 없다면, 적극적으로 사고신고담보금에 대한 권리보전조치로서 지급은행에 소송계속중임을 증명하는 서면을 제출하여야 할 의무가 없다.[61]

   ② 피사취수표와 관련된 본안소송을 위임받은 변호사는, 비록 사고신고담보금

61) 대판 2002. 11. 22. 2002다9479.

에 대한 권리보전조치의 위임을 별도로 받은 바 없다고 하더라도, 위임받은 소송업무를 수행함에 있어서 사고신고담보금이 예치된 사실을 알게 되었다면, 이 경우에는 수표 소지인이 당해 수표에 관한 소송이 계속중임을 증명하는 서면을 지급은행에 제출하고 수익의 의사표시를 하면 나중에 확정판결 등을 통하여 정당한 소지인임을 증명함으로써 사고신고담보금에 대한 직접청구권이 생기므로, 법률전문가의 입장에서 승소 판결금을 회수하는 데 있어 매우 실효성이 있는 이와 같은 방안을 위임인에게 설명하고 필요한 정보를 제공하여 위임인이 그 회수를 위하여 필요한 수단을 구체적으로 강구할 것인지를 결정하도록 하기 위한 법률적인 조언을 하여야 할 보호의무가 있다.[62]

3. 변호사는 위임사무의 종료단계에서 패소판결이 있었던 경우에는 의뢰인으로부터 상소에 관하여 특별한 수권이 없는 때에도 그 판결을 점검하여 의뢰인에게 불이익한 계산상의 잘못이 있다면 의뢰인에게 그 판결의 내용과 상소하는 때의 승소 가능성 등에 대하여 구체적으로 설명하고 조언하여야 할 의무가 있다.[63] 갑 변호사는 판결내용을 구체적으로 검토하지 않은 과실로 그 패소 부분에 계산상 오류가 있음을 발견하지 못하고 판결 내용 등에 대하여 조언하지 않음으로써 성실의무를 위반하였으므로 이로 인한 손해를 배상할 책임이 있다.
4. 변호사는 의뢰인으로부터 사건을 수임하는 것이 자신의 신념이나 가치에 반할 경우 수임을 거절함이 타당하다. 그러한 사건을 일단 수임하여 변론 중에 있더라도 그 사건을 계속 변론하는 것이 자신의 신념에 반하여 성실한 변론을 할 수 없다고 판단하는 경우에는 사임함이 타당하다. 그러나 자신의 의뢰인을 법대로 처벌하여 달라고 변론하는 것은 공공성을 지닌 법률 전문직으로서 의뢰인을 보호하여야 할 최소한의 의무를 저버린 것으로 허용될 수 없다.

62) 대판 2002. 11. 22. 2002다9479.

63) 대판 2004. 5. 14. 2004다7354.

5 | 변호사의 성실의무, 비밀유지의무

Ⅰ. 성실의무

도입질문

1. 변호사의 성실의무의 실질이 무엇이고 그 의무위반에 의하여 법적 책임이 발생하는가?

2. 성실의무를 다하였는지 여부는 어떠한 기준에 의하여 판단되어야 하는가?

1. 성실의무의 의의

가. 성실의무의 개념

(1) 변호사는 성실의무를 부담한다(법1②, 강령2, 규2①, 4②, 13). 성실의무에 있어서 '성실'이라는 용어 자체가 추상적인 일반개념이어서 '성실의무'만으로는 행위규범으로서 그 내용이 명확한 것은 아니다. 윤리규약은 제3장 제1절 제13조의 의뢰인에 대한 윤리로서 성실의무를 구체화하고 있다. 그러나 성실의무는 그 구체적 내용이 이에 한정될 수 없고 다른 의무에 의하여 보충되는 일반개념이다.[1)]

1) 영미법에서는 의뢰인에 대하여 자율성을 인정받으면서 의뢰인의 이익을 위해서 봉사해야 하는

(2) 성실의무는 변호사 직무 전반에 걸쳐 요구되는 일반적인 성실의무와 의뢰인에 대한 관계에서 요구되는 성실의무로 구분할 수 있다.

직무에 관한 일반적인 성실의무에 대하여는 아래와 같이 규정되어 있다.

변호사법 제1조(변호사의 사명) ② 변호사는 그 사명에 따라 성실히 직무를 수행하고 사회질서 유지와 법률제도 개선에 노력하여야 한다.
윤리강령 2. 변호사는 성실·공정하게 직무를 수행하며 명예와 품위를 보전한다.
윤리규약 제2조(기본윤리) ① 변호사는 공정하고 성실하게 독립하여 직무를 수행한다.
윤리규약 제4조(공익활동 등) ② 변호사는 국선변호 등 공익에 관한 직무를 위촉받았을 때에는 공정하고 성실하게 직무를 수행하며, 이해관계인 등으로부터 부당한 보수를 받지 아니한다.

의뢰인에 대한 윤리로서의 성실의무에 관한 규정은 아래와 같다.

윤리규약 제13조(성실의무) ① 변호사는 의뢰인에게 항상 친절하고 성실하여야 한다.
② 변호사는 업무처리에 있어서 직업윤리의 범위 안에서 가능한 한 신속하게 의뢰인의 위임목적을 최대한 달성할 수 있도록 노력한다.

(3) 서울고등법원의 판결은 재판사무에 관한 변호사의 성실의무는 변호사가 수임사무를 처리함에 있어서 의뢰인의 재판을 받을 수 있는 기회와 기대를 보호할 의무, 의뢰인의 손해를 방지할 의무, 적절한 조언과 주장 입증을 할 의무, 보고의무, 의뢰인의 상소기회를 보호할 의무 등으로 판시하고 있다.[2)]

(4) 결국 성실의무는 변호사가 위임의 본지에 따라 선량한 관리자의 주의로써 위임사무를 처리하되(민681) 그 지위의 공공성, 전문성, 독립성, 자율성의 특성에 따라, 다른 일반적인 수임인보다 고도로 성실하고 충실하게 의뢰인의 권익을 최대한 보호하여야 할 법적 의무이다(법적 규범설).

이러한 지위를 수탁자(fiduciary)로서의 지위로 개념지으며, 이때 변호사의 의무를 信認義務(fiduciary duty)라고 한다(6인 공저-이상수, 103면).

2) 서울고등법원 2005. 1. 4. 2004나63424 판결.

나. 성실의무의 성질

성실의무의 성질에 관해서 단순한 윤리규범인가, 윤리규범을 넘어 변호사에게 법적 책임을 발생하게 하는 법적 규범인지에 관하여 논란이 있다.

(1) 법적 규범설

변호사와 의뢰인과의 관계가 기본적으로 민법상의 위임계약(일본민법643) 내지 준위임계약(일본민법656)임을 전제로 변호사는 위임계약에 기하여 선량한 관리자로서의 주의의무로 위임사무를 행하여야 할 의무를 부담한다(일본민법644). 성실의무를 법적 의무라고 보는 입장은 이 선관주의의무가 변호사의 법조전문직으로서의 지위 및 공공성에 비추어 가중되는 것이 성실의무라고 한다. 일본에서의 다수설이다.[3] 이 입장에 의하면 성실의무에 위반하는 것은 위임계약위반 즉 채무불이행에 해당하고 변호사에게 민사책임을 물을 수 있다.

(2) 윤리규범설

성실의무가 윤리규범에 불과하다고 이해하는 입장이다. 변호사의 선관주의의무는 전문적 지식에 기하여 위임사무를 객관적이고 최선·최적으로 처리할 의무로서 당연히 구체화되는 것이고, 일반인에 비교하여 가중되는 의무라고 하더라도, 사안의 종류·상황에 응하여 요구되는 주의의 정도에 경중이 있음에 불과할 뿐 성실의무에 의하여 가중되거나 확대될 필요가 없다고 하여 성실의무의 법적 규범성을 부정한다. 이 견해에 의하면 성실의무에 위반하여도 곧바로 민사상 책임을 물을 수 있는 것은 아니다.[4]

생각건대, 변호사의 법조전문직으로서의 공공성, 전문성, 독립성 및 자율성에 비추어 성실의무는 의뢰인에 대한 관계에서 선관주의의무가 가중된 법적 의무라고 함이 타당하다.

---

3) 高中正彦, 『法曹倫理講義』, 民事法硏究會, 2005, 51면 참조.

4) 성실의무에 관한 법적 성질에 관하여는 森際康友, 『法曹の倫理』, 名古屋大學出版會, 2005, 52-53면; 高中正彦, 전게서, 51면 등 참조.

2. 성실의무와 다른 윤리적 가치와의 관계

가. 선관주의의무와의 관계

선관주의의무와의 관계는 성실의무의 성격에 따라 달라진다. 위에서 살핀 바와 같이 성실의무는 가중된 선관주의의무라고 함이 타당하다.

변호사는 의뢰인이 위임한 법률사무를 선량한 관리자의 주의(선관주의)로써 처리하여야 한다(민681). 선관주의란 민법상의 주의의무의 정도의 기본원칙으로서 거래상 일반적 평균인에 요구되는 정도의 주의를 의미한다. 그러나 변호사에게 요구되는 주의정도를 판단하는 기준으로서 평균인이라 함은 일반적 평균인이 아닌 법률전문가로서의 평균적인 변호사를 말한다. 따라서 변호사의 선관주의의무는 평균적인 변호사에게 마땅히 요구되는 정도의 노력으로 위임받은 법률사무를 처리하여야 할 의무를 말한다.

구체적으로 보면, 변호사는 위와 같이 민법의 위임규정에 따르거나 해석에 의하여 도출되는 의무(민682-691) 또는 위임계약에서 특별히 정한 의무 외에도 윤리규약상의 성실의무를 부담한다.[5] 여기에는 넓게는 직무에 관한 윤리(규3내지12), 의뢰인에 대해서는 수임시의 설명(규20), 사건처리 협의(규28), 사건처리의 종료시의 설명(규29) 등의 의무가 포함된다. 또, 위임계약의 성립·종료 전후에 걸쳐서 부담하는 비밀유지의무(법26, 규18, 41, 47, 형법317), 이익충돌회피의무(법31, 규22, 42) 등은 모두 성실의무가 구체화된 것이다.

결국 변호사의 성실의무는 민법상 위임계약에 있어서 일반적 평균인에게 요구되는 의무에다가 변호사의 윤리법규에 규정된 각종 의무가 가중된 고도의 선관주의의무이다.

---

5) 성실의무에 대하여는 충실의무의 용어도 사용되고 있다(법률가의 윤리와 책임-양창수, 328-329면 참조). 이 충실의무는 변호사가 업무수행에 있어서 의뢰인의 지시를 기다리지 아니하고 소송의 내용과 진행상황에 좇아 필요하다고 생각되는 조치를 취하여야 하되 이러한 재량권은 자의적으로 행사되어서는 아니 되고 위탁의 목적 또는 의뢰인의 이익을 위해서 적절하게 행사하여야 하는 의무로 설명되고 있다. 위 설명에 의하면 충실의무는 재량권(자율성 또는 독립성), 위임의 본지에 따를 의무, 위임인의 권익을 옹호할 의무를 그 요소로 하고 이 중 변호사의 독립성 또는 자율성은 변호사의 법조전문직으로서의 일반적 의무이고, 위임인의 권익을 옹호할 의무는 변호사로서의 기본적인 의무이므로 결국 충실의무는 위임의 본지에 따를 의무가 그 핵심적 요소이다. 이러한 내용의 충실의무에 대하여 우리의 윤리규약에서는 의뢰인에 대한 윤리로서 '성실의무'를 규정하고 있으므로 이 책에서는 성실의무라는 용어를 사용하기로 한다.

대한변협 2006. 4. 17. 징계 제2005-19호

혐의자는 박○○으로부터 그녀의 남편 사망으로 인한 손해배상청구소송 사건을 위임받아 착수금을 수령한 후 사무장에게 모든 일을 일임한 채 사건처리를 등한시하여 위 박○○으로부터 해임통고를 받기까지 아무런 조치를 취하지 않고 소장도 법원에 제출하지 않는 등 직무를 태만히 하여 변호사로서의 품위를 손상한 혐의로 과태료 300만원 결정.

나. 변호사 지위의 독립성과의 관계

성실의무에 있어서 중요한 것은 성실·신속한 위임사무 처리의무(규13), 상담·설명·조언·협의 의무(규20①, 28, 29)로서 이러한 의무의 이행을 통하여 의뢰인이 사무의 처리를 위탁하게 된 목적과 취지, 즉 위임의 본지가 드러나면 이에 따라야 한다. 즉, 변호사가 처리하는 사무는 의뢰인의 사무이므로 의뢰인의 지시가 있으면 원칙적으로 이에 따라야 한다.

그러나 변호사가 반드시 의뢰인의 의사에 기속되는 것은 아니다. 위임의 본지는 물론이고, 변호사의 직무의 공공성, 지위의 독립성 등에 의하여 제약을 받는다. 따라서 의뢰인의 지시가 위법·부당하거나 의뢰인에게 오히려 불리한 경우에도 이에 따라야 하는 것은 아니다. 위법·부당의 점에 대하여 의뢰인에게 설명하여 번의를 구하여야 한다. 의뢰인의 의사에 따를 경우 본인에게 불리한 결과가 초래될 것으로 판단되는 경우에는 본인에게 유리한 사무처리를 하여야 한다.[6] 또 변호사는 의뢰인의 권익을 최대한 보호하여야 하므로 의뢰인의 지시가 없더라도 사무처리의 내용과 진행상황에 좇아 필요하다고 판단되는 조치를 취하여야 한다.

여기에서 변호사의 성실의무는 변호사의 독립성의 한계이자 그 정당화의 근거가 된다. 변호사는 법률 전문직으로서 독립하여 자유롭게 그 직무를 수행하여야 하므로(법2), 위에서 본 바와 같이 경우에 따라서는 의뢰인의 의사에 반하더라도 또는 의뢰인의 구체적인 지시를 기다리지 아니하고 필요한 조치를 재량에 의하여 독립적으로 행할 수 있다. 그렇다고 하더라도 그 독립성이 자의적이 되어 성실의무의 본질에 반해서는 안 된다. 다른 한편으로 변호사의 독립성은 의뢰인의 정당한 권익을 최대한 보호하기 위한 것이므로 성실의무는

6) 대판 2003. 1. 10. 2000다61671 참조.

의뢰인에 대한 관계에서 독립성을 정당화하는 근거가 된다.

다. 변호사의 양심과의 관계[7)]

의뢰인을 위하여 성실하게 업무를 수행하고 그 신뢰에 부응하는 것이 변호사의 중요한 덕목임에 틀림없다. 그런데 변호사가 과연 어떠한 태도를 취하여야 성실하다고 평가될 수 있는지가 문제된다.

변호사가 성실하다고 평가받기 위해서는 우선 위임계약상의 의무를 충족시키는 것이 긴요하고 그것이 의뢰인을 만족케 할 수 있는 제1보이다. 그러나 위임계약상의 의무를 다하는 것만으로 충분하지 않다. 성실이라는 용어의 의미는 진실이라든지 양심 등의 개념을 포괄하는 것이기 때문이다.

변호사는 그 전문적 지식을 동원하여 실질적으로 의뢰인을 위해서 전문지식을 최대한 활용하여 최선의 방법을 선택하고 최선의 결과가 나오도록 하여야 한다. 그런데 여기에서 무엇이 최선인가 하는 것은 변호사의 전문가로서의 판단에 맡겨지고 객관적·일의적으로 결정하기 어렵다. 최선을 다한 것인지, 또는 적당히 넘긴 것인지는 변호사의 내면의, 즉 주관의 문제로서 스스로 판단할 수 있고 바로 거기에서 변호사의 양심이 작동한다.

결국 변호사 각자는 개인의 수준에서 각 직업상의 양심을 가지고 이 양심과 모순되지 않도록 행동을 하는 것이 이상적이다. 예컨대, 변호사는 민사소송을 수행함에 있어서 민사소송법(1②), 윤리규약(13②)에 의거하여 또 위임계약에 반하지 않도록 행동하는 것만으로 충분한 것은 아니다. 각자 내면화된 직업윤리를 가지고 양심을 작동케 하여 자신이 성실의무를 다하고 있는지 성찰하면서 위임사무를 처리하여야 한다. 이러한 점에서 변호사의 양심은 변호사의 윤리를 말할 때에 경시되는 경향이 있으나 이는 윤리라고 부르는 것에 가장 어울리는 것이다.

3. 성실의무의 내용

가. 개 관

의뢰인과의 관계에서의 성실의무는 위임계약에 기하여 수임사무를 법률전문

7) 小島武司 외 2, 『現代の法曹倫理』, 法律文化社, 2007, 160-163면 참조.

가로서 고도의 주의의무를 다하여 처리하는 것을 중심적 내용으로 한다(민681). 그 구체적 내용은 업무의 각 과정에서 폭넓게 나타난다. 즉, 변호사는 의뢰인을 위해 성실·신속하게 위임사무를 처리하여야 하고(규13①,②, 민681), 사건처리의 경과에 따라 필요한 상담·설명·조언·협의 등을 하여야 할 의무가 있다(규20①,②, 민683). 나아가 앞서 살펴본 바와 같이 인도·이전의무(민684①,②), 이자지급 및 손해배상의무(민685), 위임관계의 종료에 따른 긴급처리의무(민691) 등 민법의 위임계약상의 의무도 성실의무의 한 태양으로 볼 수 있다. 나아가 법규에 규정되어 있지 않으나 위임사건과 관련된 법령·자료 등을 철저하게 조사하는 것도 당연히 여기에 포함된다. 여기에서는 성실·신속한 위임사무 처리의무, 상담·설명·조언·협의 등을 하여야 할 의무를 중심으로 살피되, 성실의무의 내용에 대한 불충분함을 보충하기 위하여 미국의 윤리법규에 나타난 성실의무의 내용을 보기로 한다.

나. 성실·신속한 위임사무 처리

기본사례 1

A는 B를 상대로 한 토지소유권이전등기청구소송을 갑 변호사에게 위임하였다. 소송계속 중 B는 토지의 시가 상당액을 채권최고액으로 하여 C를 근저당권자로 한 근저당권설정등기를 경료하였고 갑 변호사는 이 사실을 확인하고 그 토지에 대한 처분금지가처분신청을 하였다. A는 승소하여 확정판결에 기하여 자신 앞으로 소유권이전등기를 경료하였으나, C는 위 근저당권에 기하여 임의경매신청을 하여 경락대금을 완납하고 자신 앞으로 소유권이전등기를 경료하였고, 위 근저당권설정등기보다 후순위였던 A명의의 가처분등기 및 소유권이전등기는 각 직권말소되었다. 이에 A는 갑 변호사가 적시에 가처분신청을 하지 않아 손해를 입었다고 갑 변호사를 상대로 손해배상청구소송을 제기하였다.[8)]

① 갑 변호사가 A와의 위임계약에서 가처분에 관한 소송위임 약정을 한 경우 변호사는 성실의무를 다한 것으로 평가될 수 있는가?

② 갑 변호사가 A로부터 가처분에 관한 권한을 위임받은 경우 사법상 위임계약에서 가처분에 관한 소송위임의 약정을 하지 않았더라도 A를 위하여 가처분신청을 할 의무를 부담하는가?

(1) 변호사는 의뢰인에 대한 보호의무가 있으므로 성실한 자세로 신속하게 위임사무를 처리하여 의뢰인의 권익을 최대한 옹호하여야 한다(규13). 위임사무는 위임계약에서 특정되고, 또 그 처리의 근거가 되는 법령에서 정하여진 사무이다. 이 중 소송사무의 경우에는 각 소송법의 규정에 따라서 변호사가 행할 수 있는 정형적 사무 예컨대, 답변서를 제출할 의무, 변론요지서를 제출할 의무 등이 여기에 해당된다.[9] 변호사는 이러한 위임사무를 처리함에 있어서 위임의 본지[10]에 따라서 선량한 관리자의 주의로써 처리하여야 한다.

(2) 이를 위해서 변호사는 의뢰인에게 유리한 소송활동이라면 이를 적극적으로 수행하고 불리한 행동은 회피하여야 한다. 이는 의뢰인이나 사건의 내용이 사회 일반으로부터 비난을 받는다는 사정(규16①) 등에 의하여 제약을 받아서는 안 된다. 형사사건의 피고인인 의뢰인에 대하여 사회로부터 극심한 도덕적 비난이 가하여져도 그러한 사정은 형벌의 범위를 정함에 있어서 이를 고려할 수 있는 사유가 될 수 있을지언정 피고인에게 보장된 형사절차상의 권리를 제한하는 사유로 삼는 것은 적법절차의 원리에 반하기 때문이다. 그러므로 변호사는 형사절차상의 적법절차위반, 예컨대 증거보전절차에서 피고인 또는 변호인에 대한 참여기회를 부여하지 않았다거나(형소184, 163②),[11] 제1회 공판기일의 유예기간을 두지 않았다는 점(형소269) 등을 적극적으로 지적하여 의뢰인의 권익을 최대한 옹호하여야 한다.

대법원 2003. 1. 10. 선고 2000다61671 판결

일반인이 법무사에게 등기의 신청대리를 의뢰하고 법무사가 이를 승낙하는 법률관계는 민법상의 위임에 해당하는 것인데, 수임인은 위임의 본지에 따라 선량한 관리자의 주의로써

8) 대판 1997. 12. 12. 95다20775 참조.

9) 법률가의 윤리와 책임-남효순, 306-307면 참조.

10) 위임의 본지란 의뢰인이 사무의 처리를 위임하게 된 목적과 취지를 말한다. 위임의 본지는 위임인이 명시적으로 밝힐 수도 있겠으나 대개는 의뢰인이 변호사와 상담하고 협의하는 과정에서 드러난 위임의 전취지에 따라 판단될 것이다.

11) 판사가 형사소송법 제184조에 의한 증거보전절차로 증인신문을 하는 경우에는 동법 제221조의2에 의한 증인신문의 경우와는 달라 동법 제163조에 따라 검사, 피의자 또는 변호인에게 증인신문의 시일과 장소를 미리 통지하여 증인신문에 참여할 수 있는 기회를 주어야 하나 참여의 기회를 주지 아니한 경우라도 피고인과 변호인이 증인신문조서를 증거로 할 수 있음에 동의하여 별다른 이의 없이 적법하게 증거조사를 거친 경우에는 위 증인신문조서는 증인신문절차가 위법하였는지의 여부에 관계없이 증거능력이 부여된다(대판 1988. 11. 8. 86도1646).

위임사무를 처리하여야 하므로, 수임인인 법무사는 우선적으로 위임인인 의뢰인의 지시에 따라야 할 것이지만 이 지시에 따르는 것이 위임의 취지에 적합하지 않거나 또는 의뢰인에게 불이익한 때에는 그러한 내용을 의뢰인에게 알려주고 그 지시의 변경을 요구 또는 권고할 수 있는 것이다.

(3) 또, 위임계약은 당사자 사이의 신뢰관계 ―특히 변호사의 인품, 자격, 전문성 등에 대한 신임관계― 를 기초로 하기 때문에, 변호사는 수임사무를 스스로 처리하여야 한다(자기복무의 원칙). 따라서 이행보조자를 사용하는 것은 무방하나 원칙적으로 제3자로 하여금 자신에 갈음하여 법률사무를 처리하게 하여서는 안 된다.[12] 부득이하게 제3자를 선임한 때에는 의뢰인에 대하여 그 선임감독에 관한 책임을 부담한다(민682②, 121①).

(4) 나아가, 위임계약이 종료된 후의 사후적 위임관계의 단계에 있어서도 급박한 사정이 있는 때에는 위임인, 그 상속인이나 법정대리인이 위임사무를 처리할 수 있을 때까지 그 사무의 처리를 계속하여야 하고 이 경우에는 위임의 존속과 동일한 효력이 있으므로(민691), 이러한 긴급사무처리에 있어서도 변호사는 성실의무를 다하여야 한다.

1 서울중앙지방법원 2007. 11. 21. 선고 2007가합46089 판결- 의뢰인에 대한 관계에서의 성실의무(긍정)

위임은 당사자 쌍방의 특별한 신뢰관계를 기초로 하는 계약이므로, 일반적으로 수임인은 위임의 내용에 따라 선량한 관리자의 주의의무를 다하여야 하고, 특히 소송대리를 위임받은 변호사는 그 수임사무를 수행함에 있어 전문적인 법률지식과 경험에 기초하여 성실하게 의뢰인의 권리를 옹호할 의무가 있다. 원고 X가 당해 소송을 통하여 소외 1에게 2차 중도금 1억원과 잔금 1억원 및 위 각 금원에 대하여 각 약정된 지급기일부터의 지연손해금의 지급을 구하고 있는바, … 당해 소송의 항소심을 수임한 피고 Y변호사로서는 원고 X가 소외 1에게 이행제공한 사실이 있는지 여부에 관하여 확인한 다음 이를 권유하여야 할 주의의무가 있다. … 따라서 피고 Y변호사는 원고 X에게 채무불이행에 따른 손해배상금을 지급할 의무가 있다.

12) 자기복무의 원칙에 대한 예외를 인정하지 않으면 도리어 위임인에게 불리한 경우가 있을 수 있으므로 특칙을 두어 위임인의 승낙이 있거나 부득이한 사유가 있으면 복위임을 할 수 있도록 하고 있다(민682①).

[2] 대법원 1990.12.7. 선고 90다카27396 판결- 제3자에 대한 관계에서의 성실의무(긍정)

변호사인 피고가 그의 사무원을 통하여 소외 2로부터 소유권이전등기 신청사무를 수임함에 있어서는 법령에 의하여 작성된 인감증명서나 주민등록증을 제출 또는 제시케 하거나 기타 이에 준하는 방법으로 소외 2가 위 이헌 본인인지 또는 그의 적법한 대리인인지 여부를 확인하고 수임하였어야 할터인데 이를 게을리하였을 뿐만 아니라 위 인정과 같이 인감증명서나 주민등록표를 통상 필요한 주의를 기울여서 검토하였더라면 위 서류들이 위조된 사실을 용이하게 발견할 수 있어 소외 2가 소유자인 위 이헌 본인이거나 그의 적법한 대리인이 아님을 쉽게 알 수 있었던 상황이었는데도 이를 게을리하여 위와 같은 사실을 간과하였으므로 피고에게 과실이 있다.

[3] 대법원 2002.11.22. 선고 2002다9479 판결- 본안사건만 수임한 경우의 적극적인 보전조치 의무(부정)

일반적으로 수임인은 위임의 본지에 따라 선량한 관리자의 주의의무를 다하여야 하고, 특히 소송대리를 위임받은 변호사는 그 수임사무를 수행함에 있어 전문적인 법률지식과 경험에 기초하여 성실하게 의뢰인의 권리를 옹호할 의무가 있다고 할 것이지만, 구체적인 위임사무의 범위는 변호사와 의뢰인 사이의 위임계약의 내용에 의하여 정하여지고, 변호사에게 이와 같은 위임의 범위를 넘어서서 의뢰인의 재산 등 권리의 옹호에 필요한 모든 조치를 취하여야 할 일반적인 의무가 있다고 할 수는 없으므로, 피사취수표와 관련된 본안소송을 위임받은 변호사가 사고신고담보금에 대한 권리 보전조치의 위임을 별도로 받은 바 없다면, 적극적으로 사고신고담보금에 대한 권리 보전조치로서 지급은행에 소송계속중임을 증명하는 서면을 제출하여야 할 의무가 있다고 볼 수는 없다고 할 것이다.

원심이 피고가 원고 또는 그 대리인인 박선애로부터 이 사건 각 수표에 관한 대여금 청구소송을 수임하는 과정에서, 이 사건 각 수표의 발행인인 이성옥이 그 피사취신고를 하면서 예탁한 이 사건 사고신고담보금 6억 원을 반환받아 갈 수 없도록 소송계속중인 사실을 증명하는 서면을 지급은행에 제출하는 등의 권리 보전조치까지 위임받았다고 볼 만한 증거가 부족하므로, 피고로서는 원고를 위하여 위 사고신고담보금에 대한 권리 보전조치를 직접 취할 의무가 있다고 볼 수 없다는 취지로 판단한 것은 정당하다.

다. 상담 · 설명 · 조언 · 협의

(1) 변호사는 의뢰인이 사건의 위임 여부를 결정할 수 있도록 의뢰인으로부터 제공받은 정보를 기초로 사건의 전체적인 예상 진행과정, 기타 필요한 사항을

설명하여야 한다(규20). 나아가 위임사건의 처리의 경과에 따라 수반될 수 있는 손해나 위험 등과 관련된 법적인 문제점과 이에 대한 적절하고도 필요한 조치에 관하여 설명·조언하여야 한다.

(2) 의뢰인은 대체로 법률지식이나 기술 및 경험이 없거나 적으므로 위임의 목적 또는 기대결과, 목적 달성을 위해 필요한 법적 수단, 소송 등 사무처리의 현황이나 경과 및 그 의미를 정확하게 이해할 능력이 없거나 부족하다. 또, 사건의 현황이나 경과를 정확하게 파악하는 데 한계가 있다. 의뢰인은 당사자로서 사건에 관하여 자기결정권을 행사하여야 하나 위와 같이 그 권한을 행사하는 데 필요한 정보에 관한 수집 및 이해의 능력이 부족하다. 반면에 변호사는 일정한 자격을 갖춘 법률전문가로서 평균적으로 법률지식이나 기술 및 경험이 풍부하고 사건에 관하여 결정권을 행사하는 데 필요한 정보를 보다 용이하게 습득할 수 있다. 그러나 변호사는 의뢰인으로부터 위임받은 사건을 전적으로 자신의 재량에 의하여 처리를 할 수 없는 지위에 있다. 따라서 변호사는 사건진행의 전 과정에서 사건처리의 상황을 의뢰인에게 보고하고 필요한 자료를 제공하고 의뢰인과 상담하여 사건에 관한 자기결정권의 행사에 관하여 조언하고 협의하여야 할 의무가 있다.

(3) 변호사는 위임사무의 처리 중 위임인의 청구가 있는 때에는 위임사무의 처리상황을 보고하여야 한다(민683). 변호사는 의뢰인의 청구가 없는 경우라도 필요에 응하거나[13] 위임사무의 목적에 관한 사항 등 중요한 사항에 대하여 그 경과를 의뢰인에게 보고하고, 상담하여 설명·협의하고 필요한 조언을 하여야 한다. 이에 따라 변호사는 의뢰인의 특별한 지시가 있으면 이에 따르고,[14] 특별한 지시나 요청이 없더라도 의뢰인이 적절한 결정을 할 수 있도록 사건의 진행 내용 및 경과, 의뢰인이 행할 수 있는 조치, 행사할 수 있는 권리의 내용 및 취지 등에 대하여 그때마다 신속하고 상세하게 설명하여야 한

13) 예컨대, 고소인으로부터 고소사건의 처리를 위임받은 변호사는 피고소인에 대하여 검사의 공소제기처분이 이루어지면 그것이 비록 고소인에게 유리한 처분이라고 하더라도 이를 고소인에게 보고하고 이후 공판절차의 진행과정에서 고소인이 피해자진술권(형소294의2)을 행사할 것인지 여부에 관한 판단의 기회를 갖도록 하여야 한다.

14) 의뢰인의 지시가 위법·부당하거나 위임의 본지에 적합하지 않거나 또는 의뢰인에게 불리한 경우에는 그러한 정을 의뢰인에게 고지하여 번의를 구하여야 한다(대판 2003. 1. 10. 2000다61671 참조). 의뢰인에게 고지할 수 없는 급박한 사정이 있는 경우에는 의뢰인의 지시에 반하더라도 위임의 본지에 따라 사무를 처리함이 타당하다(법률가의 윤리와 책임-남효순, 311면).

다. 예컨대, 민사사건에 있어서는 일부 청구, 소의 취하(민소266) 또는 청구의 인락·포기 등을 할 필요가 있는 경우에 그 각 권리의 의미 및 법적 효과 등에 대하여, 또 형사사건에 있어서는 진술거부권의 의미 및 법적 효과 등에 대하여 각 설명하여 의뢰인에게 필요한 정보를 제공하여야 한다. 그렇게 함으로써 변호사가 그 권리의 행사에 관한 지시를 받거나 의뢰인 스스로 권리를 행사할 것인지 여부를 결정하도록 하여야 한다. 그럼에도 특별한 지시나 요청이 없는 경우에는 위임의 본지, 위임의 제반 사정, 나아가 거래의 관행 및 신의칙에 따라 수임사무를 처리하여야 한다. 나아가, 변호사가 사건을 수임한 후에 의뢰인이 기대하는 결과를 얻을 가능성이 없다고 판단되면 그 판단의 내용 및 이유를 의뢰인에게 정확하게 설명하여 의뢰인으로 하여금 무익한 위임을 하지 않도록 하여야 한다(규20② 참조).[15)]

(4) 상담·설명·조언·협의 의무의 중요성은 특히 형사절차에서 두드러진다. 변호사는 피의자·피고인이 가지는 무죄추정의 권리(헌27④, 형소275의2)를 현실적으로 구체화시키는 보호자로서, 또 국가기관에 대하여 무기대등을 실현시키는 조력자로서 형사절차에 관여하기 때문이다. 따라서 변호사는 피의자·피고인의 소송법적 권리는 물론 실체법상의 지식도 이를 설명하고 조언하여야 한다.[16)] 피의자·피고인이 진술거부권을 행사할 수 있다는 점, 피고인·피의자가 진범일 경우 자신의 방어를 위하여 악용할 여지가 있는 법적 사항, 예컨대 불법영득의사의 의미(형329), 정당방위(형21), 심지어는 증거인멸죄에 있어서 범인 자신이 증거인멸한 경우나[17)] 친족 또는 동거의 가족이 범인을 위하여 증거인멸을 한 경우 처벌할 수 없다는 점(형155) 등의 설명이 이에 해당된다. 다만, 진술거부권이 있음을 설명하는 외에 진술거부권의 행사를 권고할 수 있는가에 대하여는 논란이 있다. 이를 부정하는 견해도 있으나[18)] 진술거부권은 헌법과 형사소송법이 인정하고 있는 피의자·피고인의 권리이므로(헌12②후단, 형소244의3, 266의8⑥, 283의2) 그 행사를 권고하는 것은 변호사지위의 공공성에 반하지 않는다(다수설 및 판례).[19)]

---

15) 변호사는 의뢰인이 기대하는 결과를 얻을 가능성이 없거나 희박한 사건을 그 가능성이 높은 것처럼 설명하거나 장담하지 아니한다(규20②).

16) 이재상, 『신형사소송법』 제2판, 박영사, 2008, 139면 참조.

17) 대판 1965. 12. 10. 65도826(전원).

18) 정영석, 『형사소송법』 4全訂版, 1982, 70면.

19) 대판 2007. 1. 31. 2006모656; 신동운, 전게서, 84-85면 참조.

① 대법원 1997. 12. 12. 선고 95다20775 판결- 본안사건 수임시 보전조치에 관한 설명의무(부정)

피고가 이 사건 이전등기소송을 수임할 당시에도 이 사건 토지에 관하여 여전히 강우관일 명의의 소유권보존등기가 경료되어 있었는데 소송 계속중인 1992. 5. 20.자로 이 사건 이전등기소송의 상대방 9인 중의 1인인 강영철이 이 사건 토지에 관하여 협의분할에 의한 재산상속을 원인으로 그 단독 명의로 소유권이전등기를 마쳤으며, 피고는 이와 같은 등기 변동 사실을 원고들이 먼저 알려 준 것이 아니라 피고측이 등기부등본을 열람한 결과 이를 알게 되자 강영철이 이 사건 토지를 제3자에게 처분할 염려가 있다고 판단하여 소송대리인의 권한으로써 1992. 5. 28. 이 사건 토지에 대한 처분금지가처분신청을 하였으나 그 담보 제공에 따른 가처분기입등기가 마쳐지기 전인 같은 달 29.자로 강영철이 제3자에게 근저당권설정등기를 경료해 준 사실을 인정할 수 있는바, 이와 같은 사실관계에 비추어 보면 이 사건 이전등기소송의 수임 당시 피고가 원고들에게 이 사건 토지에 대한 소유권이전등기청구권을 보전할 필요성 및 처분금지가처분절차에 관하여 충분히 설명을 하였어야 할 구체적 사정이 존재하였다고 단정하기도 어렵다.

② 대법원 2002. 11. 22. 선고 2002다9479 판결- 본안사건 수임시 보전조치에 관한 설명의무(긍정)

의뢰인과 변호사 사이의 신뢰관계 및 사고수표와 관련된 소송을 위임한 의뢰인의 기대와 인식 수준에 비추어 볼 때, 피사취수표와 관련된 본안소송을 위임받은 변호사는, 비록 사고신고담보금에 대한 권리 보전조치의 위임을 별도로 받은 바 없다고 하더라도, 위임받은 소송업무를 수행함에 있어서 사고신고담보금이 예치된 사실을 알게 되었다면, 이 경우에는 수표 소지인이 당해 수표에 관한 소송이 계속중임을 증명하는 서면을 지급은행에 제출하고 수익의 의사표시를 하면 나중에 확정판결 등을 통하여 정당한 소지인임을 증명함으로써 사고신고담보금에 대한 직접청구권이 생기므로, 법률전문가의 입장에서 승소 판결금을 회수하는 데 있어 매우 실효성이 있는 이와 같은 방안을 위임인에게 설명하고 필요한 정보를 제공하여 위임인이 그 회수를 위하여 필요한 수단을 구체적으로 강구할 것인지를 결정하도록 하기 위한 법률적인 조언을 하여야 할 보호의무가 있다.

③ 대법원 2003. 1. 10. 선고 2000다61671 판결- 의뢰인의 지시가 의뢰인에게 불리한 경우의 설명의무(긍정)

원고가 아파트를 매도하고 지급받지 못한 잔금채권을 담보하기 위하여 소유권이전등기를 경료받은 매수자로부터 1995.2.14. 아파트에 대하여 원고의 처를 근저당권자로 한 근저당권을 설정받고 1996.7.1. 동 아파트에 국가(소관: 울산세무서)를 권리자로 한 압류기입등기 등이 경료된 후, 법무사가 원고로부터 1차 근저당권을 말소하고 원고를 근저당권자로 한 2차 근저당권설정등기절차를 경료해달라는 의뢰를 받고 피고가 1차 근저당권의 말소 및 2차 근저당권의 설정 대신에 1차 근저당권 이전의 부기등기의 절차를 밟아 주면 원고의 권리가 1차 근저당권이 설정된 후의 압류에 기한 국가 등의 조세채권에 우선할 수 있는 사실관계 하에서, 법무사법에서 법무사의 업무를 규정하고 있고, 그 업무범위를 초과하여 다른 사람의 소송 기타 쟁의사건에 관여하지 못하도록 하며, 변호사법에서 변호사 이외의 자가 금품 등을 받고 소송사건 등을 취급하는 것을 금하고 있기는 하지만, 그렇다고 하여 법무사가 법무사법에서 규정한 직무의 처리와 관련되는 범위 안에서 사건 관계자에게 적절한 설명 내지 조언조차 할 수 없는 것은 아니고, 또한 다른 법률 등에 기하여 발생하는 설명 내지 조언 의무가 면제되는 것도 아니다. 일반인이 법무사에게 등기의 신청대리를 의뢰하고 법무사가 이를 승낙하는 법률관계는 민법상의 위임에 해당하는 것인데, 수임인은 위임의 본지에 따라 선량한 관리자의 주의로써 위임사무를 처리하여야 하므로, 수임인인 법무사는 우선적으로 위임인인 의뢰인의 지시에 따라야 할 것이지만 이 지시에 따르는 것이 위임의 취지에 적합하지 않거나 또는 의뢰인에게 불이익한 때에는 그러한 내용을 의뢰인에게 알려주고 그 지시의 변경을 요구 또는 권고할 수 있는 것이다. 근저당권의 설정을 의뢰받는 법무사인 피고로서는 원고 등의 지시에 그대로 따르는 것이 원고에게는 적지 않은 위험을 초래하여 불이익하다는 사정을 알려주고 1차 근저당권의 말소 및 2차 근저당권의 설정 대신에 1차 근저당권 이전의 부기등기를 하는 것이 적절하다는 정도로 구체적인 설명을 하여 원고 등으로부터 새로운 지시를 받을 직무상의 의무가 있다.

라. 미국의 윤리법규에 나타난 성실의무의 내용

미국변호사협회(ABA) 직무책임준칙(Model Code)(이하 "Model Code"라고 한다)은 변호사의 성실의무에 관하여 다음과 같은 내용을 규정하고 있다. 수임사건의 처리시 변호사는 '그 상황에 적절한 준비'(preparation adequate in the circumstances)를 반드시 하여야 한다.[20] 변호사는 사건을 성실히 신속하게 처리해야 하는 것은 물론이고, 사건의 처리현황 및 경과를 '상세하고 신속하게'(fully and promptly) 의뢰인에게 알려주어야 한다.[21] 또, 변호사는 의뢰인이 어떤 결정을 내려야 하는 경우에는 사전에 그와 관련된 사항을 알려주어야 한다.[22] 나아가 변호사는 의뢰인에 대한 자신의 법적 책임을 면제하거나 경감시키는 조항을

20) Model Code DR 6-101(A)(2).
21) Model Code EC 9-2.
22) Model Code EC 7-8.

수임계약에 첨가하는 것이 금지된다.[23)]

한편, ABA 직무행위표준규칙(Model Rules)(이하 "Model Rules"라고 한다)은 '유능한'(competent) 업무수행이 직업윤리적 책임을 다하는 것이라고 규정하고 있다.[24)] 유능함의 여부는 '법적 지식 및 기술'(legal knowledge and skill)과 그 사건의 처리에 필요한 '철저한 준비'(thorougness and preparation)를 판단기준으로 한다.

4. 성실의무의 한계

변호사의 공익실현의 의무, 진실의무가 성실의무에 대한 제약으로 작용한다.

가. 공익실현의무와의 관계에서의 한계

변호사는 "사회정의를 실현함을 사명으로" 하고(법1①), "공공성을 지닌 법률전문직"으로서 독립하여 자유롭게 그 직무를 행하는 지위에 있다(법1②). 변호사의 성실의무는 위와 같은 공익실현의 의무에 의하여 제약된다. 그렇지 아니하면 적법절차의 원리나 정의, 공정과 같은 궁극적인 법이념을 실현할 수 없기 때문이다. 변호사는 의뢰인과의 관계에서 단순히 '고용된 총잡이'(hired gun) 역할만을 해서는 안 된다는 이유가 여기에 있다.[25)]

나. 진실의무와의 관계에서의 한계

변호사가 그 사명으로 하는 사회정의를 실현하기 위해서는, 특히 형사절차에 있어서 변호사의 직무는 실체적 진실을 전제로 하여야 한다. 따라서 변호인은 국가의 형벌권이 실체적 진실에 입각하여 정당하게 행사되도록 형사절차의 진행과정에 협력하여야 한다. 그러나 그 협력을 철저하게 관철하면 의뢰인에 대한 성실의무와 정면으로 충돌한다. 공공성을 적극 유지하자니 의뢰인을 보호할 수 없고, 의뢰인을 철저하게 보호하려면 공공성에 배치되는 윤리적 딜레마가 존재한다.

---

23) Model Code DR 6-102(A).

24) Model Rules 1.1.

25) "hired gun"論은 변호인은 피의자·피고인의 자기방어권을 보완하여 실효 있게 하기 위하여 존재한다는 전제로부터 방어의 전략을 최종적으로 결정하는 권한을 피의자·피고인 자신에게 위임하고 변호인은 그 결정에 따라서 실행하는 무기(hired gun)로서의 임무에 투철해야 한다는 것이다(村岡啓一, "弁護人の役割,"『論争刑事訴訟法』 제3회, 法學セミナー563호, 88면 참조).

이 딜레마를 해결하기 위하여 진실의무를 적극적인 면과 소극적인 면으로 구분하여, 변호사의 진실의무는 소극적인 진실의무로 파악한다. 이에 따라 변호사는 의뢰인인 피고인·피의자에게 불리한 실체진실을 적극적으로 국가기관에 알릴 의무는 없고, 소극적으로 의뢰인에게 유리한 사실을 밝히는 데 그쳐야 하며, 국가기관이 실체진실을 발견하는 것을 방해해서는 안 된다. 윤리규약은 이러한 취지를 "변호사는 그 직무를 행함에 있어서 진실을 왜곡하거나 허위진술을 하지 아니한다"(규2②), "변호사는 재판절차에서 의도적으로 허위사실에 관한 주장을 하거나 허위증거를 제출하지 아니한다"(규36①)라고 표현하고 있다.

결국 변호사의 진실의무는 성실의무와 공익실현의무 사이의 경계영역에 존재하고, 변호사의 성실의무는 진실의무에 의하여 소극적으로 제약된다.

다. 관련 문제[26)]

우선, 변호사가 피고인에 대하여 허위진술이나, 진실에 대한 부인, 임의의 자백의 철회 등을 지시하거나 권고하는 것이나,[27)] 피고인에게 증거인멸이나 도망을 권유하는 것은 소극적 진실의무를 넘어서서 변호사의 공공성의 유지의무에 반하므로 성실의무를 이유로 허용되지 아니한다.

또, 피고인·피의자가 진범일 경우 자신의 방어를 위하여 악용할 가능성이 있는 법적 사항에 대한 조언과 별개로, 피고인·피의자가 법률지식을 허위 주장을 위해 악용하는 것을 인식하면서 변호사가 무제한의 법적 조언을 할 수 있는지에 관해서는 논란이 있다. 이를 긍정하는 견해도 있으나,[28)] 의뢰인이 악용하는 것을 알면서도, 즉 악용에 관한 고의가 있는 경우까지 성실의무를 이유로 무제한의 법적 조언이 허용된다고 할 수 없다.

나아가, 변호사는 피고인·피의자가 자신의 무죄를 주장하는 취지에서 진실에 반하여 정당방위나 금지착오를 주장하고 있음을 안 경우의 문제이다. 변호사가 그 주장과 동일한 법적 주장을 하거나 그 주장을 무죄변론의 기초로 삼을 수 없음은 성실의무에도 불구하고 당연하다. 그렇다고 하여 피의자·피고인이 허위주장을 하고 있음을 법원에 적극적으로 알리는 것은 변호사의 성실

---

26) 제10장 형사소송과 변호사의 윤리 참조.

27) 이재상, 전게서, 140면; 신동운, 전게서, 85면.

28) 배종대·이상돈, 『형사소송법』 제7판, 2006, 127면; 이재상, 전게서, 139면.

의무, 소극적 진실의무 및 비밀유지의무에 반하여 허용되지 아니한다.

뿐만 아니라 변호사는 피고인·피의자를 위하여 독자적인 증거수집을 할 수도 있고, 검사나 법원 등 국가기관이 피의자·피고인을 위한 보호의무[29]를 수행함에 있어서 간과하기 쉬운 일체의 유리한 자료를 피의자·피고인의 지시가 없더라도 제출해야 하나,[30] 사기나 강박에 의하여 증인의 자유로운 의사활동을 방해하거나 증인에게 위증을 교사하는 행위, 범행현장의 변경, 문서의 변조, 공범자간의 진술일치를 위한 비밀연락,[31] 증거물의 은닉이나 훼손 등 행위를 하는 것은 소극적 진실의무를 넘어선 것으로서 변호사의 공공성의 유지의무에 반하여 허용되지 않는다.[32]

5. 성실의무의 해태사례

변호사가 피고인 등에 대한 성실의무를 해태한 경우에는 이에 따른 책임을 부담한다. 우선 변호사법상의 징계사유가 될 수 있고, 위임계약 위반 내지 채무불이행 또는 불법행위에 해당되어 민사상의 책임을 부담할 수 있다.

보충사례 1 징계사례

① 상고이유서 제출기한 도과

상고심 변론을 의뢰받고 수임료를 수령하였음에도 불구하고 소송 진행경과에 따른 변론준비 등 변호인의 업무처리에 노력을 하지 않고 상고이유서를 제출하지 않아 동 사건이 기각되게 하였다.[33]

② 불성실 변론 및 변론요지서 미제출

방문판매 등에 관한 법률위반 사건의 피고인으로부터 사건을 수임하여 제1차 공판기일에서 피고인으로 하여금 "공소사실을 모두 시인해야 3년 이하의 징역형을

---

29) 이재상, 전게서, 30면 참조.

30) 신동운, 전게서, 81면 참조.

31) 이는 변호사가 공범자들 사이에 진술을 일치시킬 의사 없이 피의자·피고인의 진술 내용을 다른 공동피의자·피고인의 변호인에게 전달하는 경우와 구별될 수 있으나, 실제에 있어서는 내심의 의사를 기준으로 한 것으로서 그 구별이 용이하지 않을 것이다.

32) 변호사의 이러한 행위는 징계사유에 해당되고(법24②, 91②ⅰ), 형사처벌의 대상도 될 수 있다.

보장받을 수 있고 부족한 부분은 변론요지서로 보충하겠다"고 말하여 공소사실 전부를 자백하게 한 상태에서 변론요지서도 제출하지 않은 채 1,400억 원대의 피해가 야기된 피해자 수명을 상대로 약 4,000만원 상당의 합의를 한 후 그 결과만을 참고자료 형태로 제출하는 등 변론에 있어서 적극적인 노력을 보이지 아니하여 직무성실의무를 다하지 아니하고, 이 후 피고인이 그의 처를 통하여 변론요지서 사본을 요청하자 마치 이미 제출하였던 변론요지서인 것처럼 뒤늦게 만든 변론요지서의 사본을 피고인에게 교부하였다.[34)]

③ 의뢰인의 동의 없이 법무사에게 수임사무 재위임

개인회생신청 사건을 의뢰받으면서 착수금 250만원을 수령하고 그 사건의 처리를 진행하면서 법원의 담당관으로부터 3~4회 보정명령을 받았는바, 그 보정이 어려우면 사임하든지 적절한 변호사를 소개하여 그 사건의 처리를 계속하도록 조치하여야 함에도 의뢰인에게 알리지도 않고 임의로 법무사에게 사건을 재위임하면서 금100만원을 지급하여 처리하게 함으로써 변호사로서 성실의무 등을 위반하였다.[35)]

④ 의뢰인에게 잘못된 항소기간 고지

판결문 송달상황을 제대로 확인하지 않고 변호사 사무실 직원이 판결문상에 판결의 수령일자를 실제 수령일자보다 하루 늦은 2001. 11. 7.에 수령한 것으로 잘못 기재하면서 항소제기 마감일자를 2001. 11. 21.이라고 기재하여 놓았는데 그 판결문을 소송의뢰인에게 그대로 교부하면서 기재된 항소제기 마감일자를 믿은 의뢰인이 동 일자에 항소제기를 하였다가 항소기간 도과로 인한 항소각하를 받게 함으로써 성실의무를 위반한 것이다.[36)]

보충사례 2 손해배상책임의 사례

① 민사사건 제1심 및 항소심의 소송대리를 위임받은 변호사의 손해배상책임

민사사건 제1심 소송대리를 위임받은 변호사는 수임사건의 판결을 송달받은 즉시 판결결과를 의뢰인에게 통지함과 동시에 판결이유를 검토하여 의뢰인의 권리옹

33) 법무부 2007. 8. 27. 징계결정(축조, 대한변협, 2009, 12면).
34) 대한변협 2007. 5. 21. 징계 제2006-36호(축조, 대한변협, 2009, 12-13면).
35) 법무부 2006. 12. 13. 징계결정(축조, 대한변협, 2009, 13면).
36) 대한변협 2007. 5. 21. 징계 제2006-36호(축조, 대한변협, 2009, 14-15면).

호에 필요한 조치를 취할 기회를 잃지 않도록 하여야 하며, 연이어 항소심을 수행할 경우 의뢰인의 이익을 위하여 적정 타당한 법적 조치를 탐구하여 그 실현을 기하도록 하여야 하는 선량한 관리자의 주의의무가 있다 할 것인바, 변호사가 그 주의의무를 다하지 못하였고, 그와 같은 변호사의 과실이 없었다면 소송결과가 실제로 얻어졌던 것보다 유리하게 끝났을 것이 인정되는 경우에는 의뢰인이 얻지 못하게 된 경제적 이익 상당의 손해배상의무가 있다.[37]

② 수임사무의 처리에 대하여 위임계약상의 채무불이행책임 내지 불법행위책임을 물을 수 있는지 여부를 판단하는 기준

변호사는 의뢰인으로부터 사건을 수임하여 처리함에 있어 그 수임사무의 성질상 전문적인 법률지식과 경험에 기초하여 구체적인 상황에 대응하여 적절한 판단을 할 필요가 있으므로 그 사무처리는 상당한 범위에 있어 변호사의 재량에 위임되어 있고, 따라서 변호사가 그 재량적 판단에 기초하여 성실하게 수임사무를 처리한 것으로 인정될 경우에는 의뢰인의 지시에 반하거나 재량권의 범위를 일탈한 것으로 인정되지 않는 한 수임계약상의 채무불이행책임 내지 불법행위책임을 물을 수 없다.[38]

③ 사형판결이 당연하다는 항소이유서 제출

1심에서 사형판결을 받은 피고인의 항소심의 국선변호인이 피고인의 행위는 전율을 느끼는 것으로 1심판결이 사형을 선고한 것은 당연하다고 사료된다는 항소이유서 제출한 것이 항소심의 국선변호인의 의무를 다하지 않는 것으로 손해배상(위자료)을 인정하였다.[39]

II. 비밀유지의무

도입질문

1. 변호사가 의뢰인에게 비밀유지의무를 부담하는 근거가 무엇인가?
2. 현행법상 변호사의 비밀유지특권은 어떠한 것이 있는가?
3. 변호사가 증언거부권을 포기하고 의뢰인의 비밀을 개시한 경우 그 법적 책임은 여하한가?

---

37) 서울민사지방법원 제14부 1991. 4. 16. 90가합46692 판결(축조, 대한변협, 2009, 11면에서 재인용).

38) 대구지방법원 1993. 3. 17. 92가합10450 판결(축조, 대한변협, 2009, 11면에서 재인용).

39) 東京地裁 昭和38.11.28 下民集14권 11호 2336면(高中正彦, 전게서, 166면에서 재인용).

1. 의　의

비밀유지의무라 함은 변호사가 그 직무상 알게 된 비밀을 누설하거나 부당하게 이용해서는 아니 될 의무를 말한다(법26). 이 비밀유지의무에 위반한 때에는 형법 제317조 제1항의 업무상비밀누설죄로 처벌될 수 있다. 이와 관련하여 민사소송법 제315조 제2항에 의하여 비밀유지의무가 면제된 때 및 형사소송법 제149조에 의하여 본인의 승낙이 있거나 중대한 공익상 필요가 있는 때 등의 예외적 경우를 제외하고 변호사에게는 증언거부권이 있다. 변호사의 비밀유지의무는 그 직무상의 당연한 의무이나(법26), 그 비밀이 의뢰인과 관련된 것인 경우에는 의뢰인에 대한 관계에서 비밀유지의무가 발생하고,[40] 증언의무와 관련해서는 증언거부권이 발생한다.

2. 취　지

변호사에게 있어서 이러한 비밀유지의무 및 증언거부권은 그 직무의 핵심적 가치이다. 의뢰인에 대한 비밀유지의무의 제도는 변호사와 의뢰인 사이의 신뢰관계를 형성·유지하고, 변호사제도 및 대립적 당사자주의의 유지·발전을 위하여 필요하기 때문이다.

우선, 비밀유지의무는 변호사와 의뢰인 사이의 신뢰관계의 형성을 위하여 필수적으로 요구된다. 변호사가 법과정에서 의뢰인을 보호할 수 있기 위해서는 의뢰인이 위임하는 사항과 관련된 모든 정보를 파악할 수 있어야 한다. 이를 위해서는 의뢰인의 협조가 필수적이고, 의뢰인은 유리한 정보는 물론이고 자신의 비밀을 포함한 자신에게 불리한 정보도 변호사에게 제공해야 한다. 변호사가 자신의 비밀을 유지할 것이고 그것이 법적 의무로 요구되고 있다는 신뢰가 없이는 의뢰인이 자신의 비밀까지 변호사에게 제공하는 것을 기대할 수 없고, 그렇게 되면 변호사의 의뢰인에 대한 보호는 불가능할 것이다. 여기에서 의뢰인의 비밀 중에는 사생활에 관한 정보도 많이 포함되어 있을 것이나, 비밀유지의무는 의뢰인의 사생활정보 자체를 직접 보호하기 위한 것이 아니라 변호사와 의뢰인 사이의 신뢰관계를 보호하기 위한 것이므로, 그 신뢰관

---

40) 법률가의 윤리와 책임-남효순, 313면, 주18).

계를 보호함으로써 의뢰인의 사생활에 관한 비밀정보가 보호되는 것은 부수적인 효과이다.

다음, 비밀유지의무는 변호사제도 및 대립당사자주의의 유지·발전의 토대가 된다. 변호사에게 제공한 의뢰인의 비밀이 유지되지 않고 그것이 유지되지 않음으로 말미암아 입을 손해의 가능성 또는 법적인 불안정은 의뢰인으로 하여금 변호사를 선임하지 않도록 하는 요인이 될 수도 있기 때문이다. 또 비밀유지의무가 없다면 변호사의 보조자로서의 활동이 전제되는 당사자주의 소송구조 자체도 위협받을 수 있다. 따라서 변호사는 위임계약 성립 전의 예비적 위임관계에서는 물론이고 위임관계가 종료된 후에도 비밀유지의무를 지는 것이다.

3. 비밀유지의무의 내용

변호사법 제26조(비밀유지의무 등) 변호사 또는 변호사이었던 자는 그 직무상 알게 된 비밀을 누설하여서는 아니 된다. 다만, 법률에 특별한 규정이 있는 경우에는 그러하지 아니하다.

윤리규약 제18조(비밀유지 및 의뢰인의 권익보호) ① 변호사는 직무상 알게 된 의뢰인의 비밀을 누설하거나 부당하게 이용하지 아니한다.

② 변호사는 직무와 관련하여 의뢰인과 의사교환을 한 내용이나 의뢰인으로부터 제출받은 문서 또는 물건을 외부에 공개하지 아니한다.

③ 변호사는 직무를 수행하면서 작성한 서류, 메모, 기타 유사한 자료를 외부에 공개하지 아니한다.

④ 제1항 내지 제3항의 경우에 중대한 공익상의 이유가 있거나, 의뢰인의 동의가 있는 경우 또는 변호사 자신의 권리를 방어하기 위하여 필요한 경우에는, 최소한의 범위에서 이를 공개 또는 이용할 수 있다.

기본사례 2

갑 변호사는 A회사와 고문계약을 체결하고 그 직무 수행 중 A회사에 관한 유상증자에 관한 정보를 지득하였다. A회사의 유상증자를 둘러싸고 A회사와 주주인 B 사이에 분쟁이 발생하였고 B는 갑 변호사에게 A회사의 유상증자에 관한 자료의 제공을 요청하였다. 이에 갑 변호사는 A회사의 유상증자에 관한 사항을 증명하는 서류를 작성하여 B에게 교부하였다. 갑 변호사의 행동이 윤리상 허용되는가?

가. 비밀의 의의

(1) 비밀의 개념

비밀이라 함은 일반인에게 알려져 있지 않은 사실로서, 사회통념상 본인이 제3자, 특히 이해관계가 있는 제3자에게 알리고 싶지 않다고 생각하는 사실을 말한다. 일반적으로 알려져 있지 않는 사실이므로 공지의 사실을 포함하지 않는다. 또 의뢰인이 제3자에게 알리고 싶지 않다고 생각할 뿐만 아니라 일반인의 입장에서 보아도 비밀로 해두고 싶다고 생각할 수 있는 모든 것을 포함한다. 즉, 의뢰인의 과거의 범죄행위, 전과, 질병, 신분, 친족관계, 재산상황, 유언장의 존재, 거소 기타 의뢰인의 불이익이 되는 사항 등 제3자에게 알리고 싶지 않다고 생각하는 사항은 물론이고 사회통념상 일반에게 알리고 싶지 않다고 생각하는 내용은 모두 포함된다.[41] 결국 비밀이란 단지 제한된 범위의 특정한 사람에게만 알려져 있고, 비밀주체의 납득할 만한 객관적 이익에 따라 그 밖의 사람에게는 더 알려지지 말아야 할 사실을 의미한다.[42][43]

의뢰인의 성명은 비밀이 아니라고 할 것이나 그 밖의 신상, 예컨대 의뢰인의 연령, 주민등록번호, 직업, 주거[44] 등은 특정한 범위 내의 사람들에게는 공지된 것이라고 하더라도 일반에게는 알려져 있지 않은 경우도 있으므로 비밀로서 보호될 필요가 있다. 의뢰인의 범행에 관한 증거 또는 그 증거의 소재에 관한 정보도 비밀에 포함된다.

이와 관련하여 의뢰인의 범행에 관한 물증의 위치도 비밀에 속하나, 변호사가 이를 알고 있는 경우 수사기관에 신고하여야 하느냐 하는 문제가 있다. 변

---

41) 田中 宏,『弁護士のマインド』, 弘文堂, 2009, 145-146면.

42) 김일수 · 서보학,『형법각론』 제7판, 박영사, 2009, 236면.

43) 이는 비밀성의 요건에 관한 주관설, 객관설, 절충설 중 절충설의 입장으로서, 비밀은 비밀주체의 주관적 의사가 가장 중요하겠으나, 그 의사에만 따를 경우 비밀의 범위가 무한정 확대될 수 있으므로 절충설이 타당하다고 하겠다(이재상,『형법각론』 보정신판, 박영사, 2008, 224-225면 참조).

44) 예컨대 유명 연예인의 경우 그 사생활을 보호받을 필요 때문에 그의 주거는 그 연예인에게 중요한 비밀이라고 할 수 있다.

호사의 진실의무는 진실의 발견을 적극적으로 방해하는 것을 금지하는 등의 소극적인 의미이고, 의뢰인에 대한 보호를 희생하면서까지 진실발견에 협력할 의무는 없으므로 이 경우는 신고의무가 없다. 그 물증이 변호사의 지배영역에 있는 경우, 예컨대 변호사의 사무실에 보관되어 있는 경우도 반드시 수사당국에 전달 또는 공개할 의무는 없다.[45]

(2) 직무상 비밀

여기에서 직무상의 비밀은 변호사의 직무상의 비밀뿐만 아니라 변호사이었던 자의 직무상의 비밀도 포함한다(법26). 또 직무상의 비밀은 직무와 관련하여 알게 된 비밀뿐만 아니라 직무 외적으로 예컨대, 직무 외의 사적 관계를 통하여 지득한 비밀도 포함되는 것으로 넓게 보아야 한다.[46] [47] 변호사의 비밀유지의무는 결국 변호사제도 및 대립당사자주의의 유지·발전을 위한 것이지만 그것은 변호사와 의뢰인 사이의 신뢰관계의 형성·유지를 전제로 하는 것이므로 우연한 기회에 알게 된 비밀이라고 하여 이를 공개할 것을 허용한다면 변호사와 의뢰인 사이의 신뢰관계는 더 이상 유지될 수 없기 때문이다. 또 변호사와 의뢰인 사이의 신뢰관계는 전인적인 관계이지 직무의 내외를 기준으로 나눌 수 있는 가분적인 관계라고 볼 수는 없기 때문이다. 따라서 위 규정에 있어서 '업무', '직무'는 비밀의 개념을 한정하는 것이 아닌 예시적인 것이라고 할 것이다. 또한 그 비밀을 알게 된 경위나 방법 등도 불문한다.

나. 비밀의 주체

(1) 의 뢰 인

비밀의 주체는 의뢰인의 비밀이어야 한다. 그 의뢰인은 생존하는 자연인과 법인 또는 법인격 없는 단체 등이다. 국가 또는 공공단체의 비밀도 여기의 비밀에 포함된다. 변호사의 직무는 당사자와 그 밖의 관계인의 위임 외에도 국

---

45) 미국의 경우 범행의 물적 증거물에 소재지에 관한 정보는 보호되지만[People v. Belge 83 Misc. 2d 186, 372 N.Y. S. 2d 798(N.Y. Co. Ct. 1975)], 변호사가 물적 증거를 보유하게 되면 그것을 반드시 경찰에 넘겨주어야 한다[State ex rel. Sowers v. Olwell 64 Wash. 2d 828, 394 P. 2d 681(WASH. 1964)].

46) 同旨, 김건호, 전게서, 92면; 박휴상, 전게서, 140면; 이상수, 전게서, 162면; 森際康友, 전게서, 29면.

47) 反對, 도재형, 전게서, 105면; 田中 宏, 전게서, 146면.

가 · 지방자체단체와 그 밖의 공공기관의 위촉 등에 의하여 법률사무를 하는 것이고(법3), 변호사의 비밀유지의무는 특정사실의 비밀유지에 대한 개인적 이익 외에도 법조전문직의 비밀준수에 대한 사회 일반의 신뢰[48]를 보호하기 위한 것이므로 비밀의 주체를 개인으로 한정하는 것은 타당하지 않기 때문이다. 여기의 의뢰인에는 예비적 의뢰인, 위임관계 종료 후의 의뢰인도 포함된다.

(2) 의뢰인 외의 타인

여기에서 의뢰인 아닌 타인의 비밀은 전적으로 비밀유지의무에 있어서 보호하여야 할 비밀에 속하지 않느냐 하는 문제가 있다.

의뢰인이 자연인이 아닌 경우가 있을 수 있다. 예컨대, 법인 · 단체 · 기관 등인 경우 그 대표자의 비밀은 의뢰인의 비밀이라고 할 수 없다. 그러나 그 대표자의 비밀이 그 의뢰인인 법인 등의 업무와 관련성이 있으면 그 범위 내에서 의뢰인의 비밀로서 보호되어야 한다.

또 타인의 비밀이 의뢰인의 비밀과 관련이 있는 경우가 문제될 수 있다. 윤리규약은 비밀의 주체를 "의뢰인의 비밀"로 명시하고 있으나(규18①), 변호사법은 "직무상 알게 된 비밀"이라고 규정할 뿐 의뢰인의 비밀에 한정하고 있지 않다. 형법의 업무상비밀누설죄의 구성요건을 보면 "타인의 비밀"이라고 하여 역시 비밀의 주체를 한정하고 있지 않다. 위의 각 규정을 모아 보면, 형법상의 업무상비밀누설죄에 의한 보호대상은 의뢰인뿐만 아니라 다른 사람도 포함되고, 변호사법의 보호대상도 그 직무의 공공성 때문에 비밀의 주체가 누구냐에 상관 없이 직무상 알게 된 모든 비밀이라고 보아야 한다. 그러나 윤리규약의 비밀유지의무는 의뢰인에 대한 윤리로서 요구되는 것이므로[49] 의뢰인의 비밀에 한정된다고 보아야 한다. 즉, 변호사법의 비밀유지의무는 그 지위의 공

48) 법률사무에 있어서 의뢰인이 될 수 있는 자는 자연인, 법인 또는 법인격 없는 단체에 한정되어 있지 않고, Adversary System의 구조하에서 변호사로 하여금 의뢰인의 비밀을 준수하도록 요구하고 있다는 점은 의뢰인이 변호사를 신뢰할 수 있는 기초가 되고, 의뢰인과 변호사 사이의 법률사무처리 위임관계는 그러한 신뢰관계를 전제로 하는 것이므로 그러한 신뢰관계가 무너지면 변호사의 도움을 받을 수 있음을 전제로 한 Adversary System의 구조 자체가 위협받을 수 있기 때문에 변호사의 의뢰인에 대한 비밀유지의무는 사회 일반의 이익과도 밀접한 관련이 있다.

49) 윤리규약의 비밀유지의무(규18조)는 '의뢰인에 대한 윤리'를 내용으로 하는 제3장에 규정되어 있다.

공성에 따른 책임의 근거로서, 윤리규약의 비밀유지의무는 의뢰인과의 관계에서 책임의 근거로서 작용한다. 다만 윤리규약에 있어서도 타인의 비밀을 공개한 때에 의뢰인의 비밀이 침해될 수 있는 경우에는 그 범위 내에서는 보호되어야 할 의뢰인의 비밀로 보아야 한다.[50)]

(3) 정부기관의 비밀

윤리규약 제41조(비밀 이용 금지) 변호사는 공무를 수행하면서 알게 된 정부기관의 비밀을 업무처리에 이용하지 아니한다.

변호사는 공무원에 채용되어 공무를 담임할 수도 있고, 법원을 비롯한 국가기관 또는 대한변호사협회나 소속 지방변호사회로부터 국선변호인, 국선대리인, 당직변호사 등의 지정을 받거나 기타 임무의 위촉을 받을 수도 있다(규16③). 이러한 경우 변호사는 공무를 수행하면서 알게 된 정부기관의 비밀을 업무처리에 이용하여서는 아니 된다(규41).

다. 비밀의 누설 및 부당한 이용 금지

(1) 비밀의 누설 및 공개 금지

변호사는 직무상 알게 된 의뢰인의 비밀을 누설해서는 안 된다(규18①전단). 또 직무와 관련하여 의뢰인과 의사교환을 한 내용이나 의뢰인으로부터 제출받은 문서 또는 물건을 외부에 공개해서도 아니 된다(규18②). 나아가 직무를 수행하면서 작성한 서류, 메모, 기타 유사한 자료를 외부에 공개해서도 아니 된다(규18③).

1 대한변협 2008. 2. 19. 법제 제477호

변호사가 재판부로부터 사실조회를 요청받은 사항은 변호사가 의뢰인으로부터 특정사건을 수임하게 된 경위, 그 소송 수임당시 동행한 사람 등에 관한 것으로 이는 변호사의 직무상 비밀에 속하는 사항으로 보이는 바, 따라서 변호사는 회신을 할 의무가 없다.

---

50) 변호사가 그 업무처리 중 지득한 타인의 비밀을 누설한 경우 원칙적으로 업무상비밀누설죄(형317) 또는 명예훼손죄(형307①)가 성립할 수 있고, 품위유지의무를 위반하여 품위를 손상하는 행위를 한 경우에도 해당되어 징계사유에 해당된다(법91②).

2 대한변협 2005. 5. 25. 법제 제1524호

헌법은 입법·행정 등 모든 공권력의 작용에서 적법절차를 보장하고 있고, 변호사법, 민사소송법, 형사소송법 등에서 변호사에게 비밀유지의무 및 권리를 부여하고 있음에 비추어 볼 때, 변호사의 법률자문 등 관련 서류는 행정조사상의 일반적인 자료제출 요구의 대상에서 제외된다.

(2) 비밀의 부당한 이용 금지

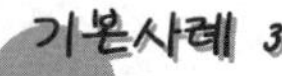

갑 변호사는 건설회사인 A와 자문계약을 체결하고 동 회사의 서울시 청계천 일대에 대한 도시재개발계획에 관한 법률문제에 관하여 조언을 하고 자문업무를 종료하였다. 갑 변호사는 A사의 서울 종로구 일대에 대한 유비쿼터스도시(U-City) 개발계획에 관하여 자문과정에서 정보를 얻은 것을 기화로 그 개발계획 지역 내의 토지를 구입한 후 A사에 매각함으로써 거액의 차익을 취득하였다. 갑 변호사의 행위가 윤리상 허용될 수 있는가?

비밀유지의무는 비밀을 비밀의 상태로 유지하여야 할 의무를 말한다. 여기에는 의뢰인의 비밀을 누설하지 않고 비밀을 유지하여야 할 의무뿐만 아니라 부당하게 이용하지 아니할 의무를 포함한다.[51] 비밀의 부당한 이용에는 의뢰인의 이익을 해하는 경우, 의뢰인의 이익을 해하지 않으면서 변호사 자기 또는 제3자를 위하여 부당하게 이용하는 경우 등을 나누어 볼 수 있다.

우선, 의뢰인의 이익을 해하는 경우에는 특별한 사정이 없는 한 비밀유지의무에 반하는 행위라고 할 것이고 경우에 따라서 변호사로서의 품위손상행위에 해당될 수도 있다.

다음, 의뢰인의 이익을 해하지 않으면서 변호사가 자기 또는 제3자를 위하

51) 2014.2.24. 윤리장전의 전면 개정 전에는 "변호사는 업무상 알게 된 의뢰인의 비밀을 공개하여서는 아니 된다"(구규23)라고 하여 비밀의 공개만을 금지하는 것으로 규정하고 있었으나 해석상 비밀의 부당한 이용도 금지되는 것으로 해석하였다. 개정된 윤리장전은 "변호사는 직무상 알게 된 의뢰인의 비밀을 누설하거나 부당하게 이용하지 아니한다"(규18①)고 하여 명시적으로 '부당한 이용'의 금지까지 규정하고 있다.

여 부당하게 이용하는 것도 허용되지 않는다. 비밀유지의무는 의뢰인의 이익 보호뿐만 아니라 변호사와 의뢰인의 신뢰관계에 대한 사회적 이익을 보호할 요청에 응하는 것이다. 그러므로 의뢰인의 이익과 충돌되는 것은 아니라고 하더라도 의뢰인이 자신이 모르는 가운데 변호사가 부당하게 그 비밀을 이용한 사실을 알게 되면 변호사에 대한 신뢰관계를 해할 수 있다. 나아가 변호사의 그와 같은 행위는 그 직무의 공공성에 반하여 변호사의 지위에 대한 사회일반의 신뢰를 침해하기 때문이다. 이 경우도 변호사의 품위를 손상하는 행위에 해당될 수도 있다.

따라서 의뢰인의 비밀의 이용은 의뢰인의 명시적 동의가 없으면 허용되지 않는다고 해석하여야 한다. 공익실현의 필요가 있는 경우는 후술하는 비밀유지의무의 해제에 관한 문제가 될 것이다.

라. 관련 문제

(1) 문서제출명령 등

민사소송절차에서 법원으로부터 문서제출명령(민소347), 문서송부촉탁(민소352)을 받거나 수사기관으로부터 수사에 필요한 사항의 보고요구(형소199②)를 받은 경우 비밀유지의무와의 관계가 문제된다. 이러한 경우 원칙적으로 비밀유지의무가 우선하고, 따라서 의뢰인의 동의가 없으면 위와 같은 명령이나 요구에 응해서는 안 된다(규18④).

(2) 사무직원에 대한 비밀의 개시

변호사가 의뢰인으로부터 비밀을 취득한 후 변호사의 사무직원에게 그 비밀을 개시하는 것이 허용되느냐 하는 문제이다. 변호사의 업무를 보조시킬 목적으로 또 그에 필요한 한도 내에서 개시하는 한 변호사의 직무수행에 필요한 것으로서 정당한 이유가 인정되므로 비밀유지의무에 위반되지 않는다. 또, 의뢰인은 변호사의 그 사무직원에 대한 관리감독을 당연히 기대할 수 있으므로, 변호사가 사무직원에게 그 비밀의 개시를 하는 것을 의뢰인이 묵시적 또는 추정적으로 승낙한 것으로 볼 수도 있다.

(3) 공동법률사무소의 소속 변호사에 대한 비밀의 개시

변호사가 의뢰인의 비밀을 공동법률사무소에 소속한 다른 변호사에게 개시할 수 있느냐 하는 문제이다. 변호사법 제31조 제2항은 같은 공동법률사무소에 소속된 변호사는 다른 소속 변호사의 의뢰인에 관한 비밀정보를 공유하는 것이 금지되지 않는다는 것을 전제로 자신의 의뢰인뿐만 아니라 다른 소속 변호사의 의뢰인에 관한 비밀정보에 관해서도 비밀유지의무가 있다는 취지의 규정이다. 따라서 소속 변호사들 사이에 비밀의 공유를 금지하여야 할 특별한 사정이 있는 경우를 제외하고는(규48③, 49 참조), 원칙적으로 공동법률사무소 소속의 다른 변호사에게 비밀을 개시하는 것은 비밀유지의무에 위반되지 않는다. 다만 공동법률사무소 중 후술하는 형식적 공동법률사무소의 경우에는 그 소속의 다른 변호사에게 비밀을 개시하는 것이 허용되지 않는다고 보아야 한다.

4. 비밀유지의무의 해제

가. 윤리규약에 의한 해제 사유

의뢰인의 비밀이라도 "중대한 공익상의 이유가 있는 경우", "의뢰인의 동의가 있는 경우", "변호사 자신의 권리를 방어하기 위하여 필요한 경우"에는 비밀유지의무가 해제되어 변호사는 이를 '최소한의 범위'에서 공개 또는 이용할 수 있다(규18④).

(1) 중대한 공익상의 이유가 있는 경우

윤리규약은 변호사가 알게 된 의뢰인의 비밀을 "중대한 공익상의 이유"(규18④)가 있는 경우에 공개 또는 이용할 수 있다고 규정하고 있다.

미국의 경우와 달리 의뢰인의 비밀에 관한 구체적 공개 기준이 정립되지 않은 우리의 경우에는 구체적 사정에 따라 공개의 정당성, 공개방법의 적정성, 공개로 인하여 보호되는 공익과 침해되는 의뢰인의 이익과의 균형성, 공개로 인하여 침해되는 법익의 최소성 등 비례의 원칙과 변호사의 공공성의 유지의무 및 의뢰인에 대한 보호의무의 취지 등을 종합적으로 고려하여 공개행위의 위법성 또는 반윤리성 여부를 평가하는 것이 타당하다.[52]

---

52) 미국의 경우 변호사가 의뢰인의 비밀을 공개할 수 있는 예외적인 경우의 기준을 비교적 구체적으로 정립하여 윤리판단을 용이하게 하고 있다. 즉, 1908년의 Canons 제41조에 의하면 사기행위의 피해자에게 변호사는 그 행위를 고지하도록 하고, 1969년의 Model Code[DR 4-101 (C)(3)]는 '자신의 의뢰인이 범죄를 저지르려는 의도를 갖고 있다는 것과 그 범죄를 방지하는

그 공개가 자기 또는 타인의 법익, 예컨대 생명이나 신체적 손상을 방지하기 위한 경우로서 긴급피난의 법리에 의하여 위법행위가 아닌 것으로 평가하는 경우가 그 예에 해당될 것이다. 또 위난의 현재성이 없어서 긴급피난의 요건에 해당되지 않는 경우라도, 예컨대 상수도원에 독성물질을 방류하는 경우와 같이 임박한 장래에 불특정 다수인의 생명·신체에 대한 위난을 초래할 염려가 있는 때에는 공개로 인하여 침해되는 의뢰인의 이익보다 공개를 통하여 보호되는 법익이 중대하므로 그 공개가 허용된다고 할 것이다.

나아가 타인의 재산에 대한 위난, 즉 손실이 예견되는 경우에 공개를 허용할 것인가에 관해서는 많은 논란이 있을 수 있다. 일정한 조건하에서 공개를 허용함이 타당할 것이나 공개를 허용하더라도 생명·신체에 대한 위난의 경우와 달리 보다 신중을 기해야 한다.

(2) 의뢰인의 동의가 있는 경우

의뢰인의 동의가 있는 경우에도 변호사는 의뢰인의 비밀을 공개하거나 이용할 수 있다(규18④).

변호사에게 비밀유지의무를 부담하도록 한 취지는 1차적으로 의뢰인 기타 타인의 이익을 보호하기 위한 것이므로 비밀을 공개함으로써 손해를 입을 자, 즉 비밀의 주체가 그 공개를 동의 또는 승낙한 경우에는 윤리에 반하지 않는다. 이 경우에는 이론상 비밀유지의무위반이나 업무상비밀누설죄[53]의 구성요건 해당성 자체가 조각된다.[54]

그런데 현행법이 비밀공개의 동의의 방식에 관하여는 하등의 규정을 두고

데 필요한 정보'를 공개할 수 있다고 하고, 1983년의 Model Rules[1.6(b)(1)]은 의뢰인이 다른 사람을 '곧 죽게하거나 중상해를 입힐 수 있는 범죄를 저지르려는 경우에 이를 방지하기 위해 필요한 경우'에 공개를 허용하고, 2001년 Model Rules[1.6(b)(1)]은 '상당히 확실한 사망이나 심각한 신체적 피해를 방지'하기 위한 비밀공개를 허용하고, 2003년 Model Rules[1.6(b)(1)]은 변호사의 법률서비스를 이용해 의뢰인이 범죄나 사기행위를 저지르려고 하고 그 결과로 다른 사람이 상당한 재산상 또는 금전적 피해를 입을 것이 확실한 경우에 공개를 허용하고 있는 것이 그것이다(6인 공저-김재원, 140면 참조).

53) 형법 제317조(업무상비밀누설) ① 의사, 한의사, 치과의사, 약제사, 약종상, 조산사, 변호사, 변리사, 공인회계사, 공증인, 대서업자나 그 직무상 보조자 또는 차등의 직에 있던 자가 그 직무처리중 지득한 타인의 비밀을 누설한 때에는 3년 이하의 징역이나 금고, 10년 이하의 자격정지 또는 700만원 이하의 벌금에 처한다.

54) 이재상, 전게서, 226면.

있지 않으므로 비밀공개의 동의를 인정하기 위해서는 어떠한 요건이 필요하느냐에 관해서는 해석에 맡겨져 있다. 비밀공개의 동의가 있기 위해서는 Model Rules상의 '설명에 기한 동의'(informed consent)가 필요하다.[55] 따라서 동의가 필요한 사실에 대한 정보, 그러한 상황을 야기한 조건, 동의의 장단점을 이해할 수 있는 설명, 의뢰인의 다른 선택 가능성에 대한 논의, 경우에 따라서는 다른 변호사와의 상담 권유[56] 등의 과정을 거친 후에 의뢰인의 임의의 의사에 기하여 이루어진 공개의 승낙이 있을 것을 요한다고 할 것이다. 사적 자치의 영역에서와 달리 변호사에게 이렇게 '설명에 기한 동의'라는 고도의 의무를 부담하게 하는 것은 변호사는 의뢰인이 갖추지 못한 법률적 전문성을 가지고 있는 등 의뢰인보다 우월한 지위에 있고, 변호사는 당사자주의 소송구조 하에서 의뢰인의 보조자로서 그를 보호해야 할 지위에 있을 뿐만 아니라, 변호사의 지위는 의뢰인의 사법상의 대리인임과 동시에 공공성을 지닌 법률전문직이기 때문이다.

여기에서의 동의는 물론 묵시적으로 이루어질 수도 있고 추정적 승낙이 인정될 경우도 있을 수 있다. 예컨대, 상대방에게 승소하기 위해서 법정에서 의뢰인의 비밀정보를 공개하는 경우 묵시적 동의에 의한 것이라고 할 수 있고, 긴급한 상황임에도 불구하고 예컨대, 의뢰인이 중병으로 의사결정을 제대로 할 수 없어서 설명에 기한 동의를 받을 수 없는 경우 의뢰인의 이익을 위한 변호사의 비밀공개는 추정적 승낙에 의한 것으로 인정될 수 있을 것이다. 그러나 이 경우의 묵시적 동의나 추정적 승낙을 인정하기 위해서는 명시적 동의에 '설명'이 있을 것을 요하는 것과의 균형상 신중하고 엄격하게 해석하여야 한다.

묵시적 동의가 있다고 하더라도 변호사가 전적으로 책임을 면하는 것은 아니고 비밀유지의 책임을 면하기 위해서는 상당한 조치를 해야 할 경우가 있다. 예컨대, 의뢰인이 법무법인 기타 공동법률사무소 소속의 변호사에게 비밀을 개시할 때에는 그 사무실의 다른 변호사 또는 직원 등에게 비밀을 공개해도 좋다는 묵시적 동의가 있다고 할 것이다. 그 경우 다른 변호사나 직원이 그 비밀을 공개한 경우 앞의 묵시적 동의가 있다고 해서 변호사가 바로 면책되는 것은 아니다. 이러한 경우에는 당해 변호사는 다른 변호사 또는 직원 등

---

55) 이상수, 전게서, 167면.

56) Model Rules 1.0 Comment 6.

이 비밀을 공개하지 않도록 상당한 주의의무를 다했음을 입증하지 못하면 비밀유지의무위반의 책임을 져야 한다.

(3) 변호사 자신의 권리를 방어하기 위하여 필요한 경우

변호사는 변호사 자신의 권리를 방어하기 위하여 필요한 경우에도 최소한의 범위에서 의뢰인의 비밀을 공개할 수 있다(규18④).

이는 변호사의 위임사무처리와 관련하여 변호사와 의뢰인 사이에 권익이 충돌할 때에 변호사의 권리를 방어할 필요에 대응하기 위한 것이다. 예컨대, 위임사무의 처리와 관련하여 변호사가 의뢰인을 상대로 제기한 보수청구의 소송에서 그 권리의 존재를 입증하는 데 필요한 경우, 반대로 의뢰인에 의하여 민·형사상 제소되어 자신을 방어하기 위하여 필요한 경우 등이 그것이다.

이러한 경우 변호사가 자신의 권리를 행사하기 위하여 즉, 자신의 권익을 방어하기 위하여 의뢰인의 비밀을 공개할 수 없다면 의뢰인에 대한 관계에서 변호사는 '무기를 빼앗긴 무사'나 마찬가지가 될 수 있다. 변호사의 직무가 공공성이 있다는 이유만으로 변호사가 위와 같이 '무법의 세계'에 방치되는 것 역시 사회적 정당성이 없는 것으로서 법치국가원리에 반한다. 이와 같은 취지에서 윤리규약은 변호사가 알게 된 의뢰인의 비밀을 "변호사 자신의 권리를 방어"하기 위하여 필요한 경우에 공개할 수 있다고 규정하고 있다.

그러나 이는 사회일반의 이익 즉, 공익상의 이유 또는 의뢰인의 동의가 아닌 변호사 자신의 권리를 방어하기 위한 경우라는 점에 있어서 비밀유지의무의 다른 해제사유와 다르다. 따라서 위 규정을 적용함에 있어서는 그 요건을 보다 엄격하게 해석하고 이익형량도 보다 신중하게 판단해야 한다. 즉, 윤리규약 제18조 제4항이 정하는 바 '필요성'과 '최소성'의 요건을 보다 엄격하게 해석하여야 한다.

대한변협 2014. 8. 14. 질의회신 제838호

의뢰인으로부터 형사사건을 수임하였다가 의뢰인과 사건진행방향에 관한 의견차이로 사임하게 되었는 바, 의뢰인이 한국소비자원에 피해구제신청을 하여 한국소비자원으로부터 사건에 대한 소명자료의 제출을 요구받은 사건에서, 소명자료의 제출을 위해 당시 사건의 공소장, 수사기록, 공판기록 등을 제출하는 경우 이는 비밀유지의무위반이 아니다.

나. 법률에 의한 해제 사유

의뢰인의 비밀에 대해서는 위에서 본 윤리규약이 정하는 경우 외에도 각종 법률에 의하여 공개 또는 이용이 허용되는 경우가 있을 수 있다.

(1) 개별적 법령에 의한 공개의무가 있는 경우

법령에 의한 예외는 법령에서 비밀의 개시의무를 규정하고 있으므로 비밀유지의무의 예외에 해당함이 명백하다. 따라서 비밀의 공개는 법령에 의한 정당행위로서 위법성이 조각된다. 이는 개시의무가 있는 경우로서 변호사는 그 재량이 작용할 여지가 없으므로 이익형량의 고민을 할 필요가 없을 것이다. 예컨대, 감염병환자의 신고(감염병예방법12②),[57] 일정한 범죄고지(국가보안법10)[58] 등의 의무가 그것이다.

(2) 법령에 비밀유지의무의 해제사유가 규정된 경우

민사소송법 제315조 제2항[59]에 의하여 비밀유지의무가 면제된 때 및 형사소송법 제149조[60]에 의하여 본인의 승낙이 있거나 중대한 공익상 필요가 있는 때에는 비밀유지의무가 해제된다. 다만 이는 일반적인 비밀유지의무의 해

---

57) 감염병의 예방 및 관리에 관한 법률 제12조(그 밖의 신고의무자) ② 제1항에 따른 신고의무자가 아니더라도 감염병환자 등 또는 감염병으로 인한 사망자로 의심되는 사람을 발견하면 보건소장에게 알려야 한다.

58) 국가보안법 第10條(不告知) 第3條, 第4條, 第5條 第1項 · 第3項(第1項의 未遂犯에 한한다) · 第4項의 罪를 범한 者라는 情을 알면서 搜査機關 또는 情報機關에 告知하지 아니한 者는 5年 이하의 懲役 또는 200萬원 이하의 罰金에 處한다. 다만, 本犯과 親族關係가 있는 때에는 그 刑을 減輕 또는 免除한다.

59) 민사소송법 제315조(증언거부권) ① 증인은 다음 각호 가운데 어느 하나에 해당하면 증언을 거부할 수 있다.

1. 변호사 · 변리사 · 공증인 · 공인회계사 · 세무사 · 의료인 · 약사, 그 밖에 법령에 따라 비밀을 지킬 의무가 있는 직책 또는 종교의 직책에 있거나 이러한 직책에 있었던 사람이 직무상 비밀에 속하는 사항에 대하여 신문을 받을 때
2. 기술 또는 직업의 비밀에 속하는 사항에 대하여 신문을 받을 때

② 증인이 비밀을 지킬 의무가 면제된 경우에는 제1항의 규정을 적용하지 아니한다.

60) 형사소송법 제149조(업무상비밀과 증언거부) 변호사, 변리사, 공증인, 공인회계사, 세무사, 대서업자, 의사, 한의사, 치과의사, 약사, 약종상, 조산사, 간호사, 종교의 직에 있는 자 또는 이러한 직에 있던 자가 그 업무상 위탁을 받은 관계로 알게 된 사실로서 타인의 비밀에 관한 것은 증언을 거부할 수 있다. 단, 본인의 승낙이 있거나 중대한 공익상 필요 있는 때에는 예외로 한다.

제에 관한 것이 아니라 증언의무와 경합되는 경우이다.

비밀유지의무의 해제사유 중 '본인의 승낙'이 있는 경우는 형벌법규의 적용에 있어서 구성요건해당성 자체가 조각된다고 볼 것이고, '중대한 공익상의 필요'가 있는 경우는 변호사의 재량에 맡겨져 있다고 할 것이나 이는 자의적인 것이 아니고 이익형량 등에 의하여 합리적으로 판단해야 할 것이다.

(3) 형법의 해석에 의하여 공개가 허용되는 경우

(가) 정당한 행위로서 공개가 허용되는 경우(형20)

윤리규약이 정한 '중대한 공익상의 이유가 있거나 변호사 자신의 권리를 방어하기 위하여 필요한 경우'는 형법 제20조[61]의 '기타 사회상규에 위배되지 아니한 때'에 해당될 수 있을 것이다.

(나) 업무로 인한 행위로서 공개가 허용되는 경우(형20)

업무로 인한 행위란 직업의무 내지 직업윤리의 정당한 수행을 위해 합목적적으로 요구되는 행위를 말한다.[62] 법령에 개시의무가 명시적으로 규정되지 않는 경우라 하더라도 업무로 인한 행위가 정당행위로서 위법성이 조각되는 경우가 있을 수 있다. 예컨대, 이혼소송을 담당하고 있는 변호사가 의뢰인의 이익을 위하여 그 생리적 결함을 법정에서 공개하여 업무상비밀누설죄(형317)나 명예훼손죄(형307)[63]의 구성요건에 해당되더라도 이는 업무로 인한 행위가 되어 위법성이 조각된다.

(다) 긴급피난으로서 공개가 허용되는 경우(형22)

타인의 생명·신체 또는 자유에 대한 위난을 피하기 위하여 비밀을 개시한 때에는 형법 제22조[64]의 긴급피난에 의하여 위법성이 조각될 경우가 있을 수

61) 형법 제20조(정당행위) 법령에 의한 행위 또는 업무로 인한 행위 기타 사회상규에 위배되지 아니하는 행위는 벌하지 아니한다.

62) 김일수·서보학, 한국형법 I [총론 상] 개정판, 박영사, 1996, 614면.

63) 형법 제307조(명예훼손) ① 공연히 사실을 적시하여 사람의 명예를 훼손한 자는 2년 이하의 징역이나 금고 또는 500만원 이하의 벌금에 처한다.
② 공연히 허위의 사실을 적시하여 사람의 명예를 훼손한 자는 5년 이하의 징역, 10년 이하의 자격정지 또는 1천만원 이하의 벌금에 처한다.

64) 형법 제22조(긴급피난) ① 자기 또는 타인의 법익에 대한 현재의 위난을 피하기 위한 행위는

있다. 예컨대, 의뢰인이 성병에 감염된 사실을 그 배우자에게 고지하는 경우에는 그 배우자의 생명·신체에 대한 위난을 피하기 위한 행위로서 긴급피난에 해당되어 위법성이 조각된다.

5. 비밀유지의무의 위반 효과

비밀유지의무의 해제사유에 해당하지 않는 한, 변호사가 비밀유지의무를 위반하면 형법상의 업무상비밀누설죄가 성립할 수 있다(형317①). 변호사법상의 형사처벌 규정은 없고, 징계사유에 해당될 수 있다(법91② i).

6. 비밀유지의무와 비밀유지특권

가. 비밀유지특권의 의의

(1) 비밀유지특권의 개념

변호사법과 윤리규약은 변호사의 비밀유지에 관한 "의무"를 규정하고 있을 뿐이다(법26, 규18). 그런데 형사소송법 제112조[65]의 비밀물건의 압수거부권 또는 동법 제149조의 증언거부권이나, 민사소송법 제315조 제1항의 증언거부권 또는 동법 제344조 제1항 제3호 다.목의 비밀문서제출거부권에 관한 규정을 보면, 이러한 권리들의 실질이 변호사의 업무상 비밀유지이익의 보호에 관한 것임을 알 수 있고, 위와 같은 권리들을 포함하여 변호사의 업무상 비밀유지이익을 보호하기 위한 권리의 총체를 비밀유지특권으로 구성할 수 있다.[66] 변호사 자신은 비밀을 유지하려고 해도 다른 사람, 예컨대 법원 등으로부터 비밀의 공개를

상당한 이유가 있는 때에는 벌하지 아니한다.

② 위난을 피하지 못할 책임이 있는 자에 대하여는 전항의 규정을 적용하지 아니한다.

65) 형사소송법 제112조(업무상비밀과 압수) 변호사, 변리사, 공증인, 공인회계사, 세무사, 대서업자, 의사, 한의사, 치과의사, 약사, 약종상, 조산사, 간호사, 종교의 직에 있는 자 또는 이러한 직에 있던 자가 그 업무상 위탁을 받아 소지 또는 보관하는 물건으로 타인의 비밀에 관한 것은 압수를 거부할 수 있다. 단, 그 타인의 승낙이 있거나 중대한 공익상 필요가 있는 때에는 예외로 한다.

66) 일본의 변호사법 제23조는 그 제목을 "비밀유지의 권리 및 의무"로 하고 이에 대하여 "변호사 또는 변호사이었던 자는 그 직무상 알게 된 비밀을 유지할 권리를 가지고 의무를 부담한다"고 규정하여, 비밀유지의무와 표리관계에 있는 권리로서의 성격을 명시적으로 규정하고 있다.

명령받았을 때 변호사가 그것을 거부할 수 없다면 결국 비밀을 유지하는 것이 불가능하기 때문이다. 따라서 비밀유지의무는 의뢰인에 대해서는 의무이지만, 국가기관이나 제3자 등에 대해서는 권리(의뢰인의 비밀을 공개하지 않을 권리)로서 구성되지 않으면 안 된다.[67] 이러한 비밀유지특권은 비밀비닉특권(秘密秘匿特權)이라고도 하며[68] 비밀유지의무와는 표리관계에 있다고 볼 수 있다.

(2) 현행법상 비밀유지특권에 관한 규정

현행법상 변호사의 비밀유지특권으로서 성질을 가진 권리는 비밀물건 압수거부권, 비밀문서제출거부권, 증언거부권이 있다.

(가) 형사소송과 비밀유지특권

형사소송에 있어서 변호사는 아래와 같이 증언거부권과 비밀물건의 압수거부권이 있다.

> **형사소송법 제149조(업무상 비밀과 증언거부)** 변호사, 변리사, 공증인, 공인회계사, 세무사, 대서업자, 의사, 한의사, 치과의사, 약사, 약종상, 조산사, 간호사, 종교의 직에 있는 자 또는 이러한 직에 있던 자가 그 업무상 위탁을 받은 관계로 알게 된 사실로서 타인의 비밀에 관한 것은 증언을 거부할 수 있다. 단, 본인의 승낙이 있거나 중대한 공익상 필요있는 때에는 예외로 한다.
> **형사소송법 제112조(업무상 비밀과 압수)** 변호사, 변리사, 공증인, 공인회계사, 세무사, 대서업자, 의사, 한의사, 치과의사, 약사, 약종상, 조산사, 간호사, 종교의 직에 있는 자 또는 이러한 직에 있던 자가 그 업무상 위탁을 받아 소지 또는 보관하는 물건으로 타인의 비밀에 관한 것은 압수를 거부할 수 있다. 단, 그 타인의 승낙이 있거나 중대한 공익상 필요가 있는 때에는 예외로 한다.

(나) 민사소송과 비밀유지특권

민사소송에 있어서 변호사는 아래와 같이 증언거부권과 비밀문서제출거부권이 있다.

> **민사소송법 제315조(증언거부권)** ① 증인은 다음 각호 가운데 어느 하나에 해당하면 증언을 거부할 수 있다.

---

67) 森際康友, 전게서, 25면 참조.

68) 6인 공저-김재원, 138면; 이상수, 전게서, 154면 등 참조.

1. 변호사·변리사·공증인·공인회계사·세무사·의료인·약사, 그 밖에 법령에 따라 비밀을 지킬 의무가 있는 직책 또는 종교의 직책에 있거나 이러한 직책에 있었던 사람이 직무상 비밀에 속하는 사항에 대하여 신문을 받을 때
2. (생략)

② 증인이 비밀을 지킬 의무가 면제된 경우에는 제1항의 규정을 적용하지 아니한다.

민사소송법 제344조(문서의 제출의무) ① 다음 각호의 경우에 문서를 가지고 있는 사람은 그 제출을 거부하지 못한다.

1. 2. (생략)
3. 문서가 신청자의 이익을 위하여 작성되었거나, 신청자와 문서를 가지고 있는 사람 사이의 법률관계에 관하여 작성된 것인 때. 다만, 다음 각목의 사유 가운데 어느 하나에 해당하는 경우에는 그러하지 아니하다.
   가. 나.(생략)
   다. 제315조 제1항 각호에 규정된 사항 중 어느 하나에 규정된 사항이 적혀 있고 비밀을 지킬 의무가 면제되지 아니한 문서

대법원 2012. 5. 17. 선고 2009도6788 판결(전원)[69]

헌법 제12조 제4항 본문은 "누구든지 체포 또는 구속을 당한 때에는 즉시 변호인의 조력을 받을 권리를 가진다"라고 규정하고 있고, 이와 관련하여 형사소송법 제34조는 변호인 또는 변호인이 되려는 사람에 대하여 신체구속을 당한 피고인 또는 피의자와 제한 없이 접견하고 서류 또는 물건을 수수할 수 있도록 허용하고 있다. 한편 형사소송법은 변호사 등이 그 업무상 위탁을 받아 소지 또는 보관하는 물건으로 타인의 비밀에 관한 것은 압수를 거부할 수 있고(제112조 본문, 제219조), 그 업무상 위탁을 받은 관계로 알게 된 사실로서 타인의 비밀에 관한 것은 증언을 거부할 수 있도록 규정하여(제149조 본문), 변호사와 의뢰인 사이의 법률자문 또는 법률상담의 비밀을 일정한 범위에서 보호하고 있다.

위와 같은 변호인의 조력을 받을 권리, 변호사와 의뢰인 사이의 비밀보호 범위 등에 관한 헌법과 형사소송법 규정의 내용과 취지 등에 비추어 볼 때, 아직 수사나 공판 등 형사절차가 개시되지 아니하여 피의자 또는 피고인에 해당한다고 볼 수 없는 사람이 일상적 생활관계에서 변호사와 상담한 법률자문에 대하여도 변호인의 조력을 받을 권리의 내용으로서 그 비밀의 공개를 거부할 수 있는 의뢰인의 특권을 도출할 수 있다거나, 위 특권에 의하여 의뢰인의 동의가 없는 관련 압수물은 압수절차의 위법 여부와 관계없이 형사재판의 증거로 사용할 수 없다는 견해는 받아들일 수 없다고 하겠다. 원심이 이 사건 법률의

---

69) 이 판례는 변호인이 아닌 의뢰인의 비밀유지특권 즉, 미국에서의 변호사-의뢰인 특권(ACP: Attorney-Client Privilege)을 부정한 것이다. 반면에 서울고등법원 2009. 6. 26. 선고 2008노2778 판결은 이를 인정하였다.

견서의 증거능력을 부정하는 이유를 설시함에 있어 위와 같은 이른바 변호인-의뢰인 특권을 근거로 내세운 것은 적절하다고 할 수 없다

나. 비밀유지의무와 비밀유지특권의 차이

비밀유지의무와 비밀유지특권은 그 의무와 권리의 상대방이 누구냐, 그 성격이 적극적이냐 소극적이냐에 따라 구분할 수 있다.

비밀유지의무는 의뢰인에 대한 관계에서의 의무이고, 비밀유지특권은 의뢰인 외의 제3자에 대한 관계에서 의뢰인의 비밀에 대한 개시를 거부할 수 있는 권리를 말한다.

또, 비밀유지의무의 내용은 적극적이다. 수사 절차상의 필요나 법원의 증언요구에 대한 소극적 거부가 아니라, 사회생활의 유지에 있어서 중요한 역할과 기능을 담당하는 전문직으로서 타인의 위임을 받아 업무를 수행하는 과정에서 취득한 비밀이 공개되지 않도록 하여야 할 적극적인 의무를 규정한 것이다. 비밀유지의무는 변호사가 의뢰인의 비밀을 고의로 공개 또는 이용하거나 의뢰인의 비밀이 변호사의 과실에 의하여 공개되는 것을 방지하기 위한 것이다.

반면에, 비밀유지특권은 소극적인 의미를 가지고 있다. 현행법상 비밀유지특권의 성질을 가진 비밀물건 압수거부권(형소112), 비밀문서제출거부권(민소 344① iii다.) 및 증언거부권(형소149, 민소315)은 형사소송절차나 법정에서의 증거조사절차에서 의뢰인의 비밀에 관한 물건의 압수 또는 문서의 제출을 거부하거나 증언을 거부할 수 있는 권리로서 이러한 권리를 행사하더라도 제재 기타 불이익을 받지 않는다는 것이기 때문이다. 변호사가 의뢰인의 업무를 원활하게 수행하기 위해서는 변호사와 의뢰인 사이의 신뢰관계 유지가 필수적이고 비밀유지특권은 그 신뢰관계 유지를 위한 최소한의 장치이다.

다. 비밀유지특권의 보호 범위

현행법은 의뢰인의 사적 이익과 공익의 충돌이 있는 경우 의뢰인의 이익이 공익에 반하지 않을 것을 요구하고 있다.[70)]

---

70) 예컨대, 의뢰인이 변호사에게 위법행위에 협조하여 줄 것을 요청하는 경우 의뢰인의 사적이익의 보호를 위해서는 이에 응하여야 할 것이나, 이는 변호사의 공공성의 유지의무에 반하여 허용되지 않는다.

변호사의 직무에 있어서 공익과 사익의 균형에 관한 현행법의 위와 같은 태도에 비추어 변호사의 비밀유지특권도 그 직무에 있어서 공익을 위하여 일정 부분 조정되어야 할 필요가 있다.

이를 위하여 비밀유지특권에 있어서 비밀은 변호사가 의뢰인으로부터 지득한 「비밀의 내용 자체」와, 「그 비밀의 존재여부 및 그 근거」에 관한 것으로 구분할 수 있다. 후자는 변호사가 의뢰인의 비밀의 존재 여부, 존재한다면 그 것을 알게 된 경위 기타 근거 등이 여기에 해당된다.

여기에서 변호사의 비밀유지특권에 의하여 엄격하게 보호되어야 할 비밀은 위 비밀의 유형 중 전자, 즉 의뢰인의 「비밀의 내용 자체」(협의의 비밀유지의무의 대상)이고, 후자, 즉 「그 비밀의 존재여부 및 그 근거」에 대해서는 공익과의 관계에서 그 보호의 범위를 탄력적으로 결정할 필요가 있다. 의뢰인의 이익과 공익을 비교형량함에 있어서도 전자에 대하여는 의뢰인의 이익을 위하여 보다 엄격하게, 후자에 대해서는 보다 완화하여 판단함으로써 사익과 공익의 합리적 조정에 의한 구체적 타당성을 기할 수 있을 것이다.

라. 비밀유지특권의 포기 문제

(1) 문제의 소재

형사소송법과 민사소송법은 변호사가 업무상 또는 직무상 알게 된 비밀에 관하여 증언을 거부할 수 있는 증언거부권(비밀유지특권)을 인정하고 있으나, 변호사가 그 증언거부권을 행사하지 아니하고, 즉 비밀유지특권을 행사하지 않고 피해자 또는 타인의 비밀내용에 관하여 증언하는 경우의 업무상비밀누설죄의 죄책이 어떠한지에 관하여 논란이 있다.

이와 관련하여 비밀유지의무와 다른 법령상 의무의 경합, 비밀유지특권을 포기한 증언과 업무상비밀누설죄의 성립 여부 등에 대하여 살펴본다.

(2) 비밀유지의무와 다른 법령상 의무와의 경합

비밀유지의무와 비밀을 공개하여야 할 다른 법률상의 의무가 경합될 경우 어떠한 의무를 우선할 것이냐가 문제될 수 있다.

비밀유지의무와 충돌되는 다른 의무가 법령에 근거하거나 초법규적 위법성 조각사유에 해당하는 경우에는 그 다른 의무를 우선하여야 한다. 예컨대, 전염병예방법 제4조에 의한 전염병환자의 신고, 국가보안법 제10조에 의한 범죄

고지, 변호사의 변호권의 범위 내에서의 타인의 비밀에 대한 적시 등은[71] 법령에 의한 정당행위로서 위법성이 조각된다. 또 의뢰인이 성병 환자인 사실을 성병의 전염을 예방하기 위해 그 약혼녀에게 알려준 경우 이는 타인의 생명·신체에 대한 위난을 피하기 위한 행위로서 긴급피난에 해당되어 위법성이 조각된다고 할 것이다.

비밀의 공개가 법률상의 의무 또는 초법규적 위법성조각사유에 해당되는 경우까지 비밀유지의무를 우선하게 되면 변호사의 공익실현의 의무는 실현될 수 없다.

(3) 업무상비밀누설죄의 성부

비밀의 공개가 법령상의 의무가 아닌 경우 변호사가 비밀유지특권을 포기하고 비밀을 공개하는 증언을 한 때 업무상비밀누설죄가 성립하는지 여부에 대해서 견해가 대립되고 있다.

① **긍정설** 비밀유지특권을 인정하여 묵비에 관한 권리를 인정하고 있는 이상 이를 스스로 포기하고 임의로 증언한 것이므로 본죄의 성립을 인정해야 한다는 입장이다.[72]

② **부정설** 법질서가 국민에게 서로 모순되는 의무를 과할 수는 없으므로 증언거부권을 행사하지 않으면 증언의무가 있으므로 그 의무에 따라서 증언한 이상 위법성이 조각된다고 보는 입장이다.[73]

③ **절충설** 「비밀의 내용 자체」, 즉 협의의 비밀유지특권을 포기하고 의뢰인의 비밀을 증언한 경우에는 본죄의 성립을 인정하고 「그 비밀의 존재 여부 및 그 근거」에 관한 비밀유지특권을 포기하고 비밀을 증언한 경우 본죄의 성립을 부정하는 입장을 생각할 수 있다.

생각건대, 절충설이 타당하다. 비밀유지의무는 의뢰인의 변호사에 대한 신뢰를 담보함으로써 당사자주의 소송구조를 유지하기 위한 제도적 기초이다. 그러나 이를 아무런 제한 없이 인정한다면 변호사가 그 공익실현의 의무를 다할 수 없고 이는 변호사지위의 공공성에 반한다. 또, 비밀유지특권은 이를 포기할 수 없음에도[74] 이를 포기하고 증언함으로 말미암은 책임을 부담하는 것은

71) 김일수·서보학, 전게서, 239면.

72) 이상수, 전게서, 157-158면; 김일수·서보학, 전게서, 236면 등 참조.

73) 이재상, 전게서 227면; 정성근·박광민, 전게서, 225면 등 참조.

책임주의의 당연한 결과이다. 따라서 비밀유지특권의 대상 비밀은 협의의 비밀유지의무의 보호대상으로서의 비밀에 한정하여 이를 증언할 경우 업무상비밀누설죄의 성립을 인정하고, 「그 비밀의 존재여부 및 그 근거」에 관한 사항은 비밀유지특권을 포기하여 증언하더라도 업무상비밀누설죄가 성립하지 않는다고 봄이 타당하다고 생각된다.

■ 기본사례(해설)

1. 민사소송법 제81조 제1항에 따른 소송위임(수권행위)은 소송대리권의 발생이라는 소송법상의 효과를 목적으로 하는 단독 소송행위로서 그 기초관계인 의뢰인과 변호사 사이의 사법상의 위임계약과는 성격을 달리하는 것이고, 의뢰인과 변호사 사이의 권리의무는 수권행위가 아닌 위임계약에 의하여 발생한다. 동법 제82조[75]의 규정은 소송절차의 원활·확실을 도모하기 위하여 소송법상 소송대리권을 정형적·포괄적으로 법정한 것에 불과하고 변호사와 의뢰인 사이의 사법상의 위임계약의 내용까지 법정한 것은 아니다. 따라서 본안소송을 수임한 변호사가 그 소송을 수행함에 있어 강제집행이나 보전처분에 관한 소송행위를 할 수 있는 소송대리권을 가진다고 하여 의뢰인에 대한 관계에서 당연히 그 권한에 상응한 위임계약상의 의무를 부담한다고 할 수는 없고, 변호사가 처리의무를 부담하는 사무의 범위는 변호사와 의뢰인 사이의 위임계약의 내용에 의하여 정하여진다.[76]

   사례에서 만약 갑 변호사와 A와의 위임계약에서 가처분에 관한 소송위임 약정을 하였다면 소송을 제기하기 전에 가처분의 필요성을 검토하여 가처분신청을 하여야 할 의무를 부담한다고 할 수 있다. 그러나 사례에서는 위임계약에서 가

---

74) 田中 宏, 전게서, 151면은 통상의 권리는 포기할 수 있으나 증언거부권은 포기할 수 없다고 해석하여야 하고 이는 비밀유지의무는 당사자의 비밀을 유지하는 것만이 아니고 변호사에 대한 신뢰, 변호사제도에 대한 신뢰라고 하는 공익을 도모하는 것을 목적으로 하고 있기 때문이라고 한다.

75) 민사소송법 제90조(소송대리권의 범위) ① 소송대리인은 위임을 받은 사건에 대하여 반소·참가·강제집행·가압류·가처분에 관한 소송행위와 변제의 영수를 할 수 있다.
② 소송대리인은 다음 각호의 사항에 대하여는 특별한 권한을 따로 받아야 한다.
1. 반소의 제기
2. 소의 취하, 화해, 청구의 포기·인낙 또는 제80조의 규정에 따른 탈퇴
3. 상소의 제기 또는 취하
4. 대리인의 선임

76) 대판 1997. 12. 12. 95다20775.

처분에 관한 소송위임의 약정이 없었고, 소송의 수임 당시 변호사가 의뢰인에게 그 토지에 대한 소유권이전등기청구권을 보전할 필요성 및 처분금지가처분절차에 관하여 충분히 설명을 하였어야 할 구체적 사정이 존재하였다고 보기도 어려우므로 적시에 가처분신청을 하지 않은 것 자체로 선관주의의무의 위반이 된다고 할 수 없다.

2. 변호사는 의뢰인에 관하여 업무상 알게 된 비밀을 공개해서는 안 된다. 갑 변호사가 고문회사인 A사의 유상증자에 관한 사항을 증명하는 서류를 B에게 교부한 것은 비밀의 공개로서 허용되지 않는다.
3. 변호사는 직무상 알게 된 의뢰인의 비밀을 부당하게 이용해서는 안 된다. 따라서 갑 변호사의 행위는 비록 위임사무가 종료된 후라도 의뢰인이었던 자의 비밀정보를 이용하여 그 이익에 반하는 행위를 한 것으로 허용되지 않는다.

6 변호사의 이익충돌 회피의무

도입질문

1. 변호사의 이익충돌회피의무의 취지는 무엇인가?
2. 이익충돌회피의무에 있어서 동일사건 또는 본질적으로 관련된 사건의 개념은 무엇인가? 변호사가 수임하여 그 처리가 종료된 사건과 현재 처리 중인 사건에 대하여 이익충돌회피의무를 동일하게 보아야 하는가?
3. 수임의 순순서에 의하여 '수임하고 있는 사건의 상대방이 위임하는 사건'과 수임의 역순서에 의하여 '수임하고 있는 사건의 상대방이 위임하는 사건'은 이익충돌에 있어서 어떠한 차이가 있는가?
4. 고문변호사가 자문한 업무에 관하여는 동일사건 여부를 어떠한 기준에 의하여 판단하여야 하는가?
5. 변호사는 예비적 의뢰인에 대하여도 이익충돌회피의무를 부담하는가?
6. 변호사는 동일사건의 일방 당사자인 2인 이상을 대리할 수 있는가?
7. 변호사에게 계쟁권리의 양수를 금지하는 취지는 무엇인가?
8. 변호사가 공무원 등으로 관여한 사건에 대한 이익충돌회피의무를 폭넓게 인정하는 이유는 무엇인가?
9. 공동법률사무소에 있어서 이익충돌의 확장 및 재확장을 제한할 필요가 있는가?
10. 이익충돌이 사후에 발견된 경우 그 해결방법, 이익충돌회피의무에 위반된 대리행위의

Ⅰ. 이익충돌의 의의

이익충돌은 당사자 사이에 이익이 충돌하는 것, 이해가 대립하는 것을 말한다. 기본적으로는 의뢰인과 다른 의뢰인 사이에 이익이 충돌하는 것을 말한다. 여기의 의뢰인은 예비적 의뢰인을 포함한다. 또 의뢰인 사이의 이익충돌로 보이는 경우에도 변호사 자신의 이해가 관계될 수 있다. 예컨대, 어느 의뢰자를 택할 것인가에 따라 보수 등의 경제적 문제에 영향을 줄 수 있고, 경제적 문제가 아니라고 하여도 변호사로서의 사회적 평가 및 인간관계에 영향을 줄 수 있기 때문이다.[1)]

변호사의 이익충돌회피의무에 있어서의 이익충돌의 개념에 대해서는 그 의무를 지게 하는 이유에 대한 설명의 관점에 따라서 다양하게 정의될 수 있다. 여기에서는 다른 의뢰인 또는 변호사의 이익이나 기타 이해관계로 말미암아 의뢰인에 대한 보호의무의 이행이 방해받거나 방해받을 위험이 있는 상황을 초래하여 의뢰인의 신뢰관계를 저해하고 변호사의 독립성 및 품위를 손상시켜 변호사에 대한 사회일반의 신뢰를 실추시키는 것을 의미하는 것으로 사용하고자 한다.[2)]

Ⅱ. 이익충돌회피의무의 취지

변호사에게 이익충돌회피의무를 부담케 하는 취지, 즉 이익충돌에 대한 규제 이유는 다양한 관점에서 파악할 수 있어서 아직까지 통일적인 설명이 이루어지지 못하고 있다.

---

1) 이러한 의미의 ‘이익충돌’에 대해서 ‘이익상반’(小島武司 외 2, 『現代の法曹倫理』, 法律文化社, 2007, 94면 참조), ‘이익충돌’(규22①ⅴ; 6인 공저-이상수, 151면 이하 참조), ‘이해충돌’(규22①ⅵ) 등의 용어가 사용되고 있는바, 우리나라에서는 법학전문대학원 교재개발팀에서 위와 같이 “이익충돌”이라는 용어를 사용하고 있고, 이미 “이익충돌”이라는 용어를 통일적으로 사용하는 학자도 있으므로(이상수, 전게서, 178면 주68 참조), 이 책에서도 혼선을 피하기 위하여 “이익충돌”이라는 용어를 사용하고자 한다.

2) 6인 공저-이상수, 156면에서는 이익충돌을 “다른 의뢰인의 이익이나 변호사 자신의 이익 기타 이해관계 때문에 의뢰인을 위한 온전한 판단이 방해받는 상황”을 의미하는 것으로 설명하고 있다.

우선, 대법원 판례는 "변호사법 제31조 제1호에서 당사자의 일방으로부터 상의를 받아 그 수임을 승낙한 사건의 상대방이 위임하는 사건의 경우에 변호사의 직무행위를 금지하는 이유는, 변호사가 그와 같은 사건에 관하여 직무를 행하는 것은 먼저 그 변호사를 신뢰하여 상의를 하고 사건을 위임한 당사자 일방의 신뢰를 배반하게 되고, 변호사의 품위를 실추시키게 되는 것이므로 그와 같은 사건에 있어서는 변호사가 직무를 집행할 수 없도록 금지한 것"이라고 판시하고 있다.[3)]

일본의 판례는 이익충돌의 규제이유를 "협의 또는 의뢰한 상대방의 신뢰를 배신하고, 변호사의 품위를 실추시키며, 변호사 전체에 대한 일반인의 신뢰와 신용을 잃게 하고, 사법의 공정운영에 대한 일반인의 신뢰를 해할 우려" 때문으로 설명하고,[4)] 미국의 Model Code는 '변호사의 독립적 · 전문적 판단에 대한 부정적 영향'(adverse effect on lawyer's independent professional judgment),[5)] Model Rules는 '직접적인 대립'(direct adversity) 또는 '변호사의 의뢰인대리에 대한 중대한 제약'(material limitation on lawyer's representation of client)[6)]으로 설명하고 있다.

살피건대, 일본의 판례는 변호사에 대한 의뢰인(예비적 의뢰인을 포함한다) 및 사회일반의 신뢰에, 미국의 Model Code는 변호사의 독립성에, Model Rules는 대리관계의 제약에 각 중점을 두고 설명하고 있으나, 변호사에게 부과된 기본적 의무는 성실의무 및 비밀유지의무 등의 이행을 통한 의뢰인에 대한 보호,[7)] 공공성의 유지, 사회적 신뢰의 유지 등과 같은 윤리적 가치에 종횡으로 연결되어 있다는 점을 감안하면, 변호사에게 이익충돌회피의 의무를 지운 것은 변호사가 의뢰인의 비밀을 유지하는 등 함으로써 의뢰인을 성실하게 보호하고, 변호사의 공공성, 나아가서 명예 및 품위의 유지를 통하여 의뢰인 및 사회일반의 변호사에 대한 신뢰를 유지할 수 있도록 함으로써 변호사와 의뢰인 사이의 관

---

3) 대판 2003. 11. 28. 2003다41791.

4) 日最高裁, 昭和 38.10.30. 民集 17巻 9号, 1266면 참조.

5) Model Code-Canon5: 변호사는 의뢰인을 대리하여 독립적, 전문적 판단을 해야 한다(A Lawyer should exercise independent professional judgment on behalf of a client).

6) 변호사가 다른 의뢰인, 종전 의뢰인, 제3자에 대한 책임이나 변호사의 개인적 이익에 의해서 한 명 또는 그 이상의 의뢰인의 이익이 직접 대립하거나, 대리가 실질적으로 제한받을 상당한 위험이 있으면 변호사는 그 의뢰인을 대리할 수 없다[Model Rules 1.7(a)(1),(2)].

7) 이익충돌의 금지는 주로 변호사의 의뢰인에 대한 성실의무, 수비의무(守秘義務)와 깊이 연관된 가장 중요한 논점이다(小島武司 외 2, 전게서, 94면 참조).

계, 나아가서는 변호사제도가 원만하게 작동되게 하기 위한 것이라고 할 수 있다.

Ⅲ. 이익충돌회피의무의 한계

구체적인 경우에 이익충돌이 발생한다고 하여 사건을 절대적으로 수임하지 못하게 하면 다음과 같은 문제가 발생할 수 있다.

첫째, 이익충돌회피의무로 말미암아 의뢰인은 변호사를 제대로 선택할 수 없는 상황에 처할 수 있다. 예컨대 위임사무가 고도의 전문성을 요하는 내용으로서 그러한 전문성을 갖춘 변호사가 많지 않는 분야, 또는 변호사의 수가 적은 지역 등에서 변호사를 제대로 선임할 기회를 박탈당할 수 있다.

둘째, 이익충돌회피를 위해서는 변호사의 직장선택의 자유가 제한될 수 있다. 예컨대 법무법인 · 법무법인(유한) · 법무조합 기타 공동법률사무소를 1명의 변호사로 보게 됨에 따라(법31②), 변호사가 다른 공동법률사무소에 전직하면 그 공동법률사무소가 그 변호사의 전 소속 공동법률사무소가 대리하는 당사자의 상대방 사건을 수임할 수 없게 되어 사실상 변호사의 직장 이동의 기회를 줄이는 결과가 되고, 또 공동법률사무소를 합병하게 되면 동일사건을 쌍방대리하는 결과가 됨으로써 공동법률사무소 간의 합병 등 통합에 큰 장애가 된다.

셋째, 전략적 법률상담을 조장할 우려가 있다. 전략적 법률상담이라 함은 예비적 위임관계가 형성되면 변호사가 비밀유지의무. 이익충돌회피의무 등 일정한 책임을 부담하는 것을 이용하여 특정의 변호사가 상대방의 변호사가 되는 것을 봉쇄할 의도로 그 변호사와 사건에 대하여 상담하는 것을 말한다. 전략적 법률상담을 남용하여 상대방으로 하여금 변호사의 수가 적은 지역의 특정 변호사나 고도의 전문적 영역에서 활동하는 변호사(expert 또는 specialist), 나아가서는 많은 변호사를 고용하고 있는 법무법인 등을 변호사로 선임할 수 없도록 할 수 있다.

따라서 이익충돌회피의무에 관하여 그 규범의 해석 또는 규범의 제정에 있어서는 위와 같은 이익충돌의 규제를 완화할 필요를 고려하여 실제에 있어서 부당한 결과가 초래되지 않도록 구체적 타당성을 기하는 노력이 중요하다.

Ⅳ. 이익충돌회피의무의 내용

현행 법규 및 해석상 이익충돌의 유형으로 규정되거나 논의되고 있는 이익충돌의 유형을 아래 [도표 1]과 같이 정리할 수 있다.

[도표 1] 이익충돌의 유형

<table>
<tr><th>유 형</th><th colspan="3">세부 유형</th><th>조 문</th></tr>
<tr><td rowspan="7">당사자 충돌형</td><td rowspan="5">대립당사자의 충돌</td><td rowspan="2">동시적 쌍방대리</td><td>동일 사건</td><td>법31① i, 규22① ii</td></tr>
<tr><td>다른 사건</td><td>법31① ii, 규22① iii</td></tr>
<tr><td rowspan="2">이시적 쌍방대리</td><td>동일 사건</td><td>규22②본</td></tr>
<tr><td>다른 사건</td><td>규22②단</td></tr>
<tr><td colspan="2">예비적 위임관계의 이익충돌 사건</td><td>규22③</td></tr>
<tr><td colspan="3">복수당사자의 이익충돌 사건</td><td>규22① v</td></tr>
<tr><td colspan="3">현재 수임사건과 이해충돌 사건</td><td>규22① vi</td></tr>
<tr><td rowspan="4">의뢰인·변호사 충돌형</td><td colspan="3">변호사시험 합격자의 수임금지</td><td>법31의2</td></tr>
<tr><td colspan="3">계쟁권리 양수 금지</td><td>법32, 규34②</td></tr>
<tr><td colspan="3">의뢰인과 변호사 사이의 금전거래</td><td>규14</td></tr>
<tr><td colspan="3">상대방 등과 친족관계인 사건</td><td>규22① iv</td></tr>
<tr><td rowspan="3">공무 관련 충돌형</td><td colspan="3">공무원 등으로 직무상 취급한 사건</td><td>법31① iii, 규22① i</td></tr>
<tr><td colspan="3">공무원으로 근무한 기관의 처리 사건</td><td>법31③④⑤</td></tr>
<tr><td colspan="3">겸직하는 당해 정부기관의 사건</td><td>규42</td></tr>
<tr><td>중립적 사무 충돌형</td><td colspan="3">중립자로서 변호사가 행하는 사무</td><td>규53</td></tr>
<tr><td>증인될 사건 충돌형</td><td colspan="3">변호사가 스스로 증인이 되어야 할 사건</td><td>규54</td></tr>
<tr><td rowspan="3">공동법률사무소 충돌형</td><td colspan="3">이익충돌의 확장</td><td>법31②, 규48</td></tr>
<tr><td colspan="3">이익충돌의 재확장</td><td>법52②, 58의16, 58의30</td></tr>
<tr><td colspan="3">형식적 공동법률사무소 구성원의 사건</td><td>법31②</td></tr>
</table>

1. 기본개념의 정리

변호사의 이익충돌회피의무에 관한 변호사법 제31조, 윤리규약 제22조 등을 보면, '사건이 동일'한 경우(동일사건)와 동일하지 않는 경우(다른 사건)를 구분하여 수임의 제한에 관하여 달리 취급하고 있다(법31① i , ii). 또 '수임을 승낙한 사건'의 '상대방'(법31① i), 동일한 '사건에 관하여 상대방'(규22① ii), 수임하고 있는 '사건의 상대방'이 위임하는 다른 사건(법31① ii , 규221① iii) 등으로 규정하여, '수임을 승낙한 사건', '사건의 상대방'이 그 의무의 요건으로 되어 있다.

따라서 이익충돌회피의무와 관련된 수임의 제한에 관한 현행 법규의 체계를 파악하기 위해서는, 위와 같이 그 요건으로 규정되어 있는 사건의 동일성(동일사건), 수임을 승낙한 사건, 사건의 상대방 등의 기본개념을 정리할 필요가 있다.

가. 사건의 동일성

(1) 동일사건

변호사법 제31조 제1항 제1호에 의하면, 변호사가 "당사자 한쪽으로부터 상의를 받아 그 수임을 승낙한 사건의 상대방이 위임하는 사건"에 관하여는 그 직무를 수행할 수 없다. 이는 '동일사건'의 일방 당사자로부터 수임한 경우 그 상대방 당사자로부터 그 사건을 수임할 수 없다는 규정이다.

여기에서 동일사건은 기본적으로는 당사자와 법률적 쟁점이 동일한 경우,[8] 또는 소송물과 청구원인이 동일한 경우[9]를 의미한다. 예컨대, A가 B를 상대로 손해배상청구의 소를 제기한 경우 A의 B에 대한 소송사건이나 B의 A에 대한 소송사건은 당사자 및 쟁점이 같으므로 동일사건이다.

그러나 판례는 이익충돌회피의무에 관한 한 위와 같은 협의의 동일사건에 국한하지 아니하고, 실질적으로 동일한 쟁점을 포함하거나[10] 분쟁의 실체가 동일한 경우[11]에도 동일한 사건으로 본다. 따라서 동일사건 여부는 소송물의 동일 여부, 민사사건과 형사사건 사이와 같이 그 절차의 성질이 동일한지 여부 등과는 관계가 없다.

---

8) 대한변협 2014. 4. 11. 질의회신 제809호.
9) 대한변협 2014. 4. 14. 질의회신 제812호.
10) 대판 2003. 5. 30. 2003다15556.
11) 대판 2003. 11. 28. 2003다41791.

1 대법원 2003. 5. 30. 선고 2003다15556 판결

변호사법 제31조 제1호에서는 변호사는 당사자 일방으로부터 상의를 받아 그 수임을 승낙한 사건의 상대방이 위임하는 사건에 관하여는 그 직무를 행할 수 없다고 규정하고 있고, 위 규정의 입법 취지 등에 비추어 볼 때 동일한 변호사가 형사사건에서 피고인을 위한 변호인으로 선임되어 변호활동을 하는 등 직무를 수행하였다가 나중에 실질적으로 동일한 쟁점을 포함하고 있는 민사사건에서 위 형사사건의 피해자에 해당하는 상대방 당사자를 위한 소송대리인으로서 소송행위를 하는 등 직무를 수행하는 것 역시 마찬가지로 금지되는 것으로 볼 것이며,[12] 이러한 규정은 같은 법 제57조의 규정에 의하여 법무법인에 관하여도 준용된다고 할 것이므로, 법무법인의 구성원 변호사가 형사사건의 변호인으로 선임된 그 법무법인의 업무담당변호사로 지정되어 그 직무를 수행한 바 있었음에도, 그 이후 제기된 같은 쟁점의 민사사건에서 이번에는 위 형사사건의 피해자측에 해당하는 상대방 당사자를 위한 소송대리인으로서 직무를 수행하는 것도 금지되는 것임은 물론이고, 위 법무법인이 해산된 이후라도 변호사 개인의 지위에서 그와 같은 민사사건을 수임하는 것 역시 마찬가지로 금지되는 것이라고 풀이할 것이며, 비록 민사사건에서 직접적으로 업무를 담당한 변호사가 먼저 진행된 형사사건에서 피고인을 위한 직접적인 변론에 관여를 한 바 없었다고 하더라도 달리 볼 것은 아니라고 할 것이니, 이러한 행위들은 모두 변호사법 제31조 제1호의 수임제한규정을 위반한 것이다.

2 대법원 2003. 11. 28. 선고 2003다41791 판결

변호사법 제31조 제1호에서 당사자의 일방으로부터 상의를 받아 그 수임을 승낙한 사건의 상대방이 위임하는 사건의 경우에 변호사의 직무행위를 금지하는 이유는, 변호사가 그와 같은 사건에 관하여 직무를 행하는 것은 먼저 그 변호사를 신뢰하여 상의를 하고 사건을 위임한 당사자 일방의 신뢰를 배반하게 되고, 변호사의 품위를 실추시키게 되는 것이므로 그와 같은 사건에 있어서는 변호사가 직무를 집행할 수 없도록 금지한 것이므로, 변호사법 제31조 제1호가 적용되기 위해서는 그 변호사가 관여한 사건이 일방 당사자와 그 상대방 사이에 있어서 동일하여야 하는데, 여기서 사건이 동일한지의 여부는 그 기초가 된 분쟁의 실체가 동일한지의 여부에 의하여 결정되어야 하는 것이므로 상반되는 이익의 범위에 따라서 개별적으로 판단되어야 하는 것이고, 소송물이 동일한지 여부나 민사사건과 형사사건 사이와 같이 그 절차가 같은 성질의 것인지 여부는 관계가 없다고 할 것이다.

---

12) 대결 1962. 12. 27. 62두12; 1968. 8. 1. 68두8 등 참조.

(2) 본질적 관련사건

(가) 개 념

본질적 관련사건은 협의의 동일사건은 아니지만 당사자 사이에 법적인 이해관계가 대립하는 사건을 말한다. 이에 대하여 대한변협은 "두 사건의 법률적 쟁점이 논리적으로나 경험법칙상 전후 모순되거나 저촉되지 않아야 하는 관계에 있는 경우, 또는 종전 사건과 이번 사건 당사자 상호간에 권한이나 책임의 범위를 둘러싸고 이해관계가 대치하는 관계에 있는 경우"의 사건을 말한다고 정의하고 있다.[13)]

대한변협 2014. 4. 11. 질의회신 제809호

- **질의요지**: A회사에 대하여 3억 원의 대여금채권을 갖고 있던 B로부터 이 채권을 양수받은 C가 甲 법무법인의 H변호사를 대리인으로 하여 A를 상대로 3억 원의 지급을 청구하는 소송을 제기하였으나, 시효소멸을 이유로 청구기각판결을 선고받았다. 이후 C가 B를 상대로 하여 양도채권이 시효로 소멸되었음을 이유로 양도계약의 해제와 함께 양도대금을 지급하라는 소송에서 현재 乙 법무법인에 재직하고 있는 H변호사가 B를 수임할 수 있는지 여부.
- **회신요지**: 종전 사건의 쟁점은 양수받은 채권의 효력에 관한 것이었고, 이번 사건의 쟁점은 양수받은 채권이 시효로 소멸함으로써 채권양도계약의 해제사유에 해당하느냐 여부 및 이 경우 양도대금의 반환의무가 있느냐 여부이다. 종전 사건의 당사자는 C와 A이고 이번 사건의 당사자는 C와 B이며 A와 B는 채무자와 채권자로 실질적으로 동일한 당사자의 지위에 있지도 않다. 결국 종전 사건과 이번 사건은 당사자와 법률적 쟁점이 모두 다른 별개의 사건이다. 본질적 관련성 여부에 관하여 보면, 종전 사건이 이번 사건의 원인이 되었을 뿐, 두 사건의 법률적 쟁점이 논리적으로나 경험법칙상 전후 모순되거나 저촉되지 않으며, 종전 사건과 이번 사건 당사자 상호간에 권한이나 책임의 범위를 둘러싸고 이해관계가 대립하는 관계에 있는 경우도 아니므로, 본질적 관련성도 인정되지 않는다.[14)]

(나) 본질적 관련사건과 동일사건

본질적 관련사건은 동일사건과 개념의 경계가 명백하지 않다. 이는 동일사건의 개념이, 앞서 본 바와 같이 '실질적 동일', '실체의 동일'과 같은 불확정적

13) 대한변협 2014. 4. 11. 질의회신 제807호.

14) 대한변협 2014. 4. 11. 질의회신 제807호도 같은 취지.

요소를 내포하고 있을 뿐만 아니라, 동일사건의 기준을 본질적인 관련성보다 넓게 파악할 수도 있기 때문이다.[15] 이익충돌회피의무는 기본적으로 당사자 사이의 이해가 상반되는 상황이 초래되는 것을 회피하도록 하는 것이다. 당사자 사이의 이해가 상반되는 상황은 앞서 본 협의의 '동일사건'이 아니라고 하더라도 발생할 수 있으므로 본질적 관련사건은 이러한 경우를 포괄하기 위한 개념이라고 할 것이다. 따라서 변호사법 제31조 제1항 제1호(윤리규약 제22조 제1항 제2호)의 동일사건에는 이익충돌회피의무의 취지상 본질적 관련사건도 포함된다. 윤리규약 제22조 제2항은 이러한 취지를 표현한 것이다.

㈐ 본질적으로 관련된 사건의 예

1) 본질적 관련사건에 해당되는 예시

변호사 갑이 보험회사 A와 화재보험계약을 체결한 B가 A를 상대로 보험금을 청구한 것을 사기혐의로 기소한 사건(형사사건)을 수임한 후 A가 B를 상대로 제기한 보험금지급채무의 부존재확인소송에서 A의 사건(민사사건)을 수임한 경우이다. 양 사건의 실체는 'B가 보험사고에 기하여 A에게 보험금을 청구하였다'는 동일한 사회적 생활관계이고, 각 쟁점도 B가 보험사고를 의도적으로 작출(作出)하였는지 여부로서 동일하다. 그렇다면 형사사건에서 변호사 갑의 변호로 B에게 무죄가 선고되면 민사사건에서는 A가 패소할 수 있는 관계에 있어 A와 B 사이에 이해관계가 상반된다. 따라서 위 형사사건과 민사사건은 본질적으로 관련된 사건이다. 결국 동일한 갑 변호사가 위 형사사건에서 피고인을 위한 변호인으로 선임되어 변호활동을 하는 등 직무를 수행하였다가 나중에 실질적으로 동일한 쟁점을 포함하고 있는 민사사건에서 위 형사사건의 피해자에 해당하는 상대방 당사자를 위한 소송대리인으로 소송행위를 하는 등 직무를 수행하는 것은 본질적으로 관련된 사건을 쌍방대리하는 것으로 금지된다.

15) "어떠한 법적인 사건이 동일한 것인지의 판단기준은 의뢰인이 변호사에게 상의한 이익의 실질적이고 법적인 내용, 즉 일반적으로 고찰할 때에 내적인 연관성을 가진, 일체적인 생활관계로 귀착시킬 수 있는 실체적 법률관계라고 할 것이다. 중요한 것은 하나의 생활관계에서 발생하는 각각의 청구권이 아니라 그 청구권의 기초가 되는 생활관계 그 자체이다. … 동일사건의 기준은 '본질적인 관련성'보다 넓게 파악하여야 한다"(법률가의 윤리와 책임-박상근, 254면).

2) 본질적 관련사건에 해당되지 않는 예시

대한변협 2014. 4. 11. 질의회신 제807호

■ 질의요지:

㈎ 매매계약의 체결

주식회사 A는 주택건설 사업을 추진하면서 지역 내 부동산소유자들과 매매계약을 체결하면서 매도인별로 약정 1과 약정 2의 각기 다른 내용의 계약을 체결하였음.

① 매매약정 1: 주식회사 A가 잔금지급일까지 잔금을 지급하지 않으면 매매계약은 무효로 하고 이 경우 주식회사 A가 매도인에게 지급한 계약금은 포기하기로 한다. 또는 주식회사 A가 잔금지급기일까지 잔금을 지급하지 않은 경우 계약은 자동 해지된다. 이 경우 계약금은 매도인에게 귀속된다.

② 매매약정 2: 매도인 또는 주식회사 A의 귀책사유가 없을 경우 일방적인 해지는 할 수 없으며, 만약 매도인의 일방적인 해약으로 주식회사 A가 진행하는 사업이 불가능할 경우 전체 사업부지 토지매입대금 총액의 10%에 해당하는 금액을 배상하여야 하며, 주식회사 A의 귀책사유로 계약이 해지된 경우 지불한 계약금은 매도인에게 귀속된다.

㈏ 사건의 경과

주식회사 A는 잔금지급을 지체하였고 그 상태에서 사업시행권을 포함한 일체의 권리는 B, C를 거쳐 D(원고)에게 양도됨.

① 사건 1: D(법무법인 甲대리) → E(매도인1) [중도금반환청구소송: 원고 승소 종결]

약정 1에 따라 주식회사 A의 잔금미지급으로 매매계약은 자동 해제되었고 계약금은 매도인에게 귀속되지만 계약금 이외에 매도인 1이 추가로 지급받은 금액은 중도금으로 반환하여야 한다.

② 사건 2: D → F(매도인2-13, 법무법인 甲대리) [중도금반환청구소송: 질의사항]

약정 2에 따라 주식회사 A의 귀책사유에 의한 잔금미지급과 D의 해제통고로 계약이 해제되었으므로 계약금은 매도인에게 귀속하지만, 매도인 2~13이 추가로 지급받은 매매대금은 중도금으로 반환하여야 한다.

㈐ 질의 내용

사건 1에서 원고 D의 소송을 대리한 법무법인 甲이 사건 2에서 피고들 F(매도인 2~13)를 대리하는 경우 수임제한규정에 저촉되는지 여부

■ 회신요지:

㈎ 종전 사건의 수임사무는 종결되었으므로 변호사법 제31조 제1항 제2호나 윤리규칙 제17조(윤리규약 제22조 제1항 제1호, 제2호, 제3호에 해당) 등의 저촉문제는 발생하지 않는다.

㈏ 사건의 동일성 여부

두 사건에서 원고는 동일하지만 피고는 다르고 사건 2의 피고가 사건 1의 피고와 실질적

으로 동일하다고 볼 수도 없다. 그러므로 두 사건 사이에 수임제한규정에 해당하는 사건의 동일성은 존재하지 않는다.

㈐ **본질적 관련성 여부**

사건 1과 사건 2에서 법률적 쟁점을 비교하면, 매수인 측 귀책사유로 매매계약이 해제되었으나 계약금 이외에 추가로 지급한 금원은 중도금에 해당하므로 반환하여야 한다는 점에서는 동일하고, 다만 사건 1에서는 청구원인을 '매매계약이 매수인 측 귀책사유로 자동해제되었다는 것'으로 하였고, 사건 2에서는 매수인 측 귀책사유에 '매수인의 해제통고가 더하여 해제되었다는 것'으로 되어 있다. 결국 두 사건에서 차이점은 중도금 반환청구권을 정당화하는 사유인 매매계약의 해제가 "자동해제된 것이냐 아니면 해제통고로 해제된 것이냐"에 있다.

수임제한의 요건이 되는 사건의 동일성을 판단할 때 반드시 기판력의 판단기준이 되는 동일성의 범주에 따라 판단할 것은 아니고, "두 사건의 법률적 쟁점이 논리적으로나 경험법칙상 전후 모순되거나 저촉되지 않아야 하는 관계에 있는 경우, 또는 종전 사건과 이번 사건 당사자 상호간에 권한이나 책임의 범위를 둘러싸고 이해관계가 대치하는 관계에 있는 경우"를 가리킨다고 볼 수 있다.

사안의 경우 매매계약이 자동으로 해제되었느냐 아니면 귀책사유 있는 매수인의 해제통고로 해제되었느냐는 매매계약의 자동해제조항의 유무에 따라 달라질 수 있는 문제이므로, 양자의 결과가 다르게 되더라도 논리적으로는 전후 모순되거나 저촉되는 것이 아니다. 동일한 주체가 동일한 사업목적으로 동일한 지역 내의 토지를 매수하는 우연한 사정이 중첩되었을 뿐, 그 계약서의 내용이 서로 다른 내용으로 이루어져 있고 법정해제권을 다투는 것이 아니라 약정해제의 효력 유무를 다투는 분쟁이라면, 두 사건의 결과가 서로 다르게 나온다고 하더라도 그 결과는 전후 모순되거나 저촉되는 것이 아니다.

그렇다면 사건 1에서 원고 소송대리인이었던 법무법인 甲이 사건 1과 무관한 사건 2에서 피고들 소송대리인이 된다고 하더라도 수임제한규정에 저촉되는 것은 아니다.

나. 수임을 승낙한 사건

변호사는 "당사자 한쪽으로부터 상의를 받아 '수임을 승낙한 사건'의 상대방이 위임하는 사건은 수임할 수 없다(법31① i). 또 "수임하고 있는 사건의 상대방이 위임하는 사건"은 원칙적으로 수임할 수 없되 원래의 위임인이 동의하면 수임할 수 있다(법31① ii). 전자는 동일 사건을, 후자는 다른 사건을 각 의미한다. 후자의 '수임하고 있는 사건'은 변호사와 의뢰인 사이에 위임계약이 성립한 사건이므로 그 개념이 특별히 문제될 것은 없다. 전자의 '수임을 승낙한 사건'은 어떠한 경우에 수임을 승낙한 것으로 볼 수 있느냐 하는 문제가 있다.

(1) 수임 '승낙'의 개념

기본사례 1

A는 사업체를 운영 중 암에 걸렸다는 진단을 받고 입원하면서 사업체를 동생인 B에게 양도하면서 인수인계약정서를 작성하였다. 그 후 A는 정밀진단의 결과 암 진단이 오진으로 밝혀져 정상생활로 복귀하였다. 그 사이에 B는 A로부터 인수한 사업체를 승계하여 법인을 설립하고 대표이사로 그 법인을 운영하고 있었다. A는 위 약정서상의 권리를 행사하여야 하는데 B는 그 소유재산이 없다. 이에 A는 갑 변호사를 방문하여 법인에 대한 소송이 가능한지 여부 및 법인 소유의 제품에 대한 가압류가 가능한지 여부 등을 검토하여 소제기 여부를 결정하고 싶다고 상담을 요청하였다. 변호사 갑은 위 약정서를 검토하여 법인을 상대로 하는 소송이 가능하고 법인소유의 제품에 대한 가압류도 가능할 것 같다는 의견을 제시하면서 A의 질문에 따라 착수금과 성공보수의 액수를 말해 주었다. 이에 A는 가압류할 법인의 제품목록 등 자료를 보완하고 돈이 준비되는 대로 다시 방문하여 약정서 및 위임장을 작성하고 착수금도 지급하겠다고 말하였고 변호사 갑은 A로부터 상담료 등 어떠한 명목의 돈도 지급받지 않았다.

그러나 A는 그 후 아무런 연락도 없었고 변호사 갑도 A에게 연락하지 않은 상태에서 약 2개월이 지나 B가 변호사 갑을 방문하여 법률상담을 요청하였는데 확인 결과 B가 바로 A가 상담한 사건의 상대방 당사자였고 A는 이미 다른 변호사를 선임하여 B를 상대로 약정금청구소송을 제기한 상태였다. 변호사 갑은 B에게 A와의 상담의 경위 및 내용을 고지하였으나 B는 자신의 사건을 수임해 달라는 요청을 하고 있다.

변호사 갑이 B로부터 위 사건을 수임할 경우 변호사법 제31조 제1항 제1호에 위반되는가?

여기에서의 수임 '승낙'은 기본적으로 위임계약이 성립된 경우를 포함하고, 그렇지 않다고 하더라도 변호사가 상담자와 사건의 실체관계에 관하여 협의를 하고 법률적 견해를 제시하거나 법률적 해결책 등에 대한 조언이 있고 그 조언이 승낙과 동시할 수 있는 경우를 의미한다. 나누어서 보면 다음과 같다.

㈎ 상담자와 법률상담을 주체적으로 하여 법률적 견해를 제시하거나 그 해결을 위한 법률적 수단 등에 대한 조언이 있어야 한다. 법률상담을 주체적으

로 하여야 하므로 상담자의 말을 일방적으로 들어준 경우라든지 주점이나 버스 등 교통수단 내에서 가볍게 응답하는 정도는 여기에 해당되지 않는다.[16] 또 상담에 응한 조언이 있어야 하므로 상담자가 변호사에게 이메일로 막연한 설명만 하고 자료도 첨부하지 아니한 채 갑자기 수임요청의 문서를 송부한 경우에도 여기에 해당되지 않는다.[17]

조언은 적극적 조언과 소극적 조언으로 구분할 수 있다. 전자는 의뢰인의 이익을 옹호하기 위하여 필요한 예컨대, 분쟁의 해결을 위하여 필요한 법률적 수단에 대하여 조언하는 것을 말한다. 후자는 법률상담을 하여 의뢰인이 희망하는 일정한 결론에 반대하는 견해(예컨대 의뢰인의 견해가 법률상 성립되지 않는다거나 위법하다거나 부당하다는 등)를 제시하는 것을 말한다. 여기에서는 전자의 적극적 조언이 있을 것이 필요하다. 후자의 경우 그러한 사건에 관하여 변호사가 수임의 승낙을 하지 않을 것이기 때문이다.

(나) 수임의 승낙은 위임계약서의 작성에 의하여 그 의사표시가 완성되는 것이 보통이겠으나, 그렇지 않더라도 착수금 명목으로 보수의 일부를 지급한 경우 등 특별한 사정이 있는 경우에는 수임을 승낙한 것으로 볼 수 있다. 이와 관련하여 대한변협은 수임승낙이라 함은 "구체적 사건에 있어서 일방 당사자인 의뢰인 측을 위해서 업무를 수행하겠다는 의사표시를 구체적으로 한 경우를 말한다. 다만, 약정서나 위임장이 작성되지 아니하고, 수임료의 지급도 없는 경우에는 특별한 사정이 없는 한 수임의 승낙이 없는 것으로 볼 수 있다"[18]라는 해석기준을 제시하고 있다.

(다) 결국 대한변협의 견해에 의하면, 상담자에게 적극적인 조언을 통한 승낙의 의사표시가 있는 경우라고 하더라도, 약정서나 위임장이 작성되지 아니하고 수임료의 지급도 없는 경우에는 특별한 사정이 없는 한 수임의 승낙이 있는 것으로 볼 수 없다. 다만, 상담의 내용이나 태양이 상담자와의 신뢰관계[19]에 기한 것으로 인정될 수 있는 경우에는 예비적 위임관계가 성립되어 그에 따른 이익충돌의 문제가 발생하는데 이에 관해서는 후술하기로 한다.

---

16) 田中紘三, 『弁護士の役割と倫理』, 商事法務, 2004, 285면 참조.

17) 加藤新太郎, 전게서, 70면 참조.

18) 대한변협 2009. 12. 14. 질의회신 제497호.

19) 이 신뢰관계는 수임을 승낙한 경우의 신뢰관계와는 다르나, 수임을 승낙한 경우와 비견할 정도의 강한 신뢰관계를 요한다(森際康友, 『法曹の倫理』, 名古屋大學出版會, 2006, 14면).

(2) 수임을 승낙한 '사건'의 범위[20]

'수임을 승낙한 사건'에서 '사건'은 원칙적으로 소송사건을 의미한다고 하겠으나 이에 한정되지 않는다. 자문위촉자와 고문변호사의 자문약정도 그것이 법률사무에 관한 한 변호사가 당사자로부터 수임하는 하나의 '사건'에 해당된다.[21][22] 또, 민사·형사 사건과 같이 절차의 동일 여부나 소송물의 동일 여부도 묻지 않는다.

다. 사건의 상대방

이익충돌로 인한 수임의 제한은 기본적으로 사건의 '상대방'으로부터의 수임의 금지이다. '상대방'은 우선 사건의 대립 당사자 또는 상대방 당사자를 의미하나 이에 한정되지 않는다. 예컨대, 변호사법 제31조 제1항 제2호의 '다른 사건의 대립당사자의 충돌'의 적용대상은, 수임하고 있는 사건의 상대방으로부터 의뢰받은 사건뿐만 아니라, 수임하고 있는 사건의 상대방이 아닌 제3자가 수임하고 있는 사건의 의뢰인을 상대방으로 하는 사건 즉, 후술하는 '수임의 역순서에 의해 수임사건의 상대방이 위임하는 다른 사건'에도 미치기 때문이다.

또 윤리규약 제22조 제2항의 경우, 사건의 상대방은 수임을 승낙한 사건의 상대방뿐만 아니라 그 사건과 본질적으로 관련된 사건에서 이해가 상반되는 자도 포함된다.[23] 예컨대, 채권자 A가 은행 B를 상대로 자신이 예금채권자라고 하며 예금지급을 청구하는 소송에서 변호사 갑이 A를 위한 소송대리를 하고 있는데 C가 자신이야말로 진정한 예금채권자라고 주장하며 이를 확정해 달라는 청구(독립당사자참가)를 하자 변호사 갑이 C를 대리하는 경우, C는 갑 변호사가 원래 '수임하고 있는 사건'의 상대방은 아니나 C의 청구는 갑 변호사의 수임사건과 본질적으로 관련되어 C는 A와 이해가 상반하는 대립당사자가

---

20) 여기에서의 '사건' 개념은, 변호사법 제31조 제1항 제1호의 "당사자 한쪽으로부터 상의를 받아 그 수임을 승낙한 사건의 상대방이 위임하는 사건"(법31① i)에 있어서 '수임을 승낙한 사건'뿐만 아니라, 동법 제31조 제1항 제2호, 윤리규약 제22조 등 수임제한의 법규에 있어서의 '사건'에 공통적인 개념이다.

21) 대한변협 2006. 10. 19. 질의회신 제301호.

22) 고문변호사의 자문사건과 관련해서는 특수한 점이 있으므로 후에 별도로 상술하기로 한다.

23) 참고로 대한변협 2010. 4. 7. 질의회신 제515호는 "변호사법 제31조 제1항 제1호의 수임제한 사유는 수임한 사건의 "상대방"이 위임하는 사건을 수임하는 경우를 금하는 것이지, 수임한 사건의 의뢰인 중 일부가 다른 의뢰인을 상대로 제기하는 사건을 수임하는 경우까지 금하는 것은 아니므로 질의한 사안은 변호사법상 수임제한 사유에 해당하지는 않는다"라고 회신하고 있다.

되므로, A를 대리하는 변호사 갑이 C를 대리할 수 없다. 이 경우 상반하는 이해관계는 실질적인 것이어야 한다. 형식상으로는 이해대립이 있는 것처럼 보여도 실질적으로는 다툼이 없는 경우에는 당사자를 해하지도 않고 변호사로서의 품위를 해하는 것도 아니므로 이러한 당사자는 상대방에 해당되지 않는다.[24)]

2. 당사자 충돌형

여기에서는 대립 당사자 사이의 이익충돌이 중심이 된다. 그 밖에 복수당사자의 이익충돌과 현재 수임사건과의 이해충돌이 있다. 대립 당사자 사이의 충돌은 동시적(同時的) 쌍방대리에 의한 이익충돌, 이시적(異時的) 쌍방대리에 의한 이익충돌(종전 의뢰인과의 이익충돌), 예비적 의뢰인과의 이익충돌로 구분할 수 있다. 이하 차례로 살펴보기로 한다.

가. 대립당사자 충돌형

현재 진행 중인 사건의 당사자 쌍방을 대리하거나, 위임사무가 종료된 사건의 당사자 쌍방을 대리함으로써 이익충돌이 발생하는 경우를 말한다. 전자를 동시적 쌍방대리라고 하고, 후자를 이시적 쌍방대리라고 할 수 있다. 대립당사자의 충돌형에 대한 수임제한의 기본구조는 다음과 같다[도표 2 참조].

[도표 2] 대립당사자 이익충돌의 4대 유형

동시적 쌍방대리	동일 사건	×	법31① i , 규22① ii
	다른 사건	△	법31① ii , 규22① iii
이시적 쌍방대리	동일 사건	×	규22②본문
	다른 사건	△	규22②단서

※ ×: 수임금지, △: 수임제한(의뢰인의 동의조건 수임가능)

24) 森際康友, 전게서, 12면.

기본사례 2

A는 B회사의 총무과장으로서 회사 야유회 행사에서 같은 회사 직원인 C의 평소 행동이 건방지고 회사업무에 불성실하다는 이유로 질책하자 C가 자신에게 대든다는 이유로 과도를 휘둘러 C에게 상해를 가하였다. C는 A에게 대여금채권을 가지고 있다. B회사는 X법무법인과 고문계약을 체결하고 평소 회사의 업무에 관하여 자문을 받고 있고, X법무법인과 별개의 법률사무소를 개설한 갑 변호사는 A의 상해사건을 수임하여 변론하였다.

A의 상해사건에 대한 형사소송 계속 중 갑 변호사가 다음의 사무를 수임하는 것이 허용되는가?

① C가 상해를 원인으로 A를 상대로 제기한 손해배상청구소송을 C로부터 수임
② C가 A를 상대로 제기한 대여금반환청구소송을 C로부터 수임
③ C가 B회사의 다른 과장인 D를 상대로 한 소유권이전등기청구소송을 C로부터 수임
④ D가 A를 상대로 제기한 대여금반환청구소송을 D로부터 수임

(1) 동시적 쌍방대리

현재 진행 중인 사건의 당사자 쌍방을 대리하는 경우(동시적 이익충돌) 그 사건이 동일사건이냐 다른 사건이냐에 따라 수임제한의 내용이 다르다.

㈎ 동시충돌의 동일사건에 대한 쌍방대리

변호사법 제31조(수임제한) ① 변호사는 다음 각호의 어느 하나에 해당하는 사건에 관하여는 그 직무를 수행할 수 없다. 다만 제2호 사건의 경우 수임하고 있는 사건의 위임인이 동의한 경우에는 그러하지 아니하다.
1. 당사자 한쪽으로부터 상의를 받아 그 수임을 승낙한 사건의 상대방이 위임하는 사건

1) 변호사법 제31조 제1항 제1호의 취지

이는 진행 중인 동일사건, 즉 동시충돌의 동일사건에 대해서 쌍방대리를 금지하는 것이다. 민법 제124조[25]에 의하면 쌍방대리는 금지되고 쌍방대리를 행하면 그 행위는 무효가 된다. 동조의 경우에는 본인의 허락이 있으면 쌍방대

---

25) 민법 제124조(자기계약, 쌍방대리) 대리인은 본인의 허락이 없으면 본인을 위하여 자기와 법률행위를 하거나 동일한 법률행위에 관하여 당사자쌍방을 대리하지 못한다. 그러나 채무의 이행은 할 수 있다.

리가 허용될 수 있으나, 변호사와 의뢰인 사이의 관계에 있어서는 쌍방대리를 허용할 경우 변호사의 품위와 신뢰를 손상시킬 수 있으므로 변호사가 쌍방을 대리하여 직무를 행할 수 없게 한 것이다.

동시충돌의 동일사건에 대한 쌍방대리가 허용되지 않는 사례를 보면 아래와 같다.

보충사례 1 동시충돌의 동일사건에 대한 쌍방대리 금지

① 강간피해자로부터 피의자에 대한 손해배상청구사건을 수임한 후 피의자로부터 강간치상의 피의사건 수임 가부[26]

② 갑 변호사와 을 변호사는 같은 법무법인 소속이고, 갑 변호사는 B와 고문계약 후 B사건을 수임하였으며, 을 변호사는 B의 상대방인 D의 사건을 수임하였다(양 사건은 동일사건임을 전제로 함). 변호사법위반이 문제되자 갑 변호사는 B와의 고문계약을 유지하면서 B의 사건을 사임한 경우 을 변호사는 D로부터 위임받은 사건을 계속 수임할 수 있는지 여부[27]

③ 변호사 갑의 의뢰인이었던 A의 소개로 찾아온 B에게 변호사사무실 직원이 변호사에게 보고하지 않고 C를 피고소인 및 피고로 한 고소장 및 소장(청구이의)을 작성하여 주고 식사비조로 20만원을 수령한 후, A가 데려온 C(B의 위 사건 상대방)로부터 사건 수임 가부[28]

2) 변호사법 제31조 제1항 제1호의 적용범위

윤리장전이 2014.2.24. 개정되기 전에는 이시충돌의 동일사건에 대한 쌍방대리에 대해서 동일사건임에도 불구하고 변호사법 제31조 제1항 제1호의 규정 내용과 달리 종전 의뢰인이 양해한 경우에 수임할 수 있다고 규정하고 있었다. 이로 인하여 동 조항의 적용 범위에 관한 논란이 있었으나 위 개정에 의하여 이시충돌의 동일사건에도 적용되는 것으로 규정함으로써 위와 같은 논란은 해소되었다(규22②).[29]

---

26) 대한변협 1998. 2. 16. 징계 제97-8호(축조, 대한변협, 2009, 157면).

27) 대한변현 2008. 5. 30. 법제 제1706호(축조, 대한변협, 2009, 157면).

28) 대한변협 2008. 2. 19. 법제 제475호(축조, 대한변협, 2009, 159면).

29) 변호사법은 동일사건과 관련해서 제31조 제1항 제1호에서 절대적 수임금지의 사유로 규정한 외에 다른 규정을 두고 있지 않다. 그런데 구 윤리규칙 제18조 제2항은 "변호사는 위임사무가 종료된 후에도 종전 사건과 동일하거나 본질적으로 관련된 사건에서 대립되는 당사자로부터

(나) 동시충돌의 다른 사건에 대한 쌍방대리

> **변호사법 제31조(수임제한)** ① 변호사는 다음 각호의 어느 하나에 해당하는 사건에 관하여는 그 직무를 수행할 수 없다. 다만, 제2호 사건의 경우 수임하고 있는 사건의 위임인이 동의한 경우에는 그러하지 아니하다.
> 2. 수임하고 있는 사건의 상대방이 위임하는 다른 사건

1) 변호사법 제31조 제1항 제2호의 취지

변호사가 수임하고 있는 사건과 동일하지 않은 다른 사건인 경우에도 원칙적으로는 쌍방대리가 금지된다. 즉, 원칙적으로 수임이 금지되나, 수임하고 있는 사건의 위임인이 동의한 경우에는 수임이 허용된다. 윤리규약 제22조 제1항 제3호도 같은 내용을 규정하고 있다.

동시충돌의 다른 사건에 대한 쌍방대리를 원칙적으로 금지하는 취지는, 의뢰인의 권익을 최대한 옹호하는 등의 변호사의 의뢰인에 대한 성실의무는 사건을 단위로 가분할 수 없는 양심과 관련된 의무이고, 또 의뢰인의 입장에서는 비록 다른 사건이라고 하더라도 자신과 이익이 상반되는 위치에 있는 상대방을 변호하는 변호사에 대하여 온전한 신뢰관계를 유지할 수 없기 때문이다. 다만, 수임하고 있는 사건의 의뢰인이 쌍방대리로 인한 자신의 이익이 저해될 수 있음을 감수하겠다는 의사표시를 하는 경우까지 쌍방대리를 금지할 이유는 없다. 그래서 수임하고 있는 사건의 위임인이 동의하면 쌍방대리를 허용한 것이다. 이는 다음의 이른바 「수임의 순순서에 의하여 '수임하고 있는 사건의 상대방이 위임하는 다른 사건'」[도표3 참조]은 물론, 「수임의 역순서에 의하여 '수임하고 있는 사건의 상대방이 위임하는 다른 사건'」[도표4 참조]도 이익충돌을 회피하여야 할 이유에 있어서는 다를 바 없다. 그러나 뒤에서 보듯이 대한변협은 근래 이를 달리 취급하고 있다.

사건을 수임할 수 없다. 다만, 종전 의뢰인이 양해한 경우에는 그러하지 아니하다"라고 하여 이른바 이시충돌의 동일사건에 대하여 원칙적으로 수임이 허용되지 않되 종전 의뢰인이 양해한 경우에는 수임할 수 있다고 규정하고 있었다. 여기에서 이시충돌의 동일사건이 변호사법 제31조 제1항 제1호의 적용대상에 포함되는가, 아니면 구 윤리규칙 제18조 제2항의 적용대상인지가 문제되었다. 문리에 따르면 변호사법 제31조 제1항 제1호의 '수임을 승낙한 사건'에는 구 윤리규칙 제18조 제2항의 '위임사무가 종료된 사건'을 포함하는 것으로 봄이 타당하다. 따라서 구 윤리규칙은 그 수임제한의 내용에 있어서 변호사법의 규정과 모순이었다.

[도표 3] 수임의 순순서에 의해 수임사건의 상대방이 위임하는 다른 사건

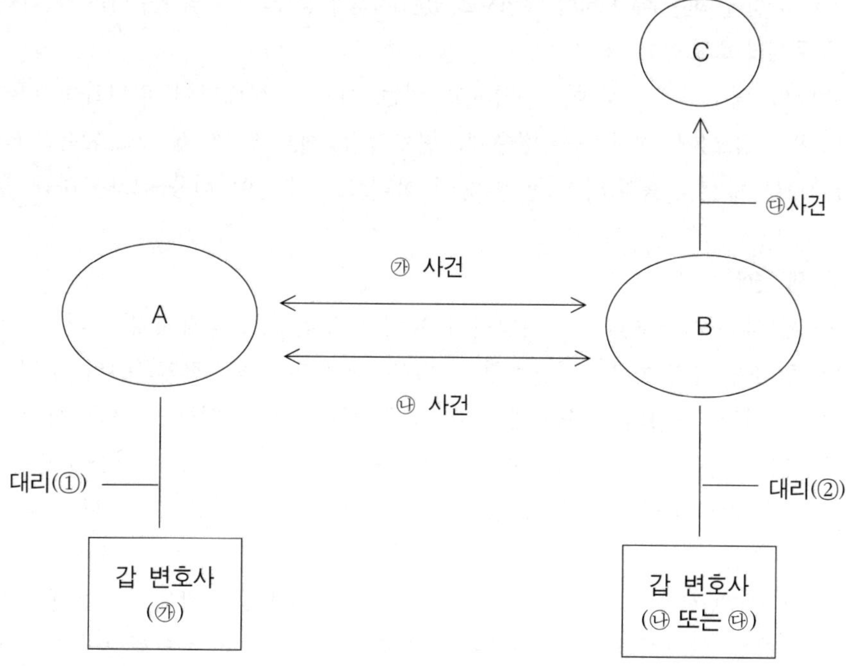

[도표 4] 수임의 역순서에 의해 수임사건의 상대방이 위임하는 다른 사건

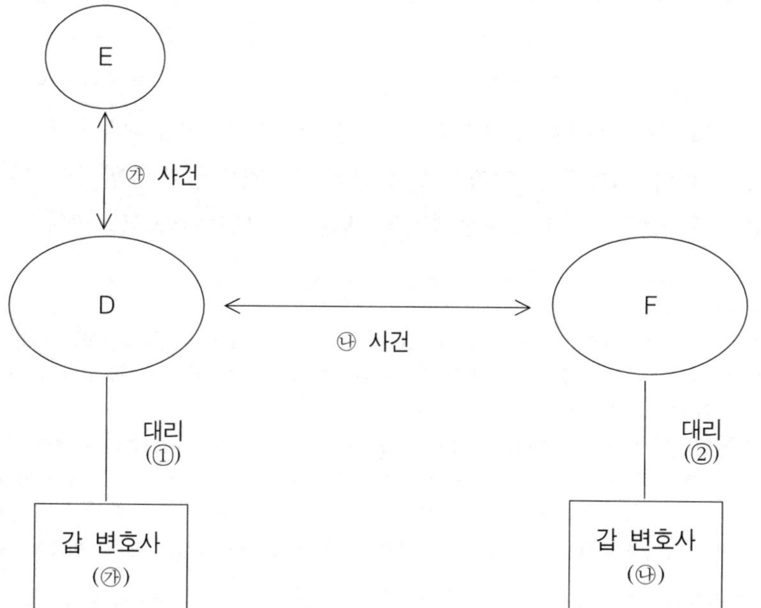

2) 관련 문제

가) 「수임의 역순서에 의하여 '수임하고 있는 사건의 상대방이 위임하는 다른 사건'」

① 문제의 소재

수임의 역순서에 의하여 '수임하고 있는 사건의 상대방이 위임하는 다른 사건'[도표4 참조]에 해당되는 경우에, 변호사법 제31조 제1항 제2호(윤리규약 제22조 제1항 제3호도 동일)의 적용 대상이 아니므로 수임이 허용되느냐 하는 것이다.

② 제 견해

i) 제1설(한정적 허용설) 위임인의 동의를 조건으로 쌍방대리가 허용되어야 한다는 입장이다. 대한변협의 일부 징계결정 및 질의회신의 입장이다.[30] 이는 '수임의 역순서에 의할 경우 상대방이 위임하는 다른 사건'에 해당되는 경우도 의뢰인들 사이에 이익충돌이 발생하므로 이익충돌회피의무의 취지에 따라 의뢰인의 동의가 있을 때에만 수임할 수 있도록 하자는 것이다.

ii) 제2설(전면적 허용설) 위임인의 동의가 없더라도 쌍방대리가 허용되어야 한다는 입장이다.[31] 대한변협의 일부 징계결정 및 질의회신의 입장이다. 이는 변호사법 제31조 제1항 제2호에서 수임하고 있는 사건의 위임인이 동의한 경우 수임할 수 있다고 규정하고 있는, '수임하고 있는 사건의 상대방이 위임하는 다른 사건'에는 수임하고 있는 사건의 상대방이 아닌 제3자가 위임하는 사건은 포함되지 않는다는 것을 이유로 한다.[32] 또 제3자가 위임하는 사건을 수임할 수 없다고 하면 기업이 변호사에게 사건을 분산 의뢰하는 추세에서 기업측의 입장에서 특정 변호사나 공동법률사무소가 기업의 상대방 대리인으로 선임될 수 없도록 악용할 우려가 있고 그럴 경우 국민들의 변호사선택권을 제한하기 때문이라고도 한다.[33]

---

30) 다음 보충사례 3 참조.

31) 정형근, 『법조윤리강의』, 박영사, 2010, 200면은 현재의 의뢰인을 상대로 하는 다른 사건의 수임을 제한하는 규정이 없으므로 의뢰인의 동의가 없더라도 수임이 허용된다고 보고 있다.

32) 다음 보충사례 4 참조.

33) 기업 관련 법률분쟁이 급증하고 기업이 변호사에게 사건을 분산 의뢰하는 추세에서, 변호사가 현재의 의뢰인을 상대로 한 다른 사건을 일체 수임할 수 없다고 하면, 기업측의 입장에서는 이를 특정 변호사나 공동법률사무소가 기업 상대방의 대리인으로 선임될 수 없도록 악용할 우려가 있고, 그럴 경우 국민들은 자신이 선택하는 변호사로부터 양질의 법률서비스를 제공받을

③ 검 토

생각건대, 제1설(한정적 허용설)이 타당하다. 다른 사건에 대한 동시적 쌍방대리에 관한 변호사법 제31조 제1항 제2호, 윤리규약 제22조 제1항 제3호의 규정은 그 취지가 의뢰인 사이의 이익충돌을 회피하기 위한 것일 뿐만 아니라 수임의 순서에 따른 구별을 하지 않고 있다. 수임하고 있는 사건의 상대방이 아닌 제3자가 위임하는 경우라도 수임의 역순서에 의하여 '수임하고 있는 사건의 상대방이 위임하는 다른 사건'에 해당하는 구조가 되면 의뢰인 사이의 이익충돌이 발생할 수 있기 때문이다.

나) 동의의 주체

① 문제의 소재

변호사법 제31조 제1항 본문 단서에 의하면 수임하고 있는 사건과 다른 사건의 쌍방대리에 있어서 '수임하고 있는 사건'의 위임인이 동의하는 경우 수임이 허용되는데, 쌍방대리를 동의할 수 있는 주체가 누구냐 하는 것이다. [도표 3]의 경우를 예로 들면, 이미 수임하고 있는 ㉮사건의 위임인 A로 충분한가 아니면 새로 수임하고자 하는 2사건(㉯ 또는 ㉰사건)의 위임인 B도 동의하여야 하느냐 하는 것이다. 변호사법은 '수임하고 있는 사건의 위임인'(법31① ii)이라고 규정하고 있으므로 문면상으로는 원래의 위임인 즉, ㉮사건의 위임인으로 볼 수도 있겠으나 이는 이익충돌회피의무의 취지상 문제이다.

② 제 견해

i) **일방동의설** 먼저 수임하고 있는 사건의 위임인만 동의하면 수임이 허용된다고 보는 견해이다.[34]

ii) **쌍방동의설** 먼저 수임하고 있는 사건의 위임인뿐만 아니라 상대방의 동의도 필요하다는 입장이다.[35]

수 없게 되어 결과적으로 헌법이 보장하는 변호사의 조력을 받을 권리를 실질적으로 보장받지 못하고, 법률시장이 왜곡되는 결과가 된다(대한변협 2007. 4. 9. 법제 1270호)(축조, 대한변협, 2009, 164면).

34) 대한변협, 변호사관련법규 질의회신집, 2000, 111면 참조. 법무부 2006. 12. 13. 징계결정(축조, 대한변협, 187면)도 일방동의설에 입각하고 있는 것으로 보인다.

35) Model Rules 1.7.(a)(1), (b)(4)는 "변호사는 어느 의뢰인의 대리가 직접적으로 다른 의뢰인에게 해로울 때에는 그 의뢰인을 대리할 수 없다. 다만, 각 의뢰인이 설명에 기한 동의를 하고 서면으로 확인한 경우에는 그러하지 않다"는 취지로 규정하고, 그 주석 [8]에서 "예컨대, 여러

③ 검 토

생각건대, 쌍방동의설이 타당하다. 수임하고 있는 사건(㉮사건)의 위임인은 상대방이 의뢰한 다른 사건(㉯ 또는 ㉰사건)에 대한 관계에서 상대방이고 그 역도 마찬가지이다. 그러므로 다른 사건에 대한 쌍방대리를 원칙적으로 금지할 이유는 쌍방 당사자 사이에 다를 바 없고 그 예외를 인정하는 경우에도 그 조건이 동일하여야 한다. 또, ㉯ 또는 ㉰사건의 의뢰인의 입장에서 자신의 변호사가 ㉮사건을 대리하고 있다는 사실을 모를 수 있다. 나아가 ㉮사건의 위임인만의 동의가 있어도 무방하다면 ㉯ 또는 ㉰사건의 위임인이 변호사에 대하여 온전한 신뢰관계를 유지할 수 없는 상황이 초래될 수 있다. 따라서 다른 사건의 쌍방대리가 허용되기 위한 요건으로서의 '위임인의 동의'는 쌍방 당사자, 즉 ㉮사건 및 ㉯ 또는 ㉰사건의 각 의뢰인의 동의를 의미한다고 해석함이 타당하다.[36)]

그리고 이때의 동의는 설명에 기한 동의(informed consent)를 요한다고 하여야 할 것이다. 따라서 동의여부를 결정하는 데 필요한 정보를 각 상대방에게 제공한다는 점과 그 제공으로 인한 불이익이나 위험 등을 포함한 동의의 법률적 의미를 설명하고, 동의에 관련된 상대방의 비밀정보를 전달하는 등 동의여부를 결정하는 데 충분한 정보를 제공하여야 한다.[37)]

사업을 하는 기업을 대리하는 변호사는 무관계한 사안에서 그 기업을 상대로 하여 변호사로 고용되는 것을 승낙할 수 있다. 이때 그렇게 하는 것이 기업에 대한 변호사의 관계 또는 소송행위에 해로운 영향을 미치지 않아야 하며 상담 후 양 의뢰인이 동의를 해야 한다…"라고 하여 쌍방 의뢰인의 동의를 요하고 있다(위 주석부분에 대해서는 서울지방변호사회 편, 미국변호사윤리강령, 1994, 38, 41면 참조).

36) 당사자 일방이 선정당사자를 선정한 경우에 변호사법 제31조 제1항 제2호에 있어서 동의의 주체는 선정당사자가 아니라 선정당사자를 선정한 당사자 전부가 되어야 한다. 선정당사자 소송의 경우 108명의 선정자들이 선정한 선정당사자 A가 변호사 갑을 원고소송대리인으로 선임하여 피고 B와 소송이 진행 중, 피고 B로부터 다른 사건을 수임함에 있어서는 선정당사자 A 아닌 108명 전원의 동의가 필요하다. 그 이유는 "선정행위는 선정자가 자기의 권리에 관하여 관리처분권을 부여하는 사법상의 행위가 아니고, 단순히 소송수행권만을 부여하는 소송행위로서 특정소송에서 소송수행권을 받았다면 그 권한은 당해 소송에 한정된다. 그런데 변호사법상의 동의는 당해 특정소송에서의 선정당사자의 권한범위를 넘어서는 것이고 108명 전원에게 개별적 이해상충이 발생"할 수 있기 때문이라고 한다[대한변협 2008. 2. 19. 질의회신 법제 제471호(축조, 대한변협, 2009, 159면)].

37) 6인 공저-이상수, 전게서, 167-168면 참조.

3) 동시충돌의 다른 사건에 대한 쌍방대리 관련 사례

수임하고 있는 사건과 동일하지 않은 다른 사건의 수임가부에 관한 구체적 사례를 살펴보면 다음과 같다(매 사례의 끝부분 괄호 속의 '적극'은 수임가능을, '소극'은 수임불가를 의미한다).

보충사례 2 수임의 순순서에 의할 경우 상대방이 위임하는 다른 사건의 사례

① A로부터 산업재해사고로 사망한 자식에 대한 손해배상소송을 수임하고, 공동불법행위자들인 1심 공동피고 B, C를 상대로 소송을 제기하여, 1심에서 공동불법행위책임을 인정한 강제조정결정이 있었다. 그 중 C가 불복하여 항소심 계속 중 B가 강제조정에서 결정된 손해배상금을 A에게 변제하고 C에 대하여 구상금소송을 제기하는 경우 의뢰인 A로부터 동의를 받아 B로부터 구상금소송 사건의 수임 가부 (적극)[38]

② A는 B의 대지 일부를, B는 C의 대지 일부를 각 침범한 채 대지 및 건물을 소유하고 있다. C로부터 B를 상대로 한 대지인도 및 건물철거소송을 수임하고, C가 동의한 경우 B로부터 A를 상대로 한 대지인도 및 건물철거 청구소송 수임 가부 (적극)[39]

보충사례 3 수임의 역순서에 의할 경우 상대방이 위임하는 다른 사건의 사례[40]

① 원고 A가 갑 변호사를 선임하여 피고 B, C를 상대로 사해행위취소의 소를 제기하여 소송 중, 그 후 원고 A가 다른 변호사를 선임하여 피고 D, E를 상대로 제기한 손해배상청구소송에서 원고 A의 동의 없이 피고 D로부터 수임 가부(피고는 전혀 다른 사람이고, 청구 취지 및 원인도 전혀 다름) (소극)[41]

② A보험회사로부터 보험금청구사건 13건, 채무부존재확인 청구사건 2건, 건물명도사건 1건 등 도합 16건의 소송 수임하여 그 중 7건 종결, 9건 계속 중, A보험회사의 양해 없이 제3자가 A를 상대로 하는 퇴직금 청구사건을 제3자로부터 수임할 수 있는지 여부 (소극)[42]

③ A회사로부터 B은행이 A회사를 상대로 제기한 손해배상청구사건을 수임 진행

38) 대한변협 2004. 5. 12. 법제 제1365호 질의회신(축조, 대한변협, 2009, 160면).

39) 대한변협 2004. 3. 10. 법제 제864호(축조, 대한변협, 2009, 161면).

40) 위 제1설(한정적 허용설)에 의하여 위임인의 동의가 있지 않으면 수임이 제한되는 사례들이다.

중, 이 사실을 알고 있는 C로부터 A회사를 상대로 대여금반환청구소송을 위임받은 경우 의뢰인 A의 동의 없이 수임 가부 (소극)[43]

④ 갑 법무법인은 금융회사 지점과 고문계약을 체결하고 동 지점이 의뢰한 민사사건을 수임하여 오고 있는데, 갑 법무법인 분사무소 소속 변호사가 금융회사 지점의 동의 없이 위 지점을 피고로 하는 배당이의사건의 원고 A로부터 사건수임 가부 (소극)[44]

⑤ 갑 변호사는 A로부터 B를 상대로 한 양수금청구사건을 수임하고 소송 수행하여 일부 승소판결을 받았다. 그 후 의뢰인인 A의 양해 없이 C로부터 A를 상대로 한 채권가압류사건(채권자 C, 채무자 A)을 수임하여 A가 B에 대하여 가지는 양수금반환채권 중 청구채권액에 달할 때까지의 금액에 대하여 압류를 신청한 사건의 수임 가부 (소극)[45]

보충사례 4 수임의 역순서에 의할 경우 상대방이 위임하는 다른 사건의 사례[46]

① A회사를 대리하여 B회사를 상대로 한 약정금등청구사건을 수임하여 사건진행 중, A회사의 동의 없이 C회사를 대리하여 A회사를 상대로 한 주권인도 등 청구사건의 수임 가부 (적극)[47]

② A회사에 대한 주주총회결의무효소송사건(B가 제기한 소송)에서 A회사로부터

41) 대한변협 2002. 6. 7. 법제 제1228호(축조, 대한변협, 2009, 167면).

42) 대한변협 2004. 12. 20. 결정, 징계 2004-26호(축조, 대한변협, 2009, 168면).

43) 대한변협 2004. 7. 30. 법제 제1803호(축조, 대한변협, 2009, 166면). 변호사법 제31조 제1항 제2호, 윤리규칙 제17조 제3항은 변호사와 의뢰인 사이는 신뢰관계를 바탕으로 한 특수한 관계이므로 그 신뢰관계를 해치는 사건의 수임을 제한하는 취지이다. 본건은 수임순서에 있어서는 A의 상대방 B가 위임하는 다른 사건에 해당하지 않는 것으로 보인다. 그러나 실질적으로는 의뢰인 C의 상대방에 해당하는 A가 의뢰한 다른 사건을 수임한 경우에 해당하므로 변호사와 의뢰인 사이의 신뢰를 해칠 우려가 있다. 따라서 A의 동의가 필요하다.

44) 대한변협 2004. 12. 21. 법제 제2577호(축조, 대한변협, 2009, 165면): 배당이의사건은 의뢰인을 상대로 하는 다른 사건이므로 변호사법 제31조 제1항 제2호 '수임하고 있는 사건의 상대방이 위임하는 다른 사건'에 해당하지 않은 것으로 볼 여지가 있다. 그러나 법 제31조 제1항 제2호는 변호사와 의뢰인 사이의 신뢰관계를 해치는 사건의 수임을 제한하는 취지이다. 따라서 배당이의사건을 A로부터 수임하는 것은 신뢰관계를 해칠 우려가 있고, 수임의 순서만 달리할 뿐 법 제31조 제1항 제2호와 같은 상태에 있으므로 지점의 동의가 요구된다.

45) 법무부 2006. 12. 13. 징계결정(축조, 대한변협, 2009, 187면).

46) 위 제2설(전면적 허용설)에 의하여 수임이 허용되는 사례들이다.

사건 수임 중, A회사가 다른 소송대리인을 선임하여 배당채권자(C)를 상대로 제기한 별도의 배당이의사건에서 A회사의 동의 없이 C의 소송대리인으로서의 수임 가부 (적극)[48]

③ A상호저축은행으로부터 3건의 사건(①사건)을 수임 중, 금융감독위원회로부터 영업정지결정을 받아 예금보험공사 직원이 관리인으로 선임되어 A상호저축은행을 경영하고 있는 상황에서, A상호저축은행의 동의 없이 동 은행을 상대로 한 다른 2사건(②사건)의 수임 가부(①사건과 ②사건은 당사자와 사건내용이 다름) (적극) [49]

④ A회사의 종전 경영진과 주주, 종업원으로부터 의결권행사금지가처분 등 적대적 M&A 관련 소송사건을 수임하여 패소확정 후, 경영진 교체 후 종전 경영진으로부터 수임한 사해행위 취소사건을 계속 대리하면서, 새로운 경영진이 종업원 대표 Y를 해고하여 Y가 A회사를 상대로 해고무효소송을 제기한 경우 A회사의 동의 없이 Y로부터 동 사건 수임 가부 (적극)[50]

⑤ 갑 변호사가 A회사(대표이사 X)의 위임을 받아 추심금등청구사건의 피고 소송대리인으로 소송수행 중, A회사의 내부문제로 대표이사 X와 감사 Y가 이사회에서 해임을 당하고, 새로 선임된 대표이사가 전 대표이사 X와 감사 Y를 업무상횡령 등으로 고소한 사건에 있어서 A회사의 대표이사의 동의 없이 X, Y의 위임에 의한 사건 수임 가부 (적극)[51]

보충사례 5 쌍방대리와 유사하나 쌍방대리가 아닌 것으로 본 사례

① 변호사가 A종중(대표자 회장 Y)을 대리하여 소유권이전등기소송 등을 수임하여 진행 중, 종중원 B가 Y를 상대로 제기한 종중회장 직무집행정지가처분사건에서 Y를 대리 중, Z는 자신이 종중의 명예회장으로 중중의 대표가 본인이라고 주장하면서 A종중(대표자 회장 Z) 명의로 A종중의 토지를 매수한 제3자인 C를 상대로 소유권이전등기말소청구소송 제기, 이 경우 A종중 회장 Y의 동의 없이 C

47) 대한변협 2008. 1. 14. 법제 제50호(축조, 대한변협, 2009, 161면).
48) 대한변협 2007. 6. 4. 법제 제1678호(축조, 대한변협, 2009, 162-163면).
49) 대한변협 2007. 4. 9. 법제 제1270호(축조, 대한변협, 2009, 163면).
50) 대한변협 2006. 10. 19. 법제 제2408호(축조, 대한변협, 2009, 164-165면).
51) 대한변협 2005. 9. 27. 법제 제2304호(축조, 대한변협, 2009, 165면).

의 대리 가부 (**적극**)[52]

② 원고 A회사와 피고 B, C 등 사이의 손해배상청구소송에서 피고 전원을 대리하여 소송수행 중, 그와 별개의 다른 민사소송사건인 원고 D와 피고 B사이의 대여금청구소송에서 D로부터의 수임 가부(대여금 청구소송은 B가 E주식회사로부터 업무상횡령 등의 혐의로 고소당한 형사사건에 관하여, 원고 D의 남편 C가 수사기관 등에 참고인 또는 증인으로 나가 B에게 유리한 진술을 해주는 대가로 금 500만원을 지급받기로 약정하면서, 그 지급확보책으로 금 500만원의 차용증을 B로부터 작성·교부받음. 이에 형식적으로 C의 처인 D가 원고로 나서서 위 대여금 청구소송을 제기한 것이므로, 대여금청구사건의 실질적 원고는 C임) (**적극**) [53]

③ C가 A, B를 상대로 한 공사대금 청구소송에서 A, B를 대리하여 소송 수행 중, A가 B를 상대로 새로운 소송 제기한 경우 A로부터 수임 가부 (**적극**)[54]

(2) 이시적 쌍방대리

기본사례 3

[기본사례 2]에서 A의 상해사건이 유죄판결 확정되어 종료된 후 갑 변호사가 다음의 사무를 수임하는 것이 허용되는가?

① C가 상해를 원인으로 A를 상대로 제기한 손해배상청구소송을 C로부터 수임

② C가 A를 상대로 제기한 대여금반환청구소송을 C로부터 수임

윤리규약 제22조(수임 제한) ② 변호사는 위임사무가 종료된 경우에도 종전 사건과 실질적으로 동일하거나 본질적으로 관련된 사건에서 대립되는 당사자로부터 사건을 수임하지 아니한다. 다만, 종전 사건과 실질적으로 동일하지 않고 종전 의뢰인이 양해한 경우에는 그러하지 아니하다.

---

52) 대한변협 2008. 1. 14. 법제 제48호(축조, 대한변협, 2009, 162면): 현재의 의뢰인을 상대로 한 (사건의 반대당사자 아닌 제3자가 제기한) 다른 사건의 수임을 제한하는 규정은 없다. A종중(대표자 회장 Y)과 A종중(대표자 회장 Z)는 형식적 당사자 명의만 동일할 뿐 그 실체가 동일하다고 볼 수 없다.

53) 법무부 2007. 8. 27. 결정: 원사건 대한변협 2007. 2. 12. 결정, 징계 제2006-10호(축조, 대한변협, 2009, 167-168면).

54) 대한변협 2006. 9. 21. 법제 제2236호(축조, 대한변협, 2009, 164면).

(가) 이시적 쌍방대리의 의의

이시적 쌍방대리는 위임사무의 처리가 종료된 사건(종전사건)의 의뢰인이었던 자를 상대방으로 하는 현재 진행 중인 사건(현재사건)에서 종전 의뢰인의 상대방을 대리하는 것을 말한다.

대한변협 2008. 9. 10. 징계 제2008-16호

징계혐의자는 신청인인 A와 피신청인인 B 사이의 부동산명도 등에 관한 제소전화해신청 사건에서 B의 소송대리인으로 법정에 출석하여 제소전화해를 하였다. B가 제소전화해조항상의 약정일을 지체하여 임대목적물을 양도하자 A가 B를 상대로 제소전화해를 근거로 명도지체 등에 따른 손해배상청구소송을 제기하였다. 혐의자는 A의 복대리인으로 선임되어 5번의 준비서면을 제출하고 검증감정신청을 하였으며 직접 법정에 출석하는 등 실질적인 변론을 주도하였다. 이와 같이 B로부터 수임한 제소전화해사건과 청구의 기초가 동일한 손해배상사건에서 상대방이 위임하는 사건의 대리인이 됨으로써 수임제한 규정을 위반한 혐의로 견책 결정.

(나) 이시적 쌍방대리의 금지 내용

이시적 쌍방대리는 그것이 이시충돌이라는 점을 제외하고는 쌍방대리라는 점에서 동시적 쌍방대리와 동일하다.[55] 이시적 쌍방대리 중 동일사건 즉, "종전사건과 실질적으로 동일하거나 본질적으로 관련된 사건"[56]에 대하여는 절대적으로 수임이 금지되고(규22②본), 다른 사건 즉, "종전 사건과 실질적으로 동일하지 않"은 사건에 대하여는 종전 사건의 위임인 즉, "종전 의뢰인"이 양해한 경우에 수임이 허용된다(규22②단).

---

55) 2014.2.24. 윤리장전이 전면 개정되기 전에는 구 윤리규칙 제18조 제2항에서 동일사건에 대한 이시충돌의 쌍방대리의 경우에도 종전 의뢰인이 양해한 경우에는 수임을 허용하였다. 그러나 판례는 동일사건에 있어서 이시충돌의 쌍방대리의 경우에도 변호사법 제31조 제1항 제1호의 동시충돌의 쌍방대리 금지의 규정이 적용되어 수임이 허용되지 않는다는 태도여서, 구 윤리규칙 제18조 제2항은 사문화되었었다. 이에 윤리규약 제22조 제2항은 동시충돌의 쌍방대리 금지의 취지 및 위와 같은 판례의 취지를 반영하여 동일사건에 대한 이시충돌의 쌍방대리는 허용하지 않는 것으로 정리한 것이다.

56) 변호사법 제31조 제1항 제1호가 규정하는 동시적 쌍방대리에 있어서 "수임을 승낙한 사건" 즉, 동일사건에는 '본질적으로 관련된 사건'이 포함된다.

(다) 이시적 쌍방대리의 금지 취지

변호사는 의뢰인의 위임사무가 종료된 후라고 하더라도, 그 의뢰인의 비밀을 유지하여야 할 의무가 있을 뿐만 아니라(법26, 규18), 그 의뢰인과의 관계에서 이해가 상반되는 상황이 발생하면 신뢰관계를 계속 유지해야 한다. 종전 의뢰인이 위임하였던 사건과 동일한 사건에서 대립 당사자로부터 사건을 수임할 경우 종전 의뢰인의 비밀정보가 이용될 수 있고 또 그 신뢰관계를 계속 유지할 수 없다. 이해가 상반되는 상황에서 종전 의뢰인의 신뢰를 침해하지 않고서는 새로운 의뢰인의 이익을 옹호할 수 없기 때문이다.[57]

(라) 윤리규약 제22조 제2항의 적용 범위

1) 이시적 쌍방대리의 유형

이시적 쌍방대리는 종전사건과 동일한 현재사건에서 종전사건 의뢰인의 상대방이었던 자로부터 종전의뢰인을 반대당사자로 하는 사건의 수임(Ⅰ유형), 종전사건과 동일한 현재사건에서 종전의뢰인의 상대방이 아니었던 자로부터 종전의뢰인을 반대당사자로 하는 사건의 수임(Ⅱ유형), 종전사건과 다른 현재사건에서 종전의뢰인의 상대방으로부터 종전의뢰인을 반대당사자로 하는 사건의 수임(Ⅲ유형), 종전사건과 다른 현재사건에서 종전의뢰인의 상대방이 아니었던 자로부터 종전 의뢰인을 반대당사자로 하는 사건의 수임(Ⅳ유형) 등 4가지 유형을 구분할 수 있다[도표5 참조].

[도표 5] 이시적 쌍방대리의 유형

종전사건		현재사건	
구 분	의뢰인	의뢰인	유 형
현재사건과 동일사건	A	B(종전사건에서 A의 상대방)	Ⅰ
현재사건과 동일사건	A	C(종전사건에서 A의 상대방 아닌 자)	Ⅱ
현재사건과 다른 사건	A	B(종전사건에서 A의 상대방)	Ⅲ
현재사건과 다른 사건	A	C(종전사건에서 A의 상대방 아닌 자)	Ⅳ

57) 6인 공저-이상수, 170면 참조.

2) 쟁점의 정리

4개의 유형 중 Ⅰ유형은 동일사건이므로 절대적으로 수임이 금지되고, Ⅲ유형은 다른 사건으로서 종전 의뢰인과 대립되는 당사자로부터 수임하는 경우이므로 종전 의뢰인이 양해한 경우에 수임이 허용되고, Ⅳ유형은 다른 사건으로서 종전 의뢰인과 대립되는 당사자가 아닌 제3자로부터 수임하는 경우이므로 종전 의뢰인의 양해가 없어도 수임이 허용된다는 점은 명백하다(규22②단). 문제는 윤리규약 제22조 제2항 본문의 수임이 금지되는 사건에 Ⅱ유형의 '이시적 쌍방대리의 사건'이 포함되는가 하는 점이다. 이에 관하여 아래와 같은 견해를 생각할 수 있다.

ⅰ) **포함설** 동일사건 중 종전사건의 상대방이 아니었던 자로부터 종전사건의 의뢰인을 반대당사자로 하는 사건도 수임 금지의 대상에 포함된다고 하는 것이다.

ⅱ) **배제설** 동일사건 중 종전사건의 상대방이 아니었던 자로부터 종전사건의 의뢰인을 반대당사자로 하는 사건을 수임하는 것은 수임금지의 대상이 아니라는 견해이다.[58] 이는 동 조항이 「그 수임을 승낙한 사건의 상대방이 위임하는 사건」에 대하여 수임금지를 한 것이므로 상대방이 아닌 자가 위임하는 사건은 동 조항의 문리해석상 배제되어야 한다는 것이다. 아래 각주 대한변협의 질의회신을 보면[59] 동일사건에 대하여, 동시충돌의 경우(회신 가.)에는 배제

---

58) 이상수, "이익충돌회피의무,"『법조윤리』제2판, 박영사, 2011, 191면.

59) 대한변협 2010. 4. 7. 질의회신 제515호. 이 질의회신의 구체적 내용은 아래와 같다.

1. 사실관계

갑 변호사는 2008. 9월경 B, C로부터 민사사건을 수임하여 B, C를 원고로 D를 피고로 하여 소송을 진행하던 중 공동 원고 중 1명인 B가 2008. 11월경 소취하를 하였고 C는 민사 소송을 계속 진행하고 있던 중 C는 민사 사건과 관련하여 C가 B를 상대로 사기죄로 고소할 사건(민사사건과 형사 고소사건은 실질적으로 동일한 쟁점을 포함하고 있음)에서 C가 갑 변호사를 선임하여 갑 변호사가 2009. 8월경 C의 B에 대한 형사고소를 대리한 경우.

2. 질의 내용

갑 변호사가 B, C로부터 민사사건을 수임한 후 다시 C로부터 형사 고소사건을 수임하여 B를 상대로 형사고소 대리를 한 것이 변호사법 제31조 1항의 수임제한 또는 윤리규칙 제18조의 수임금지 및 수임제한에 해당하는지 여부

3. 질의 회신

가. 변호사법상 수임제한 사유 해당 여부

<u>변호사법 제31조 제1항 제1호의 수임제한 사유는 수임한 사건의 '상대방'이 위임하는 사건을 수임하는 경우를 금하는 것</u>이지, 수임한 사건의 의뢰인 중 일부가 다른 의뢰인을 상대로 제기하는 사건을 수임하는 경우까지 금하는 것은 아니므로 질의한 사안은 변호사법상 수임제한 사유에 해당하지는 않는다.

설을, 이시충돌의 경우(회신 나.)에는 포함설을 취하고 있는 것으로 보인다.

iii) **검 토** 생각건대, 포함설이 타당하다. 기본적으로 사건의 동일성을 전제로 하는 수임제한 법규에 있어서 의뢰인의 상대방이 아닌 제3자와 의뢰인의 관계에 있어서도 이해가 상반될 수 있다. 따라서 수임이 제한되는 상대방은 의뢰인의 상대방에 국한되어서는 안 된다. 이는 이시충돌의 쌍방대리의 경우에도 달리 볼 이유가 없다. 또, 변호사는 종전사건의 처리과정에서 의뢰인으로부터 비밀을 개시받는 등 신뢰가 형성되었으므로, 종전의뢰인의 상대방이 아닌 자가 종전의뢰인을 상대로 한 사건에서 그 상대방이 아닌 자를 대리하면 종전사건의 의뢰인의 신뢰를 유지할 수 없다.

3) 질의회신례의 검토

가) 동일사건의 이시적 쌍방대리 중 II유형에 관한 대한변협의 질의회신례를 보면 아래와 같다.

대한변협 2014. 5. 16. 질의회신 제822호

- **질의요지**: 제1~5토지에 관하여 甲이 乙외 10인에 대하여 제기한 소유권이전등기청구소송(제1소송)에서 A 변호사는 丙종중이 선임료를 부담하여 乙외 10인을 대리하였다. 원고인 甲의 청구원인은 원고의 선조 소유인 위 토지들을 피고들의 선조가 허위 보증서에 기하여 특별조치법으로 이전하였으므로 원인무효라는 것이었고, 이에 대한 피고들의 반론은 위 토지들은 丙종중 소유 토지를 피고들 선조에게 명의신탁한 것이라는 점이었다. 한편 丙종중은 乙외 10인에 대하여 명의신탁 해지를 원인으로 하는 소유권이전등기청구소송(제2소송)을 제기하였다. 제2소송에서 A변호사가 丙종중을 대리하는 것이 변호사법위반인지 여부가 질의의 요지이다. 여기에서 종전사건인 제1소송의 원고(甲)와 피고(乙외 10인) 중 A변호사는 피고를 대리하였고, 현재사건인 제2소송의 원고(丙)와 피고(乙외 10인) 중 A변호사는 종전사건의 의뢰인의 상대방인 甲이 아닌 丙을 대리할 수 있는지 여부가 쟁점이므로 종전사건과 현재사건이 동일사건임을 전제하면 II유형에

나. 윤리장전상 수임제한 사유 해당 여부
윤리규칙 제18조 제2항은 "종전 사건과 본질적으로 관련된 사건"에서 "대립되는 당사자"로부터 사건을 수임하는 경우도 금하고 있고, 이때의 "대립되는 당사자"는 "상대방"보다 넓은 개념으로 이해관계가 대립하는 경우를 모두 포함한다. 그렇다면 의뢰인인 B, C가 대립되는 당사자인지 여부를 밝혀보아야 할 것인데, 질의한 내용만으로는 이를 정확히 확인할 수 없지만 종전 사건의 공동의뢰인이었다는 점에서 이해관계가 대립되는 당사자라고 보기는 어렵다. 만일 후행 형사사건과 실질적으로 동일한 쟁점을 포함한 선행 사건에서 이해관계가 대립되는 복수의 당사자로부터 공동으로 의뢰를 받아 수임했다는 자체가 같은 조 제4항에 위배되기 때문이다.

해당한다.

- **회신요지**: 두 사건 사이에 당사자가 실질적으로 동일하다고 볼 수 없으므로 두 사건이 동일한 것으로 볼 수 없다. 그러나 종전사건인 제1소송에서 기본적인 쟁점은 계쟁토지가 丙종중이 명의신탁한 재산인지 여부였고, 현재사건인 제2소송에서의 쟁점 역시 계쟁토지가 丙종중의 재산으로 피고들의 선조에게 명의신탁한 재산인지 여부이다. 이와 같이 그 기본적인 법률적 쟁점이 동일한 이상 두 사건은 윤리규약 제22조 제2항에서 말하는 본질적인 관련성이 있는 사건이라고 할 수 있다. 그러므로 A변호사가 丙종중을 대리하여 종전 사건의 의뢰인이었던 乙외 10인을 상대방으로 하는 소송사건을 수행하고자 하는 경우에는 종전 사건 의뢰인인 乙외 10인의 양해를 필요로 한다.

위 회신례를 살피건대, 두 개의 사건이 본질적으로 관련이 있는 사건이라면 윤리규약 제22조 제2항 본문의 적용 대상이 되어야 하고, 그렇다면 종전사건 의뢰인의 양해가 있더라도 수임이 금지되는 사례에 해당됨에도 불구하고, 종전사건 의뢰인의 양해가 있으면 수임이 허용된다고 회신한 것은 의문이다.

나) 동일사건의 이시적 쌍방대리 중 Ⅳ유형에 관한 대한변협의 질의회신례를 보면 다음과 같다.

대한변협 2014. 8. 8. 질의회신 제828호[60]

- **질의요지**: 종전에 갑이 을에게 A아파트의 대물수용약정서를 매도하고 금원을 교부받았는데, 그 대물수용약정서는 아파트분양계약으로 교환될 수 없는 것이어서 사기가 된다는 공소사실에 대하여 무죄를 다투는 사건에서, 피고인 갑을 변호한 변호사가 갑이 A아파트에 대한 매도권한이 전혀 없음에도 그러한 권한이 있는 것처럼 병을 기망하여 A아파트를 병에게 매도하고 계약금을 교부받아 편취하였다는 취지의 고소사건 대리를 할 수 있는지 여부.
- **회신요지**: 종전사건의 상대방 을과 이번 사건의 의뢰인 병은 전혀 별개의 인물이며, 종전사건 대상물의 동 호수와 이번 사건의 대상물의 동 호수도 전혀 다르다는 것인데 그렇다면 두 사건은 동일한 사건이 아님은 물론 본질적 관련성도 없는 사건이다. 종전사건의 수임사무가 종료한 이상, 비록 종전사건의 의뢰인을 상대방으로 하는 사건이라고 하더라도 동일하거나 본질적 관련성이 없는 별개의 사건을 수임할 때에는 수임을 제한하는 규정이 존재하지 않다.

60) 같은 취지의 대한변협 2014. 8. 14. 질의회신 제834호 및 제842호 참조.

(마) 이시적 쌍방대리의 관련사례

이시적 쌍방대리에 관한 구체적 사례를 보면 다음과 같다.

보충사례 6 종전 사건과 본질적 관련성이 있다고 본 사례

① A 업체가 B 회사 소유 건물의 인테리어 공사를 하였는데 공사대금을 수령하지 못하고 B 회사가 도산하여 건물이 경매되고, 도산한 B 회사를 인수한 C가 A 업체의 대표와 공모하여 '건물 경매과정에서 A 업체가 C로 하여금 건물을 점유하게 허용해 주는 대신 C는 B 회사 전 대표자의 명의로 공사대금을 몇 배 부풀려 위조한 공사도급계약서를 작성하여 A 업체로 하여금 채권을 신고한 후 그 유치권부채권을 A 업체로부터 E 회사에 채권양도하게 하고, E 회사가 건물에 대한 유치권을 행사하여 유치권부채권의 변제를 받으면 A 업체가 지급받지 못한 공사대금의 일부를 지급'하기로 하였다. 위 건물을 경락받은 D 회사가 유치권을 행사하는 E 회사를 상대로 건물의 명도소송을 제기하여 소송계속 중, 'D 회사가 A 업체 대표로부터 공사도급계약서의 위조사실과 경매개시결정 이후 점유가 개시된 사실을 증명할 수 있는 서류를 교부받아 명도소송에 증거로 제출하고 대신 승소할 경우 A 업체에 소정의 금원을 지급'하기로 약정하였다. 명도소송 결과 D 회사는 A 업체 대표가 교부한 서류가 결정적 증거가 되어 승소판결을 확정받았으나 A 업체에 약정한 금원을 지급하지 아니하였다. 이 경우 D 회사의 의뢰로 명도소송을 소송대리하였던 변호사가 A 업체가 D 회사를 상대로 제기하는 약정금청구의 소의 대리 가부 (소극)[61]

② 매매계약체결과 관련한 제소전화해신청절차에서 신청인 A를 대리하였고, 나중에 위 제소전화해와 관련된 본안사건(제소전화해의 신청인과 피신청인 사이에 제소전화해의 대상인 매매계약의 효력을 둘러싸고 제기된 사건)에서 위 제소전화해신청과 관련한 제반사항을 실질적으로 의뢰하였던 피신청인 B의 대리 가부 (소극)[62]

③ 2005. 1.경 A사(방송공사)와 A사 국장, 부장, 과장(B)은 C사 감사와 이사를 명예훼손과 협박죄로 고소하고, 변호사 갑이 그 고소대리를 수임하여, C사의 감사와 이사는 벌금형(약식명령) 선고받았다. 그 후 A사는 위 사건과 관련한 사무의 계약체결과 사후관리업무를 담당한 B과장에 대한 비위사실을 조사한 후 성실의무 등 위배를 이유로 2006. 6. 21. 징계해임하자 B과장은 A사를 상대로 해임처분무효확인 소송을 제기하였다. 변호사 갑이 A사의 소송대리 가부 (소극)[63]

④ 갑 변호사가 국선변호인로서 교통사고 운전자 A를 위하여 변론하였고, A가

자백하여 형사사건이 종료된 후 같은 사건의 피해자 B로부터 A가 가입한 버스공제조합을 상대로 제기하는 손해배상청구사건의 수임 가부 (소극)[64)]

⑤ 변호사 갑은 A주식회사와 법률고문계약을 체결하고 수년간 고문업무를 수행하였다. 자문내용 중에는 A회사의 협력업체 소속 근로자로 구성된 비정규직노조(지회) 소속 근로자가 불법시위 등으로 회사에 손해를 입힌 것에 대한 민형사상 대응방안이 포함되었다. A회사가 그 자문을 기초로 근로자들들 형사고소하고 손해배상청구소송을 준비 중, 변호사 갑이 A사와 고문계약을 해지한 후 위 노조 소속 노동자들의 형사사건 수임 가부 (소극)[65)]

⑥ A가 고소하여 공소제기된 사건의 피고인 B로부터 사건을 수임하여 형을 선고받기까지 변론하였다. 그 후 A가 B 등을 상대로 위 소송과 관련된 소송을 제기하자 종전 의뢰인인 B의 양해 없이 대립당사자로부터 위 민사사건의 수임 가부 (소극)[66)]

---

61) 대한변협 2008. 5. 30. 법제 제1704호 질의회신(축조, 대한변협, 2009, 188면): 윤리규칙 제18조 제2항의 취지는 기본적으로 이해관계의 충돌을 피하고, 변호사가 종전 사건을 행하면서 알게 된 의뢰인의 비밀을 유지하여야 할 의무가 있기 때문이다. 건물명도소송과 약정금청구소송은 동일사건은 아니나, 약정금청구소송은 종전 사건인 건물명도소송 과정에서 의뢰인인 D 회사의 비밀이라고 할 수 있는 증거를 A 업체 대표가 제출하는 대신 약정금을 지급하기로 한 것을 주요 청구원인으로 한 것으로, 이는 기본적으로 종전 의뢰인인 D회사와 이해관계가 충돌되고, 종전 사건에서 알게 된 D 회사의 비밀과도 관련된 것이다.

62) 대한변협 2007. 7. 27. 법제 제2031호 질의회신(축조, 대한변협, 2009, 191면): 제소전화해와 관련된 실무관행상 의뢰인 B로부터 제소전화해절차를 위임받아 그로부터 보수일체를 지급받으면서도 법원에서 절차를 진행함에 있어서는 편의상 의뢰인 B의 상대방인 신청인 A의 대리인으로 소송행위를 하는 경우가 많더라도 법률적으로는 제소전화해시 신청인(원고) A의 소송대리인으로서 책임과 의무를 부담한다. 본건 나중의 본안사건이 종전 제소전화해 사건과 본질적으로 동일한 사건에 해당한다.

63) 대한변협 2006. 12. 21. 법제 제2778호 질의회신(축조, 대한변협, 2009, 192면): 고소사실에 나타난 명예훼손 및 협박의 내용이 징계사유에 적시된 사실관계와 일치하지는 아니한다. 고소사실은 해고무효확인소송의 기본이 되는 사실관계와 같은 사실관계에 바탕을 두고 있는 것이어서 그 기초가 관련된 것이다. A사와 B는 위 고소사건에서는 같은 이해관계를 가졌으나 위 해고무효확인소송에서는 대립되는 당사자가 되었다. 따라서 위 해고무효확인소송은 종전 사건인 위 고소사건과 본질적으로 관련된 사건으로 보아야 한다.

64) 대한변협 2006 . 9. 18. 법제 제2195호 질의회신(축조, 대한변협, 2009, 192-193면): 국선변호인도 당사자에 대하여 변호인의 지위를 가진다. 당해 형사사건이 자백으로 종료되어도 변호사법 제26조에 정한 비밀유지의무를 가진다.

65) 대한변협 2006. 2. 14. 법제 제587호 질의회신(축조, 대한변협, 2009, 194면): 고문업무인 위임사무가 종료된 후에도 종전에 자문하였던 사건과 동일하거나 본질적으로 관련된 사건을 대립하는 당사자로부터 수임할 수 없다.

보충사례 7 종전 사건과 본질적 관련성이 없는 다른 사건으로 본 사례[67)]

① 운송회사인 A법인이 2002. 7. 15. 보험사고가 발생하자 B 보험사에 보험금지급청구소송을 제기하고 B사는 집행공탁을 하였다. 동 사건(제1사건)에서 갑 변호사는 A 법인을 대리하여 공탁금 중 보험금 및 지연이자 지급을 구하는 소송을 진행하였고, C, D는 A 법인에게 대여금채권이 있다고 하여 공탁금 배당절차에 참여하여 배당금을 수령하였다. A법인은 C, D가 근거없는 채권에 기초한 부당이득을 하였다는 이유로 반환청구소송(제2사건)을 제기하였다. 제2사건에서 갑 변호사가 C, D를 대리할 수 있는지 여부 (**적극**)[68)]

② 갑 변호사가 주식회사 A건설산업으로부터 파산결정에 대한 항고 및 재항고 사건을 수임하였다. B산업주식회사가 파산법인(정확하게는 "파산자 주식회사 A건설산업의 파산관재인 ○○○)을 피고로 제기하는 건축주명의변경절차이행등 청구소송의 수임 가부 (**적극**)[69)]

③ 법무법인 갑은 A주식회사로부터 경영권방어와 관련한 법률자문계약을 체결하고, 의결권행사금지가처분 등 7건의 사건을 수임하여 소송이 종료되었다. 그러나 경영권 방어에 실패하여 2004. 7. 15. B주식회사가 A주식회사의 경영권을 장악하였고, 새로운 경영진이 비상대책위원장과 노조위원장을 해고하자 그들이 경영진이 바뀐 A주식회사를 상대로 제기한 부당해고 등 노동관련 소송에서 법무법인 갑이 비상대책위원장, 노조위원장의 대리 가부 (**적극**)[70)]

④ 갑 변호사는 공동상속인 9인 중 한 명인 A와 상속재산의 분할에 대하여 상담하고 A가 나머지 상속인들과 의논하여 상속재산의 분할내용을 정한 뒤 A가 다시 그 내용을 갑 변호사에게 상담하는 방식으로 하여 A가 상속인들간의 상속재산의 분할협의내용을 최종적으로 갑 변호사에게 통보하고, 갑 변호사는 이를 토대로 '상속재산분할 및 분할방법에 대한 합의서(안)'를 작성하여 이를 A에게 전달하였다. 그 후 A는 상속인들이 작성하여 서명날인한 '상속재산분할 및 분할방법에 대한 합의서'와 이를 토대로 작성된 '상속재산분할결과 정리'라는 제목의 문서를 갑 변호사에게 제시하고 사서인증을 받았고, 자문료 및 인증수수료는 상속인들 모두 갹출하여 A가 갑 변호사에게 지급하였다. 그러나 '상속재산분할 및 분할방법에 대한 합의서'상 임대수익이 발생하는 건물 1동을 상속지분별로 공동상속인들이 공유하기로 합의하였으나 이 건물에서 나는 임대수익을 상속인간에 지분별로 배분하기로 한

66) 대한변협 2007. 5. 21. 징계 제2006-29호(축조, 대한변협, 2009, 195면).
67) 2014. 2. 24. 개정된 윤리규약 제22조 제2항에 의하더라도 수임이 허용되는 사례들이다.

약정은 별도로 없었고, 이 건물을 관리해왔던 공동상속인 중 1인인 B가 임대수익을 지분별로 상당기간 배분하여 오다가 그 배분을 중단함에 따라 A가 B를 상대로 임대수익 상당 금원의 청구소송을 제기하려고 하는 경우 갑 변호사의 수임 가부 (적극)[71]

(3) 예비적 위임관계의 이익충돌

(가) 예비적 위임관계가 성립되면 상대방과의 사이에 이익충돌의 문제가 발생하여 변호사는 상대방과 대립되는 의뢰인으로부터 사건을 수임할 수 없다.[72]

---

68) 대한변협 2008. 10. 27. 법제 제2474호 질의회신(축조, 대한변협, 2009, 187면): 제1사건과 제2사건은 모두 B 보험사가 공탁한 금원에 대한 소송이라는 점 외에는 제1사건은 보험금지급청구권의 존부에 관한 사건, 제2사건은 대여금채권의 존부와 관련된 사건으로, 당사자, 양 소송의 기초가 되는 사실관계 등에서 동일하지 않고 본질적 관련성도 없으므로 이해상충의 발생 여지가 없어 대리 가능하다.

69) 대한변협 2006. 10. 19. 법제 제2410호 질의회신(축조, 대한변협, 2009, 196면): 변호사법 제31조 제1호와 윤리규칙 제17조 제3항은 현재 진행 중인 사건과 앞으로 수임하고자 하는 사건과의 관련성에 관한 조항이고, 종료된 사건과 수임하고자 하는 사건과의 관련성에 관한 조항은 윤리규칙 제18조 제2항이다. 수임하려는 사건이 종전사건과 동일하거나 본질적으로 관련된 사건으로 볼 수 없다.

70) 대한변협 2006. 10. 19. 법제 제2408호 질의회신(축조, 대한변협, 2009, 197면): 법무법인 갑은 A주식회사의 구 경영진으로부터 적대적 M&A 방어와 관련한 법률자문 및 소송업무를 위임받았는데 그 상대방은 전 대표이사로부터 주식을 매수하여 경영권 인수에 나선 B주식회사이다. A주식회사의 비상대책위원장 또는 노조위원장은 구 경영진의 경영권 방어를 위해 협력하였다가 경영권 방어에 실패한 후 새로운 경영진에 의해 해고된 사람이므로 위 두 사건이 본질적으로 서로 관련되어 있다고 볼 수 없다.

71) 대한변협 2008. 9. 2. 법제 제2209호 질의회신(축조, 대한변협, 2009, 205-206면): 갑 변호사가 A의 의뢰를 받고 작성한 '상속재산분할 및 분할방법에 대한 합의서'는 공정증서 형식으로 작성된 것이 아니고 갑 변호사가 공무원이나 조정위원 내지 중재인으로서 이 문서를 작성한 것도 아니므로 변호사법 제31조 제3호나 윤리규칙 제17조 제1항 소정의 수임제한사유에 해당하지 아니한다. 또 갑 변호사는 A의 의뢰 및 설명내용에 기초하여 상속재산의 귀속에 관한 합의서(안)을 작성하여 주었을 뿐 상속재산의 관리에 관한 합의는 상속인들 사이에도 별도로 존재하지 않았고 갑 변호사도 관여한 사실이 없다. A가 의뢰하는 사건은 상속재산의 관리를 둘러싼 분쟁으로서 갑 변호사가 관여한 종전사무와는 별개의 분쟁으로 보이므로, 윤리규칙 제18조 제2항에 해당하지 않는다.

72) 대한변협 2004. 10. 19. 법제 제2179호.

(나) 대한변협의 견해

예비적 위임관계는 단계적으로 볼 경우 변호사와 상대방 사이에 신뢰관계가 형성된 상담이 있은 때부터 수임승낙 전의 단계까지에서 성립할 수 있다. 수임승낙이 있으면 후술하는 본래적 위임관계의 단계가 되기 때문이다. 한편 변호사가 사건의 수임승낙을 하면 그것이 구두에 의한 것이든 서면에 의한 것이든 민법상의 위임계약이 성립하고 변호사와 상대방의 관계는 본래적 위임관계로 들어간다. 그러나 대한변협은 앞서 본 바와 같이 약정서나 위임장이 작성되지 아니하고 수임료의 지급도 없는 경우에는 특별한 사정이 없는 한 수임승낙이 없는 것으로 보고 있다. 따라서 대한변협의 견해에 의하면 구두의 승낙만 있는 경우, 또는 약정서 등 서면의 작성이 있었더라도 수임료의 지급이 없는 경우에는 본래적 위임관계가 아닌 예비적 위임관계로 보아야 하므로 예비적 위임관계의 성립 여지는 넓다고 하겠으나, 신뢰관계가 형성되는 범위는 이를 좁게 봄으로써 예비적 위임관계의 성립을 제한적으로 해석하고 있는 것으로 생각된다.[73]

---

1 변호사 A의 사무장이 B로부터 그의 민사사건(아파트 명의신탁 관련 소유권분쟁)에 관하여 설명을 들었으나 사건수임을 거절한 후(사건기록은 2~3개월 후 반환), C로부터 형사사건을 수임하였는데, B가 자신이 위 형사사건의 피해자라고 하면서 A에게 사임을 요구한 사건[74]

민사사건과 형사사건의 기초사실이 동일한 경우 수임이 금지되고, A와 B 사이에 위임계약이 성립하였을 정도의 신뢰관계가 형성되어 있지 않을 경우에는 수임이 가능하다. A가 B로부터 설명을 듣는 과정에서 업무상 알게 된 비밀이 있다면 비밀유지의무가 있다.

2 A는 피상속인 부(父)가 작성한 유언장사본을 가지고 변호사 을과 상속재산분할청구에 관하여 사건의 내용과 당사자들의 사실관계에 대해 상담하고 상담료 10만원만을 지급하였으나, 변호사는 사건위임의 거절의사를 명백히 하고 변호사 을이 A의 상대방으로부터 상속재산분할청구사건을 수임한 사건[75]

변호사 을은 A로부터 수임을 승낙한 것으로 볼 수 없고, A와의 사이에 위임계약이 성립

---

73) 아래의 질의회신 예에서 [1]의 경우는 사실관계가 불분명하여 가정적으로 판단한 것으로 보이고, [2]는 변호사가 수임거절의 의사를 명백히 하였기 때문으로 보여지나, [3]의 경우의 사실관계라면 신뢰관계의 형성을 인정할 수도 있을 것으로 생각된다.

74) 대한변협 2004.10.19. 법제 제2179호(축조, 대한변협, 2009, 136면).

75) 대한변협 2009.12.14. 질의회신 제495호.

하였을 정도로 신뢰관계가 형성되었다고 볼 수 없으며, A가 사건위임의 거절의사를 명백히 하였으므로, 변호사 을이 A의 상대방으로부터 사건 수임이 가능하다.

3 법률사무소 갑이 A와 A가 B에게 넘긴 사업체의 인수대금 지급 등 인수계약상의 의무를 B가 이행하지 않은 채 그 사업체를 승계하여 법인을 설립하여 운영하고 있는 사건에 관하여 상담하면서 가압류가 가능할 것 같은데 법인을 상대로 한 소송 및 가압류 가능여부 등을 검토하여 소제기 여부를 결정하기로 설명하자, A가 관련자료를 더 보완하고 가압류 대상의 법인의 제품 목록을 정리하여 돈이 준비되는 대로 위임하겠다고 간 후 2개월 동안 연락이 없는 사이에 B로부터 동일사건의 수임요청을 받은 사건[76]
A가 사건위임을 유보하고, 상담료를 지급하지 않았으며, 약정서, 위임장 등을 작성한 바 없어 수임을 승낙한 경우라고 볼 수 없으므로 B로부터 수임이 가능하다.

(다) **이익충돌상황의 방지**

예비적 의뢰인과의 이익충돌상황을 방지하기 위해서는 상담자로부터 상담의 요청을 받으면 설명에 기한 동의(informed consent)를 받을 필요가 있다. 즉, 상담 내지 협의의 과정에서 설명한 내용이 상담자에게 불리하게 이용될 수 있다는 점을 명시적으로 고지하고 서면의 동의서를 받아두는 것이다. 이렇게 하면 상담자로 하여금 자신의 비밀정보를 변호사에게 공개하지 않도록 주의시키는 효과가 있다. 또, 수임을 할 수 없는 경우에는 수임승낙을 거절하는 의사표시를 신속하고 명백하게 해야 한다. 나아가, 대형의 공동법률사무소의 경우 차단막제도를 시행하는 것도 한 방법이다. 즉, 차단막은 사건을 수임하기 전 단계에서 상담자와의 상담 내지 협의만을 전담으로 하는 변호사를 둠으로써 위임계약이 성립되지 않은 사건의 상담자의 비밀정보가 공동법률사무소의 다른 구성원에게 개시되지 않도록 인적 또는 물적으로 차단하는 것을 말한다.[77]

(4) 대립당사자 충돌의 관련 문제

(가) 고문변호사의 자문사무와 이익충돌

1) 쟁점의 정리

이익충돌회피의무에 있어서 '사건'은 원칙적으로 소송사건에 적용된다. 그러나 변호사는 소송사건의 대리 외에도, 의뢰인과 자문약정을 체결하고 법률사

---

76) 대한변협 2009.12.14. 질의회신 제497호.

77) 6인 공저-이상수, 183면 참조.

무에 관하여 계속적인 서비스를 제공하는 경우가 있다. 그런데 변호사가 소송사건이 아닌 법률사무에 관하여 특정인에게 계속적인 법률서비스의 제공을 하는 것도 변호사법 제3조에 비추어 변호사가 당사자로부터 수임하는 하나의 사건에 해당한다.[78] 그러나 자문사무와 소송사건은 그 태양이 다르다. 소송사건은 일반적으로 쟁점과 당사자가 특정되어 있는 반면에 자문사무는 반드시 그렇지 않다. 여기에서 이익충돌회피의무의 요건인 '동일사건' 여부 또는 '사건의 상대방'의 해당 여부를 어떻게 판단해야 하느냐 하는 문제가 생긴다. 예컨대, 변호사 갑이 P주식회사로부터 자문위촉(①사건)된 후 Q로부터 Q가 P를 상대로 제기한 사건(②)을 변호사 갑이 수임할 수 있는가 하는 점에 대하여, ①, ②사건의 동일 여부 또는 ①사건에 대하여 Q가 P의 상대방에 해당되느냐 하는 등의 문제가 있다.

2) 대한변협의 질의회신예

1 대한변협 2009. 7. 6. 질의회신 제461호

- **질의요지**: A변호사가 C시청과 법률고문계약을 체결하고 소송수임과 무관하게 자문수당을 지급받으며 C시청의 법률고문 역할을 수행하던 중, C시청을 상대로 한 영업정지처분 취소소송 사건에서 C시청의 상대방인 B로부터 소송을 수임하는 것이 가능한지 여부.
- **회신요지**: A변호사가 지금까지 C시청으로부터 소송수임하거나 자문한 사건과 위 영업정지처분 취소소송 사건이 실체적인 분쟁에 있서 동일한 사건인 경우이거나, 위 영업정지처분과 동일한 사건은 아니지만 현재 C시청으로부터 수임하여 B를 상대로 소송 또는 자문 중인 사건이 있는 경우가 아닌 한 변호사법 제31조 제1항 제1호, 제2호에도 위배된다고 볼 수 없다. 변호사법 제31조 제1항 제2호나 윤리장전 제17조 제3항(현행의 윤리규약 제22조 제1항 제3호에 해당)은, 현재 의뢰인으로부터 수임한 사건의 상대방이 의뢰하는 다른 사건을 수임하는 것만을 제한하고 있을 뿐 이와 관계가 없는 별개의 다른 사건에서 제3자로부터 사건을 수임하는 경우는 금지하지 않고 있으므로, 명문의 제한규정이 없는 상태에서 현재의 의뢰인을 상대로 한 다른 사건을 수임할 수 없다고 할 아무 근거가 없어 변호사법에 위배된다고 볼 수 없다.

78) 대한변협 2006. 10. 19. 질의회신 제301호; 2009. 7. 8. 질의회신 제461호.

2 대한변협 2010. 2. 4. 질의회신 제508호[79]

변호사의 사건수임을 제한하는 규정은 그 입법취지에 따라 엄격히 해석되어야 하므로 변호사법 제31조 제1항 제1호에 있어서 "사건"의 범주는 원칙적으로 소송사건에 적용되는 것이나, 자문사건 중에서도 대립하는 당사자가 구체적으로 특정되고 구체적인 법률관계에 대하여 일방 당사자에 대해 조력하겠다고 하는 의사가 표시된 경우는 이를 포함한다.

3 대한변협 2011. 10. 19. 질의회신 제605호

- **질의요지**: 2년 전 독일회사의 주식을 인수하는 것과 관련하여 상호 협력관계에 있던 A회사와 B회사 사이에서 A회사와 법률자문계약을 맺고 MOU 검토의견 제시 및 A회사의 독일회사 주식인수와 관련한 독일회사 방문시 대동하여 미팅에 참여하는 등의 업무를 수행한 법무법인이, 현재 A회사가 B회사와 B회사의 대표이사를 상대로 제기하는 위 MOU와 관련한 B회사의 주식인수대금(반환)청구 및 독일회사 주식인수계약의 성공수수료 선지급금의 반환청구 사건에서, B회사와 B회사의 대표이사를 수임하여 소송을 수행할 수 있는지 여부
- **회신요지**: 변호사법 제31조 제1항 제1호가 적용되기 위해서는 "사건의 수임"으로 볼 수 있는 행위가 있어야 할 것을 요건으로 하는바, 동 질의에서 쟁점이 되는 것은 종전에 수행한 법률자문업무가 위 수임제한규정의 사건의 수임과 동일시할 수 있을 정도인가 여부이다. 위 규정의 해석과 관련하여 협회가 취하고 있는 기본입장은 여기에서의 "사건"은 원칙적으로 소송사건을 말하는 것이지만, 자문사건 중에서도 대립하는 당사자가 구체적으로 특정되고 구체적인 법률관계에 대하여 일방 당사자에 대해 조력하겠다고 하는 의사가 표시된 경우에는 이를 "사건"에 포함한다는 것이다.[80]

  질의한 사안의 경우, 비록 종전 자문업무에서 현재 수임한 소송의뢰인의 상대방을 자문하였다고 하더라도 그 자문업무의 내용이 구체적으로 A회사와 B회사 사이에서 A회사의 편을 들어 조력하겠다는 의사까지 표현된 것으로 보기 어렵다고 할 것이다.

  구체적인 사건의 수임을 전제로 이에 대한 제한을 규율하고 있는 변호사법이나 윤리규칙의 입장에 비추어 볼 때, 질의서에 기재된 사실관계를 전제로 하여 위와 같은 정도의 자문에 그친 경우에는 관련 사건에서 상대방의 사건을 수임하게 되더라도 이를 들어 변호사법이나 윤리규칙의 수임제한규정에 반하는 사건의 수임이라고 볼 수는 없을 것이다.

79) 대한변협 2010. 2. 4. 질의회신 제506호도 같은 취지이다.
80) 같은 취지의 대한변협 2014. 8. 14. 질의회신 제837호 참조.

4 대한변협 2012. 10. 23. 질의회신 제688호

- **질의요지**: 법무법인 소속의 갑 변호사가 A회사에 대하여 A회사와 B회사 사이에 발생한 법률문제에 대하여 법무법인 명의로 무상으로 자문을 해 오고 있었는데, 같은 법무법인 소속 을 변호사가 위 사실을 모르고 B회사로부터 동일한 법률문제에 관하여 법무법인 명의로 소송위임계약을 체결하고 A회사를 상대로 소송을 제기한 사안에서 A회사의 이의에 따라 위 소송대리를 사임할 예정인바, 법무법인이 착오로 B회사의 소송사건을 수임하여 소송대리를 하는 것이 변호사법이나 윤리장전을 위반하는 것인지 여부 및 법무법인이 착오를 이유로 B회사와의 소송위임계약을 취소한 후 동일한 사건에서 A회사를 수임하여 소송대리를 할 수 있는지 여부
- **회신요지**: A회사에 대하여 제공한 법률자문을 사건의 수임과 동일시할 수 있을 정도로 평가할 수 있는가 여부에 따라 두 가지로 구분할 필요가 있다.

① 사건의 수임과 동일시할 수 있는 정도의 법률자문을 제공한 경우

A회사에 대하여 A회사가 B회사를 상대방으로 하는 법률문제에 관하여 사건의 수임과 동일시할 정도의 법률자문을 행해 온 법무법인에서 동일한 쟁점에 대하여 B회사가 A회사를 상대로 제기하는 소송을 수임하는 것은 변호사법 제31조 제1항 제1호 위반이고, 착오를 이유로 변호사법 위반책임을 면할 수 없다. 따라서 당해 법무법인은 변호사법 위반을 이유로 B회사의 소송대리를 사임하여야 하되, 다만 사임하더라도 이미 발생한 변호사법 위반의 잘못이 치유되는 것은 아니다.

한편 B회사의 소송대리를 사임한 후 다시 A회사의 소송을 대리하는 것은, 당초 A회사에 대하여 법률사건의 수임과 동일시할 수 있을 정도의 법률자문제공이 이루어진 상황에서 동일한 쟁점에 관한 B회사의 소송사건을 수임한 잘못을 바로잡은 것이므로 변호사법이나 윤리장전에 위반하는 것은 아닌 것으로 보인다. 다만 B회사로부터 제공받은 소송자료 등 비밀사항을 누설하지 않도록 유의하여야 한다.

② 사건의 수임과 동일시할 수 없는 정도의 법률자문에 그친 경우

A회사에 제공한 법률자문이 사건의 수임과 동일시할 수 없을 정도에 그치는 법률자문이었다면, 비록 쟁점이 동일한 사건이라 하더라도 상대방인 B회사를 수임하는 것은 변호사법에 위반하는 것은 아니다.

이 경우 B회사의 소송대리를 사임하는 것은 일반적인 위임계약의 법리에 따라 자유롭게 사임할 수 있되, 불리한 시기에 사임하는 경우 등에는 손해배상책임의 문제가 발생할 수 있다. 다만, B회사의 소송대리를 사임하였다고 하더라도 이후 동일한 사건에서 A회사를 수임하는 것은 변호사법 제31조 제1항 제1호를 위반하는 것이다.

3) 대한변협의 견해의 정리

의뢰인이 자문위촉자를 상대로 제기하는 소송사건을 의뢰인으로부터 수임할

수 있는지의 관점에서만 위 질의회신의 요지를 정리하면 다음과 같다.

가) 동일사건

(ⅰ) 의뢰인이 자문위촉자를 상대로 제기한 소송사건과 자문사무가 분쟁의 실체가 동일한 경우(1), (ⅱ) 그 자문사무의 대립 당사자 및 쟁점이 구체적으로 특정되고(2) 그 자문의 내용이 자문위촉자의 편을 들어 조력하겠다는 의사까지 표현된 경우(23) 또는 사건의 수임과 동일시할 정도의 자문을 행한 경우(4①) 동일사건으로 본다. 이에 대하여는 변호사법 제31조 제1항 제1호에 의하여 수임이 금지된다.

나) 다른 사건(수임의 순순서에 의하여 수임하고 있는 사건의 상대방이 위임하는 다른 사건)

자문위촉자로부터 수임한, 의뢰인을 상대로 하되 의뢰인이 자문위촉자를 상대로 한 사건과 다른, 소송사건 또는 자문 중인 사건이 있는 경우에는(1) 의뢰인의 위임사건은 다른 사건이다. 이는 변호사법 제31조 제1항 제2호의 수임제한의 사유가 된다.

다) 다른 사건(수임의 역순서에 의하여 수임하고 있는 사건의 상대방이 위임하는 다른 사건)

그러나 다른 사건이라고 하더라도 의뢰인이 변호사의 자문사무와는 무관하게 자문위촉자를 상대로 제기한 소송사건은 변호사법 제31조 제1항 제2호가 현재 의뢰인으로부터 수임한 사건의 상대방이 의뢰하는 다른 사건을 수임하는 것만을 제한하고 있을 뿐이므로 변호사법 제31조 제1항 제2호의 수임제한사유에 해당되지 않는다.

(나) 자문위촉자의 산하기관 사무와 이익충돌

1) 쟁점의 정리

변호사에게 자문을 위촉한 자가 자연인이 아닌 법인, 기관 또는 단체로서 그 각 산하기관이 있는 경우가 있다. 이 경우 산하기관은 그 업무에 관하여 자문위촉자의 지시를 받는 등 밀접한 관련이 있으므로 산하기관의 사건사무에 대한 이익충돌회피의무의 요건에 관하여도, 일반적인 경우와 달리, 검토가 필요하다. 예컨대, P은행이 갑 변호사를 고문으로 자문위촉한 경우 Q가 P은행의 지점 P'를 상대방으로 하는 사건을 갑 변호사가 수임할 수 있는가 하는 문제이다.

2) 자문위촉자의 산하기관의 사무와 사건의 동일성

위와 같이 자문위촉자가 자연인이 아닌 법인, 기관 또는 단체이고 그 각 산하기관이 있는 경우에는 고문변호사의 자문업무의 대상 및 범위는 기본적으로 자문위촉자와의 자문약정에 의하여 정하여질 것이다. 자문약정상 산하기관의 사무가 자문범위에 포함되지 않는 경우라면 위 예에서 Q가 P'를 상대방으로 하는 사건은 P은행에 대한 자문사무와는 별개의 다른 사건에 해당된다. 산하기관의 사무가 자문범위에 포함되어 고문변호사가 산하기관의 사무에 관해서도 법률사무를 제공하는 경우라면 기본적으로는 앞서 본 고문변호사의 자문사무 및 사건의 동일성의 법리가 적용될 것이나,[81] 자문의 범위가 산하기관의 업무에도 미친다고 하더라도 변호사가 사전에 자문위촉자 또는 산하기관에 대하여 산하기관의 구체적 업무에 관하여 자문을 제공한 사실이 없다면 수임이 허용된다고 봄이 타당하다.

1 대한변협 2007.12.14. 질의회신 제371호

- **질의요지**: 고양시장과 고문계약을 체결하고 고양시에 대한 자문을 해주던 변호사가 고양시 일산서구청장을 상대로 한 영업정지처분취소의 행정소송을 제기하는 당사자의 소대리가 가능한지 여부.
- **회신요지**: 고양시의 고문변호사라고 하더라도 고양시 내에 있는 모든 행정기관의 고문변호사라고 보기 어려운 점, 설사 고문의 범위가 고양시 내의 구청업무에도 미친다고 하더라도 해당 사건에 대하여 고문변호사로서 고양시 또는 구청에 자문을 제공하지 아니하였다면 실질적인 이해충돌은 없는 점, 변호사법 제31조의 각호에 해당되지 아니하고 달리 수임을 제한할 근거규정을 찾기 어려운 점 등의 사정을 고려할 때, 위 변호사와 고양시와의 고문계약상 위 사건의 수임이 저촉되지 않고, 위 변호사가 사전에 고양시에 대하여 위 사건에 관하여 자문을 제공한 사실이 없다면, 위 변호사가 위 사건을 수임하는 것이 변호사법에 위반된다고 보기 어렵다고 보이므로 행정소송을 제기하는 당사자의 소송대리가 가능하다.

2 대한변협 2014.8.14. 질의회신 제836호

- **질의요지**: 법무법인 갑의 을 변호사가 A회사의 소송을 대리하고 있는데 같은 법무법인 갑의 병 변호사가 A회사의 자회사인 B회사를 상대방으로 하는 소송을 대리할 수 있는지 여부

---

81) 대한변협 2006. 2. 14. 법제 제587호.

■ **회신요지**: 상법상 모회사와 자회사의 관계에 있다고 하더라도 법인격이 동일시되는 것은 아니다. 그러므로 A회사와 B회사는 소송사건에 있어서 원칙적으로 동일한 당사자로 취급될 수 없다. 동일한 당사자가 아닌 이상 B회사를 상대방으로 하는 소송사건은 A회사의 상대방으로부터 사건을 수임하는 경우에 해당하지 않는다.[82)]

나. 복수당사자 충돌형

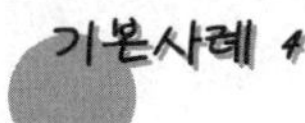

[기본사례 2]에서 C가 A의 상해를 원인으로 B회사와 A를 상대로 제기한 손해배상청구소송에서 B회사와 A가 손해발생에 대한 책임에 관하여 다툼이 있는 경우에 갑 변호사가 피고인 B회사와 A를 동시에 대리하는 것이 허용되는가?

(1) 개 념

변호사는 대립되는 당사자가 아니라도 일방 당사자가 수 명인 경우에 그 복수 당사자 모두를 일괄하여 대리하는 경우이다. 예컨대, 교통사고 피해자 A가 운전자 B 및 그의 사용자 C를 상대로 손해배상청구소송을 제기한 소송에서 피고 B, C를 대리하는 것을 말한다[도표 6 참조].

[도표6] 복수 당사자의 대리

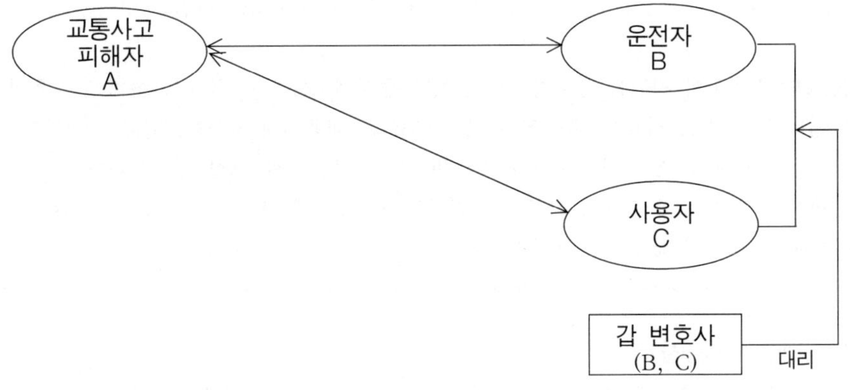

82) 회신요지의 제3문은 '동일한 당사자가 아닌 이상 B회사를 상대방으로 하는 소송사건은 A회사를 상대방으로 하는 사건을 수임하는 경우에 해당하지 않는다.'로 표현함이 타당하다.

(2) 수임허용의 요건

윤리규약 제22조 (수임제한) ① 변호사는 다음 각 호의 어느 하나에 해당하는 사건을 수임하지 아니한다. 다만, 제3호의 경우 수임하고 있는 사건의 의뢰인이 양해하거나, 제4호의 경우 의뢰인이 양해하거나, 제5호 및 제6호의 경우 관계되는 의뢰인들이 모두 동의하고 의뢰인의 이익이 침해되지 않는다는 합리적인 사유가 있는 경우에는 그러하지 아니하다.

1. ~ 4. 6.(생략)

5. 동일 사건에서 둘 이상의 의뢰인의 이익이 서로 충돌하는 경우

(가) 변론의 동시성

복수당사자로부터 수임받은 사건은 동일사건으로 동시에 변론하는 경우라야 한다. 복수당사자의 일부에 대해서는 수임사무가 종료되고 그와 이익충돌이 있는 다른 복수당사로부터의 수임이 문제되는 경우는 동일사건에 관한 이시충돌의 쌍방대리로서의 수임금지 문제가 된다.[83)]

대한변협 2014. 1. 3. 질의회신 제787호

- **질의요지**: 건설회사의 실질적 사주 A와 B가 공모하여 신탁등기된 오피스텔을 분양하고 대금을 편취한 사기행위로 고소된 사건에서, A는 기소중지되고 B가 먼저 기소되어 변호사 甲이 변호하면서 A의 지시에 따라 이루어진 범행임을 주장하고 분양대금도 A 등에게 모두 주었다고 변호하였는데, 그 후 기소중지되었던 공범 A가 검거되어 기소되자 A는 변호사 甲에게 선임을 의뢰하였고, A는 B가 A와 상의 없이 분양하거나 분양대금 중 교부받지 않은 부분도 있다고 주장할 경우, 甲변호사가 A의 사건을 수임할 수 있는지 여부.
- **회신요지**: A와 B의 사건은 동일한 사건이지만 동시에 변론하는 경우가 아니므로 윤리규칙 제18조 제4항(윤리규약 제22조 제1항 제5호)은 적용되지 않는다. 현재 수임하고 있는 사건과 이해가 저촉되는 사건의 수임은 금지되지만 A에 대한 형사사건의 수임사무는 종료되었으므로 윤리규칙 제17조(윤리규약 제22조 제1항 제1호, 제2호, 제3호의 내용에 해당) 위반의 문제는 발생하지 않는다.

(나) 잠재형 이익충돌

윤리규약 제22조 제1항에 의하면, 동일사건에서 복수 당사자로부터 사건을

83) 대한변협 2014.1.3. 질의회신 제787호; 2010.11.11. 질의회신 제549호 참조.

수임함에 있어서, 본문에서는 '둘 이상의 의뢰인의 이익이 서로 충돌하는 경우'에는 수임을 금지하고, 단서에서는 '관계되는 의뢰인들이 모두 동의하고 의뢰인의 이익이 침해되지 않는다는 합리적 사유가 있는 경우'에는 수임을 허용하는 것으로 규정하고 있다. 여기에서 본문과 단서와의 관계가 문제이다.

생각건대, 윤리규약 제22조 제1항 제5호의 규정에 있어서, 본문의 이익충돌은 수임 당시 이익충돌이 현재(顯在)한 경우를 말하고, 단서의 이익 불침해는 이익충돌이 잠재(潛在)되어 있을 뿐이어서 수임하더라도 복수 당사자 사이에 이익이 침해되지 아니하는 경우를 의미한다고 해석함이 타당하다.[84] 이렇게 보아야 현재의 이익충돌의 상황에 있어서 대립 당사자에 대해서는 윤리규약 제22조 제1항 제2호를 적용하고, 복수 당사자에 대해서는 윤리규약 제22조 제1항 제5호 본문을 적용하는 것으로 하여 체계 정합적으로 해석할 수 있다. 만약 위와 같이 해석하지 않을 경우에는 다음과 같은 문제점이 있다. 우선, 의뢰인들의 이익이 현재 충돌하고 있음에도 불구하고 의뢰인들이 모두 동의할 경우 수임을 허용한다는 것은, 단서에 '의뢰인의 이익 불침해'라는 요건이 덧붙여져 있지만, 기본적으로 윤리규약 제22조 제1항 제2호의 수임금지 체계와 어긋난다. 또, 단서의 '의뢰인의 이익 불침해'는 본문의 '의뢰인의 이익충돌'의 반대 개념으로서 결국 상호 이익의 침해가 없는 사건을 수임하는 데 모든 의뢰인들의 동의를 전제로 하는 것은 부당하다. 나아가, 이익충돌이 잠재한 것일 뿐이라면 수임 당시 상호 이익이 침해되지 않는 경우일 것이므로 이러한 경우에도 사건을 수임할 수 없다고 할 때 의뢰인의 변호사선택권에 대한 과잉제한이 될 수 있고 복수 당사자의 소송경제에도 반할 수 있다.[85]

---

84) 예컨대, 피상속인 A의 상속인으로서 B, C, D, E 등 4명이 있는 경우 유산의 분할방법에 관하여 B, C, D는 의견이 일치하고 있으나 E는 이에 반대하는 경우를 상정할 수 있다. 이 경우 B, C, D와 E의 이익충돌은 현재화된 것이고, B, C, D 사이에는 현재화되어 있지 않다. 그러나 객관적으로 B, C, D 사이에도 각 분배할 재산에 대한 평가방법, 실제의 평가액 등에 대한 이견으로 유산분배에 관한 이익충돌이 발생할 가능성이 있다고 할 경우 세 사람 사이에 이익충돌이 잠재되어 있다고 할 수 있다.

85) 일본의 경우 복수 당사자 사이의 이익충돌 사건의 경우 직무기본규정에서 "의뢰인의 이익과 다른 의뢰인의 이익이 상반하는 사건"에 대해서는 직무를 수행할 수 없되 "그 의뢰인 및 다른 의뢰인 중 누군가가 동의한 경우에는 그 한에서 그러하지 아니하다"라고 규정하여(일본 직무기본규정28iii), 의뢰인의 동의가 있는 경우 복수 당사자 사이의 이익충돌 사건을 수임할 수 있다고 하고 있다. 이 규정의 해석을 둘러싸고 논란이 있다. 우선 이 규정을 이해대립이 현재화하고 있는 이익상반행위를 규정하고 있는 것으로 보는 견해가 있다(통설: 日弁連의 견해). 이 견

대한변협 2007. 7. 27. 질의회신 제345호

■ **질의요지**: 매매계약 체결과 관련한 제소전화해신청절차[86]에서 신청인(A)을 대리하였다가, 나중에 위 제소전화해에 관련된 본안사건(제소전화해의 신청인과 피신청인 사이에 제소전화해의 대상인 매매계약의 효력을 둘러싸고 제기된 사건)에서 위 제소전화해신청과 관련한 제반 사항을 실질적으로 의뢰하였던 피신청인(B)을 대리할 수 있는지 여부

■ **회신요지**: 제소전화해에 관련된 종전의 실무 관행상, 의뢰인(B)으로부터 제소전화해절차를 위임받아 그로부터 보수 일체를 지급받으면서도, 법원에서 제소전화해절차를 진행함에 있어서는 편의상 의뢰인(B)의 상대방인 신청인(A)의 대리인으로 소송행위를 하는 경우가 많은바,[87] 이와 같은 경우에도 어디까지나 법률적으로는 제소전화해시 신청인(원고)의 소송대리인으로서 책임과 의무를 부담하게 된다. 아울러, 본 사안에서는 나중에 벌어진 위 본안사건이 종전 제소전화해 사건과 본질적으로 동일한 사건에 해당된다고

해에 의하면 현재형은 원칙적으로 수임할 수 없으나 당사자 쌍방의 동의가 있으면 수임이 허용된다고 하는 것이 본 규정의 취지라고 한다. 이에 대하여 동 조항은 이해대립이 잠재하고 있는 사건만을 규정하는 것으로 해석하여야 한다는 입장이 있다. 이해대립이 현재화하고 있는 사건은 일본변호사법 제25조 제1호, 제2호 및 일본 직무기본규정 제27조 제1호, 제2호를 유추하여 동의가 있어도 허용되지 않는다고 해하여야 한다는 것이다(소수설). 일본에 있어서의 논의 내용에 관해서는 小島武司 외 2, 전게서, 96, 104-106면 참조.

86) 민사소송법 제385조(화해신청의 방식) ① 민사상 다툼에 관하여 당사자는 청구의 취지·원인과 다투는 사정을 밝혀 상대방의 보통재판적이 있는 곳의 지방법원에 화해를 신청할 수 있다.
② 당사자는 제1항의 화해를 위하여 대리인을 선임하는 권리를 상대방에게 위임할 수 없다.
③ 법원은 필요한 경우 대리권의 유무를 조사하기 위하여 당사자본인 또는 법정대리인의 출석을 명할 수 있다.
④ 화해신청에는 그 성질에 어긋나지 아니하면 소에 관한 규정을 준용한다.

87) 제소전화해신청절차의 진행이라는 법률사무를 처리함에 있어서 형식적으로는 甲 변호사가 피신청인의 대리인이 되고 乙 변호사는 신청인의 대리인이 된 경우, 실질적으로는 甲 변호사가 신청인으로부터 위임받아 乙 변호사에게 신청인의 소송대리를 위임하는 등으로 신청사무를 처리하는 것이 종전의 실무 관행이었다. 판례는 위와 같은 방식의 신청에 기한 제소전화해가 무효가 아니라고 판단했다(대판 1969.6.24. 69다571). 이를 복수당사자의 이익충돌의 관점에서 보면 제소전화해신청절차라는 동일사건을 한 변호사가 신청인과 피신청인으로부터 수임하여 처리하는 것에 해당된다. 이에 대하여는 구 윤리규칙 제18조 제4항("변호사는 동일사건에서 이익이 서로 충돌하는 2인 이상의 당사자를 동시에 대리하거나 변론할 수 없다.")에 의거하여, 비록 동 조항이 윤리규약 제22조 제1항 제5호와 같이 의뢰인들이 모두 동의할 것을 요건으로 하지는 않았으나, 해석상 의뢰인들의 동의를 받아 잠재형의 이익충돌사건으로 변호사가 수임하는 것이 허용된 것으로 볼 수 있었다(졸저, 법조윤리 제2판, 2012, 185-189면 참조). 윤리규약 제22조 제1항 제5호는 위와 같은 경우에 의뢰인들이 모두 동의하여야 한다는 조건을 명시적으로 규정하면서 수임을 허용한 것이다. 다만, 현재로서는 위와 같은 방식의 '제소전화해신청'은 개정된 민사소송법 제385조 제2항에 의하여 원칙적으로 허용되지 않는다(민소97, 60 참조).

볼 수 있으므로, 위 본안사건에서 피신청인(B)을 대리하는 것은 윤리규칙 제18조 제2항에 의하여 금지된다.

---

(3) 복수당사자로부터의 수임시 고지의무

복수당사자로부터 사건을 수임하는 경우 변호사는 각각의 의뢰인에게 설명에 기한 동의를 구하여야 한다. 즉 이익충돌이 잠재하고 있어서 장래 이것이 현재화할 염려가 있는 경우 의뢰인 각각에 대하여, 이익충돌의 잠재내용, 이익충돌이 현재화하는 경우의 변호사의 윤리, 변호사의 사임 가능성 등 이익충돌 회피를 위한 방법 등에 대하여 설명해 두어야 한다.[88]

다. 현재 수임하고 있는 사건과 이해충돌 사건

> **윤리규약 제22조(수임제한)** ① 변호사는 다음 각 호의 어느 하나에 해당하는 사건을 수임하지 아니한다. 다만, 제3호의 경우 수임하고 있는 사건의 의뢰인이 양해하거나, 제4호의 경우 의뢰인이 양해하거나, 제5호 및 제6호의 경우 관계되는 의뢰인들이 모두 동의하고 의뢰인의 이익이 침해되지 않는다는 합리적인 사유가 있는 경우에는 그러하지 아니하다.
> 1.~5.(생략)
> 6. 현재 수임하고 있는 사건과 이해가 충돌하는 사건

본호는 수임금지에 관한 다른 규정에서 포섭되지 않은 이해충돌 사건을 포괄적으로 금지하는 일반조항적 성격의 규정이다. 따라서 본호는 본호 이외의 각 수임금지 조문에서 열거되지 않은 이해충돌 사건에 관하여 원칙적으로 수임을 금지하되, 의뢰인들이 모두 동의하면 수임을 허용하는 것이다.

3. 의뢰인 · 변호사 충돌형

의뢰인 · 변호사 사이의 이익충돌은 변호사시험 합격자의 사건수임(법31의2①),[89] 계쟁권리의 양수(법32), 의뢰인과 변호사 사이의 금전거래(규14), 상대방과 친족관계인 사건의 수임(규22①iv) 등에서 발생하는 의뢰인과 변호사 사이

---

88) 小島武司 외 2, 전게서, 106면 참조.
89) 2011. 5. 17. 법률 제10627호로 개정된 변호사법(2011. 5. 17. 시행).

의 이익충돌을 말한다.

가. 변호사시험 합격자의 수임금지

변호사법 제31조의2는 법학전문대학원 제도의 도입에 따라 변호사시험에 합격한 자의 수임금지에 관하여 규정하고 있다.[90] 이는 변호사시험에 합격한 자가 전문성을 보다 제고하여 의뢰인에게 보다 양질의 법률서비스를 제공할 필요에 따른 것이다.

변호사시험에 합격한 변호사는 일정한 법률사무종사기관(법21의2①)에서 통산하여 6개월 이상 법률사무에 종사하거나 연수를 마치지 않으면 사건을 단독으로 또는 공동으로 수임할 수 없다. 변호사시험에 합격한 변호사를 법무법인, 법무법인(유한), 법무조합의 담당변호사로 지정하는 경우에도 마찬가지이다(법31의2).

변호사시험에 합격한 변호사가 최초로 단독 또는 공동으로 수임하거나 법무법인 등의 담당변호사로 지정받을 수 있기 위해서는 일정한 법률사무종사기관(법21의2①)에서 법률사무에 종사한 사실을 증명하는 확인서(대한변협에서의 연수는 제외)를 받아 지방변호사회를 거쳐 대한변호사협회에 제출하여야 한다(법31의2②, 21의2③).

☞ [부록 2] 개정안(현행법 제31조의2 삭제) 참조.

나. 계쟁권리 양수금지

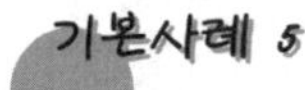

[기본사례 2]에서 C가 A를 상대로 제기한 대여금반환청구소송을 C로부터 수임한 경우

① 갑 변호사가 성공보수로 대여금반환청구권의 일부를 양수하는 것이 허용되는가?

② 갑 변호사가 위 대여금반환청구소송에서 승소한 경우 C가 수령한 승소금액의 일부를 성공보수로 지급받기로 약정하는 것은 허용되는가?

---

90) 2011. 5. 17. 법률 제10627호로 개정된 변호사법에 신설되었다.

(1) 계쟁권리 양수금지의 의의

변호사법 제32조(계쟁권리의 양수 금지) 변호사는 계쟁권리(係爭權利)를 양수하여서는 아니 된다.
윤리규약 제34조(보수분배금지 등) ② 변호사는 소송의 목적을 양수하거나, 정당한 보수 이외의 이익분배를 약정하지 아니한다.

변호사는 의뢰인의 계쟁권리를 양수해서는 안 된다. 윤리규약 제34조의 '소송의 목적'도 변호사법의 '계쟁권리'와 같은 의미이다.[91]

여기에서 계쟁권리라고 함은 의뢰인과 상대방이 계쟁하고 있는 권리 그 자체로서,[92] 강학상 '소송물'과 동일한 개념이다.[93][94] 계쟁권리의 개념과 관련하여 논란이 있다. 우선, 현재 소송, 조정 기타 분쟁처리기관에서 계속 중인 사건의 권리에 한정된다는 견해(제한설)가 있다.[95] 또, 일본에서의 학설로서 문언상 계쟁권리라고 하는 광의의 용어가 사용되고 있는 점, 변호사업무가 재판외로 확장되고 있는 현실 등에 비추어 광의로 해석하지 않으면 입법목적을 달성할 수 없다고 하는 견해(비제한설)[96]도 있다. 생각건대, 제재규범인 변호사법 제32조 및 윤리규약 제34조의 해석은 엄격하여야 하므로 제한설이 타당하다.

계쟁권리의 양수는 유상이든 무상이든, 계약 유형이 어떠하든 관계없이 금지된다. 따라서 예컨대, 변호사가 수임사건의 보수로 계쟁권리를 양수하는 것도 허용되지 않는다. 양수는 변호사 자신의 계산으로 행하는 것이어야 한다. 따라서 타인의 대리인으로서, 또는 타인의 계산으로 계쟁권리를 양수하는 것은 해당되지 않는다.

---

91) 윤리규약 제11조의 '소송의 목적'을 변호사법 제32조의 '계쟁권리'보다 넓은 개념으로서 소송물뿐만 아니라 소송목적물까지 포함하는 것으로 해석하여 소송목적물 양수행위는 윤리규약 제11조 위반으로 보는 일부 견해도 있다(축조, 대한변협, 2009, 212면 참조).

92) 대판 1985. 4. 9. 83다카1775 참조.

93) 법무부, 2007. 8. 27. 징계결정(축조, 대한변협, 2009, 212면).

94) 여기에서 소송물(Streitgegentand)은 민사소송에 있어서 소송의 객체, 소송상의 청구 또는 심판의 대상이다. 소송물은 청구의 목적물(민소218①) 또는 계쟁물 자체는 아니다. 예컨대 토지인도소송에 있어서 토지, 건물철거소송에 있어서 건물은 소송물일 수 없다(이시윤, 신민사소송법 제2판, 박영사, 2005, 202면).

95) 日本弁護士連合會 편저, 『条解 弁護士法』, 弘文堂, 2007, 227면. 일본에서의 판례의 주류이다(高中正彦, 전게서, 143면).

96) 谷口安平, 判例批評 民商法雜誌 43巻3号, 444면.

또 양수금지의 대상은 '계쟁'권리이므로 분쟁이 종결된 후 변호사가 소송의 목적을 양수하는 것은 허용된다.[97)][98)]

(2) 계쟁권리 양수금지의 취지

계쟁권리의 양수를 금지한 취지는 여러 관점에서 설명되고 있다. 즉, 계쟁권리의 양수는 당사자와 변호사 사이의 신임관계에 균열을 초래하며 또는 당사자와 이해가 상반하는 결과를 가져오는 등 변호사의 일반적 품위를 손상시킬 염려가 있다거나,[99)] 소송목적에 대해 변호사가 개인적 이해관계를 가지게 되면 변호사가 의뢰인의 입장에서 문제를 해결하기보다는 자신의 이해에 따른 소송을 진행하려는 경향이 생기기 때문이라는[100)] 등의 이유를 들고 있다. 생각건대, 금지의 대상이 변호사 자신의 계산으로 계쟁권리를 양수하는 것이므로, 일부 양수의 경우 그로 인한 자신의 이해관계 때문에 의뢰인의 권익을 최대한 옹호하지 못할 수 있으므로 성실의무를 다할 수 없고, 전부 양수라고 하더라도 그 자체로 인하여 변호사와 의뢰인 사이에 직접적 이익충돌의 상황이 초래되면 변호사의 품위는 물론이고 사회일반의 변호사에 대한 신뢰를 유지할 수 없고, 나아가 변호사의 공공성의 유지의무의 관점에서 사건의 상대방의 이익을 해할 가능성도 있기 때문에 양수를 금지한 것으로 봄이 타당하다.

대법원 1985. 4. 9. 선고 83다카1775 판결

구 변호사법(1973.12.20 법률 제2654호) 제17조는 변호사는 계쟁권리를 양수할 수 없다고 규정하고 있는바, 이는 변호사가 당사자로부터 계쟁권리를 양수하므로 인하여 당사자와 변호사 사이의 신임관계에 균열을 초래하며 또는 당사자와 이해상반하는 결과를 가져오는 등 변호사의 일반적 품위를 손상시킬 염려가 있으므로 이와 같은 행위를 단속하기 위하여 금지규정을 둔 것에 불과하여 그 양수행위의 사법적 효력에는 아무 소장이 있을 수 없을 뿐만 아니라 계쟁권리라 함은 바로 계쟁중에 있는 그 권리이며 이 사건에서와 같이 판결이 확정된 계쟁목적물이었던 부동산은 계쟁권리라 할 수 없다.

---

97) 이상수, 전게서, 209면.

98) 소송이 종료된 후 성공사례금조로 계쟁부동산의 일부를 이전등기 받는 것은 위법이라고 할 수 없다(대한변협, 변호사관련법규 질의회신집, 2000, 156면).

99) 대판 1985. 4. 9. 83다카1775; 대한변협, "변호사법 관련 질의·회신," 인권과 정의 제359호, 2006. 7. 183면 등 참조.

100) 이상수, 전게서, 209면.

(3) 계쟁권리 양수의 사법적 효력

계쟁권리의 양수에 관하여는 위와 같은 이유로 변호사의 윤리에 반하기 때문에 금지규정을 둔 것으로 이 금지규정에 위반할 경우 변호사로서의 징계책임을 부담할 수 있음은 별론으로 하고, 그 양수행위의 사법적 효력에는 영향이 없다.[101]

(4) 구체적 사례

계쟁권리의 양수 여부가 쟁점이 된 구체적 사례를 살펴보면 아래와 같다.

보충사례 8 계쟁권리의 양수가 아니라고 본 사례

① B법인이 동업계약을 체결한 A를 상대로 법인자금의 횡령, 사기 등의 죄로 고소하였고 갑 변호사는 A의 변호인으로 선임되어 변론하였고 A는 혐의 없음 처분을 받았다. A는 위 수임사건에 대한 약정 성공보수금으로 A가 소유한 B법인의 주식 중 일부를 갑 변호사에게 양도하였고 갑 변호사는 주식양도계약서를 첨부하여 B법인에 명의개서를 청구하였으나 B법인이 그 청구를 거절한 경우 변호사법 제32조(계쟁권리의 양수금지) 및 제24조(품위유지의무 등) 위반 여부 (소극)[102]

② 변호사 갑은 A회사의 주식반환청구권을 피보전권리로 한 주식처분금지가처분사건에서 채무자 B를 대리하여 가처분이의(항소)를 제기하였고, 항소심 계속 중 채무자 B로부터 그의 처 C 명의로 된 A회사 주식을 갑의 처 명의로 양수한 경우 변호사법 위반 여부 (소극)[103]

---

101) 대판 1985. 4. 9. 83다카1775. 일본에서는 계쟁권리의 양수를 금지한 변호사법 제28조(우리 변호사법 제32조)가 강행법규라는 이유로, 또는 공서양속을 이유로 양수의 사법적 행위는 무효라고 해석하는 학설 및 東京高判 昭和32. 8. 24. 등 하급심 판결이 있다(田中紘三, 전게서, 144면 참조).

102) 대한변협 2006. 3. 3. 법제 제915호 질의회신(축조, 대한변협, 2009, 210면): 수임하여 처리한 형사사건이 직접 주식에 관련된 사건이 아니었고, 그 의뢰인과는 아무런 의견대립이 없으며, 의뢰인의 상대방이 의뢰인과의 내부적인 관계를 이유로 명의개서를 거부하고 있는데 지나지 아니하다.

103) 법무부, 2007. 8. 27. 징계결정(축조, 대한변협, 2009, 211-212면): 갑이 수임한 사건은 의뢰인인 B의 처 C가 아닌 채무자 B명의의 주식의 처분금지가처분에 대한 이의소송이므로 갑이 양수한 위 주식은 계쟁 중에 있는 소송의 목적물로 볼 수 없고, 계쟁권리라 함은 바로 계쟁 중에 있는 그 권리이고 계쟁목적물은 포함되지 않는다는 것이 대법원의 태도이므로(대판 1985. 4. 9. 선고 83다카1775), 계쟁권리는 강학상 소송물과 동일한 개념이라 할 것인바 주식인도청구권이 아닌 주식을 양수한 행위는 변호사법 제32조에서 금지하고 있는 계쟁권리의 양수로 볼 수 없기 때문이다.

보충사례 9 계쟁권리의 양수로서 금지된 사례

A의 B에 대한 공사대금청구소송의 대리인인 변호사 갑이 1심 일부승소 후 변호사 수임료 명목으로 소송 진행 중인 A의 B에 대한 채권을 자신의 사무장 명의로 양수하고, 변호사 갑이 항소를 제기하는 한편 사무장이 갑을 소송대리인으로 선임한 후 소송승계참가 신청을 하여 항소심에서 변호사 사무장에게 금 2,000만원 지급 판결을 받고 위 사무장은 B로부터 판결금 전액을 영수한 경우 변호사 갑에 대한 변호사법 제32조 위반 여부 (적극)[104]

② A회사를 상대로 B가 제기한 공사대금청구소송에서 B를 대리하던 중 위 사건 소송목적 계쟁권리인 A회사로부터 받을 공사대금 채권 중 금 7억원을 B로부터 양수한 경우 변호사법 제32조 위반 여부 (적극)[105]

다. 의뢰인과 변호사 사이의 금전거래 금지

윤리규약 제14조(금전거래의 금지) 변호사는 그 지위를 부당하게 이용하여 의뢰인과 금전대여, 보증, 담보제공 등의 금전거래를 하지 아니한다.

기본사례 6

[기본사례 2]에서 C가 A를 상대로 제기한 대여금반환청구소송을 C로부터 수임하여 소송수행하는 변호사 갑이 유망하다고 판단하는 주식에 투자할 때, C가 변호사 갑에게 금 5,000만원을 주식투자금 명목으로 대여하여 그 수익을 반분하기로 약정하고, 변호사 갑이 C로부터 위 금원을 차용하는 것이 허용되는가?

변호사와 의뢰인 사이의 거래로 말미암아 이익충돌이 발생하면 변호사와 의뢰

---

104) 법무부, 2003. 7. 3. 질의회신(축조, 대한변협, 2009, 210-211면): 양수받은 채권은 소송 진행 중인 채권이므로 계쟁권리에 해당함은 명백하다(우리 법은 양수가 유상이든 무상이든, 계약 유형이 어떠하든 관계없이 이를 금하고 있음). 양수 명목이 변호사의 용역 대가인 변호사 수임료로서 변호사의 계산으로 양수한 것이므로 본건 실질적인 양수인은 사무장이 아니라 변호사라 할 것이다(日本弁護士連合會 편저, 条解 弁護士法, 239-240면 참조). 따라서 변호사 갑은 변호사법 제32조 위반으로 동법 제112조에 의하여 형사처벌대상이다.

105) 대한변협 2008. 6. 2. 징계 제2007-33호(축조, 대한변협, 2009, 211면).

인 사이의 신뢰관계가 유지될 수 없고 결국 변호사는 의뢰인에게 성실의무를 다할 수 없기 때문에 일정한 제한을 할 필요가 있다. 미국의 경우 Model Rules (1.8)가 의뢰인과의 금전거래에 관하여 아주 상세하게 규정하고 있다.

윤리규약은 변호사가 그 지위를 부당하게 이용하여 금전대여, 보증, 담보제공 등의 금전거래를 하는 것을 금지한다.[106] 일반적인 금전거래는 계약자유의 원칙상 당연히 허용된다. 금지되는 것은 변호사의 지위를 부당하게 이용한 금전거래이다.

라. 상대방 등과 친족관계인 사건의 수임 금지

윤리규약 제22조 ① 변호사는 다음 각 호의 어느 하나에 해당하는 사건을 수임하지 아니한다. 다만, 제3호의 경우 수임하고 있는 사건의 의뢰인이 양해하거나, 제4호의 경우 의뢰인이 양해하거나, 제5호 및 제6호의 경우 관계되는 의뢰인들이 모두 동의하고 의뢰인의 이익이 침해되지 않는다는 합리적인 사유가 있는 경우에는 그러하지 아니하다.
1. ~ 3. 5. 6.(생략)
4. 상대방 또는 상대방 대리인과 친족관계에 있는 경우

(1) 의　의

변호사가 의뢰인의 상대방 또는 그 대리인과 친족관계에 있는 경우 원칙적으로 수임을 금지하고, 다만 의뢰인이 양해하는 경우에는 수임을 허용하는 것이다.

(2) 취　지

이러한 수임금지의 취지는, 변호사가 의뢰인의 상대방 또는 그 대리인과 친족관계에 있는 경우 변호사는 그 친족 간의 정의(情誼)로 인하여 성실의무를 다할 수 없는 염려가 있으므로 의뢰인의 권리를 제대로 보호할 수 없고, 또 이로 인하여 의뢰인과의 신뢰관계를 유지할 수 없기 때문이다.

(3) 문 제 점

변호사가 의뢰인의 상대방 또는 그 대리인과 친족관계에 있는 경우 친족 간

106) 2014. 2. 24. 윤리장전이 개정되기 전에는 의뢰인과 변호사 사이의 거래에 관해서는 아무런 규정을 두지 아니하였다.

의 정의(情誼)로 인하여 이해관계를 같이할 염려가 있음은 당연하다. 그러나 친족의 범위를 가리지 아니하고 그 수임을 금지하는 것은 헌법상의 과잉금지의 원칙에 위반될 수 있다. 즉, 친족의 개념은 민법의 규정(민767)에 의할 것이나 그 친족의 범위가 너무 넓어서 변호사의 계약체결의 자유를 과도하게 제한하는 문제점이 있다. 따라서 수임을 금지하는 친족관계에 있는 자의 범위를 합리적으로 조정함이 타당하다고 본다.[107)]

4. 공무관련 충돌형

공무관련 이익충돌형은 변호사 자신이 공무원 등으로 직무상 취급한 사건, 공무원으로 재직한 기관이 처리하는 사건 및 겸직하는 당해 정부기관의 사건에서의 이익충돌이 문제된다.

기본사례 7

변호사 을은 판사로 재직하다 퇴직한 변호사이다. 변호사 을이 다음과 같은 경우 사건의 수임을 할 수 있는가?

① 변호사 을은 판사 재직 중 영장전담판사로서 상해사건의 피의자 A에 대하여 청구한 구속영장을 기각한 바 있는 경우 소송 계속 중인 A의 위 상해사건

② 변호사 을이 판사 퇴직일로부터 1년 이내에 퇴직 전 근무한 법원에 계속 중인 피의자 B에 대한 상해사건

가. 공무원 등으로 사무에 관여한 사건에서의 이익충돌

변호사법 제31조(수임제한) ① 변호사는 다음 각 호의 어느 하나에 해당하는 사건에 관하여는 그 직무를 수행할 수 없다. 다만, 제2호 사건의 경우 수임하고 있는 사건의 위임인이 동의한 경우에는 그러하지 아니하다.
1. 2.(생략)
3. 공무원·조정위원 또는 중재인으로서 직무상 취급하거나 취급하게 된 사건

107) 입법론적으로는 의뢰인의 상대방 또는 그 대리인과 민법 제779조 제1항의 가족 관계에 있는 경우에 한해서 사건수임을 금지하면 적정하지 않을까 생각된다.

윤리규약 제22조(수임제한) ① 변호사는 다음 각 호의 어느 하나에 해당하는 사건을 수임하지 아니한다. 다만, 제3호의 경우 수임하고 있는 사건의 의뢰인이 양해하거나, 제4호의 경우 의뢰인이 양해하거나, 제5호 및 제6호의 경우 관계되는 의뢰인들이 모두 동의하고 의뢰인의 이익이 침해되지 않는다는 합리적인 사유가 있는 경우에는 그러하지 아니하다.

1. 과거 공무원 · 중재인 · 조정위원 등으로 직무를 수행하면서 취급 또는 취급하게 된 사건이거나, 공정증서 작성사무에 관여한 사건

2. ~ 6.(생략)

(1) 의 의

변호사가 공무원 · 조정위원 또는 중재인으로 직무상 취급하거나 취급하게 된 사건, 공정증서 작성사무에 관여한 사건에 대해서 사건의 수임을 금지하여 직무를 수행할 수 없도록 한 것이다. 여기에서 '직무상 취급하게 된 사건'은 당해 변호사가 과거 공무원 등으로 재직 중 실제 취급하지는 않았으나 직무상 취급해야 했던 사건을 의미한다. 예컨대, 법관의 경우 소속 재판부에 배당되었으나 실제 심리를 하지 않았던 사건이 여기에 해당된다.

(2) 취 지

공무원 등으로 사무에 관여한 사건의 수임을 금지하는 취지에 관한 여러 가지 관점이 제시되고 있다. ⅰ) 변호사 업무의 공공성과 공정성을 구현하고 변호사에 대한 신뢰를 구축한다,[108] ⅱ) 변호사가 장래 수임을 위해 공직 중에 특정인을 배려할 위험성을 사전에 막고, 재직 중에 알게 된 연고를 과장하여 의뢰인의 신뢰를 얻으려는 것을 막으며, 재직 중에 획득한 정보의 남용을 방지하며, 판사 · 검사로서 관여한 사건의 경우 공정성이 문제된다,[109] ⅲ) 변호사가 공무원으로서 취급한 사건을 처리하게 되면 한쪽 당사자에게 불이익이 생길 염려가 있다,[110] ⅳ) 변호사로서의 절도, 신용, 품위를 유지하기 위한 것이다[111] 등이 그것이다.

---

108) 대한변협 2008. 4. 8. 법제 제1342호 질의회신(축조, 대한변협, 2009, 171-173면); 대한변협: 인권과 정의 359호, 2006. 7, 185면.

109) 日本弁護士連合會 편저, 条解 弁護士法, 弘文堂, 2007, 203면 참조.

110) 伊藤眞, "弁護士と當事者," 小島武司 외 3 편, 『法曹倫理』 제2판, 有斐閣, 2006, 80면.

111) 小島武司 외 2, 전게서, 119면 참조.

살피건대, 변호사의 윤리규범은 그것이 변호사의 윤리를 확보하기 위한 것을 제1차적 과제로 하지만 관련된 공익의 보호를 위한 취지도 포함하고 있다. 변호사가 공무원 등의 지위에서 사무에 관여한 사건을 수임하는 것은 공무원 등으로 재직 중에 알게 된 연고를 이용하거나 과장할 우려가 있고 실제로 그럴 경우 이는 변호사로서의 명예와 품위를 해하는 것이다. 또, 재직 중의 정보를 이용함으로써 일방 당사자에게 일방적으로 불이익을 초래할 수 있고 이는 변호사 직무의 공공성에 반한다.[112] 나아가, 장래 사건의 수임을 위해 재직 중에 특정인을 배려하게 되면 공무원 등으로서의 직무수행의 순수성과 이에 대한 일반인의 신뢰를 해할 수 있다. 결국 공무원 등의 지위에서 사무에 관여한 사건의 수임을 금지하는 것은 변호사로서의 명예와 품위 유지, 변호사 직무의 공공성 확보 및 공무수행의 순수성과 이에 대한 일반인의 신뢰를 보호하기 위한 것이다.

(3) 공무원의 범위

여기에서의 공무원은 공무원 신분이 아니라도 그 취급사건이 국가의 권능에 속하는 사건을 처리하는 지위에 해당되는 경우도 포함된다.[113] 따라서 「친일반민족행위자 재산의 국가귀속에 관한 특별법」에 의하여 설립된 재산조사위원회의 위원(비상임),[114] 「채무자회생 및 파산에 관한 법률」에 의한 보전관리인,[115][116] 선거관리위원,[117] 토지수용위원,[118] 계약심의위원회 위원[119] 등도 여기에 해당된다. 또 기초자치단체의 민원조정위원회의 위원도 조정위원의 직

---

112) 변호사에게 사건을 위임한 의뢰인의 이익은 보호될 수 있어 의뢰인에 대한 보호의무에 충실할 수는 있겠으나, 그렇지 않은 경우에 비하여 반대 당사자는 일방적으로 불이익을 입을 수 있으므로 이는 변호사 직무의 공공성에 비추어 허용되어서는 안 된다. 변호사 직무의 공공성은 의뢰인에 대한 보호의무의 한계가 되어야 한다.

113) 대판 1975. 5. 13. 72다1183.

114) 대한변협 2007. 9. 17. 법제 제2324호(축조, 대한변협, 2009, 183면에서 재인용).

115) 대한변협 2007. 5. 28. 법제 제1633호(축조, 대한변협, 2009, 184면에서 재인용).

116) 채무자회생 및 파산에 관한 법률 제85조(보전관리인의 권한) 제43조 제3항의 규정에 의한 보전관리명령이 있는 때에는 회생절차개시결정 전까지 채무자의 업무수행, 재산의 관리 및 처분을 하는 권한은 보전관리인에게 전속한다.

117) 법무부 2003. 3. 20. 질의회신(축조, 대한변협, 2009, 185면).

118) 법무부 2007. 4. 10. 징계결정(축조, 대한변협, 2009, 185면).

119) 대한변협 2010. 12. 27. 질의회신 제555호.

무를 수행하는 경우와 동일하게 취급한다.[120)]

1 대법원 1975. 5. 13. 선고 72다1183 판결(전원)

본건에 적용될 구 간이절차에 의한 민사분쟁사건처리특례법 제9조 제1항에 의하면 공증사무를 처리하는 합동법률사무소의 구성원인 변호사는 합동하여 법률사무에 종사하게 되어 있음이 소론과 같고 또 같은 법 제12조 제1항의 규정에 의하면 공증에 관한 문서는 합동법률사무소 명의로 작성하고 그 합동법률사무소 구성원이 5인 이상인 때에는 3인이, 구성원이 3인 이상인 때에는 변호사 2인이 공동서명날인 하여야 하게 되어 있으며 같은 법 제16조의 규정에 의하면 합동법률사무소에 관하여 같은 법에 규정이 있는 것을 제외하고는 그 업무에 관하여 변호사법을 준용하게 되어 있다. 이러한 규정 등에 의하면 합동법률사무소의 구성원인 변호사는 법률상 합동하여 공증사무를 처리하는 것이고 따라서 공증에 관한 문서도 합동법률사무소 명의로 작성되는 것이므로 합동법률사무소가 공증한 사건에 관하여는 그 공정증서에 서명날인한 변호사는 물론 그에 서명날인하지 아니한 변호사라 할지라도 소속 합동법률사무소 명의로 공증된 사건에 관하여는 변호사법 제16조가 준용되는 것으로 해석하여야 할 것이며 따라서 합동법률사무소 명의로 공정증서가 작성된 경우에는 그 소속구성원인 변호사는 그 공정증서에 서명날인한 여부에 불구하고 변호사법 제16조 제2호의 규정에 의하여 그 직무를 행사할 수 없는 것이다.

왜냐하면 변호사법 제16조 제2호에는 공무원으로서 직무상 취급한 사건에 관하여는 그 직무를 행할 수 없다고 규정하고 있으나 이는 공무원신분을 가진 사람이 직무상 취급한 사건만을 말하는 것이 아니라 공무원신분을 갖지 않은 사람이라 할지라도 그 사람이 취급한 사건이 국권의 하나인 사법권능에 속하는 사건이면 즉 채무명의나 집행력 있는 정본의 형성에 관한 것이라면 그 취급사건에 관한 한 이에 해당되는 것으로 보아야 하기 때문이다.

2 대한변협 2006. 9. 18. 법제 제2191호[121)]

질의변호사는 선거관리위원회의 비상임위원의 신분으로 보이는바, 각급 선거관리위원회는 합의제 행정관청에 해당되고, 위원은 상임, 비상임을 불문하고 해당 직무에 관하여는 광의의 공무원에 해당된다. 따라서 공직선거법위반사건의 고발이 선거관리위원회의 명의로 행해진 경우는 그 소속위원은 상임이든 비상임이든, 실질적으로 그 고발에 참여했든 아니했든, 전결규정에 따라 위원장이 전결했든 사무국장이 전결했든, 기타 여하한 경우라도 그 소속 위원이 직무상 취급한 사건의 범위에 해당되므로, 그 고발사건에서 피고발자의 변호

120) 대한변협 2014. 8. 14. 질의회신 제835호.
121) 축조, 대한변협, 2009, 184-185면.

인을 맡는 것은 변호사법 제31조 제3호 소정의 사건에 해당되므로 수임이 불가하다.

③ 대한변협 2014. 8. 14. 질의회신 제835호

기초자치단체의 민원조정위원회는 민원사무처리에 관한 법률 시행령 제38조에 근거하여 의무적으로 설치되는 조직이고 그 위원은 직무의 성격상 변호사법 제31조 제1항 제3호의 조정위원과 유사한 직무를 수행한다고 볼 수 있다. 변호사 A는 갑 기초자치단체가 을에게 내린 허가거부처분에 대하여 을이 이의를 제기하자 기초자치단체의 민원조정위원으로 이의를 기각하는 결정에 관여하였고 위 거부처분은 후에 행정심판위원회의 인용재결이 내려졌는데, 을이 위 거부처분으로 인하여 손해를 입었음을 주장하여 갑 기초자치단체를 상대로 손해배상청구소송을 제기한 경우 변호사 A가 이 손해배상청구소송 사건에서 갑 기초자치단체로부터 수임하는 것은 변호사법 제31조 제1항 제3호에서 조정위원으로서 취급한 사건의 수임금지 규정에 저촉된다.

(4) 공무원 등으로 직무상 취급한 사건의 범위

(가) 쟁점의 정리

공직 당시 취급한 사건과 수임의 대상이 되는 사건이 동일할 경우는 당연히 수임이 금지된다. 사건이 동일하지 아니한 경우 사건수임을 금지하여야 할 범위를 어떻게 정할 것인지가 문제된다. 대한변협은 변호사법 제31조 제1항 제3호에서 취급한 사건의 범주에는 해당 사건뿐만 아니라 해당 사건과 실질적으로 동일한 것으로 평가받을 수 있는 사건을 포함한다는 입장이다.[122] 이에 대해서는 '변호사로서의 품위유지, 사건 당사자들의 이익보호, 공정한 공무의 수행 등 공익적 요소와, 변호사로서의 직업선택 및 직업수행의 자유 등 사익적 요소'를 고려하여 결정하여야 한다.[123] 그런데 대한변협의 질의회신례를 살펴보면 소송물의 동일 여부나 본질적 관련 여부에 의하여 결정된 듯한 사례가 보이긴 하나, 대부분은 공무원 등으로 취급한 사건과 추상적 관련성만 있으면 수임을 금지하는 입장을 취하고 있다.

---

122) 대한변협 2006. 1. 16. 징계결정 제2005-24호; 2006. 12. 4. 징계결정 제2006-26호; 2007. 5. 21. 징계결정 제2006-29호(대한변협 2014. 8. 14. 질의회신 제835호에서 재인용).

123) 서울행정법원 2008. 2. 5. 2007구합27455 판결(축조, 대한변협, 2009, 170-171면에서 재인용).

(나) 사건범위의 결정기준

① **사건의 동일성 기준례** 이는 사건의 동일 여부를 기준으로 수임의 허부를 결정한 예이다. 이 사례의 기준에 의하면 기본적 사실관계가 동일하더라도 당해 사건이 아니면 수임이 가능하므로 수임이 가능한 사건의 범위가 넓어진다.[124)]

보충사례 10

•경계확정의 소에 관여한 판사가 개업 후에 토지 사용을 원인으로 한 부당이득금반환청구사건의 소송수임 가능여부 (**적극**)[125)]

② **분쟁실체의 동일여부 기준례** 이는 변호사의 수임사건과 공직 당시의 직무가 그 기초가 된 분쟁의 실체가 동일한지의 여부나 실질적으로 동일한 쟁점을 포함하고 있는지 여부에 따라 수임의 가부를 결정한 사례이다.[126)]

보충사례 11

[사실관계]

A가 C종중으로부터 토지를 매수하였고, 그 매매와 관련하여 B가 C종중을 상대로 제기한 소송이 소송사기로 된 형사사건에서 계약금의 조성경위에 관하여 E가 증언하였고, A가 매매계약을 포기한 경위에 대하여 Y가 증언하였다. E, Y에 대한 위증사건을 변호사 갑이 판사로 재직 중 처리하였고, 퇴직 후에 Y가 C종중과 B를 상대로 매수인 지위승계를 이유로 한 소유권이전등기청구의 소를 제기하였다. Y가 매수인의 지위를 승계하였다는 상대방은 B이다.

---

124) "변호사법 제16조 제2호에 의하여 변호사가 직무를 행할 수 없는 사건은 변호사가 공무원으로 재직시 직무상 취급한 당해 사건만을 가리키는 것이고, 그 사건의 사안과 동일한 다른 사건은 이에 포함되지 않는다"(대구고등법원 1974. 7. 30. 선고 72나522 판결)(축조, 대한변협, 2009, 171면에서 재인용).

125) 대한변협 2005. 5. 3. 법제 제1354호.

126) 대한변협 2008. 4. 8. 법제 제1342호(축조, 대한변협, 2009, 171-174면).

[**대한변협 판단**]

변호사법 제31조 제3호가 제1호와 같은 조문에 규정되어 있고, 변호사 업무의 공공성과 공정성을 구현하고 변호사에 대한 신뢰를 구축한다는 점에서 그 근본적인 입법취지는 같으므로 제1호의 "사건의 범위"에 관한 해석은 제3호에도 적용하는 것이 타당하다.

변호사법 제31조 제3호를 해석함에 있어서도 위 대법원판례와 같이 "기초가 된 분쟁의 실체가 동일한지의 여부" 또는 "실질적으로 동일한 쟁점을 포함하고 있는지 여부"가 판단의 기준이 될 수 있다. 본건의 위증사건과 갑 변호사가 수임하려는 사건은 기초적 사실이 동일하므로 수임할 수 없다.

③ **추상적 연관성 기준례** 이는 변호사의 수임의 대상이 되는 사건과 공직 당시의 직무가 추상적으로 또는 내용적으로 연관되어 있으면 사건의 수임을 할 수 없다고 본 사례이다. 쌍방대리의 금지는 동일사건 및 그 사건과 '본질적으로 관련이 있는 사건'까지 이익충돌의 범위를 제한한 것에 비하여, 이 기준은 이익충돌의 범위를 넓게 즉, 수임의 범위를 좁게 본다. 이 기준은 대한변협이 아래 사례 등에서 일관되게 취해온 것으로, 미국의 경우 공무원으로서 "개인적으로 그리고 실질적으로"(personally and substantially) 관여한 사건에 대해서만 수임을 제한하는 것[127]에 비하여 수임의 범위를 상당히 좁게 보고 있다. 미국의 경우 법률가모델이 우리의 경우와 달리 법률전문가모델로 출발하여 공익 외에 고객 이익의 추구를 그 행위의 준거틀로 하고 있고,[128] 그 수임의 범위를 너무 축소할 경우 변호사의 공직에의 취임 유인이 상실될 수 있다는 점이 고려된 것이다.

보충사례 12

① 의제자백으로 종중의 토지를 편취한 종중원에 대한 사기사건을 수사한 검사가 변호사 개업 후에 종중에서 위 의제자백판결에 대한 재심을 하면서 취소판결을 받았으나, 그 일부 토지에 대한 소유권이전이 되어 등기말소가 되지 아니하자 그

127) Model Rules 1.11.(2).

128) 6인 공저-한상희, 16면 참조.

등기명의자를 상대로 한 소송의 대리인이 될 수 있는지 여부 (소극)[129)]

② 경매담당 판사가 개업 후에 그 경매물건의 하자를 이유로 채권자, 채무자, 감정인을 상대로 한 손해배상 사건의 대리인이 되는 경우 수임 가부 (소극)[130)]

③ A회사의 공장에서 Y가 Z를 폭행하였고, Y에 대한 폭행 형사사건을 갑 변호사가 판사 재직시 담당하였다. 그 후 폭행을 당한 Z는 A회사와 Y를 상대로 손해배상소송을 제기하고, 1심에서 Z는 Y에게 승소하여 판결 확정되었으나 A회사에 대하여는 패소하여 항소하였고, 동 항소심에서 갑 변호사가 A회사를 대리할 수 있는지 여부 (소극)[131)]

④ 구속적부심 단계에서 취급한 사건, 소속된 재판부로 사건배당은 되었으나 기일은 지정되지 않았던 사건, 기일이 이미 지정되었으나 실제로 공판은 진행되지 않은 사건의 수임 가부 (소극)[132)]

(5) 관련 문제

법무법인, 법무법인(유한), 법무조합의 소속 변호사가 공무원 등으로 직무상 취급한 사건은 그 소속 법무법인 등에도 수임이 제한된다(법31①, 57, 58의16, 58의30).

대한변협 2007. 9. 17. 법제 제2324호[133)]

'친일반민족행위자 재산의 국가귀속에 관한 특별법'에 의한 재산조사위원회의 위원은 공무원이 아니라 하더라도 위 법에 의한 국가권능을 행사하는 자에 해당한다. 따라서 위원회에서 처리한 사건은 변호사법 제31조 제3호의 소정의 공무원으로서 취급한 사건에 해당하고, 소속 법무법인 명의로도 사건수임은 제한된다.

---

129) 대한변협 2005. 12. 8. 법제 제2765호: 이 수임제한규정의 취지는 변호사가 공무원 등으로 재직하는 동안에 알게 된 상대방의 비밀 등을 이용하여 소송을 수행하는 것을 제한함으로써 공정성을 도모하기 위한 것이므로 수임제한의 범위를 넓게 해석하여야 한다.

130) 대한변협 2006. 4. 28. 법제 제1428호: 이 수임제한 규정은 변호사업무의 공공성과 공정성을 구현하기 위한 것으로서 수임하고자 하는 사건과 공직 당시의 직무가 추상적으로라도 연관되어 있으면 사건수임이 금지된다.

131) 대한변협 2006. 5. 25. 법제 제1625호(축조, 대한변협, 2009, 174면): 변호사법 제31조 소정의 수임제한 규정은 변호사 업무의 공공성과 공정성을 구현하기 위한 것으로서, 수임하고자 하는 사건과 공직 당시의 직무가 추상적으로라도 연관되어 있으면 사건 수임이 금지된다.

132) 대한변협 2006. 4. 4. 법제 제1167호(축조, 대한변협, 2009, 175면).

133) 축조, 대한변협, 2009, 183면.

나. 공무원으로 재직한 기관이 처리하는 사건의 수임 금지

(1) 의 의

변호사가 국가기관의 공무원으로 재직하였다가 퇴직한 경우 퇴직 전 1년부터 퇴직한 때까지 근무한 국가기관에서 처리하는 사건에 대하여 퇴직한 날부터 1년 동안 수임을 금지한 것이다. 즉, 공무원으로 마지막 1년간 근무한 국가기관에서 처리하는 사건을 퇴직 후 1년간 수임할 수 없도록 한 것이다.

(2) 취 지

법원·검찰 등에서 판사·검사 등으로 근무하다가 퇴직한 변호사가 공무원으로 재임시의 연고관계를 이용하여 전관(前官)예우를 받음으로써 사건을 과다하게 수임하고 고액의 수임료를 받는다는 법조계의 전관예우의 폐해가 많이 지적되어 왔다. 이러한 폐해를 불식하기 위하여 2011. 5. 17. 변호사법을 개정하여 법조계를 포함한 공직에서 근무하다가 퇴직한 변호사의 사건수임을 제한하였다.[134] 이는 결국 변호사의 전관예우 폐해를 방지하여 변호사 및 국가기관에 대한 국민의 신뢰를 확보하기 위한 것이다.

(3) 수임금지의 범위

㈎ 수임금지 기간 및 수임금지 대상의 국가기관

① 법관, 검사, 장기복무 군법무관, 그 밖의 공무원직(재판연구원, 사법연수생과 병역의무를 이행하기 위하여 군인·공익법무관 등으로 근무한 자 제외)에 있다가 퇴직한 변호사(공직퇴임변호사)는 퇴직 전 1년부터 퇴직한 때까지 근무한 법원, 검찰청, 군사법원, 금융위원회, 공정거래위원회, 경찰관서 등 국가기관이 처리하는 사건을 퇴직한 날부터 1년 동안 수임할 수 없다(법31③본).[135]

② 공직퇴임변호사의 수임이 제한되는 국가기관은 해당 변호사가 퇴직 전 1년부터 퇴직할 때까지 「국가공무원법」에 따른 국가공무원으로 근무한 모든 국가기관이다(영7의2①).

그러나 아래의 경우는 수임제한 대상 국가기관으로 보지 않는다.

---

134) 2011. 5. 17. 법률 제10627호로 개정된 변호사법(2011. 5. 17. 시행).

135) 공직퇴임변호사가 법조윤리협의회와의 관계에서 부담하는 의무와 구별하여야 한다. 공직퇴임변호사는 퇴직일부터 2년 동안 수임한 사건에 관한 수임자료와 처리결과를 대통령령으로 정하는 기간마다 소속 지방변호사회에 제출하여야 한다(법89의4①).

i) 파견, 직무대리, 교육훈련, 휴직, 출산휴가 또는 징계 등으로 인하여 실제로 근무하지 아니한 국가기관(영7의2③)

ii) 겸임발령 등으로 인하여 둘 이상의 기관에 소속된 경우에 실제로 근무하지 아니한 국가기관(영7의2④)

iii) 퇴직 전 1년부터 퇴직한 때까지 일시적 직무대리, 겸임발령 등으로 인하여 소속된 국가기관에서의 근무기간이 1개월 이하인 국가기관(영7의2⑤)

③ 법원 및 검찰의 경우에는 대법원, 고등법원, 지방법원 및 지방법원 지원과 그에 대응하여 설치된 대검찰청, 고등검찰청, 지방검찰청, 지방검찰청 지청은 각 동일한 국가기관으로 본다(법31③본). 예컨대, 대법원 및 대검찰청은 원래는 별개의 국가기관임에도 불구하고 전관예우 방지의 취지상 양 국가기관 사이의 사법업무의 연관성 및 인적 구성의 연계 가능성 등을 고려하여 동일한 국가기관으로 간주하는 것이다. 따라서 대법원에 재직하다가 퇴직한 변호사는 퇴직일부터 1년간 대검찰청이 처리하는 사건을 수임할 수 없다. 이하 예컨대 서울고등법원 및 서울고등검찰청 등도 순차로 동일하다.

④ 그러나 위에서 동일한 국가기관으로 보는 경우를 제외하고, 다음의 각 국가기관은 이를 별도의 국가기관으로 보아 변호사법 제31조 제3항을 적용한다(영7의2②).

i) 「법원조직법」 제3조에 따른 대법원, 고등법원, 특허법원, 지방법원, 가정법원, 행정법원, 지방법원 지원, 가정법원 지원, 가정지원, 시 · 군법원 및 「법원조직법」 제27조 제4항에 따라 관할구역의 지방법원 소재지에서 사무를 처리하는 고등법원의 부. 다만, 「법원조직법」 제3조 제2항 단서에 따라 지방법원 및 가정법원의 지원 2개를 합하여 1개의 지원으로 하는 경우에 그 지방법원 및 가정법원의 지원은 이를 동일한 국가기관으로 보아 법 제31조 제3항을 적용한다.

ii) 「검찰청법」 제3조에 따른 대검찰청, 고등검찰청, 지방검찰청, 지방검찰청 지청 및 「검찰청법」 제19조 제2항에 따라 관할구역의 지방검찰청 소재지에서 사무를 처리하는 고등검찰청의 지부

iii) 「군사법원법」 제5조 각 호에 따른 고등군사법원 및 보통군사법원

iv) 「군사법원법」 제36조 제2항에 따른 고등검찰부 및 보통검찰부

v) 「경찰법」 제2조에 따른 경찰청, 지방경찰청 및 경찰서

vi)「정부조직법」 및 그 밖의 다른 법률에 따른 각 중앙행정기관
vii) 위 (i) 내지 (vi)에 따른 중앙행정기관에 그 소속의 행정기관이 있는 경우에는 각각의 행정기관

(나) 공직퇴임변호사가 수임할 수 없는 경우(법31④).

i) 공직퇴임변호사가 법무법인, 법무법인(유한), 법무조합(이하 "법무법인 등")의 담당변호사로 지정되는 경우
ii) 공직퇴임변호사가 다른 변호사, 법무법인 등으로부터 명의를 빌려 사건을 실질적으로 처리하는 등 사실상 수임하는 경우
iii) 법무법인 등의 경우 사건수임계약서, 소송서류 및 변호사의견서 등에는 공직퇴임변호사가 담당변호사로 표시되지 않았으나 실질적으로는 사건의 수임이나 수행에 관여하여 수임료를 받는 경우

(4) 수임금지의 예외

공직퇴임변호사라고 하더라도 국선변호 등 공익목적의 수임이나, 사건 당사자가 민법 제767조에 따른 친족인 경우는 위 수임금지의 예외로서 수임이 허용된다(법31③단). 또, 재판연구원(로클럭), 사법연수생, 병역의무를 이행하기 위하여 군인·공익법무관 등으로 근무하다가 퇴직한 자는 이러한 수임금지의 예외에 해당한다는 점을 유의하여야 한다.

여기에서 "공익목적 수임"이란 다음 각 호의 어느 하나에 해당하는 행위나 활동에 관련된 수임을 말한다(영7의3).

i) 국선변호 또는 국선대리
ii) 대한변호사협회 또는 지방변호사회가 지정하는 무상 공익활동
iii) 공익법인 또는 비영리법인에 대하여 무료로 제공하는 법률서비스
iv) 제1호부터 제3호에 준하는 것으로 법무부장관이 지정하는 활동

다. 겸직하는 당해 정부기관의 사건 수임 금지

윤리규약 제42조(겸직시 수임제한) 변호사는 공정을 해할 우려가 있을 때에는, 겸직하고 있는 당해 정부기관의 사건을 수임하지 아니한다.

변호사는 휴업하지 아니하면 보수를 받은 공무원을 겸할 수 없으나, 휴업하지 아니하더라도 국회의원이나 지방의회 의원 또는 상시근무가 필요 없는 공무원을 겸할 수 있다(법38①,③). 윤리규약 제42조는 이처럼 변호사가 겸직하고 있는 당해 정부기관의 사건에 대해서 공정을 해할 우려가 있을 때에는 그 수임을 금지한 것이다.

변호사가 공무원으로서 직무상 취급하거나 취급하게 된 사건에 대해서는, 앞서 살핀 공무관련 충돌형의 이익충돌회피의무에 따라, 변호사법 제31조 제1항 제3호(윤리규약 제22조 제1항 제1호)에 의거 수임이 금지된다. 윤리규약 제42조는 변호사법 제31조 제1항 제3호의 직무상 취급한 사건이 아니라고 하더라도, 변호사가 겸직하고 있는 당해 정부기관의 사건을 포괄적으로 수임할 수 없게 한 것이다.

이는 변호사가 겸직하는 정부기관은 물론 변호사 자신의 직무 수행의 공정에 대한 국민의 신뢰를 확보하기 위한 것이다.

대한변협 2006. 7. 25. 법제 제1944호[136)]

변호사인 국회의원이 상임위원회인 법제사법위원회에 소속된다고 하여 모든 변호사업무를 수행할 수 없는 것으로 볼 수는 없고, 그러한 경우에도 원칙적으로 변호사업무를 수행할 수는 있으나, 변호사로서 담당하는(또는 담당하게 될) 구체적 사건이 '법제사법위원회의 직무와 관련한 영리행위인 경우'에만 한정하여 변호사로서의 업무를 수행할 수 없는 것으로 보아야 한다. 왜냐하면, 국회법 제40조의2는 상임위원으로 하여금 소속 상임위원회의 직무와 관련한 영리행위를 하지 못하도록 하는 규정일 뿐, 그 상임위원회의 직무와 관련이 없는 영리행위를 금하는 규정이 아님이 분명하고, 또 법제사법위원회의 소관사항이 변호사업무 전반에 관한 것이 아닌 이상, 법제사법위원회의 소관사항(직무)과 관련이 없는 변호사업무는 당연히 허용되어야 하기 때문이다.

5. 중립적 사무 충돌형

변호사는 의뢰인에 대한 보호의무가 있다는 점에서 불가피하게 당파성을 가질 수밖에 없다. 그러나 변호사가 중립자로서 역할을 수행하는 경우에는 당파성을 초월한 직무수행의 중립성이 요구된다. 변호사가 예컨대, 조정위원 · 중재

136) 축조, 대한변협, 2009, 239면.

인 등 중립자로서의 직무를 수행하는 경우이다. 이러한 경우 변호사는 직무상 취급하거나 취급하게 된 사건에 대하여 이익충돌회피의무에 따라 직무를 수행할 수 없음은 물론이고, 중립자로서 역할을 수행하고 당사자들에게 자신이 그들의 대리인이 아님을 적절히 설명해야 한다.

윤리장전은 2014. 2. 24. 개정에서 이러한 경우의 변호사의 중립의무에 관한 규정을 아래와 같이 신설하였다.

윤리규약 제53조(중립자로서의 변호사) ① 변호사는 자신의 의뢰인이 아닌 당사자들 사이의 분쟁 등의 해결에 관여하는 경우에 중립자로서의 역할을 수행한다. 중립자로서 변호사가 행하는 사무에는 중재자, 조정자로서 행하는 사무 등을 포함한다.
② 중립자로서 역할을 수행하는 변호사는 당사자들에게 자신이 그들을 대리하는 것이 아님을 적절히 설명한다.

대법원 2004.3.12. 선고 2003다21995 판결

변호사는 비록 의뢰인으로부터 보수를 받는다 하더라도 의뢰인의 지휘·감독에 복종하지 아니한 채 독립하여 자유롭게 그 직무를 행하는 것이므로, 변호사가 중재인으로 선정되어 중재절차가 진행되고 있는 상황이라도 변호사로서의 직무상 불특정다수의 고객들에게 상담을 하여 주고 그들로부터 사건을 수임하는 것은 허용된다 할 것이다. 그러나 중재인으로 선정된 변호사는 중재인의 공정성과 독립성의 확보를 위하여 그 중재사건의 일방 당사자나 그 대리인과 중재절차 외에서 접촉하는 것은 가급적 제한되어야 하고, 나아가 당해 사건과 무관한 것이라 하더라도 일방 당사자나 그 대리인의 의뢰로 사건을 수임하는 것 역시 원칙적으로는 허용될 수 없으며, 더구나 그 수임사건이 당해 사건과 사실상 또는 법률상 쟁점을 같이하는 동종의 사건인 경우에는 그 수임행위는 당해 중재인을 그 중재절차에서 배제시켜야 할 정도로 그 공정성과 독립성에 관하여 의심을 야기할 수 있는 중대한 사유에 해당하고, 만약 당해 중재인이 배제되지 아니한 채 중재판정이 내려졌다면 이는 구 중재법 제13조 제1항 제1호 소정의 '중재인의 선정 또는 중재절차가 이 법이나 중재계약에 의하지 아니한 때'에 해당하여 취소를 면치 못한다.

기록에 의하면, 이 사건 중재사건의 일방 당사자인 피고의 대리인 박준기가 엘지건설 주식회사로부터 서울지하철 6-10공구 공사의 추가공사비 청구와 관련하여 중재 신청 및 변호사 선임 등의 권한을 위임받은 다음, 이 사건 중재절차가 진행중이던 2000. 7. 26. 이 사건 중재사건의 중재인인 변호사 김진홍을 엘지건설 주식회사의 중재대리인으로 선임하였고, 이에 김진홍은 박준기 및 동인 경영의 중앙건설컨설팅 주식회사 직원으로서 공동중재대리인으로 선임된 조영준, 김종한 등과의 긴밀한 협조 아래 원고를 상대로 대한상사중재원 중재 00111-0062호로 중재신청(이하 '엘지건설 건'이라 한다)을 하고 심문기일에 출석하여 심문에 응하는 등 중재대리인으로 활동하였음을 알 수 있는바(이 사건 중재판정 후에는 김진홍 스스로 엘지건설 건과 관련하여 대한상사중재원에 제출한 준비서면에서 이 사건 중재사건과 엘지건설 건의 사실상 및 법률상의 쟁점이 상당 부분 공통된다고 주장하면서 동인이 중재인으로서 작성한 이 사건 중재판정문을 증거자료로 제출하기까지 하였다), 그렇다면 이 사건 중재판정은 구 중재법 제13조 제1항 제1호에 해당되어 취소되어야 한다.

6. 증인될 사건 충돌형

가. 관련 규정

윤리규약 제54조(증인으로서의 변호사) ① 변호사는 스스로 증인이 되어야 할 사건을 수임하지 아니한다. 다만, 다음 각 호의 1에 해당하는 경우에는 그러하지 아니하다.
1. 명백한 사항들과 관련된 증언을 하는 경우
2. 사건과 관련하여 본인이 제공한 법률사무의 내용에 관한 증언을 하는 경우
3. 사건을 수임하지 아니함으로써 오히려 의뢰인에게 불리한 영향을 미치는 경우
② 변호사는 그가 속한 법무법인 등의 다른 변호사가 증언함으로써 의뢰인의 이익이 침해되거나 침해될 우려가 있을 경우에는 당해 사건에서 변호사로서의 직무를 수행하지 아니한다.

나. 의 의

변호사가 스스로 증인이 되어야 할 사건에 대한 사건의 수임을 원칙적으로 금지하는 것이다. 2014. 2. 24. 개정 윤리장전이 신설한 것으로, 미국의 Model Rule 3.7(Lawyer as Witness)의 규정을 도입한 것이다.[137)]

다. 취 지

변호사가 변호사의 역할과 증인의 역할을 겸하게 될 경우, 공정한 재판 및 적법절차의 실현을 위한 법원의 공공적 이익과 반대 당사자의 이익을 해할 수 있고, 변호사와 의뢰인 사이의 이이충돌이 발생할 수 있으므로 이를 방지하기

137) Rule 3.7: Lawyer as Witness http://www.americanbar.org/groups/professional_responsibility/publications/model_rules_of_professional_conduct/model_rules_of_professional_conduct_table_of_contents.html(2014. 8. 4.)

위한 것이다.

라. 규정의 내용

(1) 변호사는 스스로 증인이 되어야 할 사건을 원칙적으로 수임할 수 없다(규54①본). 예컨대, 변호사가 투자자문사 A와 투자자 B의 의뢰를 받아 투자의 기간, 방법, 조건 및 위험의 부담 등에 관한 내용을 협의·조언 등 자문함으로써 투자약정을 성립케 하고 투자약정서를 작성하여 준 후 투자약정의 해지와 약정위반을 이유로 한 손해배상청구 등의 분쟁이 발생한 경우, 변호사가 투자자 B로부터 손해배상청구 등의 사건을 수임하면 앞서 자문한 사건이 후에 수임한 사건과 관련이 있으므로 B의 소송대리를 하면서 증인으로서 증언해야 할 상황이 발생할 수 있다. 이러한 상황은 예컨대, 변호사가 일정한 법률사무를 먼저 취급하고(선행사무) 후에 선행사무와 관련된 사건(후행사건)의 수임을 의뢰받은 경우와 같이 선행사무에 관해서는 증인으로서, 후행사건에 관해서는 대리인으로서 이중역할이 요구될 수 있는 때에 발생할 수 있다. 윤리규약 제54조 제1항 본문에 의하면 이러한 경우 원칙적으로 후행사건을 수임할 수 없다. 그러나 다음에 해당하는 경우에는 수임이 허용된다(규54①단).

i) **명백한 사항들과 관련된 증언을 하는 경우**(제1호)

증언할 내용이 다투어지지 않는 명백한 사항에 관한 것을 의미한다. 위의 예에서 후행사건의 쟁점이 선행사무에 있어서 투자약정서에 기재된 투자조건이라면 다툼의 여지가 없을 것이므로 이러한 경우는 수임이 허용된다.

ii) **사건과 관련하여 본인이 제공한 법률사무의 내용에 관한 증언을 하는 경우**(제2호)

변호사가 제공한 법률사무의 내용은 후행사건의 쟁점이 아니다. 위의 예에서 변호사가 자신이 A, B에게 제공한 법률적 자문의 시기, 경위, 방법 및 내용 등에 관하여 증언이 필요한 경우라면 후행사건을 수임할 수 있다.

iii) **사건을 수임하지 아니함으로써 오히려 의뢰인에게 불리한 영향을 미치는 경우**(제3호)

이는 의뢰인과 반대 당사자의 이익, 법원의 공공적 이익 사이의 형평을 고려한 것이다. 후행사건에서 변호사가 증인으로서 증언함으로써 법원이 오도된다거나 반대 당사자가 해를 입을 수 있는지 여부는 사건의 성질, 그 증언의 취지 및 중요도, 그 증언이 다른 증인들의 증언과의 모순되는지 여부 등에 달려 있다. 이러한 점을 고려해야 하겠으나 변호사로서의 수임을 금지하는 것의 효과가 변호사의 의뢰인에 미치는 영향을 적절하게 고려하여 수임 여부가 결정되어야 한다는 취지이다.

(2) 변호사는 그가 속한 법무법인 등의 다른 변호사가 증언함으로써 의뢰인의 이익이 침해되거나 침해될 우려가 있을 경우에는 당해 사건에서 변호사로서의 직무를 수행하지 아니한다(규54②).

여기에서 '법무법인 등'이라 함은 법무법인, 법무법인(유한), 법무조합 및 대한변협 회칙에서 정한 공증인가합동법률사무소[138] 및 공동법률사무소[139]를 의미한다(규46①). 법무법인 등의 A 변호사가 선행사무를 처리하고 같은 법무법인 등 소속의 B 변호사가 후행사건을 의뢰받은 경우에 A 변호사가 증언함으로써 후행사건의 의뢰인의 이익이 침해되거나 침해될 우려가 있을 경우 B 변호사는 후행사건을 수임할 수 없다는 것이다. 이는 변호사가 증언해야 할 필요성이 있는 상황과 관련하여 후술하는 이익충돌의 확장 취지를 고려하여 사건의 수임을 금지하는 것이다.

7. 공동법률사무소 충돌형

기본사례 8

[기본사례 2]에서 C가 A의 상해를 원인으로 B회사와 A를 상대로 제기한 손해배상청구소송에서 X 법무법인은 B회사를 대리하여 응소하였다.

① X 법무법인의 위 손해배상청구소송의 담당변호사로 지정되어 응소활동을 하던 변호사 병이 X 법무법인에서 퇴직하여 법률사무소를 개설한 후 C를 대리할 수 있는가?

---

138) 2005. 1. 27. 법률 제7357호로 변호사법을 개정하여 법무법인(유한), 법무조합 등의 제도를 도입하면서 공증인가합동법률사무소에 관한 종전의 규정(제6장)을 삭제하였다. 그러나 대한변호사협회 회칙은 여전히 공증인가합동법률사무소를 법인회원으로 규정하고 있고(회칙7①), 공증인가합동법률사무소의 신고에 관한 규정도 두고 있다(회칙39).

139) 여기에서 공증인가합동법률사무소는 동 사무소의 특성상 후술하는 '공동법률사무소 충돌형'에서 보는 바와 같이 실체적 공동법률사무소의 형태가 대부분일 것이다. '공동합동법률사무소'는 그 업무수행의 형태, 수익의 분배 또는 비용의 분담 등 그 운영형태가 다양할 수 있으므로 그 중에서 후술하는 '실체적 공동법률사무소'만이 여기에 해당한다고 봄이 타당하다.

② 위 손해배상청구소송의 담당변호사가 아닌 X 법무법인의 변호사 정이 동 법인에서 퇴직하여 법률사무소를 개설한 후 C를 대리할 수 있는가?

③ 위 손해배상청구소송에서 원고인 C를 Y 법무법인이 대리하고 있는데 X 법무법인에서 퇴직한 변호사 병, 정이 Y 법무법인으로 이전한 경우 이익충돌이 발생하는가?

가. 서

법률사무소의 대규모화는 의뢰인이나 변호사의 입장에서 이를 촉진하는 요인이 있다. 의뢰인의 입장에서 보면 여러 다른 분야의 상담을 하나의 법률사무소에서 일괄하여 할 수 있어서 횡적인 법률서비스를 받을 수 있다. 변호사의 입장에서도 의뢰인의 다양한 요청에 응할 수 있는 외에 경비와 수입을 공동으로 함으로써 경비부담의 경감과 수익의 안정을 도모할 수 있다. 또 법률문제에 관하여 동일사무소 내의 변호사 사이에 의견교환을 행할 수 있어 전문성을 보다 고도화할 수 있다는 장점이 있다.[140)]

위와 같은 장점이 있어서 법률사무소의 공동화, 대규모화는 변호사직에 있어서 큰 흐름이고 특히 법률시장이 개방되고 있는 상황에서는 변호사의 생존책으로서 불가피한 선택이다. 이에 따라 변호사법은 법률사무소의 공동화와 관련하여 공동법률사무소의 형태로, 법무법인(법제5장), 법무법인(유한)(법제5장의2), 법무조합(법제5장의3)과 기타 2인 이상의 변호사가 운영하는 법률사무소(법31②)를 규정하고 있고, 대한변호사협회 회칙에서 정하고 있는 공증인가합동법률사무소도 공동법률사무소의 형태에 포함할 수 있다. 이들을 개념상 모두 "공동법률사무소"라는 용어로 포괄할 수 있겠으나 이하부터 본장에서는 편의상 "로펌"이라고 약칭하기로 한다. 이러한 로펌에서의 이익충돌은 개인변호사 사이의 이익충돌과는 다른 양상의 문제를 포함하고 있다. 여기에서는 로펌의 이익충돌회피의무, 현행의 로펌 관련 이익충돌법리상의 문제점 및 해석론, 로펌의 이익충돌의 차단에 관하여 살펴보기로 한다.

140) 小島武司 외 2, 전게서, 121면 참조.

나. 로펌의 이익충돌회피의무

(1) 이익충돌의 확장

㈎ 관련 규정

> **변호사법 제31조(수임제한)** ① 변호사는 다음 각 호의 어느 하나에 해당하는 사건에 관하여는 그 직무를 수행할 수 없다. 다만, 제2호 사건의 경우 수임하고 있는 사건의 위임인이 동의한 경우에는 그러하지 아니하다.
> 1. 당사자 한쪽으로부터 상의(相議)를 받아 그 수임을 승낙한 사건의 상대방이 위임하는 사건
> 2. 수임하고 있는 사건의 상대방이 위임하는 다른 사건
> 3. 공무원·조정위원 또는 중재인으로서 직무상 취급하거나 취급하게 된 사건
>
> ② 제1항 제1호 및 제2호를 적용할 때 법무법인·법무법인(유한)·법무조합이 아니면서도 변호사 2명 이상이 사건의 수임·처리나 그 밖의 변호사 업무 수행 시 통일된 형태를 갖추고 수익을 분배하거나 비용을 분담하는 형태로 운영되는 법률사무소는 하나의 변호사로 본다.

㈏ 이익충돌의 확장의 의의

변호사법 제31조 제2항, 제1항 제1호 및 제2호는 로펌의 이익충돌에 관한 수임의 금지 또는 제한을 규정하고 있다. 즉, 변호사는 동일사건(법31① i), 다른 사건(법31① ii)의 쌍방대리가 금지된다. 여기에서 로펌의 경우 그 조직 구성원이 수인임에도 불구하고 로펌 자체를 하나의 변호사로 보아 변호사법 제31조 제1항 제1호 및 제2호가 적용되는 것이 이익충돌의 확장이다. 로펌이 사건을 수임하여 그 소속의 갑 변호사가 그 사건을 담당하면 그 로펌 소속의 다른 모든 변호사도 위 사건을 담당한 것으로 간주한다는 것이다. 예컨대, 사건을 담당한 변호사 갑뿐만 아니라 의뢰인 A와 어떠한 협의도 하지 않은 같은 로펌 소속 다른 모든 변호사도 변호사 갑에 관한 이익충돌이 확장되어 A의 상대방인 B가 A를 상대로 하는 당해 사건을 수임할 수 없게 된다. 사건의 수임은 물론 그 사건의 해결을 위한 협의도 할 수 없음은 물론이다. 이는 로펌의 소속 변호사는 같은 로펌 소속의 다른 변호사의 의뢰인에게도 동일한 성실의무를 일체로서 다하여야 하기 때문이다. 이는 결국 로펌을 일체로 보아 소속 변호사에게 같은 사무소의 모든 의뢰인에 대하여 이익충돌회피의무를 부담하게 하는 것이다. 이를 이익충돌의 전가(imputation)라고도 한다.[141]

대한변협 2006. 10. 19. 법제 제2406호[142)]

- **질의요지**: 원고 A가 X법무법인에게 위임하여 행정기관 B를 상대로 한 행정소송을 제기하였고 그 소송에서 X법무법인은 소속변호사인 L1, L2를 소송수행자로 지정하여 위 소송을 진행 중, 행정기관 B는 X법무법인 L3 변호사를 고문변호사로 위촉한 경우 X법무법인의 행위가 쌍방대리에 해당되는지 여부 및 변호사법에 위반되는지 여부
- **회신요지**: 기본적으로 법무법인의 구성원 또는 구성원이 아닌 소속변호사는 법무법인의 업무를 수행하는 내부 종사자로서 법무법인의 이름으로만 변호사의 업무를 행할 수 있고, 개별적으로 변호사의 업무를 수행할 수 없으며 대외적으로 그들의 행위는 법무법인의 행위로 간주된다. 한편 고문변호사 위촉계약의 성격도 변호사법 제3조에 비추어 볼 때 변호사가 당사자로부터 수임하는 하나의 사건에 해당되는 것으로 보아야 한다. 쌍방대리는 기본적으로 동일한 사건에서 쌍방을 대리하는 것이므로 질의사안에서는 동일사건의 쌍방대리의 문제는 나올 수 없으나, 법무법인 소속 변호사의 행위는 법무법인의 행위로 간주되므로 변호사법 등 수임제한 관련규정에 저촉된다. 이와 같이 L3변호사를 고문변호사로 위촉하는 행위는 변호사법 제52조 제1항에 위배되므로 법률상 금지되는 행위에 해당된다.

(다) 이익충돌의 확장의 취지[143)]

개인변호사와 달리 로펌은 모든 소속 변호사가 그 평판, 명예 또는 장래성 등을 상호 공유하고 있을 뿐만 아니라 상호간에 다른 변호사와 보수를 배분하고 비용을 분담하는 등 일체성을 존립의 기초로 하고 있다. 로펌에서 이러한 일체성을 확보하기 위해서는 로펌의 각 변호사가 다른 소속 변호사의 모든 의뢰인에 대해서 성실의무를 다할 필요가 있다. 로펌의 모든 의뢰인이 일체로서 당해 사무소의 일체성의 원천이 되기 때문이다. 따라서 로펌의 어느 변호사의 의뢰인은 로펌에 소속된 다른 모든 변호사의 의뢰인이라고도 할 수 있다. 그 의뢰인도 로펌으로부터 일체로 성실의무가 다하여질 것을 기대하고 있을 것이다. 로펌의 어느 소속 변호사가 당해 사무소의 다른 소속 변호사의 의뢰인과

---

141) 이상수, 전게서, 198면. 轉嫁(전가)라고 함은 죄과 · 책임 등을 남에게 넘겨씌운다는 개념을 내포하고 있다. 그러나 이익충돌의 확장은 로펌의 특성 및 변호사의 비밀유지의무에 기초하여 이익충돌회피의 책임이 당연히 확장되는 것일 뿐만 아니라 변호사법도 이를 인정하고 있다. 따라서 본서에서는 이익충돌의 확장이라는 용어를 사용하기로 한다.

142) 축조, 대한변협, 2009, 281면.

143) 小島武司 외 2, 전게서, 122-123면 참조.

이익이 충돌되는 사건을 수임하는 것은 같은 사무소에 있으면서 의뢰인에 대한 성실의무에 차이를 두는 것이 되고 이는 로펌의 일체성에 반한다.

또 이익충돌회피의무의 공유는 로펌 내의 비밀정보의 개시에 대한 안전판이다. 로펌 내에서는 사건에 관하여 변호사 사이에 조언과 협의를 행할 수 있기 때문에 이익충돌을 확장하여 로펌에 소속하는 모든 변호사가 이익충돌 회피의무를 공유함으로써 같은 사무소 내의 비밀정보의 개시가 가능하게 되기 때문이다.

㈑ 이익충돌이 확장되는 로펌의 범위

1) 문제의 소재

이익충돌이 확장되는 로펌은 변호사법 제31조 제2항의 취지상 법무법인, 법무법인(유한), 법무조합이 당연히 포함된다. 그 밖에도 변호사 2명 이상이 사건의 수임·처리나 그 밖의 변호사 업무 수행시 통일된 형태를 갖추고 수익을 분배하거나 비용을 분담하는 형태로 운영되는 법률사무소에도 적용된다. 즉, 업무의 통일성, 수익의 분배 또는 비용의 분담이라는 실체를 갖춘 법률사무소('실체적 공동법률사무소'로 약칭하고 이에 해당되지 않는 경우를 '형식적 공동법률사무소'로 약칭한다)의 경우에도 그 소속 변호사는 하나의 변호사로 간주되어 이익충돌회피의무를 부담한다.[144] 구 윤리규칙 제18조 제3항은 "수인의 변호사가 공동으로 사무소를 개설하고 있는 경우에 그 사무소 구성원들은 당사자 쌍방의 양해 없이는 쌍방 당사자의 사건을 수임할 수 없다. 사건을 수임한 후에 이에 위반된 것이 발견된 때에는 뒤에 수임한 사건을 사임하고 그 취지를 의뢰인에게 알려야 한다"라고 규정하고 있었으나, 윤리장전의 개정으로 위 규정이 삭제되었다.[145] 대신 윤리규약 제5장 제1절 법무법인 등에 관한 규정 제46조에서 공동법률사무소의 구성원, 소속 변호사도 같은 절의 규정을 준수한다는 규정을 두었다. 여기에서 윤리규약 제46조의 공동법률사무소에 변호사법 제32조 제2항의 실체를 갖추지 아니한 형식적 공동법률사무소도 포함되느냐 하는 문제가 있다.

---

144) 대한변협 2005. 8. 22. 법제 제2001호; 대한변협신문 제140호(2005. 8. 22.) 7면 참조.

145) 개정 전 윤리규칙 제18조 제3항을 삭제한 것은 동 조항이 변호사법 제38조 제1항 및 제2항과 충돌하는 듯한 외관을 주는 상황을 제거하기 위한 것이다(대한변협 2014. 8. 8. 질의회신 제827호).

2) 관련 규정

윤리규약 제46조(법무법인 등의 구성원, 소속 변호사의 규정 준수 의무) ① 변호사법에 의한 법무법인, 법무법인(유한), 법무조합 및 대한변호사협회 회칙에서 정한 공증인가합동법률사무소 및 공동법률사무소(이하 '법무법인 등'이라고 한다)의 구성원, 소속 변호사는 이 절의 규정을 준수한다.

대한변호사협회회칙 제39조(합동사무소의 신고) 공증인가합동법률사무소와 공동법률사무소(사업자등록을 2인 이상이 같이 하는 경우와 2인 이상이 개인명의 이외의 명칭을 사용하는 경우)는 다음 사항을 지체없이 이 회에 신고하여야 한다.

3) 질의회신예

1 대한변협 2014. 8. 8. 질의회신 제827호- 윤리규약 하의 예

공동법률사무소 중 변호사법 제31조 제2항에 해당하는 경우에는 해당 법조에 의하여 종전과 마찬가지로 수임제한규정의 적용을 받고, 위 제2항에 해당하지 않는 공동법률사무소라 하더라도 대한변호사협회회칙 제39조의 "사업자등록을 2인 이상이 같이 하는 경우와 2인 이상이 개인명의 이외의 명칭을 사용하는 경우"의 공동법률사무소에는 개정된 윤리규약 제48조에 의하여 윤리규약 제22조 제1항 제2호와 제3호 및 제2항(개정 전 윤리규칙 제18조 제2항을 포함하는 내용임)이 적용되어 수임이 제한된다. 위와 같은 경우에 해당하지 않는 공동법률사무소의 형태는 상정하기 어렵다.

2 대한변협 2007. 9. 17. 질의회신 제356호- 윤리규칙 하의 예

- **질의요지**: 합동법률사무소의 甲 변호사가 사기죄로 구속된 피고인의 국선변호인을 맡고 있는데, 위 사기사건의 피해자가 위 피고인을 상대로 한 편취금액에 대한 민사소송을 합동법률사무소의 乙 변호사가 수임할 수 있는지 여부.
- **회신요지**: "변호사법 제31조 제1호 규정의 입법취지 등에 비추어 볼 때 동일한 변호사가 형사사건에서 피고인을 위한 변호인으로 선임되어 활동하는 등 직무를 수행하였다가 나중에 실질적으로 동일한 쟁점을 포함하고 있는 민사사건에서 위 형사사건의 피해자에 해당하는 상대방 당사자를 위한 소송대리인으로서 소송행위를 하는 등 직무를 수행하는 것 역시 마찬가지로 금지되는 것으로 볼 것"이라는 판례(대법원 2003. 5. 30.선고 2003다15556 판결) 등에 비추어 볼 때, 甲 변호사가 국선변호인으로 활동을 했더라도 민사사건을 수임하면 변호사법 제31조 제1호에 위반된다.

  한편, 합동법률사무소의 경우에도 편의상 사무실만 공동으로 사용할 뿐, 사건의 수임이나 수익분배 등에 관하여 전혀 관련이 없이 사무실을 운영하고 있다면 법적으로 수임제한규정에 직접적으로 위반되지는 아니한다고 판단되나, 공동으로 손익을 분배하고 있고, 대외적으로 "○○합동법률사무소 변호사 甲, 乙"이라고 병기하여 같은 사무실임을 표방하고 있다면 乙 변호사는 민사사건을 수임할 수 없다.

---

4) 검 토

대한변협이 위 질의회신 제827호에서 보여주는 입장은 대한변호사협회회칙 제39조가 정하는 공증인가합동법률사무소 및 공동법률사무소는 모두 이익충돌의 확장에 따른 수임제한의 법리가 적용된다는 것이다. 윤리규약 제46조 제1항의 공증인가합동법률사무소는 대부분 변호사법 제31조 제2항의 실체를 갖춘 경우일 것이므로 이는 논의에서 제외하고 살피건대, 윤리규약 제46조 제1항의 공동법률사무소 중에서 실체적 공동법률사무소에 대해서만 이익충돌의 확장으로 인한 수임제한의 법리가 적용되는 것이 타당하다. 변호사법 제31조 제2항은 법무법인, 법무법인(유한), 법무조합이 아니라고 하더라도 그 운영의 실체에 비추어 수임제한을 할 필요가 있는 공동법률사무소에 대하여 이익충돌회피의무를 부담케 하는 취지의 규정이다. 그런데 대한변호사협회회칙 제39조가 규정하는 공동법률사무소라고 하더라도 위와 같은 실체를 갖추지 않는 경우가 있을 수 있으므로 수임제한의 법리는 위와 같은 실체를 갖춘 경우에 한정해서 적용되는 것이 변호사법 제31조 제2항의 취지에 맞는다. 따라서 대한변호사협회회칙 제39조가 규정하듯이 형식상 "사업자등록을 2인 이상이 같이 하는 경우와 2인 이상이 개인명의 이외의 명칭을 사용하는 경우"라고 하더라도 변호사법 제32조 제2항의 실체를 갖추지 않은 공동법률사무소에 대하여는 이익충돌이 확장되지 않는다고 할 것이다.

㈑ 로펌의 이익충돌 확장의 예외

변호사에 관한 수임금지의 규정은 원칙적으로 로펌에도 준용된다(법57, 58의16, 58의30, 31①). 그런데 2014. 2. 24. 윤리장전을 전면 개정하면서 로펌에 대하여 2가지 예외를 두었다(규48). 즉, '상대방 등과 친족관계인 사건'(규22①ⅳ), '겸직하는 당해 정부기관의 사건'(규42)의 경우에는 일정한 요건하에 이익충돌의 확장이 차단되어 이익충돌회피의무가 없다(규48②).

윤리규약 제48조(수임제한) ① 제22조 및 제42조의 규정은 법무법인 등이 사건을 수임하는 경우에 준용한다. 다만, 제2항에서 달리 정하는 경우는 제외한다.

윤리규약 제22조(수임제한) ① 변호사는 다음 각 호의 어느 하나에 해당하는 사건을 수임하지 아니한다. 다만, 제3호의 경우 수임하고 있는 사건의 의뢰인이 양해하거나, 제4호의 경우 의뢰인이 양해하거나, 제5호 및 제6호의 경우 관계되는 의뢰인들이 모두 동의하고 의뢰인의 이익이 침해되지 않는다는 합리적인 사유가 있는 경우에는 그러하지 아니하다.

1. 과거 공무원 · 중재인 · 조정위원 등으로 직무를 수행하면서 취급 또는 취급하게 된 사건이거나, 공정증서 작성사무에 관여한 사건
2. 동일한 사건에 관하여 상대방을 대리하고 있는 경우
3. 수임하고 있는 사건의 상대방이 위임하는 다른 사건
4. 상대방 또는 상대방 대리인과 친족관계에 있는 경우
5. 동일 사건에서 둘 이상의 의뢰인의 이익이 서로 충돌하는 경우
6. 현재 수임하고 있는 사건과 이해가 충돌하는 사건

② 변호사는 위임사무가 종료된 경우에도 종전 사건과 실질적으로 동일하거나 본질적으로 관련된 사건에서 대립되는 당사자로부터 사건을 수임하지 아니한다. 다만, 종전 사건과 실질적으로 동일하지 않고 종전 의뢰인이 양해한 경우에는 그러하지 아니하다.

③ 변호사는 의뢰인과 대립되는 상대방으로부터 사건의 수임을 위해 상담하였으나 수임에 이르지 아니하였거나 기타 그에 준하는 경우로서, 상대방의 이익이 침해되지 않는다고 합리적으로 여겨지는 경우에는, 상담 등의 이유로 수임이 제한되지 아니한다.

윤리규약 제42조(겸직 시 수임제한) 변호사는 공정을 해할 우려가 있을 때에는, 겸직하고 있는 당해 정부기관의 사건을 수임하지 아니한다.

1) 예외의 요건(규48②)

i) 로펌의 특정 변호사에게만 '상대방 등과 친족관계인 사건'(규22①iv), '겸직하는 당해 정부기관의 사건'(규42)에 관하여 수임금지의 사유가 있을 것.

ii) 특정의 당해 변호사가 사건의 수임 및 업무수행에 관여하지 않을 것.

iii) 위 수임금지의 사유가 로펌의 사건처리에 영향을 주지 아니할 것이라고 볼 수 있는 합리적 사유가 있을 것.

2) 비밀공유 방지조치 의무

로펌은 위 iii)의 합리적 사유와 관련해서 수임금지 사유가 있는 특정 변호사와 당해 사건을 처리하는 변호사와의 사이에 사건에 관한 비밀공유 방지에

관하여 합리적 조치를 취하여야 한다.

> **윤리규약 제48조(수임 제한)** ③ 법무법인 등은 제2항의 경우에 당해 사건을 처리하는 변호사와 수임이 제한되는 변호사들 사이에 당해 사건과 관련하여 비밀을 공유하는 일이 없도록 합리적인 조치를 취한다.

㈓ 수임관련 정보의 관리 의무

로펌은 수임이 금지되는 사건의 수임을 방지하기 위하여 사건수임에 관한 정보를 관리하고 일정한 범위 내에서 사건수임에 관한 정보를 구성원들이 공유할 수 있도록 적절한 조치를 취하여야 한다.

> **윤리규약 제49조(수임관련 정보의 관리)** 법무법인 등은 전조의 규정에 의해 수임이 제한되는 사건을 수임하지 않도록 의뢰인, 상대방 당사자, 사건명 등 사건 수임에 관한 정보를 관리하고, 필요한 합리적인 범위 내에서 사건 수임에 관한 정보를 구성원 변호사들이 공유할 수 있도록 적절한 조치를 취한다.

(2) 이익충돌의 재확장

㈎ 이익충돌의 재확장의 의의

로펌의 소속 변호사가 로펌을 이탈한 후에도 소속 로펌에 수임금지 사유가 있는 사건에 대하여는 수임이 금지되는 것을 말한다. 이는 변호사가 로펌을 이탈한 후 개인 변호사로 활동하거나 다른 로펌으로 전직하는 경우에도 마찬가지이다.

예컨대, X 법무법인이 수임한 사건을 담당하거나 또는 담당하지 않은 그 소속의 갑 변호사가 X법무법인을 사직하여 개인 법률사무소를 개설하거나 사직한 후 다른 로펌에 전직한 경우에도 갑 변호사에게 이익충돌회피의무가 발생하여 전 소속 로펌에 대한 수임금지의 사유가 적용되는 것이다.

㈏ 이익충돌의 재확장의 근거

1) 관련 규정

> **변호사법 제31조(수임제한)** ① 변호사는 다음 각 호의 어느 하나에 해당하는 사건에 관하여는 그 직무를 수행할 수 없다. 다만, 제2호 사건의 경우 수임하고 있는 사건의 위임

인이 동의한 경우에는 그러하지 아니하다.
1. 당사자 한쪽으로부터 상의(相議)를 받아 그 수임을 승낙한 사건의 상대방이 위임하는 사건
2. 수임하고 있는 사건의 상대방이 위임하는 다른 사건
3. 공무원 · 조정위원 또는 중재인으로서 직무상 취급하거나 취급하게 된 사건

② 제1항 제1호 및 제2호를 적용할 때 법무법인 · 법무법인(유한) · 법무조합이 아니면서도 변호사 2명 이상이 사건의 수임 · 처리나 그 밖의 변호사 업무 수행 시 통일된 형태를 갖추고 수익을 분배하거나 비용을 분담하는 형태로 운영되는 법률사무소는 하나의 변호사로 본다.

변호사법 제52조(구성원 등의 업무 제한) ① 법무법인의 구성원 및 구성원 아닌 소속 변호사는 자기나 제3자의 계산으로 변호사의 업무를 수행할 수 없다.

② 법무법인의 구성원이었거나 구성원 아닌 소속 변호사이었던 자는 법무법인의 소속 기간 중 그 법인이 상의를 받아 수임을 승낙한 사건에 관하여는 변호사의 업무를 수행할 수 없다.

2) 대한변협의 견해

변호사법상 이익충돌의 재확장과 관련된 규정은 제31조 제2항 및 제52조 제2항이다. 대한변협은 변호사법 제52조 제2항에 대하여 아래 사례에서 보는 바와 같이, 변호사가 로펌이 수임한 사건의 의뢰인의 상대방으로부터의 수임에 대해서 뿐만 아니라,[146] 변호사가 로펌을 탈퇴하기 전에 로펌이 수임한 사건의 의뢰인으로부터 동일사건을 수임하는 경우에도 이를 적용하고 있다.

☞ [부록 2] 개정안 제52조 참조.

1 대한변협 2005. 6. 28. 법제 제1759호[147]

■ **질의요지**: X법무법인의 구성원 변호사인 변호사 L1이 공사의 지체로 인한 지체상금의 협상에 있어서 수급인을 대리하던 중 Y법무법인으로 소속을 옮겼는데, 마침 Y법무법인

146) 아래의 대한변협 2005.6.28. 법제 제1759호 질의회신례는 '변호사가 로펌이 수임한 사건의 의뢰인의 상대방으로부터의 수임'한 질의내용에 대해서 변호사법 제52조 제2항을 적용한다는 내용의 회신이므로 위와 같이 볼 수 있으나, 그 회신례의 내용에 적시한 동 조항의 취지는 마치 '변호사가 로펌을 탈퇴하기 전에 로펌이 수임한 사건의 의뢰인으로부터 동일사건을 수임하는 경우'에 대한 것으로 볼 여지도 있어, 위 질의회신례만으로는 대한변협의 태도가 반드시 분명한 것은 아니다.

147) 축조, 대한변협, 2009, 282면.

이 해당사건의 도급인을 대리하여 이미 자문을 제공하고 있었던 경우, Y법무법인이 도급인을 계속 대리하는 행위가 변호사법에 위반되는지 및 변호사 L1이 Y법무법인으로 소속을 옮길 당시 Y법무법인이 아직 도급인을 대리하고 있지 않았고 새로이 도급인으로부터 위 사건을 수임하고자 하는 경우라면 어떠한지 여부

■ **회신요지**: 변호사법 제52조 제2항의 취지는, 법무법인의 구성원 또는 소속 변호사였던 변호사가 당해 법무법인이 수임한 사건을 변호사의 업무로 행하는 것을 제한함으로써 변호사 직무의 신의성을 수호·보장하는 데 있는바, 질의사안의 경우 상대방(수급인)을 대리하던 X법무법인의 구성원변호사 L1을 영입한 Y법무법인은 변호사 L1의 영입과 함께 당해 법무법인의 구성원 또는 소속변호사가 수임할 수 없는 사건을 수임하고 있는 결과가 되는 것이고, 또한 구성원 또는 소속 변호사가 수임할 수 없는 사건은 당해 법무법인도 수임할 수 없다고 해석함이 타당하므로, Y법무법인은 의뢰인(도급인)에게 이러한 사실을 알리고 사임하여야 한다. 아울러 변호사 L1이 Y법무법인으로 소속을 옮길 당시 Y법무법인이 아직 도급인을 대리하고 있지 않고 새로이 도급인으로부터 위 사건을 수임하고자 하는 경우라도 의뢰인에게 이러한 사실을 알리고 수임불가에 대한 양해를 구함이 타당하다.

2 대한변협 2010. 4. 7. 질의회신 제513호

■ **질의요지**

가. 법무법인에 속한 변호사가 재직기간 중에 담당하던 사건에 관하여 법무법인을 탈퇴하고 난 후에 의뢰인이 기존 법무법인과의 위임계약을 해지하고 탈퇴한 변호사 또는 그가 새로 소속한 법무법인에 사건을 의뢰하는 경우 이를 수임할 수 있는지 여부

나. 위와 같은 상황에서 의뢰인이 위 사건의 상소심을 의뢰하는 경우 이를 수임할 수 있는지 여부

■ **회신요지**

가. 당해 심급에서의 수임 가능 여부

변호사법 제52조 제2항의 취지는 사건수임을 둘러싸고 이전투구에 빠질 우려가 크고 종전 법무법인과의 보수에 관한 분쟁의 발생이 우려되는 등 변호사업계가 품위를 상실하게 되는 상황을 최대한 억제하여 변호사의 본래 사명인 기본적 인권을 옹호하고 사회정의를 실현함에 이바지하고자 함에 있다. 동 조항이 당사자의 위임계약의 자유 및 해당 변호사의 직업수행의 자유를 제한하는 측면이 있음에도 불구하고 위와 같은 취지에서 기본권의 본질적 내용을 침해하는 정도에 이르지 아니하는 한은 유효하다. 위 법조가 종전 법무법인이 "수임했던" 사건을 수임제한 대상으로 삼지 않고 "수임을 승낙한" 사건을 수임제한 대상으로 삼고 있다는 점도 변호사에게 보다 높은 수준의 직업윤리를 요구하는 취지로

이해될 수 있다. 따라서 변호사는 탈퇴 전 법무법인에 속한 중에 그 법인이 의뢰인과 상의하여 수임을 승낙한 사건을 탈퇴 후에 수임하는 것은 허용되지 않는다.

나. 상소심의 수임 허용 여부

위와 같은 수임제한은 계약체결의 자유 및 직업수행의 자유를 제한하는 의무부과규정이라는 점에서 그 제한은 목적 달성에 필요한 최소한도의 범위 이내에 그쳐야 한다. 이러한 관점에서 위 "수임을 승낙한 사건"의 수임제한 시기는 수임 승낙 당시의 심급에 계속 중일 때까지로 제한되고, 당해 심급에서 사건이 종결된 이후에는 수임에 제한을 받지 않는다고 해석하여야 한다. 이는 소송대리인 선임행위의 효력은 당해 심급까지만 미친다는 소송법의 입장과 같은 맥락이다. 따라서 변호사가 탈퇴 전에 속한 법무법인이 수임을 승낙한 사건의 당해 심급이 종결된 후에 그 사건의 상소심을 수임하는 것은 변호사법 제52조 제2항의 수임제한범위에 포함되지 않는다.

---

3) 검 토

변호사법 제31조 제2항은 변호사가 로펌에서 탈퇴한 경우에 탈퇴 변호사에게 이익충돌의 법리가 적용되는지, 즉 이익충돌이 재확장되는지에 관해서 이를 명시하지 않고 있다. 따라서 같은 법 제52조 제2항이 변호사가 로펌을 탈퇴하기 전 로펌이 수임한 사건의 상대방으로부터 동일사건에 대하여 수임을 금지하는 것으로 봄이 타당하다.[148] 결국 변호사법 제52조 제2항에 의하여 변호사의 이익충돌회피의무가 재확장된다고 보아야 한다.

(다) 이익충돌의 재확장 로펌의 범위

변호사법 제52조 제2항은 법무법인에 소속되었던 변호사에게 적용하면서 이를 법무법인(유한), 법무조합의 경우에도 준용하고 있다(법58의16, 58조의30). 이 점에 관하여 실체적 공동법률사무소에 대하여는 규정을 두고 있지 않다. 이익충돌의 확장이 실체적 공동법률사무소에 적용되는 이상 그 재확장의 경우에 이를 달리 볼 이유는 없다. 따라서 실체적 공동법률사무소에 소속된 변호사에게도 이익충돌의 재확장이 적용된다고 봄이 타당하다.

---

148) 대한변협 2005. 6. 28. 법제 제1759호 질의회신은 변호사가 로펌을 탈퇴하기 전에 로펌이 수임한 사건의 의뢰인으로부터 동일사건을 수임하는 경우에도 변호사법 제52조 제2항을 적용하고 있으나 이는 타당하지 않다고 생각된다. 그 이유는 그렇게 볼 경우 의뢰인의 변호사 선택권을 침해하고, 변호사의 직무활동의 자유 또는 직장 이전의 자유를 침해하며, 로펌과 개인 변호사 사이의 평등의 원칙에 반하기 때문이다.

(3) 소 결 론

(가) 현행의 로펌과 관련된 이익충돌에 관한 기본적인 법리를 정리하면 다음과 같다. 예컨대, A가 B를 상대로 제기하는 손해배상청구소송에 관하여 로펌 X 소속의 갑 변호사가 A로부터 사건을 수임하면 이익충돌이 확장되어 같은 로펌 소속의 을 변호사는 B로부터 그 사건을 수임하지 못한다(소속 중 확장). 을 변호사가 로펌 X를 사직하여 이탈한 후라고 하더라도 을 변호사는 B로부터 그 사건을 수임하지 못한다(재확장: 이탈 후 확장). 나아가 을 변호사가 로펌 Y로 전직하면 을 변호사는 역시 B로부터 그 사건을 수임하지 못할 뿐만 아니라(재확장), 로펌 Y 소속의 다른 모든 변호사도 B로부터 사건을 수임하지 못한다(을 변호사의 전직으로 인한 로펌 Y에서의 소속 중 확장). 만일 로펌 Y가 이미 B로부터 그 사건을 수임하고 있다면 변호사 B가 전직함으로써 동일사건의 쌍방대리가 되어 이익충돌이 발생하여 쌍방대리금지에 위반된다.

(나) 이러한 법리를 로펌이 대형화되고 광역화되는 현재의 추세에 비추어 살펴보면, 을 변호사가 수백 명의 변호사가 재직 중인 로펌 X에서 근무하다가 역시 수 백명이 재직 중인 로펌 Y로 전직한 경우 로펌 X의 수백 명이 담당하고 있는 모든 사건에 관하여 Y 로펌의 소속 변호사에게 이익충돌이 확장되어 로펌 Y는 로펌 X가 수임한 사건의 상대방으로부터 사건을 수임할 수 없게 되는 결과가 된다.[149]

다. 현행의 로펌 관련 이익충돌법리상의 문제점 및 해석론

(1) 문 제 점

로펌의 이익충돌의 확장의 법리를 위와 같이 철저하게 관철하면, 대형 로펌의 경우 사건의 수임에 상당한 제약을 받을 수 있고, 로펌 소속의 변호사가 개인 변호사로서 법률사무소를 개설하거나 다른 로펌으로의 전직할 경우 사건의 수임이 불가능할 수 있다. 또 의뢰인의 변호사선택권도 제약받을 수밖에 없다. 이러한 문제를 해결하기 위해서는 이익충돌의 확장 및 재확장을 일정한 범위로 제한하는 해석이 필요하다고 생각된다. 이하 로펌 소속의 변호사가 그 로펌(이하 "1로펌"이라고 한다)을 이탈한 후 1로펌에서의 이익충돌의 문제, 1로펌을 이탈한 변호사의 이익충돌의 재확장의 문제, 1로펌을 이탈한 변호사가 다

149) 대한변협 2005. 6. 28. 법제 제1759호(축조, 대한변협, 2009, 282면).

른 로펌에 전직하는 경우의 그 다른 로펌(이하 "2로펌"이라고 한다)에서의 이익충돌의 확장문제를 구분하고 각 예시를 나누어 살펴본다.[150] 이하 예시1, 2, 4, 6, 8은 이익충돌의 확장 및 재확장에 관하여 제한적으로 해석한 결과이고, 나머지 예시3, 5, 7, 9, 10, 11은 이익충돌의 확장 및 재확장의 기본법리에 따르더라도 불합리하지 않은 사례들로서 제한적으로 해석할 필요가 없는 경우이다.

(2) 해 석 론

(가) 1로펌에 있어서의 이익충돌의 확장

여기에는 이익충돌사유가 자신에게 있는 변호사가 이탈한 경우와 소속중 이익충돌의 확장을 받은 변호사가 이탈한 경우로 구분할 수 있다. 후자의 경우 자신에게 이익충돌사유가 있는 변호사는 1로펌에 그대로 있으므로 1로펌에 있어서 다른 소속 변호사에의 이익충돌의 확장은 계속되고 그 확장의 법리에 따라 해결하면 된다.

문제는 전자의 경우 즉, 이익충돌의 사유가 자신에게 있는 변호사가 당해 사건을 계속 수임한 채 이탈한 경우이다. 결론은 1로펌은 당해 사건의 상대방이 위임하는 사건을 수임할 수 있다고 보아야 한다. 로펌 소속의 특정 변호사가 당해 사건의 수임을 계속하면서 이탈한 경우에는 당해 사건의 의뢰인은 1로펌이 일체로서 성실의무를 다하여야 할 의뢰인은 아니다. 또 변호사의 전직의 자유 및 의뢰인의 변호사선택권의 확보에 대한 가치도 고려하여야 하기 때문이다. 다만, 1로펌의 변호사가 비밀유지의무를 부담한 상태에서 이탈한 경우에는 1로펌도 그 비밀유지의무에 기속된다고 보아야 한다.

이하 경우를 나누어서 보기로 한다.

> **예시 1** 로펌X 소속인 변호사 갑은 의뢰인 C1과 상담을 하고 C2에 대한 불법행위에 기한 손해배상청구사건(P사건)을 수임하였다. P사건을 수임한 것은 변호사 갑뿐이고 로펌X 소속 변호사에게는 변호사 을을 포함하여 어느 누구에게도 P사건에 관한 비밀정보는 개시되지 않았다. 그 후 변호사 갑은 P사건을 수임한 채로 로펌X를 이탈하여 독립하여 자신의 사무소를 개설하였고, 그 후 C2를 상대로 P사건의 소송을 제기하였다. 로펌X 소속의 변호사 을은 우연하게 C2로

150) 이 부분은 小島武司 외 2, 전게서, 125-138면의 예시질문을 참고하였고, 그에 대한 해결은 우리의 윤리법규에 의한 것이다.

부터 P사건의 응소의 의뢰를 받았다. 변호사 을은 P사건에 관하여 C2로부터 소송을 수임할 수 있는가?

√ 변호사법 제31조 제1항 제1호, 제2항에 의하면 변호사 갑이 소속 로펌을 이탈하였는지 여부에 관한 구분이 없이 로펌은 하나의 변호사로 간주하여 '수임을 승낙한 사건'의 상대방이 위임하는 사건(동일사건)을 수임할 수 없다고 규정하고 있기 때문에 동 규정에 의하면 로펌X 소속의 변호사 을은 C2로부터 사건을 수임할 수 없다. 그러나 변호사 갑이 C1의 P사건을 수임한 채 이탈한 이상 로펌X의 입장에서 C1은 일체로서 성실의무를 부담할 의뢰인도 아니므로 이익충돌의 확장의 근거를 상실하고 있다. 변호사의 직장이전의 자유 및 의뢰인의 변호사선택권도 고려하여야 할 요소이다. 따라서 변호사 을은 P사건에 관하여 C2로부터 소송을 수임할 수 있다고 해석함이 타당하다.[151]

예시 2 로펌X 소속의 변호사 갑은 특허권자인 의뢰인 C1을 대리하여 C2에 대한 특허권침해소송(P사건)을 수임하였으나, P사건에 관하여는 변호사 갑만이 담당하고 다른 소속 변호사는 일체 관여하지 않고 어떠한 정보의 개시도 받지 않았다. 그 후 변호사 갑은 의뢰인 C1의 P사건을 수임한 채 로펌X를 이탈하여 독립하였다. 로펌X 소속의 다른 변호사 을은 C3로부터 C1을 상대로 하는 P사건과 관계없는 가옥명도청구사건(Q사건)을 의뢰받았다. 변호사 을은 C1을 상대로 하는 Q사건을 수임할 수 있는지 여하, 변호사 을이 C2로부터 P사건과 전혀 관계없는 C4에 대한 명예훼손에 기한 손해배상청구사건(I사건)을 의뢰받은 경우의 수임 가부.

√ 변호사법 및 윤리규약에 의하면 '수임하고 있는 사건의 상대방이 위임하는 다른 사건'은 쌍방대리가 원칙적으로 금지된다(법31①ii, 규22①iii). 수임하고 있는 사건의 상대방이 아닌 제3자가 수임하고 있는 사건의 위임인을 상대로 한 사건이 수임의 역순서에 의하여 '수임하고 있는 사건의 상대방이 위임하는 다른 사건'에 해당할 경우 원칙적으로 수임이 금지되나 수임하고 있는 사건의 위임인이 동의하면 수임이 허용된다(제1설: 한정적 허용설). 이 예시에서 로펌X 소속의

151) 독일연방헌법재판소는 2003. 7. 3. 결정에서 이탈 후 이익충돌의 확장에 관하여 직업선택의 자유, 의뢰인의 의사도 고려하여 판단하고 있다(福井厚, "弁護士法律事務所の移轉と利益相反- 連邦憲法裁判所 2003年 7月 3日決定 紹介," 法政法科大學院紀要 1巻1号, 2005, 51면)(小島武司 외 2, 전게서, 127면에서 재인용).

변호사 갑이 로펌X에 그대로 있는 경우 로펌X의 관점에서 C3의 C1에 대한 Q사건을 먼저 수임한 것을 가정하면 즉, 수임의 역순서로 보면 P사건은 '수임하고 있는 사건의 상대방이 위임하는 다른 사건'에 해당하므로 변호사법 제31조 제1항 제2호에 의하여 원칙적으로 Q사건의 수임이 금지되고 원래의 위임인 C1의 동의가 있으면 수임이 허용된다. 또 C2가 C4를 상대로 하는 I사건은 수임의 순서에 의하여 '수임하고 있는 사건의 상대방이 위임하는 다른 사건'이므로 원칙적으로 수임이 금지되나 원래 '수임하고 있는 사건'인 P사건의 위임인인 C1의 동의가 있으면 수임이 허용된다.

그러나 변호사 갑이 로펌X를 이탈한 경우인 예시에 있어서도 위 결론과 같이 이익충돌의 확장을 인정할 것이냐가 문제이다. 이익충돌의 확장을 인정한다면 변호사의 직장이전의 자유와 의뢰인의 변호사선택권이라는 보호할 가치가 있는 이익이 크게 저해되게 된다. 따라서 변호사법 제31조 제1항 제2호의 '수임하고 있는 사건의 상대방이 위임하는 다른 사건'에 있어서 '수임하고 있는 사건'은 이탈변호사가 수임하였던 사건을 포함하지 아니하고 현재 소속변호사가 수임하고 있는 사건에 한정된 것으로 해석하여 이 예시의 경우와 같이 로펌X소속의 변호사 갑이 사건을 수임한 채 이탈한 경우에는 의뢰인의 동의가 없더라도 로펌X 소속 변호사 을이 Q사건과 I사건을 수임할 수 있다고 해석함이 타당하다.

예시 3 로펌X 소속 변호사 갑은 의뢰인 C1과 상담을 하고 C2에 대한 불법행위에 기한 손해배상청구사건(P사건)을 수임하였다. P사건을 수임한 것은 변호사 갑이었으나 갑은 로펌X 소속의 변호사 을에게도 P사건에 관한 비밀정보를 개시하고 협의를 하였다. 그 후 변호사 갑은 P사건을 수임한 채 로펌X를 이탈하여 독립하고, C2에 대하여 P사건의 소송을 제기하였다. 로펌X 소속의 변호사 을은 우연하게 C2로부터 P사건의 응소의뢰를 받아왔다. 변호사 을은 P사건에 관하여 C2를 의뢰자로 하여 P사건의 응소를 수임할 수 있는가?

√ 변호사법 제31조 제1항 제1호에 의하면 '당사자 한쪽으로부터 상의를 받아 그 수임을 승낙한 사건의 상대방이 위임하는 사건'을 수임할 수 없으므로 갑이 로펌X에 그대로 있다면 로펌X 소속의 을은 같은 소속의 갑이 수임을 승낙한 P사건의 상대방인 C2가 위임하는 사건에 해당되어 수임할 수 없다. 그러나 위 결론은 갑이 로펌X를 이탈한 경우에도 그대로 유지될 수 있을 것인가, 또 예시는 변호사 갑이 로펌X를 이탈하기 전에 로펌X 소속의 변호사 을

> 에게 P사건에 관한 비밀정보를 개시하였기 때문에 이를 어떻게 볼 것인지가 문제이다.
>
> 이 예시가 예시2와 다른 점은 사건의 동일성이 있고 변호사 을이 변호사 갑으로부터 비밀정보의 개시를 받았다는 점이다. 변호사 을은 그 비밀정보의 개시를 받은 C1의 비밀을 유지하여야 하므로 C2를 위해서 그 비밀정보를 이용할 수 없다. 때문에 변호사 을은 C2를 위해서 효과적인 대리활동이 제약되어 C2를 위한 최선의 대리를 할 수 없다. 따라서 변호사 갑이 P사건을 수임한 채 로펌X를 이탈한 후라도 해도 로펌X에 현재 소속된 변호사 을은 C2의 P사건 응소를 수임할 수 없다. 이는 비밀유지의무의 효과이기도 하다.

(나) 이탈변호사의 이익충돌의 재확장

이는 소속 중 이익충돌의 사유가 자신에게 있는 변호사가 이탈한 경우와[152] 소속 중 이익충돌의 확장을 받은 변호사가 이탈한 경우로 구분된다. 문제는 후자로서 이익충돌의 확장을 받은 변호사가 이탈한 후에도 당해 이익충돌의 재확장이 있는지 여부이다.

이에 관하여 변호사법은 "법무법인의 구성원이었거나 구성원 아닌 소속 변호사이었던 자는 법무법인의 소속 기간 중 그 법인이 상의를 받아 수임을 승낙한 사건에 관하여는 변호사의 업무를 수행할 수 없다"(법52②)라고 규정하고 있다.[153] 동 규정에 의하면 로펌에 소속하였다가 이탈한 변호사는 그 소속기간 중 법인이 수임한 사건에 관하여 변호사의 업무를 수행할 수 없다. 즉, 로펌의 이탈변호사는 그 소속기간 중 로펌이 수임한 사건에 관하여 자신이 직접 업무를 수행하지 않았거나 그 사건에 관한 비밀정보를 개시받지 않았더라도 그 로펌에 소속되어 이익충돌이 확장되었다는 이유로 이탈 후에도 이익충돌이 재확장 되어 그 사건에 관한 업무를 수행할 수 없게 된다. 그러나 이는 로펌의 이탈변호사의 직장이전의 자유 및 의뢰인의 변호사 선택권을 과도하게 제

---

152) 법무법인의 구성원 변호사가 형사사건의 변호인으로 선임된 그 법무법인의 업무담당변호사로 지정되어 그 직무를 수행한 바 있는 경우 피고인을 위한 직접적인 변론에 관여를 한 바 없었다고 하더라도 그 법무법인이 해산된 이후 변호사 개인의 지위에서 위 형사사건과 같은 쟁점의 민사사건에서 형사사건의 피해자측에 해당하는 상대방 당사자를 위한 소송대리인으로서 직무를 수행하는 것이 금지되고 이를 위반한 경우 변호사법 제31조 제1항 제1호의 수임제한규정을 위반한 것이 된다(대판 2003. 5. 30. 2003다15556).

153) 이는 법무법인(유한), 법무조합의 경우에 있어서도 마찬가지이다(법58의16, 58의30).

한하는 결과가 된다. 따라서 변호사법 제52조 제2항의 규정은 변호사의 직장 이전의 자유 및 의뢰인의 변호사선택권, 이익충돌회피의무의 취지 등을 종합 고려하여 이익충돌의 재확장을 제한하는 해석이 필요하다.[154)]

이와 같은 취지에서 보면, 1로펌에 소속함으로써 이익충돌의 확장을 받은 변호사가 당해 1로펌을 이탈한 경우에는 그 사건에 관한 업무를 공동 수행했거나 비밀정보를 개시받지 않은 이상 이탈 후에는 이익충돌의 재확장은 없다고 해석함이 타당하다. 실질적으로 같은 로펌에 소속하고 있다는 이유로 다른 소속변호사의 의뢰인에 대하여 동일한 성실의무를 과한다고 하는 이익충돌의 확장의 근거가 상실되었기 때문이다.

이하 예시를 나누어 살펴보기로 한다.

예시 4 로펌X 소속의 변호사 갑은 의뢰인 C1을 대리하여 C2에 대한 특허침해소송사건(P사건)을 수임하고 있다. 로펌X 소속의 변호사 을은 P사건에 관하여 전혀 관여하지 않고 어떠한 정보의 개시도 받지 않았다. 그 후 변호사 을은 로펌X를 이탈, 독립하여 자기의 사무소를 개설하였고, 그 후 C2로부터 P사건의 응소의 의뢰를 받았다. 변호사 을은 C2를 대리하여 P사건을 수임할 수 있는가?

√ 이 예시에서 을이 로펌X에 그대로 있을 경우에는 변호사법 제31조 제2항, 제1항 제1호에 의하여 이익충돌이 변호사 을에게 확장되어 C2로부터 사건을 수임할 수 없다. 그런데 변호사 을이 그 후 로펌X를 이탈한 경우에도 이탈 전에 이미 받은 이익충돌이 재확장되는지가 문제이다.

로펌 소속이었기 때문에 이익충돌의 확장을 받은 변호사가 당해 로펌을 이탈한 이상 당해 로펌의 의뢰인은 이탈변호사에게 있어서는 과거의 의뢰인으로서 같은 사무소에 소속하는 다른 변호사의 의뢰인이 아니다. 따라서 같은 사무소에 소속하고 있기 때문에 다른 소속변호사의 의뢰인에 대하여 동일한 성실의무를 과한다고 하는 이익충돌의 확장의 이유는 상실된다. 로펌의 모든 의뢰인에 대하여 동일한 성실의무를 다하여야 한다는 관점으로부터는 이탈변호사에게 로펌이탈 후에도 이익충돌의 재확장을 인정할 이유를 찾을 수 없다. 이탈 후에는 변호사의 직장이전의 자유 및 의뢰인의 변호사선택권을 중시하여야 한다.

결국 이 예시에서 변호사 을은 로펌X에 소속하고 있는 사이 P사건에 관여하

154) 小島武司 외 2, 전게서, 134면 참조.

였다거나 비밀정보의 개시를 받았던 것도 아니므로 로펌X를 이탈함으로써 이익충돌의 재확장은 없다고 할 것이고 따라서 변호사 을은 C2로부터 P사건을 수임할 수 있다고 해석함이 타당하다.

예시 5 로펌X 소속의 변호사 갑은 의뢰인 C1의 C2에 대한 불법행위에 기한 손해배상청구사건(P사건)을 수임하고 있다. 변호사 을은 로펌X에 소속하고 있던 사이 P사건을 수임하지 않았으나 P사건에 관하여 변호사 갑으로부터 비밀정보의 개시를 받고 협의를 행하였다. 그 후 변호사 을은 로펌X를 이탈하여 독립하였는데 그 후 C2로부터 C1을 상대로 하는 P사건의 응소의 의뢰를 받았다. 변호사 을은 C2로부터 P사건의 응소를 수임할 수 있는가?

√ 변호사법 제31조 제2항, 제1항 제1호에 의하면 변호사 을이 로펌X에 그대로 있는 경우 변호사 갑의 이익충돌이 변호사 을에게 확장되어 C2로부터 P사건을 수임할 수 없다. 그런데 이 예시는 이익충돌의 확장을 받은 을이 로펌X를 이탈하였고, 사건의 동일성이 있으며, 변호사 을이 이탈 전에 변호사 갑으로부터 C1에 관한 비밀정보를 개시받은 경우로서 이러한 경우에는 어떻게 볼 것인지 문제된다.

같은 로펌의 변호사 사이에 비밀을 개시하고 협의하는 것이 허용된다는 점은 명시적 규정이 없다고 하더라도 변호사법 제31조 제2항의 취지에서 인정된다. 이에 따라 같은 로펌 내에서 비밀의 개시를 받아 협의를 한 변호사는 같은 조항에 의하여 비밀유지의무가 과하여진다고 해석된다.[155] 이 비밀유지의무는 로펌을 이탈한 후에도 존속한다. 때문에 변호사 을은 로펌에 소속하고 있는 사이에 취득한 C1의 비밀정보를 이탈 후에도 C2를 위해 이용할 수 없다. 변호사 을이 비밀정보를 C2를 위해 이용할 수 없는 이상 C2를 위한 효과적인 대리활동이 제약되어 C2를 위한 성실한 대리를 할 수 없다. 따라서 변호사 을은 로펌X로부터 이탈한 후라고 하더라도 P사건에 관하여 C2의 의뢰를 받아 C1을 상대로 하는 소송의 응소를 수임할 수 없다. 이는 비밀유지의무의 효과이기도 하다.

예시 6 로펌X 소속의 변호사 갑은 의뢰인 C1의 C2에 대한 불법행위에 기한 손해배상청구사건(P사건)을 수임하고 있다. 당시 변호사 을은 로펌X에 소속

155) 이익충돌의 금지의 취지에는 비밀유지의무를 담보하는 제도적 보장의 의미도 있다(小島武司 외 2, 전게서, 122면).

되어 있었는데 P사건에는 전혀 관여하지 않고 변호사 갑으로부터 어떠한 비밀정보의 개시도 받지 않았다. 그 후 변호사 을은 로펌X를 이탈하여 독립하였고 그 후 C3로부터 C1에 대한 P사건과 전혀 무관한 대여금청구사건(Q사건)을 의뢰받았다. 변호사 을은 이 대여금청구사건을 수임할 수 있는가. 또한 변호사 을이 C2로부터 P사건과 전혀 무관계한 C4에 대한 명예훼손에 기한 손해배상청구사건(R사건)을 의뢰받은 경우 수임할 수 있는가?

√ 변호사 을이 로펌X에 그대로 있을 경우 변호사법 제31조 제2항, 제1항 제2호에 의거 변호사 을은 Q사건과 R사건을 원칙적으로 수임할 수 없다.[156] 그런데 이 예시는 변호사 을이 로펌X를 이탈한 후의 경우이다.

앞에서 본 바와 같이 로펌에 소속함으로써 이익충돌의 확장을 받은 변호사의 경우에는 그 변호사가 로펌을 이탈한 이상 같은 로펌의 의뢰인에 대하여 동일한 성실의무를 과한다고 하는 이익충돌의 확장의 이유가 상실된다고 해석함이 타당하다. 따라서 변호사 을이 로펌을 이탈한 경우에는 C3로부터 의뢰된 C1을 상대로 하는 Q사건, C2로부터 의뢰된 C4에 대한 R사건의 수임도 가능하다.

예시 ㄱ 로펌X 소속의 변호사 갑 및 을은 의뢰인 C1으로부터 C2에 대한 특허침해소송사건(P사건)을 공동으로 수임하여 의뢰인 C1으로부터 비밀정보를 개시받았다. 그 후 변호사 을은 P사건을 사임한 후 로펌X를 이탈하여 혼자서 자신의 사무소를 개설하였다. P사건에 관해서는 로펌X에 그대로 있는 변호사 갑이 계속하여 C1을 대리하여 소송제기의 준비를 하고 있다. 변호사 을은 로펌X를 이탈 후 C2로부터 P사건의 응소의 수임을 의뢰받았다. 변호사 을은 P사건의 응소를 C2로부터 수임할 수 있는가?

√ 변호사 을이 로펌X에 그대로 있는 경우 변호사 을 자신에게 이익충돌 사유가 있으므로 C2로부터 P사건을 수임할 수 없음은 물론이다. 또 변호사 을이 P사건을 사임한 후에 로펌X를 이탈하여 독립하였다고 하여도 변호사 을은 C1을 상대로 하는 P사건을 수임할 수 없다. 이는 이익충돌의 확장의 문제가 아니고 자기의 이익충돌(동일사건의 쌍방대리 금지)에 관한 변호사법 제31조 제1항 제1호에 해당하기 때문이다.

여기에서 로펌X에서의 의뢰인 C1이 변호사 을이 C2를 대리하여 P사건을 수

156) 이에 관해서는 위 예시 2에 관한 설명을 참조.

임하는 것에 동의한 경우에는 어떠한지 문제된다. 변호사법 제31조 제1항 제1호는 수임하고 있는 사건의 의뢰인의 동의를 이익충돌회피의무의 예외사유로 규정하고 있지 않다. 따라서 변호사 을은 로펌X를 이탈한 후 C1을 상대로 하는 P사건을 수임할 수 없다.

동시에 비밀유지의무의 관점에서도 로펌X에서 비밀정보를 취득한 경우에는 의뢰인에 대한 비밀유지의무가 있고 이탈 후에도 당해 비밀을 사용할 수 없으므로 이 예시의 경우 비밀정보를 개시받은 변호사 을은 C2로부터 P사건의 응소의 수임을 할 수 없다.

㈐ 전직로펌(2로펌)에 있어서 이익충돌의 확장

로펌에 소속하는 어느 변호사가 당해 1로펌을 이탈하여 1로펌이 수임하고 있던 사건의 상대방 사건을 수임하고 있는 2로펌으로 전직하는 경우에는 2로펌에 있어서 이익충돌의 확장의 문제가 생길 수 있다. 이 경우는 이탈변호사가 당해 사건을 수임한 채 전직하는 경우와 1로펌에 있어서 이익충돌의 확장을 받은 이탈변호사가 전직하는 경우로 구분할 수 있다.

전자의 경우, 2로펌은 이탈변호사가 영입되면 소속 변호사에게 이익충돌이 확장되기 때문에 2로펌은 이탈변호사를 영입할 수 없다. 그러나 후자의 경우, 이탈변호사의 이익충돌의 재확장이 없고 따라서 2로펌은 이탈변호사를 영입하더라도 소속 변호사에 대한 이익충돌의 확장이 없으므로 이탈변호사를 영입할 수 있다고 해석함이 타당하다. 그러나 이 경우에도 이탈변호사가 1로펌에 있어서 당해 사건의 비밀정보의 개시를 받은 경우에는 전직이 불가능하다.[157] 전직이 가능하다면 1로펌에서 취득한 비밀정보를 2로펌에서 이용할 여지가 있기 때문이다.

예시 8 로펌X 소속의 변호사 갑은 의뢰인 C1을 대리하여 C2에 대한 특허침해소송사건(P사건)을 수임하고 있다. 로펌X 소속의 변호사 을은 P사건에는 전혀 관여하지 않고 P사건에 관한 어떠한 정보의 개시도 받지 않았다. P사건의

157) 小島武司 외 2, 전게서, 138면은 이 경우 전직은 가능하다고 하여도 전직 로펌에서 당해 사건을 수임할 수 없다고 해석하고 있으나, 이익충돌의 차단시스템이 구축되지 않는 이상, 전직 로펌에서의 비밀정보의 이용이 가능하므로 일응 전직하고자 하는 로펌이 전직을 허용하지는 않을 것이다.

C2에 대하여는 로펌Y 소속의 변호사 병이 대리하였다. 그 후 변호사 을은 로펌X를 이탈하여 로펌Y에 전직하려고 하고 있다. 변호사 병이 소속 중인 로펌Y는 변호사 을을 영입할 수 있는가?

√ 변호사 을이 로펌X에 그대로 있는 경우에는 변호사법 제31조 제2항, 제1항 제1호에 의하여 변호사 갑의 이익충돌이 변호사 을에게 확장되어 C1을 상대로 하는 P사건을 수임할 수 없다. 앞서 살핀 바와 같이 변호사가 로펌을 이탈한 후의 이익충돌의 재확장에 관한 변호사법 제52조 제2항은 제한적으로 해석되어야 한다. 그렇다면 이익충돌의 확장을 받은 변호사가 로펌을 이탈하고 비밀유지의무의 제약이 없는 한, 변호사 을은 로펌Y에 전직하는 것이 가능하다고 해석함이 타당하다. 즉, 로펌Y는 P사건에 관하여 C2를 계속 대리하며 변호사 을을 영입할 수 있다. 또 변호사 을은 로펌Y에서 P사건을 담당할 수 있다.

예시 9 로펌X 소속의 변호사 갑은 의뢰인 C1을 대리하여 C2에 대한 특허침해소송사건(P사건)을 수임하고 있다. P사건의 C2에 대하여는 로펌Y 소속의 변호사 을이 대리하고 있다. 그 후 변호사 갑은 P사건을 수임한 채 로펌X를 이탈하여 로펌Y에 전직하려고 하고 있다. 변호사 을 소속의 로펌Y는 변호사 갑을 영입할 수 있는가?

√ 변호사 갑이 로펌Y에 전직한다고 하면 C1을 대리하는 변호사 갑의 P사건에 관한 이익충돌이 변호사법 제31조 제2항에 의하여 로펌Y 소속의 변호사 을에게도 확장된다. 동시에 로펌Y는 그 소속 변호사 을이 P사건에 관하여 C2를 대리하고 있기 때문에 변호사 을의 P사건에 관한 이익충돌이 변호사법 제31조 제2항에 의하여 변호사 갑에게도 확장된다. 그렇다면 로펌Y는 동일사건에 관하여 쌍방대리하는 것이 된다(법31②, 31① i). 따라서 로펌Y는 변호사 갑을 영입할 수 없다. 이는 로펌Y에 변호사법 제31조 제2항, 제1항 제1호가 적용되는 결과이다.

예시 10 로펌X 소속의 변호사 갑 및 을은 의뢰인 C1을 공동으로 대리하여 C2에 대한 특허침해소송사건(P사건)을 수임하고 있다. P사건의 C2에 대하여는 로펌Y 소속의 변호사 병이 대리하고 있었다. 그 후 변호사 갑은 P사건에 관하여 C1의 대리를 사임한 후 로펌X를 이탈하여 로펌Y에 전직하려고 하고 있다. 변호사 병이 소속 중인 로펌Y는 변호사 갑을 영입할 수 있는가?

√ 이 예시가 【예시9】와 다른 점은 변호사 갑이 로펌Y로 전직함에 당하여 P사건에 관한 C1의 대리를 사임하고 있다는 점이다. 변호사 갑이 위와 같이 사임한다고 하여도 P사건에 관하여 변호사법 제31조 제2항, 제1항 제1호에 의하여 C1을 상대로 하는 사건을 수임할 수 없을 뿐만 아니라 변호사 갑이 로펌X에서 비밀정보를 취득한 경우에는 의뢰인 C1에 대한 비밀유지의무가 있으므로 변호사 갑은 로펌Y로 전직할 수 없다.

관련하여 C1이 변호사 갑에 대하여 로펌Y에로의 전직에 동의한 경우가 문제이다. 변호사법 제31조 제1항 제1호는 수임하고 있는 사건의 의뢰인의 동의를 이익충돌회피의무의 예외사유로 하고 있지 않다. 따라서 C1이 변호사 갑의 전직에 동의하더라도 로펌Y는 변호사 갑을 영입할 수 없다.

예시 11 로펌X 소속의 변호사 갑은 의뢰인 C1을 대리하여 C2에 대한 특허침해소송사건(P사건)을 수임하고 있었다. 로펌X 소속의 변호사 을은 P사건을 수임하지는 않았으나 P사건의 정보의 개시를 받아 P사건에 관하여 변호사 갑으로부터 상담을 받았다. P사건의 C2에 대하여는 로펌Y 소속의 변호사 병이 대리하였다. 그 후 변호사 을은 로펌X를 이탈하여 로펌Y에 전직하려고 하고 있다. 변호사 병이 소속하는 로펌Y는 변호사 을을 영입할 수 있는가, 영입할 수 있다고 하면 변호사 을은 P사건을 수임할 수 있는가?

√ 변호사 을은 변호사 갑으로부터 P사건에 관한 비밀정보의 개시를 받아 변호사 갑과 상담을 하였기 때문에 변호사법 제31조 제2항에 의하여 비밀유지의무가 있고 또 이에 따른 이익충돌회피의무가 있다. 로펌Y로 전직하더라도 이러한 의무는 존속한다. 이에 따라 변호사 을이 로펌Y에 전직하면 로펌Y의 소속변호사에게 이익충돌이 확장된다. 그런데 이미 로펌Y가 C1의 상대방인 C2를 대리함으로써 그 내부적으로 이익충돌이 확장되어 있다. 따라서 로펌Y는 변호사 을을 영입할 수 없다. 변호사 을이 P사건을 수임할 수도 없음은 물론이다.

라. 로펌의 이익충돌의 차단

(1) 이익충돌의 차단의 의의

로펌 내의 어느 변호사에게 이익충돌사유가 있는 경우에 그 변호사를 같은 로펌의 다른 소속 변호사들로부터 차단하여 그 변호사를 제외한 다른 변호사가 그 사건에 관한 수임을 할 수 있도록 하는 것을 이익충돌의 차단 또는 차단막이라고 한다.

(2) 이익충돌의 차단의 취지

이익충돌의 확장을 관철할 경우 로펌에 있어서 사건의 수임이 제약되고, 변호사의 로펌이전의 자유 및 의뢰인의 변호인 선택권이 제약되는 문제를 해소하기 위한 것이다.

(3) 이익충돌의 차단의 내용

㈎ Model Rules가 허용하고 있는 형식을 보면, 전직 공무원이었던 변호사가 로펌으로 이동한 경우,[158] 판사 · 중재인 · 조정인 기타 중립적 제3자로서 특정사안에 참여함으로써 사건의 수임이 제한되는 변호사가 로펌으로 이동한 경우,[159] 상담과정에서 의뢰인의 비밀정보를 알게 된 변호사의 경우[160] 등에 로펌 내에 차단막을 설치하면 그 로펌 내의 다른 변호사가 그 사건을 처리할 수 있는 것으로 하고 있다. Model Rules상 공무원 등에 재직하였던 변호사에 대한 이익충돌의 차단은 그 차단으로 변호사의 성실의무의 이행을 최소한 확보하면서 유능한 변호사들의 공직에서의 활동을 조장하려는 것이다.

㈏ 이익충돌의 차단 및 그 형식에 관하여 우리는 종래 아무런 규정을 두지 않고 있었으나, 2014. 2. 24. 윤리장전의 개정에 의하여 차단막 설치에 의하여 수임금지의 일부 사유를 해제하는 취지의 규정을 두었다.

> **윤리규약 제48조(수임제한)** ② 법무법인 등의 특정 변호사에게만 제22조 제1항 제4호 또는 제42조에 해당하는 사유가 있는 경우, 당해 변호사가 사건의 수임 및 업무수행에 관여하지 않고 그러한 사유가 법무법인 등의 사건처리에 영향을 주지 아니할 것이라고 볼 수 있는 합리적 사유가 있는 때에는 사건의 수임이 제한되지 아니한다.

158) Model Rules 1.11(a).

159) Model Rules 11.(b).

160) Model Rules 1.18(a).

> ③ 법무법인 등은 제2항의 경우에 당해 사건을 처리하는 변호사와 수임이 제한되는 변호사들 사이에 당해 사건과 관련하여 비밀을 공유하는 일이 없도록 합리적인 조치를 취한다.

즉, 로펌의 특정 변호사에게만 상대방 또는 대리인이 친족인 사건(규22①ⅳ), 정부기관의 겸직(규42) 사유가 있는 경우 일정한 요건하에 수임금지를 해제하면서 그 경우 당해 사건을 처리하는 변호사와 수임이 제한되는 특정 변호사 사이에 당해 사건과 관련하여 비밀을 공유하는 일이 없도록 합리적인 조치를 취할 것을 요구하고 있다. 여기에서 말하는 합리적인 조치가 차단막 설치를 의미하는 것이다.

Ⅴ. 이익충돌의 사후적 해결

1. 문제의 소재

이익충돌은 사건의 수임을 금지하거나 제한하는 사유이므로 변호사는 사건을 수임하기 전에 그 사건에 이익충돌사유가 있는지를 확인·검토하여 이익충돌이 있는 경우에는 수임을 해서는 안 된다. 이는 개인 변호사에게는 비교적 용이하다고 할 것이나, 수백 명의 변호사가 소속된 대형 로펌의 경우 또는 그 소속 변호사가 지역적으로 분산되어 있는 대형 로펌의 경우에는 이익충돌사유의 확인이 용이하지도 않을 뿐만 아니라 완벽하게 이루어질 수도 없다. 그러므로 많은 경우 이익충돌의 사유는 사건을 수임한 후에 발견되는 경우가 대부분이다. 이러한 사후 발견은 개인 변호사 사무실에서도 있을 수 있겠으나 위와 같은 이유로 주로 로펌에서 발생한다. 이러한 경우 이익충돌의 문제를 어떻게 해결하여야 하는지가 문제된다.

2. 쟁점의 정리

우선, 사후적 해결이 문제가 되는 이익충돌이 절대적 또는 상대적 수임금지의 사유에 해당하는 모든 이익충돌이 포함되느냐 하는 문제를 살펴본다. 이익충돌 중 절대적 수임금지의 사유, 즉 당사자의 동의에도 불구하고 사건을 수임할 수 없는 변호사법 제31조 제1항 제1호, 제3호(윤리규약 제22조 제1항 제2호, 제1호, 제22조 제2항 본문)가 규정하는 사유가 사후에 발견된 경우에는 당연히 사임함이 타당하므로 이익충돌의 사후적 해결의 논의대상에서 제외되어야 한다. 왜냐하면 절대적 수임금지의 사유에 해당하는 사건은 처음부터 수임할 수 없었던 것이다. 또, 이익충돌의 사유가 발견된 시점에서 변호사는 이미 양 당사자로부터 비밀정보의 개시를 받았을 것이므로 그럼에도 불구하고 일방의 대리를 계속할 수 있다고 하면 다른 일방 당사자에 대한 비밀유지의무를 다할 수 없기 때문이다.

따라서 이하에서는 주로 상대적 수임금지의 사유에 관한 변호사법 제31조 제1항 제2호(윤리규약 제22조 제1항 제3호, 제22조 제2항 단서), 윤리규약 제22조 제1항 제4호 내지 제6호에 해당하는 이익충돌이 사후에 발견된 경우 이를 어떻게 해결할 것인지를 중심으로 살펴보기로 한다.

3. 사후적 해결방법

가. 제 견해

여기에는 세 가지의 견해를 상정할 수 있다.

① **후착사임설** 이익충돌사유가 발견되면 먼저 수임한 사건의 수임은 그대로 유지하고 뒤에 수임한 사건을 사임하여야 한다는 입장이다. 선착순의 원칙이라고도 할 수 있다.[161] 구 윤리규칙이 취하고 있던 입장이다(구규18③ 후문). 그러나 이 견해는 변호사의 비밀유지의무와 관련하여 부당한 결과를 낳을 수 있다. 변호사는 뒤에 수임한 사건을 사임하더라도 이미 그 사건의 의뢰인으로부터 비밀정보를 개시받은 경우가 대부분일 것이고 이러한 경우 변호사의 비밀유지의무(법26)에 의하여 그 비밀을 이용할 수 없다. 그런데 먼저 수임한 사건의 대리를 계속하게 되면 뒤에 수임한 사건의 의뢰인의 비밀이 이용되는 결과가 된다. 이는 의뢰인의 이익과 상반되는 대리를 금지하는 이익충돌회피의무에 위반하는 것이므로, 즉 이익충돌회피의무를 위반하여 이익충돌을 해결하자는 것이므로 이익충돌의 올바른 해결방법이 될 수 없다.

---

161) 田中紘三, 전게서, 287면; 小島武司 외 3 편, 『法曹倫理』 제2판, 有斐閣, 2006, 78면.

② **쌍방사임설** 이익충돌회피의무에 위반된 것이 확인되면 원칙적으로 양 당사자의 대리를 모두 사임하고 양 당사자의 동의가 있는 경우에 한하여 양 당사자를 계속 대리할 수 있다고 하는 견해이다.[162] 이는 미국에서의 해석과 판례의 입장이고,[163] 유럽의 경우도 같다.[164]

③ **절 충 설** 이는 사안에 따라 사임을 하거나 적절한 조치를 취하는 방법으로 이익충돌을 해결하자는 입장이다. 사임의 경우 양 당사자의 대리를 사임할 수도 있고 일방 당사자만의 대리를 사임할 수도 있다. 사안에 따른 적절한 조치는 다양한 사안에 즉응한 문제해결을 염두에 두고 있는 것으로 보인다. 그러나 일방 당사자의 대리만을 사임할 경우 앞서 후착사임설에서 본 바와 같은 문제가 있다. 일본의 직무기본규정을 보면 '의뢰인 각각에 대하여 속히 그 사정을 알리고 사임이나 기타 사안에 따른 적절한 조치'를 취해야 한다고 규정하여 명백하지는 않으나 이 입장을 취하는 것으로 보인다.[165]

나. 윤리규약의 태도

윤리규약은 아래와 같이 수임금지의 사유가 절대적인가 상대적인가를 불문하고 절충설적 태도를 취하고 있다.

> **윤리규약 제27조(의뢰인 간의 이해대립)** 수임 이후에 변호사가 대리하는 둘 이상의 의뢰인 사이에 이해의 대립이 발생한 경우에는, 변호사는 의뢰인들에게 이를 알리고 적절한 방법을 강구한다.

다. 사 견

후착사임설의 문제에서 드러난 바와 같이, 이익충돌의 사후적 해결은 어느 한 의뢰인(앞서 수임한 사건의 의뢰인 포함)의 대리를 사임하는 것으로 해결될 수 없으므로,[166] 쌍방 의뢰인의 동의가 없는 한 쌍방의 대리를 사임하는 것이 타

---

162) 森際康友, 전게서, 18면.

163) Picker Intern., Inc. v. Varian Associates, Inc. 670 F. Supp. 1363(N, D. Ohio, 1987).

164) 유럽연합 행위규범 3.2.2.

165) 일본 직무기본규정 제42조, 제67조 참조.

166) 미국의 위 Picker와 Varian 판결은 변호사 즉 로펌이 일방의 당사자를 뜨거운 감자처럼 버려서는 안 된다고 적시하였다. 즉 "로펌은 고객을 뜨거운 감자(hot potato)인 양 버려서는 안 된

당하다. 이익충돌사유가 사후에 발견되는 경우는 변호사가 이미 각 의뢰인으로부터 비밀을 개시받은 것이므로 변호사의 의뢰인에 대한 성실의무, 쌍방대리 금지의 취지 등을 고려하는 것이 타당하기 때문이다. 다만 수임금지의 사유가 소송절차에 있어서 사후에 발견된 경우에는 후술하는 바와 같이 소송절차의 특성을 고려해서 달리 취급되어야 한다.

VI. 이익충돌회피의무 위반의 법적 효과

1. 대리행위의 법적 효과

가. 민사절차에서의 효과

(1) 문제의 정리

민법상의 쌍방대리는 본인의 허락이 없는 경우 본인에게 효력이 없다(민124). 여기에서 변호사법 및 윤리규약이 규정하는 바의 이익충돌로 인한 수임제한의 규정에 위반하여 쌍방대리행위를 한 경우 그 대리행위의 법적 효과가 문제된다. 또, 본인의 추인 또는 당사자의 이의제기가 없을 경우 대리행위의 효력이 있느냐 하는 문제가 있다.

우선, 무효인 법률행위의 추인과 무권대리의 추인의 점에서 살피면, 원래 무효인 법률행위는 그 효력이 없는 것이므로 이를 추인해서 그 효력이 생기게 할 수는 없다(민139본). 그러나 당사자가 그 무효임을 알면서 추인한 때에는 새로운 법률행위로 보고(민139단), 다만 그 추인을 한 때부터 장래에 향하여, 즉 비소급적으로 효력을 발생한다.[167] 그러나 무권대리[168]의 추인은 다른 의사표시가 없으면 계약시에 소급하여 그 효력이 생기므로(민133), 쌍방대리금지의 위반사건이라도 본인이 추인을 하면 그 대리는 소급하여 유효하다고 볼 수 있다(추인설). 이익충돌사유가 있는 사건의 쌍방대리의 경우에 무권대리의 추인 여부에 의하여 대리행위의 법적 효력을 판단한 일부 초기의 판례는 이러한 맥

다. 특히 더 돈이 되는 고객을 만족시키기 위해서 그렇게 해서는 안 된다"고 판단하였다.

167) 곽윤직, 『민법개설』 개정수정판, 박영사, 1999, 130면.

168) 이익충돌사유가 있는 사건을 대리하는 것은 민법 또는 변호사법에 의하여 쌍방대리가 되어 본인에 대하여 그 효력이 부인되므로 무권대리라고 할 수 있다.

락에 따른 것이라고 본다.

그러나 이익충돌사유가 있는 사건의 대리행위의 효력을 사건 당사자인 본인의 추인여부에 의하여 결정하게 되면 소송절차의 운명이 본인의 추인여부에 의하여 좌우된다. 이는 소송절차의 동적·발전적 성격, 법적 안정성에 반한다. 즉, 무효원인을 안고 있는 소송절차에 대하여 언제 본인의 추인이 있을지 여부를 예측하기 곤란하기 때문이다. 나아가, 변호사에게 쌍방대리 사건의 수임을 금지하는 변호사법의 규정(법31)은 강행법규[169]라고 할 것인데 강행법규의 성질을 가진[170] 변호사법의 수임금지위반행위에 대한 추인은 있을 수 없기 때문이다.[171] 대법원 판례 일부가 이익충돌사건의 쌍방대리의 법적 효력을 추인여부에 의하여 결정하지 아니하고 상대방의 이의제기권 행사 여부에 따라 결정하는 것은 이러한 취지에 입각한 것이라고 보여진다. 즉, 판례의 주류는 이익충돌사건의 쌍방대리의 법적 효력에 관하여 추인 여부가 아닌 상대방의 이의제기권 행사 여부를 기준으로 결정하고 있다(이의설).[172]

(2) 추인설에 입각한 판례

"변호사 소외1이 제1심에서 원고 소송대리인으로서 원고를 위하여 소송행위를 하였음에도 불구하고 원심에서는 소송면에 있어서의 이해관계가 상반되는 피고들의 소송대리인으로서의 소송행위를 하였음은 변호사법[173] 제16조에 위반되는 행위로서 무권대리행위이고 피고들이 위의 무권대리인의 소송행위를 추인하였다는 흔적을 발견할 수 없으므로 원판결은 결국 소송대리권에 흠결이

---

169) 강행법규 또는 강행규정은 반드시 준수될 것이 요구되고 법원이나 당사자의 의사·태도에 의하여 그 구속을 배제할 수 없으며, 이에 위배된 행위·절차는 무효로 된다. 엄격한 준수의 요구는 공정의 요구라는 강한 공익성에 근거를 두고 있다(이시윤, 『신민사소송법』 제2판, 박영사, 2005, 38면).

170) 강행법규 또는 강행규정은 법원이나 당사자의 의사·태도에 의하여 그 구속을 배제할 수 없으나, 변호사법의 수임제한의 일정한 경우(예컨대, 동일하지 않은 사건의 수임제한) 수임하고 있는 사건의 위임인이 동의하면 수임제한이 해제되는 점에서는 당사자의 의사·태도에 의하여 그 구속 여부가 좌우되기는 하나, 위임인의 동의가 없는 한 강행법규적 성질은 유지된다고 할 것이다.

171) 곽윤직, 전게서, 130면.

172) 일본에서의 통설과 판례(最高裁 昭和38.10.30)도 같은 입장을 취하고 있다(小島武司 외 3 편 『法曹倫理』 제2판, 有斐閣, 2006, 111면).

173) 1982. 12. 31. 법률 제3594호로 개정되기 전의 것.

있는 위법한 판결이다"(대판 1962. 4. 26. 4294민상676)[174]

(3) 이의설에 입각한 판례

"변호사법 제31조 제1호[175]의 규정에 위반한 변호사의 소송행위에 대하여는 상대방 당사자가 법원에 대하여 이의를 제기하는 경우 그 소송행위는 무효이고 그러한 이의를 받은 법원으로서는 그러한 변호사의 소송관여를 더 이상 허용하여서는 아니 될 것이지만, 다만 상대방 당사자가 그와 같은 사실을 알았거나 알 수 있었음에도 불구하고 사실심 변론종결시까지 아무런 이의를 제기하지 아니하였다면 그 소송행위는 소송법상 완전한 효력이 생긴다."(대판 2003. 5. 30. 2003다15556)[176]

나. 형사절차에서의 효과

판례는 국선변호인의 경우와 사선변호사의 경우를 달리 취급하고 있다.

(1) 국선변호인의 경우

대법원 2004. 11. 26. 선고 2004도5951 판결

법무법인의 구성원 변호사가 형사사건의 피해자에 해당하는 상대방 당사자를 위한 소송대리인으로 선임된 그 법무법인의 업무담당 변호사로 지정되어 그 직무를 수행한 바 있었음에도, 그 이후 공소제기된 같은 쟁점의 형사사건에서 이번에는 피고인을 위한 국선변호인으로 직무를 수행하는 것도 금지됨은 물론이고, 비록 국선변호인이 먼저 진행된 민사사건에서 위 형사사건의 피해자를 위한 직접적인 변론에 관여를 한 바 없었다고 하더라도 달리 볼 것은 아니라고 할 것이니, 이러한 행위들은 모두 변호사법 제31조 제1호의 수임제한규정을 위반한 것이다. 그럼에도 불구하고 원심이 변호사의 수임제한규정에 위반하는 국선변호인으로 이0재 변호사를 선정한 다음 그 국선변호인의 변론을 거쳐 심리를 마친 과정에는 소송절차에 관한 법령위반의 위법이 있고, 이러한 위법은 피고인으로 하여금 국선변호인의 조력을 받아 효과적인 방어권을 행사하지 못한 결과를 가져옴으로써 판결에 영향을 미쳤으므로 원심판결을 파기한다.

---

174) 이 판결 외에도 대판 1970. 6. 30. 70다809는 추인을 했으므로 무권대리행위는 소송법상 완전한 효력이 발생된다고 판시하였다.

175) 2008. 3. 28. 법률 제8991호로 개정되기 전의 것으로 현행법 제31조 제1항 제1호에 해당한다.

176) 같은 취지의 판결: 대판 1969. 12. 30. 69다1899; 1971. 5. 24. 71다556 등 참조.

(2) 사선변호사의 경우

대법원 2009. 2. 26. 선고 2008도9812 판결

피고인과 공소외인들 사이의 대여금사건에서 공소외인들의 소송대리인으로서 직무를 수행한 변호사가, 위 대여금사건 종결 후 그와 실질적으로 동일한 쟁점을 포함하고 있는 피고인들의 공소외인들에 대한 소송사기미수 범행 등에 대한 형사재판인 이 사건 공판절차 제1심에서 피고인들의 변호인으로 선임되어 변호활동 등을 한 것은 변호사법 제31조 제1호에 위반된다. 그런데 피고인들의 제1심 변호인에게 변호사법 제31조 제1호의 수임제한 규정을 위반한 위법이 있다 하여도, 피고인들 스스로 위 변호사를 변호인으로 선임한 이 사건에 있어서 다른 특별한 사정이 없는 한 위와 같은 위법으로 인하여 변호인의 조력을 받을 피고인들의 권리가 침해되었다거나 그 소송절차가 무효로 된다고 볼 수는 없다.

2. 변호사의 책임

이익충돌회피의무를 위반한 변호사에게 과하여질 수 있는 책임으로서는 형사책임, 징계벌, 손해배상 등의 민사책임, 소송대리인 자격의 부인 등이 있다.

가. 형사책임

변호사의 이익충돌회피의무의 위반행위 중 아래의 경우에는 형사벌의 대상이 된다.

i) 계쟁권리 양수행위(법112ⅴ, 32, 규34②)

ii) 변호사시험 합격자의 법률사무소 개설 또는 법무법인 등의 구성원이 되는 행위(법113ⅰ, 21의2①)

변호사시험 합격자가 통산하여 6개월 이상 법률사무종사기관에서 법률사무에 종사하거나 연수를 마치지 아니하고 단독으로 법률사무소를 개설하거나 법무법인, 법무법인(유한) 및 법무조합의 구성원이 되는 경우이다.

iii) 공무원이었던 자의 직무상 취급사건 수임(법113ⅳ, 31①ⅲ)

변호사가 공무원 · 조정위원 · 중재인으로서 직무상 취급하거나 취급하게 된 사건을 수임하는 경우이다.

iv) 변호사시험 합격자의 사건수임(법무법인 등의 담당변호사로 지정하는 경우

포함)(법113ⅴ, 31의2①)

변호사시험 합격자가 통산하여 6개월 이상 법률사무종사기관에서 법률사무에 종사하거나 연수를 마치지 아니하고 사건을 단독 또는 공동으로 수임하거나 법무법인, 법무법인(유한) 및 법무조합의 담당 변호사로 지정하는 경우이다.

나. 징계사유

변호사법 및 윤리규약의 규정을 위반한 행위로서 징계사유에 해당된다(법91②ⅰ, 25, 회칙9①).

다. 민사책임

변호사가 이익충돌회피의무를 위반한 경우 손해배상책임의 사유가 될 수 있다. 민법 제750조의 불법행위의 요건을 갖추어야 함은 물론이다.

또 변호사가 이익충돌회피의무를 위반한 경우 수령한 보수의 반환책임이 있느냐는 문제이다. 생각건대, 책임을 부정하는 것이 타당하다. 이익충돌회피의무에 위반한 쌍방대리도 상대방 당사자의 이의제기가 없으면 소송행위는 완전한 법적 효과를 발생한다(이의설).[177] 또 변호사의 대리행위는 사법상 유효한 위임계약에 따른 행위이다. 따라서 위임계약에서 특단의 약정이 없다면 이익충돌회피의무의 위반이 있다고 하여 보수의 반환책임은 없다고 보아야 한다.[178]

---

177) 대판 2003. 5. 30. 2003다15556 참조.

178) 대판 2001. 7. 24. 2000도5069는 변호사가 자신의 변호사사무실 직원으로부터 사건의 알선을 받아 사건을 수임하여 보수를 받은 경우에 관하여, "구 변호사법(2000. 1. 28. 법률 제6207호로 전문 개정되기 전의 것) 제94조에 의한 필요적 추징은 같은 법 제27조의 규정 등을 위반한 사람이 그 위반행위로 인하여 취득한 부정한 이익을 보유하지 못하게 함에 그 목적이 있고, 변호사가 같은 법 제27조 제2항에 위반하여 법률사건을 수임하더라도 그 수임계약과 이에 따른 소송행위는 유효한데, 피고인이 법률사건을 수임하고 받은 수임료는 법률사건의 알선을 받은 대가가 아니고 사법상 유효한 위임계약과 그에 따른 대리행위의 대가이므로 같은 법 제27조 제2항 위반행위로 인하여 얻은 부정한 이익으로 볼 수 없고, 따라서 추징의 대상이 아니다"고 판시하고 있는바, 그 취지는 변호사와 의뢰인과의 위임계약이 제3자에 의한 사건의 알선을 통해서 이루어진 경우 그 사건의 알선을 받은 행위는 변호사법위반이라고 하더라도, 변호사의 보수는 위 사건의 알선을 받은 대가가 아니고 의뢰인과의 위임계약에 의한 대리행위의 대가이므로 그 위임계약이 유효한 이상 사건의 알선을 받은 행위금지의 위반행위로 인한 부정한 이익이 아니므로 추징대상이 아니라는 것으로, 이익충돌사건의 쌍방대리의 위법을 이유로 한 보수의 반

라. 변호사의 자격부인

변호사의 소송대리인 자격부인에 관해서는 미국에서 인정되는 내용과 같은 자격부인(disqualification)에 관한 명문의 규정은 없다. 그러나 이익충돌사건의 쌍방대리를 금지하고 있는 변호사법을 위반한 변호사에 대하여 그 대리행위를 계속하면서 소송대리를 하게 하는 것은 변호사법의 정신에 정면으로 반한다. 판례도 "변호사법 제31조 제1호의 규정에 위반한 변호사의 소송행위에 대하여는 상대방 당사자가 법원에 대하여 이의를 제기하는 경우 그 소송행위는 무효이고 그러한 이의를 받은 법원으로서는 그러한 변호사의 소송관여를 더 이상 허용하여서는 아니 될 것"이라고 판시하여 변호사의 소송대리인 자격의 부인을 인정하고 있다.[179]

Ⅶ. 비소송분야에서의 이익충돌의 문제

1. 문제의 소재

변호사법 및 윤리규약이 규정하는 수임금지 또는 수임제한의 사유로서의 이익충돌은 소송사건을 중심으로 한 변호사의 활동을 전제로 하고 있다. 그러나 오늘날 변호사의 활동은 소송활동 외에 계약서의 작성 및 검토, 일응 이해충돌이 없어 보이는 법률사무 등에도 광범위하게 미치고 있다. 이러한 비소송분야에서의 변호사의 사무에 관해서도 소송사건에서와 같은 이익충돌의 법리를 적용할 것인지, 그렇지 않다면 그 한계를 어떻게 할 것인지, 그 한계를 정하는 근거가 무엇이 되어야 하는지 등의 문제가 제기될 수 있다.

2. 비소송분야에서의 이익충돌의 법리의 적용여부

비소송분야에서의 변호사의 활동 예컨대, 일방의 당사자로부터 부동산매매 또는 근저당권설정 등 계약에 관하여 자문요청을 받고 자문의견을 제시하는 등의 비송무적 활동과 관련하여 위와 같은 계약이 성립된 후 양 당사자로부터

환책임에 관한 것은 아니다.

179) 대판 2003. 5. 30. 2003다15556.

부동산소유권이전등기 또는 근저당권설정등기의 사무에 관한 위탁을 받을 수 있다. 이러한 경우 변호사는 위 등기에 관한 사무를 동일사건으로 보아 동일사건의 쌍방대리금지의 원칙(법31① i , 규22① ii)에 따라 수임을 할 수 없는가 하는 문제이다.

위와 같은 사례의 경우 일응 당사자 사이에 이익충돌의 사유는 없는 것으로 보이고 오히려 변호사 1인에게 등기사무를 위임하는 것이 예컨대, 위탁의 편의, 비용의 절약 등의 점에서 양 당사자의 공동의 이익에 더 유리할 수 있다. 따라서 위와 같이 이익충돌의 사유가 없는 법률사무의 경우에는 일정한 요건하에 이익충돌회피의 원칙을 그대로 적용하는 것보다는 일정한 요건하에 이를 수정하는 것이 구체적 타당성에 부합된다.

이와 관련하여 대한변협은 아래 질의회신례에서 보는 바와 같이 예컨대, 등기사무의 경우에는 민법 제124조에 의하여 공동대리가 허용되고 쌍방의 이해관계의 대립이 없는 것으로 보고 있다.

대한변협 2014. 8. 14. 질의회신 제833호

- **질의요지**: 갑과 을의 쌍방대리인으로서 을 명의의 부동산에 관하여 담보목적으로 갑을 권리자로 하여 소유권이전청구권 가등기를 마쳤는데, 이후 을이 변제하지 못해 갑이 위 가등기에 기하여 본등기이행의 청구를 하여 소송이 진행 중 갑이 소송을 대리해 줄 것을 의뢰한 사건에서 갑을 대리하여 소송을 수행하는 것이 수임제한에 해당하는지 여부.
- **회신요지**: 변호사법 제31조 제1항에서 수임이 제한되거나 금지되는 사건은 모든 사건을 의미하는 것이 아니라 변호사와 의뢰인 간의 이해상충이 발생할 수 있는 사건을 의미한다. 애초에 이해상충이 없어서 서로 협력하는 관계에 있는 사안의 경우에는 수임을 제한할 이유가 없기 때문이다. 등기사무의 경우 등기신청행위는 민법 제124조 소정의 채무의 이행에 준하는 것으로 볼 수 있어 자기계약·쌍방대리가 허용된다. 따라서 부동산등기에서 공동대리를 허용하고 있다는 점에서 알 수 있는 것처럼 등기신청권리자와 의무자 쌍방의 이해관계의 대립을 상정할 수 없는 경우로 이 경우에는 변호사법 제31조 제1호, 제2호에서 규정한 사건이라고 할 수 없다. 따라서 이 건은 선행사건의 존재가 없어서 수임제한 규정이 적용되지 않는 경우라고 보아야 한다.

3. 비소송분야에서의 이익충돌회피원칙의 수정 한계

이익충돌회피원칙의 수정에 한계로 작용하는 요소로서는 위탁사무의 객관적 내용, 변호사의 비밀유지의무의 요부, 의뢰인들의 이익 등을 생각할 수 있다. 위탁사무의 객관적 내용에 있어서는 위탁사무의 내용 자체에 있어서 의뢰인의 변호사에 대한 신뢰에 반하지 않음이 일반적으로 인정되는지, 변호사의 비밀유지의무의 요부에 있어서는 변호사가 그 사무를 처리함으로써 어느 일방의 의뢰인에게 비밀유지의무가 발생하는지, 의뢰인의 이익에 관해서는 공동위탁을 함으로써 그렇지 않은 경우보다 의뢰인에게 이익이 발생하는지 등이 고려될 수 있다.

4. 비소송분야에서의 이익충돌회피원칙의 수정 근거

비소송분야에서의 이익충돌에 관하여 적용할 현행의 법규가 존재하지 아니하므로 이는 변호사법 또는 윤리규약의 법규를 유추하여 적용할 수밖에 없다. 비소송분야에서 위와 같은 이익충돌의 사유가 없는 사무를 위탁하는 의뢰인들은 소송사건에서의 대립되는 당사자라고 할 수 없고, 그 위탁사무에 이해관계를 같이 하는 한 이익충돌이 현재화하지 않은 동일사건의 복수당사자의 지위와 유사한 지위에 있다. 따라서 공동의뢰사건을 이익충돌의 잠재형으로 보아 윤리규약 제22조 제1항 제5호의 복수당사자의 이익충돌사건에 대한 수임제한 규정을 유추적용하여 공동의뢰인의 동의가 있으면[180] 공동의뢰한 사무를 처리하여도 이익충돌회피의무에 반하지 않는다고 볼 수 있다. 공동의뢰받은 사무를 수임하였으나 후에 이익충돌이 현재화한 경우[181] 모든 의뢰인의 사무를 사임함이 타당하다.

■ 기본사례(해설)

1. "변호사 갑이 보수 등 수임의 구체적인 조건까지 제시하였음에도 A가 사건수임을 유보하고 상담에 대하여 아무런 대가도 지급하지 않은 채 일방적으로 다른

180) 공동의뢰인이 사무를 공동위탁하는 행위 속에 추정적 동의가 포함되어 있다고 할 수 있고, 비소송분야에서의 위와 같은 이익충돌에 관하여는 복수당사자의 이익충돌에서와 같은 '설명에 기한 동의'는 필요하지 않다고 본다.

181) 예컨대, 당사자의 계약위반으로 계약이 해제되어 소유권이전등기 등의 말소 여부의 법률분쟁이 발생하는 경우를 생각할 수 있다.

변호사를 선임하였고, 또한 약정서, 위임장, 수임료의 지급 등 어느 하나 진행된 것이 없으므로 이를 변호사법 제31조 제1항 제1호 소정의 '수임을 승낙한 경우'라고 볼 수는 없다."[182] 따라서 변호사 갑이 A로부터 비밀을 개시받는 등 신뢰관계가 형성되어 예비적 위임관계가 성립되었다고 볼 만한 특별한 사정이 없다면 B로부터 사건을 수임할 수 있다.

2. ① 갑 변호사는 A의 상해사건을 수임하고 있고 C의 A에 대한 손해배상청구사건은 상해사건과 동일하거나 본질적으로 관련된 사건이므로 C로부터 손해배상청구사건을 수임하는 것은 동일사건에 대한 쌍방대리에 해당하여 허용되지 않는다.

   ② C의 A에 대한 대여금반환청구사건은 수임하고 있는 사건의 상대방이 위임하는 다른 사건으로서 원칙적으로 수임이 허용되지 않으나 A의 동의가 있으면 수임이 허용된다.

   ③ C의 D에 대한 소유권이전등기청구사건은 수임하고 있는 사건의 상대방이 위임하는 다른 사건으로서 원칙적으로 수임이 허용되지 않으나 A의 동의가 있으면 수임이 허용된다.

   ④ D의 A에 대한 대여금반환청구소송은 A의 상해사건의 상대방이 제기하는 사건이 아니나, 수임의 역순서에 의하면 수임하고 있는 사건(D의 A에 대한 대여금반환청구소송)의 상대방(A)이 위임하는 다른 사건(A의 상해사건)에 해당된다. 대한변협은 근래에 이러한 경우 수임하고 있는 사건의 상대방이 위임하는 사건이 아니라는 이유로 수임을 허용하고 있다.

3. ① 수임이 금지된다. 원래의 위임사무가 종료된 후 즉, 이시충돌사건의 경우 그 상대방으로부터 원래의 사건과 본질적으로 관련이 있는 사건을 수임할 수 있는가의 문제이다. 상해사건과 손해배상청구사건은 본질적으로 관련된 사건이다. 판례는 변호사법 제31조 제1항 제1호의 쌍방대리에 해당하여 수임할 수 없다고 판시하고 있다.[183] 윤리규약 제22조 제2항도 이시충돌의 경우 종전사건과 실질적으로 동일하거나 본질적으로 관련된 사건에서 대립되는 당사자로부터 사건을 수임할 수 없다고 규정하고 있다.

   ② C의 A에 대한 대여금반환청구사건은 수임사무가 종료된 A의 상해사건과는 다른 사건이므로 윤리규약 제22조 제2항에 의하면 종전 의뢰인이 양해한 경우에 수임이 허용된다.

4. 변호사는 동일사건에서 둘 이상의 의뢰인의 이익이 서로 충돌하는 경우 원칙적으로

182) 대한변협 2009. 12. 14. 질의회신 제497호.
183) 대판 2003. 5. 30. 2003다15556.

수임이 금지되나, 관계인들이 모두 동의하고 의뢰인의 이익이 침해되지 않는다는 합리적 사유가 있는 경우에는 수임이 허용된다(규22②). 사례는 손해배상책임의 유무 및 정도에 관하여 다툼이 있는 경우이다. 손해배상청구소송의 일방 당사자가 2인 이상의 복수인 경우 그 복수 당사자 사이에 이익이 충돌되면(이익충돌의 현재형) 그 복수 당사자를 동시에 대리할 수 없으므로 갑 변호사는 A, B를 동시에 대리할 수 없다.

5. ① 변호사는 계쟁권리를 양수해서는 안 된다(법32). C의 A에 대한 대여금반환청구권은 계쟁권리이므로 변호사는 그 일부라도 양수해서는 안 된다. ② 대여금반환청구소송에서 승소하여 수령한 금액은 계쟁권리가 아니다. 따라서 그러한 약정은 허용된다.

6. 구 윤리규칙상으로는 변호사가 의뢰인과 금전거래를 하는 것 자체를 금지하는 규정은 없었다. 그러나 윤리규약은 "변호사는 그 지위를 부당하게 이용하여 의뢰인과 금전대여, 보증, 담보제공 등의 금전거래를 하지 아니한다."라고 하여 금전거래에 관한 규정을 신설하였다(규14). 따라서 사례의 경우 주식투자금 명목의 대여금에 대하여 수익을 반분하기로 약정한 데 대하여 변호사가 그 지위를 부당하게 이용하였다고 볼 만한 특별한 사정이 없다면 의뢰인으로부터의 금원의 차용 자체는 윤리위반에 해당되지 아니한다. 다만, 변호사가 그 지위를 부당하게 이용한 금전거래가 아니라고 하더라도 품위유지의무에 위반될 수 있음에 유의하여야 한다. 예컨대 의뢰인으로부터 변제기일을 정하여 금 5,000만원을 차용한 후 약정기일에 차용금을 변제하지 않고 계속 변제를 미루다가 그중 1,000만원을 변제하고 그 문제로 의뢰인으로부터 변제독촉내용증명을 받게되자 다시 1,000만원을 변제한 후 휴대전화를 착신 정지시키고 일절 연락이 되지 않게 하는 등으로 나머지 차용원금의 변제를 회피한 경우 변호사로서의 품위손상행위에 해당한다.[184]

7. 공무관련 이익충돌의 경우 변호사의 수임사건과 공직당시의 직무가 추상적으로만 연관되어 있으면 변호사는 그 사건을 수임할 수 없다고 하여 수임의 허용범위를 좁게 해석하고 있다. ①의 경우 당연히 공직 당시 취급한 사건과 동일사건이므로 수임할 수 없고, ②의 경우 이른바 전관예우 방지를 위한 변호사법의 개정에 의하여 사건의 종류 및 내용을 불문하고 수임이 허용되지 않는다.

8. ① 법무법인의 구성원 또는 소속 변호사이었던 자는 그 소속기간 중 법무법인의 수임사건에 관하여 변호사의 업무를 수행할 수 없으므로(법52②) 변호사 병은 C를 대리할 수 없고, ② 변호사법 제31조 제1항 및 제2호의 수임제한 규정의 적용에

184) 대한변협 2007. 2. 12. 징계 제2006-31호(축조, 대한변협, 2009, 127면).

있어서 법무법인 등의 공동법률사무소는 하나의 변호사로 보므로 변호사 정은 B회사가 응소하는 손해배상청구소송의 담당 변호사가 아니었다고 하더라도 X 법무법인을 퇴직한 후 C를 대리할 수 없다. ③ 변호사 병은 손해배상청구소송의 담당 변호사이고, 변호사 정은 이익충돌의 확장을 받은 변호사로서 Y 법무법인으로 이전하더라도 이익충돌이 확장 · 재확장되므로(법52②) 이익충돌이 발생한다. 따라서 변호사 병 · 정은 Y 법무법인으로 직장을 이전할 수 없고, 이전하는 경우 Y 법무법인은 손해배상청구소송의 대리인을 사임하여야 한다. 이상의 경우 이익충돌의 확장 · 재확장의 제한 해석의 필요성은 별도의 문제이다.

7 변호사와 제3자의 관계

도입질문

1. 변호사는 상대방 변호사와의 관계에서 어떠한 의무를 부담하는가?
2. 변호사의 법률사무소의 개설에는 어떠한 제한이 있는가?
3. 변호사가 전문직을 사무직원으로 채용하는 데 어떠한 제한이 있는가?
4. 변호사는 사법절차에 협력하고, 또 사법권을 존중하기 위하여 어떠한 윤리적 책무가 있는가?

Ⅰ. 서

변호사가 의뢰인 이외의 제3자에 대한 관계에서 성실의무를 부담하느냐 하는 점에 대해서는 이론이 있을 수 있다. 윤리장전은 윤리강령에서 "변호사는 성실 · 공정하게 직무를 수행하며 명예와 품위를 보전한다"(강령2)라고 선언하고, 윤리규약도 변호사의 일반적 윤리로서 "변호사는 공정하고 성실하게 독립하여 직무를 수행한다."고 하여 성실의무를 규정하고 있다(규2①). 이러한 규정에 비추어 변호사는 의뢰인 이외의 제3자 즉, 의뢰인의 상대방, 그 변호사뿐만 아니라, 변호사단체, 법원 · 검찰, 공공기관, 나아가서는 사인 등에 대해서도 성실의무를 부담한다고 봄이 타당하다.

변호사는 국민의 권리를 옹호하는 직무를 취급하므로 사회적으로 신뢰를 받아야 하고, 공공성을 유지하여 사회적 공기로서 기능하여야 한다.[1] 변호사가 의뢰인 이외의 자에게는 성실의무가 없다고 할 경우 변호사직에 대한 사회적 신뢰를 담보할 수 없고 변호사직에 대한 사회적 신뢰가 확보되지 않으면 변호사제도의 존재 근거를 상실할 수 있다.

의뢰인 이외의 제3자와의 관계 중 사인에 대한 관계에 대해서는 해당 부분(후술하는 "민사소송과 변호사의 윤리" 부분)에서 보기로 하고, 여기에서는 의뢰인의 상대방 및 그 변호사, 변호사회, 법원·검찰, 정부기관, 법조윤리협의회와의 관계에서 변호사에게 부과되는 일정한 의무를 살피기로 한다.

II. 상대방과의 관계에서의 윤리

1. 이익수령의 금지

윤리규약 제43조(부당한 이익 수령 금지) 변호사는 사건의 상대방 또는 상대방이었던 자로부터 사건과 관련하여 이익을 받거나 이를 요구 또는 약속받지 아니한다.

변호사는 사건과 관련하여 상대방 또는 상대방이었던 자(본항에서는 '상대방'으로 약칭한다)로부터 금품·향응 등 이익을 받거나 이를 요구 또는 약속해서는 안 된다. 이익수수 행위는 변호사법상의 독직행위로서 형사처벌의 대상이 된다(법109 ii, 33). 유의할 점은 후술하는 바와 같이 상대방에 대한 부당한 이익제공행위도 허용되지 않으나 이는 형사처벌의 대상은 아니다.

이익수령을 금지하는 것은 이익충돌사건에 있어서 쌍방대리를 금지하는 취지와도 관련이 있다. 쌍방대리행위를 하지 않더라도 상대방으로부터 이익을 수령하는 행위는 변호사에 대한 의뢰인 및 사회 일반의 신뢰를 손상시키기 때문이다. 사건의 당사자인 의뢰인은 자신의 변호사의 사소한 행동에 대하여도 민감한 반응을 보이기 마련이다. 예컨대, 법정 밖의 복도에서 상대방 변호사와 한담을 하거나, 친분관계가 있어서 상대방 변호사와 통화를 하는 행위 등

---

1) 小島武司 외 2, 『現代の法曹倫理』, 法律文化社, 2007, 169면.

에 대해서도 혹시 상대방의 변호사와 통하는 것이 아닌가 하는 의구심을 가질 수 있다. 하물며 상대방으로부터 이익을 받는 행위는 그 실체적 관계가 어떠한지에 상관없이 의뢰인의 신뢰를 해할 수 있다. 따라서 변호사는 의뢰인이 의심을 품을 만한 자세를 보여서도 안 된다. 高中正彦은 이를 이렇게 표현한다. 변호사는 "사무소를 일보 나서면 그곳은 戰場이라는 의식을 가져야 한다. 그것이 프로의 법률가가 취해야 할 자세라고 할 수 있다."2)

2. 부당한 이익 제공금지

윤리규약 제44조(부당한 이익 제공 금지) 변호사는 사건의 상대방 또는 상대방이었던 자에게 사건과 관련하여 이익을 제공하거나 약속하지 아니한다.

변호사는 사건의 상대방에게 사건과 관련하여 금품·향응 등 이익을 제공하거나 제공할 것을 약속해서는 아니 된다. 변호사의 사명과 지위의 공공적 성격, 명예 및 품위의 유지의무에서 비롯되는 금지규범이다.

3. 상대방의 유혹·비방금지

윤리규약 제10조(상대방 비방금지 등) ① 변호사는 상대방 또는 상대방 변호사를 유혹하거나 비방하지 아니한다.

변호사는 공공성을 지닌 법률전문직으로서 상대방에 대한 관계에서도 명예와 품위를 유지함으로써 사회적 신뢰를 유지해야 한다. 의뢰인의 권익을 옹호하는 것이 변호사의 중요한 책무라고 하더라도 수단과 방법을 가리지 않고 이를 하여서는 안 된다는 취지이다. 합법적이고 정당한 방법을 사용하는 것은 변호사의 공공적 지위의 본질에 속하는 것이다. 증거에 의하여 인정된 사실을 바탕으로 합리적 논전(論戰)의 방법으로 사실상과 법률상의 주장을 해야 한다.

---

2) 高中正彦, 『法曹倫理講義』, 民事法硏究会, 2005, 175면.

4. 공동 직무수행에 있어서의 윤리

> **윤리규약 제26조(공동 직무수행)** ① 변호사는 동일한 의뢰인을 위하여 공동으로 직무를 수행하는 경우에는, 의뢰인의 이익을 위해 서로 협력한다.
> ② 변호사는 공동으로 직무를 수행하는 다른 변호사와 의견이 맞지 아니하여 의뢰인에게 불이익을 미칠 수 있는 경우에는, 지체 없이 의뢰인에게 이를 알린다.

공동 직무수행이라 함은 2인 이상의 변호사가 특정의 의뢰인과 일괄하여 또는 별개로 위임계약을 체결하고 공동으로 대리하거나 변론하는 것을 말한다.

공동 직무수행에 있어서의 윤리는 1차적으로는 변호사가 의뢰인에 대한 관계에서 공동대리인과 협력을 하지 않거나 다른 공동대리인에게 업무를 전가하는 경우 의뢰인에게 불이익한 결과가 돌아가므로 의뢰인에 대한 성실의무를 다하라는 취지이다. 또, 공동대리인 상호간에 있어서 협력을 하지 않거나 업무를 상호 전가하는 것은 변호사로서의 명예와 품위에 어긋나므로 다른 변호사에 대한 관계에서의 윤리이기도 하다.

공동 직무수행에 있어서 협력이란 변론 등의 업무에 관하여 합리적 분담을 하고 정보를 공유하는 등 의뢰인의 이익을 옹호하기 위하여 합심하여 노력하는 것을 말한다. 공동대리인 사이에 이견이 있어 사건처리에 지장이 있을 염려가 있을 경우에 의뢰인에게 고지하도록 한 것은, 사건처리에 지장을 초래하기 전에 이견이 있는 쟁점에 관하여 의뢰인 본인이 결정을 하거나, 특정의 변호사가 소송대리를 계속하는 것이 사건처리에 지장이 있을 경우 그를 사임케 할 수 있도록 하기 위한 것이다.

III. 상대방의 변호사와의 관계에서의 윤리

1. 개　설

갑 변호사는 A로부터 B에 대한 점포명도청구사건을 수임하고 소송을 제기하였

으나 피고 B의 대리인인 을 변호사는 청구취지에 대한 답변만을 기재한 답변서를 제출하고 제1회 변론기일에 결석하였다. 그리고 차회기일에 사정을 이유로 2개월의 후로 다음 기일을 지정받고 다시 그 기일에도 지병을 이유로 결석하였다. 갑 변호사는 을 변호사의 태도에 격분하여 A에게 "을 변호사는 이유없이 소송을 지연시키고 있다. 엉터리 변호사다. 을 변호사는 변호사 전체의 수치다"라고 말하였다. 갑 변호사는 또 동기의 변호사 수명에 대하여 같은 발언을 하고 "을 변호사는 요주의 변호사다"라고 말하였다. 갑 변호사의 언동에 윤리상 문제가 있는가?[3)]

변호사는 의뢰인의 위임을 받아 수임사무를 처리할 뿐 상대방의 변호사와 사이에는 직접적인 법률관계가 성립되지 않는다. 그러나 전문직으로서의 변호사는 자신의 의뢰인에게 성실의무를 부담하지만, 상대방의 변호사에 대한 관계에서도 서로 존중하고 예의를 갖출 의무가 발생한다(규2③). 그 의무는 공공성을 지닌 전문직으로서의 명예와 품위유지 의무에 근거한다. 상대방 변호사의 명예와 품위를 존중하지 않으면서 자신의 명예와 품위를 제대로 유지할 수 없기 때문이다. 따라서 변호사는 상대방의 변호사에 대해서도 일정한 절도와 양식을 가지고 행동해야 함은 당연하다.

변호사가 대량으로 양산되어 의뢰인의 유치를 위한 경쟁이 치열해지는 상황에서는 때에 따라서 변호사가 의뢰인과 이익 및 감정의 측면에서 일체화되어 상대방 변호사에 대한 배려를 하지 않는 행동을 하는 경우도 없지 않다. 그러한 경우는 변호사의 품위에 의문을 생기게 하고 변호사직 전체에 대한 사회적 신뢰를 손상시킬 수 있다.

2. 사무직원의 채용에 있어서 부당경쟁 등 금지

윤리규약 제8조(사무직원) ③ 변호사는 사무직원을 채용함에 있어서 다른 변호사와 부당하게 경쟁하거나 신의에 어긋나는 행위를 하지 아니한다.

변호사는 법률사무소에 사무직원을 둘 수 있고(법22①), 원칙적으로 일정한 결격사유가 없는 자만을 사무직원으로 채용할 수 있고(법22②),[4)] 사무직원의

3) 高中正彦, 전게서, 176면.

4) 변호사법 제22조 제3항 및 대한변협 회칙 제41조에 근거를 둔 '변호사사무원규정'에 의하면

종류, 연수, 신고 그 밖에 필요한 사항은 대한변협규칙으로 정하고 있다.[5)]

사무직원의 공급은 적고 수요가 많은 상황이거나 능력있고 성실한 사무직원을 구하는 것이 어려운 상황에서 사무직원의 채용을 둘러싼 변호사간의 경쟁이 치열해질 수 있다. 그러다 보면 변호사로서의 품위와 명예를 손상하는 상황이 발생할 수 있으므로 이를 방지하기 위한 것이다. 자유시장 경제체제하에서 경쟁 자체를 금지할 수는 없으므로 부당한 경쟁을 금지하는 것이고, 여기에는 위법한 경쟁도 당연히 포함된다.

3. 사건에의 부당한 개입금지

윤리규약 제10조(상대방 비방 금지 등) ② 변호사는 수임하지 않은 사건에 개입하지 아니하고, 그에 대한 경솔한 비판을 삼간다.

여기에서 개입금지의 대상사건을 단순하게 수임하지 않은 사건이라고만 규정하고 있으나 주로 다른 변호사가 수임한 사건이 문제된다.

변호사를 선임한 의뢰인이 그 변호사 이외의 다른 변호사에 대하여 의견을 구하는 것은 자유이고, 또, 다른 변호사가 조언을 구하는 자의 요구에 의하여 의견을 말하는 것 자체가 금지되는 것은 아니다.

윤리규약은 개입 자체를 금지하는 것으로 규정하고 있으나 이는 부당한 개입을 의미한다. 예컨대 현재 선임된 변호사가 사건에 관하여 소송전략을 잘못 수립하고 있다고 말한다든지, 자신을 변호사로 선임하라고 말하는 등의 행위가 부당한 개입에 해당된다.

변호사가 다른 변호사를 선임한 자로부터 의견을 요청받은 때에 자신을 대리인으로 선임할 수 있으나 선임여부는 자유라는 의견을 표명하는 정도는 부당한 개입에 해당되지 않을 것이다.

다만, 변호사를 선임한 자로부터 추가대리를 요청받은 변호사는 일정한 제약에 따를 의무가 있다고 해석된다. 즉, 수임을 요청하는 자에게 추가선임의 이유가 무엇인지, 그것이 합리적인 것인지 등을 검토하여 추가선임이 필요하

일정한 결격사유가 있는 자라고 하더라도 변호사 또는 법무법인·법무법인(유한)·법무조합이 지방변호사회장의 승인을 얻은 때에는 사무직원으로 채용할 수 있다(동 규정4②).

5) 대한변협 회칙 제41조.

다고 판단되면, 수임을 요청하는 자를 통하거나 또는 직접 이미 선임된 변호사에게 그 취지를 설명하고 이해를 구하는 것이 윤리적이다.[6)]

대한변협 2006. 12. 4. 징계 제2006-11호

혐의자는 갑 변호사가 이미 수임 중인 형사사건의 피고인의 요청에 따라 수임을 전제로 수회 접견을 함에 있어서 담당 판사와의 학연관계가 있으니 석방시켜 달라는 피고인의 요청에 대하여 '자신에게 위임하면 100% 석방시켜 주겠다'는 취지의 말을 하고, 선임되지 않은 피고인에 대하여 '사기 피해액 일부라도 공탁을 하여야 보석이 가능할 것 같다'라고 말하는 등 연고관계 선전금지 위반, 수임하지 않은 사건에 대한 개입금지의무 위반을 한 혐의 등으로 과태료 1,500만원 결정.

4. 다른 변호사의 참여방해 금지 등

윤리규약 제25조(다른 변호사의 참여) ① 변호사는 의뢰인이 다른 변호사에게 해당 사건을 의뢰하는 것을 방해하지 아니한다.
② 변호사는 의뢰인이 변호사를 바꾸고자 할 경우에는 업무의 인수인계가 원활하게 이루어질 수 있도록 합리적인 범위 내에서 협조한다.

수임하고 있는 사건의 의뢰인이 다른 변호사의 참여를 희망하는 때에는 이를 방해해서는 안 된다. 이는 의뢰인에 대한 보호의무에서 도출되는 윤리임과 동시에 다른 변호사와의 관계에서 변호사가 취하여야 할 윤리적 태도이기도 하다. 의뢰인의 의사에 따라 사임한 변호사는 새로이 선임된 변호사와 업무의 인수인계가 원활하게 이루어지도록 협조하여야 한다. 예컨대, 그때까지 수집하거나 작성하여 보관 중인 증거물, 증거서류 등을 특별한 사정이 없으면 새로운 변호사에게 인도하는 등의 업무인계에 협조하여야 한다.

5. 대리인이 있는 상대방과의 직접교섭 금지

윤리규약 제45조(대리인 있는 상대방 당사자와의 직접교섭 금지) 변호사는 수임하고 있는 사건의 상대방 당사자에게 변호사 또는 법정대리인이 있는 경우에는, 그 변호사 또는 법

6) 사법연수원, 『변호사실무(형사)』, 2009, 15-16면.

정대리인의 동의나 기타 다른 합리적인 이유가 없는 한 상대방 당사자와 직접 접촉하거나 교섭하지 아니한다.

여기에서 접촉은 직접적 접촉이나 간접적 접촉을 모두 포함한다. 변호사와 상대방이 직접 대면하는 방식의 접촉뿐만 아니라 통신의 방식으로 또는 제3자를 매개로 하여 접촉하는 것을 포함한다. 또 접촉의 경위도 불문한다. 변호사가 먼저 접촉을 제의하든, 상대방이 접촉을 제의하든 어느 경우에나 접촉이 금지된다. 상대방이 조직이거나 단체인 경우 접촉금지의 상대방은 그 대표자 또는 그 대리인이다. 따라서 그 조직 등의 사용인에 대해서 변호사가 접촉해서 사건에 관한 정보를 파악하는 것은 허용된다. 한편 변호사가 의뢰인으로 하여금 상대방을 접촉하도록 조언하는 것은 윤리상 문제가 없다.[7)]

상대방과의 접촉을 금지하는 취지는 의뢰인의 관점과 상대방 또는 그 변호사나 법정대리인의 관점에서 찾아볼 수 있다.

우선, 의뢰인에 대한 관계에서, 상대방을 접촉하게 되면 의뢰인에 대한 성실의무를 다하지 못하는 결과를 가져올 수 있다. 변호사가 옹호하여 할 권리와 이익은 1차적으로 의뢰인의 그것이다. 의뢰인과 상대방은 이해상반의 관계에 있다. 상대방을 접촉하는 것은 의뢰인에 대한 신뢰를 손상시킬 수 있다. 또 상대방을 접촉하여 그 비밀정보를 취득하게 되면 의뢰인을 위한 성실한 대리를 할 수 없는 문제도 발생할 수 있다.

다음, 상대방 또는 그 변호사나 법정대리인에게 불이익을 초래할 수 있기 때문이다. 상대방과 접촉하여 그 비밀정보를 얻음으로써 상대방을 곤궁에 처하게 할 수 있고, 상대방의 변호사나 법정대리인은 그 의뢰인이나 본인과의 관계에서 곤란한 처지에 빠지게 할 수 있다.[8)]

이와 관련하여 미국에서는 심지어 형사소송절차에서 검사가 상대방이라고 할 수 있는 피의자를 변호사의 동의 없이 접촉하는 것이 금지되는지 여부에 관하여 논란이 있었고 결국 법원은 접촉이 금지되는 것으로 결론을 낸 바도 있다.[9)]

그러나 변호사 또는 법정대리인의 동의나, 기타 다른 합리적 이유가 있는

7) 이상수, 전게서, 332-333면.

8) 塚原英治 외 2, 『法曹の倫理と責任』, 現代人文社, 2007, 229면.

9) Rotunda, Ronald D., Legal Ethics in a Nutshell(2nd ed.), Thomson West, 2006, pp.356-357(이상수, 전게서, 333면, 주257에서 재인용).

경우에는 상대방과의 접촉이 금지되지 않는다. 합리적 이유라 함은 예컨대, 상대방과의 화해를 추진하거나 그 과정에서 의뢰인의 의사를 전달하기 위한 경우 등이다.[10)]

이와 관련하여 상대방이 변호사에 의하여 대리되고 있지 않은 경우에 상대방을 접촉할 수 있느냐의 점에 대해서는 윤리규약에 정한 바 없기 때문에 문제가 된다. 이 경우에는 상대방과의 접촉금지의 취지에 비추어 의뢰인이 동의하면 상대방과 접촉할 수 있다고 할 것이다.[11)] 다만, 이 경우 상대방과의 관계에서 취할 변호사의 윤리적 태도에 관하여, Model Rules는 상대방에게 자신이 공정하다는 암시를 주어서는 안 되고, 이익충돌이 없는 것이 명확한 경우를 제외하고는 다른 변호사를 구하라는 충고 이외의 법적 조언을 할 수 없다고 규정하고 있다.[12)]

Ⅳ. 변호사회와의 관계에서의 윤리

1. 개 설

변호사법은 변호사가 자격등록을 하기 위해서 특정한 지방변호사회에 가입하여야 하는 변호사회가입강제주의를 취하고 있다(법7②, ①). 이에 따라 등록변호사는 개업에서부터 휴업 및 폐업을 하거나 지방변호사회의 소속을 변경하는 경우에 이를 신고 또는 등록하여야 하는 등 변호사회 즉, 당해 소속 지방변호사회 또는 지방변호사회를 지도·감독하는 대한변협(법80ⅴ)과의 관계에서 일정한 윤리규범을 준수해야 한다.

대한변협의 회원에는 그 종류가 단체회원, 법인회원, 개인회원 및 외국회원이 있다(회칙7①). 단체회원은 지방변호사회이고, 법인회원은 법무법인·법무법인(유한)·법무조합 및 공증인가합동법률사무소가 있으며, 개인회원은 개업신고를 한 변호사이다(회칙7②,③,④). 외국회원은 외국법자문사법 제10조 제1항에

10) 이상수, 전게서, 335면은 "특별한 사정"으로서 상대방 변호사의 동의가 있는 경우, 법에 의해서 허용된 경우, 법정의 명령에 의한 경우 등을 열거하고 있다.

11) 이상수, 전게서, 335면은 이러한 경우 상대방과의 접촉은 원칙적으로 허용된다고 하고 있다.

12) Model Rules 4.3.

따라 대한변협에 등록한 외국법자문사로서 대한변협에 가입을 신청하여 입회된 자이다(회칙7⑤). 개업신고를 하지 않았거나 휴업신고를 한 변호사는 대한변협의 준회원이 된다(회칙10①).

준회원에 대하여는 회원의 권리·의무와 변호사의 지도·감독에 관한 규정이 적용되지 않는다(회칙10②). 준회원도 변호사법 등의 각종 의무를 부담함이 타당하고, 따라서 준회원에게 적용이 배제되는 회원의 의무는 등록변호사로서의 의무를 제외한 대한변협의 회칙상의 의무이다. 여기에서 등록변호사로서의 의무는 변호사법은 물론, 윤리장전 등의 규칙, 규정 및 결의상의 의무를 포함한다. 이에 따라 준회원인 변호사가 품위손상행위를 한 경우 징계사유에 해당하고 대한변협회칙 제48조의2는 준회원인 휴업회원이 징계대상임을 명시적으로 규정하고 있다.

이하의 내용은 엄밀하게는 변호사회에 대한 관계에서의 의무라고 볼 수 없는 것도 포함되어 있으나 편의상 함께 살펴보기로 한다.

2. 변호사의 자격, 등록, 등록의 거부 및 취소

가. 변호사의 자격

다음의 자는 변호사의 자격이 있다(법4).

1. 사법시험에 합격하여 사법연수원의 과정을 마친 자
2. 판사나 검사의 자격이 있는 자
3. 변호사시험에 합격한 자

나. 변호사의 결격사유

다음의 자는 변호사가 될 수 없다(법5).

1. 금고 이상의 형(刑)을 선고받고 그 집행이 끝나거나 그 집행을 받지 아니하기로 확정된 후 5년이 지나지 아니한 자
2. 금고 이상의 형의 집행유예를 선고받고 그 유예기간이 지난 후 2년이 지나지 아니한 자
3. 금고 이상의 형의 선고유예를 받고 그 유예기간 중에 있는 자
4. 탄핵이나 징계처분에 의하여 파면되거나 이 법에 따라 제명된 후 5년이 지나지 아니한 자

5. 징계처분에 의하여 해임된 후 3년이 지나지 아니한 자
6. 징계처분에 의하여 면직된 후 2년이 지나지 아니한 자
7. 금치산자 또는 한정치산자
8. 파산선고를 받고 복권되지 아니한자
9. 이 법에 따라 영구제명된 자

☞ [부록 2] 개정안 제5조 참조.

다. 변호사의 등록

변호사의 자격이 있는 자가 변호사로서 개업을 하려면 대한변협에 등록하여야 한다(법7①). 등록을 하려는 변호사는 가입하려는 지방변호사회를 거쳐 등록신청을 하여야 한다(법7②). 또 지방변호사회의 소속을 변경하려면 새로 가입하려는 지방변호사회를 거쳐 대한변협에 소속 변경등록을 신청하여야 하고(법14①), 소속이 변경된 변호사는 지체없이 종전 소속 지방변호사회에 신고하여야 한다(법14②). 이처럼 우리는 변호사단체에 대한 변호사회가입강제주의를 취하고 있다. 따라서 변호사는 지방변호사회에 반드시 가입하여야 한다.

☞ [부록 2] 개정안 제7조 참조.

라. 변호사의 등록거부

(1) 등록거부 사유

대한변협은 변호사의 자격등록을 신청한 자가 다음에 해당하면 등록심사위원회의 의결을 거쳐 등록을 거부할 수 있다(법8①).

1. 제4조에 따른 변호사의 자격이 없는 자
2. 제5조에 따른 결격사유에 해당하는 자
3. 심신장애로 인하여 변호사의 직무를 수행하는 것이 현저히 곤란한 자
4. 공무원 재직 중의 위법행위로 인하여 형사소추(과실범으로 공소제기되는 경우는 제외한다) 또는 징계처분(파면, 해임 및 면직은 제외한다)을 받거나 그 위법행위와 관련하여 퇴직한 자로서 변호사 직무를 수행하는 것이 현저히 부적당하다고 인정되는 자
5. 제4호에 해당하여 등록이 거부되거나 제4호에 해당하여 제18조 제2항에 따라 등록이 취소된 후 등록금지기간이 지나지 아니한 자

(2) 등록거부 통지, 등록 간주, 불복

대한변협은 변호사의 등록을 거부한 경우 지체 없이 그 사유를 명시하여 신청인에게 통지하여야 한다(법8②). 대한변협이 등록신청을 받은 날부터 3개월이 지날 때까지 등록을 하지 아니하거나 등록을 거부하지 아니할 때에는 등록이 된 것으로 본다(법8③). 등록이 거부된 자는 그 통지를 받은 날부터 3개월 이내에 등록거부에 관하여 부당한 이유를 소명하여 법무부장관에게 이의신청을 할 수 있다(법8④). 법무부장관은 그 이의신청이 이유 있다고 인정할 때에는 대한변호사협회에 그 변호사의 등록을 명하여야 한다(법8⑤).

☞ [부록 2] 개정안 제8조 참조.

마. 변호사의 등록취소 사유

(1) 법무부장관의 등록취소명령 사유

변호사명부에 등록된 자가 변호사법 제4조에 따른 변호사의 자격이 없거나 제5조에 따른 변호사의 결격사유에 해당한다고 인정되는 경우(법19)

(2) 대한변협의 등록취소처분 사유

(가) 등록심사위원회의 의결을 거쳐야 하는 등록취소 사유

1. 변호사법 제4조에 따른 변호사의 자격이 없거나 제5조에 따른 결격사유에 해당하는 경우(법18①후, ii)
2. 심신장애로 인하여 변호사의 직무를 수행하는 것이 현저히 곤란한 경우(법18②, 8①iii)
3. 공무원 재직 중의 위법행위로 인하여 형사소추(과실범으로 공소제기되는 경우는 제외) 또는 징계처분(파면, 해임 및 면직은 제외)을 받거나 그 위법행위와 관련하여 퇴직한 자로서 변호사의 직무를 수행하는 것이 현저히 부적당하다고 인정되는 경우(법18②, 8①iv)

(나) 등록심사위원회의 의결을 요하지 않는 등록취소 사유

1. 사망한 경우(법18① i)
2. 폐업을 위한 등록취소신청이 있는 경우(법18①iii, 17)
3. 법무부장관의 등록취소명령이 있는 경우(법18①iv, 19)

(3) 등록금지기간의 설정

변호사법 제8조 제1항 제4호 즉, 공무원 재직 중의 위법행위로 인하여 형사소추(과실범으로 공소제기되는 경우 제외) 또는 징계처분(파면, 해임 및 면직은 제외)을 받거나 그 위법행위와 관련하여 퇴직한 자로서 변호사의 직무를 수행하는 것이 현저히 부적당하다고 인정되는 경우에 해당하여 등록을 거부하거나 취소할 때에는 등록심사위원회의 의결을 거쳐 1년 이상 2년 이하의 등록금지기간을 정하여야 한다(법8①후, 18②후).

(4) 등록취소된 변호사의 불복

등록이 취소된 자는 그 통지를 받은 날부터 3개월 이내에 등록취소에 관하여 부당한 이유를 소명하여 법무부장관에게 이의신청을 할 수 있다(법18④, 8④). 법무부장관은 이의신청이 이유 있다고 인정할 때에는 대한변협에 그 변호사의 등록취소처분의 취소를 명하여야 한다(법18④, 8⑤).

(5) 지방변호사회의 보고의무

지방변호사회는 소속 변호사에게 등록취소의 사유가 있다고 인정하면 지체없이 대한변호사협회에 이를 보고하여야 한다(법18⑤).

3. 개업, 휴업의 신고

변호사가 개업하거나 법률사무소를 이전한 경우에는 지체없이 소속 지방변호사회와 대한변협에 신고하여야 한다(법15). 일시 휴업하려면 소속 지방변호사회와 대한변협에 신고하여야 한다(법16).

4. 법률사무소의 개설

기본사례 2

갑 변호사는 개인법률사무소를 운영하면서 업무확장을 위하여 현재의 사무소(3층 소재)가 위치한 동일건물의 1층에 사무소를 확장하고자 한다. 이 경우 이중사무소 설치금지에 위반되는가?

가. 사무소의 설치

(1) 이중사무소의 설치 금지

변호사는 법률사무소를 개설할 수 있고(법21①), 그 법률사무소는 소속 지방변호사회의 지역에 두어야 한다(법21②). 변호사는 이중사무소를 설치할 수 없다. 즉, 변호사는 어떠한 명목으로도 둘 이상의 법률사무소를 둘 수 없다. 다만, 사무공간의 부족 등 부득이한 사유가 있어 대한변협이 정하는 바에 따라 인접한 장소에 별도의 사무실을 두고 변호사가 주재하는 경우에는 본래의 법률사무소와 함께 하나의 사무소로 본다(법21③, 규7). 따라서 연락사무소, 연락전화 등의 설치도 금지되고, 출장소, 법무연구소[13] 등 사무소의 명칭을 불문한다. 다만, 외국에 법률사무소를 설치하는 것은 이중사무소에 해당되지 않는다.[14]

이와 관련하여, 변호사가 세무사 업무를 하기 위하여 독립된 세무사사무소를 설치하는 것도 금지되고,[15] 변호사가 행정사 자격자를 채용하여 동인이 개설한 별도 행정사무소에서 개인회생절차에 첨부될 관련서류의 작성을 대행하는 것도 이중사무소의 설치에 해당하여 허용되지 않는다.[16] 아래 질의회신례 중 [3] i)은 [1], [2]의 취지에 비추어 의문이다.

[1] 대한변협 2004. 11. 18. 법제 제2377호(세무사)[17]

변호사가 세무사의 업무를 영위하기 위하여 세무사의 자격으로 법률사무소와는 별도의 독립된 세무사사무소를 소속 지방변호사회가 아닌 다른 지방변호사회 지역에 개설하는 것이 가능한지 여부에 관하여, 세무사의 직무인 세무대리 업무는 변호사법 제3조에서 정하는 변호사의 직무에 해당하고, 변호사의 자격이 있는 자가 세무사의 자격에 의해 세무대리 업무를 행하는 경우에는 세무사 등록을 하여야 하지만 변호사의 직무로서 세무대리 업무를 하는 경우에는 세무사 등록을 할 필요가 없는바(다만, 세무사 등록을 하지 않으면 세

13) 따라서 천안에 법률사무소를 설치·운영하고 있음에도 불구하고 서울에 'ㅇㅇ법무연구소'라는 사무실을 개설하고 소송 및 등기업무를 운영하는 것은 위법하다(법무부 1995. 9. 4. 결정).

14) 법무부 2000. 12. 9. 질의회신.

15) 대한변협 2004. 11. 18. 법제 제2377호.

16) 대한변협 2004. 11. 18. 법제 제856호.

17) 축조, 대한변협, 2009, 69면.

무사 또는 이와 유사한 명칭을 사용할 수 없음), 이와 같이 변호사가 세무대리 업무 수행을 위한 사무소를 두는 것은 법률사무소의 개설에 해당하므로 이중법률사무소 개설금지 조항에 저촉될 뿐만 아니라 세무사법 제13조 제2항에도 해당되어 불가하다.

[2] 대한변협 2007. 4. 6. 법제 제1217호(공인중개사)[18]

변호사사무실 외에 별도로 취득한 공인중개사 자격에 의한 공인중개사 사무실의 설치·운영이 변호사법에 위반되는지 여부에 관하여, 변호사법은 변호사의 자격에 기한 법률사무소에 관하여 이중사무소를 개설하는 것을 금하고 있을 뿐 변호사의 자격과 무관한 다른 자격에 기하여 별개의 사무소를 개설하는 것은 변호사법상 이중사무소 개설 금지규정에 저촉되지 않는다. 다만, 변호사의 법률사무소는 소속 지방변호사회의 관할지역 내에 두어야 하며, 변호사가 변호사의 업무 이외에 영리업무(공인중개사의 업무도 영리업무에 해당)를 수행하고자 하는 경우에는 소속 지방변호사회의 겸업허가를 받아야 한다.

[3] 대한변협 2014. 5. 16. 질의회신 제819호(법무사)

- **질의요지**: 법무사자격 및 변호사자격을 겸유한 자가 서울에 법무사사무실을, 인천에 변호사사무실을 운영하면서, i) 겸직허가를 받고 위 2개의 사무실을 운영할 경우와 겸직허가를 받지 아니하고 위 2개의 사무실을 운영할 경우 관련법규 위반 여부, ii) 추후 겸직허가를 받고 위 2개의 사무실을 운영할 경우 겸직허가 받기 전 법무사사무실 운영에 대한 관련법규 위반 여부
- **회신요지**: i) <u>서울에 법무사사무소를 개설하고 있는 법무사가 변호사자격을 취득하여 인천에 변호사사무소를 별도로 설치하여 운영하는 경우 이중사무소금지규정에 위반되지 않는다. 또한, 법무사사무소를 개설한 것을 가지고 변호사사무소를 개설한 것과 동일하게 볼 수도 없으므로, 그 자체로 변호사법상 금지하는 이중사무소개설금지규정을 위반한 것으로 보기도 어렵다.</u> 다만, 법무사사무소를 운영한다는 것은 스스로 업무수행의 대가를 받고 업무를 경영하는 경우이므로 변호사법 제38조가 규정하는 겸직허가를 받아야 하는 경우에 해당한다. 법무사의 직무를 수행하는 것이 상법상 상인과 같은 방법으로 이윤을 추구하는 것이라고 보기는 어려우나, 겸직허가에서 영리성의 의미는 위와 같이 상인적 방법으로 이윤을 추구하는 경우만으로 제한되는 것이 아니라 널리 업무의 대가를 받는 경우를 포함한다.[19] 그렇다면 법무사의 직무수행은 위와 같이 대가를 받고 업무를 수행하는 경우에 해당한다고 볼 것이고, 변호사가 별도의 법무사 자격에 기

18) 축조, 대한변협, 2009, 240면.
19) 대판 1990. 10. 12. 90누370.

하여 법무사로서 업무를 수행하는 경우에는 변호사법 제38조 제1항 제1호에 해당하여 소속지방변호사회에서 겸직허가를 받아야 한다.

ii) 법무사사무소를 개설하여 운영하던 자가 겸직허가를 받지 않은 채 변호사사무소를 개설하여 변호사사무소와 법무사사무소를 함께 운영하다가 그 이후에 겸직허가를 신청하는 경우, 겸직허가를 받기 전에 법무사와 변호사 두 직무를 수행한 경우이므로 겸직허가규정에 위반한 것이다.

---

(2) 법무법인의 분사무소 설치 허용

법무법인은 분사무소의 설치가 허용된다(법48①). 이는 일정 수 이상의 변호사로 구성된 법무법인의 경우 분사무소의 설치를 허용하더라도 그 분사무소에 변호사가 주재하여 법률사무를 제공할 수 있으므로, 개인변호사가 이중사무소를 설치하고 비변호사가 그 이중사무소에 주재하면서 법률사무를 제공하는 등과 같은 폐해를 방지할 수 있기 때문이다. 이에 주사무소에는 통산하여 5년[20] 이상 법원조직법 제42조 제1항 각호[21]의 직에 있던 사람 1명을 포함하여 구성원의 3분의 1 이상이 주재하여야 하고 분사무소에는 1명 이상의 구성원이 주재할 것을 요구하고 있다(영12①).

분사무소는 시·군·구(자치구를 말함) 관할구역마다 1개를 둘 수 있다(영12③). 대한변협은 법무법인의 분사무소는 시, 군, 구의 관할구역마다 둘 수 있다는 위 규정 등의 취지를 이유로 외국에 분사무소를 설치하는 것은 허용되지 않는다는 입장이나[22] 의문이다. 법률시장의 개방화의 추세에 맞지 아니하고, 행정구역 단위의 제한은 국내의 분사무소의 난립을 방지하기 위한 것으로 보아야 하기 때문이다. 법무법인이 분사무소를 둔 경우에는 지체없이 주사무소 소재지의 지방변호사회와 대한변호사협회를 거쳐 법무부장관에게 신고하여야 한다(법48②).

또, 법무법인의 구성원과 구성원 아닌 소속 변호사는 법무법인 외에 개인적

---

20) 2011. 5. 17. 법률 제10627호로 변호사법 제45조 제1항이 개정됨에 따라, 2011. 10. 26. 대통령령 제23265호로 동법 시행령 제12조 제1항도 개정되어, 법무법인의 구성원 중 1명 이상에게 요구되는 경력기간이 종전 10년에서 5년으로 단축되었다.

21) 1호: 판사·검사·변호사,
2호: 변호사로서 국·공립기관 등 법률사무 종사자,
3호: 변호사로서 대학의 법률학 조교수 이상.

22) 대한변협 2000. 10. 17. 질의회신 제125호.

으로 따로 법률사무소를 설치하는 것이 허용되지 않는다(법48③).

법무법인의 분사무소에 관한 규정(법48)은 법무법인(유한), 법무조합에도 준용된다(법58조의16, 58조의30).

☞ [부록 2] 개정안 제57조, 제58조의16,30 참조.

(3) 법률사무소 개설의 제한[23)]

(가) 법학전문대학원 졸업 후 변호사시험에 합격한 자는 6개월 이상 법률사무종사기관[24)]에서 법률사무에 종사하거나 연수하지 않으면 단독으로 법률사무소를 개설하거나 법무법인 등의 구성원이 될 수 없고(법21의2①), 대한변협은 위 연수의 방법, 절차, 비용 등을 회칙으로 정하여 법무부장관의 인가를 받아야 한다(법21의2⑨). 대한변협은 법률사무종사기관에 위 연수를 위탁하여 실시할 수 있다(법21의2②).

(나) 법학전문대학원 졸업 후 변호사시험에 합격한 자가 단독으로 법률사무소를 최초 개설하거나 또는 법무법인 등의 구성원이 되기 위해서는 법률사무종사기관에서 법률사무에 종사하였음을 증명하는 확인서(대한변호사협회에서의 연수는 제외)를 받아 지방변호사회를 거쳐 대한변협에 제출하여야 한다(법21의2③).

☞ [부록 2] 개정안 제7조의2 참조.

나. 사무직원

(1) 사무직원의 채용

변호사는 법률사무소에 사무직원을 둘 수 있다(법22①). 사무직원의 인원수

---

23) 2011. 5. 17. 법률 제10627호로 개정된 변호사법(2011. 5. 17. 시행).

24) 법률사무종사기관 또는 연수기관은 다음과 같다. 단 연수는 대한변호사협회에 한정한다.

i) 국회, 법원, 헌법재판소, 검찰청

ii) 법률구조법에 따른 대한법률구조공단, 정부법무공단법에 따른 정부법무공단

iii) 법무법인, 법무법인(유한), 법무조합, 법률사무소

iv) 국가기관, 지방자치단체와 그 밖의 법인, 기관 또는 단체

v) 국제기구, 국제법인, 국제기관 또는 국제단체 중에서 법무부장관이 법률사무에 종사가 가능하다고 지정한 곳

vi) 대한변호사협회

는 제한이 없다.[25] 그 사무직원의 신고, 연수, 기타 필요한 사항은 대한변협이 정한다(법22③).[26] 지방변호사회의 장은 사무직원의 채용과 관련하여 관할 지방검찰청 검사장에게 전과사실의 유무에 대한 조회를 할 수 있다(법22④). 변호사가 사무직원을 채용한 때에는 지체없이 소속 지방변호사회에 신고하여야 한다(회칙41①).

(2) 채용 결격사유

㈎ 변호사법은 사무직원이 공공성과 고도의 윤리성을 요구하는 변호사의 보조자라는 점을 고려하여 그 채용요건을 엄격히 규제하고 있다. 변호사는 아래에 해당하는 자를 사무직원으로 채용하지 못한다(법22②).

1. 특정한 법률에 따라 유죄판결을 받은 자로서 일정한 요건에 해당하는 자 (법22② i)

❶ 특정한 법률

가. 변호사법 또는 형법 제129조부터 제132조까지:[27] 형법 제129조(수뢰, 사전수뢰), 제130조(제3자뇌물제공), 제131조(수뢰후부정처사, 사후수뢰), 제132조(알선수뢰)

나. 특정범죄가중처벌 등에 관한 법률 제2조 또는 제3조:[28]

- 동법 제2조: 형법 제129조, 제130조, 제132조의 가중처벌 규정
- 동법 제3조: 공무원의 형법 제131조, 비공무원의 알선수재에 관한 가

25) 구 윤리규칙 제8조 제1항에서 "변호사는 소속 지방변호사회의 규칙에 정한 수 이외의 사무직원을 두어서는 아니 된다"라고 규정하고 이에 기하여 사무직원의 수를 「변호사사무원규칙」에서 정하였으나, 2009. 2. 26. 구 윤리규칙 중 사무직원의 수에 관한 조항을 삭제함으로써 사무직원의 수에 관한 제한이 없어졌다. 변호사법 및 윤리규약상으로도 사무직원의 수의 제한에 관한 규정은 없다.

26) 이에 관하여 규정한 것이 대한변협의 「변호사사무원규칙」이다.

27) 형법 제129조부터 제132조(공무원 또는 중재인의 뇌물죄)는 공무원의 수뢰, 사전수뢰, 제3자뇌물제공, 수뢰후부정처사, 사후수뢰, 알선수뢰의 범죄이다.

28) 특정범죄가중처벌 등에 관한 법률 제2조는 공무원의 뇌물에 관한 죄 중 알선수뢰(형131)는 이를 원용하지 않고 제3조에서 '알선수재'의 처벌규정을 두고 있다. 제3조의 알선수재는 "공무원의 직무에 속한 사항의 알선에 관하여 금품이나 이익을 수수 · 요구 또는 약속"하는 행위를 처벌하고 있으므로 여기에는 행위주체가 공무원인 경우뿐만 아니라 비공무원인 경우도 포함된다. 전자의 경우는 형법의 알선수뢰(형131)의 가중처벌의 규정이다.

중처벌 규정

다. 대통령령으로 정하는 법률[29]

- 특정경제범죄가중처벌 등에 관한 법률 제3조 제1항: 형법 제347조(사기), 제350조(공갈), 제351조(사기 · 공갈의 상습범만 해당), 제355조(횡령 · 배임), 제356조(업무상 횡령 · 배임)
- 형법 제347조(사기), 제347조의2(컴퓨터등사용사기), 제348조(준사기), 제348조의2(편의시설부정이용), 제349조(부당이득), 제350조(공갈), 제351조(이상의 상습범), 제352조(제347 · 제347조의2 · 제350조 · 제351조의 미수범), 제355조(횡령 · 배임), 제356조(업무상 횡령 · 배임), 제357조(배임수증재), 제359조(제355조 내지 제357의 미수범)
- 폭력행위 등 처벌에 관한 법률: 제4조(범죄단체등의 구성 · 활동), 제5조(범죄단체등의 이용 · 지원) 및 제6조(미수범 단, 동법 제2조, 제3조의 경우 제외)
- 마약류관리에 관한 법률 제58조부터 제64조까지의 규정

❷ 유죄판결을 받은 자로서 다음 각 목의 어느 하나에 해당하는 자

가. 징역 이상의 형을 선고받고 그 집행이 끝나거나 그 집행을 받지 아니하기로 확정된 후 3년이 지나지 아니한 자

나. 징역형의 집행유예를 선고받고 그 유예기간이 지난 후 2년이 지나지 아니한 자

다. 징역형의 선고유예를 선고받고 그 유예기간 중에 있는 자

2. 공무원으로서 징계처분에 의하여 파면되거나 해임된 후 3년이 지나지 아니한 자(법22②ii)
3. 금치산자 또는 한정치산자(법22②iii)

☞ [부록 2] 개정안 제22조 참조.

변호사사무원규칙은 그 밖에 파산선고를 받은 자로서 복권되지 아니한 자도 결격자로 규정하고 있다(동규칙 4①iv). 변호사 등은 사무직원이 결격사유에 해당하게 된 때에는 이를 지체없이 신고하여야 한다(동규칙4③).

---

29) 2012. 6. 7. 개정.

(나) 이상의 결격자도 채용하고자 하는 변호사, 법무법인, 법무법인(유한), 법무조합 등이 소속 지방변호사회장의 승인을 얻은 때에는 사무직원이 될 수 있다(동규칙4②).

대한변협 2006. 3. 27. 징계 제2005-6호

혐의자가 변호사로 직무를 수행할 당시 변호사법위반으로 징역 1년6월의 형을 선고받고 3년을 경과하지 아니한 자를 사무직원으로 활용하다가 지방변호사회에 채용신고하였으나 그 무렵 지방변호사회장의 승인을 받지 못하였음에도 불구하고 사무직원으로 계속 근무하게 한 혐의로 과태료 200만원 결정.

(3) 사무직원의 지휘 · 감독 의무

변호사는 사무직원이 법령과 대한변협 및 소속 지방변호사회의 회칙, 규칙 등을 준수하여 성실히 사무에 종사하도록 지휘 · 감독하여야 한다(규8④).

(4) 사무직원 관련 의무

변호사는 사건유치를 주된 임무로 하는 사무직원을 채용해서는 안 되고(규8①), 사무직원에게 사건유치에 대한 대가를 지급해서도 안 된다(규8②).

(5) 전문직의 채용

변호사는 사무직원으로 행정사, 세무사, 손해사정인 등 자격을 가진 자를 채용할 수 있음은 물론이다. 다만 세무사는 세무사로서 휴업한 경우에만 변호사의 사무직원으로 채용할 수 있다.[30] 행정사 등은 변호사의 보조자로서 법률사무를 취급할 수 있으나,[31] 변호사와 독립된 지위에서 그 명의로 업무를 처리할 수는 없다(법34④).

또, 외국에서 변호사 자격을 취득한 자를 채용할 수 있으나, 형식상 사무직원으로 채용하여 실질적으로는 변호사와 동등 자격으로 사무실을 운영할 경우 이는 변호사법 제34조의 취지에 반하므로 위법이고 형사처벌의 대상이 된다(법109 i , 112iii).

---

30) 대한변협 2003. 12. 18. 법제 제2417호.

31) 사무직원이 법원강제집행을 주업으로 하는 노무 용역회사 대표이사를 겸하거나, 다른 영리회사의 대표이사를 겸직하는 것은 허용된다(대한변협 2008. 9. 2. 법제 제2211호).

5. 변호사의 연수

변호사는 전문성을 유지할 의무가 있다(법2). 따라서 법률전문직으로서 필요한 지식을 탐구하고 윤리와 교양을 높이기 위하여 노력하여야 한다(규2④, 연규2 i). 이에 따라 변호사는 전문성과 윤리의식을 높이기 위하여 대한변협이 실시하는 연수교육을, 질병 등으로 정상적인 변호사업무를 수행할 수 없는 등의 경우를 제외하고, 대통령령으로 정하는 시간 이상을 받아야 한다(법85①, 회칙43①).

☞ [부록 2] 개정안 제85조 제1항 참조.

가. 연수의 의의

변호사연수규칙이 정하는 주요한 연수의 의의는 다음과 같다.

1. 윤리연수: 직업윤리 의식 함양을 위한 연수
2. 전문연수: 업무수행에 필요한 법학이론, 실무지식 기타 이와 관련된 인문·사회·자연과학의 지식의 습득·향상을 위한 연수
3. 의무연수: 변호사법 제85조[32]에 의해 부과된 연수교육 의무의 이행으로 인정되는 연수
4. 현장연수: 연수교육 대상자의 직접 출석을 전제로 일정한 장소에서 이루어지는 연수
5. 개별연수: 일정한 장소의 출석을 전제로 하지 않고 비디오테이프, DVD 등 저장매체나 온라인을 통해 이루어지는 연수

---

32) 변호사법 제85조(변호사의 연수) ① 변호사는 변호사의 전문성과 윤리의식을 높이기 위하여 대한변호사협회가 실시하는 연수교육(이하 "연수교육"이라 한다)을 대통령령으로 정하는 시간 이상 받아야 한다. 다만, 다음 각 호의 어느 하나에 해당하는 경우에는 그러하지 아니하다.
1. 질병 등으로 정상적인 변호사 업무를 수행할 수 없는 경우
2. 휴업 등으로 연수교육을 받을 수 없는 정당한 사유가 있는 경우
3. 고령으로 연수교육을 받기에 적당하지 아니한 경우로서 대한변호사협회가 정하는 경우

② 대한변호사협회는 연수교육을 지방변호사회에 위임하거나 기관 또는 단체를 지정하여 위탁할 수 있다.

③ 대한변호사협회는 변호사가 법학 관련 학술대회 등에 참여한 경우에는 대한변호사협회가 정하는 바에 따라 연수교육을 받은 것으로 인정할 수 있다.

④ 연수교육에는 법조윤리 과목이 포함되어야 한다.

⑤ 연수교육의 방법·절차, 연수교육을 위탁받을 수 있는 기관·단체의 지정 절차 및 지정 기준 등에 관하여 필요한 사항은 대한변호사협회가 정한다.

나. 연수의 종류

변호사 연수는 일반연수와 특별연수가 있다. 일반연수는 변호사 전원을 대상으로 하고, 특별연수는 희망하는 변호사를 대상으로 실시한다(연규3①,②). 일반연수는 매년 1회 이상 정기적으로 실시하고, 변호사는 특별한 사유가 없는 한 일반연수에 참가하여야 한다(연규4①,②).

특별연수의 종류는 아래와 같다(연규3③).

1. 자체연수: 대한변협이 실시하는 연수
2. 위임연수: 대한변협의 위임에 따라 지방변호사회가 실시하는 연수
3. 위탁연수: 대한변협의 위탁을 받아 지방변호사회 이외의 기관 또는 단체가 실시하는 연수
4. 인정연수: 대한변협의 인정을 받아 변호사연수로 포함되는 교육연수, 학술대회, 세미나 기타 강좌 등

다. 의무연수의 내용

(1) 의무연수의 시간

㈎ 연수주기 및 의무연수 이수시간

변호사법시행령 제17조의2(변호사의 연수교육시간) 법 제85조 제1항에 따른 변호사의 연수교육 시간은 1년에 법조윤리과목 1시간 이상을 포함하여 8시간 이상으로 하되, 연수교육 이수시간의 계산방법 및 연수교육 이수의 주기 등에 관한 사항은 대한변호사협회가 정한다.

☞ [부록 2] 개정안 제85조 제1항 참조.

연수주기는 매 홀수연도의 1월 1일부터 그 다음해의 12월 31일까지 2년으로 한다(연규7①).[33] 의무연수이수시간은 1년에 8시간 이상이다(영17의2). 의무전문연수의 경우 1년 7시간을 기준으로, 의무윤리연수의 경우 1년 1시간을 기준으로 각 연수주기에 맞추어 비례적으로 계산한다. 단, 신규변호사(변호사자격취득 후 판·검사, 군법무관 및 공익법무관, 사내변호사, 기타 법률사무에 종사한 경력이 2년 이상인 자는 제외)는 대한변협이 정한 2시간의 연수를 변호사자격등록한 해

33) 연수주기는 의무연수이수시간의 산정기준이 되는 단위 기간을 말한다(연규2vii).

에 추가로 이수하여야 한다(연규7③).

㈏ 의무연수 이수시간의 계산

의무연수 이수시간은 매 연수주기마다 10분 단위로 누적계산하며, 10분 미만의 이수시간은 포함시키지 않는다(연규8①). 하나의 연수교육과정이 수회에 걸쳐 이루어진 경우 그 전체 시간을 기준으로 의무연수 이수시간을 계산한다(연규8②). 각 연수주기의 중간에 개업신고를 한 회원의 의무연수 이수시간은 연수주기 내 개업일수의 장단에 따라서 정해진다(연규8③). 개업신고일로부터 연수주기 만료일까지 6월 미만이 남은 경우 당해 회원은 대한변협에 의무연수의 유예를 신청할 수 있다(연규8④). 연수주기 내에 60세가 되는 경우 당해 주기부터 전문연수를 면제하고 65세가 되는 경우 의무연수를 면제한다(연규8⑤). 연수주기 내에 휴업한 회원의 의무연수 이수시간의 계산은 연수주기 내의 실제 개업일수의 장단에 따라 정해지고 휴업일이 속하는 연수주기의 연수의무는 재개업시까지 유예한다(연규8⑥).

(2) 현장연수의 원칙

의무연수는 의무전문연수와 의무윤리연수로 구분하고 현장연수를 원칙으로 한다. 다만, 연수장소, 방법, 효과 기타 회원들의 부담을 고려하여 일정한 범위를 정하여 개별연수를 의무연수로 인정할 수 있다(연규5①).

(3) 의무연수의 대상

의무연수는 변호사법 제15조에 따라 대한변협에 개업신고를 한 65세 미만의 등록회원을 대상으로 한다. 다만 대한변협은 의무전문연수에 한하여 그 대상을 60세 미만으로 하향 조정할 수 있다(연규6①).

질병, 출산, 장기 해외체류, 군복무 기타 연수교육을 받지 못할 정당한 사유가 있는 회원의 신청이 있는 경우 연수원운영위원회의 심의를 거쳐 대한변협회장이 그 의무의 전부 또는 일부를 면제 또는 유예할 수 있다(연규6②).

라. 위임 · 위탁 · 인정연수에 있어서 사후 교육인정 신청

(1) 위임 · 위탁 · 인정연수로 미리 지정받지 않은 변호사연수를 실시한 기관이나 그 연수를 받은 회원은 일정 사항을 기재, 첨부하여 그 연수를 의무연수

로 인정해 줄 것을 협회에 신청할 수 있다(연규16①).

(2) 국내외 대학 또는 대학원에서 수학한 회원은 수학한 대학 또는 대학원, 수학한 과정의 명칭과 기간, 수학한 과목과 그 주당 시간수를 기재하고 이에 관한 증빙서류를 첨부하여 그 수학시간을 의무연수이수로 인정해 줄 것을 대한변협에 신청할 수 있다(연규16③).

마. 연수의무 위반의 효과

변호사법 제85조 제1항에 의한 의무연수교육을 받지 아니하면 징계사유에 해당되고(법91② i, ii), 또, 500만원 이하의 과태료 부과 대상이 된다(법117③ i).

☞ [부록 2] 개정안 제85조 제4,5항 참조.

6. 분쟁의 조정

> **윤리규약 제30조(분쟁 조정)** 변호사는 의뢰인과 직무와 관련한 분쟁이 발생한 경우에는, 소속 지방변호사회의 조정에 의하여 분쟁을 해결하도록 노력한다.

지방변호사회는 변호사 사이의 분쟁을 조정할 수 있다. 변호사법은 이에 대하여 "지방변호사회는 그 회원인 변호사 상호간 또는 그 회원인 변호사와 위임인 사이에 직무상 분쟁이 있으면 당사자의 청구에 의하여 이를 조정할 수 있다"(법74)라고 규정하고 있다. 이에 따라 변호사도 다른 변호사 또는 의뢰인과 직무와 관련한 분쟁이 발생한 경우 소속 지방변호사회의 조정에 의하여 분쟁을 해결하여야 한다.

이는 직무에 관한 분쟁을 바로 법정으로 가져가기보다는 소속 변호사회의 조정에 의하여 해결하는 것이 변호사의 명예와 품위 및 변호사에 대한 사회적 신뢰를 유지할 수 있기 때문이다.

7. 기　타

가. 회칙의 준수

변호사는 법령과 소속 지방변호사회와 대한변협의 회칙 외에 규칙·규정·결의 사항 등을 준수하고 그 구성과 활동에 적극 동참하여야 한다(법25, 회칙9①, 규3).

나. 지정업무의 처리

변호사는 법령에 따라 공공기관은 물론이고 대한변협 또는 소속 지방변호사회가 지정한 업무를 처리하여야 한다(법27②, 회칙9③). 대표적인 예가 변호사의 공익활동업무이다(회칙9의2②). 즉, 변호사는 대한변협이 정하는 바에 따라 연간 일정시간 이상 공익활동에 종사하여야 한다(회칙9의2①).[34]

다. 장부의 작성 · 보관

변호사는 수임에 관한 장부를 작성하고 보관하여야 한다(법28①). 그 장부에는 수임받은 순서에 따라 수임일, 수임액, 위임인 등의 인적사항, 수임한 법률사건이나 법률사무의 내용, 기타 대통령령으로 정하는 사항을 기재하여야 한다(법28②). 그 장부의 보관방법, 보존 기간, 기타 필요한 사항은 대통령령으로 정한다(법28③).

변호사법시행령 제7조(장부의 작성 · 보관) ① 법 제28조에 따라 변호사는 법률사건 또는 법률사무에 관한 수임계약을 체결한 때부터 1개월 이내에 수임에 관한 장부를 작성하고, 그 작성일부터 3년간 법률사무소에 보관하여야 한다.
② 법 제28조 제2항에 따라 장부에 적어야 할 사항은 다음 각 호와 같다.
1. 수임일
2. 수임액
3. 위임인 · 당사자 · 상대방의 성명과 주소
4. 수임한 법률사건 또는 법률사무의 내용
5. 수임사건의 관할기관 · 사건번호 및 사건명
6. 처리 결과
③ 제2항에 따른 장부의 작성 방법, 작성 범위, 그 밖에 필요한 사항은 대한변호사협회가 정한다.

---

34) 공익활동등에관한규정 제3조(공익활동 등의 실행) ① 개인회원은 제2조의 공익활동 중 적어도 하나 이상을 선택하여 연간 합계 30시간 이상 행해여야 한다. 다만, 특별한 사정이 있는 지방변호사회는 위 30시간을 20시간까지 하향 조정할 수 있다.

라. 수임사건의 보고

변호사는 매년 1월말까지 전년도에 처리한 수임사건의 건수와 수임액을 소속 지방변호사회에 보고하여야 한다(법28의2).

마. 변호인선임서 등의 경유

변호사법 제29조(변호인선임서 등의 지방변호사회 경유) 변호사는 법률사건이나 법률사무에 관한 변호인선임서 또는 위임장 등을 공공기관에 제출할 때에는 사전에 소속 지방변호사회를 경유하여야 한다. 다만, 사전에 경유할 수 없는 급박한 사정이 있는 경우에는 변호인선임서나 위임장 등을 제출한 후 지체 없이 공공기관에 소속 지방변호사회의 경유확인서를 제출하여야 한다.

변호사법 제29조의2(변호인선임서 등의 미제출 변호 금지) 변호사는 법원이나 수사기관에 변호인선임서나 위임장 등을 제출하지 아니하고는 다음 각 호의 사건에 대하여 변호하거나 대리할 수 없다.

1. 재판에 계속(係屬) 중인 사건
2. 수사 중인 형사사건[내사(內査) 중인 사건을 포함한다]

변호사는 재판에 계속 중인 사건, 수사 중인 형사사건(내사 중 사건 포함)에 대하여 소송위임장이나 변호인선임신고서 등을 해당 기관에 제출하지 아니하고는 전화, 문서, 방문, 기타 어떠한 방법으로도 변론활동을 하는 것이 금지된다(규23①). 또 법률사건 또는 법률사무에 관한 소송위임장이나 변호인선임신고서 등을 공공기관에 제출할 때에는, 사전에 소속 지방변호사회를 경유하여야 한다. 다만, 사전에 경유할 수 없는 급박한 사정이 있는 경우에는, 변호인선임신고서 등을 제출한 후 해당 공공기관에 소속 지방변호사회의 경유확인서를 제출하는 등으로(법29), 사후에 지체 없이 경유 절차를 보완하여야 한다(규23②).

대한변협 2010. 10. 4. 징계 제2010-18호

혐의자는 의뢰인 A의 B에 대한 위증 고소사건의 고소대리를 위임받고, 또 A의 변호사법위반사건을 위임받아 선임료를 지급받았으나, 변호사법위반의 사건과 관련하여 변호인으로 활동하면서 변호인선임계를 제출하지 않은 혐의로 과태료 500만원 결정.

바. 감독에 따를 의무

변호사는 소속 지방변호사회, 대한변협 및 법무부장관의 감독을 받으므로(법39) 이에 따라야 한다.

Ⅴ. 법원 · 검찰 등과의 관계에서의 윤리

1. 개 설

변호사는 법관, 검사 등과 함께 사법과정에 참여하는 한 축이다. 법관은 민사 · 형사 및 행정사건 등의 구체적 사건에 대하여 소송절차를 거쳐 법을 결정하고 선언하는 국가기관, 즉, 대립하는 양 당사자의 주장을 듣고 공평한 제3자의 지위에서 심판권을 행사하는 사법기관이고,[35] 검사는 범죄의 수사, 공소의 제기 및 유지, 재판의 집행이라는 검찰권을 행사하는 등 사법권과 밀접한 관련을 가지면서 형사사법의 운용에 중대한 영향을 미치는 준사법기관의 성격을 가지고 있다.[36] 또 사법경찰관리는 모든 수사에 관하여 검사의 지휘를 받아야 하므로(형소196①,③) 역시 사법권과 밀접한 관련이 있다.

변호사는 사법과정에 참여하여 법관, 검사 등과 함께 적법절차의 원리를 공동으로 실현해야 한다. 이에 따라 변호사는 법관, 검사 등 수사기관에 대한 관계에서 일정한 윤리적 규범을 준수해야 할 의무가 있다. 아래에서는 법원 · 검찰 등 수사기관에 공통적인 윤리를 '법원과의 관계에서의 윤리' 부분에서 검토하고, 검사 등에 특유한 윤리는 이를 별도로 살펴보는 한편, 마지막으로 정부기관에 대한 관계에서의 윤리를 검토한다.

2. 법원과의 관계에서의 윤리

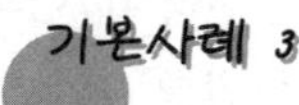

갑 변호사는 교통사고처리특례법위반(1사건)으로 집행유예 판결을 받은 후 그

35) 김철수, 전게서, 966면 참조.

36) 이재상, 『신형사소송법』, 박영사, 2008, 91-92면.

유예기간 중에 또 교통사고(2사건)를 일으켜 교통사고처리특례법위반으로 수사를 받고 있는 A로부터 변론을 의뢰받았다. 갑 변호사는 2사건이 1사건의 집행유예기간 중에 범하여졌고 2사건의 선고시점에 1사건의 유예기간이 경과하여야 다시 집행유예를 선고받을 수 있다고 판단하고 수사담당 검사에게 피해자와 합의를 하는데 시간이 소요된다는 이유로 공소제기를 지연시켰다. 또 제1회 공판기일에 대해서도 특별한 사정이 있다는 이유로 2개월 뒤로 기일을 연기하는 데 성공했고 그 결과 제1회 공판기일 전에 1사건의 집행유예기간이 만료되어 2사건에 대하여 집행유예판결을 받을 수 있었다.

① 갑 변호사의 변론활동에 윤리상 문제가 있는가?

② 만약 위 사례와 같이 정상적으로 변론활동을 할 경우 실형을 선고받을 수 밖에 없는 사건에 있어서 의뢰인으로부터 평소 수행하고 있는 급한 업무의 처리를 위해서 필요하다는 이유로 공소제기일, 공판기일 및 선고기일의 연기를 부탁받은 경우 어떻게 해야 하는가?

가. 사법권의 존중 및 적법절차의 실현

윤리규약 제35조(사법권의 존중 및 적법절차 실현) 변호사는 사법권을 존중하며, 공정한 재판과 적법 절차의 실현을 위하여 노력한다.

민주적 법치국가에 있어서 사법권이 존중되지 않으면 사회의 질서가 유지될 수 없다. 사법권이 존중받기 위해서는 1차적으로 법관 스스로 사법권의 독립을 유지하면서 공정한 재판을 하여야 하고, 나아가서는 법관의 직무수행에 대하여 존경의 태도를 가지고 법정의 질서가 성스럽게 유지되어야 한다.

사법권의 존중의 요청은 변호사의 변호권의 취지와 모순될 수 있다. 그러나 사법권을 존중해야 한다는 것이 변호권을 해하는 것은 아니다. 법관의 재판진행이나 소송지휘가 위법·부당한 경우에 적법한 수단과 방법을 동원하여 이의를 제기하고 논쟁하여 그 잘못을 시정케 하는 것은 변호사의 변론권의 본질이다. 이러한 변론권의 본질을 해하면서까지 사법권의 존중이 요구되는 것은 아니다. 또 사법권에 대한 비판은 재판의 위신을 해치고 법정의 질서를 문란케 하는 방법이 아니라, 객관적으로 긍정할 수 있는 적법한 수단과 방법에 의하여 이루어져야 한다는 의미이다.

법원의 위신이나 재판의 신뢰성을 손상시키는 언동은 사법권의 존중의 정신에 반한다. 법원의 위신이나 재판의 신뢰성이란 법원의 판단의 권위 및 이에 대한 국민의 신뢰를 말한다. 법원 및 법관의 판단에 위법·부당함이 있을 경우 이의신청, 항고, 항소 또는 상고하는 것은 법원이나 재판의 위신을 손상하는 것이 아니고 심급제도가 있으므로 당연한 것이다. 따라서 사법권 존중에 반하는 것은 적법절차에 의하지 아니하고 법과정에 충실하지 않는 언동이다. 예컨대, 법원을 멸시하고 비방 또는 조롱하거나, 법관의 품성·성질 또는 염결(簾潔)에 관하여 공격하는 것과 같은 언동을 말한다. 또 강연·토론·연설 등의 공개석상이나 신문·잡지·라디오·텔레비전 등의 통신매체, 기타 유인물의 배포 등의 방법에 의하여 법원 또는 법관의 재판을 모독하는 언동을 말한다.[37]

다른 한편으로 법원이나 재판제도 등 사법제도 일반, 개별적인 재판에 대한 비판은, 그것이 사법제도 자체 또는 제도의 운영상의 문제점에 관한 것이든, 개별적 재판에 있어서 사실인정, 법이론 또는 재판의 사회적 영향 등에 대한 것이든, 그것이 객관적으로 수긍할 수 있는 방법으로 이루어지는 한 허용되어야 하고 오히려 권장되어야 한다. 학술이나 연구발표에 의하여 법원이나 재판제도, 개별 재판에 대하여 건전한 비판을 하는 것은 제도, 학문 또는 실무상의 진보를 이루는 과정이기 때문이기도 하고, 변호사는 법령과 제도의 민주적 개선에 노력하여야 할 윤리적 책무를 부담하고 있기 때문이다(규1②).

다만 재판이 계속 중인 사건에 대한 비판은 재판에 부당한 영향을 미칠 위험성이 있으므로 재판이 확정된 사건에 있어서보다 특히 신중을 기하여야 한다.

나. 재판절차에서의 진실의무

> **윤리규약 제36조(재판절차에서의 진실의무)** ① 변호사는 재판절차에서 의도적으로 허위 사실에 관한 주장을 하거나 허위증거를 제출하지 아니한다.
> ② 변호사는 증인에게 허위의 진술을 교사하거나 유도하지 아니한다.

변호사도 재판절차에서 진실발견에 협력할 의무가 있다. 여기에서 진실발견에 협력할 의무는 의뢰인에게 불리한 사실까지 적극적으로 규명해야 한다는

37) 사법연수원, 『법조윤리론』, 2007, 252-255면 참조.

적극적인 의미가 아니다. 의뢰인에 대한 보호의무를 이행하는 범위 내에서 법원의 진실발견의 노력을 방해해서는 안 되는 소극적 의무를 말한다.

의뢰인에 대한 보호의무를 구실로 의도적으로 허위사실을 주장하거나 허위증거를 제출하는 것은 변호사의 사명과 지위의 공공적 성격에 반한다. 증인에게 허위진술을 교사하거나 유도하는 것은 형사상 위증죄가 성립될 수 있다(형152).

다. 소송 촉진

윤리규약 제37조(소송 촉진) 변호사는 소송과 관련된 기일, 기한 등을 준수하고, 부당한 소송지연을 목적으로 하는 행위를 하지 아니한다.

변호사는 또한 소송의 신속한 진행에 관하여 협력할 의무가 있다. 헌법은 "모든 국민은 신속한 재판을 받을 권리를 가진다"(헌27③)라고 규정하고 있다. 이에 따라 개별법은 재판의 신속한 진행을 구체적으로 요구하고 있다. 민사소송법은 "판결은 소가 제기된 날부터 5월 이내에 선고한다. 다만, 항소심 및 상고심에서는 기록을 받은 날부터 5월 이내에 선고한다"(민소199)라고 하고, 「소송촉진 등에 관한 특례법」은 형사소송에 관한 특례로서 "판결의 선고는 제1심에서는 공소가 제기된 날로부터 6월 이내에, 항소심 및 상고심에서는 기록의 송부를 받은 날로부터 각 4월 이내에 하여야 한다"(동법21)라고 규정하고 있다.

위와 같은 기간 준수는 1차적으로 법관에게 요구되는 의무라고 하겠으나 변호사는 법관의 이러한 의무의 이행에 협력해야 한다. 국민의 신속한 재판을 받을 권리는 사법과정에 참여하는 한 축인 변호사의 협력을 통하여 실현될 수 있기 때문이다.

라. 영향력 행사 금지

윤리규약 제38조(영향력 행사 금지) 변호사는 개인적 친분 또는 전관관계를 이용하여 직접 또는 간접으로 법원이나 수사기관 등의 공정한 업무 수행에 영향을 미칠 행위를 하지 아니한다.

변호사가 법관과의 개인적 친분이나 전관관계를 이용하여 직무를 수행하는 것은 법원의 공정한 재판에 방해가 된다. 법관의 공정한 재판에 대한 노력도 중요하나 사법과정에 참여하는 변호사가 이에 협력하지 않으면 공정한 재판의 실현은 어렵다. 특히 이른바 전관예우의 폐해를 방지하기 위하여 전관 변호사의 경우 그 전관관계를 이용해서는 안 될 의무를 명시적으로 규정한 것이다.

마. 사건유치 목적의 출입금지

윤리규약 제39조(사건유치 목적의 출입금지) 변호사는 사건을 유치할 목적으로 법원, 수사기관, 교정기관 및 병원 등에 직접 출입하거나 사무원 등으로 하여금 출입하게 하지 아니한다

변호사는 법원, 검찰 등 수사기관 등에 사건을 유치할 목적으로 출입해서는 안 된다. 이와 관련하여 변호사법은 "변호사나 그 사무직원은 법률사건이나 법률사무를 유상으로 유치할 목적으로 법원·수사기관·교정기관 및 병원에 출입하거나 다른 사람을 파견하거나 출입 또는 주재하게 하여서는 아니 된다"라고 하면서(법35), 이를 위반하면 과태료 부과의 대상으로 규정하고 있다(법117). 변호사법은 사건을 '유상'으로 유치할 목적의 출입만을 금지하고 있으나, 윤리규약은 유상, 무상을 불문하는 것으로 규정하여 윤리적 기준을 강화하고 있다.

이는 법원, 검찰 등에 대한 공공의 신뢰를 보호하는 것이 1차적 취지이지만, 아울러 변호사의 사건유치에 관한 윤리적 기준이기도 하다.

바. 공무원으로부터의 사건소개 금지

윤리규약 제40조(공무원으로부터의 사건소개 금지) 변호사는 법원, 수사기관 등의 공무원으로부터 해당기관의 사건을 소개받지 아니한다.

재판기관이나 수사기관의 소속 공무원은, 사건 당사자나 사무 당사자가 「민법」 제767조에 따른 친족인 경우를 제외하고, 자기가 근무하는 재판기관 또는 수사기관에서 취급 중인 법률사건이나 법률사무의 수임에 관하여 당사자 또는 그 밖의 관계인을 특정한 변호사나 그 사무직원에게 소개·알선 또는 유인하여서는 안 된다(법36). 이를 위반하면 과태료 부과의 대상이 된다(법117② i 의

2). 또, 재판이나 수사 업무에 종사하는 공무원은 직무상 관련이 있는 법률사건 또는 법률사무의 수임에 관하여 당사자 또는 그 밖의 관계인을 특정한 변호사나 그 사무직원에게 소개·알선 또는 유인하여서는 아니 된다(법37). 이를 위반하면 형사처벌의 대상이 된다(법113ⅵ).

이처럼 변호사에게 사건을 소개하는 공무원을 규제하더라도 그 상대방인 변호사를 아울러 규제해야 그 실효를 거둘 수 있으므로 위와 같은 의무를 규정한 것이다.

사. 교제명목의 금품수령 금지

변호사는 의뢰인으로부터 판사·검사 등에 대한 교제 등 명목의 금품을 받아서도 안 되고 이를 변호사 보수에 포함시켜서도 안 된다(법110). 즉, 변호사는 판사·검사 등에게 제공하거나 그들과 교제한다는 명목으로 금품이나 그 밖의 이익을 받거나 받기로 하거나, 같은 명목의 비용을 변호사 선임료·성공사례금에 명시적으로 포함시켜서는 안 된다. 이를 위반하면 형사처벌의 대상이 될 수 있다(법111).

이는 사법권에 대한 존중의 의무를 표현함과 동시에 판사·검사 등 직무의 불가매수성(Reinheit de Amtsaus ü bung)[38]에 대한 일반의 신뢰를 보호하기 위한 것이다.

3. 검찰 등과의 관계에서의 윤리

앞서 본 변호사의 '법원과의 관계에서의 윤리'의 기본취지는 검사와의 관계에서도 그대로 타당하다. 따라서 윤리규약 제35조 내지 제37조가 이를 명시하지는 않고 있으나 동 규정들의 '재판절차 또는 소송절차'에는 수사절차를 포함한 형사소송의 절차도 포함되는 것으로 봄이 타당하다. 여기에서는 그 밖에 검사와의 관계에서 직무를 수행함에 있어서 유의하여야 할 점을 검토하기로 한다. 또 이들 유의할 사항은 수사기관에 공통적인 것이나 검사가 수사의 주재자이므로(형소195~197), 검사에 대한 관계에서의 문제로 살펴보고자 한다.

---

38) 대판 1984. 9. 25. 84도1568 참조.

가. 고소의 대리

형사소송법은 피의자 또는 피고인의 변호인의 조력을 받을 권리를 중심으로 규정하고 범죄로 인한 피해자의 변호인의 조력을 받을 권리에 대해서는 규정하고 있지 않다. 그러나 범죄로 인한 피해자도 고소권을 행사함에 있어서(형소223) 변호사에게 고소권 행사에 관한 대리를 위임할 수 있고 실무상 고소의 대리를 위하여 변호사를 선임하는 경우가 적지 않다.

여기에서 변호사가 고소인의 대리를 함에 있어서 특히 검사에 대한 관계에서 어떠한 윤리적 태도를 취하여야 하는지에 관해서 생각해 볼 수 있다.

고소사건에 대해서도 범죄의 혐의를 조사하고 공소를 제기하거나 불기소처분하는 것은 검사의 고유의 권한이므로(검찰청법4, 형소247), 고소사건에 관한 실체진실을 확인하고 거기에 법적 판단을 하는 것은 검사의 직무이다. 그러나 고소인의 대리를 하는 변호사도 고소사건에 관하여 객관적인 증거에 입각하여 사실상의 주장을 하고 법적인 의견을 개진하는 것을 방해받아서는 안 된다. 변호사는 그 과정에서 진실의무, 공익실현의 의무 등을 부담한다는 것은 이들 의무가 변호사의 기본적 의무이므로 거기에 이론이 있을 수 없다. 따라서 변호사가 객관적인 증거에 반하여 사실을 왜곡하여 주장하거나, 참고인을 매수하거나 참고인으로 하여금 허위진술을 하도록 교사하는 것은 진실의무에 반하여 허용되지 아니한다.

그런데 변호사가 고소인이 고소를 위임한 사건이 범죄의 혐의가 인정되지 않음이 명백하거나 범죄혐의 여부가 불분명한 경우 또는 범죄가 경미한 경우에 고소인을 대리하는 것이 변호사의 윤리로서 허용될 수 있느냐 하는 것이다.

우선, 범죄혐의 없음이 명백한 경우이다. 예컨대 「검찰사건사무규칙」의 각하사유[39] 중 '동일 사건에 관하여 검사의 불기소처분이 있고 새로이 중요한

---

39) 검찰사건사무규칙 제69조 제3항은 검사의 불기소결정의 주문에 관하여 다음과 같이 규정하고 있다.

1. 기소유예: 피의사실이 인정되나 「형법」 제51조 각호의 사항을 참작하여 소추를 필요로 하지 아니하는 경우
2. 혐의없음
   가. 혐의 없음(범죄인정 안됨): 피의사실이 범죄를 구성하지 아니하거나 인정되지 아니하는 경우
   나. 혐의 없음(증거불충분): 피의사실을 인정할 만한 충분한 증거가 없는 경우
3. 죄가 안됨: 피의사실이 범죄구성요건에 해당하나 법률상 범죄의 성립을 조각하는 사유가 있어 범죄를 구성하지 아니하는 경우

증거가 발견되지 않는 경우'에는 수사의 필요성이 없다. 변호사가 이를 알면서도 범죄혐의가 인정될 수 있는 것처럼 장담하여 고소사건을 수임하는 것은 허용되지 않는다(규20②). 장담을 하지 않더라도 이를 알고서 수임하는 것은 사법권에 대한 존중의무는 물론이고 의뢰인에 대한 성실의무에 비추어서도 허용되지 않는다(규35, 13).

다음, 범죄혐의 유무가 불분명한 경우이다.[40] 범죄의 혐의 유무는 변호사가 아닌 검사가 수사한 결과를 바탕으로 종국적으로 판단할 사항이다. 따라서 의뢰인이 고소의 대리를 계속하여 위임하는 경우 그것이 변호사의 양심에 반하지 않는 한 의뢰인의 요청에 응한다고 해서 이를 반윤리적인 태도로 보기는 어렵다.

그리고, 범죄가 경미한 경우이다. '고소 · 고발사건에 대하여 사안의 경중 및 경위, 고소 · 고발인과 피고소 · 피고발인의 관계 등에 비추어 피고소 · 피고발인의 책임이 경미하고 수사와 소추할 공공의 이익이 없거나 극히 적어 수사의 필요성이 인정되지 않는 경우'(검찰사건사무규칙69③ⅴ)가 있을 수 있다. 이러한 경우에는 먼저 변호사는 의뢰인에게 수사의 필요성이 없음을 설명하고 고소의

---

4. 공소권 없음: 확정판결이 있는 경우, 통고처분이 이행된 경우, 「소년법」, 「가정폭력범죄의 처벌 등에 관한 특례법」 또는 「성매매알선 등 행위의 처벌에 관한 법률」에 의한 보호처분이 확정된 경우(보호처분이 취소되어 검찰에 송치된 경우를 제외한다), 사면이 있는 경우, 공소의 시효가 완성된 경우, 범죄 후 법령의 개폐로 형이 폐지된 경우, 법률의 규정에 의하여 형이 면제된 경우, 피의자에 관하여 재판권이 없는 경우, 동일사건에 관하여 이미 공소가 제기된 경우(공소를 취소한 경우를 포함한다. 다만, 다른 중요한 증거를 발견한 경우에는 그러하지 아니하다), 친고죄 및 공무원의 고발이 있어야 논하는 죄의 경우에 고소 또는 고발이 없거나 그 고소 또는 고발이 무효 또는 취소된 때, 반의사불벌죄의 경우 처벌을 희망하지 아니하는 의사표시가 있거나 처벌을 희망하는 의사표시가 철회된 경우, 피의자가 사망하거나 피의자인 법인이 존속하지 아니하게 된 경우
5. 각하: 고소 또는 고발이 있는 사건에 관하여 고소인 또는 고발인의 진술이나 고소장 또는 고발장에 의하여 제2호 내지 제4호의 사유에 해당함이 명백한 경우, 고소 · 고발이 「형사소송법」 제224조, 제232조 제2항 또는 제235조에 위반한 경우, 동일사건에 관하여 검사의 불기소처분이 있는 경우(다만, 새로이 중요한 증거가 발견된 경우에 고소인 또는 고발인이 그 사유를 소명한 때에는 그러하지 아니하다), 「형사소송법」 제223조, 제225조 내지 제228조에 의한 고소권자가 아닌 자가 고소한 경우, 고소 · 고발장 제출후 고소인 또는 고발인이 출석요구에 불응하거나 소재불명되어 고소 · 고발사실에 대한 진술을 청취할 수 없는 경우, 고소 · 고발 사건에 대하여 사안의 경중 및 경위, 고소 · 고발인과 피고소 · 피고발인의 관계 등에 비추어 피고소 · 피고발인의 책임이 경미하고 수사와 소추할 공공의 이익이 없거나 극히 적어 수사의 필요성이 인정되지 아니하는 경우

40) 고소인이 제시하는 증거만으로써는 범죄혐의 유무가 분명하지 않으나 검사의 수사에 의하여 범죄혐의가 입증될 수 있는 경우도 있을 수 있다.

사의 번의를 구하여야 한다. 그럼에도 불구하고 번의를 하지 않을 경우 의뢰인의 의사에 따라서 고소의 대리를 하는 것을 반윤리적이라고 비난할 수는 없을 것이다. 사건에 대한 소추 여부의 최종적 판단에 관한 권한은 검사에게 있기 때문이다.

이와 관련하여, 의뢰인이 민사소송을 진행하면서 오로지 민사소송에서의 증거를 확보할 의도로 고소를 하고자 하는 경우이다. 이는 주로 범죄혐의 없음이 명백하거나 범죄혐의의 유무가 불분명한 사건에 관한 것이다. 민사소송에서의 증거를 확보할 의도에서 고소를 하는 것은 이른바 민사사건의 형사화를 초래하여 검사에게 과도한 수사의 부담을 주어 형사사법의 정상적 운영을 방해할 수 있다. 이러한 경우 위에서 본 범죄혐의 없음이 명백한 사건이나 범죄혐의의 유무가 불분명한 사건의 예에 따라 판단하여야 한다.

나. 피의자의 접견 · 교통

변호사는 헌법상의 권리[41]로서 피의자에 대한 접견교통권을 가진다.[42] 특히 피구속자의 변호인과의 자유로운 접견은 피구속자에게 보장된 변호인의 조력을 받을 권리의 가장 중요한 내용이어서 국가안전보장, 질서유지, 공공복리 등 어떠한 명분으로도 그 본질적 내용이 제한될 수 없다.[43] 형사소송법도 변호인의 접견교통권을 규정하면서 그 접견교통권의 행사에 관하여 아무런 제한을 두고 있지 않다(형소243의2①).

여기에서 변호사는 이러한 접견교통권에 기하여 구속된 피의자를 아무런 제한 없이 즉, 시간과 횟수를 제한받지 아니하고 접견할 수 있다.[44] 그렇다면 접견교통권의 행사로 인하여 수사가 방해되는 것을 검사가 수인해야 할 정도로 아무런 제한 없이 접견권을 행사해도 되느냐 하는 문제가 제기될 수 있다.

---

41) 원래 헌법재판소는 변호인의 신체구속된 피의자 · 피고인에 대한 접견교통권은 헌법상의 권리가 아니라고 판시하였으나(헌재 1991. 7. 8. 89헌마181), 근래에는 구속적부심사절차에서 변호인의 수사기록열람과 관련해서 피구속자를 조력할 변호인의 권리 중 그것이 보장되지 않으면 피구속자가 변호인으로부터 조력을 받는다는 것이 유명무실하게 되는 핵심적인 부분은, '조력을 받을 피구속자의 기본권'과 표리의 관계에 있으므로 그 핵심부분에 관한 변호인의 '조력할 권리' 역시 헌법상의 기본권으로서 보호되어야 한다고 판시하여(헌재 2003. 3. 27. 2000헌마474) 변호인의 접견교통권을 헌법상의 권리라고 결정하였다.

42) 신동운, 『신형사소송법』, 법문사, 2008, 90면 참조.

43) 헌재 1992. 1. 28. 91헌마111.

44) 형의 집행 및 수용자의 처우에 관한 법률 제84조 제2항.

생각건대, 변호인의 접견교통권은 변호인이 피구속자의 상태를 파악하여 그에 따른 적절한 대책을 강구하고, 피의사실의 의미, 그에 대한 피의자의 의견의 청취, 방어권행사와 관련한 조언의 제공 등을 하고, 수사과정에서의 위법·부당한 조사의 유무를 확인하여 인권침해를 방지하기 위한 것이다.[45] 변호사가 접견교통권의 이러한 목적을 달성했음에도 불구하고 그 취지를 벗어나서 수사기관으로 하여금 실체진실을 발견하지 못하도록 하는 등 수사방해의 목적으로 접견교통권을 과도하게 행사하는 것은 형사사법의 정상적 운영을 해하는 것으로서 변호사의 사법권의 존중의무에 반하는 것이다.

다. 증거개시

2007년 전면개정된 형사소송법은 집중심리주의(형소267의2)와 구두변론주의(형소275의3)를 대원칙으로 천명하고 집중심리를 위하여 공판준비절차를 정비하면서 공판준비절차가 실효성있게 진행되게 하기 위해서 증거개시제도를 도입하였다.[46]

증거개시제도는 검사 또는 피고인·변호인이 자신이 보유하고 있는 증거를 상대방에게 열람·등사하게 하는 것을 말한다. 형사소송법은 검사의 증거개시에 대하여 "피고인 또는 변호인은 검사에게 공소제기된 사건에 관한 서류 또는 물건의 목록과 공소사실의 인정 또는 양형에 영향을 미칠 수 있는 서류 또는 물건의 열람·등사 또는 서면의 교부를 신청할 수 있다"(형소266의3①)고 규정하고 있다.

여기에서 변호인이 증거개시를 신청하는 대상사건은 공소제기되어 현재 재판계속 중인 사건으로서 이에 관한 증거서류 등은 만약 이를 함부로 이용할 경우 피해자, 참고인 등 사건관계인의 명예 등에 중대한 침해를 야기하고 재판의 공정을 해할 수 있다. 따라서 변호인은 개시된 증거를 목적 외로 사용해서는 안 될 윤리적 의무를 부담한다.

그런데 형사소송법은 증거서류 등의 목적 외 사용이 갖는 폐해의 중대성을 감안하여 이를 변호인 등의 윤리적 의무에 그치지 않고 목적 외 사용행위를 형사처벌의 대상으로 하면서 이를 책임규범으로 격상시키고 있다. 즉, 형사소송법은 "피고인 또는 변호인(피고인 또는 변호인이었던 자를 포함한다)은 검사가

45) 신동운, 전게서, 91면.

46) 신동운, 전게서, 651-652면.

열람 또는 등사하도록 한 제266조의3 제1항에 따른 서면 및 서류 등의 사본을 당해 사건 또는 관련 소송의 준비에 사용할 목적이 아닌 다른 목적으로 다른 사람에게 교부 또는 제시(전기통신설비를 이용하여 제공하는 것을 포함한다)하여서는 아니 된다"라고 하면서 이를 위반한 때에는 1년 이하의 징역 또는 500만원 이하의 벌금에 처한다고 규정하고 있다(형소266의16).

따라서 변호인은 개시된 서면 및 서류 등의 사본을 당해 사건 또는 관련 소송의 준비에 사용하여야 하고 이와 다른 목적으로 다른 사람에게 교부 또는 제시해서는 안 된다. 여기에서 다른 사람에게 제시한다 함은 불특정 다수인에게 공개하는 행위도 포함된다고 해석된다. 이러한 목적 외 사용은 재판이 확정되지 않는 사건에 대한 증거서류 등이 공개됨으로써 재판의 공정성에 해를 끼칠 수 있으므로 변호사의 사법권 존중의무에 반한다.

라. 피의자신문 참여

피의자신문시에 변호인의 참여가 가능한가 하는 점에 관하여 종래에 해석론상의 논란이 있었으나, 2003년부터 대법원[47]과 헌법재판소[48]가 변호인의 피의자신문에의 참여를 인정하였고, 2007년 형사소송법이 전면 개정되면서 피의자신문에 대한 변호인의 참여권이 명문으로 인정되었다. 이에 따라 "검사 또는 사법경찰관은 피의자 또는 그 변호인 등이 신청하면 변호인을 피의자와 접견하게 하거나 정당한 사유가 없는 한 피의자에 대한 신문에 참여하게 하여야 한다"(형소243의2).

여기에서 '신문에 참여'한다는 것은 신문에의 단순한 입회보다 넓은 개념으로서 변호인이 신문과정에 참여하여 위법을 감시하는 한편, 피의자에게 조언과 상담을 제공하고,[49] 의견을 진술하는 것을 포함한다.[50]

이와 관련하여 변호인이 피의자 신문에 참여함에 있어서 어떠한 윤리적 태도가 요청되는지가 문제된다. 형사소송법 제243조의2 제1항은 '정당한 사유가 없는 한' 변호인을 피의자에 대한 신문에 참여하게 해야 한다고 규정하고 있으므로 그 '정당한 사유'는 변호인의 피의자신문 참여에 있어서의 윤리적 한계

47) 대판 2003. 11. 11. 2003모402.

48) 헌재 2004. 9. 23. 2000헌마138.

49) 헌재 2004. 9. 23. 2000헌마138.

50) 신동운, 전게서, 184면.

를 제시하는 기능으로 작용한다.

대법원과 헌법재판소의 판시에 나타난 정당한 사유를 보면, "신문을 방해하거나 수사기밀을 누설하는 등의 염려가 있다고 의심할 만한 상당한 이유가 있는 특별한 사정이 있음이 객관적으로 명백하여 변호인의 참여를 제한하여야 할 필요가 있다고 인정되는 경우",[51] 변호인의 "조언과 상담과정이 피의자신문을 방해하거나 수사기밀을 누설하는 경우"[52] 등을 예시로 들고 있으므로 이에 비추어 변호인의 의무를 도출해볼 수 있다. 즉, 변호사는 피의자신문에 참여하더라도 신문을 방해하거나 수사기밀을 누설하거나, 또 신문방해 및 수사기밀의 누설의 염려가 있다고 의심할 만한 언동을 해서는 안 될 윤리적 의무를 부담한다.

여기에서 어떠한 행위를 '신문을 방해하는 행위'로 볼 수 있느냐에 관해서는 형사소송법 제243의2 제3항이 하나의 기준이 될 수 있다. 즉, "신문에 참여한 변호인은 신문 후 의견을 진술할 수 있다. 다만, 신문 중이라도 부당한 신문방법에 대하여 이의를 제기할 수 있고, 검사 또는 사법경찰관의 승인을 받아 의견을 진술할 수 있다"(형소243의2③). 따라서 신문방법이 부당하지 않음에도 불구하고 신문 중에 이의를 제기하고, 검사가 승인을 하지 않음에도 불구하고 신문 중에 의견을 진술하는 등 피의자신문에의 참여의 방법을 위반하고 그로 인하여 정상적인 신문이 불가능하거나 곤란한 경우라면 윤리에 반한다고 할 것이다.

마. 수사에 대한 의견표명

피의자 또는 고소인의 변호인이 수사결과에 대하여 대외적인 의견을 표명하는 것은 헌법이 보장하는 표현의 자유와 변호인의 사법권 존중의무가 충돌하는 문제이다. 변호인의 수사에 대한 대외적인 의견표명은 대체로 수사내용이 위법·부당하다거나, 불기소처분 또는 공소제기가 부당하다는 점이 그 이유가 될 것이다.

수사내용의 위법·부당의 문제에 대해서는 법률이 인정하는 항고, 헌법소원 등의 방법으로 그 시정을 구하고 공소제기가 부당하다는 점에 대해서는 재판절차에서 사실상과 법률상의 주장 및 증명활동을 통하여 이를 시정하도록 하

51) 대판 2003. 11. 11. 2003모402.

52) 헌재 2004. 9. 23. 2000헌마138.

고, 불기소처분의 부당성에 대해서는 항고 또는 재정신청 및 헌법소원 등의 제도를 통하여 시정을 구하는 노력을 하여야 한다. 위와 같이 법률에 의하여 인정된 방법 외의 위법·부당한 사실적인 방법으로 수사에 대한 비방과 비난을 하는 것은 적법절차를 실현하여야 할 의무가 있는 변호사로서 윤리적인 태도가 아니다. 그러한 방법의 의견표명은 항고, 재정신청, 공소제기 등에 있어서 사건의 조사, 심리 또는 재판의 공정성에 해를 끼칠 우려가 있기 때문이다.

다만, 학술이나 연구발표에 의하여 특정한 사건의 수사에 대한 건전하고 합리적인 비판은 당연히 허용된다. 그러나 이 경우에도 그 비판은 제도, 학문 또는 실무상의 진보를 지향한 것이어야 한다. 변호사는 법령과 제도의 민주적 개선에 노력하여야 할 윤리적 책무를 부담하고 있기 때문이다(규1②).

VI. 정부기관에 대한 관계에서의 윤리

1. 비밀이용 금지

윤리규약 제41조(비밀 이용 금지) 변호사는 공무를 수행하면서 알게 된 정부기관의 비밀을 업무처리에 이용하지 아니한다.

변호사는 공무를 수행한 정부기관의 비밀을 자신의 업무처리에 이용해서는 안 된다. 여기에서 정부기관은 윤리규약의 취지상 국가기관은 물론 지방자치단체 나아가 공공기관도 포함하는 것으로 봄이 타당하다. 변호사는 국회의원이나 지방의회 의원 또는 상시 근무가 필요 없는 공무원이 되거나 공공기관에서 위촉한 업무를 수행할 수 있다(법38①단). 변호사로서 휴업한 후에는 그 밖의 공무원을 겸할 수 있다(법38①본,③).

변호사가 위와 같이 공무원으로서 또는 공무원을 겸하면서 나아가 정부기관 등에서 업무를 위촉받은 경우에 그 공무를 수행하면서 알게 된 정부기관 등의 비밀을 자신의 업무처리에 이용할 경우 정부기관 등의 공무에 관한 공공의 이익이 침해될 수 있고, 또 변호사에 대한 일반의 신뢰가 유지될 수 없다.

2. 겸직시 수임제한

> **윤리규약 제42조(겸직시 수임 제한)** 변호사는 공정을 해할 우려가 있을 때에는, 겸직하고 있는 당해 정부기관의 사건을 수임하지 아니한다.

변호사는 겸직하고 있는 정부기관의 사건에 대하여 공정을 해할 우려가 있을 때에 이를 수임해서는 안 된다. 정부기관의 범위는 앞서 살핀 바와 같다. 이 역시 겸직하고 있는 정부기관의 공무에 관한 공공의 이익을 보호함과 동시에, 당해 정부기관과 변호사 사이의 이익충돌을 방지하기 위한 것이다.

VII. 법조윤리협의회와의 관계에서의 윤리

1. 설립 연혁

2004년 사법개혁위원회 및 2005년 사법제도개혁추진위원회의 제안에 따라, 법조윤리 전반에 대한 상시적 감시 등을 위한 기구를 마련하기로 하고, 2007년 변호사법 개정을 통하여 2007. 7. 27. 법조윤리협의회가 출범하였다.[53] 2013. 5. 28. 변호사법의 개정에 의하여 법조윤리협의회를 통하여 전관예우풍토를 개선하기 위해 그 권한이 강화되었다.

2. 구성 및 운영

9명의 위원으로 구성하고, 경력 10년 이상의 판사·검사·변호사, 법학교수 또는 부교수, 경험과 덕망이 있는 자 중에서 법원행정처장, 법무부장관, 대한변호사협회의 장이 각 3명씩 지명하거나 위촉한다(법89의2①). 위원장은 대한변호사협회의 장이 지명하거나 위촉하는 자 중에서 재적위원 과반수의 동의로 선출한다(법89의2②). 위원장과 위원의 임기는 2년으로 하되, 연임할 수 있다(법89의2③). 위원이 임기 중 그 요건을 상실하면 위원의 신분을 상실한다(법89의2④).

---

53) 2007. 1. 26. 법률 제8721호로 개정되고 2007. 7. 27. 시행된 변호사법.

3. 기능 및 권한

법조윤리 전반에 대하여 상시적인 감시와 분석 및 대책 업무를 수행하고, 법관·검사 등 공직에서 퇴직한 변호사로부터 수임자료 등을 제출받아 징계사유나 위법혐의가 발견된 때에는 징계신청 또는 수사의뢰를 할 수 있다.

가. 변호사법의 규정

변호사법 제89조(윤리협의회의 기능 및 권한) ① 윤리협의회는 다음 각 호의 업무를 수행한다.
1. 법조윤리의 확립을 위한 법령·제도 및 정책에 관한 협의
2. 법조윤리 실태의 분석과 법조윤리 위반행위에 대한 대책
3. 법조윤리와 관련된 법령을 위반한 자에 대한 징계개시(懲戒開始) 신청 또는 수사 의뢰
4. 그 밖에 법조윤리의 확립을 위하여 필요한 사항에 대한 협의

나. 징계개시 신청 또는 수사의뢰

법조윤리협의회는 공직퇴임변호사(법89의4①), 특정변호사(법89의5①)로부터 수임자료 및 처리결과를 제출받아 그 사건 목록을 법원·검찰청 등 사건의 관할기관의 장에게 통지하여 그 처리현황이나 결과를 통지받는다. 또, 퇴직공직자가 취업한 법무법인·법무법인(유한)·법무조합·실체적 공동법률사무소로부터 퇴직공직자의 명단 및 업무내역서를 제출받는다. 공직퇴임변호사 등의 위와 같은 자료를 검토하여 관련자들에 대한 징계사유나 위법의 혐의가 있는 것을 발견한 때에는 대한변협의 장에게 징계개시를 신청하거나 지방검찰청 검사장에게 수사를 의뢰할 수 있다.

(1) 공직퇴임변호사 등의 수임자료 및 처리결과 등 제출의무

㈎ 공직퇴임변호사의 경우

공직퇴임변호사는 수임자료 등을 소속 지방변호사회에 제출하여야 하고(법89의4①), 지방변호사회는 이를 윤리협의회에 제출하여야 한다(법89의4③). 윤리협의회에 제출하여야 할 수임자료와 처리결과의 기재사항, 제출 절차 등은 아래와 같다(법89의4⑤).

변호사법시행령 제20조의11(공직퇴임변호사의 수임자료 등 제출) ① 법 제89조의4 제1항에 따라 법관, 검사, 장기복무 군법무관, 그 밖의 공무원의 직에 있다가 퇴직(사법연수생과 병역의무의 이행을 위하여 군인, 공익법무관 등으로 근무한 자는 제외한다)하여 변호사 개업을 한 사람(이하 "공직퇴임변호사"라 한다)이 수임자료 및 처리결과를 제출하여야 하는 시기는 다음 각 호와 같다.
1. 매년 1월 1일부터 6월 30일까지의 수임사건에 대하여는 7월 31일까지
2. 매년 7월 1일부터 12월 31일까지의 수임사건에 대하여는 다음 해 1월 31일까지
② 법 제89조의4 제5항에 따라 공직퇴임변호사가 제출하는 수임자료 및 처리결과의 기재사항은 다음 각 호와 같다.
1. 공직퇴임일　2. 퇴직 당시의 소속기관 및 직위　3. 수임일자
4. 위임인　5. 위임인의 연락처　6. 상대방
7. 사건번호　8. 사건명　9. 수임사건의 관할기관
10. 수임사무의 요지　11. 진행상황 및 처리결과
③ 수임사건이 형사사건(형사신청사건 및 내사사건을 포함한다)인 경우에는 제2항 제11호의 사항을 적을 때에는 인신구속 여부 및 그 변경사항도 포함하여 적어야 한다.
④ 지방변호사회는 소속 회원 중 법 제89조의4 제1항에 따라 수임자료와 처리결과를 제출하여야 할 공직퇴임변호사의 명단 및 공직퇴임변호사로부터 제출받은 수임자료와 처리결과를 제1항 각 호에 규정된 제출시한으로부터 1개월 내에 윤리협의회에 제출하여야 한다.

㈏ 특정변호사의 경우

1) 특정변호사는 대통령령으로 정하는 수 이상의 사건을 수임한 변호사를 말하고, 법무법인, 법무법인(유한), 법무조합의 담당변호사를 포함한다(법89의5①).

2) 특정변호사가 지방변호사회에 제출하여야 할 수임자료와 처리결과의 기재사항, 제출 절차 등은 위 공직퇴임변호사의 경우와 같다(법89의5③, 89의4⑤).

3) 특정변호사의 범위, 지방변호사회가 윤리협의회에 제출하여야 할 사건목록의 기재사항, 제출시기 등은 아래와 같다(법89의5①).

변호사법시행령 제20조의12(특정변호사의 수임자료 등 제출) ① 법 제89조의5 제1항에 따라 지방변호사회가 제2항에서 정하는 수 이상의 사건을 수임한 변호사[법 제50조·제58조의16 및 제58조의30에 따른 법무법인·법무법인(유한)·법무조합의 담당변호사를 포함하며, 이하 "특정변호사"라 한다]의 성명과 사건목록을 제출하여야 하는 시기는 다음 각 호와 같다.

1. 매년 1월 1일부터 6월 30일까지의 수임사건에 대하여는 7월 31일까지
2. 매년 7월 1일부터 12월 31일까지의 수임사건에 대하여는 다음 해 1월 31일까지

② 지방변호사회는 해당 기간마다 다음 각 호의 어느 하나에 해당하는 사람을 특정변호사로 선정하고, 그 선정의 근거를 제1항의 성명 및 사건목록과 함께 제출하여야 한다.

1. 형사사건(형사신청사건 및 내사사건을 포함한다. 이하 이 항에서 같다)의 수임건수가 30건 이상이고 소속 회원의 형사사건 평균 수임건수의 2.5배 이상인 변호사
2. 형사사건 외의 본안사건의 수임건수가 60건 이상이고 소속 회원의 형사사건 외의 본안사건 평균 수임건수의 2.5배 이상인 변호사
3. 형사사건 외의 신청사건의 수임건수가 120건 이상이고 소속 회원의 형사사건 외의 신청사건 평균 수임건수의 2.5배 이상인 변호사

③ 하나의 사건을 둘 이상의 변호사[법무법인 · 법무법인(유한) · 법무조합을 포함한다]가 공동으로 수임한 경우에는 각 변호사의 수임사건 수는 1건으로 한다.

④ 법무법인 · 법무법인(유한) · 법무조합이 수임한 사건에 관하여는 1을 담당변호사의 수로 나눈 값을 각 담당변호사의 수임사건 수로 계산한다. 다만, 담당변호사가 4명 이상인 경우에는 각 담당변호사의 수임사건 수는 4분의 1건으로 본다.

⑤ 인력과 물적 설비를 공동으로 이용하는 법률사무소로서 대한변호사협회가 정하는 바에 따라 대한변호사협회에 신고한 합동사무소의 구성원 둘 이상의 이름으로 수임한 사건의 수임사건 수 계산에 관하여는 제4항을 준용한다.

⑥ 지방변호사회는 특정변호사의 사건목록에 수임일자, 위임인, 사건번호 및 사건명을 적어야 한다.

㈐ 퇴직공직자의 경우

퇴직공직자가 취업한 법무법인, 법무법인(유한), 법무조합, 실체적 공동법률사무소는 아래와 같은 사항이 기재된 퇴직공직자의 명단, 전년도 업무내역서를 주사무소를 관할하는 지방변호사회에 제출하여야 하고(법89의6①), 지방변호사회는 이를 윤리협의회에 제출하여야 한다(법89의6④,⑥).

변호사법시행령 제20조의14(퇴직공직자의 명단 제출) 법 제89조의6 제1항에 따라 제출하는 명단자료에는 다음 각 호의 사항을 기재하여야 한다.

1. 퇴직공직자의 성명
2. 퇴직공직자의 주민등록번호
3. 퇴직공직자의 퇴직 시 소속기관과 직급
4. 퇴직공직자의 법무법인 등 취업일
5. 명단제출 책임변호사

변호사법시행령 제20조의15(퇴직공직자 업무내역서의 기재사항) ① 법 제89조의6 제6항에

서 "그 밖에 대통령령으로 정하는 사항"이란 다음 각 호의 사항을 말한다.
1. 퇴직공직자가 법무법인 등의 의뢰인 및 변호사 등 소속원에게 제공한 자문·고문 내역(서면의 형태로 제공되었을 경우에는 그 개요를 말한다)
2. 퇴직공직자의 보수
3. 업무내역서의 작성 책임변호사
② 제1항에 따른 자문·고문 내역은 퇴직공직자가 퇴직 전 5년 이내에 소속하였던 부처의 업무와 관련된 사항에 한정한다. 이 경우 「정부조직법」 등의 개정에 따른 조직의 통합·분리, 명칭변경 등으로 인하여 부처명이 바뀐 경우 변경 전후 부처는 동일한 부처로 본다.

㈑ 허위자료의 제출에 대한 제재

다음에 해당하는 공직퇴임변호사, 특정변호사는 과태료의 부과대상이 된다.

ⅰ) 수임자료와 처리결과에 대한 거짓자료를 제출한 경우(법117①, 89의4①②, 89의5②).

ⅱ) 수임자료와 처리결과를 제출하지 아니한 경우(법117②viii, 89의4①②, 89의5②).

(2) 수임사건 처리결과 등의 통지

법조윤리협의회는 공직퇴임변호사의 수임자료와 처리결과(법89의4③), 특정변호사의 수임자료와 처리결과(법89의5②)를 제출받으면 지체없이 그 사건 목록을 관할 법원·검찰청 등 사건의 관할기관의 장에게 통지하여야 한다(법89의7①). 공직퇴임변호사 및 특정변호사가 수임자료와 처리결과를 윤리협의회에 제출하지 아니하면 1천만원 이하의 과태료를 부과한다(법117viii).

위와 같이 통지받은 관할기관의 장은 그 통지를 받은 날부터 1개월 이내에 통지받은 사건에 대한 처리현황이나 결과를 윤리협의회에 통지하여야 한다. 사건이 종결되지 않은 경우에는 사건이 종결된 때부터 1개월 이내에 통지하여야 한다(법89의7②).

(3) 징계개시의 신청 또는 수사 의뢰

법조윤리협의회 위원장은 공직퇴임변호사, 특정변호사, 퇴직공직자[54]에게 징

54) 퇴직공직자가 법무법인 등에 취업한 때에는 법무법인 등이 그 주사무소를 관할하는 지방변호사회에 퇴직공직자의 명단을 지체없이 제출하여야 하고, 매년 1월말까지 전년도 업무내역서를

계사유나 위법의 혐의가 있는 것을 발견한 경우, 대한변호사협회의 장이나 지방검찰청 검사장에게 그 변호사에 대한 징계개시를 신청하거나 수사를 의뢰할 수 있다(법89의4④, 89의5③, 89의6⑤).

다. 자료제출 등 요구

(1) 일반적 자료제출 요구

법조윤리협의회는 법조윤리와 관련된 법령을 위반한 자에 대한 징계개시의 신청 또는 수사의뢰를 위하여 필요하다고 인정하면, 관계인 및 관계 기관·단체 등에 대하여 관련 사실을 조회하거나 자료 제출 또는 윤리협의회에 출석하여 진술하거나 설명할 것을 요구할 수 있다. 이 경우 요구를 받은 자 및 기관·단체 등은 이에 따라야 한다(법89②). 윤리협의회의 위 요구에 정당한 이유 없이 따르지 아니하면 500만원 이하의 과태료를 부과한다(법117③ii).

☞ [부록 2] 개정안 제89조의6 제6,7,8항 참조.

(2) 특정변호사에 대한 자료제출 요구

법조윤리협의회는 사건수임에 관한 규정의 위반여부를 판단하기 위하여 수임 경위 등을 확인할 필요가 있다고 인정되면 특정변호사에게 수임자료와 처리결과를 제출하도록 요구할 수 있다(법89의5②).

4. 법조윤리협의회의 의무

가. 비밀누설 금지

법조윤리협의회의 위원, 간사, 사무직원 또는 그 직에 있었던 자는 업무처리 중 알게된 비밀을 누설하여서는 안 된다(법89의8). 이를 위반하면 형사처벌의 대상이 된다(법112vii).

나. 국회에 대한 보고 의무

법조윤리협의회는 매년 그 기능과 권한에 속하는 업무수행과 관련한 운영상

작성하여 제출하여야 한다(법89의6①). 위 법무법인 등에는 실체적 공동법률사무소도 포함된다(법89의6③).

황을 국회에 보고하여야 한다(법89의9①).

법조윤리협의회는 인사청문회 또는 국정감사 및 조사에 관한 법률에 따른 국정조사를 위하여 국회의 요구가 있을 경우, 공직퇴임변호사 및 특정변호사의 수임자료와 처리결과를 제출하여야 한다(법89의9②). 이는 국회가 윤리협의회가 제출받은 자료를 통하여 전관예우 등 여부를 확인할 수 있도록 하기 위한 것이다.

■ 기본사례(해설)

1. 갑 변호사가 격분하는 것은 타당한 면도 있으나 A에 대한 언동은 온당하지 못한 것으로 쓸 데 없는 비방이라고 할 수 있고 동기변호사에 대한 언동도 마찬가지이다.[55]
2. 변호사법상 복수사무소 금지규정을 잠탈할 의도가 엿보이거나 그 밖에 다른 부정한 목적이 있는 것으로 보이는 등의 특별한 사정이 없는 한, 3층에 위치한 법률사무소에서 업무확장으로 같은 건물의 1층을 임차하여 사용하는 것은 하나의 사무소로 볼 수 있으므로 변호사법이나 윤리규칙의 금지규정에 저촉하는 것은 아니다.[56]
3. 헌법상 보장된 신속한 재판을 받을 권리는 인신구속의 부당한 장기화를 방지하여 피고인의 인권을 보호하기 위한 것이므로 피고인의 이익을 위하여 형사절차를 신속하게 진행하는 것이 타당하다. 그러나 사례와 같이 오히려 형사절차가 신속하게 진행되면 피고인에게 불이익이 돌아갈 수 있는 경우도 있고 이러한 경우 피고인의 이익을 위하여 절차 진행이 지체되도록 한다고 하여 변호사의 소송촉진 협력의무에 반한다고 할 수는 없다. 형사절차에서 법원의 소송촉진 의무도 결국은 피고인의 인권을 보호하기 위한 것이기 때문이다. 또, 피고인이 급한 용무를 처리하기 위하여 필요한 경우 절차 진행의 연기를 위한 변호사의 노력을 반윤리적이라고 할 수는 없다.

---

55) 高中正彦, 전게서, 339면.

56) 대한변협 2011. 4. 6. 질의회신 제570호.

8 | 변호사의 광고, 사건의 유치, 변호사법의 벌칙

Ⅰ. 변호사의 광고

1. 변호사의 광고의 의의

가. 변호사의 광고의 개념

변호사의 광고라 함은 변호사가 의뢰인의 유치 및 유지를 주된 목적으로 하여 자기 또는 그 구성원이나 그 업무에 관하여 정보를 제공하는 것을 말한다(광규2). 따라서 광고가 주된 목적이 아니라면 자기 또는 그 구성원 등에 관한 정보를 제공하더라도 광고규정에 위반되지 않는다.[1)]

변호사광고의 취지는 법률서비스의 수요자에 대하여 변호사에 관한 정확한 정보를 제공하고, 변호사에 대하여는 의뢰인의 유치에 관한 경쟁의 공정을 확보하도록 하기 위한 것이다.[2)] 전자는 수요자의 변호사의 선택에 관한 권리를 보장하는 의미가 있고, 후자는 변호사의 경쟁의 공정성을 확보하여 변호사의

1) 대한변협 2005. 12. 8. 법제 제2771호 질의회신(축조, 대한변협, 2009, 88면). 이 사례는 법무법인이 성악가의 개인독창회 개최를 후원하면서 독창회 팜플릿 뒷면 중 후원자들의 명단을 등재하는 란에 법무법인의 명칭, 전화번호 등을 등재하도록 하는 것이 광고규정에 위반되는지 여부가 쟁점이었다. 대한변협은 회신에서, 개인음악회 등을 후원하고 그 팜플릿 등에 후원자로서 등재하면서 전화번호 등을 기재하는 것은 광고가 주된 목적이라기보다는 음악회의 후원에 주목적이 있는 것이므로 광고규정에 위반되지 않는다고 판단하였다.

2) 광고규정 제3조(광고의 기본원칙) 참조.

품위를 유지하고 나아가 변호사직에 대한 사회일반의 신뢰를 유지하기 위한 것이다.

나. 수요자의 변호사선택권과 광고

헌법은 구속된 피고인 및 피의자의 변호인의 도움을 받을 권리를 국민의 기본적 인권의 하나로 규정하고 있고(헌12④), 또 헌법상 명문의 규정이 없지만 불구속 피의자 및 피고인에 대해서도 법치국가 원리 및 적법절차원칙으로부터 변호인의 조력을 받을 권리가 인정된다.[3] 또 민사소송절차에 있어서는 그 기본구조로 두 당사자가 맞서 대립하는 대립당사자주의(Zweiparteienprinzip)를 취하고 있고,[4] 원칙적으로 변호사가 아닌 사람은 다른 사람의 소송에 소송대리인의 자격이 없다(변호사대리의 원칙).[5] 결국 형사절차에 있어서는 국가기관과 피의자・피고인 사이에 무기평등의 원칙(Grundsatz der Waffengleichheit)을 보장하여 실체적 진실발견이나 공정한 재판의 이념을 실현하기 위하여 변호사의 조력을 받을 필요성이 있고, 민사절차에 있어서도 대립당사자주의하에서 당사자의 변론능력을 보충하기 위한 변호사의 역할은 중요하다.

그러나 오늘날과 같은 변호사 양산시대에 있어서는 형사절차에 있어서 피의자・피고인으로서 또는 민사소송의 당사자로서 국가기관 또는 상대방 당사자의 공격에 대하여 자신을 잘 방어하기 위해서 수많은 변호사들 중에서 어느 변호사를 선택할 것인지는 쉽게 결정할 수 없는 문제이다. 이는 어느 변호사가 성실하고 능력 있게 자신을 잘 대리할 수 있을지를 판단할 수 있는 정보에 쉽게 접근할 수 없기 때문이다. 따라서 변호사의 광고는 변호사에 관한 기초적이고 객관적인 정보를 법률서비스의 수요자에게 제공함으로써 당사자의 변호사선택권을 실효적으로 담보하는 것이다.

다. 변호사의 경쟁의 공정성과 광고

변호사의 경쟁의 공정성은 변호사의 업무환경의 변화에 따른 광고허용의 필요성, 변호사선택권의 실효적 보장, 광고규제의 필요성과 연관되어 있다. 변호사의 수가 적어 변호사가 자신의 사무실에 찾아오는 의뢰인의 사건을 수임하

---

3) 헌재 2004. 9. 23. 2000헌마138 결정.

4) 이시윤, 『신민사소송법』 제2판, 박영사, 2005, 110면.

5) 이시윤, 전게서, 139-140면.

는 것만으로 충분하였고 또 변호사의 성명만으로써 그 변호사의 인품, 성실성 또는 지식, 능력을 쉽게 판별할 수 있었던 때에는 변호사에 관한 광고의 필요가 없었다.

그러나 매년 새로이 양성되는 법조인의 다수가 변호사직으로 진출하여 변호사가 양산되는 상황하에서는 개별 변호사의 인품이나 능력에 관한 정보를 쉽게 파악할 수 없다. 또, 사회가 다양화되고 전문화됨에 따라 변호사의 전문영역도 세분화되고 있기 때문에 어느 변호사가 특정분야의 전문성을 갖추고 있는지도 쉽게 알 수 없다. 이렇게 변화된 환경에서 법률서비스 수요자에 대하여 변호사의 선택권을 보장하기 위해서는 변호사에 관한 광고를 허용할 필요가 있다.

한편 광고를 허용할 경우 변호사 수의 증가로 사건의 유치를 위한 변호사 간의 경쟁이 치열하게 될 수밖에 없고 그 경쟁은 광고의 경쟁으로 나타날 수 있다. 광고의 경쟁이 치열해지면 변호사선택권을 담보하기는커녕 오히려 변호사에 관한 정보를 왜곡하고 나아가서는 변호사의 품위를 해하며 결국에는 변호사직에 대한 일반의 신뢰를 저해할 우려가 있다. 따라서 변호사의 광고는 변호사업무의 경쟁의 공정성이 확보되는 방법으로 이루어지도록 규제할 필요가 생긴다.

이러한 취지에서 광고규정은 광고의 기본원칙으로 “변호사는 변호사(구성원 포함) 및 그 업무에 대한 정보와 자료를 제공함으로써 변호사 선택에 도움을 주고 공정한 경쟁에 의하여 고객을 유치하기 위하여 광고를 할 수 있다”고 규정하고 있다(동 규정3).

2. 변호사의 광고에 대한 이론적 논의

가. 개 설

변호사의 광고는 법률서비스 수요자나 변호사 자신에게 긍정적 효과가 있다. 법률서비스 수요자는 광고를 통하여 변호사에 관한 정보에 접근하여 변호사 선택권을 용이하게 행사할 수 있는 기회를 제공받는다. 변호사는 자신의 업무에 관한 경쟁력의 우위를 확보하기 위하여 자신에 관한 정확한 정보를 공시할 필요에 응할 수 있다. 그러나 변호사의 광고는 부정적 효과를 무시할 수 없다. 광고의 비용이 수요자에게 전가되어 변호사 보수의 부담이 가중될 수 있다. 또 광고의 윤리가 문란해져서 허위내용을 표시하거나 사실을 오도하게 되면 오히려 변호사에 관한 정보의 왜곡을 가져와 변호사 선택권의 행사에 역효과를 초래할 수 있으며, 결국에 가서는 변호사직에 대한 사회적 신뢰를 해할 수 있다. 광고의 부정적 효과는 광고규제론의 기초가 되고, 긍정적 효과는 광고규제 완화론의 기초가 된다.

나. 광고규제론

광고금지 또는 규제론의 원형은 영국의 barrister제도의 관습에서 유래한다. 당시 '고귀한' 직업집단으로서의 barrister는 그 직무가 오직 공공적 봉사였고, 동료 변호사 사이의 예의를 그대로 직업적 윤리로 보았으며, 직무수행에 의한 금전적 수입은 부차적인 것이었다. 이러한 barrister가 자신의 광고를 하는 것은 비천한 것이며 동료 변호사에 대한 예의가 아니라고 생각하였다. 따라서 barrister의 광고는 금지되었고 그 금지규범은 매우 엄격하였다.[6)]

변호사의 광고를 금지 또는 규제해야 한다는 논의와 관련하여 미국의 Bates v. State Bar of Arizona 사건[7)]에서 Arizona주 변호사회가 취했던 논거가 상세하므로 아래에서 살펴본다.

ⅰ) 프로페셔널리즘(professionalism)에 악영향을 미친다.

변호사 수임료 광고는 상업주의를 초래하고 변호사의 권위와 자존감을 해한다. 프로페션의 업무에 나쁜 영향을 주고, 변호사가 업무를 수행하여 돈을 벌 필요와 업무를 헌신적으로 수행할 의무 사이의 미묘한 균형을 회복하기 어렵게 훼손한다.

ⅱ) 변호사 광고는 일반적으로 오도하는 것이 통상적이다.

법률서비스는 광고를 기초로 하여 비교할 수 없을 만큼 내용 및 질에 있어

---

6) 예컨대, barrister는 견장, 공용 및 사용의 문서, 명찰 등에 '변호사'라는 자구를 인쇄할 수 없으며, 그의 주거 또는 사무소의 어떤 건물의 입구에 성명 외에 변호사자격의 표시를 해서는 아니 된다. 그리고 그의 성명과 함께 변호사라는 명찰의 착용을 요구받는 비법률가의 회합에 출석해서도 아니 되고, 그러한 단체에 가입해서는 아니 된다. 또 계속 중의 사건은 물론 과거에 담당했던 사건에 대해서 조금이라도 신문지상에 기사 또는 담화를 공포해서도 아니 되고, 라디오나 텔레비전에 출연하는 경우에 변호사라는 칭호를 공표해서는 아니 된다고 하였다(강희원, "변호사의 직업윤리와 그 의무의 충돌: 변호사광고 및 비밀유지의무와 진실의무를 중심으로,"『법과 사회』 제29호, 2005, 50-51면).

7) Bates v. State Bar of Arizona 433 U.S. 350, 97 S. Ct. 2691(U.S. Ariz., 1977).

서 매우 개별적이고, 법률서비스의 이용자는 어떠한 서비스를 필요로 하는가를 사전에 판단할 수 없으며, 변호사에 의한 광고는 적절하지 않은 사항을 강조하고, 기량에 대한 적절한 사항을 보여주지 않는 것이 통상적이다.

iii) 사법에 대한 악영향으로서 소송의 남용이라는 부정적 결과를 야기한다.

iv) 경제상의 부정적 효과를 야기한다.

변호사업무의 총비용을 증가시키고 그 비용은 변호사비용을 증가시키는 형태로 소비자에게 전가되는 한편, 변호사업무비용의 증가는 젊은 변호사들의 시장참가를 저지하여 그들이 법률시장에 진입하는 것을 막는다.

v) 법률서비스의 질을 저하시킨다.

변호사가 미리 준비한 일정한 직무를 일정가액으로 광고할 수 있으나, 이는 의뢰인의 필요에 적합한지 여부에 관계없이 기성의 '일정량'을 광고된 대로 공급함으로써 법률서비스의 질을 저하시킨다.

vi) 변호사광고의 전면적 금지 외에 다른 합리적인 규율방법이 없다.

다. 광고규제 완화론

광고규제 완화에 대하여 기본적으로 다음과 같은 논거가 제시되고 있다.

i) 광고 즉, 상업적 광고와 비상업적 광고에 대한 차별적 보호는 부당하다.

변호사 광고를 가중적으로 제한하는 것은 헌법상 보장된 표현의 자유와 자유로운 정보에 대한 접근권 그리고 소비자의 권리, 직업의 자유, 평등권에 비추어 타당하지 않으며 광고의 일반법리에 따라 법률적 제한이 이루어져야 한다. 따라서 전반적인 제한보다는 과장 · 허위광고가 아닌 한 모든 광고를 허용하는 것이 바람직하다.[8)]

ii) 변호사도 자신의 서비스에 관하여 소비자에게 정보를 제공하는 것이고 소비자도 정보를 얻음으로써 이익을 얻게 된다.

현대의 광고는 상품이나 서비스에 관하여 소비자에게 귀중한 정보를 제공하고 소비자도 정보를 얻음으로써 이익을 얻게 된다. 변호사 업무라 하여 다를 것이 없다. 변호사의 광고금지는 변호사 사이의 경쟁격화를 두려워하는 것이다.[9)]

---

8) 김웅규, "광고에 관한 법적 연구: 한국과 미국의 변호사 광고를 중심으로," 『공법연구』 제31집 제5호, 2003. 6, 54-60면 참조.

9) 조희종, "변호사 업무의 광고 · 선전은 어느 정도까지 허용되어야 하는가," 『시민과 변호사』,

iii) 변호사 광고의 부착장소, 크기 등에 대한 규제는 위헌이다.

이를 규제하는 것은 비례원칙의 위반, 시장경제 원리의 위반, 해석상의 다의성과 불명확성, 소비자의 권익침해, 「표시·광고의 공정화에 관한 법률」위반, 브로커를 통한 사건수임 조장으로 인한 법조비리의 초래 등의 문제가 있기 때문이다.[10)]

그 밖에 광고규제론에 대한 비판의 형태로 전개되는 광고규제 완화론의 논거를 살펴본다.[11)]

i) 변호사직무의 공공성과 사회적 의무를 전제하더라도 변호사의 업무수행이 반드시 공공성에 일치하는 것은 아니다. 변호사는 의뢰인의 권익을 최대한 옹호하여야 하므로(규13) 그 범위에서 변호사의 공익실현의 의무는 제약을 받을 수 있기 때문이다. 따라서 변호사직무의 공공성과 변호사의 헌법상의 권리인 일반적 직업수행의 자유 및 표현의 자유, 광고의 자유에 대한 제한은 별개의 문제이다.

ii) 변호사의 명예와 품위에 대한 광고의 부정적 효과를 강조하는 것은 전문적 지식과 직업적 교양을 갖춘 변호사 자신들의 기본양식을 불신하는 것이다.

iii) 법률서비스 수요자가 광고만으로 변호사의 법률서비스의 내용을 실질적으로 파악할 수 없다는 것은 법률서비스의 수요자가 무지하다는 가정에 근거한 것으로 이는 권위주의적이고 국가주의적인 발상이다. 진정한 자유는 제한이 없는 정보를 근거로 한 개인의 자유의지에 의한 선택을 기초로 한다. 또, 정보의 수령자가 그 내용을 파악하지 못한 데 대한 책임은 정보의 제공자에게 있으므로, 변호사가 자신의 업무에 관한 중요한 사항을 쉽게 전달하는가에 의해 충족될 수 있다.

1999. 7, 116면 참조.

10) 헌재 2002. 7. 18. 2000헌마490 결정의 청구인의 주장. 이에 대해 대한변협은 변호사의 기본권 제한에 따른 구체적인 사항을 변호사들의 단체가 스스로 정하도록 법률에 위임한 것은 포괄위임금지에 위배하는 것이 아니고, 복위임금지에 위반되는 것이 아니며, 광고비 총액의 제한은 필요한 최소한의 범위 내에 있고, 광고매체의 종류, 광고횟수, 광고내용을 제한한 것은 변호사의 품위나 권위를 유지하는 데 필요하며, 헌법상의 명확성의 원칙을 위반하지 않았다고 주장하고 있다.

11) 김웅규, 전게논문, 56-58면.

3. 변호사의 광고에 대한 입법의 변천

변호사의 광고에 대한 우리의 입법의 태도는 형식적으로 규제에서 규제의 완화를 지향하고 있다. 그러나 실질적으로 보면 광고내용, 광고매체, 광고방법 등에 관한 규제가 광범위하다.

대한변협은 1993. 7. 22. 「변호사업무 광고에 관한 규정」을 제정하여 시행하여 오고 있었으나, 2000. 1. 28. 변호사법의 전부 개정이 있기 전까지는 변호사법[12]이 변호사의 광고에 대하여 아무런 규정을 두지 않았다가 2000. 1. 28. 개정법이 변호사의 광고에 대하여 처음 규정하였다. 법 개정의 이유가 "변호사업무에 대한 광고허용 등을 통하여 사건브로커가 기생할 수 있는 소지를 제거하는 등 현행 제도의 운영상 나타난 일부 미비점을 개선 · 보완"하기 위한 것이었던 점에 비추어 법률서비스 수요자의 변호사 선택에 관한 정보의 제공, 변호사 사이의 경쟁의 공정 등을 위하여 변호사법이 광고에 관한 규정을 처음 도입한 것으로 보인다.

2000. 1. 28. 개정법은 "변호사 · 법무법인 또는 공증인가합동법률사무소는 자기 또는 그 구성원의 학력 · 경력 · 주요취급업무 · 업무실적 기타 그 업무의 홍보에 필요한 사항을 신문 · 잡지 · 방송 · 컴퓨터통신 등의 매체를 이용하여 광고할 수 있다"라고 하여(동법23①) 변호사의 광고를 허용하는 한편으로, "대한변호사협회는 제1항의 규정에 의한 광고에 관하여 광고매체의 종류, 광고횟수, 광고료의 총액, 광고내용 등을 제한할 수 있다"라고 하면서(동법23②) 대한변협에 규제의 구체적 내용을 위임하였다.

또 2007. 1. 26. 개정 변호사법[13]은, 종전에 광고규제의 구체적 내용을 전부 대한변협에 위임한 것과 달리, 금지되는 광고의 범위를 법률에서 직접 규정하고, 법률로 금지된 광고 이외의 광고의 방법 또는 내용이 변호사의 공공성 또는 공정한 수임질서를 해치거나 소비자에게 피해를 줄 우려가 있는 것에 대해서만 대한변협이 정하도록 위임함으로써 광고의 규제를 대폭 완화하였다.

변호사법의 광고에 관한 규정을 보면, 형식적으로는 변호사법에서 금지되는 광고를 제외하고는 광고를 허용함으로써 원칙적으로 광고규제를 완화하는 태도를 취하면서도, 광고의 방법 또는 내용이 변호사의 공공성 또는 수임질서의

12) 2000. 1. 28. 법률 제6207호로 개정(2000. 7. 29. 시행)되기 전의 것.
13) 2007. 1. 26. 법률 제8271호로 개정(2007. 7. 27. 시행)된 것.

공정성 등을 해하는 경우에 대한변협이 다시 규제할 수 있도록 하여 실질적으로는 광범위한 규제의 여지를 남기고 있어서, 이를 진전된 광고규제의 완화라고 볼 수 있는지는 의문이다.

4. 변호사의 광고에 관한 현행법의 내용

가. 개　요

변호사법은 위와 같이 광고규제의 완화를 지향하고 있다. 즉, "변호사·법무법인·법무법인(유한) 또는 법무조합(이하 이 조에서 "변호사 등"이라 한다)은 자기 또는 그 구성원의 학력·경력·주요취급업무·업무실적 기타 그 업무의 홍보에 필요한 사항을 신문·잡지·방송·컴퓨터통신 등의 매체를 이용하여 광고할 수 있다"라고 규정하고(법23①), "변호사의 업무에 관하여 허위의 내용을 표시하는 광고" 등 7가지 유형의 광고만을 금지하고 있다(법23②). 또 그 7가지 유형의 하나로서 "광고의 방법 또는 내용이 변호사의 공공성 또는 공정한 수임질서를 해치거나 소비자에게 피해를 줄 우려가 있는 것"을 대한변협이 정할 수 있도록 하였다.

대한변협은 회칙에서 "회원은 광고·선전을 하거나 사무소 표지를 설치할 때에는 이 회 또는 소속 지방변호사회가 규칙이나 규정으로 정하는 바에 따라야 한다"고 규정하고(회칙 44⑤), 이를 근거로 한 변호사업무광고규정(이하 "광고규정"이라고 함)에서 광고의 방법 또는 내용에 대한 제한을 규정하고 있다. 또 IT산업의 발달에 따른 인터넷 등을 이용한 광고규제의 필요에 따라 「인터넷 등을 이용한 변호사업무광고기준」(이하 '인터넷광고기준'이라고 한다)에서 인터넷 등을 이용하여 광고하는 내용의 세부적 기준을 정하고 있다. 한편 광고규정을 근거로 「변호사업무광고에 관한 시행세칙」을 두었으나 2007.2.5. 광고규정을 개정하면서 동 시행세칙을 2007.3.1.부터 폐지하였다.[14)]

나아가 변호사 등의 광고에 관한 심사를 위하여 대한변협과 각 지방변호사회에 광고심사위원회를 두어 광고에 관한 심사를 하도록 하고 있다. 이는 변호사의 광고의 방법 및 내용에 대한 규제가 광범위하고 광고규제 금지를 위반하면 변호사법위반(법91② i) 또는 회칙위반(법91② ii)의 징계사유가 되므로 징

14) 대한변협의 질의회신례 중 변호사업무광고에 관한 시행세칙을 근거로 한 회신 내용은 동 시행세칙이 위와 같이 폐지되었음에 유의하여 살펴보아야 한다.

계사유가 발생하기 전에 광고의 적법성 여부 등에 관한 질의에 대하여 회신하거나 사후적인 광고규정 위반을 심사하기 위한 것이다.[15)]

나. 광고의 주체[16)]

법무법인이 공증인가합동법률사무소 구성원 변호사를 고문으로 위촉한 것과 관련, 동 고문변호사가 자신의 명함에 원소속인 합동법률사무소 소속 변호사라는 명칭 이외에 법무법인의 고문변호사임을 기재하는 것과, 위 법무법인이 인터넷사이트나 소개책자 등의 자료에 위 고문변호사 위촉사실을 개재하여 홍보하는 것의 위반 여부 (전자 소극, 후자 적극)[17)]

변호사의 광고는 변호사가 고객 또는 의뢰인의 유치 및 유지를 목적으로 하여 자기 또는 구성원이나 그 업무에 관하여 정보를 제공하는 것을 말하므로(광규2) 광고의 주체는 변호사이다[기본사례1 후문]. 여기에서 변호사는 개인변호사는 물론이고 법무법인, 법무법인(유한), 법무조합, 공증인가합동법률사무소를 포함한다(광규1). 따라서 변호사 아닌 자(비변호사)가[18)] 변호사를 위해서 광고를 하는 것은 허용되지 아니한다(법23①, 광규2).[19)] 변호사가 비변호사의 명의로 광고를 하는 것도 허용되지 아니한다.

---

15) 대한변협 2007. 12. 21. 법제 제2950호 질의회신(축조, 대한변협, 2009, 89-90면) 참조.

16) 이하 광고에 관한 대한변협의 질의회신 내용에 적시된 광고규정의 조항은 질의회신 당시의 광고규정으로서 현행 광고규정의 조항과 일치되는 않는 경우도 있다.

17) 대한변협 2006. 1. 24. 법제 제156호 질의회신(축조, 대한변협, 2009, 87-88면): 고문변호사의 명함에 원소속인 합동법률사무소 소속 변호사라는 명칭 이외에 법무법인의 고문변호사임을 기재하는 것은 광고규정 어디에도 저촉되지 않는다. 변호사법 제23조 제1항의 해석상 변호사는 광고주체인 자기 또는 구성원에 관한 광고만을 할 수 있으므로 위 고문변호사가 법무법인 자신 또는 그 구성원이 아닌 이상 질의내용은 구성원이 아닌 다른 변호사를 광고하는 것이 되어 위 규정에 어긋난다. 이하 각 사례에서 위반 여부에 대한 '소극'의 표시는 위반이 아니라는 의미이고, '적극'의 표시는 위반이라는 뜻이며, '한정'의 의미는 예컨대, '한정 소극'의 경우 일정한 조건 하에서 위반이 아니라는 취지로 사용한다.

18) 이하 '변호사 아닌 자'는 법규를 인용하는 경우를 제외하고는 '비변호사'로 약칭하기로 한다.

19) 인터넷쇼핑몰 업체가 변호사를 위해서 광고를 해줄 수 없다(대한변협, "변호사법 관련 질의·회신,"『인권과 정의』, 제372호, 2007. 8, 166면).

또 광고의 주체로서의 변호사는 국내에서 변호사 자격을 가진 사람에 한정되고, 외국에서 변호사 자격을 얻은 자는 포함되지 않는다.[20]

다. 광고의 시기

변호사는 변호사 자격을 갖추었다고 하여 바로 변호사의 광고를 할 수 있는 것이 아니다. 즉, 변호사는 대한변협에서 자격등록신청이 수리되기 전이나 소속 지방변호사회에서 입회신청이 허가되기 전에 미리 변호사업무에 관한 광고를 할 수 없다(광규6). 변호사가 개업을 하려면 지방변호사회를 거쳐 대한변협에 자격등록을 신청하여 등록되어야 하고(법7①), 변호사법 제7조에 따른 등록을 한 변호사는 가입하려는 지방변호사회의 회원이 되므로(법68①), 변호사는 자격등록신청이 수리된 후 또는 입회신청의 허가 후에야 변호사업무의 광고를 할 수 있다.[21]

라. 광고의 형식

변호사는 광고 속에 자신의 성명 또는 명칭을 표시하고, 공동으로 광고할 때에는 대표자의 성명 또는 명칭을 명시하여야 한다(광규10). 변호사만이 광고의 주체가 될 수 있으므로 해당 광고가 변호사에 의하여 행하여진 것을 명백하게 하기 위한 것이다.

마. 광고의 내용

(1) 광고의 내용에 관한 원칙

현행의 광고관련 규범은 일정한 금지내용의 광고를 제외하고는 광고를 허용하는 태도를 취하고 있다. 즉, '변호사 또는 그 구성원의 학력, 경력, 주요 취급업무, 업무실적, 그 밖에 그 업무의 홍보에 필요한 사항'(법23①) 등 변호사 또는 그 구성원이나 그 업무에 관한 정보를 제공하는 내용이라면 원칙적으로 광고의 내용에 대한 자유를 인정하고 있다. 또 변호사는 일정한 경우를 제외하고(광규8②) 유료 또는 무료 법률상담에 관한 사항을 광고할 수 있고, 법률

---

20) 따라서 미국의 로펌이 국내 영자신문에 그 로펌 소속의 한국계 파트너에 대한 소개, 로펌의 연혁, 업무영역, 평가 등에 관한 광고를 할 수 없다(대한변협, "변호사법 관련 질의 · 회신,"『인권과 정의』 제372호, 2007. 8, 155면).

21) 대한변협 1998.8.27. 질의회신 55호.

상담방식에 의한 광고를 할 수 있다(광규8①).

☞ [부록 2] 개정안 제23조 제1항 참조.

(2) 광고의 내용에 대한 제한

광고가 금지 또는 제한되는 광고의 내용은 다음과 같다.

㈎ 변호사법이 정하는 금지내용의 광고

변호사법은 광고를 금지하는 내용으로 다음과 같이 7가지 사항을 열거하고 있다(법23②).

1. 변호사의 업무에 관하여 거짓된 내용을 표시하는 광고[기본사례2①]
2. 국제변호사를 표방하거나 그 밖에 법적 근거가 없는 자격이나 명칭을 표방하는 내용의 광고[기본사례2②]
3. 객관적 사실을 과장하거나 사실의 일부를 누락하는 등 소비자를 오도하거나 소비자에게 오해를 불러일으킬 우려가 있는 내용의 광고[기본사례2③][22]
4. 소비자에게 업무수행의 결과에 대하여 부당한 기대를 가지도록 하는 내용의 광고[기본사례2④ i]
5. 다른 변호사 등을 비방하거나 자신의 입장에서 비교하는 내용의 광고[기본사례2⑤]
6. 부정한 방법을 제시하는 등 변호사의 품위를 훼손할 우려가 있는 광고[기본사례2④ ii]
7. 그 밖에 광고의 방법 또는 내용이 변호사의 공공성이나 공정한 수임질서를 해치거나 소비자에게 피해를 줄 우려가 있는 것으로서 대한변호사협회가 정하는 광고

☞ [부록 2] 개정안 제23조 제2항 참조.

---

22) 여기에서 유의할 점은, 대한변협은 유사전문직과의 공동광고는 일정한 범위 안에서 허용하고 있다는 것이다. 즉, 동일 명칭을 사용하는 세무·특허·관세법인과 공동으로 신문광고를 게재하면서 각 법인들이 제휴관계에 있어 법무·세무·특허·관세 분야에서 종합적인 서비스를 받을 수 있다는 내용의 광고를 하는 것이 가능한지 여부에 대하여 '각 법인들이 상호 간에 인적, 물적인 면에서 독립적으로 설립하여 운영된다는 취지의 내용을 광고에 명시하는 것에 한하여' 제한적으로 공동광고가 허용된다고 회신하고 있다(대한변협 2010. 11. 30. 질의회신 제554호).

기본사례 2

① 변호사의 옥외 간판에 실체가 없는 '부설 손해배상연구소'라고 표기하는 경우의 위반 여부 (적극)[23]

② 국제변호사라는 명칭을 선거구민을 대상으로 한 선거홍보물에 사용하는 것의 위반 여부 (적극)[24]

③ 변호사 갑은 보험업계에 종사하는 FC(Financial Consultant) 및 공인회계사 또는 세무사와 함께 각자의 사진, 성명, 학력, 약력, 사무소 주소 및 연락처를 게재한 브로셔 형태의 유인물을 제작하여 각자의 사무실에 내방하거나 상담을 하는 고객에게 배포하려고 한다. 다만 타직역 전문자격자와의 동업 또는 금전적 이익의 분배는 계획하지 않고 있다. 변호사의 광고내용으로서 위반되는지 여부 (적극)[25]

④ 변호사 을은 지역신문 광고지에 파산사건 i) "충북접수 1위, 확정자 1위", ii) "사건수임 후 불인가시 수임료 전액 환불"이라는 광고를 게재하려고 한다. 변호사의 광고내용으로서 위반 여부 (각 적극)[26]

⑤ 변호사가 아파트 단지의 소유권이전 및 근저당권설정등기를 수임하여 대행하여 오면서 등기업무를 수임할 목적으로 인근 신축 아파트 입주민들에게 배포한 유인물에서 "등기업무는 법무사보다 변호사가 하는 것이 입주민들에게 이익이 되고 신뢰도도 높다", "변호사는 사법고시 합격자로 모든 법률관계에 관여할 수 있으며, 법무사는 사법고시 합격자가 아니다"라는 내용으로 광고하는 것의 위반 여부 (적극)[27]

---

23) 대한변협 2000. 3. 27. 질의회신 제109호: 변호사 사무실 옥외간판으로 변호사000법률사무소라고 설치하면서 '부설 손해배상연구소'라고 표기하는 것은 특정업무분야에서 권리가 있는 것으로 오인할 우려가 있을 뿐만 아니라 허위사실의 표시에 해당되어 위법이다.

24) 대한변협 2008. 2. 19. 법제 제467호 질의회신(축조, 대한변협, 2009, 88-89면): 국제변호사라는 명칭은 마치 세계 모든 나라에서 변호사 자격을 인정받은 것과 같은 의미를 풍기지만 이는 현실적으로 존재하지 않는 자격을 표명하는 것으로 사실을 호도할 우려가 있다.

25) 대한변협 2007. 12. 21. 법제 제2950호(축조, 대한변협, 2009, 89면): 위와 같은 형태의 광고는 그 의도가 변호사 아닌 다른 업종에 종사하는 전문가들과 동업으로(또는 협력하여) 사건을 처리해 준다는 인상을 주려는 것으로 보이고, 이를 본 고객의 입장에서도 변호사 아닌 다른 업종에 종사하는 전문가들과 함께 사건을 처리해 준다는 의미로 오해할 여지가 충분히 있을 수 있다.

26) 대한변협 2007. 6. 4. 법제 제2719호(축조, 대한변협, 2009, 92-93면): 광고내용 중 i)은 승소율로 볼 수 있고 따라서 고객으로 하여금 업무수행 결과에 대하여 부당한 기대를 가지도록 하는 내용의 광고이다. ii)는 사건유치를 위하여 다른 변호사와 부당하게 경쟁하는 한 방법이라

㈏ 광고규정이 정하는 금지내용의 광고

광고규정도 변호사가 해서는 안 될 광고의 내용으로서 9가지 사항을 다음과 같이 열거하고 있다(광규4). 그중에는 변호사법의 금지광고의 내용과 중복되는 것도 있으나, 동법의 금지내용을 보다 구체화하고 있는 것도 있다.[28)]

1. 변호사의 업무에 관한 객관적 사실에 부합하지 아니하거나 허위의 내용을 표시한 광고
2. 객관적 사실을 과장하거나 사실의 일부를 누락하는 등으로 고객을 오도하거나 고객으로 하여금 객관적 사실에 관하여 오해를 불러일으킬 우려가 있는 내용의 광고
3. 승소율, 석방률 기타 고객으로 하여금 업무수행결과에 대하여 부당한 기대를 가지도록 하는 내용의 광고
4. 다른 변호사를 비방하거나 다른 변호사나 그 업무의 내용을 자신의 입장에서 비교하는 내용의 광고
5. 특정사건과 관련하여 당사자나 이해관계인(당사자나 이해관계인으로 예상되는 자 포함)에 대하여 그 요청이나 동의 없이 방문, 전화, 팩스, 우편, 전자우편, 문자 메시지 송부, 기타 이에 준하는 방식으로 접촉하여 당해 사건의 의뢰를 권유하는 내용의 광고. 다만, 소속 지방변호사회의 허가를 받은 경우에는 그러하지 아니하다. [기본사례3①]
6. 부정한 방법을 제시하는 등 변호사의 품위 또는 신용을 훼손할 우려가 있는 내용의 광고
7. 국제변호사 기타 법적근거가 없는 자격이나 명칭을 표방하는 내용의 광고
8. 과거에 취급하였거나 관여한 사건이나 현재 수임 중인 사건 또는 의뢰인(고문 포함)을 표시하는 내용의 광고.[29)] 다만, 의뢰인이 동의하거나, 당해 사건이 널리 일반

고 보여지고, 불인가시 수임료 전액환불이라는 조건부 선임으로 변호사로서의 품위를 해할 우려가 있다.

27) 대한변협 2000. 5. 8. 징계 제2000-5호(축조, 대한변협, 2009, 95면). 이 결정은 등기사무를 유치하기 위하여 변호사보수를 표시·광고하면서 경쟁적 지위에 있는 상대방보다 자신이 우월하다고 부당하게 비교하여 표시광고를 함으로써 광고규정 제4조 제3호, 제5호를 위반한 것이다.

28) 이하 각호에 있어서 앞의 '㈎ 변호사법이 금지하는 내용의 광고'와 내용이 중복되는 경우 그 말미에 [기본사례]를 예시하지 않았다.

29) 이러한 광고는 의뢰인에 대한 정보 및 사생활 등이 누설되어 변호사의 의뢰인에 대한 비밀유지의무에 반하는 결과에 이를 수 있다는 점에서 제한의 필요성이 있고, 이는 결국 의뢰인의 이익을 보호하기 위한 취지이므로 단서와 같은 경우에는 예외적으로 허용하는 것이다(대한변협

에 알려져 있거나 의뢰인이 특정되지 않는 경우 등 의뢰인의 이익을 해칠 우려가 없는 경우에는 그러하지 아니하다.[기본사례3②]

9. 기타 법령 및 대한변호사협회(이하 "협회")의 회칙이나 규정에 위반되는 내용의 광고

기본사례 3

① 갑 변호사가 의뢰인 A와 법률상담을 하는 과정에서 B 컨설팅 회사가 허위의 부동산개발계획을 유포하여 투자를 유치함으로써 피해를 입은 사실을 알게 되었다. 갑 변호사와 사무장은 B 회사 소유의 부동산등기부등본을 발급받고 전화국 114를 통하여 그 피해자들의 이름과 연락처를 알아낸 다음 10여 명의 피해자들에게 전화를 걸어 피해사실과 소송의사를 타진하였다. 이러한 행위의 위반 여부 (적극)[30]

② 과거 또는 현재 수임한 사건의 의뢰인을 비실명처리 등으로 표기하여 광고를 하는 것의 위반 여부 (한정 소극)[31]

2007. 12. 21. 질의회신 제377호 참조).

30) 대한변협 2004. 12. 21. 법제 제2575호(축조, 대한변협, 2009, 230면): "윤리규칙 제9조는 '변호사는 사건의 유치를 목적으로 예상되는 의뢰인과 접촉하거나 사무직원 또는 제3자로 하여금 선임을 권유하는 행위를 하게 하여서는 아니 된다'고 규정하고 있는바, 위 조항내용에 대한 개정의 필요성은 별론으로 하고 질의사안은 위 조항에 저촉될 소지가 있다."고 회신하고 있다. 그런데 2014. 2. 24. 개정 윤리규약 제19조는 "① 변호사는 변호사로서의 명예와 품위에 어긋나는 방법으로 예상 의뢰인과 접촉하거나 부당하게 소송을 부추기지 아니한다. ② 변호사는 사무직원이나 제3자가 사건유치를 목적으로 제1항의 행위를 하지 않도록 주의한다."라고 규정하여 명예와 품위에 어긋나는 방법이 아니라면 예상 의뢰인과의 접촉을 허용하고 있어서 문제이다. 변호사의 광고와 사건의 유치가 밀접하게 관련이 있는 점에 비추어 현행의 광고규정이 개정되지 않는 한 광고규정에 위반되는 내용이나 방법으로 예상 의뢰인과 사건유치 목적으로 접촉하는 것은 특별한 사정이 없는 한 명예와 품위에 어긋나는 방법으로 해석할 수밖에 없다.

31) 대한변협 2007. 12. 21. 법제 제2948호(축조, 대한변협, 2009, 90-91면): 광고규정 제4조 8호의 광고제한은 의뢰인에 대한 정보 및 사생활 등이 누설되어 결국 변호사의 의뢰인에 대한 비밀유지의무에 반하는 결과에 이를 수 있다는 점에 근거한 것으로 이러한 광고제한은 결국 의뢰인의 이익을 보호하기 위한 취지이므로 의뢰인의 동의가 있는 등 광고로 인해 의뢰인의 이익을 해할 우려가 없는 경우에는 광고를 허용하고 있다. 이러한 규정 및 그 취지 등에 비추어 일반적으로는 의뢰인을 비실명처리하는 등의 방법으로 그 의뢰인을 알 수 없게 하여 광고를 하는 것은 광고규정 제4조 제8호의 단서에 따라 허용되는 광고라 할 것이나, 의뢰인을 비실명처리하는 것만으로는 의뢰인을 알 수 없기에 충분하지 못하고 광고내용이 의뢰인의 이익을 해할 수도 있어 결과적으로 광고규정에 위반할 수도 있다는 점에 주의하여야 한다.

(다) 연고관계의 선전금지

변호사법 제30조(연고 관계 등의 선전금지) 변호사나 그 사무직원은 법률사건이나 법률사무의 수임을 위하여 재판이나 수사업무에 종사하는 공무원과의 연고(緣故) 등 사적인 관계를 드러내며 영향력을 미칠 수 있는 것으로 선전하여서는 아니 된다.
윤리규약 제20조(수임 시의 설명 등) ④ 변호사는 사건의 수임을 위하여 재판이나 수사업무에 종사하는 공무원과의 연고 등 사적인 관계를 드러내며 영향력을 미칠 수 있는 것처럼 선전하지 아니한다.

변호사는 사건의 유치를 목적으로 법원이나 수사기관에 종사하는 공무원과의 연고관계 등 사적인 관계를 드러내며 선전해서는 안 된다. 재판이나 수사기관의 재판 또는 수사의 신뢰성을 손상시키고 결국에는 사법권의 존중을 해하는 것이 되기 때문이다. 이는 뒤에서 살펴볼 변호사의 사건유치에 관한 윤리이지만, 사건유치의 광고적 측면에 관한 것이므로 동시에 광고에 관한 윤리이기도 하다.

(라) 전문분야의 광고 제한

기본사례 4

변호사 갑은 자신이 개인회생 및 파산사건을 전문적으로 취급할 목적으로 케이블TV를 통하여 "파산회생 전문 ○○○변호사사무실" 등을 표시한 영상광고를 하려고 한다. 변호사의 광고내용으로서 위반 여부 (한정 소극)[32]

광고규정은 "변호사는 주로 취급하는 업무('주요취급업무', '주로 취급하는 분야', '주요취급분야' 등의 용어도 사용 가능하다)를 광고할 수 있다. 단, '전문' 표시의 경우, 대한변협에 「변호사 전문분야 등록에 관한 규정」에 따라 전문분야 등록을

32) 법무부 2007. 4. 10. 징계결정(축조, 대한변협, 2009, 101면): "변호사는 자신의 업무에 대하여 '최고', '유일', 기타 이와 유사한 용어를 사용하여 광고할 수 없다"(광규7③), "'전문'표시의 경우 대한변협에 「변호사 전문분야 등록에 관한 규정」에 따라 전문분야등록을 한 변호사만이 사용할 수 있다"(광규7①)라고 규정되어 있으므로 도산법에 관하여 전문분야로 등록한 경우에 한하여 그러한 광고가 허용된다.

한 변호사만이 사용할 수 있다"(광규7①)라고 규정하여 전문분야의 광고에 대하여 절차적 제한을 가하는 한편, "변호사는 자신이나 자신의 업무에 대하여 '최고', '유일' 기타 이와 유사한 용어를 사용하여 광고할 수 없다"(광규7③)라고 하여 과대광고의 구체적 태양을 열거하고 있다[기본사례4].

변호사가 할 수 있는 주로 취급하는 업무의 광고는 다음의 업무 또는 분야를 포함하되 달리 적절히 표시할 수 있다(광규7②전단). '주로 취급하는 업무'는 헌법재판, 민사, 부동산, 임대차, 손해배상, 가사, 형사, 상사, 회사, 해상, 보험, 행정, 조세, 공정거래, 노동, 지적재산권, 스포츠, 연예, 오락, 증권, 금융, 국제거래, 무역, 조선, 건설, 중재 등이다(광규7②후단).

이러한 '주로 취급하는 업무'에 대하여 '전문' 표시를 하는 경우 대한변협에 「변호사 전문분야 등록에 관한 규정」에 따라 전문분야의 등록을 하여야 한다. 변호사가 전문분야로 등록할 수 있는 업무는 36개 분야로 구분되고,[33] 변호사가 해당 분야에 전문성이 있는지 여부를 심사하기 위하여 대한변협에 전문분야등록심사위원회를 설치하고 있다.[34] 변호사는 자신의 전문분야를 최대 2개까지 등록할 수 있다(동 규정2②).

☞ [부록 2] 개정안 제23조의2,3 참조.

(마) 법률상담에 관한 일정한 광고금지

변호사는 유료 또는 무료 법률상담에 관한 사항을 광고할 수 있고, 법률상담방식에 의한 광고를 할 수 있으나(광규8①),[35] 다음에 해당하는 법률상담과

---

33) 변호사전문분야등록에 관한 규정(2010. 1. 25. 개정). 동 규정 제2조에 의한 36개의 전문분야는 다음과 같다. 헌법재판, 민사법, 부동산관련법, 임대차관련법, 손해배상법, 가사법, 형사법, 상사법, 회사법, 해상법, 보험법, 행정법, 조세법, 공정거래법, 노동법, 저작권법, 특허법, 상표법, 증권법, 금융법, 국제거래법, 기업인수합병, 에너지법, 스포츠법, 엔터테인먼트법, 방송통신법, 환경법, IT법, 의료법, 도산법, 국제중재법, 무역법, 조선관련법, 건설법, 중재법, 등기사무 등이다.

34) 변호사전문분야등록에 관한 규정 제4조 및 제5조 참조.

35) 대한변협 2007. 6. 4. 법제 제1704호(축조, 대한변협, 2009, 93면): 법무법인이 케이블TV에 영상으로 공증업무와 각종 소송업무를 무료법률상담을 통하여 신속·명쾌하게 해결해 드리고자 노력하겠다는 내용의 광고를 할 수 있는지 여부에 대하여, "통상적인 경우 무료법률상담 서비스로 모든 법률문제가 명쾌하게 해결될 수 있는 가능성은 대부분의 사건의 경우에 희박한데도, 광고내용 중 '무료법률상담 서비스로 여러분의 모든 법률문제를 신속하고 명쾌하게 해결'이라고

관련한 광고를 하거나 하게 허용해서는 안 된다(광규8②).

1. 변호사 아닌 자가 법률상담의 대가의 전부 또는 일부를 직접 또는 간접적으로 갖는 경우[기본사례5① i]
2. 변호사 또는 법률상담의 대상자가 법률상담 연결 또는 알선과 관련하여 대가(알선료, 중개료, 회비, 가입비. 기타 명칭 불문)를 지급하는 경우. 다만, 간행물, 인터넷, 케이블티브이를 포함한 유료 광고매체를 사용하는 경우에 변호사가 통상적인 사용료 또는 광고료를 지급하는 경우는 포함하지 아니한다.[기본사례5②]
3. 제3자의 영리를 위한 사업의 일환으로 운영되는 법률상담에 참여하는 경우[기본사례5③]
4. 기타 법령 및 협회의 회칙이나 규정에 위반되는 행위를 목적 또는 수단으로 하여 행하는 경우

① 지역 단체에 고문변호사로 위촉되면서 단체 회원을 상대로 무료법률상담을 요청받은 것과 관련,36)

i) 위 단체의 인터넷 홈페이지, 신문 및 잡지 등의 출판물에 사무실 전화번호, 위치와 함께 무료법률상담 광고를 하는 것의 위반 여부 (한정 적극, 한정 소극)

ii) 위 단체의 회원들과 무료법률상담 후 그 상담과 관련된 사건에 대하여 유료로 수임하는 것의 위반 여부 (소극)

② Y 법무법인은 법률 서비스 이용자로 하여금 소송이 필요한 단계 이전(예, 계약 체결단계)에 변호사의 법률 상담을 통해 법률적 분쟁을 미연에 방지할 수 있게 하고 법률 상담료 등을 포함한 안정적인 수입 구조를 구축하기 위하여 인터넷쇼핑몰을 통해 '유료법률상담권'을 판매하고 그 판매액의 약 5~8%에 해당하는 금원을 위 쇼핑몰에게 지급할 계획인바 이러한 방법의 위반 여부 (적극)37)

③ i) 쇼핑센터가 운영하는 문화센터에 수강료를 낸 수강생들을 대상으로 생활

표시한 부분은, 일반인으로 하여금 무료법률상담 그 자체로써 거의 모든 법률문제가 해결되고 법률상담이 무료이므로 결국 법률문제의 해결을 무료로 해주겠다는 취지로 오해될 소지가 있으므로, 동 광고의 목적이 공익적 서비스 차원에서 무료법률상담을 하기 위한 것이 아니라 상담을 통해 유료법률서비스 제공의 기회로 이용하려 할 경우라면, 상담 자체만이 무료임을 명시하는 것이 바람직하다. 따라서 위 문구에서 법률상담만이 무료임을 명시하는 취지로 이를 변경한다면 현행 규정상 문제가 없다."

법률 강의를 하는 것의 변호사법 위반 여부 (**한정 적극, 한정 소극**)[38]

ii) 법무법인 소속의 사무장이 개인적으로 운영하고 있는 법무법인 인근의 Cafe 간판에 "법률카페 무료법률상담" 내용을 명시한 다음, Cafe의 직원이 법률상담을 원하는 고객으로부터 상담의뢰를 받고, 일차적으로 법무법인 소속 사무장이 사건의 사실관계의 정리 및 1차 상담을 하고, 변호사와 직접 상담을 원하는 경우 법무법인 소속의 변호사가 약속된 시간에 위 Cafe 또는 사무실에서 무료법률상담을 하도록 함에 있어서 고객은 커피 등 음료값만을 부담하며, 변호인 선임 등에 대해서는 고객의 자유로운 선택에 맡기는 방식으로 운영할 경우 위반 여부 (**적극**)[39]

---

36) 대한변협 2012. 4. 6. 질의회신 제643호: i) 변호사가 지역 단체의 인터넷 홈페이지, 신문, 잡지에 무료법률상담의 방식으로 자신을 광고하는 것은 광고규정 제2조 제2호, 제8조 제1항에 따라 원칙적으로 허용된다. 그러나, 이러한 법률상담이 변호사가 아닌 해당 단체에 의하여 유료로써 제공되거나 영리 목적 사업의 일환으로 운영되는 것이라면 변호사법 제34조 및 광고규정 제8조 제2항 제2호 또는 제3호에 위반된다. 또한 무료법률상담을 하더라도 해당 단체가 회원으로부터 어떠한 형식으로든 일정한 대가를 수수하거나 변호사가 그에 대한 대가를 지불하게 되는 경우에는 변호사법 제34조 및 광고규정 제8조 제2항 제1호, 제2호에 위반된다. 그러나, 해당 단체의 사실상 영리 사업 활동의 일부가 되는 것과 같은 특별한 사정 없이 단순히 서비스 차원에서 회원들에게 무료법률상담이 이루어지는 것이라면 변호사법 및 광고규정에 저촉되지 않는다. ii) 무료법률삼당 후 그 상담과 관련된 사건에 대하여 유료로 사건을 수임하는 것은 업무광고의 효과에 따른 결과일 뿐 변호사법 및 기타 관련 규정에 위반되지 않는다.

37) 대한변협 2010. 2. 2. 질의회신 제504호: 변호사법 제34조에서는 비변호사는 어떤 형식으로든 법률상담을 포함한 법률사무와 관련하여 금품이나 이익을 취하지 못하도록 규정하고 있고, 동법 제109조에서는 비변호사가 금품 등을 받거나 받을 것을 약속하고 법률상담 등을 알선하는 경우 형사처벌을 하도록 규정하고 있다. 또한 광고규정 제8조 제1항에서는 「변호사는 유료 또는 무료 법률상담에 관한 사항을 광고할 수 있다」고 명시하면서도 제2항에서는 「비변호사가 법률상담의 대가의 일부 또는 전부를 직·간접적으로 갖는 경우」와 「변호사 또는 법률상담 대상자가 상담의 연결 또는 알선과 관련하여 대가를 지급하는 경우」 등의 경우에는 법률상담 광고를 금지하고 있다. 그렇다면 본 사안의 경우, 변호사가 제3자인 쇼핑몰을 통해 법률상담권을 판매하고 그 대가 중 일부를 법률상담을 알선한 업체인 쇼핑몰에 지급하는 것이므로 변호사법 제34조 및 제109조 광고규정 제8조 제2항에 명시적으로 위반된다.

38) 대한변협 2014. 4. 11. 질의회신 제806호: 강의의 내용이 변호사 자신에 대한 광고가 주를 이룬다면, 생활법률 강의는 그 형식이 강의일지라도 변호사법 제23조에서 규정하는 광고, 광고규정 제2조 제5호의 "법률상담, 설명회, 세미나 등"의 범주에 해당될 수 있고, 변호사업무광고의 한 방법이므로 위 규정의 적용을 받을 수 있어, 광고규정 제8조 제2항 제3호를 위반하는 것으로 볼 수도 있을 것이나, 생활법률 강의가 변호사의 전문지식을 전달하는 경우라면 변호사법 및 광고규정상의 광고가 아니라고 보는 것이 타당하다.

39) 대한변협 2012. 4. 12. 질의회신 제640호: 카페의 간판에 '법률카페 무료법률상담' 내용을 명시하는 데에 그칠 뿐이고 특정 변호사나 법무법인이 상담의 주체임을 알리는 것이 아닌 한, 이러

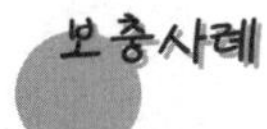

① 경매부동산 사건의 유치광고를 큰 문자로 '경매정보', '○○합동법률사무소(변호사 오○○, 조○○)'라고 표기하고, 눈에 띄게 '부동산을 반 값에 산다'라고 표기하는 경우의 위반 여부 (**적극**)[40]

② 생활정보지에 "소액사건에 관하여 소송물가액 금 1,000만원 미만은 금 50만원, 소송물가액 금 1,000만원 이상 금 2,000만원 미만은 금 100만원, 단 비용 및 부가가치세 별도 등" 사건의 수임 및 수임금액을 특정한 광고의 위반 여부 (**소극**)[41] [42]

③ 변호사가 "전국 법원경매(아파트, 토지, 상가, 공장 등 경매관련 입찰대리 및 소송)"이라는 제목 하에 경매목적물인 2개의 부동산을 특정하여 명시하고 각 감정가격을 표시한 다음, "위 물건은 예시이며 그 외 전국 경매물건 상담 가능합니다"라는 내용으로 광고하는 것의 위반여부 (**적극**)[43]

한 행위만으로 변호사법상 광고행위에 해당한다고 보기는 어렵다. 변호사법상 광고란 '변호사가 고객 또는 의뢰인의 유치 및 유지를 주된 목적으로 하여 자기 또는 그 구성원이나 그 업무에 관하여 아래에 열거한 방식을 포함한 일체의 방법으로 정보를 제공하는 것'을 가리키기 때문이다. 그런데, 카페는 상인의 영업을 위한 물적 시설로서 그 본질은 내방하는 고객들에게 음료 등을 판매하고 그 대금에서 수익을 창출하는 방식으로 운영되는 설비를 의미한다고 할 것인데, 이러한 관점에서 이 카페에서 법률상담을 알선하는 행위는 영리행위인 카페의 영업을 위한 부수적 활동의 일환으로 파악될 수 있다. 이 경우 변호사가 이러한 법률상담에 참여하는 행위는 비록 그 상담이 '무료'로 이루어지는 경우라 하더라도, '제3자의 영리를 위한 사업의 일환으로 운영되는 법률상담에 참여하는 경우'를 금지하고 있는 광고규정 제8조에 저촉된다.

40) 대한변협 2002. 11. 25. 징계 제2002-10호(대한변협, 징계사례집 제4집, 149면): 눈에 띄게 '부동산을 반 값에 산다'라는 표현이 선정적이고 과장이 있어서 광고규정 제4조 제2항 제8호에 위반된다.

41) 대한변협 2007. 6. 4. 법제 제1702호(축조, 대한변협, 2009, 93-94면): 생활정보지에 광고내용을 게재하는 방법이 금지되지 아니하며, 변호사가 서비스의 가격(수임료)을 제시하여 광고하는 행위를 제한하는 규정은 없다.

42) 변호사가 간판에 '소액사건 착수금 ○○○원'이라고 보수를 게재하는 것 자체는 규제대상이 되는 행위라고 볼 수 없다(대한변협 2006. 5. 3. 법제 제1459호 질의회신-축조, 대한변협, 2009, 103면).

43) 대한변협 2005. 11. 23. 법제 제2678호 질의회신(축조, 대한변협, 2009, 94-95면): 질의내용의 광고는 불특정다수인을 상대로 특정된 경매목적물에 관하여 경매관련 상담 또는 입찰대리 및 소송의뢰를 권유하는 내용으로서 광고규정 제4조 제5호에 해당되어 위반이다.

바. 광고의 방법

(1) 광고의 방법에 관한 원칙

㈎ 광고매체에 대하여는 원칙적으로 제한이 없다. 광고규정은 아래에 열거한 방식을 포함하여 일체의 방법으로 광고를 할 수 있음을 규정하고 있다(광규2).[44]

1. 변호사사무소 간판 등의 설치[기본사례6①]
2. 국내외의 신문·잡지 등의 정기 또는 부정기 간행물, 단행본, 화상 및 음성기록물, 일반전화번호부 및 비즈니스 디렉토리, 공중파, 케이블, DMB 기타 각종 방송, 유·무선통신, 인터넷, 컴퓨터통신 등 각종 매체의 이용[기본사례6②]
3. 인사장, 연하장, 달력, 명함, 봉투, 서식, 편지지 기타의 사무용지 등의 유인물 또는 복사물의 배포[기본사례6③]
4. 안내책자, 사외용의 사무소보, 기념품, 안내편지, 관광안내지도, 개업연, 기타의 연회, 협찬[기본사례6④]
5. 법률상담, 설명회, 세미나 등[기본사례6③]

기본사례 6

① 간판설치의 위반 여부

i) 사무실 건물 외벽에 가로 150센티미터, 세로 50센티미터 크기의 LED 전광판을 설치 (한정 소극)[45]

ii) 법무법인이 입주자들이 공유로 사용하는 복도에 변호사들의 약력을 기재한 간판을 설치하는 광고의 위반 여부 (적극)[46]

iii) 변호사가 간판에 변호사 성명 하단에 '사무전담 000, 000'이라고 사무원의 이름을 기재하는 광고의 위반 여부 (적극)[47]

iv) 변호사가 간판에 '소액사건 착수금 000원'이라고 보수를 게재하여 광고하는 것의 위반 여부 (소극)[48]

---

44) 광고규정은 이와 같이 광고매체를 포함한 광고방법을 망라하여 열거하고 있다. 이는 새로운 광고매체 또는 광고방법이 생겨날 때마다 이를 포함시켜야 한다는 문제가 있다. 또 금지되는 광고방법을 별도로 특정하고 있으므로(광규5), 그 금지되는 광고방법(광고매체 포함) 이외의 방법으로는 광고할 수 있다고 규정하면 충분하다. 따라서 입법기술적으로 광고가능한 모든 매체를 광고규정에서 망라하다시피 열거할 필요는 없다고 생각된다.

v) 변호사사무실 옥외에 '으뜸 변호사 OOO 법률사무소' 와 같은 간판을 설치하는 경우 위반 여부 (적극)[49]

② 신문·잡지 등 간행물

i) 변호사 을은 불특정다수인에게 배포되는 「교차로」라는 무가 광고지에 개인회생, 소비자파산 등의 업무를 처리하거나 그에 관한 상담 등을 수행한다는 광고를 하는 경우의 위반 여부 (소극)[50]

ii) 생활정보지에 법원 경매 현황과 함께 부동산 경매 업무 및 그에 따른 무료 법률상담 광고를 게재하는 것의 위반 여부 (소극)[51]

③ 유인물

i) 아파트입주자대표회의의 자문변호사로서 매월 입주민들에게 청구되는 관리비 청구서 및 안내장 하단에 다른 업체들 광고를 내보낼 때 변호사 이름과 사무실 전화번호, 주소를 기재하는 경우 위반 여부 (소극)[52]

ii) 인근아파트단지 부녀회에 무료법률상담안내 공문을 보내는 것의 위반 여부 (소극)[53]

④ 안내장의 위반 여부

i) 변호사가 중소기업을 상대로 고문변호사제도에 대한 설명이 담긴 안내장을 만들어 각 기업에 우편으로 발송하는 것 (한정 소극)[54]

ii) 아파트관리사무소가 지정한 아파트의 각 동 1층 로비 게시판에서 A4 크기 10장 내외의 인쇄물을 부착하여 사무소 소개, 취급분야, 주소 및 연락처 등을 기재하는 방법 (소극)[55]

iii) 아파트의 엘리베이터 내부에 변호사 광고판 부착 (적극)[56]

iv) "개인회생, 소비자파산제도"라는 제목의 안내장 배포 (적극)[57]

---

45) 대한변협 2007. 5. 7. 법제 제1500호(축조, 대한변협, 2009, 102면)(대한변협 2007.5.7. 질의회신 제325호): 구 「변호사업무광고에 관한 시행세칙」은 제4조 제2호에서 "건축물의 내·외부에 광고물을 비치, 부착, 게시하는 행위"를 금지하였으나, 시행세칙의 폐지와 함께 이 부분이 삭제(2007. 3. 1.자로 개정)되었으며, 그 밖에 질의한 광고방법을 금지하는 규정은 없다. 따라서, 변호사의 품위를 손상시키는 정도에 이르지 않는 한 그 크기나 위치에 대한 제한도 없다. 또, LED전광판에 "어서 오십시오. △△법률사무소 법률도우미실(종합법률상담실)입니다. 직접 소송을 진행할 수 있도록 도움을 드리겠습니다(또는 나홀로 소송을 하시는 분에게 도움을 드리겠습니다)."라는 문구를 기재하는 것은 위반이 아니다. 소속 지방변호사회의 광고기준이 이와 다른 경우에는 대한변협의 광고규정에 근거하여 소속 지방변호사회와 별도 협의가 필요하다.

46) 대한변협 2006. 6. 22. 질의회신 제286호: 자기 또는 구성원의 학력이나 경력을 광고하는 것 자체가 금지되어 있는 것은 아니지만 광고를 하는 장소가 일반인이 출입을 하는 건물 복도이기 때문에 불특정다수인이 출입을 하는 공공장소로 볼 여지가 있으며 옥외 광고물은 아니라 하더

라도 변호사의 품위를 훼손할 우려가 있어 광고규정 제5조 제3항 및 제4조 제2항 제6호에 저촉된다.

47) 대한변협 2006. 6. 22. 질의회신 제286호: 광고 규정 제7조 제1항에 의하면 광고에 변호사의 이름이 표시될 것을 요구하고 있을 뿐 그 외에 다른 직원의 성명을 명시하는 것을 금지하는 것은 아니지만 변호사 성명 하단에 '사무전담 000'라고 표시하는 것은 자칫 변호사가 아님에도 변호사로 오인될 우려가 있을 뿐만 아니라 변호사의 품위를 훼손할 우려가 있어 광고규정 제4조 제2항 제2호 및 제6호에 저촉된다.

48) 대한변협 2006. 5. 3. 질의회신 제281호: 변호사가 간판에 보수에 관한 사항을 기재하는 행위 자체가 규제대상이 되는 행위라고 볼 수는 없다. 다만, 변호사는 품위를 유지할 의무, 사건의 유치에 관한 규제에 따라야 할 의무가 있다는 점, 광고규정 제7조에서 정한 사항을 위반하지 않도록 유념하여야 한다.

49) 대한변협 2000. 3. 27. 질의회신 제109호: 간판 중 '으뜸'이라는 문구의 사용은 의뢰인이 당해 변호사가 특정업무분야에서 권위가 있는 것으로 오인할 우려가 있어 위반된다.

50) 대한변협 2006. 1. 24. 법제 제156호(축조, 대한변협, 2009, 87면): 교차로라는 무가지도 신문에 해당한다고 보아야 하므로 광고매체로 이용이 가능하다.

51) 대한변협 2012. 3. 5. 질의회신 제635호: 법원 경매와 관련한 상담 및 입찰 대리 등 변호사의 업무를 생활정보지에 광고를 하는 것은 원칙적으로 허용되는 광고방법이다. 각 지역별 아파트의 경매목적물의 구분, 위치, 면적, 감정가, 최저가 등에 대한 개략적인 정보만 있을 뿐 특정 경매사건번호나 경매목적물을 구체적으로 적시하고 있지 않으므로 그 광고의 내용도 광고규정에 위반되지 않는다.

52) 대한변협 2011. 2. 9. 질의회신 제568호: 광고내용이 변호사의 이름과 사무실 전화번호, 주소를 기재하는 것에 불과하여, 위와 같은 광고는 변호사의 품위 또는 신용을 훼손할 우려가 있는 광고라고 할 수 없다. 광고규정 제5조 제6항 3호의 광고 전단, 명함 기타 광고물을 신문 기타 다른 매체에 끼워 배포하는 행위로 볼 수도 없으므로, 위반되지 않는다.

53) 대한변협 2004. 10. 19. 질의회신 제205호: 불특정다수의 개인들에게 무차별적으로 광고를 하는 것이 아니라 변호사 사무실 주변 아파트부녀회나 입주자대표회의에 무료법률상담을 하는 취지의 공문을 보내는 경우 공문을 보내는 범위가 다수의 개인들이 아닌 변호사 사무실 주변 인근 아파트단지에 아파트부녀회나 입주자대표회의라는 단체에 한정되며, 무료법률상담이 위 단체의 협조에 의해 공개적으로 진행되고, 공익활동으로 볼 수 있는 것이므로, 이로 인하여 과당경쟁이 유발되거나 변호사의 품위가 손상되지 않는다 할 것이므로 광고규정에 저촉되지 않는다.

54) 대한변협 2009. 1. 22. 질의회신 제427호: 안내장의 내용을 살펴보면 일반 변호사 업무에 대한 정보와 자료를 제공하는 것에 해당하여 일응 허용된다. 다만, 광고규정 제5조 제2조의 '불특정다수'를 해석함에 있어서 그 대상을 한정하여 특정한 범위를 전제로 광고를 하는 것은 소속 지방변호사회의 허가가 필요한 사항은 아닐 것이나 질의와 같은 경우는 광고의 대상의 범위가 한정되어 있다고 보기가 어려우므로 불특정다수인에게 광고하는 것에 해당하여 허가가 필요하다.

55) 대한변협 2008. 5. 13. 법제 제1618호(축조, 대한변협, 2009, 96면)(대한변협 2008. 5. 13. 질의회신 제399호): 광고방법의 제한기준은 불특정 다수인에게 무차별적으로 광고물 또는 광고내용을 전달하거나, 운송수단의 내외부에 광고를 하는 등으로 광고로 인한 불쾌감, 혐오감을 일으키거나, 또는 광고방법이 유치하고, 광고물 자체가 노상 등에 방기되거나 쉽게 훼손되는 현상을 가져오는 광고전단 살포 및 노상비치 등을 제한하는 것이다. 질의의 광고는 아파트관리사무소

(나) 또, 인터넷광고기준에서는 아래와 같은 인터넷 등을 이용하여 홈페이지의 링크 및 키워드 검색 등을 통한 변호사의 인터넷 홈페이지를 소개하는 방식에 의한 광고(넷광2, 3①), 인터넷 등 하나의 웹사이트에 다른 변호사와 공동으로 업무나 경력 등에 관한 광고(넷광2, 4①)를 할 수 있다고 규정하고 있다.

1. 인터넷 웹사이트상에 개설된 홈페이지, 웹페이지, 게시판, 대화방, 카페, 블로그, 이메일, 웹메일 기타 이에 준하는 대체물[기본사례7①]
2. 컴퓨터, PDA, 휴대전화, 무선통신 등 전송매체 및 공중파, 케이블, DMB 등 방송매체 등을 통하여 문자, 사진, 음향, 동영상 등을 전달할 수 있는 매체물[기본사례7②]

기본사례 7

① 인터넷 홈페이지, 카페, 블로그 등

i) X 법무법인이 자신이 운영하는 인터넷 홈페이지, 카페, 블로그 등을 이용하여 광고하는 방법으로 특정사건에 관한 소송참여자를 모집하는 행위의 위반 여부(소극)[58]

ii) 위 경우 홈페이지 등을 운영하는 변호사가 불특정 다수인에게 이메일, 문자

의 검인하에 지정된 게시판에 1주일 정도의 제한된 기간 동안 광고물을 부착 게시하는 것으로서 광고규정 제5조에 어긋나지 아니하는 즉, 변호사의 품위 또는 신용을 훼손할 우려가 없는 적정한 광고방법이다.

56) 대한변협, "변호사법 관련 질의 · 회신," 『인권과 정의』 제377호, 2008. 1, 253면(대한변협 2007. 9. 14. 질의회신 제352호): OO미디어 LCD광고 시스템이 TV의 장점을 살려 가장 시선집중력이 높은 아파트 엘리베이터 내부에 LCD 모니터를 설치하여 소비 시에 가장 결정력을 미치는 주부들에게 반복적으로 노출함으로써 광고효과를 나타내는 시스템을 이용한 변호사 광고는 변호사의 품위와 관련하여 문제가 있으므로 허용되지 않는다.

57) 대한변협 2006. 10. 19. 질의회신 제303호: 지하철 입,출구 등 공공장소에서 불특정 다수인에게 배포하는 것은 광고규정 제5조 제3항에 규정된 '공공장소에서 불특정다수인에게 전단을 배포'하는 행위에 해당하므로 허용되지 않고, 불특정다수인 개개의 우편함에 투여하는 행위는 광고규정 제5조 제2항에 규정된 '불특정다수인에게 우편을 보내'는 광고 방법에 해당하므로 허용되지 않고, 안내장의 내용이 '변호사업무의 공공성과 공정한 수임질서를 해하지 아니한 것으로 판단'하기 어려우므로 허가를 받을 만한 사항이 아니며, 안내장 내용 중 '경매등기, 부동산등기 전문'이라는 문구 또한 광고규정 제3조 제4항에 위배된다.

58) 대한변협 2008. 9. 23. 법제 제2305호(축조, 대한변협, 2009, 104면): 인터넷 홈페이지, 카페,

메시지 등을 보내는 방법으로 광고의 위반 여부 (**적극**)[59]
② 변호사가 방송광고에 출연하는 행위의 위반 여부 (**한정 적극**)[60]

(2) 광고의 방법에 대한 제한

광고규정 및 인터넷광고기준은 위와 같이 원칙적으로 광고매체 등을 포함한 일체의 방법으로 광고를 할 수 있다고 규정하면서 광고방법을 광범위하게 제한하고 있다(광규5). 이를 협의의 광고방법의 제한(일반적 광고방법의 제한, 인터넷 등을 이용한 광고방법의 제한)과 광고매체의 제한으로 나누어서 살펴본다.

㈎ 일반적 광고방법의 제한

① 현재 및 과거의 의뢰인(법인 기타 단체인 경우, 담당 임·직원 포함), 친구, 친족 및 이에 준하는 사람 이외의 사람을 방문하거나 전화를 거는 방법의 광고. 다만, 상대방의 동의나 요청이 있는 경우 예외(광규5①)[기본사례8①]

② 불특정다수인에게 팩스, 우편, 전자우편 또는 문자메시지 등을 보내거나 이에 준하는 방법을 이용한 광고. 다만, 소속 지방변호사회의 허가를 받은 경우 예외(광규5②)[기본사례8②]

③ 광고이면서도 광고가 아닌 것처럼 가장하는 방법의 광고(광규5③)[기본사례8③]

④ 광고대상자에게 의례적인 범위를 넘는 금품 기타의 이익을 공여하거나 공여할 것을 약속하는 방법의 광고(광규5④)[기본사례8④]

⑤ 제3자가 광고규정에 위반하여 변호사업무에 관한 정보를 전달하거나 표시행위를 함에 대하여 금품 기타 이익을 공여하거나 공여할 것을 약속하는 방법의 광고(광규5⑤)[기본사례8⑤]

⑥ 다른 목적을 위한 광고를 변호사업무에 관한 광고와 동시에 또는 연결하

블로그 등에 특정사건의 수임과 관련하여 이를 안내하는 내용을 게재하여 놓은 상태에서 인터넷 이용자가 스스로 필요에 의해서 홈페이지 등에 접근하여 이를 열람하도록 하는 방법은 허용된다.

59) 대한변협 2008. 9. 23. 법제 제2305호(축조, 대한변협, 2009, 104면): 홈페이지 등을 운영하는 변호사 등이 불특정 다수인에게 이메일, 문자메시지 등을 보내거나 이에 준하는 방법을 이용하여 광고하거나 위 홈페이지에 접근하도록 유도하는 것은 위반될 소지가 있다(광규4ⅱ, 5②).

60) 대한변협 1999. 11. 15. 질의회신 제103호: 방송출연의 행위 자체는 변호사윤리에 위반되지 않는다. 그러나 그 광고내용이나 그 광고방법이 변호사의 품위를 해치는 경우가 있다면 윤리장전에 위반된다.

여 하는 경우(광규5⑦)[기본사례8⑥]

기본사례 8

① 지인의 소개로 아파트 관리사무소 등을 방문하여 관리소장 등에게 안내장을 교부하는 방법으로 광고를 하는 것의 위반 여부 (소극)[61]

② 지역신문(주간)에 광고를 하는 것은 아니고, 신문을 발송할 때 쓰이는 겉봉투 뒷면에 다른 업체(예 병원 등)와 함께 법률사무소, 전화번호, 위치 등을 표기하는 것의 위반 여부 (소극)[62]

③ 비광고를 가장하는 광고

i) 공정거래연합회에서 발간하는 『경쟁저널』은 회원사에 무료로 제공하는 월간지로, 회원사인 로펌의 공정거래전문팀을 아래 취지 및 내용의 기사로 소개하려고 하는 경우 위반 여부 (한정 적극)[63]

「공정거래사건이 중요한 기업경영 환경으로 부각되면서 국내 대형 로펌들이 공정거래사건을 전담하는 팀을 구성하여 기업의 필요에 부응하는 법률서비스에 나서고 있다. 이에 로펌의 공정거래전문팀을 시리즈로 기획하여 소개하는 것으로 법무법인 ○○○ 공정거래팀의 취지, 제공업무, 업무수행의 장점, 주요 실적 그리고 공정거래팀 전문가 그룹으로 변호사 약력을 소개한다」

ii) 일간신문사에서 독자층의 법률문제에 관한 지적 욕구를 풀어주기 위하여 어려운 법률용어, 법률상식 등을 쉽게 해설하는 법무칼럼을 만든 다음, 그 필자인 변호사의 사진, 이름, 이메일 주소, 상담 전화번호 등을 게재하고 그 법률사무소의 소개, 전문분야 및 배경, 특이사항 등을 기사화하여 고객을 유치할 수 있도록 배려하는 것이 변호사법 등에 위배되는지 여부 (적극)[64]

④ 광고대상자에 대한 이익 공여

i) 동문회 홈페이지에 변호사 광고를 하면서 찬조금을 지급하는 경우 위반 여부 (한정 적극)[65]

ii) 법무법인이 정기적으로 발간하여 법인 구성원과 고객사 등에게 배포하는 소식지에 고객사의 할인쿠폰을 게재하고, 쿠폰을 가지고 온 고객에 한하여 고객사에서 할인을 제공하는 구조가 변호사법 등 관련 규정에 위반되는지 여부 (한정 적극)[66]

⑤ 변호사들의 임의단체 A가 소속 변호사별로 상담분야를 분담하여 무료법률상담을 한다는 사실을 단체 홈페이지를 통하여 홍보하고 홈페이지에 분야별 무료상

담 게시판을 개설하는 활동의 위반 여부 (**한정 적극**)[67]

⑥ 블랙박스 홈쇼핑 판매 시, 변호사가 보복운전 등에 대한 설명을 하거나 그 위험성을 경고하는 등의 내용으로 3분간 동영상에 노출될 예정인데, 이러한 변호사의 영상과 멘트를 삽입하여 노출하는 것이 위반인지 여부 (**한정 소극**)[68]

---

61) 대한변협 2009. 1. 22. 질의회신 제429호: 광고규정 제4조 제5호와 제5조 제1항은 사건수임을 통하여 이미 알고 있는 사람과 친구, 친척 등 지인 외의 사람을 임의로 방문하여 광고행위를 하는 것을 원칙적으로 제한하고 있는데, 이는 무차별적인 방문형식의 광고행위를 허용할 경우 변호사의 품위를 손상하는 부작용을 우려하여 이를 방지하고자 한 것이다. 질의사안의 경우 지인의 소개를 통하여 사전에 아파트의 방문을 예약 또는 동의를 구한 다음 방문하여 광고안내장을 교부하는 것이므로 광고규정에 위반된다고 보기 어렵다.

62) 대한변협 2011. 6. 22. 질의회신 제587호: 지역신문은 법률소비자가 일정한 주소지에서 자발적으로 구독하는 언론매체이고, 신문발송용 겉봉투는 신문사가 제작하는 것이어서 신문의 일부라고 볼 수 있으며, 광고내용인 법률사무소의 명칭, 주소, 전화번호, 위치 등이 신문사가 정한 일정한 규격으로 신문발송용 봉투 겉면에 인쇄된다는 점을 고려하면, 이를 광고규정 제5조 제2항에서 금지하는 광고방법으로 볼 수 없다.

63) 대한변협 2006. 5. 12. 질의회신 제283호: 공정거래업무를 취급하는 법무법인에 대한 정보를 소비자에게 공개하여 알리는 차원이라면 문제될 것이 없다. 비광고를 가장한 광고와 구별하는 기준으로는 <u>월간지 발행인 측이 해당 법무법인으로부터 협찬금 기타 어떤 명목으로든 금품을 수수하면</u> 위반되는 것으로 볼 수 있다.

64) 대한변협 2006. 1. 27. 질의회신 제267호: 질의사안은, 실상은 변호사에 대한 광고이면서 이를 기사화함으로써 마치 광고가 아닌 것처럼 독자를 오도(誤導)할 우려가 있고 대한변협의 광고규정에 위반되므로 허용되지 않는다. 오직 필자를 특정하기 위하여 이름과 직업, 직책 등을 표시하는 정도만 허용된다.

65) 대한변협, "변호사법 관련 질의 · 회신,"『인권과 정의』제359호, 2006. 7, 193면: <u>찬조금의 액수가 의례적인 범위를 넘는 경우</u> 위반될 수 있다.

66) 대한변협 2012. 1. 9. 질의회신 제622호: 광고 대상자에게 의례적인 범위를 넘는 금품 기타의 이익을 공여하거나 공여할 것을 약속하는 방법의 광고로는 보이지 아니하고, 부정한 방법을 제시하는 등 변호사의 품위를 훼손할 우려가 있는 광고에 해당한다고 볼 수도 없다. 다만, <u>고객사에서 제공되는 서비스의 객관적 가치에 비하여 그 할인쿠폰에 의해 제공되는 혜택의 비중이 지나치게 크다면</u> 구체적인 경우에 따라 의례적인 범위를 넘는 금품 기타의 이익에 해당할 가능성도 있으니 유념해야 한다.

67) 대한변협 2005. 11. 8. 질의회신 제246호: 임의단체 A의 활동과 이에 참여하는 변호사(개인 또는 소속 단체. 이하 같음.)의 업무와의 관련성에 관하여 대외적으로 오인을 일으키는 등으로 참여 변호사의 업무에 관하여 <u>객관적인 사실에 부합하지 않는 내용을 표시</u>하는 것으로 되거나, 임의단체 A의 활동 그 자체나 그 명의의 무료상담 게시판 운영이 이에 <u>참여하는 변호사의 사건유치 활동 등과 관련되어 일종의 변칙적인 광고가 됨으로써 변호사 업무의 공공성과 공정한 수임질서를 해하게 되는 경우</u>에는 광고규정 제2조, 제4조 제1항 제2문, 제2항 및 <u>제5조 제2항 및 제5항</u> 등의 규정에 저촉될 가능성을 배제할 수 없다.

(나) 인터넷 등을 이용한 광고방법의 제한

인터넷광고기준상 다음과 같은 광고방법은 금지된다.

① 제3자가 운영하는 인터넷 등에 이용자로 가입하고, 제3자는 변호사를 통하여 일반 법률소비자에게 무료로 법률상담을 하는 경우, 제3자로 하여금 변호사나 일반 법률소비자로부터 법률상담과 관련하여 회비, 사용료, 수고비, 리베이트 등 명목 여하를 불문하고 금품 기타 이익을 받게 하거나 약속하는 경우(넷광3②)[기본사례9①]

② 변호사가 인터넷 등 하나의 웹사이트에 다른 변호사와 공동으로 업무나 경력 등에 관한 광고를 함에 있어서 그 내용이나 방법이 법률소비자로 하여금 실제와 달리 공동근무 또는 업무제휴 등을 하고 있는 것으로 오인, 혼동을 줄 수 있는 경우(넷광4②)[기본사례9②]

③ 인터넷 포털업체 기타 제3자가 운영하는 인터넷 등이 인터넷광고기준 제4조 제2항의 오인, 혼동 등을 불러일으킬 수 있는 경우 회원가입 기타의 행위에 대한 협조 금지(넷광4③)[기본사례9②참조]

기본사례 9

① 웹사이트에서 변호사와 소송의뢰 희망인을 회원으로 가입하게 하여 당사자 간의 자유로운 의사에 따라 선임여부를 결정하면서 아래의 내용을 회원의 의무규정으로 하는 것의 관련 법규 위반 여부[69]

i) 웹사이트의 회원가입을 무료로 하여 모든 콘텐츠를 확인하는 권한만 주고, 게시판에 글을 쓰거나 회원의 정보검색을 하는 등의 경우에는 정보이용료 내지 실비변상적 측면에서 회비를 납부하도록 하는 것이 위반인지 여부 (한정 적극)[70]

---

68) 대한변협 2012. 9. 18. 질의회신 제677호: 광고규정 제5조에서 광고 방법에 대해 규정하면서, 제3항에서 "변호사는 광고이면서도 광고가 아닌 것처럼 가장하는 방법으로 광고를 하여서는 아니 된다."고 정하고 있으며, 제7항에서는 "변호사가 다른 목적으로 광고를 하는 경우에는 변호사업무에 관한 광고를 동시에 또는 연결하여 할 수 없다."라고 정하고 있다. 위 규정에 비추어 볼 때 블랙박스에 대한 홈쇼핑 광고를 하면서 변호사업무에 대한 광고를 하는 것은 일응 허용되지 않는다고 할 것이지만, 단지 <u>변호사의 영상과 멘트를 통해 차량 블랙박스의 필요성에 대해 언급하는 정도의 내용에 불과하다면</u> 그 동영상은 변호사업무광고로 볼 수 없는 것이어서 금지되는 것은 아니다.

ⅱ) 착수금의 일부 및 성공보수 일정부분을 은행에 임치하는 것이 위반인지 여부 (한정 소극)[71]

ⅲ) 웹사이트에서 변호사를 위하여 홍보 배너를 운영하는 것의 위반 여부 (한정 적극)[72]

② 인터넷 상담 등의 구체적인 업무와 그에 따른 상담료, 수임료 등은 각자의 독립성이 보장되고, 상호간 소개료나 수익의 분배가 없는 방식의 웹사이트를 개설하여 여러 변호사 또는 법무법인이 공동으로 광고를 하는 것의 위반 여부 (한정 소극)[73]

---

69) 대한변협 2011. 5. 12. 질의회신 제582호.

70) 변호사가 사건의 수임이나 법률상담을 목적으로 타인이 운영하는 웹사이트에 가입하는 것은 변호사 업무 광고에 해당하여 변호사가 웹사이트에 가입하는 행위 자체는 광고행위로서 허용된다. 특정 웹사이트가 변호사와 법률 콘텐츠를 게시하면서 변호사와 의뢰인이 모두 무료로 특별한 제한 없이 회원으로 가입을 하여 웹사이트의 콘텐츠를 확인할 수 있게만 하고 그 이상의 행위는 할 수 없게 하는 경우는 별다른 문제는 없다.
그러나, 의뢰인이나 변호사가 게시판에 글을 쓰거나 회원의 정보검색을 위한 경우 등 서비스를 이용하기 위해 정보이용료나 회비를 납부해야 하는 경우는 문제가 있다. "변호사 또는 법률상담의 대상자가 법률상담 연결 또는 알선과 관련하여 대가를 지급하는 경우," "제3자의 영리를 위한 사업의 일환으로 운영되는 법률상담에 참여하는 경우"는 광고규정 제8조 제2항과 인터넷 등을 이용한 변호사업무광고기준 제3조 제2항에서 이를 명시적으로 금지하고 있기 때문이다. 의뢰인이 법률상담을 의뢰하거나 변호사가 법률상담 답변을 하기 위하여 글을 쓰려면 모두 회비를 납부하여야 하므로, 그 대가성 및 웹사이트의 영리성으로 인하여 위 규정에서 금지되는 행위에 해당한다. 뿐만 아니라, 의뢰인들이 정보이용료를 지불하여 이미 가입되어 있는 변호사에 대한 구체적인 정보를 바탕으로 사건수임이 이루어지는 경우 그러한 웹사이트의 운영은 변호사법 제34조의 '알선'에 해당한다. 변호사법에서 사건의 알선과 관련한 대가의 수수를 엄격히 금지하고 있는 점에 비추어 볼 때, 영리 목적의 웹사이트를 이용한 사건 수임 과정에서 의뢰인들이 정보이용료를 지불하는 것은 변호사법에 위반될 소지가 높다.

71) 웹사이트의 가입과정에서 변호사 및 의뢰인에게 임치의무가 충분히 공지되고 가입자들이 이에 동의한 경우에는 당사자들 사이에서 합의사항의 문제에 해당하므로 금지되는 것이 아니다.

72) 변호사법 제23조와 광고규정 제2조는 광고의 '주체'를 변호사에 한정하고 있으나, 변호사가 '주체'가 되어 광고한다는 의미는 광고규정 제2조 제2호(국내외의 신문·잡지 등의 정기 또는 부정기 간행물, 단행본, 화상 및 음성기록물, 일반전화번호부 및 비즈니스 디렉토리, 공중파, 케이블, DMB 기타 각종 방송, 유·무선통신, 인터넷, 컴퓨터통신 등 각종 매체의 이용)에서 말하는 각종 매체를 직접 운영하여야 한다는 취지는 아니며 배너설치의 경우도 달리 볼 이유가 없다. 따라서 배너설치에 단순히 광고 이상의 다른 대가나 이익의 수수가 결부되거나, 해당 웹사이트에서 배너에 표기되는 변호사가 해당 웹사이트와 특별한 관계에 있음을 광고하는 등의 방법으로 배너를 설치하는 경우라면 모르되, 그렇지 아니한 단순한 배너설치 자체만으로는 광고규정에 위배되지 않는다.

(다) 광고매체의 제한(광규5⑥)

① 자동차, 전동차, 기차, 선박, 비행기 기타 운송수단의 내·외부에 광고물을 비치, 부착, 게시하는 행위(제1호)[기본사례10①]

② 현수막을 설치하거나, 애드벌룬, 도로상의 시설 등에 광고물을 비치, 부착, 게시하는 행위(제2호)[기본사례10②]

③ 광고 전단, 명함 기타 광고물을 신문 기타 다른 매체에 끼워 배포하거나, 공공장소에서 불특정 다수인에게 나누어 주거나, 차량, 비행기 등을 이용하여 살포하거나 불특정 다수인에게 제공하기 위하여 옥내나 가로상에 비치하는 행위(제3호)[기본사례10③]

④ 확성기, 샌드위치맨, 어깨띠 등을 사용하여 광고하는 행위(제4호)

⑤ 기타 위 각호의 1에 준하는 변호사의 품위를 손상시키는 광고방법으로서 별도의 세부기준이 정하는 광고(제5호))[기본사례10④,⑤]

기본사례 10

① 운송수단의 내·외부 광고물 부착등 위반 여부[74]

i) 지하철(국철 공용) 역내 맞이방(대합실)의 기둥 및 벽면에 조명광고(소극), 지하철 역내 개찰구 및 벽면(소극),[75][76] 지하철 전동차 내부(적극) 및 지하철역 구내(전동차플랫폼)(적극),[77] 지하철 역내에 부착한 광고액자(적극)[78]

② 도로상의 현수막 설치의 위반 여부(적극)[79]

③ "개인회생·소비자파산제도"라는 제목의 안내장을 지하철 입출구 등 공공장소에서 불특정 다수인에게 배포하거나 불특정 다수인 개개의 우편함에 투여하는 행위의 위반 여부(적극)[80]

④ 사무실 건물 외벽에 가로 150센티미터, 세로 50센티미터 크기의 LED 전광판을 설치하여 광고하는 방법의 위반 여부 (소극)[81]

⑤ 아파트관리사무소가 지정한 아파트의 각 동 1층 로비 게시판에서 A4 크기

---

73) 대한변협 2011. 5. 12. 질의회신 제584호: 하나의 웹사이트를 이용하여 여러 변호사 또는 법무법인이 공동으로 광고를 하는 것은 허용되는 것으로 질의와 같은 방식의 광고는 위법이 아니다. 다만, 공동으로 광고하는 사정상 실제와 달리 공동근무 또는 업무제휴 등을 하고 있는 것으로 오인 또는 혼동을 주지 않도록 주의하여야 하며, 광고규정 제10조에 따라 대표자의 성명 또는 명칭을 명확히 밝혀야 한다.

74) 아래에서 보는 것처럼 대한변협은 지하철 역내의 벽면 광고는 처음에는 허용하지 않다가 허용

10장 내외의 인쇄물을 부착하여 사무소 소개, 취급분야, 주소 및 연락처 등을 기재하는 방법으로 업무광고를 하는 것의 위반 여부(소극)[82]

하는 것으로 견해를 변경하였으나, 아래 주에서 보는 바와 같은 이유로 이는 타당하지 않다. 운송수단의 내·외부 광고는 허용되지 않는다.

75) 대한변협 2009. 4. 28. 질의회신 제438호: "현행 규정은 운송수단의 내·외부에 대한 광고물 비치행위에 대해서 금지하는 것이지 지하철역, 고속터미널 등의 장소에 대해서는 광고를 금지하지 않고 있다. 결과적으로, 지하철 역내에 광고를 하는 것은 현행 광고규정에서 제한하고 있는 도로상의 시설 등에 광고를 하는 것이 아니므로 허용되는 광고이다." 그러나 생각건대, 광고규정이 전면 개정되어 광고에 대한 제한이 완화되었다고 하더라도, '도로상의 도로'(광규5⑥ⅱ)의 개념은 도로교통법 등 법령에 규정되어 있는 도로뿐 아니라 지하 공간이라도 그곳이 일반인의 통행에 제공되는 장소라면 광고물을 비치, 부착, 게시할 수 없는 도로로 보는 것이 타당하다. 운송수단에 의한 광고나 교통시설을 이용한 광고를 제한하는 것은 변호사들 간에 과다경쟁으로 인한 품위 손상 등을 우려하여 허용하지 않는 것이기 때문이다.

76) 대한변협 2009. 10. 28. 질의회신 제485호: 광고규정 제5조 제6항 제1호는 자동차 등 운송수단의 내·외부에 광고물을 비치, 부착, 게시하는 행위를 금지하고 있을 뿐이므로, 지하철 역내에 광고를 하는 것은 현행 광고규정상 일반적으로 허용된다.

77) 대한변협 2006. 3. 6. 법제 제916호: 전동차 내부 광고는 '자동차, 전동차, 기차…의 내·외부에 광고물을 비치, 부착, 게시하는 행위'에 해당하므로 위법이고, 지하철역 구내광고도 불가하다(동 취지 대한변협 2006. 3. 6. 질의회신 제271호).

78) 대한변협 2001. 9. 26. 질의회신 제150호(헌재 2002. 7. 18. 2000헌마490 변호사법 제23조 제2항 등 위헌확인사건 관련): 지하철역 구내에 부착한 광고액자는 법무법인의 명칭, 소속 변호사의 성명, 전화번호 등이 기재되어 있으므로 '변호사업무광고에 관한 규정' 및 '변호사업무광고에 관한 시행세칙'에서 사용되는 넓은 의미의 '간판'의 개념에 포함된다.; 대한변협 2005. 4. 27. 질의회신 제117호: 광고규정 제7조(간판설치의 장소) 제1항은 "옥외간판은 사무소 부지 내 또는 사무소가 있는 건물의 현관 부근의 적당한 건물부분에 설치하여야 한다"고 규정하고 있고, 제13조(금지사항) 제1항은 "사무소의 사무실 이외의 장소, 시설, 건축물, 운송수단 등에 배포(우편물 제외), 비치, 부착, 게시하여서는 아니 된다"고 규정하고 있다. 한편, 변호사업무광고에 관한 시행세칙 제4조(광고방법의 제한) 제2호는 "도로상의 시설, 건축물의 내·외부에 비치, 부착, 게시하는 행위"를 금지하고 있다. 위의 제 규정들을 종합하여 보면, 지하철역 구내에 대형 변호사 광고액자를 부착·광고하는 행위는 허용될 수 없다.

79) 대한변협 2007. 5. 21. 징계 제2006-38호(축조, 100면): 도로에 "신용카드 보증사채 은행대출 등 빚 많은 분 개인회생·개인파산 법무법인 빛고을"이라고 기재된 현수막을 내거는 것은 위법이다.

80) 대한변협 2006. 10. 19. 법제 제2416호 질의회신(축조, 대한변협, 2009, 97면): 안내장 배포행위는 '공공장소에서 불특정 다수인에게 배포하는 행위', '불특정 다수인에게 우편을 보내'는 광고방법에 해당하여 광고규정 제5조에 위반된다.

81) 대한변협 2007. 5. 7. 법제 제1500호(축조, 대한변협, 2009, 102면): 질의의 광고는 대한변협의 광고규정상 허용되는 광고방법이며 변호사의 품위를 손상시키는 정도에 이르지 않는 한 그 크기

사. 광고물의 보관

변호사는 광고를 한 경우 그 광고물 등을 일정기간 보관할 의무가 있다. 광고규정은 광고를 한 변호사는 "광고물 또는 그 사본, 사진 등 당해 광고물에 갈음하는 기록과 광고일시, 장소, 송부처 등의 광고방법 등 당해 광고에 관련한 기록을 광고 종료시로부터 3년간 보관하여야 한다"고 규정하고 있다(광규11). 이는 광고의 적법 여부 등에 관한 문제가 제기되었으나 그 광고물이 멸실 또는 훼손되어 그 광고의 적법 여부 등을 증명할 자료를 확보할 수 없는 경우에 대비한 것이다.

5. 광고법규 위반의 효과

가. 형 사 벌

광고법규 중 변호사의 업무에 관하여 거짓된 내용을 표시하는 광고를 한 경우(법23② i), 국제변호사를 표방하거나 그 밖에 법적 근거가 없는 자격이나 명칭을 표방하는 내용의 광고를 한 경우(법23② ii)에는 형사처벌의 대상이 된다(법113iii).

나. 위반행위에 대한 조치

(1) 지방변호사회장의 조치

지방변호사회장은 광고규정에 위반한 변호사에 대하여 광고심사위원회의 의결을 거쳐 경고하거나 위반행위의 중지 또는 시정을 위하여 필요한 요구 기타 필요한 조치를 하고, 이를 대한변협에 보고하여야 한다. 단, 이러한 조치를 취하기 전에 당해 변호사에 대하여 변명의 기회를 주어야 한다(광규12①).

변호사는 소속 지방변호사회장으로부터 위 시정요구를 받은 경우 즉시 이를

나 위치에 대한 제한도 없다고 하면서 대전회의 변호사업무광고에 관한 지침(2004. 2. 1. 제정) 제4조 제2호에서는 '건축물의 내 · 외부에 광고물을 비치 · 부착 · 게시하는 행위'를 금지하고 있으므로 대한변협회칙 제44조 제5항에 근거하여 소속 지방변호사회와 별도의 협의가 필요하다.

82) 대한변협 2008. 5. 13. 법제 제1618호 질의회신(축조, 대한변협, 2009, 96면): 광고방법의 제한 기준은 불특정 다수인에게 무차별적으로 광고물 또는 광고내용을 전달하거나, 운송수단의 내외부에 광고를 하는 등으로 광고로 인한 불쾌감, 혐오감을 일으키거나, 또는 광고방법이 유치하고, 광고물 자체가 노상 등에 방기되거나 쉽게 훼손되는 현상을 가져오는 광고전단 살포 및 노상비치 등을 제한하는 것이다. 질의의 광고는 아파트관리사무소의 검인하에 지정된 게시판에 1주일 정도의 제한된 기간 동안 광고물을 부착 게시하는 것으로서 광고규정 제5조에 어긋나지 아니하는 즉, 변호사의 품위 또는 신용을 훼손할 우려가 없는 적정한 광고방법이다.

이행한 후 그 결과를 보고하여야 하고, 지방변호사회장은 이를 대한변협에 보고하여야 한다(광규12②).

지방변호사회장은 변호사가 위 시정요구에 불응하고 즉시 시정조치를 취하지 않는 경우, 지방변호사회장의 명의로 시정조치 요구 사실 및 그 이유의 요지를 공표할 수 있고, 그 비용은 당해 변호사가 부담한다(광규12③).

(2) 대한변협의 장의 조치

대한변협의 장은 지방변호사회장이 시정요구 등 조치를 취하지 않거나 그 조치가 부적절하다고 판단될 때에는 광고심사위원회의 의결을 거쳐 광고규정 제12조 제1항 및 제3항의 조치 기타 필요한 조치를 취할 수 있다(광규12④).

II. 사건의 유치

도입질문

1. 변호사법규가 변호사의 사건유치에 대하여 규제하는 취지는 무엇인가?
2. 변호사와 비변호사의 동업(또는 업무제휴)에 대한 현행법의 태도는 무엇인가?
3. MDP를 허용할 경우의 순기능과 역기능은 무엇인가?
4. 변호사가 국회의원을 겸직하는 것을 허용하는 것은 바람직한가?

1. 사건유치의 의의

변호사가 자신의 사무실에서 의뢰인이 방문하는 것을 기다리는 것으로 충분하였던 변호사 과소시대에는 구태여 사건의 유치를 할 필요가 없었고 제3자로 하여금 사건의 알선을 받을 필요도 없었다. 그러나 변호사 양산시대에 있어서는 사건의 유치는 변호사 업무의 성패를 좌우하는 문제가 되었고, 사건의 유치에 관한 경쟁의 격화는 변호사의 윤리문제를 수반할 수밖에 없다.

사건의 유치라 함은 변호사 또는 그 사무직원 또는 제3자가 당사자 또는 그 밖의 관계인을 접촉하여 법률사건이나 법률사무(이하 본장에서 "사건"이라고 한다)에 관하여 특정 변호사가 수임할 수 있도록 소개 · 알선, 유인하거나 권유하는 행위를 말한다. 유치행위 중 '소개 · 알선', '유인' 등이 무엇을 의미하는지에 관해서 변호사법 등에서 특별히 규정한 바가 없으므로 변호사법 등의 취지에 맞게 해석으로 그 개념이 정해져야 한다.

여기에서 소개·알선은 사건의 당사자 등과 특정한 변호사 또는 그 사무직원 사이에서 서로 상대방을 알게 하는 등의 방법으로 그 사건에 관한 위임계약의 체결을 주선, 중재하거나 그 편의를 도모하는 행위를 말한다.[83] 따라서 변호사가 사건 수임에 관해 청탁한 취지를 상대방에게 전하거나, 그 변호사를 대신하여 스스로 상대방에게 청탁을 하는 행위도 여기에 해당한다.[84]

대법원 2000. 6. 15. 선고 98도3697 판결(전원)

구 변호사법(2000. 1. 28. 법률 제6207호로 전문 개정되기 전의 것) 제90조 제2호 후단에서 말하는 알선이라 함은 법률사건의 당사자와 그 사건에 관하여 대리 등의 법률사무를 취급하는 상대방 사이에서 양자간에 법률사건이나 법률사무에 관한 위임계약 등의 체결을 중개하거나 그 편의를 도모하는 행위를 말하고, 따라서 현실적으로 위임계약 등이 성립하지 않아도 무방하며, 그 대가로서의 보수를 알선을 의뢰하는 자뿐만 아니라 그 상대방 또는 쌍방으로부터 지급받는 경우도 포함하고, 비변호사가 법률사건의 대리를 다른 비변호사에게 알선하는 경우는 물론 변호사에게 알선하는 경우도 이에 해당한다.

미국의 Model Code상 'Solicitation'이 유인에 해당하는 것으로, '위임 권유활동', '유인' 또는 '변호사의 의뢰인과의 직접 접촉'으로 번역되고 있다.[85] 'Solicitation'은 '경제적 이익을 위하여 장래의 특정한 의뢰인과의 접촉을 하는 것',[86] 또는 '의뢰인과의 직접적인 접촉' 또는 '변호사가 제3자로부터 추천 또는 소개(a recommendation or client referral from a third party)를 얻으려고 노력하는 것'을 의미한다.[87] 결국 유인이라 함은 사건의 수임을 위하여 변호사가 직접 특정의 의뢰인을 접촉하거나 변호사의 직원 또는 제3자에게 의뢰인을 추

83) 대판 2002. 3. 15. 2001도970; 2013. 1. 31. 2012도2409 등 참조.

84) 배종대, 『형법각론』 제6전정판, 홍문사, 2007, 826면 참조.

85) Solicitation에 대하여 박준, 전게서 276면은 '위임 권유활동'으로 번역하고 있다. 이상수, 전게서, 263, 279면은 '유인, 의뢰인 유인 또는 변호사에 의한 의뢰인 직접 접촉'이라고 번역하고 있고, 이윤제, 「미국과 한국의 법조윤리규범에 대한 비교연구 —변호사의 사건수임과 관련된 윤리규범을 중심으로—」(2009년도 법조윤리협의회 연구용역과제), 2009. 8. 12. 13면도 Solicitation을 유인 또는 의뢰인과의 직접적인 접촉이라고 번역하고 있다.

86) 이윤제, 전게논문, 12면.

87) 이윤제, 전게논문, 13면.

천, 소개, 권유 또는 알선하도록 하는 행위라고 할 수 있다.

2. 사건유치에 대한 규제의 취지

변호사의 사건의 유치는 변호사가 특정의 의뢰인 또는 그 밖의 관계인을 접촉하거나, 변호사의 직원 또는 제3자가 변호사와 의뢰인 또는 그 밖의 관계인의 중간에서 사건을 추천, 소개, 권유, 알선하는 방식으로 이루어질 수 있다. 사건의 의뢰인은 변호사의 대규모 양산시대에 변호사에 관한 정확한 정보에 접근하기 어렵기 때문에 제3자의 추천, 소개, 권유 또는 알선에 의하여 변호사를 선택하는 것을 보다 선호할 수 있다.

그러나 사건의 이러한 유치과정을 규제하지 않으면 변호사가 직접 또는 간접으로 사건의 유치경쟁에 관여함으로써 변호사로서의 명예와 품위를 해할 염려가 있다. 또 중간의 제3자는 사건의 소개 등에 대한 대가를 취득하거나 취득하려고 하는 등 이른바 브로커(Runners and Cappers)가 될 수 있고 이로 인하여 법률시장의 질서가 왜곡되거나 문란될 수 있다. 중간의 제3자가 재판 또는 수사업무에 종사하는 기관의 공무원인 경우에도 브로커화의 염려는 물론 재판 또는 수사기관이 처리하는 업무의 공정성에 대한 사회일반의 불신을 가져올 수도 있다. 나아가서는 브로커로 인한 중간비용이 증가하면 그 부담이 법률서비스의 수요자에게 전가될 수도 있다.

따라서 이러한 문제와 부작용 때문에 변호사법 등은 사건의 유치에 관해서 엄격하게 규제하고 있다.

3. 사건유치에 대한 규제의 내용

기본사례 1

① 변호사 갑은 사무직원으로 하여금 토지 소유자에게 접근하여 매도를 권유하고 그로부터 동 토지매매에 관한 사무처리를 위임받았다. 변호사의 이러한 행위가 적법한가?[88]

② 변호사 갑은 사무직원을 병원에 파견하여 교통사고 환자로부터 손해배상청구

사건을 수임하였다. 변호사의 이러한 행위가 허용되는가?[89]

③ 부동산 사기회사 A는 거의 가치가 없는 임야를 "장래 반드시 가치가 상승한다"고 하여 원가보다 훨씬 고액의 가격으로 판매하고, 또한 측량을 하여 높은 가격으로 전매해 주겠다고 하여 고액의 비용을 받았다. 변호사 을은 여기에 말려든 다수의 피해자를 대상으로, 신문이나 인터넷으로 광고를 게재하여 권유하는 방법에 의하여 업자에 대한 손해배상청구사건을 수임하였다. 이러한 행위는 윤리적으로 허용되는가?[90]

④ 변호사 정은 건물의 임대인 A로부터, 임차인 B와 합의한 건물명도조건을 제시받고 확실하게 명도를 받는 방법을 의뢰받자, "제소전화해를 신청하는 방법이 확실하나 A가 B에게 지급하기로 한 퇴거료가 너무 많으니 나라면 퇴거료를 거의 지급하지 않고 퇴거하도록 할 수 있게 보인다. B에게 지금까지의 협의는 없었던 것으로 백지화하라"고 권유하여 바로 B에 대하여 건물명도청구소송을 수임하여 제기하였다. 이러한 행위가 허용되는가?[91]

여기에서는 변호사의 사건유치, 변호사의 사무직원의 사건유치, 제3자의 사건유치, 재판기관·수사기관 공무원의 사건유치, 간접적 사건유치를 나누어 보기로 한다. 간접적 사건유치는 비변호사의 변호사 고용, 변호사와 비변호사의 동업 및 변호사의 겸직 등의 문제로서 변호사가 사건유치를 직접 목적으로 하는 것은 아니나, 사건유치와 간접적으로 관련이 있으므로 이는 항을 달리하여 함께 살피기로 한다.

가. 변호사의 사건유치

여기에는 예상 의뢰인에 대한 관계, 사건유치 목적의 공무소 등 출입, 부당한 사건유치 등의 문제가 있다.

(1) 변호사의 예상 의뢰인에 대한 관계

윤리규약 제19조(예상 의뢰인에 대한 관계) ① 변호사는 변호사로서의 명예와 품위에 어

88) 대한변협 2007. 2. 12. 징계 제2006-9호(축조, 대한변협, 2009, 231면 참조).
89) 법무부 1999. 1. 18. 징계결정(축조, 대한변협, 2009, 231면 참조)
90) 小島武司 외 3, 전게서, 163-164면 참조.
91) 高中正彦, 전게서, 61면 참조.

> 굿나는 방법으로 예상 의뢰인과 접촉하거나 부당하게 소송을 부추기지 아니한다.

구 윤리규칙의 이에 관한 내용이 위와 같이 개정되었다. 구 윤리규칙은 "변호사는 사건의 유치를 목적으로, 예상되는 의뢰인과 접촉하거나 사무직원 또는 제3자로 하여금 선임을 권유하는 행위를 하게 하여서는 아니 된다"(구규9)라고 하여 변호사의 예상 의뢰인과의 직접 접촉을 금지하였다. 이는 변호사가 사건의 유치에 직접 관여하게 되면 변호사 자신이 브로커화될 우려가 있기 때문이다. 미국에서도 사건을 수임하지 못하는 변호사가 장래의 의뢰인들을 상대로 직접 위임을 권유하는 행위를 하는 것을 Solicitation이라고 하여 강한 규제를 하고 있다.[92] 구 윤리규칙의 내용은 미국의 Solicitation의 금지와 같은 취지의 규정이었다. 그러나 예상 의뢰인에 대한 일체의 접촉을 금지하는 것은 부당하다는 취지에서 위와 같이 개정하였다.

이와 관련하여 인터넷 웹페이지의 홈페이지 등을 통하여 특정사건의 소송참여자를 모집하는 방식의 광고에 대한 윤리적 문제가 있다. 광고규정 제4조 제5호는 특정사건과 관련하여 예상 의뢰인과 적극적으로 접촉하는 행위만을 금지하고 있고,[93] 이에 따라 대한변협도 인터넷 등을 통한 특정사건에 관한 소송참여자의 모집에 관한 광고가 광고규정에 위반되지 않는다고 보고 있다.[94] 여기에서 특정사건에 대한 광고와 유인활동의 한계가 명백하지 않다는 등의 문제가 제기된다.[95] 이와 같은 광고를 통하여 특정사건에 대한 유인활동이 이루어질 경우 그에 따르는 소송의 부추김, 불충분한 정보의 제공 등과 같은 폐해가 발생할 수 있다. 이러한 폐해를 방지하기 위한 윤리적 기준의 마련이 필요하다. 현재로서는 특정사건의 소송참여자 모집의 광고가 광고규정에는 위반하지 않더라도 사건유치의 목적으로 예컨대, 소송의 부추김, 충분한 정보를 제

---

92) 이윤제, 전게논문, 11-12면 참조.

93) 광고규정 제4조(광고 내용에 대한 제한) 5. 특정사건과 관련하여 당사자나 이해관계인(당사자나 이해관계인으로 예상되는 자 포함)에 대하여 그 요청이나 동의 없이 방문, 전화, 팩스, 우편, 전자우편, 문자 메시지 송부, 기타 이에 준하는 방식으로 접촉하여 당해 사건의 의뢰를 권유하는 내용의 광고. 다만, 소속지방변호사회의 허가를 받은 경우에는 그러하지 아니하다.

광고규정 제5조(광고방법 등에 대한 제한) ② 변호사는 불특정 다수인에게 팩스, 우편, 전자우편 또는 문자메시지 등을 보내거나 이에 준하는 방법을 이용하여 광고를 하여서는 안 된다. 다만, 소속 지방변호사회의 허가를 받은 경우에는 그러하지 아니하다.

94) 대한변협 2008. 9. 23. 법제 제2305호(축조, 대한변협, 2009, 104면).

95) 박준, 전게서, 277-278면 참조.

공하지 않는 등의 문제가 있고 이것이 '변호사로서의 명예와 품위에 어긋나는 방법'에 해당되면 윤리규약 제19조의 위반이라고 보아야 한다.

대한변협 2008. 9. 23. 법제 제2305호[96)]

- **질의요지**: 법무법인이 운영하는 인터넷 홈페이지, 블로그, 카페 등을 이용하여 특정사건에 관한 소송참여자를 모집하는 것이 법규에 위반되는지 여부
- **회신요지**: 인터넷 홈페이지 등에 특정사건의 수임과 관련하여 이를 안내하는 내용을 게재하여 놓은 상태에서 인터넷 이용자가 스스로 필요에 의해서 홈페이지 등에 접근하여 이를 열람하는 것은 규정상 허용된다. 다만, 이 경우에도 홈페이지 등을 운영하는 변호사 등이 불특정다수인에게 이메일, 문자메시지 등을 보내거나 이에 준하는 방법을 이용하여 광고를 하거나 위 홈페이지 등에 접근하도록 유도하는 것은 광고규정 제5조 제2항에 위반될 소지가 있다. 아울러 법무법인 등이 인터넷 홈페이지 등에 위와 같은 방법으로 사건을 유치하는 경우에는 광고규정 제10조에 따라 그 홈페이지 등에 사건을 유치하고자 하는 법무법인, 변호사 등의 이름을 명확히 밝혀야 한다.

(2) 사건유치 목적의 공무소 등 출입

변호사법 제35조(사건유치 목적의 출입금지등) 변호사나 그 사무직원은 법률사건이나 법률사무를 유상으로 유치할 목적으로 법원·수사기관·교정기관 및 병원에 출입하거나 다른 사람을 파견하거나 출입 또는 주재하게 하여서는 아니된다
윤리규약 제39조(사건유치 목적의 출입금지) 변호사는 사건을 유치할 목적으로 법원, 수사기관, 교정기관 및 병원 등에 직접 출입하거나 사무원 등으로 하여금 출입하게 하지 아니한다.

변호사는 사건유치 목적으로 법원, 수사기관, 교정기관, 병원에 출입하거나 사무원 또는 제3자를 파견, 출입 또는 주재하게 해서는 안 된다. 변호사법은 '유상으로 유치할 목적'의 출입만을 금지하지만, 윤리규약은 유상, 무상을 가리지 않고 출입을 금지한다. 사건유치 목적의 출입은 사건유치를 둘러싼 부당한 경쟁을 촉발하여 변호사에 대한 일반의 신뢰를 저해할 수 있고 나아가 사법권에 대한 존중의 정신에 반하기 때문이다. 이를 위반하면 변호사법상 징계처분

96) 축조, 대한변협, 2009, 104면.

외에 과태료처분의 대상이 된다(법117② i 의2).

법무부 1988. 11. 11. 징계결정

사무직원을 채용하면서 그가 소개하는 소송사건 1건당 수임료의 일부를 소개비로 주기로 약정하고, ○○외과에 파견하여 사건을 수임하게 하는 등의 방법으로 총23건을 소개받아 수임한 뒤 소개비를 교부한 행위로 정직 6월의 징계결정.

(3) 부당한 사건유치 금지 등

(가) 연고관계 등의 선전금지

변호사법 제30조(연고 관계 등의 선전금지) 변호사나 그 사무직원은 법률사건이나 법률사무의 수임을 위하여 재판이나 수사업무에 종사하는 공무원과의 연고(緣故) 등 사적인 관계를 드러내며 영향력을 미칠 수 있는 것으로 선전하여서는 아니 된다.

대한변협 2006. 12. 4. 징계 제2006-11호

혐의자는 갑 변호사가 이미 수임 중인 형사사건의 피고인의 요청에 따라 수임을 전제로 수회 접견을 함에 있어서 담당 판사와의 학연관계가 있으니 석방시켜 달라는 피고인의 요청에 대하여 "자신에게 위임하면 100% 석방시켜 주겠다"는 취지의 말을 하고, 선임되지 않은 피고인에 대하여 "사기 피해액 일부라도 공탁을 하여야 보석이 가능할 것 같다"라고 말하는 등 연고관계 선전금지 위반, 수임하지 않은 사건에 대한 개입금지의무 위반을 한 혐의 등으로 과태료 1,500만원 결정.

(나) 소위 브로커로부터의 사건유치 금지

변호사법 제34조(변호사가 아닌 자와의 동업 금지 등) ③ 변호사나 그 사무직원은 제109조 제1호,[97] 제111조[98] 또는 제112조 제1호[99]에 규정된 자로부터 법률사건이나 법률사무

97) 변호사법 제109조(벌칙) 다음 각 호의 어느 하나에 해당하는 자는 7년 이하의 징역 또는 5천만원 이하의 벌금에 처한다. 이 경우 벌금과 징역은 병과(倂科)할 수 있다.

1. 변호사가 아니면서 금품·향응 또는 그 밖의 이익을 받거나 받을 것을 약속하고 또는 제3자에게 이를 공여하게 하거나 공여하게 할 것을 약속하고 다음 각 목의 사건에 관하여 감정·대리·중재·화해·청탁·법률상담 또는 법률 관계 문서 작성, 그 밖의 법률사무를 취급하거나 이러한 행위를 알선한 자

의 수임을 알선받거나 이러한 자에게 자기의 명의를 이용하게 하여서는 아니 된다.
윤리규약 제9조(부당한 사건유치 금지 등) ① 변호사는 사건의 알선을 업으로 하는 자로부터 사건의 소개를 받거나, 이러한 자를 이용하거나, 이러한 자에게 자기의 명의를 이용하게 하는 일체의 행위를 하지 아니한다.

변호사는 사건의 알선을 업으로 하는 자를 이용하거나 그로부터 사건유치를 하거나 그러한 자에게 변호사의 명의를 이용하게 해서는 안 된다. 사건의 알선을 업으로 하는 자는 변호사법 제109조 제1호, 제111조, 제112조 제1호에 규정된 자가 전형적인 예로서 이른바 '브로커'를 말한다. 이는 즉 '브로커'를 통한 사건의 유치를 금지한 것이다. 이를 위반하면 변호사법상 형사처벌의 대상이 된다(법109 ii, 34③).

대법원 1978. 5. 23. 선고 78도609 판결

명목은 변호사의 사무원으로 되어 있으나 법률사무소의 운영실태에 있어서는 국가배상사건만을 전담하되 자기 계산하에 또는 변호사의 지휘감독을 받음이 없이 독자적으로 사건을 처리하고 변호사에게는 배상결정액의 10%를 명의대여료로 지급하였다면 이는 변호사법 제17조 제4항의 '명의'를 이용하게 한 것에 해당한다.[100]

가. 소송 사건, 비송 사건, 가사 조정 또는 심판 사건

나. 내지 마.(생략)

98) 변호사법 제111조(벌칙) ① 공무원이 취급하는 사건 또는 사무에 관하여 청탁 또는 알선을 한다는 명목으로 금품·향응, 그 밖의 이익을 받거나 받을 것을 약속한 자 또는 제3자에게 이를 공여하게 하거나 공여하게 할 것을 약속한 자는 5년 이하의 징역 또는 1천만원 이하의 벌금에 처한다. 이 경우 벌금과 징역은 병과할 수 있다.

② 다른 법률에 따라 「형법」 제129조부터 제132조까지의 규정에 따른 벌칙을 적용할 때에 공무원으로 보는 자는 제1항의 공무원으로 본다.

99) 변호사법 제112조(벌칙) 다음 각 호의 어느 하나에 해당하는 자는 3년 이하의 징역 또는 2천만원 이하의 벌금에 처한다. 이 경우 벌금과 징역은 병과할 수 있다

1. 타인의 권리를 양수하거나 양수를 가장하여 소송·조정 또는 화해, 그 밖의 방법으로 그 권리를 실행함을 업(業)으로 한 자
2. 내지 7.(생략)

100) 변호사법(1973. 12. 20. 법률 제2654로 개정된 것) 제17조 ④ 변호사는 그 정을 알면서 제48조의 규정에 위반한 자, 제54조 또는 제55조에 규정된 자로부터 사건수임의 주선을 받거나 또는 이러한 자에게 자기의 명의를 이용하게 할 수 없다.

(다) 사건유치 대가의 제공 금지

변호사법 제34조(변호사가 아닌 자와의 동업 금지 등) ② 변호사나 그 사무직원은 법률사건이나 법률사무의 수임에 관하여 소개·알선 또는 유인의 대가로 금품·향응 또는 그 밖의 이익을 제공하거나 제공하기로 약속하여서는 아니 된다.
윤리규약 제9조(부당한 사건유치 금지 등) ② 변호사는 어떠한 경우를 막론하고 사건의 소개·알선 또는 유인과 관련하여 소개비, 기타 이와 유사한 금품이나 이익을 제공하지 아니한다.

기본사례 2

변호사 갑은 비변호사인 A의 알선으로 X회사와 고문계약을 월 300만원에 체결하고 그 알선료 명목으로 A에게 금 150만원을 제공하였다. 변호사의 행위에 어떠한 문제가 있는가?[101)]

변호사나 사무직원은 사건유치자에 대하여 대가를 제공하거나 그 제공을 약속해서는 안 된다. 이는 변호사가 소위 '브로커' 등에게 금품을 지급하고 사건을 알선받는 법조 주변의 부조리를 척결하여 법조계의 투명성과 도덕성을 보장하기 위한 것이다. 이를 위반하면 변호사법상 형사처벌의 대상이 된다(법109 ii, 34②).

대법원 2002. 3. 15. 선고 2001도970 판결

알선이라 함은 현실적으로 위임계약 등이 성립하지 않아도 무방하며, 그 대가로서의 보수(이익)의 지급에 관한 약속은 그 방법에 아무런 제한이 없고 반드시 명시적임을 요하는 것도 아니다.

나. 변호사의 사무직원의 사건유치

변호사의 사무직원은 변호사의 사용인으로서 위에서 살펴본 바와 같이 사건유치 목적으로 공무소 등을 출입하거나, 부당한 사건유치를 해서는 안 된다.

101) 대한변협 2004. 12. 20. 징계 제2003-24호(축조, 대한변협, 2009, 222면).

변호사의 예상 의뢰인에 대한 관계에 관한 윤리규약 제9조는 변호사의 사무직원에 관하여 규정하고 있지 않으나 사무직원이 위와 같은 사건유치를 한 경우도 변호사에게 관리감독상의 책임이 있다.

나아가 변호사의 사무직원도 후술하는 '제3자의 사건유치'가 금지된다. 즉, 변호사의 사무직원이 다른 변호사에게 사건을 알선하거나 자신의 사용자인 변호사에게 사건을 알선하여 주고 그 대가를 받는 것이 금지된다.

따라서 변호사의 사무직원이 이에 위반하여 '브로커' 등으로부터 사건을 유치받거나 그 유치대가를 제공하거나, 또는 변호사에게 사건을 유치해주고 그 대가를 받거나 요구하고 약속하는 행위는 변호사법상 형사처벌의 대상이 된다(법109 ii, 34③,②).

대법원 2007. 9. 6. 선고 2005도2492 판결

변호사법 제34조 제2항의 입법 취지와 개정 경위 등에 비추어 보면, 변호사법 제109조 제2호, 제34조 제2항의 죄는 변호사가 자신의 사무직원으로부터 법률사건 또는 법률사무의 수임에 관하여 알선 등의 대가로 금품 등을 제공하거나 이를 약속한 경우에도 성립한다고 할 것이고, 변호사법 제34조 제2항은 변호사가 금품을 지급하고 사건을 알선받는 법조 주변의 부조리를 척결하여 법조계의 투명성과 도덕성을 보장하기 위한 것으로서 위 규정이 헌법이 보장한 평등권, 직업선택의 자유, 행복추구권의 본질적인 내용을 침해한다고 할 수 없다.

다. 제3자의 사건유치

변호사법 제34조(변호사가 아닌 자와의 동업 금지 등) ① 누구든지 법률사건이나 법률사무의 수임에 관하여 다음 각 호의 행위를 하여서는 아니 된다.

1. 사전에 금품·향응 또는 그 밖의 이익을 받거나 받기로 약속하고 당사자 또는 그 밖의 관계인을 특정한 변호사나 그 사무직원에게 소개·알선 또는 유인하는 행위
2. 당사자 또는 그 밖의 관계인을 특정한 변호사나 그 사무직원에게 소개·알선 또는 유인한 후 그 대가로 금품·향응 또는 그 밖의 이익을 받거나 요구하는 행위

사건유치가 금지되는 '누구든지'에는 변호사의 사무직원이 포함된다.[102] 본 조항은 유상의 사건유치, 즉 사전 대가수령 유치행위(제1호), 유치후 대가수령

102) 대판 2007. 9. 6. 2005도2492; 헌재 2005. 11. 24. 2004헌바83 결정.

행위(제2호)를 금지하고 있다. 이를 위반하면 변호사법상 형사처벌의 대상이 된다(법109 ii, 34①).

유상의 사건유치는 그 행위 주체가 후술하는 재판 · 수사기관의 소속 공무원(법36) 또는 업무취급 공무원(법37)이라도 본 조항에 해당된다. 따라서 재판 · 수사기관 소속 공무원 또는 업무취급 공무원이 무상으로 사건을 유치하는 것은 본 조항의 규제의 대상은 아니다. 이 경우에는 변호사법 제36조, 제37조에 해당된다.

1 대법원 2009. 5. 14. 선고 2008도4377 판결

'변호사법 제34조 제1항 제2호'의 위반행위가 성립하기 위하여는 금품 등을 받을 고의를 가지고 법률사건 등을 변호사 또는 그 사무직원에게 소개하는 등의 행위를 한 후 그 대가로 금품 등을 받거나 요구하면 되는 것이고, 위 조항 '제1호'의 위반행위와 달리 반드시 사전에 소개료 등에 관한 약정이 있어야 하는 것은 아니다. 또한, 위 조항의 위반행위가 될 수 있으려면 법률사건 등을 실제 특정 변호사의 사무직원인 자에게 소개하는 경우여야 하지만, 이후 수수되는 금품 등이 그 소개의 대가로 인정되는 이상, 소개된 사무직원이 반드시 금품 등이 수수될 때까지 사무직원으로서의 지위를 유지하고 있어야 하는 것은 아니다.

2 대법원 2000. 6. 15. 선고 98도3697 판결(전원)

알선은 현실적으로 위임계약 등이 성립하지 않아도 무방하며, 그 대가로서의 보수를 알선을 의뢰하는 자뿐만 아니라 그 상대방 또는 쌍방으로부터 지급받는 경우도 포함하고, 비변호사가 법률사건의 대리를 다른 비변호사에게 알선하는 경우는 물론, 변호사에게 알선하는 경우도 이에 해당한다.

3 대한변협 2009. 2. 25. 질의회신 제432호

갑으로부터 변호사와 위임계약을 체결할 수 있는 대리권을 수여받은 자가 변호사를 선임하고 갑으로부터 보수를 지급받은 경우, 위임계약을 체결한 대가를 받은 것으로 볼 여지도 있지만, 결국은 변호사를 알선, 소개한 대가를 받는 측면도 있으므로 변호사법 제34조 제1항에 위반된다.

4 대한변협 2010. 11. 30. 질의회신 제554호

■ **질의요지**: 동일 명칭을 사용하는 세무 · 특허 · 관세법인(세무법인 A, 특허법인 A, 관세법인 A)이 있다. 각 법인은 구성, 출자, 운영 등에서 독립적이고, 상호 이익을 배분하지 않는다. 이들 법인이 A라는 동일 명칭 하에 시너지효과를 누리기 위하여 공동으로 신문광고를 게재하면서 각 법인들이 제휴관계에 있어 법무 · 세무 · 특허 · 관세 분야에서 종합적인 서비스를 받을 수 있다는 내용의 광고를 하는 것이 가능한지 여부

■ **회신요지**: 가. 법무법인이 세무법인, 특허법인 등 다른 법에 따라 설립된 전문자격사 법인과 공동광고를 하는 것은 변호사법 및 협회의 회칙이나 규정에서 명시적으로 금지하고 있지 않으나 다만, 제휴형태 및 광고 내용에 따라 변호사법 및 광고규정에 저촉될 우려가 있다.

나. 법무법인이 다른 세무법인, 특허법인, 관세법인과 사무소의 명칭을 동일하게 사용하면서 업무제휴를 통해 종합적인 서비스를 하는 것으로 광고를 하는 경우는 ① 법무법인이 수임한 사건을 다른 법인에게 소개하거나 다른 법인이 수임한 사건을 법무법인이 소개를 받는다는 것을 전제로 하거나, ② 법무법인이 수임한 사건 중 일부를 다른 법인에게 용역을 주는 형태를 전제로 한 광고로 보일 여지가 있다.

<u>법무법인이 수임한 사건을 다른 법인에게 소개하거나 다른 법인이 수임한 사건을 법무법인이 소개받는 것을 전제로 하는 경우에는 변호사법 제34조 제1항 제1호, 제2호에서 '그 밖의 이익을 받는 것'도 허용되지 않는다고 규정하고 있고, 업무제휴를 통한 수임증가도 동법 제34조 제1항 제1호, 제2호에서 규정한 '그 밖의 이익을 받는 것'에 해당할 수 있다.</u>

또한 법무법인이 수임한 사건 중 일부를 다른 법인에게 용역을 주는 것이나 다른 법인이 수임한 사건 중 일부를 법무법인에게 용역을 주어 다른 법인의 이름으로 업무가 진행되는 것은 다른 법인이 비변호사가 할 수 없는 업무를 하는 것이므로 변호사법 제109조 제1호를 위반하는 것이고, 다른 법인이 업무를 진행함에 있어 법률업무를 법무법인이 수행하였다고 표시하는 경우라도 변호사법 제34조 제3항을 위반하는 것이다.

다. 같은 명칭을 사용하는 전문자격사 법인들과 같이 업무제휴에 관한 광고를 하는 경우, 법률 수요자들은 이들이 소유, 운영 면에서 단일하거나 특수한 계열 관계에 있는 것으로 오해할 여지가 많아 광고규정 제4조 제2호[103]에 위반될 소지도 있다.

라. 따라서, 위에서 살펴본 바와 같이 각 법인간의 제휴형태 및 광고 내용에 따라 변호사법 및 변호사업무광고규정에 저촉될 수 있는 점을 고려해 볼 때, 각 법인들이 상

---

103) 광고규정 제4조(광고내용에 대한 제한) 변호사는 직접 또는 타인을 통하여 다음과 같은 광고를 할 수 없다.

2. 객관적 사실을 과장하거나 사실의 일부를 누락하는 등으로 고객을 오도하거나 고객으로 하여금 객관적 사실에 관하여 오해를 불러일으킬 우려가 있는 내용의 광고

호 간에 인적, 물적인 면에서 독립적으로 설립하여 운영된다는 취지의 내용을 광고에 명시하는 것에 한하여 질의와 같은 방식의 광고가 제한적으로 허용되어야 할 것이다.

5 대한변협 2010. 7. 8. 질의회신 제532호

노무사가 기업체와 자문계약을 체결하고자 자신을 홍보하면서 노무관련 업무 외 다른 법률업무에 대해서는 변호사가 상담, 지원해 줄 것이라고 홍보하는 경우, 변호사보수를 기업으로부터 받는가 아니면 노무사로부터 받는가 여부와 관계없이 '비변호사'인 노무사가 '당사자 또는 그 밖의 관계인'에 해당하는 기업체를 '특정한 변호사'에게 소개·알선 또는 유인하고 '그 대가로 금품·향응 또는 그 밖의 이익을 받는' 행위에 해당하므로 변호사법 제34조에 위반된다.

라. 재판기관·수사기관 공무원의 사건유치

변호사법 제36조(재판·수사기관 공무원의 사건 소개 금지) 재판기관이나 수사기관의 소속 공무원은 대통령령으로 정하는 자기가 근무하는 기관에서 취급 중인 법률사건이나 법률사무의 수임에 관하여 당사자 또는 그 밖의 관계인을 특정한 변호사나 그 사무직원에게 소개·알선 또는 유인하여서는 아니 된다. 다만, 사건 당사자나 사무 당사자가 「민법」 제767조에 따른 친족인 경우에는 그러하지 아니하다.

변호사법 제37조(직무취급자 등의 사건 소개 금지) ① 재판이나 수사 업무에 종사하는 공무원은 직무상 관련이 있는 법률사건 또는 법률사무의 수임에 관하여 당사자 또는 그 밖의 관계인을 특정한 변호사나 그 사무직원에게 소개·알선 또는 유인하여서는 아니 된다.
② 제1항에서 "직무상 관련"이란 다음 각 호의 어느 하나에 해당하는 경우를 말한다.
1. 재판이나 수사 업무에 종사하는 공무원이 직무상 취급하고 있거나 취급한 경우
2. 제1호의 공무원이 취급하고 있거나 취급한 사건에 관하여 그 공무원을 지휘·감독하는 경우

(1) 개 요

재판기관이나 수사기관의 소속 공무원은 변호사에 대한 사건유치가 금지된다. 재판기관이나 수사기관에서 취급 중인 법률사건이나 법률사무에 관한 대리행위 등이 변호사의 직무 자체이므로(법3), 이러한 공무원의 변호사에 대한 사건유치가 허용될 경우 재조와 재야 법조계의 투명성과 도덕성이 확보될 수

없기 때문이다. 여기에는 '소속 공무원'에 대한 유치금지와 '업무종사 공무원'의 유치금지가 있다.

(2) 재판 · 수사기관의 '소속 공무원'

'대통령령으로 정하는 자기가 근무하는 기관'에서 취급 중인 법률사건이나 법률사무에 관하여 사건유치행위를 해서는 안 된다(법36본).

> **변호사법시행령 제8조(자기가 근무하는 기관의 범위)** 법 제36조 본문에서 "대통령령으로 정하는 자기가 근무하는 기관"이란 해당 공무원이 실제 근무하는 다음 각 호의 기관 또는 시설을 말한다.
> 1. 재판기관
>   가. 헌법재판소
>   나. 「법원조직법」 제3조 제1항에 따른 대법원, 고등법원, 특허법원, 지방법원, 가정법원, 행정법원과 같은 조 제2항에 따른 지방법원 및 가정법원의 지원, 가정지원, 시 · 군법원
>   다. 「군사법원법」 제5조에 따른 고등군사법원, 보통군사법원
> 2. 수사기관
>   가. 「검찰청법」 제3조 제1항에 따른 대검찰청, 고등검찰청, 지방검찰청과 같은 조 제2항에 따른 지방검찰청 지청
>   나. 「경찰법」 제2조 제1항에 따른 경찰청과 같은 조 제2항에 따른 지방경찰청, 경찰서
>   다. 「정부조직법」 제37조 제3항 및 「해양경찰청과 그 소속기관 직제」 제2장 · 제5장에 따른 해양경찰청, 지방해양경찰관서
>   라. 「사법경찰관리의 직무를 행할 자와 그 직무범위에 관한 법률」 제3조부터 제5조까지, 제6조의2, 제7조, 제7조의2 및 제8조에 따른 해당 소속기관 또는 시설
>   마. 「군사법원법」 제36조 제2항에 따른 고등검찰부, 보통검찰부

'소속 공무원'의 무상의 사건유치행위는 변호사법 제36조 본문에 해당하여 동법 제117조 제1항의 과태료의 부과사유가 된다. 다만, 사건 당사자나 사무당사자가 그 공무원과 민법 제767조에 따른 친족[104]인 경우에는 무상의 사건

---

104) 민법 제767조(친족의 정의) 배우자, 혈족 및 인척을 친족으로 한다.
민법 제768조(혈족의 정의) 자기의 직계존속과 직계비속을 직계혈족이라 하고 자기의 형제자매와 형제자매의 직계비속, 직계존속의 형제자매 및 그 형제자매의 직계비속을 방계혈족이라 한다.
민법 제769조(인척의 계원) 혈족의 배우자, 배우자의 혈족, 배우자의 혈족의 배우자를 인척으로 한다.

유치 행위가 허용된다(법36단). 한편, 유상의 사건유치 즉, 사건유치의 대가를 수령하거나 수령할 것을 약속한 행위는 변호사법 제34조 제1항에 해당하여 동법 제109조 제2호의 형사처벌의 대상이 된다.

(3) 재판 · 수사기관의 '업무종사 공무원'

직무상 관련이 있는 법률사건 또는 법률사무의 수임에 관하여 사건유치를 해서는 안 된다. 즉, 직무담당자는 자신이 취급하고 있거나 취급한 사건사무에 대하여, 직무담당자의 감독자는 자신이 감독하는 직무담당자의 취급사건사무에 대한 유치를 금지하는 것이다.

'업무종사 공무원'의 무상의 사건유치 행위는 변호사법 제37조 제1항에 해당하여 동법 제113조 제6호의 형사처벌의 대상이 된다. 한편, 유상의 사건유치, 즉, 사건유치의 대가를 수령하거나 수령할 것을 약속한 행위는 변호사법 제34조 제1항에 해당하여 동법 제109조 제2호의 형사처벌의 대상이 된다.

마. 준용 규정

변호사법 제34조(변호사 아닌 자와의 동업금지 등)의 금지규범 위반행위에 대하여는 법무법인, 법무법인(유한), 법무조합에도 준용되어 형사처벌의 대상이 된다(법109 ii, 57, 58의16, 58의30).

4. 비변호사의 변호사 고용금지

변호사법 제34조(변호사가 아닌 자와의 동업금지 등) ④ 변호사가 아닌 자는 변호사를 고용하여 법률사무소를 개설 · 운영하여서는 아니 된다.

가. 비변호사에 의한 법률사무소 운영 금지

변호사만이 법률사무소를 개설할 수 있다(법21①). 이는 변호사의 직무의 전

민법 제770조(혈족의 촌수의 계산) ① 직계혈족은 자기로부터 직계존속에 이르고 자기로부터 직계비속에 이르러 그 세수를 정한다.

② 방계혈족은 자기로부터 동원의 직계존속에 이르는 세수와 그 동원의 직계존속으로부터 그 직계비속에 이르는 세수를 통산하여 그 촌수를 정한다.

민법 제771조(인척의 촌수의 계산) 인척은 배우자의 혈족에 대하여는 배우자의 그 혈족에 대한 촌수에 따르고, 혈족의 배우자에 대하여는 그 혈족에 대한 촌수에 따른다.

문성, 공정성 및 신뢰성을 확보하고 변호사제도를 보호·유지하기 위한 것이다.[105] 따라서 비변호사가 변호사를 고용하여 법률사무소를 개설·운영하는 것은 허용되지 않는다(법34④). 또, 형식은 변호사의 사무원으로 신고하고 그 사무원이 사건을 유치하면서 실질적으로 변호사를 고용하여 법률사무소를 운영하는 것도 허용되지 않는다.[106] 이를 위반하면 변호사법상 형사처벌의 대상이 된다(법109ⅱ, 34④).

1 대법원 2004. 10. 28. 선고 2004도3994 판결

비변호사가 변호사를 고용하여 법률사무소를 개설·운영하는 행위에 있어서는 비변호사는 변호사를 고용하고 변호사는 비변호사에게 고용된다는 서로 대향적인 행위의 존재가 반드시 필요하고, 나아가 비변호사에게 고용된 변호사가 고용의 취지에 따라 법률사무소의 개설·운영에 어느 정도 관여할 것도 당연히 예상되는바, 이와 같이 변호사가 비변호사에게 고용되어 법률사무소의 개설·운영에 관여하는 행위는 위 범죄가 성립하는 데 당연히 예상될 뿐만 아니라 범죄의 성립에 없어서는 아니 되는 것인데도 이를 처벌하는 규정이 없는 이상, 그 입법 취지에 비추어 볼 때 비변호사에게 고용되어 법률사무소의 개설·운영에 관여한 변호사의 행위가 일반적인 형법 총칙상의 공모, 교사 또는 방조에 해당된다고 하더라도 변호사를 비변호사의 공범으로서 처벌할 수는 없다. 이는 2인 이상의 서로 대향된 행위의 존재를 필요로 하는 범죄에 있어서는 공범에 관한 형법 총칙 규정의 적용이 있을 수 없고 따라서 상대방의 범행에 대하여 공범관계도 성립되지 아니하는 것으로 본 대법원 2002. 7. 22. 선고 2002도1696 판결 등의 취지에 비추어 보더라도 명백하다.[107]

2 대한변협 2004. 12. 20. 징계 제2003-24호 결정

비변호사가 동업으로 개설한 '000법률사무소'라는 명칭의 사무소에 고용되어 월보수를 받으면서 비변호사로 하여금 그들이 의뢰인으로부터 받은 보수 중에서 협의자의 보수 및 사무실운영비 외의 돈을 알선료 등으로 가져오게 한 행위 등으로 과태료 300만원의 징계 결정.

---

105) 헌재 2000. 4. 27. 98헌바95 참조.

106) 대판 1978. 5. 23. 78도609 참조.

107) 대판 2002. 1. 25. 2000도90; 2001. 12. 28. 2001도5158; 1988. 4. 25. 87도2451; 1985. 3. 12. 84도2747 등 판결.

나. 사내변호사와의 구별

비변호사에 의한 변호사의 고용금지는 사내변호사 제도와는 구별하여야 한다. 전자는 비변호사가 주체가 되어 법률사무를 처리하는 것임에 반하여, 후자는 사내변호사가 비변호사인 기업 등에 의하여 고용되더라도 그 기업이 주체가 되어 변호사의 직무인 법률사무의 처리를 하는 것은 아니다. 사내변호사는 사용인으로서 그 기업의 목적 달성을 위한 활동에 관하여 이를 법률적으로 보조하는 것일 뿐이다.

다. 비변호사인 전문직과의 관계

변호사는 변리사, 세무사, 관세사, 법무사, 공인회계사, 공인노무사 등 전문직을 고용하여 법률사무소를 운영할 수 있다.[108] 그러나 변리사, 세무사 등 전문직은 변호사를 고용할 수는 있되 변호사의 직무인 법률사무를 행하는 것이 금지된다. 법률사무는 변호사 자격을 가진 자만이 할 수 있는 업무이고 비변호사가 변호사를 고용하여 법률사무소를 운영하는 것은 허용되지 않기 때문이다(법34④). 다만 회계법인, 공인회계사 등에 고용된 변호사가 소속 지방변호사회의 허가(법38②)를 얻어 회계법인, 공인회계사 등의 명의가 아닌 그 변호사의 명의로 법률사무를 처리하는 것은 허용된다.[109]

라. 비변호사에 대한 처벌

비변호사가 변호사를 고용하여 법률사무를 개설·운영하는 행위는 변호사법 위반으로 형사처벌의 대상이 된다(법109ⅱ, 34④). 그러나 비변호사에게 고용된 변호사는 비변호사의 변호사법위반에 대한 공범으로 처벌되지 아니한다.[110]

5. 변호사와 비변호사의 동업금지

변호사법 제34조(변호사가 아닌 자와의 동업금지 등) ⑤ 변호사가 아닌 자는 변호사가 아니면 할 수 없는 업무를 통하여 보수나 그 밖의 이익을 분배받아서는 아니 된다.
윤리규약 제34조(보수 분배금지 등) ① 변호사는 변호사 아닌 자와 공동의 사업으로 사

108) 대한변협 2005. 5. 2. 질의회신 제220호; 1998. 12. 9. 제67호.
109) 대한변협 2014. 4. 14. 질의회신 제811호; 2009. 10. 5. 질의회신 제481호 등 참조.
110) 대판 2004. 10. 28. 2004도3994.

> 건을 수임하거나 보수를 분배하지 아니한다. 다만, 외국법자문사법에서 달리 정하는 경우에는 그러하지 아니하다.
> ② 변호사는 소송의 목적을 양수하거나, 정당한 보수 이외의 이익분배를 약정하지 아니한다.

가. 변호사와 비변호사의 동업

변호사만이 변호사의 직무에 속하는 사무를 행할 수 있다(법3). 변호사가 아니면 할 수 없는 업무 즉, 변호사의 직무에 속하는 사무에 대하여 변호사와 비변호사가 공동의 사업으로 운영하여 보수나 그 밖의 이익을 분배받아서는 안 된다. 이는 변호사법 제3조(변호사의 직무), 제21조(법률사무소) 제1항을 우회하여 비변호사가 변호사의 직무를 행하는 것을 금지하는 것이다. 이는 비변호사가 변호사의 직무를 실질적으로 수행하는 것을 금지하여 변호사 직무의 공공성을 확보하기 위한 것이다. 다만, 외국법자문사법 제34조의2 제1항에 의하여 국내법사무와 외국법사무가 혼재된 법률사건을 변호사 등과 외국법자문법률사무소가 공동으로 처리하고 그 수익을 분배하는 경우에는 예외이다. 변호사의 동업금지에 관한 위 규정은 법무법인, 법무법인(유한), 법무조합에도 준용된다(법57, 58의16, 58의30). 이를 위반하는 행위에 대하여 비변호사는 변호사법상 형사처벌의 대상이 되고(법109ⅱ, 34⑤), 변호사는 윤리규약의 위반이 된다.

여기에서 공동의 사업은 변호사의 직무를 통한 이익의 분배라는 실체를 갖는 한 업무제휴·동업 등 형식을 불문한다. 비변호사의 변호사와의 동업은 형식상 변호사가 비변호사에게 변호사의 명의를 이용하게 하는 방식(법34③), 비변호사가 변호사를 고용하는 방식(법34④), 또는 변호사가 비변호사와 업무제휴를 하는 방식 등에 의하여 이루어질 수 있다.

변호사법 제34조 제5항은 강행규정으로서, 비변호사가 변호사가 아니면 할 수 없는 업무를 통하여 보수 등을 받기로 한 약정은 무효라고 해석함이 타당하다.[111)]

---

111) 춘천지방법원 2007. 6. 22. 2006가합319(축조, 대한변협, 2009, 222면); 同旨, 박휴상, 전게서, 193면.

1 대법원 2007. 12. 13. 선고 2007두21662 판결[112)]

국가 등을 상대로 손해배상청구소송과 관련하여 사무장이 주민을 상대로 소송위임장을 받아오는 대가로 그에게 수임료의 일부를 지급하는 것을 약속하고 위 소송을 위임받은 것은 변호사법 제34조 제5항에 위반되는 행위이다.

2 대한변협 2008. 6. 2. 징계 제2007-21호

혐의자는 배○○과 함께 법률사무소를 운영하면서 법률자문 및 법률사건 수임계약으로 인한 총 수익 중 배○○의 기여정도에 비례한 금액을 지급하기로 하여 회사의 경영권 분쟁에 대한 조정 및 민사상 보전처분 및 본안소송 등의 위임계약과 관련하여 배○○에게 수익을 분배하는 등 약 3년 5개월 동안 총 수익 중 3억 9,000만원 상당을 배○○에게 분배한 혐의로 정직 6월 결정.

나. 변호사와 전문직의 동업

입법례에 따라서는 변호사와 변호사 아닌 다른 직역의 전문가가 동업하는 것 또는 그러한 동업의 조직체를 MDP(Multidisciplinary Practice)라고 하여 이를 허용하기도 한다.[113)114)] 그러나 변호사법은 이를 허용하지 않고 있으므로 전문직인 변리사, 세무사, 공인회계사 등과의 동업은 금지된다.

따라서 변호사 자격에 기하여 변리사 및 세무사 등록을 한 변호사가 변리사, 세무사와 각 공동사업자로 등록하여 세무 또는 특허변리업무를 처리하는 것은 비변호사와의 동업을 통하여 그러한 행위로부터 얻어진 수익을 분배하는 것으로 동업금지에 위반된다.[115)] 또 법률사무소를 개설한 변호사가 변리사법에 의하여 변리사등록을 하고 변리사의 지위에서 특허법인에서 업무를 수행하는 것은 특허법인의 변리사들과의 관계에서 그 형태에 따라서는 고용 또는 동

112) 축조, 대한변협, 2009, 222면에서 재인용.

113) MDP를 허용할 경우 법률서비스 등을 one-stop으로 제공할 수 있고 경쟁을 촉진하여 서비스의 질을 향상시킬 수 있다는 장점이 있으나 변호사의 공공성 및 독립성에 악영향을 끼칠 수 있고 비밀유지의무 및 이익충돌회피의무가 훼손될 염려가 있다(森際康友, 전게서, 256면 참조).

114) 이전오, "미국과 영국의 MDP 동향," 국회의원 손범규의 「변호사와 유사자격자간 동업」 세미나자료집(2010. 11. 11.), 15면 이하 참조.

115) 대한변협 2005. 5. 2. 법제 제1342호.

업하는 것과 다를 바 없으므로 허용되지 않는다.116) 그러나 다른 전문직과 공동으로 사무실을 사용하는 것 자체는 이익을 분배하는 등의 동업형태를 취하지 않는 한 허용된다.117)

1 대한변협 2014. 8. 21. 질의회신 제839호

변호사에게 사건을 위임할 수 있는 자에 노무법인이 제외되는 것은 아니므로 노무법인이 자신이 수행할 수 없는 소송을 변호사에게 위임하는 행위는 변호사법위반행위가 원칙적으로 아니다. 그러나 단순히 수임계약이 있다고 해서 변호사법위반의 문제가 없는 것은 아니다. 공인노무사(노무법인 포함)가 특정 기업으로부터 정리해고 관련 일체의 위임을 받는 것과 관련하여 위임을 받기 전이나 위임사무를 수행하는 도중에 특정 변호사사무실과 계속적·반복적으로 법률사건의 수임을 알선하려는 의사를 가지고 사건을 위임하고 있다면 이는 동업계약을 체결하고 있거나 수익분배약정을 한 것이 아니라고 하더라도 그 실질이 동일한 경우로 파악될 수 있어 변호사법위반행위로 판단될 수 있다.

2 대한변협 2014. 8. 21. 질의회신 제841호

의뢰인이 변호사에게 사건을 의뢰하되, 변호사가 세무사법 제2조에서 정한 직무에 대하여 세무사와 별도로 계약을 하여 변호사를 돕도록 하는 계약을 하는 형태는 변호사법 및 세무사법위반의 문제는 없다. 의뢰인이 변호사 및 세무사와 별도로 두 개의 계약을 체결하고 세무사가 변호사를 돕는 형태라면, 그것이 의뢰인이 세무사로부터 의견을 받아서 변호사에게 사건처리에 사용하도록 하는 경우에는 변호사와 세무사의 각 직무범위에 속하는 한 위법의 문제는 없으나, 형식적으로 두 개의 계약을 체결하고 있으나 그 실질은 소송업무를 할 수 없는 세무사가 실질적으로 계약의 형식을 빌려 수임료를 분배하는 경우 즉, 변호사와 세무사가 의뢰인에 대한 관계에서 별개 독립의 약정을 체결하는 것이 아니라 세무사로부터 해당사건을 소개, 알선, 유인받는 관계가 형성되는 경우에는, 의뢰인이 세무사에게 지급하는 보수 속에 그러한 소개, 알선, 유인의 대가도 포함되어 있다고 볼 수 있으므로 이 경우에는 변호사법 제34조와 제109조를 위반하는 것이 된다. 또, 변호사가 단지 소송이나 변론을 형식적으로 수행하는 것에 그치고 그 소송이나 변론의 실질적인 내용은 세무사가 제공한 의견을 그대로 수사기관이나 법원에 전달하는 정도에 그치는 경우

---

116) 대한변협 2004. 6. 30. 법제 제1639호.

117) 그러나 「'가나다'법률사무소와 '가나다'회계사무소」 및 'One Stop 서비스' 나 '법률과 회계의 종합 업무처리'등의 문장을 사용하여 두 사무소의 업무가 긴밀하게 연결되어 있음을 암시하는 내용의 광고 등을 하는 것은 대외적으로 두 사무소가 하나의 사무소 내지는 동업의 형태로 운영되는 것으로 오인될 가능성이 있으므로 허용되지 않는다(대한변협 2006. 4. 17. 법제 제1356호).

라면, 이는 세무사가 변호사에게 의뢰인의 사건을 소개, 알선, 유인하여 실질적으로 수임료를 분배하는 경우에 해당할 수 있고 이 경우에는 변호사법 제34조 제5항이 금지하는 행위를 하는 것으로 보아야 한다.

6. 변호사의 겸직제한

가. 공무의 겸직 금지

변호사법 제38조(겸직 제한)[118] ① 변호사는 보수를 받는 공무원을 겸할 수 없다. 다만, 국회의원이나 지방의회 의원 또는 상시 근무가 필요 없는 공무원이 되거나 공공기관에서 위촉한 업무를 수행하는 경우에는 그러하지 아니하다.
③ 변호사가 휴업한 경우에는 제1항과 제2항을 적용하지 아니한다.

변호사는 위와 같이 국회의원 등을 제외하고는 휴업하지 않는 한 보수를 받는 공무원을 겸할 수 없다.

변호사법 제38조 제1항 단서와 관련하여 유의할 점이 있다. 법제사법위원회 소속 '국회의원'의 직에 대한 겸직도 원칙적으로 허용되나, 변호사로서 담당하는(또는 담당하게 될) 구체적 사건이 법제사법위원회의 직무와 관련한 영리행위인 경우에는 변호사로서의 업무를 수행할 수 없다.[119] 또, 국회의원 보좌관의 경우 국회의원 겸직규정을 확대해석할 수 없고 일반적으로 그 업무의 특성상 '상시 근무가 필요 없는' 공무원이라고 보기 어려우므로 변호사가 겸직할 수 없다.[120] '상시 근무가 필요 없는 공무원'이라 함은 시간제계약직 공무원이 그 전형이고,[121] 합의제행정기관(정부조직법5)인 각종 위원회의 비상임위원도 여기에 해당된다.

대한변협 2007. 12. 4. 법제 제2903호[122]

시간제계약직공무원의 경우 비상근공무원에 해당하여 변호사법 제38조(겸직제한) 제1항

118) 같은 취지의 윤리규약 제6조 제1항, 제3항 참조.
119) 대한변협 2006. 7. 25. 법제 제1944호(축조, 대한변협, 2009, 239면).
120) 대한변협 2004. 6. 25. 법제 제1612호(축조, 대한변협, 2009, 239면).
121) 대한변협 2007. 12. 4. 법제 제2903호(축조, 대한변협, 2009, 238면).
122) 축조, 대한변협, 2009, 238면.

단서의 문리해석이나 취지해석 어느 것에 의하더라도 겸직제한에는 해당되지 않는다. 시간제계약직공무원은 공직자로서의 성격이 가장 미약하고, 보수수준이나 복무형태에 있어서도 가장 열악한 취급을 받고 있는 바, 어느 모로 보나 시간제계약직공무원이야말로 변호사법 제38조 제1항 단서 소정의 비상근공무원의 전형적 사례에 속한다고 보여진다. 따라서 시간제계약직공무원은 휴직기간이든 아니든 가릴 것 없이 변호사개업이 허용된다.

나. 영리업무 등의 겸직 제한

변호사법 제38조(겸직 제한)[123] ② 변호사는 소속 지방변호사회의 허가 없이 다음 각 호의 행위를 할 수 없다. 다만, 법무법인·법무법인(유한) 또는 법무조합의 구성원이 되거나 소속 변호사가 되는 경우에는 그러하지 아니하다.
1. 상업이나 그 밖에 영리를 목적으로 하는 업무를 경영하거나 이를 경영하는 자의 사용인이 되는 것
2. 영리를 목적으로 하는 법인의 업무집행사원·이사 또는 사용인이 되는 것

③ 변호사가 휴업한 경우에는 제1항과 제2항을 적용하지 아니한다.

(1) 의 의

변호사는 법무법인, 법무법인(유한), 법무조합의 구성원이 되거나 소속 변호사가 되는 경우를 제외하고, 영리업무, 영리법인의 업무집행사원 등을 겸직할 수 없고, 겸직하기 위해서는 소속 지방변호사회의 허가를 받아야 한다. 다만 변호사가 휴업한 경우에는 그렇지 않다(법38②③). 법무법인 등을 겸직제한의 대상에서 제외한 것은 법무법인 등은 영리를 목적으로 하는 업무로 볼 수 없기 때문이다.[124] 여기에서 지방변호사회는 행정주체의 하나인 공공조합에 해

---

123) 같은 취지의 윤리규약 제6조 제2항, 제3항 참조.

124) "변호사는 기본적 인권을 옹호하고 사회정의를 실현함을 사명으로 하는 등 공익적 목적을 갖고 있고, 법무법인은 설립목적 자체가 위와 같은 사명을 갖는 변호사업무를 조직적, 전문적으로 수행하는 것을 목적으로 하고 있으므로, 법무법인의 영리성 여부는 결국 변호사업무의 영리성 여부에 의하여 결정되어야 할 문제라고 할 것인바, 변호사는 의뢰인으로부터 수임받은 업무를 처리할 뿐만 아니라, 국가·지방자치단체 기타 공공기관의 위촉 등에 의한 업무를 취급하고 있고, 실제로 연간 일정시간 이상의 공익활동에 의무적으로 참여하여야 하며, 변호사의 직무를 수행함에 있어서는 일반인에게 부여되는 것보다 훨씬 높은 수준의 중립성, 윤리성, 청렴성, 공공성을 요구하고 있으므로, 변호사의 업무를 영리를 목적으로 하는 업무로 볼 수는 없다"(대한변협 2006. 4. 4. 법제 제1161호)(축조, 대한변협, 2009, 236면).

당하므로 지방변호사회의 겸직허가행위는 행정소송법상의 처분에 해당하고, 따라서 겸직불허처분에 대하여는 항고소송으로 그 위반여부를 다툴 수 있다.[125]

(2) 겸직제한 대상

(가) 영리업무의 경영 등

변호사는 소속 지방변호사회의 허가 없이 "상업이나 그 밖에 영리를 목적으로 하는 업무를 경영하거나 이를 경영하는 자의 사용인이 될 수 없다"(법38② i). 변호사 직무의 공공성에 비추어 이는 당연하다. 여기에서 사용인이란 실질적인 지배종속관계에 있는 사용인(피용자)을 말하는 것으로서 고용관계에 있다거나 보수를 받을 필요는 없다.[126]

(나) 영리법인의 이사 등

변호사는 소속 지방변호사회의 허가 없이 "영리를 목적으로 하는 법인의 업무집행사원 · 이사 또는 사용인이 될 수 없다"(법38② ii). 겸직 제한의 직무에서 감사의 직무가 제외된 것은 감사의 직무도 공공적 성격을 갖고 있으므로 겸직하더라도 변호사 직무의 공공성을 해하지 않기 때문이다.

여기에서 영리법인은 상법상의 회사보다 넓은 개념이고, 예컨대, 한국자산관리공사, 예금보험공사 등의 특수법인은 상법상의 회사는 아니나 관련 법률에 비추어 수익성과 무관한 업무라고 볼 수 없으므로 여기에 해당된다.[127]

(3) 변호사 또는 법무법인 등 구성원의 유사전문직 겸업

(가) 별도의 자격에 기한 전문직

변호사의 자격에 기하여 공인중개사 사무소를 개설할 수 없으나,[128] 변호사의 자격과 별개의 공인중개사 자격에 기하여 영리업무인 공인중개사 업무를 수행하고자 하는 경우 겸업허가를 받아야 한다.[129][130] 공인중개사의 업무는

---

125) 서울행정법원 2003. 4. 16. 2002구합32964 판결(축조, 대한변협, 2009, 234-235면에서 재인용).

126) 대한변협 2001. 10. 15. 질의회신 제153호.

127) 대한변협 2005. 9. 27. 법제 제2344호(축조, 대한변협, 2009, 237면).

128) 대판 2006. 5. 11. 2003두14888.

129) 이 경우 변호사의 사무실과 별개의 공인중개사사무실을 개설하더라도 변호사법상 이중사무소 설치금지 규정에 반하지 않는다(대한변협 2007. 4. 6. 법제 제1217호: 축조, 대한변협, 2009, 240면).

영리업무이기 때문이다. 변호사가 변호사 자격과 별도의 공인회계사의 자격에 기하여 공인회계사 업무를 수행하는 경우에도 마찬가지로 해석하여야 한다.

㈏ 변호사의 자격에 기하여 겸할 수 있는 전문직

1) 변호사가 그 자격에 기하여 당연히 그 업무를 행할 수 있는 세무사·변리사·법무사의 직무를 행하는 경우나 그 세무사 등에 의하여 구성되는 세무법인 등의 구성원 또는 소속 변리사 등이 되는 경우에 겸업 허가를 요하는지가 문제이다. 생각건대, 이 문제는 경우를 구분하여 살펴보아야 한다.

2) 우선 변호사의 자격에 기하여 세무법인·특허법인 등의 구성원으로서 업무를 수행하는 경우 겸업허가를 받도록 하는 것이 타당하다. 유사전문직의 MDP를 허용하지 않고 있는 상황이고, 비변호사와의 행위규범 및 윤리의 상위 등에서 비롯되는 여러 가지 문제가 있을 수 있기 때문이다. 다만 세무법인 등의 구성원으로 활동하는 것의 실질이 동업에 해당되는 경우에는 허가대상이 아니고 바로 금지된다고 보아야 한다. 반면에 변호사의 자격에 기하여 예컨대, 세무업무를 다른 세무사 또는 세무법인 등과 무관하게 독자적으로 행하는 경우에는 허가 없이도 겸업할 수 있다고 보아야 한다.[131] 이 경우에는 세무법인의 구성원이 될 경우에 예상되는 위와 같은 문제가 없고, 변호사의 자격에 기하여 당연히 행할 수 있는 업무에 대하여 별개의 허가를 받도록 하는 것은 "변호사는 … 일반 법률사무를 하는 것을 그 직무로 한다"는 변호사법 제3조와 모순되기 때문이다.

3) 이와 관련한 대한변협의 질의회신에 의하면, 변호사가 변호사사무실과 동일 장소에서 세무사로서 세무법인의 구성원으로 참여하는 것은 겸직허가의 대상이다.[132] 다만 변호사가 개인사무소를 유지하면서 유사전문직, 예컨대 변

130) 공인중개사 업무와의 겸업에 관하여 대한변협과 법무부의 입장이 다르다는 점에 유의하여야 한다. 대한변협은 위 질의회신에서 겸업허가의 대상으로 보고 있고, 법무부는 공인중개사·세무사·변리사 등과 마찬가지로 허가 없이 겸업할 수 있다고 보고 있다[법무부 2001. 11. 17. 질의회신 참조(축조, 대한변협, 2009, 240-241면)].

131) 대한변협 2004. 9. 22. 질의회신 제203호 참조.

132) 법무부 2001. 10. 30. 질의회신(축조, 대한변협, 2009, 243-244면). 다만 이 경우 세무법인과 변호사의 사무실은 동일 장소이어야 하고, 서로 다른 장소에서 변호사 업무와 세무사 업무를 동시에 영위하는 것은 위반이다(법21③, 세무사법16의10②).

세무사법 제16조의10(사무소) ① 세무법인은 대통령령으로 정하는 바에 따라 주사무소 외에 분사무소를 둘 수 있다.

리사가 구성하는 특허법인의 분사무소의 구성원 또는 소속 변리사의 지위를 겸하는 것은 실질적으로 특허법인의 변리사들과의 관계에서 그 형태에 따라서는 고용 또는 동업하는 것과 다를 바 없어 동업금지규정을 위반한 것이 되어 겸직허가의 대상이 되는지 여부를 떠나 허용되지 않는다.[133] 반면에 법무법인의 구성원 또는 소속 변호사가 변리사로 등록을 하면 겸업허가를 받지 않더라도 당연히 그 '법무법인의 직무'로서 변리사업무를 수행하는 것이 허용된다.[134]

그런데 법무법인과 특허법인의 인적 구성이 동일할 뿐만 아니라 사무소의 물적 시설도 동일한 경우, 즉 사무소가 1개소인 경우에는, 위에서 본 바와 같은 이유로 각 겸업허가를 요하지 않고 당연히 변리사의 직무를 수행할 수 있다고 봄이 타당할 것이나, 대한변협은 겸업허가의 대상으로 보고 있다.[135]

4) 또, 변호사는 법무사로서 별도의 등록을 하지 않더라도 신청사건에서의 서류 작성 및 접수 대행 업무는 소송에 관한 행위 내지 일반 법률사무이므로 변호사가 그 자격에 기하여 당연히 이를 행할 수 있다.[136]

대한변협 2009. 7. 8. 질의회신 제468호

법무법인의 구성원인 변호사도 그 자격에 기하여 세무업무를 수행할 수 있고, 소속 지방변호사회의 겸직허가를 받으면 세무법인의 구성원(이사 또는 사원)으로 겸직할 수 있다. 다만, 변호사법 제58조에 의해 법무법인에 관하여 준용되는 상법 제198조 제1항에 따라 법무법인의 업무범위에 속하는 세무대리를 목적으로 하는 세무법인의 구성원(이사 또는 사원)이 되기 위해서는 법무법인의 다른 구성원으로부터 동의를 받아야 한다. 나아가 법무법인의 구성원 중 일부가 세무법인을 설립하는 것도, 법무법인이 설립 주체가 되는 것이 아니라 구성원 중 일부 변호사들이 설립주체가 되는 것이므로, 위와 같은 요건 하에

---

② 세무법인의 이사와 소속세무사는 소속된 세무법인 외에 따로 사무소를 둘 수 없다.

133) 대한변협 2004. 6. 30. 법제 제1639호(축조, 대한변협, 2009, 242면).

134) "법무법인의 구성원 또는 소속 변호사가 변리사로 등록을 하고 변리사 업무를 행하는 것은 허용된다 할 것이나, 변리사 개인자격으로 행할 수 없고 법무법인의 업무로 수행해야 할 것인 바, 법무법인의 분사무소 소속 변호사들은 독립된 지위에서 변리사업무를 행할 수는 없으며, 그 법무법인의 직무로서 변리사 업무를 수행해야 할 것이다"(대한변협 2004. 6. 30. 법제 제1639호); 2004. 9. 22. 질의회신 제203호.

135) 대한변협 2006. 12. 29. 법제 제2834호(축조, 대한변협, 2009, 241-242면); 2006. 12. 29. 질의회신 제307호.

136) 박휴상, 전게서, 65면.

당연히 가능하다.

세무사는 공무원 겸임 또는 영리업무종사가 금지되고(세무사법 제16조), 공인회계사가 세무대리업무를 하는 경우에는 세무사의 공무원 겸임 또는 영리업무종사의 금지 규정이 준용되나(동법 제20조의2 제2항, 제16조), 변호사가 변호사의 직무로서 세무대리를 하는 경우에는 동법 제16조에 대한 준용규정이 없다(동법 제20조 제1항).[137] 이를 종합하면 변호사의 직무로서 세무대리를 하는 변호사에게는 변호사법 제38조에 의한 겸직 제한 규정만이 적용되고, 따로 세무사법 제16조의 겸직제한 규정이 적용되지 않는다. 나아가 세무업무는 원래 변호사의 직무범위에 속하는 것이므로 세무법인의 구성원(이사 또는 사원)인 변호사는 세무업무와 함께 당연히 원래의 직무인 법무업무도 수행할 수 있다.

(4) 법무법인 등의 영리업무 등

기본사례 3

X 법무법인은 컨설팅 및 M&A의 자문·중개업무를 목적으로 하는 합작법인을 설립추진 중인바, X 법무법인이 위 합작법인의 주요주주로서 소속 변호사 중 1인이 합작법인의 대표이사 내지 이사직을 수행하는 것이 적법한가?

㈎ 법무법인은 변호사법과 다른 법률에 따른 변호사의 직무에 속하는 업무를 수행하고(법49①, 3, 51), 다른 법률에서 변호사에게 그 법률에 정한 자격을 인정하는 경우 법무법인 등은 그 구성원이나 구성원 아닌 소속 변호사가 그 자격에 의한 직무를 수행할 수 있을 때에는 그 직무를 법인의 업무로 할 수 있다(법49②).[138] 이들 규정은 법무법인(유한), 법무조합에도 준용된다(법58의16, 58의30).

---

137) 세무사의 자격이 있는 자는 세무사 자격시험에 합격한 자, 변호사의 자격이 있는 자이고(세무사법3), 세무사 자격시험에 합격하고 세무대리를 하기 위해서는 기획재정부에 비치하는 세무사등록부에 등록하여야 하고(동법6①), 공인회계사법에 따라 등록한 공인회계사도 기획재정부에 비치하는 세무대리업무등록부에 각 등록하여야 하나(동법 20의2①), 변호사는 별도의 등록을 할 필요 없이 변호사법 제3조에 따라 변호사의 직무로서 세무대리를 할 수 있다(동법20①단서).

138) 변리사법은 "변호사법에 따른 변호사자격을 가지고 변리사등록을 한 사람"을 변리사의 자격을 가진 자로 규정하고(동법3ⅱ), 세무사법은 "변호사의 자격이 있는 자"를 세무사의 자격자로 규정하고 있다(동법3ⅲ).

(나) 나아가 법무법인 등의 경우에는, 소속 지방변호사회의 허가에 의한 겸직 제한의 해제에 관한 변호사법 제38조 제2항과 같은 규정을 두거나 준용하고 있지 않으므로, 허가 유무를 불문하고 법무법인 등의 명의 및 계산으로 영리 업무를 행할 수 없다. 따라서 법무법인 등이 그 이름으로 직접 변호사들의 업무와 관련된 홈페이지의 개설업, 소프트웨어 판매업, 출판업, 개업관련 업무의 전부 또는 일부를 경영할 수 없다.[139]

(다) 그러나 법무법인 등이 경영참가가 아니라 출자만 하는 경우 예컨대, 다른 회사의 주식을 소유하거나 출자하는 데에는 특별한 제한이 없으므로 허용된다. 다만 법무법인(유한)이 출자를 함에 있어서는 변호사법 제58조의8 및 동법시행령 제13조의2의 출자제한규정을 준수하여야 한다.

Ⅲ. 변호사법의 벌칙

1. 비변호사의 법률사무 취급 등

가. 비변호사의 법률사무 취급

변호사법 제3조(변호사의 직무) 변호사는 당사자와 그 밖의 관계인의 위임이나 국가·지방자치단체와 그 밖의 공공기관(이하 "공공기관"이라 한다)의 위촉 등에 의하여 소송에 관한 행위 및 행정처분의 청구에 관한 대리행위와 일반 법률 사무를 하는 것을 그 직무로 한다.

변호사법 제109조(벌칙) 다음 각 호의 어느 하나에 해당하는 자는 7년 이하의 징역 또는 5천만원 이하의 벌금에 처한다. 이 경우 벌금과 징역은 병과(倂科)할 수 있다.

1. 변호사가 아니면서 금품·향응 또는 그 밖의 이익을 받거나 받을 것을 약속하고 또는 제3자에게 이를 공여하게 하거나 공여하게 할 것을 약속하고 다음 각 목의 사건에 관하여 감정·대리·중재·화해·청탁·법률상담 또는 법률 관계 문서 작성, 그 밖의 법률사무를 취급하거나 이러한 행위를 알선한 자
   가. 소송 사건, 비송 사건, 가사 조정 또는 심판 사건
   나. 행정심판 또는 심사의 청구나 이의신청, 그 밖에 행정기관에 대한 불복신청 사건
   다. 수사기관에서 취급 중인 수사 사건

139) 대한변협 2006. 9. 18. 법제 제2193호(축조, 대한변협, 2009, 245면).

라. 법령에 따라 설치된 조사기관에서 취급 중인 조사 사건
마. 그 밖에 일반의 법률사건[140)]

(1) 변호사법 제109조 제1호의 취지

대법원 2000. 6. 15. 선고 98도3697 판결(전원)

일반적으로 변호사는 기본적 인권의 옹호와 사회정의의 실현을 사명으로 하여 널리 법률사무를 행하는 것을 그 직무로 하므로, 변호사법에는 변호사의 자격을 엄격히 제한하고 그 직무의 성실, 적정한 수행을 위해 필요한 규율에 따르도록 하는 등 갖가지 조치를 강구하고 있는바, 그러한 자격이 없고, 그러한 규율에 따르지 않는 사람이 처음부터 금품 기타 이익을 위해 타인의 법률사건에 개입하는 것을 방치하면 당사자 기타 이해관계인의 이익을 해하고 법률생활의 공정, 원활한 운용을 방해하며, 나아가 법질서를 문란케 할 우려가 있으므로, 비변호사의 법률사무 취급을 금지하는 변호사법 제90조 제2호는 변호사제도를 유지함으로써 바로 그러한 우려를 불식하려는 취지이다.[141)]

(2) 변호사법 제109조 제1호의 내용

(가) 금품 · 향응 또는 그 밖의 이익

1) 비변호사가 비법률사무와 함께 법률사무를 취급하고 비용을 받은 경우 비법률사무의 처리에 대한 실비변상의 범위를 넘은 범위에 한하여 '이익'이 된다.

대법원 1995. 2. 14. 선고 93도3453 판결

피고인이 교통사고 현장의 답사, 실측, 사진촬영 및 목격자의 진술을 수집하는 행위뿐만

---

140) 이 규정의 원래 조문인 구 변호사법(1993. 3. 10. 법률 제4544호로 개정되기 전의 것) 제78조 제2호는 비변호사의 금지대상사건에 "기타 일반의 법률사건"이 빠져 있었고, 금지대상행위에도 "법률상담 또는 법률관계 문서작성 기타 법률사무"가 규정되어 있지 않았었다. 그런데 위와 같이 금지되는 사건 및 행위가 한정되어 있자, 원칙적으로 변호사로 하여금 법률사건을 처리하도록 하려는 법의 취지에 어긋나게 비변호사들이 처음부터 금품 기타 이익을 목적으로 타인의 법률사건에 개입하여 당사자 기타 이해관계인의 이익을 해하고 법률생활의 공정, 원활한 운용을 방해하는 등 법질서를 문란시키는 사례가 발생하자 법규범의 흠결을 제거하고 변호사법의 실효성을 확보하기 위하여 법률을 개정하여 금지대상사건에 "기타 일반의 법률사건"을 추가하여 법률사건 일체를 규율대상에 포함시키고 금지대상행위에 "법률상담 또는 법률관계 문서작성 기타 법률사무"를 추가로 규정하여 법적 규제의 범위를 법률사무 전반으로 확대하였다(헌재 2000. 4. 27. 98헌바95 결정).

141) 헌재 2000. 4. 27. 98헌바95; 대판 1998. 8. 21. 96도2340 등 참조.

아니라 실황조사서의 복사행위도 물리적 운동법칙 등에 따른 사고원인 분석을 위한 자료수집행위로서 그에 부수되는 행위인 한 변호사법상의 대리로 볼 수 없다. 경찰의 현장검증 등에서 의뢰인을 대신하여 참가하고 의견을 개진한 것은 사실상의 변호행위로서 대리에 해당하고 의뢰인의 명의로 고소, 항고, 재항고를 하였다면 그 비용을 누가 부담하였든 간에 사건해결을 주도하고 법률사건에 변호사가 아니면서 개입한 것으로서 대리에 해당한다. 수사 담당자에게 잘못된 수사결론에 대한 시정을 요구하는 항의하는 행위도 불의의 시정을 구하는 것으로서, 사회통념상 수긍할 수 있는 범위를 넘어 의뢰자를 대신한 의뢰자에 대한 변호활동으로 볼 수 있는 한 대리에 해당할 여지가 있다. 피고인이 변호사법이 금지하지 않는 사고원인 분석 등을 위한 감정을 하고 그 비용을 받은 것이라면 그 비용 범위 내에서는 범죄가 된다고 할 수 없고 그 실비변상의 범위를 넘는 범위에 한하여 범죄로 취급하고 추징이나 몰수도 그 범위에 한정해야 할 것이다.

2) 변호사법 소정의 법률사무 처리가 있어도 단순한 실비변상을 받은 경우 '금품' 등을 받은 경우에 해당되지 아니한다.

대법원 1996. 5. 10. 선고 95도3120 판결

구 변호사법(1993. 3. 10. 법률 제4544호로 개정되기 전의 것) 제78조 제2호[142]의 '이익'은 실비변상을 넘는 경제적 이익에 한한다고 해석하여야 하고 단순한 실비변상을 받았음에 불과한 때에는 위 법 소정의 법률사무 취급이 있어도 범죄가 된다고 할 수 없다. 피고인이 교통사고원인 분석 등을 위한 감정을 위하여 사고현장 예비답사에 필요한 택시 대절료, 현장측량에 필요한 택시 대절료 및 보조인건비, 현장 및 실물 촬영 등 사진대, 식비 등의 기초적 비용으로서 합계금 286,380원을 지출한 사실이 인정되고, 여기에다 사고원인 분석을 위한 수사기록 열람, 실황조사서 등의 복사, 목격자 진술 수집, 분석보고서 작성 등에 소요되는 비용을 더하여 보면 피고인이 14회에 걸쳐 교통사고 원인분석을 하고 공소외인으로부터 받은 금 560만원은 실비변상의 범위 내에 속한다.

3) 법률사무를 처리하고 금품 등을 받거나 받을 것을 약속하여야 변호사법 제109조 제1호에 해당된다.

[1] 대법원 1984. 7. 10. 선고 84도1083 판결

채탄 작업 중 부상을 입은 피해자의 손해배상청구소송을 수회 도운 피고인에게 피해자가

142) 변호사법 제109조 제1호에 해당되는 조문이다.

사례를 하겠다는 말을 한 바 있고 피고인도 내심으로 300만원 가량을 주지 않을까 생각하였으나 두 사람 사이에 금품수수에 관한 약정은 없었다면 범죄가 되지 않는다.

[2] 대한변협 2014. 8. 21. 질의회신 제840호

법무사가 사업시행자와의 용역계약을 통하여 수용재결업무를 포괄적으로 수임하여 처리하는 행위는 법무사법에서 법무사에게 허용하지 않은 법률사무이다. 법무사가 그와 같은 사무를 처리하면서 당사자로부터 대가를 수령하거나 약속하는 등의 행위를 하는 것은 변호사법 제109조의 위반이다. 공익사업을 위한 토지 등의 취득 및 보상에 관한 법률 제7조가 사업인정의 신청, 재결의 신청, 의견서 제출 등의 행위를 할 때 변호사가 아닌 자에 대해서도 대리할 수 있다고 규정하고 있는 취지는, 그러한 행위가 대가관련성이 없는 경우, 즉, 변호사법 제3조와 제109조를 침해하지 않는 범주 내의 경우에 한하는 것으로 해석해야 한다.

㈏ 감정 · 대리

1) 감정 · 대리의 개념

'감정'은 법률 외의 전문지식이 아닌 법률상의 전문지식에 기하여 구체적인 사안에 관하여 판단을 내리는 행위이고, '대리'는 법률상의 대리뿐만 아니라 대리의 형식을 취하지 않고 실질적으로 대리가 행하여지는 것과 동일한 효과를 발생시키는 경우도 포함한다.

[1] 대법원 1995. 2. 14. 선고 93도3453 판결

'감정' 및 '대리'는 민 형사소송에서의 그것과 반드시 개념범위가 동일한 것으로 볼 수 없고, 법률사건 즉 법률상의 권리, 의무에 관하여 다툼이나 의문이 있거나 새로운 권리의무관계의 발생에 관한 사건 일반에 있어서, 그 분쟁이나 논의의 해결을 위하여 행하여지는 법률사무 취급의 한 태양으로 이해되어야 하고, 따라서 감정은 법률상의 전문지식에 기하여 구체적인 사안에 관하여 판단을 내리는 행위로서 법률 외의 전문지식에 기한 것은 제외되는 것으로, 대리는 법률사건에 관하여 본인을 대신하여 사건을 처리하는 제반 행위로서 분쟁처리에 관한 사실행위를 포함하는 것으로 각각 이해함이 상당하다.

[2] 대법원 2007. 6. 28. 선고 2006도4356 판결

'대리'에는 본인의 위임을 받아 대리인의 이름으로 법률사건을 처리하는 법률상의 대리뿐만 아니라, 법률적 지식을 이용하는 것이 필요한 행위를 본인을 대신하여 행하거나, 법률적 지식이 없거나 부족한 본인을 위하여 사실상 사건의 처리를 주도하면서 그 외부적인 형식만 본인이 직접 행하는 것처럼 하는 등으로 대리의 형식을 취하지 않고 실질적으로 대리가 행하여지는 것과 동일한 효과를 발생시키고자 하는 경우도 당연히 포함된다. 피고인들이 의뢰인들로부터 건당 일정한 수임료를 받고 개인회생신청사건 또는 개인파산·면책신청사건을 수임하여 사실상 그 사건의 처리를 주도하면서 의뢰인들을 위하여 그 사건의 신청 및 수행에 필요한 모든 절차를 실질적으로 대리한 행위는 법무사의 업무범위를 초과한 것으로서 변호사법 제109조 제1호에 규정된 법률사무를 취급하는 행위에 해당한다.

---

2) 교통사고원인 분석

물리적인 운동법칙 등 전문지식을 전제로 교통사고의 원인에 관한 분석보고서를 작성, 교부하는 행위는 '감정'이 아니나, 의뢰인을 대신하여 수사담당자에게 의견개진, 시정요구, 항의 등 행위를 하는 것은 '대리'에 해당한다.

대법원 1995. 2. 14. 선고 93도3453 판결

■ **사건개요**: 피고인이 한국교통사고조사기술원 지부장으로서 교통사고 조사의뢰인으로 하여금 위 한국교통사고조사기술원 본사에 한 사건당 1,500,000원 정도의 돈을 내게 하고, 피고인은 본사로부터 한 사건당 활동비 명목으로 350,000 내지 750,000원 정도의 돈을 받거나 피고인이 당사자들로부터 직접 활동비 등 명목으로 사전에 돈을 받고 당사자가 경제적인 능력이 없는 경우 나중에 그들로부터 성공보수조로 돈을 받기로 하고, 그들이 의뢰하는 교통사고 사건에 대하여 현장조사, 목격자 면담, 수사기록 열람, 이의신청, 진정서, 고소장 제출 등을 한 것임.

■ **감정**: 피고인이 교통사고의 원인을 분석하기 위하여 사고현장을 실측하고 수사기록을 열람하며, 수집된 자료를 종합, 판단하여 그 결과를 분석보고서로 작성하여 의뢰인에게 교부하는 행위는 그와 같은 분석이 물리적인 운동법칙 등 전문지식이 전제되어야 가능한 것으로 인정되는 경우 변호사의 직역에 속하는 것이 아니므로, 변호사법에서 말하는 '감정'이라고 볼 수 없다.

■ **대리**

· 사고현장의 답사, 실측, 사진촬영 및 목격자의 진술을 수집하는 행위뿐 아니라 실황조사서의 복사행위도 물리적 운동법칙 등에 따른 사고원인 분석을 위한 자료수집행위로서 그에 부수되는 행위는 대리로 볼 수 없다.

· 경찰의 현장검증 등에서 의뢰인을 대신하여 참가하고 의견을 개진하는 행위, 의뢰인의 명의로 고소, 항고, 재항고하거나, 수사담당자에게 잘못된 수사결론에 대한 시정을 요구하거나 항의하는 행위는 '대리'에 해당한다.

---

3) 아파트의 하자조사보고서 작성

아파트 관리 및 하자보수공사를 목적으로 하는 회사의 대표이사가 하자보고서를 작성함에 있어서 그 내용에 회사의 통상적인 업무 범위에 속하지 않는 법률적 지식 등을 전제로 한 법률상 판단을 포함하는 것은 '감정'에 해당한다.

대법원 2007. 9. 6. 선고 2005도9521 판결

- **사건개요:** 피고인은 아파트관리 및 하자보수공사 등을 목적으로 설립된 회사의 대표이사로서 아파트 입주자대표회의에 대하여 피고인이 입주자대표회의 명의의 손해배상청구 소송을 대신 수행하여 주고 승소할 경우 하자보수공사를 도급받거나 승소금액의 20%를 차지하기로 약정하고, 아파트에 대하여 하자보수공사 등에 소요되는 손해액이 얼마라는 감정을 한 후, 소송비용 일체를 피고인이 부담하고 변호사를 선임하여 손해배상소송을 제기하여 승소판결을 받은 것임.
- **감정:** '감정'은 법률상의 권리의무에 관하여 다툼 또는 의문이 있거나 새로운 권리의무 관계의 발생에 관한 사건 일반에 있어서 그 분쟁이나 논의의 해결을 위하여 행하여지는 법률사무취급의 한 태양이다. 따라서 '감정'은 **법률상의 전문지식에 기하여 구체적인 사안에 관하여 판단을 내리는 행위로서 법률 외의 전문지식에 기한 것은 제외되어야 한다.**

피고인이 대표이사로 있는 회사는 아파트관리 및 하자보수공사 등을 목적으로 하는 회사로서 피고인이 아파트에 대한 하자의 내역을 파악하기 위하여 하자조사를 실시하고 하자보수공사금액을 산출하여 하자조사보고서를 작성하였고, 위 회사가 운영하는 사업의 성질상 그 분야의 전문지식과 경험을 갖추고 그에 기해 아파트 등 대상 건축물에 내재된 하자 및 그 보수에 필요한 비용을 조사·산정하여 하자조사보고서를 작성하는 것은 사업 수행 과정에서 통상적으로 행할 수 있는 업무라고 할 것인바, 이러한 경우 그 하자조사보고서의 작성이 '법률상의 감정'에 해당되는 것으로 인정하기 위해서는, 그 하자보고서의 내용 중 회사의 통상적인 업무 범위에 속하지 않는 법률적 지식이나 경험을 바탕으로 한 법률상의 판단이나 견해가 포함되어 있어야 할 것이고, 그 내용이 위 회사가 업무 수행상 통상적으로 행할 수 있는 조사보고에 불과하다면 피고인이 입주자대표회의와 맺은 소송약정이 위법하고 그 하자보고서를 소송수행에 필요한 자료제공의 일환으로 작성하였다 하여도 그것만으로 하자보고서의 작성이 변호사법 제109조 제1호 소정의 '감정'에 해당한다고 할 수는 없다.

4) 경매입찰의 대리

대법원 1996. 4. 26. 선고 95도1244 판결

'대리'는, 법률사건에 관하여 본인을 대신하여 사건을 처리하는 제반 행위로서 이는 분쟁처리에 관한 사실행위를 포함하는 개념으로서 민·형사소송에서의 그것과 반드시 개념범위가 동일한 것은 아니고, 법률상의 권리, 의무에 관하여 다툼이나 의문이 있거나 새로운 권리의무관계의 발생에 관한 사건 일반에 있어서 그 분쟁이나 논의의 해결을 위하여 행하여지는 법률사무취급의 한 태양이다. 경매사건 기일 연기나 취하를 부탁하고 경매신청취하서를 피해자를 대신하여 제출하는 등의 행위는 위 대리에 해당한다.

5) 개인회생 등 사건의 처리

대법원 2007. 6. 28. 선고 2006도4356

피고인이 의뢰인들로부터 건당 일정한 수임료를 받고 개인회생신청사건 또는 개인파산·면책신청사건을 수임하여 사실상 그 사건의 처리를 주도하면서 의뢰인들을 위하여 그 사건의 신청 및 수행에 필요한 모든 절차를 실질적으로 대리한 행위는 법무사의 업무범위를 초과한 것으로서 변호사법 제109조 제1호에 규정된 법률사무를 취급하는 행위에 해당한다.

6) 법률상 대리의 형식을 취하지 않은 경우

대법원 2010. 2. 25. 선고 2009도13326 판결

'대리'에는 법률적 지식을 이용하는 것이 필요한 행위를 본인을 대신하여 하거나, 법률적 지식이 없거나 부족한 본인을 위하여 사실상 사건의 처리를 주도하면서 외부적인 형식만 본인이 직접 하는 것처럼 하는 등으로 대리의 형식을 취하지 아니하고 실질적으로 대리가 이루어지는 것과 같은 효과를 발생시키는 경우도 포함된다. 피고인은 법률상 대리의 형식을 취하지는 않았지만 공소외인을 대신하여 답변서를 작성, 제출하는 등 사실상 형사사건의 처리를 주도한 것이고, 그 대가로 공소외인이 망 공소외인에 대하여 가지던 채권액의 일부를 지급받기로 약정한 경우 위 대리에 해당된다.

(다) 화 해

대법원 2001. 11. 27. 선고 2000도513 판결

'화해'라 함은 위와 같은 법률사건의 당사자 사이에서 서로 양보하도록 하여 그들 사이의 분쟁을 그만두게 하는 것으로 재판상 화해뿐만 아니라 민법상 화해도 포함된다. 손해사정인이 그 업무를 수행함에 있어 보험회사에 손해사정보고서를 제출하고 보험회사의 요청에 따라 그 기재 내용에 관하여 근거를 밝히고 타당성 여부에 관한 의견을 개진하는 것이 필요할 경우가 있다고 하더라도 이는 어디까지나 보험사고와 관련한 손해의 조사와 손해액의 사정이라는 손해사정인 본래의 업무와 관련한 것에 한하는 것이고, 여기에서 나아가 금품을 받거나 보수를 받기로 하고 교통사고의 피해자 측을 대리 또는 대행하여 보험회사에 보험금을 청구하거나 피해자 측과 가해자가 가입한 자동차보험회사 등과 사이에서 이루어질 손해배상액의 결정에 관하여 중재나 화해를 하도록 주선하거나 편의를 도모하는 등으로 관여하는 것은 위와 같은 손해사정인의 업무범위에 속하는 손해사정에 관하여 필요한 사항이라고 할 수 없다. 피고인이 교통사고 피해자들로부터 손해사정업무를 위임받고서도 피해자들을 대신하여 보험회사와 접촉하여 손해액 결정요인들에 대하여 절충을 하고 피해자들로 하여금 보험회사와 합의를 하도록 유도하는 행위는 구 변호사법 제90조 제2호에서 말하는 일반 법률사건의 화해에 관한 법률사무의 취급에 해당할 뿐 손해사정인의 업무범위에 속하는 보험업법 제204조의4 소정의 기타 손해사정에 관하여 필요한 사항에는 해당하지 않는다.

(라) 청 탁

1) 문제의 소재

변호사법 제109조 제1호가 열거하는 사건·사무에 관하여 '청탁' 또는 '알선'하는 것이 변호사의 직무이다. 그런데 변호사법은 공무원이 취급하는 사건·사무에 관하여 '청탁' 또는 '알선'하는 행위를 형사처벌의 대상으로 규정하고 있다(법111①). 변호사법 제111조 제1항이 행위 주체를 비변호사로 한정하지 않고 있으므로 그렇다면 '청탁' 또는 '알선'을 직무로 하는 변호사도 그 적용 대상이 되느냐 하는 것이다.

변호사법 제111조(벌칙) ① 공무원이 취급하는 사건 또는 사무에 관하여 청탁 또는 알선을 한다는 명목으로 금품·향응, 그 밖의 이익을 받거나 받을 것을 약속한 자 또는 제3자에게 이를 공여하게 하거나 공여하게 할 것을 약속한 자는 5년 이하의 징역 또는 1천만원 이하의 벌금에 처한다. 이 경우 벌금과 징역은 병과할 수 있다.
② 다른 법률에 따라 「형법」 제129조부터 제132조까지의 규정에 따른 벌칙을 적용할 때에 공무원으로 보는 자는 제1항의 공무원으로 본다.

2) 판 례

가) 변호사라고 하더라도 소송사건의 위임 등 변호사의 직무범위와 무관한 청탁을 하는 경우 적용대상이 된다.

1 대법원 1998. 2. 14. 선고 87도2631 판결

변호사의 자격이 있는 자라도 소송사건의 위임과 관련하여서가 아니라 공무원이 취급하는 사건 또는 사무에 관하여 청탁 또는 알선명목으로 금원을 교부받은 이상 위 변호사법의 적용대상이 된다.

2 대법원 2007. 6. 28. 선고 2002도3600 판결

변호사 지위의 공공성과 직무범위의 포괄성에 비추어 볼 때, 특정범죄 가중처벌 등에 관한 법률 제3조 및 구 변호사법(2000. 1. 28. 법률 제6207호로 전문 개정되기 전의 것) 제90조 제1호의 규정은 변호사가 그 위임의 취지에 따라 수행하는 적법한 청탁이나 알선행위까지 처벌대상으로 한 규정이라고는 볼 수 없고, 정식으로 법률사건을 의뢰받은 변호사의 경우, 사건의 해결을 위한 접대나 향응, 뇌물의 제공 등 이른바 공공성을 지닌 법률전문직으로서의 정상적인 활동이라고 보기 어려운 방법을 내세워 의뢰인의 청탁 취지를 공무원에게 전하거나 의뢰인을 대신하여 스스로 공무원에게 청탁을 하는 행위 등을 한다는 명목으로 금품 등을 받거나 받을 것을 약속하는 등, 금품 등의 수수의 명목이 변호사의 지위 및 직무범위와 무관하다고 평가할 수 있는 경우에 한하여 특정범죄 가중처벌 등에 관한 법률 제3조 및 구 변호사법 제90조 제1호 위반죄가 성립한다.

나) 청탁, 금품 등의 수수 명목이 변호사의 직무범위와 무관하다고 평가할 수 있는 기준은 다음과 같다.

1 서울고법 2009. 12. 29. 선고 2008노3201, 2008노3330(병합)

- 알선수재죄의 '알선'은 일정사항에 관하여 어떤 사람과 그 상대방의 사이에 서서 중개하거나 편의를 도모하는 것을 의미하므로, 어떤 사람이 청탁한 취지를 상대방에게 전하거나 그 사람을 대신하여 스스로 상대방에게 청탁하는 행위도 '알선'행위에 포함된다.

- 금품 등의 수수명목이 변호사의 지위 및 직무범위와 무관하다고 평가할 수 있는 경우로는 ① 공무원에게 금품・향응 등 뇌물을 제공하는 방법을 내세워 청탁하는 명목으로 금품을 수수하는 경우, ② 청탁내용이 위법, 부당한 직무처리라는 사정을 알면서도 그 청탁명목으로 금품을 수수하는 경우, ③ 선임경위와 의뢰내용에 비추어 전문법률지식의 활용이 아니라 전적으로 친분관계를 이용하여 청탁을 하는 명목으로 금품을 수수하는 경우가 여기에 해당된다. 이 경우 금품수수 명목이 변호사로서의 지위 및 직무범위와 무관하다고 평가되므로 설령 변호사자격이 있고 외형상 선임계약이 있더라도 알선수재죄가 성립한다
- 위 ③의 '전적으로 친분관계를 이용'한 청탁 내지 알선은 의뢰인이 원하는 처분이나 결정을 얻기 위해 공무원과의 친분 내지 사적 인간관계에 전적으로 의존하여 해당 공무원으로 하여금 적법・공정한 판단이 아닌 사사로운 판단을 유인하는 행위를 말한다. 만약 공무원과의 친분관계 이용이 위 정도에 이르지 않고 단순히 공무원을 직접 만나서 해당 수임사건에 관해 의뢰인 측이 주장하는 사실관계, 의견을 설명하고 설득하는 기회를 손쉽게 마련하기 위해 공무원과의 친분관계를 이용하는 정도에 불과하다면, 피고인의 의뢰인으로부터의 금품수수 명목이 변호사로서의 지위 및 직무범위에 무관하다고 평가할 정도에 해당한다고 보기 어렵다.

2 대법원 2010. 10. 14. 선고 2010도387 판결- 위 서울고법사건의 상고심

론스타의 외환은행 인수과정에서 인수가격 및 콜옵션 등 인수조건과 론스타의 인수자격 등은 론스타와 외환은행 사이의 인수계약 체결 및 이를 위한 협상이라는 법률사무에 해당하고, 변호사가 위 사무처리와 관련하여 론스타로부터 금품을 수수한 것이 변호사로서의 지위 및 직무 범위와 무관하다고 볼 수 없어 알선수재죄에 해당하지 않는다.

(마) 법률상담

1) 생명보험회사로부터 채권회수관리를 위임받은 회사 직원의 법률상담

1 대법원 2005. 5. 27. 선고 2004도6676 판결

회사 직원인 피고인이 X로부터 전세보증금 반환과 관련된 법률적인 지원을 부탁받고 착수금과 승소사례금을 요구하는 한편 변호사선임 문제 등을 논의하고 X로부터 소장, 전세계약서 등 민사소송관련 서류를 받고 착수금 200만원, 제1심 승소시 사례금 300만원을 받기로 하여, 즉석에서 200만원을 받았지만, X가 2일 후 변호사를 선임한다고 하여 200만원 및 민사소송관련 서류도 반환한 경우, 법적 분쟁에 관련된 실체적, 절차적 사항에 관하여

조언 또는 정보를 제공하거나, 그 해결에 필요한 법적, 사실상의 문제에 관하여 조언, 조력을 하는 행위는 변호사법 제109조 제1호의 법률상담에 해당되므로 피고인의 행위도 '법률상담'에 해당된다.

---

2) 상속재산에 관한 분쟁에서 상담하고 그 대가 수령

대법원 2009. 10. 15. 선고 2009도4482 판결

법률사무를 취급하는 행위는 법률상의 효과를 발생, 변경, 소멸, 보전, 명확화하는 사항의 처리 자체 또는 그 처리와 관련된 행위면 족하므로, 비변호사가 상속재산을 둘러싼 소송에 관하여 소송을 한 달 안에 끝내 줄 수 있다고 말하고 그 대가의 일부로 200만원과 소송관련 서류를 건네받으면서 소송의 해결에 필요한 실체적 사항 또는 절차적 사항에 관하여 조언하거나 정보를 제공한 경우 '법률상담'에 해당한다.

(바) 그 밖의 법률사무

1) 형벌법규의 명확성의 원칙에 위배되는지 여부

헌법재판소 2007. 8. 30. 선고 2006헌바96 결정

이 사건 법률조항의 '일반의 법률사건'과 '법률사무'란 '법률상의 권리의무의 발생, 변경, 소멸에 관한 다툼 또는 의무에 관한 사건'과 '법률상의 효과를 발생, 변경, 소멸시키는 사항의 처리 및 법률상의 효과를 보전하거나 명확화하는 사항의 처리'를 각 의미하는 바, 이는 건전한 상식과 통상적인 법감정을 가진 일반인이 구체적으로 어떤 사건 또는 사무가 이에 해당하는지 알 수 있다고 보여지고, 법관의 자의적인 해석으로 확대될 염려는 없다고 할 것이므로 죄형법정주의에서 요구하는 형벌법규의 명확성원칙에 위배된다고 볼 수 없다.

---

2) 상가분양과 관련한 분쟁에 있어서의 법률사무

대법원 1998. 8. 21. 선고 96도2340 판결

신문사를 운영하는 피고인이 상가분양과 관련한 분쟁에 관하여 상가의 수분양자, 매수자 등을 대리 내지 대행하여 다른 이해관계인들과의 사이에 화해, 합의서 및 분양계약서의 작성, 등기사무 등을 처리한 것은 '법률사무'에 해당한다.

---

3) 등기부상 권리조사 대행

① 대법원 2008. 2. 28. 선고 2007도1039 판결

부동산등기부등본을 열람하여 등기부상에 등재되어 있는 권리관계 등을 확인·조사하거나 그 내용을 그대로 보고서 등의 문서에 기재하는 행위를 한 사안에서, 부동산 권리관계 내지 부동산등기부 등본에 등재되어 있는 권리관계의 법적 효과에 해당하는 권리의 득실·변경이나 충돌 여부, 우열관계 등을 분석하는 이른바 권리분석업무는 법률사무에 해당하나, 단지 부동산등기부등본을 열람하여 등기부상에 근저당권, 전세권, 임차권, 가압류, 가처분 등이 등재되어 있는지 여부를 확인·조사하거나 그 내용을 그대로 보고서 등의 문서에 옮겨 적는 행위는 일종의 사실행위에 불과하고, 법률사무 취급행위가 아니다.

② 대한변협 2005. 5. 3. 법제 제1348호[143)]

권리분석업무는 변호사법에 정한 일반 법률사무에 해당하는 것이고 그 외의 법령에서 예외적으로 법률사무적 성격을 갖는 업무의 일부분을 취급할 수 있도록 한 경우가 있기는 하나, 이는 어디까지나 그 범위가 지극히 한정된 경우에 예외적으로 허용된 것이므로, 법무법인, 법무사, 부동산중개법인이 아닌 일반 법인이 금융기관과 부동산권리분석서비스계약을 맺고 소정의 수수료를 받으며 의뢰받은 부동산의 등기부등본 등을 심사하여 어떠한 권리 및 처분제한등기가 등재되어 있는지 및 그 등재의 법적 효과에 대한 분석을 제공하는 것은 일반 법인이 권리분석업무를 취급하는 것으로 명백히 변호사법에 위배된다. 또, 일반 법인이 변호사를 고용하여 위와 같은 행위를 하는 것은 변호사법 제34조에 위배되고, 법무사, 공인중개사, 부동산권리분석사를 고용하는 경우 이들은 부동산권리분석업무를 할 수 없으므로 이 또한 변호사법에 저촉된다.

4) 경찰관이 피의자 임의동행 후 피해자로부터 대가를 받는 행위

대법원 2010. 7. 15. 선고 2010도252 판결

경찰관이 형사사건의 피해자에게 피의자로부터 합의금을 받으면 절반을 달라고 요구하고 피의자를 임의동행하여 경찰서에 인계한 후 합의금 중 일부를 받은 사안에서, 경찰관의 행위는 권한의 남용이나 대가의 수수에 따라 다른 범죄를 구성할 여지가 있음은 별론, 경찰관 자신의 업무행위라고 볼 수 있을 뿐, 변호사가 할 수 있는 법률사무에는 해당하지 않는다.

143) 축조, 대한변협, 409면.

5) 부동산신탁계약상의 수탁업무[144]

신탁법상 수탁자의 업무를 수행하기 위해 특별한 자격을 필요로 하지 않으므로 변호사도 수탁업무 취급이 가능하나, 변호사가 주된 사무인 법률사무에 부수하여 신탁업무를 취급하는 것이 아니라, 신탁업무만을 전적으로 수행하는 경우 신탁법 등 다른 법률에 의한 규율을 받아야 한다.[145]

6) 공인노무사의 산업안전보건법위반사건의 취급

대한변협 2014. 8. 14. 질의회신 제830호

공인노무사가 특별사법경찰관인 근로감독관의 내사단계에서 의뢰인인 사업자를 위해 현장소장 등을 상대로 업무상과실 유무 관련 법률상담 및 업무상과실이 없다는 취지의 의견서 등 법률관계문서를 의뢰인에게 작성해주는 행위는 수사단계에 관여하여 법률문서를 작성하는 행위를 수행하는 것에 해당하고 이 경우 금품 등의 대가를 받았다면 변호사법 제109조의 형사처벌의 대상이 된다. 또 의뢰인과 약정을 체결하면서 내사종결, 혐의없음, 무죄판결 등을 받은 경우 성공보수금을 받기로 약정하는 것은 공인노무사법이 허용하는 공인노무사의 직무범위에 포함되지 않는 것이 문언상 분명하다.

7) 기　타

법률사무소를 개설한 변호사 또는 법무법인이 그 명의로 인터넷상에서 온라인으로 업무를 하는 것은 일반 법률사무로서 변호사의 직무에 해당된다.[146] 「신용정보의 이용 및 보호에 관한 법률」에 의한 채권추심업무도 변호사의 직무에 포함되므로 변호사는 동법에 의한 허가 없이 채권추심업무를 할 수 있다.[147] 그러나 부동산중개행위는 거래당사자의 행위를 사실상 보조하는 업무를 수행하는 데 그치는 것이어서 법률사무와는 구별되므로 일반의 법률사무에 중개행

---

144) 신탁법 제2조(신탁의 정의) 이 법에서 "신탁"이란 신탁을 설정하는 자(이하 "위탁자"라 한다)와 신탁을 인수하는 자(이하 "수탁자"라 한다) 간의 신임관계에 기하여 위탁자가 수탁자에게 특정의 재산(영업이나 저작재산권의 일부를 포함한다)을 이전하거나 담보권의 설정 또는 그 밖의 처분을 하고 수탁자로 하여금 일정한 자(이하 "수익자"라 한다)의 이익 또는 특정의 목적을 위하여 그 재산의 관리, 처분, 운용, 개발, 그 밖에 신탁 목적의 달성을 위하여 필요한 행위를 하게 하는 법률관계를 말한다.

145) 대한변협 2013. 6. 13. 질의회신 제718호.

146) 대한변협 2004. 6. 17. 법제 제1557호(축조, 대한변협, 2009, 31면).

147) 대한변협 2008. 10. 28. 법제 제2501호(축조, 대한변협, 2009, 29면).

위가 당연히 포함되는 것은 아니다.[148)]

그 밖에 합의교섭, 계약체결의 교섭, 고소·고발, 등기·등록의 신청, 유언집행, 회사의 설립, 주주총회의 지도, 후견 등의 사무는 일반 법률사무에 해당된다.

(사) 조사기관에서 취급 중인 조사사건

대법원 1988. 4. 12. 선고 86도5 판결

변호사법 제78조 제2호의 후단에서 말하는 '법령에 의하여 설치된 조사기관에서 취급중인 조사사건'이라 함은 그 전단규정과 대비하여 볼 때, 사인의 공법상 또는 사법상의 권리의무나 법률관계에 대하여 이를 조사하거나 조정해결하는 절차로써 그 절차에 관여하는 것이 법률사무를 취급하는 변호사의 직역에 속하는 것을 이른다. 감정평가에 관한 법률의 관계규정에 의하면, 주식회사 한국감정원은 감정목적물에 대한 감정업을 영위하는 법인으로서 부동산의 시가감정 등을 그 업무내용으로 하고 있으며, 그 감정의뢰도 물건소유자뿐만 아니라 제3자의 의뢰에 의하여도 할 수 있는 것임을 엿볼 수 있으므로 위 한국감정원에서 하는 부동산시가감정업무는 '법령에 의하여 설치된 조사기관에서 취급중인 조사사건'이라 할 수 없다.

나. 변호사의 독직행위, 비변호사와의 동업 등

변호사법 제109조(벌칙) 다음 각 호의 어느 하나에 해당하는 자는 7년 이하의 징역 또는 5천만원 이하의 벌금에 처한다. 이 경우 벌금과 징역은 병과(併科)할 수 있다.

2. 제33조 또는 제34조(제57조, 제58조의16 또는 제58조의30에 따라 준용되는 경우를 포함한다)를 위반한 자

변호사법 제33조(독직행위의 금지) 변호사는 수임하고 있는 사건에 관하여 상대방으로부터 이익을 받거나 이를 요구 또는 약속하여서는 아니 된다.

변호사법 제34조(변호사가 아닌 자와의 동업 금지 등) ① 누구든지 법률사건이나 법률사무의 수임에 관하여 다음 각 호의 행위를 하여서는 아니 된다.

1. 사전에 금품·향응 또는 그 밖의 이익을 받거나 받기로 약속하고 당사자 또는 그 밖의 관계인을 특정한 변호사나 그 사무직원에게 소개·알선 또는 유인하는 행위
2. 당사자 또는 그 밖의 관계인을 특정한 변호사나 그 사무직원에게 소개·알선 또는 유

148) 대판 2006. 5. 11. 2003두14888.

인한 후 그 대가로 금품·향응 또는 그 밖의 이익을 받거나 요구하는 행위
② 변호사나 그 사무직원은 법률사건이나 법률사무의 수임에 관하여 소개·알선 또는 유인의 대가로 금품·향응 또는 그 밖의 이익을 제공하거나 제공하기로 약속하여서는 아니 된다.
③ 변호사나 그 사무직원은 제109조 제1호, 제111조 또는 제112조 제1호에 규정된 자로부터 법률사건이나 법률사무의 수임을 알선받거나 이러한 자에게 자기의 명의를 이용하게 하여서는 아니 된다.
④ 변호사가 아닌 자는 변호사를 고용하여 법률사무소를 개설·운영하여서는 아니 된다.
⑤ 변호사가 아닌 자는 변호사가 아니면 할 수 없는 업무를 통하여 보수나 그 밖의 이익을 분배받아서는 아니 된다.

1 대법원 2004. 10. 28. 선고 2004도3994 판결

비변호사에게 고용된 변호사에 대한 처벌규정이 없으므로 변호사법 제109조 제2호, 제34조 제4항 위반죄의 공범으로 처벌할 수 없다.

2 대한변협 2009. 4. 29. 징계 제2007-26호

변호사는 비변호사에게 자기의 명의를 이용하게 해서는 안 됨에도 불구하고, 비변호사 2명에게 혐의자의 사무실 임대료 등으로 월 일정액을 받는 조건으로 명의를 빌려주고 위 2명으로 하여금 비송사건에 관하여 대리, 법률상담 등 법률사무를 취급하게 한 사실로 정직 3월 결정.

2. 변호사·사무직원의 재판·수사기관 공무원에 대한 청탁 명목의 금품 수령

변호사법 제110조(벌칙) 변호사나 그 사무직원이 다음 각 호의 어느 하나에 해당하는 행위를 한 경우에는 5년 이하의 징역 또는 3천만원 이하의 벌금에 처한다. 이 경우 벌금과 징역은 병과할 수 있다.
1. 판사·검사, 그 밖에 재판·수사기관의 공무원에게 제공하거나 그 공무원과 교제한다는 명목으로 금품이나 그 밖의 이익을 받거나 받기로 한 행위
2. 제1호에 규정된 공무원에게 제공하거나 그 공무원과 교제한다는 명목의 비용을 변호사 선임료·성공사례금에 명시적으로 포함시키는 행위

☞ [부록 2] 개정안 제110조 참조.

대한변협 2008. 6. 2. 징계 제2008-8 결정

혐의자는 간통사건으로 수사를 받는 자로부터 사건을 수임하고 간통은 원래 집행유예를 받는 사건인데 위임인이 현재 집행유예 기간 중이고 상대 가정이 파탄난 상태이므로 검사의 도움이 없으면 구속을 피하기 어려우니 검사를 만나서 식사를 대접해야 된다고 하여 검사교제비 명목의 돈 3천만원을 제공받고, 위임인에게 사건이 기소되면 법정구속이 될 수도 있으니 재판 전에 미리 판사에게 대접해야 한다며 판사교제비 명목으로 돈 5천만원을 제공받은 사실로 정직 1년 결정.

3. 공무에 관한 청탁 명목의 금품 수령

변호사법 제111조(벌칙) ① 공무원이 취급하는 사건 또는 사무에 관하여 청탁 또는 알선을 한다는 명목으로 금품·향응, 그 밖의 이익을 받거나 받을 것을 약속한 자 또는 제3자에게 이를 공여하게 하거나 공여하게 할 것을 약속한 자는 5년 이하의 징역 또는 1천만원 이하의 벌금에 처한다. 이 경우 벌금과 징역은 병과할 수 있다.
② 다른 법률에 따라 「형법」 제129조부터 제132조까지의 규정에 따른 벌칙을 적용할 때에 공무원으로 보는 자는 제1항의 공무원으로 본다.

☞ [부록 2] 개정안 제111조 참조.

가. 공무원이 취급하는 사무 및 이익의 의미

1 대법원 1995. 5. 26. 선고 95도476 판결

구 변호사법 제78조 제1호 소정의 '공무원이 취급하는 사건 또는 사무'라 함은 자기 자신을 제외한 모든 자의 사건 또는 사무를 가리키는 것으로 해석함이 당원의 견해이다.[149] 주택건설촉진법 제33조에 의하면 대통령령으로 정하는 호수(같은법 시행령 제32조 제1항에 의하면 공동주택의 경우 20세대) 이상의 주택을 건설하고자 하는 자는 사업계획을 작성하여 건설부장관의 승인을 얻어야 하고, 사업주체는 주택이 건설될 지역을 관할하는 시장 등을 거쳐 이를 신청하여야 한다고 규정하고 있는바, 기록에 의하면 이 사건 아파트 건설의 사업주체는 공소외 1 회사임이 명백하므로, 이 사건 아파트에 관하여 주택건설사업승인을 받는 업무는 공소외 1 회사의 업무라고 할 것이고, 가사 공소외 1 회사의 대표

149) 대판 1988. 1. 19. 86도1425; 1994. 10. 14. 94도1964.

이사인 공소외 2가 위 업무를 피고인에게 위임하였다거나 그 업무 처리에 소요되는 비용의 일부를 피고인이 부담하기로 하였다고 하더라도 이는 피고인이 기술적인 측면에서 관청의 허가조건을 충족할 수 있는 설계를 하여 설계의 하자로 인하여 허가를 받지 못하는 일이 없도록 하며, 절차적인 면에서는 피고인이 공소외 1 회사를 대리하여 그 형식적인 절차를 대행하면서 그에 수반되는 부대비용의 일부를 부담한다는 취지로 보아야 할 것이므로, 위와 같은 사정만으로 위 주택건설사업승인을 받는 업무가 피고인 자신의 업무로 된다고는 할 수 없다.

② 대법원 2006. 4. 14. 선고 2005도7050 판결

변호사법 제111조에서 정하고 있는 '이익'의 의미는 뇌물죄에서의 뇌물의 내용인 이익과 마찬가지로 금전, 물품 기타의 재산적 이익뿐만 아니라, 사람의 수요·욕망을 충족시키기에 족한 일체의 유형·무형의 이익을 포함한다고 해석되고, 투기적 사업에 참여하거나 어떤 수익을 얻을 수 있는 사업에 투자할 기회를 얻는 것도 이에 해당한다.

나. 변호사에게의 적용 여부

① 대법원 1998. 2. 14. 선고 87도2631 판결

변호사법 제54조[150]의 위반죄는 변호사의 자격이 있는 자라도 그 주체가 될 수 있는 것이므로 변호사가 소송사건의 위임과 관련해서가 아니라 공무원이 취급하는 사건 또는 사무에 관하여 청탁 또는 알선 명목으로 금원을 교부받은 이상 위 변호사법의 적용 대상이 된다.

② 대법원 2007. 6. 28. 선고 2002도3600 판결

정식으로 법률사건을 의뢰받은 변호사의 경우, 사건의 해결을 위한 접대나 향응, 뇌물의 제공 등 이른바 공공성을 지닌 법률전문직으로서의 정상적인 활동이라고 보기 어려운 방법을 내세워 의뢰인의 청탁 취지를 공무원에게 전하거나 의뢰인을 대신하여 스스로 공무원에게 청탁을 하는 행위 등을 한다는 명목으로 금품 등을 받거나 받을 것을 약속하는 등, 금품 등의 수수의 명목이 변호사의 지위 및 직무범위와 무관하다고 평가할 수 있는 경우에 한하여 특정범죄 가중처벌 등에 관한 법률 제3조 및 구 변호사법 제90조 제1호 위반죄가 성립한다.

150) 1982. 12. 31. 법률 제3594호로 개정되기 전의 법률.

다. 실제 청탁의사의 필요 여부

대법원 2007. 6. 29. 선고 2007도2181 판결

공무원이 취급하는 사건에 관하여 청탁한다는 명목으로 금품을 수수함으로써 성립하는 변호사법 제111조 위반죄는 금품을 교부받은 자가 실제로 청탁할 생각이 없었다 하더라도 그와 같은 청탁의 명목으로 금품을 교부받은 것이 자기의 이득을 취하기 위한 것이라면 그 죄의 성립에는 영향이 없다.[151] 이와 같은 법리에 비추어 보면, 피고인이 피해자로부터 피고인의 채권을 변제받기 위하여 사건을 청탁할 것처럼 거짓말하여 이 사건 금품을 교부받은 것이므로 피고인의 이 사건 행위는 위 변호사법 위반죄를 구성하지 않는다는 상고이유의 주장은 받아들일 수 없다.

라. 청탁 명목 및 편의 제공의 명목이 결합된 대가의 수령

대법원 2006. 2. 22. 선고 2005도7771 판결

변호사법 제111조 소정의 '공무원이 취급하는 사건 또는 사무에 관하여 청탁 또는 알선을 한다는 명목으로 금품·향응 기타 이익을 받는다'함은 공무원이 취급하는 사건 또는 사무에 관하여 공무원과 의뢰인 사이를 중개한다는 명목으로 금품을 수수한 경우를 말하는 것으로, 단순히 공무원이 취급하는 사건 또는 사무와 관련하여 노무나 편의를 제공하고, 그 대가로서 금품 등을 수수하였을 뿐인 경우는 이에 포함되지 아니한다.[152] 그러나 공무원이 취급하는 사건 또는 사무에 관하여 청탁한다는 명목으로서의 성질과 단순히 공무원이 취급하는 사건 또는 사무와 관련하여 노무나 편의를 제공하고 그 대가로서의 성질이 불가분적으로 결합되어 금품이 수수된 경우에는 그 전부가 불가분적으로 공무원이 취급하는 사건 또는 사무에 관하여 청탁한다는 명목으로서의 성질을 가진다.

마. 청탁 대가의 단순한 전달

대법원 1997. 6. 27. 선고 97도439 판결

공무원이 취급하는 사무에 관한 청탁을 받고 청탁 상대방인 공무원에게 제공할 금품을 받아 그 공무원에게 단순히 전달한 경우에는 알선수뢰죄나 증뢰물전달죄만이 성립하고 변호사법위반죄는 성립하지 않는다.

151) 대판 1986. 3. 25. 86도436; 2006. 3. 10. 2005도9387; 2006. 10. 12. 2006도4518 등.
152) 대판 1997. 12. 23. 97도547; 2004. 9. 24. 2003도3145; 2008. 4. 10. 2007도3044 등.

4. 권리실행 업무, 변호사 자격 거짓 등록, 미등록 변호사의 법률사무 취급 등

변호사법 제112조(벌칙) 다음 각 호의 어느 하나에 해당하는 자는 3년 이하의 징역 또는 2천만원 이하의 벌금에 처한다. 이 경우 벌금과 징역은 병과할 수 있다.

1. 타인의 권리를 양수하거나 양수를 가장하여 소송·조정 또는 화해, 그 밖의 방법으로 그 권리를 실행함을 업(業)으로 한 자
2. 변호사의 자격이 없이 대한변호사협회에 그 자격에 관하여 거짓으로 신청하여 등록을 한 자
3. 변호사가 아니면서 변호사나 법률사무소를 표시 또는 기재하거나 이익을 얻을 목적으로 법률 상담이나 그 밖의 법률사무를 취급하는 뜻을 표시 또는 기재한 자
4. 대한변호사협회에 등록을 하지 아니하거나 제90조 제3호에 따른 정직 결정 또는 제102조 제2항에 따른 업무정지명령을 위반하여 변호사의 직무를 수행한 변호사
5. 제32조(제57조, 제58조의16 또는 제58조의30에 따라 준용되는 경우를 포함한다)를 위반하여 계쟁권리를 양수한 자
6. 제44조 제2항(제58조의16이나 제58조의30에 따라 준용되는 경우를 포함한다)을 위반하여 유사 명칭을 사용한 자
7. 제77조의2 또는 제89조의8을 위반하여 비밀을 누설한 자

☞ [부록 2] 개정안 제112조 참조.

가. 타인의 권리의 실행을 업으로 하는 행위

(1) 변호사법 제112조 제1호의 입법 취지

헌재 2004. 1. 29. 2002헌바36, 55(병합) 결정

이 사건 법률조항은 법 제90조 제2호[법109 i 에 해당]에 대한 보충적 규정으로서의 성격을 갖는다. 즉, 소송 등의 방법에 의하여 금전 채권 등 채무자에 대한 권리를 실행하는 것은, 그 권리의 성립 여부, 이를 입증할 증거자료의 수집 및 평가, 실현가능성의 유무 및 방법에 관한 정확한 법률적 분석이 요구될 뿐만 아니라 그 성질상 채무자의 자유에 대한 압박이 되고 경우에 따라서는 채무자와 관계없는 그 가족의 사생활과 평온한 생활을 해칠 우려가 있으므로 충분한 법률지식과 윤리적 소양을 갖춘 변호사에 의하여 수행되어야 할 전형적인 법률사무임에도 불구하고, 금전 채권 등 권리를 자유롭게 양도할 수 있음을 이용하여 그 권리를 비변호사에게 양도한 다음 그 자가 마치 양도받은 자신의 권리를 소송 등의 방법으로 실행하는 형식을 취하여 비변호사의 법률사무취급을 금지한 변

호사법 제90조 제2호를 잠탈하는 경우가 적지 않은 바, 법 제90조 제2호의 적용을 피하기 위한 이러한 탈법행위를 특별히 금지하고자 이 사건 법률조항이 입법된 것이다.

따라서 이 사건 법률조항은 앞서 본 바와 같은 뚜렷한 공익적 이유로 형성된 변호사 제도를 보호·유지하기 위하여 마련된 법 제90조 제2호를 잠탈하는 행위를 규제함으로써, 첫째 전문적인 법률적 도움이 필요한 일반 국민들의 법률적 문제를, 관련 법률사무 처리에 필요한 전문지식과 객관적 신뢰성을 갖춘 것으로 공인받지도 못하였고 따라서 공정한 직무수행을 위하여 마련된 변호사법상의 어떠한 제한이나 통제도 받지 않는 무자격자들이 취급함으로써 효율적이고도 적법한 권리의 실현을 오히려 저해하는 등 국민들의 법률생활상의 이익에 대한 폐해를 방지하고, 둘째 위와 같은 무자격자들이 다른 사람의 법률사건에 개입하여 분쟁을 조장하고, 법률적 쟁점에 대한 진지한 검토도 없이 남소를 제기할 경우 상대방 당사자나 법원의 시간, 노력, 비용을 낭비케 하고, 민사사법제도의 공정, 원활한 운영을 방해하며 나아가 법질서를 문란케 할 염려가 있으므로 이를 배제하기 위하여 입법된 것이다.

(2) 채권의 수령권한만을 위임받은 경우의 적용 여부

대법원 1988. 12. 6. 선고 88도56 판결

변호사법 제79조 제1호에는 타인의 권리를 양수하거나, 양수를 가장하여 소송·조정 또는 화해 기타의 방법으로 그 권리를 실행함을 업으로 하는 자를 처벌하도록 규정되어 있는 바, 이는 실제로 권리를 양수하거나 양수를 가장하여 그 권리자로서 자기의 권리를 실행한 경우를 말하는 것이고, 이 사건과 같이 채권자로부터 그 수령권한만을 위임받아 채무자들에게 채무의 변제를 요구한 행위는 이에 해당하지 않는다.

(3) 타인의 권리의 양수에 해당하는 사례

대법원 1993. 1. 26. 선고 91도2981 판결

피고인이 이 사건 채권양수 당시 그 자신의 소외 강상규에 대한 채권은 불과 금 1,000,000원이면서 위 강상규가 판시 연산재건아파트 신축공사조합의 조합장으로서 조합원 88명에 대하여 가진 금 69,256,328원의 분양잔대금 채권에 대하여 이를 양수하고 그 권리를 실행하여 그 실행된 채권액의 30%를 받기로 하여 그 중 일부 채권을 소송의 방법으로 실행한 것이면, 피고인의 행위는 그 자신의 위 강상규에 대한 채권에 비하여 그가 양수하여 권리를 실행하는 대가로 받기로 하는 액수가 훨씬 많아 실질적으로 거의 채권이 없어 영리를 취할 목적을 띠고 있는 점과 계속적, 반복적으로 분양채무자인 조합원들을 상대로 소송을 할 것을 예정하고 있었던 사실이 엿보이고 있음에 비추어 변호사법 제

79조 제1호에 규정한 타인의 권리를 양수하거나 양수를 가장하여 소송, 조정 또는 화해 기타의 방법으로 그 권리를 실행함을 업으로 한 자에 해당한다.

(4) 이른바 팩토링[153] 거래에의 적용 여부

대법원 1994. 4. 12. 선고 93도1735 판결

변호사법 제79조 제1호는 타인의 권리를 양수하거나 양수를 가장하여 소송, 조정 또는 화해 기타의 방법으로 그 권리를 실행함을 업으로 하는 자를 처벌하고 있는바, 이는 법률에 밝은 자가 업으로서 타인의 권리를 유상 또는 무상으로 양수하여 이를 실행하기 위하여 법원을 이용하여 소송, 조정 또는 화해 기타의 수단을 취하는 것을 금지함으로써 남소의 폐단을 방지하려는 데 있으므로, 이 사건에서 원심이 적법히 확정한 바와 같이 피고인이 대표이사로 있는 공소외 1 회사가 타인의 기존의 권리를 양수한 것이 아니고 물품할부판매계약의 성립단계에서부터 금융을 제공하는 당사자로서 개입하여 사실상 채권발생과 동시에 채권양도가 이루어지고 타인의 권리를 양수한다고 하더라도 당초부터 소송을 하는 것을 주된 목적으로 하지 아니할 뿐 아니라, 소송 등의 수단에 의한 것이 다수의 양수권리 중 적은 일부에 지나지 아니하여 계속적, 반복적으로 소송을 할 것을 예정하고 있었다고 보기 어려운 경우 등은 이에 해당하지 아니한다.

나. 비변호사의 변호사 표시

1 대법원 1988. 11. 22. 선고 87도2248 판결

변호사법 제79조 제3호 후단은 "변호사가 아니면서 이익을 얻을 목적으로 법률상담 기타

153) 팩토링(factoring)이란 금융기관인 팩토링 회사가 제조업자, 상인, 서비스 제공자 등의 외상매출채권을 양수하여 채무자들로부터 채권을 회수해 주는 금융 서비스를 말한다. 국제 팩토링에 관한 Unidroit 협약상으로는 신용의 공여, 회계처리, 매출채권의 추심, 신용위험의 인수 등 네 가지 중 적어도 둘 이상의 기능을 수행하는 것이다(동 협약 제1조 제2항 b). 상법 제46조 제21호는 "영업상 채권의 매입 · 회수 등에 관한 행위"를 기본적 상행위로 규정하고 있고, 여신전문금융업법은 제2조 제1호에서 "여신전문금융업이란 신용카드업, 시설대여업, 할부금융업 또는 신기술사업금융업을 말한다."라고 규정하는 한편, 할부금융업에 대하여 제2조 제13호에서 "재화와 용역의 매매계약에 대하여 매도인 및 매수인과 각각 약정을 체결하여 매수인에게 융자한 재화와 용역의 구매자금을 매도인에게 지급하고 매수인으로부터 그 원리금을 나누어 상환받는 방식의 금융을 말한다."라고 규정하고 있다. 결국 팩토링은 여신전문금융업법상 할부금융업의 일부로 취급되고 있다(대법원 2000. 1. 5. 자 99그35 결정 참조).

법률사무를 취급하는 뜻의 표시 또는 기재를 한 자"를 처벌하는 규정으로서, 그와 같은 표시 또는 기재에 이익을 얻을 목적이 나타나야만 되는 것이 아님은 물론 그 이익과 법률상담 기타 법률사무의 취급 사이에 직접적인 대가관계가 있어야만 되는 것도 아니다. 원심판결이 피고인들이 공모하여 변호사가 아니면서 이익을 얻을 목적으로 '상담식 법률백과'라는 책을 판매하는 수단으로 '법생활무료상담소(상호생략)'라는 간판을 걸어놓고 상담소 소속 홍보요원을 통하여 누구든지 회비로 금 90,000원만 납부하면 평생 무료로 법률상담을 하여 준다고 선전하는 등의 방법으로 회원을 2,000명 가량 모집하여 회비를 징수하고 각종 법률상담을 함은 물론 법원에 제출하는 소장 등 소송서류를 100여건 작성하여 준 사실을 인정하고 피고들의 이와 같은 행위가 변호사법 제79조 제3호에 해당한다고 판단한 것은 정당하다.

2 대법원 2000. 4. 21. 선고 99도3403 판결

외국의 변호사 자격이 있는 자라 하더라도 변호사법 제6조의 규정에 의한 인가와 허가를 받은 경우를 제외하고는 변호사법 제4조 소정의 변호사 자격이 있는 자라고 할 수 없으므로 변호사법 제91조 제3호에 의하여 금지되는 변호사 또는 법률사무소의 표시 또는 기재 행위를 하여서는 아니 되고, 또한 내국인 또는 대한민국의 법률에 관한 사항뿐만 아니라 외국인 또는 외국법에 관한 사항에 관하여도 법률상담 기타 법률사무를 취급한다는 표시 또는 기재를 하여서는 아니 된다. 피고인이 대한민국의 변호사 자격이 없음에도 불구하고 명함 또는 팩스문서에 자신을 이민·특허 전문변호사 또는 국제변호사라고 표시한 것은 그 기재 자체에 의하여 변호사라는 표시가 포함되어 있음은 물론 우리나라의 변호사법에 의한 변호사가 아니라는 취지가 명백하다고 할 수 없고, 그 밖에 피고인이 자신의 직원을 통하여 발송한 팩스문서에 미국 특허에 관한 문의가 있으면 연락하라고 기재한 것은 그 자체로서 피고인이 이익을 얻을 목적으로 국내에서 법률상담 내지 법률사무를 취급하는 뜻을 표시한 것에 해당한다고 할 것이므로, 원심이 같은 취지에서 피고인의 그 판시 범죄사실이 변호사법 제91조 제3호 위반에 해당한다고 판단한 조치는 정당하다.

다. 법률중개사가 변호사 표시인지 여부

대법원 2007. 6. 14. 선고 2006도7899 판결

피고인 1, 2가 피고인 3으로부터 LBA법률중개사 강의를 듣고 시험을 거쳐 'LBA부동산법률중개사'라는 민간 자격인증서를 교부받은 후 'LBA(상호 1 생략)부동산'과 'LBA(상호 2 생략)부동산'이라는 각 상호로 부동산중개업을 영위함에 있어 간판, 유리벽, 명함에 상호를 표시하면서 상호 또는 공인중개사 표시에 비해 작은 글씨로 '법률중개사'나 '부동산법률중개사'라는 표시 또는 기재를 하거나 상호 또는 공인중개사 표시와 병기하였을 뿐, 더 나아가 '법률중개사'라는 표시 또는 기재를 독자적으로 사용하지는 않았으며… 명함 및 간판은 물론 부동산중개사무소 전체를 통틀어 달리 법률상담 기타 법률사무를 취급한다는 뜻이 내포된 표시 또는 기재가 보이지 아니하고, 그 밖에 전체적인 외관상 일반인들이 보기에 법률상담 기타 법률사무를 취급하는 것으로 인식하게 할 만한 어떠한 표시 또는 기재를 한 것으로 확인되지 아니한 점 등을 종합하여 볼 때, 피고인 1, 2가 위와 같이 '법률중개사' 표시를 한 행위는 단지 부동산중개 관련 법률을 잘 아는 '공인중개사'의 뜻으로 인식될 정도에 불과하여 일반인들로 하여금 '법률상담 기타 법률사무를 취급하는 뜻의 표시 또는 기재'로 인식하게 할 정도에 이르렀다고 단정할 수는 없고, 달리 위 피고인들의 행위가 변호사법 제112조 제3호 후단에 해당한다고 인정할 만한 증거가 부족하다.

라. 등록취소된 변호사의 변호사법위반 행위

대한변협 2013. 10. 17. 질의회신 제740호

- 질의내용의 사안은 변호사의 등록이 취소된 자라 하더라도 변호사의 자격을 보유하고 있는 자이므로, 이러한 자를 변호사법 제34조나 제109조 및 제112조 소정의 변호사가 아닌 자로 취급할 수 있는지 여부가 문제된다.
- 변호사법 제109조는 변호사가 아닌 자가 소정의 행위를 한 경우를 처벌하는 내용으로 이루어져 있고, 변호사법 제112조 제3호는 "변호사가 아니면서 변호사나 법률사무소를 표시 또는 기재하거나 이익을 얻을 목적으로 법률 상담이나 그 밖의 법률사무를 취급하는 뜻을 표시 또는 기재한 자"를 처벌하고 있는 반면에, 같은 조 제4호는 "대한변호사협회에 등록을 하지 아니하거나 제90조 제3호에 따른 정직 결정 또는 제102조 제2항에 따른 업무정지명령을 위반하여 변호사의 직무를 수행한 변호사"를 처벌하고 있다.
- 변호사법 제112조 제4호는 "대한변호사협회에 등록을 하지 아니하거나 제90조 제3호에 따른 정직 결정 또는 제102조 제2항에 따른 업무정지명령을 위반하여 변호사의 직무를 수행한 변호사"에 대한 처벌규정인데, 변호사법상 다른 처벌규정과 달리 이 규정에서는 "변호사"를 처벌대상으로 특정하고 있다. 이 규정의 법문형식에 비추어 보자면 법문에서 특별히 변호사도 처벌대상에 포함됨을 명시적으로 선언하고 있지 않은 경우에는 "변호사의 자격이 없는 자"가 변호사법을 위반하는 경우와 "변호사의 자격을 보유하고 있으나 변호사로 직무를 수행할 수 없는 자"가 변호사법을 위반하는 경우를 구별하고자 하는 것이 입법자의 의사라고 추단하는 것이 상당하다.
- 질의한 사안에서는 비록 변호사의 등록이 취소되어 변호사로 직무를 수행할 수 없는 상황이 되었다고 하더라도 이는 변호사법 제112조 제4호 소정의 "변호사로 등록을 하

지 아니한 변호사"에 해당할 뿐 변호사의 자격을 상실한 것은 아니라고 보아야 한다. 따라서 변호사의 자격이 없는 자를 처벌대상으로 규율하고 있음이 법문상 명백한 변호사법 제34조, 제109조를 이 사안에 적용할 수는 없다. 이 경우에는 변호사법 제112조 제4호의 "대한변호사협회에 등록을 하지 아니하고 변호사의 직무를 수행한 변호사"에 해당하는 것으로 의율하여 처벌하여야 한다.

5. 변호사시험 합격자의 법률사무소 개설제한 위반 등

변호사법 제113조(벌칙) 다음 각 호의 어느 하나에 해당하는 자는 1년 이하의 징역 또는 1천만원 이하의 벌금에 처한다.

1. 제21조의2 제1항을 위반하여 법률사무소를 개설하거나 법무법인·법무법인(유한) 또는 법무조합의 구성원이 된 자[154)]
2. 제21조의2 제3항(제31조의2 제2항에 따라 준용하는 경우를 포함한다)에 따른 확인서를 거짓으로 작성하거나 거짓으로 작성된 확인서를 제출한 자[155)]
3. 제23조 제2항 제1호 및 제2호를 위반하여 광고를 한 자[156)]
4. 제31조 제1항 제3호(제57조, 제58조의16 또는 제58조의30에 따라 준용되는 경우를 포함한다)에 따른 사건을 수임한 변호사[157)]
5. 제31조의2 제1항을 위반하여 사건을 단독 또는 공동으로 수임한 자[158)]
6. 제37조 제1항(제57조, 제58조의16 또는 제58조의30에 따라 준용되는 경우를 포함한다)을 위반한 자[159)]

---

154) 변호사시험의 합격자가 통산하여 6개월 이상 법률사무종사기관에서 법률사무에 종사하거나 연수를 마치지 아니하고 법률사무소를 개설하거나 법무법인 등의 구성원이 되는 행위(법21의2①).

155) 변호사시험의 합격자가 단독으로 법률사무소를 최초로 개설하거나 법무법인 등의 구성원이 되거나, 단독 또는 공동으로 수임(법무법인 등의 담당변호사로 지정하는 경우 포함)함에 있어서 변호사법 제21의2 제1항의 요건에 해당하는 사실을 증명하는 확인서를 거짓으로 작성하거나 거짓 작성된 확인서를 제출하는 행위(법21의2③, 31의2②).

156) 변호사의 업무에 관하여 거짓된 내용을 표시하거나, 국제변호사를 표방하거나 그 밖에 법적 근거가 없는 자격이나 명칭을 표방하는 내용의 광고(법23② i , ii).

157) 변호사가 공무원·조정위원 또는 중재인으로서 직무상 취급하거나 취급하게 된 사건(법무법인 등에 준용되는 경우 포함)을 수임한 행위(법31①iii).

158) 변호사시험의 합격자가 통산하여 6개월 이상 법률사무에 종사하거나 연수를 마치지 아니하고 사건을 단독 또는 공동으로 수임(법무법인 등의 담당변호사로 지정하는 경우 포함)하는 행위(법31의2①).

159) 재판이나 수사 업무에 종사하는 공무원이 직무상 관련이 있는 법률사건 또는 법률사무의 수

6. 상 습 범

변호사법 제114조(상습범) 상습적으로 제109조 제1호, 제110조 또는 제111조의 죄를 지은 자는 10년 이하의 징역에 처한다.

비변호사의 변호사 직무 취급 또는 알선의 범죄(법109 i), 변호사·사무직원의 재판·수사기관 공무원에 대한 청탁 명목의 금품 수령의 범죄(법110) 및 공무에 관한 청탁 명목의 금품 수령의 범죄(법111)의 상습범에 대한 처벌 규정이다.

7. 법무법인 등의 처벌

변호사법 제115조(법무법인 등의 처벌) ① 법무법인·법무법인(유한) 또는 법무조합의 구성원이나 구성원 아닌 소속 변호사가 제51조를 위반하면 500만원 이하의 벌금에 처한다.[160]
② 법무법인, 법무법인(유한) 또는 법무조합의 구성원이나 구성원이 아닌 소속 변호사가 그 법무법인, 법무법인(유한) 또는 법무조합의 업무에 관하여 제1항의 위반행위를 하면 그 행위자를 벌하는 외에 그 법무법인, 법무법인(유한) 또는 법무조합에게도 같은 항의 벌금형을 과(科)한다. 다만, 법무법인, 법무법인(유한) 또는 법무조합이 그 위반행위를 방지하기 위하여 해당 업무에 관하여 상당한 주의와 감독을 게을리하지 아니한 경우에는 그러하지 아니하다.

8. 몰수·추징

변호사법 제116조(몰수·추징) 제34조(제57조, 제58조의16 또는 제58조의30에 따라 준용되는 경우를 포함한다)를 위반하거나 제109조 제1호, 제110조, 제111조 또는 제114조의 죄를 지은 자 또는 그 사정을 아는 제3자가 받은 금품이나 그 밖의 이익은 몰수한다. 이를 몰수할 수 없을 때에는 그 가액을 추징한다.

비변호사와의 동업금지 등 위반자(법34, 법무법인 등에 준용되는 경우 포함)나,

임에 관하여 당사자 또는 그 밖의 관계인을 특정한 변호사나 그 사무직원에게 소개·알선 또는 유인하는 행위(법37①).

160) 법무법인 등이 인가공증인으로서 공증한 사건에 관하여 변호사 업무를 수행하는 행위(법51).

비변호사의 변호사 직무 취급 또는 알선행위(법109 i), 변호사 · 사무직원의 재판 · 수사기관 공무원에 대한 청탁 명목의 금품 수령의 행위(법110) 및 공무에 관한 청탁 명목의 금품 수령(법111) 등의 행위자와 그 상습범이나 그 사정을 아는 제3자가 받은 금품이나 그 밖의 이익의 몰수 또는 추징 규정이다.

가. 공동으로 받은 이익이 불분명한 경우

대법원 1982. 8. 24. 선고 82도1487 판결

피고인 등 3인이 합석한 자리에서 주연향응을 받았는데 피고인의 접대에 필요한 비용액이 불분명한 경우에는 평등하게 분할한 액을 피고인의 이득액으로 보아 이를 추징하여야 한다.

나. 사후에 받은 돈을 반환하고 화해한 경우

대법원 1990. 10. 30. 선고 90도1770 판결

변호사법 제82조는 같은 법 제78조 제1호의 죄를 범한 자가 받은 금품 기타 이익은 이를 몰수하고 몰수할 수 없을 때에는 그 가액을 추징하게 되어 있고, 위의 죄를 범한 자 스스로가 소비한 금액만을 추징하게 되어 있는 것이 아니며 사후에 그 금품에 상당하는 돈을 지급하고 화해하였다 하더라도 교부받은 돈 자체가 반환된 것이 아니므로 이를 추징하여야 한다.

다. 청탁 명목의 금품 중 일부를 뇌물로 공여한 경우

대법원 1993. 12. 28. 선고 93도1569 판결

구 변호사법(1993.3.10. 법률 제4544호로 개정되기 전의 것) 제82조의 규정에 의한 필요적 몰수 또는 추징은, 금품 기타 이익을 범인 또는 제3자로부터 박탈하여 그들로 하여금 부정한 이익을 보유하지 못하게 함에 그 목적이 있는 것이므로, 수인이 공동하여 공무원이 취급하는 사건 또는 사무에 관하여 청탁을 한다는 명목으로 받은 금품을 분배한 경우에는 각자로부터 실제로 분배받은 금품만을 개별적으로 몰수하거나 그 가액을 추징하여야 하고, 위와 같은 청탁을 한다는 명목으로 받은 금품 중의 일부를 실제로 금품을 받은 취지에 따라 청탁과 관련하여 관계공무원에게 뇌물로 공여한 경우에도 그 부분의 이익은 실질적으로 피고인에게 귀속된 것이 아니므로 그 부분을 제외한 나머지 금품만을 몰수하거나 그 가액을 추징하여야 한다.

라. 청탁 명목의 금품을 제3자에게 공여한 경우

대법원 1999. 3. 9. 선고 98도4313 판결

변호사법 제94조는 같은 법 제90조 제1호의 죄를 범한 자 또는 그 정을 아는 제3자가 받은 금품 기타 이익이 개별적으로 귀속한 때는 그 이익의 한도 내에서 개별적으로 추징하여야 하고 그 이익의 한도를 넘어서 추징할 수는 없는 것이고, 그와 같은 점에 비추어 볼 때, 비록 변호사법 제90조 제1호의 죄를 범한 범인이라 하더라도 불법한 이득을 보유하지 아니한 자라면 그로부터 해당 금품을 몰수·추징할 수 없고, 피고인이 공무원이 취급하는 사건 또는 사무에 관하여 청탁 또는 알선을 한다는 명목으로 제3자에게 금품을 공여하게 한 경우에는 피고인이 그 제3자로부터 그 금품을 건네받아 보유한 때를 제외하고는 피고인으로부터 그 금품 상당액을 추징할 수 없다.

마. 수인이 공동하여 교부받은 금품을 분배하는 경우

대법원 1999. 4. 9. 선고 98도4374 판결

수인이 공동하여 변호사법 제90조 제2호에 규정한 죄를 범하고 교부받은 금품을 분배하는 경우에는 각자가 실제로 분배받은 금품만을 개별적으로 몰수하거나 그 가액을 추징하여야 할 것이다.

바. 청탁의 대가로 이자 및 반환에 관한 약정 없이 차용한 경우

대법원 2001. 5. 29. 선고 2001도1570 판결

변호사법(2000. 1. 28. 법률 제6207호로 전문 개정되기 전의 것) 제90조 제2호에 규정한 죄를 범하고 이자 및 반환에 관한 약정을 하지 아니하고 금원을 차용하였다면 범인이 받은 실질적 이익은 이자 없는 차용금에 대한 금융이익 상당액이므로 이 경우 위 법조에서 규정한 몰수 또는 추징의 대상이 되는 것은 차용한 금원 그 자체가 아니라 위 금융이익 상당액이다.

사. 청탁 대가로 받은 재물을 독자적으로 소비한 경우

대법원 2007. 6. 28. 선고 2007도2737 판결

피고인 1이 공소외인으로부터 돈을 받은 후에 (사찰 이름 생략)사의 증축공사비로 금 1,070만원을 지급하였다고 하더라도 이는 변호사법위반으로 취득한 재물을 피고인이 독자적인 판단에 따라 소비한 것에 불과하므로, 공소외인으로부터 받은 금액을 추징한 원심의 조치는 정당하다.

9. 과 태 료

변호사법 제117조(과태료) ① 제89조의4 제1항 · 제2항 및 제89조의5 제2항을 위반하여 수임 자료와 처리 결과에 대한 거짓 자료를 제출한 자에게는 2천만원 이하의 과태료를 부과한다.

② 다음 각 호의 어느 하나에 해당하는 자에게는 1천만원 이하의 과태료를 부과한다.

1. 제21조의2 제5항(제21조의2 제6항에 따라 위탁하여 사무를 처리하는 경우를 포함한다)에 따른 개선 또는 시정 명령을 받고 이에 따르지 아니한 자

1의2. 제22조 제2항 제1호, 제28조의2, 제29조, 제35조 또는 제36조(제57조, 제58조의16 또는 제58조의30에 따라 준용되는 경우를 포함한다)를 위반한 자

2. 제28조에 따른 장부를 작성하지 아니하거나 보관하지 아니한 자
3. 정당한 사유 없이 제29조의2(제57조, 제58조의16 또는 제58조의30에 따라 준용되는 경우를 포함한다)를 위반하여 변호하거나 대리한 자
4. 제54조 제2항, 제58조의14 제2항 또는 제58조의28 제2항을 위반하여 해산신고를 하지 아니한 자
5. 제58조의9 제2항을 위반하여 대차대조표를 제출하지 아니한 자
6. 제58조의21 제1항을 위반하여 규약 등을 제출하지 아니한 자
7. 제58조의21 제2항에 따른 서면을 비치하지 아니한 자
8. 제89조의4 제1항 · 제2항 및 제89조의5 제2항을 위반하여 수임 자료와 처리 결과를 제출하지 아니한 자

③ 다음 각 호의 어느 하나에 해당하는 자에게는 500만원 이하의 과태료를 부과한다.

1. 제85조 제1항을 위반하여 연수교육을 받지 아니한 자
2. 제89조 제2항에 따른 윤리협의회의 요구에 정당한 이유 없이 따르지 아니한 자

④ 제1항부터 제3항까지에 따른 과태료는 대통령령으로 정하는 바에 따라 지방검찰청검사장이 부과 · 징수한다.

⑤ 제4항에 따른 과태료 처분에 불복하는 자는 그 처분을 고지받은 날부터 30일 이내에 그 처분을 한 지방검찰청검사장에게 이의를 제기할 수 있다.
⑥ 제4항에 따른 과태료 처분을 받은 자가 제5항에 따라 이의를 제기하면 그 처분을 한 지방검찰청검사장은 지체 없이 관할 법원에 그 사실을 통보하여야 하며, 그 통보를 받은 관할 법원은 「비송사건절차법」에 따른 과태료 재판을 한다.
⑦ 제5항에 따른 기간에 이의를 제기하지 아니하고 과태료를 내지 아니하면 국세 체납처분의 예에 따라 징수한다.

☞ [부록 2] 개정안 제117조 참조.

■ 기본사례(해설) — Ⅱ. 사건의 유치

1. 변호사는 변호사로서의 명예와 품위에 어긋나는 방법으로 예상 의뢰인과 접촉하거나 부당하게 소송을 부추기면 안 되고(규19①), 사무직원이나 제3자가 사건유치를 목적으로 위의 행위를 하지 않도록 주의하여야 한다(규19②). 따라서 변호사의 ①,②와 같은 행위는 윤리규약 위반이다. ③의 경우는 위 ① ②와 다르다. 공해사건 및 대량 소비자피해사건과 같은 이른바 확산피해의 구제에 있어서는 다수의 피해자에게 신속하고 적절한 법률서비스가 제공되는 것이 필요하다. 위와 같은 경우 신문, 인터넷의 홈페이지 등에 광고하고 그 광고를 보고 수임을 의뢰하는 자들로부터 사건을 수임하는 것은 광고규정 제5조가 금지하는 직접적인 권유행위에 해당되지 않는다. 다만, 그 광고에 피해자를 오도하거나 오해를 불러일으킬 우려가 있는 내용이 있어서는 안 된다(법23②iii).[161] ④의 경우 변호사 정이 말한 대로 퇴거료가 대폭 감액되는 결과가 나오더라도 수임방법에 있어서 문제가 해소되는 것은 아니다. 즉, 선임을 직접 권유하는 행위나 다를 바 없다. 뿐만 아니라 당사자 사이에 일정한 해결을 본 사건을 다시 재연시켜 사건을 만든 것으로 인정되어 변호사로서의 품위를 해한 것이라고 할 수 있다.[162]
2. 변호사는 사건의 수임에 관하여 알선 등의 대가로 금품을 제공해서는 안 되므로(법34②) 변호사의 위 행위는 변호사법을 정면으로 위반한 것이다.
3. X 법무법인이 위 합작법인에 단순히 출자한 것이 아니라 그 소속 변호사가 대표이사 또는 이사직을 수행하는 방법으로 상업 기타 영리를 목적으로 하는 업

161) 小島武司 외 3, 전게서, 164면 참조.
162) 高中正彦, 전게서, 309면 참조.

무를 경영하는 것은 변호사법이 정한 법무법인의 직무를 일탈한 행위가 되므로 겸직허가를 받았다고 하더라도 대표이사 내지 이사직을 수행할 수 없다.163) 변호사법 제38조 제2항은 법무법인 등에는 적용되지 않으므로 법무법인이 위 합작법인의 경영참여의 목적으로 그 법인의 대표이사 내지 이사직을 수행할 수 없고 따라서 소속 지방변호사회의 겸직허가의 대상이 아니다

163) 대한변협 2008. 5. 30. 법제 제1705호, 축조, 대한변협, 2009, 297면.

9 변호사의 보수와 윤리

도입질문

1. 변호사의 보수에 관한 변호사법의 원칙은 무엇인가?
2. 변호사와 의뢰인 사이에 보수에 관한 약정이 없는 경우에도 변호사의 보수청구권이 발생하는가?
3. 한정 성공보수와 전액 성공보수의 차이는 무엇이고, 이러한 종류의 보수에 대한 현행법의 태도는 무엇인가?
4. 전액 성공보수 약정의 역기능 및 순기능은 무엇인가?
5. 비환불수임계약의 필요성 및 문제점은 무엇이고, 관련 판례의 태도는 무엇인가?

Ⅰ. 변호사보수의 의의

참고자료 "돈에 대해서는 어떻게 생각하십니까?"

"이북에서 피난민으로 내려온 집안입니다. 어려서부터 여유있게 자라지는 않았어요. 아버지가 고등학교 1학년 때 돌아가셨죠. 그렇지만 틈틈이 다른 세계를 꿈꿨어요. 대학 때는 신춘문예에 도전해서 매번 떨어지기도 했죠. 음악도 문학도 좋아했어요. 도스토옙스키의 카라마조프가의 형제나 니코스 카잔차키스의 희랍인 조르바를 읽으면서 느꼈던 문학적 감동은 정말 뭐라고 할까? 밤하늘에 쏟아지는 영롱한 별빛을 본 것 같다고나 할까 그런 거였어요. 가난해도 가난하다는 생각 자체가 별로 없었어요. 판사가 된 이후에는 그 월급으로 가족들이 먹고 살고 아이 교육을 시켰죠. 가지고 있는 것에 만족하고 감사하게 살았죠. 그렇지만 현실을 보면 아이들 학원에 보내고 싶었는데 사교육비를 댈 능력은 안 됐죠."

"변호사를 하시고 지금은 어떻습니까?"

내가 다시 확인했다.

"선택의 자유가 있다고 말씀 드렸죠? 돈의 노예가 되는 짓은 하지 않았다고 생각합니다. 해서는 안 될 사건은 맡지 않았어요. 아들 둘도 이제 다 컸으니 뒷바라지가 필요 없죠."

돈을 벌 기회가 많은데도 그는 절제한 게 틀림없었다. 그러나 결코 티를 내지 않고 겸손 속에 그걸 숨기고 있었다. 스스로의 의지에 의한 가난을 우리는 청빈이라고 부른다.[1)]

1. 변호사보수의 개념

변호사 보수는 변호사가 제공하는 법률서비스에 대한 대가를 말한다. 원래 변호사와 의뢰인 사이의 계약은 무상의 위임계약이었다.[2)] 그러나 위임계약이라고 하더라도 특약으로 유상으로 할 수 있고, 명시의 특약이 없더라도 관습 또는 묵시의 의사표시로 유상이라고 해석하여야 할 경우가 많다. 오늘날에 있어서는 변호사의 보수는 원칙적으로 시인되고 있고, 의뢰인은 보수 없이 한다는 반대의 약정이 없는 한 변호사에게 보수를 지급하여야 할 의무가 있다고 본다. 즉, 보수의 지급 여부 및 액수에 대하여는 명시적인 약정이 없더라도 묵시의 약정이 있었다고 보아야 한다.[3)]

2. 변호사보수의 특성

변호사의 보수를 결정하는 것은 근본적으로는 의뢰인과 변호사 사이의 사적

1) 대한변협신문 제354호(2011. 6. 6.), 7면, 엄상익, 〈인터뷰〉「철인(哲人) 변호사 이우근」, 인용문은 엄상익 변호사가 이우근 변호사를 인터뷰한 내용 중 일부이다.

2) 영국의 barrister는 모두 부유계급의 출신자로서 생활자금을 이 직업을 통해 얻을 필요가 없었다. 따라서 금전적 수입을 부차적인 것으로 생각하고 상업과 경쟁원리를 무시하였다(강희원, "변호사의 직업윤리와 그 의무의 충돌: 변호사광고 및 비밀유지의무와 진실의무를 중심으로,"『법과 사회』 제29호, 2005, 50-51면.

3) 대판 1995. 12. 5. 94다50229; 1993. 11. 12. 93다36882; 1993. 2. 12. 92다42941 등 참조.

자치의 영역에 속한다. 그러나 일반의 상품이나 서비스와 달리, 시장에 있어서 수요와 공급의 원리에 의하여 결정되지 않는 특징이 있다. 그것은 법률서비스의 공급자가 변호사로 제한되어 있어서 수요와 공급의 원리가 제대로 작동하지 못하는 구조로 되어 있고, 변호사보수에 대한 정보가 일반인에게 알려져 있지 않아 수요자측의 가격교섭력에 한계가 있기 때문이다.

II. 변호사보수에 관한 입법 연혁

1949년에 제정된 우리의 변호사법[4]은 변호사의 보수에 관한 규정을 변호사회의 회칙에 기재하도록 하였다(동법33ⅴ). 1999년 개정 변호사법[5]은 변호사의 보수기준에 관한 사항을 대한변협의 회칙으로 규정하도록 한 변호사법[6] 제19조[7]와 제63조 제2호[8]를 삭제하였다. 이를 삭제한 것은 변호사보수기준이 일종의 가격협정으로서 경쟁을 제한하는 것이기 때문에 「독점규제 및 공정거래에 관한 법률」에 반한다는 이유였다.[9]

따라서 현재는 대한변협이 규칙으로 정하였던 「변호사보수기준에 관한 규칙」은 폐지되었다. 대신에 대한변협 회칙 제44조에서 "변호사 · 법무법인 · 법무법인(유한) · 법무조합은 그 직무에 관하여 사무보수, 사건보수 및 실비변상"을 받을 수 있고(동조①), "변호사 · 법무법인 · 법무법인(유한) · 법무조합의 보수는 위임인과의 계약으로 정한다. 다만, 보수는 사회통념에 비추어 현저하게 부당한 것이어서는 아니 된다"(동조③)라고 하여, 변호사의 보수를 계약자유에 의하여 결정하되 현저하게 부당한 보수액을 금지한다는 원칙만을 규정하였다. 그리고 윤리장전을 개정하여 시행하면서 윤리규약에서 변호사보수의 원칙을 선언하고(규31, 32), 2개의 규제규정(규33~34)을 두고 있을 뿐이고 구체적인 기준액은 제

---

4) 1949. 11. 7. 법률 제63호로 제정된 것.

5) 1999. 2. 5. 법률 제5815호로 개정된 것.

6) 1999. 2. 5. 법률 제5815호로 개정되기 전의 것.

7) 제19조(보수) 변호사의 보수기준은 대한변호사협회가 이를 정한다.

8) 제63조(회칙의 기재사항) 대한변호사협회의 회칙에는 다음 각호의 사항을 기재하여야 한다.
   1. (생략)
   2. 변호사의 보수기준에 관한 사항

9) 오종근, "변호사 보수에 관한 연구," 『법과 사회』 제27호, 2004, 113-114면.

시하지 않고 있다.

III. 변호사보수의 결정

1. 자율과 규제에 관한 논란

우리의 변호사법 외에도 각국에 있어서 변호사의 보수는 점점 시장원리에 따라 결정되고 있는 추세이다.[10] 변호사의 법률서비스에 대한 대가가 시장에 의하여 정하여진다면 변호사의 보수를 자율적으로 결정할 수 있어야 하고, 이를 위해서는 법률서비스 시장에서의 시장경쟁원리가 정상적으로 작동되어야 한다. 그러나 우리의 경우 아직도 변호사의 수가 부족하다고 보는 입장에서는 경쟁에 의한 가격결정 메커니즘이 제대로 작동되기 어려우므로 규제원리가 작동되어야 한다. 또, 법률서비스 시장에서 수요와 공급 간의 균형이 성립하더라도 변호사의 우월적 지위로 인하여 의뢰인의 교섭력이 상대적으로 열세일 수밖에 없으므로 변호사 보수의 결정에 대한 규제의 필요성은 여전히 존재한다.[11]

2. 변호사보수에 관한 규제

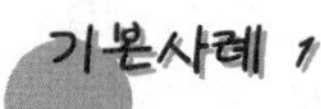

갑 변호사는 A로부터 X주식회사를 피고로 하는 제조물책임소송을 의뢰받고 "전력을 다하겠지만 이 소송은 승패가 반반이다. 그래서 착수금은 없고 승소한 경우에는 판결 인용금액의 반을 변호사 보수로 하자"고 제의하고 A도 이를 양해하였다. 갑 변호사의 보수결정의 방법에 문제가 있는가?[12] 판결의 인용금액이 3천만원인 경우와 3억원인 경우에 차이가 있는가?

---

10) 이상수, 전게서, 231면.

11) 이상수, 전게서, 231-233면 참조.

12) 高中正彦, 전게서, 74면 참조.

변호사 보수에 대한 규제의 필요성이 존재한다고 할 때 그 규제의 방식 및 정도는 실질의 면과 절차의 면을 구분하여 살펴볼 수 있다. 실질의 면은 변호사의 보수 자체를 직접 규제하여 실질적으로 적정한 보수액이 정해지도록 하는 것이고, 절차의 면은 보수결정과 관련된 절차를 통제하여 간접적으로 적정 보수액이 결정되도록 유도하는 것이다. 전자를 실질적 적정보수의 원칙, 후자를 보수결정의 절차적 적정성의 원칙이라고 할 수 있다.[13]

가. 실질적 적정보수의 원칙

대한변호사협회 회칙 제44조(변호사 · 법무법인 · 법무법인(유한) · 법무조합 등의 보수 및 광고) ③ 변호사 · 법무법인 · 법무법인(유한) · 법무조합의 보수는 위임인과의 계약으로 정한다. 다만, 보수는 사회통념에 비추어 현저하게 부당한 것이어서는 아니 된다.
윤리규약 제31조(원칙) ① 변호사는 직무의 공공성과 전문성에 비추어 부당하게 과다한 보수를 약정하지 아니한다.
② 변호사의 보수는 사건의 난이도와 소요되는 노력의 정도와 시간, 변호사의 경험과 능력, 의뢰인이 얻게 되는 이익의 정도 등 제반 사정을 고려하여 합리적으로 결정한다.

(1) 변호사의 보수는 원칙적으로 계약자유의 원칙에 의하여 변호사와 의뢰인 사이의 계약으로 정해진다. 그러나 변호사의 보수는 실질적으로 적정해야 한다는 원칙이다. 변호사와 의뢰인 사이의 계약자유나 사적 자치는 변호사의 사명 및 지위의 공공성으로 말미암아 그 내용이 신의성실의 원칙이나 형평의 원칙에 반한다고 볼 특별한 사정이 있는 경우에는 그 한도 내에서 제한될 수 밖에 없는 것이기 때문이다. 판례도 이 원칙을 일반론으로 판시하고 있다.[14] 결국 변호사는 원칙적으로 약정보수액을 전부 청구할 수 있으나, 그 보수액이 부당하게 과다하여 신의성실의 원칙이나 형평의 원칙에 반하는 경우에는 예외적으로 상당한 범위 내의 보수액만을 청구할 수 있다.[15]

대법원 2009. 7. 9. 선고 2009다21249 판결

변호사의 소송위임사무처리에 대한 보수에 관하여 의뢰인과의 사이에 약정이 있는 경우에

---

13) 이상수, 전게서, 233-240면.
14) 대판 1991. 12. 13. 91다8722.
15) 대판 2002. 4. 12. 2000다50190.

위임사무를 완료한 변호사는 특별한 사정이 없는 한 약정된 보수액을 전부 청구할 수 있는 것이 원칙이기는 하지만, 의뢰인과의 평소부터의 관계, 사건 수임의 경위, 착수금의 액수, 사건처리의 경과와 난이도, 노력의 정도, 소송물의 가액, 의뢰인이 승소로 인하여 얻게 된 구체적 이익과 소속변호사회의 보수규정, 기타 변론에 나타난 제반 사정을 고려하여 약정된 보수액이 부당하게 과다하여 신의성실의 원칙이나 형평의 원칙에 반한다고 볼 만한 특별한 사정이 있는 경우에는 예외적으로 상당하다고 인정되는 범위 내의 보수액만을 청구할 수 있다고 보아야 한다.[16)]

변호사가 법률사무에 관한 위임사무의 처리에 대하여 보수를 받는 것은 법률상 위임계약의 성질을 갖는 것이기 때문에 그 보수의 결정도 수임인인 변호사와 위임인인 의뢰인의 자유로운 합의에 의하여 결정되는 것이 원칙이라 할 것이나, 변호사는 기본적 인권을 옹호하고 사회정의를 실현함을 사명으로 하고 그 사명에 따라 성실히 직무를 수행하고 사회질서 유지와 법률제도 개선에 노력하여야 하는 공공성을 지닌 법률 전문직으로서의 지위에 있기 때문에(변호사법 제1조, 제2조) 그 직무의 수행에 대한 보수도 제한 없이 사적 자치의 영역에 방치될 수는 없는 것이고, 공익적 차원에서 이를 합리적으로 조정, 규제할 당위성을 갖게 되는 것이다. 이러한 변호사 보수의 성질과 변호사 직무의 특성을 균형있게 고려하면, 변호사가 수행한 업무와 노력에 비하여 사회상규에 현저하게 어긋나는 과다한 보수를 약정하거나 위임계약의 체결과 위임에 의한 업무수행에 있어 변호사에게 책임을 지울 수 있는 흠결이 있는 경우 등과 같이 예외적인 경우에만 약정된 보수액이 신의성실의 원칙이나 형평의 원칙에 반한다고 제한적으로 해석하여야 할 것이다.

---

(2) 변호사의 보수액이 부당하게 과다한지 여부에 관하여 민사사건 및 형사사건의 구체적 사례를 보면 다음과 같다.

1 대법원 1991. 12. 13. 선고 91다8722 판결(민사사건의 수임)

변호사의 소송위임사무처리에 대한 보수에 관하여 당사자 사이에 약정이 있는 경우 위임사무를 종료한 변호사는 약정보수액 전액의 지급을 청구할 수 있다 할 것이고, 다만 사건수임의 경위, 사건 처리의 경과와 난이도, 소송물가액, 승소로 인하여 당사자가 얻은 구체적 이익과 소속변호사회 보수규정 기타 변론에 나타난 제반 사정에 비추어 그 약정보수액이 부당하게 과다하여 신의성실의 원칙이나 형평의 원칙에 반하는 특단의 사정이 있는 때에만 예외로서 이 경우에는 위와 같은 제반 사정을 고려하여 상당하다고 인정되는 범위를 초과하는 보수액에 대하여는 그 지급을 청구할 수 없다. 원고의 보수금총액은 변호사보수규칙의 요율표에 의하여 산정되는 한도액보다 1500여 만원 초과되는 셈이지만 보

---

16) 대판 1995. 4. 25. 94다57626; 2002. 4. 12. 2000다50190 등 참조.

수규칙상 총보수금은 사건 대상의 경제적 가액의 40퍼센트까지 허용되는 것을 감안하면 이 사건 보수액 총액은 소송으로 얻은 경제적 가액의 6퍼센트 남짓한 데 불과하다. 그리하여 앞에서 본 보수금약정의 체결경위, 원고가 수행한 소송의 모든 과정, 원고의 위임사무 처리로 얻게 된 경제적 이익 등 제반 사정을 참작하여 볼 때, 이 사건 약정보수액이 신의성실의 원칙이나 형평의 원칙에 비추어 부당하게 과다하여 이를 감액할 정도라고는 보기 어렵다.

---

2 대법원 2009. 7. 9. 선고 2009다21249 판결(형사사건의 수임)

- **원심인 서울고등법원 판단**: 원고 법무법인이 소송위임계약으로서 피고로부터 지급받은 착수금 명목의 보수액이 합계 4,950만원인 데 비하여 성공보수액은 그보다 3배가 넘는 합계 1억 6,500만원에 이르는 점, 이 사건 형사사건은 비록 2개의 사건이지만 병합되어 같이 진행된 점 등 사건처리의 경과 및 난이도, 원고 법무법인의 노력 정도, 피고가 무죄판결을 선고받음으로써 얻게 되는 구체적 이익, 피고가 지출한 법률비용 등 제반 사정을 종합하면 이 사건 소송위임계약에서 정한 성공보수약정은 부당하게 과다하여 신의성실의 원칙이나 형평의 원칙에 반한다는 이유로 성공보수금으로 1억 1,000만원이 상당하다.
- **대법원 판결 요지**: 일반적으로 민사사건은 소송의 결과에 따른 경제적 이익이 보수 산정의 주요한 기준이 되고, 형사사건의 경우 결과에 따른 경제적 이익 산출이 여의치 않은 반면 인신 구속과 형의 선고로 인한 신체적 자유의 박탈 여부가 주요한 기준이 된다고 할 것인바, 원심이 지적하는 바와 같이 원고가 수임한 형사사건은 사안의 성질상 유죄판결이 선고될 경우 의뢰인인 피고의 인신에 중대한 결과가 초래될 가능성이 있을 뿐만 아니라 앞으로 진행될 민사사건의 결과에도 심대한 영향을 미칠 수 있을 터인데, 관련 민사사건의 경제적 이익은 이 사건 부동산 가액이나 위 편취액으로 가늠해 볼 수 있다고 할 것이고, 그렇다면 어느 모로 보더라도 이 사건 수임사건의 중대성에 비하여 이 사건 보수약정이 부당하게 과다하여 감액을 면하지 못할 정도라고 보기 어렵다. 그리고 피고가 원고에게 위 사건을 위임한 것은 원고 소속 변호사의 위임사무 수행 능력을 평가한 외에 다른 요소가 개입되었다고 볼 자료가 전혀 없고, 원고 소속 변호사가 위 위임사무를 수행함에 있어 어떠한 법률적 흠결이나 배신적인 행위가 있었다고 볼 자료도 없으며, 위임사무 수행의 결과는 이 사건 보수약정에 부합하며 피고가 기대할 수 있는 최선의 것이다.

---

(3) 판례에 의하면, 사회상규에 현저하게 어긋나는 과다한 보수의 약정, 업무수행에 있어 변호사의 귀책사유가 있는 경우 등과 같은 예외적인 경우에만

약정 보수액이 신의성실의 원칙이나 형평의 원칙에 반할 수 있다. 그런데 판례가 이처럼 부당하게 과다한 보수결정의 효력을 부인하는 논거를 신의성실의 원칙 또는 형평의 원칙에서 찾는 점에 대하여는 비판이 있다.17) 일반론으로 신의성실의 원칙을 들어 법률행위의 전부 또는 일부를 무효로 할 수 있다는 생각은 옳고 그름에 대한 법원의 가치판단을 법률 위에 놓는 결과가 되고, 법관의 가치판단을 국회의 판단보다 우선시키는 것은 민주주의 이념에 어긋나기 때문이라고 한다.18)

(4) 한편 Model Rules는 변호사 보수의 적정 여부의 판단에 고려되어야 할 요소로서 다음과 같은 기준을 제시하고 있다.19)

① 필요한 시간량과 노동량, 관련 문제의 생소함과 난이도, 그 직무를 적절히 수행하는 데 필요한 기술
② 당해 일을 수임하였을 때 변호사가 다른 일을 못하게 될 가능성
③ 비슷한 직무에 대해 그 지역에서 통상 요구하는 보수
④ 관계된 사건의 크기와 얻어낸 결과
⑤ 의뢰인이나 상황이 부과하는 시간제약
⑥ 의뢰인과 맺은 직업적 관계의 성격과 기간
⑦ 서비스를 제공하는 변호사의 경험, 명성과 능력
⑧ 보수가 고정급인가 성공조건부인가의 여부

17) 법률가의 윤리와 책임-이창희, 291면.

18) 이와 관련하여 신의칙이나 형평의 원칙 외에 법률행위의 무효원인으로서 불공정한 법률행위를 생각할 수 있다. 즉, "당사자의 궁박, 경솔, 또는 무경험으로 인하여 현저하게 공정을 잃은 법률행위는 무효"(민104)이다. 따라서 변호사의 보수약정이 의뢰인의 궁박, 경솔 또는 무경험으로 인하여 현저하게 공정을 잃으면 무효가 된다고 할 것이다. 그러나 부당하게 과다한 보수의 약정이 반드시 위와 같은 불공정행위로 말미암은 것은 아니다. 또, 불공정한 법률행위가 성립하기 위해서는 약정된 보수가 변호사가 제공하는 서비스에 비해 현저하게 불공정해야 하고(객관적 요건), 변호사가 의뢰인의 궁박, 경솔 또는 무경험을 이용하였어야 하나(주관적 요건), 특히 위 객관적 요건은 계약 당시로 돌아가 그때의 사정에 비추어 불공정하다는 의미이므로 그 입증이 간단하지 않다. 이러한 문제 때문에, 과다한 보수에 대해 법원이 직접적인 규제의 권한을 갖는 미국과 달리, 우리의 입장에서는 변호사의 과다한 보수약정의 무효 판단 근거로서 신의칙 또는 형평의 원칙을 찾고 있는 것이 아닌가 생각된다.

19) Model Rules 1.5(a).

나. 절차적 적정성의 원칙

윤리규약 제32조(서면계약) 변호사는 사건을 수임할 경우에는 수임할 사건의 범위, 보수, 보수 지급방법, 보수에 포함되지 않는 비용 등을 명확히 정하여 약정하고, 가급적 서면으로 수임계약을 체결한다. 다만, 단순한 법률자문이나 서류의 준비, 기타 합리적인 이유가 있는 경우에는 그러하지 아니하다.

기본사례 2

을 변호사는 A와 "의뢰인이 변호사의 귀책사유 없이 해임한 때에는 사건을 성공한 것으로 본다"는 이른바 승소간주조항을 두는 비환불수임계약을 체결하였다. 을 변호사는 수임단계에서 A가 자신을 해임하는 때의 조치 등에 관하여 설명하는 것은 괜히 불신감을 줄 수 있다고 생각하여 승소간주조항에 관하여 일체의 설명을 하지 않았다. 을 변호사의 행동이 타당한가?[20]

(1) 개 설

변호사의 보수의 결정이 최소한 공정·투명한 절차에 의하여 이루어지면 적정한 보수액이 정해질 수 있으므로, 변호사의 보수의 결정이 절차적으로 공정·투명하게 이루어져야 한다는 원칙을 말한다.

여기에서 중요한 요소는 변호사는 보수와 비용에 대하여 설명에 기한 동의를 얻고(설명에 기한 동의의 원칙), 보수와 비용에 관한 약정을 서면으로 체결하는 것(서면계약의 원칙)이다.

(2) 설명에 기한 동의

이와 관련하여 일본의 직무기본규정은 "변호사가 법률사무를 수임할 때는 변호사의 보수와 비용에 관하여 적절한 설명을 하여야 한다"고 규정하고 있고,[21] 또 2004년 2월 16일자로 「변호사 보수에 관한 기준」을 제정하여 보수 결정의 절차 등에 관해서 상세한 규정을 두고 있으나, 우리의 윤리규약은 설명에 기한 동의에 관해서는 아무런 규정이 없다.

---

20) 高中正彦, 전게서, 77면.

21) 일본 직무기본규정 제29조 제1항.

변호사와 의뢰인 간의 교섭에 의하여 결정되는 변호사 보수의 결정절차를 규제하는 것은 사적 자치에 대한 제약이라고 할 수도 있겠다. 그러나 변호사 보수의 적정이라는 것도 중요한 가치이므로 변호사 보수의 실질적 적정이 이루어질 수 있다면 그러한 규제는 타당하다.

따라서 입법론적으로는 '설명에 기한 동의(informed consent)'[22]의 취지에 따라서 변호사는 최소한 '사건 수임의 경위, 사건 처리의 경과와 난이도, 소송물 가액, 승소로 인하여 당사자가 얻은 구체적 이익' 등을 고려하고, 보수 결정의 근거가 되는 사정, 동의의 장단점을 이해할 수 있는 설명, 의뢰인의 다른 선택 가능성에 대한 논의, 필요한 경우 다른 변호사와의 상담권유 등의 과정을 거친 후에 보수액에 대해 승낙을 받을 것을 요한다고 할 것이다.

윤리규약 제32조가 보수, 보수 지급방법 등을 '명확히 정하여 약정'하도록 하는 취지는, 의뢰인이 보수에 관한 약정의 내용을 충분히 이해한 상태에서 약정할 것을 요구하는 것이므로, 이를 일본의 직무기본규정에서 말하는 설명에 기한 동의와 같은 취지로 이해할 수 있다.

(3) 서면계약의 원칙

서면계약은 보수액을 포함한 변호사 선임계약의 내용을 서면에 기재함으로써 간접적으로 변호사 보수의 실질적 적정을 유도하여 의뢰인의 이익을 도모할 수 있고, 서면계약의 부재로 인한 장래의 분쟁 요인을 제거할 수 있으므로 변호사 자신의 이익을 보호하는 효과도 있다.

그러나 윤리규약은 서면계약의 원칙을 철저히 관철하지 아니하고 있다. 수임계약은 가급적 서면으로 체결하여야 하고, 다만 단순한 법률자문이나 서류의 준비, 기타 합리적인 이유가 있는 경우에는 그렇지 않다고 하고 있다.

---

22) 변호사가 제안된 행동방침의 실제적 위험과 합리적으로 가능한 대안에 대해 적절한 정보와 설명을 제공한 후에 제안된 행동방침에 대해서 합의하는 것을 Model Rules에서 '설명에 기한 동의'(informed consent)라고 하고 있다[Model Rules 1.0(e)].

Ⅳ. 변호사보수의 내용[23)]

1. 개　설

변호사 보수는 보수산정방식, 변호사가 제공하는 법률서비스의 내용에 따라 구분할 수 있다. 전자는 시간기준보수, 가액기준보수, 정액보수로 나눌 수 있고, 후자는 사건보수, 사무보수, 실비변상으로 나눌 수 있다. 이는 2000년에 폐지된 대한변협의 「변호사보수기준에 관한 규칙」에 따른 것이나, 동 규칙의 폐지에도 불구하고 대한변협 회칙이 변호사의 보수를 사무보수, 사건보수, 실비변상으로 나누고 있으므로 현행법에서도 구분의 실익이 있다.

2. 보수산정방식에 따른 분류

변호사의 보수의 실제 산정에 있어서는 아래 방식의 하나 또는 둘 이상이 혼합되는 형태를 취할 수 있다.

가. 시간기준보수

변호사 또는 그 직원이 당해 사건을 처리하기 위해 소비한 시간에 시간당 보수액을 곱하여 산정한다. 이는 상담, 감정, 문서작성 등 일정한 사무처리에 대한 보수방식으로 주로 이용된다.

시간기준보수는 노력에 비례한다는 점에서 합리적이나, 보수가 시간과 결부되어 있어 변호사가 신속한 사건해결을 위한 노력을 게을리할 수 있다.

나. 가액기준보수

위임사건의 경제적 가치에 대한 일정비율을 보수로 산정하는 방식이다. 사건의 경제적 가치는 소송물의 가액, 승소금액 또는 의뢰인이 현실적으로 취득한 가액 등을 말한다.

가액기준보수는 기준가액이 소액인 때는 변호사의 노력에 비해 보수가 과소

---

23) 오종근, 전게논문, 78-81면을 참조하여 정리하였다.

하고, 기준가액이 거액인 때에는 노력에 비해 보수가 과다할 수 있다.

다. 정액보수

시간기준 또는 가액기준으로 보수 약정을 하는 것이 곤란한 경우에 특정한 금액을 보수로 약정하는 것을 말한다.

정액보수는 보수액이 명확하나 사건해결을 위한 노력에 비하여 과소하거나 과도하게 될 수 있는 불합리를 안고 있다.

3. 법률서비스의 내용에 따른 분류

가. 사건보수

변호사가 위임사무를 처리함에 있어서 성공과 실패가 있는 법률사무의 처리에 대한 보수를 말한다. 사무보수에 대응하는 개념이다. 사무보수는 반드시 소송수행을 전제로 하지 아니하고 예컨대, 상속재산분할을 위한 교섭 등에 대한 대가로 약정할 수도 있다.

사건보수는 사건 및 심급마다 1건으로 하여 정하는 것이 원칙이다. 가액기준보수로 약정하는 것이 일반적이나, 기준가액을 정할 수 없는 예컨대, 형사사건의 경우에는 정액보수가 일반적이다.

사건보수는 지급방식에 따라 착수금과 성공보수로 분류할 수도 있다. 착수금은 사건처리의 결과에 관계없이 지급되는 것으로서 일반적으로 수임시에 지급된다. 성공보수는 사건을 성공적으로 처리하는 것을 조건으로 지급되는 것으로 사건이 종료한 후에 지급되는 것이 일반적이다.

나. 사무보수

위임사무의 처리에 있어서 성공과 실패가 의미를 갖지 않는 법률사무의 처리에 대한 보수를 말한다. 상담료, 감정료, 문서작성료, 고문료 등이 여기에 해당한다.

다. 실비변상

사건 또는 사무를 처리함에 있어서 소요되는 비용 및 여비를 말한다. 이는 엄밀하게는 보수가 아니다. 따라서 변호사보수는 실비변상과 별도로 지급되어야 한다.

위임사무처리의 비용은 도면·모형·사진 등 제작비, 인지대, 송달료, 복사료, 우편료, 통신료, 기타 사무·사건을 처리함에 필요한 비용을 의미한다. 여비는 변호사 또는 사무원이 사무·사건의 처리와 관련하여 출장을 갈 때 소요되는 실비로서 교통비, 숙박료, 일당을 의미한다.

Ⅴ. 변호사의 보수청구권

1. 변호사선임계약과 보수

가. 개 요

변호사선임계약은 일반적으로 유상의 위임계약으로,[24] 명시의 특약이 없으면 변호사는 법률사무를 처리한 후에만 보수를 청구할 수 있다(민686②). 그러나 실제에 있어서는 사건보수 중 성공보수는 후급이나, 착수금은 선급 즉, 수임시에 지급되고 있다.[25] 성공보수 약정과 같이 일정한 결과(승소판결 또는 무죄판결 등)의 발생을 조건으로 하는 보수약정을 하더라도 변호사선임계약 자체는 위임계약이다.[26] 이 경우에는 약속한 결과를 도출시켜야 할 의무가 없고 이러한 경우 조건이 성취되지 않았으므로 보수청구권이 발생하지 않는다. 그러나 변호사가 제공하여야 하는 법률서비스가 계약서의 작성, 법률감정의견의 제출인 경우 등은 도급계약의 성질을 가질 수 있다.[27]

1 대법원 1982. 9. 14. 선고 82다125 판결

변호사가 소송사건 위임을 받으면서 지급받은 착수금 또는 착수 수수료는 일반적으로 위임사무의 처리비용 외에 보수금 일부의 선급금조로 지급받는 성질의 금원이라고 볼 것이고(이 경우의 보수금은 위임사무인 소송사건의 성공여부와는 관계없이 지급되는 것이 보통이다), 이와 같이 착수금 중에 보수금 일부의 선급금적 성질이 포함되어 있음을 감안한다면 이 사건에서 원고가 위임받은 본래의 소송사건 사무를 개시하기 전에 처리한 사무의 내용 즉 채무자에게 이행을 최고하고 서신과 관계인에게 협조를 구하는 서신을 발송

24) 법률가의 윤리와 책임-남효순, 304면; 엄동섭 외 4, 전게서, 394면.

25) 대판 1982. 9. 14. 82다125, 82다카284.

26) 오종근, 전게논문, 81면.

27) 엄동섭 외 4, 전게서, 135면.

하고 상대방에 대한 고소장과 진정서를 관계기관에 작성 제출한 사무처리의 내용과 거기에 들인 원고의 노력의 정도 등을 살펴볼 때 위와 같은 정도의 소송사건 착수 전의 사무처리에 대한 보수는 이미 지급된 위 착수금 3,000,000원 중에서 충분히 보상되었다고 봄이 상당하다.

2 서울행정법원 2008. 12. 17. 선고 2007구합45323 판결[28)]

변호사가 의뢰인이 형사사건으로 벌금형 이하를 선고받았을 때에는 성공보수금 1억원을 받기로 약정한 후 위 조건이 성취되지 않은 상태에서 2004.10.까지 사건을 종결시킬 것을 조건으로 2004.9.14. 의뢰인으로부터 3천만원을 미리 지급받은 혐의 등으로 정직 6월의 징계결정을 받고 징계처분의 취소를 구하는 소송에서, 법원은 성공보수 약정 자체의 효력을 인정하면서 당시의 윤리규칙에서 금지하고 있는 성공보수의 선수령은 고도의 공공성을 지닌 업무를 영위하는 변호사의 직무에 배치되는 행위로서 반드시 사라져야 할 관행이라는 등의 이유로 징계의 재량권을 남용한 위법이 있다고 할 수 없다고 판시하였다.

변호사에 대한 소송대리의 위임에 따른 보수금 지급채무는 원칙적으로 분할채무이다.[29)]

1 대법원 1993. 2. 12. 선고 92다42941 판결

피고와 위 김무성 등이 공동당사자로서 원고에게 그 소송대리를 위임한 위 계쟁 민사소송사건의 결과에 따라 경제적 이익을 불가분적으로 향유하게 되거나 패소할 경우 그 소송 상대방에 대하여 부진정연대관계의 채무를 부담하게 된다 하더라도, 이러한 사정만으로 곧바로 피고나 위 김무성 등의 원고에 대한 위 소송대리위임에 따른 보수금 지급채무가 연대 또는 불가분채무에 해당하는 것으로 단정할 수는 없다.

---

28) 박준, 전게서, 364-366면.

29) 민법상 수인의 채권자 및 채무자 관계(다수당사자의 채권관계)는 동일한 채권관계에 관하여 수인의 채권자 또는 채무자가 있는 것이다. 여기에는 연대채무와 보증채무 외에 분할채권관계, 불가분채권관계가 있다. 채권자나 채무자가 수인인 경우에 특별한 의사표시가 없으면 각 채권자 또는 각 채무자는 균등한 비율로 권리가 있고 의무를 부담한다(민408). 즉, 민법상 다수당사자의 채권관계는 원칙적으로 분할채무로 추정된다. 예컨대, 갑, 을, 병 세 사람이 정에 대하여 3천만원의 채무를 부담하는 경우 갑, 을, 병 세 사람은 각자 평등한 비율로 분할된(즉, 3분의 1씩) 독립한 채무를 부담한다.

2 대법원 1993. 11. 12. 선고 93다36882 판결

피고나 그와 함께 공유수면매립을 공동으로 하는 다른 동업자들인 소외 김무성, 같은 대창기업주식회사, 같은 전엔지니어링주식회사의 원고에 대한 소송대리 위임에 따른 보수금 지급채무는 특단의 사정이 없는 한 분할채무라 할 것이고, 분할채무관계에 있어 채무자 1인에 관하여 생긴 사유는 다른 채무자에게 영향을 미치지 않는다고 할 것인 바, 원심은 판시의 사정을 참작하여 피고들 4인이 이행할 성공보수금으로 금 16,000,000원을 인정하여 분할채무의 논리에 따라 피고가 지급할 보수액을 그 4분의 1인 금 4,000,000원으로 인정하였는데, 기록에 의하면 위 김무성이 원고에게 위 손해배상청구사건이 종료된 후에 성공보수금으로 금 2,500,000원을 지급한 사실은 소론이 주장하는 바와 같지만 위 김무성이 다른 동업자들을 위하여 이를 지급하였다고 볼 만한 사정이 없으므로 이는 김무성 자신의 보수금채무를 변제한 것이라 할 것이다.

나. 보수청구권의 발생시기

변호사가 선지급받기로 약정한 착수금에 대한 보수청구권은 위임계약시에 발생한다.30)

대법원 1963. 1. 31. 선고 62다896 판결

피고는 1961. 7. 10 변호사인 원고에게 자기의 남편인 피의자 소외 2에 대한 포고령위반사건의 제1심의 변호사무를 위임하면서 위임사무의 착수수수료는 금 200만환을 같은날 지급할 것을 약속하고 나아가 이 수수료는 위임계약이 해제되거나 그 밖에 어떠한 사고가 발생하더라도 반환청구를 못하기로 계약한 것으로 되어 있다 그렇다면 수임자인 원고가 피의자를 위한 변호인 선임신고를 수사관청에 제출하였건 말건 원고의 피고에 대한 착수수수료 청구권은 이미 1961년 7월 10일의 위임계약과 동시에 발생하였다고 보아야 될 것이다.

다. 보수청구권의 소멸시효

성공보수 약정에 의한 성공보수청구권은 판결을 송달받은 때로부터 그 소멸시효 기간이 진행된다.31)

30) 대판 1963. 1. 31. 62다896.

31) 대판 1995. 12. 26. 95다24609.

대법원 1995. 12. 26. 선고 95다24609 판결

성공보수 약정이 제1심에 대한 것으로 인정되는 이상 보수금의 지급시기에 관하여 당사자 사이에 특약이 없는 한 심급대리의 원칙에 따라 수임한 소송사무가 종료하는 시기인 제1심 판결을 송달받은 때로부터 그 소멸시효 기간이 진행된다.

2. 보수지급에 관한 약정이 없는 경우

변호사선임계약의 경우 보수지급의 약정을 명시적으로 하는 것이 일반적이나, 명시적 약정이 없는 경우에도 변호사의 보수청구권이 인정된다.[32] 또, 변호사는 그 수임 사건이 승소로 확정된 때와 이와 동일시할 사건 귀결이 된 경우에는 무보수로 한다는 특약이 없는 한 민법 제686조에 의하여 승소사례금을 청구할 수 있다.[33]

1 대법원 1995. 12. 5. 선고 94다50229 판결

변호사에게 계쟁 사건의 처리를 위임함에 있어서 그 보수 지급 및 수액에 관하여 명시적인 약정을 아니하였다 하여도 무보수로 한다는 등 특별한 사정이 없는 한 응분의 보수를 지급할 묵시의 약정이 있는 것으로 봄이 상당하다. 이 경우 그 보수액은 사건 수임의 경위, 사건의 경과와 난이 정도, 소송물가액, 승소로 인하여 당사자가 얻는 구체적 이익과 소속 변호사회 보수규정 및 의뢰인과 변호사 간의 관계, 기타 변론에 나타난 제반 사정을 참작하여 결정함이 상당하다.

2 대법원 1975. 5. 25. 선고 75다1637 판결

변호사는 당사자 관계인의 위촉 또는 관청의 선임에 의하여 소송에 관한 행위 기타 일반 법률사무를 행함을 직무로 하고(변호사법 제2조 참조) 변호사는 현저히 부당한 보수를 받을 수 없을 뿐이므로(같은법 제7조 2항) 변호사에게 계쟁사건의 처리를 위임함에 있어서 그 보수 및 액에 관하여 명시의 약정을 아니하였다 하여도 무보수로 한다는 등 특별한 사정이 없는 한 응분의 보수를 지급할 묵시의 약정이 있는 것으로 봄이 상당하며 변호사는 그 수임 사건이 승소로 확정된 때와 이와 동일시할 사건 귀결이 된 경우에는 무보수

32) 대판 1995. 12. 5. 94다50229.

33) 대판 1975. 5. 25. 75다1637.

로 한다는 특약이 없는 한 민법 제686조에 의하여 승소사례금을 청구할 수 있다.

3. 변호사선임계약상 결과발생의 필요 여부

다른 특약이 없는 경우 원칙적으로 변호사가 수임사무를 종료한 후에 보수를 청구할 수 있다(민686②). 다만, 변호사선임계약은 원칙적으로 위임계약이므로 반드시 일정한 결과를 발생시켜야 하는 것은 아니고, 선량한 관리자의 주의의무로 수임사무를 처리하면 보수를 청구할 수 있다.[34] 따라서 수임사무가 소송대리인 경우 다른 방법으로 사무를 처리하여 소송제기의 필요가 없어진 경우나,[35] 승소판결을 받지 않는 경우에도 보수를 청구할 수 있는 경우가 있다.[36]

1 대법원 1982. 9. 14. 선고 82다125, 82다카284 판결

민사사건의 소송대리사무를 위임받은 변호사가 소송제기 전에 상대방에게 채무이행을 최고하고 형사고소를 제기하는 등의 사무를 처리함으로써 사건위임인과 상대방 사이에 재판외 화해가 성립되어 결과적으로 소송제기를 할 필요가 없게 된 경우에, 사건 본인과 변호사 사이에 위와 같은 소제기에 의하지 아니한 사무처리에 관하여 명시적인 보수의 약정을 한 바 없다고 하여도 특단의 사정이 없는 한 사건위임인은 변호사에게 위 사무처리에 들인 노력에 상당한 보수를 지급할 의무가 있다.

2 대법원 1970. 12. 22. 선고 70다2312 판결

민사소송법 제241조에 의하면 당사자 쌍방이 변론기일에 두 번 불출석하거나 출석하더라도 변론을 하지 않으면 소취하가 있는 것으로 간주한다고 규정되어 있다 하여도, 소를 제기한 자가 변론기일에 출석하지 않은 때에는 응소자는 이 기일에 출석하거나 출석하더라도 변론할 필요가 없는 것이므로, 위의 쌍불 취하간주제도는 결국 제소자가 두 번 변론기일을 해태하면 그에게는 소송을 유지할 의사가 없는 것으로 보고 소송지연을 방지하기 위해서 간편하게 강제적으로 그 소취하의 효력을 인정한 것이라 할 것이고, 따라서 변론기일에 쌍불이 두 번 있으면 응소자의 소송행위에 관계없이 그 사유만으로써 자동적으로

34) 오종근, 전게논문, 84면.
35) 대판 1982. 9. 14. 82다125.
36) 대판 1970. 12. 22. 70다2312.

취하의 효력이 생긴다 하더라도 이는 법률이 마련한 사건종결의 한 방식으로서 실질적으로는 쌍불을 이유로 소각하의 판결을 한 것과 같은 것이 될 것이므로, 응소자나 그 대리인이 이 방식에 따라 제소자의 소권행사를 저지하는 결과를 가져왔다면 이는 그 이후의 재소여하에 구애없이 그 승소에 준해서 보아 무방할 것이고, 또 쌍불취하 간주시기가 변론을 거듭하고 증거조사를 거쳐 사건이 거의 유리하게 끝날 전망이 보이는 그러한 무렵이 아니고 본안변론에 들어가기 전인 처음 몇 번째의 기일이었다 하더라도 응소자나 그 대리인은 그 응소의 준비에 그 나름대로 응분의 노력을 하고 있었다 할 것이므로, 사건이 쌍불취하로 종결되었다 하여 일률적으로 그들의 노력을 부정할 수는 없다. 그렇다면 원심이 원피고 간의 본건 보수계약이나 원고가 수임한 사건의 변론상황 등을 심리하지 않고, 원고가 수임한 사건이 쌍불로 취하 간주된 후에 다시 그 당사자가 제소하여 위임자가 패소된 이상, 피고에게는 원고의 노력으로 얻은 아무 이익이 없다 하여 곧 원고의 청구를 배척한 것은 필경 심리미진으로 인한 이유불비의 위법이 있다.

4. 위임계약이 중도에 해지된 경우

위임계약에 있어 각 당사자는 상호 계약해지의 자유가 있다. 따라서 변호사와 의뢰인은 위임계약을 언제든지 해지할 수 있다(민689①). 변호사의 귀책사유로 위임계약이 해지되더라도 일정한 범위 내에서 보수청구권이 있다.

대법원 2008. 12. 11. 선고 2006다32460 판결

원고와 피고는 이 사건 소송위임계약에 따라 지급된 착수금에 대해서는 원칙적으로 그 반환을 구할 수 없는 것으로 약정한 점, 피고가 이 사건 소송위임계약 종료의 원인이 된 원고에 대한 소송제기행위를 하기 이전에 원고로부터 위임받았던 위 9건의 소송에 관한 소송사무를 일정 부분 처리하였고, 당시까지의 업무처리가 원고와의 신임관계에 위배하여 부적절하게 처리되었다고 볼 만한 별다른 사정이 없는 점, 이 사건 소송위임계약에 따라 피고에게 지급된 착수금은 피고가 처리하는 사무처리의 대가일 뿐 사무처리로 인한 구체적인 결과에 대한 대가로 볼 수는 없는 점 등 제반 사정에 비추어 보면, 이 사건 소송위임계약과 관련하여 위임사무 처리 도중에 수임인인 피고의 귀책사유[37]로 계약이 종료되었다 하더라도, 원고는 피고가 계약종료 당시까지 이행한 사무처리 부분에 관해서 피고가 처리한 사무의 정도와 난이도, 사무처리를 위하여 피고가 기울인 노력의 정도, 처리된 사무에 대하여 가지는 원고의 이익 등 제반 사정을 참작하여 상당하다고 인정되는 보수 금

37) 피고가 위 9건의 소송이 진행되는 도중에 제3자로부터 다른 소송을 위임받아 원고를 상대로 소를 제기하였다는 이유로 원고가 피고에게 위임계약의 해지통고를 하였다.

액 및 상당하다고 인정되는 사무처리 비용을 착수금 중에서 공제하고 그 나머지 착수금만을 피고로부터 반환받을 수 있다고 봄이 상당하다.

5. 위임계약이 종료된 경우

가. 의뢰인 또는 변호사의 사망

의뢰인 또는 변호사가 사망한 경우 변호사선임계약은 원칙적으로 종료된다(민690). 급박한 사정이 있는 경우에는 의뢰인의 상속인이 위임사무를 처리할 수 있을 때까지 존속할 수 있다(민691). 소송위임의 경우에는 변호사의 소송대리권은 의뢰인의 사망으로 소멸하지 않는다(민소95ⅰ). 의뢰인 또는 변호사의 사망으로 변호사선임계약이 종료된 경우 변호사 또는 그 상속인은 처리한 사무의 비율에 따라 의뢰인 또는 그 상속인에게 보수를 청구할 수 있다(민686③).

나. 의뢰인의 소 취하, 청구포기, 화해

변호사와의 소송위임계약에도 불구하고 의뢰인은 언제든지 소 취하, 청구포기, 화해를 할 수 있다(민소90②). 의뢰인의 소 취하, 청구포기, 화해 등으로 소송위임계약이 종료된 경우 변호사는 이미 처리한 사무의 비율에 따라 보수를 청구할 수 있다(민686③). 특약으로 위와 같은 경우에 약정한 보수 전액을 청구할 수 있다고 하였다면 그 특약은 유효하나, 그 약정된 보수를 지급하는 것이 현저히 불공평한 경우에는 법원에 의하여 감액될 수 있다.[38] 소의 취하시 사건의 승소 가능성에 따라 약정금청구권의 성립여부를 결정한 판례가 있다. 즉, "소취하시 승소로 간주한다는 특약의 취지에 비추어 동 피고는 원고에게 약정금을 지급하여야 한다는 원고의 주장에 대하여, 당사자간에 그러한 특약이 있어도 그와 같은 특약은 의뢰인의 반신의행위를 제지하기 위한 것이므로 민법 제150조 규정에 비추어 승소의 가능성이 있는 소송을 부당하게 취하하여 변호사인 원고의 조건부 권리를 침해하는 경우에 한하여 적용되는 것이라 할 것이며, 승소의 가능성이 전연 없는 소송을 취하하는 경우에는 적용될 수 없다"고 하였다.[39]

---

38) 오종근, 전게논문, 87-88면.

39) 대판 1979. 6. 26. 77다2091.

성공보수 약정이 장차 판결 등에 의해 획득하게 될 금액 중 일정비율로 정해진 경우에는 경우를 나누어서 보아야 한다. 의뢰인이 변호사의 동의 없이 상대방과 화해한 경우 성공보수금은 약정한 화해금액을 기초로 하고 변호사가 이미 처리한 사무의 비율을 고려하여 산정한다. 그러나 의뢰인이 변호사에게 지급할 보수를 적게 하기 위해서 상대방과 공모하여 화해금액을 축소시킨 경우 약정한 화해금액으로 제한되지 않는다. 의뢰인이 변호사의 동의없이 소를 취하하거나 청구포기를 한 경우에는 이미 처리한 사무의 비율에 따른 합리적 가치를 보상하는 것이 원칙이나, 소 취하, 청구포기 등이 없었으면 장차 취득하게 될 금액을 기초로 보수를 산정할 수도 있다.[40]

VI. 보수에 관한 구체적 문제와 윤리

1. 성공보수 약정

가. 한정 성공보수 약정

기본사례 3

정 변호사는 건물 이중매매의 피해자인 A로부터 이중매도인 B를 배임죄로 고소하는 사건을 수임하면서 착수금으로 금 2천만원을 받고 B가 구속되면 금 5천만원을 성공보수금으로 받기로 약정하였다. 이러한 약정이 윤리상 허용되는가?

(1) 의 의

한정 성공보수 약정은 변호사의 위임사무의 처리비용 및 보수금의 일부를 착수금으로 수령하고 나머지 보수금은 사건 또는 사무의 처리결과를 조건으로 결정하는 내용의 보수약정을 말한다.

(2) 성 질

한정 성공보수 약정은 위임사무의 성공을 조건으로 하여 추가로 보수를 약

40) 오종근, 전게논문, 88면.

정하는 것으로 위임계약에 수반되는 특약일 뿐 이로 인하여 변호사와 의뢰인 사이에 도급계약이 성립하는 것은 아니다.[41] 그러나 변호사가 예컨대, 소송에서 반드시 승소한다든지, 계약을 성립시킨다는 등 일정한 사무를 완성할 것을 조건으로 보수를 지급받을 것을 약정하였다면 위임이 아닌 도급계약(민664)의 성질을 가진 것으로 볼 수 있다.

나. 전액 성공보수 약정

기본사례 4

갑 변호사는 X주식회사의 대표이사 A로부터 회사 공금을 10억원 횡령한 경리과장 B를 고소하는 사건을 의뢰받으면서 A로부터 "요즘 사건이 불구속이 많이 되고 있으니 어떻게 해서든지 B가 구속되게 해주면 횡령금액의 반을 성공보수로 지급하겠다"는 제의를 받고 착수금을 받지 않고 사건을 수임하였다. 변호사의 이러한 수임이 윤리상 허용되는가?

(1) 의 의

위임사무의 처리비용 및 보수금의 일부도 수령하지 않고 목적한 결과가 달성되는 것을 조건으로 보수의 전액을 받기로 약정하는 것을 말한다. 조건부수임약정 또는 완전 성공보수제(contingent fee)라고도 한다.

(2) 입 법 례

전액 성공보수 약정의 인정 여부에 관한 각국의 입법태도는 다양하다. 미국은 전액 성공보수의 인정범위가 넓어서 상해로 인한 손해배상사건이나 토지수용사건은 거의 인정되고 있다. 그러나 형사사건이나 이혼사건에서는 금지되고 있다. 영국에서는 전액 성공보수가 원칙적으로 금지되고 있는 가운데 이를 인정해야 한다는 주장이 점차 강해지고 있다. 캐나다도 북부지역에서는 전액 성공보수를 금지하고 있고 독일에서도 원칙적으로 금지하고 있다.[42]

---

41) 법률가의 윤리와 책임-남효순, 309면.

42) 이에 대해서는 법률가의 윤리와 책임-이창희, 297-298면 참조.

(3) 전액 성공보수 약정에 대한 찬반론

전액 성공보수규제론은 다음과 같은 논거로 전액 성공보수 약정을 반대하고 있다.

i) 전액 성공보수 약정은 승소의 확률과 연결되어 있어서 결과만 놓고 사후적으로 본다면 그 자체로 말이 안 되는 불공정한 계약이다. 전액 성공보수 수준의 적정성 문제는 사건의 결과가 나온 뒤의 사후적 잣대로는 잴 수 없다.[43]

ii) 소송당사자가 아닌 자가 소송비용을 지원하거나 달리 소송을 조장하여 남소(濫訴)나 소송지연을 초래할 수 있다.[44]

iii) 전액 성공보수가 변호사와 의뢰인 간에 이익충돌 상황을 만들어 변호사로 하여금 의뢰인을 충실히 대리하지 못하게 한다.[45]

iv) 변호사가 사건에 직접적 이해관계를 가짐으로써 과도하게 소송에 집착하여 증거를 조작하거나 기타 부정행위를 자행함으로써 소송질서를 해칠 수 있고 남소(濫訴)의 가능성이 증가한다.[46]

v) 미국에 있어서 형사사건의 경우, 전액 성공보수를 인정하는 것은 사법제도를 부패시킬 가능성이 높고,[47] 전액 성공보수를 지급할 원천이 되는 경제적 이익이 걸려 있지 않다.[48]

vi) 미국에 있어서 가사사건의 경우, 이혼과정에서 주고 받는 재산이 있어서 변호사가 보수를 받는다면 변호사는 혼인을 깨는 쪽으로 일하게 마련이다.[49]

---

43) 이상수, 전게서, 246면; 법률가의 윤리와 책임-이창희, 298면. 이창희는 이에 관한 예로서 다음과 같이 들고 있다. 즉 "한 시간에 20만원 밑으로는 일을 맡지 않는 변호사가 있다고 하자. 어떤 의뢰인이 소가 1억원짜리 사건을 위탁해 왔는데 그 사건에 투입할 시간이 50시간으로 예상된다. 이 변호사는 이 사건 보수의 기댓값이 적어도 1,000만원은 되어야 사건을 수임할 것이다. 그런데 승소의 확률이 20% 밖에 되지 않는다고 하면 변호사로서는 성공보수를 적어도 50%로 책정해야 계산의 앞뒤가 맞는다."고 한다.

44) 법률가의 윤리와 책임-이창희, 298면.

45) 이상수, 전게서, 246면.

46) 이상수, 전게서, 247면.

47) Peyton v. Margiotti, 398 Pa. 86(1959)(법률가의 윤리와 책임-이창희, 300면, 주73에서 재인용).

48) Model Code EC 2-20.

49) McDearmon v. Gordon & Gremillion, 247 Ark. 318(1969)(법률가의 윤리와 책임-이창희, 301면, 주77에서 재인용).

전액 성공보수 약정의 찬성론은 다음과 같은 논거를 제시하고 있다.

i) 소송비용을 지출할 수 있는 능력을 가진 의뢰인의 경우에도 당장의 소송비 부담을 줄일 수 있고, 전액 성공보수제로 합의함으로써 변호사로 하여금 더욱 분발하도록 촉구하는 효과를 기대할 수 있다.[50)]

ii) 사건의 위임단계에서 변호사 비용을 지급할 수 없는 의뢰인에게 변호사의 조력을 받을 수 있는 기회를 제공한다. 즉 변호사 보수를 부담할 수 없는 가난한 사람의 권리 보호에 유리하다는 것이다.[51)]

iii) 변호사 보수를 포함한 소송비용을 패소자에게 부담케 하나(민소98), 소송비용으로 인정하는 보수의 범위는 실제로 지급한 보수가 아니고 법원이 정한 일정한 기준에 그치고(민소109), 이 기준이 실제 보수에 훨씬 못미치는 현실에서 전액 성공보수는 필요악이다.[52)]

iv) 미국에 있어서 가사사건의 경우 부부가 혼인을 유지하는가 여부는 사적 자치에 속하는 것으로 국가가 관여할 일이 아니므로 전액 성공보수가 인정되어야 한다.[53)]

다. 성공보수 약정에 대한 규제

윤리규약에 의하면 성공보수 약정에 관하여 아무런 규정을 두지 않고 있다. 따라서 한정이든 전액이든 성공보수 약정은 허용된다. 구 윤리규칙상으로는 "변호사는 성공보수를 조건부로 미리 받아서는 아니 된다"(구규33)라고 하여 성공보수의 조건부 선수령만을 금지하였으나, 2014. 2. 24. 윤리장전의 개정에 의하여 이러한 제한도 없어졌다. 그러나 전액 성공보수 약정은 앞서 본 바와 같은 여러 가지 역기능이 있는 점에 비추어 변호사로서는 의뢰인의 자력이 없는 때와 같이 현실적으로 필요한 예외적인 경우를 제외하고는 이를 회피하는 것이 타당하다.[54)]

---

50) 이상수, 전게서, 246면.

51) 이상수, 전게서, 246면; 법률가의 윤리와 책임-이창희, 299면.

52) 법률가의 윤리와 책임-이창희, 300면.

53) 법률가의 윤리와 책임-이창희, 301면 참조.

54) 사법연수원, 『변호사실무(형사)』, 2009, 13면은 조건부보수 약정은 금지된다고 한다.

2. 비환불특약

가. 의 의

(1) 비환불특약은 변호사가 의뢰인과 위임계약을 체결함에 있어서 의뢰인으로부터 착수금, 보수금 등의 돈을 교부받고 그 계약이 해지되더라도 또는 위임사무의 성공여부와 관계없이 교부받은 위 돈을 의뢰인에게 환불하지 않기로 하는 특약을 말한다. 변호사가 소송사건의 위임을 받으면서 지급받은 착수금 또는 착수 수수료는 일반적으로 위임사무의 처리비용 외에 보수금 일부의 선급금조로 지급받는 성질의 금원이고, 이 경우의 보수금은 위임사무인 소송사건의 성공여부와는 관계없이 지급받는 것으로 약정한다.[55] 이러한 보수금에 대하여 환불하지 않기로 하는 특약을 하는 것이 보통이다. 비환불특약은 통상 다음의 승소간주약정과 함께 이루어진다.

(2) 대한변협에서 마련한 위임계약서 예시안[56]에 의하면, 비환불수임의 특약을 원칙적으로 인정하고 있고 변호사의 대부분이 실제로 착수금에 관하여 이러한 비환불수임의 특약을 하고 있는 것으로 알려져 있다. 위 위임계약서 예시안에 의하면 "착수보수는 변호사가 위임사무에 관한 연구, 조사, 서면작성을 하는 등 위임사무에 착수한 후, 변호사에게 책임 없는 사유로 인한 당사자의 소의 부제기 또는 취하, 상소의 부제기 또는 취하, 청구의 포기, 인낙, 소송상 화해, 조정, 소송물의 양도, 당사자의 사망 등의 경우에는 의뢰인이 그 반환을 청구하지 못하는 것을 원칙으로 하되, 필요한 경우 갑과 을의 협의하에 이를 조정할 수 있다"고 하여 원칙적으로 비환불수임의 약정을 하고 필요한 경우 이를 협의하여 조정할 수 있다고 하고 있다(동 예시안6②).

나. 비환불특약에 대한 찬반론

비환불특약의 필요성 및 문제점을 둘러싸고 아래와 같은 찬반에 관한 논의가 있다.

---

55) 대판 1982. 9. 14. 82다125, 82다카284.

56) 일부 변호사들이 의뢰인과의 위임계약서 작성시 "본 계약서에 명기되지 아니한 사항은 대한변호사협회의 표준계약서에 의한다"라는 문구가 기재된 계약서를 사용하는 경우가 있으나 '표준계약서'라는 명칭을 가진 양식은 대한변협에 존재하지 않는 양식이므로 이는 아마 당해 변호사가 위 '위임계약서 예시안'을 '표준계약서'라고 잘못 기재한 것으로 생각된다(http://www. seoulbar.or.kr/seoulbar/board)서울지방변호사회 홈페이지 알림마당 중 공지사항 참조).

찬성론의 논거는 다음과 같다.

i) 변호사가 특정사건을 수임하면 그로 인하여 다른 사건을 수임하기 어렵기 때문에 특정사건의 의뢰인으로 인하여 일종의 기회비용을 부담하게 되는데 비환불특약으로 그 비용이 보전될 수 있다.

ii) 위임계약은 당사자가 언제든지 해지할 수 있으므로 의뢰인이 변호사선임계약을 체결한 후에 변호사의 귀책사유가 없더라도 그 선임계약을 해지하게 되면 변호사는 예기치 못한 손해를 입을 수 있다.

iii) 변호사가 특정사건을 수임하면 그 선임계약이 해지된 후에도 비밀유지의무를 부담하고, 또 이익충돌이 발생하여 다른 사건을 수임하지 못하거나 수임이 제한되는 등 불이익을 받는다.

반대론의 논거는 다음과 같다.

i) 변호사가 수임사건에 관하여 착수금에 상응하는 업무를 수행하지 않은 경우에는 비환불특약은 변호사에게만 일방적으로 유리하고 의뢰인에게는 부당한 결과를 초래할 수 있다.

ii) 비환불특약은 의뢰인과 변호사 사이의 신뢰관계를 해하고 의뢰인의 신뢰를 배반한 변호사를 해임할 수 있는 의뢰인의 권리를 침해할 수 있다.[57)]

다. 비환불특약의 효력

기본사례 5

을 변호사는 의뢰인 A가 B를 상대로 B의 업무상배임으로 인한 손해배상청구사건의 대리를 수임하면서 배임액수의 20퍼센트를 성공보수금으로 수령하기로 하고 특약사항으로 의뢰인 A가 위임계약을 위반하거나 중도해지 등을 한 경우에 사건을 성공한 것으로 간주하여 착수금 및 승소사례금을 지급받기로 약정하여 의뢰인 A로부터 착수금 및 성공보수금을 일괄하여 수령한 후 소를 제기하고 소송이 진행 중이다. B는 자신에 대한 업무상배임의 형사사건에서 혐의가 인정되어 상황이 불리하게 돌아가자 구속을 면할 목적으로 의뢰인 A에게 합의를 요청하였고 의뢰인 A

57) Rotunda, Ronald D., Legal Ethics in a Nutsbell(2nd ed.), Thomson West, 2006, p.40.

는 이에 응하여 민·형사상 합의를 하고 B에 대한 고소를 취소하고 변호사 을과의 위임계약을 임의로 해지한 후 을 변호사가 수령한 성공보수금의 반환을 청구하였다. B의 반환청구권이 인정되는가?

비환불특약은 계약자유의 원칙상 유효하다.[58] 다만, 비환불특약에 의하여 수령한 보수가 과다한 경우에는 예컨대, 위임계약 종료시까지 변호사가 기여한 정도에 해당하는 금액을 공제하고 나머지는 의뢰인에게 반환할 의무가 있다.[59]

대법원 2008. 12. 11. 선고 2006다32460 판결

원고는 이 사건 소송위임계약 당시 피고에게 착수금을 선불로 지급하면서 피고와의 사이에, 위 착수금에 대해서는 소의 취하, 상소의 취하, 화해, 당사자의 사망, 해임, 위임계약의 해제 등 기타 어떠한 사유가 발생하더라도 반환을 청구할 수 없는 것으로 약정한 사실, … 원고는 피고의 원고에 대한 소송제기로 인한 신임관계 위배를 이유로 피고에게 이 사건 소송위임계약을 해제한다는 통고를 한 사실을 알 수 있는바, …이 사건 소송위임계약과 관련하여 위임사무 처리 도중에 수임인인 피고의 귀책사유로 계약이 종료되었다 하더라도, 원고는 피고가 계약종료 당시까지 이행한 사무처리 부분에 관해서 피고가 처리한 사무의 정도와 난이도, 사무처리를 위하여 피고가 기울인 노력의 정도, 처리된 사무에 대하여 가지는 원고의 이익 등 제반 사정을 참작하여 상당하다고 인정되는 보수 금액 및 상당하다고 인정되는 사무처리 비용을 착수금 중에서 공제하고 그 나머지 착수금만을 피고로부터 반환받을 수 있다고 봄이 상당하다.

3. 승소간주약정

가. 의 의

승소간주약정은 수임인인 변호사의 귀책사유 없이 위임계약이 종료되는 경우, 변호사가 의뢰인의 귀책사유로 계약을 해지하거나 의뢰인이 임의로 계약을 해지하는 경우 또는 의뢰인이 변호사의 동의 없이 임의로 소를 취하하거나 청구의 포기 또는 화해 등을 할 경우 그 경위나 목적, 궁극적으로 위임인이

58) 아래 판례는 비환불특약의 착수금의 반환의무를 판시하고 있으나, 그 반환의무는 비환불특약이 유효함을 전제로 하는 것이라고 할 수 있다.

59) 대판 2008. 12. 11. 2006다32460.

얻을 경제적 이익의 가치 등에 관계없이 전부 승소한 것으로 간주하여 산정한 성공보수를 변호사에게 지급하는 약정을 의미한다.[60] 승소간주약정의 내용을 표현한 조항을 승소간주조항이라고 한다.[61]

나. 승소간주약정의 효력

승소간주약정의 효력을 반드시 부정할 수는 없다.[62] 다만, 승소의 가능성이 있는 소송을 부당하게 취하한 경우에 그 효력이 있으나, 승소가능성이 전혀 없는 경우에는 그 효력이 없다.[63] 한편, 승소간주조항이 공정을 잃은 약관조항[64]에 해당하는 경우 무효이나, 약관조항으로서 무효라고 하더라도 위임계약

---

60) 대판 2007. 9. 21. 2005다43067.

61) 승소간주조항의 예를 들면 다음과 같다(박준, 『판례 법조윤리』, 소화, 2011, 385면).

(1) 제2조(착수금) 위임사무의 착수금으로 금 1,000만원을 귀하에게 지급한다. 다만, 이 착수금은 위임해제 기타 어떠한 사유가 발생하여도 그 반환청구를 하지 않는다.

(2) 제5조(성공보수) 위임사무가 성공한 때에는 다음 구분에 의하여 성공보수를 즉시 지급하기로 한다.

1. 전부 승소한 때에는 금( )원
2. 일부 승소한 때에는 그로 말미암아 얻은 경제적 이익의 가액의 ( )%에 해당하는 금액

(3) 제6조(승소로 보는 경우) 다음의 경우에는 전부 승소로 보고 전조 제1항에 정한 성공보수를 전액 지급하기로 한다.

1. 본인이 임의로 청구의 포기 또는 인낙, 화해, 소의 취하, 상소의 취하 또는 포기를 하거나 상대방의 항소 또는 상소취하에 대하여 동의를 한 때
2. 본인이 귀하에게 이 약정서에 정한 의무를 이행치 않거나, 진술한 사실이 허위인 까닭에 귀하가 위임계약을 해제한 때
3. 본인이 이 위임계약을 임의로 해제하거나 귀하에게 책임없는 사유로 위임이 종료된 때

(4) 특약조항

1. 인지대, 송달료, 감정비용 등 소송비용은 착수금과 별도로 지급한다.
2. 승소시 성공사례로 소송물 시가의 15%를 지급한다.
3. 소송비용 일체를 (본안소송 및 가처분 사건) 변호사가 대납하고 추후 정산한다.
4. 위임인이 향후 위 약정을 위약하거나 중도해지, 해제 등을 한 경우 전체에 대하여 승소한 것으로 간주하고 위임인은 소송비용, 착수금, 승소사례금을 지급한다.

62) 대판 1970. 12. 22. 70다2312.

63) 대판 1979. 6. 26. 77다2091.

64) 약관의 규제에 관한 법률 제6조(일반원칙) ① 신의성실의 원칙을 위반하여 공정성을 잃은 약관조항은 무효이다.

② 약관의 내용 중 다음 각 호의 어느 하나에 해당하는 내용을 정하고 있는 조항은 공정성을 잃은 것으로 추정된다.

1. 고객에게 부당하게 불리한 조항

을 위반할 경우에 부담할 손해배상액의 예정의 특약으로서는 유효하고, 다만, 전부 승소를 전제로 산정한 위약금액(승소사례금)이 제반 사정에 비추어 과다하면 감액하여야 한다.[65)]

1 대법원 1979. 6. 26. 선고 77다2091 판결

소취하시 승소로 간주한다는 특약의 취지에 비추어 동 피고는 원고에게 약정사례금을 지급하여야 한다는 원고의 주장에 대하여, 당사자간에 그러한 특약이 있어도 그와 같은 특약은 의뢰인의 반신의행위를 제지하기 위한 것이므로 민법 제150조 규정에 비추어 승소의 가능성이 있는 소송을 부당하게 취하하여 변호사인 원고의 조건부 권리를 침해하는 경우에 한하여 적용되는 것이라 할 것이며, 승소의 가능성이 전연 없는 소송을 취하하는 경우에는 적용될 수 없다.

2 대법원 2007. 9. 21. 선고 2005다43067 판결[원심 서울고법 2005.6.30. 2004나69934, 2004나699419(병합)][66)]

(i) 이건 승소간주조항은 수임인이 동의하지 않는 한 어떠한 경우에도 위임인이 소를 취하하거나 청구의 포기 또는 화해 등을 할 경우 그 경위나 목적, 궁극적으로 위임인이 얻은 경제적 이익의 가치 등에 관계없이 전부 승소한 것으로 간주하여 산정한 성공보수를 수임인에게 지급하도록 하고 있어서 최종적인 소송물에 대한 처분권한을 가진 위임인에 대하여 부당하게 불리한 조항으로서 신의성실의 원칙에 반하여 공정을 잃은 약관조항이므로, 약관의 규제에 관한 법률 제6조에 의하여 무효이다.
(ii) 다만 위 승소간주조항에 의하면 피고 등은 원고인 변호사에 대하여 임의로 소를 취하하거나 상대방과 화해하지 아니할 의무를 부담하는 것이고(이러한 경우 전부승소로 간주하는 것이 피고 등에게 부당하게 불리하여 무효라 하더라도 위 의무 부담 자체까지 무효로 보아야 하는 것은 아니다), 변호사와 피고 등이 특약사항으로 피고 등이 위임계약을 위반하거나 중도해지 등을 한 경우 전체에 대하여 승소한 것으로 간주하고 소송비용, 착수금 및 승소사례금을 지급하기로 정한 것은 피고 등이 위임계약을 위반할 경우에 부담할 손해배상액을 예정한 것이므로 승소사례금을 위약금으로 지급할 의무가 있다.
(iii) 다만, 사건처리의 경과와 난이도, 노력의 정도, 소송물의 가액, 피고 등이 얻게 될

---

2. 고객이 계약의 거래형태 등 관련된 모든 사정에 비추어 예상하기 어려운 조항
3. 계약의 목적을 달성할 수 없을 정도로 계약에 따르는 본질적 권리를 제한하는 조항

65) 대판 2007. 9. 21. 2005다43067[원심 서울고법 2005. 6. 30. 2004나69934, 2004나699419(병합)].

66) 판결요지는 이 사건의 원심인 서울고등법원의 판결 요지로서, 대법원은 이를 정당하다고 판단하였다.

구체적 이익과 소속 변호사회의 보수규정, 기타 변론에 나타난 제반 사정을 고려하면 위 약금으로 전부 승소를 전제로 산정한 금액은 부당하게 과다하므로 감액함이 상당하다.

4. 불공정한 보수의 금지

가. 정당한 사유 없는 추가보수 금지

윤리규약 제33조(추가보수 등) ① 변호사는 정당한 사유 없이 추가보수를 요구하지 아니한다.

변호사의 보수는 변호사의 의뢰인에 대한 보호의무에도 불구하고 변호사 자신과 의뢰인 사이에 이해가 상반되는 문제이다. 변호사가 약정한 보수 이외의 추가보수를 요구하는 것은 기본적으로 의뢰인의 변호사에 대한 신뢰관계를 해할 우려가 있다. 그러나 어떠한 경우라도 추가보수를 요구할 수 없다고 하는 것은 형평에 반한다. 따라서 정당한 사유가 있으면 추가보수를 요구할 수 있다. 예컨대, 당초 약정 당시에 사건처리에 소요되는 시간과 노력에 대하여 잘못 판단한 경우와 같은 사정이 있는 경우이다. 추가보수의 약정에 관해서는 최초 보수액의 약정에서와 마찬가지로 의뢰인의 설명에 기한 동의(informed consent)가 있어야 한다.

나. 보관금의 보수전환 금지

윤리규약 제33조(추가보수 등) ② 변호사는 명백한 서면 약정 없이 공탁금, 보증금, 기타 보관금 등을 보수로 전환하지 아니한다. 다만, 의뢰인에게 반환할 공탁금 등을 미수령 채권과 상계할 수 있다.

변호사는 의뢰인이 위임한 법률사무처리의 과정에서 금전 기타의 물건을 받아 일시 보관할 수 있다. 이러한 경우 변호사는 그 금전 기타의 물건 및 그 수취한 과실을 의뢰인에게 인도하여야 한다(민684①). 예컨대, 의뢰인의 보석보증금, 수령한 보험금 또는 합의금, 기타 물건 등을 교부받았으면 이를 의뢰인에게 인도하여야 한다. 그 인도 전까지는 선량한 관리자의 주의로 보존하여야 한다(민681).

변호사는 명백한 서면약정에 의하지 않고는 이러한 공탁금, 보증금 기타의 보관금 등을 보수로 전환하여서는 안 된다. 다만, 의뢰인의 이러한 보관금에 대한 채권과 변호사의 의뢰인에 대한 미수령 채권과 상계할 수는 있다. 예컨대, 변호사의 성공보수를 의뢰인이 지급하지 아니하는 경우 그 성공보수청구권과 상계할 수 있다.

대한변협 2006. 10. 23. 징계 제2006-6호

혐의자는 A로부터 이종사촌 동생인 B의 석유사업법위반 피의사건의 구속적부심청구에 관한 사무를 착수금 1,000만원, 구속적부심사에 의한 석방결정시 성공보수금 2,000만원을 지급받는 조건으로 위임받아 사무처리 결과 보증금 2,000만원의 공탁을 조건으로 석방이 결정되어 B로부터 위 보증금을 받아 납입하였다가 위 피고사건의 항소심 판결이 선고되고 위 판결이 확정됨에 따라 위 보증금을 회수하게 되었으나 이를 B에게 반환하지 않고 성공보수금으로 전환한 혐의로 견책 결정.

다. 접대명목의 보수약정의 금지

윤리규약 제33조(추가보수 등) ③ 변호사는 담당 공무원에 대한 접대 등의 명목으로 보수를 정해서는 아니 되며, 그와 연관된 명목의 금품을 요구하지 아니한다.

기본사례 6

정 변호사는 서울구치소 내 변호인접견실에서 특정경제범죄가중처벌 등에 관한 법률위반(배임) 혐의로 공소제기되어 수감 중인 A를 접견하면서 "당신의 사건 재판장이 나의 고등학교 동기동창으로 친하다. 내가 잘 이야기해서 선처받도록 로비해 줄테니 로비비용으로 3천만원을 달라"고 말하여 A의 승낙을 얻은 다음 자신의 사무실에서 A의 처를 통하여 3천만원을 수령하였다. 정 변호사의 행동에 어떠한 문제가 있는가?

보수를 결정함에 있어서 담당 공무원에 대한 접대 등 명목의 비용을 포함하는 것은 변호사 직무의 공공성에 반하고 사법권에 대한 존중의 정신에도 어긋난다. 그것이 보수가 아니라고 하더라도 접대 등 명목의 금품을 받는 것 자체도 마찬가지이다. 이에 위반하면 변호사법상 형사처벌의 대상이 된다(법110 i, ii).[67)]

대법원 2006. 11. 23. 선고 2005도3255 판결

변호사법 제110조 제1호에서는 변호사가 "판사 · 검사 기타 재판 · 수사기관의 공무원에게 제공하거나 그 공무원과 교제한다는 명목으로 금품 기타 이익을 받거나 받기로 한 행위"를 처벌하고 있는바, 변호사는 공공성을 지닌 법률전문직으로서 독립하여 자유롭게 그 직무를 행하는 지위에 있음을 감안하면(변호사법 제2조), 위 처벌조항에서 '교제'라 함은 의뢰받은 사건의 해결을 위하여 접대나 향응은 물론 사적인 연고관계나 친분관계를 이용하는 등 이른바 공공성을 지닌 법률전문직으로서의 정상적인 활동이라고 보기 어려운 방법으로 당해 공무원과 직접 · 간접으로 접촉하는 것을 뜻하는 것이라고 해석되고, 변호사가 받은 금품 등이 정당한 변호활동에 대한 대가나 보수가 아니라 교제 명목으로 받은 것에 해당하는지 여부는 당해 금품 등의 수수 경위와 액수, 변호사선임계 제출 여부, 구체적인 활동내역 기타 제반 사정 등을 종합하여 판단하여야 한다.

특히 피고인이 당시 증권거래법 위반 혐의로 공소제기되어 수감중이던 공소외 1에게 담당 재판장과 고교 선 · 후배 사이임을 강조하면서 개인적으로 만나 공소외 1의 억울한 부분을 풀어주고 형량을 낮추어 주겠다면서 그 로비 비용으로 2,000만 원을 요구하였고, 그 후 공소외 1의 처 공소외 2로부터 2,000만 원을 수수한 점, 공소외 1은 이미 자신의 형사사건에 관하여 7,000만 원을 지급하고 다른 변호사를 선임하여 재판을 받고 있었고, 피고인은 공소외 1로부터 위 돈을 받고도 그와의 사이에 변호인선임약정서를 작성하지 않았고, 법원에 변호인선임신고서를 제출하지도 않은 점, 피고인은 공소외 1에 대한 형사재판과 관련하여 수사기록을 열람 · 검토한 사실이 없고, 법정에서 공소외 1을 위해 변론을 한 사실도 없으며, 담당 재판부를 직접 찾아간 사실이 없었음에도, 공소외 1에 대한 제1심판결 선고 이후 공소외 1에게 세 차례에 걸쳐 재판장을 찾아가 부탁을 한 것처럼 말한 점, 피고인이 공소외 2로부터 받은 돈 중 1,000만 원을 공동 변호 명목으로 지급한 변호사 공소외 3은 담당 재판장과 고등학교, 대학교 동기동창으로서 역시 법원에 변호인선임신고서를 제출한 사실이 없고, 다른 사건으로 담당 재판장을 2-3차례 정도 찾아갔을 때 공소외 1의 선처를 같이 부탁한 사실이 있는 점 등에 비추어 보면, 피고인이 공소외 1로부터 받은 2,000만 원은 정당한 변호활동의 대가나 보수가 아니라 당시 공소외 1의 형사재판을 담당하는 판사에 대한 교제 명목으로 수수한 것임이 명백하다.

67) 대판 2006. 11. 23. 2005도3255.

라. 비변호사와 보수분배 금지

> **변호사법 제34조(변호사가 아닌 자와의 동업 금지 등)** ⑤ 변호사가 아닌 자는 변호사가 아니면 할 수 없는 업무를 통하여 보수나 그 밖의 이익을 분배받아서는 아니 된다.
> **윤리규약 제34조(보수분배 금지 등)** ① 변호사는 변호사 아닌 자와 공동의 사업으로 사건을 수임하거나 보수를 분배하지 아니한다. 다만, 외국법자문사법에서 달리 정하는 경우에는 그러하지 아니하다.

비변호사는 변호사가 아니면 할 수 없는 업무를 통하여 보수나 그 밖의 이익을 분배받는 것이 금지된다(법34⑤). 이를 위반하면 형사처벌의 대상이 된다(법109 ii). 변호사도 비변호사와 공동의 사업으로 사건을 수임하거나 보수를 분배하는 것이 금지된다. 변호사가 이를 위반하면 징계사유에 해당한다(법91② ii , iii). 다만, 외국법자문사법에 의하여 변호사가 아닌 외국법자문법률사무소와 일정한 법률사건을 공동으로 처리하고 그 수익을 분배하는 경우에는 예외이다(동법34의2①).

마. 정당한 보수 이외의 분배 금지

> **윤리규약 제34조(보수분배 금지 등)** ② 변호사는 소송의 목적을 양수하거나, 정당한 보수 이외의 이익분배를 약정하지 아니한다.

변호사가 다른 변호사와 공동으로 법률사무를 처리하거나, 소속 지방변호사회의 허가를 받아 영리업무를 겸직할 수는 있다(법38). 그러나 그 경우에도 정당한 보수 이외의 이익분배를 약정해서는 안 된다. 이는 변호사의 지위의 공공성에 비추어 당연한 것이다.

5. 시간당 보수계약

가. 의 의

변호사가 의뢰인과 변호사선임계약을 체결함에 있어서 변호사의 보수를 변호사 또는 그 직원이 수임사건을 처리하기 위해 소비한 시간에 시간당 보수액을 곱하여 산정하도록 약정하는 것을 말한다.

시간당 보수는 상담, 감정, 문서작성 등 일정한 사무처리에 대한 보수, 즉 사무보수의 산정방식으로 주로 이용되나, 미국에서는 로펌을 중심으로 특히 기업이 의뢰하는 사건에서도 빈번하게 이용되고,[68] 우리의 로펌의 경우에도 시간당 보수계약을 체결하는 경우가 많아지고 있다.

시간당 보수는 수임사건에 실제로 사용된 시간을 의미하나, 현실에서는 시간을 연장하려는 유혹이 있을 수밖에 없고, 또, 의뢰인의 입장에서 보수의 산정기준이 되는 실제의 시간의 정확성에 대하여 검증을 할 수 있는 방법도 마땅하지 않다. 따라서 시간당 보수계약에 있어서 보수액의 적정성은 변호사의 윤리의식에 크게 의존된다.

나. 시간당 보수와 변호사의 윤리

시간당 보수를 받는 경우 결과에 연결되지 않고 낭비된 시간은 청구할 수 없다.[69] 이익충돌 여부의 조사시간, 기타 사건을 수임할 것인지 여부를 고민하는 데 들어간 시간도 청구할 수 없다.[70] 의뢰인의 다른 사건 수 개를 한꺼번에 처리하는 경우 중복되는 시간을 각각에게 청구할 수 없다. 과거에 처리한 사건의 결과를 새로운 사건에 이용하는 경우, 과거에 이미 청구했던 시간을 다시 청구할 수 없다. 변호사가 당해 사건에 관련된 경험이 있든가 특히 유능하여 시간이 생각보다 훨씬 덜 소요되었다고 하더라도 시간을 불려서 청구할 수 없다.[71]

이 밖에도 변호사가 불필요한 조사를 하거나 당해 사건에 변호사를 과다하게 배정하고 그에 따른 시간, 또는 행정적인 일, 내부회의, 개인적 사무, 법적 흐름의 추적 등에 소요되는 시간을 청구하는 것은 비윤리적인 행위이다.[72]

---

68) 오종근, 전게논문, 78면.

69) Williamson v. John D. Quinn Constr. Corp., 537 F.Supp. 613, 617(S.D.N.Y. 1982)(법률가의 윤리와 책임-이창희, 296면, 주41에서 재인용).

70) Heninger & Heninger v. Deanport Bank & Trust Co., 341 N.W.2d 43, 49(Iowa 1983)(법률가의 윤리와 책임-이창희, 296면, 주42에서 재인용).

71) ABA Committee on Ethics and Professional Responsibility, ABA Model Opinion 93-379 (1993)(법률가의 윤리와 책임-이창희, 296면, 주43에서 재인용).

72) 이상수, 전게서, 150-151면.

■ 기본사례(해설)

1. 이 사례는 전액 성공보수의 약정을 한 것으로 현행법상 금지되고 있지는 않으나 앞에서 본 바와 같이 그 역기능도 상당하다. 이러한 약정이 불가피하여 사건의 수임이 허용되는 경우 보수의 결정이 적정하지 않고 과다한지 여부의 문제가 있다. 판결 인용금액이 3천만원인 경우와 3억원인 경우에는 적정보수액은 당연히 다를 것이지만, 후자의 경우에 1억 5천만원의 보수액도 소송에 들어간 시간과 노력의 지대함이 현저하여 복잡하고 곤란한 소송진행이었다고 하면 위 금액만으로 바로 부당하다고는 할 수 없을 것이다.[73]
2. 우리의 경우 일본의 직무기본규정과 같이 "변호사가 법률사무를 수임할 때는 변호사의 보수와 비용에 관하여 적절한 설명을 하여야 한다"는 규정은 없다. 그러나 의뢰인이 보수에 관한 약정의 내용을 충분히 이해한 상태에서 약정을 체결하여야 한다는 것이 윤리규약 제32조의 취지라고 할 것이다. 다만 실제상 승소간주조항의 내용을 설명하는 것이 쉽지는 않겠으나 후일의 분쟁을 피하기 위해서는 설명을 하여야 한다.[74]
3. 대한변협은 변호사의 보수를 착수금과 성공보수금으로 약정하더라도 변호사법이나 윤리강령에 위배되는 것은 아니고 그 성공보수약정에서 피고소인이 기소 또는 구속된 경우를 성공보수의 지급조건으로 약정하는 것도 허용된다고 보고 있다.[75] 대한변협은 그 이유로 고소 · 고발사건의 대리업무를 수임한 변호사는 형사소송법 등에 정해진 절차에 따라 고소 · 고발사건의 혐의가 충분하다는 점과 경우에 따라서는 이로 인한 피해가 중하다는 점 등 그 정상에 관한 사항까지 입증하는 것이 본연의 임무이므로 보수를 어떻게 책정할 것인지는 위임인과 변호사의 약정에 따른 문제이기 때문이라고 한다.
4. 이러한 전액 성공보수 약정을 금지하는 규정은 없다. 그러나 의뢰인측에 변호사 보수를 지급할 수 없는 등의 특별한 사정이 없는 사례의 경우 전액 성공보수 약정을 하는 것은 변호사의 직무수행을 도박화하는 결과가 되므로 수임을 회피하는 것이 윤리적으로 타당하다.
5. 변호사 을이 의뢰인 A와 정한 특약사항은 의뢰인이 위임계약을 위반할 때 부담할 손해배상액을 예정한 것으로 유효하나 사건처리의 경과와 난이도, 변호사의 노력의 정도, 의뢰인 A가 상대방과 합의를 함으로써 얻은 구체적 이익 등을 고려하여 그 금액의 부당여부가 결정된다. 따라서 의뢰인 A의 변호사 을에 대한

73) 高中正彦, 전게서, 312면 참조.
74) 高中正彦, 전게서, 313면 참조.
75) 대한변협 2008. 4. 8. 법제 제1345호(축조 대한변협, 2009, 122-123면).

성공보수금 반환청구권의 범위는 위와 같은 구체적 사정에 따라서 결정된다. 다만 변호사 을이 성공보수금을 선수령한 것은 구 윤리규칙(제33조)에 의하면 허용되지 않았으나 윤리규약은 이를 금지하지 않고 있으므로 허용된다.

6. 변호사는 담당 공무원과의 교제 등 명목으로 금품을 받아서는 안 되므로(법110 ⅰ, 규33③) 변호사 정의 행동은 변호사법과 윤리규약에 정면으로 위배된다. 또, 변호사나 그 사무직원은 사건의 수임을 위하여 공무원과의 연고 등 사적인 관계를 드러내며 영향력을 미칠 수 있는 것으로 선전해서는 안 된다고 규정하고 있는 변호사법 제30조에도 위반된다.

10 | 형사소송과 변호사의 윤리

도입질문

1. 형사소송에 있어서 변호사의 당파성, 독립성 및 공공성은 어떠한 관계에 있는가?
2. 형사소송에 있어서 변호사의 최선의 변호활동이란 무엇을 의미하는가?
3. 형사소송에 있어서 변호사의 진실의무와 도덕적 중립성은 어떠한 관계에 있는가?
4. 형사소송에 있어서 변호사의 피고인에 대한 법률지식의 제공에 한계가 있는가?
5. 변호사는 진범에 대하여 무죄변론을 할 수 있는가?
6. 변호사는 의뢰인이 대신자처범인임을 확인한 경우 어떠한 태도를 취하여야 하는가?
7. 변호사가 의뢰인에게 진실에 반한 자백을 권고하는 것이 윤리적으로 허용되는가?
8. 변호사의 의뢰인에 대한 비밀유지의무의 한계는 무엇인가?
9. 국선변호인은 피고인으로부터 사선변호사로 활동하여 줄 것을 요청받은 경우 피고인의 사선변호사가 될 수 있는가?

Ⅰ. 서

1. 형사절차의 이념과 변호사 윤리

형사절차는 범죄에 대하여 국가형벌권을 실현하는 절차이다.[1] 형사소송법은 형사절차에 있어서 실체진실의 발견(Wahrheitsfindung), 적정절차 및 신속한 재판을 주된 이념으로 한다.[2]

실체진실의 발견은 무고한 시민을 범죄의 혐의에서 벗어나게 함으로써 부정의한 형벌의 부과가 행해지지 않도록 하는 원리, 즉 소극적 실체진실주의[3]가 형사절차에서의 중대한 과제이다. 소극적 실체진실주의는 형사소송의 모든 단계, 즉 공판절차와 수사절차에도 적용되며 변호사의 진실의무의 이념적 기초가 된다. 또, 적정절차의 원칙은 헌법정신을 구현한 공정한 법정절차에 의하여 형벌권이 실현되어야 하는 원리이다. 이는 형사절차에서 피의자 또는 피고인(이하 피의자 및 피고인을 포괄하여 지칭하는 경우 "피고인 등"이라고 한다)의 인간으로서의 존엄과 가치를 인정하고 기본적 인권을 보장하는 것을 의미하고 이에 따라 피고인 등은 소송의 주체로서 독립적으로 방어권을 행사할 수 있게 된다.[4] 나아가, 헌법 제27조 제3항은 신속한 재판을 받을 권리를 피고인의 기본적 인권으로 보장하고 있다.

이러한 형사소송의 이념으로부터 피고인 등의 권리와 이익을 최대한 옹호해야 하는 변호사의 윤리적 의무가 도출된다. 구체적으로는 피고인 등의 방어권보장과 무기평등의 원칙을 실현하기 위해서 또, 피고인 등의 보호를 위하여 인정되는 소송절차상의 각종 권리를 포함하여 변호인의 조력을 받을 권리 등의 실효성을 확보하기 위해서 변호사의 성실의무가 요청된다.

---

1) 신동운, 『신형사소송법』, 법문사, 2008, 3면.

2) 이재상, 『신형사소송법』 제2판, 박영사, 2008, 21면.

3) 이 원리는 "열 사람의 범인을 놓치는 한이 있더라도 한 사람의 죄 없는 사람을 벌하여서는 안 된다"(Better ten guilty escape than one innocent suffers)고 표현되고, "의심스러운 때는 피고인의 이익으로"(in dubio pro reo)라는 무죄추정의 원리가 강조된다.

4) 이재상, 전게서, 27-28면 참조.

2. 형사소송의 구조와 변호사 윤리

우리 형사소송법상 소송구조에 대하여, 당사자주의를 취하고 있다는 견해에 의하거나,[5] 당사자주의와 직권주의적 요소가 배합된 혼혈적 소송구조를 취하고 있다는 견해에 의하거나,[6] 영미 특히 미국의 당사자주의를 도입하여 당사자주의가 대폭 강화되었다는 하는 점에 대해서는 이론이 없다.

당사자주의는 당사자, 즉 검사와 피고인에게 소송의 주도적 지위를 인정하여 당사자 사이의 공격과 방어에 의하여 심리가 진행되고 법원은 제3자의 입자에서 당사자의 주장과 입증을 판단하는 소송구조를 말한다.[7] 당사자주의하에서 변호사는 무기평등의 원칙을 실질화하면서 피고인의 방어권을 최대한 옹호해야 할 윤리적 요청을 받게 된다.

3. 형사소송과 변호사의 당파성 및 공공성

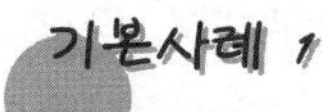

갑 변호사는 절도사건으로 구속 구공판된 미성년자인 A를 접견한 결과 A는 자신이 고아로서 자신을 돌보아줄 친인척이 없으니 유죄판결을 받고 교도소에 들어가 직업기술을 배워서 사회생활을 하고 싶다고 하면서 검사가 제출한 모든 증거에 동의하고 싶다고 말하였다. 갑 변호사가 증거를 검토한 결과 피해자의 진술조서에 대하여 특신정황을 다툴 여지가 있고 압수된 절도 피해품도 증거능력이 부정될 수 있는 위법수집증거로 판단되었다. 피고인 A가 증거동의를 요청함에도 갑 변호사는 이에 반하여 부동의를 함이 타당한가?

수사절차에서는 그 특성상 직권주의적 요소가 강하게 작용할 수밖에 없으나, 형사소송의 전반에 있어서는 실체적 진실주의의 이념을 실현하기 위해서 형사 피고인 등이 단순한 조사의 객체가 아닌 검사와 대등한 당사자, 즉 소송

---

5) 강구진, 『형사소송법원론』, 학연사, 1982, 125면; 차용석 · 최용성, 『형사소송법』 제2판, 세영사, 2004, 62면; 헌재 1995. 11. 30. 92헌마44 결정.

6) 신양균, 『형사소송법』, 법문사, 2000, 56면; 이재상, 전게서, 43면 등 참조.

7) 이재상, 전게서, 41면.

의 주체로서 당사자주의가 강하게 실현되도록 하여야 한다.

이에 따라 변호사는 피고인 등의 보호자 또는 대리인으로서 소송주체인 피고인 등의 방어력을 보충하여 그 권익을 옹호하고, 또 피고인 등의 대립 당사자인 검사와 대등한 법률전문가로서 공정한 재판의 실현에 기여하여야 하는 지위에 있다. 변호사가 형사절차에서 당사자의 권익을 옹호하는 것은 궁극적으로 헌법적 형사소송의 기본이념에 봉사하여 사회정의를 실현하기 위한 것이다. 헌법적 형사소송의 기본이념 내지 법치국가적 형사소송의 최고원리는 인간의 존엄과 가치를 인정하고 기본적 인권을 보장하는 데 있다.[8)]

여기에서 변호사는 당파성과 공공성 및 독립성의 요청으로 인하여 윤리적 딜레마에 자주 봉착하게 된다.

변호사의 당파성은 변호사가 당사자인 피고인 등의 보조인 또는 대리인이라는 지위에서 나오는 불가피한 요청이다. 물론 변호사는 공정한 재판을 실현하는 데 협력하여야 할 의무도 있지만, 무엇보다 중요한 것은 당사자인 피고인 등의 입장에서 피고인 등의 주장과 권익을 실현하는 데 최대한 협력하고 진력하는 것이 주된 의무이기 때문이다. 변호사의 당파성은 진실의무에서 극명하게 드러난다. 변호사의 진실의무는, 법관이나 검사에 있어서와 달리, 피고인 등에게 유리한 방향의 실체진실을 추구하여야 하기 때문이다. 이는 피고인 등의 형사절차에서의 방어권을 실질화하기 위한 기초로서 가장 강조되어야 할 윤리적 요청이다.

변호사가 강한 당파성의 지배를 받고 있고 당사자주의가 그것을 제도적으로 정당화한다고 하지만 당사자주의는 그 자체가 목적이 아니라 보다 상위에 있는 소송의 이념 내지 목적에 봉사하는 수단이다.[9)] 형사소송의 궁극적 목적은 형사사법적 정의의 실현이다. 일반적으로 변호사는 공공성을 추구해야 할 의무, 즉 공익실현의 의무가 있다. 우리 변호사법이 "변호사는 기본적 인권을 옹호하고 사회정의를 실현함을 사명으로 한다"거나(법1①), "변호사는 공공성을 지닌 법률전문직"이라고 규정하고 있는 것은(법2) 이를 표현하는 것이다.

결국 변호사의 사명은 사회정의의 실현이라는 공공성을 띠고 있고(법1①), 변호사는 그 사명을 법률전문직으로서 독립하여 수행하여야 한다(법2). 따라서 변호사의 당파성의 한계는 변호사에 대한 공공성 및 독립성의 요청에 있다.

8) 이재상, 전게서, 27면.

9) 법률가의 윤리와 책임-이용식, 228면.

변호사의 독립성은 2가지 측면과 관련이 있다. 하나는 피고인 등의 요구로부터의 독립이고(주관적 독립), 다른 하나는 사회일반의 요청으로부터 독립(객관적 독립)이다.

변호사는 피고인 등의 승리만을 위해 몰가치적으로 행동해서는 안 된다는 것이 변호사의 **주관적 독립**의 요청이다. 경우에 따라서는 피고인의 이익을 위하여 피고인의 요청에 반하는 선택을 해야 할 때도 있고, 피고인이 요청하는 것이 피고인에게 이익이더라도 피고인의 요청에 응해서는 안 될 때도 있다.[10] 변호사는 피고인의 '고용된 총잡이'(hired gun)가 아니라는 표현이 이를 잘 말해준다. 이에 관하여 변호사법은 변호사는 "독립하여 자유롭게 그 직무를 수행한다"라고 규정하고 있고(법2), Model Rules는 "변호사의 대리는 의뢰인의 정치적, 경제적, 사회적 또는 도덕적 견해 및 행동을 시인하는 것이 아니다"라고 표현하고 있다.[11]

다음, 변호사는 의뢰인 또는 의뢰인의 사건에 대한 사회일반의 평가 또는 가치판단에 영향을 받아서는 안 된다는 것이 변호사의 **객관적 독립**의 요청이다. 피고인 등의 범행, 피해의 정도, 범행 후의 정황, 피고인 등의 인격, 방어권의 행사방법 등에 대하여 일반 대중이 심한 도덕적 비난을 가하더라도 변호사의 피고인 등의 방어권을 위한 조력이 이에 영향을 받아서는 안 된다는 것이다.[12] 만약 그렇지 않다면 변호사 제도, 이를 기초로 한 당사자주의 소송구조, 나아가서는 변호인의 조력을 받을 권리가 형해화 될 수 있기 때문이다. 이에 관하여 윤리규약은 "변호사는 의뢰인이나 사건의 내용이 사회 일반으로부터 비난을 받는다는 이유만으로 수임을 거절하지 아니한다"고 규정하고 있다(규16①).

결국, 변호사의 당파성은 변호사의 공공성 및 독립성에 그 한계가 있고, 변호사의 독립성은 공공성에 그 이념적 기초가 있다고 할 수 있다. 이렇게 보면 형사절차에 있어서 변호사의 윤리는 형사소송을 포함한 전체 사법제도에 있어서의 변호사의 사명, 지위, 의무 및 변호사에 대한 그 밖의 규범적 요청으로

---

10) 변호인은 피고인 등에게 유리하다고 판단할 때에는 피고인 등의 반대의사에도 불구하고 그가 은폐하고 싶어하는 사항에 관해서도 증거신청을 할 수 있다. 예컨대, 피고인 등의 근친자에 대한 증인신문의 신청이나 피고인 등 본인에 관한 정신감정의 신청 등이 여기에 해당한다고 하겠다(신동운, 『신형사소송법』, 법문사, 2008, 82면).

11) Model Rules 1.2(b).

12) 6인 공저-김인회, 271면 참조.

부터 도출되고 그 내용이 규정되는 것이다.

Ⅱ. 형사소송에서의 성실의무

1. 성실의무의 의의

가. 성실의무의 개념

변호사는 의뢰인인 피고인 등의 의사(위임의 본지)를 존중하되 객관적으로 피고인 등의 이익 내지 권리를 옹호하기 위해서 보호자로서 최선의 변호활동을 하도록 노력하여야 한다. '최선의' 변호는 어느 정도의 노력을 했을 때에 최선이라고 할 수 있는지가 문제이고, 본질적으로는 변호사의 내심이 하나의 기준이 될 수 있겠으나 이것만으로는 충분하지 않다. 따라서 '최선의' 노력은 당해 변호사의 주관적 평가로서의 최선이 아니고 평균적인 변호사 사이의 평가로서 객관적으로 최선이라고 인정할 수 있는 것을 의미한다.[13] 또 '노력'한다는 것은 형사절차에 있어서는 경우에 따라서 목숨을 걸고 몸을 아끼지 않고 필요하다고 믿는 행동을 선택하는 것을 의미한다.[14] 결국 최선의 노력은 우선 피고인 등과 상담을 통하여 필요한 설명과 조언을 하고 협의를 하며(성실한 협의), 피고인 등에게 유리한 소송활동을 행하고 불리한 행동을 회피하면서 피고인 등의 권익을 최대한 옹호하는 활동을 하고(최선의 변호활동), 나아가서는 피고인의 권익을 위해서라면 자신의 희생을 감수하는 활동 등을 통하여 객관적으로 드러날 수 있다.

윤리규약 제4조(공익활동 등) ② 변호사는 국선변호 등 공익에 관한 직무를 위촉받았을 때에는 공정하고 성실하게 직무를 수행하며, 이해관계인 등으로부터 부당한 보수를 받지 아니한다.
윤리규약 제13조(성실의무) ① 변호사는 의뢰인에게 항상 친절하고 성실하여야 한다.
② 변호사는 업무처리에 있어서 직업윤리의 범위 안에서 가능한 한 신속하게 의뢰인의 위임목적을 최대한 달성할 수 있도록 노력한다.

---

13) 日弁連, "解說 弁護士職務基本規程,"『自由と正義』56권 6호(임시증간호), 2005, 77면.
14) 小島武司 외 2, 전게서, 259면.

(1) 성실한 협의

성실한 협의는 피고인 등과 변호사 사이에 방어방법과 변호방침을 여하히 할 것인가, 무엇이 피고인 등에게 이익이 되고 불리한 것인가, 또는 구체적인 소송행위로서 어떠한 내용을 선택할 것인가 등에 관하여 상담·설명·조언하고, 필요한 경우 상대방을 설득하는 것을 포함하여 솔직하게 협의의 기회를 갖는 것을 말한다. 성실한 협의의 과정을 통하여 신뢰관계가 배가되고 그것이 또 성실한 변호활동을 촉진할 수 있으므로 성실한 협의는 필수적이다.[15]

윤리규약은 국선변호 등 공익에 관한 직무를 위촉받았을 때의 성실의무를 규정하고 있으나, 이는 국선변호뿐만 아니라 형사절차에서 사선변호사의 경우에 있어서도 당연한 것이다.

(2) 최선의 변호활동

기본사례 2

갑 변호사는 업무상횡령사건의 공모공동정범으로 기소된 피고인 A에 대하여 항소심 국선변호인으로 선정되었다. 갑 변호사는 1심 기록을 검토한 후 A를 접견한 바, A는 1심에서와 마찬가지로 공모사실을 부인하고 무죄를 주장하면서 갑 변호사에 대하여 무죄의 항소이유서를 작성하여 달라고 강력하게 요청하였다. 그러나 갑 변호사는 공모사실은 1심의 증거에 비추어 움직일 수 없다고 생각하고, 공모사실을 부정하는 부분은 1개항, 정상에 관한 부분은 5개항에 걸친 항소이유서를 작성·제출하였다. 갑 변호사의 변호활동에 어떠한 문제가 있는가?

피고인 등의 권익을 옹호하기 위하여 최선의 변호활동을 하여야 할 의무는, 형사절차의 전 과정에 있어서 피고인 등에게 유리한 소송활동을 행하고 불리한 행동을 회피하는 것으로서, 주로 변호사의 수사기관 또는 재판기관에 대한 관계에서 행하여야 할 의무이다.[16]

15) 小島武司 외 2,『現代の法曹倫理』, 法律文化社, 2007, 254, 259-260면; 高中正彦,『法曹倫理講義』, 民事法研究会, 平成17(2005), 167면.

16) 小島武司 외 2, 전게서, 257-258면; 高中正彦, 전게서, 165-166면 등 참조.

형사절차에서 피고인 등은 유죄의 재판이 확정될 때까지 사실을 다투고, 자기에게 보다 유리한 결정(기소보다는 불기소) 또는 판결(유죄보다 무죄, 실형보다 집행유예, 중한 형보다 가벼운 형)을 구하고 이에 필요한 소송상의 행위를 할 권리가 있다. 또한 형사절차가 법이 정한 적정한 절차에 의하여 행하여질 것과 또 부당한 신체구속으로부터 석방될 것을 구할 권리가 있다.

변호사는 피고인 등에게 무엇이 최선의 방어방법이고 이를 위한 구체적 소송행위로서 무엇을 선택해야 하는 것에 관하여 검토하여야 한다. 이에 따라 피고인 등의 입장에서 불리한 주장 · 입증의 효과를 최소화하고, 수사 · 소추기관이 근거로 하는 증거에 대하여 탄핵과 반증 기타 필요한 소송을 행하고 반론을 행하여야 한다. 또한 피고인 등에게 유리한 방향에서 무죄의 주장 또는 유리한 정상주장을 위한 자료를 조사 · 수집하여 필요한 사실을 주장 · 입증함과 동시에 최대한 유리한 법적용을 주장하여야 한다.

나아가, 피고인 등이 특히 다툴 의사를 명시하지 않거나 또는 피고인 등의 입장에서는 주장하기 어려운 문제에 관해서도 변호사는 문제로 되는 피고인 등의 이익, 관련 증거의 실정 등으로부터 보건대 필요하다고 판단하는 경우 그 이익을 옹호하는 방향에서 활동하여야 한다. 뿐만 아니라, 피고인 등의 이익을 위해서 법적으로 인정되고 있는 절차상의 신청 예컨대, 피의자신문에의 참여신청(형소243의2) 등을 행함과 동시에 위법한 수사의 중지 · 억제를 구하거나 변호권 침해의 배제를 구하는 활동을 다하여야 한다.

나. 구속 피고인 등에 대한 성실의무

구속 피고인 등에 있어서는 우선 부당한 신체구속으로부터 피고인 등을 석방케 하는 것이 최선의 변호활동이다. 이를 위해서 구속 피고인 등에 대하여 성실한 접견을 행하고, 구속으로부터 해방되도록 최대한의 노력을 다하여야 한다.

(1) 구속 피고인 등의 접견의무

특히 수사절차는 검사가 법률전문가로서 국가권력이라는 강력한 강제력을 배경으로 각종의 강제처분을 할 수 있음에 반하여, 피의자는 법률문외한으로서 자기에게 이익되는 증거를 수집 · 제출 · 평가를 잘 할 수 없고 범죄의 혐의를 받고 있다는 불안과 공포로 인하여 심리적 열등감에 빠져 있는 것이 보통이다.[17] 특히 구속 피의자의 경우 자신의 생활환경을 포함한 외부세계와 단절되어 있기 때문에 심리적 불안과 공포의 정도는 더하고 방어력도 더욱 취약할 수밖에 없으므로 구속 피고인 등에 대한 변호사의 접견의무는 필수적이다.[18] 따라서 변호사는 구속 피고인 등을 접견하여 피의사실이나 공소사실 및 그 의미를 설명하고, 이에 대한 피고인 등의 의견을 듣고 그 방어방법에 관하여 조언하고 협의하여야 한다. 접견이 거부되는 경우 접견금지에 대하여 적시에 준항고(형소417)를 제기하는 등으로 필요한 접견기회를 확보하여야 한다. 또 접견을 통하여 피고인 등의 상태를 파악하고 수사기관의 위법·부당한 수사의 유무를 수시로 확인하여 인권침해를 미연에 방지하는 한편 인권침해에 대해서는 필요한 대응을 하여야 한다.

대법원 2003. 11. 11. 2003모402 결정

준항고인에 대한 구속영장이 발부되어 준항고인이 서울구치소에 수감된 사실, 준항고인은 국가정보원과 서울지방검찰청에서 13차례에 걸쳐서 수사를 받을 때 변호인의 참여하에 신문을 받았으나 서울지방검찰청 검사는 같은 달 24. 준항고인에 대한 피의자신문시 준항고인의 요구에도 불구하고 변호인의 참여를 불허하는 처분을 한 사실, 재항고인은 이 사건 수사가 다른 피의자들에 대한 내용도 포함되어 있고, 기본적으로 국가안보에 관한 것으로 대외적으로 공표되어서는 아니 될 기밀사항을 많이 포함하고 있으므로 피의자신문시 변호인의 참여가 허용되어서는 아니 된다고 주장하면서도 그에 관한 아무런 자료를 제출하고 있지 않은 사실을 알 수 있다.

사정이 그러하다면, 구금된 상태에 있는 준항고인이 준항고인에 대한 피의자신문시 변호인의 참여를 명시적으로 요구하고 있음에도 재항고인이 변호인의 참여를 불허하였고, 재항고인이 변호인의 참여를 불허할 필요가 인정되는 객관적으로 명백한 특별한 사정이

17) 이재상, 전게서, 127면.

18) 종래에는 변호인이 가지는 신체구속된 피고인 등에 대한 접견교통권은 헌법상의 권리가 아니라고 보았다(헌재 1991. 7. 8. 89헌마181). 그러나 헌법재판소는 구속적부심절차에서 변호인의 수사기록열람과 관련하여 피구속자를 조력할 변호인의 권리 중 그것이 보장되지 않으면 피구속자가 변호인으로부터 조력을 받는다는 것이 유명무실하게 되는 핵심적인 부분은, '조력을 받을 피구속자의 기본권'과 표리의 관계에 있기 때문에 이러한 핵심부분에 관한 변호인의 '조력할 권리' 역시 헌법상의 기본권으로 보호되어야 한다고 판시하여 변호인의 구속 피고인 등에 대한 접견교통권을 헌법상의 권리로 격상시켰다(헌재 2003. 3. 27. 2000헌마474). 이처럼 변호인의 피고인 등에 대한 접견교통은 권리이기도 하지만 변호인의 피고인 등에 대한 관계에서는 의무라고 할 수 있다. 변호인의 접견교통권의 헌법적 성질에 관해서는 신동운, 『신형사소송법』, 법문사, 2008, 90면 참조.

있음을 인정할 만한 아무런 자료를 제출하고 있지 않으므로, 변호인의 참여를 불허한 재항고인의 이 사건 처분은 위법하다.

(2) 구속 피고인 등의 석방을 위한 노력 의무

기본사례 3

을 변호사는 폭력행위 등 처벌에 관한 법률 위반사건의 피고인 A의 변호인으로서 A로부터 보석청구를 의뢰받고 A의 부(父)인 B에게 보석보증금을 준비하도록 요청하였다. 그런데 B는 "A는 지금까지 부모에게 몹시 괴로움을 주었기 때문에 판결이 있을 때까지 구치소에서 충분히 반성하게 하고 싶다"고 하면서 요청을 거절하였다. B 외에는 보석보증금을 준비할 적임자가 없는 경우 을 변호사는 보석절차를 취하지 않아도 무방한가?

구속 피고인 등은 변호인과의 접견교통권이 보장되어 있어도 피고인 등은 구속된 상태에서 상시 관련 공무원의 감시와 생활의 지배를 받고 경우에 따라서는 '정당한 사유'가 있으면 접견교통이 제한될 수 있으며(형소243의2①), 현실적으로 접견시간이 제한적으로 운용되고 있다. 이러한 사정하에서는 피고인 등과 변호인의 신뢰관계에 기한 성실한 협의, 피고인의 방어를 위한 최선의 방침 및 이를 위해 행하여야 할 소송행위의 검토 등을 만족스럽게 행할 수 없으므로[19] 피고인의 방어능력이 현저하게 취약해진다. 따라서 변호사는 구속취소를 구하거나 구속영장실질심사에서의 변론, 구속적부심사청구, 보석청구 등의 방법으로 피고인의 석방을 위해 최선의 노력을 다하여야 한다.

또, 수사단계에서의 강제처분의 억제적 운용, 기소 후의 조기석방을 위한 활동은 변호사의 의뢰인에 대한 보호자로서의 의무일 뿐만 아니라, 인권옹호를 위한 변호사의 기본적 사명이자 무죄추정의 원칙의 실현을 위해서도 당연한 것이므로, 이를 위한 최선의 노력을 다하여야 한다.

19) 小島武司 외 2, 전게서, 261면.

2. 성실의무와 변호사의 윤리

형사절차에서의 변호사의 성실의무의 이행을 위해서는 경우에 따라서는 목숨을 걸고 몸을 아끼지 않고 필요하다고 믿는 행동을 선택하여야 한다.[20] 이러한 자기 희생을 수반할 수 있는 변호사의 성실의무는 변호사의 적법절차 이행의 감시에 대한 명확한 인식, 변호사의 직무에 대한 강한 윤리적 자각, 적절한 자기규율이 필요함을 말해 준다.

가. 적법절차 이행의 감시에 대한 명확한 인식

변호사는 정의의 파수꾼으로서 자신의 사명이 적법절차의 이행을 감시하여 사회정의를 실현하는 데 있음을 확고하게 인식하여야 한다. 변호사법도 이를 분명히 하고 있다. 즉 "변호사는 기본적 인권을 옹호하고 사회정의를 실현함을 사명으로 하고 있다"(법1①)고 변호사의 사명을 선언하고 있다. 이러한 변호사의 사명에 대한 인식은 구체적 사건에서 피고인 등을 위한 성실의무의 신념적 기초가 된다. 이러한 신념을 바탕으로 변호사는 피고인 등의 권익을 옹호하기 위하여 형사절차에 있어서 적정절차의 원칙이 침해되어 피고인 등의 권익에 불이익이 돌아가는 경우에는 그 시정을 위하여 적극적으로 노력하여야 한다.

---

20) 1974. 7. 9. 강신옥 변호사가 대통령긴급조치위반 등 피고사건으로 비상보통군법회의에 구속기소되어 재판을 받게 된 피고인 11명에 대한 변호인으로서 변론을 함에 있어서 "법은 정치의 시녀, 권력의 시녀라고 하고, 검찰관들이 애국학생들을 내란죄 등으로 몰아치고 사형 등을 구형하는 것은 법을 악용하여 저지르는 사법살인이며, 악법은 지키지 않아도 좋으며 악법과 정당하지 못한 법에 대하여는 저항할 수 있다"는 등의 변론을 하여 대통령긴급조치 제1, 제4호 등을 위반하였다는 등의 이유로 법정에서 구속되어 원심에서 징역10년, 자격정지 10년에 처한 사건에서 강신옥 변호사가 선택한 행동이 대표적인 예이다(서울고등법원 제1형사부, 1988. 3. 4. 85노503 판결, 사법행정 제29권 4호, 1988, 100면 이하 참조). 멀리는 로마의 법률가들도 자신이 신봉하는 법이념을 충실히 표현하다가 생명을 잃은 경우까지 있었다. 파피니아누스(Papinianus)는 카라칼라(212-217)의 동생살해를 정당화시킬 수 없다고 발언하여 피살되었고, 켈수스(Iuventus Celsus)는 폭군 도미티아누스 황제(81-96)에 대하여 반기를 들었고, 네르바(Marcus Cocceius Nerva)는 티베리우스 황제와의 정책대립 끝에 단식사하였고, 공화정기는 대법학자 스카이볼라(Quintus Mucius Scaevola)와 그의 대관이었던 루틸리우스(Publius Rutilius Rufus)는 정치적 음해사건에서 의연한 자세를 견지하였다. 로마시대의 이러한 예는 형사절차에서의 변호사의 활동과 관련된 것은 아니었으나 법률가로서의 소신을 지키는 일이 얼마나 험난한 것임을 잘 보여주는 역사적 사건이다(법률가의 윤리와 책임-최병조, 86면 참조).

예컨대, 피고인이 중형의 선고가 예상되는 살인범이라고 하더라도 증거수집 절차가 위법한 경우 그 위법수집증거의 증거능력을 다투어야 하고, 살인범이라는 이유로 정상변론만을 하는 것으로 성실의무를 다하였다고 할 수 없다.[21] 또, 변호사가 구속된 피고인에 대한 사건을 수임하였고 선고기일에 피고인에 대하여 집행유예가 선고되었음에도 교도관이 검사의 석방지휘가 없다는 이유로 피고인을 석방하지 아니하는 경우 선고된 그 자리에서 바로 석방시킬 것을 주장하여 석방되도록 하여야 한다.[22][23]

나. 변호사의 임무에 대한 강한 윤리적 자각[24]

변호사는 수사기관 및 법원에 대하여 비판적 관점에서 대치하는 것이 그 임무의 속성이다. 그의 활동은 사면초가에 있는 피고인 등을 위한 유일한 선봉으로서 실질적으로는 투쟁적 모습으로 수행이 된다.[25][26] 이는 민사대리인의 경우와는 다른 엄중한 긴장감이 드러나는 경우가 적지 않다.[27] 또한 범죄자를 비난하는 세론의 압력은 이를 변호하는 변호사에 대해서도 미친다. 이러한 압력에 굴하지 않고 변론하여 피고인 등을 최대한 방어하기 위해서는 변호인의

21) 6인 공저-김인회, 276면 참조.

22) 신동운, 전게서, 812면 참조.

23) 과거 집행유예를 선고받은 구속피고인이 관행상 구치소로 돌아가서 석방된 관행이 있었는바, 이러한 경우 변호인은 "무죄, 면소, 형의 면제, 형의 선고유예, 형의 집행유예, 공소기각 또는 벌금이나 과료를 과하는 판결이 선고된 때에는 구속영장은 효력을 잃는다"(형소331)라는 규정이 있고, 여기에서 구속영장이 효력을 잃는다는 것은 구속취소의 절차를 거칠 필요가 없다는 것임을 주장하여 선고 즉시 그 자리에서 석방시킬 것을 요구하여야 한다(헌재 1992. 12. 24. 92헌가8 결정 참조).

24) 小島武司 외 2, 전게서, 234-255면.

25) 団藤重光, 『新刑事訴訟法綱要』, 7訂版, 創文社, 1967, 115면은 변호사는 타협적인 그것이 아닌 이른바 투쟁적인 모습으로 형사사법에 협력할 임무를 가진다고 지적하고 있다.

26) 변호사가 투쟁적이라고 하는 것은 그 내용이나 실질에 있어서 투쟁적이라는 것이다. 말이나 행동거지라는 외견에서 당장 싸울 듯이 달려드는 태도 또는 분노를 토로하는 것을 의미하는 것은 아니다. 외형적으로는 투쟁적이 아닌 은근한 태도를 취하면서 내용에 있어서 거리낌없이 투쟁성을 관철하는 변호방법도 유력한 변호방법의 하나이다(小島武司 외 2, 전게서, 254면, 주3).

27) 역으로 보복하여 피고인 등에게 불이익하거나 괘씸죄에 걸리는 것이 아닌가 하는 것과 같은 염려가 되는 외에 대립의 경위에 따라서는 변호사 개인에 대한 형사사건의 입건(예컨대 위증, 증거인멸의 교사 등의 입건) 또는 변호활동에 대한 제재조치(예컨대 변호사회의 징계, 법정질서권에 의한 제재 등)를 받을 수 있는 위험을 각오하지 않으면 안 되는 경우가 있다고 한다(小島武司 외 2, 전게서, 255면, 주4).

임무에 대한 확신과 강한 윤리적 자각이 필요하다.[28)]

다. 적정한 자기규율

변호사의 활동에 있어서는 그 직무상의 권한의 행사의 내용 및 한계에 관하여 변호사의 자율적 판단, 즉 법률전문가로서의 전문지식·기능과 변호사윤리를 근거로 하는 자기재량에 의한 판단에 맡겨져 있는 영역이 존재한다. 여기에서 변호사의 활동에 대한 법령 또는 공무원에 의한 개입 내지 규제가 배제되는 장면이 존재한다. 예컨대, 접견교통권의 비밀보장과 같은 것이다. 형사소송제도에 있어서 방어권의 보장의 실질적 실현을 위해서는 이와 같은 변호사에 대한 신용을 전제로 하는 제도의 유지 내지 그 운용이 원활하게 이루어지고 발전하는 것이 필요불가결하다. 변호사의 직무수행에 있어서의 적정한 자기규율은 건전한 형사절차를 구축하기 위한 생명선이다.[29)] 이러한 자기규율의 부재로 변호사에 대한 신뢰가 무너지면 오랫동안 변호사의 자율적 행동에 위임되었던 영역에 대한 국가의 규제가 쉽게 개입될 수 있고,[30)] 이는 변호사가 피고인 등에 대한 성실의무를 수행하는 데 대한 제약으로 작용한다.

1 대한변협 2004. 5. 31. 징계 제2003-29호

변호사가 자신의 휴대폰을 소지한 채 구치소 내 변호인 접견실로 들어와 수용자를 접견하던 중 접견실 근무자의 사전허가를 받지 않은 채 수용자에게 휴대폰을 빌려주어 그로 하여금 그의 친동생 및 회사 임원 등과 총 4회에 걸쳐 부정한 방법으로 전화통화를 하게 함으로써 변호사의 품위를 손상케 하였다는 혐의로 과태료 300만원의 징계결정.

---

28) 이러한 점에서 형사변호사가 가져야 할 정신구조는 그 천직(calling)에 대한 확신을 가지고 세속적 권력과 세간의 압력에 맞선다는 점에서 신앙인에 유사한 것을 가져야 한다고 한다(小島武司 외 2, 전게서, 255면, 주5).

29) 小島武司 외 2, 전게서, 255면.

30) 이른바 집사변호사로서 구치소 수용자를 접견하면서 재소자로 하여금 휴대전화를 사용하게 하고 심지어 재소자의 주식거래를 도와준 사례가 있었고(동 변호사는 이를 이유로 2005. 8. 25. 2005도1731호 위계공무집행방해죄로 유죄의 확정판결을 받았다), 이러한 사례가 반복되면 교정당국의 변호사에 대한 신뢰가 깨질 수밖에 없어 변호사의 구속 피고인 등에 대한 자유로운 접견에 대한 제약이 가해질 수 있다. 예컨대, 그 시점이 정확히 언제부터인지는 모르나 교정당국은 변호사가 재소자를 접견할 때 소지한 휴대폰을 입구에 영치하도록 규제하고 있다.

② 대한변협 2007. 12. 10. 징계 제2007-24호

변호사가 구치소 변호인 접견실에서 수용자를 접견하던 중 그에게 구치소에서 부정물품으로 정한 담배를 전달하여 위법행위를 하였다는 혐의로 과태료 3,000만원의 징계결정.

3. 성실의무의 한계

가. 정당한 이익의 옹호

윤리규약 제11조(위법행위 협조금지 등) ① 변호사는 의뢰인의 범죄행위, 기타 위법행위에 협조하지 아니한다. 직무수행 중 의뢰인의 행위가 범죄행위, 기타 위법행위에 해당된다고 판단된 때에는 즉시 그에 대한 협조를 중단한다.

변호사의 피고인에 대한 성실의무는 피고인에 대한 정당한 이익의 보호를 그 한계로 한다. 변호사는 피고인 등의 권익을 최대한 옹호하여야 할 의무가 있으나 피고인의 맹목적 대리인은 아니다. 변호사는 피고인 등의 승리만을 위해 몰가치적으로 행동해서는 안 된다. 성실의무의 한계에 대해서는 제3장 변호사의 기본의무에서 살펴보았으므로 여기에서는 형사소송에 있어서 특유한 문제만을 살펴보기로 한다.

변호사가 피고인 등의 권익을 옹호한다는 것은 피고인 등이 정당하다고 믿는 권익의 실현을 위하여 노력한다는 것이 아니고, 객관적으로 '정당한 이익'만을 보호하고 실현하는 것을 말한다. 따라서 예컨대, 의뢰인이 진범인을 은닉하기 위하여 자신이 진범이라고 자백하는 경우 변호사는 이를 옹호해서는 안 된다. 변호사가 그 정을 알면서 이를 옹호하는 변론을 하여 의뢰인이 유죄판결을 받게 되면 변호사에 대한 범인은닉죄가 성립할 수 있다.[31] 또, 변호사는 피고인의 의사에 반하더라도 피고인에게 유리한 변론을 할 수 있다. 피고인이 자백하더라도 변호인은 무죄 또는 기타 범죄성립의 조각사유를 주장할 수 있다. 이러한 경우는 비록 피고인의 주관적 이익에 반하여 변호사가 다른 선택을 하는 것이지만 의뢰인의 '정당한' 이익을 위한 것이므로 허용되는 것이다. 그러나 피고인 등에 대한 권익의 옹호가 지나쳐서 명백한 증거가 없음에도 불

31) 법률가의 윤리와 책임-이용식, 224면.

구하고 피고인 등이 아닌 타인이 진범이라고 지명하는 것은 윤리의 문제를 넘어서 그 타인에 대한 명예훼손죄가 성립될 수도 있다.[32]

나아가 피고인 등이 위법행위를 하려고 하는 경우 변호사는 그대로 행동하였을 경우 발생할 수 있는 위험성을 충분히 설명하고 번의하도록 설득하여야 한다. 그럼에도 불구하고 번의하지 않는 경우, 피고인 등이 원하는 바를 무시하고 변호활동을 계속하는 것은 성실의무와의 관계에서 문제가 되므로 사임하여야 한다.[33]

나. 법률지식의 제공의 한계

(1) 쟁점의 정리

> **윤리규약 제13조(성실의무)** ② 변호사는 업무처리에 있어서 직업윤리의 범위 안에서 가능한 한 신속하게 의뢰인의 위임목적을 최대한 달성할 수 있도록 노력한다.

변호사는 피고인 등의 권익을 최대한 옹호하기 위하여 피고인 등과 상담·설명·협의·조언 등을 성실히 행하여야 한다. 이에 관련된 미국의 ABA의 형사소송 윤리기준(Standards for Criminal Justice: SCJ)도 "변호사는 의뢰인에게 사실과 법률에 관하여 충분히 설명한 후 사건의 모든 측면과 예상되는 결과에 관하여 완전한 신뢰를 전제로 솔직하게 조언하여야 한다"라고 규정하고 있다.[34] 그러나 의뢰인이 진범인일 경우 예컨대, "피고인 등이 자신의 범행에 관하여 증거인멸을 하면 처벌규정이 없다"(형155), "계획적인 살인 대신에 우발적 살인 또는 과잉방위의 주장을 하는 방법이 있다", "고의범 대신 과실범으로 주장하는 방법도 있다"라고 말하는 것과 같이,[35] 변호사가 모든 법률지식을 제공·설명할 경우 의뢰인이 이를 악용할 가능성이 있으므로 변호인의 법률지식에 관한 설명·조언의 한계가 어디까지냐가 문제될 수 있고, 이에 관해서 아래와 같은 논란이 있다.

---

32) 日最高裁 1976. 3. 23.(刑集 30권 2호, 229면).

33) 森際康友, 『法曹の倫理』, 名古屋大學出版會, 2006, 167면.

34) ABA SCJ 4-5.1(a).

35) 법률가의 윤리와 책임-이용식, 225면.

(2) 학설의 대립

㈎ 무제한설

변호사가 의뢰인에게 소송법상의 권리를 알려주고 실체법적·소송법적 지식에 대하여 조언하는 것은 비록 피고인이 이를 악용하는 경우일지라도 제한없이 허용된다는 입장이다.

이 입장은 다음과 같은 근거를 내세울 수 있다. 즉, ① 의뢰인이 법률지식을 스스로 학습을 통하여 알았다면 당연히 이를 이용할 것이고 이에 대해서는 윤리적인 문제가 제기되지 않을 것이다.[36] ② 변호사 자신이 피고인 등이었다면 당연히 자신이 알고 있는 법률지식에 따라 방어방향을 결정할 것이다.[37] ③ 변호사가 법률지식의 제공을 거절하는 것은 교육수준에 따른 차별일 수 있고 지식의 독점으로 피고인 등의 자주적인 결정권을 침해한다.[38] ④ 변호사의 법률지식 제공의 권리를 제한하는 것은 공정한 재판의 이념에 반한다.[39] ⑤ 변호사의 피고인 등의 행위에 대한 독자적인 판단으로 법률지식의 제공을 거부하는 것은 "변호사는 업무처리에 있어서 직업윤리의 범위 안에서 가능한 한 신속하게 의뢰인의 위임목적을 최대한 달성할 수 있도록 노력한다."고 규정한 윤리규약 제13조 제2항에 위반된다.[40] ⑥ 피고인 등이 변호사로부터 제공받을 법률지식에 제한을 두는 것은 헌법상의 기본권인 변호인의 조력을 받을 권리를 침해할 수 있다.

㈏ 제 한 설

변호사는 의뢰인에게 포괄적이고 충실한 법적 조언을 행할 책무가 있어서 진범인이 자신의 무죄를 주장하기 위한 방편으로 사용할 가능성이 있는 경우에도 조언을 하여야 한다. 그러나 변호인이 적극적으로 진실에 반하는 줄 알면서 예컨대, 정당방위나 금지착오에 관한 법률지식을 조언하여 피고인 등으로 하여금 이를 무죄의 방편으로 원용하도록 허용될 수 없다는 것이다.[41]

이 입장은 다음과 같은 근거를 내세울 수 있다. ① 변호사의 무제한의 법률

36) 법률가의 윤리와 책임-이용식, 225면; 6인 공저-김인회, 282면.

37) 법률가의 윤리와 책임-이용식, 225면; 6인 공저-김인회, 282면

38) 사법연수원, 『법조윤리론』, 2007, 351면 참조.

39) 이재상, 『신형사소송법』 제2판, 박영사, 2008, 139면.

40) 법률가의 윤리와 책임-이용식, 225면; 6인 공저-김인회, 282면 참조.

41) 신동운, 『신형사소송법』, 법문사, 2008, 84면.

조언은 일단 변호사의 공익적 지위에서 유래하는 진실의무에 반한다.[42] ② 변호사는 피고인 등이 자신의 무죄를 주장하는 방편으로 진실에 반하여 정당방위 등을 주장하고 있음을 알더라도 피고인 등에 대한 비밀유지의무를 지고 있으므로 이를 법원에 고지해서는 안 된다는 제한이 있으나, 적극적으로 피고인 등이 내세우는 것과 동일한 법적 주장을 하거나 이들의 주장을 무죄변론의 기초로 삼는다면 이는 진실의무에 반하여 허용되지 않는다.[43] ③ 피고인 등이 진범이라고 알고 있는 경우와 진범인지 모르거나 진범인지 여부에 대한 확신이 없는 경우를 구분하여 전자, 즉 진범이라고 알고 있는 경우에도 악용할 수 있는 법률지식을 제공하는 것은 진실의무나 변호사직의 공공성에 반한다.

(3) 검　토

생각건대, 제한설이 타당하다.[44] 그 논거는 다음과 같다. 변호사의 성실의무는 기본적으로 의뢰인에 대한 관계에서의 의무이고 진실의무는 주로 공공성의 관점에서 요구되는 의무이다. 변호사의 피고인 등에 대한 법률지식의 제공의 한계는 두 가지 의무가 충돌하는 영역에 존재한다. 당사자주의의 존재론적 기초라고 할 수 있는 변호사와 의뢰인 사이의 신뢰관계 유지를 위해서는 변호사와 의뢰인은 상호 수임사건에 관하여 제한 없이 설명하고 조언하는 등 성실의무를 다하여야 한다. 다만 이로 인하여 국가형벌권의 실현이라는 공익을 해하여서는 안 된다. 이에 비추어 보면, 법률지식의 제공에 대하여 피고인 등이 이를 악용할 가능성이 있다고 하는 이유만으로 그 제공을 거부할 수는 없다. 그러나 진실에 반하거나 진실을 왜곡하려는 경우에는 법률지식을 적극적으로 제공하는 것이 허용되지 않는다고 보아야 한다. 진범인 피고인 등이 악용의 가능성이 있는 법률지식을 제공받는 것과 그것을 허위 주장을 위한 구체적인 방어방법, 변론방향으로 채택하는 것은 별개의 문제이고 또 구분이 가능하기 때문이다.

---

42) 신동운, 전게서, 84면.

43) 신동운, 전게서, 84면.

44) 제2판까지는 무제한설이 타당하다는 의견이었으나 이번 판에서 제한설로 견해를 수정하기로 한다.

다. 진술거부권의 권고와 한계

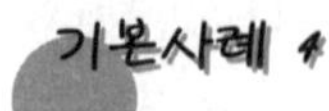

갑 변호사는 살인사건의 피의자인 A의 변호인으로서 구치소에서 A를 접견하였다. A는 자신의 범행에 관하여 깊이 반성하고 모든 것을 수사기관에 진술하여 속죄하고 싶다고 하였다. 그러나 갑 변호사가 검찰측 증거를 검토한 결과 자백을 하지 않으면 유죄입증이 곤란한 사건이라고 판단하고 A에게 자백하지 않으면 불기소 또는 무죄가 확실하다는 설명을 하고 진술거부권을 행사할 것을 권유하였다. 갑 변호사의 변호활동에 문제가 있는가?

(1) 쟁점의 정리

피고인 등의 진술거부권은 헌법상의 권리이고(헌12②), 적정절차를 보장받을 핵심적 권리의 하나이며(형소244의3, 266의8⑥, 283의2), 우리의 법제에서는 진술거부권이 공법상의 권리이므로 포기의 대상도 될 수 없다. 그런데 피고인 등에게 이러한 진술거부권의 행사를 권고하는 것이 허용되어야 하는가에 관하여는 논란이 있다.

(2) 학설 및 판례

㈎ **전면불허설**

변호사가 피고인 등에게 진술거부권의 행사를 권고할 수는 없다고 보는 입장이다.[45]

㈏ **전면허용설**

이는 변호사가 피고인 등에게 진술거부권의 행사를 권고하는 것이 허용된다는 입장이다(통설). 판례도 변호사가 적극적으로 피고인 등으로 하여금 허위진술을 하도록 하는 것이 아니라, 단순히 헌법상 권리인 진술거부권이 있음을 알려주고 그 행사를 권고하는 것은 변호사로서의 진실의무에 위배되는 것이 아니라고 판시하고 있다.[46]

이 입장의 논거는 진술거부권이 헌법과 형사소송법에 의하여 피고인에게 부여된 소송법상의 권리이므로 권리의 행사를 권고하는 것은 진실의무에 위배되

45) 정영석, 『형사소송법』 4전정판, 법문사, 1982, 70면.

46) 대판 2007. 1. 31. 2006모657.

지 않는다는 것이다.[47]

따라서 자백만이 유일한 증거이고 다른 증거가 불충분한 경우에도 피고인 등에게 진술거부권의 행사를 권유하는 것은 변호사의 성실의무의 이행으로서 법률상 문제되지 않는다고 보아야 한다.[48]

(3) 검 토

전면허용설이 타당하다. 헌법과 형사소송법이 피고인 등에게 진술거부권, 변호인의 조력을 받을 권리를 인정하면서, 피고인 등에게 변호인에 의한 그 권리에 관한 법률지식의 제공이나 그 행사의 권유를 불허하는 것은 모순이다. 따라서 진술거부권의 행사의 권고를 넘어서 허위진술을 권고하는 것이 아닌 한[49] 진술거부권의 설명과 그 행사의 권유는 제한 없이 인정되어야 한다. 따라서 자백하려고 하는 피고인 등에 대하여 변호사가 진술거부권을 행사할 수 있다는 것을 설명하고 그 행사를 권유하는 것도 문제가 없다.

라. 허위진술의 권고 또는 유도

피고인 등에 대한 진술거부권의 행사권유를 넘어서서 허위진술을 권고하는 것은 성실의무를 이행한다는 명분으로도 허용될 수 없다.[50] 또, 진실에 대한 부인, 임의의 자백의 철회 또는 진실에 반하는 사실의 주장 등을 권고하거나 유도하는 것은 안 된다.[51] 나아가 피고인에게 증거인멸이나 도망을 권유하는 것도 변호사직의 공공성에 반하므로 허용되지 않는다.[52]

마. 진범에 대한 무죄변론

변호사가 피고인 등이 진범이 아니라고 믿거나 진범인지 여부에 대한 확신이 없는 경우 무죄변론을 하는 것은 윤리적으로 문제가 되지 않는다. 그러나 피고인 등이 진범인이라고 변호사가 확신하는 경우에도 무죄변론을 해야 하는 것이냐 하는 것은 복잡하고 미묘한 문제이다. 이는 변호사에게 요구되는 윤리

---

47) 신동운, 전게서, 84면 참조.
48) 6인 공저-김인회, 283면.
49) 신동운, 전게서, 85면.
50) 이재상, 전게서, 140면; 신동운, 전게서, 85면.
51) 이재상, 전게서, 139-140면 참조.
52) 이재상, 전게서, 140면.

적 의무의 다발 즉, 성실의무, 진실의무, 비밀유지의무 등과 또한 사임의 문제와도 연관되어 있다. 무죄변론을 하는 것은 의뢰인인 피고인 등이 주장하는 이익을 옹호하기 위한 것이므로 성실의무를 다하는 것이 되지만, 이는 변호사가 진실발견에 협력할 의무를 다하지 않는 것이고, 변호사가 무죄변론을 마다하고 사임하는 것은 경우에 따라서는 비밀유지의무와 관련하여 수사 및 재판기관에 예단을 줄 우려도 있기 때문이다.

다른 한편 우리 형사소송법이 증거재판주의를 선언하면서(형소307①), 공소범죄사실에 대하여는 엄격한 증명을 요구하는 한편,[53] 엄격한 증명을 위한 증거능력의 제한에 관하여 상세한 규정을 두고 있고,[54] 증명력판단에 있어서는 자유심증주의를 채택하고 있다(형소308). 형사소송법의 이러한 증거법칙에 의하면 '사실이 존재하느냐'하는 문제와 '사실을 인정할 만한 증거가 있느냐', 또는 '증거능력이 있는 증거로 사실을 인정하는 데 충분하느냐' 하는 문제는 차원을 달리한다. 따라서 사실이 존재하더라도 증거법칙에 의하여 사실을 인정할 수 없는 경우가 있을 수 있고 사실을 인정할 만한 증거가 있더라도 이것만으로 충분하지 못하여 무죄를 선고해야 할 경우도 있다. 이와 관련하여 경우를 나누어 검토할 필요가 있다.

(1) 외뢰인이 자백을 하고 유죄입증이 가능한 경우

의뢰인이 자백을 하고 유죄입증이 가능한 경우에는 대체로 의뢰인이 무죄변론을 요청하지 않을 것이므로 문제가 되지 않을 것이다. 그럼에도 불구하고 변호사가 무죄변론을 할 수 있느냐 하는 것은 변호인의 진실의무와의 관계에서 허용되지 않는다고 보아야 한다. 이와 관련하여 의뢰인과의 상담과정에서 자백내용의 진술을 들었다고 하더라도 의뢰인이 수사 및 재판기관에서 자백을 할 때까지는 의뢰인의 동의 없이 이를 개시할 수 없다. 만약 의뢰인의 자백내용을 개시한다면 이는 비밀유지의무에 위반하는 것이 되고, 업무상비밀누설죄(형317)가 성립될 수 있다.

(2) 의뢰인이 자백을 하고 있음에도 불구하고 유죄입증이 어려운 경우

의뢰인의 자백이 예컨대, 임의의 자백이 아닌 경우와 같이 자백배제법칙

53) 이재상, 전게서, 501-502면.

54) 위법수집증거배제법칙, 전문법칙, 자백배제법칙 등의 증거능력에 관한 규정이 그것이다.

(형소309)에 해당하는 사유가 있고 다른 증거가 없거나, 자백이 있더라도 보강증거가 없는 경우(형소310)에는 유죄의 선고를 할 수 없으므로 당연히 무죄변론이 가능하다.[55] 이는 변호사는 의뢰인의 권익을 옹호해야 하는 성실의무가 있기도 하거니와 변호사는 공공성을 지닌 법률전문직으로서(법2), 적법절차의 이행을 감시하는 등으로 사회정의를 실현할 사명이 있기 때문이다(법1).

(3) 의뢰인이 부인을 하고 유죄입증이 어려운 경우

의뢰인이 진범이라고 확신됨에도 불구하고 의뢰인이 부인을 하고 유죄입증이 어려운 경우에도 무죄변론을 할 수 있고 또 하여야 한다.[56] 이는 변호사의 의뢰인에 대한 성실의무에 그 이유가 있다기보다는 형사소송법이 증거재판주의를 채택하고 있고 변호사는 기본적 인권을 옹호하는 것을 사명으로 하고 있기 때문이다.

(4) 의뢰인이 부인을 하고 유죄입증이 가능한 경우

의뢰인이 부인을 하고 유죄입증이 가능함에도 불구하고 의뢰인으로부터 무죄변론을 요청받고 의뢰인에게 번의하도록 설득하였으나 번의하지 아니한 경우, 이때 변호사가 어떠한 선택을 하여야 윤리적이라고 할 수 있는지가 문제이고, 다음의 두 가지를 생각할 수 있다.

㈎ 무죄변론설

의뢰인의 요청대로 전면적인 무죄변론을 하여야 한다는 것이다. 입증부족을 이유로 또는 증거불충분을 이유로 무죄변론을 하는 것이 허용될 뿐만 아니라 오히려 무죄의 변론을 하여야 한다는 것이다.[57] 이 입장에서는 다음과 같은 논거를 제시한다. 이 경우의 무죄변론은 헌법 제12조 제2항의 진술거부권 및 형사절차상의 당사자주의에 의해 용인될 수 있다. 또, 헌법 제12조 제4항의 변호인의 조력을 받을 권리에 의해 진범인 여부를 막론하고 어떠한 중범죄 혐의자라도 변호사의 조력을 받을 권리가 있다. 나아가, 무죄변론은 일차적으로

---

55) 신동운, 전게서, 83면.

56) 백형구, 『형사소송법』 제4판, 박영사, 2007, 460면.

57) 사법연수원, 『변호사실무(형사)』, 2009, 5-6면.

죄 없는 자들의 자유를 보호하기 위하는 것일 뿐만 아니라 형사사법의 부정의로부터 죄 있는 자들을 역시 보호하기 위한 것이다. 이에 따라 변호사는 자신의 신념과 무관하게 일단 수임한 후에는 의뢰인을 위하여 진실에 반하는 무죄변론도 불사할 권한과 의무를 지게 된다고 한다.[58]

㈏ 사 임 설

의뢰인을 설득하고 번의하지 않으면 사임하여야 한다는 입장이다. 이를 지지하는 입장은 다음과 같은 근거를 제시할 수 있다. 유죄입증을 확신하거나 유죄입증이 가능하다고 판단됨에도 불구하고 무죄변론을 하는 것은 변호인의 진실의무에 반한다. 또, 변호인의 진실의무는 피고인 등에 대한 보호자로서 활동함에 있어서 진실에 기초하여야 하고 실체적 진실의 발견을 부당하게 방해하거나 적극적으로 진실을 왜곡해서는 안 된다는 소극적인 것이지만[59] 유죄가 인정되는 것으로 판단됨에도 불구하고 무죄변론을 하는 것은 위와 같은 소극적인 범위를 벗어나 진실을 왜곡하는 것이나 다름 없다. 나아가, 형사사법의 부정의로부터 죄 있는 자들을 보호하는 것도 무죄변론이 지향하는 바이지만 이는 피고인 등에 대한 수사 및 재판에 있어서의 절차적 위법이 있는 경우에 타당한 것이지 그러한 절차적 위법이 없고 또한 유죄입증이 가능한 경우까지 무죄변론을 하여야 한다는 취지는 아니라는 것이다.

㈐ 검　토

무죄변론설이 타당하다. 헌법은 모든 국민은 "형사상 자기에게 불리한 진술을 강요당하지 아니한다"고 하여 진술거부권을 인정하고 있는바(헌12②) 유죄입증이 가능하다고 판단된다고 하여 무죄변론을 할 수 없다고 하는 것은 이러한 진술거부권이 유명무실화될 수 있다. 또, 변호사의 사임 후 새로 선임된 변호사도 사임을 해야 한다면 결국에 가서는 변호인의 조력을 받을 수 없게 되어 변호인의 조력을 받을 권리를 기본권으로 보장하고 있는 헌법정신에 반한다. 나아가, 유죄를 전제로 정상변론을 하더라도 법원이 무죄를 선고할 수 있고, 무죄를 주장하여 변론을 하더라도 법원이 유죄를 선고할 수 있어, 어느 경우에 있어서도 변호사가 어느 견해를 전제로 하였느냐에 따라 그 윤리적 비난

58) 법률가의 윤리와 책임-이용식, 222-223면.

59) 사법연수원, 『변호사실무(형사)』, 2009, 5면.

여부를 차별화할 근거가 없기 때문이다.

바. 변호사의 사임과 윤리

변호사의 기본적인 지위는 피고인 등의 보호자이므로 의뢰인의 사건을 변론하는 것이 변호사의 개인적 양심, 가치 또는 신념에 반하더라도 피고인 등의 권익을 옹호하기 위해 최선을 다하여야 한다.

그러나 예컨대, 진범임에도 불구하고 무죄변론을 하는 것이 변호사의 개인적 양심, 가치에 반하여 피고인 등을 위한 적절한 변론을 할 수 없을 정도가 된다면 처음부터 수임을 거절하거나 수임 후에는 피고인 등을 위하여 사임하는 것이 오히려 더 적절하다.[60)]

다만 사임을 함에 있어서는 의뢰인에게 불이익한 결과가 초래되지 않도록 사임의 시기, 방법 등에 신중을 기하여야 할 의무가 있다. 새로운 변호사를 선임하더라도 방어준비를 하는 데 지장을 초래하지 않는 때, 또 수사기관 또는 재판부가 변호사의 사임이 윤리적 갈등으로 인한 것임을 지득하지 못하게 하는 방법으로 사임하여야 한다.

사. 피의자 · 피고인 진술의 전달

변호사가 피고인 등의 요청에 의하여 그 진술을 공동피고인 등의 변호사에게 전달하는 것은 피고인 등에 대한 성실의무만을 이유로 허용될 수 있는지가 문제될 수 있다.

피고인 등의 진술을 전달하는 목적이 공동피고인 등에게 허위진술을 권유하거나 유도하는 것이라면 진술의무에 반하여 허용되지 않을 것이나, 변론목적으로 피고인 등의 진술을 단순하게 전달하는 것이라면 허용된다.[61)]

---

60) 변호사는 의뢰인이나 사건의 내용이 사회일반으로부터 비난을 받는다는 이유만으로 수임을 거절해서는 안 되므로(규16①), 윤리규약상으로는 변호사 개인의 양심, 가치 또는 신념에 반한다는 이유로 수임을 거절하거나 사임하는 것은 비윤리적이라고 할 수 없다.

61) 신동운, 전게서, 85면.

Ⅲ. 형사소송에서의 진실의무

1. 진실의무의 의의

진실의무는 변호사가 사법절차에서 법원의 진실발견에 협력할 의무가 있는가 하는 문제로서 논의되고 있다. 변호사는 공공적 사명이 있는 전문직으로서 형사사법절차에서 공정하게 활동해야 하는 역할이 주어져 있기 때문에 형사소송절차에서 실체적 진실을 발견하도록 협력할 의무가 있는가 하는 것이다.

2. 적극적 진실의무와 소극적 진실의무

> **윤리규약 제2조(기본윤리)** ② 변호사는 그 직무를 행함에 있어서 진실을 왜곡하거나 허위진술을 하지 아니한다.
> **윤리규약 제36조(재판절차에서의 진실의무)** ① 변호사는 재판절차에서 의도적으로 허위사실에 관한 주장을 하거나 허위증거를 제출하지 아니한다.
> ② 변호사는 증인에게 허위의 진술을 교사하거나 유도하지 아니한다.

변호사의 진실의무는 적극적 진실의무와 소극적 진실의무의 측면에서 검토하여야 한다. 전자는 사법절차에서 진실발견에 관하여 증거와 정보를 스스로 개시할 의무를 말하고, 후자는 허위증거의 제공 등에 의하여 법원의 진실발견을 방해하거나 적극적으로 진실을 왜곡해서는 안 된다는 의무를 말한다.

변호사에 대하여 피고인 등에게 불리한 방향의 진실발견에 관한 증거와 정보를 스스로 제공할 의무를 과하는 것은 실질적으로는 변호사의 기본적 지위 즉, 피고인 등에 대한 보호자적 지위와 모순된다. 또, 변호사의 비밀유지의무와도 상충된다. 이러한 이유에서 변호사의 적극적 진실의무의 존재는 부정하는 것이 보통이다.[62)]

---

62) 일본 弁護士職務基本規程 제5조는 "변호사는 진실을 존중하고, 진위에 따라서, 성실하고 공정하게 직무를 행한다"고 규정하면서 동 규정 제82조 제1항은 해석적용지침으로서 "제5조의 해석적용시 형사변호에 있어서는 피의자 및 피고인의 방어권 및 변호인의 변호권을 침해하지 않도록 유의하지 않으면 안 된다"고 명기하여 변호사에게 실체적 진실을 적극적으로 밝힐 의무가 없음을 명확하게 하고 있다.

소극적 진실의무는 사법절차에서 진실발견을 방해하기 위하여 적극적으로 불리한 증거를 은폐하거나 허위의 증거를 제출하는 등으로 사실을 왜곡하는 행위를 해서는 안 된다는 것이므로, 변호사가 피고인의 권익을 최대한 옹호하는 활동을 하더라도, 이러한 의미의 소극적 진실의무를 부담한다고 하여도 모순이 아니다.63)

한편 변호사의 소극적 진실의무는 형사소송의 이념으로서의 실체진실발견이라는 공공성과 변호사의 의뢰인에 대한 보호의무가 갖는 당파성과의 절충이다. 실체진실의 발견에 협력하여야 하지만 검사와 법관과 같은 적극적인 의무를 부과한다면 의뢰인에 대한 보호의무와 충돌한다. 의뢰인에 대한 보호의무에 철저하게 충실할 경우 변호사직의 공공성에 배치된다. 여기에서 변호사에게 실체발견에 소극적으로 노력할 의무 즉, 소극적 진실의무가 도출되는 것이다.

3. 소극적 진실의무와 변호사의 중립성

변호사는 피고인 등에 대한 성실의무를 다하기 위하여 피고인 등에 관한 진실 모두를 밝힐 의무는 없다. 변호사가 진실을 모두 말하지 않는다고 해서 비양심적이라거나 반윤리적이라고 평가되지 않는다. 이러한 점에서 변호사의 변론은 도덕적으로 중립적이다.64) 변호사가 스스로 어떤 도덕적 입장을 대변하는 것이 아니라는 도덕적 중립성의 용인이야말로 피고인 등이 변호사의 조력을 받을 권리의 기본적 전제이다.65)

형사절차에서의 변호사의 도덕적 중립성의 관점에서는 변호사의 변론이 진실이 아니더라도 그것만으로 법원을 기망하는 것은 아니다. 심지어는 변호사가 스스로 진실에 반한다고 믿는 변론을 할 때에도 그것이 의뢰인을 보호할 의도에서 하는 것이라면 법원을 기망한 것이라고 할 수 없다. 변호사는 스스로 믿는 바로써 변론하는 것만으로 충분하지 않고 법원으로 하여금 그와 같이

---

63) 검사나 법관은 적극적으로 실체적 진실발견에 노력하여야 한다는 점에서 변호사의 소극적 진실의무와 차이가 있다.

64) 그래서 18세기 영국의 유명한 비평가 사뮤엘 존슨(Samuel Johnson)은 "변호사는 법원이 판결하기 전에는 무엇이 옳고 그런지를 모르는 자이어야 한다. 변호사 스스로는 확신이 없더라도 재판관에게 확신을 줄 수 있다. 만약 확신이 없는 변론을 하고, 그 취지대로 판결되었다면, 변호사가 틀렸던 것이고 법원이 옳았던 것"이라고 하였다(이용식, 전게논문, 223면).

65) 법률가의 윤리와 책임-이용식, 224면.

믿도록 하여 의뢰인을 보호하는 것이 변호사의 주된 의무이기 때문이다.[66]

이와 관련하여, 앞서 진범에 대한 무죄변론에서 본 바와 같이, 변호사가 의뢰인이 진범인이라고 믿어도 의뢰인이 진실에 반하여 사실을 부인하는 경우 입증부족을 이유로 무죄변론을 하는 것이 허용될 뿐만 아니라 오히려 무죄의 변론을 하여야 한다는 것이 통설이다.[67] 이는 의뢰인에게 불리한 행동을 하지 아니하는 등의 성실의무를 포함한 피고인에 대한 보호의무가 기본이고 진실의무는 전자의 한계로서 소극적 의미를 가지기 때문이다. 또, 증인이 진실을 말하고 있는 것을 알면서도 반대신문을 하는 것도 허용되고, 허위의 증언을 하는 증인에 대해서는 물론이고 진실을 말하는 증인에 대한 탄핵신문이 허용된다.[68]

4. 진실의무의 한계적 문제

변호사의 진실의무에 배치되는 것인지 여부의 판단이 용이하지 않는 한계적 문제들이 다수 있다.

가. 대신자처범인

기본사례 5

> 을 변호사는 서울구치소에서 교통사고처리특례법위반으로 구속된 피의자 A를 접견한 결과 자신이 교통사고를 낸 것이 아니고 B의 차에 동승 중 B가 교통사고를 냈는데 B가 집행유예기간 중이라 수사기관에 자신이 운전한 것으로 진술하였다고 고백하면서 그렇지만 B에 대신하여 유죄판결을 받고 싶다고 하였다. 을 변호사는 A의 의사에 따라 유죄를 인정하고 정상변론만을 하여야 하는가?

(1) 쟁점의 정리

대신자처범인은 진범의 발견·처벌을 회피할 목적으로 진범을 대신하여 범인을 자처하는 것으로서 피고인 등이 진실에 반하여 죄를 인정하는 것을 말한다.[69] 예컨대, 교통사고 운전자 B를 위하여 동승자인 A가 자신이 사고운전자

66) 상게서, 223면 참조.

67) 사법연수원, 『변호사실무(형사)』, 2009, 5-6면.

68) 법률가의 윤리와 책임-이용식, 224면.

라고 자백하는 경우가 그것이다. 변호사가 대신자처범인인 사실을 알고 어떠한 태도를 취해야 윤리적이라고 할 수 있느냐가 문제이다.

(2) 제 견해

(가) 진실의무 우선설

피고인의 의사에 반하여 무죄의 변론을 하여야 한다는 것으로 소극적 진실의무를 중시하는 입장이다.[70] 변호사가 의뢰인에게 자신의 입장을 설명하여 사임의 선택 여부를 협의하고 그럼에도 불구하고 변론을 계속해야 할 경우에는 입증의 문제점과 허점을 들어 무죄변론을 해야 한다는 입장[71]도 같은 취지의 견해이다. 다음과 같은 논거를 생각할 수 있다. 자처범인을 범인으로 인정하는 것은 피고인의 이익에 반하며,[72] 자처범인의 희망은 '정당한 이익'이 아니고,[73] 자처범인이 범인이 아님을 알면서 변호사가 유죄변론하는 것은 진실의무에 반한다. 또, 자처범인을 범인으로 유죄변론을 하는 것은 사회정의에 반한다. 그러나 이에 대한 비판도 있다. 적극적으로 사실을 밝히는 것은 비밀유지의무에 배치되고, 변호사가 무죄변론을 하려고 할 경우 피고인은 변호인을 해임할 것인데 새로운 변호인을 선임한 후 그에게는 진실을 말하지 않고 변론을 의뢰하면 이는 종국적인 해결책이 되지 못한다는 난점이 있다.

(나) 의뢰인의사 우선설

사형판결이 예상되는 경우를 제외하고는 기본적으로 의뢰인의 의사에 따라 유죄변론을 하여야 한다는 것이다. 의뢰인의 자기결정권을 존중하여야 하므로 자처범인임을 폭로하지 않는 한도 내에서 주장 · 입증을 하여야 한다는 견해, 피고인이 다투지 않는 이상 변호사도 다투지 말고 정상에 관한 변호만 하거나 유죄의 증거로 피고인의 자백밖에 없다면 증거불충분에 따른 무죄주장을 할

69) 대신자처범인은 그 자체로 범인은닉죄가 성립할 수 있고(대판 2000. 11. 24. 2000도4078) 진범인에 대한 무죄변론은 그 자체로 증거인멸죄나 위증죄를 수반하지 않는다(김인회, 전게논문, 289면).

70) 田中 宏, 전게서, 288면.

71) 사법연수원, 『변호사실무(형사)』, 2009, 6-7면; 佐藤博史, 『刑事弁護の技術と倫理』, 有斐閣, 2007, 37면.

72) 高中正彦, 전게서, 336면.

73) 사법연수원, 『변호사실무(형사)』, 2009, 6면.

수 있고 또 해야 한다는 견해[74] 등도 넓은 의미에서 여기에 속한다고 할 수 있다.

이 견해는 다음과 같은 문제점이 있다. 자처범인의 의사를 실현시키는 것은 '정당한 이익'이 아니므로 그 의사에 따르는 것은 부당하다. 또, 변호사가 성실의무를 다하기 위해서는 변호의 방향이 자신의 소신과 일치하여야 하는데 소신에 반한 변호가 되어 성실의무를 다할 수 없다. 나아가, 변호사가 그 의사에 따라 유죄변론을 하여 유죄판결이 선고될 경우 범인도피죄가 성립할 수 있다.[75][76]

㈐ 절 충 설

피고인에게 번의를 구하고 듣지 않으면 사임을 할 수밖에 없다고 하는 견해[77]이다. 그러나 사임을 하는 것은 후임의 변호사에게 고민을 넘긴다는 문제가 있다.

(3) 검 토

진실의무우선설이 타당하다고 생각된다. 자처범인이 범인이 아님을 알면서 유죄변론하는 것은 실체진실이 기초가 되어야 할 형사소송의 이념에 근본적으로 반하고, 또 자처범인을 유죄변론하는 것은 자처범인의 정당한 이익이라고 볼 수 없을 뿐만 아니라, 변호사의 공공성의 유지의무에도 반하기 때문이다.

나. 진실에 반한 자백권고

(1) 문제의 소재

수사나 공판절차를 통하여 무죄를 밝히기 위해서는 피고인 등이 장기간 수사나 재판을 받아야 하거나, 때에 따라서는 신체구속을 당하는 고통을 겪어야

---

74) 佐藤博史, 『刑事弁護の技術と倫理』, 有斐閣, 2007, 37면.

75) 사법연수원, 『변호사실무(형사)』, 2009, 6-7면; 森際康友, 전게서, 168면 등 참조.

76) 일본에 있어서는 대신자처범인의 변호인이 진범의 자수를 저지한 것에 대하여 범인은피죄(犯人隱避罪)에 해당한다는 판례가 있다(大審院 昭和5. 2. 7.판결)(사법연수원, 전게서, 7면 주5에서 재인용). 또, 범인이 자신을 위하여 타인으로 하여금 허위의 자백을 하게 함으로써 범인도피죄를 범하게 한 경우 범인도피교사죄의 성립을 인정하는 판례가 있다(대판 2000. 3. 24. 2000도20).

77) 森際康友, 전게서, 168면; 佐藤博史, 전게서, 38면.

하고, 그러한 과정을 거치더라도 무죄임이 밝혀질 것을 낙관하기 어려울 수도 있다. 이러한 경우 보석을 허가받거나 집행유예 등의 판결을 선고받는 등으로 수사나 재판 또는 신체구속의 장기화를 종결시킬 목적으로 변호사가 피고인 등에게 진실에 반하여 자백을 권고할 수 있는가 하는 문제가 있다.

(2) 제 견해

㈎ 적 극 설

진실에 반하여 자백을 권고하는 것이 허용된다는 입장이다. 이 입장의 논거는 이렇다. 피고인 등이 희망하고 진실에 반한 자백이 현실적으로 유효하고 적절한 수단이 될 가능성이 크다고 판단되는 경우에는 자백을 권고하더라도 진실의무의 위반으로 보기 어렵다. 피고인 등에 대한 보호자적 지위에서 진실에 반한 자백을 권고하는 것은 성실의무를 다한 것으로 볼 수 있고 피고인의 권익에도 부합한다.

㈏ 소 극 설

진실에 반한 자백은 허용될 수 없다는 입장이다. 이 입장의 논거는 다음과 같다. 무죄인 자가 유죄로 판단되어서는 안 된다는 것이 형사소송에 있어서 양보할 수 없는 가치이다. 피고인 등이 겪는 현실적인 고통은 기본적으로 사법절차의 적절하지 못한 운용에서 초래되는 것이므로 그 개선을 통하여 해소되어야 한다. 자백을 하더라도 신체구속의 장기화를 끝내는 확실한 방법이 될 보장이 없다.[78]

(3) 검 토

소극설이 타당하다. 그런데 문제는, 피고인 등이 변호사의 만류에도 불구하고 진실에 반한 자백을 적극적으로 희망하는 경우이다. 이 경우 변호사는 피고인 등의 번의를 구하여야 한다. 피고인 등이 이에 불응하는 경우 자백이 수사와 재판 또는 구속의 장기화를 끝내기 위하여 현실적으로 유효한 선택인지 여부를 판단해야 한다. 그러한 판단에 기초하여 피고인 등의 의사에 따른다고 하더라도 이는 피고인에 대한 권익을 옹호해야 하는 것이 변호사의 기본적 입

78) 사법연수원, 전게서, 8면.

장인 점에 비추어 반드시 반윤리적이라고 단정할 수는 없다.

다. 증언거부권의 행사 권유

피고인 등의 근친자 등에게 증언거부권(형소148)의 행사를 요청할 수 있겠는가 하는 문제가 있다. 근친자 등의 증언거부권은 형사소송법이 인정하고 있는 권리이므로 그 행사를 요청하는 변호사의 행위는 진실의무에 반하지 않는다. 따라서 증언거부권의 행사를 권유하는 것만으로 범인은닉죄(형법151②)가 성립하는 것이 아니다.[79]

라. 피고인 등의 진술과 진실의무

피고인 등이 형사소송절차에서의 허위진술은 범죄를 구성하지 않는다. 그러나 변호사가 피고인 등으로 하여금 허위의 진술을 하도록 조언하는 것은 진실의무 위반으로 허용되지 않는다.

피고인이 무죄를 주장하는 진술을 함에 있어서 타인을 범인으로 몰고가는 적극적인 허위주장을 하게 할 수 있느냐 하는 문제가 있다. 피고인이 수사기관이나 법원의 신문에 응답하는 것만으로써는 무고죄가 성립하지 않는다고 하더라도, 명백한 증거가 없음에도 불구하고 피고인에게 타인을 진범이라고 진술하게 하는 것은 경우에 따라서는 명예훼손죄가 성립할 수 있으므로 이러한 경우에는 허용될 수 없다.

마. 위증과 진실의무

증인으로 나서려는 이가 사실을 오인하여 허위의 사실을 증언하려고 할 때 변호사는 이를 알고서 그 사람을 증인으로 내세울 수 있는가 하는 문제가 있다. 이는 위증의 교사는 아니라고 하더라도 허위의 증거를 제출하는 것과 다름이 없으므로 그 증인에게 오인여부를 확인하고 그 증인이 오인임을 인식하고도 그대로 증언하고자 하는 경우에는 증인으로 내세우는 것은 허용되지 않는다.

또, 피고인이 위증을 교사하려는 사실을 알게 된 경우 피고인 및 증인으로 나서려는 자를 설득하여 번의를 구하고 이에 응하지 않을 경우 증인으로 내세

---

79) 신동운, 전게서, 85면. 변호사가 친족을 교사·방조하여 범인은닉죄를 범하게 한 경우에 친족은 처벌되지 않지만 비친족인 변호사에게는 범인은닉죄의 교사범 또는 방조범이 성립한다(제한종속설).

워서는 안 된다. 이 경우 문제는 피고인이 번의에 응하지 않고 계속하여 증인으로 내세울 것을 고집하는 경우 변호사로서 어떠한 선택을 하는 것이 윤리적인가 하는 점이다. 피고인 등의 의사에 따르고 위증죄의 방조책임을 지든가 사임하는 방법밖에 없다. 전자는 변호사로서 결코 취할 수 없는 선택이다. 그렇다고 사임 자체가 완전한 해결책이 아니다. 왜냐하면, 변호사 사임 후 피고인은 다른 변호사를 선임하여 그 증인을 내세우도록 요청하여 위증하도록 할 수 있을 것이기 때문이다. 그러나 변호사가 당장 위법행위를 선택할 수 없으므로 결국에는 사임을 하는 수밖에는 없다고 본다. 다만 사임으로 인하여 피고인에게 불리한 결과가 초래되지 않도록 사임의 시기와 방법에 신중을 기하는 것은 사임의 윤리로서 당연하다. 미국의 경우도 Model Rules와 그 해석에서 의뢰인이 위증을 하겠다는 협박을 하는 경우 변호사는 그에 대한 적절한 반응으로서 변호를 취소할 수 있다고 하여 사임을 허용하고 있다.[80][81]

대법원 2007. 6. 28. 선고 2002도3600 판결

- 타인의 형사사건 또는 징계사건에 관한 증거를 위조한 경우에 성립하는 형법 제155조 제1항의 증거위조죄에서 '증거'라 함은 타인의 형사사건 또는 징계사건에 관하여 수사기관이나 법원 또는 징계기관이 국가의 형벌권 또는 징계권의 유무를 확인하는 데 관계있다고 인정되는 일체의 자료를 의미하고, 타인에게 유리한 것이건 불리한 것이건 가리지 아니하며 또 증거가치의 유무 및 정도를 불문하는 것이고, 여기서의 '위조'란 문서에 관한 죄에 있어서의 위조 개념과는 달리 새로운 증거의 창조를 의미하는 것이므로 존재하지 아니한 증거를 이전부터 존재하고 있는 것처럼 작출하는 행위도 증거위조에 해당하며, 증거가 문서의 형식을 갖는 경우 증거위조죄에 있어서의 증거에 해당하는지 여부가 그 작성권한의 유무나 내용의 진실성에 좌우되는 것은 아니다.
- 이 사건에 있어서와 같이 타인의 형사사건과 관련하여 수사기관이나 법원에 제출하거나 현출되게 할 의도로 법률행위 당시에는 존재하지 아니하였던 처분문서, 즉 그 외형 및 내용상 법률행위가 그 문서 자체에 의하여 이루어진 것과 같은 외관을 가지는 문서를 사후에 그 작성일을 소급하여 작성하는 것은, 가사 그 작성자에게 해당 문서의 작성권한이 있고, 또 그와 같은 법률행위가 당시에 존재하였다거나 그 법률행위의 내용이 위 문서에 기재된 것과 큰 차이가 없다 하여도 증거위조죄의 구성요건을 충족시키는 것이라고 보아야 하고, 비록 그 내용이 진실하다 하여도 국가의 형사사법기능에 대한 위험이 있다.

---

80) Model Rules 1.16(a)(1).

81) 사법연수원, 『법조윤리론』, 2007, 417면.

■ 피고인 1(변호사)의 지시를 받은 피고인 2 등의 보관증 작성행위는 존재하지 아니한 증거를 이전부터 존재하고 있는 것처럼 작출하는 행위로서, 문서의 작성명의, 내용의 진부의 여부에 불구하고 증거위조죄에 해당하고, 피고인 1이 자신의 형사사건에 관하여 피고인 2 등에게 증거위조를 교사한 이상 피고인 1의 증거위조교사죄의 성립에 방해가 되지 않는다.

바. 진실과 다른 변호의 확장

상대방 측 증인이 진실을 말하고 있는 것을 알면서도 그 진실성이나 신빙성을 탄핵하기 위하여 반대신문을 하는 것은 변호사의 진실의무, 의뢰인과의 신뢰관계 유지의 필요성에 비추어 허용될 수 있느냐 하는 점이 문제된다. 예컨대, A의 변호인인 갑 변호사가 X에 대한 반대신문에서 X가 쉽게 혼란에 빠지고 시력이 좋지 않은 점을 밝혀냄으로써 X가 한 증언이 믿기 어려운 것임을 드러낸다면 X의 증언은 Y의 증언을 보강할 수 없게 됨과 동시에 검찰측 공소사실 전체에 대하여 의문을 품을 수 있는 경우 갑 변호사는 X 증인이 진실을 말하고 있다는 점을 알면서도 그를 탄핵신문할 수 있는가 하는 것이다.

이 경우의 문제는 이렇다. X증인이 진실을 말하고 있다는 점을 변호사가 알고 있기 때문에 X의 진술을 탄핵하는 것은 진실의무에 반한다. 변호사가 X 증인이 진실을 말하고 있다는 점을 안 것은, 변호사가 의뢰인 A에게 동인이 진실을 말하더라도 결코 "불이익이 돌아가지 않는다"고 보장하였고 의뢰인 A가 이를 신뢰하고 진실을 말하여 주었기 때문인데, X에 대한 탄핵신문을 하지 않을 경우 의뢰인인 A와의 신뢰관계에 반한다는 것이다.[82)]

82) 다음과 같은 예를 생각할 수 있다. L변호사의 의뢰인인 A가 16번가와 P로에서 오후 11:00에 발생한 강도사건의 범인으로 잘못 기소되어 있다. A는 처음에는 범죄발생 당일 저녁에는 한 번도 범죄현장에서 6블럭 내에 간 일이 없다고 말하였다. 변호사가 A에게 사실관계 그대로 말해야 하고 이로 인하여 A가 불이익을 입을 일은 결코 없을 것이라고 설득하였다. 그러자 A는 범죄발생 당일 오후 10:55 자신이 16번가와 P로에 있었으나 범죄현장에서부터 멀어지면서 동쪽으로 가고 있었고, 오후 11:00에는 6블럭 떨어진 지점에 있었다고 털어 놓았다. 검찰측 증인이 2명 나왔다. 첫째 증인 Y는 어느 정도 설득력이 있었으나 A를 범인이라고 잘못 지적하였다(이 시점에서는 믿을 수도 있고 믿지 않을 수도 있는 Y의 증언에 의하여 좌우될 것으로 생각되었다). 검찰측 두 번째 증인 X는 다소 신경질적이고 안경을 쓴 노파였고, 그녀는 자신이 A를 오후 10:55 16번가와 P로에서 보았다고 사실 그대로 정확하게 증언하였다(X는 Y의 부정확한 내용을 뒷받침하고 있고 유죄인정은 거의 확실시되었다). L변호사는 X가 진실을 말하고 있다는 것을 알고 있다는 이유로 반대신문을 하지 않는다면 L변호사의 당사자 A는 신뢰관계에 배반당

생각건대, 변호사가 X의 진술의 증명력을 탄핵함으로 말미암아 진실의무가 담보하는 공익이 침해될 우려가 있으나, 이는 보다 큰 공익적 가치를 위하여 감수되어야 한다. 그 이유는, 변호사가 의뢰인과의 신뢰관계를 지켜야 한다는 요구는 변호사로서의 직무를 수행하는 과정에서 알게 된 지식으로 인하여 어떠한 방법에 의해서도 의뢰인의 이익을 해쳐서는 안 된다는 것을 의미한다. 의뢰인이 변호사를 신뢰하면서 사실관계를 솔직히 털어놓은 것 때문에 변호사가 반대신문을 회피한다는 것은 용인하기 어렵다. 의뢰인이 법률상 조력을 받아야 할 변호사에 대하여 신뢰를 갖게 하는 데 주저하게 될 경우 초래될 수 있는 더 큰 폐해를 방지할 필요가 있다. 변호사가 의뢰인의 신뢰관계를 배반하는 경우 일반인들은 변호사와 상담하려 하지 않거나 사실관계의 일부밖에 털어놓지 않을 것이다.[83] 이렇게 되면 당사자주의 소송구조의 기초가 위협을 받고, 변호인의 조력을 받을 권리가 형해화될 수 있다.

IV. 형사소송에서의 비밀유지의무

1. 비밀유지의무의 의의

변호사법 제26조(비밀유지의무 등) 변호사 또는 변호사이었던 자는 그 직무상 알게 된 비밀을 누설하여서는 아니 된다. 다만, 법률에 특별한 규정이 있는 경우에는 그러하지 아니하다.

윤리규약 제18조(비밀유지 및 의뢰인의 권익보호) ① 변호사는 직무상 알게 된 의뢰인의 비밀을 누설하거나 부당하게 이용하지 아니한다.

② 변호사는 직무와 관련하여 의뢰인과 의사교환을 한 내용이나 의뢰인으로부터 제출받은 문서 또는 물건을 외부에 공개하지 아니한다.

③ 변호사는 직무를 수행하면서 작성한 서류, 메모, 기타 유사한 자료를 외부에 공개하지 아니한다.

④ 제1항 내지 제3항의 경우에 중대한 공익상의 이유가 있거나, 의뢰인의 동의가 있는 경우 또는 변호사 자신의 권리를 방어하기 위하여 필요한 경우에는, 최소한의 범위에서 이를 공개 또는 이용할 수 있다.

한 것으로 생각할 것이다. 이러한 경우 변호사 L은 X에 대하여 반대신문을 해야 하느냐 하는 것이다(사법연수원, 『법조윤리론』, 2007, 343면).

83) 사법연수원, 『법조윤리론』, 2007, 343-344면.

비밀유지의무라 함은 변호사가 그 직무상 알게 된 비밀을 누설하여서는 아니 될 의무를 말한다(법26).[84] 변호사의 비밀유지의무는 그 직무상의 당연한 의무이나, 그 비밀이 특히 의뢰인과 관련된 것일 경우에는 의뢰인에 대한 관계에서 비밀유지의무가 발생한다(규18).[85]

2. 의뢰인의 유죄의 증거와 비밀유지의무

우선, 변호사가 의뢰인의 범행에 관한 물증을 취득하여 그 지배영역에 둔 경우 예컨대, 변호사의 사무실에 보관하고 있는 경우 이를 어떻게 처리할 것인지가 문제이다.

법률이 달리 정하거나 압수·수색영장에 의한 경우가 아니라면 변호사가 스스로 이를 수사기관에 공개할 의무는 없다.[86] 이를 공개하는 경우 비밀유지의무를 위반하는 것이 된다. 변호사는 그 물증을 제공자에게 반환하여야 한다. 다만 물증을 원래의 제공자에게 돌려줄 경우 파기할 우려가 있는 경우 또는 그것을 도구로 타인의 생명, 신체를 침해할 결과가 예상되는 경우, 증거를 조작할 우려가 있는 경우 등에는 변호사가 이를 계속 보유할 수 있다.[87] 그리고 변호사가 보관 중인 증거를 훼멸·은닉하거나 정당한 사유 없이 보관장소를 변경하는 것은 허용되지 않는다.

다음, 의뢰인이 보관 중인 범죄에 관한 물증 또는 변호사가 의뢰인에게 반환하는 물증에 관해서 변호사는 어느 정도의 조언을 하여야 윤리에 반하지 않느냐 하는 문제가 있다.

변호사의 의뢰인에 대한 법률지식의 제공의 한계에서 살핀 바와 같이, 변호사는 의뢰인이 이를 악용하려고 하는 경우를 제외하고는 의뢰인의 권익을 최대한 옹호하기 위하여 그 물증에 관하여 법률지식을 제공해야 한다. 즉, 사실과 법률에 관하여, 모든 측면과 예상되는 결과에 관하여, 그리고 완전한 신뢰

---

84) 비밀유지의무와 비밀유지특권과의 관계, 비밀유지의무의 취지 등에 대해서는 전술하였다.

85) 법률가의 윤리와 책임-남효순, 313면, 주18).

86) 미국의 경우 범행의 물적 증거물에 소재지에 관한 정보는 보호되지만(People v. Belge 83 Misc. 2d 186, 372 N.Y. S. 2d 798(N.Y. Co. Ct. 1975), 변호사가 물적 증거를 보유하게 되면 그것을 반드시 경찰에 넘겨주어야 한다[State ex rel. Sowers v. Olwell 64 Wash. 2d 828, 394 P. 2d 681(WASH. 1964)](이상수, 전게서, 164면).

87) 미국 ABA의 형사소송 윤리기준(SCJ) 4-4.6.에서도 이러한 취지를 규정하고 있다.

를 전제로 조언하여야 한다.[88] 따라서 의뢰인이 그 물증을 보유하거나 인멸하는 것에 대하여 갖는 법률적 의미를 설명해야 한다. 그 설명에는 예컨대, 증거인멸을 하더라도 그 주체가 피고인 등 본인인 경우 형법상 불가벌이라는 사실까지도 포함되어야 한다. 그 의뢰인이 그 물증을 인멸할지도 모른다는 우려만으로 위와 같은 설명을 하지 않는 것은 의뢰인과의 신뢰관계를 유지할 수 없기 때문이다.

다만 위와 같은 설명을 하면서 의뢰인으로 하여금 그 증거를 인멸하도록 권유하는 것이 허용될 수 없음은 당연하다. 그것은 진실발견을 방해하거나 사실을 왜곡하기 위한 적극적인 행위이기 때문이다. 다만, 의뢰인이 그 증거를 인멸하려고 할 경우에 변호사는 의뢰인의 자기결정을 간섭할 수는 없다고 생각된다. 또, 변호사가 의뢰인 스스로 증거를 인멸할 것을 유도하려는 의사로 그 증거의 인멸에 따른 법적 의미를 설명하는 것은, 비록 변호사가 증거의 인멸에 따른 법적 의미를 설명할 의무가 있다고 하더라도, 진실발견을 방해하거나 사실을 왜곡하는 행동으로서 허용되지 않는다.

의뢰인의 범행에 관한 증거 또는 그 증거의 소재에 관한 정보도 비밀에 포함된다. 따라서 의뢰인의 범행에 관한 물증의 위치를 알고 있는 경우 이를 수사기관에 신고할 의무는 없다. 변호사의 진실의무는 진실의 발견을 적극적으로 방해하는 것을 금지하는 등의 소극적인 의미이고, 의뢰인에 대한 보호를 희생하면서까지 진실발견에 협력할 의무는 없기 때문이다.

3. 의뢰인의 범죄와 비밀유지의무

보충사례 변호사의 비밀누설에 대한 징계사례

변호사가 2004. 4.경 "○○암 주지 A가 금원을 편취하여 긴급체포된 사실이 있는 사람이고, 검찰조사 과정에서 보조금을 타내기 위해 ○○당 모 국회의원에게 로비를 한 사실 및 관할 군수에게 돈을 제공한 점을 집중 추궁받다가 이틀 후 다시

88) 미국 ABA의 형사소송 윤리기준은 "변호사는 의뢰인에게 사실과 법률에 관하여 충분히 설명한 후 사건의 모든 측면과 예상되는 결과에 관하여 완전한 신뢰를 전제로 솔직하게 조언"하여야 한다고 규정하고 있다(ABA SCJ 4-5.1).

조사를 받으러 자진출두하겠다, 그 때 모든 자료를 가져와 사실대로 진술에 응하겠다라는 거짓말을 하고 석방된 사실이 있으며, 광주시 모 병원에 사적으로 돈을 투자해 놓은 것이 있다"라는 등의 내용이 담긴 편지 2통을 작성하여 이를 ○○사 주지스님 및 ○○종 ○○원 ○○부장 앞으로 우송하여 도달되게 함으로써 업무처리 중 알게 된 비밀을 누설하였다.[89)]

여기에서는 비밀유지의무와 의뢰인의 당해 범죄가 아닌 과거의 여죄 및 장래의 범죄와의 관계에 관하여 살펴보기로 한다.

가. 의뢰인의 과거의 여죄

(1) 의뢰인의 여죄가 이미 종료한 경우에 의뢰인의 비밀을 공개할 수 있게 하면 의뢰인은 이로 인하여 혐의사실이 추가될 수 있고 현재 수임 중인 사건에 대한 유죄의 심증을 강화시키는 결과를 가져올 수 있다. 의뢰인의 과거의 여죄에 대하여는 공익상의 이유보다는 의뢰인을 보호할 의무가 우선되는 경우가 대부분이다.

(2) 이에 관한 대표적인 예가 미국에 있어서 Lake Pleasent사건이다.[90)] 이 사건은 미국의 사법의 운영과 법조의 책임에 관한 근본적인 문제를 심각히 생각해 보게 한 계기가 되었다. 이 사건에 대한 각계의 반응을 보면 일반 시민들의 법감정과 변호사의 윤리기준 사이에 상당한 간극이 있고, 이러한 간극은 법조일반에 대한 불신으로도 연결될 소지가 있음을 알 수 있다.

㈎ 위 사건의 개요, 재판상황 및 반응을 살펴보면 다음과 같다.

1) 사건의 개요 　　뉴욕주 Syracuse의 두 변호사 Frank Armani와 Francis Belge는 살해당한 두 젊은 여인의 사체가 있는 위치를 6개월 전에 알았으나, 그들은 그의 의뢰인으로부터 그 정보를 들었기 때문에 비밀유지의무가 있다고 믿었다는 사실이 밝혀졌다.

Robert Garrow(34세, 기계공)는 1974년 여름 뉴욕주 북부에서 4명을 살해하는 데 가담하였고, Garrow는 체포되어 18세의 Philip Domblewski라는 여자 1명과 Daniel Porter(남, 22세)라는 남자 1명을 살해한 혐의로 기소되었고, 법

89) 대한변협 2004. 12. 20. 징계 제2004-31호(대한변협, 징계사례집 제4집, 55-57면).

90) People v. Belge, aff'd, 41 N.Y. 2d 377(1976)(이 사건의 번역자료인 사법연수원, 법조윤리론, 2007, 260-265면에서 재인용).

원은 뉴욕주 Syracuse의 두 변호사 Frank Armani와 Francis Belge를 변호인으로 선임하였다. Garrow는 두 명의 변호사들과의 접견을 통하여 그가 관여하였던 다른 피살자들 즉, Alicia Hauck(여, 16세), Susan Petz(여, 21세)에 관하여 말하였고, 두 변호사는 Garrow의 방향지시에 따라서 Hauck와 Petz의 사체를 발견하고 사진촬영을 한 후 관계당국에 신고하지 않았다.

한편 두 변호사는 지방검사에게 Petz의 사체를 발견한 뒤에 의뢰인인 Garrow를 정신병원에 입원시킨다면 Hauck와 Petz의 살인사건의 해결을 도울 것을 제의하는 plea bargaining을 시도하였으나 그 지방검사는 이를 거절하였다. Hauck 양의 가족은 그녀가 단순히 가출한 것으로 생각하였고, Petz의 가족은 딸의 동반자가 이미 살해된 것을 알고 있었으므로 최악의 사태를 두려워하고 있었다.

피살자 Petz의 부는 두 변호사가 Adirondack산의 살인사건으로 기소된 의뢰인을 변호하게 되었다는 사실을 알고 그들과 면담하기 위하여 찾아갔으나, 두 변호사는 Petz에 관하여 침묵을 지켰다. 두 여학생의 사체는 겨울 우연히 학생들에 의하여 발견되었다.

Garrow가 그의 공판에서 다른 피해자도 살해하였다고 진술하였을 때 비로소 두 명의 변호사들은 그들의 비밀유지의무가 해제되었다고 생각하고 자신들이 6개월 전 그 사체의 위치를 알고 있었다고 공개하였다.

Petz의 모는 두 변호사를 처벌할 것을 강력히 요구하면서 왜 두 명의 변호사들이 경찰에 익명으로 그 정보를 제공할 수 없었는지 도무지 이해할 수 없다고 주장하였다.

2) 재판의 상황 대배심은 두 변호사 중 1명에 대하여는 아무런 조치를 취하지 않았고, 나머지 1명에 대하여는 공중보건법위반(사체에 대한 정당한 매장의 요구, 의학적인 참가가 없는 사망에 대한 보고의 요구)으로 기소하였으나 1심에서 기각되었다.

3) 각계의 반응 시민들은 두 변호사의 명백한 냉담함(Callousness)에 많은 충격을 받았다. 그 행동은 공공이익과 단순한 예의에 관한 변호사의 건전치 못한 무관심의 전형적인 예로 간주되었다.

그러나 몇몇 저명한 검사들은 인터뷰에서 두 변호사들이 사체에 관한 정보를 개시하는 것을 거절한 것이나, 검사와 협상을 시도한 것은 모두 적절한 행동이었다고 평가하였다. 시카고의 미연방검찰청 형사수석검사 Samuel Skinner

는 "나는 이들 변호사들과 전적으로 의견을 같이 한다"고 말했다.

(나) 항소심은 변호사의 비밀비닉특권(秘密秘匿特權)은 피고인의 변호사를 효과적으로 보호하는 것이라는 근거에서 1심의 판결을 지지하면서 방론으로 아래와 같이 설시하였다.

"절대적인 특권이 제공된다는 사실에서 본다면 우리들은 그 특권은 모든 것을 포괄하는 것은 아니고 본건에서 많은 상충되는 고려점이 있다는 것을 지적한다. 변호사는 반드시 그들의 의뢰인의 이익을 보호하지 않으면 안 되지만 그뿐만 아니라 예절에 관한 근본적인 인간의 기준을 고찰하지 않으면 안 된다. 법률제도는 사회의 이익과 그 각자 구성원의 이익에 대한 정의를 따라야 한다는 필요성에 즉응하여서, 우리는 변호사와 의뢰인간의 절대적인 특권의 주장으로부터 나오는 결과에 관한 우리들의 심각한 관심을 강조하고자 한다"

이는 곧 변호사가 의뢰인의 이익을 보호하는 것이 타당하지만 그로 인하여 초래되는 '예절에 관한 근본적인 인간의 기준'(사회의 이익)을 고려하여야 한다는 것이다.

(3) 한편, 과거의 여죄로 인하여 장래에 있어서 공익상의 침해나 위협이 예견되는 경우, 예컨대 상수도원에 독성물질이 방류된 때와 같은 경우에는, 그 방류행위라는 위법행위는 종료하였더라도 그 후 다수의 생명, 신체에 대한 침해가 우려되므로, 이러한 경우에는 공익상의 이유를 우선하여야 한다.

나. 의뢰인의 장래의 범죄

(1) 변호사는 자신의 의뢰인이 현재 범행을 진행 중에 있거나 장래 범행을 계획하고 있는 사실을 인지하는 경우가 있을 수 있다. 또, 의뢰인을 통하여 의뢰인이 아닌 자에 의한 범행에 관하여 알게 될 수도 있다. 이러한 범행을 변호사가 알게 된 경우 변호사는 어떠한 태도를 취하여야 하는지의 문제이다.

(2) 변호사는 이러한 범행에 대하여 고발할 의무는 없다. 고발의무가 없다고 해서 변호사가 그 공공적 사명과 양심에 따라 의뢰인을 고발할 필요성이 부정되는 것은 아니다. 그러나 이를 고발하면 즉, 비밀을 개시하면 변호사의 비밀유지의무와 저촉된다. 다른 한편으로 비밀유지의무를 우선시킬 경우 변호사의 침묵의 결과가 초래할 심각한 결과를 사회적으로 방치할 수 없다. 예컨대, 테러리스트의 공격 또는 살인 등이 임박해 있음에도 불구하고 이를 방치하는 것은 의뢰인의 비밀을 유지하여 얻을 수 있는 이익보다 그로 인하여 침해되는 공익이 훨씬 크다.

(3) 여기에서 변호사는 우선 의뢰인으로 하여금 그 범행을 중단할 것을 설득하여야 한다. 그 설득에 실패한 경우에는 이를 공개할 사회적 필요성이 있다. 이 경우 범행의 경중에 따라서 의무적으로 비밀을 공개하여야 할 경우와 재량에 의하여 비밀을 공개할 수 있는 경우를 구분하여야 한다. 의무와 재량으로 구분하는 것은 사생활의 비밀보호, 변호사제도의 유지, 변호인의 조력을 받을 권리의 보장, 비례의 원칙 등에서 그 근거를 찾을 수 있다. 의뢰인의 모든 범행을 공개하는 것은 사생활의 비밀보호, 변호사제도, 변호인의 조력을 받을 권리의 근간이 흔들릴 수 있다. 따라서 공익상의 이익이 보다 큰 경우는 의무로 하고 그렇지 아니한 경우는 재량에 의하는 것이다. 예컨대, 타인의 생명 · 신체의 심각한 손상을 방지하기 위한 경우에는 그 공개를 의무로 하는 것이다.

(4) 그러나 이에 관해서는 변호사법 등 관련 법규에 구체적인 규정이 없다. 따라서 변호사가 구체적인 상황에 당하여 법익을 형량하여 공개여부를 결정할 수밖에 없다. 변호사에게는 이 점이 상당한 윤리적 곤경으로 작용할 수 있으므로 비밀의 공개 전의 조치, 공개가 의무적인가 재량인가 하는 점 등에 관한 합리적 기준을 입법적으로 정립할 필요가 있다.

(5) 이와 관련하여 Model Rules를 보면,[91] '상당히 확실한 사망이나 심각한 신체적 피해(reasonably certain death or substantial bodily harm)를 방지하기 위한 경우', '다른 사람의 금전적 이익이나 재산에 상당한 손실이 초래될 것이 합리적으로 확실한 범죄나 사기이면서 그것의 추진에 변호사의 서비스가 이용되었거나 이용되고 있는 범죄나 사기를 의뢰인이 범하지 않도록 하기 위한 경우', '의뢰인이 변호사의 서비스를 이용하여 추진한 범죄나 사기행위로 인하여 유발이 합리적으로 확실하거나 이미 유발된 다른 사람의 재정상의 이익이나 재산의 상당한 손실을 막거나 완화하거나 바로잡기 위한 경우' 등에는 비밀정보의 공개를 허용하고 있다.

4. 기록무단유출과 비밀유지의무

개정 형사소송법[92]이 도입한 전술[93]의 증거개시제도와 관련하여, 형사변호

91) Model Rules 1.6(b).(1)-(3).

92) 2007. 6. 1. 법률 제8496호로 개정된 것.

93) "제7장 변호사와 제3자의 관계" 참조.

인은 개시된 증거를 목적외로 사용해서는 안 될 의무를 부담한다. 그 증거를 목적외로 개시할 경우 비밀유지의무(규18)의 위반에 의한 업무상비밀누설죄(형317①), 기록부당목적교부라는 형사소송법위반(형소266의16①)의 죄가 성립될 수 있음은 물론 징계사유가 된다.

Ⅴ. 피해자와의 합의와 윤리

형사소송에 있어서 피고인 등 의뢰인측이 피해자와 접촉하여 합의를 위한 노력을 하는 것이 보통이고, 변호사가 피고인 등 의뢰인의 대리인으로서 피해자와 합의를 하는 것은 흔치 않은 일이다. 그러나 의뢰인의 요청이 있거나 직접적인 이해관계와 거리를 두고 있는 변호사가 나섰을 경우 합의를 하는 것이 보다 용이하다면, 고소인이나 피해자를 만나서 합의나 고소취소를 종용하는 등의 노력을 하는 것은, 피고인 등을 위한 변호활동으로서 당연히 허용되고 경우에 따라서는 보다 바람직스러울 수 있다. 특히 친고죄나 반의사불벌죄와 같은 경우에 고소취소나 피해자와의 합의를 위한 노력은 변호사의 피고인 등에 대한 보호의무로서 더욱 중요하다.

다만, 합의를 위한 노력의 과정에서 피해자에게 새로운 피해가 발생하지 않도록 유의하여야 한다. 합의에 응하지 않는 피해자에게 인격적인 모욕을 가한다거나 합의를 강요하는 듯한 태도를 보인다거나 범죄 당시의 사정을 회상시켜 피해자의 명예감정을 훼손하는 등의 언동을 하여서는 아니 됨은 당연하다.

Ⅵ. 피해자에 대한 증인신문과 윤리

변호사는 증인이 진실에 부합하는 증언을 하는 것을 알고도 그 증인의 증언을 탄핵하는 반대신문을 하더라도 윤리에 반하는 것은 아니다. 피해자로서의 증인은 피고인 등의 범행으로 인한 피해 때문에 감정이 격앙되어 있는 것이 보통이고 피고인 등의 변호사를 마치 피고인 등과 한 무리로 생각하고 피고인 등에 대한 적개심을 변호사를 향하여 표출하는 경우도 있을 수 있다.

따라서 변호사가 증인을 신문함에 있어서는 객관적 사실 또는 증거에 입각한 사실에 관해서만 신문을 하고 증인의 감정을 자극하는 등의 내용으로 신문하여서는 아니 된다. 특히 피해자로서의 증인에 대해서는 피해자의 입장을 고려하여 보다 신중을 기하여야 한다. 피고인 등의 범행동기나 범행에 이르게 된 경위를 신문함에 있어서 증인의 유책사유 등이 드러나도록 신문하는 것은 불가피하더라도 증인에 대한 인격적 비난, 모욕적인 언사, 폭언 등을 하는 것은 허용되지 않는다. 이에 따라 형사소송규칙도 "위협적이거나 모욕적인 신문"을 금지하고 있다(74② i).[94]

특히 성폭력 사건의 경우에 있어서 피해자로서의 증인을 신문함에 있어서는 합리적 이유 없이 사생활의 비밀 또는 증인의 치부를 드러나게 하는 방법으로 신문해서는 안 된다.

Ⅶ. 국선변호인과 윤리

1. 개 설

윤리규약 제4조(공익활동 등) ① 변호사는 공익을 위한 활동을 실천하며 그에 참여한다.
② 변호사는 국선변호 등 공익에 관한 직무를 위촉받았을 때에는 공정하고 성실하게 직무를 수행하며, 이해관계인 등으로부터 부당한 보수를 받지 아니한다.
윤리규약 제16조(수임 거절 등) ③ 변호사는 법원을 비롯한 국가기관 또는 대한변호사협회나 소속 지방변호사회로부터 국선변호인, 국선대리인, 당직변호사 등의 지정을 받거나 기타 임무의 위촉을 받은 때에는, 신속하고 성실하게 이를 처리하고 다른 일반 사건과 차별하지 아니한다. 그 선임된 사건 또는 위촉받은 임무가 이미 수임하고 있는 사건과 이해관계가 상반되는 등 정당한 사유가 있는 경우에는, 그 취지를 알리고 이를 거절한다.

94) 형사소송규칙 제74조(증인신문의 방법) ① 재판장은 증인신문을 행함에 있어서 증명할 사항에 관하여 가능한 한 증인으로 하여금 개별적이고 구체적인 내용을 진술하게 하여야 한다.
② 다음 각호의 1에 규정한 신문을 하여서는 아니된다. 다만, 제2호 내지 제4호의 신문에 관하여 정당한 이유가 있는 경우에는 그러하지 아니하다.
1. 위협적이거나 모욕적인 신문
2. 전의 신문과 중복되는 신문
3. 의견을 묻거나 의논에 해당하는 신문
4. 증인이 직접 경험하지 아니한 사항에 해당하는 신문

형사소송에 있어서의 변호사는 선정의 주체를 기준으로 사선변호사와 국선변호인으로 구분할 수 있다.

국선변호인이란 법원에 의하여 선정된 변호사를 말한다. 우리 헌법은 형사절차에 있어서 평등의 원칙과 사회국가의 이념을 실현하기 위하여 국선변호인의 조력을 받을 권리를 헌법상의 기본권으로 격상시키고 있다(헌12④단). 또, 국선변호제도의 실질화를 꾀하기 위하여 2006년 형사소송법 개정을 통해 피의자에 대한 구속영장청구 단계에서부터 국선변호인 선정을 의무화하는 등 그 적용범위를 대폭 확장하였다.[95] 대법원의 통계에 의하면 2007년부터는 국선변호의 사건 수가 사선변호의 사건 수를 초과하기에 이르렀다.[96]

이에 따라 형사소송에 있어서 국선변호인의 윤리가 매우 중요한 문제가 되었다. 물론 국선변호인도 변호사로서의 일반적인 윤리는 사선변호사와 다를 수 없다. 여기에서는 국선변호인에 특유한 국선변호인의 사임의 한계, 보수 및 대가의 수령, 사선변호사로의 전환 등의 문제를 살펴보고자 한다.

2. 국선변호인의 사임의 한계

국선변호인은 그 의사에 따라 자유롭게 사임할 수 없고 사임하기 위해서는 판사가 사임허가를 하여 국선변호인의 선정을 취소하여야 한다(형소규칙18①iii).[97] 국선변호인은 일정한 사유[98]가 있을 때 판사의 사임허가를 얻을 수 있도록 규정하고 있다(형소규칙 제20조).

국선변호인에게 사임의 자유를 무한정 인정할 경우 국선변호인제도 자체의 존속이 문제되므로 사임의 자유를 제한하는 것은 당연하다고 할 것이나, 국선변호인이 자신이 선정된 사건에 대하여 직업적 양심에 비추어 도저히 변호가

95) 신동운, 『신형사소송법』, 법문사, 2008, 69면.

96) 대법원, 『사법연감』, 2006-2008년.

97) 국선변호인 선정의 법적 성질 중 재판설에 입각한 규정이라고 할 것이다. 국선변호인 선정의 법적 성질에 관한 논의는 신동운, 전게서, 76-78면 참조.

98) 형사소송규칙 제20조가 정하는 국선변호인의 사임의 사유는 아래와 같다.
 i) 질병 또는 장기여행으로 인하여 국선변호인의 직무를 수행하기 곤란할 때
 ii) 피고인 또는 피의자로부터 폭행, 협박 또는 모욕을 당하여 신뢰관계를 지속할 수 없을 때
 iii) 피고인 또는 피의자로부터 부정한 행위를 할 것을 종용받았을 때
 iv) 그 밖에 국선변호인으로서의 직무를 수행하는 것이 어렵다고 인정할 만한 상당한 사유가 있을 때

불가능할 경우에도 사임의 자유가 제한되느냐 하는 문제가 제기될 수 있다.

생각건대, 이러한 경우 법원은 사임을 허가함이 타당하다. 그 이유는 다음과 같다. 윤리규약이 "변호사는 의뢰인이나 사건의 내용이 사회일반으로부터 비난을 받는다는 이유만으로 수임을 거절하지 아니한다"(규16①)고 규정한 취지에 비추어, 변호사가 자신의 직업적 양심, 신념, 가치, 세계관 등을 이유로 한 수임거절은 윤리적으로 허용된다. 국선변호인이 비록 법원의 선정결정에 의하여 사건을 변론하게 되었다고 하더라도 그 사건을 변론하는 것이 자신의 직업적 양심 등에 비추어 도저히 성실한 변론을 하기 어렵다고 판단하는 경우까지 사임을 제한하고 계속 변론하게 하는 것은 변호인의 조력을 받을 권리를 실질적으로 침해하는 결과를 초래할 수 있다. 따라서 이러한 이유로 국선변호인의 사임허가신청이 있는 경우 국선변호인의 사임 사유인 "국선변호인으로서의 직무를 수행하는 것이 어렵다고 인정할 만한 상당한 사유가 있을 때"(형소규칙20 iv)에 해당한다고 볼 수 있기 때문이다.

3. 국선변호인의 보수 및 대가의 수령

기본사례 6

① 정 변호사는 미성년자인 피고인 A의 절도사건의 국선변호인으로 선정되었고, A는 구속되어 서울중앙지방법원에 공판계속 중이다. 대전에 거주하는 절도의 피해자인 C와 합의하기 위하여 A의 모(母)인 B에게 연락을 취하여 C의 집에 함께 가기로 하였다. B와 중간에 만나기로 한 서울역에 가자 B가 대전역까지의 열차표 2매를 구입하여 1매를 정 변호사에게 제공하였다. 서울-대전간 KTX의 승차요금은 21,000원이다. 정 변호사는 그 열차표를 받아도 문제가 없는가?

② B가 C와의 합의가 성공되자 기분이 좋은 나머지 정 변호사에게 10만원권 수표를 주면서 "기분이 좋아서 그러니 찻값이라고 생각하고 받아주십시오"라고 하면서 받을 것을 강권하는 경우 이를 받아도 좋은가?

③ A에게 집행유예 판결이 선고되어 확정된 후의 어느 무더운 여름날에 B가 스스로 재배하였다고 하는 수박 1통을 정 변호사에게 가져왔다. 이를 받아도 좋은가?

국선변호인의 보수는 「형사소송비용 등에 관한 규칙」에 의하여 정한다. 보수는 심급별로, 체포 또는 구속적부심에 있어서는 심급에 관계없이 별도 지급하고, 보수는 사안의 난이, 국선변호인이 수행한 직무의 내용, 사건처리에 소요된 시간 등을 참작하여 예산의 범위 안에서 당해 재판장이 이를 증액할 수 있다(동 규칙6).

국선변호인 기본보수는 많지 않으나 보수가 소액이라고 하여, 피고인 등이나 이해관계인으로부터 별도의 보수를 받아서는 안 된다. 정당한 변호활동 과정에서 발생한 비용, 예컨대 피해자와 합의를 위해 지급한 교통비는 국가로부터 지급받을 수 있기 때문이다.[99] 구 윤리규칙은 이에 관하여 국선변호인은 이해관계인 등으로부터 별도의 보수를 받아서는 안 된다는 규정을 두고 있었다(구규5①, 19④). 2014. 2. 24. 윤리장전의 개정으로 위와 같은 규정을 폐지하였으나 위와 같이 국선변호인이 국가로부터 변론활동을 위한 비용을 지급받을 수 있으므로 피고인 등이나 이해관계인에게 별도의 보수를 청구하는 것은 허용되지 않는다.

4. 국선변호인의 사선변호사로의 전환

윤리규약 제17조(국선변호인 등) ① 국선변호인 등 관련 법령에 따라 국가기관에 의하여 선임된 변호사는 그 사건을 사선으로 전환하기 위하여 부당하게 교섭하지 아니한다.
② 의뢰인의 요청에 의해 국선변호인 등이 사선으로 전환한 경우에는 별도로 소송위임장, 변호사선임신고서 등을 제출한다.

국선변호인 등 관계법령에 따라 국가기관에 의하여 선임된 변호사는 피고인 등에게 자신을 사선변호사로 선임하여 줄 것을 요청하기 위하여 피고인 등과 부당하게 교섭해서는 안 된다. 예컨대, 부당한 방법으로 사선변호사로의 전환을 제의하거나 전환조건을 협의하는 행위가 금지된다. 사선변호사로 선임되기 위한 권유, 암시행위도 금지된다고 보아야 한다.[100] 이러한 교섭을 허용할 경

99) "변론활동을 위하여 피고인 또는 피의자 접견, 기록의 열람, 복사, 통역, 번역을 시행하거나 여비, 숙박비, 식비 기타 비용을 지출한 경우에는 재판장이 인정하는 범위 내에서 국선변호인이 소명하는 비용을 지급한다"(국선변호에 관한 예규15①vi).

100) 예컨대, 의뢰인에게 "국선변호인의 보수는 적어서 충실한 변호활동을 하기 어려우니 사선변호사를 선임하는 것이 좋겠다"고 말하는 것은 적극적인 권유행위이다. 또, "국선변호인으로서의

우 국선변호인이 피고인 등의 궁박한 상태를 이용하여 사건을 수임하는 불공정한 계약이 이루어질 수 있고, 또 사선변호사로의 전환이 반복되면 결국에 가서는 국선변호의 질을 저하시켜 국선변호제도에 대한 사회적 신뢰를 떨어뜨릴 것이기 때문이다.[101] 여기에서 금지의 대상은 '사건을 사선으로 전환'하는 것이므로, 사선으로의 전환을 위한 교섭은 국선변호인 본인을 사선으로 전환하기 위한 교섭뿐만 아니라 다른 변호사를 사선으로 하기 위한 교섭을 포함한다.

이와 관련하여, 반대로 피고인 등이 사선변호사로의 전환을 요청할 경우가 문제이다. 윤리규약이 구 윤리규칙과 달리 사선으로의 전환을 위하여 '부당하게' 교섭하는 것을 금지하고 있으므로,[102] 단순히 피고인 등의 요청에 응하고 부당한 교섭을 통하지 않는다면 사선변호사로의 전환이 허용되고, 이 경우 별도로 소송위임장, 변호사선임신고서 등을 제출하여야 한다(규17②).

■ 기본사례(해설)

1. 변호사는 의뢰인인 피고인의 의사를 존중하여 그 권익을 옹호하기 위한 최선의 활동을 하여야 하나 피고인이 요청하는 것이 피고인의 입장에서 이익이라고 하더라도 그것이 정당하지 않는 한 그것을 옹호해서는 안 된다. 따라서 사례의 경우 피고인이 증거법상 문제가 있는 증거에 대하여 동의를 요청하더라도 변호인으로서는 부동의를 함이 타당하다.
2. 변호사는 피고인에게 무엇이 최선의 방어방법이고 이를 위한 구체적 소송행위로서 무엇을 선택할 것인지에 관하여 검토하고 피고인과 성실하게 협의하고 조언해야 한다. 따라서 위 사례에서 갑 변호사는 항소이유서에 정상론을 기재하기 위해서는 피고인의 양해를 얻어야 하고 그 의사에 반함에도 불구하고 정상론을 주장하는 것은 형사 변호사의 윤리상 허용되지 않는다.[103]

변호활동에는 한계가 있다," "국선변호인과 사선변호사는 수임 경위와 보수 수준 등이 달라 변호활동의 범위나 피고인 보호의 정도 등에 사실상 차이가 있을 수밖에 없다"고 말하는 것은 사실상의 권유행위이다. 나아가, "사선변호사가 이 사건을 수임할 경우 보수는 국선변호인의 보수보다 높은 ○○○만원 정도가 된다"라고 말하는 것은 전후 상황에 따라서 사선변호사로의 전환을 암시하는 행위가 될 수 있다.

101) 6인 공저-김인회, 309면.

102) 구 윤리규칙 제19조(수임거절 등) ④ 변호사는 국선변호인 또는 국선대리인으로 선임된 때에는 그 사건을 사선으로 전환하기 위하여 교섭하여서는 아니 되며, 따로 보수를 받아서는 아니 된다.

3. 변호사는 피고인으로부터 보석청구의 의뢰를 받은 이상 보석을 위하여 최선의 노력을 다하여야 하나, 보석보증금 등의 준비가 곤란한 경우에는 그 취지를 피고인에게 전하여 보석절차를 진행할 수 없음을 설명하고 양해를 얻어야 한다.[104)]
4. 변호인이 피고인의 권리의 실현을 도모하는 것은 예컨대, 그것이 진실의 발견을 방해하는 결과가 되더라도 변호인이 적극적으로 진실발견을 방해하지 않는 이상 당연히 허용된다. 형사 피고인은 유죄판결이 확정될 때까지는 무죄로 추정되고 유죄의 증거가 불충분한 피고인은 무죄판결을 받을 권리가 있으므로 피고인은 형사소송법에 충실하여 무죄를 주장할 수 있다. 사례의 경우에 변호인이 진술거부권의 행사를 권유하는 것은 피의자에 대한 성실의무의 이행으로서 당연히 허용된다.
5. 변호사로서 A가 범인이 아님을 알면서 유죄를 전제로 정상변론만 하는 것은 실체진실이 기초가 되어야 할 형사소송의 이념에 근본적으로 반할 뿐만 아니라 그것이 A의 정당한 이익이 아니므로 A의 의사에 따라 유죄변론하는 것은 공공성의 유지의무에도 반한다.
6. 국선변호인의 입장에서는 아무리 금액이 적다고 하더라도 유가물인 열차표를 수령해서는 안 된다. 사례조로 지급하는 10만원에 대하여도 수령해서는 안 된다. 나아가 국선변호인건이 종료된 후에도 피고인의 관계자가 제공하는 것은 수령하지 않음이 타당하다.[105)]

103) 高中正彦, 전게서, 165, 337면 참조.
104) 高中正彦, 전게서, 167, 337면 참조.
105) 高中正彦, 전게서, 169, 338면 참조.

11 | 민사소송과 변호사의 윤리

Ⅰ. 서

민사소송에 있어서도 변호사로서의 일반적인 윤리기준이 적용되고, 민사소송만에 특유한 변호사의 윤리가 있을 수는 없다. 변호사법이나 윤리규약도 민사소송에 있어서 변호사의 윤리적 기준에 관하여 별도로 규정하고 있지 않다. 여기에서는 위증죄와 사기죄와 관련된 변호사의 진실의무를 일반론으로 검토하고, 소송지연, 법률상담, 협상, 민사집행절차와 관련된 몇 가지 사례를 중심으로 변호사가 민사소송에 있어서 어떠한 윤리적 태도를 취하는 것이 바람직한지 살펴보기로 한다.

1. 민사소송과 변호사의 진실의무

가. 소극적 진실의무

민사소송에서의 변호사의 진실의무는 변호사의 일반적인 진실의무와 다를 바가 없다. 진실의무는 형사소송에 있어서와 마찬가지로 소극적 진실의무를 의미한다. 즉, 사법절차에서 진실발견을 방해하기 위하여 적극적으로 불리한 증거를 은폐하거나 허위의 증거를 제출하는 등으로 사실을 왜곡하는 행위를 해서는 안 된다는 것을 말한다. 따라서 의뢰인에게 불리하고 상대방에게 유리한 증거를 발견하고서 이를 법원에 제출하지 않는다고 하더라도 이는 적극적인 진실왜곡행위가 아니므로 진실의무에 반하지 않는다. 그러나 변호사가 적극적으로 문서를 위조하여 법원에 제출하거나 의뢰인이 위조한 문서를 그 정을 알면서 제출하는 것은 형법상 문서에 관한 범죄행위로 당연히 허용되지 않는다. 또, 의뢰인이 주장하는 사실이 진실이 아니라는 정을 알면서도 이를 기초로 소송을 제기하거나 응소하는 것은 허용되지 않는다. 나아가, 소송을 진행하던 중에 의뢰인의 주장이 사실이 아니라고 변호사가 인식한 경우에는 의뢰인에게 권유하여 그 주장을 철회하도록 요구하여야 하고 의뢰인이 이에 불응하면 종국에는 사임을 하는 것이 타당하다.

나. 관련 민사소송법

민사소송에 있어서 다음과 같이 문서성립의 부인이나 거짓진술에 대하여 제재를 가하고 있는 것은, 그러한 부인이나 진술이 진실발견의 방해행위에 해당한다고 보기 때문이다.

민사소송법 제363조(문서성립의 부인에 대한 제재) ① 당사자 또는 그 대리인이 고의나 중대한 과실로 진실에 어긋나게 문서의 진정을 다툰 때에는 법원은 결정으로 200만원 이하의 과태료에 처한다.
민사소송법 제370조(거짓 진술에 대한 제재) ① 선서한 당사자가 거짓 진술을 한 때에는 법원은 결정으로 500만원 이하의 과태료에 처한다.

다. 진실의무위반과 책임

민사소송에 있어서 진실의무에 위반하여 허위의 사실을 주장하여 소송을 제기하거나 응소하는 것은 경우에 따라 형법상 소송사기죄가 성립될 수 있고, 위증을 교사하거나 의뢰인이 위증을 교사한 정을 알면서도 증언을 하려는 자를 증인신청하는 것은 형법상 위증에 관한 죄가 성립될 수 있다. 나아가 상대방의 소송비용을 부담해야 할 수 있고, 경우에 따라서는 손해배상책임이 발생할 수도 있다. 소송사기와 위증에 관해서는 별도의 항으로 살펴본다.

2. 소송사기죄와 진실의무

가. 소송사기죄와 민사상 권리의 구제

소송사기는 법원을 기망하여 자기에게 유리한 판결을 얻음으로써 상대방의 재물 또는 재산상의 이익을 취득하는 것을 내용으로 하는 범죄이다. 소송사기의 행위를 쉽사리 유죄로 인정하는 것은 필연적으로 누구든지 자기에게 유리한 주장을 하고 소송을 통하여 권리구제를 받을 수 있다는 이념과 상치되어 민사재판제도의 위축을 초래하고 본질적으로 민사분쟁인 사안을 소송사기라는 형사분쟁으로 비화시킬 위험이 있다. 따라서 소송사기죄의 적용에 대해서는 범죄의 처벌이라는 사법정의의 실현과 민사재판을 통한 권리의 구제라는 양 이념과의 조정을 위해서 엄격함이 요구되고 있다.[1]

나. 소송사기죄의 법리와 진실의무

(1) 변호사의 진실의무와 관련된 문제를 검토하는 데 필요한 범위에서 소송사기죄의 법리를 보면 다음과 같다.

피고인이 범행을 인정한 경우 외에는 그 소송상의 주장이 사실과 다름이 객관적으로 명백하고 피고인이 그 주장이 명백히 거짓인 것을 인식하였거나 증거를 조작하려고 하였음이 인정되는 경우 소송사기죄가 성립되는 것이 명백하다. 여기에서 증거의 조작이란 처분문서 등을 거짓으로 만들어내거나 증인의 허위 증언을 유도하는 등으로 객관적·제3자적 증거를 조작하는 행위를 말한다.

반면에, 단순히 사실을 잘못 인식하였거나 법률적 평가를 잘못하여 존재하지 않는 권리를 존재한다고 믿고 제소한 행위는 사기죄를 구성하지 아니하고, 소송상의 주장이 사실과 다르더라도 존재한다고 믿는 권리를 이유있게 하기 위한 과장표현에 지나지 아니하는 경우에는 사기의 범의가 있다고 볼 수 없다.[2] 또, 적극적 소송당사자인 원고뿐만 아니라 방어적인 위치에 있는 피고라 하더라도 소송사기죄가 성립될 수 있다. 피고가 허위 내용의 서류를 작성하여 이를 증거로 제출하거나 위증을 시키는 등의 적극적인 방법으로 법원을 기망하여 착오에 빠지게 한 결과 승소확정판결을 받음으로써 자기의 재산상의 의

---

1) 대판 2009. 9. 24. 2008도11788; 2007. 4. 13. 2005도4222; 2004. 6. 25. 2003도7124; 2003. 5. 16. 2003도373; 1998. 2. 27. 97도2786 등.

2) 대판 2003. 5. 16. 2003도373; 2004. 6. 25. 2003도7124; 2006. 9. 22. 2006도2561 등 참조.

무이행을 면하게 된 경우 그 재산가액 상당에 대하여 사기죄가 성립할 수 있다.[3)]

(2) 변호사는 소송사기죄에 관한 위와 같은 법리에 따라 자신의 소송대리행위가 소송사기죄를 구성할 수 있는지에 관하여 유의하여야 한다. 의뢰인의 소송상의 주장이 허위임이 객관적으로 명백하고 그 점을 인식하였거나 의뢰인이 증거를 조작하는 것을 인식하고도 소송대리를 계속하는 것은 소송사기죄의 공범이 될 수 있고 이는 변호사의 진실의무에 반한다. 이러한 경우 변호사는 소송사기죄라는 위법행위에 협조하여서는 안 되므로 즉시 그에 대한 소송대리를 중단한 후 의뢰인의 번의를 구하고 의뢰인이 이에 응하지 아니하면 사임하여야 한다(규11①).

1 대법원 2012. 5. 24. 선고 2010도12732 판결

임대차보호법 제6조에 의한 법원의 임차권등기명령을 피해자의 재산적 처분행위에 갈음하는 내용과 효력이 있는 것으로 보고 그 집행에 의한 임차권등기가 마쳐짐으로써 신청인이 재산상 이익을 취득하였다고 보는 이상, 진정한 임차권자가 아니면서 허위의 임대차계약서를 법원에 제출하여 임차권등기명령을 신청하면 그로써 소송사기의 실행행위에 착수한 것으로 보아야 하고, 나아가 그 임차보증금 반환채권에 관하여 현실적으로 청구의 의사표시를 하여야만 사기죄의 실행의 착수가 있다고 볼 것은 아니다.

2 대법원 2011. 9. 8. 선고 2011도7262 판결

원심은, 그 판시와 같은 사정을 종합하여 피고인 3이 운영하는 공소외 5 주식회사와 공소외 2 주식회사 사이의 물품공급계약서는 피고인 1, 3이 공소외 2 주식회사 명의의 어음을 할인하여 자금을 조달할 목적으로 허위로 작성한 것일 뿐 물품공급을 목적으로 체결한 것이 아니고 실제로 공소외 5 주식회사가 위 계약에 따른 물품공급을 한 사실도 전혀 없다고 인정하였다. 위 인정사실을 기초로 원심은, 피고인 3이 위 물품공급계약에 따른 공급을 완료하였음을 전제로 하여 공소외 2 주식회사를 상대로 물품대금 청구소송을 제기하면서 그 증거자료로 위 물품공급계약서를 제출한 행위는 사기미수죄에 해당하고, 공소외 6 등 공소외 2 주식회사 임원을 같은 취지로 고소한 것도 허위 사실의 신고로서 무고죄에 해당한다고 판단한 것은 정당하다.

3) 대판 1998. 2. 27. 97도2786.

3 대법원 2007. 9. 6. 선고 2006도3591 판결

자기에게 유리한 판결을 얻기 위하여 소송상의 주장이 사실과 다름이 객관적으로 명백하거나 증거가 조작되어 있다는 정을 인식하지 못하는 제3자를 이용하여 그로 하여금 소송의 당사자가 되게 하고 법원을 기망하여 소송 상대방의 재물 또는 재산상 이익을 취득하려 하였다면 간접정범의 형태에 의한 소송사기죄가 성립하게 된다.

4 대법원 2006. 4. 7. 선고 2005도9858(전원)

피고인 또는 그와 공모한 자가 자신이 토지의 소유자라고 허위의 주장을 하면서 소유권보존등기 명의자를 상대로 보존등기의 말소를 구하는 소송을 제기한 경우 그 소송에서 위 토지가 피고인 또는 그와 공모한 자의 소유임을 인정하여 보존등기 말소를 명하는 내용의 승소확정판결을 받는다면, 이에 터 잡아 언제든지 단독으로 상대방의 소유권보존등기를 말소시킨 후 위 판결을 부동산등기법 제130조 제2호 소정의 소유권을 증명하는 판결로 하여 자기 앞으로의 소유권보존등기를 신청하여 그 등기를 마칠 수 있게 되므로, 이는 법원을 기망하여 유리한 판결을 얻음으로써 '대상 토지의 소유권에 대한 방해를 제거하고 그 소유명의를 얻을 수 있는 지위'라는 재산상 이익을 취득한 것이고, 그 경우 기수시기는 위 판결이 확정된 때이다.

이와는 달리, 소유권보존등기 명의자를 상대로 그 보존등기의 말소를 구하는 소송을 제기한 경우, 설령 승소한다고 하더라도 상대방의 소유권보존등기가 말소될 뿐이고 이로써 원고가 당해 부동산에 대하여 어떠한 권리를 회복 또는 취득하거나 의무를 면하는 것은 아니므로 법원을 기망하여 재물이나 재산상 이익을 편취한 것이라고 볼 수 없다는 취지로 판시한 대법원 1983. 10. 25. 선고 83도1566 판결과 같은 취지의 판결들은 위 법리에 저촉되는 범위 내에서 이를 변경하기로 한다.

5 대법원 2005. 3. 24. 선고 2003도2144 판결

피고인은 피해자와 사이에 온천의 시공에 필요한 비용을 포함한 일체의 비용을 자신이 부담하기로 약정하였음에도 피해자를 상대로 공사대금청구의 소를 제기하면서 시공 외의 비용은 모두 피해자가 부담한다는 내용으로 변조된 인증합의서를 소장에 첨부 제출한 사실이 인정되는바, 피고인의 행위는 증거를 조작함으로써 법원을 기망하여 재산상 이익을 얻으려는 소송사기의 실행에 착수한 행위로 보기에 충분하다.

6 대법원 2004. 6. 25. 선고 2003도7124 판결

피고인이 특정 권원에 기하여 민사소송을 진행하던 중 법원에 조작된 증거를 제출하면서 종전에 주장하던 특정 권원과 별개의 허위의 권원을 추가로 주장하는 경우에 그 당시로서는 종전의 특정 권원의 인정 여부가 확정되지 아니하였고, 만약 종전의 특정 권원이 배척될 때에는 조작된 증거에 의하여 법원을 기망하여 추가된 허위의 권원을 인정받아 승소판결을 받을 가능성이 있으므로, 가사 나중에 법원이 종전의 특정 권원을 인정하여 피고인에게 승소판결을 선고하였다고 하더라도, 피고인의 이러한 행위는 특별한 사정이 없는 한 소송사기의 실행의 착수에 해당된다.

7 대법원 2004. 6. 24. 선고 2002도4151 판결

피고인이 피해자에게 이 사건 수표를 할인해 준 것이 아니라 정길환에게 할인을 해주었는데도 아무런 관련이 없는 피해자를 상대로 지급명령을 신청하였고, 그 후 피해자가 제기한 청구이의의 소송에서 정길환을 내세워 위증을 교사하기까지 한 사정에 비추어 보면, 피고인이 허위의 내용으로 지급명령을 신청하여 법원을 기망한다는 고의가 드러났었다고 할 것이고, 이와 같은 경우에 법원을 기망하는 것은 반드시 허위의 증거를 이용하지 않더라도 당사자의 주장이 법원을 기만하기 충분한 것이라면 기망수단이 되는 것이다.

나아가, 지급명령신청에 대해 상대방이 이의를 하면 지급명령은 이의의 범위 안에서 그 효력을 잃게 되고 지급명령을 신청한 때에 소를 제기한 것으로 보게 되는 것이지만 이로써 이미 실행에 착수한 사기의 범행 자체가 없었던 것으로 되는 것은 아니다.

8 대법원 2004. 3. 25. 선고 2003도7700 판결

소송사기에서 말하는 증거의 조작이란 처분문서 등을 거짓으로 만들어내거나 증인의 허위 증언을 유도하는 등으로 객관적 · 제3자적 증거를 조작하는 행위를 말하는 것이므로, 피고인이 소송 제기에 앞서 그 명의로 피해자에 대한 일방적인 권리주장을 기재한 통고서 등을 작성하여 내용증명우편으로 발송한 다음, 이를 법원에 증거로 제출하였다 하더라도, 증거를 조작하였다고 볼 수는 없다.

3. 위증죄와 진실의무

윤리규약 제11조(위법행위 협조금지 등) ③ 변호사는 위증을 교사하거나 허위의 증거를 제출하게 하거나 이러한 의심을 받을 행위를 하지 아니한다.

(1) 변호사는 민사소송사건을 수임하면 증인신문을 위하여 신문의 준비, 증인예정자와의 협의 등 사전준비를 일상적으로 하고 구체적으로는 신문사항의 정리 및 작성, 신문의 연습 등을 한다. 여기에서 변호사가 증인신문의 준비단계에서 증언내용에 대하여 관여하는 것이 어디까지 허용될 수 있는지가 문제된다. 이는 민사소송에 있어서 당사자주의, 변호사의 비밀유지의무, 증언거부권 등과 관련시켜 생각할 수 있다.

(2) 근대 제국에 있어서 민사소송은 대론적 소송제도 내지 당사자대립구조를 취하고 있고, 거기에서 당사자는 자신에게 유리한 주장을 하고 유리한 증거를 제출하면 족하고 자진하여 불리한 사실을 인정한다든지 불리한 증거를 자발적으로 제출할 의무는 없다. 당사자의 대리를 수행하는 변호사의 경우에도 마찬가지이다. 또, 변호사법이나 윤리규약은 변호사에게 비밀유지의무를 과하고 있고(법26, 규18), 이에 따라 변호사는 직무상 취득한 비밀에 관하여 증언을 거부할 권리가 있다(민소315①). 변호사에게 비밀유지의무가 있기 때문에 의뢰인은 변호사에게 안심하고 진실을 밝힐 수 있고 변호사도 의뢰인으로부터 상세한 사정을 들을 수 있다. 그러므로 비밀유지의무는 변호사제도의 기초와 깊은 관련이 있고 이를 이유로 변호사가 법정에서 증언을 거부할 수 있다. 따라서 변호사는 비밀유지의무가 있는 한 법원이 요구한다고 하더라도 의뢰인의 비밀을 개시해서는 안 된다.

(3) 위와 같은 법리는 증인의 신문 및 신문준비에 있어서도 동일하게 적용되어야 한다. 변호사는 증인신문과 그 준비 중에 의뢰인에게 불리한 사실을 자진해서 법정에서 진술하도록 조언할 의무가 없고, 또 정당한 이유 없이 이를 진술하도록 하는 것은 변호사법상의 성실의무에 위반된다. 반면에, 의뢰자에게 적극적으로 허위의 주장을 할 것을 조언한다든지, 변호사 스스로 허위의 주장을 한다든지, 그 정을 알면서 허위의 증거를 제출하는 것은 허용되지 않는다. 또, 신문의 준비단계에 있어서 증언예정자가 불리한 증언을 하려고 하는 경우, 보다 유리한 증언으로 변경하도록 조언하는 것은 진실의무에 반한다.

다만, 여기에서 무엇을 '불리한 증언'이라고 하고 무엇을 보다 '유리한 증언'이라고 할 수 있는지는 깊은 검토가 필요하다. 예컨대, 불리한 증언이라고 하여도 객관적인 증거와 모순된다면 실제로는 본인이 기억을 잘못하고 있을 가능성이 있고, 그 경우에 변호사는 그것을 증언예정자에게 지적하고 필요에 따라 증거를 제시하여 재검토하도록 하여, 잘못이 있는 것이 명백하다면 올바른 내용으로 바꾸도록 조언할 수 있음은 당연하다. 반대로 유리한 내용의 증언을 하려고 하나 객관적인 증거로 보면 틀리다는 의심이 강한 경우에도 마찬가지이다. 신문준비는 바로 위와 같은 작업을 하기 위한 것이고 그 과정에서 다른 증거와의 정합성 등을 비판적으로 검토하지 않고 법정에서 만연히 증언하게 하는 것은 오히려 의뢰인에 대한 성실의무에 반하고 경우에 따라서는 변호사로서 무능하다는 비판을 면치 못한다.

나아가서 진실은 하나라고 하여도 그 표현방법에는 여러 가지 태양이 있을 수 있으므로 어느 것이 진실을 보다 잘 표현하는 것인가를 판단하는 것은 용이하지 않다. 또, 때에 따라서는 불리한 사항에 관하여 신문 자체를 하지 않는 것(대담한 생략), 또는 중요부분의 강조도 필요한 경우도 있다. 따라서 그와 같은 표현의 방법에 대하여 조언하는 것은 반윤리적이라고 할 수 없다.[4)]

II. 소송지연[5)]

참고사례 1

불법점거한 건물에서 스낵을 경영하는 자가 건물소유자로부터 명도청구소송을 제기당하자 승소의 가망이 없음이 명백함에도 불구하고 2~3년은 영업을 계속하고 싶으니 그동안 소송을 지연시켜 주도록 변호사에게 의뢰하였다.

1. 문제의 소재

윤리규약 제37조(소송 촉진) 변호사는 소송과 관련된 기일, 기한 등을 준수하고, 부당한 소송지연을 목적으로 하는 행위를 하지 아니한다.

윤리규약은 변호사의 소송지연행위를 금지하고 있다. 소송지연의 금지는 비단 민사소송에 있어서만 준수하여야 할 의무는 아니지만, 소송지연은 주로 민사사건의 경우에 있을 수 있으므로 민사소송에 특유한 문제라고 할 수 있다.

4) 小島武司 외 2, 전게서, 157-160면.

5) 小島武司 외 2,『現代の法曹倫理』, 法律文化社, 2007, 150-157면.

소송을 신속하게 진행하는 것은 대체로 의뢰인의 신뢰에 부응하는 것이나, 반대로 예컨대 피고의 패소가 예상되는 경우에도 심리가 장기화되면 피고의 이익이 되는 결과가 있을 수 있기 때문이다.

변호사는 위 소송에 관하여 피고 측의 대리를 수임하여도 좋은가, 또는 임시로 영업할 곳을 찾을 때까지 소송을 지연시켜 달라고 위임하는 경우에 수임하는 것이 윤리적인가 하는 문제이다.

이와 관련하여 1995년 일본의 민사소송법 분야의 지도적 전문가인 高橋宏志 교수와 변호사징계에 관한 전문가인 田中紘三 변호사[6] 사이에 논전이 전개되었는바 여기에서는 그 논전의 내용을 중심으로 살펴보기로 한다.

2. 견해의 차이

高橋宏志 교수는 2~3년의 소송지연만을 내용으로 하는 의뢰는 명확하게 거절하지 않으면 안 되고 이를 수임하여 소송지연을 실행하는 것은 단순한 윤리의 문제를 넘어서 품위를 실추시키는 비행으로서 징계사유가 된다는 견해를 보였다. 이에 대하여 田中紘三 변호사는 지연의 사정이 부득이한지 여부, 수단 · 방법에 있어서의 위법 · 부당의 여부 등을 개별적으로 검토하여 결론을 내야 되고 패소가 뻔한 소송활동 중의 변호사의 고뇌를 안다면 그 변호사의 소송활동을 쉽게 징계의 시각에서 분석하는 태도는 주저하지 않을 수 없다고 하여 소송지연을 일률적으로 징계사유로 하는 견해를 비판하였다.

田中紘三 변호사는 민사소송을 지연시키기 위하여 부당한 술책을 부리는 것은 변호사의 직무에 포함된 사회적 사명에 따른 행위라고 할 수 없고 변호사의 윤리의 문제가 될 수도 있다는 기본적 입장을 명백히 하면서도 징계에 관한 高橋宏志 교수의 견해를 취한다면 패소가 뻔한 사건을 수임한 변호사는 결국은 상당한 주의를 하지 않으면 언젠가는 징계개시의 청구를 받을지 모른다고 우려를 표명한다.

6) 후에 중앙대학 법과대학원의 교수가 되었다.

3. 견해의 공통점

두 사람의 논전에 공통점이 전혀 없는 것은 아니고 다음과 같은 점에서는 견해를 같이하고 있다.

첫째, 변호사윤리의 관점에서 보면, 지연행위가 윤리위반이 될 수 있다는 점이다. 高橋宏志 교수는 지연을 목적으로 하는 의뢰에 응하는 것은 기본적으로 변호사윤리에 반한다는 견해를 취함에 대하여, 田中紘三 변호사는 민사소송을 지연시키기 위해서 부당한 술책을 부리는 것과 지연의 수단방법이 위법·부당한지 여부를 중시하여 개별적·구체적으로 검토하여 거기에 비난할 점이 있으면 변호사윤리위반이 된다고 한다. 양자에게 차이가 있다고 하여도 접근방법의 차이 또는 지연에 대한 평가정도의 차이에 귀착하는 것으로 볼 수 있다.

둘째, 지연이 징계대상이 되는지 여부에 관하여, 高橋宏志 교수는 지연만을 목적으로 하는 수임이 원칙적으로 변호사법에 정해진 '품위를 실추시키는 비행'에 해당한다는 것일 뿐이고 이를 넘어서 새로운 징계사유를 당연히 인정해야 한다는 주장은 아니다. 田中紘三 변호사도 지연을 일률적으로 징계대상으로 하는 것에 반대하여 지연의 수단·방법이 위법·부당한가 등의 각론적 분석을 해야 한다는 것이기 때문에 최종적으로는 '품위를 실추시키는 비행'에 해당하는지의 견지에서 판단하는 것이다. 양자는 판단의 틀 자체에 큰 차이가 있는 것은 아니고 단지 지연에 대한 평가의 정도가 高橋宏志 교수는 엄격한 반면에 田中紘三 변호사는 완화된 것에 불과하다고 할 수 있다.

4. 논전의 핵심

두 사람의 논전의 핵심은 변호사의 성격에 관한 2가지 측면과 관련되어 있다. 즉 사법기관적 또는 공익적 성격과 대리인적 성격이 그것이다. 사법기관적 성격을 중시하면 법적으로 패하여야 할 자에게 필요 이상의 조력을 하는 것은 부당하다는 생각, 오히려 권리자의 권리실현을 적극적으로 방해해서는 안 된다고 생각하는 것이다. 반면에 대리인적 성격을 중시하면 자신의 의뢰인의 이익을 당파적으로 최대한 주장하는 것이 오히려 사법의 활성화를 가져온다는 철학에 입각하여 피고는 쫓기는 입장이기 때문에 피고의 이익의 옹호,

피고의 입장에 서서 철저하게 항전하는 것은 그 자체로서 수긍된다고 생각하는 것이다. 高橋宏志 교수는 전자를 중시하고, 田中紘三 변호사는 후자를 보다 중시하는 견해에 입각한 것이라고 할 수 있다.

5. 검 토

여기에서 이 문제에 대한 일도양단의 결론을 내리는 것은 곤란하다고 생각된다. 田中紘三 변호사의 견해대로 '지연의 사정이 부득이한지 여부', '수단 · 방법의 위법 · 부당 여부'는 개별 사건마다 구체적으로 결정하여야 하기 때문이다.

변호사는 다수결원리에 의하여 정해진 법령을 기계적으로 적용하여 기존의 법질서를 유지하는 것(법과정에의 충실)만이 아니라 법령과 제도의 민주적 개선에도 노력하여야 한다(법1②, 규(1②). 따라서 소수이단의 의견도 대론적인 당사자주의 소송절차 중에 개진하여 보다 차원 높은 정의를 구축하고 이를 확산시킴으로써 사회를 변혁하는 것도 변호사의 역할이라고 할 수 있다. 이러한 방법의 사회변혁은 자유민주주의에 있어서 당연한 것으로 사법부문의 기능이라고 할 수 있다. 이러한 의미에서 변호사는 일응 법정에서 일방 당사자의 대리인으로서 그 사적 이익을 최대한으로 옹호하는 것이 그 사법기관적 성격에 부응하는 것이라고 할 수 있다. 특히 의뢰인은 변호사가 자신의 이익을 최대화하여 줄 것을 기대하면서 보수를 지급하는 것이기 때문에 변호사는 그 기대에 어긋나지 않도록 하는 것이 보수수령의 기본이 되는 위임의 본지에 따르는 것이 된다.

다만 변호사의 이러한 2가지 측면의 선후를 생각한다면 대리인적 성격이 중핵이 되고 그 한도를 넘거나 일탈하는 것을 방지하기 위한 외부의 틀, 즉 한계로서 사법기관적 성격 내지 공공적 성격을 말할 수 있다. 변호사는 의뢰인의 정당한 이익을 옹호하여야 한다거나, 변호사는 "의뢰인의 범죄행위 기타 위법행위에 협조하여서는 아니 된다"(규11①전단)라는 것도 이와 같은 취지이다.

Ⅲ. 법률상담

법률상담에 있어서 변호사에게 요구되는 윤리적 태도에 관하여 다음의 2가지 사례를 중심으로 살펴보기로 한다.

1. 사실확인 의무[7)]

의사가 전부터 교분이 있는 변호사사무실에 찾아와 상담을 하였다. 그 내용은 법원으로부터 소장이 송달되었는데 어떻게 할 것인가 하는 것이었다. 변호사가 그 소장을 본 바 의사가 경영하고 있던 이미 파산한 회사에 대한 대여금반환청구와 대표이사인 의사에 대한 연대보증채무이행청구사건이었다. 변호사는 의사에 대하여 연대보증을 하였는지 묻자 의사가 그렇다고 답하였다. 변호사는 '방법이 없다'고 말하였고 시간도 2~3분밖에 안 걸렸고 상담료도 받지 않았다. 의사는 자신도 변호사의 의견과 같다고 판단하여 제1회 기일에 출석하지 않았기 때문에 의제자백한 것으로 간주하여 패소하였고 판결은 확정되었다. 그런데 사실은 의사가 '확인서'라는 제목의 서면에 서명날인하였는데 의사는 이 사실에 관하여 연대보증한 것으로 판단하고 변호사에게 연대보증하였다고 대답하였으나 '확인서'의 내용은 연대보증을 위한 서명날인으로 해석할 수 있는지를 판단하기에 미묘한 기재방식이었다. 당해 소송의 원고대리인은 의사의 재산을 철저하게 조사한 후 강제집행을 하고 상당한 고액의 대여금채권, 지연손해금 전액을 회수하였다. 만약 상담을 받은 변호사가 '확인서'를 잘 확인하였더라면 당연히 연대보증의 성부를 다투어 사건을 상당히 유리하게 전개할 수 있었다. 그러나 이를 태만히하여 상담자인 의사에게 연대보증채무의 성부를 다툴 기회를 잃게 하였다고 할 수 있다.

이러한 경우에 상담을 받은 변호사가 어떠한 책임을 부담하는지 문제될 수 있다. 변호사가 상담함에 있어서 사실관계의 정확한 확인을 위하여 관련 서류를 세밀하게 검토하지 않는 것은 성실의무의 위반이 될 수 있다. 따라서 이를 이유로 한 손해배상책임을 부담할 수 있다.

---

7) 小島武司 외 2, 전게서, 167-168면.

2. 제3자에 대한 성실의무[8)]

참고사례 3

영세기업을 경영하는 상담자가 회사의 수표를 부도내어 전부터 교분이 있는 변호사에게 그 대처방법에 관하여 상담을 하였다. 변호사는 상담자의 회사의 상황을 듣고 판단하여 회생절차개시신청 이외의 다른 방법은 없다는 조언을 하고 상담료를 수령하였다. 그리고 "회사 입구에 나의 사무실의 전화번호를 기재하고 ○○변호사가 곧 회생절차개시신청을 할 예정이라는 벽보를 붙이십시오. 나에게 전화가 오면 그와 같이 답하겠습니다"라고 조언하였다. 상담자는 그 조언대로 하여 채권자의 추급을 면하였으나 결국에는 변호사에게 회생절차개시신청의 의뢰를 하지 않았다. 변호사에게 문의를 하는 채권자에 대하여 '회생절차개시신청의 의뢰가 오지 않았다'는 이유로 회생절차개시신청을 하지 않았다고 응답하고 그 사이 상담자는 외상채권을 회수하여 생활비에 사용하였다.

이 경우 변호사의 위와 같은 조언행위가 변호사윤리에 반하는지 문제가 된다.

의뢰인은 회생절차개시신청을 한다고 하면서 시간을 벌 수 있었기 때문에 외상채권을 회수하여 생활비로 보전할 수 있었고, 따라서 변호사는 의뢰인에 대한 관계에서는 성실의무를 다하였다고 할 수 있다. 그러나 이는 변호사윤리상 허용될 수 없다.

변호사는 공공성을 지닌 법률전문직이므로(법2) 공공적 또는 사회적 책임을 진다. 변호사직은 국민의 권리를 지키기 위한 법률업무를 전통적으로 담당하는 사회적으로 신뢰받는 직업이고 이른바 사회적 공기로서의 공공적 존재이다. 따라서 변호사의 이름으로 벽보를 붙이면 관계자는 그 내용을 신뢰한다. 위 사례에 있어서 변호사는 이러한 변호사의 신뢰를 역으로 이용하여 의뢰인의 이익을 도모했다고 할 수 있다. 그러나 이는 변호사의 제3자에 대한 성실의무(또는 공공성의 유지의무)와 충돌된다. 이 경우 의뢰인에 대한 의무와 공공성 중 어느 것을 우선해야 하느냐 하는 문제가 있다. 의뢰인의 권익을 옹호하는 것이 변호사의 주된 책무이나 이는 변호사 지위의 공공성이 그 한계가 될 수밖에 없다. 변호사는 의뢰인의 정당한 이익을 옹호해야 한다. 변호사에 대

---

8) 小島武司 외 2, 전게서, 168-169면.

한 사회적 신뢰가 상실되면 변호사제도 존재 자체가 위협받을 수 있기 때문이다. 따라서 이 경우 공공성의 유지가 우선한다고 해석하여야 한다.[9)]

IV. 협 상

소송을 제기하기 전에 또는 협상을 위한 전 단계로서 상대방에 대한 경고서 발송은 흔히 있는 일이다. 또는 소송을 전제로 하지 않는 경우에도 상대방에게 위법행위를 중지시키기 위해 경고서를 발송하기도 한다. 경고서를 발송하는 것 자체는 의뢰를 받은 변호사로서 비난받을 행위는 아니나 이러한 행위가 모든 경우에 허용되는 것은 아니다. 필요성과 상당성 및 내용 여하에 따라서는 위법이 될수 있고 위법은 아니더라도 변호사의 윤리문제가 되는 경우도 있을 수 있다. 경고서의 발송대상의 경우에도 위법행위자로 생각되는 자에게 직접 송부하는 경우와 그 이외의 제3자에게 송부하는 것과는 차이가 있다. 위법행위자 이외의 자에게는 필요성 · 상당성의 판단이 보다 엄격해야 한다.

특허침해와 관련하여 상대방 등에 대하여 경고장을 발송한 다음의 사례를 살펴보기로 한다.

참고사례 4

갑 변호사는 고문회사인 A사로부터 특허침해문제에 대한 상담을 받았다. A사가 가진 특허권은 공사방법에 관한 특허권이다. A사의 경쟁사인 B사는 A사의 특허권을 침해하고 있다는 의심이 들었는데 A사의 의사는 B사가 현재 행하고 있는 공사를 중지하는 것 및 B사로 하여금 공사를 수주하지 않도록 하는 것이었다. A사와 B사는 이에 관하여 협상하였으나 B사는 A사의 요구에 응하지 않았다. 갑 변호사는 B사의 주장도 상당한 이유가 있으나 A사의 주장에도 합당한 이유가 있고 침해가 인정될 가능성이 어느 정도 있다고 생각하고 재판에 의한 해결은 마땅하지 않다고 판단하여 협상으로 해결하려고 하였다. 갑 변호사는 이를 위해서 B사에 상당한 압박을 가할 필요가 있다고 생각하고, A사에 대하여 "B사의 공사방법은 특허권

9) 일본에서 이와 같은 사례에 대해서 징계처분이 된 경우가 있다(小島武司 외 2, 전게서, 169면).

을 침해하는 것으로 재판에서 침해가 인정되면 거래 기업과 관공서도 책임을 면할 수 없고 나아가서는 형사책임도 문제되므로 B사에 대한 발주를 중지하라. 그래도 요구에 응하지 않으면 B사에 발주한 귀사를 제소하겠다"라는 취지의 내용증명우편을 B사의 거래처에 발송하도록 지시하였다. 그 결과 이 통지를 받은 거래처는 B사에의 발주를 주저하였고 A사는 B사와의 협상을 유리하게 진행시킬 수 있었다.

위 사례에서 갑 변호사의 A사에 대한 지시가 변호사윤리상 문제가 없는가 하는 것이다.

이 경우 침해대상자 및 그 이외의 자에 대하여 경고장을 송부한 후 특허침해소송에서 A사가 패소한 경우, 침해대상자에 대한 경고장의 송부에 관하여 손해배상책임이 인정되지 않는 경우에도, 침해대상자 이외의 자에 대한 경고장의 송부에 관하여는 B사에 대한 신용훼손 등의 이유로 민법상 손해배상책임이 인정될 수 있다. 또, 변호사윤리위반, 즉 위법행위 협조금지(규11①), 제3자에 대한 성실의무(법1②, 강령2, 규2①) 등의 위반에 해당될 수 있다.

특히, 특허권을 가진 자의 의뢰를 받아 특허침해를 한 것으로 의심되는 자와 협상을 추진하는 과정에서 상대방 등에 대하여 경고장을 발송하는 경우에는 유의할 점이 있다.

특허무효심판과 관련하여 종전 우리 판례는 권한분배의 원칙(특허무효는 특허청, 특허해석은 법원)에 따라 특허권이 등록된 이상 이에 대한 무효심결의 확정이 없는 한 공지공용의 기술사상에 대한 등록이라는 이유로 무효라는 주장을 할 수 없다고 하였다.10) 그러나 1983년 대법원 전원합의체 판결로 판례를 변경하여 등록된 특허발명의 전부가 출원 당시 공지공용의 것이었다면 그러한 경우에는 특허무효의 심결의 유무에 관계없이 그 권리범위를 인정할 근거가 상실된다고 판시11)하고 있다.

대법원의 전원합의체 판결 이후에는 형식적으로 유효한 특허가 존재한다고 하더라도 특허무효사유가 존재하는 것이 명백한 때에는 그 특허권에 기한 금지청구나 손해배상청구는 권리남용으로서 허용되지 않는다고 해석된다.12) 그러므로 특허권에 기한 금지청구 등을 대리하는 변호사는 당해 특허의 신규성,

10) 대판 1972. 8. 22. 72다1025.

11) 대판 1983. 7. 26. 81후56.

12) 특허법원 2009. 2. 18. 2007허12961 참조.

진보성에 약간의 의문이라도 있는 경우 그 대리를 수임하는 데에 신중을 기하여야 하는 책임이 따른다.

또 협상에 앞서서 특허침해의 상대방 등에게 문서를 발송하는 경우에도 문서의 내용, 문서발송의 상대방 등에 대하여 충분히 검토하여 신중을 기하여야 윤리위반의 책임을 면할 수 있다.

Ⅴ. 민사집행절차

1. 민사보전처분

민사보전처분절차에서의 프라이버시의 침해, 비밀유지의무와 보전처분의 집행과 관련된 다음의 사례를 통하여 변호사의 윤리문제를 살펴보기로 한다.

가. 민사보전처분절차와 프라이버시의 침해[13)]

변호사가 면회강요금지의 가처분이라는 민사보전처분신청사건에서 소명자료로서 당해 사건과 관계없는 별개의 면회강요금지의 가처분명령서 및 가사조정신청서의 사본을 법원에 제출하였다. 변호사는 동 가처분이 신문없이 결정되었다는 사실을 소명하기 위하여 제출하였다. 그 문서에 제3자의 프라이버시에 관한 사항, 즉 제3자의 국적, 제3자가 양자인 사실 등이 기재되어 있었다.

이 사례에서 변호사는 제3자에 대한 프라이버시를 침해하였다는 이유로 불법행위가 인정되었다.[14)]

이는 변호사의 제3자에 대한 성실의무가 인정된 사례라고 할 수 있다. 위 일본의 판례는 그 논거를 다음과 같이 판시하였다. 즉, "채무자의 신문없이 가처분이 발령된 사례를 법관에게 설명하는 것이 널리 보전의 필요성의 소명으로서 그 필요성을 긍정한다고 하여도 제3자의 프라이버시 보호를 위해 본건

13) 小島武司 외 2, 전게서, 172면.

14) 東京高判 平成11. 9. 22. 判タイムズ 1037호, 195면; 小島武司 외 2, 전게서, 172면.

문서에 상당한 수정을 하는 등의 배려도 없이 그대로 제출할 필요성, 상당성은 인정하기 어렵다"고 하였다. 그리고 "소송활동에 의한 프라이버시 등의 침해가 당사자 사이에 생기는 경우에는 정당한 소송활동의 자유를 근거로 위법성이 조각되는 경우가 적지 않을 것이나, 당사자 이외의 제3자에 대한 프라이버시 등의 침해에 관해서는 소송활동의 자유를 이유로 위법성이 조각되는지 여부의 검토는 당사자 사이에 있어서의 경우보다 더 엄격하게 해야 하고, 당해 소송행위를 하는 것이 이로써 손해를 입은 제3자의 프라이버시의 보호를 상회할 필요성, 상당성 등에 관하여 수긍할 수 있는 특단의 사정이 없는 한 위법성이 있다고 해야 할 것"이라고 하였다.

나. 비밀유지의무와 보전처분의 집행

참고사례 6

세무사와 고객 사이에 고객이 세무사의 보수를 지급하지 않았기 때문에 세무사가 변호사에게 그 보수지급의 청구를 의뢰하였다. 변호사는 채권보전을 위하여 우선 가압류가 필요하였고 이를 위해서 고객의 재산으로서 무엇이 어디에 있는지를 세무사에게 확인하자 세무사는 고객의 세무신고를 행하고 있었기 때문에 직무상 고객의 재산의 소재 및 내용을 알고 있어서 변호사에게 그 내용을 알려주었다. 변호사는 세무사의 회답에 따라서 재산에 대하여 가압류를 신청하였다. 이에 대하여 채무자인 고객으로부터 당해 가압류는 세무사법 제11조[15]의 위반이고, 징계사유에 해당된다는 주장을 하였다.

이 사례에서 세무사법 제11조의 위반은 가압류에 대한 이의신청사유(민집 283), 형사벌의 대상(세무사법22①), 불법행위에 기한 손해배상의 책임 등의 사유가 될 수 있다. 최종적으로는 세무사가 변호사에 대하여 위임의무위반을 이유로 고객으로부터 추급된 민사배상을 구상할 수 있고, 세무사가 형사처벌을 받으면 위자료를 청구할 수 있는 사유가 될 수도 있다. 그 근거는 변호사가 사건을 수임하면 법률 및 사실상의 확인·조사를 행하는 것이 의뢰인에 대한 성실의무를 이행하는 첫걸음이기 때문이다.

15) 세무사법 제11조(비밀 엄수) 세무사와 세무사였던 자 또는 그 사무직원과 사무직원이었던 자는 다른 법령에 특별한 규정이 없으면 직무상 알게 된 비밀을 누설하여서는 아니 된다.

이 경우 변호사는 세무사법 제11조의 존재를 간과하고 가압류절차를 수행하고 결과적으로 세무사에게 민사·형사의 손해를 가한 것으로 인정될 수 있다. 따라서 변호사가 사건을 수임하면 사실과 법령을 충분히 확인하고 또 비밀유지의무의 문제를 항상 염두에 두고 사건을 수행하여야 한다.

2. 민사집행절차

가. 자력구제

이는 주로 가옥명도의 경우에 채권자에 의한 퇴거조치 행위, 채무자의 재산상태가 악화된 경우에 채권자가 채무자에게 납품한 상품을 수거하는 행위, 장기간 임차료를 지불하지 않고 소재불명된 임차인에 대하여 임대인이 여분의 열쇠를 이용하여 방실에 들어가 물건을 처분하는 행위, 행방불명된 임차인이 돌아와도 방실에 들어가지 못하도록 임대인이 자물쇠를 교환하는 행위 등의 사례가 있을 수 있다.

변호사가 집행권원도 없이 이와 같은 행위를 하거나 의뢰인에게 그러한 행위를 하도록 조언한 경우에는 법령준수의무(규3), 성실의무(강령2, 규2①) 등에 위반하여 징계사유가 될 수 있다.

나. 강제집행을 면탈하기 위한 사해행위의 취소대상이 되는 행위를 하도록 조언하는 행위

윤리규약은 "변호사는 의뢰인의 범죄행위, 기타 위법행위에 협조하지 아니한다. 직무수행 중 의뢰인의 행위가 범죄행위, 기타 위법행위에 해당된다고 판단된 때에는 즉시 그에 대한 협조를 중단한다"(규11①)라고 규정하고 있다.

여기에서 채무자인 의뢰인에 있어서 채권자의 공동담보가 되어야 할 적극재산의 감소행위와 소극재산의 증가행위인 민법상의 사해행위,[16] 또는 「채무자회생 및 파산에 관한 법률」의 부인대상행위(동법100)도 위법행위 또는 범죄행위(동법643)가 될 수 있겠으나, 그렇지 않다고 하더라도 그 행위가 반드시 윤리에 반하지 않는다고 할 수 없다. 예컨대, 사해행위의 요건에 부합되지 않는다고 하더라도 채권자의 채권회수행위를 저해하는 경우도 있고 이러한 경우 변

16) 金大貞, 『債權總論』 改訂版, 도서출판 fIdes, 2007, 265-278면 참조.

호사가 그러한 행위를 하도록 조언하였다면 위법행위 협조금지의 위반이 되고(규11①), 나아가 제3자에 대한 성실의무, 변호사직의 공공성에 저촉된다(강령2, 규2①, 법2). 반대로 채무자의 사해행위가 성립하여도 이에 관한 변호사의 조언 방법 여하에 따라서는 반윤리적이라고 할 수 없는 경우도 있을 수 있다. 결국 구체적인 경우 그때그때의 전후 사정에 따라 윤리위반이 되는지 여부가 판단되어야 한다.

12 | 법무법인 등의 직무윤리

도입질문

1. 변호사법이 규정하는 공동법률사무소는 어떠한 유형이 있는가?
2. 법무법인의 업무, 업무집행 방법 및 업무제한의 내용은 무엇인가?
3. 법무법인, 법무법인(유한), 법무조합의 기본적인 차이는 무엇인가?
4. 법무조합의 채무에 대한 법무조합 구성원의 책임에 관하여 민법상 조합의 경우와 다른점은 무엇인가?
5. 우리의 변호사와 외국법자문사의 윤리기준이 동일한가?

Ⅰ. 총　설

(1) 우리나라는 WTO 가입에 따른 법률서비스시장 개방에 대비하여 변호사법을 개정,[1] 변호사업무가 조직적이고 전문적으로 행하여질 수 있는 제도로서 법무법인제도를 처음 도입하였다. 더 나아가 이를 활성화할 목적으로 법무법인으로 하여금 공증인의 직무에 관한 업무도 할 수 있게 하고, 법무법인의 구성원 중 1명 이상에게 요구되는 법조경력의 요건과 관련하여 변호사법을 개정

1) 1982. 12. 31. 법률 제3594호로 개정된 것.

하여 1993. 3. 10. 15년에서 10년으로 완화하였고, 2011. 5. 17. 다시 5년으로 완화하였다.[2)]

한편 2005년 변호사법을 개정하여,[3)] 본격적인 법률서비스시장의 개방에 대비하여 공동법률사무소의 국제경쟁력을 강화하고 전문적 법률서비스를 제공하기 위하여, 대형화에 제약이 있었던 법무법인 외에 법무법인(유한)과 법무조합 제도를 도입함으로써 법률사무소의 대형화, 전문화를 유도하였다.

(2) 변호사법이 규정하는 위 법무법인, 법무법인(유한), 법무조합 외에, 윤리규약은 대한변호사협회 회칙에서 정한 공증인가합동법률사무소 및 공동법률사무소의 구성원, 소속 변호사에 대해서도 법무법인 등에 관한 윤리규약 제5장 제1절의 규정을 준수하도록 요구하고 있다(규46①). 여기에서 공동법률사무소는 위 제1절의 규정 내용에 비추어 앞서 변호사의 이익충돌회피의무에서 살핀 실체적 공동법률사무소를 의미한다고 봄이 타당하다(법31②).[4)5)] 이하 이들 공동법률사무소를 로펌으로 약칭한다.

(3) 또, 법률시장 개방에 따라 국내에서 외국법사무를 취급하는 외국법자문사도 공동의 법률사무소 즉, 외국법자문법률사무소의 형태로 운영될 경우 이는 새로운 유형의 공동법률사무소가 될 것이나, 이는 외국법자문사법의 적용을 받는다.

II. 법무법인 등의 기본적 윤리

여기에서의 기본적 윤리의 준수의무는 법무법인, 법무법인(유한), 법무조합

2) 2011. 5. 17. 법률 제10627호로 변호사법 제45조 제1항이 개정됨에 따라, 2011.10.26. 대통령령 제23265호로 동법 시행령 제12조 제1항도 개정되어, 법무법인의 구성원 중 1명 이상에게 요구되는 경력기간이 종전 10년에서 5년으로 그 기간이 단축되었다.

3) 2005. 1. 27. 법률 제7357호로 개정된 것.

4) 실체적 공동법률사무소는 2명이 이상의 변호사가 업무수행에 관한 통일된 형태를 갖추고 수익 또는 비용을 공동으로 하는 법률사무소를 말한다. 이러한 공동법률사무소에 대하여는 변호사법이 그 설립이나 구성 또는 업수수행 등에 관한 규정을 전혀 두고 있지 않다.

5) 공증인가합동법률사무소의 경우 전술한 '공동법률사무소 충돌형'에서 살핀 바와 같이 실체적 공동법률사무소에 해당되는 경우가 대부분이겠으나, 그 밖의 공동법률사무소의 경우 그 업무수행의 형태, 수익 또는 비용의 공동 여부 등 운영 형태가 다양할 수 있으므로, 그중 실체적 공동법률사무소의 형태로 운영되는 공동법률사무소만이 여기에 해당된다고 봄이 타당하다.

및 대한변호사협회 회칙에서 정한 공증인가합동법률사무소 및 공동법률사무소와 그 구성원, 소속 변호사에 대한 것이다(규46①). 또, 여기에서 공동법률사무소는 실체적 공동법률사무소를 의미한다고 봄이 타당하다는 것은 앞서 살핀 바와 같다.

1. 구성원 등의 규정준수 의무

윤리규약 제46조(법무법인 등의 구성원, 소속 변호사의 규정 준수 의무) ① 변호사법에 의한 법무법인, 법무법인(유한), 법무조합 및 대한변호사협회 회칙에서 정한 공증인가합동법률사무소 및 공동법률사무소(이하 '법무법인 등'이라고 한다)의 구성원, 소속 변호사는 이 절의 규정을 준수한다.
② 구성원 변호사는 소속 변호사가 변호사 업무의 수행에 관련하여 이 절의 규정을 준수하도록 노력한다.
③ 변호사는 다른 변호사의 지시에 따라 업무를 수행하는 경우에도 이 절의 규정을 준수한다.
④ 소속 변호사는 그 업무수행이 이 절의 규정에 위반되는 것인지 여부에 관하여 이견이 있는 경우, 그 업무에 관하여 구성원 변호사의 합리적인 결론에 따른 때에는 이 절의 규정을 준수한 것으로 본다.

로펌의 구성원 변호사는 비밀유지의무(규47), 이익충돌회피의무(규48), 수임관련 정보의 관리의무(규49), 동일 또는 유사 명칭의 사용금지 의무(규50) 등을 준수해야 한다. 또, 소속 변호사가 그 업무의 수행에 관련하여 위와 같은 의무를 준수하도록 노력하여야 한다. 나아가 변호사는 스스로는 물론이고 로펌의 다른 변호사의 지시에 따라 업무를 수행하는 경우에도 위와 같은 의무를 준수해야 한다. 이 규정은 로펌의 구성원이 소속 변호사의 위와 같은 의무불이행에 대하여 윤리적 책임을 질 수 있도록 하는 데에 의미가 있다.

다음, 로펌의 소속 변호사는 업무의 수행이 위와 같은 의무규정에 위반되는지 여부에 관하여 이견이 있는 경우 구성원 변호사의 합리적인 결론에 따른 때에 위와 같은 의무규정을 준수한 것으로 간주된다. 이는 로펌의 구성원과 소속 변호사 사이의 상하 감독체계를 보장하기 위하여, 구성원 변호사의 의견을 따른 소속 변호사의 윤리적 책임을 면하게 하는 것이지만, 구성원 변호사의 감독책임까지 면하게 하는 것은 아니다.

2. 비밀유지의무

윤리규약 제47조(비밀유지의무) 법무법인 등의 구성원 변호사 및 소속 변호사는 정당한 이유가 없는 한 다른 변호사가 의뢰인과 관련하여 직무상 비밀유지의무를 부담하는 사항을 알게 된 경우에는, 이를 누설하거나 이용하지 아니한다. 이는 변호사가 해당 법무법인 등으로부터 퇴직한 경우에도 같다.

로펌 소속의 변호사는 의뢰인으로 수임한 직무와 관련하여 알게 된 비밀을 누설하거나 부당하게 이용해서는 안 된다(규18①). 이와 관련하여 명문의 규정은 없었으나 변호사법 제31조 제2항의 취지에 비추어 로펌의 다른 변호사가 위와 같은 비밀을 인지한 경우에도 역시 비밀유지의무를 부담한다고 해석되어 왔다. 윤리규약 제47조는 해석상 인정된 위와 같은 비밀유지의무를 명시적으로 규정한 것이다.

3. 수임제한

윤리규약 제48조(수임 제한) ① 제22조 및 제42조의 규정은 법무법인 등이 사건을 수임하는 경우에 준용한다. 다만, 제2항에서 달리 정하는 경우는 제외한다.
② 법무법인 등의 특정 변호사에게만 제22조 제1항 제4호 또는 제42조에 해당하는 사유가 있는 경우, 당해 변호사가 사건의 수임 및 업무수행에 관여하지 않고 그러한 사유가 법무법인 등의 사건처리에 영향을 주지 아니할 것이라고 볼 수 있는 합리적 사유가 있는 때에는 사건의 수임이 제한되지 아니한다.
③ 법무법인 등은 제2항의 경우에 당해 사건을 처리하는 변호사와 수임이 제한되는 변호사들 사이에 당해 사건과 관련하여 비밀을 공유하는 일이 없도록 합리적인 조치를 취한다.

(1) 변호사법 및 윤리규약을 모아 보면, 변호사에 대한 수임제한의 규정인 변호사법 제31조 제1항, 윤리규약 제22조의 규정은 로펌에도 적용 또는 준용된다(법31①,②, 57, 58의16, 58의30, 규22, 48①본).[6] 또, 윤리규약 제42조의 겸직하고 있는 정부기관의 사건에 대한 수임제한도 로펌에 대하여 준용된다(규48①

6) 변호사법 제31조 제2항은 같은 조 제1항 각호 즉, 1, 2, 3호 중 제1호 및 제2호의 경우에만 이를 적용하고 있으나, 같은 조 제1항 전부를 법무법인, 법무법인(유한), 법무조합에 준용하고 있고(법57, 58의16, 58의30), 또, 윤리규약 제46조 제1항, 제48조 제1항의 규정에 의하여 결국 로펌 모두에 대하여 변호사법 제31조 제1항이 적용된다.

본). 이에 따라 다수의 변호사가 활동하는 대형 로펌에 있어서는 이익충돌의 확장 때문에 그중의 한 사람의 변호사에게 위 수임제한의 사유가 존재하면 로펌의 다른 변호사도 그 사건을 수임할 수 없다. 이를 철저하게 관철할 경우, 그러한 사건을 수임하여도 사건처리에 영향이 없음에도 불구하고 로펌은 그 사건을 수임할 수 없고, 의뢰인은 변호사선택권을 제한받는 등 현실적으로 불합리한 결과가 발생한다.

(2) 이에 따라 윤리규약 제48조 제2항은 수임제한의 대상사건 중 '상대방 또는 상대방 대리인과 친족관계에 있는 경우'(규22①iv) 및 겸직하고 있는 정부기관의 사건(규42) 등 2개의 수임제한사유에 대해서는 일정한 요건하에 수임제한의 예외를 인정한 것이다. 로펌 소속의 특정 변호사에게만 2개의 수임제한사유가 있는 경우, 당해 변호사가 사건의 수임 및 업무수행에 관여하지 않고, 그러한 사유가 법무법인 등의 사건처리에 영향을 주지 아니할 것이라고 볼 수 있는 합리적 사유가 있는 때라야 한다. 예컨대, X 법무법인의 갑 변호사가 A와 친족관계에 있는 경우 같은 법무법인의 을 변호사가 A의 상대방인 B로부터 사건수임을 의뢰받은 때에, 원칙적으로는 갑과 을은 같은 법무법인에 소속되어 있으므로 을 변호사는 B로부터 사건을 수임할 수 없고 다만 의뢰인 B가 양해한 경우에 수임할 수 있다(규22①iv). 그러나 윤리규약 제48조 제2항의 요건이 충족되면 의뢰인 B가 양해하지 않더라도 B로부터 사건을 수임할 수 있다는 것이다.

(3) 다만, 로펌은 위와 같이 예외적으로 사건을 수임할 수 있는 경우 당해 사건을 처리하는 변호사(위 예에서 을 변호사)와 수임이 제한되는 변호사(위 예에서 갑 변호사)들 사이에 이른바 차단막을 설치하여 당해 사건과 관련하여 비밀을 공유하는 일이 없도록 합리적인 조치를 취하여야 한다(규48③).

4. 수임관련 정보의 관리

윤리규약 제49조(수임 관련 정보의 관리) 법무법인 등은 전조의 규정에 의해 수임이 제한되는 사건을 수임하지 않도록 의뢰인, 상대방 당사자, 사건명 등 사건 수임에 관한 정보를 관리하고, 필요한 합리적인 범위 내에서 사건 수임에 관한 정보를 구성원 변호사들이 공유할 수 있도록 적절한 조치를 취한다.

다수의 변호사가 활동하는 로펌의 경우 수임제한의 사유를 인식하지 못하고 수임제한의 사건을 수임할 수도 있다. 이를 방지하기 위하여 로펌은 수임사건에 관한 정보를 관리하고 사건 수임에 관한 정보를 다른 변호사들이 공유하도록 해야 한다.

5. 동일 또는 유사 명칭의 사용 금지

윤리규약 제50조(동일 또는 유사 명칭의 사용 금지) 변호사법에서 정한 바에 따라서 설립된 법무법인, 법무법인(유한), 법무조합이 아닌 변호사의 사무소는 그와 동일 또는 유사한 명칭을 사용하지 아니한다.

개인 변호사사무소 또는 공동법률사무소는 법무법인, 법무법인(유한), 법무조합과 동일하거나 유사한 명칭의 사용이 금지된다. 이는 공정한 경쟁질서를 보호하기 위한 것으로, 변호사법 제44조의 취지를 반영한 것이다. 변호사법 제44조는 "법무법인은 그 명칭 중에 법무법인이라는 문자를 사용하여야 한다."(제1항), "법무법인이 아닌 자는 법무법인 또는 이와 유사한 명칭을 사용하지 못한다."(제2항)라고 규정하고 있다.

서울고등법원 2008. 7. 2. 선고 2007나118684 판결

상호 내지 명칭의 등기가 불가능한 개인 변호사와는 달리 법무법인은 구 비송사건절차법(현행 상업등기법)의 상업등기에 관한 규정에 따라 그 명칭을 등기할 수 있고(개인 상인과는 달리 상호등기부에 따로 등기되는 것은 아니고, 설립등기의 일부로서 '민법법인 및 특수법인등기규칙'에 따라 특수법인등기부에 등기될 뿐이다), 법무법인의 '명칭'은 법무법인이 사업상 자기를 표시하기 위하여 사용하는 칭호로서 상인의 상호와 거의 동일한 기능을 수행하고 있으며, 법무법인의 등기에 준용되는 구 비송사건절차법의 상업등기에 관한 규정 중 제164조의 적용이 배제되어야 할 이유가 없을 뿐만 아니라, 만약 법무법인 설립등기에 위 규정이 적용되지 않으면 선등기한 법무법인과 동일한 명칭으로 법무법인 설립등기를 신청할 때 이를 각하할 근거가 없게 되어 부당하므로, 법무법인의 '명칭'에 상호의 등기와 보호에 관한 상법 제22조, 제23조 등과 구 비송사건절차법 제164조 등의 규정이 준용된다.

원고 법무법인[서울종합 법무법인]의 명칭에서 '종합'은 종합적인 법률사무를 취급한다는 의미에 불과하고 법무법인이나 변호사사무소의 명칭에 흔히 부가되는 단어여서 그 자체로

식별력을 인정할 수 없는 점, '서울'역시 대한민국의 수도로서 현저한 지리적 명칭에 해당할 뿐만 아니라, 서울특별시 내에는 '서울'이란 단어를 사용하는 법무법인으로 원·피고 법무법인 외에도 "법무법인 서울중앙", "서울국제 법무법인", "법무법인 서울제일", "법무법인 바른길 서울" 등이 있어 '서울' 자체가 상호로서의 식별력을 가진다고 보기 어려운 점, 원·피고 법무법인의 전체 명칭은 '법무법인'이 표시된 위치와 총 글자 수가 달라 원고 법무법인의 명칭을 '법무법인 서울'로 약칭 내지 통칭할 가능성이 거의 없는 점 등을 종합할 때, 피고 법무법인[법무법인 서울]의 명칭이 일반 수요자들로 하여금 원고 법무법인의 영업으로 오인·혼동케 할 염려가 있다고 할 수 없다.

☞ [부록 2] 개정안 제91조의2 참조.

Ⅲ. 법무법인 등의 구성 및 윤리적 책임

여기에서는 법무법인, 법무법인(유한), 법무조합에 대하여 살피기로 한다.

1. 법무법인

가. 설립절차

법무법인을 설립하려면 구성원이 될 변호사가 정관을 작성하여 주사무소 소재지의 지방변호사회와 대한변협을 거쳐 법무부장관의 인가를 받아야 한다(법41). 설립인가를 받으면 2주일 이내에 '목적, 명칭·주사무소 및 분사무소의 소재지, 구성원의 성명·주민등록번호 및 법무법인을 대표할 구성원의 주소, 출자의 종류·가액 및 이행부분' 등의 사항에 대하여 등기하여야 한다(법43). 설립인가를 받아 설립등기를 마치면 그때로부터 7일 이내에 소속 지방변호사회를 거쳐 대한변협에 이를 신고하여야 한다.[7] 정관이나 구성원 등의 변경이 있는 경우에도 법무부장관의 인가를 받아 등기하여야 하고 소속 지방변호사회를 거쳐 대한변협에 신고하여야 한다(법41, 43).[8]

7) 법무법인 및 법무법인(유한)의 설립 등에 관한 규칙(대한변협 규칙 제17호) 제5조 제1항.
8) 법무법인 및 법무법인(유한)의 설립 등에 관한 규칙(대한변협 규칙 제17호) 제5조 제1항.

나. 명칭, 구성원 및 사무소

(1) 법무법인은 명칭 중에 법무법인이라는 문자를 사용하여야 하고, 법무법인이 아닌 자는 법무법인 또는 이와 유사한 명칭을 사용하지 못한다(법44).

(2) 법무법인은 3명 이상의 변호사로 구성하며, 그중 1명 이상이 통산하여 5년 이상 법원조직법 제42조 제1항[9] 각호의 어느 하나에 해당하는 직에 있었던 자이어야 한다(법45①).[10] 위 구성원의 요건을 충족하지 못하게 된 경우에는 3개월 이내에 보충하여야 한다(법45②). 각 구성원은 금전 또는 노무를 출자할 수 있고, 정관에는 출자의 가액, 평가기준 및 지분을 기재하여야 한다.[11] 법무법인은 구성원 아닌 소속 변호사를 둘 수 있다(법47).

서울중앙지법 2005. 11. 11. 선고 2005가합33355 판결[12]

- 자격등록 및 개업신고를 마친 모든 변호사는 법무법인 소속 변호사의 경우라도 개개인이 독립된 법률전문직 변호사로서 개별적으로 직무를 수행하는 지위에 있다고 볼 수 있으나, 법무법인의 설립은 구성원 변호사에 의하여 이루어지고 운영에 관한 의사결정권도 구성원 변호사에게 전속하며, 소속 변호사는 법무법인의 이름으로만 변호사 업무를 수행할 수 있고 담당 변호사도 구성원 변호사와 공동으로만 지정될 수 있는 점, 구체적인 업무수행 내용도 구성원 변호사가 결정하고, 그 업무수행 과정에서도 구성원 변호사의 지휘·감독을 받는 것이 통례인 점, 구성원 변호사와는 달리 소속 변호사의 경우 지분을 보유하지 않아 법무법인의 이익 배분에 참여할 수 없는 점, 원고들에 대한 급여지급분에 대하여 근로소득세원천징수가 이루어지고 있고, 대한변협에서도 법무법인 소속 변호사에 대하여 그 근로자성을 인정하는 질의회신을 한 사실을 인정할 있는 점 등을 모두 종합해볼 때, 결국 법무법인 소속 변호사는 법인에 대하여 임금을 목적으로 종속적인 관계에서 근로를 제공하는 근로자의 지위에 있다.

---

9) 법원조직법 제42조(임용자격) ① 대법원장과 대법관은 15년 이상 다음 각호의 직에 있던 40세 이상의 자 중에서 임용한다.
1. 판사·검사·변호사
2. 변호사의 자격이 있는 자로서 국가기관, 지방자치단체, 국·공영기업체, 정부투자기관 기타 법인에서 법률에 관한 사무에 종사한 자
3. 변호사의 자격이 있는 자로서 공인된 대학의 법률학 조교수 이상의 직에 있던 자

10) 2011. 5. 17. 법률 제10627호로 개정된 변호사법(2011. 5. 17. 시행).

11) 법무법인 및 법무법인(유한)의 설립 등에 관한 규칙(대한변협 규칙 제17호) 제2조 제1항에 따른 법무법인정관준칙 제6조.

12) 박준, 전게서, 416-419면.

■ 법무법인 구성원 변호사는 소속 변호사와 달리 출자지분에 따라 이익배당을 받을 수 있고, 구성원회의에 참석하여 의결권을 행사할 수 있는 점에서, 종속적인 관계에서 근로를 제공하고 그 대가로 임금을 지급받는 지위에 있다고 볼 수는 없다.

---

(3) 법무법인은 분사무소를 둘 수 있고 분사무소의 설치기준에 대하여는 대통령령으로 정하고 있다(법48①). 분사무소를 둔 경우 주사무소에는 통산하여 5년 이상 법원조직법 제42조 제1항 각호의 어느 하나에 해당하는 직에 있던 사람 1명을 포함하여 구성원의 3분의 1이상이 주재하여야 하고 분사무소에는 1명 이상의 구성원이 주재하여야 한다(영12①). 여기에서 '주재'라 함은 반드시 24시간 내내 그 사무실을 벗어나지 못한다는 것이 아니라 사회통념상 그 변호사의 근무 장소가 당해 사무소인 것으로 인식할 수 있을 정도로 상근하여야 한다는 의미이다. 따라서 주사무소에서 직무를 수행하는 구성원으로 신고한 변호사가 신고와 다르게 분사무소에서 업무를 수행하는 것은 허용되지 않는다. 다만, 분사무소에서의 업무처리 내지 업무협조가 사회통념에 비추어 극히 일시적인 것에 불과한 경우에는 문제되지 않는다.[13] 분사무소는 시 · 군 · 구(자치구를 말함) 관할구역마다 1개를 둘 수 있고(영12③), 분사무소에는 법무법인의 분사무소임을 표시하여야 한다(영12④). 여기에서 시 · 군 · 구(자치구에 한함)만 달리한다면 분사무소의 설립 수에 대한 제한은 없으나 공증업무는 주사무소에서만 가능하고,[14] 분사무소 구성원이 주사무소에서 공증업무를 수행할 수는 없다.[15]

다. 법무법인의 업무, 업무집행 및 업무제한

여기에서의 법무법인에 관한 규정(제49조부터 제52조까지)은 법무법인(유한), 법무조합에도 준용된다(법58의16, 58의30).

---

13) 대한변협 2007. 9. 17. 법제 제2326호(축조, 대한변협, 2009, 264면).
14) 법무부 2000. 10. 17. 질의회신(축조, 대한변협, 2009, 264-265면).
15) 법무부 2002. 6. 12. 질의회신(축조, 대한변협, 2009, 272면).

(1) 법무법인의 업무 및 그 집행방법

기본사례 1

① X 법무법인은 A가 소유하는 건물을 임차하였으나 임차기간 만료 전에 A가 건물명도청구소송을 제기하여 응소하려고 한다. X 법무법인이 위 사건을 응소함에 있어서 담당변호사를 지정하여야 하는가?

② X 법무법인은 B로부터 C에 대한 대여금반환청구사건을 수임하여 C에 대하여 민사소송을 제기하려고 한다. X 법무법인은 위 제소에 있어서 대표변호사가 소송을 수행할 수 있는가?

법무법인은 변호사법과 다른 법률에 따른 변호사의 직무에 속하는 업무를 수행한다(법49①). 법무법인은 다른 법률에서 변호사에게 그 법률에 정한 자격을 인정하는 경우 그 구성원이나 구성원 아닌 소속 변호사가 그 자격에 의한 직무를 수행할 수 있을 때에는 그 직무를 법인의 업무로 할 수 있고(법49②), 이 경우 그 직무를 수행할 수 있는 변호사 중에서 업무를 담당할 자를 지정하여야 한다(법50②).

대한변협 2004. 9. 22. 법제 제2067호[16]

변리사의 직무가 변호사의 직무에 포함되고 법무법인의 구성원 또는 소속변호사는 변리사의 자격이 있으므로 변리사로 등록을 하고 변리사 업무를 행하는 것은 허용된다. 그런데 변호사법 제49조 제2항에 의해 법무법인은 다른 법률에서 변호사에게 그 법률에 정한 자격을 인정하는 경우 법무법인의 구성원 또는 구성원 아닌 소속 변호사가 그 자격에 의한 직무를 행할 수 있는 때에는 그 직무를 법인의 업무로 행할 수 있는바, 법무법인의 변호사가 변리사 등록을 하였을 경우에 그 법무법인의 직무로서 변리사 업무를 수행할 수 있고, 법무법인 분사무소의 변호사도 변리사 등록을 하고 그 법인의 직무로서 변리사 업무를 행할 수 있다.[17]

법무법인은 법인 명의로 업무를 수행하며 그 업무를 담당할 변호사를 지정

16) 축조, 대한변협, 2009, 267면.

17) 대한변협 2004. 6. 30. 법제 제1639호(축조, 대한변협, 2009, 271면)도 같은 취지.

하여야 하고, 구성원 아닌 소속 변호사에 대하여는 구성원과 공동으로 지정하여야 한다(법50①). 법무법인이 위 업무담당 변호사를 지정하지 않은 경우에는 구성원 모두를 담당변호사로 지정한 것으로 보며(법50③), 담당변호사가 업무를 담당하지 못하게 된 경우에는 지체 없이 다시 담당변호사를 지정하여야 하고, 다시 담당변호사를 지정하지 않은 경우에는 구성원 모두를 담당변호사로 지정한 것으로 본다(50④). 담당변호사는 지정된 업무를 수행할 때 각자가 그 법무법인을 대표한다(법50⑥). 업무에 관하여 작성하는 문서에는 법인명의를 표시하고 담당변호사가 기명날인하거나 서명하여야 한다(법50⑦).

1 대한변협 2008. 10. 14. 법제 제2411호[18)]

법무법인의 정관에 구성원변호사로 기재되었다가 나중에 삭제된 경우 그 변호사는 구성원변호사의 지위를 상실하였다. 위 변호사를 소속변호사로 채용신고하였다면 법무법인은 변호사법 제50조 제3항의 규정에 따라 구성원 모두를 담당변호사로 지정한 것으로 보아야 한다. 위 변호사를 소속 변호사로 채용신고를 하지 않았다면 위 변호사는 구성원변호사의 지위를 상실함과 동시에 법무법인의 소속변호사도 아니므로 위 변호사를 담당변호사로 지정한 것은 변호사법 제50조 제1항에 위반한 것이고 위와 같은 경우도 법무법인은 구성원 모두를 담당변호사로 지정한 것으로 보아야 한다.

2 대한변협 2013. 3. 19. 질의회신 제711호

법무법인에서 구성원변호사와 공동으로 담당변호사로 지정된 소속변호사라고 하더라도 담당변호사로 지정되기만 하면 변호사법 제50조 제6항에 따라 각자 당해 법무법인을 대표하여 업무를 수행할 권한을 가지며, 담당변호사를 구성원변호사로 한정할 필요는 없다. 따라서 단독으로 법무법인 명의의 준비서면을 제출할 수 있다. 소속 변호사가 구성원변호사의 지휘, 감독을 벗어나서 임의로 법인 명의로 업무를 처리함으로써 발생하게 되는 문제는 당해 소속변호사와 법무법인 사이의 문제일 뿐, 이로 인하여 대외적인 행위의 효력이 달라지는 것은 아니다. 현실적으로 소속변호사가 단독으로 법원에 출석하여 변론에 임하고 있는 사정을 고려할 때, 소속변호사가 준비서면을 단독으로 제출할 수 없다고 하면서 변론만 단독으로 할 수 있다고 보는 것은 모순이다.

18) 축조, 대한변협, 2009, 273면.

(2) 법무법인이 행한 공증사건에 관한 수임금지

기본사례 2

A는 X 법무법인 소속의 변호사로서 유언을 공증하였는데 유언자의 사망 후 공동상속인 중 1인이 수증자(공증된 유언장에 따른 수증자)를 상대로 유류분반환청구권을 행사하였는바, X 법무법인이 위 수증자를 대리할 수 있는가?

법무법인은 그 법인이 인가공증인으로서 공증한 사건에 관하여는 변호사 업무를 수행할 수 없다(법51본). 즉, 대통령령으로 정하는 다음과 같은 경우에는 업무수행이 불가능하다(법51단). 즉, i) 법률행위나 그 밖의 사권에 관한 사실에 대한 공정증서를 작성한 사건, ii) 어음, 수표 또는 이에 부착된 보충지에 강제집행할 것을 적은 증서를 작성한 사건, iii) 법인의 등기절차에 첨부되는 의사록을 인증한 사건, iv) 상법 제292조[19] 및 그 준용규정에 따라 정관을 인증한 사건 등이다(영13).

이러한 공증사건에 대한 변호사의 업무제한의 취지는 공증의 효력에 대한 사건에서 공증인이 스스로 그 효력에 대해서 어느 일방을 대리하는 행위를 하는 것은 공증제도의 중립성을 흔드는 것이기 때문이다.[20]

1 대법원 1975. 5. 13. 선고 72다1183 판결

본건에 적용될 구 간이절차에 의한 민사분쟁사건처리특례법 제9조 제1항에 의하면 공증사무를 처리하는 합동법률사무소의 구성원인 변호사는 합동하여 법률사무에 종사하게 되어 있음이 소론과 같고 또 같은 법 제12조 제1항의 규정에 의하면 공증에 관한 문서는 합동법률사무소 명의로 작성하고 그 합동법률사무소 구성원이 5인 이상인 때에는 3인이, 구성원이 3인 이상인 때에는 변호사 2인이 공동서명날인 하여야 하게 되어 있으며 같은 법 제16조의 규정에 의하면 합동법률사무소에 관하여 같은 법에 규정이 있는 것을 제외하고는 그 업무에 관하여 변호사법을 준용하게 되어 있다. 이러한 규정 등에 의하면 합동법률사무소의 구성원인 변호사는 법률상 합동하여 공증사무를 처리하는 것이고 따라서 공증에 관한 문서도 합동법률사무소 명의로 작성되는 것이므로 합동법률사무소가 공증한 사건에 관하여는 그 공정증서에 서명날인한 변호사는 물론 그에 서명날인하지 아니한 변호사라

19) 상법 제292조(정관의 인증) 정관은 공증인의 인증을 받음으로써 효력이 생긴다.
20) 대한변협 2014. 8. 14. 질의회신 제832호.

할지라도 소속 합동법률사무소 명의로 공증된 사건에 관하여는 변호사법 제16조가 준용되는 것으로 해석하여야 할 것이며 따라서 합동법률사무소 명의로 공정증서가 작성된 경우에는 그 소속구성원인 변호사는 그 공정증서에 서명날인한 여부에 불구하고 변호사법 제16조 제2호의 규정에 의하여 그 직무를 행사할 수 없는 것이다.

2 대한변협 2007. 8. 23. 법제 제2161호

A법무법인이 약속어음 공증을 해준 뒤 채권자가 이를 기초로 전부명령을 받아 전부금청구소송을 제기하는 경우 약속어음 공정증서에 기한 전부금 청구소송은 공정증서에 기한 강제집행 사건이므로 A법무법인이 전부금청부소송을 대리할 수 없다.[21)]

3 대한변협 2014. 8. 14. 질의회신 제832호

법무법인 A에서 갑과 을 사이에 약속어음 공정증서를 작성한 후 위 공정증서에 기하여 B 소유의 유체동산을 경매하여 경매절차가 진행되자, 을의 다른 채권자 병이 위 약속어음 공정증서가 원인관계 없이 발행된 약속어음을 공증한 것이라는 이유로 배당이의의 소를 제기하는 경우, 약속어음 공정증서에 기하여 이루어진 경매의 배당절차에 관하여 원인채권의 흠결을 이유로 하는 배당이의의 소송은 그 실질상 약속어음채권의 존부를 다투는 소송으로 원인관계의 존부가 쟁점이 되는 사건이며 공증자체의 효력을 다투는 소송이라고 볼 수 없으므로, 법무법인의 수임을 제한하는 사유에 해당하지 않는다.

4 법무부 2003. 6. 2. 질의회신

공증인가 법무법인에서 민사소송사건의 증인에 대한 증인진술서를 인증해준 경우 증인진술서 인증은 변호사법시행령 제13조에서 규정하고 있는 바가 아니므로 동 법무법인에서 그 민사소송사건을 수임할 수 있다.[22)]

5 법무부 2001. 2. 질의회신

법무법인에서 변호사업무를 수행하는 사건에 관하여 당해 법무법인은 공증인법상 대리인 또는 이해관계가 있는 자로 해석함이 상당하여 같은 법무법인 명의로 일체의 공증업무를 행할 수 없다. 이는 이미 법무법인에서 소송을 수임한 이상에는 같은 법무법인에서 그와

21) 축조, 대한변협, 2009, 278면.
22) 축조, 대한변협, 2009, 279면.

관련된 각종 증거관계 서류에 대한 공증업무(사서인증을 포함)를 수행하는 것이 부적절(소송 상대방측으로부터 증거조작여부에 대한 강한 의심을 받게 될 소지가 다분함)하기 때문으로, 법무법인에서 사서증서 인증한 사건을 같은 법무법인에서 후에 수임하는 것이 가능하다는 점과 모순되는 것이 아니다.[23)]

---

(3) 법무법인 구성원 등의 업무제한

기본사례 3

P가 X 법무법인에게 위임하여 행정기관 Q를 상대로 한 행정소송을 제기하였고 그 소송에서 X 법무법인은 소속 변호사인 A, B를 담당변호사로 지정하여 위 소송을 진행 중에 있는바, 이러한 상황에서 행정기관 Q는 X 법무법인 소속 C 변호사를 고문변호사로 위촉한 경우 어떠한 문제가 있는가?

법무법인의 구성원 및 구성원 아닌 소속변호사는 자기나 제3자의 계산으로 변호사의 업무를 수행할 수 없다(법52①).

법무법인의 구성원이었거나 구성원 아닌 소속 변호사이었던 자는 법무법인의 소속 기간 중 그 법인이 상의를 받아 수임을 승낙한 사건에 관하여는 변호사의 업무를 수행할 수 없다(법52②).[24)]

☞ [부록 2] 개정안 제52조 참조.

1 대한변협 2008. 7. 25. 질의회신 제409호

변호사는 세무사 자격이 있으므로 법무법인 구성원변호사가 세무사로서의 업무를 수행하는 것은 가능하다. 변호사법 제52조 제1항은 성질상 강행규정으로 보아야 할 것이며, 그 결과 법무법인 구성원변호사는 법무법인의 구성원으로서(즉, 법무법인의 사업자등록 하에서)만 세무업무를 수행할 수 있으며, 세무사로서 별도의 사무실을 설치할 수 없다.

---

23) 축조, 대한변협, 2009, 279면.

24) 동 조문의 해석론에 관하여는 "제6장 변호사의 이익충돌회피의무" 참조.

② 대한변협 2007.8.23. 법제 제2163호[25)]

■ **질의요지**: X법무법인에 있을 때 L1변호사가 담당하였던 a사건을 L1변호사가 법인 탈퇴 후 의뢰인이 X법무법인과 계약을 해지하고 L1변호사에게 a사건을 의뢰하는 경우, L1변호사는 a사건을 수임할 수 있는지 또는 L1변호사가 공동대리인 또는 복대리인으로 선임되는 것이 가능한지 여부

■ **회신요지**: 변호사법 제52조 제2항의 취지는 법무법인의 구성원 및 소속 변호사이었던 자가 법무법인의 의사에 반하여 같은 사건에 관하여 변호사의 업무를 수행할 수 없다는 것이므로, L1변호사가 a사건을 수임하는 것이 X법무법인의 의사에 반하는 경우에는 위 경우 모두 수임이 불가하다.[26)]

③ 대한변협 2010.4.7. 질의회신 제513호

■ **질의요지**: ① X법무법인에 있을 때 a사건을 담당하였던 L변호사가 법인 탈퇴 후 의뢰인이 X법무법인과 위임계약을 해지하고 L변호사 또는 L변호사가 소속된 Y법무법인에게 a사건을 의뢰하는 경우 이를 수임할 수 있는지 여부

② X법무법인에 있을 때 a사건을 담당하였던 L변호사가 법인 탈퇴 후 의뢰인이 L변호사 또는 L변호사가 소속된 Y법무법인에게 a사건의 상소심을 의뢰하는 경우 이를 수임할 수 있는지 여부

■ **회신요지**: ①의 경우, 변호사는 탈퇴 전 법무법인에 속한 중에 그 법인이 의뢰인과 상의하여 수임을 승낙한 사건을 탈퇴 후에 수임하는 것은 허용되지 않는다. ②의 경우, 변호사가 탈퇴 전에 속한 법무법인이 수임을 승낙한 사건의 당해 심급이 종결된 후에 그 사건의 상소심을 수임하는 것은 변호사법 제52조 제2항의 수임제한범위에 포함되지 않는다.

라. 법무법인의 소위 전관예우 방지 관련 의무

변호사법은 공직자윤리법 제3조에 따른 재산등록의무자 및 대통령령으로 정하는 일정 직급 이상의 직위에 재직했던 변호사 아닌 퇴직공직자가 법무법인에 취업함에 따라 발생할 수 있는 전관예우의 폐해를 방지하기 위하여 법무법인 등으로 하여금 일정한 자료 제출 등의 의무를 과하고 있다. 이러한 의무는 법무법인(유한), 법무조합, 실체적 공동법률사무소에도 적용된다(법89의6①,③).

---

25) 축조, 대한변협, 2009, 282면.

26) 공동대리, 복대리의 경우 대한변협 2007.8.23. 질의회신 348호 참조.

법무법인은 퇴직공직자가 취업한 경우 지체 없이 취업한 퇴직공직자의 명단을 주사무소 관할의 지방변호사회에 제출하여야 하고, 매년 1월 말까지 업무활동내역 등이 포함된 전년도 업무내역서[27]를 같은 지방변호사회에 제출하여야 한다(법89의6①).[28] 여기에서 취업이라 함은 퇴직공직자가 근로 또는 서비스를 제공하고 그 대가로 임금·봉급, 그 밖에 어떠한 명칭으로든지 금품 또는 경제적 이익을 받는 일체의 행위를 말한다(법89의6②).

이와 관련하여 지방변호사회는 법무법인 등으로부터 제출받은 취업한 퇴직공직자 명단, 업무내역서를 윤리협의회에 제출하여야 하고(법89의6④), 윤리협의회 위원장은 위 자료를 검토하여 관련자들에 대한 징계사유나 위법의 혐의가 있는 것을 발견하면 대한변호사협회의 장에게 징계개시를 신청하거나 지방검찰청 검사장에게 수사를 의뢰할 수 있다(법89의6⑤).

☞ [부록 2] 개정안 제89조의6 참조.

마. 인가취소 및 해산

법무부장관은 법무법인이 구성원 요건을 충족하지 못하게 된 경우, 업무집행에 관하여 법령을 위반한 경우 등 사유가 있을 때에는 설립인가를 취소할 수 있다(법53). 법무법인은 또 구성원 전원의 동의, 합병, 파산, 설립인가의 취소, 정관이 정한 해산사유의 발생 등의 경우에 해산한다(법54①).

바. 합병 및 조직변경

법무법인은 구성원 전원이 동의하면 다른 법무법인과 합병할 수 있다(법55①).

법무법인(유한) 또는 법무조합의 설립요건을 갖춘 법무법인은 구성원 전원의 동의가 있으면 법무부장관의 인가를 받아 법무법인(유한) 또는 법무조합으로 조직변경을 할 수 있다(법55의2①). 이 경우 법무법인에 현존하는 순재산액이 새로 설립되는 법무법인(유한)의 자본총액보다 적은 때에는 구성원의 동의가

27) 업무내역서에는 퇴직공직자가 관여한 사건·사무 등 업무활동내역 및 그 밖에 대통령령으로 정하는 사항을 기재하여야 한다(법89의6⑥).

28) 이 규정은 공직에서 퇴임한 변호사에 대한 이른바 전관예우를 방지하여 공직 전반에 대한 국민의 신뢰를 확보하고 관련 업무의 공정성과 객관성을 담보하기 위한 것이다(법무부, 변호사법 일부 개정법률 공포안 참조).

있을 당시의 구성원들이 연대하여 그 차액을 보충하여야 한다(법55의2③). 조직변경된 법무법인(유한) 또는 법무조합의 구성원 중 종전의 법무법인의 구성원이었던 자는 조직변경으로 법무법인의 해산등기를 하기 전에 발생한 법무법인의 채무에 대하여 법무법인(유한)의 경우에는 등기 후 2년이 될 때까지, 법무조합의 경우에는 등기 후 5년이 될 때까지 법무법인의 구성원으로서 책임을 진다(법55의2④).

사. 합명회사에 관한 규정의 준용

법무법인에 관하여 변호사법에 정한 것 외에는 상법 중 합명회사에 관한 규정을 준용한다(법58). 따라서 출자, 업무집행, 의사결정, 법무법인과 구성원의 이익충돌, 손익분배, 구성원의 책임 등에 관하여는 변호사법에 규정하지 않은 사항에 대해서 합명회사에 관한 규정이 준용된다. 이하 주요한 사항에 대해서만 살펴본다.

출자에 관해서는 구성원은 정관에 의해 확정된 출자의무를 이행하여야 한다(상179ⅳ). 출자란 사원이 회사의 목적사업을 운영하는 데 필요한 고유의 재산을 구성할 금전 기타 재산, 노무 또는 신용을 제공하는 것을 말한다.[29)]

업무집행에 관해서는 대표 변호사가 법인을 대표하거나 또는 합명회사의 자기기관의 원칙[30)]에 따라서 구성원 변호사가 각자 법인을 대표할 수 있도록 하고 있다.[31)] 의사결정에 대하여는 합명회사의 사원총회와 유사한 구성원 변호사 전원으로 구성되는 구성원회의를 구성하여 대표 변호사의 선임 및 해임, 법인의 운영에 관한 사항 등을 결정하도록 하고 있다.[32)]

구성원의 이익충돌에 관해서는, 법무법인정관준칙은 구성원은 다른 구성원 과반수의 결의가 있는 때에 한하여 자기 또는 제3자 계산으로 법인과 거래할 수 있고, 이 경우에는 민법 제124조의 규정을 적용하지 아니한다고 하여(동 준칙8) 합명회사에 있어서의 자기거래제한(상199)의 취지를 살리고 있다.

손익분배에 있어서는 합명회사는 주식회사와 달리 자본유지를 강제하지 않

---

29) 이철송, 『회사법강의』 제13판, 박영사, 2006, 130면.

30) 합명회사의 각 사원이 특별한 선임행위 없이 당연히 회사의 업무집행기관이 되는 것을 말한다.

31) 법무법인 및 법무법인(유한)의 설립 등에 관한 규칙(대한변협 규칙 제17호) 제2조 제1항에 따른 법무법인정관준칙 제4장.

32) 법무법인 및 법무법인(유한)의 설립 등에 관한 규칙(대한변협 규칙 제17호) 제2조 제1항에 따른 법무법인정관준칙 제3장.

으므로 이익이 없어도 배당할 수 있고, 이익이 없이 배당을 하더라도 회사채권자가 사원으로 하여금 배당금을 회사에 반환하게 할 수 없다(상462②). 손익의 분배비율도 출자가액이나 지분에 비례할 필요가 없이 정관으로 분배비율을 자유롭게 정할 수 있고, 정관에 규정이 없는 경우에는 민법의 조합에 관한 규정에 따른다(민711①).

구성원의 책임에 대해서는, 구성원은 법인의 채무를 직접·연대하여 변제할 책임을 진다(상212). 구성원의 책임은 법인의 재산으로 법인채무를 완제할 수 없거나 또는 법인재산에 대한 강제집행이 주효하지 못한 때에 발생한다(상212①, ②). 즉, 구성원의 책임은 법인의 채무를 주채무로 하여 이와 내용을 같이 하는 보충적 책임이다.[33] 따라서 구성원이 법인에 변제의 자력이 있으며 집행이 용이한 것을 증명한 때에는 책임을 지지 않는다(212③). 구성원의 책임은 직접·연대·무한이다. 여기에서 직접이라 함은 구성원이 법인에 출연하고 법인으로부터 채권자가 변제받는 것이 아니라 채권자가 법인을 거치지 않고 구성원에게 변제를 청구할 수 있음을 의미하고, 연대라 함은 구성원과 법인과의 연대가 아니라 구성원들 사이의 연대를 뜻하며, 무한이라 함은 출자의무액에 한정되지 않고 법인의 채무 전액에 관해 책임지는 것을 의미한다.[34]

☞ [부록 2] 개정안 제58조 참조.

2. 법무법인(유한)

가. 설립절차

법무법인(유한)의 설립에 따른 인가신청, 설립등기, 설립인가신고 등에 대해서는 법무법인에 관한 규정과 대부분 동일하다.

나. 명칭, 구성원 및 사무소

법무법인(유한)은 명칭 중에 법무법인(유한)이라는 문자를 사용하여야 하고, 법무법인(유한)이 아닌 자는 법무법인(유한) 또는 이와 유사한 명칭을 사용하지 못한다(법58의16, 44).

법무법인(유한)은 7명 이상의 변호사로 구성하며, 그중 2명 이상이 통산하여

---

33) 이철송, 전게서, 146면.

34) 이철송, 전게서, 147면.

10년 이상 법원조직법 제42조 제1항 각 호의 어느 하나에 해당하는 직에 있었던 자이어야 한다(법58의6①). 위 구성원의 요건을 충족하지 못하게 된 경우에는 3개월 이내에 보충하여야 한다(법58의6③). 각 구성원은 금전 또는 노무를 출자할 수 있고, 정관에는 출자의 가액, 평가기준 및 지분을 기재하여야 한다. 법무법인(유한)은 3명 이상의 이사를 두어야 하나 다음의 자는 이사가 될 수 없다(법58의6④). 즉, i) 구성원이 아닌 자, ii) 설립인가가 취소된 법무법인(유한)의 이사이었던 자(취소사유가 발생하였을 때의 이사이었던 자로 한정한다)로서 그 취소 후 3년이 지나지 아니한 자, iii) 법무부장관의 업무정지명령(법102)에 따른 업무정지기간 중에 있는 자 등이다. 또, 1명 이상의 감사를 둘 수 있고, 이 경우 감사는 변호사이어야 한다(법58의6⑤). 나아가 구성원 아닌 소속 변호사를 둘 수 있다(법58의6②).

법무법인(유한)의 분사무소, 그 설치기준 등에 관해서는 법무법인에 관한 규정이 준용된다(법58의16, 48).

☞ [부록 2] 개정안 제58조의6 참조.

다. 업무집행 및 업무제한

법무법인의 업무집행 및 업무제한에 관한 변호사법 제49조 내지 제52조의 규정은 법무법인(유한)에 준용된다(법58의16).

라. 자본총액, 출자제한 및 회계처리

법무법인(유한)의 자본총액은 5억원 이상이어야 한다(법58의7①). 출자 1좌의 금액은 1만원으로 하고(동조②), 각 구성원의 출자좌수는 3천좌 이상이어야 하며(동조③), 직전 사업연도 말 대차대조표의 자산 총액에서 부채 총액을 뺀 금액이 5억원에 미달하면 부족한 금액을 매 사업연도가 끝난 후 6개월 이내에 증자를 하거나 구성원의 증여로 보전하여야 한다(동조④).

법무법인(유한)은 자기자본에 100분의 50의 범위에서 대통령령으로 정하는 비율을 곱한 금액을 초과하여 다른 법인에 출자하거나 타인을 위한 채무보증을 하여서는 안 된다(법58의8①). 여기에서 자기자본이라 함은 직전 사업연도 말 대차대조표의 자산 총액에서 부채 총액을 뺀 금액을 말하고, 새로 설립된 법무법인(유한)으로서 직전 사업연도의 대차대조표가 없는 경우에는 설립 당시의 납입자본금을 말한다(법58의8②).

법무법인(유한)은 변호사법에서 정한 것 외에는 「주식회사의 외부감사에 관한 법률」 제13조에 따른 회계처리기준에 따라 회계처리를 하여야 하고(법58의9①), 그 회계처리기준에 따른 대차대조표를 작성하여 매 사업연도가 끝난 후 3개월 이내에 법무부장관에게 제출하여야 한다(법58의9②).

☞ [부록 2] 개정안 제58조의7 참조.

마. 손해배상책임 및 손해배상준비금

담당변호사[담당변호사가 지정되지 않는 경우에는 그 법무법인(유한)의 구성원 모두를 말한다)]는 수임사건에 관하여 고의나 과실로 그 수임사건의 위임인에게 손해를 발생시킨 경우에는 법무법인(유한)과 연대하여 그 손해를 배상할 책임이 있다(법58의11①). 담당변호사가 위 손해배상책임을 지는 경우 그 담당변호사를 직접 지휘·감독한 구성원도 그 손해를 배상할 책임이 있고 다만, 지휘·감독을 할 때에 주의를 게을리하지 아니하였음을 증명한 경우에는 책임이 없다(법58의11②).

법무법인(유한)은 수임사건과 관련한 손해배상책임을 보장하기 위하여 사업연도마다 손해배상 준비금을 적립하거나 보험 또는 대한변협이 운영하는 공제기금에 가입하여야 한다(법58의12①). 그 손해배상 준비금, 손해배상보험 또는 공제기금은 법무부장관의 승인 없이는 손해배상 외의 다른 용도로 사용하거나 그 보험계약 또는 공제계약을 해제 또는 해지해서는 안 된다(법58의12②).

바. 인가취소, 해산

법무부장관은 법무법인(유한)이 구성원의 요건(법58의6③)을 충족하지 못함에도 3개월 이내에 이를 보충하지 않는 경우, 이사의 결격사유(법58의6④)가 있는 경우, 위법한 출자 및 채무보증(법58의8①), 회계처리기준(법58의9①)에 의하지 않고 회계처리한 경우, 손해배상준비금의 적립 또는 보험이나 공제기금에의 가입의무(법58의12)에 위반한 경우, 업무집행에 관하여 법령을 위반한 경우에는 설립인가를 취소할 수 있다(법58의13).

법무법인(유한)은 정관 소정의 해산사유가 발생한 때, 구성원 과반수와 총구성원의 의결권의 4분의 3 이상을 가진 자가 동의하였을 때, 합병·파산·설립인가 취소·존립기간 경과 등의 사유가 있는 경우에는 해산한다(법58의14①).

사. 유한회사에 관한 규정의 준용

법무법인(유한)의 구성원의 책임은 변호사법에 규정된 것 외에는 그 출자금액을 한도로 한다(법58의10).

그 밖에 법무법인(유한)에 관하여 변호사법이 정한 것 외에는 상법 중 유한회사에 관한 규정(상545 제외)을 준용한다(법58의17). 따라서 출자, 구성원의 권리와 의무, 지분, 법인의 기관으로서의 이사 및 감사 등에 관한 규정이 준용된다. 이하 주요한 사항에 대해서만 살펴본다.

출자에 관해서는, 물적 법인으로서의 자본적 기초를 확실하게 하기 위하여 이사는 법인 성립 전에 구성원으로 하여금 출자금액을 이행하도록 하여야 한다(상548). 출자로는 법무법인과 달리 재산출자만 인정되고, 노무 또는 신용출자는 허용되지 않는다.

구성원의 권리와 의무를 보면, 구성원의 권리로서는 자익권으로서 이익배당청구권(상580), 잔여재산분배청구권(상612) 등이 있고, 공익권 중 단독사원권으로서 의결권(상575), 증자무효의 소(상595), 감자무효의 소(상597, 445), 합병무효의 소(상236) 등 각 소의 제기권 등이 있고, 공익권 중 소수사원권으로서 이사의 위법행위유지청구권(상564의2), 업무·재산상태감독권(상582) 등이 있다. 소수사원권은 자본의 100분의 3 이상에 해당하는 출자좌수를 가진 구성원이 행사할 수 있다.[35] 구성원의 의무로서는 재산출자의무를 원칙으로 하고 이는 출자금액을 한도로 회사에 대하여 지는 의무이고 회사채권자에 대한 직접 책임은 없다(상553). 다만, 법인 성립 또는 조직변경 당시의 구성원 및 자본증가에 동의한 구성원이 지는 자본전보책임(상550, 551, 593, 607④)은 유한책임의 예외다. 정관 또는 구성원회의의 결의로도 이 이상 구성원의 책임을 가중시킬 수 없다.[36]

지분에 있어서는, 각 구성원은 자본의 총액을 균일한 단위로 분할하여(상546②), 그 출자의 좌수에 따라 지분을 갖는다. 이를 지분복수주의라고 하고 이 점에서 인적 회사의 성격을 가진 법무법인과 다르다.[37] 지분을 타인에게 양도하려면 구성원회의의 특별결의를 요한다(상556①본). 이 제한은 정관으로 가중할 수 있으나(상556①단) 완화할 수는 없다. 그러나 구성원 상호간의 양도에

35) 구성원의 권리의 상세에 대해서는 이철송, 전게서, 927면 참조.

36) 이철송, 전게서, 928면.

37) 인적 회사인 합명회사에 있어서 지분은 각 사원에게 오직 1개가 있고(지분단일주의), 다만 그 크기가 각 사원의 출자에 따라 다른 것으로 인식된다(상195, 민711)(이철송, 전게서, 137면).

대해서는 정관에 완화하는 규정을 둘 수 있다(상556③).

법인의 기관으로서의 이사 및 감사에 관하여 보면, 유한회사에서는 이사가 곧 회사의 업무집행 및 대표기관이 되고 이사회제도는 없다.[38]

초대이사는 정관으로도 정할 수 있으나(상547①), 그 후의 이사선임은 구성원회의에서 한다(상567, 382①). 유한회사에 있어서 사원이 아닌 자도 이사가 될 수 있으나 법무법인(유한)은 구성원 변호사만이 이사가 될 수 있다(법58의6④ⅰ). 이사는 업무집행권이 있고 이사가 수인인 경우에는 정관에 다른 정함이 없으면 업무집행과 분사무소의 설치·이전·폐지 등은 이사 과반수의 결의에 의하여야 한다(상564①). 이사가 수인인 경우 정관에 다른 정함이 없으면 구성원회의에서 법인을 대표할 이사를 선정하여야 한다(상562②). 수인의 이사를 공동대표이사로 할 수 있다(상562③, ④). 이사는 법인에 대하여 선관의무를 지는 외에(상570, 382②), 경업금지의무(競業禁止義務)(상567, 397), 법인과의 자기거래제한(상564③)에 관한 규정의 적용을 받고, 일정한 손해배상책임(상567, 399내지401), 자본충실책임(551) 등을 진다.

감사는 언제든지 법인의 업무와 재산상태를 조사할 수 있고 이사에게 영업보고를 요구(상569)할 수 있는 등 주식회사의 감사와 다를 바 없는 직무권한을 행사한다.[39]

☞ [부록 2] 개정안 제58조의17 참조.

3. 법무조합

가. 설립절차

법무조합의 설립에 따른 인가신청, 설립등기, 설립인가신고 등에 대해서는 법무법인에 관한 규정과 유사하다.

나. 명칭, 구성원 및 사무소

법무조합은 소송의 당사자가 될 수 있고(법58의26), 명칭 중에 법무조합이라는 문자를 사용하여야 하고, 법무조합이 아닌 자는 법무조합 또는 이와 유사

38) 이철송, 전게서, 929면.

39) 이철송, 전게서, 931면.

한 명칭을 사용하지 못한다(법58의30, 44).

법무조합은 7명 이상의 변호사로 구성하며, 그중 2명 이상이 통산하여 10년 이상 법원조직법 제42조 제1항 각 호의 어느 하나에 해당하는 직에 있었던 자이어야 한다(법58의22①). 위 구성원의 요건을 충족하지 못하게 된 경우에는 3개월 이내에 보충하여야 한다(법58의22③). 법무조합은 구성원 아닌 소속 변호사를 둘 수 있다(법58의22②).

법무조합은 분사무소를 둘 수 있고 분사무소의 설치기준에 대하여는 대통령령으로 정하고 있다(법58의30, 48①). 분사무소를 둔 경우 주사무소에는 통산하여 10년 이상 법원조직법 제42조 제1항 각호의 어느 하나에 해당하는 직에 있던 사람 1명을 포함하여 구성원의 3분의 1이상이 주재하여야 하고 분사무소에는 1명 이상의 구성원이 주재하여야 한다(영12①). 분사무소는 시 · 군 · 구(자치구를 말함) 관할구역마다 1개를 둘 수 있고(영12③), 분사무소에는 법무조합의 분사무소임을 표시하여야 한다(영12④).

☞ [부록 2] 개정안 제58조의22 참조.

다. 업무집행, 업무제한 및 책임

법무법인의 업무집행 및 업무제한에 관한 변호사법 제49조 내지 제52조의 규정은 법무조합에 준용된다(법58의30).

법무조합의 업무집행은 구성원 과반수의 결의에 의하되, 다만, 둘 이상의 업무집행구성원을 두는 경우에는 그 과반수의 결의에 의한다(법58의23①). 규약으로 업무집행구성원 전원으로 구성된 운영위원회를 둘 수 있다(법58의23②).

구성원은 법무조합의 채무(변호사법 제58조의25에 따른 수임사건과 관련된 손해배상책임 제외)에 대하여 그 채무발생 당시의 손실분담 비율에 따라 책임을 진다(법58의24).

수임사건에 관하여는 담당변호사(담당변호사가 지정되지 않은 경우에는 그 법무조합의 구성원 모두를 말한다)가 고의나 과실로 그 수임사건의 위임인에게 손해를 발생시킨 경우 담당변호사는 그 손해를 배상할 책임이 있다(법58의25①). 담당변호사가 그 손해배상책임을 지는 경우 그 담당변호사를 직접 지휘 · 감독한 구성원도 그 손해를 배상할 책임이 있다. 다만, 지휘 · 감독을 할 때에 주의를 게을리하지 아니하였음을 증명한 경우에는 책임이 없다(법58의25②). 위 손해배상의 책임을 지지 않는 구성원은 담당변호사의 수임사건에 관한 배상책임에 대하여 조합재산의 범위 내에서 책임을 진다(법58의25③).

법무조합은 수임사건과 관련한 손해배상책임을 보장하기 위하여 사업연도마다 손해배상준비금을 적립하거나 보험 또는 대한변협이 운영하는 공제기금에 가입하여야 한다(법58의30, 58의12①). 위 손해배상준비금, 손해배상보험 또는 공제기금은 법무부장관의 승인 없이는 손해배상 외의 다른 용도로 사용하거나 그 보험계약 또는 공제계약을 해제 또는 해지해서는 안 된다(법58의30, 58의12②).

라. 회계처리

법무조합은 변호사법에 정한 것 외에는 「주식회사의 외부감사에 관한 법률」 제13조에 따른 회계처리기준에 따라 회계처리를 하여야 한다(법58의30, 58의9①).

마. 인가취소 및 해산

법무부장관은 법무조합이 구성원 요건(법58의22③)을 충족하지 못함에도 3개월 이내에 보충하지 아니한 경우, 손해배상준비금 등을 적립하지 아니한 경우(법58의30, 58의12①), 업무집행에 관하여 법령을 위반한 경우에 설립인가를 취소할 수 있다(법58의27).

법무조합은 규약에 정한 해산사유의 발생, 구성원 과반수의 동의, 설립인가의 취소, 존립기간의 만료 등의 사유가 있을 때에는 해산한다(법58의28).

바. 조합에 관한 규정의 준용

법무조합에 관하여는 변호사법에 정한 것 외에는 민법 중 조합에 관한 규정(민법 제713조 제외)을 준용한다(법58의31①).

Ⅳ. 외국법자문법률사무소

1. 외국법자문사 제도

가. 외국법자문사의 의의

외국법자문사라 함은 외국변호사가 그 자격을 취득한 후 법무부장관으로부터 자격승인을 받고 대한변협에 등록한 사람을 말한다(외자법2iii). 여기에서 '외국변호사'는 외국에서 변호사에 해당하는 법률전문직의 자격을 취득하여 보유한 사람을 말한다(동법2ii). 이는 국제통상협상에 의한 법률서비스 분야의 시장개방에 따라 2009. 3. 25. 법률 제9524호로 제정되어 시행 중인 외국법자문사법에 근거하여 도입된 제도이다.

나. 한국 · 미국과의 FTA에 의한 법률시장 개방

우리나라는 미국과의 FTA협상에 의하여 법률시장을 아래와 같이 3단계에 걸쳐서 개방하기로 합의하였다.

단 계	시 기	개방 내용
1단계	협정발효직후: 2012.1.부터	**국내 대표사무소(외국법자문법률사무소) 설립 허용, 원자격국 법령 등에 관한 자문:** 미국변호사의 "원자격국 법령, 원자격국이 당사국인 조약 및 일반적으로 승인된 국제관습법"에 관한 자문 등 일정한 범위 내에서 국내 영업을 허용하고, 미국 로펌의 국내 대표사무소(외국법자문법률사무소)의 개설이 허용된다. 그러나 미국 변호사 또는 미국 로펌의 국내 업체와의 제휴나 국내 변호사의 고용은 허용되지 않는다.
2단계	협정발효 후 2년내: 2014.1.부터	**국내외 법적 쟁점의 혼재사건의 공동 수임처리, 수익 분배:** 미국 로펌의 국내 대표사무소(외국법자문법률사무소)가 국내 로펌과 특별협력약정을 체결해서 국내외 법적 쟁점이 혼재된 사건을 공동수임하여 처리할 수 있고, 국내 로펌은 이에 따른 수익을 분배할 수 있다.
3단계	협정발효 후 5년내: 2017.1.부터	**합작사업체 설립, 국내변호사 고용, 국내법 사무의 취급 허용:** 미국 로펌이 국내 로펌과 함께 합작사업체를 설립한 후 일정한 요건 아래 국내 변호사를 고용할 수 있다. 미국 로펌이 합작사업체를 통하여 국내법 사무의 취급이 허용된다.

한편 기타 지역 및 국가와의 FTA 등 협상에서는 위 한미FTA의 단계수준에 따라 법률시장을 개방하기로 하였다. 즉, EFTA(유럽자유무역연합)와의 FTA 및 인도와의 CEPA 협상에서는 1단계 수준으로, ASEAN(동남아국가연합)과는 2단계

수준으로, EU(유럽연합)와는 3단계 수준으로 각 법률시장을 개방하기로 하였다.[40]

2. 외국법자문사의 자격승인

외국변호사가 외국법자문사가 되려고 하면 법무부장관에게 외국법자문사의 자격승인을 신청하여야 한다(동법3①). 외국변호사의 자격을 갖춘 변호사가 위 자격승인을 신청하는 경우에는 변호사업을 휴업하거나 폐업하여야 한다(동법3②).

위 자격승인을 받기 위해서는 외국변호사의 자격을 취득한 후 원자격국에서 3년 이상 법률사무를 수행한 경력이 있어야 한다(동법4①). 여기에서 '원자격국'이라 함은 외국변호사가 그 자격을 취득한 후 법률사무 수행에 필요한 절차를 마친 국가로서 대한민국에서 그 국가의 법령 등에 관한 자문업무 등을 수행할 수 있도록 법무부장관이 지정한 국가를 말한다(법2ⅴ). 외국변호사가 대한민국에서 고용계약에 따라 사용자에 대하여 원자격국의 법령에 관한 조사·연구·보고 등의 사무를 근로자인 자기의 주된 업무로 수행한 경우에는 그 업무수행 기간을 2년 이내의 범위에서 위 3년의 경력기간에 산입할 수 있다(동법4③).

3. 외국법자문사의 등록

외국변호사가 외국법자문사로서 업무수행을 개시하려면 자격승인을 받은 후 대한변협에 외국법자문사 등록신청을 하여야 한다(동법10). 대한변협은 등록거부사유(동법12)가 없으면 지체 없이 이를 외국법자문사 명부에 등록하고 신청인에게 등록증명서를 발급하여야 한다(동법11①). 그 등록의 유효기간은 위 명부에 등록된 날부터 5년이고(동법11②), 그 유효기간이 끝나는 날의 6개월 전부터 1개월 전까지 갱신신청을 할 수 있다(동법11③).

---

40) 각 FTA 등 발효일자: EFTA 2006. 9. 1., 인도 2010. 1. 1., ASEAN 2007. 6. 1., EU 2011. 7. 1.

4. 외국법자문사의 업무범위

외국법자문사는 (i) 원자격국의 법령에 관한 자문, (ii) 원자격국이 당사국인 조약 및 일반적으로 승인된 국제관습법에 관한 자문, (iii) 국제중재사건의 대리 등을 할 수 있고, 다만 그중재에서 위 (i)(ii)호에 따른 법령이나 조약 등이 적용되지 아니하기로 확정된 경우에는 그때부터 그 사건을 대리할 수 없다(동법24).

5. 외국법자문사의 업무수행의 방식

외국법자문사는 다음의 3가지의 어느 하나에 해당하는 지위에서 업무를 수행할 수 있다. 즉, (i) 외국법자문법률사무소의 구성원, (ii) 외국법자문법률사무소의 구성원이 아닌 소속 외국법자문사, (iii) 법률사무소, 법무법인, 법무법인(유한) 또는 법무조합 소속 외국법자문사 등이다(외자법25①).

외국법자문사는 동시에 2개 이상의 외국법자문법률사무소, 법률사무소, 법무법인, 법무법인(유한) 또는 법무조합에 소속 또는 고용되거나 그 직책을 겸임할 수 없다(동법25②).

6. 외국법자문법률사무소

가. 설립신청, 등록 및 설립인가의 취소

외국법자문사는 법무부장관의 설립인가를 받아 외국법자문법률사무소를 설치할 수 있다(동법15①). 이 경우 외국법자문사는 일정한 자격요건을 갖추어야 한다. 즉, 외국법자문사는 원자격국에서 법률사무의 수행을 주된 목적으로 설립된 사무소나 법인(이하 "본점사무소"라 한다)에 소속된 자로서 외국변호사의 자격을 취득한 후 원자격국에서 3년 이상의 기간을 포함하여 총 7년 이상 법률사무를 수행한 경력이 있어야 한다(동법15①, 16①iii). 위 외국법자문사는 2개 이상의 외국법자문법률사무소를 설립할 수 없다(동법15③).

설립인가를 받은 외국법자문법률사무소의 대표자는 법무부장관의 고시가 있었던 날부터 3개월 이내에 대한변협에 외국법자문법률사무소의 등록을 신청하여야 한다(동법18①).

법무부장관은 외국법자문법률사무소가 '설립인가신청서 또는 그 증빙서류의 중요부분이 누락되었거나 그 내용이 거짓으로 보이는 상당한 사정이 있는 경우' 등 일정한 사유(동법19① 각호)가 있는 경우 설립인가를 취소할 수 있다.

나. 사무직원 및 장부의 작성

외국법자문법률사무소는 사무소에 사무직원을 둘 수 있고(동법20①), 그 사무직원에 관하여는 변호사법의 사무직원에 관한 규정(법22②,④,⑤)을 준용한다(외자법20②).

외국법자문법률사무소는 수임에 관한 장부를 작성하고 이를 보관하여야 하고(외자법22), 수임장부의 기재 등에 관하여는 변호사법의 장부의 작성·보관에 관한 규정(동법28②, ③)을 준용한다.

다. 수임사건과 관련된 손해배상책임

외국법자문법률사무소의 구성원은 외국법사무의 수행 및 외국법자문법률사무소의 운영 등과 관련된 손해배상책임을 보장하기 위하여 보험 또는 공제기금에 가입하여야 한다(외자법21①). 여기에서 '외국법사무'라 함은 원자격국의 법령(원자격국에서 효력을 가지거나 가졌던 것을 말한다. 이하 같다)에 관한 자문 등 외국법자문사가 수행하도록 허용된 업무(동법24)를 말한다.

라. 외국법자문법률사무소의 운영

외국법자문법률사무소는 국내에 분사무소를 둘 수 없다(외자법23①). 외국법자문법률사무소의 업무집행 방법 및 그 구성원 등의 업무제한에 관하여는 변호사법의 해당 조항을 준용한다. 즉, 법무법인의 업무집행방법(법50①,③~⑥, ⑦), 그 구성원 등의 업무제한(법52)[41] 등 규정을 준용한다(외자법23②).

그 밖에 외국법자문법률사무소(구성원이 2명 이상인 경우에 한함)의 운영 등에 관하여 외국법자문사법이 정한 것 외에는 민법 중 조합에 관한 규정을 준용한다(외자법23③).

---

41) 변호사법 제52조(구성원 등의 업무제한) ① 법무법인의 구성원 및 구성원 아닌 소속 변호사는 자기나 제3자의 계산으로 변호사의 업무를 수행할 수 없다.
② 법무법인의 구성원이었거나 구성원 아닌 소속 변호사이었던 자는 법무법인의 소속 기간 중 그 법인이 상의를 받아 수임을 승낙한 사건에 관하여는 변호사의 업무를 수행할 수 없다.

7. 외국법자문사의 권리와 의무

가. 업무개시 및 휴업 등 신고

외국법자문사가 업무를 개시한 경우, 일시 휴업한 경우 또는 근무지를 변경한 경우에는 지체 없이 대한변협에 신고하여야 한다(외자법26①).

나. 자격의 표시 등

외국법자문사는 직무를 수행하면서 본인을 표시할 때는 대한민국에서 통용되는 원자격국의 명칭(원자격국이 도·주·성·자치구 등 한 국가 내의 일부 지역인 경우 그 국가의 명칭을 위 원자격국의 명칭으로 사용할 수 있다. 이하 같다)에 이어 "법자문사"를 덧붙인 직명을 사용하여야 한다. 이 경우 직명과 함께 괄호 안에 원자격국언어로 된 원자격국의 명칭을 포함한 해당 외국변호사의 명칭을 부기할 수 있고, 이어 국어로 된 대한민국에서 통용되는 원자격국의 명칭에 "변호사"를 덧붙인 명칭을 병기할 수 있다(동법27①). 외국법자문법률사무소는 본점사무소의 명칭 다음에 "외국법자문법률사무소"를 덧붙인 명칭을 사용하여야 하나(동법27②), 그 사무소가 위치한 지역명을 병기할 수 있다(동법27② 후단).[42]

외국법자문사나 외국법자문법률사무소는 직무를 수행하면서 위와 같이 규정된 방식 외의 명칭이나 표시를 사용할 수 없다(동법27③).

외국법자문사가 아닌 사람은 외국법자문사 또는 외국법자문사로 오인을 일으킬 수 있는 어떠한 명칭이나 표시도 사용할 수 없다(동법27⑥).

다. 윤리기준 등

외국법자문사는 그 품위를 손상하는 행위를 하여서는 안 된다(동법28①). 또, 그 직무를 수행하면서 진실을 은폐하거나 거짓의 진술을 하여서는 안 된다(동법28②).

외국법자문사는 대한변협이 정하는 윤리장전을 준수하여야 한다(동법28③).

라. 체류의무

외국법자문사는 최초의 업무개시일부터 1년에 180일 이상 대한민국에 체류하여야 한다(동법29①). 외국법자문사가 본인의 부상이나 질병, 친족의 부상이

42) 2011. 4. 5. 외국법자문사법을 개정하여 외국법자문법률사무소의 명칭 표시에 관한 내용을 신설하였다[2011. 4. 5. 법률 제10542호로 개정된 외국법자문사법(2011. 4. 30. 시행)].

나 질병으로 인한 간호·문병, 그 밖의 부득이한 사정으로 외국에 체류한 경우 그 기간은 대한민국에 체류한 것으로 본다(동법29②).

마. 비밀유지의무

외국법자문사 또는 외국법자문사이었던 사람은 그 직무와 관련하여 알게 된 비밀을 누설하여서는 안 된다. 다만, 법률에 특별한 규정이 있는 경우에는 그러하지 아니하다(동법30).

바. 광 고

외국법자문사와 외국법자문법률사무소는 자기 또는 그 구성원의 원자격국, 학력, 경력, 전문분야, 업무 실적, 그 밖에 업무의 홍보에 필요한 사항을 방송·신문·잡지·컴퓨터통신 등의 매체를 이용하여 광고할 수 있다(동법31①).

외국법자문사의 광고에 관하여는 변호사법의 해당 조항을 준용한다(동법31③). 즉, 광고가 금지되는 사항(법23②), 광고심사위원회의 운영 등(법23④)에 관한 규정이다.

사. 법무부장관 등의 감독

외국법자문사와 외국법자문법률사무소는 그 활동에 관하여 법무부장관과 대한변협의 감독을 받는다(외자법32①). 대한변협은 외국법자문사나 외국법자문법률사무소가 이 법에서 규정하는 의무를 위반하였음을 알게 된 경우 이를 법무부장관에게 보고하여야 한다(동법32②).

아. 자료제출의 의무

외국법자문사나 외국법자문법률사무소는 법무부장관 또는 대한변협이 감독을 수행하기 위하여 이유를 명시하여 그 업무·재산의 현황, 수임·회계 내역의 명세, 그 밖에 감독에 필요한 자료의 제출을 요구할 경우 이에 따라야 한다(동법33).

자. 고용, 동업, 겸임 등 금지 또는 제한

(1) 국내 전문직의 고용 금지

외국법자문사나 외국법자문법률사무소는 변호사·법무사·변리사·공인회계사 · 세무사 및 관세사를 고용할 수 없다(동법34①).

(2) 전문직사무소와의 공동운영 · 동업 금지

외국법자문사나 외국법자문법률사무소는 변호사 · 법무법인 · 법무법인(유한) · 법무조합 · 법무사 · 법무사합동법인 · 변리사 · 특허법인 · 특허법인(유한) · 공인회계사 · 회계법인 · 세무사 · 세무법인 · 관세사 및 관세사법인과 조합계약, 법인설립, 지분참여, 경영권 위임을 할 수 없고, 그 밖의 어떠한 방식으로든 법률사무소 · 법무법인 · 법무법인(유한) · 법무조합 · 법무사사무소 · 법무사합동법인 · 변리사사무소 · 특허법인 · 특허법인(유한) · 공인회계사사무소 · 회계법인 · 세무사사무소 · 세무법인 · 관세사사무소 및 관세사법인을 공동으로 설립 · 운영하거나 동업할 수 없다(동법34③).

(3) 국내 변호사와의 사건의 공동처리 제한

외국법자문사나 외국법자문법률사무소는 원칙적으로 변호사 · 법무사 · 변리사 · 공인회계사 · 세무사 및 관세사와 동업, 업무제휴, 포괄적 협력관계의 설정, 사건의 공동수임, 그 밖의 어떠한 방식으로든 사건을 공동으로 처리하고 그로 인한 보수나 수익을 분배할 수 없다(동법34②).

그러나 외국법자문사가 아닌 외국법자문법률사무소는 2011. 4. 30.부터 국내의 법률사무소, 법무법인 등 로펌과 사건의 공동처리 및 그 수익의 분배를 할 수 있다.[43] 즉, 자유무역협정 등에 따라 법무부장관이 고시하는 자유무역협정 등의 당사국에 본점사무소가 설립 · 운영되고 있는 외국법자문법률사무소로서, 사전에 대한변협에 공동사건처리 등을 위한 등록(동법34의3)을 한 경우에는 동법 제34조 제2항에 불구하고, 법률사무소, 법무법인, 법무법인(유한) 또는 법무조합과 국내법사무와 외국법사무가 혼재된 법률사건을 사안별 개별 계약에 따라 공동으로 처리하고, 그 수익을 분배할 수 있다(동법34의2①). 외국법자문법률사무소에게 사건의 공동처리 및 수익분배를 허용한 것은 국내 법률시장을 개방하여 우리나라와 동남아시아국가연합 회원국 정부간의 자유무역협정 중 법률서비스분야에 대한 합의내용을 이행하고 법률서비스의 자유화 등을 위한 것이다.[44]

---

43) 2011. 4. 5. 법률 제10542호로 개정된 외국법자문사법(2011. 4. 30. 시행).

공동사건처리 등을 위한 등록을 마친 외국법자문법률사무소의 대표자는 매년 1월 31일까지 전년도의 공동사건처리에 따른 계약과 관련한 사항(상대방 법률사무소, 법무법인 등의 명칭 및 그 소재지, 계약체결일 등)을 대한변협에 신고하여야 하고(동법34의5), 이를 신고하지 않거나 허위신고하는 경우 과태료의 부과사유가 된다(동법53의2iii).

차. 변호사법의 준용

외국법자문사의 직무 등에 관하여는 변호사법의 다음 조항이 준용된다(외자법35). 즉, 연고관계 등의 선전금지(법30), 수임제한(법31), 계쟁권리의 양수금지(법32), 독직행위의 금지(법33), 비변호사와의 동업금지(법34), 겸직제한(법38)의 규정이다.

8. 외국법자문사의 징계

가. 징계의 종류

외국법자문사에 대한 징계는 자격승인취소, 등록취소, 3년 이하의 정직, 3천만원 이하의 과태료, 견책 등 5가지 종류가 있다(외자법36).

나. 징계의 사유

자격승인취소의 징계사유는 외국법자문사법에 의한 등록취소처분(동법13② ii, 36 ii)을 받은 사람으로서 외국법자문사의 직무를 수행하는 것이 현저히 부적당하다고 인정되는 경우(동법37① i), 정직처분(동법36iii)을 2회 이상 받은 후 다시 등록취소 이하의 징계사유가 있는 사람으로서 외국법자문사의 직무를 수행하는 것이 현저히 부적당하다고 인정되는 경우(동법37① ii)이다.

등록취소 이하의 징계사유는 3가지이다(동법37②). 즉, (i) 외국법자문사법을 위반한 경우, (ii) 대한변호사협회가 정하는 윤리장전을 위반한 경우, (iii) 직무의 내외를 막론하고 외국법자문사로서의 품위를 손상하는 행위를 한 경우이다.

---

44) 법무부, 외국법자문사법 일부개정법률 공포안 참조.

다. 징계의 주체

외국법자문사의 징계는 외국법자문사징계위원회가 행한다(외자법38①). 대한변협과 법무부에 각각 외국법자문사징계위원회를 둔다(동법38②).

대한변협 외국법자문사징계위원회(이하 "변협징계위원회"라 한다)는 법원행정처장이 추천하는 판사 2명, 법무부장관이 추천하는 검사 2명 및 외국법자문사 2명, 대한변협의 장이 추천하는 변호사 2명 및 변호사가 아닌 법과대학 교수 1명 등 9명의 위원으로 구성하고(동법39①), 변협징계위원회의 결정은 과반수의 찬성으로 의결한다(동법39⑥). 변협징계위원회는 징계의 종류 중 등록취소 이하(등록취소, 정직, 과태료, 견책)의 징계사유에 해당하는 징계사건을 심의한다(동법41①, 37②).

법무부 외국법자문사징계위원회(이하 "법무부징계위원회"라 한다)는 위원장(법무부장관) 1명, 부위원장(법무부차관) 1명, 위원장 및 부위원장이 아닌 7명으로 구성하고(동법40①), 위 7명은 법원행정처장이 추천하는 판사 중 2명, 검사 중 2명, 외국법자문사 중 1명, 대한변협의 장이 추천하는 변호사 중 1명, 변호사가 아닌 사람으로서 법과대학 교수 또는 경험과 덕망이 있는 사람 각 1명 등으로 구성한다(동법40②). 법무부징계위원회의 결정은 위원 과반수의 찬성으로 의결한다(동법40⑦). 법무부징계위원회는 징계종류 중 자격승인취소의 징계사유에 해당하는 징계사건과 변협징계위원회의 징계결정에 대한 이의신청 사건을 심의한다(동법41②, 37①).

라. 징계의 절차

(1) 징계개시의 청구

대한변협의 장은 자격승인취소의 사유에 해당하는 징계사건은 법무부징계위원회에 징계개시를 청구하고, 등록취소 이하의 징계사유에 해당하는 징계사건은 변협징계위원회에 징계개시를 청구하여야 한다(동법42①).

의뢰인이나 의뢰인의 법정대리인·배우자·직계친족·형제자매는 외국법자문사에게 징계사유가 있다고 인정되면 대한변협의 장에게 징계개시의 청구를 신청할 수 있고(동법42②), 지방검찰청검사장은 범죄수사 등 검찰업무의 수행 중 외국법자문사에게 징계사유가 있는 것을 발견한 때에는 대한변협의 장에게 징계개시의 청구를 신청하여야 한다(동법42③). 대한변협의 장은 이 징계개시신청에 대하여 징계개시의 청구를 하지 아니하는 경우에는 그 이유를 신청인에게 서면으로 알려야 한다(동법42④).

징계개시 신청인의 이의신청에 관하여는 변호사법 제97조의5를 준용한다(동법42⑤).

(2) 징계의 시효

징계사유가 발생한 날부터 3년이 지난 때에는 징계개시를 청구하지 못한다(동법42①단).

(3) 징계의 결정기간 등

변협징계위원회는 징계개시의 청구를 받거나 징계개시청구의 이의신청(외자법42⑤, 변호사법97의5②)에 따라 징계절차를 개시한 날부터 6개월 이내에 징계에 관한 결정을 하여야 하고, 부득이한 사유가 있는 때에는 6개월의 범위에서 그 기간을 연장할 수 있다(외자법43①).

법무부징계위원회가 징계개시의 청구를 받거나 변협징계위원회의 결정에 대한 이의신청을 받은 때에도 마찬가지이다(동법43②).

(4) 징계의 집행

징계의 종류 중 자격승인취소는 법무부장관이 집행하고, 등록취소 이하(등록취소, 3년 이하의 정직, 3천만원 이하의 과태료, 견책)의 징계는 대한변협의 장이 집행한다(동법44①). 징계의 종류 중 과태료 결정은 민사집행법에 따른 집행력 있는 집행권원과 같은 효력이 있고 검사의 지휘로 집행한다(동법44②).

(5) 업무정지명령

법무부장관은 외국법자문사에 대하여 공소가 제기되거나 대한변협의 장의 징계개시 청구에 의하여 징계절차가 개시되어 그 재판이나 징계결정의 결과 자격승인취소 또는 등록취소에 이르게 될 가능성이 매우 크고, 그대로 두면 장차 의뢰인이나 공공의 이익을 해칠 구체적인 위험성이 있는 경우에는 법무부징계위원회에 그 외국법자문사의 업무정지에 관한 결정을 청구할 수 있다. 다만, 약식명령이 청구된 경우와 과실범으로 공소제기된 경우에는 그러하지 아니하다(동법45①).

법무부장관은 법무부징계위원회의 결정에 따라 해당 외국법자문사에 대하여 업무정지를 명할 수 있다(동법45②).

9. 외국법자문사에 대한 벌칙

외국법자문사의 독직행위(외자법46 ii, 35, 법33), 비변호사와의 동업금지 등(외자법46 ii, 35, 법34), 외국법자문사가 금품 등을 받고 국내 법률사무를 취급하거나 그 취급을 알선하는 행위(외자법46 iii), 업무수행방식의 위반행위(동법47 i, 25①), 비밀유지의무 위반행위(동법47 ii, 30),[45] 고용·동업·겸임 등의 금지의무 위반행위(동법47 iii, iv, 34①~③), 외국의 법원 또는 행정기관을 위하여 행하는 문서의 송달과 증거조사의 행위, 부동산에 관한 권리, 지식재산권, 광업권, 그 밖에 행정관청에 등기 또는 등록함을 성립요건이나 대항요건으로 하는 권리의 득실변경을 주된 목적으로 하는 사무를 대리하거나 이를 목적으로 하는 문서의 작성행위(동법47 v) 외에도 자격승인·등록 등 절차와 관련한 허위신청행위(동법48 i) 등에 대하여 광범위한 벌칙의 제재를 가하고 있다.

■ 기본사례(해설)

1. 변호사법 제50조의 규정취지는 법무법인이 "송무대리"의 업무를 수행하는 경우뿐만 아니라 법무법인의 모든 업무영역에 있어서 해당 법무법인을 대표하여 업무를 집행하는 기관으로 "담당 변호사"를 둘 수 있도록 근거를 제공하는 규정이라고 보는 것이 상당하므로,[46] ①,②의 경우 각 그 업무를 담당할 변호사를 지정하여 법인 명의로 소송을 수행할 수 있다.
2. 유언공증은 "사권에 관한 사실에 대한 공정증서를 작성한 행위"에 해당되는 것이고, 변호사법 제51조의 규정 취지는 공증인이 공증한 것과 관련이 있는 일체의 분쟁에 대하여 관여할 수 없도록 한 것으로 해석될 여지가 있으며, 실제 공

45) 외국법자문사법은 비밀유지의무위반과 관련하여 비밀을 누설한 자 외에도 비밀유지위반사실을 알고도 그 비밀을 이용하여 부정한 이익을 얻을 목적으로 취득·사용한 사람도 벌칙의 대상으로 하고 있는 점에서, 비밀유지의무위반에 대한 벌칙규정을 두지 않고 있는 변호사법과 비밀누설의 상대방은 처벌대상에 포함시키지 않고 업무상비밀누설의 행위자만을 처벌하는 형법(317조)과 차이가 있다.

46) 대한변협 2011. 2. 9. 질의회신 제559호. 대한변협의 종전 견해는 ①의 경우 법무법인의 대표가 직접 수행을 해야 한다는 것이었으나, 그 견해가 변경되어 ①, ② 공히 담당 변호사를 지정하여 법인 명의로 소송을 수행할 수 있는 것으로 되었다.

증한 것과 실질적인 관련이 있는지 여부를 제3자가 알 수 없어 공증인의 중립성을 위해서는 아예 관련 소송을 수행하지 못하도록 하는 것이 타당하므로, 유언공증의 진정성립을 다투는 것이 아니라고 하더라도 공증한 사건과 관련이 있는 유류분청구소송도 수임할 수 없다.[47)]

3. 고문변호사 위촉계약의 성격도 변호사법 제3조에 비추어 변호사가 당사자로부터 수임하는 하나의 사건에 해당되므로 위 자문위촉사무의 수임은 X 법무법인이 수임하고 있는 사건의 상대방이 위임하는 다른 사건에 해당하여 원래의 의뢰인인 P가 동의하지 않는 한 변호사법 제31조 제1항 제2호에 위반된다. 또 행정기관 Q가 X 법무법인의 C 변호사를 개인자격으로 고문변호사로 위촉하였다면 C 변호사의 고문위촉 수락행위는 변호사법 제52조 제1항에 위반된다.[48)]

47) 대한변협 2008. 5. 30. 법제 제1707호(축조, 대한변협, 2009, 278면).
48) 대한변협 2006. 10. 19. 법제 제2406호(축조, 대한변협, 2009, 281면) 참조.

13 조직의 변호사의 윤리

도입질문

1. 조직의 변호사의 경우 변호사의 독립성을 위협하는 요인은 무엇인가?
2. 조직의 변호사의 경우 변호사의 의뢰인은 누구인가?
3. 사외변호사가 조직의 위법행위를 감시할 의무가 있는가? 조직의 위법행위를 발견하면 어떻게 대처해야 하는가?
4. 주주대표소송에 있어서 기업변호사가 기업의 이사를 대리할 수 있는가?
5. 기업변호사가 기업의 임원을 겸직하거나, 기업의 감사로 취임한 변호사가 그 기업을 위한 소송대리를 하는 것이 타당한가?
6. 사내변호사의 지위가 기업변호사의 지위와 다른 점은 무엇이고, 사내변호사는 조직의 상급자의 지휘·감독에 어떻게 대처해야 하는가?

Ⅰ. 조직의 변호사의 의의

종래 변호사의 활동은 송무사건의 대리를 주업으로 하는 송무분야를 중심으로 이루어졌다. 이처럼 송무활동을 중심으로 활동하는 변호사를 송무변호사라고 할 수 있다. 그러나 대기업이 성장하고 경제규모가 확대되고 국제간 거래가 빈번하게 이루어짐에 따라 대기업의 법률수요가 급증하여 기업으로부터 위임을 받아 기업활동에 관련된 법률서비스를 전문적으로 수행하는 변호사가 변호사활동영역의 중심으로 부상되고 있다. 이처럼 기업활동에 관련된 법률서비스를 전문적으로 수행하는 변호사를 통상 기업변호사(business lawyer, corporate lawyer)라고 부르고 있다. 기업변호사도 기업이 의뢰인인 송무사건을 대리할 수 있고 또 대리하고 있는 것이 현실이므로 송무변호사와 기업변호사의 구분은 대리사건의 성격을 기준으로 한 것이 아니라 그 의뢰인이 주로 기업인가 사인인가, 그 주된 업무내용이 일회적인 송무인가 지속적인 법률자문인가에 따른 구별이라고 할 수 있다.

우리의 경우 특히 1990년대를 전후하여 권위주의의 퇴조 및 민주주의의 확산으로 사회운영원리로서 법치주의의 지배영역이 확대됨에 따라[1] 기업뿐만 아니라 단체 · 조합(노동조합 포함) · 정부기구 등의 조직도 법률서비스의 수요자가 되어 변호사를 고용하거나 고문 또는 위임계약을 통하여 변호사의 조력을 지속적으로 받고 있다. 이와 같이 기업 · 단체 · 조합 · 정부기구 등에 직접 고용되거나 고문 또는 자문계약, 또는 사건별로 위임계약을 체결하여 조직에 관련된 법률서비스를 전문적으로 제공하는 등 조직을 대리하는 변호사를 조직의 변호사라고 정의할 수 있다.[2]

기업변호사는 다시 기업과 고문 또는 자문계약, 또는 개별사건별 위임계약을 체결하여 법률서비스를 제공하는 기업의 사외변호사[3]와, 그 기업에 고용되어 법률서비스를 제공하는 사내변호사(in-house counsel)로 구분할 수 있다. 기업에 관련된 사건은 통상 그 규모가 크고 복잡하며 그 처리에 있어서 고도의 전문성이 요구될 뿐만 아니라 다수의 변호사의 협력이 요구되므로 기업의 사외변호사로는 주로 로펌이 선임된다.

---

1) 법률가의 윤리와 책임-김건식, 274면.

2) 단체 · 조합 · 정부기구 등의 업무에 관련된 대리를 행하는 변호사를 기업변호사라는 통칭하에서 설명하고 있는 것이 보통이나, 이 책에서는 기업변호사와 기타 단체 · 조합 · 정부기구 등을 대리하는 변호사를 포괄하는 의미로 '조직의 변호사'라는 용어를 사용한다(이상수, 전게서, 301면에서는 '조직을 대리하는 변호사'라는 표현을 사용하고 있다).

3) 이러한 의미의 사외변호사를 '회사변호사'(사법연수원, 법조윤리론, 2007, 288면), 또는 '기업변호사'(법률가의 윤리와 책임-김건식, 273면)라고 각 표현하고 있는바, 이 책에서는 사외변호사가 기업 외에서 활동하는 모든 변호사라는 의미를 포함하고 있어서 통상 사용되어온 '기업변호사'와 어의상 혼동을 초래할 수 있으므로 기업의 사외변호사의 의미로 '기업변호사'라는 용어를 사용하고자 한다.

II. 조직의 변호사의 윤리일반

1. 윤리적 충돌

가. 이익충돌의 새로운 유형

조직의 변호사가 아닌 일반 변호사에게 있어서 이익의 충돌은 사건의 당사자와 반대 당사자, 의뢰인과 변호사간의 이익충돌이 주로 문제가 되지만, 조직의 변호사에게 있어서는 위와 같은 이익충돌 외에도 조직이 의뢰인이라는 특성 때문에 조직의 구성원 또는 주주(조직이 예컨대 주식회사인 경우)와 그 조직 또는 조직의 경영자와의 이익충돌이라는 새로운 문제가 더하여지고, 여기에는 조직의 변호사에게 있어서 의뢰인이 누구인가라는 문제와 연관되어 복잡한 윤리적 문제를 야기한다. 이러한 이익충돌의 상황에서 변호사가 어떠한 윤리적인 태도를 취하느냐 하는 것이 조직의 변호사의 윤리문제이다.

나. 독립성에 대한 위협요인

변호사는 "공공성을 지닌 법률전문직으로서 독립하여 자유롭게 그 직무를 수행"할 것을 요구받고 있다(법2). 이는 변호사가 의뢰인에 대한 성실의무를 부담하고 있으나 의뢰인의 의사와 결정에 전적으로 종속하는 것이 아니고 법조전문직으로서 그 사명의 공공성에 따라 독립적으로 판단하여 직무를 수행하는 방법으로 의뢰인을 보호해야 한다. 이것이 변호사에 대한 독립성의 요청이다.

그러나 조직의 변호사의 경우는 사인을 대리하는 변호사와 달리 그 독립성을 위협하는 요소가 다수 존재한다. 이는 세 가지 측면으로 구분할 수 있다. 첫째는 주로 로펌과 기업과의 관계이고, 둘째는 주로 로펌과 그 로펌 소속 변호사 간의 관계이고, 셋째는 사내변호사와 기업 간의 관계이다.

주로 로펌과 기업과의 관계를 보면 로펌은 그 생존과 운영상의 문제 때문에 특히 대기업에 대한 의존도가 높다. 따라서 대기업의 수임사건을 처리함에 있어서는 대기업이 영향력을 행사하여 로펌 즉 기업변호사(사외변호사)의 독립성을 흔들려고 할 가능성이 있다. 또, 로펌과 그 로펌 소속 변호사 간의 관계를 보면, 로펌의 특정 변호사가 특정 기업으로부터 위임을 받아 사건을 처리하는 것이 자신의 직업적 양심, 신념, 가치관 등에 배치하더라도 로펌 내에서의 조직관계상 그 사건의 처리를 거부하기 어렵다.[4] 다음, 사내변호사와 기업 간의 관계를 보면 사내변호사는 기업에 고용되어 있으므로 예컨대, 기업 내의 위법 행위를 시정하는 과정에서 사내변호사가 해고될 수도 있기 때문에 변호사의 독립성은 보다 심각하게 위협될 수 있다.

2. 변호사의 의뢰인

조직의 변호사가 이익충돌의 문제를 해결함에 있어서 자신의 의뢰인이 누구냐에 따라 그 해결의 방향이 달라질 수 있다. 조직의 변호사의 의뢰인을 누구로 볼 것이냐에 관해서 미국에서 실체이론(entity theory)과 집단이론(group theory)이 논의되고 있다.

실체이론은 변호사는 조직의 구성원이 아니라 조직 자체를 대리한다는 개념이고, 집단이론은 조직을 다수의 결합이라고 보고 변호사가 조직의 구성원을 대리한다는 이념이다.[5] 우리의 경우 이에 관한 법규가 존재하지 않으나 이론상으로 변호사는 조직의 구성원이 아니라 조직을 대리한다고 보아야 한다. 즉 변호사는 조직이라는 실체를 대리하는 것이지, 그 조직을 구성하는 관리자·간부·기타 구성원 또는 주주(주식회사의 경우)를 대리하는 것은 아니다.[6] 따라서 조직과 조직의 구성원 사이에 이익충돌이 있는 경우나, 조직의 구성원이 조직의 이익과 상관없이 자신의 사적 이익을 추구하는 경우 그 구성원의 이익을 대변해서는 안 된다.

여기에서의 조직에는 주식회사 등과 같은 법인체로서의 기업, 단체, 조합(노동조합 포함), 기타 조직이 포함된다. 다만 그 조직이 법인격을 가지고 있느냐 또는 법률적 규제의 대상이냐 하는 등의 형식적인 요건의 문제와 상관없이 실질적으로 조직으로서의 실체를 갖는지 여부에 따라 판단된다. 조직으로서의 실체를 가진다는 것은 조직을 대표하는 기관이 존재하고 그 기관을 통해서 조직이 움직이는 경우를 의미한다.[7] 이러한 의미의 조직이 아닌 경우 변호사는

4) 이상 첫째와 둘째의 문제에 관해서는 김건식, 전게논문, 282면 참조.

5) 이상수, 전게서, 305-306면.

6) Model Rules는 이를 명확히 하고 있다. 즉, Model Rules 1.13.(a)는 "조직에 고용되었거나 수임된 변호사는 합당하게 권한을 부여받은 그 구성원을 통하여 움직이는 조직을 대리한다"고 규정하고 있다.

7) 이상수, 전게서, 307면.

'조직'을 대리하는 것이 아니고 '조직'의 구성원 모두를 각자 대리하는 것이 되고 결국 '조직'의 구성원 모두가 각 변호사의 의뢰인이다. 이러한 경우는 이익충돌이 발생할 가능성이 크기 때문에 이에 대비하여 이익충돌의 가능성을 공지하고 각 구성원의 동의를 얻어 두는 것이 필요하다.[8)] [9)]

Ⅲ. 조직의 변호사와 윤리의 한계적 문제

1. 기업변호사

가. 사외변호사

(1) 기업 내 위법행위

㈎ 기업변호사와 기업 내 위법행위 감시의무

사인이 그러해야 하듯이 기업 등의 조직도 법질서를 준수해야 하고 조직의 목적 달성에 필요하다고 해서 위법행위를 선택해서는 안 된다. 법인의 경우 감사제도가 있어서 감사가 법인의 이사의 위법행위를 감사할 의무가 부과되어 있으나, 기업변호사(사외 및 사내 변호사 공통의 문제이므로 "기업변호사"로 약칭한다)가 의뢰인인 기업의 위법행위를 감시하는 역할이 요청되는지 문제이다.

변호사는 당사자와 그 밖의 관계인의 위임 등에 의하여 소송에 관한 행위와 일반법률사무를 하는 것을 직무로 하므로(법3), 변호사의 직무의 본질은 의뢰인을 위하여 성실하게 수임사무를 처리하는 것이지 의뢰인의 위법을 감시하는 것이 아니다. 위법행위를 감시하여 이를 수사기관 등에 고지하거나 고발하는

---

8) 이상수, 전게서, 307-308면.

9) 선정당사자 소송의 경우 108명의 선정자들이 선정한 선정당사자 A가 갑을 원고소송대리인으로 선임하여 피고 B와 소송이 진행 중, 피고 B로부터 다른 사건을 수임함에 있어서는 선정당사자 A 아닌 108명 전원의 동의가 필요하다(대한변협 2008. 2. 19. 법제 제471호 질의회신). 이 사례에서 회신의 이유에 대하여 다음과 같이 적시하고 있다. "선정행위는 선정자가 자기의 권리에 관하여 관리처분권을 부여하는 사법상의 행위가 아니고, 단순히 소송수행권만을 부여하는 소송행위로서 특정소송에서 소송수행권을 받았다면 그 권한은 당해 소송에 한정된다. 그런데 변호사법상의 동의는 당해 특정소송에서의 선정당사자의 권한범위를 넘어서는 것이고 108명 전원에게 개별적 이해상충이 발생할 수 있기 때문"이라고 한다(축조, 대한변협, 2009, 159면). 이 경우 선정자들이 조직으로서의 실체를 갖추었다면 변호사는 그 조직이 의뢰인이므로 그 조직의 대표로부터의 동의만 받으면 될 것이다.

것은 의뢰인의 비밀유지의무에도 저촉될 수 있기 때문이다. 그러나 기업변호사는 의뢰인인 기업의 위법행위에 대한 감시의무가 있다고 보아야 타당하다.

그렇다면 위법행위의 감시는 변호사의 본질적 기능이 아님에도 불구하고 또, 비밀유지의무와 저촉될 소지가 있음에도 불구하고 기업변호사에게 위법행위의 감시의무가 있다고 할 수 있는 이론적 근거가 무엇인지가 문제된다. 변호사는 "사회정의를 실현함을 사명"으로 하고(법1①), "사회질서 유지에 노력"하여야 한다(법1②). 이는 변호사 지위의 공공성을 의미한다. 한편으로 변호사는 의뢰인에 대하여 성실의무를 부담한다(규13). 이 성실의무란 의뢰인에게 유리한 활동을 하고 불리한 행동은 회피하여 의뢰인의 권익을 최대한 옹호하는 것이다. 변호사가 의뢰인의 위법행위를 알고도 이를 방임한 결과 의뢰인에게 심각한 손상을 초래한다면 결국 의뢰인에 대한 성실의무를 다하지 않는 것과 마찬가지의 결과가 된다. 따라서 기업변호사의 의뢰인의 위법행위에 대한 감시의무는 위와 같은 변호사 지위의 공공성, 의뢰인에 대한 성실의무에 그 근거가 있다.

㈏ 기업 내 위법행위에 대한 기업변호사의 대처

기본사례 1

갑 변호사는 식육판매회사인 A주식회사의 고문변호사이다. 미국산 쇠고기의 수입이 재개되는 데 편승하여 상당수의 식육판매회사들이 수입쇠고기를 한우로 판매하고 있다는 보도를 접하고 A주식회사도 수입쇠고기를 위장판매하고 있지 않나 하는 의구심을 갖고 있던 중 A사를 퇴직한 직원 B가 갑 변호사에게 연락하여 A사도 마찬가지의 위법을 하고 있다고 제보함과 동시에 관련 자료를 교부하였다. 갑 변호사는 A사의 고문변호사로서 비밀유지의무 및 성실의무와 변호사로서의 공공적 사명 사이에서 고민하고 있다. 갑 변호사가 어떠한 행동을 취하여야 하는가?

윤리규약은 "변호사는 의뢰인의 범죄행위, 기타 위법행위에 협조하지 아니한다. 직무수행 중 의뢰인의 행위가 범죄행위, 기타 위법행위에 해당된다고 판단된 때에는 즉시 그에 대한 협조를 중단한다"(규11①)라고 규정한다. 이처럼 의뢰인의 위법행위에 대한 비협조 및 협조의 중단이라는 소극적 의무만을 규정하고 있으나 보다 적극적으로 대처할 수 없는지가 문제이다.

보다 적극적인 대처방법으로, 기업내부에서의 해결로서 조직의 상부에 대한 보고, 기업외부에서의 해결로서 외부적인 공개의 문제가 논의되고 있다. 이러한 문제에 대한 접근은 두 가지 관점에서 가능하다. 하나는 공공성의 관점이고 다른 하나는 의뢰인의 이익 또는 의뢰인에 대한 성실의무라는 관점이다.

1) 조직의 상부에 대한 보고

기업 내 위법행위를 변호사가 인지한 경우 변호사는 우선 위법행위를 한 구성원에게 직접 위법행위의 시정·중지를 요구하여야 한다. 그럼에도 불구하고 그 시정조치가 이루어지지 않을 경우 조직의 상부 또는 최상부까지 단계적으로 이를 보고하여야 한다.[10)11)] 조직의 상부라 함은 그 위법행위자가 소속한 부서의 장, 조직의 장을 말하고, 그 조직의 최상부라 함은 그 조직의 최고책임자를 말한다. 주식회사의 최상부란 결국 이사회를 의미한다.

기업 내 위법행위는 기업 구성원의 사적인 이익을 도모하기 위해서 이루어질 수도 있으나 위법행위의 외관이 기업을 위한 것처럼 보일 수도 있고 경우에 따라서는 위법행위가 최고경영자의 묵인하에 또는 지시에 따라서 이루어질 수도 있다. 이러한 경우 조직의 상부에 대하여 위법행위를 보고하는 것은 이를 시정조치할 수 있는 권한을 가진 자에 의하여 시정할 기회를 부여하고 시정되지 않은 경우 그 책임의 소재를 분명히 할 수 있음과 동시에 간접적으로

---

10) Model Rules와 일본의 弁護士職務基本規程은 이를 명확하게 규정하고 있다. Model Rules 1.13.(b)는 "만약 조직의 변호사가 대리와 관련한 사안에서 회사에 속한 간부·피고용인 또는 다른 사람이 조직에 대한 법적 의무위반이거나 합리적으로 조직에 전가될 수 있는 법률위반인 행동이면서 조직에 상당한 손실을 낳을 것으로 보이는 행동에 가담하고 있거나 하려고 하거나 행동하는 것을 거부하는 것을 안다면, 그 변호사는 조직의 최대 이익의 입장에서 합리적으로 필요한 조치를 취해야 한다. 변호사는 그렇게 하는 것이 조직을 위해서 필요하지 않다고 합리적으로 믿지 않는 한, 변호사는 그 사안을 조직의 고위책임자에게 보고하여야 한다. 만약 상황이 허락한다면, 조직을 위해서 현행법에서 결정된 대로 행동할 수 있는 최고위 책임자에게 보고해야 한다"고 규정하고, 일본 직무기본규정 제51조는 "조직 내 변호사는 그 담당하는 사건에 관하여 그 조직에 속한 자가 업무상 법령에 위반하는 행위를 하거나 행하려고 하는 것을 알게 된 때는 그 자가 소속한 부서의 장 또는 그 조직의 장, 중역회 또는 이사회, 기타 상급기관에 대한 설명 또는 권고, 기타 그 조직 내에서의 적절한 조치를 취해야 한다"고 규정하고 있다.

11) Model Rules는 2001년 엔론(Enron)과 2002년 월드컴(WorldCom)의 회계부정 사건에 Vinson & Elkins나 Kirkland & Ellis와 같은 유명한 대형 로펌들의 변호사들이 연루된 것으로 드러나면서 기업내 위법행위를 감시할 책임을 좀더 강력하게 변호사에게 부과하여야 한다는 사회적 요구에 따라 변호사에게 위법행위의 보고의무를 규정하게 된 것이다(6인 공저-김재원, 147면 참조).

위법행위를 시정하게 하는 의미가 있다.[12)]

상부에의 보고요건으로서는 보고하는 것이 조직을 위해서 필요하지 않다고 합리적으로 믿지 않을 것, 조직에 상당한 손실을 낳을 것으로 보이는 위법행위일 것, 위법행위자가 위법행위의 시정조치에 관한 변호사의 요구에 응하지 않을 것 등의 요건이 필요하다.

2) 외부적인 공개의 허용 여부

변호사가 기업 내 위법행위를 인지하고 기업의 최상부까지 보고했음에도 불구하고 위법행위가 시정되지 않는 경우에는 변호사로서 어떠한 선택을 하여야 하는가. 침묵, 사임 또는 외부적인 공개의 방법을 생각해볼 수 있다.

먼저, 변호사가 기업 내 위법행위를 알고도 이를 침묵 또는 사임한다면 나중에 그 위법행위로 인하여 손해를 입은 사람이 변호사의 부작위를 이유로 변호사를 상대로 손해배상소송을 제기할 경우 손해배상책임에서 전적으로 자유로울 수 없으므로[13)] 침묵은 적절한 방법이 되지 못한다.

다음, 외부적인 공개에 관해서 보면, 기업 내 위법행위를 둘러싸고 기업내부에서 해결이 되지 않는다는 것은 그 위법행위가 기업의 구성원이 아닌 기업 차원에서 이루어지는 경우가 대부분일 것이다. 이러한 경우는 의뢰인인 그 기업에 대한 비밀유지의무와 변호사의 공공성의 유지의무 사이의 충돌의 문제로서 외부적인 공개 여부를 살펴보아야 한다. 생각건대, 기업 내 위법행위로서 위와 같은 상부에의 보고요건을 갖춘 경우에는 변호사의 공공성의 유지의무에 따라 이를 외부에 공개하여야 하고 다만 그 공개여부의 판단은 변호사의 재량에 속한다고 봄이 타당하다.

미국에서는 2003년 Model Rules가 개정되기 전까지는 변호사는 침묵하거나 사임하는 것이 허용되었을 뿐 조직 내의 위법행위를 외부에 공개하는 것은 허용되지 않았다. 엔론(Enron) 사태 등을 계기로 2003년 Model Rules가 개정되면서 외부로의 공개가 허용된 것이고 이는 결국 내부자 고발(whistle-blowing)을 허용한 것이다. 그러나 이러한 외부로의 공개는 변호사의 의무가 아니라 재량으로 규정하였다.[14)]

---

12) 이상수, 전게논문, 239면.

13) Ronald D. Rotunda, Legal Ethics in a Nutshell(2nd ed.), 2006, p.105-107(이상수, 전게논문, 179면 주4에서 재인용).

14) 이상수, 전게서, 312-313면.

기업 내 위법행위에 대한 외부적인 공개가 허용된다고 하더라도 무제한의 공개를 허용하는 취지는 아니다. 그러한 위법행위를 시정하는 권한을 가진 예컨대, 주주총회 또는 지배주주에게 고지하는 정도로 필요 최소한에 그쳐야 한다. 외부적인 공개가 실은 기업의 이익을 위한 것이고 변호사에게 공개를 허용한다고 하여 변호사의 의뢰인인 기업에 대한 성실의무가 완전히 면제된다고 보기 어렵기 때문이다. 따라서 필요한 최소한의 범위를 넘어서 위법행위를 사정기관에 제보 또는 고발하거나 언론에 공표하는 것은[15] 의뢰인에 대한 성실의무에 배치될 수 있다.

(2) 기업변호사의 위법행위

변호사는 "공공성을 지닌 법률전문직"으로서(법2), "법령과 대한변호사협회 및 소속 지방변호사회의 회칙·규칙·규정 등을 준수"하는 등으로 법령을 준수할 의무가 있다(규3). 변호사가 위법행위를 한 경우 민·형사상의 책임을 져야 하고, 변호사로서의 품위를 손상하는 행위에 해당되어 징계책임을 부담할 수 있으므로(법91②iii), 기업변호사가 스스로 위법행위를 해서는 안 되는 것은 당연하다. 또, 변호사가 의뢰인 기타 타인의 위법행위에 협조하는 것도 금지되고 이를 위반한 경우 위와 같은 책임이 따름은 마찬가지이다. 윤리규약은 의뢰인의 위법행위에 관하여 "변호사는 의뢰인의 범죄행위, 기타 위법행위에 협조하지 아니 한다. 직무수행 중 의뢰인의 행위가 범죄행위, 기타 위법행위에 해당된다고 판단된 때에는 즉시 그에 대한 협조를 중단한다"(규11①)라고 규정하고 있다.

그럼에도 불구하고 기업변호사가 기업 내 위법행위에 협조하거나, 기업에 대하여 법률서비스를 제공하는 것이 위법행위를 조력하는 결과가 됨을 알면서도 이를 중단하지 않는 등, 기업변호사가 오히려 기업 내 위법행위를 조장하거나 조력하는 사례가 적지 않게 발생하고 있다.[16]

이와 관련하여 기업변호사가 기업 내 위법행위에 대하여 연루되거나 가담하는 심리적 원인을 살펴보는 것은 기업 내 위법행위를 둘러싼 변호사의 윤리문

15) 일본의 경우 직무기본규정의 제정과정에서 기업 내의 위법행위를 외부로 공개하게 할 것인지 여부에 관하여 많은 논란이 있었으나 결국은 부정적으로 결론이 났다고 한다(森際康友, 『法曹の倫理』, 名古屋大學出版會, 2005, 255면; 塚原英治 외 2, 『法曹の倫理と責任』, 現代人文社, 2007, 379면).

16) 미국에 있어서 2001년 엔론(Enron) 사건 및 1972년에 발생한 워터게이트(Watergate) 사건 등에 연루된 변호사들의 예가 그것이다.

제에 대한 경각심을 일깨울 수 있다는 점에서 의미가 있다. 변호사의 조직 내 위법행위에 대한 가담의 원인을 설명하는 데 유용한 몇 가지 흥미로운 실험결과가 제시되고 있다. 첫째는 스탠리 밀그램(Stanley Milgram)의 실험이고,[17)] 둘째는 매슈 샐거니크(Matthew Salganik)의 음악 다운로드 실험이다.

스탠리 밀그램의 실험의 요지는 다음과 같다.[18)]

'선생' 역할의 실험대상자가 '학생'을 대상으로 단어를 외우는 문제를 내고 옆에 앉은 '실험자'는 '선생'에게 '학생'이 답을 틀리게 말할 때마다 전기충격을 주고 그 강도를 높이라고 지시했다. 선생들과 학생들은 추첨으로 정했다. 그런데 '학생'과 '실험자'는 실험을 위한 공모자였다. 이 실험의 초점은 '선생'이 '실험자'의 설득에 넘어가 학생에게 고통을 가하는냐 하는 것이었다. 아주 높은 비율(한 실험에서는 67%나) '선생'들이 오답이 나올 때마다 실험자의 지시에 따라 전기충격을 높여가 최대수준인 치명적 수준에 이를 때까지 계속했다. 학생이 비명을 지르고 심지어 벽을 두드리는데도 아랑곳하지 않고 지시대로 따랐다.

위 실험은 원래 유태인 학살에 가담한 독일인들의 성향을 살펴볼 의도로 계획된 것이었다. 그런데 실험을 확대한 결과 국적, 나이와 상관없이 권위에 의하여 강제된 상황에서는 이성적이고 도덕적인 사람도 자신의 가치관이나 신념을 따르기보다는 불합리한 명령일지라도 권위에 복종하는 것을 편하게 여긴다는 사실을 뒷받침하였다. 이를 조직의 변호사의 관점에서 보면, 조직에서 상급자의 불합리하고 정당하지 못한 권위에 저항하여 변호사로서의 윤리적 기준을 준수하는 것이 용이한 것이 아님을 말해준다.

매슈 샐거니크의 실험의 요지는 이렇다.[19)]

젊은이들에게 인기 있는 어느 웹사이트의 방문자 14,341명과 함께 모의 음악시장을 만들어 참가자들에게 무명밴드들이 부른 생소한 노래 중 호감가는 노래가 있으면 다운로드할 곡을 선택한 다음 그 곡에 점수를 매기도록 하였다. 1그룹에게는 각자 독립적인 결정을 내리라고 요구했고 2그룹에게는 곡별로 다른 참가자들이 다운로드한 횟

17) 6인 공저-이상수, 246-248면 참조.

18) 니컬러스 크리스태키스 외 1, 『행복은 전염된다』, 이충호 역, 김영사, 2010, 391-393면.

19) 리처드 탈러 외 1, 『넛지(Nudge)』, 안진환 역, 리더스북, 102-104면 참조.

수를 보여주었다. 그 결과 노래의 인기여부가 다른 참가자들이 처음 다운로드한 선택에 따라 크게 좌우되는 것으로 나타났다.

이 실험은 사람들이 다른 사람들의 행위에 동조하는 경향이 있다는 것을 보여준다. 이러한 실험의 결과를 조직의 변호사에 비추어 보면, 조직을 구성하는 주변인물의 위법한 행동의 영향으로부터 변호사로서의 윤리적 독립성을 유지하는 노력이 매우 중요함을 시사하는 것이다.

(3) 주주대표소송

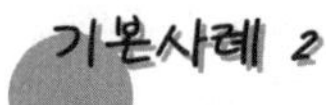

갑 변호사는 A주식회사의 고문변호사이다. 소수주주인 C가 A사의 대표이사인 B가 수익성이 없는 대규모 부동산개발사업에 무리한 투자를 하여 회사에 손해를 가하였음에도 불구하고 A사가 B에 대한 책임을 추궁하지 않는다는 이유로 B를 상대로 직접 주주대표소송을 제기하였다. 갑 변호사가 B를 위한 소송대리를 하는 것이 타당한가?

주주대표소송은 회사가 이사에 대한 책임추궁을 게을리할 경우 소수주주가 회사를 위하여 이사의 책임을 추궁하기 위하여 제기하는 소이다(상403①).[20][21] 대표소송에서 회사와 고문계약 또는 위임계약을 체결한 기업변호사가 이사, 즉 경영자를 위하여 소송수행을 할 수 있겠는가 하는 문제가 있다[도표 7 참조]. 이는 기업변호사의 의뢰인인 회사와 그 경영자 사이에 이익충돌이 존재하는지 여부에 따라 결론을 달리할 수 있으므로 우선 이에 관하여 살펴본다.

20) 미국법상의 대표소송(derivative suit)은 우리의 대표소송과 같이 회사의 이익이 침해되었음에도 불구하고 회사가 그 회복을 게을리할 때 주주가 회사를 대표하여 제기하는 소송이다. 원래는 회사가 제기하여야 할 소이므로 주주의 소 제기권은 회사로부터 연원(derive)한다는 뜻에서 derivative suit라고 부른다. derivative suit는 반드시 이사의 책임추궁만을 위해 인정되는 것은 아니고 때로는 지배주주나 기타 제3자의 책임추궁을 위해서도 이용될 수 있고, 회사가 명목상의 피고(nominal defendant)로 된다는 점이 우리의 대표소송제도와 다르다(이철송, 『회사법강의』 제13판, 박영사, 2006, 641-642면).

21) 상법은 발행주식의 총수의 100분의 1 이상에 해당하는 주식을 가진 주주는 대표소송을 제기할 수 있다고 규정하고 있다(상403①).

[도표 7] 주주 대표 소송

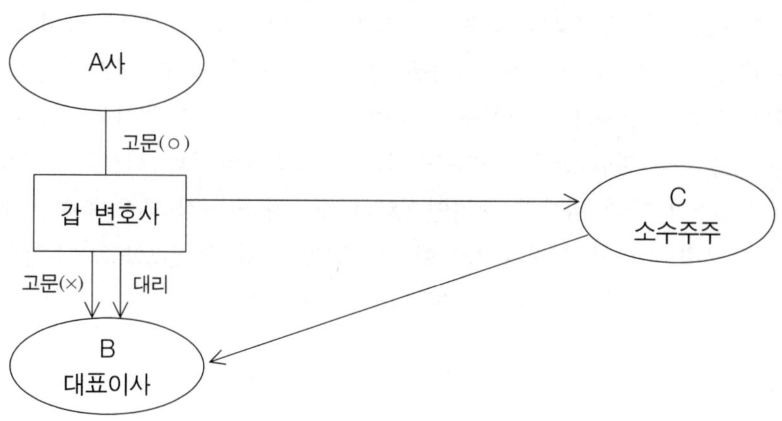

Model Rules[22]는 이익충돌이 존재하지 않는 것으로 보고 있다. 즉, 주주대표소송은 회사에서 흔히 발생할 수 있는 일로서 회사 조직업무의 통상적인 일이므로 다른 소송과 마찬가지로 기업변호사가 이 업무를 담당하는 것이 허용된다고 하여 적극적 입장이다. 이는 회사와 그 경영자 사이에 이익충돌이 존재하지 않음을 전제로 한 것이라고 할 수 있다.

일본의 학설은 주주대표소송이 이사에 대한 소송제기의 해태가능성이라는 폐해를 방지하기 위하여 주주가 회사를 대신해서 소송을 수행하는 것이기 때문에 회사와 그 경영자 사이에 이익충돌이 있다고 보아 소극적인 입장이다.[23]

생각건대, 소극적 입장이 타당하다. 소수주주가 승리하는 경우는 회사가 대표이사에게 책임을 물어야 했음에도 이를 비호했다는 결과가 되고 결국 대표이사의 출연으로 회사에 배상금을 지급하여야 하므로 회사와 대표이사의 이익이 상반된다. 소수주주가 패소한 경우에도 기업변호사가 경영자에 대하여 변론하게 되면 그 과정에서 원고인 소수주주는 경영자의 책임을 주장하고 기업변호사는 경영자의 책임을 부인해야 할 터인데 그 자체가 회사의 대리인이면서 회사의 이익과 배치되는 경영자를 옹호하는 것 같이 보여 변호사의 윤리상 바람직하지 않는 외관이 조성된다. 따라서 기업변호사는 회사의 경영자를 위하여 이에 관한 법률상담을 하거나 소송수임을 하지 않는 것이 윤리상 타

22) Model Rules 1.13. 주석14.

23) 小島武司 외 3, 『法曹倫理』 제2판, 有斐閣, 2006, 199-200면; 高中正彦, 『法曹倫理講義』, 民事法硏究會, 2005, 319면 등 참조.

당하다.[24)]

다만 기업변호사가 경영자의 소송을 수임할 수 없다고 하더라도 상법이 회사가 주주대표소송에 있어서 소송참가를 할 수 있도록 하고 있으므로(상404①), 회사가 소송에 참가하는 기회를 이용하여 기업변호사가 회사를 대리하면서 사실상 경영자를 위한 변론을 할 수 있는 여지가 있다.[25)] 그러나 기업변호사가 보조참가인인 당해 회사의 대리인으로서 활동하는 이상 대표이사가 패소한 경우에는 당해 회사의 견해가 잘못이라는 결과가 될 수 있으므로 기업변호사는 피고인 대표이사의 대리인이 되어서는 안 된다.[26)]

(4) 기업구성원의 대리

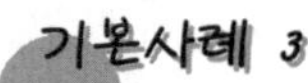

D는 택배회사인 T회사의 트럭운전사로서 택배용 트럭을 운전하던 중 횡단보도에 이르러 정지하였으나 트럭이 밀리면서 때마침 횡단보도를 건너던 초등학생 5명이 사망하고 5명이 중상을 입었고 사고트럭이 반대차선으로 넘어가서 가로수를 충격하여 D도 중상을 입고 병원에 입원하였다. 경찰은 초동수사 단계에서 사고트럭의 제동장치에 결함이 있는 것으로 추정하고 제동장치에 대한 감정을 의뢰하였다. 변호사 갑은 T회사의 고문변호사로서 동 회사로부터 연락을 받고 D가 입원한 병원으로 사고경위를 청취하러 갔다. D는 갑 변호사에게 자신의 사건에 대하여 변호를 요청하였고 갑 변호사는 그 요청을 거절하지 않으면서 "회사로부터 연락을 받고 당신을 위해서 왔으니 사고 경위를 말해보라"고 하였고 D는 갑 변호사가 자신을 위해 변론하여 줄 것으로 믿고 "사실은 졸음운전으로 정지신호를 보지 못하였다"고 말하였고 변호사 갑은 그 이후 D를 접촉하지 않았고 D의 교통사고에 대해서는 을 변호사가 선임되었다. 갑 변호사의 위와 같은 행동이 타당한가?

기업과 그 구성원은 별개의 인격이므로 기업변호사는 그 구성원을 대리할 수

24) 同旨, 東京三會有志 외 1 편, 『弁護士倫理の理論と實務』, 日本加除出版, 2009, 104-105면 참조.

25) 일본에 있어서도 상법(268⑧)이 회사가 감사의 동의를 얻어 피고 즉, 경영자측에 소송참가하는 것을 허용하고 있으므로 기업변호사는 회사의 대리인으로서 경영자측을 위한 실질적인 변론이 가능하다.

26) 東京三會有志 외 1 편, 전게서, 105면 참조.

있다. 그런데 예컨대, 기업의 구성원이 기업을 상대로 소송을 제기한 경우에 그 구성원을 대리하는 것은 이익충돌이 발생한다. 따라서 이러한 경우는 이익충돌의 법리에 따라 기업변호사는 구성원의 대리를 수임할 수 없다(법31① i).

기업구성원과 기업 사이의 이익충돌과 관련하여 '유사 변호사·의뢰인 관계'(quasi lawyer-client relationship)의 형성에 유의하여야 한다. '유사 변호사·의뢰인 관계'란 변호사와 의뢰인 사이의 신뢰가 형성되는 경우의 변호사와 의뢰인 관계, 즉 전술한 예비적 위임관계를 말한다.

기업구성원이 기업변호사에 대하여 부당한 기대를 갖는 경우이든 순수하게 기업변호사의 조력을 받고자 하는 의사이든 간에 예비적 위임관계가 형성되면 이익충돌이 발생한다. 따라서 기업변호사는 특히 기업구성원이 상담을 원할 경우 자신이 기업구성원의 비밀을 알게 되면 이를 기업에 공개해야 할 의무가 있음을 고지하고 자신이 그 기업구성원의 이익을 대리하는 것이 아님을 밝혀야 한다. 미국에서는 이를 "Corporate Miranda Warning"이라고 한다.[27] 변호사가 이를 게을리하여 예비적 위임관계가 형성되면 변호사는 기업구성원의 비밀을 준수해야 하므로 그와 기업 간에 이익충돌이 발생하는 사건에서 기업과 그 구성원 양자 모두를 대리할 수 없게 된다.

(5) 기업변호사의 기업임원의 겸직 및 소송수임

(가) 기업임원의 겸직

변호사는 기본적 인권을 옹호하고 사회정의를 실현함을 사명으로 하는 전문직이기 때문에(법1①) 그 직무는 주로 공공성에 지배되고 영리적 성격을 갖지 않는 것으로 이해되고 있다. 따라서 변호사는 원칙적으로 자신이 대리하는 기업의 임원으로 취임할 수 없다. 변호사의 독립성을 해하고 나아가서는 품위를 해칠 수 있기 때문이다.

이에 따라 변호사법은 "변호사는 소속 지방변호사회의 허가를 받거나 휴업한 경우가 아니면 상업이나 그 밖에 영리를 목적으로 하는 업무를 경영하거나 이를 경영하는 자의 사용인이 되거나, 영리를 목적으로 하는 법인의 업무집행사원·이사 또는 사용인이 될 수 없다"(법38②)라고 규정하여 변호사는 원칙적으로 기업의 임원 기타 사용인이 될 수 없고 소속 지방변호사회의 허가 또는

27) 6인 공저-이상수, 185면.

휴업의 경우에는 예외로 한다는 점을 밝히고 있다.

그런데 변호사법은 변호사가 감사로 취임할 수 있는지 여부에 관해서는 규정하고 있지 않기 때문에 논란이 있을 수 있다. 생각건대, 기업변호사의 감사 취임을 허용하지 않는다는 것은 변호사의 직업선택의 자유를 침해한다. 오히려 감사의 직무는 그 성질상 공공성을 지닌 법률전문직으로서 변호사가 이를 수행하는 것이 적절할 수 있다. 감사의 직무는 기업의 경영자 또는 업무집행사원·이사 등의 그것과 달리 영리적 성격이 약하다. 또, 변호사법 제38조 제2항이 취임을 금지하는 직에 감사가 포함되어 있지 않다. 따라서 기업변호사는 기업의 감사에 취임할 수 있다.

(내) 기업을 위한 소송수임의 가부

감사로 취임한 변호사가 그 기업을 위해서 소송을 수임하는 소송대리인의 지위를 겸할 수 있는지 문제가 되고 이에 관해서는 견해가 갈려 있다[도표 8 참조].

[도표 8] 감사의 기업대리

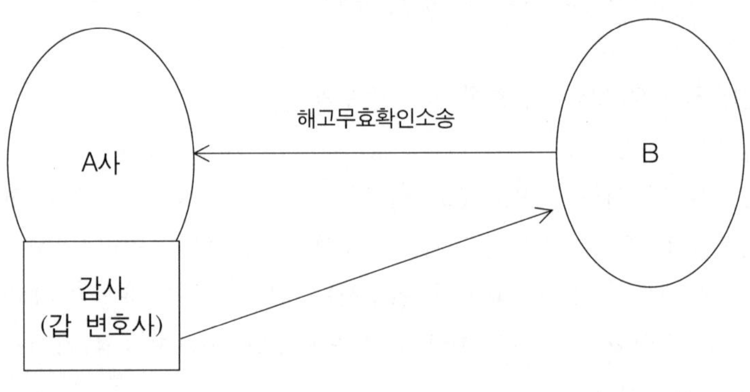

1) 소 극 설

감사인 기업변호사가 기업의 소송사건을 수행할 수 없다고 보는 입장이다. 그 이유는 감사의 지위 및 직무의 내용을 보면 감사의 업무를 기업변호사가 행하는 것은 부적절하고, 변호사의 지위 및 의무에 비추어 적절하지 않다는 것이다. 즉, 감사는 주주총회에서 선임하고(상409①), 감사의 선임에 있어서 의결권 없는 주식을 제외한 발행주식총수의 100분의 3을 초과하는 수의 주식을 가진 주주는 그 초과하는 주식에 관하여는 의결권을 행사하지 못하도록 하여(상409②) 대주주의 감사에 대한 영향력을 차단하는 장치를 두고 있고, 감사는 독립적으로 이사의 직무집행과 회계를 감사하여야 할 책무가 있다(상412①). 따라서 감사가 그 직무를 수행하면서 기업의 경영진 즉, 대표이사가 의뢰하는 소송사건을 수임하고 그에 따른 보수를 받는 것은 감사로서의 책무에 반할 뿐만 아니라 변호사직의 공공성과 품위유지의무에 배치될 수 있다.

2) 적 극 설

기업변호사가 기업의 소송사건을 수임하여 처리하는 것을 허용해야 한다는 견해이다.[28] 그 이유는 기업변호사가 감사의 지위에 있기 때문에 소송사건을 보다 성실하게 처리할 수 있고 이를 특별히 금지할 이유가 없다는 점을 들 수 있다. 즉, 회사의 소송사건을 수행하는 변호사가 회사의 내부사정을 잘 안다면 그 사건을 보다 성실하게 처리할 수 있는데 감사는 상시 회사의 업무나 회계의 감사를 하고 있으므로 회사의 내부사정을 잘 알고 있다. 또, 소송사건의 위임과 관련하여 위법·부당한 문제가 있다면 감사의 선임기관인 주주총회에서 이를 시정하는 방법을 강구하거나 감사로서의 책임(상414)을 추궁하면 된다고 한다. 대한변협도 같은 입장에 있는 것으로 보인다.[29]

3) 절 충 설

절충설은 감사인 변호사는 원칙적으로 해당 기업의 사건을 수임할 수 있으나 감사의 직무와 충돌이 있는 경우에는 수임할 수 없다고 보는 입장이다. 예컨대, 이사의 임무해태 또는 비위사유가 쟁점이 되거나 관련이 있고 회사와

---

28) 日最高裁 昭和61. 2. 18. 民集 40권 1호, 32면은 1주주가 회사에 대하여 제기한 특정의 소송에 관하여 변호사인 감사가 회사로부터 위임을 받아 소송대리인이 되는 것은 쌍방대리에 해당한다고 할 수 없다고 하고 있다.

29) 대한변협 2005. 8. 2. 법제 제1999호 질의회신 사건에서 변호사가 주식회사의 감사 또는 사외이사로 재직하고 있으면서 그 회사에서 위임하는 소송사건을 수임하는 것이 변호사법 소정의 수임제한에 해당되는지 여부에 관하여 수임제한에 해당되지 않는다고 회신하고 있다. 그 이유는 다음과 같다. "감사는 직무상 회사의 내부적인 경영실태나 업무처리 내용까지 잘 알 수 있는 지위에 있고, 회사로서는 소송사건을 성실하게 수행할 변호사를 선임하게 마련이므로 이런 취지에서 회사의 내부사정까지 잘 알아서 사건을 성실하게 해결할 수 있는 지위에 있는 감사를 경영진의 판단에 따라 변호사로 선임하는 것을 금지할 이유가 없다. 또한 회사가 적법절차를 거쳐 감사에게 특정의 소송사건을 의뢰하고자 하는 회사의 결정을 존중해줄 필요도 있다. 아울러 현실적으로도 다수의 변호사로 구성된 법무법인의 경우 그 구성원 중 1인이 감사를 맡고 있는 회사라고 하여 그 법무법인이 그 회사의 소송사건을 수임할 수 없다고 하면 회사나 법무법인 모두에게 불합리한 점이 많다"(축조, 대한변협, 2009, 204면).

공동피고가 된 사건을 감사인 변호사가 수임하게 되면 이사의 비위사유 등을 알더라도 이를 공개할 수 없고 이사에 대한 비밀유지의무 때문에 위 사건에 관하여 회사에 대한 성실의무를 다할 수 없고 나아가서는 감사업무도 성실하게 행할 수 없기 때문이라고 한다.30)

생각건대, 절충설이 타당하다. 감사에 취임한 기업변호사가 그 기업의 소송사건을 수행할 수 있는지 여부는 구체적 사건별로 판단하는 것이 타당하다. 이익충돌회피의무, 성실의무, 변호사 지위의 공공성 등에 비추어 적절한지 여부에 따라 결정되어야 한다. 기업변호사라고 하더라도 그 직무의 실체가 다양할 수 있으므로 그 직무의 실체가 회사의 업무집행기관에 대하여 계속적 종속성을 가지는가 여부를 실질적으로 판단하여야 한다. 즉, 회사의 조직기구의 일원이 되어 업무집행기관의 지휘명령을 받는 위치에 있는지 또는 회사에 전속하여 구속을 받아야 할 입장인지 여부도 이익충돌에 영향을 미칠 수 있는 요소이기 때문이다. 또, 구체적인 사건 여하에 따라서 이사들로 구성된 경영진의 업무를 견제 또는 감독해야 하는 감사의 직무와 경영진의 입장을 충실히 반영해야 하는 소송대리인의 업무 사이에 이해관계가 대립되어 이익충돌의 상황이 발생할 수도 있기 때문이다. 이익충돌의 여지가 있는 사건을 감사인 기업변호사가 수행하는 것은 변호사의 이익충돌회피의무(법31, 규22, 48①), 성실의무(규13), 직무의 공공성(법1①, 2) 등의 취지에 반한다.

(6) 기업집단과 대리

기업의 경영자들은 경제적 이유 또는 새로운 투자의 위험을 회피하기 위하여 기업의 대형화의 수단으로 해당 기업을 인수하는 기업의 결합을 선호한다. 기업결합의 구체적인 방법으로 모자회사의 형성 또는 합병 및 상호주소유 등이 이용된다. 이처럼 모자관계를 갖는 기업 또는 상호주소유의 방법에 의하여 기업결합이 이루어진 경우 이들 기업을 기업집단이라고 할 수 있다.31)

기업집단에 속한 하나의 기업을 대리하면서 그 기업집단에 속한 다른 기업을 상대방으로 하는 다른 사건을 변호사가 수임할 수 있는지가 문제된다. 예컨대, A회사가 C회사의 주식을 소유하여 모자관계가 형성되어 있을 경우 변호사가 A회사를 자문하면서 다른 사건에서 C회사를 상대방으로 하는 사건을 수

30) 6인 공저-이상수, 189면.

31) 이철송, 전게서, 386-387면 참조.

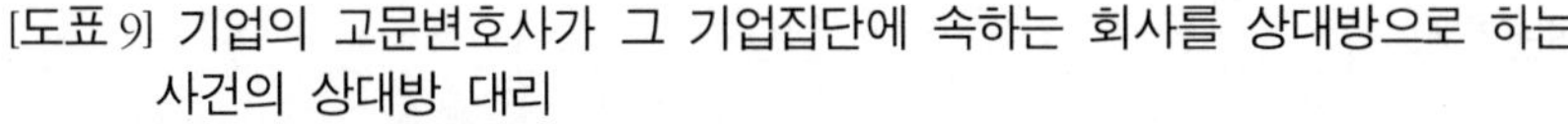
[도표 9] 기업의 고문변호사가 그 기업집단에 속하는 회사를 상대방으로 하는 사건의 상대방 대리

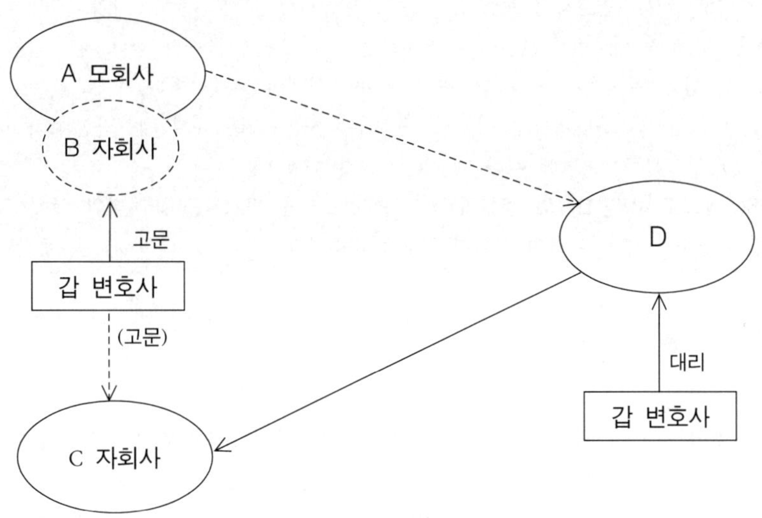

임할 수 있는가 하는 것이다[도표 9 참조].

원칙적으로 보면, A회사와 C회사는 전혀 다른 법인격을 갖추고 있으므로 변호사의 의뢰인은 A회사일 뿐이고 C회사는 의뢰인이 아니므로 C회사를 상대방으로 하는 다른 사건을 수임할 수 있다.

그러나 기업집단의 실질을 보면, 기업집단에 속한 기업이 상호 다른 실체라기보다는 마치 하나의 실체로 보아야 타당한 경우가 있다. 예컨대, 자회사의 경영이 지배주주의 의사에 의하여 결정되고, 모회사의 임원이 자회사의 임원을 다수 겸임하고, 자회사의 수익구조가 모회사에 절대적으로 의존적인 경우 등에 있어서는 양 회사를 하나의 실체로 볼 수도 있다. 따라서 그 실체의 동일 여부는 회사의 경영방식, 인적인 중복 여부, 수익구조의 의존도 등 지배구조의 내용을 고려하여 결정하고,[32] 양 회사가 다른 실체라고 한다면 위의 예와 같은 경우에 있어서 자회사를 상대방으로 하는 다른 사건을 수임하더라도 이익충돌회피의무나 성실의무에 위반되지 않는다.

32) 이상수, 전게서, 327면 참조.

나. 사내변호사

윤리규약 제51조(사내변호사의 독립성) 정부, 공공기관, 비영리단체, 기업, 기타 각종의 조직 또는 단체 등(단, 법무법인 등은 제외한다. 이하 '단체 등'이라 한다)에서 임원 또는 직원으로서 법률사무 등에 종사하는 변호사(이하 '사내변호사'라 한다)는 그 직무를 수행함에 있어 독립성의 유지가 변호사로서 준수해야 하는 기본 윤리임을 명심하고, 자신의 직업적 양심과 전문적 판단에 따라 업무를 성실히 수행한다.
윤리규약 제52조(사내변호사의 충실의무) 사내변호사는 변호사윤리의 범위 안에서 그가 속한 단체 등의 이익을 위하여 성실히 업무를 수행한다.

기본사례 4

갑 변호사는 전자제품을 생산하는 유명 전자회사인 A주식회사의 법무실에 소속된 변호사로서 변호사인 법무실장으로부터 A사를 피고로 하는 제조물책임소송의 대리인으로 소송을 수행할 것을 지시받고 재판기록 및 관련기록을 검토한바 원고가 주장하는 제품의 결함을 증명하는 증거가 충분할 뿐만 아니라 다른 중요한 결함이 있음을 발견하였다. 갑 변호사는 법무실장에게 "이 재판은 패소할 것이고 제품에 중요한 다른 결함이 있으니 이를 신속하게 공개하고 리콜을 하는 것이 A사의 사회적 신뢰를 유지할 수 있다고 생각한다"는 의견을 제시하였다. 이에 법무실장은 "문제의 제품은 회사의 인기상품인데 결함을 인정한다면 회사의 경영에 막대한 타격을 입는다. 회사가 승소할 수 있도록 최선을 다하라"고 소리쳤다. 갑 변호사는 어떻게 행동하여야 하는가?

기본사례 5

을 변호사는 X주식회사의 사내변호사로 일하고 있다. X사의 법무실은 현재 비변호사인 A가 법무실장을 담당하면서 업무상 변호사를 지시·감독하고 있다. A는 변호사 을이 검토하여 작성한 법률의견에 대하여 변호사 을의 의견과 달리 수정을 요구하여 결재를 받도록 하는 데 대하여 을은 업무상 스트레스를 많이 받고 있다. 을 변호사는 자신이 작성한 법률의견에 대한 A의 수정요구가 변호사의 독립성을 침해하는 것은 아닌지, 또 A가 변호사법 제109조 제1호의 법률관계 문서작성 그 밖의 법률사무를 취급하는 행위에 해당하는지 나아가서 비변호사가 변호사를 고용하여 법률사무소를 개설하거나 운용해서는 안 된다는 규정에 위반하는 것인지를 검토하고 있다. 이에 대한 견해는 어떠한가?

(1) 의 의

사내변호사(in-house lawyer)란 기업과 고용계약을 체결한 사용인으로서 기업 내에서 기업의 법률수요에 응하여 법률서비스를 제공하는 조직의 변호사이다. 사내변호사는 변호사와 근로자의 이중적 지위(Doppelfunktion)에 있다.[33)]

(2) 기 능

사내변호사는 기업에 근무하면서 기업의 실정을 평소 파악할 수 있기 때문에 보다 효율적인 즉, 기업목적에 적합한 법률서비스를 제공할 수 있다. 또, 기업이 기업외의 변호사를 선임하는 것에 비하여 비용면에서 합리적이다. 특히 기업의 비밀과 관련된 문제일 경우 기업에 근무하면서 기업에 대하여 충성심이 있는 변호사가 관여할 수 있으므로 기업비밀의 누설을 염려하지 않아도 된다. 이러한 이유로 사내변호사가 증가하는 추세에 있고 일부 기업의 경우에는 변호사의 자격은 없으나 법률교육을 받고 실무에 오래 종사해서 사실상 법률서비스를 제공할 수 있는 전문 인력도 증가하게 되었다.[34)]

(3) 의 무

사내변호사가 기업의 행정업무를 처리하는가, 법률문제를 검토하여 의견을 제시하는 등 법률서비스를 제공하는가에 관계없이 일반적인 피고용인과는 다른 특수한 지위를 갖는다. 우선, 사내변호사는 기업의 권익을 옹호하기 위하여 성실히 업무를 수행하여야 한다. 이는 일반적인 피고용인과 다름이 없다. 그러나 그 활동은 변호사윤리의 범위 안에서 이루어져야 한다(규51). 다음, 사내변호사는 변호사로서의 직무에 관한 한 자신을 고용한 기업에 종속되는 것이 아니라 독립성을 가져야 한다(규51).[35)] 독립성을 가져야 그 의견의 객관성

33) 대한변협 2014. 8. 8. 질의회신 제826호.

34) 법률가의 윤리와 책임-김건식, 278면.

35) 사내변호사가 기업의 법률사무가 아닌 단순한 행정사무를 처리하는 경우에는 그 독립성이 문제될 소지가 비교적 적겠으나, 그 경우에도 변호사로서 자격등록을 한 이상 변호사윤리의 범위 안에서 성실히 직무를 수행하여야 한다.

이 담보될 수 있고, 그 의견의 객관성이 무너짐으로써 기업이 부담하여야 할 궁극적인 손실을 방지할 수 있기 때문이다. 또, 그렇게 함으로써 사내변호사가 기업적 관점에 의하여 과도한 영향을 받지 않고 객관성을 견지하는 법적 조언자로서 '회사양심의 보유자'로 남을 수 있기 때문이다.

(4) 수임제한

가) 사내변호사가 개업변호사의 지위를 겸하기 위해서는 소속 지방변호사회의 겸직허가를 받아야 한다. 겸직허가를 받은 경우라도 소속 기업의 사건을 수임할 때, 제3자의 소송사건을 수임할 때 각 수임제한의 내용이 다르다.[36]

대한변협 2014. 4. 14. 질의회신 제811호[37]

사내변호사가 개업변호사의 지위를 겸하기 위해서는 소속 지방변호사회의 겸직허가를 받아야 하고, 사내변호사가 속한 회사의 소송사건을 수임하는 경우에는 겸직허가에 부수한 부관의 제한 범위 내에서 수임할 수 있다. 다만, 소속 지방변호사회에 따라서는 이러한 부관이 없는 경우도 있다. 사내변호사가 개업변호사의 지위를 겸하고 있는 경우, 소속회사와 독립하여 개업변호사의 지위에서 자신이 속한 회사가 아닌 다른 제3자의 소송사건을 수임하는 경우에는 위와 같은 겸직허가 부관의 제한을 받지 않는다. 그러나 독립한 개업변호사의 지위에서 수임하는 경우가 아니라 소속회사의 지시에 의하여 위와 같은 사건을 수임하는 것은 변호사법상 허용되지 않는다.

나) 변호사가 겸직허가를 받아 소속 기업의 사건을 수임할 때에는 피용자로서 고용계약에 따른 급여를 수령하지만, 다른 한편 변호사로서의 지위도 가지고 있으므로 변호사로서 별도의 수임계약을 체결할 수 있고, 그 수임사건과 관련하여 별도의 보수계약을 체결하는 것도 가능하다. 그리고 수임사건에 대한 별도의 보수계약을 체결한 경우 민사소송법 제110조 제2항[38]에 따라 그

36) 대한변협 2014. 4. 14. 질의회신 제811호.

37) 같은 취지 대한변협 2014. 8. 8. 질의회신 제826호.

38) 민사소송법 제110조(소송비용액의 확정결정) ① 소송비용의 부담을 정하는 재판에서 그 액수가 정하여지지 아니한 경우에 제1심 법원은 그 재판이 확정되거나, 소송비용부담의 재판이 집행력을 갖게 된 후에 당사자의 신청을 받아 결정으로 그 소송비용액을 확정한다.
② 제1항의 확정결정을 신청할 때에는 비용계산서, 그 등본과 비용액을 소명하는 데 필요한 서면을 제출하여야 한다.

보수액을 소속기업의 소송비용에 산입할 수 있다.[39)]

참고자료 대기업 임원으로 있다 보니 가끔 기업에서 일하는 법조 후배들이 나에게 조언을 구하곤 한다. 옛날에는 기업에서 판·검사 출신의 원로 변호사를 고문으로 모시고 가끔 조언을 구하거나 인맥을 활용하는 경우가 많았지만, 요즘 젊은 사내변호사들은 기업의 한 조직원으로 속해서 일하는 경우가 대부분이다. 그래서 비법률가가 절대 다수인 기업 내에서 그들이 겪는 어려움은 다양하다.

특히 자기 상사(또는 고용주)와 겪는 갈등을 호소하는 경우가 많은데, 그럴 때마다 나는 절대로 상사와는 대립하지 말라고 얘기한다. 상사는 설득의 대상은 될 수 있을지언정 싸움의 대상은 애초에 될 수 없기 때문이다. 자신의 인사권을 쥐고 있고 조직 내에서 자신보다 영향력이 큰 사람과 대립해서 이길 수 있는 경우는 거의 없다.

그런데 그나마 갈등의 원인이 업무방식이나 성격의 차이 또는 비법률적 판단에 관한 경우에는 그런 조언을 해 주는 내 마음도 편안하다. 웬만큼 맞추어 줄 수도 있고, 타협하는 것이 특별히 문제가 될 리도 없다. 어떨 때는 상사의 뜻에 맞추어 주는 게 맞는 경우도 많다. 문제는 법률전문가가 아닌 상사와 법률적 판단의 문제로 갈등이 있는 경우이다.

변호사는 변호사대로 법률적 위험을 충분히 개진하고 다른 부서에서 고민 끝에 그들 책임하에 위험을 부담키로 한다면 그나마 나을 텐데, 아예 위험을 개진하는 단계에서 상사의 의지에 의해 의견이 조금이라도 왜곡되면 자괴감이 든다고들 호소한다. 법률적 위험의 개진 자체가 의사결정에 부담을 가져다 주기 때문에 다들 싫어할 수밖에 없는데, 조직 내에서 정치적 고려를 해야 하는 상사라면 의견 수위를 신경 쓰지 않을 수 없기 때문이다.

어떤 조직 내에서 일정하게 업무상 독립성과 객관성을 유지하면서 동시에 다른 조직원들 모두와 잘 지내는 것은 당연히 어려울 수밖에 없다. 특히, 그러한 독립성, 객관성 유지의 중요성을 자기 인사권자가 공감하지 못하거나 그의 이해관계와 반드시 부합하는 것이 아닐 경우에는 더욱 어렵다.

최근의 저축은행 사태 등 우리 사회에서 문제되고 있는 일련의 사건들을 보면, 금융감독원과 감사원, 사외이사 등 모두 기존 조직을 감시감독하거나 견제하기 위한 기구들이 제대로 작동하지 않아서 생긴 문제들이다. 그리고 으레 그렇듯이, 독립성과 객관성이 가장 중요하게 유지되어야 할 자리를 맡은 전문가들이 제 역할을 못하고 있다는 비판이 따랐다. 여기 열거한 외에도 그 성격상 독립성과 객관성 유지가 필수적인 수많은 위원회, 기관들이나 각종 제도도 마찬가지이다. 그러나 사건이 터지면 항상 제 역할을 못한 전문가들을 비난만 할 게 아니라, 그들에 대한 '사실상'의 인사권을 누가 행사하는지를 보아서 그 시스템을 개선해야 한다. 앞에서

39) 대한변협 2014. 8. 14. 질의회신 제831호.

보았듯이, 한 기업 내에서도 전문가가 업무상 독립성과 객관성을 유지할 수 있는지는 자신의 인사권자가 누구인지에 따라 달라지는 법이다.

동서고금을 막론하고 고전의 처세술에서 우리는 윗사람의 뜻에 순응하고 대세를 따르는 것이 현명하다고 배워 왔다. 그런데 갑자기 윗사람의 뜻과 대세를 거스르고 오로지 자신의 강력한 의지만으로 전문가로서의 양심을 지키길 기대한다면 그건 너무 가혹하다. 애초에 전문성이 확보되기 어려운 구조, 독립성과 객관성을 유지하기 어려운 구조를 만들어 놓고 그 안에서 인간의 나약함을 극복하지 못했다고 비난만 한다면 진정으로 잘못을 뉘우칠 사람이 얼마나 될지 모르겠다. 왜 우리한테만 야단이냐고 억울해 하지 않을까?[40)]

2. 정부기관의 대리

정부의 법률문제에 관하여 조력을 하는 변호사는 정부에 고용된 경우, 정부에 고용되지 않고 정부와 고문계약 또는 위임계약을 체결한 경우가 있을 수 있다. 전자의 경우 변호사는 원칙적으로 휴업하지 않고 공무원이 될 수 없으므로 개업변호사로서 정부기관을 대리할 여지가 없겠으나, 변호사가 상시 근무가 필요 없는 공무원이 되는 경우 정부기관을 대리할 수 있다(법38①,③ 참조). 이 경우 변호사는 독립성을 유지하면서 성실히 업무를 수행해야 한다(규51, 52).

변호사가 정부기관을 대리하는 경우 이익충돌을 회피해야 한다. 이에 관해서는 공무원인 변호사, 로펌 또는 고문변호사의 의뢰인이 누구냐 하는 것이 문제가 된다. 넓게는 대통령, 국무총리, 행정각부를 포괄하는 정부 전체 또는 그 정부가 국민의 세금으로 운영된다는 점에서 국민 전체가 의뢰인이라는 견해도 있을 수 있다. 그러나 이는 이익충돌의 범위가 너무 광범위해져서 국민의 변호사선택권이나 변호사의 활동영역이 과도하게 제한될 수 있다. 따라서 이 문제는 구체적인 경우에 개별적으로 이익충돌 여부를 판단할 수밖에 없다. 첫 번째 판단기준으로는 위임계약의 내용이 될 것이나 위임계약에서 장래 발생할 수 있는 이익충돌의 경우를 모두 예상하여 명확히 하는 것은 현실적으로 어렵다. 위임계약의 내용이 명확하지 않은 경우에는 정부 조직의 체계, 업무분장 내용, 재원조달 방식 등을 검토하여 문제된 사건의 이익충돌 여부를 결정하여야 한다.

---

40) 대한변협신문 제355호(2011. 6. 13), 6면, 이언주, 〈변호사가 사는 법〉「사내변호사의 처신」.

■ 기본사례(해설)

1. 갑 변호사는 기업의 고문변호사로서 기업에 대하여 성실의무를 부담하고 있으나 바로 그 성실의무에 기하여 기업의 위법행위에 대한 감시의무가 있다. 따라서 갑 변호사는 우선 당해 위법행위의 책임자에게 시정 · 중지를 요구하고 그럼에도 시정조치가 이루어지지 않을 경우 조직의 상부 또는 최상부까지 단계적으로 이를 보고하면서 시정 · 중지를 요구하여야 한다. 조직의 상부는 위법행위자의 소속 부서의 장, 조직의 장을 말하고, 조직의 최상부는 주식회사의 이사회를 의미한다. 거기에서 더 나아가 감독관청 등에 대한 외부통보, 언론에 대한 공표, 사정기관에 대한 제보 등까지 요구되지는 않는다.
2. 고문변호사인 갑 변호사의 의뢰인은 대표이사인 B가 아닌 A주식회사이다. 위 소송에서 C가 승소하는 경우 A사가 B를 비호했다는 결과가 되고, C가 후에 패소한 경우라 하더라도 변호사는 소송 중 B가 회사에 대하여 책임이 없음을 주장할 수밖에 없고 그로 인하여 회사의 이익에 반하는 경영자를 옹호하는 외관이 형성되어 고문변호사의 윤리상 바람직하지 않으므로 B를 위한 소송대리를 하지 않는 것이 타당하다.
3. 갑 변호사가 D를 면담하여 신뢰관계가 형성되어 위와 같이 사고경위를 청취함으로써 갑 변호사와 D 사이에 예비적 위임관계가 성립한다. 더구나 D의 졸음운전과 T회사의 트럭에 대한 정비결함이 경합되어 사고가 발생한 것으로 판명될 경우 사고발생에 기여한 과실의 정도에 관하여 D와 T회사 간에 이익충돌이 발생한다. 그럼에도 불구하고 갑 변호사가 기업구성원인 D를 접촉함에 있어서 T회사와의 이익충돌 상황에 관한 조치를 취하지 않고 D로부터 비밀을 개시받은 것은 고문변호사의 행동으로서 타당하지 않다.
4. 사내변호사는 고용계약에 기한 사용종속관계와 변호사로서의 직무의 독립성을 병존시켜야 하는 고뇌가 있을 수밖에 없으나 사내변호사는 그 사용종속관계 때문에 때로는 조직의 논리 또는 지휘명령에 구속되는 경향이 있으므로 변호사의 사명을 자각하고 그 직무의 공공성과 독립성을 유지하여야 한다. 위 사례에서 갑 변호사는 우선 법무실장을 계속 설득하여 회사의 이익을 위하여 결함을 신속하게 공개하도록 회사의 상부에 진언하도록 하고 그럼에도 불구하고 법무실장이 아무런 조치를 취하지 않을 경우 자신의 견해를 변경하여 회사를 위해서 계속 응소한다고 하여 갑 변호사에게 변호사로서의 윤리책임을 물을 수는 없다고 할 것이다.[41)]
5. ① 우선 사내변호사의 회사와의 관계에서의 지위를 그 법률업무와 관련하여 구

41) 高中正彦, 전게서, 159, 336면 참조.

분하면 ⅰ) 회사로부터 수임한 소송사건에 관하여 회사의 소송대리인으로서 수행하는 지위와, ⅱ) 그 외의 법률사무에 관한 회사내부업무를 처리하는 지위로 대별할 수 있다. ⅰ)의 경우에는 을 변호사가 X회사의 피용자이긴 하나 변호사법 제2조 소정의 지위에 있으므로 변호사로서의 권리를 가짐과 동시에 변호사법이 정한 제반의무를 준수해야 할 책임이 있다. ⅰ)의 지위와 관련하여 회사로부터 위임받은 소송사건에 관하여 상사가 지시 · 감독을 하는 것이 위임인인 회사의 입장에서 수임인인 변호사에 대하여 회사의 의견을 제시하는 것으로 이해되고, 만약 그 범위를 넘는 것이라면 변호사로서의 독립성을 유지하기 위하여 그 지시 · 감독에 순응할 이유는 없다. ⅱ)의 지위와 관련하여 그것은 회사 내부의 업무를 처리하는 것이므로 회사의 피용인으로서 고용계약이 정한 제반규정 및 회사의 복무규정에 따라 그 업무를 수행하는 것이 타당하다. ② 변호사법 제109조 제1호 해당여부, 제34조 제4항 위반여부 등의 점에 대하여는 회사로부터 수임한 소송사건이 아닌 회사 내부의 법률사무(계약서 검토, 법률질의 검토 등)에 관한 상사의 지시 · 감독은 변호사법 제109조나 제34조의 위반여부가 문제되지 않는다.[42]

42) 대한변협 2006. 6. 22. 법제 제1739호(축조, 대한변협, 2009, 22-24면 참조).

14 | 변호사의 공익활동

도입질문

1. 변호사의 공익활동이 필요한 이유가 무엇인가?

2. 변호사의 공익활동의 의무에 대한 반대론에 대하여 어떠한 비판을 가할 수 있는가?

3. 변호사는 변호사법 제3조에 정한 공익적 직무와 대한변호사협회의 「공익활동 등에 관한 규정」이 정하는 활동을 하는 것만으로 변호사의 공익실현의무를 다한 것인가?」

4. 「공익활동 등에 관한 규정」에 의한 소정의 공익활동을 완수하지 못한 경우 대체금원을 납부하는 방법에 대한 견해는 어떠한가?

Ⅰ. 변호사의 공익활동의 의의

변호사는 기본적 인권을 옹호하고 사회정의를 실현함을 사명으로 하는 공공성을 지닌 법률전문직이므로(법1, 2) 의뢰인으로부터 위임을 받아 위임사무를 처리하는 모든 활동이 공익적 활동이라고 할 수 있다. 그러나 수임사무의 처리는 의뢰인의 이익을 성실하게 옹호하는 것이 공익적 가치가 있다는 소극적인 의미를 가진 것일 뿐이고 의뢰인의 이익을 옹호하는 것 자체가 공익활동은 아니다. 공익활동은 좁은 의미로는 경제적 이유 등으로 법의 보호를 충분히 받지 못하는 계층(이하 '법률 소외계층'이라고 한다)에 무료로 또는 최소한의 비용으로 법률서비스를 제공하는 것이라고 할 수 있다.

일본의 사법개혁심의견서가 변호사는 '정의를 담당하는 신뢰할 수 있는 손'으로서 통상의 직무활동을 넘어 공공성의 공간에서 정의를 실현하여야 할 사회적 책임(공익성)을 자각하여야 한다고 하면서 변호사는 의뢰인으로부터 통상의 수임사무의 처리 외의 사회적 책임이 있고 그 사회적 책임을 다하기 위한 활동의 일환으로서 pro bono 활동을 예시하고 있다.[1]

II. 공익활동의무의 근거[2]

변호사가 공공성의 공간에서 부담하는 정의를 실현하여야 할 사회적 책임의 근거가 무엇인가 하는 점에 대해서는 여러 가지 관점에서 설명되고 있다.

변호사는 사법의 담당자로서 그 공정한 적용을 보장하는 방법에 의하여 정의의 시스템이 완벽하게 되도록 진력할 의무가 있기 때문이라는 전통적인 견해,[3] 또 법률실무를 독점하고 있는 변호사에게는 모든 사람에 대하여 변호사만이 할 수 있는 헌법상의 권리의 손을 내미는 수단을 강구할 의무가 있기 때문이라는 견해 등이 있다. 새로운 견해로서 변호사의 지시과 식견을 공공재(public asset)로 보고 pro bono 활동은 변호사로서의 권리주장에 필요한 권리이용료(user-fee)라고 설명하기도 한다.[4]

우리의 경우에도 변호사에게 사회적 책임 즉, 공익활동의무가 있다고 보는 근거는 여러 가지 관점에서 설명될 수 있다. 첫째는, 변호사자격제도에서 찾아 볼 수 있다. 변호사자격을 가진 자만이 법률서비스를 제공할 수 있으므로 법의 보호를 충분히 받지 못하는 자를 변호사가 조력하지 않으면 변호사의 자격제도의 취지에 반한다. 둘째는, 변호사의 법률시장에 대한 독점론이다. 변호사 자격제도는 변호사에게 법률시장을 독점하는 부수적 효과를 가져다주고 그

1) 田中紘三, 전게서, 408면.

2) 미국에서는 권리론적 접근방식(right-based approach)과 공리주의적 접근방식(utilitarian approach)에 의하여 논의를 전개한다. 이에 대하여 상세한 것은 小島武司 외 3, 『法曹倫理』, 有斐閣, 2006, 211-213면 참조.

3) Millemann, Mandatory Pro Bono in Civil Cases: A Partial Answer to the Right Question, 49 Md. L. Rev. 1990.

4) Steven Lubet & Cathryn Stewart, A 'Puiblic Asset', Theory of Lawyer's Pro Bono Obligations, 145 U. Pa. L. Rev. 1245, 1997.

독점을 정당화하기 위해서는 변호사활동의 공공적 성격에 대한 일반의 신뢰가 뒷받침되어야 한다는 것이다. 셋째는, 법률 소외계층의 법원에의 접근권(access) 보장에서 근거를 찾는다.[5] 법률 소외계층은 변호사의 고액의 서비스를 구매할 능력이 없어 법원에의 접근권을 차단당하는 반면 경제적 부유계층은 변호사의 질 높은 서비를 획득할 수 있게 되어 법원 앞의 불평등구조가 심화되므로 이를 방치하는 것은 사회정의를 실현함을 사명으로 하는 변호사의 사명을 다하지 못하는 것이다. 넷째는, 변호사단체의 자치성의 확보에서 찾는 견해도 있다. 이 견해는 변호사법상 변호사의 공익활동의무가 도입된 연혁적 이유의 설명이기도 하다. 즉, 잇따른 법조비리 스캔들로 변호사직에 대한 사회적 신뢰가 극도로 저하된 상황에서 정부가 변호사단체의 복수화 · 임의화 및 변호사징계권의 국가에의 환수를 시도하자 변호사단체의 기존의 지위를 유지하는 대가로 공익활동의무가 도입되었다는 견해이다.[6]

생각건대, 법률 소외계층에 대한 법률서비스를 제공하는 것은 기본적 인권을 옹호하고 사회정의를 실현하는 변호사의 사명에서 비롯되는 당연한 결과이다. 법률 소외계층의 문제는 그들이 법률서비스를 구매할 충분한 자력이 없다는 점 외에도 법률의 목적과 내용이 실질적 평등을 실현하지 못하는 데에서도 비롯된다. 오늘날 헌법은 실질적 법치국가[7]를 지향하고 있다. 법치주의도 실질적 법치주의[8]로 발전하고 있다. 소외계층에 대한 실질적 평등을 위한 노력은 법치주의의 확산을 위하여 반드시 필요하고 그 책임은 사회정의의 실현이 사명이고 공공성을 지닌 법률전문직인 변호사가 이를 부담하는 것이 당연하다.

Ⅲ. 공익활동의무에 대한 찬반론

공익활동을 변호사의 의무로 하는 데에는 찬반론이 전개되고 있다.

---

5) 법률가의 윤리와 책임-이홍재, 486면 참조.

6) 6인 공저-한인섭, 90-95면.

7) 실질적 법치국가라 함은 법적 안정성의 유지와 인간으로서의 존엄과 가치 또는 실질적 평등과 같은 '정의의 실현을 그 내용으로 하는 법'에 의거한 통치원리를 기반으로 하는 국가를 말한다(권영성, 『헌법학원론』 신판, 법문사, 1995, 145면).

8) 실질적 법치주의라 함은 법률에 의거한 공권력의 행사로 충분하지 아니하고 법률의 목적과 내용도 정의에 합치하는 정당한 것이 되도록 하는 법치주의를 말한다(권영성, 전게서, 145면).

우선, 찬성론에 대해서 보면, 법률 소외계층은 변호사가 공익활동을 하지 않으면 재판받을 권리가 실질적으로 봉쇄되고, 변호사의 자격제도는 그 부수적인 독점효과로 인하여 법률 소외계층에 법률서비스에 대한 접근권을 제약하는 중요한 요인이 되는데 그렇기 때문에 변호사가 그에 상응하는 사회적 책무를 부담하여야 한다는 것이다.[9] 또, 공익활동을 의무화하면 법률문제의 해결이 적정하게 되고, 보다 많은 법률 소외계층이 스스로 중요한 권리를 실현할 수 있게 되며, 사법제도의 정당성을 제고하고, 법조에 대한 사회적 신뢰를 높이며, 법률 소외계층에게 법이 어떠한 기능을 하는지를 공익활동을 통하여 알 수 있게 하는 교육적 기능을 한다는 점 등이다.[10]

다음, 반대론에 대해서 보면, 변호사 직무의 본질은 비용을 받고 의뢰인의 이익을 옹호하는 것이므로 비용을 받지 않는 공익활동의무를 부과하는 것은 직업의 자유를 침해하고, 적정절차 없이 정당한 보상을 하지 않고 공익활동을 하도록 하는 것은 일종의 강제수용과 같으며, 공익활동의 강제적 의무화는 적정한 법률서비스의 제공을 담보할 수 없고, 공익의무는 그 본질이 자발성에 있으며, 공익활동의무화는 법률 소외계층에 대하여 법률서비스에 대한 접근권을 확대하기 위한 제도개선을 후퇴시켜 오히려 근본적인 해결을 어렵게 한다는 점 등을 들고 있다.[11] 또, 변호사가 스스로를 전문직으로 칭하고 직무의 공공성을 강조하는 것은 그 이데올로기적 작용으로 인하여 오히려 변호사가 법의 원용을 특권화한다고 비판받는 마이너스 효과를 가진다고 하기도 하고,[12] 공익활동의 종류 및 태양의 선택은 본래적으로는 개개의 변호사의 자발성에 위임되어야 하기 때문이라고도 한다.[13]

참고자료 "…나를 비롯한 변호사들이 변호사법에서 규정하고 있는 변호사의 사명, 특히 자신의 시간과 돈을 쏟아야 하는 순수한 의미의 공익활동을 열심히 하고 있는지 생각해보면 너무 부족하다는 느낌이 든다. 변호사 개개인의 가치관이 너무 이기적이고, 변호사 업계가 너무 힘들어져서 그런지, 그렇지 않으면 아직도 변호사

9) 이상수, 전게서, 366-367면 참조.
10) 이상수, 전게서, 367면 참조.
11) 이상수, 전게서, 368-369면; 6인 공저-한상희, 320-321면 참조.
12) 棚瀬孝雄, "脫プロフェッション化と弁護士の變容,"『自由と正義』, 平成8년 10월호(田中紘三, 전게서, 413면 주20 재인용).
13) 田中紘三, 전게서, 413면.

의 건전한 생각을 받아들일 준비가 되어 있지 않은 사회분위기 때문인지 모르겠다. 그러나 가장 중요한 원인은 변호사 스스로 참여하겠다는 의식이 부족한 데 있다고 생각한다. 변호사는 사인(私人)의 지위와 동시에 공인(公人)의 지위도 가지고 있다고 생각한다. 우리 사회는 변호사법의 규정을 떠나서 변호사들에게 도덕성과 아울러 보다 많은 공익활동을 기대하면서 요구한다.

초심으로 돌아가야 한다는 말이 있다. 맨 처음 법조인을 꿈꾸며 공부했을 때의 마음으로 돌아가 변호사로서 사회에 기여할 수 있는 것이 무엇인가에 대해서 고민하고, 사회에 기여하기 위하여 노력해야 할 것이다. 사회가 요구하기 전에 변호사들이 적극적으로 나서서 공익활동을 해야 한다고 생각한다. 변호사 한 사람 한 사람이 사회 각 분야에서 순수한 마음으로 봉사한다면 이 사회가 더욱 좋아질 것이고, 변호사에 대한 신뢰를 회복할 수 있을 것이다. 변호사들이 사회 각 분야에서 활동함으로써 변호사의 역할이 확대되고, 더 나아가서는 변호사의 직역이 확대되는 기회가 될 것이다…)(광주변호사회보 2007. 4. 27. 시론 제96호 일부).

Ⅳ. 공익활동의 유형

변호사의 공익활동은 공익에 관한 분야가 광범위하고 다양하므로 이를 명쾌하게 유형화하는 것은 한계가 있으나 몇 가지를 기준으로 다음과 같이 유형화할 수 있다.

1. 근무의 형태

공익활동을 위한 근무형태를 기준으로 분류할 수 있다. 파트타임 자원근무, 풀타임 자원근무, 풀타임 전업근무가 그것이다.[14)]

파트타임 자원근무는 변호사 자신의 사무실을 그대로 유지하거나 법무법인에 근무하면서 근무시간의 일부를 할애하여 시민·사회 단체 등의 법률업무를 지원하는 것을 말한다.

풀타임 자원근무는 변호사가 시민·사회 단체 등에 상근하면서 보수를 받지 않거나 최소한의 생활급만을 받으면서 법률업무를 지원하는 것을 말한다. 상근을 한다는 점에서 파트타임 자원근무와 차이가 있고, 정규의 급여를 받지

14) 법률가의 윤리와 책임-박원순, 451-453면 참조.

않는다는 점에서 풀타임 전업근무와 차이가 있다.

풀타임 전업근무는 변호사가 시민 · 사회 단체 등에 상근하고 정규의 보수를 받으면서 법률업무를 수행하는 것을 말한다.

2. 업무의 성격

공익활동을 위한 분야를 기준으로 구분할 수 있다. 공익소송, 입법운동, 법률상담 및 법률구조, 시민운동 등이다.

공익소송은 그 개념이 정립된 것은 아니다. 대체로 소송을 통하여 약자나 소수자의 권익을 보호하고 국민의 기본권을 신장하며 국가권력의 남용을 방지하게 함으로써 다중의 이익을 보호하기 위한 활동이라고 할 수 있다. 공익소송은 원래 권리구제보다는 정책형성의 기능에 주목하지만, 법원의 정책형성 기능이 약한 우리 사회에 있어서는 소송을 통하여 법령의 규범적 의미를 구체화하는 기능도 중요하다. 공익소송은 공익법운동(public interests law movements)의 일환으로 소수자의 인권향상과 불합리한 법제도의 개선 등을 위하여 장애인 · 여성 · 노인 · 아동 등 소수자 및 사회적 약자의 차별과 인권침해에 관한 소송, 주민소송 등 분야에서 제기되고 있다. 지금까지 제기된 주요 공익소송은 담배소송,[15] 김포공항 소음피해에 대한 손해배상청구소송,[16] 도롱뇽 소송,[17] 여성의 종중회원 확인소송,[18] 호주제 폐지 위헌소송,[19] 최저생계비 위헌확인 소송,[20] 미등록이주노동자 노동조합 설립허가 관련 소송[21] 등이 있었다.

입법운동은 국회에 계류 중인 법안에 대한 의견의 제시, 입법의 청원, 구체적인 법안의 제출 등을 통하여 국회의 입법권 행사에 영향을 미치고, 나아가서는 국회의원들의 법안 투표성향의 조사, 국정조사 및 국정감사의 모니터, 선거감시, 유권자 계몽운동 등도 넓게는 입법운동에 포함시킬 수 있다.[22] 현행

15) 서울중앙지법 2007. 1. 25. 99가합104973.
16) 서울지법 2002. 5. 14. 2000가합6945.
17) 대판 2006. 6. 2. 2004마1148, 1149; 울산지법 2004. 4. 8. 2003카합982.
18) 대판 2005. 7. 21. 2002다1178(전원).
19) 헌재 2005. 2. 3. 2004헌가5 등.
20) 헌재 2002. 5. 30. 2001헌마849 등.
21) 서울행정법원 2006. 2. 7. 2005구합18266.
22) 법률가의 윤리와 책임-박원순, 454-455면 참조.

의 법률이 국민의 권익을 침해하고 있거나 현실에 맞지 않고, 또, 법률의 목적과 내용이 실질적 평등을 담보하지 못하는 경우에 입법운동이 보다 유효할 수 있다.

법률상담 및 법률구조는 「법률구조법」[23]에 의하여 설치된 대한법률구조공단과 「공익법무관에 관한 법률」에 따라 공익법무관이 법률구조법에 근거하여 경제적으로 어렵거나 법을 몰라서 법의 보호를 충분히 받지 못하는 사람을 위하여 대통령령으로 정하는 법인에서 법률상담, 소송대리, 그 밖의 법률사무에 관하여 지원하는 활동을 말한다(공익법무관에 관한 법률 제2조). 동 법률의 '대통령령으로 정하는 법인'은 대한법률구조공단과 법률구조법 제3조의 규정에 의하여 법무부에 등록된 법인이 있다.

시민운동은 주로 시민단체에 의하여 사회현안에 대한 의견정리, 대안의 제시, 사회 전 분야의 각종 분쟁과 갈등의 조정 · 해결, 특정 현안의 분석 및 논리적 대변 등으로 이루어지는 활동을 말한다. 이는 반드시 법률업무의 영역에 국한되지 않는다. 앞서 본 공익소송, 입법운동 등도 그것이 시민단체 또는 조직에 의하여 이루어지는 경우 시민운동이라고 할 수 있다.

3. 활동의 주체

활동의 주체에 따라 국가에 의한 제도적인 공익활동과 민간에 의한 공익활동으로 구분될 수 있다.

국가에 의한 제도적인 공익활동은 법률구조법에 의한 대한법률구조공단의 법률구조활동, 형사소송법에 의한 국선변호인 제도 및 민사소송법에 의한 소송구조[24] 등이 있다, 민간에 의한 공익활동은 변호사단체와 시민단체에 의한 것으로 다시 나눌 수 있는데, 변호사단체의 경우 대한변협의 법률구조사업회를 통한 법률구조활동과 북한이탈주민 법률지원, 노인 법률지원, 무료법률상담 등이 있고 또, 한국여성변호사회를 통한 여성법률상담이 있으며, 시민단체의

23) 1986. 12. 23. 법률 제3862호로 제정되어 그 후 몇 차례에 걸쳐 개정되어 시행되고 있다.

24) 민사소송법 제128조 이하에서 규정하고 있는 소송구조의 제도를 말한다. 그동안 법률의 개정에 의하여 변호사보수를 구조범위에 포함시키고, 구조요건을 완화하였으며, 직권구조조정결정을 도입하는 등 개선하였으나 미흡한 점이 많아 거의 사문화되다시피 되어 있다(이시윤, 전게서, 236면).

경우 한국가정법률상담소[25]와 서울YMCA시민중계실, 대한가정법률복지상담원을 통한 법률구조활동 등이 있다.

Ⅴ. 공익활동의무의 내용

1. 공익활동의 내용

가. 변호사의 공익활동

변호사의 공익활동의 내용은 크게 보아 공공기관으로부터 위촉받는 공익적 직무를 수행하는 것과, 기타 공공서비스를 제공하는 것으로 대별할 수 있다.

변호사법은 변호사의 공익활동을 변호사의 직무의 내용으로 명시하고 있다. 즉, 변호사는 당사자와 그 밖의 관계인의 위임에 의하거나 "국가·지방자치단체와 그 밖의 공공기관(이하 "공공기관"이라 한다)의 위촉 등에 의하여" 소송에 관한 행위 및 행정처분의 청구에 관한 대리행위와 일반 법률 사무를 하는 것을 그 직무로 한다(법3). 또, "법령에 따라 공공기관, 대한변호사협회 또는 소속 지방변호사회가 지정한 업무를 처리"하여야 한다(법27②).

나. 위촉받은 공익적 직무의 수행

윤리규약은 변호사가 위촉받은 공익적 직무의 수행에 관한 의무의 내용을 보다 구체화하고 있다.

> **윤리규약 제4조(공익 활동 등)** ② 변호사는 국선변호 등 공익에 관한 직무를 위촉받았을 때에는 공정하고 성실하게 직무를 수행하며, 이해관계인 등으로부터 부당한 보수를 받지 아니한다.
> **윤리규약 제16조(수임 거절 등)** ③ 변호사는 법원을 비롯한 국가기관 또는 대한변호사협회나 소속 지방변호사회로부터 국선변호인, 국선대리인, 당직변호사 등의 지정을 받거나 기타 임무의 위촉을 받은 때에는, 신속하고 성실하게 이를 처리하고 다른 일반 사건과 차별하지 아니한다. 그 선임된 사건 또는 위촉받은 임무가 이미 수임하고 있는 사건과 이해관계가 상반되는 등 정당한 사유가 있는 경우에는, 그 취지를 알리고 이를 거절한다.

25) 1988년 법률구조법에 따라 민간단체 최초로 법률구조법인에 등록하였다.

다. 기타 공공 서비스의 제공

변호사는 위촉받은 공익적 직무의 수행 외에도 각종 공공서비스의 제공의무가 있다. 변호사법은 이에 대하여 "변호사는 연간 일정시간 이상 공익활동에 종사하여야 한다, 공익활동의 범위와 그 시행 방법 등에 관하여 필요한 사항은 대한변호사협회가 정한다."(법27①)라고 규정한다. 윤리규약도 "변호사는 공익을 위한 활동을 실천하며 그에 참여한다"(규4①)라고 이를 확인하고 있다. 대한변협은 변호사법의 위임을 받아 「공익활동 등에 관한 규정」을 제정하여 시행하고 있다. 동 규정에 의한 공익활동의 내용은 위에서 살펴본 '위촉받은 공익적 직무'를 포함하여 다음과 같은 8가지의 유형이 있다(공익규2).

(1) 대한변협 또는 지방변호사회("대한변협 등")로부터 인정을 받아야 하는 공익활동

i) 시민의 권리나 자유 또는 공익을 위하거나 경제적인 약자를 돕기 위하여 마련된 자선단체, 종교단체, 사회단체, 시민운동단체 및 교육기관 등 공익적 성격을 가진 단체에 대하여 무료 또는 상당히 저렴한 비용으로 법률서비스를 제공하는 활동과 위 공익적 단체의 임원 또는 상근자로서의 활동 중 대한변협 등이 공익활동으로 인정하는 활동

ii) 개인에 대한 무료변호 등 법률서비스의 제공 또는 입법 연구 등 법률지원활동 가운데 공익적 성격을 가진 것으로서 대한변협 등이 공익활동으로 인정하는 활동

(2) 대한변협 등의 인정을 요하지 않는 공익활동

i) 대한변협 등의 임원 또는 위원회의 위원으로서의 활동

ii) 대한변협 등이 지정하는 법률상담변호사로서의 활동

iii) 대한변협 등이 지정하는 공익활동 프로그램에서의 활동

iv) 국선변호인 또는 국선대리인으로서의 활동

v) 법령 등에 의해 관공서로부터 위촉받은 사항에 관한 활동(다만, 상당한 보수를 받는 경우를 제외)

vi) 대한변협 등이 설립한 공익재단에 대한 기부행위

2. 공익활동의 의무내용

가. 개인회원

개인회원은 공익활동을 연간 합계 30시간 이상 행하여야 한다. 다만 지방변

호사회의 특별한 사정에 따라 위 30시간의 의무시간을 20시간까지 하향 조정할 수 있다(공익규 3①). 법조경력이 2년 미만이거나 60세 이상인 회원, 질병 등으로 정상적인 변호사 업무를 수행할 수 없는 회원과 기타 공익활동을 수행할 수 없는 정당한 사유가 있는 회원은 위 의무가 면제된다(공익규3③).[26]

나. 법무법인 등의 특칙

(1) 특칙의 적용 대상

법무법인 · 법무법인(유한) · 법무조합 · 공증인가합동법률사무소 또는 조합형 합동법률사무소(이하 "법무법인 등"이라 한다)에 대하여는 특칙이 적용된다(공익규4③).

(2) 특칙의 내용

(가) 법무법인 등 변호사의 공익활동의무 대체

법무법인 등이 일정한 방법으로 공익활동을 하면 그 공익활동을 위한 시간은 법무법인 등의 구성원인 개인회원 및 소속변호사인 개인회원 전원이 공동으로 행한 것으로 본다(공익규4①). 일정한 방법이라 함은 다음과 같다(공익규4①ⅰ, ⅱ).

1. 법무법인 등이 그 구성원인 개인회원 및 소속변호사인 개인회원 전원을 위해 행한 공익활동
2. 법무법인 등이 그 구성원인 개인회원 및 소속변호사 전원을 대신하여 공익활동을 행할 변호사를 지정하여 그 변호사(이하 "공익활동수행변호사"라고 한다)가 행한 공익활동

(나) 공익활동시간의 배분

법무법인 등이 대체하는 공익활동은 법무법인 등의 구성원인 개인회원 및 소속 변호사인 개인회원 전원의 수로 균등배분하여 각 개인회원의 공익활동시간으로 인정할 수 있다(공익규4①)

공익활동수행변호사에 의한 공익활동의 경우 그가 행한 공익활동시간 중 그에게 배분이 인정된 시간에 한하여 그 공익활동수행변호사 자신의 공익활동시간으로 본다(동 규정4②). 법무법인 등의 위와 같은 공익활동시간의 배분인정은

26) 공익활동 등에 관한 규정 제3조는 공익활동의 의무를 개인회원의 의무인 것처럼 규정하고 있으나 법무법인 등을 포함한 의무로 해석함이 상당하다.

그 대표자가 소속 지방변호사회의 허가를 받아야 한다(동 규정4④).

㈐ 공익활동수행변호사의 지정

법무법인 등은 법조경력이 2년 미만이거나 60세 이상인 개인회원을 공익활동수행변호사로 지정할 수 있다(동 규정4⑤).

㈑ 공익활동 참여에 대한 협력의무

개인회원을 고용하고 있는 법인 회원 또는 개인회원은 고용된 회원이 공익활동 등에 참여할 수 있도록 협력할 의무가 있다(동 규정7).

3. 공익활동의 협력 및 보고 의무

공익활동 등에 관한 규정 제7조(협력의무) 개인회원을 고용하고 있는 법인회원 또는 개인회원은 고용된 회원이 공익활동 등에 참여할 수 있도록 협력하여야 한다.

공익활동 등에 관한 규정 제8조(공익활동 등의 보고) ① 개인회원은 매년 1월 말까지 그 전년도 공익활동 등의 결과를 소속 지방변호사회에 보고하여야 한다.

② 지방변호사회는 매년 2월 말까지 소속회원의 그 전년도 공익활동 등의 결과를 이 회에 보고하여야 한다.

4. 공익활동심사위원회의 설치 및 기금의 운용

지방변호사회에 공익활동심사위원회를 두고 동 위원회는 개인회원의 공익활동 등에 관하여 필요한 사항을 심사·결정하도록 하고 있다(동 규정5). 지방변호사회는 공익활동을 위한 특별기금을 설치 운용하되, 동 규정 제3조 제2항에 의한 대체금원은 위 특별기금에 입금하여 운용한다(동 규정6).

5. 공익활동의무의 위반의 효과

가. 대체금원의 납부의무

부득이한 사정이 있어서 공익활동의 시간을 완수하지 못한 개인회원은 1시간당 금 20,000원 내지 30,000원에 해당하는 금액을 소속 지방변호사회에 납」

부하여야 한다(공익규3②).

나. 징계사유

> **공익활동 등에 관한 규정 제9조(징계)** 지방변호사회 회장은 이 규정에 의한 공익활동을 정당한 이유없이 수행하지 아니하거나 제3조 제2항의 규정에 의한 돈을 납부하지 아니한 개인회원에 대하여 협회장에게 징계개시신청을 할 수 있다.
> **공익활동 등에 관한 규정 제3조(공익활동 등의 실행)** ② 부득이한 사정으로 제1항의 공익활동 시간을 완수하지 못한 개인회원은 1시간 당 금 20,000원 내지 30,000원에 해당하는 금액을 소속 지방변호사회에 납부하여야 한다.

지방변호사회 회장은 공익활동등에관한규정에 의한 공익활동을 정당한 이유없이 수행하지 아니하거나, 부득이한 사정이 있어서 공익활동의 시간을 완수하지 못하고도 위 대체금원을 납부하지 않는 개인회원에 대하여 대한변협 회장에게 징계개시신청을 할 수 있다(공익규9).[27]

VI. 관련 문제

1. 공익활동과 이익충돌의 문제

변호사가 수행하는 공익활동에 있어서도 이익충돌의 문제는 발생할 수 있다. 예컨대, 사건에 관한 이익충돌로서 법률봉사단체에서 무료법률상담을 한 사람이 자신의 법무법인이 수임한 사건의 상대방인 경우이다. 사건 이외의 공공 서비스의 제공과 관련하여 변호사가 특정한 조직의 관리자나 간부가 되어 그 변호사의 의뢰인의 이익과 상반되는 이익을 가진 자에게 공공 서비스를 제공해야 하는 경우 등이다.

변호사의 공익활동과 관련된 이익충돌에 대하여는 윤리규약 제16조 제3항이

---

27) 여기에서도 개인회원에 대해서만 징계개시의 신청을 할 수 있는 것으로 규정하고 있으나, 법무법인·법무법인(유한)의 경우에는 과태료, 견책 등의 징계가 가능하고, 개인회원과의 균형상 법무법인 등의 대표, 조합형 공동법률사무소의 대표 등에 대해서도 책임을 부담케 함이 상당함에도 이에 관한 규정을 두지 않는 것은 의문이다.

국선변호인 등의 위촉을 받은 때에 관해서 이익충돌회피의무를 규정하고 있는 외에 변호사법이나 윤리규약이 다른 일반적인 규정을 두지 않고 있다. 공익활동의 경우에는 일반의 경우와 비교하여 이익충돌회피의 의무를 완화될 필요가 있다고 생각되나 입법적인 해결이 필요하다. 그렇지 않을 경우 이익충돌이 공익활동을 회피할 명분으로 작용할 수 있을 뿐만 아니라 공익활동의 의무시간을 완전히 준수하지 못한 구실로 주장될 수 있기 때문이다.

2. 소위 무변촌 문제

가. 문제의 소재

변호사가 대도시나 지방법원 소재지에 편재됨으로 말미암아 시·군·구 등 기초지방자치단체 단위의 생활공동체에 개업변호사가 없어서 법률서비스를 제공받지 못하는 경우 이를 소위 무변촌의 문제라고 한다. 변호사가 지나치게 적은 경우 즉, 변호사 과소지역도 무변촌과 같은 문제가 있다. 무변촌은 경제적 요인 또는 지리적 요인에 의한 것이 대부분이겠으나, 그 요인이 어떻든지 이는 국민의 변호사선택권의 기초를 해하고 나아가서는 헌법상 재판을 받을 권리를 제약하여 법집행의 차별을 초래함으로써 법치주의의 신장에 심각한 장애로 대두되고 있다.

나. 종래의 대책

우리는 그동안 경제적 이유로 인해 무변촌 문제에 직접적으로 대처하지 못하여 왔다. 대신 대한법률구조공단의 법률구조활동, 가정법률상담소 등의 법률상담, 변호사단체와 변호사의 무료법률상담 등의 방식이나, 사법시험 합격인원을 늘려 변호사를 양산함으로써 무변촌을 해소하는 간접적인 방식을 동원하였다. 그러나 위와 같은 법률구조적 접근방식이나 정책적인 간접방식은 별다른 효용을 발휘하지 못하고 있다.

다. 일본의 시사

무변촌 또는 사법과소의 문제는 우리나라와 일본에 특유한 문제로 알려져 있다.[28]

일변련(日弁連)은 1996. 5. 4. 정기총회에서 변호사의 지역별 편중에 따른 사법과소의 문제를 조속히 해결할 것을 천명하는 '변호사 과소지역의 법률상담 체계 확립에 관한 선언(나고야선언)'을 발표한 이래 현재까지 사법과소 문제에 대하여 꾸준히 대처하여 오고 있다.

일변련은 변호사가 부족한 지역을 '1종 과소지역', '2종 과소지역' '편재지역' '편재해소 대책지역' 등으로 세분하여 이에 상응하는 프로그램을 수립·시행하는 방법으로 사법과소의 문제를 해결하고 있다. 그 프로그램은 법률상담센터·공설사무소의 설치·운영, 법률사무소 개설비용 등 지원, 변호사 양성 목적 사무소의 개설 지원, 독립개업하거나 상주근무하는 변호사에 대한 개설비용 등 지원 등으로, 이처럼 변호사단체가 주도하여 장기적으로 그리고 체계적으로 사법과소의 문제를 해결해 나가고 있는 것은 우리에게 시사하는 바가 매우 크다.[29)]

28) 이하 6인 공저-한상희, 240, 242-243면 참조.

29) 森際康友, 전게서, 233-236면 참조.

15 변호사의 징계

도입질문

1. 변호사의 자율성과 변호사에 대한 징계는 어떠한 관계에 있는가?
2. 변호사가 영구제명, 제명, 정직된 상태에서 소송대리를 한 경우 그 효과는 어떠한가?
3. 변호사에 대한 징계의 종류로서의 과태료처분과 지방검찰청검사장의 과태료처분은 어떠한 관계에 있는가?
4. 변호사에 대한 징계의 효력발생 시기와 일반 행정처분의 효력발생 시기가 차이가 없는가? 차이가 있다면 그 필요성이 있는가?
5. 대한변호사협회 및 법무부의 각 변호사징계위원회의 결정에 대한 불복방법은 여하한가?

Ⅰ. 총　론

변호사는 "기본적 인권을 옹호하고 사회정의를 실현"함을 사명으로 하는(법1①) 공공성을 지닌 법률 전문직으로서 경우에 따라서는 국가권력과 대치하는 비판적 입장에 서기도 한다. 따라서 변호사의 징계를 국가기관에서 행하는 경우 변호사의 자율성에 대한 위협이 되어 결국에 가서는 국민의 기본적 인권의 옹호라는 변호사의 사명을 제대로 수행할 수 없게 된다. 이에 따라 변호사의 징계권을 전적으로 변호사단체가 주관하고 국가는 거의 영향력을 행사하지 않

는 일본과 같은 입법례도 있다.[1)]

그러나 변호사의 징계권을 전적으로 변호사단체의 자치에 맡기는 것은 집단이기주의 또는 변호사의 독선에 의하여 징계권의 행사가 적정성을 잃을 염려가 있고 이렇게 되면 변호사에 대한 국민 일반의 신뢰를 해할 뿐만 아니라 궁극적으로는 변호사자치의 정당성을 잠식하는 결과가 될 수 있다.

따라서 변호사에 대한 징계는 그 절차를 어느 기관 또는 단체에서 주관하느냐에 관계없이 공정하고 적정하게 이루어져야 한다. 변호사단체가 그 징계의 절차를 주관하는 경우 그 절차 및 징계의 내용이 보다 엄정하게 이루어져야 한다. 절차의 형식적 적정이 아니라 그 절차의 내용이나 징계의 구체적 내용이 징계의 공정성을 담보할 수 있어야 한다.

II. 징계실체법

1. 징계의 주체

변호사의 징계절차를 주관하는 기관은 대한변협 변호사징계위원회(이하 "변협징계위원회"라고 한다)와 법무부 변호사징계위원회(이하 "법무부징계위원회"라고 한다)이다(법92①,②).

변협징계위원회[2)]는 변호사법 제91조에 따른 징계사유에 해당하는 징계사건을 심의하고(법95①) 그 심의를 위하여 필요하면 조사위원회에 징계혐의사실에 대한 조사를 요청할 수 있다(법95②). 조사위원회는 필요하면 관계기관·단체 등에 자료제출을 요청할 수 있으며, 당사자나 관계인을 면담하여 사실에 관한 의견을 들을 수 있다(법92의2②).[3)]

---

1) 각국의 입법례에 관해서는 이상수, 전게서, 403-407면 참조.

2) 변협징계위원회는 법원행정처장이 추천하는 판사 2명, 법무부장관이 추천하는 검사 2명, 대한변호사협회 총회에서 선출하는 변호사 3명, 대한변협의 장이 추천하는, 변호사가 아닌 법학교수 및 경험과 덕망이 있는 자 각 1명으로 구성되고(법93①), 변협징계위원회에 위원장 1명과 간사 1명을 두며, 위원장과 간사는 위원 중에서 호선하고(법93②), 변호사의 자격을 취득한 날부터 10년이 지나지 아니한 자는 위원장이나 판사·검사·변호사인 위원 또는 예비위원이 될 수 없다(법93④).

3) 조사위원회의 구성과 운영 등에 관하여 필요한 사항은 대한변협이 정한다(법92의2③).

법무부징계위원회[4]는 변협징계위원회의 징계결정에 대한 이의신청 사건을 심의한다(법96).

☞ [부록 2] 개정안 제94조 제6항 참조.

2. 징계의 대상

변호사법의 징계대상은 변호사이다(법90). 변호사법은 변호사의 자격(법4), 자격등록(법7①)을 구분하여 규정하고 있다. 여기에서 징계의 대상이 될 수 있는 변호사는 변호사법 제7조 제1항에 의하여 자격등록을 한 변호사에 한정되는가, 자격등록을 하지 않더라도 동법 제4조의 변호사의 자격을 가지고 있으면 징계의 대상이 되느냐 하는 문제가 있다.

생각건대, 자격등록을 한 변호사만이 징계의 대상이 될 수 있다고 봄이 타당하다. 그 이유는, 대한변협에 변호사에 대한 1차적인 징계권을 부여한 것은 변호사 자치를 존중하자는 것이므로 그 자치의 영역으로 들어온 즉, 자격등록을 한 변호사에게만 징계권을 미치게 하는 것이 변호사자치의 정신에 부합된다. 또, 변호사의 자격등록신청에 대한 심사절차에서 변호사로서의 직무수행이 적당한 자인지 등의 여부를 심사하는 등록심사제도의 취지에 비추어 그렇다(법8①). 따라서 대한변협으로부터 변호사등록취소처분을 받은 변호사는 징계의 대상이 되지 않는다.[5] 다만, 변호사의 자격이 없거나(법4) 결격사유가 있으면(법5) 등록취소사유에 해당하나 아직 그러한 사유로 등록취소라는 절차가 취해지지 않았더라도 변호사라고 할 수 없으므로 징계의 대상이 되지 않는다. 등록취소는 변호사로서의 신분 또는 자격을 상실하고 있다는 사실을 공적으로

---

4) 법무부징계위원회는 위원장 1명과 위원 8명으로 구성하며 예비위원 8명을 두고(법94①), 위원장은 법무부장관이 되고, 위원과 예비위원은 법원행정처장이 추천하는 판사 중에서 각 2명, 검사 중에서 각 2명, 대한변협의 장이 추천하는 변호사 중에서 각 1명과 변호사가 아닌 자로서 법학교수 또는 경험과 덕망이 있는 자 각 3명을 법무부장관이 임명 또는 위촉한다(법94②).

5) 대한변협 2002. 11. 25. 결정 제1997-7호는 2002. 7. 12. 대법원 판결과 징역 2년 6월, 집행유예 3년이 확정돼 변호사법 제5조(변호사의 결격사유) 제2호 "금고 이상의 형의 집행유예를 선고받고 그 기간이 경과한 후 2년을 경과하지 아니한 자"에 해당돼 2002. 9. 17. 대한변협으로부터 변호사등록취소처분을 받은 징계혐의자에 대한 징계개시청구에 대하여, 징계혐의자가 이미 변호사 자격을 상실한 것이 확실하므로 혐의사실에 대한 판단에 앞서 징계혐의자에 대한 징계개시청구를 각하한다고 결정하였다(대한변협, 징계사례집 제4집, 161면).

증명하는 행위에 불과하기 때문이다.[6)]

1 대법원 1974. 5. 14. 선고 74누2 판결

변호사명부에 등록된 변호사가 구 변호사법 제5조 제2호에 해당하므로 법무부장관이 등록을 취소하는 행위는 변호사로서의 신분 또는 자격을 상실하고 있다는 사실을 공적으로 증명하는 행위에 불과하다. 그러므로 변호사명부의 등록취소는 그에 의하여 변호사로서의 신분 또는 자격 그 자체를 상실시키는 행위가 아니고, 변호사로서의 신분 또는 자격을 상실하고 있다는 사실을 공적으로 증명하는 행위라고 해석하여야 할 것이므로, 비록 변호사가 동법 소정의 결격사유에 해당되면 바로 변호사로서의 신분 또는 자격을 상실하는 것으로서 가사 위와 같은 경우에 변호사명부의 등록이 취소되지 아니하고 남아 있다 하더라도 이는 변호사라 할 수 없고, 변호사의 직무를 행할 수 없다.

2 대한변협 2008. 7. 24. 징계 제2003-9호

변호사법에 의한 대한변협 변호사징계위원회의 징계는 변호사 자격을 가진 자에 대한 감독권의 행사이므로, 비변호사나 변호사법 제5조에 열거된 결격사유로 인하여 변호사의 자격이 상실된 자에 대하여는 징계권이 없다. 징계혐의자는 징계개시청구 당시에는 변호사였으나, 그 후 위 징계혐의자에 대한 특정경제범죄가중처벌 등에 관한 법률위반(배임) 등 사건에 관하여 징역 3년, 집행유예 5년이 확정되어 변호사법 제5조 제2호가 규정한 결격사유인 "금고 이상의 형의 집행유예를 선고받고 그 기간이 경과한 후 2년을 경과하지 아니한 자"에 해당되어 변호사 자격을 상실하였다고 봄이 타당하다. 따라서 혐의자에 대하여 변호사법에 의한 변호사 결격사유로 인하여 징계를 할 수 없으므로, 이 사건 징계혐의사실의 존부를 가릴 필요 없이 혐의자에 대한 징계개시청구를 각하한다.

한편, 사내변호사도 자격등록이 되어 있는 한 변호사법의 징계대상이다. 휴업신고를 한 변호사가 법률사무를 행하지 않는 경우에도 징계사유에 해당되면 징계의 대상이 된다(법16, 회칙48의2).

변호사 사무실의 직원은 변호사가 아니므로 변호사법의 징계대상자는 아니다. 다만, 그 사무직원이 의뢰인에 대한 비밀유지의무에 반하는 행위를 한 경우 변호사가 감독책임에 의하여 징계사유에 해당될 수 있음은 물론이다.

6) 대판 1974. 5. 14. 74누2.

3. 징계의 종류

가. 개 설

변호사에 대한 징계는 영구제명, 제명, 3년 이하의 정직, 3천만원 이하의 과태료, 견책 등 다섯 종류가 있고(법90), 잠정적 처분으로서 업무정지명령(법102)이 있다.

나. 징계의 5가지 종류

'영구제명' 및 '제명'은 변호사의 신분을 박탈하는 징계처분이다. 보다 구체적으로는 변호사로서의 자격등록을 말소하고 자격등록을 할 수 없도록 하는 처분이다(법8①ii, 5vii). 제명의 집행은 변호사등록원부에 그 징계결정의 내용을 기재하여 등록을 취소하고 변호사등록원부를 말소하는 방식으로 한다(변징규43①i). 영구제명과 제명의 차이점은 후자의 경우 5년이 경과하면 다시 변호사등록을 하여 변호사신분을 회복하는 것이 가능하다는 점이다(법5iv).

'정직'은 징계혐의자에게 일정기간(3년 이하)의 변호사 업무를 금지하는 것이다. 변호사의 자격등록은 말소되지 않고 정직기간 동안 변호사로서의 직무를 수행하지 않을 의무를 부담하는 것이다.

'과태료'는 재산상의 불이익을 과하는 것이다. 과태료의 집행은 징계결정의 내용을 변호사등록원부에 기재하고 협회장이 검사에게 의뢰하여 집행한다(변징규43①iii). 변호사에 대한 과태료 처분은 2가지 종류가 있는바, 이는 이하에서 따로 살펴본다.

'견책'은 가장 경미한 징계의 종류로서 그 집행은 협회장이 징계혐의자에게 근신자숙하라는 취지의 문서를 송달하고, 징계결정의 내용을 변호사등록원부에 기재한다(변징규43①iv). 견책은 이른바 명예벌로서 신체상 또는 재산상의 불이익은 없고 추후 징계의 대상이 되는 경우에 불리한 정상으로 작용할 수 있다.

다. 영구제명, 제명, 정직의 경우 업무금지위반행위

징계의 종류 중 영구제명, 제명, 정직의 경우 변호사업무를 하는 것은 당연히 금지된다. 업무금지의무를 위반하는 행위가 있는 경우의 법률상의 효력에 관하여 논란이 있을 수 있다.

우선 영구제명, 제명의 경우 변호사의 자격등록이 말소되었으므로 비변호사에 해당하고 따라서 업무금지의무위반행위는 변호사법 제109조에 해당되어 처벌대상이 된다. 업무금지위반행위의 효력에 관해서는 그것이 재판 외의 행위인 경우 종전의 위임계약은 변호사가 자격등록이 말소됨으로써 민법 제103조에 위반되어 무효이므로 징계처분 후 종전의 위임계약에 따라 대리인으로 한 행위는 무권대리행위로 무효가 된다고 볼 것이나,[7] 상대방은 표현대리의 법리에 의하여 보호될 수 있을 것이다.[8] 업무금지위반행위가 소송대리행위인 경우 변호사는 변호사의 자격등록이 말소되어 소송대리권이 소멸하므로 그 소송행위는 무효이고 나중에 본인 또는 소송대리인의 추인이 가능하다는 견해(추인설)도 있으나,[9] 상대방이 사실심 변론종결시까지 이의를 제기하지 않으면 그 소송행위는 완전한 효력이 있다고 봄이 타당하다(이의설).[10]

징계의 종류 중 정직의 경우 정직기간 동안의 업무금지위반행위에 관해서는 법원이 이를 안 경우 그 변호사의 소송관여를 배척함이 타당하고 이를 간과한 경우에는 정직사실에 대한 공시방법이 충분하지 않은 상황에서 상대방의 이해관계를 고려하고 소송절차의 안정성 및 소송경제를 감안하여 소송행위의 효력을 인정함이 타당하다.[11] 다만, 징계처분에 따르는 것은 법령을 준수할 의무이므로(규3) 그 의무위반에 대하여 추가적인 징계가 가능하다.

대한변협 2006. 6. 19. 징계 제2005-38호

혐의자는 대한변협징계위원회로부터 정직 1년의 징계처분을 받아 2004. 7. 19.부터 2005. 7. 18.까지 그 직무가 정지된 자로서, 위 정직기간 중에 총11회에 걸쳐 라디오 방송의 'ㅇㅇㅇ변호사의 법률이야기코너'에 출연하여 법률상담 등을 함으로써 변호사의 직무를 행한 혐의로 과태료 300만원 결정.

라. 과태료처분

(1) 개 설

변호사에 대한 과태료처분은 2가지 종류가 있다. 하나는 변호사법 제90조

7) 이시윤, 『신민사소송법』 제2판, 박영사, 2005, 164면.
8) 오종근, 『변호사징계제도』, 집문당, 2002, 64면.
9) 이시윤, 전게서, 164면.
10) 대판 2003. 5. 30. 2003다15556 참조.
11) 이시윤, 전게서, 164면; 오종근, 전게서, 65면; 日最高裁 昭和42. 9. 27.(民集 21, 7, 1955).

제4호의 징계의 하나로서 과태료처분과, 다른 하나는 변호사법 제117조의 과태료처분이다. 전자는 변호사자치의 일환으로 변호사단체가 행하는 변호사에 대한 징계처분이고, 후자는 행정상의 질서에 장해를 야기할 우려가 있는 의무위반에 대한 제재인 행정질서벌이다.

그런데 변호사법 제117조가 규정하는 과태료처분의 대상이 되는 변호사의 행위는 동시에 동법 제91조 제2항 제1호의 변호사법위반행위에 해당되어 징계사유에 해당된다(법90ⅳ). 이에 대해서는 다음과 같은 문제점이 지적되고 있다. 즉, 하나의 행위가 징계처분의 대상이 되고 동시에 지방검찰청검사장의 과태료처분의 대상이 되므로 이중처벌의 위험이 존재한다.[12] 그 요건과 효과가 실질적으로 동일한 처분인 과태료부과를 행정기관인 지방검찰청검사장이 할 수 있다는 점에서 변호사단체의 자치성이 훼손된다.[13] 또, 징계처분으로서의 과태료처분은 그 이의신청기간이 만료하였거나 또는 법무부징계위원회의 결정이 있을 때까지 효력이 발생하지 않음에 반하여 지방검찰청검사장의 과태료처분은 고지된 때 효력이 발생함으로써 그 발령주체에 따라 효력발생시기가 다르다.[14] 따라서 변호사자치의 취지를 고려하여 행정질서벌로서의 과태료를 변호사징계제도로 일원화하는 입법론적인 검토가 필요하다.

징계처분의 과태료에 대해서는 징계의 일반절차가 그대로 적용되므로 여기에서는 행정질서벌로서의 과태료처분에 대해서만 간단히 살펴보기로 한다.

(2) 과태료처분의 주체 및 사유

변호사법 제117조의 과태료처분의 주체는 지방검찰청 검사장이다(법117③). 지방검찰청검사장이 과태료처분을 하기 위해서는 특정의 변호사가 변호사법 제117조 소정의 의무위반행위를 하였어야 한다. 구체적으로는 동법 제117조 제1항 및 제2항에서 규정하는 다음과 같은 의무위반행위이다. 변호사가 결격사유에 해당하는 사무직원을 채용한 경우(법22②), 수임사건의 건수와 수임액

---

12) 특히 변호사법 제117조의 과태료부과처분의 대상행위는 형벌의 질서벌화로의 확대경향에 따라 점차 증가할 것으로 예상되고 이중처벌의 위험도 그만큼 증가할 것으로 예상된다(오종근, 전게서, 122-123면 참조).

13) 오종근, 전게서, 20면.

14) 법률가의 윤리와 책임-이현수, 416-417면.

보고의무위반(법28의2), 변호인선임서 등의 지방변호사회 경유의무위반(법29), 사건유치 목적의 법원 등 출입금지의무위반(법35), 재판 · 수사기관 공무원의 사건소개 금지의무위반(법36), 수임에 관한 장부 작성 · 보관의무위반(법28①), 변호인선임서 등의 미제출 변호금지의무위반(법29의2), 법무법인 · 법무법인(유한) · 법무조합 등의 해산신고의무위반(법54②, 58의14②, 58의28②), 법무법인(유한)의 대차대조표 제출의무위반(법58의9②), 법무조합의 규약제출의무위반(법58의21①), 공직퇴임변호사 · 특정변호사의 수임자료와 처리결과 제출의무위반(법89의4①, ②, 89의5②), 변호사의 연수교육 이수의무위반(법85①) 등이다.

(3) 과태료처분의 절차

지방검찰청검사장은 변호사의 법위반행위가 발생하였다는 합리적 의심이 있어 그에 대한 조사가 필요하다고 인정할 때에는 당사자 또는 참고인의 출석요구 및 진술의 청취 등을 할 수 있다(질서위반행위규제법22①).[15] 과태료를 부과하기 전에 당사자에게 대통령령으로 정하는 사항을 통지하고, 10일 이상의 기간을 정하여 의견을 제출할 기회를 주어야 한다(동법16①). 지방검찰청검사장은 위 의견제출의 절차를 마친 후에 서면으로 과태료를 부과하여야 한다(동법17①). 다만 변호사의 의무위반행위가 종료된 날(다수인이 그 행위에 가담한 경우에는 최종행위가 종료된 날)부터 5년이 경과한 경우에는 해당 위반행위에 대하여 과태료를 부과할 수 없다(동법19①).

과태료 납부기한의 연기 및 분할납부에 관하여는 「국세징수법」 제15조부터 제20조까지의 규정을 준용한다(질서위반행위규제법17③). 변호사가 납부기한까지 과태료를 납부하지 아니한 때에는 납부기한을 경과한 날부터 체납된 과태료에 대하여 100분의 5에 상당하는 가산금을 징수하고(동법24①), 가산금을 납부하지 아니한 때에는 국세 또는 지방세 체납처분의 예에 따라 징수한다(동법24③).

(4) 과태료처분에 대한 불복

지방검찰청검사장의 과태료처분에 불복하는 변호사는 과태료부과 통지를 받은 날부터 30일 이내에 지방검찰청검사장에게 이의제기를 할 수 있다(법117

---

15) 질서위반행위규제법은 2007. 12. 21. 법률 제8725호로 제정되어 2008. 6. 22.부터 시행되었다.

④). 이의제기가 있는 경우에는 그 과태료 부과처분은 효력을 상실한다(질서위반행위규제법20②). 이의제기를 받은 지방검찰청검사장은 지체없이 그 사실을 관할 법원에 통보하여야 한다. 그 통보를 받은 관할법원은 비송사건절차법에 의한 과태료의 재판을 한다(법117⑤).

마. 업무정지명령

(1) 의 의

변호사에 대해서 공소가 제기되거나(약식명령이 청구된 경우와 과실범으로 공소제기된 경우를 제외한다) 징계절차가 개시된 경우 법무부장관이 법무부징계위원회의 결정에 따라 변호사에 대하여 업무정지를 명하는 것을 말한다(법102). 법무부장관의 변호사에 대한 감독권(법39)에 기초한 권한이다.

업무정지명령은 당해 변호사에 대한 형사판결이나 징계결정이 확정되는 경우 그 효력을 상실하는(법106) 잠정적인 처분이고, 당해 변호사가 재판 또는 징계결과 제명 이상의 징계처분을 받는 경우 의뢰인의 이익이나 사법제도의 정상적 운영이라는 공공의 이익에 배치될 수 있으므로 이를 막기 위한 가처분적인 성격의 처분이다. 한편, 변호사가 그 재판 또는 징계가 확정되기도 전에 업무정지명령을 받게 되면 그로 인한 불이익은 후에 회복하기 어려운 성질을 가지고 있으므로 업무정지명령은 그 요건을 엄격히 하고 필요 최소한으로 제한할 필요가 있다.[16)]

(2) 종전의 규정

구 변호사법[17)] 제15조는 "법무부장관은 형사사건으로 공소가 제기된 변호사에 대하여 그 판결이 확정될 때까지 업무정지를 명할 수 있다. 다만, 약식명령이 청구된 경우에는 그러하지 아니하다"라고 규정하고 있었다. 형사사건으로 기소된 변호사의 위헌제청신청에 따라 헌법재판소가 1990. 11. 19. 위 조문에 대하여 위헌결정을 하였고,[18)] 이에 따라 업무정지명령의 요건을 보다 강화한

16) 법률가의 윤리와 책임-오종근, 395면.

17) 1982. 12. 31. 법률 제3594호.

18) 위 위헌결정의 주요 이유를 살펴보면 다음과 같다. 조문의 문제점으로 다음과 같은 점을 지적하고 있다. 첫째로 변호사에 대하여 약식명령이 청구된 경우가 아닌 한 어떠한 형사사건이건 가리지 않고 공소가 제기되었으면 고의범이든 과실범이든 가리지 않고, 또 공소제기된 형사사건이 그 재판결과 등록취소에 이르게 될 고도의 개연성이 있는 경우가 아니라도, 나아가 구속

내용으로 변호사법이 개정되었다.

(3) 현행법의 규정

헌법재판소의 위 위헌결정 후 공소제기로 인하여 등록취소가 될 가능성이 매우 크거나 공익을 해할 구체적 위험성이 있는 경우로 한정하여 그 요건을 엄격화하는 내용으로 변호사법[19]을 개정하였다. 이를 보면, i) 변호사가 공소제기(약식명령이 청구된 경우와 과실범으로 공소제기된 경우 제외)되거나 변호사법 제97조에 따라 징계절차가 개시되었을 것, ii) 그 재판이나 징계결정의 결과 등록취소, 영구제명 또는 제명에 이르게 될 가능성이 매우 클 것, iii) 그대로 두면 장차 의뢰인이나 공공의 이익을 해칠 구체적인 위험성이 있을 것, iv) 법무부장관이 법무부징계위원회에 그 변호사의 업무정지에 관한 결정을 청구할 것, v) 법무부징계위원회의 업무정지결정이 있을 것 등으로 그 실체적 또

기소되든 불구속기소되든 가리지 않고 그것을 이유로 업무정지를 명할 수 있는 포괄성을 띤 규정이다. 둘째로 징계절차에 있어서와 같이 당해 변호사가 자기에게 유리한 사실을 진술하거나 필요한 증거를 제출할 수 있는 청문의 기회가 보장되지 아니하고 법무부장관의 일방적인 명령에 의하여 변호사의 업무가 정지되게 된다는 의미에서 적법절차가 존중되지 않는다. 법무부장관은 검찰사무의 최고감독자인데 법무부장관이 검사가 제기한 형사소추사실만을 기초로 변호사의 업무정지처분을 한다는 것은 징계의결기관에 중립적인 제3자가 관여함이 바람직하다는 요청과 거리가 있다. 셋째로 법무부장관의 업무정지명령은 업무의 전면적 정지인데다가 기한의 제한도 없고 판결이 확정될 때까지이며, 정직처분이나 제명처분보다도 큰 불이익이 될 수도 있다.

나아가서 변호사법 제15조의 변호사에 대한 업무정지명령은 그 명령을 받은 당해 변호사는 그 기간 동안 당해 직업에 종사할 수 없게 됨으로써 기본적 생존, 인간다운 생활에 위협을 받게 되고 인간으로서의 존엄과 가치에 중대하고 회복할 수 없는 손해를 가져올 수 있는 것으로 직업선택의 자유의 큰 제한이다. 업무정지명령이 문제의 변호사를 그대로 방치해 둘 때 변호사의 계속적인 직업활동으로 인하여 의뢰인이나 일반 사법제도에 해악을 끼칠 구체적인 위험성 때문에 하는 잠정적인 처분이라는 데 제도적 당위성이 있다면 이에 맞게 엄격히 요건을 정비하여 필요한 최소한의 범위로 제한하는 등 기본권침해에 관한 비례의 원칙을 준수해야 한다. 그럼에도 업무정지명령의 요건상 앞으로 제명처분에 이를 고도의 개연성이나 그대로 방치하면 장차 의뢰인이나 공공의 이익을 해칠 구체적인 위험성 따위의 요건상의 제약은 없고, 징계절차의 경우와 달리 그 진상을 해명하는 적법절차도 생략한 채 형사소추기관과의 관계에서 중립기관이라고 하기도 어려운 법무부장관의 일방적 처분에 의하여 이루어진다, 한편 업무정지의 시한을 판결확정시까지의 불확정기간으로 함으로써 재판이 장기화될 때에 징계절차에 의하는 정직이나 제명처분보다도 더 무거운 처분이 될 수 있다. 그렇다면 변호사법 제15조는 직업선택의 자유를 제한함에 있어서 제한을 위해 선택된 요건이 제도의 당위성이나 목적에 적합하지 않을 뿐 아니라 그 처분주체와 절차가 기본권 제한을 최소화하기 위한 수단을 따르지 아니하였으며 나아가 그 제한의 정도 또한 과잉하다 할 것으로서 결국 동 조항은 헌법 제37조 제2항의 비례의 원칙에 어긋난 헌법 제15조의 직업선택의 자유의 제한이라고 볼 수밖에 없다.

19) 1993. 3. 10. 법률 제4544호로 개정된 것.

는 절차적인 요건을 대폭 강화하였다.

☞ [부록 2] 개정안 제102조 참조.

(4) 절 차

법무부장관이 업무정지명령사유가 있다고 판단되면 우선 법무부징계위원회에 업무정지에 관한 결정을 청구하여야 한다(법102①). 법무부징계위원회는 위 청구를 받은 날부터 1개월 이내에 업무정지에 관한 결정을 하여야 하고(법103①), 법무부징계위원회 위원장은 지체없이 심의기일을 정하여 당해 변호사에게 통지하여야 하고 당해 변호사는 기일에 출석하여 구술 또는 서면으로 자기에게 유리한 사실을 진술하거나 필요한 증거를 제출할 수 있다(법103②, 98③, 98의2②). 기타 심의의 절차 및 방식 또는 결정을 함에 있어서는 변호사의 징계절차에 따른 규정에 따라야 한다(법103②). 이는 종전의 업무정지명령제도가 변호사의 징계절차의 경우와 달리 그 진상을 해명하는 적법절차도 생략되어 있어 문제라는 헌법재판소의 지적을 반영한 것이다.

법무부징계위원회는 심리를 마치면 지체 없이 업무정지에 관한 결정을 하여 이를 법무부장관에게 통고하여야 하고, 법무부장관은 법무부징계위원회가 업무정지명령을 결정할 경우 이에 따라 업무정지명령을 하여야 한다.[20]

(5) 효 력

법무부장관의 업무정지명령은 당해 변호사에게 송달되어야 하고, 송달된 때부터 그 효력을 발생한다(영26). 이때부터 변호사로서의 업무행위가 금지된다. 변호사가 이에 불복하더라도 업무정지명령의 효력이 정지되지 아니한다.

업무정지기간은 6월이고 당해 공판절차 또는 징계절차가 종료되지 않고 업무정지사유가 소멸하지 않는 경우에는 법무부징계위원회의 의결에 따라 업무정지기간을 갱신할 수 있다(법104①). 갱신할 수 있는 기간은 3개월이고 업무정지기간은 갱신기간을 합하여 2년을 넘을 수 없다(법104②, ③).

업무정지명령은 형사판결이나 징계결정이 확정된 때에는 그 효력을 상실한다(법106). 잠정적 또는 가처분적 성격의 처분이라는 점에서 오는 당연한 결론이다.

20) 법률가의 윤리와 책임-오종근, 396면.

업무정지명령을 받은 변호사가 당해 징계절차에서 정직결정을 받은 경우 업무정지기간은 그 전부 또는 일부가 정직기간에 산입된다(법107). 형사판결 또는 징계의 원인사실과 업무정지의 원인사실이 동일함에도 불구하고 2중으로 처벌받는 결과가 되는 것을 방지하기 위한 것이다.

(6) 불 복

법무부장관의 업무정지명령 또는 업무정지기간의 갱신에 대해서는 행정소송법이 정하는 바에 따라 그 통지를 받은 날부터 90일 이내에 행정소송을 제기할 수 있다(법108, 100④). 또, 행정소송을 제기하지 않고 행정심판법상 심판청구를 할 수도 있다(행정소송법18①본). 이때 중앙행정심판위원회가 심판청구에 대한 심리 및 재결을 한다(행정심판법6②). 행정소송의 제기 또는 행정심판의 청구에도 불구하고 업무정지명령의 잠정적 성질상 그 효력은 정지되지 아니한다(행정소송법23, 행정심판법30).

(7) 해 제

법무부장관은 업무정지기간 중에 업무정지명령의 요건이 존속하지 않는 경우 직권으로 그 명령을 해제할 수 있다(법105①). 대한변협의 장, 검찰총장 또는 당해 변호사는 법무부장관에게 그 명령의 해제를 신청할 수 있고(법105②), 법무부장관은 그 신청을 받으면 직권으로 이를 해제하거나 법무부징계위원회에 이를 심의하도록 요청하여야 하고, 법무부징계위원회에서 해제를 결정하면 그 명령을 지체 없이 해제하여야 한다(법105③).

4. 징계의 사유

가. 징계사유 일반론

변호사법은 징계사유를 영구제명의 사유와 기타 징계사유로 구분하고 있다.

변호사법 제90조(징계의 종류) 변호사에 대한 징계는 다음 다섯 종류로 한다.
1. 영구제명
2. 제명
3. 3년 이하의 정직

4. 3천만원 이하의 과태료
5. 견책

(1) 영구제명의 사유

기본사례 1

① 갑 변호사는 교통사고처리특례법위반으로 금고 2년 집행유예 3년의 형을 선고받고 그 형이 확정된 후 변호사의 직무와 관련하여 변호사법위반으로 징역 2년을 선고받아 그 형이 확정되었다. 갑 변호사가 영구제명사유에 해당하는가?

② 을 변호사는 변호사법위반으로 3년의 정직처분을 받은 후 다시 대한변호사협회 회칙 위반으로 2년의 정직처분을 받고 구치소 접견실에서 구치소 수감자에게 그 친동생과 전화통화를 하게 함으로써 변호사로서의 품위를 손상하는 행위를 하였다. 을 변호사가 영구제명사유에 해당하는가?

형벌 및 징계처분의 전력이 있는 일정한 경우에 영구제명의 사유에 해당한다.

변호사법 제91조(징계사유) ① 제90조 제1호에 해당하는 징계사유는 다음 각호와 같다.
1. 변호사의 직무와 관련하여 2회 이상 금고 이상의 형을 선고받아(집행유예를 선고받은 경우를 포함한다) 그 형이 확정된 경우(과실범의 경우는 제외한다)
2. 이 법에 따라 2회 이상 정직 이상의 징계처분을 받은 후 다시 제2항에 따른 징계사유가 있는 자로서 변호사의 직무를 수행하는 것이 현저히 부적당하다고 인정되는 경우

㈎ 1호의 영구제명사유는 변호사의 과실범을 제외한 직무관련 범죄에 관한 사유이다. 즉, 직무관련 범죄로 2회 이상 금고 이상의 형(집행유예를 선고받은 경우 포함)을 선고받아 확정된 경우이다. 영구제명사유는 과실범이 제외되는 점에서 업무정지명령의 사유와 같고(법102①단), 직무관련 범죄에 한정된다는 점에서 변호사의 결격사유 및 등록취소의 사유와 다르다(법5 i, ii, 18① ii). 직무관련 범죄로 선고된 형이 금고 이상의 형인 때에는 그 집행종료 후 또는 집행을 받지 아니하기로 확정된 후 5년이 지나 변호사로 재등록한 자(법5 i, 18① ii 참조), 그 선고된 형이 금고 이상의 형의 집행유예인 때에는 그 유예기간이

지난 후 2년이 지나 변호사로 재등록한 자(법5 ii, 18① ii 참조), 또는 동일한 직무관련 범죄로 제명의 징계처분을 받은 때에는 그 처분 후 5년이 지나 변호사로 재등록한 자(법91② i, 5iv 참조) 등이 다시 직무관련 범죄로 금고 이상의 형(집행유예 포함)이 확정된 경우에 영구제명사유에 해당된다.

(나) 2호의 영구제명사유는 2회 이상 정직 이상의 징계처분을 받은 후 다시 제명 이하의 징계처분사유가 있고 또, 변호사로서의 직무수행이 현저히 부적당한 경우이다. '2회 이상 정직 이상의 징계처분'이 제명인 경우, 이는 변호사 등록취소사유(법18① ii, 5iv)에 해당되므로, 제명된 후 5년이 경과하여(법5iv) 재등록한 변호사가 다시 제명 이하의 징계처분사유에 해당되는 때가 여기에 해당된다.

(2) 기타 징계사유

기본사례 2

변호사 정은 필리핀 마닐라 소재 호텔 카지노에서 5회에 걸쳐 바카라 도박을 하고 미화 125,000불을 차용하여 영수하는 등 도박 및 외국환거래법위반의 범죄사실이 인정되어 벌금 1,000만원의 형을 선고받았다. 변호사 정의 행위가 징계사유에 해당되는가?[21)]

영구제명 외의 사유인 '제명, 3년 이하의 정직, 3천만원 이하의 과태료, 견책'에 처할 수 있는 징계사유를 말한다(법90 ii 내지 v).

변호사법 제91조(징계사유) ② 제90조 제2호부터 제5호까지의 규정에 해당하는 징계사유는 다음 각호와 같다.
1. 이 법을 위반한 경우
2. 소속 지방변호사회나 대한변호사협회의 회칙을 위반한 경우
3. 직무의 내외를 막론하고 변호사로서의 품위를 손상하는 행위를 한 경우

(가) 변호사법을 위반한 경우

변호사법이 변호사에게 요구 또는 금지하는 사항을 위반한 것을 말한다. 구체적으로는 변호사법 제21조 내지 제38조에 규정한 의무위반의 경우가 전형적

21) 법무부 2004. 7. 19. 징계결정(축조, 대한변협, 2009, 128면).

인 것이 되겠으나 여기에 해당되지 않는 동법 109조 내지 제113조의 형사처벌의 대상행위 중 제110조, 제111조의 위반행위도 포함된다. 또, 변호사법에 위반한 행위가 동시에 형사처벌의 대상이 되는 경우도 있다. 이 경우 형사처벌과 징계처분은 그 성질과 목적을 달리하므로 하나의 행위에 대하여 형사처벌과 징계처분을 별개로 행하더라도 일사부재리의 원칙에 반하지 않는다.

(나) 소속 지방변호사회나 대한변협의 회칙을 위반한 경우

동 회칙이 과하는 일정한 의무를 변호사가 위반하는 것을 말한다. 변호사는 소속 지방변호사회와 대한변협의 회칙을 지켜야 하고(법25), 지방변호사회와 대한변협은 변호사가 준수하여야 할 의무를 회칙에 포함시켜야 한다(법66ⅴ, 80ⅰ). 또, 대한변협 회칙은 "모든 회원은 대한변협의 회칙, 규칙, 규정 및 결의를 준수하여야 하며, 대한변협으로부터 지정 또는 위촉받은 사항을 신속·정확하게 처리하여야 한다"(회칙9①)라고 규정하고 있으므로 변호사는 회칙 외에 대한변협의 규칙, 규정 등에서 변호사에게 일정한 의무를 과한 경우 그 의무위반행위도 일단 징계사유에 해당될 수 있다.

(다) 직무의 내외를 막론하고 변호사로서의 품위를 손상하는 행위를 한 경우

변호사로서의 사명과 지위 및 변호사에게 요구되는 고도의 도덕성에 반하는 행위를 말한다. 변호사의 직무와 관련이 없더라도 즉, 변호사의 업무수행과 관계없는 사생활에서의 행위라도 여기에 해당될 수 있다. '품위손상'이란 개념이 불확정적이고 포괄적이며 추상적이기 때문에 이를 징계사유로 한 것은 변호사에 대한 징계권을 남용할 위험을 초래할 수 있고 그로 인해 변호사의 독립성이 저해될 염려가 있다는 지적도 있으므로,[22] 이 징계사유가 변호사의 자율성에 대한 부당한 개입의 빌미가 되지 않도록 유의하여야 한다.

서울행정법원 2010. 11. 5. 선고 2009구합5039 판결[23]

품위라 함은 기본적 인권을 보장하고 사회 정의를 실현함을 사명으로 하는 등의 공공성을 지닌 법률 전문직인 변호사로서 손색이 없는 인품이라 할 것인 점에 비추어 볼 때, 어떠한 행위가 '직무의 내외를 막론하고 변호사로서의 품위를 손상하는 행위를 한 경우'에

---

22) 법률가의 윤리와 책임-오종근, 379면 참조.

23) 박준, 전게서, 429면.

해당하는지 법률전문가인 법관으로서는 어렵지 않게 알 수 있다 할 것이므로 명확성의 원칙에 위배된다고 할 수 없다.

나. 징계사유 인식론

(1) 문제의 소재

징계사유 중 '회칙위반행위' 또는 '품위손상행위'에 대하여는 그 징계사유를 어떠한 방법으로 파악 또는 인식하느냐에 관하여 논란이 있을 수 있다. '회칙위반행위'는 변호사의 소속 지방변호사회 또는 대한변협의 회칙, 대한변협의 규칙, 규정 및 결의(회칙9①)의 위반행위를 포함하고 있다. 그런데 대한변협의 규칙, 규정 및 결의의 종류나 내용이 광범위하고, 또 '품위손상'은 위에서 본 바와 같이 그 개념의 불확정성, 포괄성 및 추상성 때문에 특정의 행위가 징계대상의 행위가 되는지 여부를 판단함에 있어서 구체적인 기준이 될 수 없기 때문이다. 이처럼 징계대상 행위를 인식하는 방법에 있어서는 다음 2가지의 견해를 생각해볼 수 있다.

(2) 제 견해

㈎ 형 식 설

징계사유는 변호사법 제91조의 규정 자체에 의하여 판단해야 하고 윤리장전의 조항을 해석하는 방법에 따라 결정해야 하는 것은 아니라고 하는 입장이다.[24] 변호사법 제91조 제2항의 법정요건에 해당하는 행위는 모두 징계의 대상으로 해야 하고 이것에 해당하지 않는 행위는 그 대상으로 하지 않는다는 것이다. 즉, 이것은 윤리장전의 명의로 새로운 징계사유를 창설하는 것이 허용되지 않는 것과 동시에, 윤리장전에 규정되지 않았다고 해서 법정요건에 해당하는 행위를 면책하는 것은 아니라는 것을 의미한다. 이 입장은 윤리장전은 총회에서의 의결로 제정된 것이고 대한변협의 회칙으로서 제정된 것은 아니기

---

24) 사법연수원, 『법조윤리론』, 2007, 198-199면을 보면 원칙적으로 형식설에 입각하고 있으면서도 변호사의 윤리가 징계사유와 무관하지 않고 특정행위가 징계사유에 해당되는가는 해당행위가 윤리장전의 규정에 의해서 금지되어 있다는 것만에 따른 것이 아니라 그것이 행해진 동기, 주변의 사정, 행위의 양태 · 횟수, 상대방에게의 영향의 대소 등 많은 요인을 종합하여 판단될 것이라고 하여 윤리장전의 규정이 징계사유의 판단에 있어서 하나의 참고자료가 될 수 있다고 하고 있어 실질설과 큰 차이는 없다고 볼 것이다.

때문에 윤리장전의 위반은 회칙위반의 근거는 되지 않는다고 한다.[25]

(나) 실 질 설

변호사회 회칙 또는 윤리장전의 의무규정에 위반하는 행위를 한 경우에 바로 징계사유가 되는 것이 아니고 실질적으로 판단하여 회칙위반행위가 있는지 또는 품위손상행위가 있는지를 판단한 후 결정하여야 한다는 입장이다.[26] 그 위반행위의 양태, 위반의 정도, 의뢰인의 권리의 침해 정도, 의뢰인의 손해 발생의 유무와 정도, 국민의 신뢰상실의 유무와 정도, 사회적 영향의 유무와 정도 등을 종합적으로 고려하여 판단하여야 한다는 것이다.[27]

(3) 검 토

실질설이 타당하다고 생각된다. 우리의 윤리장전의 내용을 보면 변호사에게 요구하는 윤리가 추상적이고 일반적인데다가 광범위한 내용을 담고 있고, 그 내용의 전부를 책임규범 내지 제재규범으로 하는 데 변호사단체의 합의가 있다고 보기 어려우며, 또 윤리장전을 바로 제재규범으로 인정할 경우 '회칙위반' 또는 '품위손상'의 개념의 추상성 때문에 변호사단체의 자율성에 대한 위협요인으로 작용할 수 있으므로 윤리위반의 구체적 행위를 실질적으로 판단하여 결정함이 옳다고 생각된다. 다만, '회칙위반' 및 '품위손상'을 징계사유로 한 것은 변호사단체의 자율성을 존중하고, "기본적 인권을 옹호하고 사회정의를 실현"(법1①)하여야 하는 변호사의 사명에 대한 윤리적 정당성을 부여하는 한편, 변호사에 대한 자율성의 유지 및 사회적 신뢰를 위한 윤리적 기초를 담보하는 것이므로, 구체적 행위가 징계사유에 해당함을 판단함에 있어서는 이러한 변호사단체의 자율성, 변호사의 사명의 공공성, 변호사에 대한 자율성 및 사회적

25) 이 견해를 형식론적인 관점에서 보면 윤리장전이 변호사법, 대한변협 회칙을 매개로 변호사법 제91조 제2항의 징계사유를 보충하는 성격을 가지고 있음에도 징계사유는 변호사법 제91조의 규정 자체에 의하여 판단한다고 하는 것은 문제를 문제로 답하는 결과가 되고, 또 윤리장전이 대한변협의 회칙의 위임에 의하여 제정되어 동 회칙을 보충하는 것임에도 대한변협의 회칙 자체는 아니라는 이유로 윤리장전의 위반이 회칙위반의 근거는 되지 않는다고 한 것은 의문이다.

26) 日弁連도 이 입장을 취하고 있는 것으로 보고 있다(小島武司 외 3, 『法曹倫理』 제2판, 有斐閣, 2006. 265면). 즉 일본의 직무기본규정이 변호사에게 하나의 행위규범에 불과한지 아니면 재결규범인지에 관하여 일변연은 행위규범에 그친다고 보고 있다. 즉 직무기본규정은 변호사의 직무를 수행할 때 자주적으로 의거하고 스스로에게 부과하며 자율적으로 준수하여야 할 기본적·윤리적 도리를 나타내는 것이라고 한다(이상수, 전게서, 411면).

27) 小島武司 외 3, 『法曹倫理』 제2판, 有斐閣, 2006. 266면.

신뢰유지의 필요성을 종합적으로 고려하여 결정하여야 한다.

5. 징계의 효력발생시기

가. 문제의 소재

변호사법은 징계혐의자가 징계결정의 통지를 받은 후 이의신청을 하지 않으면 이의신청기간이 끝난 날부터 변협징계위원회의 징계의 효력이 발생한다고 규정하고 있다(법98의4③). 따라서 징계혐의자가 징계결정의 통지를 받고 이의신청을 하지 않는 경우에는 이의신청기간, 즉 통지를 받은 날부터 30일이 만료한 때에 징계처분의 효력이 발생하고(법100①), 이의신청을 한 경우에는 법무부징계위원회의 이의신청에 대한 결정이 난 때부터 징계결정의 효력이 발생한다(변징규35). 여기에서 변협의 징계처분은 행정처분의 성격을 가지고 있으므로[28] 행정처분의 효력발생에 관한 일반원칙에 따라 징계혐의자에게 송달된 때부터 효력이 발생한다고 보아야 할 것임에도 불구하고(행정심판법48①,②) 그렇지 아니한 것은 형평에 어긋난다는 비판이 제기되고 있다.

또, 징계결정에 대한 불복은 징계혐의자뿐만 아니라 징계개시신청을 한 지방검찰청검사장, 지방변호사회의 장, 법조윤리협의회 위원장도 이의신청을 할 수 있으므로(법97의2, 100①, 변징규11), 징계결정에 대한 불복을 징계혐의자가 아닌 지방검찰청검사장, 지방변호사회의 장 등이 한 경우에도 법무부징계위원회의 이의신청에 대한 결정이 있을 때부터 징계의 효력이 발생한다고 보아야 하느냐 하는 문제가 제기되고 있다.

나. 일반 행정처분의 효력발생시기와의 형평성

(1) 문제의 소재

변호사에 대한 징계처분의 효력발생시기에 관하여 일반 행정처분과 다른 위와 같은 특칙을 둔 것은 1995. 10. 17. 정부가 제출한 변호사법개정안에서 최초로 등장하였다.[29] 변호사에 대한 징계처분의 효력발생시기와 관련하여 우리

---

28) 변협징계위원회의 징계결정의 행정처분적 성격에 관해서는 헌법재판소의 결정, 법원의 판례 등이 이를 인정하고 있다(헌재 1999. 5. 27. 98헌마357 결정; 헌재 2000. 6. 29. 99헌가9 결정; 서울행정법원 2001. 6. 21. 98구24187 판결 등 참조).

29) 법률가의 윤리와 책임-이현수, 412면, 주15.

나라나 일본에서는 위와 같이 차이를 두는 것이 타당하느냐가 문제되고 있다. 부정설의 입장이 주류이나, 여기에서는 긍정설과 부정설의 2가지 관점에서 각 논거를 살펴보기로 한다.

(2) 제 견해

(가) 긍 정 설

일반 행정처분의 효력발생시기와 차이를 두는 것이 타당하다는 견해이다.[30] 그 논거로서 다음과 같은 것을 생각해볼 수 있다.

i) 변호사에 대한 징계처분에 대해 일반 행정처분과 같이 집행부정지의 원칙을 고수할 경우 당해 변호사에게 회복할 수 없는 손해를 발생시킬 수 있다.[31]

ii) 변호사단체에 소속 회원에 대한 징계권을 부여한 것은 변호사단체의 자치성을 존중하기 위한 것이고 그 징계의 효력발생시기를 언제로 할 것이냐는 변호사단체의 특성 즉, 변호사 직무의 특수성을 고려한 특칙을 둘 수 있다.

iii) 변호사에 대한 영구제명, 제명, 정직과 같은 징계는 변호사로서의 업무를 영구히 또는 일정기간 하지 못하게 하는 처분인데 그 징계처분이 확정되기도 전에 효력을 발생하게 하는 것은 무죄추정의 원칙에도 반하고 변호사의 직업선택의 자유를 침해하는 것이다.

iv) 일반의 행정처분은 침익적(侵益的) 행위 또는 복효적(複效的) 행위 뿐만 아니라 관계자에 대하여 권리·이익을 내용으로 하는 수익적(授益的) 행위도 있음에 반하여 변호사에 대한 징계처분은 침익적 효과뿐이므로 일반의 행정처분과 징계처분은 그 법적 효과가 차이가 있어 그 차이에 따라 효력발생시기를 달리하는 것은 균형에 맞다.

v) 침익적 효과밖에 없는 변호사의 징계처분에 대하여 징계확정 전에 효력을 발생하게 하는 것은 변호사의 권익을 과도하게 제한하는 것이다.

(나) 부 정 설

i) 변호사가 징계처분에 대하여 이의신청을 하는지 여부에 따라 징계처분의

30) 日弁連 昭和40. 12. 24. 징계의결(변호사징계사건의결례집 296면).

31) 법률가의 윤리와 책임-오종근, 386면.

효력발생시기가 달라지게 하는 것은 결과적으로는 행정처분의 성격을 가진 징계결정의 효력발생시점이 사인의 의사에 좌우되는 결과를 초래한다.[32)]

ii) 변협징계위원회의 징계결정을 상당 기간 동안 그 효력조차 발생하지 않는 불완전한 것으로 격하시킴으로써 대한변협에 부여된 자치적인 징계권의 의미를 크게 퇴색시키고 있다.[33)]

iii) 변호사에 대한 징계처분을 다른 일반의 행정처분과 구별할 이유가 없다.[34)]

iv) 변호사에 대한 징계처분에 대하여도 행정소송법, 행정심판법에 의한 불복이 가능하나 동법에 의한 집행정지가 이루어지지 않는 한 그 처분의 효력이 방해받지 않는 것은 일반 행정처분의 경우와 마찬가지이다.[35)]

v) 행정소송법, 행정심판법에 집행정지에 관한 특별한 규정이 두어져 있는 것은 그 처분은 고지에 의하여 효력이 발생한다는 것을 당연한 전제로 하는 것임을 보여 준다.[36)]

vi) 일반 행정처분의 효력발생시기와 같이하는 것이 변호사윤리의 견지에서 사법권의 일익을 담당하고 있는 변호사의 공공적 성격과 변호사회의 권위의 유지를 위해서 타당하다.[37)]

vii) 변호사에 대한 징계처분이 확정된 후에 그 효력이 발생한다고 하는 것은 당해 변호사의 이익의 보호를 위해서는 편리하나, 이는 변호사의 전문직업인으로서의 책임을 지키기 위한 징계제도의 취지에 합치하지 않는다.[38)]

(3) 검 토

긍정설이 타당하다. 오로지 침익적 효과뿐인 변호사에 대한 징계처분을 일반의 행정처분과 반드시 동일하게 볼 수는 없다. 징계처분이 확정되기도 전에 효력을 발

---

32) 법률가의 윤리와 책임-이현수, 412면.

33) 상게서, 412면.

34) 日最高裁 1967. 9. 27. 판결(民集, 21.7. 1955).

35) 日最高裁 1967. 9. 27. 판결(民集, 21.7. 1955).

36) 日最高裁 1967. 9. 27. 판결(民集, 21.7. 1955).

37) 櫻田勝義, 『判例弁護士法の硏究』, 282면; 三ヶ月 章, "弁護士に對する懲戒處分の效力の發生時期," 法學協會雜誌 85권 9호, 1979, 1304면.

38) 三ヶ月 章, "弁護士に對する懲戒處分の效力の發生時期," 法學協會雜誌 85권 9호, 1979, 1304면; 木原鐵之助, "弁護士に對する業務停止の效力,"『自由と正義』16권 9호, 39면.

생시켜 변호사의 권익에 중대한 침해를 야기하는 것은 헌법상의 무죄추정의 원칙에 반하고 변호사의 직업선택의 자유를 과도하게 제한하기 때문이다.

Ⅲ. 징계절차법

[도표 10] 징계 주요절차 흐름도

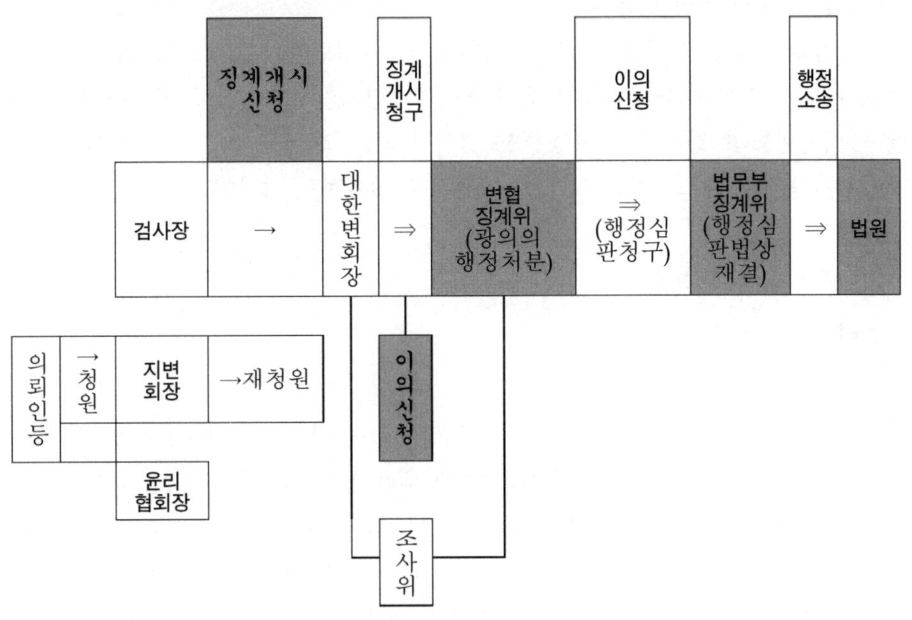

1. 징계개시의 신청 및 청원권자

징계개시는 지방검찰청검사장, 지방변호사회의 장, 법조윤리협의회위원장 등의 신청에 의한다. 의뢰인 등은 변호사법상 징계개시신청권자는 아니다. 여기에서는 편의상 함께 보기로 한다.

가. 지방검찰청검사장

지방검찰청검사장은 범죄수사 등 검찰업무의 수행 중 변호사에게 변호사법 제91조에 따른 징계사유가 있는 것을 발견하였을 때에는 대한변협의 장에게 그 변호사에 대한 징계개시를 신청하여야 한다(법97의2①).

나. 지방변호사회의 장

지방변호사회의 장은 소속 변호사에게 변호사법 제91조에 따른 징계사유가 있는 것을 발견한 경우에는 대한변협의 장에게 그 변호사에 대한 징계개시를 신청하여야 한다(법97의2②).

다. 법조윤리협의회 위원장

법조윤리협의회 위원장은 공직퇴임변호사, 특정변호사 또는 퇴직공직자에게 변호사법 제91조에 따른 징계사유나 위법의 혐의가 있는 것을 발견하였을 때에는 대한변협의 장이나 지방검찰청 검사장에게 그 변호사에 대한 징계개시를 신청하거나 수사를 의뢰할 수 있다(법89의4④, 89의5③, 89의6⑤).

라. 의뢰인 등의 청원

기본사례 3

갑 변호사는 유명 연예인인 A녀로부터 남편 B에 대한 이혼심판청구 및 위자료 청구사건을 수임하고 관할 법원에 P은행에 대한 사실조회 촉탁신청을 하면서 동 사건과 아무런 관련이 없는 A에 대한 P은행의 대출원리금 변제내역에 대하여도 사실조회하는 내용을 끼워넣어 함께 사실조회 촉탁신청을 함으로써 법원으로 하여금 P은행에 조회하게 하여 동 거래내역 관련 정보를 부당한 방법으로 취득하고 그러한 사실이 언론에 보도되어 A의 명예를 훼손하였다. A는 갑 변호사가 징계절차에 회부되도록 하고자 한다. 어떠한 절차를 취하여야 하는가?

의뢰인이나 의뢰인의 법정대리인 · 배우자 · 직계친족 또는 형제자매는 수임변호사나 법무법인 · 법무법인(유한) · 법무조합의 담당변호사에게 변호사법 제91조에 따른 징계사유가 있으면 소속 지방변호사회의 장에게 그 변호사에 대한 징계개시의 신청을 청원할 수 있다(법97의3①). 변호사로 하여금 징계를 받게 할 목적으로 제기되는 진정, 고발, 고소 등은 그 명칭을 불문하고 제12조의 규정에 따른 징계개시 신청의 청원으로 본다(변징규13①). 지방변호사회의 장은 위 청원을 받으면 지체 없이 징계개시의 신청 여부를 결정하고 그 결과와 이유의 요지를 청원인에게 통지하여야 한다(법97의3②). 청원인은 지방변호사회의 장이 그 청원을 기각하거나 청원이 접수된 날부터 3개월이 지나도 징계개시의 신청 여부를 결정하지 아니하면 대한변협의 장에게 재청원할 수 있다. 재청원은 지방변호사회의 장의 그 청원의 결정에 대한 불복방법이라고 할 수 있다. 이 경우 재청원은 지방변호사회의 장의 징계개시의 신청여부에 관한 결정의 통지를 받은 날 또는 청원이 접수되어 3개월이 지난 날부터 14일 이내에 하여야 한다(법97의3③).

2. 징계개시의 청구권자

변호사에 대한 징계개시의 청구권은 대한변협의 장만이 행사할 수 있다. 대한변협의 장은 변호사가 변호사법 제91조에 따른 징계사유에 해당하면 변협징계위원회에 징계개시를 청구하여야 한다(법97).

3. 징계개시의 청구절차

기본사례 4

대한변협의 장은 법조윤리협의회 위원장으로부터 을 변호사에 대한 징계개시의 신청을 수리하였다. 대한변협의 장은 대한변협에 설치된 조사위원회로 하여금 혐의사실에 대한 조사도 하지 않고 징계개시의 신청을 기각하였고, 이에 법조윤리협의회 위원장은 대한변협 변호사징계위원회에 이의신청을 하였다. 대한변협의 장이 조사위원회의 조사 없이 징계개시의 신청을 기각한 것은 적법한가?

가. 징계개시 청구여부에 관한 결정

대한변협의 장은 지방검찰청검사장, 지방변호사회의 장, 법조윤리협의회 위원장의 징계개시의 신청이 있거나(법97의2, 89의4④, 89의5③, 89의6⑤), 의뢰인 등의 징계개시의 재청원(법97의3③)이 있으면 지체 없이 징계개시의 청구여부를 결정하여야 한다(법97의4①).

☞ [부록 2] 개정안 제97조의4 참조.

나. 조사위원회의 조사

대한변협의 장은 징계개시의 청구여부를 결정하기 위하여 필요하면 대한변협에 설치된 조사위원회로 하여금 징계 혐의사실에 대하여 조사하도록 할 수 있다(법97의4②).

조사위원회는 대한변협의 장 또는 변협징계위원회의 요청이 있는 때 또는 직권으로 징계혐의 유무를 조사하여야 한다. 필요한 조사를 거쳐 그 결과를 대한변협의 장 또는 변협징계위원회에 보고하여야 한다(변징규38①,②). 조사위원회는 피조사자에 대하여 반드시 진술 또는 변명의 기회를 줄 필요가 없다. 이 점에서 징계위원회에서는 필요적으로 피조사자에 대하여 청문기회를 보장해야 하는 점과 다르다.

[징계청구 및 징계결정의 절차와 대한변협의 조사위원회와의 관계]

(1) 조사위원회의 설치

- 징계혐의사실에 대한 조사를 실시하기 위하여 조사위원회를 둔다(변징규37①본).
- 필요시 특별조사위원회를 둘 수 있다(동항 단).

(2) 조사위원회의 직무

- 대한변협의 장에게 보고
  대한변협의 장의 요구가 있거나 변호사에게 징계사유에 해당하는 혐의가 있다고 인정될 때에 혐의유무에 대하여 조사한 후 결과를 대한변협의 장에게 보고하여야 한다(변징규38①).
- 변협징계위원회에 보고
  변협징계위원회로부터 징계혐의사실에 대한 조사요청을 받은 경우 조사하여 결과를 징계위원회에 보고하여야 한다(변징규38②).

(3) 조사위원회의 운영

- 위원장이 소집한다(변징규40①).
- 위원장은 대한변협의 장 또는 위원 3인 이상의 소집요구가 있을때 소집하여야 한다(변징규40②).
- 징계혐의자에 대한 징계청구의 의결시 재적위원 과반수의 찬성으로 결정한다(변징규40④).

(4) 조사위원회의 조사절차

- 위원장은 징계혐의가 있다고 인정하거나 대한변협의 장의 조사요청(변징규14②)의 있을 때 즉시 조사위원회를 소집하여 징계혐의사실에 대하여 조사하여야 한다(변징규41① 전

문).
- 위원장은 변호사법위반 등 범죄혐의가 있는 피조사자가 조사에 불응하거나 허위의 자료를 제출하는 때에는 위원회의 의결을 거쳐 수사기관에 고발하거나 수사의뢰할 것을 대한변협의 장에게 요청할 수 있다(변징규41① 후문).
- 조사위원회는 필요시 관계 기관·단체 등에 자료제출을 요청할 수 있고, 당사자 또는 관계인을 면담하여 사실에 관한 의견을 청취할 수 있다(변징규41②).

다. 징계개시 청구여부에 관한 결정의 통지

대한변협의 장은 징계개시의 청구여부의 결정을 하였을 때에는 지체없이 그 사유를 징계개시 신청인이나 재청원인에게 통지하여야 한다(법97의4③).

라. 징계개시의 청구여부 결정에 대한 불복

징계개시 신청인은 대한변협의 장이 징계개시의 신청을 기각하거나 징계개시의 신청이 접수된 날부터 3개월이 지나도록 징계개시의 청구여부를 결정하지 아니하면 변협징계위원회에 이의신청을 할 수 있다. 이 이의신청은 징계개시 청구여부 결정의 통지를 받은 날 또는 징계개시의 신청이 접수되어 3개월이 지난 날부터 14일 이내에 하여야 한다(법97의5①).

변협징계위원회는 위 이의신청이 이유있다고 인정하면 징계절차를 개시하여야 하고, 이유 없다고 인정하면 이의신청을 기각하여야 하며 그 결정을 하였을 때에는 지체 없이 그 결과와 이유를 이의신청인에게 통지하여야 한다(법97의5③).

4. 징계결정의 절차

가. 변협징계위원회의 절차

(1) 심의 전 절차

변협징계위원회는 대한변협의 장의 징계개시청구가 있으면 즉시 징계혐의자에게 징계개시통지서와 징계개시청구서 부본 1통을 송달하여야 한다(변징규17①). 징계개시통지서에는 심의기일에 출석하여 진술할 수 있고, 증거자료 등을 제출할 수 있으며, 특별변호인을 선임할 수 있음과 심사기일의 공개를 신청할 수 있음을 기재하여야 한다(변징규17②). 징계위원회는 징계혐의자가 징계청구된 징계혐의사실로 공소가 제기되어 있을 때에는 그 사건이 확정될 때까지 심의절차를 정지한다(변징규19본). 이는 형사재판절차에서 징계혐의사실이 명확하게 해명될 수 있고 또, 금고이상의 형을 선고받을 경우 변호사법 제18조의 등록취소사유에 해당하여 변호사의 등록이 말소되면 변호사의 신분을 상실하게 되어 징계절차가 종료되어야 하기 때문이다. 다만, 징계청구를 하지 않으면 징계청구의 시효(3년)가 완성될 수 있으므로 대한변협의 장은 징계혐의자가 징계혐의사실로 공소가 제기되었더라도 징계청구는 하여야 한다. 또, 공소의 제기가 있는 경우로서 징계사유에 관하여 명백한 증거자료가 있거나 징계혐의자의 심신상실 · 질병 등의 사유로 형사재판절차가 진행되지 아니한 때에는 징계심의를 진행할 수 있다(변징규19). 징계위원회는 징계혐의자에게 심의기일의 일시 · 장소를 통지하여야 한다(변징규20①단).

(2) 심의절차

징계혐의자는 심의기일에 출석하여야 한다(변징규23①). 징계위원회는 징계혐의자나 그 특별변호인이 심의기일에 출석하지 않는 경우에도 심의절차를 진행하고 심의를 종결할 수 있다(변징규23②). 징계혐의자는 심의기일에 출석하여 구술 또는 서면으로 진술할 수 있고, 증거서류나 증거물을 제출할 수 있으며, 징계에 관한 의견을 진술할 수 있다(변징규25①). 또, 참고인의 신문, 검증 등의 증거방법을 제출할 수 있다(변징규25②). 징계위원회는 직권 또는 징계혐의자의 신청에 의하여 징계혐의자를 신문할 수 있고 참고인에게 사실의 진술이나 감정을 요구할 수 있다(변징규26①).

징계위원회의 심의절차는 직권탐지주의를 원칙으로 하고 있다.[39] 징계개시신청인은 징계사건에 관하여 의견진술을 할 수 있고(법98의2⑦), 징계청구인인 대한변협의 장은 직접 또는 대리인을 통하여 구술 또는 서면으로 징계혐의사건에 대한 의견을 진술할 수 있으나(변징규25③), 필요적으로 의견을 진술을 하여야 하는 것은 아니고, 또 증거신청권이나 증거제출권이 인정되지 않는다. 뿐만 아니라 일단 징계절차가 개시된 이상 대한변협의 장이 징계청구를 철회하더라도 징계절차가 종료되는 것은 아니다.[40] 징계혐의자도 심의기일에 출석하여 진술하고 증거방법을 제출할 수 있으나(변징규25①, ②), 심의절차와 방법

---

39) 이상수, 전게서, 416면; 오종근, 『변호사징계제도』, 집문당, 2002, 71면; 법률가의 윤리와 책임-오종근, 383면.

40) 법률가의 윤리와 책임-오증근, 384면.

이 주로 징계위원회의 직권에 의하여 이루어진다(변징규26).

변협징계위원회는 징계청구를 받거나 징계절차를 개시(법97의5②)한 날부터 6개월 이내에 징계에 관한 결정을 하여야 하고, 부득이한 사유가 있을 때에는 그 의결로 6개월의 범위에서 기간을 연장할 수 있다(법98①).

변협징계위원회의 징계의결은 위원 과반수의 찬성으로써 한다(법98의4①). 징계혐의자가 징계결정의 통지를 받은 후 이의신청을 하지 아니하면 이의신청 기간이 끝난 날부터 변협징계위원회의 징계의 효력이 발생한다(법98의4③).

(3) 심의대상

변협징계위원회의 심의사항은 징계혐의자에 대한 징계청구가 적법한지, 적법하다면 청구된 징계혐의사실이 존재하는지, 징계혐의사실이 존재한다면 징계처분을 할 것인지 여부, 징계처분을 한다면 그 징계양정을 어떻게 할 것인지 등이 될 것이다.

징계청구가 부적법한 경우는 예컨대, 징계청구 당시에 징계혐의자가 대한변협에 자격등록된 변호사가 아닌 경우, 이미 사망한 경우, 징계사유가 있은 때부터 3년의 제척기간이 경과한 경우(법98의6), 동일한 사유로 이미 징계처분을 받은 경우 등이 여기에 해당할 것이다. 이러한 경우 청구각하의 결정을 하여야 한다. 징계청구 후 징계혐의자의 사망 또는 자격등록의 취소가 된 경우에는 청구 당시에는 그 청구가 적법하였으므로 청구각하할 것이 아니라 징계심의절차의 종료를 선언함이 타당하다.[41]

변협징계위원회의 심의사항이 대한변협의 장이 징계청구한 사항에 한정되는지 여부에 대해서는 이에 관한 규정은 없으나, 불고불리의 원칙에 관한 규정이 없고 징계심의의 구조가 당사자주의적인 구조가 아닐 뿐만 아니라 징계심의의 절차가 직권탐지주의를 원칙으로 하므로 소극적으로 해석함이 타당할 것이다. 따라서 징계청구사실에 한정되지 아니하고 심의과정에서 새로운 징계혐의사실이 드러나면 그 사실도 징계결정의 대상이 되는 사실이 될 수 있다.

---

41) 오종근, 『변호사징계제도』, 집문당, 2002, 78면.

(4) 관계인의 지위

징계혐의자는 징계심의기일에 출석·진술권, 증거제출권, 의견진술권을 가진다(법98의2, 변징규25). 징계혐의자 또는 그의 특별변호인이 징계심의기일에 출석하지 않더라도 변협징계위원회는 심의절차를 진행하고 종결할 수 있다(변징규23②).

징계청구인인 대한변협의 장은 직접 또는 대리인을 통하여 징계혐의사건에 대한 의견을 진술할 수 있다(변징규25③).

징계개시 신청인인 지방검찰청검사장, 지방변호사회의 회장, 윤리협의회 위원장은 징계사건에 관하여 의견을 제시할 수 있다(법98의2⑦).

(5) 결정 이후의 절차

징계위원회가 결정을 하였을 때에는 지체 없이 대한변협의 장에게 그 결과와 이유를 통보하여야 한다(변징규33①). 또, 당해 징계개시 신청인에게 징계결정 결과를 통지하여야 하고(변징규33③), 징계결정서를 지체 없이 징계혐의자에게 송달하여야 한다(변징규33②). 이러한 통지 또는 송달은 징계결정에 대하여 법무부징계위원회에 이의신청할 수 있게 하기 위한 것이다.

한편, 대한변협의 장은 변협징계위원회에서의 징계에 관한 결정이 있은 후 지체없이 법무부장관에게 보고하여야 한다(법99). 또, 징계처분의 결과를 소속 지방변호사회에 통지하여야 한다(변징규44①).

나. 법무부징계위원회의 이의신청절차

(1) 이의신청절차의 의의

변협징계위원회가 징계혐의자에 대하여 징계결정을 하지 않거나 그 징계처분이 부당하게 무겁거나 가볍다고 판단되는 경우 징계혐의자 또는 징계개시 신청인이 법무부징계위원회에 이의신청하는 절차를 말한다.

변협징계위원회의 징계에 관한 결정은 넓은 의미의 행정처분이라고 볼 수 있고 따라서 징계처분을 받은 징계혐의자 또는 징계개시 신청인이 이에 불복하여 법무부징계위원회에 하는 이의신청은 행정심판법상의 행정심판의 청구에 속한다.[42)]

42) 법률가의 윤리와 책임-오종근, 388, 392면.

(2) 이의신청절차

징계혐의자 또는 징계개시 신청인은 변협징계위원회의 결정을 통지받은 날부터 30일 이내에 법무부징계위원회에 이의신청을 할 수 있다(법100①). 이 경우 징계혐의자 또는 징계개시 신청인은 행정심판법상의 심판청구인에 해당한다.[43] 변호사가 이의신청을 한 후 사망한 경우 변호사에 대한 징계는 당해 변호사의 신분에 관한 일신전속적인 것이므로 이의신청인의 지위는 승계되지 않고 이의신청절차가 종료된다.[44]

(3) 이의신청에 대한 심리

이의신청의 심리는 적법요건과 신청의 당부의 심리로 구분할 수 있다. 신청이 부적법한 경우 이의신청을 각하하여야 한다. 예컨대, 이의신청기간의 도과, 이의신청권자 아닌 자의 신청 등이다. 부적법사유 중 보정이 가능하면 보정을 요구하여야 할 것이고(행정심판법32①), 보정명령에 응하지 않으면 이의신청을 각하하여야 한다.

신청의 당부의 심리는 신청이 적법함을 전제로 변협징계위원회의 징계에 관한 결정의 당부를 심리하는 것으로 그 심리대상은 변협징계위원회의 그것과 같다고 할 수 있다.

법무부징계위원회의 심리절차에 대해서는 변호사법이 변협징계위원회의 징계심의의 절차(법98의2)를 준용하도록 규정하고 있으나(법100②), 그 밖의 사항에 관하여는 그 성격상 행정심판법상의 심리절차에 관한 규정이 유추적용된다고 보아야 할 것이다.

법무부징계위원회는 이의신청을 받은 날부터 3개월 이내에 징계에 관한 결정을 하여야 하고, 부득이한 사유가 있는 때에는 그 의결로 3개월의 범위 내에서 기간을 연장할 수 있다(법98②).

이의신청에 대한 법무부징계위원회의 심리절차 진행 중 징계혐의사실에 대해 공소가 제기된 경우 심리를 정지할 것인지가 문제될 수 있으나(변징규19), 이의신청절차가 변협징계위원회의 징계절차의 속심적 성격을 갖는다고 볼 것이므로,[45] 변협징계위원회에서의 징계심의절차에 있어서와 마찬가지로, 심리절

43) 상게서, 388, 392면.

44) 상게서, 389면.

45) 상게서, 390면.

차를 원칙적으로 정지하여야 한다.

(4) 이의신청 관계인의 지위

이의신청인은 행정심판법상의 청구인의 지위를, 대한변협의 장은 피청구인의 지위를 각 가진다. 따라서 주장의 보충권(행정심판법33), 참고인에 대한 신문신청권(동법36① i ,영24의2 i), 증거자료제출요청권(동법36① ii , 영24의2 iii), 검증요청권(영24의2 ii), 기타 증거조사신청권(동법36, 영24의2) 등을 행사할 수 있다. 또, 이의신청인은 징계에 관한 결정이 있을 때까지 서면으로 이의신청을 취하할 수 있다(동법42①).

(5) 이의신청에 대한 결정

결정의 방법은 위원의 과반수의 찬성으로 의결한다(법100③). 과반수의 의견이 없는 경우에는 변협징계위원회에서의 결정방법을 유추하여 적용할 것이다. 즉, "과반수의 찬성을 얻은 의견이 없을 때에는 과반수에 달할 때까지 징계혐의자에게 가장 불리한 의견의 수에 순차 유리한 의견의 수를 더하여 그중 가장 유리한 의견을 합의된 의견으로 한다"(변징규31②).

결정의 종류는 이의신청이 부적법한 경우의 각하, 이의신청이 이유 없는 경우의 기각, 이의신청이 이유가 있어 변협징계위원회의 결정을 취소하고 스스로 상당한 징계에 관한 결정을 하는 이의신청의 인용(파기자판)의 결정이 있을 수 있다. 여기에서도 행정심판법상의 불이익변경금지의 원칙(동법47②)이 적용된다.[46]

법무부징계위원회가 이의신청에 대해 결정한 경우 지체없이 그 결정서의 정본을 이의신청인에게 송달하여야 한다(동법48①). 변호사징계규칙은 "징계결정은 … 법무부징계위원회의 이의신청에 대한 결정이 난 때부터 효력을 발생한다"고 규정하고 있으나(변징규35), 법무부징계위원회의 이의신청에 대한 결정이 그 성격상 행정심판법상의 재결이므로 그 효력의 발생시점은 행정심판법에 따라 그 결정서의 정본이 이의신청인에게 송달된 때라고 보아야 타당하다(동법48①,②).

---

46) 상게서, 391면.

(6) 이의신청에 대한 결정에 대한 불복

기본사례 5

> 변호사 정은 변호사법위반으로 대한변협 변호사징계위원회에서 2년의 정직결정을 받고 법무부 변호사징계위원회에 이의신청을 하였으나 동 위원회에서 이의신청 기각결정을 받았다. 변호사 정은 어떻게 불복해야 하는가?

법무부징계위원회의 결정에 불복하는 징계혐의자는 행정소송법이 정하는 바에 따라 그 결정의 통지를 받은 날부터 90일 이내에 행정소송을 제기할 수 있다(법100④). 행정소송은 징계결정이 있었던 날부터 1년이 지나면 소를 제기할 수 없고(법100⑤본), 다만 정당한 사유가 있는 경우에는 그러하지 아니하나(법100⑤단), 그 기간은 불변기간이다(법100⑥). 행정소송을 제기한 경우 법무부징계위원회의 징계결정의 효력은 원칙적으로 정지되지는 않는다(행정소송법23).

이의신청에 있어서 피청구인의 지위를 갖는 대한변협의 장은 행정심판법상 행정청에 해당한다고 보아야 하므로 행정심판법상 재결에 해당하는 법무부징계위원회의 결정에 불복할 수는 없다(행정심판법49①).

징계혐의자가 아닌 징계개시 신청인이 이의신청을 한 경우 그 이의신청에 대한 법무부징계위원회의 결정에 불복하는 행정소송을 제기할 수 있겠느냐 하는 문제가 제기될 수 있으나, 행정소송을 제기하기 위해서는 그 행정처분과 관련하여 법률상 이해관계를 갖고 있어야 하는데(행정소송법12), 징계개시 신청을 할 수 있는 지방검찰청검사장, 지방변호사회의 장, 윤리협의회 위원장은 원래 변호사의 징계처분에 대한 법률상의 이익을 갖는 자가 아니므로 행정소송의 원고적격이 없어 행정소송을 제기할 수 없다고 보아야 한다.

☞ [부록 2] 개정안 제100조 참조.

5. 징계처분의 공개

대한변협의 장은 변호사에 대한 징계처분이 확정되면 이를 일반에게 공개하고, 변호사를 선임하려는 자 등의 신청이 있는 경우 징계정보를 제공하여야 한다. 또, 변호사로부터 자기의 징계정보의 제공신청이 있는 경우 이에 응하고 정정신청이 있는 경우 정정 여부를 결정해야 한다.

가. 일반적 공개

(1) 변호사의 징계정보를 인터넷 및 정기간행물에 게재하는 것을 말한다. 대한변협의 회장은 징계처분후 징계처분정보를 그 확정일부터 2주일 이내에 대한변협이 운영하는 인터넷 홈페이지에 3개월 이상 게재하는 등 공개하고(법98의5③, 영23조의2①), 확정일 이후 최초 발간하는 대한변협 발행 정기간행물에 게재하여야 한다(영23조의2①).

(2) 인터넷 등에 게재하여야 할 징계처분정보는 아래와 같다(영23조의2①).

i) 징계처분을 받은 변호사의 성명 · 생년월일 · 소속지방변호사회 및 사무실의 주소 · 명칭[해당 변호사가 법무법인, 법무법인(유한), 법무조합 등에 소속되어 있거나 그 구성원인 경우에는 그 법무법인 등의 주소 · 명칭]

ii) 징계처분의 내용 및 징계사유의 요지(위반행위의 태양 등 그 사유를 구체적으로 알 수 있는 사실관계의 개요를 포함)

iii) 징계처분의 효력발생일. 다만, 징계의 종류가 정직인 경우에는 정직개시일 및 정직기간으로 한다.

(3) 징계처분정보를 인터넷 홈페이지에 게재하는 기간은 최초 게재일부터 기산하여 다음 각호의 구분에 따른 기간으로 한다(영23조의2②).

i) 영구제명 · 제명: 3년

ii) 정직: 1년. 다만, 정직기간이 1년보다 장기인 경우에는 그 정직기간으로 한다

iii) 과태료: 6개월

iv) 견책: 3개월

나. 징계정보의 제공(열람 · 등사)

(1) 변호사를 선임하려는 자 등의 신청에 의하여 징계정보를 제공하는 것을 말한다. 대한변협의 장은 변호사를 선임하려는 자가 해당 변호사의 징계처분 사실을 알기 위해 정계정보의 열람 · 등사를 신청하는 경우 이를 제공하여야 한다(법98조의5④).[47]

(2) 징계정보 열람·등사 신청을 할 수 있는 자의 범위는 다음 각호의 어느 하나에 해당하는 자이다(영23조의3①).

i) 해당 변호사와 면담하였거나 사건수임 계약을 체결하는 등 변호사를 선임하였거나 선임하려는 자

ii) 제1호에 규정된 자의 직계존비속, 동거친족 또는 대리인

(3) 열람·등사를 신청할 수 있는 징계정보의 범위는 신청일부터 기산하여 다음 각 호의 구분에 따른 기간 이내에 확정된 징계처분정보이다(영23조의3③).

i) 영구제명·제명: 10년

ii) 정직: 7년

iii) 과태료: 5년

iv) 견책: 3년

(4) 그러나 대한변협의 장은 징계정보의 제공신청이 다음의 하나에 해당하는 경우에는 징계정보를 제공하지 않을 수 있다(영23조의3④).

i) 신청서에 필수적 기재사항을 누락하였거나 제1항에 따른 신청권이 있음을 증명하는 서류를 제출하지 아니한 경우

ii) 정당한 이유 없이 수회에 걸쳐 반복적으로 열람·등사를 신청하거나, 징계정보의 제공신청대상 변호사가 사건에 비추어 과도하게 다수인 경우 등 열람·등사 신청의 목적이 변호사를 선임하기 위한 것이 아님이 명백한 경우

다. 변호사의 자기정보 열람

대한변협의 회원인 변호사는 언제든지 자신의 징계처분 기록에 대한 열람·등사 및 징계처분 여부에 대한 확인서 발급을 신청할 수 있다(변징규54①). 또, 징계처분기록이 사실과 다른 경우 기록의 정정신청을 할 수 있다(동조②).

---

47) 변호사법시행령 제23조의4(열람·등사 신청 방법, 절차 및 비용 등) ② 대한변호사협회의 장은 제1항의 신청을 받으면 신청일부터 1주일 이내에 직접 수령, 우편, 모사전송 또는 이메일 등 정보통신망을 이용한 방법 중 신청인이 선택한 방법으로 해당 변호사에 관한 징계정보 확인서를 제공하여야 한다.

⑤ 제2항에 따라 징계정보를 제공받은 자는 해당 정보를 변호사 선임 목적 외의 용도로 사용하여서는 아니 된다.

대한변협 회장은 정정신청일로부터 30일 이내에 정정 여부를 결정해야 하고(동조③), 정정여부 결정이 있을 때까지는 당해 변호사의 징계처분의 내용을 공개하지 못한다(동조④).

6. 징계청구의 시효

변호사에 대한 징계의 청구는 징계사유가 발생한 날부터 3년이 지나면 하지 못한다(법98의6).

3년의 징계시효에 관해서는 입법론적으로 너무 단기이므로 최소한 형사소송법상 공소시효와 동일·유사한 기간을 징계시효로 규정하는 것을 검토해볼 필요가 있다는 견해도 있으나,[48] 그 직무의 공공성에 있어서 변호사와 비견될 수 있는 공무원의 징계시효가 2년 내지 3년이고(국가공무원법83의2), 고도의 도덕성이 요구되는 법관·검사의 징계시효가 3년 내지 5년(법징8, 검징25)인 것과 비교하여 단기라고 보기 어렵고, 또 징계사건과 형사사건의 성격이 다르다는 점에서 현행의 징계시효가 지나치게 단기는 아니라고 볼 것이다.

■ 기본사례(해설)

1. ①의 경우 변호사의 직무와 관련하여 2회 이상 금고이상의 형을 선고받거나 또 그것이 고의범인 경우 변호사법 제91조 제1항 제1호의 영구제명사유에 해당된다. 그러므로 갑 변호사는 영구제명사유에 해당되지 아니한다. ②의 경우 을 변호사가 변호사로서의 직무를 수행하는 것이 현저히 부적당하다고 인정되는 경우에 영구제명사유에 해당될 수 있고, 을 변호사의 위 행위 자체만으로 바로 영구제명사유가 되는 것이 아니다.
2. 변호사 정의 행위는 변호사로서의 품위를 손상하는 행위위고 품위손상행위가 있는 경우 변호사로서의 직무 관련성이 없더라도 변호사법 제91조 제2항 제3호의 징계사유에 해당된다. 또 형사처벌과 징계처분은 그 성질과 목적을 달리하므로 형사처벌을 받은 행위에 대하여도 징계처분을 할 수 있다. 따라서 변호사 정의 행위는 징계사유에 해당된다.
3. 의뢰인은 수임변호사에게 징계사유가 있으면 소속 지방변호사회의 장에게 징계개시의 신청을 청원할 수 있다(법97의3①). 지방변호사회의 장이 그 청원을 기

48) 6인 공저-김희수, 361면, 주68 참조.

각하거나 청원 접수일로부터 3개월이 지나도록 징계개시의 신청여부를 결정하지 않으면 대한변협의 장에게 재청원할 수 있다(법97의3③). 따라서 우선 갑 변호사의 소속 지방변호사회의 장에게 징계개시의 신청을 청원하여야 한다.

4. 대한변협의 장은 징계개시의 청구여부를 결정하기 위하여 필요한 경우 대한변협에 설치된 조사위원회로 하여금 징계 혐의사실에 대하여 조사하도록 할 수 있을 뿐이고(법97의4②) 조사위원회의 조사를 반드시 거쳐 징계개시의 청구여부를 결정하여야 하는 것은 아니다. 따라서 대한변협의 장이 조사위원회의 조사를 거치지 않았다는 점 자체가 위법하다고 할 수는 없다.
5. 법무부징계위원회의 결정에 불복하는 징계혐의자는 행정소송법이 정하는 바에 따라 그 결정의 통지를 받은 날부터 90일 이내에 행정소송을 제기할 수 있다(법100④). 행정소송의 피고는 대한변협징계위원회가 아닌 법무부징계위원회가 되어야 하고, 그 청구취지는 법무부징계위원회의 변호사 정에 대한 이의신청기각결정의 취소를 구하는 것이어야 한다.[49]

49) 서울고법 2008. 10. 29. 2008누7573(축조, 대한변협, 2009, 386면에서 재인용).

[도표 11] 변호사 징계절차

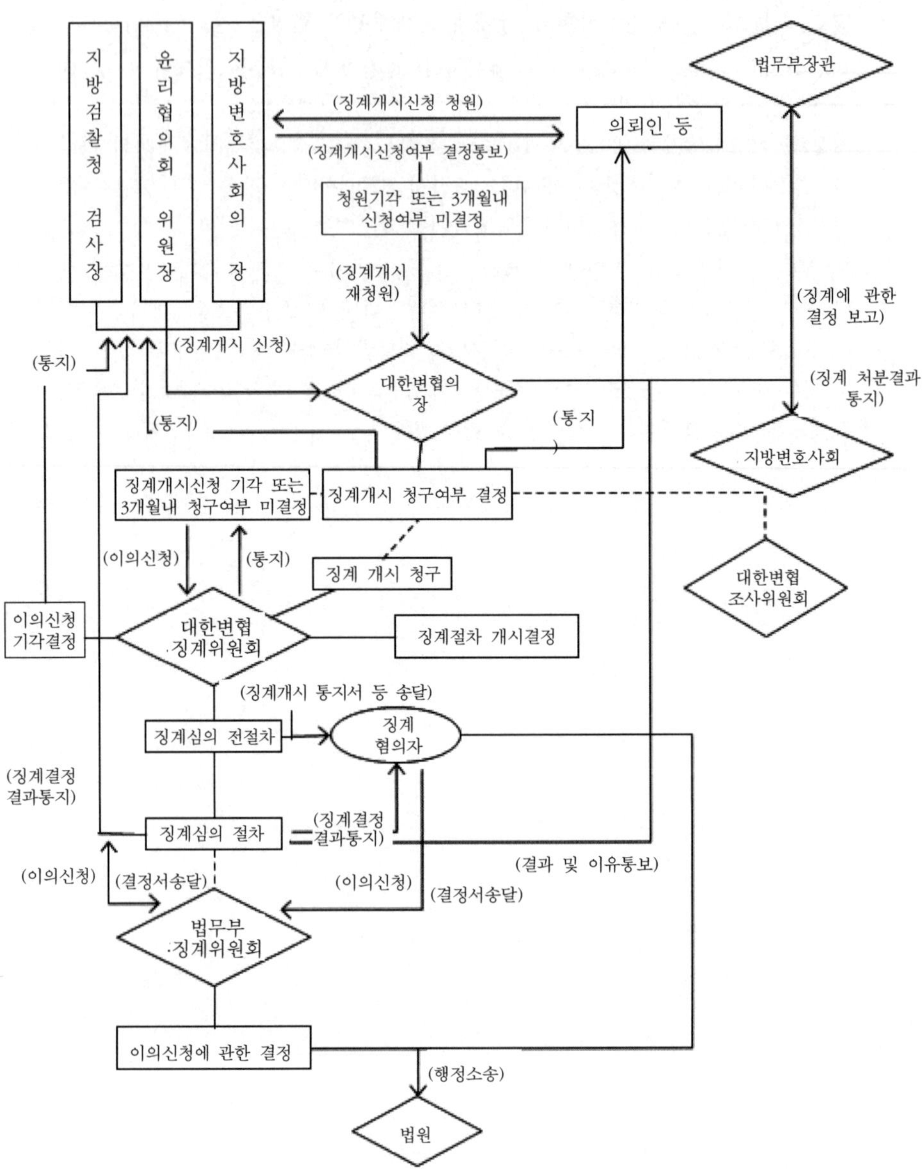

16 | 법관의 직무와 윤리

도입질문

1. 사법권의 독립과 법관윤리는 어떠한 관계에 있는가?

2. 법관의 공정성의 제도적 담보장치는 무엇이며, 법관의 내면적 작용에 의하여 공정성을 담보할 수 있는 조건은 무엇인가?

3. 소위 전관예우 문제의 실체는 무엇이며 그 대책은 무엇인가?

4. 법관이 재판한 사건 또는 장래 담당할 가능성이 있는 사건에 대한 법관의 의견표명의 한계가 있는가?

5. 법관이 현실적 인간으로서 타인에 대한 법률적 조언을 하여야 할 경우 그 한계는 무엇인가?

Ⅰ. 서

1. 법관윤리의 연혁

법관이라 함은 법원에 속하여 사법권을 구체적으로 행사하는 법조전문직이다(헌101①). 사법권은 광의로는 국가 또는 사회공공의 이익의 실현을 직접 목적으로 하지 않는, 따라서 국회나 정부에 의하여 민주적 감독을 받는 데 적합하지 아니한 작용, 즉 독립기관인 법원의 권한에 적합한 작용을 말하고,[1] 협의로는 재판작용으로서, 민사·형사 및 행정사건 등의 구체적 사건에 대하여 소송절차를 거쳐 법을 결정하고 선언하는 국가의 행위이고, 대립하는 양 당사자의 주장을 들어보고 공평한 제3자의 지위에서 국가가 판단하는 심판작용을 의미한다.[2]

1947. 7. 17. 헌법 제1호로 제정된 대한민국헌법은 제77조에서 "법관은 헌법과 법률에 의하여 독립하여 심판한다"라고 법관의 재판의 독립에 관하여 규정하였다가 1962. 12. 26. 헌법 제6호로 개정된 대한민국헌법에서 "법관은 이 헌법과 법률에 의하여 그 양심에 따라 독립하여 심판한다"라고 하여 법관의 심판이 헌법과 법률 외에 양심에도 구속됨을 선언하여 같은 내용이 현행 헌법에까지 이르고 있다.

헌법제정 이래 이러한 재판권을 행사하는 법관에 대해서 오늘날 법관윤리규범에 해당하는 행동규범이나 지도원리 내지 준칙은 존재하지 않았고 이에 관한 논의도 많지 않은 가운데, 일부는 공무원의 복무규율에 의하거나 일부는 법관집단 내의 비공식적인 전승, 교육, 지도, 조언, 비판 등을 통하여 형성된 법관의 행동규범 등으로 그 필요에 응할 수 있었다.[3] 이는 법관들이 상대적으로 높은 윤리적 기준을 유지하여 왔고 공무원으로서의 일반윤리에 의거하는 것만으로 충분하였기 때문으로 볼 수도 있다.

그 후 법관 수의 대폭적인 증가로 법관들 간의 동질성이 약화되어 법관집단 내부의 비공식적인 지도, 조언 등만으로는 법관윤리를 제고하여야 한다는 사회적 요청에 부응하지 못한다는 점 등에 대한 자각에 의한 것인지, 아니면 법관들 스스로가 법관으로서의 기본자세와 마음가짐을 가다듬는 계기로 삼고자 한 것인지는 분명하지 않으나, 1995. 6. 23. 대법원규칙 제1374호로 '법관윤리강령'을 제정하였으나 이 강령에 대해서는 그 제정 이래 내용이 너무 추상적이라는 비판이 제기된 데다가 1997년 의정부 법조비리사건[4]이 계기가 되어 1998년 전문 개정되어 전문 외 7개의 본문으로 되어 있는 현재의 '법관윤리강

1) 김철수, 『헌법학개론』 제7전정판, 박영사, 1995, 965-966면.

2) 김철수, 전게서, 966면.

3) 사법연수원, 『법조윤리론』, 2007, 8면.

4) 1997년 의정부지방법원 주변에서 형사사건을 주로 담당하던 변호사 이○○가 브로커를 이용해 사건을 대거 수임한 것이 밝혀지면서 시작되어, 결국 검찰과 법원의 조사결과 판사 15명이 변호사에게서 명절 떡값, 휴가비 등 명목으로 수백만원씩 받은 것이 드러났던 사건이다.

령'이 되었다.

2. 법관윤리의 중요성

위와 같이 법관윤리강령까지 제정되어 법관윤리의 중요성이 드러나게 되었음에도 불구하고 그동안 사법부에 대한 국민의 신뢰를 떨어뜨릴 만한 법관의 반윤리적 행위가 심심찮게 발생하였고,[5] 2008. 9. 26. 대법원장이 「대한민국 사법 60주년 기념식」에서 "불행한 과거가 사법부의 권위와 사법부에 대한 국민의 신뢰에 적지 않은 손상을 주었음"을 인정하고 국민에게 이를 사과하는 기념사를 하기에 이른 것은 그 독립이 보장된 사법제도하에서도 그 사법을 운영하는 법관의 윤리가 얼마나 중요한 것인지를 보여준 것이다.

기실 사법부의 독립이 제도적으로 아무리 완벽하게 보장된다고 하더라도 사법권을 구체적으로 행사하는 법관 개인이 어떠한 윤리태도를 가지느냐에 따라 사법작용의 정상적 작동 여부가 좌우되기 때문에, 현대의 민주법치국가가 지향하는 법의 지배의 원리는 법관의 윤리성을 전제로 하지 않고서는 실현될 수 없는 것이다.

몽테스큐(Montesquieu)의 3권분립론에 영향을 받은 계몽시대에 있어서 법관의 사무는 입법자가 미리 사고한 것의 단순한 추고(追考), 단순한 문헌학적 해석만을 일로 하는 것이었다. 판결의 3단논법을 R(Rules: 법규)×F(Fact: 사실)=D(Decision: 판결)로 도식화하여 법률에 모든 것이 쓰여 있고 재판관은 그것을 그대로 말하면 그것으로 좋고 또 그렇게 하지 않으면 안 된다고 하여 판결에 있어서 법관은 "법률의 문구를 발음하는 입"(Montesquieu)으로 생각하였다.[6] 이러한 고전적인 생각에 의하면 판결은 자동판매기와 같은 것이므로 그 판결을 행하는 법관의 윤리는 전혀 중요할 것이 없다.

그러나 위와 같은 고전적인 생각에 대해서는 실제의 소송에 있어서 적합하지 않다는 논증이 제시되었고, 미국의 저명한 변호사·판사였던 제롬 프랭크(Jerome Frank)는 위 계몽시대의 도식에 대신하여 S(Stimuli: 자극)×P(Personality:

---

5) 대전 법조비리사건이 대표적이다. 1999년 현직 판사·검사를 비롯 검찰과 법원 직원, 경찰관 등 300여 명이 이○○ 변호사에게 사건수임을 알선하고 소개비를 받아온 것이 이○○ 변호사의 전 사무장의 폭로로 드러난 사건이다.

6) 사법연수원, 『법조윤리론』, 2007, 전게서, 25, 32면 참조.

법관의 인격) = D(Decision: 판결)라는 도식을 만들어 냈고,[7] 이는 판결의 요소의 하나로 법관의 인격을 끌어냈다는 점에서 판결에 있어서의 법관의 윤리와 관련하여 중요한 의미가 있다.

위 새로운 도식에서 P(Personality: 법관의 인격)는 바로 사법권을 행사하는 법관의 윤리를 포함한 법관의 전인격적 작용으로서 그 내용을 이루는 구체적 요소는 논자에 따라 무수하게 다양할 수 있다. 그 내용의 요소는 중세 프란시스코회 수도사가 저자로 알려져 있는 슈바벤슈피겔(Schwabenspiegel; 1275년경)이라는 법률서가 말하는 법관의 4대 덕으로서 '정의, 현명, 강의(剛毅), 절도(節度)'라거나, 카롤리나형사법전(1532년 공포 Constitutio Criminalis Carolina)이 법관상으로 표현한 '경건하고 단정, 현명하면서도 또 정통한 인물'이라거나, 크리스챤 볼프(Christian Wolff)의 '모든 사람에 대한 성실한 애정'일 수도 있다.[8] 또 인격의 주체성, 추론과 직관력, 분석능력, 법을 넓고 깊게 보는 눈, 균형감각과 방향감각, 공정과 영지(英智), 양심, 용기 등[9]과 같은 법관의 판단능력, 내면적 요소 등을 망라하는 것이 될 수도 있다.

참고자료 1 먼저 법관으로서의 도를 우리는 준수하여야 할 것입니다 …(중략)… 만약 국민의 권리와 의무가 반드시 그 양성(兩性)에 따라서 규율된다고 하면, 법관의 책임이란 그 국민의 권리와 의무를 최종적으로 규정하게 되는 것이므로, 이를 이행하고 있는 법관의 책임이라는 것은 무엇보다도 중대한 것입니다. 그렇기 때문에 법관은 항상 자신을 생각하지 않으면 안 되는 것입니다. 말하자면, 내가 남을 정당하게 구속할 수 있으며 남의 생명을 적법하게 뺏을 수 있는가의 그러한 관념을 일시라도 잊어서는 안 되는 것입니다. 여기에 자연적으로 법관의 소양문제가 나오게 되는 것인데, 참다운 법관이 되겠다는 것은 법에 대한 지식의 구비뿐만이 아니라 법관으로서의 숭앙을 받을 만한 인격의 구비를 겸유하겠다는 데 있는 것입니다. 항상 양심에 의거하여 책임있게 자유롭게 모든 사물을 구사한다고 하면 그 결과에 대하여 무엇이든지 가책을 느껴지지 않게 되는 것입니다…[10]

---

7) 사법연수원, 『법조윤리론』, 2007, 33면 참조.

8) 사법연수원, 『법조윤리론』, 2007, 25면 참조.

9) 사법연수원, 『법조윤리론』, 2007, 32-57면 참조.

10) 김병로 대법원장의 1953년 법관훈련회의의 훈시 일부(최종고, 『한국의 법률가』, 서울대학교출판부, 2007, 200-201면).

법관도 현실의 인간인 이상 이러한 이상적인 덕목을 모두 갖추는 것은 불가능할 것이고 현실의 법관이 지향하는 목표로서 의미가 있을 것이다. 다만, 현실의 법관이 재판의 직무수행과 관련하여 평균적인 법관으로서 갖추는 것이 바람직한 최소한도의 윤리적 덕목을 생각할 수 있고 이에 관해서도 다양한 견해가 제기되고 있으나, 여기에서는 우리의 법관윤리강령이 규정하는 법관의 윤리적 덕목에 따라 살펴보기로 한다.

II. 사법권의 독립과 법관윤리

1. 사법권 독립의 의의

기본사례 1

법관 갑은 하계휴가 중에 집에 도둑이 들어 물건을 도난당하는 피해를 당한 후 주거를 침입한 절도사건은 엄벌해야 한다는 신념을 갖게 되었다. 법관 갑은 재판 중인 '주거침입·절도'사건의 피고인 A에 대하여 동종사건에서는 통상 집행유예판결이 상당하다고 인정됨에도 불구하고 실형판결을 하였다. 재판관 갑의 행동에 문제가 있는가?

헌법은 "사법권은 법관으로 구성된 법원에 속한다"(헌101①), "법관은 헌법과 법률에 의하여 그 양심에 따라 독립하여 심판한다"(헌103), "법관은 탄핵 또는 금고 이상의 형의 선고에 의하지 아니하고는 파면되지 아니하며, 징계처분에 의하지 아니하고는 정직·감봉 기타 불리한 처분을 받지 아니한다"(헌106①)라고 사법권의 독립을 헌법상의 원리로 선언하고 있다.

사법권의 독립은 법관이 구체적 사건을 재판함에 있어서 어떠한 외부적 간섭을 받지 않고 헌법과 법률에 의해 그 양심에 따라 독립하여 심판한다는 원리를 말한다. 사법권의 독립은 3권분립의 원칙상 인정되는 권력분립의 원리임과 동시에 3권분립의 이론적 기초인 개인의 자유를 보장하는 데에 그 존재의의가 있다.[11] 사법권의 독립은 법원의 독립, 법관의 신분보장 및 판결의 자

11) 김철수, 전게서, 936면.

유에 의하여 보장된다. 사법부는 권력분립의 원칙에 따라 입법부와 행정부에서 독립하여 서로 견제하도록 하고 있다. 법관에 대하여 파면이나 면직처분의 금지와 부당한 불이익처분을 금지하고 있다. 또 법관은 재판을 함에 있어서 소송당사자는 물론 어떠한 국가기관에 대해서도 독립성을 보장받는다.

2. 사법권 독립과 윤리

가. 법관의 독립유지 노력

사법권 독립을 보장하기 위한 제도적 보장이 아무리 완벽하게 되었다고 하더라도 실제로 사법권을 행사하는 개개의 법관이 그 독립을 유지하기 위한 노력을 하지 않으면 사법권의 독립이 실현될 수 없다. 이에 따라 법관윤리강령은 "법관은 모든 외부의 영향으로부터 사법권의 독립을 지켜 나간다"(동 강령1)라고 하여 법관의 사법권독립의 수호를 위한 노력의 의무를 선언하고 있다.

일반적으로는 사법권의 독립이라 함은 다른 국가권력으로부터의 독립만을 중시하였으나 법관의 윤리의 측면에서는 사법권 독립을 저해하는 모든 요인 등으로부터의 독립을 위한 노력도 중요하다.

나. 외부의 재판개입 배격

사법권의 독립을 위태롭게 할 수 있는 요인들은 다양하다. 다른 국가권력, 이익집단, 사인의 행동, 여론, 소송당사자 등이 있을 수 있고, 경우에 따라서는 사법행정을 감독하는 사법부 내부의 법원행정처, 상급법원은 물론이고 법관 자신이 사법권 독립의 저해요인으로 작용할 수 있다.

우선, 다른 국가권력으로부터의 독립 노력이 중요하다. 이는 사법권 독립을 위협하는 정치권력에 대하여 법관 스스로 저항함으로써 사법권 독립이 보장되어 온 역사적 과정에 비추어 당연하다. 실로 사법권독립의 역사는 정치권력에 대한 저항의 역사라고 할 수 있다. 따라서 법관이 정치권력에 맞서서 사법권 독립을 지키려고 하는 것은 법관의 기본적 윤리이다.

법관이 정치권력으로부터 사법권을 수호하기 위한 노력으로 집단행동을 할 수 있는 범위가 어디까지 허용되느냐에 관해서 논란이 있을 수가 있다. 사법권의 독립은 개인의 기본적 인권을 보장하는 데 그 이념적 기초가 있는 것이고, 사법권 독립을 위한 집단행동이 정치운동의 방법으로 이루어진다든지(법원조직법49iii), 법관이 직무상 의무를 위반하거나 직무를 게을리한 경우 또는 법관이 그 품위를 손상하거나 법원의 위신을 실추시키는 경우(법징2)가 아니고 법과정에 충실한 방법으로 이루어지는 한 그 정당성이 인정된다고 할 것이다.

법관의 재판의 독립에 영향을 줄 수 있는 또 다른 요소로서 이익집단, 사인의 행동, 여론, 나아가서는 소송당사자 등이 있을 수 있다. 이익집단에 의한 영향으로는 미국산 쇠고기 수입반대 촛불집회사건에 대한 재판에서 그 촛불집회를 기획하고 주도한 시민단체 등에 의한 법원 앞에서의 시위, 특정사건의 피해자가 법정에서 피고인을 엄벌하여 달라는 위협적인 언사, 소송당사자가 자신에게 유리한 판결을 선고받기 위한 예컨대 집요한 로비 등과 같은 예를 생각할 수 있다. 법치주의의 확산으로 정치권력에 의한 사법권의 독립에 대한 위험이 상대적으로 적은 반면, 사회의 유동성과 다양성이 격심한 오늘날에 있어서는 정치권력이 아닌 위와 같은 사회세력 등에 의한 재판에의 부당한 영향들의 존재를 심각하게 인식하고 이에 독립적으로 재판하는 것도 법관의 중요한 윤리적 책무이다.

또, 재판의 자유는 법관의 상급법원 나아가서는 사법행정에 관한 최고감독기관인 법원행정처에 의해서도 침해될 수 있다. 법원행정처는 사법행정사무를 총괄하는 대법원장이 위임하는 사법행정사무의 지휘 · 감독권을 행사한다(법원조직법9①,②). 법원행정처의 조직과 그 실질적인 권한은 강력하다. 법원행정처장은 대법관으로 보임하고(법원조직법68), 차장 · 실장 · 국장 · 심의관 · 담당관 등의 많은 직책을 판사가 담당하며(동법71), 법원의 사법행정사무 및 그 직원을 감독하고(동법67②), 법원행정처는 법원의 인사 · 예산 · 회계 · 시설 · 통계 · 송무 등의 사무를 관장한다(동법19②). 법원행정처는 법관들의 직무상의 의무 외에도 재판사무를 감독하기 위한 방대한 조직과 권한을 가지고 있으므로 이를 매개로 법관들의 재판에 영향을 미치고자 하는 유혹에 빠지기 쉬울 것이다. 그러나 사법행정사무의 감독권을 가진 법원행정처 또는 그 소속 법관이라도 구체적 사건에 대한 재판내용의 당부를 시비하는 것은 허용되지 않는다. 이는 법원행정처에 속한 법관이 하급법원 법관의 재판에 개입해서도 안 되는 일이고 그 법관 스스로 하급법관의 독립을 위해서 개입을 자제해야 할 윤리적 의무를 부담한다. 그러한 재판에의 개입이 있을 경우 하급법원의 법관이 이를 배격하는 것도 당연한 윤리적 책무이다.

다. 법관 상호간의 개입금지

기본사례 2

○○지방법원에는 여론을 이분하고 있는 정치적 문제와 관련된 소송이 계속 중에 있다. 법원장 갑은 정례 법관회의가 끝난 뒤에 위 소송의 재판장인 을과 함께 차를 마시면서 문제의 "사건에 대하여 언론보도에 현혹되지 말고 심사숙고하여 판결하는 것이 좋겠다"라는 의견을 개진하였다. 법원장 갑의 행동에 문제가 있는가?

법관의 재판의 독립은 외부로부터의 간섭을 배제하는 데서만 찾을 수 있는 것이 아니다. 법관 스스로 다른 법관의 재판에 개입해서는 안 될 뿐만 아니라 다른 법관의 재판개입을 배격함으로써 실현될 수 있다. 법원장이나 상급법원의 법관이 소속 법관이나 하급 법관의 재판에 개입하는 것이나, 같은 법원의 선배 법관 또는 동료 법관에 의한 다른 법관의 재판에의 개입이 모두 배격되지 않으면 안 된다. 법관윤리의 궁극적 목적이 재판의 공정을 보장하기 위한 것이지만 법관이 다른 법관의 재판에 개입하는 것은 가사 개입의 의사가 없다고 하더라도 공정을 의심받을 행동이므로 그 개입의 제약은 엄격해야 한다(법관령3①참조). 따라서 법관이 다른 법관의 판결에 개입할 의사로 다른 법관을 직접 또는 통신의 방법으로 접촉하거나, 접촉하여 사건에 관한 의견을 말하거나 의견을 기재한 서면을 교부하는 것도 윤리에 반하는 행위이다.

법관 상호간의 이러한 재판개입은 실무 현장에서는 그 한계를 분명히 하기 어려울 수 있다. 법관 상호간의 재판개입은 직접적으로 이루어지기보다는 법관집단 내에서 비공식적인 관행으로 여겨질 수 있는 협의, 교육, 지도, 조언, 비판 등의 형태나 동료애 등으로 포장되어 간접적으로 이루어질 수 있기 때문이다. 예컨대 재판의 대상인 사건의 쟁점에 관한 판례·논문·기타 참고자료를 제공하는 것은 권장되어야 할 것이지만 그 쟁점의 결론을 의도한 방향으로 유도하기 위하여 그 의도한 방향과 부합하는 판례·논문만을 선정하여 제공하는 것은 경우에 따라서는 재판개입이 될 수도 있다. 따라서 법관 각자가 다른 법관의 재판에 개입해서는 안 된다는 윤리적 자각이 보다 강하게 요청되는 것이 법관 상호간의 재판에 대한 개입금지의무라고 할 수 있다.

대법원 공고 2007-28호

징계대상자는 부장판사로서 2006년 하반기 모씨 등이 제기하여 다른 재판부에서 진행 중이던 대표이사등직무집행정지가처분신청 사건에 관하여 담당 재판장에게 모씨의 의견을 전달한 사실(위 신청은 기각됨) 등으로 법관으로서의 품위를 손상하고 법원의 위신을 실추시켰다는 혐의로 정직 10월 결정.

라. 법관의 반윤리성과 사법권의 독립

법관의 반윤리적 행위를 이유로 한 법관에 대한 징계제도는 사법권의 독립을 해칠 수 있다는 주장이 제기될 수 있다. 이러한 주장에 대해서는 변호사의 직무에 대한 공공성의 강조가 변호사직에 대한 타율적 규제를 회피하기 위한 명분이 될 수 있다는 비판이 제기되는 것처럼, 사법권의 독립도 이것이 법관의 반윤리성 또는 비행을 은폐하기 위한 논리가 될 수는 없다.

사법권의 독립이나 법관에 대한 징계나 모두 결국에 가서는 재판의 공정, 나아가서는 사법권의 공정한 행사를 목적으로 하는 것이므로 법관에 대한 징계가 바로 사법권의 독립을 침해할 수 있다는 논리는 성립되지 않는다. 징계제도는 사법권의 독립을 해할 수 있는 법관의 비행을 대상으로 운영되는 것이기 때문이다. 징계제도가 사법권의 독립을 해칠 수도 있겠으나 이는 다른 차원의 문제로서, 징계제도를 매개로 법관의 판결의 자유에 개입하려는 시도에 대해서도 법관은 이를 단호히 배격하는 용기가 필요하다.

Ⅲ. 법관의 공정성과 윤리

1. 개 설

법관윤리강령은 “법관은 공평무사하고 청렴하여야 하며, 공정성과 청렴성을 의심받을 행동을 하지 아니한다”(3①), “법관은 혈연 · 지연 · 학연 · 성별 · 종교 · 경제적 능력 또는 사회적 지위 등을 이유로 편견을 가지거나 차별을 하지 아니한다”(3②라)고 규정하고 있다.

법관윤리강령 제3조가 규정하는 청렴성, 편견 및 차별의 배제라든지, 동 강령 제1조의 사법권의 독립도 결국은 재판의 공정을 위해 필요한 요소들이다. 사법권의 독립은 재판의 공정을 위한 권력적 · 정치적 · 제도적인 측면에서의 공정에 영향을 미치는 요소에 대한 것임에 반하여, 청렴성, 편견 및 차별의 배제는 법관의 내적 측면에서의 공정에 영향을 미치는 요소와 관련된 것이라고 할 수 있다. 청렴성, 편견 및 차별의 배제는 결국 공정성을 지향한 윤리적 덕목이므로 여기에서는 공정성을 중심으로 살펴보기로 한다.

2. 공정성의 의의

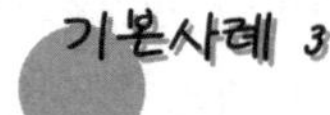

법관 갑은 원고A · 피고B 사이의 건축하자에 기한 손해배상청구사건의 검증을 위해 A의 자택을 방문하였다. 원고A는 검증이 종료된 후 그 자리에 출석한 전원에게 커피 등 음료를 내어 놓았다. 법관 갑은 커피 등 음료를 식음하여도 좋은가?

공정성은 상식적으로는 불편부당(不偏不黨)하고 공평무사함을 의미하고 법관윤리강령 제3조는 이러한 상식적 의미를 포함한 공정성을 규정하고 있다. 법관의 공정성은 법관이 재판권을 행사함에 있어서 대립하는 이해관계인들 사이에서 공평한 제3자적 입장을 취하여 어느 쪽으로도 편향되지 않는 객관적인 판단을 내리는 것을 말한다.

법관의 직무 자체가 이해관계가 대립되는 분쟁의 해결이므로 거기에서 공정성을 견지하는 것은 법관의 본질이라고 해도 과언이 아니다.[12] 다시 말하면 사법의 향기는 공정이고 공정이 없는 사법은 이미 사법이 아니라고 할 만큼 사법작용으로서의 재판에 있어서 공정은 생명과도 같은 것이다.

미국의 경우 공정성(fairness)을 사법의 성실성의 한 요소로 보면서 예컨대, 인종, 피부색, 민족적 배경, 성 또는 종교 등에 기하여 정의의 불평등한 적용과 관련한 법관의 비리는 제도의 성실성을 해하지 않는 정의의 침해보다도 훨씬 중대한 것으로 보는 한편,[13] 법관이 진실이 아닌 주장을 하고 그의 인종주

12) 사법연수원, 『법조윤리론』, 2007, 56면 참조.

13) In re Brown, 625 N.W.2d 744(Mich. 1999).

의적 진술에 관한 증거를 조작하려 한 경우, 법원은 사적인 견해에 관한 법원의 권리의 여하를 불문하고, 그러한 혐오적인 인종주의적 견해를 품거나 표현하는 사람은 공직의 특권과 책임을 갖기에 부적절하다고 하고 있다.[14)]

3. 공정성의 요건

기본사례 4

법관 갑은 ㅇㅇ지방법원 민사부 소속으로, 건강보조기기 렌탈사업에 투자하면 고수익을 보장한다고 하면서 5천억여 원을 끌어 모은 다단계회사 A에 투자하여 피해를 입은 B가 A를 상대로 제기한 손해배상청구소송을 담당하고 있다. 법관 갑은 증거조사를 마친 후 직권으로 화해를 권고하면서 B에 대하여 "당신도 과실이 있고 다단계의 문제점을 알아차리지 못한 책임도 크다. 판결에서 과실상계가 이루어질 수 있다."고 말하였다. 이를 듣고 피고 A회사는 다음 기일에 B의 과실을 찾아내어 장문의 준비서면을 제출하였다. 법관 갑의 행동에 문제가 있는가?

가. 의식적인 공정의 중요성

'공평무사'라는 표현에서 알 수 있듯이 공평은 무사(無私)이고, 무사는 의식적으로 나를 억제하는 마음이다. 즉 재판의 공정에 부정적으로 영향을 미치는 자신을 억제하는 것이다. 독일의 유명한 법학자 Schwinge가 이상적인 법관에게 불가결한 덕으로서 自己紀律과 節制를 든 것도 이러한 맥락이라고 본다.[15)] 이러한 의미의 공정성을 담보하는 데 있어서는, 공정성이 법관의 내면적 정신작용에 의한 것으로서 그것을 객관화하는 것은 근본적으로 한계가 있을 수밖에 없으므로, 법관의 의지 또는 마음가짐에 적극적인 의미를 두지 않을 수 없다.

그러나 공정을 위한 의식적인 노력이 중요하다고 하더라도, 재판과정에서는 법관이 통제가능한 의식작용 외에 직관적인 작용에 크게 의존할 수 있다. 이러한 직관으로서의 의식요소는 그 의식의 주체인 법관 스스로도 자각할 수 없는 것이기 때문에 법관의 마음가짐으로도 이를 통제할 수 없어 한계가 있는 것이 아니냐는 문제가 있다.

---

14) In re Ferrara, 582 N.W.2d 817(Mich. 1998).

15) 사법연수원, 『법조윤리론』, 44면 참조.

심지어는 법관이 "헌법과 법률에 의하여 그 양심에 따라" 재판한다고 할 때 그 법관의 '양심'이라고 하는 것도 법관 스스로는 양심상 공정하다고 인식하더라도 객관적으로 보면 공정하지 않을 수 있기 때문에, 공정성을 제도적으로 담보하는 것도 중요하지만, 법관의 내면적 작용에 의하여 공정성을 담보할 수 있는 조건에 대한 탐구의 중요성은 더욱 긴요하다.

나. 공정성에 필요한 조건

법관의 내면적 요소인 공정성을 담보하기 위한 것도 결국은 다방면에 걸친 지적 능력, 또는 내면의 다른 요소와 연결될 수밖에 없고 따라서 공정성에 필요한 조건도 결국은 문제를 문제로 답하는 것이 될 수 있다. 그러나 공정성이라는 덕목이 결국은 인간의 종합적인 능력, 도덕의 총화의 산물이라고 보면, 공정성에 필요한 조건을 탐구하는 것은 공정성의 추구를 위한 노력의 지향점을 찾는다는 점에서 그 의미를 찾아야 할 것이다.

이에 관하여 미국의 법학자 John P. Frank는 재판관이 갖추어야 할 능력과 자질로서 ① 문제로부터 해결에 이르기까지 사이에 조리가 선 명석한 추론을 하는 능력, ② 창조적 능력(새로운 문제에 대하여 근본적인 새로운 해답을 어떻게든지 만들어 내는 능력, 또한 당면한 문제뿐만 아니라 아주 먼 수평선의 한계까지 내다보는 능력), ③ 한결같은 근면성, ④ 명석하고 설득력이 있는 표현능력, ⑤ 학문적 소양 등 5가지를 들고 있다. 또 일본의 전 최고재판소 판사 中村治郎은 재판관에게 필요한 덕목으로 ① 분석능력, ② 법을 넓고 깊게 보는 눈, ③ 균형감각과 방향감각 등 3가지를 들고 있다.[16]

두 사람이 들고 있는 법관의 능력과 자질이라는 것도 사실 그중의 어느 것이 결여되었을 때 그것은 재판의 불공정으로 나타날 수 있기 때문에 넓은 의미의 법관의 공정성에 필요한 조건이 될 수 있고 여기에서는 위 덕목 중 법관의 '창조적 능력'과 '방향감각과 균형감각'에 대하여 좀더 구체적으로 살펴보기로 한다.

우선 John P. Frank가 들고 있는 '창조적 능력'에 관해서 보건대, 계몽주의 시대에 있어서 '판결3단논법'에 의하면 판결이 자동판매기의 버튼을 누르는 것과 같이 아무런 작위가 개입할 여지가 없으므로 재판에 있어서 '창조적 능력'

---

16) 사법연수원, 『법조윤리론』, 2007, 47면.

은 상상할 수 없는 것이었다. 그러나 오늘날 재판의 원료로서 사회현실의 유동성과 다양성은 상상할 수 없는 반면에 그와 같이 발전하고 변화하는 사회의 유동성과 다양성을 입법기술적으로 모두 담을 수 없으므로 법관의 창조적 능력은 필요불가결하다.

재판에 있어서 창조적 능력은 건축술로 비유되고 있다. 훌륭한 건축술은 어느 건물의 건축에 포함된 서로 양립하기 어려운 요소들을 포함한 여러 가지 요구들을 거기에 존재하는 주어진 조건의 계획 속에 교묘하고도 적절히 실현하고 만족시킬 수 있는 구체적 모습 내지 구성을 만들어 내는 것이다. 미국의 저명한 재판관인 고(故) Learned Hand 판사의 "재판관의 일은 시인이나 조각가의 그것과 같이 어느 막연한 목적을 가지고, 또한 무수한 선택의 틀 가운데에서 선택을 행하지 않으면 안 된다"고 하는 것도 재판에 있어서 요구되는 창조적 능력을 말하고 있다.[17] 재판에 있어서 법규범명제가 뚜렷하게 존재하지 않고, 또 법해석상 준거해야 할 것을 요구받고 있는 법규칙, 법원칙 내지 법원리, 선례와 같은 판단의 준거틀이 존재하고 있으나 그 구조가 긴밀하지 않고 막연한 경우에는 결론으로 삼을 수 있는 복수의 법규범명제가 상정될 수 있고 그중에서 어느 것이 가장 적절하고 타당한 것인지를 선택하는 과정에서 창조성이 요구된다. 선택지의 하나에 대하여 여러 가지 추론과정을 통하여 가정적 결론을 내려 그것을 비교교량하여 보고 그것이 법으로 확립될 경우 예상되는 불합리한 결과 또는 모순되는 다른 명제의 유무 등을 상상력을 동원하여 추측해 보는 등 계속되는 추론과정, 재음미, 비교교량, 복잡한 사색 등의 창조적 사유과정을 통하여 비로소 결론의 공정성이 도출될 수 있다.[18]

다음 中村治郞의 균형감각과 방향감각을 살피건대, 위와 같이 다양한 선택지 가운데서 하나를 선택하는 과정에 있어서 논리작용만으로 충분하지 않고 결국은 감각에 의존할 수밖에 없다. 사회현상은 기왕의 인식능력만으로 포착될 수 있는 한정적인 사실이 아니기 때문이다. 재판에 있어서는 균형감각과 방향감각이 특히 중요하다. 균형감각은 법의 해석에 있어서 가치의 비교교량이 필요한 경우 각 가치에 대하여 거기에 맞는 비중을 주고 그 사이에 적절한 균형을 취하면서 선택·결정을 할 수 있는 직감적 판단능력을 말한다. 현재의 상황은 대립하는 가치의 비교형량이 요구되고 그 균형을 취하는 방법이

17) Hershel Shank, The Art and Craft of Judging, 264 F. 2d. 28.

18) 사법연수원, 『법조윤리론』, 2007, 28-31면 참조.

문제의 해결에 많은 영향을 미치고 있으므로 균형감각은 매우 중요하다. 방향감각은 법이 향후 움직여 나갈 방향을 먼저 포착하는 직감적 예상능력을 말한다. 방향감각의 작용에 의하여 선택한 해결방법이 앞으로 어떻게 평가되고 변모되어 갈 것인지에 대해서 매우 조심스러워야 한다. 재판에 의하여 창조적으로 발견된 법은 사회현실과의 작용과 반작용의 과정을 거치면서 발전하여 가는 것이기 때문이다. 한편 이러한 균형감각과 방향감각은 비록 후천적으로 습득하는 것이 용이한 것은 아니라고 하더라도 법관으로서 관심을 가지는 것과 그렇지 않는 것과는 차이가 있을 수밖에 없으므로 거기에 지향점을 두고 노력하는 것이 필요하다.[19)]

4. 공정성을 위한 제도적 장치

가. 일반적인 장치

(1) 개　설

재판의 공정성을 위한 제도적 장치는 다양하다. 법관윤리강령의 내용도 그 실질은 재판의 공정을 담보하기 위한 윤리적 덕목을 강조한 것이라고도 할 수 있다. 재판의 공정성을 직접 해하는 행위 등에 대하여 일정한 책임을 과함으로써 재판의 공정성을 확보하는 방식이 있다. 탄핵(헌106①), 징계(헌106①), 민사·형사상 책임 등이 그것이다. 재판에 있어서 법관의 회피제도, 재판의 공개제도, 판결이유의 적시를 요구하는 것은 재판의 공정성을 간접적으로 담보하기 위한 것이라고 할 수 있다.

(2) 공정성의 직접적 담보장치

법관이 직무와 관련하여 탄핵 또는 금고 이상의 형의 선고를 받으면 파면되고(헌106①), 법관이 직무상 의무를 위반한 경우 징계에 의하여 정직·감봉 기타 불리한 처분을 받을 수 있고(헌106①, 법징2) 법관이 직무와 관련하여 뇌물을 수수하는 경우 형벌(형129이하)의 제재를 받는 것은 법관의 공정성을 확보하기 위한 것이라고 할 수 있다.

「법관 및 법원공무원 행동강령」에 의한 부당이익 수수금지도 그 금지의무위

19) 사법연수원, 『법조윤리론』, 2007, 41-42면 참조.

반행위가 있을 때 징계사유(법징2 ii)가 될 수 있기 때문에 역시 공정성 확보장치로 작용할 수 있다. 직무와 관련하여 또는 직무와 관련이 없더라도 법관은 부당한 이익을 수수해서는 안 된다. 부당한 이익의 수수와 관련해서는 「법관 및 법원공무원 행동강령」(대법원규칙)이 이를 구체적으로 규정하고 있다.

자신의 직위를 직접 이용하여 부당한 이익을 얻거나 타인이 부당한 이익을 얻도록 하는 '이권개입행위'(동 강령9), 직무의 범위를 벗어나 사적 이익을 위하여 소속기관의 명칭이나 직위를 공표 · 게시하는 등의 방법으로 '직위를 사적으로 이용하는 행위'(동 강령9의2), 자기 또는 타인의 부당한 이익을 위하여 다른 공무원의 공정한 직무수행을 해치는 '알선 · 청탁행위'(동 강령10), 직무수행 중 알게 된 정보를 이용하여 유가증권, 부동산 등과 관련된 재산상 거래 또는 투자를 하거나 타인에게 그러한 정보를 제공하여 재산상 거래 또는 투자를 돕는 '직무 관련 정보를 이용한 거래행위'(동 강령11), 공용차량 등 공용물을 정당한 사유 없이 사적인 용도로 사용 · 수익하는 행위(동 강령12) 등을 금지하고 있다.

또, 일정한 '직무관련자', '직무관련공무원'을 정하여 놓고 그 직무관련자 등과 금품 등을 주고받는 행위를 금지하고 있다. 위 '직무관련자'는 법관 및 법원공무원의 소관업무와 관련하여 일정한 행위나 조치를 요구하거나 요구하려는 것이 명백한 개인이나 단체, 법관 및 법원공무원의 소관업무와 관련된 권한행사 또는 불행사로 인하여 이익 또는 불이익을 받는 개인이나 단체, 법관 및 법원공무원의 소관업무 수행에 영향을 주는 이해관계가 있는 개인이나 단체, 법원과 계약을 체결하거나 체결하려는 것이 명백한 개인 또는 단체 등을 말한다(동 강령2 i). '직무관련공무원'은 법관의 직무수행과 관련하여 이익 또는 불이익을 직접적으로 받는 다른 공무원(기관이 이익 또는 불이익을 받는 경우에는 그 기관의 관련 업무를 담당하는 공무원을 말한다)으로서, 법관 및 법원공무원의 소관업무와 관련하여 직무상 명령을 하는 상급자와 그로부터 직무상 명령을 받는 하급자, 인사 · 예산 · 감사 · 상훈 또는 평가 등의 직무를 수행하는 법관 및 법원공무원의 소속기관 법관 및 법원공무원 또는 이와 관련되는 다른 기관의 담당 공무원 및 관련 공무원, 사무를 위임 · 위탁하는 경우 그 사무를 위임 · 위탁하는 법관 및 법원공무원과 사무를 위임 · 위탁받는 법관 및 법원공무원, 그 밖에 법원행정처장이 정하는 공무원 등을 말한다(동 강령2 ii).

법관은 직무관련자로부터 금전, 부동산, 선물 또는 향응(이하 "금품 등"이라고 한다)을 받는 행위(동 강령13①),[20] 또는 직무관련공무원[21]으로부터 금품 등을 받거나 직무관련공무원에게 금품 등을 제공하는 행위(동 강령13②, 13의2), 직무관련자 또는 직무관련공무원이었던 사람으로부터 당시의 직무와 관련하여 금품 등을 받는 행위(동 강령13③), 법관의 배우자나 직계 존속·비속이 수령이 금지되는 금품 등을 받는 행위(동 강령13④) 등을 각 금지하고 있다.

또, 법관은 그것이 부정한 이익에 해당하지 않는 예외적인 경우라고 하더라도 그 이익의 수수에 신중을 기하여야 한다. 법관은 공정성과 청렴성을 의심받을 행동을 해서는 안 되기 때문이다(법관령3①).

(3) 공정성의 간접적 담보장치

(가) 법관의 회피제도

재판의 공정성을 유지하기 위하여 법관이 자신이 담당하는 구체적 사건과 특수한 관계가 있는 경우 그 사건의 직무집행에서 배제되는 제도가 법관의 제척·기피·회피이다.

이는 재판의 공정을 기하기 위하여 법관으로 하여금 헌법과 법률 그리고 양심에 따라 재판하도록 하는 한편(헌103), 법관의 인선에서 공정한 재판을 할 만한 적격성을 가진 사람을 채용할 것을 요구하고 있으나(법원조직법42, 43), 그것만으로 구체적 사건에서의 재판의 공정이 보장될 수 없으므로 재판의 공정성을 구체적으로 보장하기 위하여 법관의 제척·기피·회피제도를 둔 것이다.

---

20) 법관 및 법원공무원 행동강령(2009. 12. 3. 대법원규칙 제2260호로 개정된 것) 제13조 제1항 단서의 직무관련자로부터 금품 등을 받는 행위의 금지에 대한 예외적인 경우는 다음과 같다.
1. 채무의 이행 등 정당한 권원에 의하여 제공되는 금품 등
2. 통상적인 관례의 범위에서 제공되는 음식물 또는 편의
3. 직무와 관련된 공식적인 행사에서 주최자가 참석자에게 일률적으로 제공하는 교통·숙박 또는 음식물
4. 불특정 다수인에게 배포하기 위한 기념품 또는 홍보용 물품
5. 질병·재난 등으로 어려운 처지에 있는 법관 및 법원공무원을 돕기 위하여 공개적으로 제공되는 금품 등
6. 그 밖에 원활한 직무수행 등을 위하여 법원행정처장이 허용하는 범위에서 제공되는 금품 등

21) 동 강령 제13조 제2항 단서의 직무관련공무원으로부터 금품 등을 받는 행위의 금지에 대한 예외적인 경우는 다음과 같다.
1. 제1항 각호의 어느 하나에 해당하는 경우
2. 통상적인 관례의 범위에서 제공되는 소액의 선물
3. 직원상조회 등에서 공개적으로 제공되는 금품 등
4. 상급자가 하급자에게 위로, 격려, 포상 등 사기를 높일 목적으로 제공하는 금품 등

법관의 회피는 법관이 제척·기피사유가 있다고 인정하여 자발적으로 직무집행을 피하는 것이므로(민소49, 형소24) 법관의 윤리의식과 밀접한 관련이 있다. 따라서 법관은 자신이 회피사유에 해당되는지 여부에 대하여 예민하여야 하고 회피사유가 있으면 즉시 회피절차를 밟아야 할 의무가 있다. 회피의 사유가 있음에도 불구하고 회피절차를 밟지 않고 재판을 진행하는 것은 징계사유가 된다.[22] 회피의 절차는 민사소송에 있어서는 감독권이 있는 법원의 허가를 받아야 하고(민소49), 형사소송에 있어서는 소속법원에 서면으로 신청하여야 한다(형소24②).

㈏ 재판의 공개제도

재판의 공개제도는 근대적인 재판제도의 근본적인 원칙 중의 하나이다. 재판이 공정하게 행해지도록 하고 재판에 대한 국민의 신뢰를 높이기 위하여 필요한 제도이다. 즉, 재판의 공정성을 여론의 감시에 의하여 보장하자는 것이 그 취지이다.

우리 헌법은 형사재판에 대하여 공개재판을 받는 것을 국민의 기본권으로 보장하는 한편(헌27③), 형사재판을 포함한 재판 일반에 대하여 원칙적인 재판의 공개주의를 선언하고 있다(헌109). 국가의 안전보장 또는 안녕질서를 방해하거나 선량한 풍속을 해할 염려가 있을 때에는 공개하지 않을 수 있으나(헌109단), 법관이 비공개결정을 함에 있어서는 공개로 인하여 확보될 수 있는 재판의 공정 및 인권보장의 가치와 소송관계자 등의 불이익을 합리적으로 비교형량하여 재판의 공정이 의심되지 않도록 할 필요가 있다.

㈐ 판결의 이유적시

판결에 이유를 적시하게 하는 것도 소송관계인에게 재판의 공정성을 확인시키기 위한 하나의 장치이다. 민사판결에는 원칙적으로[23] 이유를 적고 그 이유에는 주문이 정당하다는 것을 인정할 수 있을 정도로 당사자의 주장, 그 밖의 공격·방어방법에 관한 판단을 표시하여야 한다(민소208①iv, ②).

---

22) 대법원 공보, 2007. 6. 17. 2007-28호.

23) 무변론의 경우(민소257), 당사자의 변론기일 불출석으로 자백간주된 경우(민소150③), 공시송달에 의한 기일통지를 받고 변론기일에 불출석한 경우(민소194~196)의 1심판결에 대해서는 판결이유를 적지 아니할 수 있다(민소208③).

형사재판에도 원칙적으로 이유를 적게 하면서(형소39), 특히 유죄판결의 경우에는 피고사건의 심판범위를 특정하고 기판력의 효력범위를 확정하고 재판의 집행기관에 대하여 수형자의 처우에 관한 기준을 제시하기 위하여 상세한 이유 기재를 요구하고 있다(형소323).[24)]

판결의 이유기재를 둘러싸고 재판의 공정성 등의 요청과 법관의 판결서 작성의 부담 또는 소송경제의 요청이 충돌하는 문제가 있어서 법관으로 하여금 판결이유를 무조건적으로 상세하게 밝힐 것을 요구할 수만은 없다.

법률이 판결의 간이화에 관하여 규정하고 있으므로(민소208③), 법관은 법률에 의하여 이유적시가 필요한 경우에는 소송관계인 등으로 하여금 재판의 공정성을 확인가능할 정도로 판결이유를 적시하는 것이 법관의 공정성을 위한 윤리적 요청에 부응하는 것이다.

나. 공정성과 관련된 구체적 문제

(1) 소위 전관예우의 문제

㈎ 전관예우의 의의

소위 전관예우는 '유전무죄, 무전유죄'와 함께 법조의 반윤리성의 대표적 사례처럼 불려지고 있는 것이 현실이다. 전관예우는 법관이나 검사로 근무하던 사람이 사직하고 자기가 직전 근무하던 법원 또는 검찰청의 관할지역에서 변호사로 개업하는 경우에 종전의 동료이던 법관이나 검사가 그 변호사에 대하여 다른 변호사와는 다른 특별한 혜택을 주는 관행을 의미하는 용어로 사용되고 있다. 이는 전관 변호사가 개업초기에 평균적으로 많은 사건을 수임하고, 수임사건에 대하여 법원·검찰에서 유리한 재판이나 결정이 행하여지고 있다는 인식에서 비롯된 것이라고 할 수 있는데 여기에서는 법관의 측면에서만 살피기로 한다.

참고자료 2 어느 때부터인가, 우리 사회에서 법조인에 대한 부정적인 인식이 두드러져 가고 있고, 특히 요즈음에 이르러서는 특정 언론매체를 필두로 언론으로부터도 부도덕한 집단으로 매도되고 있어 가슴이 아프다.

이 중에는 우리가 감내해야 할 부분도 있겠으나, 어떤 경우에는 아무래도 수긍하

---

24) 신동운, 『신형사소송법』, 법문사, 2008, 1134면.

기 어려운 내용도 있다. 반론의 기회를 얻기도 쉽지 않으므로, 언론에서 틀림없이 잘 알고 있을 것임이 확실한데도 말해주지 않는 몇 가지를 골라 적어 스스로의 위안으로 삼아나 볼까?

공정사회, 정의로운 사회에 대한 걸림돌로 전관예우가 집중 거론된다. 또 구체적 증거로서 대법원에서의 심리불속행 결정을 당하는 비율이 평균적으로 70~80%인데, 전직 대법관이 선임된 사건은 약 10%에 지나지 않는다고 통계자료를 들이댄다.

여기에서 당연히 뒤따르는 의문은 전직 대법관이 사건을 상담하는 과정에서, 그 성공가능성을 신중히 고려하여 '선별적으로 수임하였을 가능성이 고려되었는가'이다. 별로 난이도가 높지 않은 위 의문을 언론이 놓쳤으리라고는 생각되지 않는다 …25)

참고자료 3 부산저축은행 사태로 세간이 시끄럽다. 비리예방을 위해 근무해야 할 감시당국자들이 브로커 ○○○씨 등을 필두로 한 베테랑 로비스트들의 먹이로 전락했다는 사실이 충격적이다. 군사작전으로 따지면 적이 언제 기습침투했느냐를 따지기 전에 언제 우리 작전부가 적에게 포섭됐느냐 여부가 이슈로 떠오른 것이다.

전관예우문제 다시 도마위로

상황이 이렇게 되자 로펌업계도 영향을 받았다. 한창 이름을 날렸던 대형 로펌 B사가 부산저축은행 회장의 변호를 포기키로 한 것. 여기에는 첫 공판준비기일에 로펌 사옥에서 극렬히 항의했던 부산저축은행 피해자들도 영향을 줬을 듯하다. 이에 앞서 ▽▽▽ 전 서부지검장 역시 ○○○ △△갤러리 대표를 변호키로 했으나 최근 공소장에는 이름이 나오지 않은 것으로 확인됐다. 줄 이은 변호포기 사태는 격한 논란이 일고 있는 '전관예우' 문제와 무관하지 않다. 예컨대 소송 당사자가 '어떤 변호사'를 선택하느냐가 아니라 '어디 출신 변호사'를 선택하느냐에 따라 판결의 향방이 달라질 수 있다는 데 논란의 여지가 있기 때문이다. 전관예우 폐지 논의는 수년째 계속됐지만 정부와 정치권은 올들어 구체적인 전관예우 원천봉쇄 방안을 앞다퉈 내놓고 있다 …(중략)…

그러나 과연 이같은 제한조치만으로 부작용을 철폐하는 것이 가능할지에 대해서는 여전히 의문을 제기하고 싶다. 표면상 근절은 가능하겠지만 원천적인 봉쇄 대책은 아니기 때문이다. 법조계에선 아예 공식수임을 하지 않고 이른바 '전화변론'을 하는 경우도 많아 형식적인 전관예우 제한은 의미가 없다는 지적이다 …26)

---

25) 대한변협신문 제358호(2011. 7. 4.), 6면, 양삼승, 〈양삼승 변호사의 법가산책〉 「법조인을 폄하하는 언론에 대한 반론」, "잘 알면서, 그러나 말해주지 않는".

26) 대한변협신문 제355호(2011. 6. 13.),11면, 김성환, 〈법조기자실〉 「전관예우 폐단 막으려면 처

(나) 전관예우의 실체

전관예우의 실체가 존재하느냐 존재한다면 어떠한 것이냐에 관해서는 논란이 있을 수 있다.

1) 객 관 설

법원이 전관 변호사가 수임한 사건에 대해서는 다른 변호사의 수임사건과 다른 혜택을 부여하는 예우가 실질적으로 존재한다는 관점이다. 이에 의거하면 전관예우는 법관의 공정성과 직결되는 문제가 된다.

2) 주 관 설

법원이 전관 변호사에게 다른 변호사와 다른 예우를 하는 것은 아니나 사건 당사자들이 전관 변호사가 특혜를 받을 것이라는 기대를 가지는 현상이라는 시각이다. 이에 따르면 전관예우는 법관의 공정성과는 관계없는 사건 당사자들의 인식의 문제가 된다.

3) 검 토

전관예우의 문제를 다양한 관점에서 살피기 위하여 그 실질을 보는 관점을 객관설과 주관설로 나누었으나 그 구분에 특별한 실익이 있는 것은 아니다. 특히 전관예우가 객관적으로 존재한다는 일반의 인식이 팽배한 현실에서는 더욱 그렇다. 그러나 전관예우의 실체가 존재하는지를 확인하기 위해서는 전관 변호사 수임사건 전담재판부가 담당하는 사건과 다른 변호사가 수임한 사건의 내용, 재판결과를 분석하여 과연 차이가 존재하는지, 그 차이가 개별 사건의 구체적 타당성을 벗어난 범위에 있는지 등에 대하여 어느 정도는 계량적이고 객관적인 분석이 필요하다. 객관적 근거자료가 드러나지 않는 상황에서 전관예우는 주관설의 관점에서도 문제를 바라보아야 한다.

또 다른 측면에서 보면, 전관예우에 있어서의 '예우'는 수사 및 재판절차에 있어서 보다 나은 편의를 제공하는 절차적 예우와, 결과에 있어서 불합리한 차등을 두는 실체적 예우가 있을 수 있다. 사건 당사자의 이해관계와 첨예하게 관계되는 것은 후자로서 이는 법관의 윤리에 정면으로 반하는 것으로서 배척되어야 할 대상이다. 전자의 경우는 직접적으로는 변호사에 대한 공평의 문제로서, 전관 변호사에게 예컨대 기일변경의 편의를 제공한다든지 자유로운 변론을 허용하고 다른 변호사에게는 기일변경에 엄격하다든지 재판지휘권을

벌기준 높이고 예방대책 병행해야」.

남용하여 변론을 제한하는 등 재판절차의 진행에 불합리한 차별을 두는 것과 같은 경우이다.[27] 이는 재판의 공정성을 의심받을 행동이 될 수 있고 또 불공정한 절차에 의하여 정당하지 않는 결과에 이를 가능성이 있으므로 전관 변호사나 다른 변호사에게 똑같이 절차의 공정성을 유지하는 것도 법관의 윤리적 책무이다.

(다) 전관예우에 대한 대책

전관예우의 문제를 제도적으로 해결하기 위한 시도가 몇 차례 있었다.

우선, 전관 변호사의 개업지 제한으로 이에 관하여 변호사법[28]은 "법관, 검사, 군법무관 또는 변호사의 자격이 있는 경찰공무원으로서 법관, 검사, 군법무관 또는 경찰공무원의 재직기간이 통산하여 15년에 달하지 아니한 자는 변호사의 개업신고 전 2년 이내의 근무지가 속하는 지방법원의 관할구역 안에서는 퇴직한 날로부터 3년간 개업할 수 없다"(법10②)라는 규정을 두고 있었다. 그러나 이 규정은 직업선택의 자유를 제한한 것으로 선택된 수단이 그 목적에 적합하지 아니하고 그 정도 또한 과잉하여 비례의 원칙에 벗어난 것이고 나아가 합리적 이유 없이 변호사로 개업하고자 하는 공무원을 근속기간 등에 따라 차별하여 취급하고 있다는 이유로 위헌결정이 되었다.[29]

다음, 전관 변호사 수임사건 전담재판부의 설치이다. 이는 1995. 6. 16. 재판예규 제430호 「특정형사사건의 재배당에 관한 예규(재형95-3)」를 제정하여 몇 차례 개정을 거쳐 시행되고 있는 것으로서, 법관이 퇴직한 때로부터 1년 이내에 변호인선임계를 제출한 사건을 전담하는 재판부를 설치하여 운용하고 있다.

이는 전관 변호사의 명단을 특정 변호사명부에 등재하는 등으로 관리하면서 전관예우의 폐해를 시정하여 전관 변호사에 대한 재판의 공정을 확보하기 위한 것이다. 그러나 원래 전관예우는 전관 변호사와 다른 변호사 사이에 있어서의 재판의 불공정이 핵심적 문제인데 사건의 유형별로 전담재판부를 두어

---

27) 전관 변호사가 변호사선임서를 제출한 후 직접 대면변론하지 않고 전화로 변론하는 이른바 '전화 한통' 변론이 마치 전관예우의 실체처럼 오인되고 있으나, '전화 한통' 변론은 전관 변호사에게 전화변론의 편의가 허용된 것으로서 절차의 공평에 관련된 문제일 뿐이고 전관예우의 본질과는 무관한 것이다. 전관 변호사가 아니라고 하더라도 전화변론은 가능하고 또 이루어지는 예도 있기 때문이다.

28) 1982. 12. 31. 법률 제3594호로 개정된 것.

29) 헌재 1989. 11. 20. 89헌가102 결정.

재판이 이루어지고 있는 현실에서 전관 변호사가 수임한 각양 각색의 사건을 특정 재판부가 전담하여 재판하는 방법으로 재판의 공정문제가 해결될 수 있을지는 의문이다. 경우에 따라서는 전관 변호사에게 거꾸로 불공정한 결과도 발생할 수 있고, 또 전관 변호사에게 보다 유리한 재판결과라도 그 불공정을 쉽게 인식할 수 없는 문제가 생길 수 있기 때문이다.

또, 1998년에 대한변협이 전관 변호사에 대하여 2년간 형사사건을 수임하거나 변론할 수 없도록 하는 변호사법개정을 제안하였으나 법무부의 반대로 성사되지 못하였다.[30]

그리고 2007년 변호사법[31]의 개정으로 공직퇴임 변호사의 수임자료 및 처리결과의 특별관리제도가 도입되었다. 즉, 법관의 직에 있다가 퇴직하여 변호사 개업을 한 자는 퇴직일로부터 2년 동안 수임한 사건에 관한 수임자료와 처리결과를 소속 지방변호사회에 제출하고 소속 지방변호사회는 이를 법조윤리협의회에 제출하여, 법조윤리협의회의 검토결과 징계사유나 위법혐의가 발견된 때에는 해당 변호사에 대한 징계개시신청 또는 수사의뢰를 할 수 있도록 하였다(법89의4). 이는 전관예우에 대한 세간의 의혹을 불식하고 법조에 대한 신뢰회복을 위한 것이나 결국은 전관예우에 따른 재판의 공정성 확보를 위한 대책의 하나이다.

나아가 2011년에는 일정한 공직에서 퇴임한 변호사는 그 공무원으로 재직한 기관이 처리하는 사건을 1년 동안 수임할 수 없도록 변호사법[32]을 개정하였다. 즉, 법관, 검사, 군법무관(병역의무 이행만을 목적으로 한 군복무 제외), 그 밖의 공무원직에 재직한 변호사는 퇴직 전 1년부터 퇴직한 때까지 근무한 법원, 검찰청, 군사법원, 금융위원회, 공정거래위원회, 경찰관서 등 국가기관이 처리하는 사건을 퇴직한 날부터 1년 동안 수임할 수 없다.

(2) 불공정한 외관의 금지문제

"법관은 공평무사하고 공정성을 의심받을 행동을 하지 아니한다"(법관령3).

---

30) 법률가의 윤리와 책임-윤진수, 147면.

31) 2007. 1. 26. 법률 제8271호로 개정된 것.

32) 2011. 5. 17. 법률 제10627호로 개정된 변호사법(2011. 5. 17. 시행). 공직퇴임 변호사의 소위 전관예우를 방지하기 위하여 도입된 규정으로, 뒤에 이익충돌회피의무 중 공무관련충돌형에서 상술한다.

여기에서 공정성을 의심받을 행동이 당연히 금지되는 것은 물론이고 나아가서는 공정성을 의심받을 행동이 있었을 경우 그 의심을 해소할 수 있도록 하는 노력도 포함된다.[33]

법관은 우선 법정에서의 소송 진행에 있어서 양 당사자 또는 그 각 변호사에게 공평한 진술의 기회를 제공해야 한다. 재판지휘권이라는 명분으로 불합리하게 진술을 제한한다든지 증거의 신청 또는 증거의 제출 등에 있어서 부당한 차별을 해서는 안 된다. 재판절차에 있어서의 공정성이야 말로 對論的 소송구조의 유지를 위한 필수불가결의 요소이다. 법관이 재판진행에 있어서 공정성을 견지하지 않는 것은 상호 이해 대립하는 분쟁의 해결을 위한 사법과정에서 심판자의 위치에 있는 법관의 본질에 반하는 중대한 문제이다.

법관의 공정성에 대한 윤리적 요청은 법정 외의 장소에서도 마찬가지로 타당하다. 이에 대법원은 「법관의 면담 등에 관한 지침」[34]을 제정하여 시행하고 있다. 동 지침은 법관이 변호사, 검사 및 일반인과 법정 이외의 장소에서 면담하거나 접촉하는 것을 규제함으로써 재판의 공정성을 보장하기 위한 것이다(동 지침1). 동 지침에 의하면 법관은 법정 이외의 장소에서 변호사 또는 검사와 면담하거나 접촉할 수 없다(동 지침2). 예외적인 경우가 있는데 ① 법관이 화해 · 조정 · 신문 등 재판절차의 진행을 위한 장소로 집무실을 지정한 경우, ② 재판절차에 관련된 문제로 법관이 변호사나 검사에게 집무실에서의 면담을 요청한 경우, ③ 법원장(지원장 및 기관장을 포함한다, 이하 같다)이 사법행정상 필요로 하는 경우, ④ 검사나 변호사가 법원장의 허가를 얻어 부임인사 또는 개업인사 등을 위하여 방문하는 경우, ⑤ 학술회의나 관혼상제 · 동창회 등 의례적인 모임의 경우 등이 그것이다.

면담 및 접촉 금지의 예외적인 경우라고 하여 윤리적 문제가 전혀 없는 것

---

33) 미국의 Model Code는 Canon 2에서 "법관은 법관의 모든 활동에 있어서 부적절함(Impropriety)과 부적절함의 외관(the Appearance of Impropriety)을 피하여야 한다"라고 규정하고 있고, 이에 대한 주석(the Commentary)에서 "사법에 대한 공중의 신뢰는 법관에 의한 무책임하거나 부적절한 행위에 의해 상실된다. 법관은 모든 부적절함이나 부적절함의 외관을 피하여야 한다. 법관은 끊임없는 국민의 심사의 대상이기를 예견하여야 한다. 법관은 그러므로 보통 사람들에게는 부담으로 여겨질지도 모르는, 법관의 행위에 대한 제약을 받아들여야 하며, 자유롭게 그리고 기꺼이 그렇게 하여야 한다…"라고 규정하고 있다.

34) 1993. 7. 3. 대법원 법무행에 제12호(행정예규 제193호)로 제정되어 몇 차례 개정을 거쳐 시행되고 있다.

은 아니다. 집무실에서 재판절차의 진행을 위하여 필요하면 가급적 양 당사자가 같은 시각에 집무실에 도착할 수 있도록 조치하고 재판절차에 관한 면담요청이 있어 면담한 경우에 상대방 당사자에게 그 면담 사실 및 내용에 대하여 고지하여 공정성에 의심을 받지 않도록 할 필요가 있다. 여기에서의 접촉에는 전화 기타 통신방법에 의한 접촉도 포함된다.[35] 만약 위의 예외적인 경우에 해당하지 아니하고 법관의 의도와 무관하게 일방 당사자에 의한 면담 및 접촉이 있는 경우에는 그 사실 및 내용을 상대방 당사자에게 고지하는 방법으로 공정성에 대한 의심을 해소하는 노력도 필요함은 위에서 본 바와 같다.

(3) 법관의 의원면직 제한의 문제

법관이 재직 중 비위를 저지르고 형사처벌이나 징계처분에 따른 불이익을 회피하기 위하여 의원면직을 하는 경우가 있을 수 있다. 이른바 그 비위가 법관의 공정성에 반하는 행위인 경우 면책목적의 의원면직을 방임하면 법관의 공정성을 확보할 수 없다.

이에 대법원은 「법관의 의원면직 제한에 관한 예규」[36]를 제정하여 시행하고 있다. 이에 의하면 법관의 비위사실이 직무에 관한 위법행위로서 법률에 규정된 징계처분에 해당한다고 판단되고 법관이 다음의 하나에 해당하면 의원면직이 허용되지 않는다(동 예규2). 즉, ① 징계위원회에 징계청구된 때, ② 검찰, 경찰 및 그 밖의 수사기관에서 비위와 관련하여 수사 중임을 통보받은 때, ③ 법원 내부 감사담당 부서에서 비위와 관련하여 조사 중인 때 등이다.[37]

---

35) 이상수, 전게서, 457면.

36) 대법 2006. 10. 2. 행정예규 제678호로 제정되었다.

37) 미국의 경우 법원은 법관윤리기구가 법관직을 떠났지만 재직 중의 비리행위에 가담하였던 법관에 대하여 권한을 행사할 수 있는지에 관한 문제에 대하여 엇갈린 태도를 보이고 있다. 일부 법원은 법관 스스로 직무를 떠나는 행위는 법관윤리기구가 그에 대한 관할권을 갖지 못한다는 입장을 취한다. 그러나 많은 법원들은 전직법관이 그가 직무를 떠나기 전에 그에 대하여 소송이 개시되는 한 법관으로서의 비리행위에 대하여 징계될 수 있다는 견해를 가지고 있다(이헌환, "미국의 법관윤리장전(모델)연구(Ⅰ) ― 기구와 적용범위를 중심으로 ―," 미국헌법학회, 미국헌법연구 제16권 제2호, 2005. 9, 185-187면).

Ⅳ. 법관의 성실성과 윤리

1. 개 설

법관은 헌법과 법률에 의하여 그 양심에 따라 독립하여 심판한다(헌103). 법관은 형식적으로 협의의 사법권, 사법입법권, 사법행정권을 행사하는 직무에 종사할 수 있지만 1차적 직무는 일체의 법률상의 쟁송을 심판하는 재판이다.

재판에 있어서의 성실성의 윤리는 직무수행능력의 향상, 신속하고 충실한 재판, 소송관계인에 대한 친절, 직무전념 등의 의무를 그 내용으로 한다. 법관윤리강령은 소송관계인을 법정 이외의 장소에서 면담하거나 접촉하지 않는 것도 직무의 성실한 수행의 내용으로 규정하고 있으나 이는 직무의 공정성 유지라는 윤리의 덕목에 보다 가까운 것이라고 할 것이므로 여기에서는 이를 제외한 법관윤리강령 제4조의 규정내용을 중심으로 살피고자 한다.

2. 직무수행능력의 향상

법관윤리강령은 "법관은 맡은 바 직무를 성실하게 수행하며, 직무수행 능력을 향상시키기 위하여 꾸준히 노력한다"(동 강령4①)라고 규정하고 있다.

법관이 그 직무를 수행하기 위해서는 어느 한 방면에 관한 지적 능력으로는 부족하고 다방면에 걸친 지적능력이 요구된다. 이는 앞서 본 John P. Frank가 말한 '문제로부터 해결에 이르기까지 사이에 조리가 선 명석한 추론을 하는 능력, 창조적 능력, 한결같은 근면성, 명석하고도 설득력이 있는 표현능력, 학문적 소양'이라든지, 中村治郞이 언급한 '분석능력, 법을 넓고 깊게 보는 눈, 균형감각과 방향감각' 등의 총화라고도 할 수 있다. 법률상의 쟁송은 인간사회에 있어서의 분쟁이므로 인간의 생활경험, 인간정신 등과 복잡하게 얽혀 있으므로 사물에 대한 인식능력, 판단능력, 인간에 대한 깊은 이해력 등이 분쟁해결에 필수적이다.

따라서 법관은 재판에 있어서 사려 깊고, 법의 기본원칙, 선례, 또는 실정법의 전체에 관하여 폭넓은 지식을 갖추는 외에 인간의 생활경험과 인간정신 등에 관한 깊은 이해력 등의 직무수행능력이 법관의 본질적인 의무임을 자각하고 그 능력의 향상을 위하여 노력하여야 한다.

3. 신속하고 충실한 재판

재판은 신속하게 진행하여야 한다. Bacon이 말한 "사법은 신선할수록 향기가 높다"라든지, "재판의 지연은 재판의 거부와 같다"(Justice delayed, justice denied)라는 법언은 형사재판에 있어서뿐만 아니라 모든 재판에 타당한 원리이다. 헌법도 "모든 국민은 신속한 재판을 받을 권리를 가진다"(헌27③)라고 신속한 재판을 받을 권리를 국민의 기본권으로 규정하고 있다. 공정하고 정확한 재판이라 하더라도 재판이 지연되면 결국 승소를 한다고 하더라도 시간이나 노력 또는 경제적으로 손해를 초래할 우려가 있기 때문이다. 또, 형사사건의 경우에도 재판이 지연되면 피고인의 정신적 불안이나 고통이 증대되고, 특히 구속된 피고인의 경우에는 신체구속의 장기화로 인한 정신적·경제적 피해가 막대하기 때문이다. 따라서 민사소송법[38]이나 「소송촉진 등에 관한 특례법」[39]의 재판기간에 관한 규정이 비록 훈시규정이라고 하더라도,[40] 최소한 동법이 규정하는 재판기간을 준수하여야 한다는 윤리적 자각이 필요하다.

또한 재판은 신속하게 진행하되 신중하고 충실한 심리를 게을리해서 재판의 적정을 해하면 안 된다. 충실한 심리는 재판의 또 하나의 요청이다.

재판의 신속을 해하지 않으면서 충실한 심리가 가능하기 위한 전제로서 여러 가지가 필요하겠지만 위에서 본 바와 같이 우선적으로 직무수행능력이 뒷받침되어야 한다. 또 준민한 이해력, 건전한 육체적 조건, 한없는 인내심, 피로할 줄 모르는 근면, 두드러진 의무감 등의 덕목이 필요함은 물론이다.[41]

법관윤리강령이 "법관은 신속하고 능률적으로 재판을 진행하며, 신중하고 충실하게 심리하여 재판의 적정성이 보장되도록 한다"(동 강령4②) 규정하고 있는

38) 민사소송법은 "판결은 소가 제기된 날부터 5월 이내에 선고한다. 다만, 항소심 및 상고심에서는 기록을 받은 날부터 5월 이내에 선고한다"(동법199)고 각 규정하고 있다.

39) 동법은 형사소송에 관한 특례를 두어 "판결의 선고는 제1심에서는 공소가 제기된 날부터 6개월 이내에, 항소심 및 상고심에서는 기록을 송부받은 날부터 4개월 이내에 하여야 한다"(동법21), "약식명령은 형사소송법 제450조의 경우를 제외하고는 그 청구가 있은 날부터 14일 이내에 하여야 한다"(동법22)라고 각 규정하고 있다.

40) 헌재 1999. 9. 16. 98헌마75 결정.

41) 사법연수원, 『법조윤리론』, 2007, 43면 참조.

것은 위와 같은 취지라고 할 것이다.

4. 소송관계인에 대한 친절

법관은 당사자와 대리인 등 소송관계인을 친절하고 정중하게 대하여야 한다(법관령4③). 공정성의 견지는 소송관계인에 대한 최고의 친절이라고 할 수 있다. 소송관계인에 대한 친절은 인간이해(세태인정에 통하는 능력), 동감능력(타인의 내적생활을 이해할 수 있는 능력) 등이[42] 기초가 되므로 소송관계인에 대한 성실성의 표현이기도 하다.

소크라테스의 법관의 자질에 관한 다음과 같은 유명한 말이 소송관계인에 대한 성실성을 잘 표현해주는 것으로 볼 수 있다. "법관에게는 네 가지가 필요하다; 정중하게 듣는 것(to hear courteously); 현명하게 대답하는 것(to answer wisely); 진지하게 고려하는 것(to consider soberly); 그리고 불편부당하게 결정하는 것(to decide impartially)이 그것이다."[43]

5. 직무에의 전념

법관의 직무에의 전념은 법관의 건전한 육체와 균형잡힌 정신으로써 또 두드러진 의무감과 피로할 줄 모르는 근면으로써 법률상의 쟁송을 해결하는 데 전력을 다하여야 하는 의무이다. 따라서 법관의 관심은 쟁송의 해결에 두어야 하고 쟁송에 대한 재판이 있거나 재판이 있기 전에 구체적 사건에 관하여 함부로 의견을 표명해서는 안 된다. 법관윤리강령이 "법관은 교육이나 학술 또는 정확한 보도를 위한 경우를 제외하고는 구체적 사건에 관하여 공개적으로 논평하거나 의견을 표명하지 아니한다"(동 강령4⑤)라고 규정하고 있다. 이는 법관의 표현의 자유와 관련이 있는 문제이기도 하지만 법관의 직무에의 전념의 다른 표현이라고 할 수도 있다.

자신이 재판한 사건의 경우 재판의 선고에서 재판의 이유를 설명하는 것으로 충분하고 또 충분해야 한다. 재판 외에서의 논평과 의견의 표명은 자신의 재판의 이유가 충분하지 않음을 방증하는 것일 수 있다. 다른 법관이 재판한

42) 사법연수원, 『법조윤리론』, 2007, 48면 참조.

43) 사법연수원, 『법조윤리론』, 2007, 71면.

사건에 대한 것인 경우에는 그 재판에 대하여 불필요한 오해를 불러일으킬 수 있다. 교육이나 학술 또는 정확한 보도를 위해서는 논평이나 의견을 표명할 필요가 있겠으나, 그중 보도의 정확을 위해서는 각급 법원에 공보담당 법관이 지정되어 있으므로 동 법관을 통하는 방법이 바람직하고 개별 법관이 자신의 사건에 대하여 논평하거나 의견을 표명하는 것은 자제하여야 한다.

여기에서 몇 가지 논란이 있을 수 있다. 하나는 장래에 담당할 가능성이 있는 사건에서 다투어질 수 있는 점에 관하여 의견을 표명하는 것이 윤리상 적절한가 하는 문제이다. 이에 대해서는 양론이 있을 수 있다.[44]

① 적 극 설

법관은 현재 담당하고 있는 사건에 관한 의견표명을 제외하고는 원칙적으로 사건에 관한 의견표명의 자유가 허용되어야 한다는 견해이다. 이 입장의 논거는 다음과 같은 것이 있을 수 있다.

i) 법관이 재판 이외의 장에서 어떠한 의견을 표명한다고 하더라도 구체적 사건의 재판에 있어서는 이미 표명한 의견에 구애되지 않고 백지의 상태에서 공정의 자각에 기초하여 판단하는 것이 의무이고 또 그것이 현실적으로 가능하다.

ii) 가치관이 다변화하고 변화가 극심한 현대에 있어서 '법관은 항상 침묵을 지켜야 한다'라는 소극적 태도를 취함으로써 재판의 중립성에의 신뢰를 얻으려고 하는 것은 결과적으로 불가능하고 무의미하기도 하다.

iii) 법관 사이에도 일반사회와 마찬가지로 사고방식에 차이가 있음을 솔직하게 공개하고, 그러한 다양한 견해가 합의제 또는 심급제를 통하여 사회의 가치판단의 큰 흐름에 따라갈 수 있도록 노력하겠다고 하는 것이 솔직하다.

iv) 법관이 매스컴에 영합하여 의견을 표명하는 것은 타당하지 않으나, 성실하고 또 심사숙고하여 의견을 표명하는 것은 환영해야 할 일이다.

v) 법관도 다양한 의견의 절차탁마를 통하여 자신을 향상시키고 또 그것이 사법의 권위를 제고하는 계기가 될 수 있다.

② 소 극 설

법관은 자신이 담당할 가능성이 있는 사건에 관하여 예단이나 편견의 의심

44) 사법연수원, 『법조윤리론』, 2007, 14-16면.

을 생기게 할 우려가 있는 언동을 삼가야만 한다는 입장이다. 이 견해의 논거는 다음과 같은 것이 있을 수 있다.

i) 법관은 재판에 있어서 공평과 공정의 신뢰를 손상시킬 행동이나 태도를 억제해야 한다고 하는 의무를 중시해야 한다.

ii) 법관에 대한 발언을 금지하는 넓은 의미의 避止의무를 과하는 것은 문제이나 의견의 표명은 바람직하지는 않다고 보아야 한다.

iii) 법에 의한 의견표명이 필요한 경우가 아님에도 법관이 후일 당사자나 제3자로부터 그중립성이나 공정의 문제로 지적될 수 있는 의견표명을 하는 것을 정당화할 하등의 이유가 없다.

③ 검 토

위 양설은 원론적으로 각자 타당성을 가지고 있다. 그러나 현실에 있어서는 그 의견표명의 목적, 내용, 시기, 장소 및 방법 등이 다양할 수 있어 일률적으로 결정해서는 구체적 타당성을 기할 수 없다. 따라서 이는 구체적인 경우에 개별적으로 의견표명의 당부를 결정하는 수밖에 없다. 일반적으로는 문제의 사건을 자신이 실제로 담당했을 경우 불필요한 오해를 불러일으켜 재판의 공정성을 의심받을 수 있고, 다른 법관이 담당하여 자신의 공개적인 의견표명과 다른 결론이 나왔을 경우 재판에 대한 불신을 초래할 수 있다. 구체적 사건을 유형화하여 다음과 같이 일응 정리할 수 있을 것이다.

i) 기술적인 법률문제에 관한 교육이나 학술적인 연구발표는 당연히 허용되어야 한다.[45] 법관윤리강령이 "교육이나 학술 또는 정확한 보도를 위한 경우"(동 강령4⑤) 의견표명을 허용하는 것은 같은 맥락이라고 본다.

ii) 기술적인 법률문제가 아닌 정치적 신념에 의하여 영향을 받는 법률문제에 관해서는 교육이나 학술적인 연구발표에서 구체적 사건을 전제로 하지 않는 일반적인 의견표명은 허용되어야 한다. 구체적 사건을 전제로 하면 구체적 사건의 결과에 대하여 불신을 초래할 수 있기 때문이다.

iii) 사회적 관심이 크거나 새로운 법률문제로서 학설이나 판례가 없는 경우에는 교육이나 학술적인 연구발표에서 구체적 사건을 전제로 하지 않는 한 일반적인 의견표명이 허용되어야 한다. 자유로운 연구발표가 허용됨으로써 연구 성과가 누적될 수 있고 그러한 과정을 통해서 새롭거나 사회

---

45) 이 경우 장래에 담당할 가능성이 있는 사건이므로 정확한 보도를 위한 의견표명의 필요는 없다.

적 관심이 큰 문제에 대한 법률적 지식이 발전할 수 있기 때문이다.

ⅳ) 법률문제 이외의 정치적 신념이나 이데올로기적 성질을 가진 것에 관한 의견표명은 허용되어서는 안 된다. 법관의 중립성에 의심을 낳을 폐해가 우려되기 때문이다.

Ⅴ. 법관의 직무 외 활동과 윤리

1. 개　설

법관의 1차적 책무가 재판이라고 할 때 그 재판을 수행하기 위해서는 실정법, 판례, 법의 기본원리 등과 같은 법률적 지식을 아는 것만으로는 충분하지 않다. 법관은 법의 적용에 있어서 사려깊고 또 경험이 풍부하지 않으면 안 된다. 이를 위해서는 생활경험과 인간세태에 대한 이해를 가지는 것이 필요하다. 즉, 복잡하고 유동적인 사회에서 생활체험을 가지고 다툼이 있는 당사자의 심리나 욕망을 통찰하여 사실의 진상을 파악하는 노력이 필요하다. 따라서 법관은 직무 외의 활동을 할 수 있고 또 할 필요가 있다. 다만, 직무외의 활동이 법관의 직무수행의 공정성을 해하지 않도록 적절한 한계를 벗어나지 않아야 할 윤리적 책무를 부담한다.

2. 적절한 학술활동 등 참여

법관윤리강령은 “법관은 품위유지와 직무수행에 지장이 없는 경우에 한하여, 학술활동에 참여하거나 종교·문화단체에 가입하는 등 직무 외 활동을 할 수 있다”(동 강령5①)라고 규정하고 있다. 여기에서 학술활동, 종교·문화활동은 직무 외 활동의 예시라고 할 것이므로 그 밖의 활동도 품위에 반하거나 직무수행에 지장이 없으면 자유롭게 허용된다. 따라서 법령, 사법제도 및 그 운영의 개선을 위한 활동, 자선활동 등을 할 수 있다.

3. 타인의 법적 분쟁에 관여금지

법관윤리강령은 "법관은 타인의 법적 분쟁에 관여하지 아니하며, 다른 법관의 재판에 영향을 미치는 행동을 하지 아니한다"(동 강령5②)라고 규정하고 있다. 직무와 관련하여 타인의 법적 분쟁에 관여하는 것은 직무상의 위법행위가 되므로 당연히 금지되고, 직무 외적으로라도 타인의 법적 분쟁 또는 다른 법관의 재판에 관여해서는 안 된다. 법관이 타인의 법적 분쟁에 관여하는 것은 그 분쟁사건을 당해 법관이 담당하게 될 경우 물론 회피할 수 있겠지만 당해 법관이 담당하지 아니하더라도 재판의 공정에 대하여 불필요한 오해를 초래할 수 있을 뿐만 아니라 법관의 품위를 손상할 가능성이 있기 때문이다. 또한 이는 법관의 공정성의 덕목이자 사법권 독립의 요청이기도 하기 때문이다.

따라서 법관은 타인으로부터 분쟁의 해결에 관하여 직접 또는 간접으로 노력하여 줄 것을 부탁받더라도 이에 관여해서는 안 된다. 또 법관은 직무수행을 제외하고 타인의 분쟁에 관하여 직접 중재 내지 조정하는 행위를 회피하여야 한다. 또, 타인의 부탁을 받고 검찰과 경찰 또는 다른 법관에게 자신의 신분 내지 직위를 이용한 청탁을 하거나 영향력을 행사하는 행위를 해서는 안 되며, 그러한 행위로 의심받을 만한 행위도 피하여야 한다.[46]

4. 법률적 조언 등의 제한

법관윤리강령은 "법관은 재판에 영향을 미치거나 공정성을 의심받을 염려가 있는 경우에는 법률적 조언을 하거나 변호사 등 법조인에 대한 정보를 제공하지 아니한다"(동 강령5③)라고 규정하여 일정한 경우에 법률적 조언을 제한하고 있다.

법관이 타인으로부터 법률적 조언 또는 법조인에 대한 정보를 요청받은 경우, 무색하게 법률적 조언을 해주거나 법조인에 대한 일반적인 정보를 제공하는 것은 무방하다. 그러나 그 정도를 넘어 스스로 나서서 분쟁의 해결을 도모해서는 안 된다. 다만 그것이 실질적으로 법관 자신의 문제인 경우에는 예외가 될 수 있으나 그 경우에도 신중히 행동하여야 한다.[47]

---

46) 2006. 11. 15. 대법원 공직자윤리위원회 권고의견 제1호, "법관이 외부인사와의 개인적인 관계에서 유의하여야 할 사항" 넷째 항목.

구체적인 사건에서 공개적으로 법률적인 조언을 하는 것은 직무의 성실한 수행의무(동 강령4⑤)에 반하여 허용되지 아니하므로, 여기에서의 법률적 조언의 제한은 비공개적인 것에 관한 것이다. 이와 관련하여 일본의 후쿠오카 고등재판소 소속의 법관이 자신의 배우자가 수사받고 있는 사건에 대하여 혐의사실을 부인하는 배우자를 위하여 수사기관이 기술한 사건의 개요에 대한 의문점, 수사당국이 배우자를 범인으로 판단한 근거에 대한 반론, 범인일 가능성이 있는 자의 이름과 동기 등에 대한 추론이 포함된 피의사건에 관한 서면을 작성하여 배우자와 그 변호사에게 교부한 사례에 대한 징계가 논의된 사건에서 다수설은 재판관의 책무에 합치하지 않는 신중을 결한 행동으로 보아 법관에게 경고하는 처분을 하였다.[48] 이를 우리의 법관윤리강령에 비추어 보면 법관이 사건에 관한 위와 같은 내용의 서면을 수사당국이 아닌 자신의 배우자와 그 변호사에게 교부한 것만으로 재판에 영향을 미치거나 공정성을 의심받을 염려가 있다고 볼 수 있을지는 의문이다.

5. 사교활동의 한계

사교활동도 법관의 개인적인 자유의 영역에 속하는 것이고 생활경험과 인간세태에 대한 이해를 위하여 허용되는 것은 물론이다. 그러나 개인적인 사교활동도 법관 직무의 공정성을 해하지 않는 범위 내에서 가능하다고 보는 것은 법관의 신분을 가지고 있다는 점에서 오는 당연한 제한이다. 즉, 법관의 사교가 법관의 품위를 손상하거나 법관의 책무에 방해가 되어서는 안 된다.[49]

따라서 사건의 당사자 등을 개인적, 비공식적으로 만나는 행위, 조만간 담당할 사건의 당사자 등이 될 수 있는 사람과 만나는 행위, 사건과 관계없는 특정 변호사와 빈번한 접촉 또는 과다한 교제 등을 하는 것은 회피하여야 한다.[50]

---

47) 2006. 11. 15. 대법원 공직자윤리위원회 권고의견 제1호, "법관이 외부인사와의 개인적인 관계에서 유의하여야 할 사항" 다섯째 항목.

48) 中村治郞, "弁護士倫理あれこれ," 塚原英治 외 2, 『法曹の倫理と責任』, 現代人文社, 2007, 494면.

49) Jeffrey M. Shaman, Steven Lubet, James J. Alfini, Judicial Conduct And Ethics, Michie, Charlottesville, Virginia, 1995, p.123.

50) 2006. 11. 15. 대법원 공직자윤리위원회 권고의견 제1호, "법관이 외부인사와의 개인적인 관계

VI. 법관의 경제적 행위와 윤리

기본사례 5

법관 을은 부(父)의 사망으로 임대용오피스빌딩 1동을 상속받고 그 관리를 위하여 처를 대표자로 하는 부동산임대회사 A를 설립하였다. 그러나 임대관리의 업무는 법관 을이 전적으로 처리하고 있다. 법관 을의 행동에 문제가 있는가?

법관윤리강령은 "법관은 재판의 공정성에 관한 의심을 초래하거나 직무수행에 지장을 줄 염려가 있는 경우에는, 금전대차 등 경제적 거래행위를 하지 아니하며 증여 기타 경제적 이익을 받지 아니한다"(동 강령6)라고 규정하고 있다.

법관의 경제적 행위를 포함한 영리활동에 대해서는 법원조직법이 보다 포괄적으로 규정하고 있다. 법관은 대법원장의 허가 없이 보수있는 직무에 종사하는 행위를 할 수 없고(법원조직법49iv), 또, 대법원장의 허가 없이 보수의 유무를 불문하고 국가기관 외의 법인·단체 등의 고문·임원·직원 등의 직위에 취임하는 행위를 할 수 없다(동법49vi). 또, 대법원장의 허가 유무를 불문하고 금전상의 이익을 목적으로 하는 업무에 종사하는 행위를 할 수 없다(동법49v). '금전상의 이익을 목적으로 하는 업무'는 다음과 같은 것이 있다.[51] ① 상업·공업·금융업 기타 영리적인 업무를 경영하는 일, ② 상업·공업·금융업 기타 영리를 목적으로 하는 사기업체의 이사·감사·업무를 집행하는 무한책임사원·발기인 등 임원이 되거나 지배인 기타 사용인이 되는 일, ③ 그 직무와 관련이 있는 타인의 기업에 투자하는 일, ④ 기타 계속적으로 재산상의 이득을 얻을 목적으로 하는 업무에 종사하는 일 등이다.

따라서 법관은 스스로 기업을 경영하거나 영리기업 등의 간부가 될 수 없고 가족명의의 영업을 하거나 그 업무에 참여하는 것도 허용되지 않는다.

또, 법관은 현재 담당하고 있거나 과거에 담당하였던 사건의 소송관계인 또는 조만간 담당하게 될 가능성이 큰 사건의 소송관계인과 금전을 대차하거나

에서 유의하여야 할 사항" 첫째 내지 셋째 항목 참조.

51) 법관이 관여할 수 없는 직무 등에 관한 규칙(1988. 3. 23. 대법원규칙 제1004호로 개정된 것) 제2조 제1호 내지 제4호.

부동산을 매매하는 행위, 그들로부터 금전 또는 부동산을 증여받는 행위를 해서는 안 된다.[52]

VII. 법관의 정치적 중립과 윤리

법관은 공무원으로서 "정당이나 그 밖의 정치단체의 결성에 관여하거나 이에 가입"할 수 없고, "선거에서 특정 정당 또는 특정인을 지지 또는 반대하기 위한 일정한 행위"를 해서는 안 되는 정치운동의 금지의무를 부담하고 있다(국가공무원법65①②). 또 법원조직법에 의하더라도 법관은 "국회 또는 지방의회의 의원"이 되는 것(동법49 i), "정치운동에 관여하는 일"(동법49iii)을 금지하고 있을 뿐만 아니라 "행정부서의 공무원"이 될 수도 없다(동법49 ii). 국회 또는 지방의회 의원이나 행정부서의 공무원이 될 수 없도록 한 것은 법관이 입법부 또는 행정부로부터의 독립성을 확보하여 재판의 독립성 및 공정성을 유지하기 위한 것이다. 또 주로 정당원으로 구성되는 입법부 또는 특정정당의 영향을 받는 행정부에서 정당의 입장이 법관에게 영향을 주는 것을 방지하기 위한 것이기도 하다.

그럼에도 불구하고 법관윤리강령은 거듭 "법관은 직무를 수행함에 있어 정치적 중립을 지킨다"(동 강령7①), "법관은 정치활동을 목적으로 하는 단체의 임원이나 구성원이 되지 아니하며, 선거운동 등 정치적 중립성을 해치는 활동을 하지 아니한다"(동 강령7②)라고 법관의 정치적 중립의무에 관하여 규정하고 있다. 이는 법관의 직무상 법관이 특정한 정치적 입장을 취하게 되면 재판에 직접 영향을 미칠 수 있기 때문에 법관윤리강령에서 이를 다시 강조한 것이다.

여기에서 법관이 선거운동을 할 수 있는지에 관하여 공직선거법과 국가공무원법, 법원조직법과의 관계에서 해석상 문제가 제기될 수 있다. 공직선거법은 국가공무원법에 의한 국가공무원은 선거운동을 할 수 없으나 그 국가공무원이 후보자의 배우자인 경우에는 선거운동을 할 수 있다고 규정하고 있다(공직선거법60①iv). 그렇다면 법관도 국가공무원으로서 그 배우자의 선거운동을 할 수

52) 2006. 11. 15. 대법원 공직자윤리위원회 권고의견 제1호, "법관이 외부인사와의 개인적인 관계에서 유의하여야 할 사항" 여섯째 항목 참조.

있느냐 하는 문제이다.

법관도 넓게는 국가공무원이므로 형식적으로 보면 법관도 일응 그 배우자의 선거운동을 할 수 있다고 볼 수도 있다. 그러나 법관에 대해서는 국가공무원법이 아닌 법원조직법에서 선거운동을 포함하는 개념인 정치운동에 관여하지 못하도록 규정하고 있다(동법49iii). 또 공직선거법 제60조 제1항 제4호는 법원조직법상의 법관을 그 배우자의 선거운동을 할 수 있는 자로 명시하고 있지 않다. 나아가 재판의 독립성 및 법관 직무의 공정성의 요청은 다른 국가공무원에 비하여 더욱 중요하다고 하여야 한다. 따라서 법관에 대해서는 법원조직법이 우선 적용되어 그 배우자의 선거운동을 할 수 없다고 해석하는 것이 타당하다.

Ⅷ. 법관의 징계

1. 징계 사유

법관에 대한 징계 사유는 다음 각 호와 같다(법관징계법2).

1. 법관이 직무상 의무를 위반하거나 직무를 게을리한 경우
2. 법관이 그 품위를 손상하거나 법원의 위신을 떨어뜨린 경우

대법원 2004. 12. 13. 징계결정[53]

징계대상자는 서울남부지방법원에 근무 중 서울 양천경찰서에서 경찰관들을 폭행하고 이로 인하여 약식명령이 청구되어 같은 법원에서 공무집행방해 등 죄로 벌금 300만원에 처하는 약식명령이 확정됨으로써 법관으로서의 품위를 손상하고 법원의 위신을 실추시킨 혐의로 견책 결정.

2. 징계처분의 종류

법관에 대한 징계처분은 정직·감봉·견책의 세 종류로 한다(동법3①). 정직

53) 관보 2004. 12. 18. 제15875호.

은 1개월 이상 1년 이하의 기간 동안 직무집행을 정지하고, 그 기간 동안 보수를 지급하지 아니한다. 감봉은 1개월 이상 1년 이하의 기간 동안 보수의 3분의 1 이하를 줄인다. 견책은 징계 사유에 관하여 서면으로 훈계한다.

3. 법관징계위원회

법관에 대한 징계사건을 심의·결정하기 위하여 대법원에 법관징계위원회를 둔다(동법4). 위원회는 위원장 1명과 위원 6명으로 구성하고, 예비위원 3명을 둔다.

4. 징계청구와 징계심의의 개시

법관징계위원회의 징계심의는 다음 각 호의 사람의 징계청구에 의하여 개시한다(동법7①).

i) 대법원장

ii) 대법관

iii) 해당 법관에 대하여 「법원조직법」에 따라 사법행정사무에 관한 감독권을 가지는 법원행정처장, 사법연수원장, 각급 법원장, 법원도서관장

위 징계청구권자는 해당 법관에게 징계 사유가 있다고 인정될 때에는 그에 관하여 조사할 수 있다. 징계청구권자는 조사한 결과 징계사유에 해당된다고 인정할 때에는 징계를 청구하여야 한다.

5. 징계사유의 시효

징계 사유가 있는 날부터 3년[금품 및 향응 수수(授受), 공금의 횡령(橫領)·유용(流用)의 경우에는 5년]이 지나면 그 사유에 관하여 징계를 청구하지 못한다(동법8).

6. 징계절차의 정지

징계 사유에 관하여 탄핵의 소추가 있는 경우에는 그 절차가 완결될 때까지

징계절차는 정지된다(법20①). 위원회는 징계 사유에 관하여 공소가 제기된 경우에는 그 절차가 완결될 때까지 징계절차를 정지할 수 있다.

7. 법관징계위원회의 징계결정

위원회는 심의를 종료하였을 때에는 다음 각 호의 구분에 따라 결정을 한다(동법24).

i) 징계 사유가 있고 이에 대하여 징계처분을 하는 것이 타당하다고 인정되는 경우: 징계 사유의 경중(輕重), 피청구인의 근무성적, 공적(功績), 뉘우치는 정도, 그 밖의 여러 사정을 종합하여 그에 합당한 징계처분을 하는 결정. 다만, 징계처분을 하지 아니하는 것이 타당하다고 인정되는 경우에는 불문(不問)으로 하는 결정을 할 수 있다.

ii) 징계 사유가 인정되지 아니하는 경우: 무혐의 결정

8. 불복 절차

피청구인이 징계처분에 대하여 불복하려는 경우에는 징계처분이 있음을 안 날부터 14일 이내에 전심(前審) 절차를 거치지 아니하고 대법원에 징계처분의 취소를 청구하여야 한다(법27①). 대법원은 위 취소청구사건을 단심(單審)으로 재판한다.

■ 기본사례(해설)

1. 법관 갑이 자신의 주관적 신념에 따라서 판결을 한 사례이다. 헌법 제103조에서 말하는 '양심'은 법관으로서의 객관적 양심 내지 법관의 직업윤리로서의 양심을 의미한다(통설). 현실에 있어서는 주관적 양심과 법관으로서의 객관적 양심이 법관의 내심에 있어서 대립길항(拮抗)할 수도 있다.[54] 그러나 법관은 법관으로서의 객관적 양심에 따른 재판을 하여야 한다.
2. 갑 법원장이 을 재판장에 대하여 의견을 개진한 내용은 을 재판장의 재판권 행사에 부당한 영향을 미칠 우려가 있는 행위로서 재판의 독립과 공정에 관하여

54) 高中正彦, 전게서, 200, 345면 참조.

의혹을 초래할 수 있다.[55)]

3. 법관 갑은 커피 등 음료를 마셔서는 안 된다. 커피 등을 접대하는 호의를 무시하는 것이 쉽지 않겠으나 법관은 그 청렴성에 대하여 의심받을 행동을 해서는 안 될 정도의 고도의 청렴의무를 부담하기 때문이다.[56)]

4. 법관의 공평성과 관련하여 석명권의 행사가 문제된다. 법관은 소송관계를 분명하게 하기 위하여 석명권의 행사가 필요하더라도 절차적 공정의 면이 무시되어서는 안 된다. 법관은 당사자가 법률적 관점을 간과하여 전혀 예상 밖의 법률적 관점에 기한 재판으로 불의의 타격을 받는 것을 방지하기 위하여 법률적 관점을 지적하여야 하는 법률적 관점 지적의무가 있다(민소136②). 법관 갑의 언동은 법률적 관점을 지적하는 것으로 볼 수도 있으므로 공평성을 결하였다고 평가하기도 어렵다.[57)]

5. 법관은 금전상의 이익을 목적으로 하는 업무에 종사할 수 없으므로 법관 을의 행동은 일응 윤리위반이다. 그러나 법관이라고 해도 상속에 의하여 재산을 취득하거나 그것을 운용하는 것 자체만으로 법관의 공정을 해하거나 공정에 대한 의심을 생기게 하는 것은 아니다. 따라서 입법론으로는 대법원장의 허가가 있으면 처를 포함한 제3자로 하여금 위와 같은 재산을 운용하는 정도는 허용할 수 있도록 하는 것도 한 방법이라고 생각된다.

55) 高中正彦, 전게서, 200, 345면.
56) 高中正彦, 전게서, 202, 345-346면 참조.
57) 高中正彦, 전게서, 201, 345면.

17 검사의 직무와 윤리

도입질문

1. 검사의 공익의 대표자로서의 지위와 피고인과 대립되는 당사자라는 지위의 모순에서 비롯되는 검사의 직무윤리를 어떻게 파악하여야 하는가?

2. 검사의 직무의 공정성을 확보하기 위하여 상관의 지휘 · 감독권과 검사의 단독관청으로서의 지위가 어떻게 조화되어야 하는가?

3. 검사가 구체적으로 타당한 검찰권을 행사하기 위하여 외부인과의 교류가 필요한 경우가 있음을 인정한다면 그 교류의 한계는 무엇인가?

4. 검사의 객관의무와 공소유지의무가 충돌할 때 어느 의무를 우선하여야 하는가?

5. 검사는 수사과정에서 발견 · 수집된 피고인에게 유리한 증거를 법정에 제출할 의무(소극적 객관의무)를 넘어서 피고인에게 유리한 증거를 적극적으로 수집할 의무(적극적 객관의무)가 있는가?

Ⅰ. 개 설

1. 검사의 직무

검사는 단독제의 행정관청으로서 검찰권을 행사하고 국가의 대리인으로서의 직무를 행사한다. 검찰권은 수사의 주재자로서 사법경찰관리를 지휘·감독하고, 공소제기 여부를 독점적으로 결정하고, 공소제기 후에는 공소유지를 담당하며 법원에 대하여 법령의 정당한 적용을 청구하고, 재판확정 후에는 형의 집행을 지휘·감독하는 등(검찰청법4① i ~iv) 범죄수사로부터 재판의 집행에 이르기까지 형사절차의 모든 단계에서 국가형벌권에 관한 사무를 행할 수 있는 권한을 말한다.

검사는 이러한 협의의 검찰권 외에도 넓은 의미에서 국가의 대리인으로서의 직무를 수행한다. 즉, 검사는 국가를 당사자 또는 참가인으로 하는 소송과 행정소송 수행 또는 그 수행에 관한 지휘·감독에 관한 사무를 행한다(검찰청법4①v). 검사를 정부변호사(Government Lawyer)를 포함한 government attorney라고도 하는 것은 검사제도가 역사적으로 14세기 프랑스의 王의 代官(procureur du roi)에서 유래하는 등 대륙의 국가소추주의의 산물이라는 역사적 배경과 함께 검사의 위와 같은 국가의 대리인으로서의 지위 때문이다.

여기에서는 국가의 대리인으로서의 직무가 아닌 검찰권을 행사하는 관청으로서의 검사의 직무와 그에 따른 윤리에 관하여 살피고자 한다.

2. 검찰권 행사와 윤리

가. 검사윤리의 특색

검사는 국민의 한 사람이고, 국가공무원임과 동시에 법조인이기 때문에 그 각 지위에서 요청되는 윤리적 의무를 부담한다. 그러나 검사는 미국의 전 연방대법원 판사인 Robert H. Jackson이 "가장 위험한 권한(the most dangerous power)"이라고 표현한 수사대상을 선택하는 권한뿐만 아니라 기소여부 및 범위를 결정하고 처벌에 영향을 주는 등의 검찰권을 재량에 따라 행사한다는 점에서[1] 국가공무원의 직무와는 다른 특수한 직무를 수행하고 있어 그에 상응하는 특수한 윤리적 책임을 부담한다.

또 검사는 변호사의 자격을 가진 법조인이기도 하므로 변호사와 공통의 윤리도 있으나, 검사는 공권력의 주체인 정부를 대표하고 있고, 정부의 가장 중요한 책무가 개인의 기본권 보호에 있으며, 검사는 법과 질서의 토대인 정부의 권위와 존엄성을 대표하고 있다는 점에서[2] 의뢰인의 사적인 이익을 대리하는 변호사의 윤리와는 다른 특성이 있다.

나아가 검사가 행하는 검찰권은 사법권과 밀접한 관련이 있기 때문에 검찰권에 대한 영향은 직접 사법권에 미친다. 따라서 검사의 직무상의 윤리는 사법권을 행사하는 법관의 직무상의 윤리와 많은 점에서 공통되기도 하나, 검사는 법무부에 소속된 행정기관이고 재판절차에서 피고인과 대립되는 당사자라는 점에서 법관의 윤리와 다른 특수성이 있을 수밖에 없다.

나. 검사윤리의 중요성

검찰권은 양날의 칼과 같다. 국가형벌권의 실현과정에서 포괄적이고 광범위한 재량권을 행사하는 국가권력작용으로서의 날이 그 하나라고 하면, 그 날을 남용하거나 오용하는 등으로 신중하게 행사하지 않으면 형사사법절차에서 인권침해의 위험한 도구가 될 수 있다. 여기에서 검찰권을 행사하는 검사윤리의 중요성이 도출된다. 따라서 검사는 형벌권이라는 국가의 권력이 검사의 의뢰인이라고 할 수 있는 국민이 부여한 성스러운 권한이라는 점을 명확하게 인식하고 공명정대하고 엄정공평하게 검찰권을 행사하여야 할 윤리적 책무를 부담한다.

II. 공익의 대표자와 윤리

검찰청법은 검사는 공익의 대표자라고 규정하고 있다(동법4①). 따라서 검사의 모든 활동은 "공익의 정신으로(in the spirit of public service)" 이루어져야 한다. 이 점에서 사익의 대표를 주로 하는 변호사의 윤리와 구별된다.

'공익'을 명분으로 한 검찰권의 행사가 국민의 자유와 권리를 침해한 역사적

---

1) 황희철, "검사 및 정부변호사윤리," 사법연수원 편, 『법조윤리론』, 2007, 166면.

2) 황희철, 전게논문, 165면.

사례가 없지 않은 데서 알 수 있듯이 여기에서 말하는 '공익'은 검찰권 행사의 목적이 될 수도 있고, 경우에 따라서는 기본권 침해의 명분이 될 수도 있는 다의적이고 불확정적인 개념이다.

'공공적 이익' 또는 '공공복리'라고도 표현되는 공익의 개념에 대해서는 가치관이 단체주의적이냐 또는 개인주의적이냐에 따라 그 내용을 달리할 수 있지만 현대사회국가에서의 공익이라 함은 하나의 사회에서 공동으로 생활을 영위하는 구성원 전체를 위한 공공적 이익, 예컨대 국민일반의 생활안전과 건강증진 또는 사회·경제영역의 안정·발전·편의 등을 위한, 즉 국민공동의 이익으로 이해할 수 있다.[3] 검사윤리강령의 표현을 빌려 '공익'의 개념을 파악한다면 공익은 "범죄로부터 국민을 보호하고 법의 지배를 통하여 인간의 존엄과 권리를 보장함으로써 자유롭고 안정된 민주사회를 구현하는 것"(동 강령 본문)이라고 할 수 있다.

검사윤리강령은 공익에 관한 검사의 윤리를 '검사의 사명'과 '국민에 대한 봉사'로 구분하고 있다. 즉, 동 강령 제1조는 '검사는 공익의 대표자로서 국법질서를 확립하고 국민의 인권을 보호하며 정의를 실현함을 사명으로 한다'라고 하고 동 강령 제2조는 "검사는 그 직무상의 권한이 국민으로부터 위임된 것임을 명시하여 성실하고 겸손한 자세로 국민에게 봉사한다"라고 규정하고 있는바, 이는 공익의 다른 표현이라고도 할 수 있다.

공익의 정신은 모든 법조의 징표(the hallmark of the legal profession)이기도 하지만,[4] 특히 형벌권이라는 국가권력을 행사하는 검사에게 공익은 형벌권 행사의 목적이 될 수 있는 반면 자칫 형벌권에 의하여 침해되기 쉬운 국민의 자유에 대한 제한의 명분으로도 작용할 수 있는 양날의 칼과 같다는 점에 대한 확고한 인식의 바탕 위에서 공익의 정신으로 무장하는 것이 검사윤리의 출발점이라고 할 수 있다.

---

3) 권영성, 『헌법학원론』 신판, 법문사, 1995, 321면.

4) 황희철, 전게논문, 168면.

Ⅲ. 직무의 공정성과 윤리

1. 정치적 중립

검사는 정치적 중립을 지켜야 한다. 정치적 중립의 요청은 검찰권의 공정성을 유지하기 위한 것이다. 범죄수사와 공소제기·유지 및 재판의 집행을 내용으로 하는 검찰권은 그 내용에 있어서 사법권과 밀접한 관계가 있고 형사사건의 상당부분이 검사의 불기소처분에 의하여 종결된다는 점에서 검찰권의 행사는 형사사법의 운용에 중대한 영향을 미친다.[5] 따라서 검찰권에 대한 영향은 직접 사법권에 미칠 수 있기 때문에 사법권 독립의 정신은 검사에게도 요구된다. 또 검사는 형사사법의 운용에 있어서 검사의 위와 같은 지위 때문에 조직상으로는 행정기관이면서도 기능적으로는 사법기관이라는 이중적 성격을 가진다. 이러한 점에서 검사를 준사법기관이라도 하지만 그 표현의 여하에 관계없이 법관에게 정치적 중립을 요구하는 것과 마찬가지의 이유에서 검사도 정치적 중립을 지켜야 할 책무가 있다.

검사의 기본적인 신분은 공무원이므로 검사는 공무원의 지위에서 정치적 중립의무를 지지만(국가공무원법65), 검찰청법은 "검사는 그 직무를 수행할 때 국민 전체에 대한 봉사자로서 정치적 중립을 지켜야 하며 주워진 권한을 남용하여서는 아니 된다"(동법4②)라고 규정하고 검사윤리강령도 이를 강조하여 "검사는 정치운동에 관여하지 아니하며, 직무수행을 할 때 정치적 중립을 지킨다"(동강령3①)라고 표현하고 있다. 여기에서 "정치운동에 관여한다"라고 함은 검사가 정당에 가입하거나 정당의 행사에 참석하는 행위, 정치인에게 후원금을 포함한 정치자금을 제공하는 행위, 그 밖에 국가공무원법 제65조,[6] 국가공무

---

5) 이재상, 전게서, 91면.

6) 정치운동의 금지에 관하여 규정하고 있는 국가공무원법 제65조의 내용은 다음과 같다.

① 공무원은 정당이나 그 밖의 정치단체의 결성에 관여하거나 이에 가입할 수 없다.

② 공무원은 선거에서 특정 정당 또는 특정인을 지지 또는 반대하기 위한 다음의 행위를 하여서는 아니 된다.

1. 투표를 하거나 하지 아니하도록 권유운동을 하는 것
2. 서명운동을 기도·주재하거나 권유하는 것
3. 문서나 도서를 공공시설 등에 게시하거나 게시하게 하는 것

원복무규정 제27조의 규정에 의해 금지된 정치운동을 하는 행위를 말한다(검사윤리강령운영지침2). 다만, 정치자금법 제22조에 따라 선거관리위원회에 기탁금을 기탁하는 행위는 제외한다.

그러나 검사의 정치적 중립의 요청은 법관의 그것과 다른 특수성이 있다. 검사는 준사법기관으로서의 직무를 수행하지만 조직상으로는 행정부에 속한 행정기관임과 동시에 중앙집권적 조직의 구성원이고 정무직 공무원인 법무부장관의 지휘·감독을 받기 때문이다.

또, 검사는 검사동일체원칙에 의하여 검찰권을 행사한다. 검사동일체원칙은 검사가 검찰총장을 정점으로 하는 피라미드형의 계층적 조직체를 형성하고 일체불가분의 유기적 통일체로 활동하는 것을 말한다. 검사동일체의 원칙은 조직적으로 중앙집권적인 피라미드형의 계층적 조직이라는 하드웨어를 바탕으로 상명하복으로 표현되는 지휘·감독관계와 직무승계 및 이전의 권한이라는 소프트웨어를 통하여 구체화된다. 여기에서 검찰권 작동과정에서 검찰 내부의 지휘·감독에 의한 정치적 영향력의 배제도 검사의 정치적 중립을 위한 하나의 과제라고 하겠으나 보다 중요한 것은 검찰외부로부터의 정치적 영향력을 차단하는 것이다.

검찰조직은 정부조직법상 행정부의 부서의 하나인 법무부에 소속하고 있으므로(정부조직법22①, 27②) 법무부장관의 지휘와 감독을 받는다. 검찰청법이 이를 명시하고 있다. 즉, "법무부장관은 검찰사무의 최고 감독자로서 일반적으로 검사를 지휘·감독하고, 구체적 사건에 대하여는 검찰총장만을 지휘·감독한다"(동법8)라고 규정하고 있다. 그런데 법무부장관은 정무직공무원인 국무위원으로서 대통령 또는 국무총리의 지휘·감독을 받는다(국가공무원법2③ i , 정부조직법12③, 22②, 11①, 16①). 결국 검사인 검찰총장은 정무직공무원인 법무부장관의 지휘·감독을 받게 되는 결과 그 지휘·감독권이 검찰권 행사에 정치적 영향력을 행사하는 통로가 되는 경우에는, 검사의 정치적 중립성은 검찰총장이 특히 법무부장관의 지휘·감독에 어떻게 대처하느냐 하는 정치적 중립에

4. 기부금을 모집 또는 모집하게 하거나, 공공자금을 이용 또는 이용하게 하는 것
5. 타인에게 정당이나 그 밖의 정치단체에 가입하게 하거나 가입하지 아니하도록 권유운동을 하는 것

③ 공무원은 다른 공무원에게 제1항과 제2항에 위배되는 행위를 하도록 요구하거나, 정치적 행위에 대한 보상 또는 보복으로서 이익 또는 불이익을 약속하여서는 아니 된다.

대한 소신에 달려 있다고 해도 과언이 아니다. 검찰총장이 여기에서 정치적 중립에 관한 방파제의 역할을 제대로 하지 않을 경우 법무부장관의 정치적 판단은 검사동일체의 원칙에 의하여 검찰총장을 시발(始發)로 바로 개별 검사에게 미칠 수 있다.

법무부장관은 일반적으로 검사를 지휘·감독하고, 구체적 사건에 대해서는 검찰총장만을 지휘·감독하도록 규정한 검찰청법의 입법의도도 부당한 정치적 간섭으로부터 검찰의 중립성을 담보하는 데 있지만,[7] 법무부장관이 자신을 임명한 대통령의 신임에 연연하고 검찰총장이 그 법무부장관의 정치적 간섭을 배제하지 못하는 경우 검찰에 대한 국민의 신뢰는 근본에서 흔들릴 수 있다. 일부 정치적 사건에 대한 수사에서 정치적 영향력이 행사되어 검찰권의 행사가 왜곡된 것으로 국민에게 비춰진 과거의 실례가 이를 말해 준다. 또 그동안 검찰의 정치적 중립성을 담보하기 위하여 시도되었거나 시행 중인 몇 가지 제도들은 기실 검찰총장의 정치적 중립성의 확보를 목적으로 하였다고 해도 과언이 아니다. 즉, 검찰총장 임기제,[8] 퇴임 검찰총장의 공직취임 금지,[9] 검찰총장 인사청문회,[10] 특별검사제 등이 그것이다.

검찰총장의 정치적 중립은 이러한 각종 제도만으로써 그 실효가 담보되는 것은 아니다. 검찰총장이 정치적 중립을 위한 방파제의 위치에 있음을 대오각성하고, 정치적 중립을 지켜내야 한다는 확고한 신념 및 불굴의 용기, 세간에서 인식되는 바와 같은 검찰총장의 지위상승이 정치적 영향력의 행사의 대가라는 사고방식의 경계 등을 포함한 검찰총장의 윤리가 어느 제도보다 실효성 있는 중요한 요소라고 할 수 있다. 정치적 황야에 맞서는 최전선인 검찰총장이 정치적 영향력에 의하여 무너지면 마지막으로 정치적 중립성을 위한 개별

---

7) 이에 관해서는 법률가의 윤리와 책임-신동운, 210면 참조.

8) 1988. 12. 31. 법률 제4043호로 개정된 검찰청법에 의하여 "검찰총장의 임기는 2년으로 하며, 중임할 수 없다"(동법12③)는 검찰총장 임기제가 도입되었다.

9) 1997. 1. 13. 법률 제5263호로 개정된 검찰청법에 의하여 도입되었다. 즉, "검찰총장은 퇴직일부터 2년 이내에는 공직에 임명될 수 없다"(동법12④), "검찰총장은 퇴직일부터 2년 이내에는 정당의 발기인이 되거나 당원이 될 수 없다"(동법12⑤)고 규정하였다. 그러나 이는 1997. 7. 16. 헌법재판소가 퇴임 검찰총장의 공직 취임을 금지하는 것은 직업선택의 자유를 제한하고 공직선거에의 출마를 제한하는 것은 참정권 위반이라는 이유로 위헌결정하였다(97헌마26).

10) 2003. 2. 4. 법률 제6855호로 개정된 국회법에 의하여 도입되었고, 같은 날 검찰청법도 제34조에서 "검사의 임명 및 보직은 법무부장관의 제청으로 대통령이 행한다. 이 경우 검찰총장은 국회의 인사청문을 거쳐야 한다"라고 개정되었다.

검사의 윤리적 노력에 기대할 수밖에 없다.

2. 단독관청으로서의 검사

가. 문제의 소재

검사는 검찰사무를 처리하는 단독관청이다.[11] 따라서 검찰권은 1인의 검사가 행사하고 법원과 같은 합의제에 의하여 행사되지 않는다. 즉, 검사는 1인의 관청으로서 1인의 명의로 의사를 결정하여 검찰사무를 처리한다.

그러나 검사가 단독관청이라고 하여 아무런 간섭도 받지 않고 독립적으로 검찰권을 행사할 수 있는 것은 아니다. 의회주의를 중심으로 한 민주법치국가에 있어서 의회의 통제를 받는 행정각부의 장관이 그 지휘·감독권을 통하여 부의 구성원을 통제하는 것은 국민주권주의의 이념에 비추어 당연하다. 따라서 행정관청의 하나인 검사에 대하여 법무부장관이 지휘·감독권을 행사하는 것은 이상할 것이 없다.[12]

다만, 검사는 순수한 행정관청이 아니고 검찰권을 행사하는 관청이다. 범죄의 수사, 공소의 제기 및 유지, 재판의 집행을 중심으로 하는 검찰권은 사법권과 밀접한 관계에 있고 사법권독립의 정신이 검사에게도 요구되므로 검사는 준사법기관으로 파악하는 것이 타당하다.[13] 준사법기관이라고 하는 것은 누구의 지시나 명령에도 구속당하지 않고 오로지 진실과 정의에 따라 독립적으로 심판하는 사법기관으로서의 성격과, 의회주의적 통제, 즉 상관의 명령에 복종해야 하는 행정기관으로서의 성격을 공유하고 있다는 것이다. 검사의 행정기

---

11) 관청은 일정한 처분의 주체가 되는 단위, 즉 국가권력의 의사를 결정하고 이를 대외적으로 표시할 수 있는 권한을 가진 기관을 말하며, 행정기관의 경우 이를 행정청 또는 관청이라고 한다[김도창, 일반행정법론(상), 청운사, 1993, 221-222면 참조]. 관청은 관서와 구별된다. 관서는 여러 명의 공무원으로 구성된 조직의 단위이다. 관서 내에 수 명의 공무원이 있다고 하여 수 명의 공무원이 모두 관청인 것은 아니다. 일반적으로 관서의 장이 관청이고 하나의 관서 내에서 관청은 1개이다.

12) 독립관청은 그 권한을 행사함에 있어서 누구의 지시나 명령에 기속되지 않는다는 것으로, 검사는 검찰사무에 관하여 소속 상급자의 지휘·감독에 따라야 하므로(검찰청법7①) 검사는 위와 같은 의미의 독립관청이라고 할 수 없다. 따라서 검사는 단독제 관청으로서 독립적으로 검찰권을 행사한다는 표현은 단독제 관청과 독립관청의 의미를 혼동한 것이라고 할 수 있다.

13) 배종대·이상돈, 『형사소송법』, 법문사, 2002, 73-74면은 검사의 지위를 행위의 측면에서 사법기관으로 파악하고 있으나, 검사의 지위를 준사법기관으로 보는 것이 통설이다.

관적 성격은 상관의 명령에 대한 복종의무(검찰청법7①), 검찰사무의 결재제도 등으로 구체화된다. 반면에 검사의 사법기관적 성격으로 인하여 검사에게는 법관에 준하는 독립성이 보장되어야 한다. 여기에서 검사의 사법기관적 성격과 행정기관적 성격이 충돌하여 검사의 정치적 독립성 내지 검찰권의 공정성과 관련한 문제가 야기될 수 있다. 예컨대, 검찰총장이 법무부장관의 정치적 판단을 기초로 한 지휘·감독권을 수용하여 검찰을 지휘하거나 검찰총장을 포함한 상급자가 검사에 대하여 위법·부당한 지휘·감독권을 행사하는 경우에 검사가 그 직무의 공정성을 어떻게 지켜내느냐는 문제가 중요한 윤리적 과제로 등장한다.

나. 상관의 지휘·감독권과 검사의 의견 충돌 및 검찰권의 공정성

기본사례 1

검사 갑은 서울중앙지방검찰청 소속으로 사기사건의 피의자 A를 수사하고 있다. A는 처음부터 편취의 범의를 극구 부인하고 있어 피해자 B를 참고인으로 수사한 바 B의 진술이 일관성이 없어 A를 기소할 경우 공소유지가 곤란하다고 판단하여 증거불충분으로 불기소처분을 하고자 상관인 P 부장검사에게 사건의 결재를 올렸다. P 부장검사는 유죄의 증거가 충분하다고 하면서 기소할 것을 명령하였다. 검사 갑은 어떻게 하여야 하는가?

검사는 단독관청이므로 자신의 명의로 범죄의 수사, 공소의 제기 및 유지, 재판의 집행 등 검찰권을 행사한다. 검사가 자신의 명의로 검찰권을 행사한다는 것은 그 결과에 대해서도 책임을 져야 한다는 것을 의미한다. 그러나 검사의 검찰권 행사의 대상은 경미한 범죄에 관한 것에서부터 사형이 선고될 수 있는 중범죄에 이르고, 또 검찰권의 행사에 있어서 재량의 범위가 광범위하므로, 구체적 사건에 따라서는 그 사건을 처리하는 검사와 상급자(검사동일체의 원칙에 따라 검찰총장을 포함한다)의 의견이 다를 수 있다. 그 의견의 차이가 정치적 영향에 의한 것이거나, 가치관의 차이에 의한 것이든, 상관 또는 검사의 불공정한 의도가 개입되었든 상관없이 그 의견의 충돌이 해소되어야 검찰권의 정상적인 작동이 가능하다.

이에 대하여 검찰청법이나 검사윤리강령은 상관의 명령에 대한 복종의무,

이의제기권에 관해서 규정하고 있다. 검찰청법은 “검사는 검찰사무에 관하여 소속 상급자의 지휘·감독에 따른다”(동법7①), “검사는 구체적 사건과 관련된 제1항의 지휘·감독의 적법성 또는 정당성에 대하여 이견이 있을 때에는 이의를 제기할 수 있다”(동법7②)라고 하고 있다. 검사윤리강령도 상급자에 대한 윤리의 측면에서 “검사는 상급자에게 예의를 갖추어 정중하게 대하며, 직무에 관한 상급자의 지휘·감독에 따라야 한다. 다만, 구체적 사건과 관련된 상급자의 지휘·감독의 적법성이나 정당성에 이견이 있을 때에는 절차에 따라서 이의를 제기할 수 있다”(동 강령12)라고 규정하고 있으나 동 강령의 이의제기절차는 아직 구체화되지 않고 있다. 상급자와 검사의 의견의 차이는 상급자의 지휘·감독의 적법성이 아닌 정당성과 관련된 문제가 주로 될 것이므로 실제에 있어서는 그 정당성의 판단은 쉽지 않다. 그러나 이에 관한 이견은 검사의 정치적 중립성, 직무의 공정성 등의 가치를 고려하여 합리적으로 해소되어야 한다.

우선, 검사는 상급자의 지휘·감독의 내용이 자신의 의견과 다를 경우 즉각적인 이의를 제기하는 것보다는 상사의 의견을 존중하는 바탕 위에서 자신의 의견을 재고해 보아야 한다. 상급자의 의견은 검사로서의 오랜 경험을 바탕으로 한 것으로 하급자의 의견보다 정당할 가능성이 더 많다고 볼 수 있기 때문이다. 검사윤리강령이 “검사는 상급자에게 예의를 갖추어 정중하게 대하며, 직무에 관한 상급자의 지휘·감독에 따라야 한다”(동 강령12본)라고 규정한 것은 이러한 맥락이라고 본다. 자신의 의견을 재고함에 있어서는 당해 사건에 관한 사실 인정의 정확 여부, 여러 가지 법령·법원리·법가치 등과 관련하여 당초 의견의 모순·착오 유무, 그 모순·착오를 해결할 방법의 유무, 여러 가지 가능한 결정의 방안 중 적절한 방안, 그 방안이 적절한 이유 등에 대하여 넓은 눈과 깊은 이해를 바탕으로 심사숙고하고 필요하면 동료 검사에게도 의견을 구하여 참고할 수 있다.

그럼에도 불구하고 검사가 자신의 의견이 정당하다고 판단되는 경우 상급자를 직접 설득하도록 하여야 한다. 그 설득의 과정은 정의 및 공정과 같은 법가치를 상위에 두고 헌법과 법률, 논리칙과 경험칙을 바탕으로 한 합리적 의견을 예의를 갖추어 소통하는 것이어야 한다. 검사윤리강령이 ‘예의’와 ‘정중’이 검사에게만 요구되는 윤리적 태도인 것처럼 규정하고 있으나 이는 비단 검사에게뿐만 아니라 상급자에게도 요구되는 덕목이어야 한다. 검사가 설득의 결과 자신의 의견이 부당하거나 정당성이 부족하다고 판단되면 상급자의 지휘·감독에 따라야 함은 당연하다.

그러나 검사가 설득의 노력을 하였음에도 상급자를 설득할 수 없고 여전히 상급자의 의견이 부당하거나 정당성이 부족하다고 판단되면 검사는 직무의 이전 및 승계의 방법으로(검찰청법7의2) 다른 검사로 하여금 그 사무를 처리해줄 것을 요청하고 그 사무에서 손을 떼는 수밖에 없을 것이다.

구체적 사건에 관한 지휘·감독권의 행사가 위법 또는 부당한 경우 검사가 소속 검찰청의 상급기관에 시정을 요청할 수 있느냐 하는 문제가 있다. 이를 긍정하는 견해도 있으나,[14] 구체적 사건의 처리에 관한 검사의 이의제기권(검찰청법7②)의 상대방은 그 사건의 처리에 관한 지휘·감독권자이므로 검찰청 내부의 위임·전결규정에 따라 그 사건의 결재권자에게 이의를 제기하고 그래도 자신의 의견이 적법하다고 판단되면 그 결재권을 위임한 소속 검찰청의 장에게 이의제기를 할 수 있다고 봄이 타당하다. 소속 검찰청의 장에 의해서도 시정되지 않을 때에는 검사의 직을 계속 유지하는 것이 자신의 양심과 양립할 수 없는 상황이라면 검사의 직을 사직하는 수밖에 없을 것이다.[15]

3. 검사윤리강령과 공정성 확보를 위한 윤리

검사윤리강령은 검사에게 사건관계인에 대한 자세, 사건의 회피, 변호인의 변호권 행사 보장, 외부인과의 교류 등에 있어서 공정성을 요구하고 경우에 따라서는 공정성을 의심받을 행동도 자제하도록 하는 등 공정성에 관한 고도의 윤리를 요구하고 있다.

가. 사건관계인에 대한 자세

(1) 사건관계인에 대한 공평대우

검사는 피의자나 피해자, 기타 사건 관계인에 대하여 정당한 이유 없이 차별 대우를 하지 아니하며 어떠한 압력이나 유혹, 정실에도 영향을 받지 아니하고 오로지 법과 양심에 따라 엄정하고 공평하게 직무를 수행하여야 한다(검사령3②). 사건관계인은 협의로는 '당해 사건'의 피의자, 피고인, 증인, 소송당사

14) 황희철, 전게논문, 183면.

15) 小島武司 외 3, 『法曹倫理』 제2판, 有斐閣, 2006, 383면 참조.

자, 형 · 구속의 집행 또는 집행정지사건의 대상자를 말하고[16] 넓은 의미로는 수사 또는 내사 중인 사건의 참고인 등으로 수사기관에서 조사받은 자를 포함한다.[17] 여기에서는 넓은 의미의 사건관계인을 말한다.

'사건관계인'에 있어서 '당해 사건'이라 함은 검사가 내사 · 수사 · 공판 · 송무 또는 결정 등에 관여하는 5가지 유형의 사건을 말한다. 즉, i) 내사 · 수사하고 있는 사건(내사지휘 · 수사지휘 중인 사건 포함), ii) 공판이나 송무에 관여하는 사건 iii) 형(보호처분 포함)이나 구속의 집행 또는 집행정지를 지휘하는 사건, iv) 수사 · 공소심의위원회의 위원으로 참여하여 그 결정에 관여하는 사건, v) 직근 상급자의 경우 그 소속 검사가 위 제4가지 유형의 사건을 담당하고 있는 사건 등을 말한다. 다만 검사가 공소제기한 후 공판절차에 계속 중이거나 불기소처분한 후 당사자가 불복하여 항고 등 불복절차가 진행 중인 사건, 사건재배당을 받거나 이송결정 · 기소중지 · 참고인중지 처분한 사건은 그 공판절차나 당사자의 불복절차가 종료될 때까지 해당 검사가 취급하거나 직무상 관련이 있는 사건으로 간주하고, 그 이외의 경우에는 그 사건을 종국결정할 때까지 해당 검사가 취급하거나 직무상 관련이 있는 사건으로 간주한다.[18]

(2) 사건관계인에 대한 친절

검사는 수사절차 등에서 인권보호수사준칙을 준수하고, 피의자, 피해자 등 사건관계인의 주장을 진지하게 경청하며 객관적이고 중립적인 입장에서 사건관계인을 친절하게 대하도록 노력하여야 한다(검사령10). 여기에서 사건관계인은 검사윤리강령 제3조 제2항에서의 넓은 의미의 사건관계인을 말한다.[19]

법무부 2007-57호 징계결정

징계대상자는 서울동부지방검찰청 검사로 재직하면서 피의자 000에 대한 배임 등 피의사건을 수사 중 부적절한 언행을 하여 품위를 손상하고 인권보호수사준칙에 위배되는 행위를 하여 직무상 의무를 위반한 혐의로 정직 2월 결정.

---

16) 검사윤리강령운영지침(법무부예규 제768호) 제8조 본문.
17) 검사윤리강령운영지침 제8조 단서.
18) 검사윤리강령운영지침 제8조, 제7조, 제6조.
19) 검사윤리강령운영지침 제8조 단서.

(3) 사건관계인과 부당한 접촉금지

검사는 '자신이 취급하는 사건'의 피의자, 피해자 등 사건관계인 기타 직무와 이해관계가 있는 자(이하 '사건관계인 등'이라 한다)와 정당한 이유 없이 사적으로 접촉해서는 안 된다(검사령15).

여기에서 '자신이 취급하는 사건'은 검사윤리강령 제3조 제2항에서의 '당해 사건'의 의미와 같다.[20]

또, 여기에서 '사건관계인 등'의 범위는 검사윤리강령 제3조 제2항에서의 협의의 '사건관계인'[21]과 '기타 직무와 이해관계가 있는 자'를 포함하고(검사령15), '기타 직무와 이해관계가 있는 자'라 함은 다음 4가지에 해당되는 자를 말한다. 즉, i) 법인, 그 법인의 대표이사 또는 지배주주가 사건관계인인 경우 그 회사의 임원, ii) 조합 또는 조합장이 사건관계인인 경우 그 조합의 임원, iii) 사건관계인의 가족, iv) 그 밖에 검사의 처분에 따라 사건관계인과 이해관계를 같이 하는 자 등이다.[22]

또, '사적인 접촉'이라 함은 다음의 5가지의 유형을 말한다.[23] 즉, i) 해당자("사건관계인 등"을 말한다. 이하 같다.) 또는 해당자가 포함된 일행들과 함께 골프를 하는 것, ii) 해당자 또는 해당자가 포함된 일행들과 함께 식사나 사행성 오락을 하는 것, iii) 해당자 또는 해당자가 포함된 일행들과 함께 여행을 하는 것, iv) 해당자 또는 해당자가 포함된 일행들과 회합이나 행사를 하는 것, v) 해당자 또는 그 가족이 경영하는 업소에 출입하는 것 등이다.

나아가, 정당한 이유가 있어 즉, 부득이한 사정으로 사적인 접촉을 하는 경우의 절차와, 정당한 이유 즉, '부득이한 사정'의 의미는 검사윤리강령 제11조 및 제12조에 따라 검사윤리강령운영지침 제12조가 규정하는 바와 같다. 즉, 부득이한 사정으로 사적인 접촉을 해야 할 때에는 사전에 소속 기관의 장(기관의 장인 경우에는 직근 상급기관의 장)에게 보고하여야 하고, 사전보고가 불가능할 때에는 지체없이 사후에 보고하여야 한다.[24] 여기에서 '부득이한 사정'이라 함은 다음의 5가지의 경우이다. 즉, i) 정책의 수립이나 의견 교환 등 공적

20) 검사윤리강령운영지침 제7조. 즉, '자신이 취급하는 사건'(검사령15), '직무상 관련이 있는 사건'(동 강령20), '당해 사건'(동 강령운영지침8)의 의미는 같다.

21) 검사윤리강령운영지침 제8조 본문.

22) 검사윤리강령운영지침 제11조.

23) 검사윤리강령운영지침 제10조.

24) 검사윤리강령운영지침 제12조 제1항.

인 목적이나 직무수행을 위하여 필요하다고 판단되는 경우, ii) 공공기관 상호간 또는 공공기관이나 민간단체 사이에 업무협의를 위하여 필요한 경우, iii) 동창회나 친목 모임 등에 사건관계인 등이 있어 부득이 접촉을 하게 된 경우, iv) 사건관계인 등이 참석하는 사실을 사전에 알지 못한 상태에서 그가 참석하는 회합 등에 참석하였을 경우, v) 기타 사회상규에 위반되지 않는다고 판단되는 경우 등이다.[25]

법무부 2008-21호 징계결정

징계대상자는 광주지방검찰청 검사로서 폐기물처리업체인 주식회사 ○○산업의 실질적 대표 김00에 대하여 폭력행위등 사건으로 직접 구속지휘를 한 바 있어 동인과의 교류가 매우 부적절하다는 것을 알고 있음에도 불구하고 위 회사의 사무실로 찾아가 김00을 만나고, 징계혐의자의 이종사촌 누나로 위 회사의 경리로 근무했던 박00와 위 김00 관련 분쟁이 형사사건화될 것이 예상됨에도 위 박○○, 김○○ 등 양쪽 당사자들을 차례로 만나 사건화하지 말도록 말하는 등 각 부적절하게 처신하여 검사로서의 위신을 손상한 혐의로 견책 결정.

(4) 사건관계인에 대한 변호사의 알선금지

검사는 '직무상 관련이 있는 사건'이나 자신이 근무하는 기관에서 취급 중인 사건에 관하여 피의자, 피고인 기타 사건관계인에게 특정변호사의 선임을 알선하거나 권유해서는 안 된다(검사령20). 이는 변호사법이 직무취급자 등의 변호사에 대한 사건소개(동법37), 재판·수사기관 공무원의 변호사에 대한 사건소개(동법36) 등을 금지하고 있는 것에 대응하여 검사가 직무상 관련사건 또는 자신의 소속기관에서 취급 중인 사건의 사건관계인에 대하여 변호사의 소개를 금지하도록 검사윤리강령에서 거듭 요구한 것이다.

여기에서 '직무상 관련이 있는 사건'[26]은 검사윤리강령 제3조 제2항에서의 '당해 사건'의 의미와 같다.

또, '사건관계인'이라 함은 검사윤리강령 제3조 제2항에서의 협의의 사건관계인을 말한다.

25) 검사윤리강령운영지침 제12조 제2항.

26) 검사윤리강령운영지침 제7조, 제6조.

나. 사건의 회피

검사는 취급 중인 사건관계인과 자신이 일정한 관계가 있을 경우 그 관계의 여하에 따라 사건을 반드시 회피하거나(필요적 회피), 재량에 의하여 회피할 수 있다(임의적 회피).

필요적으로 회피하여야 할 경우는 "취급 중인 사건의 피의자, 피해자 기타 사건관계인(당사자가 법인인 경우 대표이사 또는 지배주주)과 민법 제777조의 친족관계에 있거나 그들의 변호인으로 활동한 전력이 있을 때 또는 당해 사건과 자신의 이해가 관련되었을 때"(검사령9①)이다. 여기에서 '그들의 변호인으로 활동한 전력이 있는 때'라 함은 변호인으로 활동한 지 3년이 경과되지 않은 때를 말한다.[27]

재량에 의하여 회피하여야 할 경우는 '취급 중인 사건과 필요적 회피사유가 되는 관계 이외의 친분관계 기타 특별한 관계가 있고 수사의 공정성을 의심받을 우려가 있다고 판단했을 때'이다(검사령9②).

여기에서 '취급 중인 사건'이라 함은 검사가 내사·수사·공판·송무 또는 결정 등에 관여하는 5가지 유형의 사건을 말한다.[28] 즉, ⅰ) 내사·수사하고 있는 사건(내사지휘·수사지휘 중인 사건 포함), ⅱ) 공판이나 송무에 관여하는 사건 ⅲ) 형(보호처분 포함)이나 구속의 집행 또는 집행정지를 지휘하는 사건, ⅳ) 수사·공소심의위원회의 위원으로 참여하여 그 결정에 관여하는 사건, ⅴ) 직근 상급자의 경우 그 소속 검사가 위 4가지 유형의 사건을 담당하고 있는 사건 등을 말한다.

여기에서 '사건관계인'이라 함은 검사윤리강령 제3조 제2항에서의 협의의 사건관계인을 말한다.[29]

다. 변호인의 변호권행사 보장

변호인의 변호권 행사를 보장하고 취급 중인 사건의 변호인 또는 그 직원과 정당한 이유 없이 사적으로 접촉해서는 안 된다(동 강령11). 취급 중인 사건의 변호인을 사적으로 함부로 접촉하는 것은 그 사건의 처리에 있어서 공정성을 해할 염려가 있기 때문이다. 변호인선임계를 제출하지 아니한 변호사가 사건에 대하여 문의하는 경우 검사는 변호사의 문의 목적을 확인한 후 피의사실의 요지

---

27) 검사윤리강령운영지침 제4조.

28) 검사윤리강령운영지침 제6조.

29) 검사윤리강령운영지침 제8조 본문.

등 변호사 선임에 필요한 정보를 최소한의 범위 안에서 설명할 수 있다.[30]

여기에서 '취급 중인 사건'이라 함은 검사윤리강령 제9조에서의 '취급 중인 사건'의 의미와 같다.[31]

또, 여기에서 '사적인 접촉'이라 함은 검사윤리강령 제15조에서의 '사적인 접촉'의 의미와 같다.[32]

그리고 부득이한 사정으로 사적인 접촉을 해야 할 때에는 사전에 소속 기관의 장(기관의 장인 경우에는 직근 상급기관의 장)에게 보고하여야 하고, 사전보고가 불가능할 때에는 지체 없이 사후에 보고하여야 한다.[33] 여기에서 '부득이한 사정'이라 함은 다음의 5가지의 경우이다. 즉, ⅰ) 정책의 수립이나 의견교환 등 공적인 목적이나 직무수행을 위하여 필요하다고 판단되는 경우, ⅱ) 공공기관 상호간 또는 공공기관이나 민간단체 사이에 업무협의를 위하여 필요한 경우, ⅲ) 동창회나 친목모임 등에 사건관계인 등이 있어 부득이 접촉을 하게 된 경우, ⅳ) 사건관계인 등이 참석하는 사실을 사전에 알지 못한 상태에서 그가 참석하는 회합 등에 참석하였을 경우, ⅴ) 기타 사회상규에 위반되지 않는다고 판단되는 경우 등이다.[34]

참고자료 한 번은 서울지검장 때의 일이다. 경성제1고등보통학교(현 경기고) 동기동창이며 친한 친구인 이교성이가 찾아왔다. "이렇게 아침 일찍 무슨 일로 왔는가." 나는 반가우면서도 이렇게 물었다. 그는 다른 사람의 사건 청탁을 받고 잘 봐달라는 부탁을 하러 왔다고 말했다. "이봐 교성이, 친구 최대교와 검사장 최대교를 구별하게. 그런 소리 하려면 아예 오지도 말게." 나는 한 마디로 잘라 말했다. 얼마 후 사임을 한 뒤 그를 만났다. 나는 그 때 일을 말하고 이해해 줄 것을 바랐다. 그러자 그는 오히려 "이봐 대교, 섭섭하다기보다는 그 말을 듣고 기분이 더 좋았다네"하면서 파안대소했다.[35]

라. 외부인과의 교류

검사는 직무수행의 공정을 의심받을 우려가 있는 자와 교류해서는 안 되고

30) 검사윤리강령운영지침 제5조.
31) 검사윤리강령운영지침 제6조.
32) 검사윤리강령운영지침 제10조.
33) 검사윤리강령운영지침 제12조 제1항.
34) 검사윤리강령운영지침 제12조 제2항.
35) 김진배 외 2, 『한국법조의 세 어른』, 한국법조기념사업회, 1999, 192-193면.

그 처신에 유의하여야 한다(검사령14). 여기에서 '직무 수행의 공정성을 의심받을 우려가 있는 자'라 함은 다음 4가지의 하나에 해당하는 자를 말한다.[36] 즉, i) 검사윤리강령 제15조에서 규정한 "사건관계인 등" 중 검사가 사건을 처리한 후 2년이 경과되지 아니한 자, ii) 수사, 재판 및 형집행 기관으로부터 지명수배를 받고 추적 중에 있는 자, iii) 다른 검사가 취급 중인 사건의 "사건관계인 등" 중 언론보도 등을 통하여 사회의 이목이 집중되고 있어 검사가 교류할 경우 공정성을 훼손할 우려가 있다고 의심할 만한 이유가 있는 자, iv) 수사, 재판 및 형집행기관이 취급 중인 다른 사람의 사건, 사무에 관하여 청탁하는 등 검사가 교류할 경우 공정성을 훼손할 우려가 있다고 의심할 만한 이유가 있는 자 등이다.

IV. 적정절차의 원리와 윤리

1. 개 설

검사가 행하는 검찰사무는 범죄의 수사, 공소의 제기 및 유지, 재판의 집행 등 검찰권의 행사가 중심이 되고 있다. 검찰권의 행사는 형사소송의 이념인 적정절차원리와 일치해야 한다. 헌법은 "누구든지 법률에 의하지 아니하고는 체포·구속·압수·수색 또는 신문을 받지 아니하며, 법률과 적법한 절차에 의하지 아니하고는 처벌·보안처분 또는 강제노역을 받지 아니한다"(헌12①)고 규정하여 적정절차의 원칙을 선언하고 있다. 적정절차의 원리는 인간의 존엄과 가치를 인정하고 기본적 인권을 보장하기 위한 것이다.[37] 따라서 검사는 수사에서부터 재판의 집행에 이르기까지 스스로 적법절차를 준수하여 국민의 기본권 보장에 최선을 다해야 한다. 검사윤리강령이 "검사는 피의자·피고인, 피해자 기타 사건관계인의 인권을 보장하고 헌법과 법령에 규정된 절차를 준수"(동 강령6)하여야 한다고 규정한 것은 검사의 적정절차준수라는 법적의무를 확인하고 그 윤리적 의무를 천명한 것이다. 뿐만 아니라 검사는 국민들의 기본권이 침해되는 것을 감시하고 방지해야 할 의무가 있다.[38] 이하 구체적으로

36) 검사윤리강령운영지침 제9조.

37) 이재상, 전게서, 27면.

문제되는 경우에 관하여 살펴보고자 한다.

2. 객관의무

기본사례 2

검사 을은 미성년자인 A의 절도사건의 공판에 관여하고 있는데 그 국선변호인인 L은 피해자와의 합의는 고사하고 정상증인을 신청하려고도 하지 않고 있다. A로서는 지하철로 1시간 반 정도의 거리에 친척이 살고 있고 그 친척의 도움이 있으면 피해자와의 합의도 가능하다고 생각하고 그 친척에게 부탁하여 금후의 갱생을 도모하려고 생각하고 있었다. 검사 을로서는 어떻게 공판절차를 진행케 하는 것이 좋은가?

기본사례 3

피고인 A는 음식점을 경영하는 B를 기망하여 1억원을 편취한 혐의로 공소제기되어 공판계속 중에 있고 검사 정이 그 공판에 관여하고 있다. A가 처음부터 범행을 부인하고 있기 때문에 검사 정은 피해자 B에 대하여 증인신청을 하였다. 피해자 B는 법정에서 경찰수사 단계에서의 진술을 번복하면서 경찰관이 진술조서에 기재된 것과 같이 진술하지 않으면 음식점 장사에 지장이 있을 것이라고 말하여 겁이 나서 사실과 달리 진술하였다고 증언하였고, 그 후 경찰관이 피고인 A에게 악감정을 가진 정황이 확인되었다. 검사 정으로서는 어떻게 하여야 하는가?

검사의 객관의무는 검사가 단순한 당사자의 지위를 초월해서 피의자, 피고인의 정당한 이익도 보호하여야 할 의무를 말하고 판례도 이를 인정하고 있다.[39] 이는 검사가 공익의 대표자로서 진실과 정의의 원칙에 따라 실체적 진실을 추구하고 법령의 정당한 적용을 청구하는 객관적 직분에 있는 것을 전제

---

38) 19세기 프러시아의 법무부장관을 역임한 Savigny가 검찰(Staatsanwaltschaft)을 법의 감시자(the watchmen of the law)라고 한 것은(황희철, 전게논문, 165, 주2에서 재인용) 검사가 적정절차준수의 감시의무가 있음을 표현한 것이다.

39) 대판 2002. 2. 22. 2001다23447; 서울지방법원 2001. 3. 16. 2000나59233.

로 한다.[40] 객관의무는 수사 및 공판절차에서 피의자 · 피고인에게 불리한 증거뿐만 아니라 유리한 증거도 발견 · 수집하여 이를 공판정에 제출하여야 하고, 피고인의 이익을 위하여 상소, 재심청구, 비상상고 등을 할 수 있고, 고소권자 지정(형소228), 민법상의 한정치산 및 금치산선고의 청구(민9, 12) 등의 민사법적인 권한을 행사할 수 있음을 그 내용으로 한다.

따라서 검사는 수사나 공판절차에서 피의자 또는 피고인에게 유리한 증거도 수집하여 공판정에 이를 제출하여야 한다. 검사가 수집한 증거가 무죄를 증명하는 증거라고 하더라도 검사는 이를 공판정에 제출하여야 할 의무가 있다. 인권보호수사준칙[41]은 "검사는 기소한 이후에도 피고인에게 유리한 증거나 자료가 발견되고 그것이 진실에 부합하는 경우에는 이를 재판부에 제출한다"라고 규정하여 검사의 객관의무를 규정하고 있다(동 준칙62 ii). 검사는 형사소송의 당사자로서 피고인의 유죄입증이 제1차적인 목표가 아니라 공익의 대표로서 실체진실을 밝혀 거기에 법령적용을 하도록 청구하는 것이 검사의 기본적 책무이다. 검사의 직무의 하나가 법원에 대하여 법령의 정당한 적용을 청구하는 것이고 이는 법령 적용의 전제인 사실이 실체진실에 부합한다는 것을 전제로 하는 것이므로, 그 사실이 실체진실과 다르다는 점을 검사가 알고서도 그 사실이 실체진실인 양 법령적용을 청구하는 것은 검사의 본분에 반하는 것이다. 검사가 수집한 증거가 피고인의 무죄를 입증할 수 있는 결정적 증거에 해당함에도 불구하고 이를 법원에 제출하지 아니하고 은폐한 경우에는 검사의 직무에 반하는 위법한 행위에 해당하고 따라서 국가배상책임의 사유가 된다.[42]

여기에서 검사가 수사과정에서 발견 · 수집된 피고인에게 유리한 증거를 법정에 제출할 의무(소극적 객관의무)를 넘어서, 수사과정에서 피고인에게 유리한 증거를 적극적으로 수집하여 법정에 제출할 의무(적극적 객관의무)가 있는지가 문제될 수 있다. 검사의 직무의 하나는 범죄유무에 관한 사실조사가 아니라 범죄를 전제로 한 수사이고, 피의자가 불구속상태에서 수사를 받는 경우 피의

---

40) 이완규, "검사의 지위에 관한 연구 — 형사사법체계와의 관련성을 중심으로 —," 서울대학교 대학원 법학박사학위논문, 2005, 272면.

41) 2002. 12. 17. 법무부훈령 제474호로 제정되고 2006. 6. 26. 동 훈령 제556호로 전면개정되어 시행되고 있다.

42) 대판 2002. 2. 22. 2001다23477.

자 스스로 자기에게 유리한 증거를 수집할 수 있을 뿐만 아니라 그렇지 않더라도 변호인의 조력을 받을 권리에 기해서 변호인을 통하여 유리한 증거의 수집을 적극적으로 할 수 있고, 검사에게 적극적 객관의무까지 인정하는 것은 당사자인 검사와 피고인의 공격과 방어에 의하여 실체진실을 발견하게 한다는 당사자주의의 소송구조에도 배치되며, 수사현실상 검사에게 피고인에게 유리한 증거까지 적극적으로 수집할 의무를 지우는 것은 검사에게 과도한 부담을 줌으로써 국가의 형벌권을 실현하여 사회방위를 해야 하는 형사정책적 목적의 달성을 해할 수 있으므로 검사에게 적극적 객관의무까지 인정하는 것은 적절하지 않다.

3. 수사권 남용

수사권 남용이라 함은 수사에 있어서 피의자 등의 기본적 인권을 침해하거나 헌법과 법률이 정한 적법절차에 따르지 아니하고 위법한 방법으로 수사하는 것을 말한다. 예컨대, 변호인의 조력을 받을 권리를 침해하여 변호인의 참여신청이 있음에도 불구하고 변호인을 참여하게 하지 아니하고 피의자를 조사하거나(헌12④, 형소243의2), 진술거부권을 고지하지 아니하거나(형소244의3), 피의자 등 사건관계인에게 고문·폭행·협박 등 가혹행위를 하거나(형소309), 적법절차에 따르지 않고 증거를 수집하는 등의 수사방법을 말한다.

검사는 공익의 대표자로서 국민 전체가 고객[43]이라고 할 수 있으므로 국민 전체에 대한 성실의무가 있다. 또 검사에게 가장 중요한 의무는 적정절차원리의 상위 가치인 국민의 기본권 보장이라고 할 수 있다. 따라서 국가형벌권의 실현은 국민의 기본권보장이라는 이념과 양립할 수 있는 범위에서 이루어져야 한다. 이에 따라 헌법, 형사소송법은 수사과정에서 수사기관이 준수하여야 할 절차 등에 관하여 상세한 규정을 두고 있고, 검사윤리강령, 인권보호수사준칙 등은 수사과정에서의 적정절차의 원리를 담보하기 위한 매우 상세한 규정을 두고 있다.

검사가 수사과정에서 헌법과 법률에 반하는 수사방법을 사용하는 것은 직무상의 의무에 위반한 위법행위라고 할 것이고 이러한 위법행위가 아니고 검사

43) C. Normand Poirier, Special Ethical Problems of Counsel for the Government, 33 Federal Bar Journal, 332.

윤리강령, 인권보호수사준칙이 정하는 바를 위반하는 경우도 직무상의 의무에 위반하거나 검사로서의 체면이나 위신을 손상하는 행위에 해당되어 징계사유(검징2 ii, iii)가 될 수 있다.

여기에서 방대한 내용의 인권보호수사준칙을 모두 살펴보는 것은 적절하지 아니하므로 검사윤리강령의 수사절차상의 적법절차원리와 관련된 것을 중심으로 보면, 검사는 '적법절차에 의하여 증거를 수집하고 법령의 정당한 적용을 통하여 공소권이 남용되지 않도록' 하여야 하고(동 강령7), '직무를 성실하고 신속하게 수행함으로써 국가형벌권의 실현이 부당하게 지연되지 않도록' 하여야 하며(동 강령8), '수사의 주재자로서 엄정하고 합리적으로 사법경찰관리를 지휘하고 감독'하여야 하고(동 강령13), '사무실의 검찰공무원, 사법연수생, 기타 자신의 직무에 관여된 공무원을 인격적으로 존중하며, 그들의 직무에 관하여 위법 또는 부당한 행위'를 하지 못하도록 하여야 한다(동 강령23).

4. 기소편의주의

형사소송법은 국가기관 중에서 검사만이 공소를 제기하고 수행할 권한을 갖는 기소독점주의를 선언하고(형소246), 수사결과 공소제기에 충분한 혐의가 인정되고 소송조건을 갖춘 때라도 검사의 재량에 의한 불기소처분을 인정하는 기소편의주의를 채택하고 있다(형소247).

기소편의주의를 규정한 형사소송법 제247조는 "검사는 형법 제51조의 사항을 참작하여 공소를 제기하지 아니할 수 있다"라고만 규정하고 있을 뿐, 다른 제한은 가하지 않고 있으므로, 공소를 제기할 것인지의 여부는 기본적으로 검사의 재량에 속하는 것이고, 검사의 소추재량권은 자의가 허용되는 무제한의 자유재량이 아니라 스스로 그 내재적 한계를 가지는 합목적적 자유재량이다. 검사의 소추재량권의 내재적 제약은 바로 형법 제51조에 집약되어 있으므로 위 법조에 규정된 사항들이나 이러한 사항들과 동등하게 평가될 만한 사항 이외의 사항에 기하여 검사가 불기소처분인 기소유예처분을 하는 것은 소추재량권의 내재적 한계를 넘는 자의적인 처분으로서 정의와 형평에 반하고 헌법상 인정되는 국가의 평등보호의무에 위반된다.[44]

44) 헌재 1995. 1. 20. 94헌마246 결정.

따라서 형법 제51조가 규정하는 사항 중 기소방향으로 작용하는 사유 즉 기소하여야 할 사유와 기소유예방향으로 작용하는 사유 즉 기소를 유예할 만한 사유가 서로 경합할 경우에 어느 사유를 선택할 것인지는 원칙적으로 검사의 합리적인 재량에 속한다 할 것이나, 다만 기소방향으로 작용하는 사유가 기소유예방향으로 작용하는 사유에 비하여 객관적으로 경미할 때에 기소를 하거나 그 반대로 기소유예방향으로 작용하는 사유가 객관적으로 보다 경미할 때에 기소유예처분을 하는 것은 모두 재량권을 남용하는 것으로서 기소편의주의의 내재적 한계를 넘는 자의적인 처분이라고 할 것이다.[45]

여기에서 검사가 구체적 사건에 대하여 기소유예처분을 함에 있어서 기소편의주의의 내재적 한계를 넘는 처분을 한 경우 검사의 윤리에 반하느냐 하는 문제가 제기될 수 있다. 검사가 기소편의주의의 내재적 한계를 넘는 처분을 한 것만으로 바로 윤리위반이라고 하기는 어렵고 그 기소유예처분이 기소편의주의의 내재적 한계를 넘는 자의적 처분이 명백한 경우에 해당한다면 검사의 윤리에 반한다고 할 것이다.

5. 공소권남용

공소제기의 유효조건과 관련하여 공소권남용의 이론이 제시되고 있다. 공소권남용이란 공소권의 행사가 형식적으로는 적법하지만 실질적으로는 부당한 경우를 말한다.[46] 공소권남용론은 법률이 정형적으로 규정한 것[47] 이외의 사유를 공소제기의 유효조건으로 설정하고 그 조건이 갖추어지지 않을 경우에 이를 공소권남용으로 파악하여 형사절차를 형식재판에 의하여 종결하려는 이론적 시도이다.[48] 여기에는 혐의 없는 사건의 공소제기, 소추재량을 일탈한 공소제기, 차별적 공소제기 및 위법수사에 의한 공소제기 등의 4가지 유형이 있고 '잔여사건에 대한 공소제기'[49]를 새롭게 여기에 포함시키기도 한다.[50] 이

45) 1995. 3. 23. 95헌마5 결정의 재판관 김진우, 이재화, 조승형의 반대의견 참조.

46) 이재상, 전게서, 343면.

47) 법률이 정형적으로 규정한 공소제기의 유효조건으로 면소판결(형소326), 관할위반의 판결(형소319), 공소기각의 판결 및 결정(형소327, 328) 등의 사유가 있다.

48) 신동운, 전게서, 410면.

49) 잔여사건에 대한 공소제기는 관련사건의 항소심 판결 선고 후에 검사가 누락된 잔여사건을 기소하게 되면 잔여사건의 유죄판결시에 선행한 관련사건의 집행유예 판결이 취소되거나 잔여

론적으로 공소권남용의 유형으로 거론되지는 않고 있으나 공소제기의 부당한 지체도 적정절차원리를 실현하여야 할 검사의 윤리적 의무와 관련하여 현실적으로 문제될 수 있다.

위 공소권남용의 유형 중에서 위법수사에 의한 공소제기는 위에서 살펴본 적정절차의 원리와 검사의 윤리에 관한 문제이고, 잔여사건에 대한 공소제기의 문제는 2005년 개정 형법에 의하여 사후적 경합범의 가혹한 처벌을 방지하는 장치를 도입하였고, 또 집행유예의 취소사유를 대폭 제한하여 공소제기로 인한 폐단부분이 상당 부분 해소되었으므로,[51] 여기에서는 이 2가지 유형을 제외하고 나머지에 대해서만 살펴보기로 한다.

우선, 혐의 없는 사건의 공소제기는 검사가 명백하게 혐의 없는 사건을 공소제기하는 것은 현실적으로 거의 상상할 수 없으나, 만약 검사가 미필적으로 어떠한 의도, 예컨대 피의자를 괴롭힐 의도 또는 민사상 피해자의 청탁을 받고 재판과정에서 피해회복을 유도할 의도 등을 가지고 혐의 없음이 명백한 사건을 기소하는 것은 위법한 행위로서 검사의 윤리에 반한다. 검사가 공익의 대표자로서 국민의 기본권을 보장하여야 할 의무가 있고 증거재판주의(형소 307)의 취지상 검사는 유죄의 증명이 가능한 사건만을 공소제기할 권한이 있기 때문이다.

다음, 소추재량을 일탈한 공소제기는 형법 제51조가 규정하는 사항 중 기소방향으로 작용하는 사유가 기소유예방향으로 작용하는 사유에 비하여 객관적으로 경미함에도 불구하고 기소를 하는 것을 의미한다.[52] 이는 앞에서 본 바와 마찬가지로 공소제기가 기소편의주의의 내재적 한계를 넘는 자의적 처분이 명백한 경우에 해당한다면 검사의 윤리에 반한다.

또, 차별적 공소제기는 공소가 제기된 사람이 자신과 동일한 범죄구성요건에 해당하는 행위를 한 다른 사람이 있음에도 불구하고 자신만 공소제기 되었다는 사유만으로는 공소권남용에 해당되지 않을 뿐만 아니라,[53] 동일한 범죄구성요건에 해당되는 자라도 위법성 또는 책임이 조각되는 경우가 있을 수 있

사건에 대한 집행유예의 선고가 불가능하게 될 수 있는데 이러한 경우의 잔여사건에 대한 공소제기가 공소권남용에 해당하지 않는가 하는 문제이다(신동운, 전게서, 412면).

50) 신동운, 전게서, 412면.

51) 신동운, 전게서, 418-419면 참조.

52) 1995. 3. 23. 95헌마5 결정의 재판관 김진우, 이재화, 조승형의 반대의견 참조.

53) 대판 2006. 12. 22. 2006도1623.

고, 또 형법 제51조가 규정하는 사항이 모든 피의자에게 동일할 수 없고, 나아가서는 형법 제51조가 규정하는 사항이 동일하더라도 검사의 합리적 재량의 범위 내에서 형사정책적인 합목적성을 달성하기 위하여 다른 판단을 할 수 있으므로 선별기소를 하였다는 것만으로 공소권남용이라고 인정하기 어려울 것이다.

나아가, 공소제기의 부당한 지체라 함은 관련사건이 이미 기소된 후 수사 중인 사건을 신속하게 수사하여 기소할 수 있음에도 불구하고 그 수사나 기소를 지체하는 것을 말한다. 여기에는 관련사건이 이미 수사 중에 있거나 재판 계속 중인 상황에서 검사가 여죄를 발견하고 그 증명자료를 충분히 확보했음에도 불구하고 그 수사를 지연하여 병합수사 또는 병합심판을 받지 못하게 하는 것을 포함하여 생각할 수 있다. 인권보호수사준칙은 공소제기의 부당한 지체의 문제에 대하여 직접적으로 규정하고 있지 않으나 검사가 사건의 결정을 함에 있어서 "피의자가 관련사건으로 이미 처벌을 받은 경우에는 병합 수사나 재판을 받지 못하여 받게 되는 불이익을 고려한다"(동 준칙58ⅳ)라고 하여 검사가 수사나 공소제기를 지체하여 피의자에게 불이익을 주지 않을 의무를 간접적으로 천명하고 있다고 생각된다. 검사의 사건결정의 실제에 있어서는 검사의 업무 부담, 사건의 중요도, 사건결정의 선후관계 등이 고려될 수밖에 없으므로 수사나 공소제기가 지체되었다는 사유만으로 검사가 위법행위를 하였다거나 윤리에 반한다고 할 수는 없다. 다만 수사나 공소제기의 지체에 부당한 어떠한 의도가 있는 것이 명백한 경우에는 징계사유인 "직무상의 의무를 위반하거나 직무를 게을리하였을 때"(검징2ⅱ)에 해당될 수도 있다.

Ⅴ. 도덕성 · 청렴성

검사 갑은 상습절도죄로 구속송치된 A에 대하여 수사한 결과 송치된 범죄사실 중 일부에 대하여 유죄를 증명하기 어렵고 유죄를 증명할 수 있는 범죄만으로는 상습성을 인정하기 어렵다고 판단하여 절도죄로 구속기소하였다. 그 다음 날 갑자

기 A의 모(母)인 B가 검사 사무실에 나타나서 시가 3만원 상당의 케이크를 내밀면서 "절도죄로만 기소해준 검사님에게 감사하는 마음으로 케이크를 가져 왔습니다"라고 말하였다. 검사 갑은 어떻게 행동하여야 하는가?

검사는 공익의 대표자로서 인간의 존엄과 권리를 보장하고 법치국가적 원리를 실현하여 법의 지배를 확립하여야 할 사명이 있으므로 높은 도덕성과 청렴성을 갖추어야 한다. 검사윤리강령은 전문에서 "검사는 책임을 완수하기 위하여 스스로 높은 도덕성과 윤리의식을 갖추고 투철한 사명감과 책임감을 바탕으로 직무를 수행하여야 한다"라고 선언하는 한편 제4조에서 "검사는 공·사생활에서 높은 도덕성과 청렴성을 유지하고, 명예롭고 품위있게 행동한다"라고 규정하고 수개의 조문을 두어 도덕성과 청렴성에 관한 검사의 의무를 구체화하고 있다.

검사가 형법의 뇌물수수 등 위법행위를 한 때는 물론이고 그러한 위법행위가 아니라도 검사윤리강령의 도덕성과 청렴성에 반하는 행위를 한 경우 그로 인하여 직무상의 의무를 위반하거나 직무를 게을리하는 행위(검징2 ii)에 해당할 수 있고 그렇지 않더라도 검사로서의 체면이나 위신을 손상하는 행위(검징2 iii)에 해당되어 전형적인 징계사유가 될 수 있다.

검사윤리강령이 규정하는 검사의 도덕성과 청렴성에 관한 윤리적 의무의 구체적 내용을 보면 다음과 같다.

검사윤리강령은 제4조에서 "검사는 공·사생활에서 높은 도덕성과 청렴성을 유지하고, 명예롭고 품위있게 행동한다"라고 규정하여, 고도의 도덕성과 청렴성, 명예와 품위의 유지의무를 선언하고 있다. 그리고 「검사윤리강령운영지침」은 도덕성 및 청렴성에 반하는 3가지의 행위를 예시하면서 다음 어느 하나의 행위를 하는 경우 검사윤리강령 제4조의 도덕성과 청렴성 유지의무에 위반한 것으로 간주한다는 규정(동 지침3)까지 둘 정도로 도덕성과 청렴성의 유지를 강조하고 있다. 「검사윤리강령운영지침」의 위 간주행위는 i) 무허가 유흥주점 등 상시 불법행위를 하는 것이 명백한 업소에 출입하는 행위, ii) 자신의 변제능력을 초과하여 제3자를 위하여 채무보증을 서는 행위, iii) 검사윤리강령 제13조의 지휘감독관계에 있는 사법경찰관리나 동 강령 제23조의 지도·감독관계에 있는 검사실 직원 등으로부터 사회 통념상 적절하다고 인정하는 정도를 초과하여 접대를 받는 행위 등이다.

검사는 항상 공·사를 분명히 하고 자기 또는 타인의 부당한 이익을 위하여 그 직무나 지위를 이용해서는 안 되고(검사령16①), 직무와 관련하여 알게 된 사실이나 취득한 자료를 부당한 목적으로 이용해서는 안 된다(동 강령16②).

검사에게 영리행위 등도 금지하고 있다. 즉 검사는 금전상의 이익을 목적으로 하는 업무에 종사하거나 법무부장관의 허가 없이 보수 있는 직무에 종사하는 일을 하지 못하며, 법령에 의하여 허용된 경우를 제외하고는 다른 직무를 겸해서는 안 된다(동 강령17).

또, 검사는 알선·청탁 등을 해서는 안 된다. 다른 검사나 다른 기관에서 취급하는 사건 또는 사무에 관하여 공정한 직무를 저해할 수 있는 알선·청탁이나 부당한 영향력을 미치는 행동을 해서는 안 되고(동 강령18①), 부당한 이익을 목적으로 타인의 법적 분쟁에 관여해서는 안 된다(동 강령18②).

나아가, 검사의 금품수수는 그것이 형법상의 직무에 관한 죄에 해당되지 않는 경우라도 공정성이 의심되거나 저해될 수 있으므로 금지된다. 즉, 검사는 검사윤리강령 제14조에서 규정한 직무 수행의 공정성을 의심받을 우려가 있는 자나 제15조에서 규정한 사건관계인 등으로부터 정당한 이유 없이 금품, 금전상 이익, 향응이나 기타 경제적 편의를 제공받아서는 안 된다.

법무부공고 2007-149호 결정

징계대상자는 울산지방검찰청 검사로서 000이 고리사채업을 하는 것으로 추측하면서도 동인에게 1억원을 투자금으로 맡기고 약 2년 6개월 동안 매월 금 250만원씩 합계금 8,000만원을 이익배당금으로 교부받아 검사로서의 품위를 손상한 혐의 등으로 감봉 2월 결정.

VI. 대외적 의견의 표명과 윤리

검사가 직무와 관련하거나 직무와 관계없이 대외적으로 의견을 표명하는 것은 검사의 공공적 지위 또는 검사직무의 중요성 때문에 경우에 따라서는 형법상의 피의사실의 공표행위(형126) 또는 공무상 비밀누설(형127)이 될 수도 있고 그렇지 않다고 하더라도 검찰권의 공정한 행사에 불필요한 혼란과 오해를 초래하고 검사로서의 체면이나 위신을 손상시킬 수 있으므로 검사윤리강령, 동 운영지침 및 인권보호수사준칙은 검사가 대외적 의견의 표명과 관련해서 준수해야 할 윤리적 의무를 규정하고 있다.

1. 피의사실의 공표

검사가 공소제기 전의 피의사실을 공표하면 형법상 피의사실공표죄의 구성요건에 해당한다(형126). 피의사실의 공표는 범죄수사권을 가진 국가의 수사기관과 같이 인권침해의 소지가 많은 기관이 개인적 명예 등을 침해할 수 있기 때문에 이를 범죄로 규정한 것이다.[54] 따라서 이는 검사가 공소제기 전의 사건에 관하여 공식적으로 피의사실을 공표하는 경우나 사적인 발설을 하더라도 일응 피의사실공표죄가 성립할 수 있고, 특히 검사가 피의사실을 공표하는 것은 국민들에게 그 내용이 진실이라는 강한 신뢰를 부여하고 그로 인하여 피의자나 피해자 나아가 그 주변인물에 대하여 치명적인 피해를 가할 수 있다는 점에 유의해야 한다.

다만, 검사가 검찰의 내부적 의사결정의 절차를 통하여 공식적으로 피의사실을 공표하는 경우에 그 보호법익 중 피의자의 명예 등 인권침해가 문제될 수 있으나 표현의 자유와 국민의 알 권리라는 공익적 법익과 피의자의 명예 등 개인적 법익을 비교형량하여 구체적 상황에 비추어 필요한 최소한도의 공표로서 용인될 수 있다면 정당한 직무집행으로서 위법성이 조각된다고 보아야 한다.[55]

검사는 대법원 판례가 피의사실공표의 위법성조각 여부를 판단함에 있어서 참작하여야 할 사항에 관한 판시내용에 유의하여야 한다. 즉, "원칙적으로 일반 국민들의 정당한 관심의 대상이 되는 사항에 관하여 객관적이고도 충분한 증거나 자료를 바탕으로 한 사실발표에 한정되어야 하고, 이를 발표함에 있어서도 정당한 목적 하에 수사결과를 발표할 수 있는 권한을 가진 자에 의하여 공식의 절차에 따라 행하여져야 하며, 무죄추정의 원칙에 반하여 유죄를 속단하게 할 우려가 있는 표현이나 추측 또는 예단을 불러일으킬 우려가 있는 표현을 피하는 등 그 내용이나 표현방법에 대하여도 유념하지 않으면 안 된다."[56]

---

54) 정웅석 · 백승민, 『형법강의』, 대명출판사, 2009, 1487면.

55) 정웅석 · 백승민, 전게서, 1488면.

검사가 피의사실을 공식적으로 발표함에 있어서는 소속 기관장의 승인을 얻어야 한다. 검사윤리강령은 이에 관하여 "검사는 수사 등 직무와 관련된 사항에 관하여 검사의 직함을 사용하여 대외적으로 그 내용이나 의견을 기고·발표하는 등 공표할 때에는 소속 기관장의 승인을 받는다"(동 강령21)라고 규정하고, 검사윤리강령운영지침도 "강령 제21조에 따라 대외적으로 기고·발표를 할 때에는 공공의 이익에 필요한 최소한의 사항만을 정확하게 알려야 하고 관련자의 명예 또는 권리가 부당하게 침해되지 아니하도록 주의하여야 한다"(동 지침13)라고 규정하고 있다. 즉, 수사 등 직무와 관련된 사항이 피의사실인 경우 소속 기관장에게 보고하여 발표자, 발표내용, 발표방법 등에 관하여 승인을 받아야 한다.

피의사실을 포함한 수사상황의 공개에 관하여는 인권보호수사준칙이 이를 보다 구체적으로 규정하고 있다.

동 준칙은 우선 원칙적으로 수사상황의 공개를 금지하고 예외적인 공개를 허용하고 있다. 즉, 피의자를 기소하기 전에 수사 중인 사건의 혐의사실을 외부에 공개하여서는 안 되고(동 준칙64①), 사건관계인의 소환 여부와 소환 일시, 귀가시간 및 구속영장 집행시간 등 수사상황이나, 구속영장 등 수사관련 서류 및 증거물도 그 사건의 기소 전에 공개해서는 안 된다(동 준칙64②). 그러나 국민의 알권리 보장, 언론사의 과다한 취재경쟁으로 인한 오보의 방지, 범죄로 인한 피해의 방지와 범죄의 예방 등 중대한 공익상의 필요성이 인정되는 경우에는 수사상황을 공개할 수 있고 이 경우에도 그 공개범위는 필요한 최소한의 범위 내여야 한다(동 준칙64③).

동 준칙은 또 수사상황을 공개하여야 할 경우의 공개방법에 관해서 이를 상세히 규정하고 있다. 검사는 수사상황이나 수사결과(이하 '수사상황 등'이라 한다)를 공개하는 경우에 국민의 알권리 보장 등 공익상의 필요성, 사건관계인의 명예나 사생활 보호, 공정한 재판을 받을 권리 보호, 수사의 효율적 수행 등이 조화를 이룰 수 있도록 노력하도록 하고 유의할 사항을 다음과 같이 열거하고 있다(동 준칙65). "ⅰ) 수사상황 등의 공개는 공보담당관이 한다. ⅱ) 수

---

56) 대판 2001. 11. 30. 2000다68474. 이 판결은 기자들 10여 명이 담당 검사를 찾아가자 담당 검사가 사건내용을 설명하면서 그 자리에서 수사기록을 열람할 수 있게 하는 방법으로 피의사실을 공표하여 그 피의사실이 언론에 보도되게 함으로써 원고의 명예를 훼손한 위법행위가 인정되어 국가배상책임을 인정한 판례이다.

사상황 등의 공개는 미리 검찰청의 장의 승인을 받아 작성한 공보자료에 의하여야 한다(다만 긴급을 요하거나 기타 부득이한 사유가 있는 경우에는 그러하지 아니하다). iii) 원칙적으로 사건관계인의 익명을 사용하되 고위공직자, 정치인 등 사회저명인사가 관련되거나 불특정다수의 생명·재산·명예에 관계되는 대형사건으로서 국민의 의혹 또는 불안을 해소하거나 기타 공익을 위하여 불가피한 경우에는 필요 최소한의 범위 내에서 실명을 사용한다, iv) 혐의사실과 직접 관련이 없는 피의자의 인격이나 사생활에 관한 사항, 명예 또는 사생활의 비밀이 침해되거나 보복당할 우려가 있는 피해자 기타 참고인의 신상에 관한 사항은 공개되지 않도록 한다. v) 수사상황 등에 대한 잘못된 보도로 인해 사건관계인의 명예나 사생활의 비밀 등 인권이 침해된 경우에는 정정보도청구, 반론보도청구 등을 통해 사건관계인의 침해된 인권이 회복될 수 있도록 적극 노력한다, vi) 동지침 제64조 제3항에 따라 기소 전에 수사상황을 공개하는 경우에는 유죄의 예단을 불러일으킬 염려가 있는 표현을 사용하여서는 아니 되며, 객관적으로 확인된 사실을 넘어 주관적인 가치평가, 범행동기, 구체적인 방법 등을 포함하여서는 아니 된다" 등이다.

2. 수사비밀의 공표

기본사례 5

○○고등법원의 법관의 처가 범죄의 혐의를 받고 있는 사건에서 그 수사를 지휘하는 ○○지방검찰청의 차장검사 갑은 법관에게 전화하여 그의 처가 고소당한 점, 수사결과에 따라서는 처에 대하여 구속영장을 청구할 수 있다는 점 등을 알려주면서 사실관계를 확인하여 처가 사실을 인정하는 경우 신속히 합의 등의 조치를 취하도록 요구하였다. 갑의 행동이 타당한가?

검사는 물론이고 모든 공무원은 직무상의 비밀유지의무를 부담한다(국가공무원법60). 이 의무를 위반하여 비밀을 누설하면 공무상비밀누설의 범죄행위가 될 수 있다(형127).[57] 따라서 검사가 수사비밀을 누설하면 공무상비밀누설죄의

57) 여기에서 누설은 비밀사항을 모르는 제3자에게 알리는 것이다, 알리는 방법에는 제한이 없다. 작위뿐만 아니라 부작위에 의해서도 가능하다(이재상, 『형법각론』 제5판, 박영사, 2008, 704면).

구성요건에 해당됨을 유의하여야 한다. 수사비밀은 사건에 관한 증거관계, 피의자나 사건관계인의 개인정보 기타 신상에 관한 사항 등이 포함된다. 공무상비밀누설죄에 있어서의 비밀은 실질적으로 그것을 비밀로서 보호할 가치가 있다고 인정할 수 있는 것이어야 하고,[58] 법령에 의하여 비밀로 분류된 것뿐만 아니라 객관적 · 일반적 입장에서 외부에 알리지 않는 것이 국가에게 상당한 이익이 되는 사항도 포함되므로,[59] 수사비밀은 대부분 공무상비밀누설죄에 있어서의 비밀에 해당한다.

검사윤리강령은 검사의 직무상의 비밀유지의무를 다시 확인하고 있다. 즉, "검사는 수사사항, 사건관계인의 개인정보 기타 직무상 파악한 사실에 대하여 비밀을 유지하여야 하며, 전화, 팩스 또는 전자우편 그리고 기타 통신수단을 이용할 때에는 직무상 비밀이 누설되지 않도록 유의"하여야 한다(동 강령22). 여기에서 사건관계인은 검사윤리강령 제3조 제2항에 따라 동 강령운영지침 제8조가 규정하는 사건관계인을 의미한다. 또 검사는 소속 직원이 비밀누설을 하지 않도록 지도 · 감독할 윤리적 책임이 있다. 검사윤리강령은 이에 관하여 "사무실의 검찰공무원, 사법연수생, 기타 자신의 직무에 관여된 공무원 등이 업무상 지득한 비밀을 누설하거나 부당하게 이용하지 못하도록 지도 · 감독하여야 한다"(동 강령23)라고 규정하고 있다. 따라서 검사가 그 지도 · 감독을 게을리하여 소속 직원이 업무상 지득한 비밀을 누설한 경우에는 지도 · 감독을 해태한 책임을 져야 한다.

검사의 수사비밀을 포함한 직무상의 비밀유지의무는 퇴직 후에도 적용되므로,[60] 퇴직 후에도 직무상의 비밀을 누설해서는 안 되고, 그 누설은 명예훼손죄가 될 수 있으므로 회고록의 작성 등 역사적 기술이 필요한 경우에도 관련자가 고위공직자, 정치인 등 사회저명인사가 아닌 한 익명을 사용하여야 한다.

3. 기타 의견의 표명

공판 중인 사건에 관한 법정 밖에서의 의견표명(extrajudicial statement),[61] 사

58) 대판 1996. 5. 10. 95도780.

59) 대판 1981. 7. 28. 81도1172; 1996. 5. 10. 95도780. 다만 학설은 법령에 의하여 비밀로 분류된 것만을 비밀로 보는 것이 통설이다(이재상, 전게서, 703면).

60) 이재상, 전게서, 703면.

건이나 직무에 관한 개인적인 입장(ex parte statement, ex parte reference)[62] 등을 표명해서는 안 된다. 검사는 공익을 대표하고 검찰권이라는 중요한 권한을 행사하기 때문에 그러한 외부기고와 대외적인 의견발표가 검찰권의 공정성에 관한 오해를 초래할 수 있기 때문이다.

검사는 수사 등 직무와 관련된 사항에 관하여 검사의 직함을 사용하여 외부기고를 하거나 대외적으로 의견을 발표해서는 안 된다. 다만, 소속 기관장의 승인을 받은 경우에는 외부기고나 대외적인 의견발표가 가능하다. 검사윤리강령은 이에 대하여 "검사는 수사 등 직무와 관련된 사항에 관하여 검사의 직함을 사용하여 대외적으로 그 내용이나 의견을 기고·발표하는 등 공표할 때에는 소속 기관장의 승인을 받아야 한다"(동 강령21)라고 규정하고 있다. "소속 기관장의 승인을 얻어 외부기고나 대외적인 발표를 하더라도 공공의 이익에 필요한 최소한의 사항만을 정확하게 알려야 하고 관련자의 명예 또는 권리가 부당하게 침해되지 않도록 주의해야 한다"(동 강령운영지침13).

검사윤리강령 제21조는 수사 등 직무와 관련된 사항에 관하여 검사의 직함을 사용하는 경우만을 규정하고 있으나, 수사 등 직무와 관련된 사항에 관하여 개인의 이름만을 사용하는 것도 소속 기관장의 승인이 없으면 허용되지 않는다고 해석하여야 한다. 직무와 관련된 사항에 대하여는 검사의 지위에 있는 이상 개인의 신분과 검사의 신분을 실질적으로 구분할 수 없기 때문이다. 다만, 수사 등 직무와 관련된 사항에 관하여 연구나 학술발표에서 개인의 이름만을 사용하는 경우[63]는 무방하다. 그러나 검사의 직함을 사용하면서 검찰의 의견이 아닌 개인의 견해임을 밝히는 경우에도 그것이 수사 등 직무와 관련된 사항인 한 다시 원칙으로 돌아가서 소속 기관장의 승인을 얻어야 한다고 할 것이다.

검사윤리강령에는 규정하고 있지 않으나 수사 등 직무와 관련된 사항에 관하여는 소속 직원이 함부로 외부기고를 하거나 대외적으로 의견발표를 하지 않도록 지도·감독을 하는 등 상당한 주의를 기울여야 한다.

또, 수사 등 직무와 관련된 사항이 아니라도 사법운영에 관한 사항에 대해

---

61) 황희철, 전게논문, 178면.

62) 황희철, 전게논문, 178면.

63) 연구나 학술발표에서 검사의 직함을 사용하지 않고 검사 개인의 이름만을 사용하는 경우는 거의 없을 것이다.

서 검사의 직함을 사용하여 이를 대외적으로 발표하기 위해서는 소속 기관장의 승인을 얻어야 한다고 해석된다. 검사가 공익의 대표자로서 사법운영과 밀접한 관련이 있는 검찰권을 행사하는 직무에 종사하므로 사법운영에 관한 의견이 대외적으로 발표될 경우 그것이 마치 검찰 전체의 의견으로 비쳐질 수 있고 그 의견이 검찰 조직의 의견과 다를 경우 조직 내에 이견이 있는 것처럼 오해될 수 있기 때문이다.

사법운영에 관한 사항이 아닌 기타 사항에 대해서 개인의 신분으로 기고를 하거나 대외적으로 의견을 발표하는 것은 검사도 국민의 일원으로서 표현의 자유가 있으므로 허용된다고 보아야 한다. 다만, 사법 외적인 사항이 정치에 관한 것이라면 그에 관한 의견표명이 경우에 따라서는 정치운동에 관여하는 행위(검찰청법43ⅱ, 검사령3①)가 될 수 있으므로 유의하여야 한다.

Ⅶ. 검사의 징계

1. 징계 사유

검사가 다음 각 호의 어느 하나에 해당하면 그 검사를 징계한다(검사징계법2).

ⅰ) 「검찰청법」 제43조를 위반하였을 때

ⅱ) 직무상의 의무를 위반하거나 직무를 게을리하였을 때

ⅲ) 직무 관련 여부에 상관없이 검사로서의 체면이나 위신을 손상하는 행위를 하였을 때

2. 징계의 종류

징계는 해임(解任), 면직(免職), 정직(停職), 감봉(減俸) 및 견책(譴責)으로 구분한다(동법3①).

정직은 1개월 이상 6개월 이하의 기간 동안 검사의 직무 집행을 정지시키고 보수를 지급하지 아니하는 것을 말한다. 감봉은 1개월 이상 1년 이하의 기간 동안 보수의 3분의 1 이하를 감액하는 것을 말한다. 견책은 검사로 하여금 직무에 종사하면서 그가 저지른 잘못을 반성하게 하는 것을 말한다.

3. 검사 징계위원회

징계 사건을 심의하기 위하여 법무부에 검사 징계위원회를 둔다(동법4①). 위원회는 위원장 1명을 포함한 7명의 위원으로 구성하고, 예비위원 3명을 둔다.

4. 징계의 청구와 개시

검사 징계위원회의 징계심의는 검찰총장의 청구에 의하여 시작한다(동법7①). 검찰총장은 검사가 제2조 각 호의 어느 하나에 해당하는 행위를 하였다고 인정할 때에는 징계의 청구를 하여야 한다(동조②). 검찰총장인 검사에 대한 징계는 법무부장관이 청구하여야 한다(동조③).

5. 징계부가금

검찰총장이 검사에 대하여 징계를 청구하거나 법무부장관이 검찰총장인 검사에 대하여 징계를 청구하는 경우 그 징계 사유가 금품 및 향응 수수(授受), 공금의 횡령(橫領)·유용(流用)인 경우에는 해당 징계 외에 금품 및 향응 수수액, 공금의 횡령액·유용액의 5배 내의 징계부가금 부과 의결을 검사 징계위원회에 청구하여야 한다(동법7의2). 위 징계부가금의 조정, 감면 및 징수에 관하여는 「국가공무원법」 제78조의2 제2항 및 제3항을 준용한다.

6. 재징계 등의 청구

(1) 검찰총장(검찰총장인 검사에 대한 징계 등의 경우에는 법무부장관을 말한다)은 다음 각 호의 어느 하나에 해당하는 사유로 법원에서 징계 등 처분의 무효 또는 취소 판결을 받은 경우에는 다시 징계 등을 청구하여야 한다. 다만, 아래 제3호의 사유로 무효 또는 취소 판결을 받은 감봉·견책 처분에 대해서는 징계 등을 청구하지 않을 수 있다(동법7의3①).

i) 법령의 적용, 증거 및 사실 조사에 명백한 흠이 있는 경우
ii) 위원회의 구성 또는 징계 등 의결, 그 밖에 절차상의 흠이 있는 경우
iii) 징계양정 및 징계부가금이 과다(過多)한 경우

(2) 검찰총장(검찰총장인 검사에 대한 징계 등의 경우에는 법무부장관을 말한다)은 제1항에 따른 재징계 등을 청구하는 경우에는 법원의 판결이 확정된 날부터 3개월 이내에 검사 징계위원회에 징계 등을 청구하여야 하며, 동 위원회에서는 다른 징계사건에 우선하여 징계 등을 의결하여야 한다.

7. 징계혐의자에 대한 직무정지

검사 징계위원회는 징계청구서의 부본(副本)을 징계혐의자에게 송달하여야 한다(동법8①). 법무부장관은 필요하다고 인정할 때에는 징계혐의자에게 직무집행의 정지를 명할 수 있다. 검찰총장은 해임 또는 면직 사유에 해당한다고 인정되는 사유로 조사 중인 검사에 대하여 징계청구가 예상되고, 그 검사가 직무 집행을 계속하는 것이 현저하게 부적절하다고 인정되는 경우에는, 법무부장관에게 그 검사의 직무 집행을 정지하도록 명하여 줄 것을 요청할 수 있다. 이 경우 법무부장관은 그 요청이 타당하다고 인정할 때에는 2개월의 범위에서 직무 집행의 정지를 명하여야 한다.

☞ [부록 3] 검사징계법 개정안 제8조 참조.

8. 무혐의의결

검사 징계위원회가 징계의 이유가 없다고 의결하였을 때에는 사건을 완결하고, 그 내용을 징계혐의자와 징계청구자에게 알려야 한다(동법21).

9. 징계심의의 정지

징계 사유에 관하여 탄핵의 소추 또는 공소의 제기가 있을 때에는 그 사건이 완결될 때까지 징계심의를 정지한다. 다만, 공소의 제기가 있는 경우로서 징계 사유에 관하여 명백한 증명자료가 있거나, 징계혐의자의 심신상실(心神喪失) 또는 질병 등의 사유로 형사재판 절차가 진행되지 아니할 때에는 징계심의를 진행할 수 있다(동법24).

10. 징계 등 사유의 시효

징계 등은 징계 등의 사유가 있는 날부터 3년(금품 및 향응 수수, 공금의 횡령·유용의 경우에는 5년)이 경과하면 이를 청구하지 못한다(동법25①). 탄핵소추나 공소제기에 따라 징계 절차를 진행하지 못하여 징계의 시효기간이 지나거나 그 남은 기간이 1개월 미만인 경우에는 징계의 시효기간은 공소제기에 따른 사건이 완결된 날부터 1개월이 지난 날에 끝나는 것으로 본다(동조②).

■ 기본사례(해설)

1. 검사 갑으로서는 사건을 재검토하여 자신의 의견이 타당한지를 판단해보고 자신의 의견이 정당하다고 판단되면 상급자를 설득하여야 한다. 설득의 노력에도 불구하고 상급자가 그 견해를 변경하지 않고 검사가 상급자의 견해가 부당하다고 판단되면 직무의 승계 또는 이전을 요청함이 타당하다. 직무의 승계 또는 이전이 되지 않는 경우 그 사건을 기소하는 것이 검사의 양심에 반하여 검사의 직을 수행할 수 없을 정도라면 검사의 직을 사임하여야 할 것이다.
2. 검사는 형사소송에 있어서 피고인의 범죄사실을 주장·입증하여 유죄판결이 선고되게 함으로써 국가형벌권의 적정한 발동을 실현하는 역할을 담당한다. 그러나 다른 한편으로 검사는 공익의 대표자로서 피고인의 정당한 이익을 보호하여야 할 임무가 있다. 실체적 진실에 기초하여 법의 정당한 적용과 집행을 도모하는 것도 공익이므로 참작하여야 할 정상이 있다면 그러한 정상을 기초로 적정한 형벌이 발동되도록 하여야 한다. 따라서 검사로서도 정상증인을 신청하여야 한다.[64]
3. 검사는 공익의 대표자로서 피고인에게도 그 정당한 이익을 보호하여야 한다. 피고인 A의 유죄를 입증할 다른 증거가 없다면 공소취소를 하거나 무죄논고를 함이 타당하다.
4. 검사가 사건을 수사하여 증거법칙에 따라서 송치된 범죄사실을 전부 기소하지 않고 일부만 절도죄로 기소하였다고 하더라도, 그 피의자의 친족으로부터 위와 같은 물품을 수수하는 것은 직무의 공정성을 의심할 수 있는 외관이 형성되므로 수수하지 않는 것이 타당하다.

64) 高中正彦, 전게서, 207, 347면.

5. 검사는 수사사항 등에 대한 비밀을 유지할 의무가 있으므로 검사가 법관의 처에 대한 수사정보를 개시한 것 자체로써 윤리위반이 명백하다.[65]

65) 이는 일본에 있었던 실제 사례로서 차장검사는 본건이 문제된 후 퇴직하였고, 법관은 차장검사로부터 개시받은 수사정보를 처의 변호인에게 전하여 주었는바, 최고재판소는 이에 대하여 법관의 이러한 행위는 수사활동에 구체적으로 영향을 미칠 수 있음이 충분히 예상된다고 지적하면서 법관에 대하여 법관의 공정, 중립에 대한 국민의 신뢰를 해하고 넓게는 법원에 대한 국민의 신뢰를 손상케 하는 것으로 판단하고 있다(最高裁, 平成13.3.30 결정, 小島武司 외 2, 전게서, 283면에서 재인용).

[부 록 1]

변호사윤리장전

1962. 6. 30. 선 포
1973. 5. 26. 개 정
1993. 5. 24. 개 정
1995. 2. 25. 개 정
2000. 7. 4. 전문개정
2014. 2. 24. 전문개정

윤리강령

1. 변호사는 기본적 인권의 옹호와 사회정의의 실현을 사명으로 한다.
2. 변호사는 성실·공정하게 직무를 수행하며 명예와 품위를 보전한다.
3. 변호사는 법의 생활화 운동에 헌신함으로써 국가와 사회에 봉사한다.
4. 변호사는 용기와 예지와 창의를 바탕으로 법률문화향상에 공헌한다.
5. 변호사는 민주적 기본질서의 확립에 힘쓰며 부정과 불의를 배격한다.
6. 변호사는 우애와 신의를 존중하며, 상호부조·협동정신을 발휘한다.
7. 변호사는 국제 법조 간의 친선을 도모함으로써 세계 평화에 기여한다.

윤리 규약

제1장 일반적 윤리

제1조【사명】 ① 변호사는 인간의 자유와 권리를 보호하고 향상시키며, 법을 통한 정의의 실현을 위하여 노력한다.

② 변호사는 공공의 이익을 위하여 봉사하며, 법령과 제도의 민주적 개선에 노력한다.

제2조【기본 윤리】 ① 변호사는 공정하고 성실하게 독립하여 직무를 수행한다.

② 변호사는 그 직무를 행함에 있어서 진실을 왜곡하거나 허위진술을 하지 아니한다.

③ 변호사는 서로 존중하고 예의를 갖춘다.

④ 변호사는 법률전문직으로서 필요한 지식을 탐구하고 윤리와 교양을 높이기 위하여 노력한다.

제2장 직무에 관한 윤리

제3조【회칙 준수 등】 변호사는 법령과 대한변호사협회 및 소속 지방변호사회의 회칙·규칙·규정 등을 준수하고, 그 구성과 활동에 적극 참여한다.

제4조【공익 활동 등】 ① 변호사는 공익을 위한 활동을 실천하며 그에 참여한다.

② 변호사는 국선변호 등 공익에 관한 직무를 위촉받았을 때에는 공정하고 성실하게 직무를 수행하며, 이해관계인 등으로부터 부당한 보수를 받지 아니한다.

제5조【품위유지의무】 변호사는 품위를 유지하고, 명예를 손상하는 행위를 하지 아니한다.

제6조【겸직 제한】 ① 변호사는 보수를 받는 공무원을 겸하지 아니한다. 다만, 법령이 허용하는 경우와 공공기관에서 위촉한 업무를 행하는 경우에는 그러하지 아니하다.

② 변호사는 소속 지방변호사회의 허가 없이 상업 기타 영리를 목적으로 하는 업무를 경영하거나, 이를 경영하는 자의 사용인이 되거나, 또는 영리법인의 업무집행사원·이사 또는 사용인이 될 수 없다.

③ 제1항 및 제2항의 규정은 변호사가 휴업한 때에는 이를 적용하지 아니한다.

제7조【이중 사무소 금지】 변호사는 어떠한 명목으로도 둘 이상의 법률사무소를 둘 수 없다. 다만, 사무공간 부족 등 부득이한 사유가 있어 대한변호사협회가 정하는 바에 따라 인접한 장소에 별도의 사무실을 두고 변호사가 주재하는 경우에는, 본래의 법률사무소와 함께 하나의 사무소로 본다.

제8조【사무직원】 ① 변호사는 사건의 유치를 주된 임무로 하는 사무직원을 채용하지 아니한다.

② 변호사는 사무직원에게 사건유치에 대한 대가를 지급하지 아니한다.

③ 변호사는 사무직원을 채용함에 있어서 다른 변호사와 부당하게 경쟁하거나 신의에 어긋나는 행위를 하지 아니한다.

④ 변호사는 사무직원이 법령과 대한변호사협회 및 소속 지방변호사회의 회칙, 규칙 등을 준수하여 성실히 사무에 종사하도록 지휘·감독한다.

제9조【부당한 사건유치 금지 등】 ① 변호사는 사건의 알선을 업으로 하는 자로부터 사건의 소개를 받거나, 이러한 자를 이용하거나, 이러한 자에게 자기의 명의를 이용하게 하는 일체의 행위를 하지 아니한다.

② 변호사는 어떠한 경우를 막론하고 사건의 소개·알선 또는 유인과 관련하여 소개비, 기타 이와 유사한 금품이나 이익을 제공하지 아니한다.

제10조【상대방 비방 금지 등】 ① 변호사는 상대방 또는 상대방 변호사를 유혹하거나 비방하지 아니한다.

② 변호사는 수임하지 않은 사건에 개입하지 아니하고, 그에 대한 경솔한 비판을 삼간다.

제11조【위법행위 협조 금지 등】 ① 변호사는 의뢰인의 범죄행위, 기타 위법행위에 협조하지 아니한다. 직무수행 중 의뢰인의 행위가 범죄행위, 기타 위법행위에 해당된다고 판단된 때에는 즉시 그에 대한 협조를 중단한다.

② 변호사는 범죄혐의가 희박한 사건의 고소, 고발 또는 진정 등을 종용하지 아니한다.

③ 변호사는 위증을 교사하거나 허위의 증거를 제출하게 하거나 이러한 의심을 받을 행위를 하지 아니한다.

제12조【개인정보의 보호】 변호사는 업무를 수행함에 있어서 개인정보의 보호에 유의한다.

제3장 의뢰인에 대한 윤리

제1절 일반규정

제13조【성실의무】 ① 변호사는 의뢰인에게 항상 친절하고 성실하여야 한다.

② 변호사는 업무처리에 있어서 직업윤리의 범위 안에서 가능한 한 신속하게 의뢰인의 위임목적을 최대한 달성할 수 있도록 노력한다.

제14조【금전거래의 금지】 변호사는 그 지위를 부당하게 이용하여 의뢰인과 금전대여, 보증, 담보제공 등의 금전거래를 하지 아니한다.

제15조【동의 없는 소 취하 등 금지】 변호사는 의뢰인의 구체적인 수권 없이 소 취하, 화해, 조정 등 사건을 종결시키는 소송행위를 하지 아니한다.

제16조【수임 거절 등】 ① 변호사는 의뢰인이나 사건의 내용이 사회 일반으로부터 비난을 받는다는 이유만으로 수임을 거절하지 아니한다.

② 변호사는 노약자, 장애인, 빈곤한 자, 무의탁자, 외국인, 소수자, 기타 사회적 약자라는 이유만으로 수임을 거절하지 아니한다.

③ 변호사는 법원을 비롯한 국가기관 또는 대한변호사협회나 소속 지방변호사회로부터 국선변호인, 국선대리인, 당직변호사 등의 지정을 받거나 기타 임무의 위촉을

받은 때에는, 신속하고 성실하게 이를 처리하고 다른 일반 사건과 차별하지 아니한다. 그 선임된 사건 또는 위촉받은 임무가 이미 수임하고 있는 사건과 이해관계가 상반되는 등 정당한 사유가 있는 경우에는, 그 취지를 알리고 이를 거절한다.

제17조【국선변호인 등】 ① 국선변호인 등 관련 법령에 따라 국가기관에 의하여 선임된 변호사는 그 사건을 사선으로 전환하기 위하여 부당하게 교섭하지 아니한다.

② 의뢰인의 요청에 의해 국선변호인 등이 사선으로 전환한 경우에는 별도로 소송위임장, 변호사선임신고서 등을 제출한다.

제18조【비밀유지 및 의뢰인의 권익보호】 ① 변호사는 직무상 알게 된 의뢰인의 비밀을 누설하거나 부당하게 이용하지 아니한다.

② 변호사는 직무와 관련하여 의뢰인과 의사교환을 한 내용이나 의뢰인으로부터 제출받은 문서 또는 물건을 외부에 공개하지 아니한다.

③ 변호사는 직무를 수행하면서 작성한 서류, 메모, 기타 유사한 자료를 외부에 공개하지 아니한다.

④ 제1항 내지 제3항의 경우에 중대한 공익상의 이유가 있거나, 의뢰인의 동의가 있는 경우 또는 변호사 자신의 권리를 방어하기 위하여 필요한 경우에는, 최소한의 범위에서 이를 공개 또는 이용할 수 있다.

제2절 사건의 수임 및 처리

제19조【예상 의뢰인에 대한 관계】 ① 변호사는 변호사로서의 명예와 품위에 어긋나는 방법으로 예상 의뢰인과 접촉하거나 부당하게 소송을 부추기지 아니한다.

② 변호사는 사무직원이나 제3자가 사건유치를 목적으로 제1항의 행위를 하지 않도록 주의한다.

제20조【수임 시의 설명 등】 ① 변호사는 의뢰인이 사건 위임 여부를 결정할 수 있도록 의뢰인으로부터 제공받은 정보를 기초로 사건의 전체적인 예상 진행과정, 수임료와 비용, 기타 필요한 사항을 설명한다.

② 변호사는 의뢰인이 기대하는 결과를 얻을 가능성이 없거나 희박한 사건을 그 가능성이 높은 것처럼 설명하거나 장담하지 아니한다.

③ 변호사는 상대방 또는 상대방 대리인과 친족관계 등 특수한 관계가 있을 때에는, 이를 미리 의뢰인에게 알린다.

④ 변호사는 사건의 수임을 위하여 재판이나 수사업무에 종사하는 공무원과의 연고 등 사적인 관계를 드러내며 영향력을 미칠 수 있는 것처럼 선전하지 아니한다.

제21조【부당한 사건의 수임금지】 변호사는 위임의 목적 또는 사건처리의 방법이 현저하게 부당한 경우에는 당해 사건을 수임하지 아니한다.

제22조 【수임 제한】 ① 변호사는 다음 각호의 어느 하나에 해당하는 사건을 수임하지 아니한다. 다만, 제3호의 경우 수임하고 있는 사건의 의뢰인이 양해하거나, 제4호의 경우 의뢰인이 양해하거나, 제5호 및 제6호의 경우 관계되는 의뢰인들이 모두 동의하고 의뢰인의 이익이 침해되지 않는다는 합리적인 사유가 있는 경우에는 그러하지 아니하다.

1. 과거 공무원 · 중재인 · 조정위원 등으로 직무를 수행하면서 취급 또는 취급하게 된 사건이거나, 공정증서 작성사무에 관여한 사건
2. 동일한 사건에 관하여 상대방을 대리하고 있는 경우
3. 수임하고 있는 사건의 상대방이 위임하는 다른 사건
4. 상대방 또는 상대방 대리인과 친족관계에 있는 경우
5. 동일 사건에서 둘 이상의 의뢰인의 이익이 서로 충돌하는 경우
6. 현재 수임하고 있는 사건과 이해가 충돌하는 사건

② 변호사는 위임사무가 종료된 경우에도 종전 사건과 실질적으로 동일하거나 본질적으로 관련된 사건에서 대립되는 당사자로부터 사건을 수임하지 아니한다. 다만, 종전 사건과 실질적으로 동일하지 않고 종전 의뢰인이 양해한 경우에는 그러하지 아니하다.

③ 변호사는 의뢰인과 대립되는 상대방으로부터 사건의 수임을 위해 상담하였으나 수임에 이르지 아니하였거나 기타 그에 준하는 경우로서, 상대방의 이익이 침해되지 않는다고 합리적으로 여겨지는 경우에는, 상담 등의 이유로 수임이 제한되지 아니한다.

제23조 【위임장 등의 제출 및 경유】 ① 변호사는 사건을 수임하였을 때에는 소송위임장이나 변호인선임신고서 등을 해당 기관에 제출한다. 이를 제출하지 아니하고는 전화, 문서, 방문, 기타 어떠한 방법으로도 변론활동을 하지 아니한다.

② 변호사는 법률사건 또는 법률사무에 관한 소송위임장이나 변호인선임신고서 등을 공공기관에 제출할 때에는, 사전에 소속 지방변호사회를 경유한다. 다만, 사전에 경유할 수 없는 급박한 사정이 있는 경우에는 사후에 지체 없이 경유 절차를 보완한다.

제24조 【금전 등의 수수】 변호사는 예납금, 보증금 등의 금전 및 증거서류 등의 수수를 명백히 하고, 이로 인한 분쟁이 발생하지 아니하도록 주의한다.

제25조 【다른 변호사의 참여】 ① 변호사는 의뢰인이 다른 변호사에게 해당 사건을 의뢰하는 것을 방해하지 아니한다.

② 변호사는 의뢰인이 변호사를 바꾸고자 할 경우에는 업무의 인수인계가 원활하게 이루어질 수 있도록 합리적인 범위 내에서 협조한다.

제26조 【공동 직무수행】 ① 변호사는 동일한 의뢰인을 위하여 공동으로 직무를 수행

하는 경우에는, 의뢰인의 이익을 위해 서로 협력한다.

② 변호사는 공동으로 직무를 수행하는 다른 변호사와 의견이 맞지 아니하여 의뢰인에게 불이익을 미칠 수 있는 경우에는, 지체 없이 의뢰인에게 이를 알린다.

제27조【의뢰인 간의 이해 대립】 수임 이후에 변호사가 대리하는 둘 이상의 의뢰인 사이에 이해의 대립이 발생한 경우에는, 변호사는 의뢰인들에게 이를 알리고 적절한 방법을 강구한다.

제28조【사건처리 협의 등】 ① 변호사는 의뢰인에게 사건의 주요 경과를 알리고, 필요한 경우에는 의뢰인과 협의하여 처리한다.

② 변호사는 의뢰인의 요청이나 요구가 변호사의 품위를 손상시키거나 의뢰인의 이익에 배치된다고 인정하는 경우에는, 그 이유를 설명하고 이에 따르지 않을 수 있다.

제29조【사건처리의 종료】 변호사는 수임한 사건의 처리가 종료되면, 의뢰인에게 그 결과를 신속히 설명한다.

제30조【분쟁 조정】 변호사는 의뢰인과 직무와 관련한 분쟁이 발생한 경우에는, 소속 지방변호사회의 조정에 의하여 분쟁을 해결하도록 노력한다.

제3절 보 수

제31조【원칙】 ① 변호사는 직무의 공공성과 전문성에 비추어 부당하게 과다한 보수를 약정하지 아니한다.

② 변호사의 보수는 사건의 난이도와 소요되는 노력의 정도와 시간, 변호사의 경험과 능력, 의뢰인이 얻게 되는 이익의 정도 등 제반 사정을 고려하여 합리적으로 결정한다.

제32조【서면계약】 변호사는 사건을 수임할 경우에는 수임할 사건의 범위, 보수, 보수 지급방법, 보수에 포함되지 않는 비용 등을 명확히 정하여 약정하고, 가급적 서면으로 수임계약을 체결한다. 다만, 단순한 법률자문이나 서류의 준비, 기타 합리적인 이유가 있는 경우에는 그러하지 아니하다.

제33조【추가 보수 등】 ① 변호사는 정당한 사유 없이 추가보수를 요구하지 아니한다.

② 변호사는 명백한 서면 약정 없이 공탁금, 보증금, 기타 보관금 등을 보수로 전환하지 아니한다. 다만, 의뢰인에게 반환할 공탁금 등을 미수령 채권과 상계할 수 있다.

③ 변호사는 담당 공무원에 대한 접대 등의 명목으로 보수를 정해서는 아니 되며, 그와 연관된 명목의 금품을 요구하지 아니한다.

제34조【보수 분배 금지 등】 ① 변호사는 변호사 아닌 자와 공동의 사업으로 사건을 수임하거나 보수를 분배하지 아니한다. 다만, 외국법자문사법에서 달리 정하는 경우에는 그러하지 아니하다.

② 변호사는 소송의 목적을 양수하거나, 정당한 보수 이외의 이익분배를 약정하지 아니한다.

제4장 법원, 수사기관, 정부기관, 제3자 등에 대한 윤리

제1절 법원, 수사기관 등에 대한 윤리

제35조【사법권의 존중 및 적법 절차 실현】 변호사는 사법권을 존중하며, 공정한 재판과 적법 절차의 실현을 위하여 노력한다.

제36조【재판절차에서의 진실의무】 ① 변호사는 재판절차에서 의도적으로 허위 사실에 관한 주장을 하거나 허위증거를 제출하지 아니한다.

② 변호사는 증인에게 허위의 진술을 교사하거나 유도하지 아니한다.

제37조【소송 촉진】 변호사는 소송과 관련된 기일, 기한 등을 준수하고, 부당한 소송 지연을 목적으로 하는 행위를 하지 아니한다.

제38조【영향력 행사 금지】 변호사는 개인적 친분 또는 전관관계를 이용하여 직접 또는 간접으로 법원이나 수사기관 등의 공정한 업무 수행에 영향을 미칠 행위를 하지 아니한다.

제39조【사건 유치 목적의 출입 금지】 변호사는 사건을 유치할 목적으로 법원, 수사기관, 교정기관 및 병원 등에 직접 출입하거나 사무원 등으로 하여금 출입하게 하지 아니한다.

제40조【공무원으로부터의 사건 소개 금지】 변호사는 법원, 수사기관 등의 공무원으로부터 해당 기관의 사건을 소개받지 아니한다.

제2절 정부기관에 대한 윤리

제41조【비밀 이용 금지】 변호사는 공무를 수행하면서 알게 된 정부기관의 비밀을 업무처리에 이용하지 아니한다.

제42조【겸직 시 수임 제한】 변호사는 공정을 해할 우려가 있을 때에는, 겸직하고 있는 당해 정부기관의 사건을 수임하지 아니한다.

제3절 제3자에 대한 윤리

제43조【부당한 이익 수령 금지】 변호사는 사건의 상대방 또는 상대방이었던 자로부터 사건과 관련하여 이익을 받거나 이를 요구 또는 약속받지 아니한다.

제44조【부당한 이익 제공 금지】 변호사는 사건의 상대방 또는 상대방이었던 자에게 사건과 관련하여 이익을 제공하거나 약속하지 아니한다.

제45조【대리인 있는 상대방 당사자와의 직접교섭 금지】 변호사는 수임하고 있는 사건의 상대방 당사자에게 변호사 또는 법정대리인이 있는 경우에는, 그 변호사 또는 법정대리인의 동의나 기타 다른 합리적인 이유가 없는 한 상대방 당사자와 직접 접촉하거나 교섭하지 아니한다.

제5장 업무 형태

제1절 법무법인 등

제46조【법무법인 등의 구성원, 소속 변호사의 규정 준수 의무】 ① 변호사법에 의한 법무법인, 법무법인(유한), 법무조합 및 대한변호사협회 회칙에서 정한 공증인가합동법률사무소 및 공동법률사무소(이하 '법무법인 등'이라고 한다)의 구성원, 소속 변호사는 이 절의 규정을 준수한다.

② 구성원 변호사는 소속 변호사가 변호사 업무의 수행에 관련하여 이 절의 규정을 준수하도록 노력한다.

③ 변호사는 다른 변호사의 지시에 따라 업무를 수행하는 경우에도 이 절의 규정을 준수한다.

④ 소속 변호사는 그 업무수행이 이 절의 규정에 위반되는 것인지 여부에 관하여 이견이 있는 경우, 그 업무에 관하여 구성원 변호사의 합리적인 결론에 따른 때에는 이 절의 규정을 준수한 것으로 본다.

제47조【비밀유지의무】 법무법인 등의 구성원 변호사 및 소속 변호사는 정당한 이유가 없는 한 다른 변호사가 의뢰인과 관련하여 직무상 비밀유지의무를 부담하는 사항을 알게 된 경우에는, 이를 누설하거나 이용하지 아니한다. 이는 변호사가 해당 법무법인 등으로부터 퇴직한 경우에도 같다.

제48조【수임 제한】 ① 제22조 및 제42조의 규정은 법무법인 등이 사건을 수임하는 경우에 준용한다. 다만, 제2항에서 달리 정하는 경우는 제외한다.

② 법무법인 등의 특정 변호사에게만 제22조 제1항 제4호 또는 제42조에 해당하는

사유가 있는 경우, 당해 변호사가 사건의 수임 및 업무수행에 관여하지 않고 그러한 사유가 법무법인 등의 사건처리에 영향을 주지 아니할 것이라고 볼 수 있는 합리적 사유가 있는 때에는 사건의 수임이 제한되지 아니한다.

③ 법무법인 등은 제2항의 경우에 당해 사건을 처리하는 변호사와 수임이 제한되는 변호사들 사이에 당해 사건과 관련하여 비밀을 공유하는 일이 없도록 합리적인 조치를 취한다.

제49조【수임 관련 정보의 관리】 법무법인 등은 전조의 규정에 의해 수임이 제한되는 사건을 수임하지 않도록 의뢰인, 상대방 당사자, 사건명 등 사건 수임에 관한 정보를 관리하고, 필요한 합리적인 범위 내에서 사건 수임에 관한 정보를 구성원 변호사들이 공유할 수 있도록 적절한 조치를 취한다.

제50조【동일 또는 유사 명칭의 사용 금지】 변호사법에서 정한 바에 따라서 설립된 법무법인, 법무법인(유한), 법무조합이 아닌 변호사의 사무소는 그와 동일 또는 유사한 명칭을 사용하지 아니한다.

제2절 기 타

제51조【사내변호사의 독립성】 정부, 공공기관, 비영리단체, 기업, 기타 각종의 조직 또는 단체 등(단, 법무법인 등은 제외한다. 이하 '단체 등'이라 한다)에서 임원 또는 직원으로서 법률사무 등에 종사하는 변호사(이하 '사내변호사'라 한다)는 그 직무를 수행함에 있어 독립성의 유지가 변호사로서 준수해야 하는 기본 윤리임을 명심하고, 자신의 직업적 양심과 전문적 판단에 따라 업무를 성실히 수행한다.

제52조【사내변호사의 충실의무】 사내변호사는 변호사윤리의 범위 안에서 그가 속한 단체 등의 이익을 위하여 성실히 업무를 수행한다.

제53조【중립자로서의 변호사】 ① 변호사는 자신의 의뢰인이 아닌 당사자들 사이의 분쟁 등의 해결에 관여하는 경우에 중립자로서의 역할을 수행한다. 중립자로서 변호사가 행하는 사무에는 중재자, 조정자로서 행하는 사무 등을 포함한다.

② 중립자로서 역할을 수행하는 변호사는 당사자들에게 자신이 그들을 대리하는 것이 아님을 적절히 설명한다.

제54조【증인으로서의 변호사】 ① 변호사는 스스로 증인이 되어야 할 사건을 수임하지 아니한다. 다만, 다음 각호의 1에 해당하는 경우에는 그러하지 아니하다.

1. 명백한 사항들과 관련된 증언을 하는 경우
2. 사건과 관련하여 본인이 제공한 법률사무의 내용에 관한 증언을 하는 경우
3. 사건을 수임하지 아니함으로써 오히려 의뢰인에게 불리한 영향을 미치는 경우

② 변호사는 그가 속한 법무법인 등의 다른 변호사가 증언함으로써 의뢰인의 이익

이 침해되거나 침해될 우려가 있을 경우에는 당해 사건에서 변호사로서의 직무를 수행하지 아니한다.

부 칙

제1조 【시행일】 이 윤리장전은 공포한 날부터 시행한다.

제2조 【경과조치】 이 윤리장전은 종전의 윤리장전 위반을 이유로 하여 이 윤리장전 시행 당시 계속 중이거나 이 윤리장전 시행 후에 개시되는 징계사건에도 적용한다. 다만 종전의 규정이 징계혐의자에게 유리한 경우에는 그러하지 아니하다.

한변호사협회의 장이 추천하 :, 법학 교수 1명 및 경험과 덕 이 있는 자로서 변호사가 아 자 2명 〈내용 개정〉	4. 대한변호사협회의 장이 추천하는, 법학 교수 1명 및 경험과 덕망이 있는 자로서 변호사의 자격이 없는 자 2명	대한변호사협회에 등록한 변호사와 등록하지 않은 변호사 자격 있는 자의 명칭 구분 명확화
조(보고 등) 대한변호사협회는 사의 등록 및 등록거부, 소속 등록 및 그 거부, 개업, 사무소 , 휴업 및 등록취소에 관한 사 지체 없이 소속 지방변호사 통지하고 법무부장관에게 보 여야 한다. 〈내용 개정〉	**제20조(보고 등)** 대한변호사협회는 변호사 또는 변호사의 자격이 있는 자의 등록 및 등록거부, 소속 변경등록 및 그 거부, 개업, 사무소 이전, 휴업 및 등록취소에 관한 사항을 지체 없이 소속 지방변호사회에 통지하고 법무부장관에게 보고하여야 한다.	대한변호사협회에 등록한 변호사와 등록하지 않은 변호사 자격 있는 자의 명칭 구분 명확화
조의2(법률사무소 개설 요건) 제4조제3호에 따른 변호사 산(通算)하여 6개월 이상 다 호의 어느 하나에 해당하는 등(이하 "법률사무종사기관" 한다)에서 법률사무에 종사 나 연수(제6호에 한정한다)를 지 아니하면 단독으로 법률사 를 개설하거나 법무법인, 법 인(유한) 및 법무조합의 구성 될 수 없다. 다만, 제3호 및 는 통산하여 5년 이상 「법원 법」 제42조 제1항 각 호의 어 나에 해당하는 직에 있었던 경 이상이 재직하는 기관 중 부장관이 법률사무에 종사가 하다고 지정한 곳에 한정한 본문 및 3, 5호 개정〉	**제21조의2(법률사무소 개설 요건 등)** ① 제4조 제3호에 따른 변호사의 자격이 있는 자는 통산(通算)하여 6개월 이상 다음 각 호의 어느 하나에 해당하는 기관 등(이하 "법률사무수습기관"이라 한다)에서 법률사무를 수습하거나 연수(제6호에 한정한다)를 마쳐야 한다. 다만, 제3호 및 제4호는 통산하여 5년 이상 「법원조직법」 제42조 제1항 각 호의 어느 하나에 해당하는 직에 있었던 자 1명 이상이 재직하는 기관 중 법무부장관이 법률사무 수습이 가능하다고 지정한 곳에 한정한다.	
회, 법원, 헌법재판소, 검찰청 률구조법」에 따른 대한법률	1. 국회, 법원, 헌법재판소, 검찰청 2. 「법률구조법」에 따른 대한법률	

[부 록 2]

2014. 11. 4. 입법 예고된 변호사

현 행	개 정 안
제5조(변호사의 결격사유) 다음 각 호의 어느 하나에 해당하는 자는 변호사가 될 수 없다. <u>〈7호 개정〉</u>	**제5조(변호사의 결격사유)** 다 호의 어느 하나에 해당하는 변호사가 될 수 없다.
<u>7. 금치산자 또는 한정치산자</u>	<u>7. 피성년후견인 또는 피한 인</u>
제7조(자격등록) ① 변호사로서 개업을 하려면 대한변호사협회에 등록을 하여야 한다. <u>〈단서 신설〉</u>	**제7조(자격등록)** ① 변호사 업을 하려면 대한변호사협 록을 하여야 한다. <u>다만, 제 3호에 따라 변호사의 자격 한 자는 등록신청 전에 제 에 따라 법률사무를 수습 연수를 마쳐야 한다.</u>
제8조(등록거부) ⑤ 법무부장관은 제4항의 이의신청이 이유 있다고 인정할 때에는 대한변호사협회에 그 <u>변호사의</u> 등록을 명하여야 한다. <u>〈내용 개정〉</u>	**제8조(등록거부)** ⑤ 법무부장관은 제4항의 청이 이유 있다고 인정할 대한변호사협회에 그 <u>신청</u> 록을 명하여야 한다.
제10조(등록심사위원회의 구성) ① 등록심사위원회는 다음 각 호의 위원으로 구성한다.	**제10조(등록심사위원회의** 등록심사위원회는 다음 위원으로 구성한다.

현행	개정안
구조공단, 「정부법무공단법」에 따른 정부법무공단	구조공단, 「정부법무공단법」에 따른 정부법무공단
3. 법무법인, 법무법인(유한), 법무조합, 법률사무소	3. 법률사무소, 법무법인, 법무법인(유한), 법무조합
4. 국가기관, 지방자치단체와 그 밖의 법인, 기관 또는 단체	4. 국가기관, 지방자치단체와 그 밖의 법인, 기관 또는 단체
5. 국제기구, 국제법인, 국제기관 또는 국제단체 중에서 법무부장관이 법률사무에 종사가 가능하다고 지정한 곳	5. 국제기구, 국제법인, 국제기관 또는 국제단체 중에서 법무부장관이 법률사무 수습이 가능하다고 지정한 곳
6. 대한변호사협회	6. 대한변호사협회
② 대한변호사협회는 제1항 제3호에 따라 지정된 법률사무종사기관에 대하여 대한변호사협회 회칙으로 정하는 바에 따라 연수를 위탁하여 실시할 수 있다. 〈내용 개정〉	② 대한변호사협회는 제1항 제3호에 따라 지정된 법률사무수습기관에 대하여 대한변호사협회 회칙으로 정하는 바에 따라 연수를 위탁하여 실시할 수 있다.
③ 제4조 제3호에 따른 변호사가 제1항에 따라 단독으로 법률사무소를 최초로 개설하거나 법무법인, 법무법인(유한) 또는 법무조합의 구성원이 되려면 법률사무종사기관에서 제1항의 요건에 해당한다는 사실을 증명하는 확인서(제1항 제6호의 연수는 제외한다)를 받아 지방변호사회를 거쳐 대한변호사협회에 제출하여야 한다. 〈내용 개정〉	③ 제4조 제3호에 따른 변호사의 자격이 있는 자가 제7조 제1항에 따른 등록을 하려면 법률사무수습기관에서 제1항의 요건에 해당한다는 사실을 증명하는 확인서(제1항 제6호의 연수는 제외한다)를 받아 지방변호사회를 거쳐 대한변호사협회에 제출하여야 한다.
④ 법률사무종사기관은 제1항에 따른 종사 또는 연수의 목적을 달성하기 위하여 종사하거나 연수를 받는 변호사의 숫자를 적정하게 하는 등 필요한 조치를 하여야 한다. 〈내용 개정〉	④ 법률사무수습기관은 제1항에 따른 수습 또는 연수의 목적을 달성하기 위하여 수습하거나 연수를 받는 변호사의 자격이 있는 자들의 숫자를 적정하게 하는 등 필요한 조치를 하여야 한다.

⑤ 법무부장관은 제1항 단서에 따라 지정된 법률사무종사기관에 대하여 필요하다고 인정하면 종사 현황 등에 대한 서면조사 또는 현장조사를 실시할 수 있고, 조사 결과 원활한 법률사무 종사를 위하여 필요하다고 인정하면 개선 또는 시정을 명령할 수 있다. 〈내용 개정〉	⑤ 법무부장관은 제1항 단서에 따라 지정된 법률사무수습기관에 대하여 필요하다고 인정하면 수습 현황 등에 대한 서면조사 또는 현장조사를 실시할 수 있고, 조사 결과 원활한 법률사무 수습을 위하여 필요하다고 인정하면 개선 또는 시정을 명령할 수 있다.
⑥ (생략)	⑥ (현행과 같음)
⑦ 법무부장관은 제1항 단서에 따라 지정된 법률사무종사기관이 다음 각 호의 어느 하나에 해당하면 그 지정을 취소할 수 있다. 다만, 제1호에 해당하는 경우에는 취소하여야 한다. 〈본문 및 2호 개정〉	⑦ 법무부장관은 제1항 단서에 따라 지정된 법률사무수습기관이 다음 각 호의 어느 하나에 해당하면 그 지정을 취소할 수 있다. 다만, 제1호에 해당하는 경우에는 취소하여야 한다.
2. 제1항 단서의 지정 요건을 갖추지 못한 경우로서 3개월 이내에 보충하지 아니한 경우. 이 경우 제4조 제3호에 따른 변호사가 법률사무에 계속하여 종사한 경우 보충될 때까지의 기간은 법률사무종사기관에서 법률사무에 종사한 기간으로 본다.	2. 제1항 단서의 지정 요건을 갖추지 못한 경우로서 3개월 이내에 보충하지 아니한 경우. 이 경우 제4조 제3호에 따른 변호사 자격이 있는 자가 법률사무를 계속하여 수습한 경우 보충될 때까지의 기간은 법률사무수습기관에서 법률사무를 수습한 기간으로 본다.
⑧ ~ ⑩ (생략)	⑧ ~ ⑩ (현행과 같음)
⑪ 제1항 단서에 따라 지정된 같은 항 제3호의 법률사무종사기관은 같은 항 제6호에 따른 대한변호사협회의 연수에 필요한 요구에 협조하여야 한다. 〈내용 개정〉	⑪ 제1항 단서에 따라 지정된 같은 항 제3호의 법률사무수습기관은 같은 항 제6호에 따른 대한변호사협회의 연수에 필요한 요구에 협조하여야 한다.
⑫ 제1항부터 제11항까지의 규정 외에 법률사무종사기관의 지정 및	⑫ 제1항부터 제11항까지의 규정 외에 법률사무수습기관의 지정 및

취소의 절차와 방법, 지도·감독 등 필요한 사항은 대통령령으로 정한다. 〈내용 개정〉	취소의 절차와 방법, 지도·감독 등 필요한 사항은 대통령령으로 정한다.	
제22조(사무직원) ② 변호사는 다음 각 호의 어느 하나에 해당하는 자를 제1항에 따른 사무직원으로 채용할 수 없다. 〈3호 개정〉	**제22조(사무직원)** ② 변호사는 다음 각 호의 어느 하나에 해당하는 자를 제1항에 따른 사무직원으로 채용할 수 없다.	
3. 금치산자 또는 한정치산자	3. 피성년후견인 또는 피한정후견인	
④ 지방변호사회의 장은 관할 지방검찰청 검사장에게 소속 변호사의 사무직원 채용과 관련하여 제2항에 따른 전과(前科) 사실의 유무에 대한 조회를 요청할 수 있다. 〈본문 개정 및 각호 신설〉	④ 지방변호사회의 장은 다음 각 호의 자에게 소속 변호사의 사무직원 채용과 관련하여 제2항에 따른 전과(前科) 사실 등의 유무에 대한 조회를 요청할 수 있다.	사무직원의 징계 사실 및 피후견인여부에 대한 조회 근거 규정 및 피조회기관의 회신의무 부과
〈신 설〉	1. 전과 사실에 관하여는 관할 지방검찰청 검사장	
〈신 설〉	2. 징계 사실에 관하여는 채용 대상자가 근무한 기관의 장	
〈신 설〉	3. 피후견인 여부에 관하여는 관할 가정법원장	
⑤ 제4항에 따른 요청을 받은 지방검찰청 검사장은 전과 사실의 유무를 조회하여 그 결과를 회신할 수 있다. 〈내용 개정〉	⑤ 제4항에 따른 요청을 받은 지방검찰청 검사장 등은 전과 사실 등의 유무를 조회하여 그 결과를 회신하여야 한다.	
제23조(광고) ① 변호사·법무법인·법무법인(유한) 또는 법무조합(이하 이 조에서 "변호사 등"이라 한다)은 자기 또는 그 구성원의 학력, 경력, 주요 취급 업무, 업무 실적, 그 밖에 그 업무의 홍보에 필	**제23조(광고)** ① 변호사·법률사무소·법무법인·법무법인(유한) 또는 법무조합(이하 이 조에서 "변호사 등"이라 한다)은 자기 또는 그 구성원의 학력, 경력, 주요 취급 업무, 업무 실적, 제23조의2에 따	2010년부터 대한변호사협회가 운영중인 변호사 전문분야 등록제도를 법제화하고, 미등록자의

요한 사항을 신문 · 잡지 · 방송 · 컴퓨터통신 등의 매체를 이용하여 광고할 수 있다. 〈내용 개정〉	라 등록한 전문분야 및 그 밖에 그 업무의 홍보에 필요한 사항을 신문 · 잡지 · 방송 · 컴퓨터통신 등의 매체를 이용하여 광고할 수 있다.	전문분야 표방을 금지하여, 국민들이 믿고 변호사를 선택할 수 있는 기회를 제공
② 변호사 등은 다음 각 호의 어느 하나에 해당하는 광고를 하여서는 아니 된다. 〈3호 개정〉	② 변호사 등은 다음 각 호의 어느 하나에 해당하는 광고를 하여서는 아니 된다.	
3. 객관적 사실을 과장하거나 사실의 일부를 누락하는 등 소비자를 오도(誤導)하거나 소비자에게 오해를 불러일으킬 우려가 있는 내용의 광고	3. 제23조의2에 따라 전문분야 등록을 하지 아니한 자가 '전문변호사', '전문분야', '전문영역' 등의 방식으로 '전문' 표시를 하는 등 객관적 사실을 과장하거나 사실의 일부를 누락하는 등 소비자를 오도(誤導)하거나 소비자에게 오해를 불러일으킬 우려가 있는 내용의 광고	
〈신 설〉	제23조의2(전문분야의 등록) ① 일정한 전문분야에 대하여 특별한 지식과 경험을 취득한 변호사는 대한변호사협회에 전문분야의 등록을 신청할 수 있다. ② 전문분야의 등록기간은 5년으로 하되, 이를 갱신할 수 있다. ③ 대한변호사협회의 장은 변호사 선임의 편의를 도모하기 위하여 변호사의 전문분야에 관한 정보를 대한변호사협회가 운영하는 인터넷 홈페이지에 공개하여야 한다. ④ 등록할 수 있는 전문분야의 지정, 등록요건, 심사절차, 갱신요건, 등록 취소, 등록 비용, 등록 또는 갱신 신청의 거부 및 등록 취소	

	에 대한 이의절차, 등록정보의 공개 범위 및 시행방법 등 전문분야의 등록에 관하여 필요한 사항은 대한변호사협회가 정한다.	
〈신 설〉	제23조의3(전문분야심사위원회) ① 대한변호사협회장은 전문분야 등록신청에 대한 심사를 위하여 전문분야별로 전문분야심사위원회를 둔다. ② 각 전문분야심사위원회는 최소 3인의 위원으로 구성되며, 예비위원을 둘 수 있다. ③ 대한변호사협회는 전문분야 등록신청에 대한 결정을 함에 있어 해당 전문분야심사위원회의 의견을 참고하여야 한다. ④ 전문분야심사위원회의 구성 및 운영에 관하여 필요한 사항은 대한변호사협회가 정한다.	
제31조의2(변호사시험합격자의 수임제한) ① 제4조 제3호에 따른 변호사는 법률사무종사기관에서 통산하여 6개월 이상 법률사무에 종사하거나 연수를 마치지 아니하면 사건을 단독 또는 공동으로 수임[제50조 제1항, 제58조의16 또는 제58조의30에 따라 법무법인·법무법인(유한) 또는 법무조합의 담당변호사로 지정하는 경우를 포함한다]할 수 없다. ② 제4조 제3호에 따른 변호사가 최초로 단독 또는 공동으로 수임하는 경우에 관하여는 제21조의2 제3항을 준용한다.	〈삭 제〉	

〈신 설〉	제32조의2(금품의 분리 · 보관) ① 변호사는 의뢰인을 위하여 보관하는 금품을 자신의 고유재산과 별도로 보관하여야 한다. ② 제1항에 따른 금품의 종류, 보관방법, 그 밖에 필요한 사항은 대한변호사협회가 정한다.	변호사 자신의 재산과 의뢰인을 위하여 보관하는 금품을 분리 · 보관하도록 하는 의무를 부과하여, 업무상횡령 등 변호사 비위 감소 기대
제52조(구성원 등의 업무 제한) ② 법무법인의 구성원이었거나 구성원 아닌 소속 변호사이었던 자는 법무법인의 소속 기간 중 그 법인이 상의를 받아 수임을 승낙한 사건에 관하여는 변호사의 업무를 수행할 수 없다. 〈단서 신설〉	**제52조(구성원 등의 업무 제한)** ② 법무법인의 구성원이었거나 구성원 아닌 소속 변호사이었던 자는 법무법인의 소속 기간 중 그 법인이 상의를 받아 수임을 승낙한 사건에 관하여는 변호사의 업무를 수행할 수 없다. 다만, 법인의 동의를 받은 경우는 그러하지 아니하다.	법무법인 등의 구성원 또는 소속변호사이었던 자가 법무법인 등의 동의를 받은 경우 해당 법무법인 등의 사건을 수임할 수 있다는 점을 명문화
제57조(준용규정) 법무법인에 관하여는 제22조, 제27조, 제28조, 제28조의2, 제29조, 제29조의2, 제30조, 제31조 제1항, 제32조부터 제37조까지, 제39조 및 제10장을 준용한다. 〈내용 개정〉	**제57조(준용규정)** 법무법인에 관하여는 제21조, 제22조, 제27조, 제28조, 제28조의2, 제29조, 제29조의2, 제30조, 제31조 제1항, 제32조부터 제37조까지, 제39조를 준용한다.	법무법인 등도 복수사무소를 설치할 수 있음을 명문화
제58조(다른 법률의 준용) ① 법무법인에 관하여 이 법에 정한 것 외에는 「상법」 중 합명회사에 관한 규정을 준용한다. 〈내용 개정〉	**제58조(다른 법률의 준용)** ① 법무법인에 관하여 이 법에 정한 것 외에는 「상법」 중 합명회사에 관한 규정(「상법」 제213조는 제외한다)을 준용한다.	법무법인 구성원 가입 전 발생한 법인 채무에 대하여 무한 책임을 부담하던 것을 자신이 가입 후 발생한 책임만 부담하는 것

		으로 축소
제58조의6(구성원 등) ① 법무법인(유한)은 7명 이상의 변호사로 구성하며, 그중 2명 이상이 통산하여 10년 이상 「법원조직법」 제42조 제1항 각 호의 어느 하나에 해당하는 직에 있었던 자이어야 한다. 〈내용 개정〉	**제58조의6(구성원 등)** ① 법무법인(유한)은 5명 이상의 변호사로 구성하며, 그중 2명 이상이 통산하여 5년 이상 「법원조직법」 제42조 제1항 각 호의 어느 하나에 해당하는 직에 있었던 자이어야 한다.	법무법인(유한)· 설립요건 완화 및 그로 인한 설립 증가로 법률소비자 보호에 긍정적 기대
제58조의7(자본 총액 등) ① 법무법인(유한)의 자본 총액은 5억원 이상이어야 한다. 〈내용 개정〉	**제58조의7(자본 총액 등)** ① 법무법인(유한)의 자본 총액은 1억원 이상이어야 한다.	
④ 법무법인(유한)은 직전 사업연도 말 대차대조표의 자산 총액에서 부채 총액을 뺀 금액이 5억원에 미달하면 부족한 금액을 매 사업연도가 끝난 후 6개월 이내에 증자를 하거나 구성원의 증여로 보전(補塡)하여야 한다. 〈내용 개정〉	④ 법무법인(유한)은 직전 사업연도 말 대차대조표의 자산 총액에서 부채 총액을 뺀 금액이 1억원에 미달하면 부족한 금액을 매 사업연도가 끝난 후 6개월 이내에 증자를 하거나 구성원의 증여로 보전(補塡)하여야 한다.	
제58조의16(준용규정) 법무법인(유한)에 관하여는 제22조, 제27조, 제28조, 제28조의2, 제29조, 제29조의2, 제30조, 제31조 제1항, 제32조부터 제37조까지, 제39조, 제44조, 제46조부터 제52조까지, 제53조 제2항 및 제10장을 준용한다. 〈내용 개정〉	**제58조의16(준용규정)** 법무법인(유한)에 관하여는 제21조, 제22조, 제27조, 제28조, 제28조의2, 제29조, 제29조의2, 제30조, 제31조 제1항, 제32조부터 제37조까지, 제39조, 제44조, 제46조부터 제52조까지, 제53조 제2항을 준용한다.	
제58조의17(다른 법률의 준용) ① 법무법인(유한)에 관하여 이 법에 정한 것 외에는 「상법」 중 유한회사에 관한 규정(「상법」 제545조는 제외한다)을 준용한다. 〈내용 개정〉	**제58조의17(다른 법률의 준용)** ① 법무법인(유한)에 관하여 이 법에 정한 것 외에는 「상법」 중 유한회사에 관한 규정을 준용한다.	
제58조의22(구성원 등) ① 법무조	**제58조의22(구성원 등)** ① 법무조	법무조합 설립요

합은 7명 이상의 변호사로 구성하며, 그중 2명 이상이 통산하여 10년 이상 「법원조직법」 제42조 제1항 각 호의 어느 하나에 해당하는 직에 있었던 자이어야 한다. 〈내용 개정〉	합은 5명 이상의 변호사로 구성하며, 그중 2명 이상이 통산하여 5년 이상 「법원조직법」 제42조 제1항 각 호의 어느 하나에 해당하는 직에 있었던 자이어야 한다.	건 완화 및 그로 인한 설립 증가로 법률소비자 보호에 긍정적 기대
제58조의30(준용규정) 법무조합에 관하여는 제22조, 제27조, 제28조, 제28조의2, 제29조, 제29조의2, 제30조, 제31조 제1항, 제32조부터 제37조까지, 제39조, 제44조, 제46조부터 제52조까지, 제53조 제2항, 제58조의9 제1항, 제58조의12 및 제10장을 준용한다. 〈내용 개정〉	**제58조의30(준용규정)** 법무조합에 관하여는 제21조, 제22조, 제27조, 제28조, 제28조의2, 제29조, 제29조의2, 제30조, 제31조 제1항, 제32조부터 제37조까지, 제39조, 제44조, 제46조부터 제52조까지, 제53조 제2항, 제58조의9 제1항, 제58조의12를 준용한다.	
제77조의2(비밀 준수) 지방변호사회의 임직원이거나 임직원이었던 자는 법률에 특별한 규정이 있는 경우가 아니면 제28조의2, 제89조의4 제1항 및 제89조의5 제1항에 관한 업무처리와 관련하여 알게 된 비밀을 누설하여서는 아니 된다. 〈내용 개정〉	**제77조의2(비밀 준수)** 지방변호사회의 임직원이거나 임직원이었던 자는 법률에 특별한 규정이 있는 경우가 아니면 업무처리와 관련하여 알게 된 비밀을 누설하여서는 아니 된다.	지방변호사회 임직원 등의 비밀준수 관련 규정 정비
제85조(변호사의 연수) ① 변호사는 변호사의 전문성과 윤리의식을 높이기 위하여 대한변호사협회가 실시하는 연수교육(이하 "연수교육"이라 한다)을 대통령령으로 정하는 시간 이상 받아야 한다. 다만, 다음 각 호의 어느 하나에 해당하는 경우에는 그러하지 아니하다. 〈내용 개정〉	**제85조(변호사의 연수)** ① 변호사는 변호사의 전문성과 윤리의식을 높이기 위하여 대한변호사협회가 실시하는 연수교육(이하 "연수교육"이라 한다)을 받아야 한다. 다만, 다음 각 호의 어느 하나에 해당하는 경우에는 그러하지 아니하다.	변호사 의무 연수교육시간을 대통령령에 위임하던 것을 대한변호사협회가 자율적으로 정하도록 하고, 변호사 의무 연수교육에 기존 윤리교육과 함께 인권교육

		을 추가
④ 연수교육에는 법조윤리 과목이 포함되어야 한다. 〈내용 개정〉	④ 연수교육에는 법조윤리 및 인권교육 과목이 포함되어야 한다.	
⑤ 연수교육의 방법 · 절차, 연수교육을 위탁받을 수 있는 기관 · 단체의 지정 절차 및 지정 기준 등에 관하여 필요한 사항은 대한변호사협회가 정한다. 〈내용 개정〉	⑤ 연수교육의 시간 · 방법 · 절차, 연수교육을 위탁받을 수 있는 기관 · 단체의 지정 절차 및 지정 기준 등에 관하여 필요한 사항은 대한변호사협회가 정한다.	
제89조의4(공직퇴임변호사의 수임자료 등 제출) ① 공직퇴임변호사는 퇴직일부터 2년 동안 수임한 사건에 관한 수임 자료와 처리 결과를 대통령령으로 정하는 기간마다 소속 지방변호사회에 제출하여야 한다.	**제89조의4(공직퇴임변호사의 수임자료 등 제출)** ① 공직퇴임변호사는 퇴직일부터 2년 동안 수임 자료와 처리 결과 및 업무활동내역을 대통령령으로 정하는 기간마다 소속 지방변호사회에 제출하여야 한다.	로펌 등에서 사건을 수임하지 않는 공직퇴임변호사의 활동을 관리하기 위해 퇴직 후 2년간 수임자료 외에 활동내역 제출의무 부과
⑤ 공직퇴임변호사가 제출하여야 하는 수임 자료와 처리 결과의 기재사항, 제출 절차 등에 관하여 필요한 사항은 대통령령으로 정한다.	⑤ 공직퇴임변호사가 제출하여야 하는 수임 자료와 처리 결과 및 업무활동내역의 기재사항, 제출 절차 등에 관하여 필요한 사항은 대통령령으로 정한다.	
제89조의6(법무법인 등에서의 퇴직공직자 활동내역 등 제출) ①「공직자윤리법」 제3조에 따른 재산등록의무자 및 대통령령으로 정하는 일정 직급 이상의 직위에 재직했던 변호사 아닌 퇴직공직자(이하 이 조에서 "퇴직공직자"라 한다)가 법무법인 · 법무법인(유한) 또는 법무조합(이하 이 조에서 "법무법인 등"이라 한다)에 취업한 때에는, 법무법인 등은 지체 없이 취업	**제89조의6(법무법인 등에서의 퇴직공직자 활동내역 등 제출)** ①「공직자윤리법」 제3조에 따른 재산등록의무자 및 대통령령으로 정하는 일정 직급 이상의 직위에 재직했던 변호사 아닌 퇴직공직자(이하 이 조에서 "퇴직공직자"라 한다)가 법무법인 · 법무법인(유한) 또는 법무조합(이하 이 조에서 "법무법인 등"이라 한다)에 취업한 때에는, 법무법인 등은 4주 이내에 취업한 퇴직공직자의 명	법무법인 등의 변호사 아닌 로펌 취업 퇴직공직자 명단 제출기한을 '지체 없이'에서 '4주 이내'로 명확히 규정하고, 변호사 아닌 로펌 취업 퇴직공직자 업무활동내역서 제

한 퇴직공직자의 명단을 법무법인 등의 주사무소를 관할하는 지방변호사회에 제출하여야 하고, 매년 1월 말까지 업무활동내역 등이 포함된 전년도 업무내역서를 작성하여 법무법인 등의 주사무소를 관할하는 지방변호사회에 제출하여야 한다. 〈내용 개정〉	단을 법무법인 등의 주사무소를 관할하는 지방변호사회에 제출하여야 하고, 퇴직일부터 5년간 매년 1월 말까지 업무활동내역 등이 포함된 전년도 업무내역서를 작성하여 법무법인 등의 주사무소를 관할하는 지방변호사회에 제출하여야 한다.	출기한이 무기한이어서 과도한 규제라는 지적에 따라 제출기한을 퇴직일부터 5년간으로 한정
〈신 설〉	② 퇴직공직자가 다음 각 호의 어느 하나에 해당하는 경우에는 제1항에 따른 취업을 할 수 없다. 1. 이 법 또는 「형법」 제129조부터 제132조까지, 「특정범죄가중처벌 등에 관한 법률」 제2조 또는 제3조, 그 밖에 대통령령으로 정하는 법률에 따라 유죄 판결을 받은 자로서 다음 각 목의 어느 하나에 해당하는 자 가. 징역 이상의 형을 선고받고 그 집행이 끝나거나 그 집행을 받지 아니하기로 확정된 후 3년이 지나지 아니한 자 나. 징역형의 집행유예를 선고받고 그 유예기간이 지난 후 2년이 지나지 아니한 자 다. 징역형의 선고유예를 받고 그 유예기간 중에 있는 자 2. 공무원으로서 징계처분에 의하여 파면되거나 해임된 후 3년이 지나지 아니한 자 3. 피성년후견인 또는 피한정후견인	변호사 아닌 로펌 취업 퇴직공직자에 대하여도 사무직원의 결격사유 및 조회와 같은 내용의 규정을 신설하여 투명성 제고
② (생 략)	③ (현행 제2항과 같음)	
③ · ④ (생 략)	④ · ⑤ (현행 제3항 및 제4항과 같	

	음)	
〈신 설〉	⑥ 윤리협의회의 위원장은 다음 각 호의 자에게 퇴직공직자의 취업과 관련하여 제2항에 따른 전과(前科) 사실 등의 유무에 대한 조회를 요청할 수 있다. 1. 전과 사실에 관하여는 관할 지방검찰청 검사장 2. 징계 사실에 관하여는 채용 대상자가 근무한 기관의 장 3. 피후견인 여부에 관하여는 관할 가정법원장	
〈신 설〉	⑦ 제6항에 따른 요청을 받은 지방검찰청 검사장 등은 전과 사실 등의 유무를 조회하여 그 결과를 회신하여야 한다.	
⑤ 윤리협의회의 위원장은 제4항에 따라 제출받은 자료를 검토하여 관련자들에 대한 징계사유나 위법의 혐의가 있는 것을 발견하였을 때에는 대한변호사협회의 장에게 징계개시를 신청하거나 지방검찰청 검사장에게 수사를 의뢰할 수 있다. 〈내용 개정〉	⑧ 윤리협의회의 위원장은 제5항 및 제7항에 따라 제출받은 자료를 검토하여 관련자들에 대한 징계사유나 위법의 혐의가 있는 것을 발견하였을 때에는 대한변호사협회의 장에게 징계개시를 신청하거나 지방검찰청 검사장에게 수사를 의뢰할 수 있다.	
⑥ (생 략)	⑨ (현행 제6항과 같음)	
〈신 설〉	제91조의2(법무법인 등에 대한 징계) ① 법무법인 · 법무법인(유한) 또는 법무조합(이하 이 조에서 "법무법인 등"이라 한다)의 담당변호사에게 징계 사유가 있는 경우에는 담당변호사뿐만 아니라 법무법인 등도 징계할 수 있다. 다만, 법무법인 등이 그 위반행위를 방지	2인 이상의 변호사가 함께 운영하는 법률사무소의 징계 적격을 규정하는 등 법무법인 등에 대한 징계규정을 통합하고, 법무법인 등이

	하기 위하여 상당한 주의와 감독을 게을리하지 아니한 경우에는 그러하지 아니하다. ② 제1항을 적용할 때 법무법인 등이 아니면서도 변호사 2명 이상이 사건의 수임·처리나 그 밖의 변호사 업무 수행 시 통일된 형태를 갖추고 수익을 분배하거나 비용을 분담하는 형태로 운영되는 법률사무소도 법무법인 등으로 본다.	관리·감독상의 과실이 없는 경우 면책되도록 함
제94조(법무부 변호사징계위원회의 구성) ① ~ ⑤ (생 략)	**제94조(법무부 변호사징계위원회의 구성)** ① ~ ⑤ (현행과 같음)	
〈신 설〉	⑥ 법무부징계위원회 위원 중 공무원이 아닌 위원은 「형법」과 그 밖의 법률에 따른 벌칙을 적용할 때에는 공무원으로 본다.	법무부 변호사징계위원회 위원 중 공무원이 아닌 위원은 형법과 그 밖의 법률에 따른 벌칙을 적용할 때 공무원으로 의제
제97조의4(대한변호사협회의 장의 결정) ① 대한변호사협회의 장은 제89조의4 제4항(제89조의5 제3항에 따라 준용되는 경우를 포함한다) 또는 제97조의2에 따른 징계개시의 신청이 있거나 제97조의3제3항에 따른 재청원이 있으면 지체 없이 징계개시의 청구 여부를 결정하여야 한다. 〈내용 개정〉	**제97조의4(대한변호사협회의 장의 결정)** ① 대한변호사협회의 장은 제89조 제1항 제3호, 제89조의4 제4항(제89조의5 제3항에 따라 준용되는 경우를 포함한다), 제89조의6 제8항 또는 제97조의2에 따른 징계개시의 신청이 있거나 제97조의3 제3항에 따른 재청원이 있으면 지체 없이 징계개시의 청구 여부를 결정하여야 한다.	대한변호사협회의 장에게 징계개시를 신청할 수 있는 자와 관련된 입법 흠결 보완
제100조(징계 결정에 대한 불복) ④ 법무부징계위원회의 결정에 불복하는 징계혐의자는 「행정소송법」으로 정하는 바에 따라 그 통지	**제100조(징계 결정에 대한 불복)** ④ 법무부징계위원회의 결정에 불복하는 징계혐의자는 「행정소송법」으로 정하는 바에 따라 그 통지	변호사 징계에 대한 행정소송 피고적격 명문화

를 받은 날부터 90일 이내에 행정법원에 소(訴)를 제기할 수 있다. 〈내용 개정〉	를 받은 날부터 90일 이내에 법무부징계위원회를 피고로 하여 행정법원에 소(訴)를 제기할 수 있다.	
제102조(업무정지명령) ① 법무부장관은 변호사가 공소제기되거나 제97조에 따라 징계 절차가 개시되어 그 재판이나 징계 결정의 결과 등록취소, 영구제명 또는 제명에 이르게 될 가능성이 매우 크고, 그대로 두면 장차 의뢰인이나 공공의 이익을 해칠 구체적인 위험성이 있는 경우에는 법무부징계위원회에 그 변호사의 업무정지에 관한 결정을 청구할 수 있다. 다만, 약식명령이 청구된 경우와 과실범으로 공소제기된 경우에는 그러하지 아니하다. 〈내용 개정〉	**제102조(업무정지명령)** ① 법무부장관은 변호사가 공소제기되거나 제97조에 따라 징계 절차가 개시되어 그 재판이나 징계 결정의 결과 등록취소, 영구제명 또는 제명에 이르게 될 가능성이 매우 크고, 그대로 두면 장차 의뢰인이나 공공의 이익을 해칠 구체적인 위험성이 있는 경우에는 법무부징계위원회에 그 변호사의 업무정지에 관한 결정을 청구할 수 있다. 다만, 약식명령이 청구되어 정식재판에 회부되지 않은 경우와 과실범으로 공소제기된 경우에는 그러하지 아니하다.	약식명령이 청구되었으나 정식재판에 회부된 경우에도 변호사 업무정지명령이 가능하게 규정
제110조(벌칙) 변호사나 그 사무직원이 다음 각 호의 어느 하나에 해당하는 행위를 한 경우에는 5년 이하의 징역 또는 3천만원 이하의 벌금에 처한다. 이 경우 벌금과 징역은 병과할 수 있다. 〈내용 개정〉	**제110조(벌칙)** 변호사나 그 사무직원이 다음 각 호의 어느 하나에 해당하는 행위를 한 경우에는 5년 이하의 징역 또는 5천만원 이하의 벌금에 처한다. 이 경우 벌금과 징역은 병과할 수 있다.	변호사 및 그 사무직원의 청탁 명목 금품수수는 벌금 3천만원이 상한액이었으나 민간 부패범죄의 처벌을 강화하기 위하여 모두 상한액을 5천만원으로 상향
제111조(벌칙) ① 공무원이 취급하는 사건 또는 사무에 관하여 청탁 또는 알선을 한다는 명목으로 금품·향응, 그 밖의 이익을 받거나 받을 것을 약속한 자 또는 제3자에	**제111조(벌칙)** ① 공무원이 취급하는 사건 또는 사무에 관하여 청탁 또는 알선을 한다는 명목으로 금품·향응, 그 밖의 이익을 받거나 받을 것을 약속한 자 또는 제3자에	일반적인 공무원 청탁 명목 금품수수는 벌금 1천만원이 상한액이었으나

게 이를 공여하게 하거나 공여하게 할 것을 약속한 자는 5년 이하의 징역 또는 1천만원 이하의 벌금에 처한다. 이 경우 벌금과 징역은 병과할 수 있다. 〈내용 개정〉	게 이를 공여하게 하거나 공여하게 할 것을 약속한 자는 5년 이하의 징역 또는 5천만원 이하의 벌금에 처한다. 이 경우 벌금과 징역은 병과할 수 있다.	민간 부패범죄의 처벌을 강화하기 위하여 모두 상한액을 5천만원으로 상향
제112조(벌칙) 다음 각 호의 어느 하나에 해당하는 자는 3년 이하의 징역 또는 2천만원 이하의 벌금에 처한다. 이 경우 벌금과 징역은 병과할 수 있다. 〈3, 4호 개정〉	**제112조(벌칙)** 다음 각 호의 어느 하나에 해당하는 자는 3년 이하의 징역 또는 2천만원 이하의 벌금에 처한다. 이 경우 벌금과 징역은 병과할 수 있다.	
3. 변호사가 아니면서 변호사나 법률사무소를 표시 또는 기재하거나 이익을 얻을 목적으로 법률 상담이나 그 밖의 법률사무를 취급하는 뜻을 표시 또는 기재한 자 〈내용 개정〉	3. 변호사의 자격이 없이 변호사나 법률사무소를 표시 또는 기재하거나 이익을 얻을 목적으로 법률 상담이나 그 밖의 법률사무를 취급하는 뜻을 표시 또는 기재한 자	대한변호사협회에 등록한 변호사와 등록하지 않은 변호사 자격 있는 자의 명칭 구분 명확화
4. 대한변호사협회에 등록을 하지 아니하거나 제90조 제3호에 따른 정직 결정 또는 제102조 제2항에 따른 업무정지명령을 위반하여 변호사의 직무를 수행한 변호사 〈내용 개정〉	4. 대한변호사협회에 등록을 하지 아니하고 변호사의 직무를 수행한 변호사의 자격이 있는 자	
〈신 설〉	4의2. 제90조 제3호에 따른 정직 결정 또는 제102조제2항에 따른 업무정지명령을 위반하여 변호사의 직무를 수행한 변호사	
5. ~ 7. (생 략)	5. ~ 7. (현행과 같음)	
제117조(과태료) ① 제89조의4 제1항 · 제2항 및 제89조의5 제2항을 위반하여 수임 자료와 처리 결과에 대한 거짓 자료를 제출한 자에	**제117조(과태료)** ① 제89조의4 제1항 · 제2항 및 제89조의5 제2항을 위반하여 수임 자료와 처리 결과 및 업무활동내역에 대한 거짓 자	현행 변호사법은 법을 위반한 자가 변호사인 경우 과태료

게는 2천만원 이하의 과태료를 부과한다. 〈내용 개정〉	료를 제출한 자에게는 2천만원 이하의 과태료를 부과한다.	와 징계가 모두 가능하여 이중규제라는 지적이 있으므로, 변호사에 대한 과태료 규정을 삭제하여 대한변호사협회의 징계로 일원화
② 다음 각 호의 어느 하나에 해당하는 자에게는 1천만원 이하의 과태료를 부과한다. 〈각호 일부 삭제 및 내용 개정〉	② 다음 각 호의 어느 하나에 해당하는 자에게는 1천만원 이하의 과태료를 부과한다.	
1. (생 략)	1. (현행과 같음)	
1의2. 제22조 제2항 제1호, 제28조의2, 제29조, 제35조 또는 제36조(제57조, 제58조의16 또는 제58조의30에 따라 준용되는 경우를 포함한다)를 위반한 자	〈삭 제〉	
2. 제28조에 따른 장부를 작성하지 아니하거나 보관하지 아니한 자	〈삭 제〉	
3. 정당한 사유 없이 제29조의2(제57조, 제58조의16 또는 제58조의30에 따라 준용되는 경우를 포함한다)를 위반하여 변호하거나 대리한 자	〈삭 제〉	
4. (생 략)	4. (현행과 같음)	
5. 제58조의9 제2항을 위반하여 대차대조표를 제출하지 아니한 자	〈삭 제〉	
6. 제58조의21 제1항을 위반하여 규약 등을 제출하지 아니한 자	〈삭 제〉	

7. 제58조의21 제2항에 따른 서면을 비치하지 아니한 자	〈삭 제〉	
8. 제89조의4 제1항 · 제2항 및 제89조의5 제2항을 위반하여 수임 자료와 처리 결과를 제출하지 아니한 자	8. 제89조의4 제1항 · 제2항 및 제89조의5 제2항을 위반하여 수임 자료와 처리 결과 및 업무활동내역을 제출하지 아니한 자	
③ 다음 각 호의 어느 하나에 해당하는 자에게는 500만원 이하의 과태료를 부과한다. 1. 제85조 제1항을 위반하여 연수교육을 받지 아니한 자 2. 제89조 제2항에 따른 윤리협의회의 요구에 정당한 이유 없이 따르지 아니한 자	〈삭 제〉	
④ ~ ⑦ (생 략)	④ ~ ⑦ (현행과 같음)	

[부 록 3]

2014. 10. 10. 입법 예고된 검사징계법 개정안

현　　행	개 정 안
제8조(징계혐의자에 대한 부본 송달과 직무 정지) ①(생　략)	제8조(징계혐의자에 대한 부본 송달과 직무 정지) ① (현행과 같음)
② 법무부장관은 필요하다고 인정할 때에는 징계혐의자에게 직무 집행의 정지를 명할 수 있다.	② (현행과 같음)
③ 검찰총장은 해임 또는 면직 사유에 해당한다고 인정되는 사유로 조사 중인 검사에 대하여 징계청구가 예상되고, 그 검사가 직무 집행을 계속하는 것이 현저하게 부적절하다고 인정되는 경우에는, 법무부장관에게 그 검사의 직무 집행을 정지하도록 명하여 줄 것을 요청할 수 있다. 이 경우 법무부장관은 그 요청이 타당하다고 인정할 때에는 2개월의 범위에서 직무 집행의 정지를 명하여야 한다. 〈내용 개정〉	③ 검찰총장은 해임, 면직 또는 정직사유에 해당한다고 인정되는 사유로 조사 중인 검사에 대하여 징계청구가 예상되고, 그 검사가 직무 집행을 계속하는 것이 현저하게 부적절하다고 인정되는 경우에는, 법무부장관에게 그 검사의 직무 집행을 정지하도록 명하여 줄 것을 요청할 수 있다. 이 경우 법무부장관은 그 요청이 타당하다고 인정할 때에는 2개월의 범위에서 직무 집행의 정지를 명하여야 한다.
〈신　설〉	④ 법무부장관은 제2항 내지 제3항에 따라 직무집행이 정지된 검사에 대하여, 공정한 조사를 위해 필요한 경우 2개월의 범위에서 법무연수원이나 다른 검찰청에서 대기하도록 명할 수 있다.

▌찾아보기 ▌

■ 저자 소개 ■

최 진 안(崔珍安)

성균관대학교 법과대학 졸업, 동 대학원 졸업(법학박사)
제22회 사법시험 합격(사법연수원 제12기)
부산지방검찰청 검사
서울지방검찰청 북부지청 검사
스페인 국립 Madrid Complutense대학교 방문연구원
독일 Max-Planck 국제형사법연구소 방문연구원
헌법재판소 헌법연구관
대검찰청 공판송무과장
서울중앙지방검찰청 형사제6부장검사
의정부지방검찰청 고양지청 차장검사
서울동부지방검찰청 차장검사
변호사
사법시험 위원
변호사시험 위원
아주대학교 법학전문대학원 교수
현 아주대학교 법학전문대학원 원장

제3판 법조윤리

2010 년 7월 15일 초 판 발행
2014 년 12월 10일 제3판 발행

저 자 최 진 안
발행인 이 방 원
발행처 세창출판사
서울 서대문구 경기대로 88 냉천빌딩 4층
전화 723 - 8660 팩스 720 - 4579
E-mail: sc1992@empal.com
Homepage: www.sechangpub.co.kr
신고번호 제300-1990-63호

정가 35,000원

ISBN 978-89-8411-501-9 93360